FUNDAMENTOS DA TÉCNICA PSICANALÍTICA

E83f Etchegoyen, R. Horacio
       Fundamentos da técnica psicanalítica / R. Horacio
    Etchegoyen; trad. Francisco Frank Settineri. – 2. ed. –
    Porto Alegre : Artmed, 2004.

       ISBN 978-85-363-0206-5

       1. Psicanálise – Fundamentos – Técnicas. I. Título.

                                            CDU 159.964.2

Catalogação na publicação: Mônica Ballejo Canto – CRB 10/1023

FUNDAMENTOS DA TÉCNICA PSICANALÍTICA

R. HORACIO ETCHEGOYEN

2ª edição ampliada

Tradução:
Francisco Frank Settineri

Consultoria, supervisão e revisão técnica desta edição:
Newton Aronis
Renato Trachtenberg
*Membros Titulares e Didatas da Sociedade Brasileira
de Psicanálise de Porto Alegre (SBPdePA).
Membros da Associação Psicanalítica de Buenos Aires (APdeBA).
Membros Plenos do Centro de Estudos Psicanalíticos de Porto Alegre (CEPdePA).*

Reimpressão 2008

2004

Obra originalmente publicada sob o título
Los fundamentos de la técnica psicoanalítica

© R. Horacio Etchegoyen, 2002
ISBN 950-518-098-5

Capa
Gustavo Macri

Preparação do original
Elisângela Rosa dos Santos

Supervisão editorial
Mônica Ballejo Canto

Projeto e editoração
Armazém Digital Editoração Eletrônica – Roberto Vieira

Reservados todos os direitos de publicação, em língua portuguesa, à
ARTMED® EDITORA S.A.
Av. Jerônimo de Ornelas, 670 - Santana
90040-340 Porto Alegre RS
Fone (51) 3027-7000 Fax (51) 3027-7070

É proibida a duplicação ou reprodução deste volume, no todo ou em parte,
sob quaisquer formas ou por quaisquer meios (eletrônico, mecânico, gravação,
fotocópia, distribuição na Web e outros), sem permissão expressa da Editora.

SÃO PAULO
Av. Angélica, 1091 - Higienópolis
01227-100 São Paulo SP
Fone (11) 3665-1100 Fax (11) 3667-1333

SAC 0800 703-3444

IMPRESSO NO BRASIL
PRINTED IN BRAZIL
Impresso sob demanda na Meta Brasil a pedido de Grupo A Educação.

À Elida

Apresentação e Agradecimentos

Não é fácil escrever um livro e menos ainda, posso assegurá-lo, um livro de técnica psicanalítica. Ao preparar este, dei-me conta de por que há muitos artigos sobre técnica, mas poucos livros.

Freud apresentou seus imperecíveis escritos no começo dos anos de 1910, porém nunca chegou a escrever o texto muitas vezes prometido. *A interpretação dos sonhos* fala longamente de técnica, do mesmo modo que as obras de Anna Freud e Melanie Klein sobre a psicanálise de crianças, mas ninguém os considera – e com razão – livros de técnica. Tampouco o são *Análise do caráter* e *O ego e os mecanismos de defesa*, apesar de terem influído decisivamente na práxis da psicanálise, como também o fez, 10 anos antes, *The development of psycho-analysis* (1923), em que Ferenczi e Rank advogaram militantemente por uma prática em que a emoção e a libido tivessem seu merecido lugar.

O solitário volume de Smith Ely Jelliffe, *The technique of psychoanalysis*, publicado em 1914 e traduzido da segunda edição inglesa para o castelhano em 1929, nada menos que por Honorio Delgado, é, sem dúvida, o primeiro livro sobre a matéria; contudo, foi esquecido e ninguém o leva em conta. Eu o li em 1949 (há mais de 50 anos!) e o repassei com a premeditada intenção de citá-lo, mas não encontrei como fazê-lo.

Se excetuarmos esse monumento abandonado, o primeiro livro de técnica é o de Edward Glover, *The technique of psychoanalysis*, editado em 1928. Glover ministrou um curso de seis conferências sobre o tema no Instituto de Psicanálise de Londres, que foram publicadas no *International Journal of Psycho-Analysis*, de 1927 e 1928, e, em seguida, em forma de livro. Antes, na verdade, em 1922, David Forsyth havia publicado *The technique of psychoanalysis*, que não teve maior transcendência e que só conheço por referências bibliográficas.

Ella Freeman Sharpe proferiu um curso similar ao de Glover para os candidatos da Sociedade Britânica em fevereiro e março de 1930, que o *International Journal* (volumes 11 e 12) publicou com o título de "The technique of psychoanalysis". Essas excelentes aulas depois foram incorporadas a seus *Collected papers*.

Em 1941, Fenichel publicou seu *Problems of psychoanalytic technique*, que desenvolve e expande seu valioso ensaio de 1935, em que havia recolhido as contribuições de Reich e de Reik, criticando-os penetrantemente. O de Fenichel é realmente um livro de técnica, já que se situa com nitidez nessa área, abrange um amplo espectro de problemas e registra as principais inquietudes de sua época.

Um lustro depois, surgiu *Technique of psychoanalytic therapy* (1946), de Sandor Lorand, obra concisa e clara, que trata brevemente os problemas gerais e dedica-se em especial à técnica nos diferentes quadros psicopatológicos.

Após um longo intervalo, Glover decidiu oferecer, em 1955, uma segunda edição de sua obra, que mantém a linha geral da primeira, embora a amplie e a harmonize com os avanços da teoria estrutural de Freud. Pode-se afirmar que essa edição é o livro de técnica de Glover por excelência, um clássico que, como o de Fenichel, tem tido influência duradoura em todos os estudiosos.

Seguindo-se a Glover, vem Karl Menninger, com seu *Theory of psychoanalytic technique* (1958), que Fernando Cesarman traduziu para o castelhano, no qual se estuda com lucidez o processo analítico nas coordenadas do contrato e da regressão.

Os psicanalistas argentinos contribuíram, ao longo dos anos, com artigos importantes sobre técnica, mas somente com um livro, os *Estudos sobre técnica psicanalítica*, de Heinrich Racker, publicado em Buenos Aires em 1960. Entre outros temas, essa obra desenvolve as idéias originais do autor sobre a contratransferência. Há mais de 40 anos de sua publicação, pode-se hoje afirmar que os *Estudos* são uma contribuição perdurável e os anos foram mostrando sua crescente influência – nem sempre reconhecida – no pensamento psicanalítico contemporâneo; no entanto, por seu caráter de investigação, não chegam a conformar um livro de técnica, um texto completo, apesar de que, sem dúvida por suas excelências, foram utilizados em muitos centros psicanalíticos como tal. (Reconhecendo seus méritos, Karl havia convidado Heinrich para a Clínica Menninger como *Sloan visiting professor* em 1960, mas Racker declinou o convite, porque, nessa época, haviam-lhe diagnosticado o câncer que o levou à morte.) A valiosa obra *Linguagem e técnica psicanalítica* (1976a), de nosso lembrado David Liberman, apresenta as idéias originais do autor e, em especial, sua teoria dos estilos, sem que chegue a ser, e nem se proponha a isso, um livro de técnica.

Aos *Estudos* segue-se um intervalo de mais de um lustro, até que aparece *The technique and practice of psychoanalysis* (1967), no qual, com sua reconhecida erudição, Ralph R. Greenson aborda um grupo de temas fundamentais, como a transferência, a resistência e o processo analítico em um primeiro tomo promissor. Certamente é uma pena que esse esforço tenha ficado a meio caminho, já que o grande analista de Los Angeles morreu antes de terminá-lo.

Enquanto Greenson apresentava seu texto como porta-voz autorizado da *ego-psychology,* surgia em Londres *The psychoanalytic process* (1967), em que Donald Meltzer compila de forma original e rigorosa o pensamento de Melanie Klein e sua escola. Apesar de essa pequena obra-prima não abranger todos os problemas da técnica, apresenta-nos esclarecimentos importantes com relação ao desenvolvimento do processo analítico, entendido no marco da teoria das posições e da identificação projetiva.

Como os argentinos, os analistas franceses contribuíram com importantes trabalhos de técnica, mas com poucos livros. Conheço o *Guérir avec Freud* (1971), de Sacha Nacht, em que esse influente analista expõe suas principais idéias, sem chegar a escrever um tratado, o que tampouco é, por certo, seu propósito. Outra contribuição é o livro I do seminário de Jacques Lacan, intitulado *Les écrits techniques de Freud,* proferido em 1953 e 1954 e publicado em 1975, no qual esse pensador original leva adiante uma profunda reflexão sobre o conceito de ego. Em completa oposição a Nacht, o chefe de *L'École freudienne* impugna a concepção do ego de Anna Freud e de Hartmann, à qual contrapõe seu conceito de sujeito, mas a técnica da psicanálise não está de modo algum em sua mira.

Um manual breve e conciso, no qual se aborda a grande maioria dos problemas da técnica, é o de Sandler, Dare e Holder, *The patient and the analyst* (1973), que foi apresentado simultaneamente em castelhano em uma inteligente tradução de Max Hernández. Belo e claro, escrito com um grande acervo bibliográfico, em que todas as escolas psicanalíticas têm seu lugar, certamente não falta nesse manual a opinião pessoal de Sandler, destacado discípulo de Anna Freud, teórico vigoroso e leitor infatigável.

Ao percorrer os poucos textos publicados, quis sem dúvida justificar a aparição deste livro, mas também defini-lo como uma tentativa de abranger, se não todos, boa parte dos problemas da técnica psicanalítica, tratando-os de maneira cuidadosa e equânime.

Meu propósito é oferecer ao leitor um panorama completo da matéria em sua problemática atual, com as linhas teóricas que a percorrem desde o passado até o presente e, a partir deste, em direção ao futuro, como podemos agora imaginá-lo. Sigo em geral um método histórico para expor os temas, vendo como surgem e desenvolvem-se os conceitos e como vão-se encadeando e precisando as idéias, mostrando também como às vezes se esfumam ou se confundem. O conhecimento psicanalítico nem sempre segue uma linha ascendente e não é apenas o fruto da genialidade de alguns poucos, mas também do esforço de muitos. Quanto mais leio e releio, quanto mais penso e observo o analisando em meu divã, menos inclinado me sinto às posições extremas e dilemáticas e mais distante me mantenho do ecletismo complacente e da defesa cerrada das posições escolásticas. Por fim, cheguei a me convencer de que a defesa a qualquer custo das idéias vem mais da ignorância que do entusiasmo – e como aquela infelizmente me sobra, mas este não me falta, eu o utilizo para ler mais e diminuir minhas falhas. Às vezes, gosto, de dizer que sou um kleiniano fanático para que não me confundam; porém, a verdade é que Melanie Klein já não necessita que ninguém a defenda, como tampouco o necessita Anna Freud. Quando leio os textos polêmicos dos anos de 1920, posso identificar-me com aquelas duas grandes pioneiras e apreciar tanto seu elevado pensamento quanto suas ansiedades humanas, sem me sentir na necessidade de tomar partido.

Como a maioria dos autores, penso que a união da teoria e da técnica é indissolúvel em nossa disciplina, de modo que, quando nos internamos em uma área, passamos sem senti-lo para outra. Em cada capítulo, procurei mostrar de que forma ambas se articulam e, ao longo do livro, procurei igualmente que se aprecie como os problemas agrupam-se e influenciam-se entre si. Isso tornou-se para mim mais simples, creio eu, porque o livro foi escrito como tal e apenas por exceção algum trabalho prévio passou a integrá-lo.

Talvez valha a pena contar brevemente ao leitor como foi gerada esta obra. Desde o começo de minha carreira analítica, na década de 1950, senti-me atraído pelos problemas de técnica. Quando alguém gosta de uma tarefa, interessa-se pela maneira de fazê-la. Tive a felicidade de realizar minha análise didática com Racker, que nesses anos estava gerando a teoria da contratransferência, e depois me reanalisei com Meltzer, quando escrevia *O processo psicanalítico.* Creio que essas circunstâncias propícias reforçaram minha imprecisa inclinação inicial, do mesmo modo que as horas de supervisão com Betty Joseph, Money-Kyrle, Grinberg, Herbert Rosenfeld, Resnik, Hanna Segal, Marie Langer, Liberman, Esther Bick e Pichon Rivière ao longo dos anos.

Em 1970, comecei a ensinar Teoria da técnica para os candidatos de quarto ano da Associação Psicanalítica Argentina e continuei depois a mesma tarefa na Associação Psicanalítica de Buenos Aires. Tive sorte, porque os alunos sempre se mostraram interessados por meu ensino e, no decorrer do tempo, com eles e deles, fui aprendendo a descobrir os problemas e a enfrentar as dificuldades. O Instituto de Formação Psicanalítica de minha Associação compreendeu esse esforço e conferiu um espaço maior à disciplina, que ocupa um seminário nos dois últimos anos. O estímulo generoso de alunos e discípulos, amigos e colegas, foi-me fazendo pensar em escrever um livro que resumisse essa experiência e pudesse servir ao analista para refletir sobre os problemas apaixonantes e complexos que formam a coluna vertebral de nossa disciplina.

Com o passar dos anos, meu ensino foi-se despojando de todo afã de catequese, à medida que fui capaz de distinguir entre a ciência e a política da psicanálise, isto é, entre as exigências inalteráveis da investigação psicanalítica e os compromissos sempre contingentes (embora não necessariamente desdenháveis) do movimento psicanalítico. Se este livro chega a ter algum mérito, será enquanto ajude o analista a encontrar seu próprio caminho, a ser coerente consigo mesmo, embora não pense como eu. Mudei mais de uma vez minha forma de pensar e não descarto que meus analisandos, dos quais sempre aprendo, levem-me ainda a fazê-lo mais de uma vez no futuro. Aspiro somente a que este livro sirva a meus colegas para encontrar em si mesmos o analista que realmente são.

Decidida a tarefa, pensei cuidadosamente se, na realidade, não seria mais conveniente buscar colaboradores e compor com eles um tratado. Amigos para isso não me faltam e assim se poderia alcançar uma especialização mais estrita e uma profundidade à qual uma só pessoa não pode aspirar. Decidi, finalmente, sacrificar esses atraentes objetivos à unidade conceitual do livro. Propus-me a mostrar como se podem entender coerentemente os problemas, sem o amparo do ecletismo ou da dissociação. Não deixei de levar em conta, por outro lado, que vários tratados desse tipo foram escritos (e muito bons) sob a direção de Jean Bergeret, León Grinberg, Peter L. Giovacchini, Benjamin B. Wolman, etc. A única exceção é também para um homem excepcional, Gregorio Klimovsky, que escreve o Capítulo 35, "Aspectos epistemológicos da interpretação psicanalítica", sem dúvida o melhor ensaio que conheço sobre o tema.

Quando me pus a escrever não pensei, por certo (e por sorte!), que o projeto levaria mais de cinco anos e só agora me dou conta do quão necessários foram o alento e a confiança de meus filhos Alicia, Laura e Alberto, assim como o intercâmbio com meus amigos Benito e Sheila López, Elena Evelson, León e Rebe Grinberg, Rabih, Polito, Cvik, Guiard, Reggy Serebriany, Elizabeth Bianchedi, Painceira, Zac, Guillermo Maci, Sor, Wender, Berenstein, María Isabel Siquier, Yampey, Gioia e o sempre recordado David Liberman, entre muitos outros, tanto quanto o estímulo à distância de Weinshel, María Carmen e Ernesto Liendo, Zimmermann, Pearl King, Limentani, Lebovici, Janine Chasseguet-Smirgel, Blum, Green, Yorke, Grunberger, Vollmer, Virginia Bicudo, Rangell e muitos mais.

Gostaria de nomear meus discípulos um a um, porque os recordo neste momento e a eles devo muito. Nada se pode comparar, no entanto, à presença permanente de Élida, minha esposa, que nunca se cansou de me alentar e realmente me acompanhou nessas longas horas em que se redige e se volta a redigir e nos duros momentos em que se luta em vão para pensar o que se quer escrever e para escrever o que se conseguiu pensar. Mais que dedicá-lo a ela, deveria tê-la reconhecido como co-autora. Reina Brum Arévalo, minha secretária, realizou eficazmente e com carinho sua árdua tarefa – sem angústia e sem aborrecimento, como diria Strachey. A todos, muito obrigado!

Prólogo à Segunda Edição

Um pouco por seus méritos e muito pela sorte (que é "grela"*, como diz Discépolo), o livro teve boa acolhida. Os analistas o elogiaram, sustentaram que era de leitura obrigatória e alguns efetivamente o leram.

Em meu entender, repercutiram fortemente em sua difusão as generosas resenhas de Nasim Yampey para a *Revista de Psicoanálisis* (1986) e *Acta Psiquiátrica e Psicológica de América Latina* (1987); de León Grinberg, cuja palavra autorizada é escutada em todo o mundo da psicanálise, para o *International Journal of Psycho-Analysis* (1988); de Terencio Gioia para *Psicoanálisis* (1987); de Jorge Olagaray para o diário *Los Andes*, de Mendoza (1987); de Angel Constantino para o *Correo de la Salud Mental* (1987), de Max Hernández no Peru; de Jaime P. Nos para o *Journal of the American Psychoanalytic Association* (1990); de Joan Coderch para a *Revista Catalana de Psicoanálisis* (1988); de Jorge Luis Ahumada no *Clarín* (1987); de Eduardo Müller em *La Nación* (1987); de Omar Lazarte no diário *Hoy*, de Mendoza (1988). E alguns outros que agora não recordo. *La Razón* publicou em 1986, em dois fascículos sucessivos, um dos capítulos sobre a aliança terapêutica. Também Klaus P. Fink, quando estava em Londres, fez uma cuidadosa recensão para o *Book Club* de 1992, em que valoriza a obra e destaca o apaixonado interesse que lhe despertou sua leitura. O livro despertou também o interesse dos psicanalistas lacanianos. Assim, em *Descartes* (números 11-12), a revista dirigida por Germán L. García, foi publicado em julho de 1993 um artigo de Gabriel Lombardi, que leu com atenção o livro. Lombardi critica-me por não levar em consideração o ato psicanalítico e seu registro no real no término da análise e na transferência, que eu estudo somente nos registros do imaginário e do simbólico.

Quando em 1991 a versão de Karnac veio à luz, surgiram novos comentários. Otto Kernberg voltou a escrever para o *Journal of the American Psychoanalytic Association* (1995) um estudo detido e cuidadoso. O infatigável Joseph Reppen, por sua vez, fez publicar uma ampla e detalhada resenha no volume 5 (1994) de *Psychoanalytic Books*, que Robert Caper escreveu com clareza. No volume 10 de *Melanie Klein and Object Relations*, dirigido talentosamente por Otto Weininger, foi publicada em 1992 uma resenha de Edward Emery, intitulada "Horacio Etchegoyen and the historical eye", cuja leitura comoveu-me profundamente. A resenha de Richard D. Chessick para o *American Journal of Psychiatry*, em novembro de 1992, lisonjeou-me por seus elogios e fez-me pensar por suas críticas. Nesse mesmo ano, publicou-se uma ampla recensão na *Newsletter* (agora *Fort Da*) da Northern Californian Society for Psychoanalytic Psychology, a cargo de Luca Di Donna. No *International Journal of Psycho-Analysis* de 1993, também foi publicada uma nova resenha, de que se encarregou Patrick Casement, prestigiado analista do Grupo Independente da British Psycho-Analytic Society. Para Casement, o texto está bem construído e é de leitura fácil e proveitosa. Termina dizendo que o livro é de valor inestimável e que "there is no other book like it".

Tenho presente com carinho o denodado esforço do malogrado Mario Leff para a primeira edição de Amorrortu, sabiamente dirigida por meu tocaio Horacio e pelo culto e incansável José Luis Etcheverry, cuja perda irreparável todos lamentamos. Nessa edição colaborou Marisa, infatigável e cuidadosa. Quase simultaneamente, em 1987, e graças ao entusiasmo de meu discípulo Newton Aronis, foi publicada a primeira edição em português pela Artmed, cujo diretor, Henrique Kiperman, foi desde o começo um admirador do livro. A edição brasileira leva uma inteligente "Apresentação" de David Zimerman, que muito a realça.

Graças ao entusiasmo e à notável erudição de Roberto Speziale-Bagliacca e ao assessoramento de Jorge Canestri, a Astrolabio de Roma publicou em 1990 *I Fondamenti della Tecnica Psicanalítica*, dirigida com paciência e notável capacidade por Francesco Gana. A "Prefazione" de Roberto saúda o livro como um clássico e esse augúrio vem de um homem que conhece a fundo a literatura psicanalítica. A edição italiana tem alguns acréscimos (seções, não capítulos) que completam e atualizam certos temas, especialmente na segunda parte, "Da transferência e da contratransferência", em que incluo idéias de Kohut, Kernberg, Joseph e Anne-Marie Sandler e do último Meltzer, assim como um comentário sobre a empatia e outra seção sobre a adicção de transferência. Na primeira edição da Astrolabio,

---

* N. de T. O autor refere-se a um tango famoso de E. S. Discépolo, chamado "Yira Yira", em que este diz: "Cuando la suerte, que es grela, fayando y fayando te largue parao...". "Grela", em lunfardo, significa mulher em sentido depreciativo. A sorte, que é mulher, é capaz de deixar o homem na mão.

pude também acolher algumas idéias de Joyce McDougall e do valioso livro de Thomä e Kächele, que merecem uma atenção maior da que pude outorgar-lhes até o momento.

Esses acréscimos também foram incluídos na edição inglesa, que tardou em sair, mas finalmente veio à luz em 1991, com um apêndice ao Capítulo 11, "Significante, repetição e transferência", que não figura na edição italiana. Harry Karnac pensou, desde o primeiro momento, que o livro deveria ser traduzido para o inglês, e Cesare Sacerdoti tornou possível a empresa com uma paciência e uma capacidade que nada têm a invejar a Amorrortu, a Artmed e a Astrolabio. Sacerdoti acreditou, desde o começo, que estava publicando uma obra destinada a perdurar – e oxalá tenha razão. O generoso e refletido prólogo de Robert S. Wallerstein sem dúvida contribuiu para o bom êxito do livro entre os psicanalistas anglófonos do Velho e do Novo Mundo. A cuidadosa tradução de Patricia Pitchon, com a revisão de Christine Trollope, logrou um texto muito satisfatório, que Klara King transformou em excelente graças a seu profundo conhecimento da língua inglesa. Os últimos textos foram traduzidos por Philip Slotkin, com sua reconhecida experiência. O zelo de Cesare enriqueceu a obra pelo cuidado que teve em revisar pessoalmente item por item as quase 40 páginas da bibliografia e o índice de autores e temas, que abrangia outras 20. A primorosa edição de Sacerdoti foi, desde 1991, a mais completa.

Nessa segunda edição para a Amorrortu, estão incluídas obviamente as seções das edições italiana e inglesa e são introduzidas algumas pequenas modificações, que passarão também ao inglês, ao italiano e ao português e serão acrescentadas nas primeiras edições em alemão e romeno. Gostaria de desenvolver mais extensamente certos temas, mas só pude fazê-lo limitadamente. O comentário sobre a hermenêutica da interpretação de Lorenzer poderia ter sido mais extenso e penetrante. Fico em dívida com a hermenêutica em geral e com a corrente narrativista, que adquiriu força nos últimos anos. Aproveitando o livro de Margaret Little, pude discutir mais amplamente as idéias técnicas de Winnicott. Acrescentei alguns comentários sobre o recente livro de Joan Coderch e levei em consideração as contribuições de Fabio Herrmann e Bernardo Alvarez Lince. Esses três autores estudaram a fundo a interpretação psicanalítica e suas contribuições são de real interesse, do mesmo modo que os reflexivos estudos de Jorge Luis Ahumada.

Quando surgir a segunda edição da Amorrortu e da Karnac, respectivamente, estarão prontas com certeza as traduções para o alemão e o romeno. Se aquela me enche de orgulho, porque o alemão é o idioma psicanalítico por excelência, esta me comove profundamente porque é um exemplo do que pode o entusiasmo de uma pequena comunidade psicanalítica em busca de fontes de informação. Tive oportunidade de discutir vários temas da versão alemã com seus tradutores, José Mederos e Martina Leber, e pude constatar de forma direta o cuidado com que foi realizada a versão alemã, que será sem dúvida fidedigna e atraente. Contribuirá para isso a leitura que minha amiga Hilke Engelbrecht fará da versão final, ela que conhece a fundo a minha obra e, é claro, a teoria psicanalítica e o alemão. A segunda edição em português, da Artmed, certamente virá à luz nesse mesmo ano.

O trabalho perseverante de minha inteligente secretária, Estela N. Domínguez, possibilitou a montagem da segunda edição, o que não foi nada simples.

Desde o primeiro momento, o livro pretendeu ser um manual de técnica completo, porém não exaustivo. Com suas falhas e seus méritos, está bem como está. Se tivesse mais tempo, tentaria abreviá-lo, mas isso custaria tanto quanto escrevê-lo de novo.

Sumário

Apresentação e agradecimentos vii
Prólogo à segunda edição xi

PRIMEIRA PARTE
Introdução aos problemas da técnica

1. A técnica psicanalítica 19
2. Indicações e contra-indicações segundo o diagnóstico e outras particularidades 25
3. Analisabilidade 32
4. A entrevista psicanalítica: estrutura e objetivos 39
5. A entrevista psicanalítica: desenvolvimento 44
6. O contrato psicanalítico 49

SEGUNDA PARTE
Da transferência e da contratransferência

7. História e conceito da transferência 59
8. Dinâmica da transferência 64
9. Transferência e repetição 69
10. A dialética da transferência segundo Lacan 78
11. A teoria do sujeito suposto saber 85
12. As formas de transferência 95
13. Psicose de transferência 107
14. Perversão de transferência 117
15. Transferência precoce: fase pré-edípica ou Édipo precoce 125
16. Transferência precoce: desenvolvimento emocional primitivo 131
17. Sobre a espontaneidade do fenômeno transferencial 137
18. A aliança terapêutica: de Wiesbaden a Genebra 141
19. A relação analítica não-transferencial 147
20. Aliança terapêutica: discussão, controvérsia e polêmica 152
21. Contratransferência: descoberta e redescoberta 156
22. Contratransferência e relação de objeto 167
23. Contratransferência e processo psicanalítico 173

TERCEIRA PARTE
Da interpretação e outros instrumentos

24. Materiais e instrumentos da psicoterapia 183
25. O conceito de interpretação 189
26. A interpretação em psicanálise 195
27. Construções 204
28. Construções do desenvolvimento precoce 211
29. Metapsicologia da interpretação 220
30. A interpretação e o ego 227
31. A teoria da interpretação na escola inglesa 233
32. Tipos de interpretação 241
33. A interpretação mutativa 249
34. Os estilos interpretativos 260
35. Aspectos epistemológicos da interpretação psicanalítica 268
    Gregorio Klimovsky

QUARTA PARTE
Da natureza do processo analítico

36. A situação analítica 283
37. Situação e processo analíticos 289
38. O enquadre analítico 294
39. O processo analítico 300
40. Regressão e enquadre 306
41. A regressão como processo curativo 314
42. Angústia de separação e processo psicanalítico 322
43. O enquadre e a teoria continente/conteúdo 331

QUINTA PARTE
Das etapas da análise

44. A etapa inicial 339
45. A etapa intermediária da análise 344
46. Teorias do término 350
47. Clínica do término 356
48. Técnica do término da análise 361

SEXTA PARTE
Das vicissitudes do processo analítico

49. O *insight* e suas notas definidoras 369
50. *Insight* e elaboração 374
51. Metapsicologia do *insight* 382

52. *Acting out* (I) 389
53. *Acting out* (II) 395
54. *Acting out* (III) 400
55. Reação terapêutica negativa (I) 409
56. Reação terapêutica negativa (II) 414
57. A reversão da perspectiva (I) 422
58. A reversão da perspectiva (II) 428
59. Teoria do mal-entendido 432
60. Impasse 439

Epílogo 447
Referências bibliográficas 449
Índice 467

PRIMEIRA PARTE

Introdução aos Problemas da Técnica

A Técnica Psicanalítica

DELIMITAÇÃO DO CONCEITO DE PSICOTERAPIA

A psicanálise é uma forma especial de psicoterapia, e a psicoterapia começa a ser científica na França do século XIX, quando se desenvolvem duas grandes escolas sobre a sugestão, em Nancy, com Liébeault e Bernheim, e na Salpêtrière, com Jean-Martin Charcot.

Pelo que acabo de dizer, e sem ânimo para resenhar sua história, situei o nascimento da psicoterapia a partir do hipnotismo do século XIX. Essa afirmação pode obviamente ser discutida, mas já veremos que tem também apoios importantes. Afirma-se com freqüência e com razão que a psicoterapia é uma arte velha e uma ciência nova; e é esta, a nova ciência da psicoterapia, que situo na segunda metade do século XIX. A arte da psicoterapia, porém, tem antecedentes ilustres e antiqüíssimos, desde Hipócrates até o Renascimento. Vives (1492-1540), Paracelso (1493-1541) e Agripa (1486-1535) iniciam uma grande renovação que culmina em Johann Weyer (1515-1588). Esses grandes pensadores, que promovem, no dizer de Zilboorg e Henry (1941), uma *primeira revolução psiquiátrica,* trazem uma explicação natural das causas da enfermidade mental, mas não um tratamento psíquico concreto. Frieda Fromm-Reichmann (1950) atribui a Paracelso a paternidade da psicoterapia, que se assenta ao mesmo tempo – diz ela – no sentido comum e na compreensão da natureza humana; contudo, se fosse assim, estaríamos frente a um fato separado do processo histórico; por isso, prefiro situar Paracelso entre os precursores, e não entre os criadores da psicoterapia científica. Com o mesmo raciocínio de Frieda Fromm-Reichmann, poderíamos atribuir a Vives, Agripa ou Weyer essa paternidade.

Todavia, tiveram de passar cerca de três séculos para que esses renovadores fossem continuados por outros homens que, eles sim, podem ser situados nos primórdios da psicoterapia. São os grandes psiquiatras que nascem com e da Revolução Francesa. O maior deles é Pinel, e a seu lado, embora em outra categoria, situaremos Messmer: são precursores, apesar de ainda não serem psicoterapeutas.

Nos últimos anos do século XVIII, quando implanta sua heróica *reforma hospitalar,* Pinel (1745-1826) introduz um enfoque humano digno e racional, de grande valor terapêutico, no trato com o doente. Mais adiante, seu brilhante discípulo Esquirol (1772-1840) cria um tratamento regular e sistemático, em que confluem diversos fatores ambientais e psíquicos, conhecido desde então como tratamento moral.

O *tratamento moral* de Pinel e Esquirol, que Claudio Bermann estudou criticamente nas já distantes *Jornadas de Psicoterapia* (Córdoba, 1962), ainda mantém sua importância e seu frescor. É o conjunto de medidas *não-físicas* que preservam e levantam o moral do doente, especialmente o hospitalizado, evitando os graves artefatos iatrogênicos do meio institucional. O tratamento moral, contudo, por seu caráter anônimo e impessoal, não chega a ser psicoterapia, ou seja, pertence a outra classe de instrumentos.

As concepções audazes de Messmer (1734-1815) foram estendendo-se rapidamente, sobretudo a partir dos trabalhos de James Braid (1795-1860) em 1840. Quando Liébeault (1823-1904) converte seu humilde consultório rural no mais importante centro de investigação do hipnotismo em todo o mundo, a nova técnica, que 20 anos antes havia recebido nome e respaldo de Braid, um cirurgião inglês, aplica-se ao mesmo tempo como instrumento de investigação e de assistência: Liébeault a utiliza para mostrar "a influência do moral sobre o corpo" e curar o doente. Tal é a importância de seus trabalhos, que a já citada obra de Zilboorg e Henry não vacila em situar em Nancy o começo da psicoterapia.

Aceitaremos com uma ressalva essa afirmação. O tratamento hipnótico, inaugurado por Liébeault, é pessoal e direto, dirige-se ao doente, mas ainda lhe falta algo para ser psicoterapia: o doente recebe a influência curativa do médico em atitude totalmente passiva. Desse ponto de vista mais exigente, o tratamento de Liébeault é pessoal, porém não *interpessoal.*

Quando Hyppolyte Bernheim (1837-1919), continuando a investigação em Nancy, põe cada vez mais ênfase na *sugestão* como fonte do efeito hipnótico e motor da conduta humana, perfila-se a interação médico-paciente, que é, no meu entender, uma das características definidoras da psicoterapia. Em seus *Novos estudos* (1891), Bernheim ocupa-se efetivamente da histeria, da sugestão e da psicoterapia.

Pouco depois, nos trabalhos de Janet, em Paris, e de Breuer e Freud, em Viena, em que a relação interpessoal é patente, já ressoa a primeira melodia da psicoterapia. Como veremos em seguida, é mérito de Sigmund Freud (1856-

1939) levar a psicoterapia ao nível científico, com a introdução da psicanálise. Desde aquele momento, será *psicoterapia* um tratamento dirigido à psique, em um marco de relação interpessoal e com respaldo em uma teoria científica da personalidade.

Repitamos os traços característicos que destacam a psicoterapia por seu devir histórico. Por seu *método,* a psicoterapia dirige-se à psique pela única via praticável, a comunicação: seu *instrumento* de comunicação é a palavra (ou, melhor dito, a linguagem verbal e pré-verbal), "fármaco" e, ao mesmo tempo, mensagem; seu *marco,* a relação interpessoal médico-doente. Por último, a finalidade da psicoterapia é curar, e todo processo de comunicação que não tenha esse propósito (ensino, doutrinação, catequese) nunca será psicoterapia.

Enquanto chegam ao máximo desenvolvimento os métodos científicos da psicoterapia sugestiva e hipnótica, inicia-se uma nova investigação que há de operar um giro copernicano na teoria e na práxis da psicoterapia. Em 1880, Joseph Breuer (1842-1925), ao aplicar a técnica hipnótica em uma paciente que, nos anais de nossa disciplina, chamou-se desde então Anna O. (e cujo verdadeiro nome é Berta Pappenheim), praticava uma forma radicalmente distinta de psicoterapia.[1]

O MÉTODO CATÁRTICO E OS PRIMÓRDIOS DA PSICANÁLISE

A evolução que se dá em poucos anos desde o método de Breuer até a psicanálise deve-se à genialidade e ao esforço de Freud. Na primeira década do século XX, a psicanálise já se apresenta como um corpo de doutrina coerente e de amplo desenvolvimento. Nesses anos, Freud escreveu dois artigos sobre a natureza e os métodos da psicoterapia: "O método psicanalítico de Freud" (1904a) e "Sobre psicoterapia" (1905a). Esses dois trabalhos são importantes do ponto de vista histórico e, se lidos com atenção, revelam-nos aqui e ali os germes das idéias técnicas que Freud irá desenvolver nos escritos da segunda década do século XX.

Vale a pena mencionar aqui uma mudança interessante em nossos conhecimentos sobre um terceiro artigo de Freud, intitulado "Tratamento psíquico (tratamento da alma)", datado durante muito tempo de 1905 quando, na realidade, foi escrito em 1890. O professor Saul Rosenzweig, da Washington University de Saint Louis, descobriu em 1966 que esse artigo, incluído na *Gesammelte Werke* e na *Standard Edition* como publicado em 1905, foi na realidade publicado em 1890, na primeira edição de *Die Gesundheit* (A saúde), um manual de medicina com artigos de diversos autores. Em 1905, publicou-se a terceira edição dessa enciclopédia.[2] Agora que sabemos a data real de sua aparição, não nos surpreende a grande diferença entre esse artigo e os dois que comentaremos a seguir.

O trabalho de 1904, escrito sem assinatura de autor para um livro de Löwenfeld sobre a neurose obsessiva, separa clara e decididamente a psicanálise do método catártico e este de todos os outros procedimentos da psicoterapia.

A partir da magna descoberta da sugestão, em Nancy e na Salpêtrière, balizam-se três etapas no tratamento das neuroses. Na primeira, utiliza-se a sugestão, e depois outros procedimentos dela derivados, para induzir uma conduta sã no paciente. Breuer renuncia a essa técnica e utiliza o hipnotismo não para que o paciente esqueça, mas para que exponha seus pensamentos. Anna O., a célebre paciente de Breuer, chamava isso de *a cura de falar* (*talking cure*). Breuer deu, assim, um passo decisivo ao empregar a hipnose (ou a sugestão hipnótica) não para que o paciente abandone seus sintomas ou se encaminhe para condutas mais sadias, mas para lhe dar a oportunidade de falar e recordar, base do *método catártico;* e o outro passo será dado pelo próprio Freud, quando abandonar o hipnotismo.

Nos *Estudos sobre a histeria*, de Breuer e Freud (1895), pode-se seguir a bela história da psicanálise desde Emmy von N., quando Freud opera com a hipnose, a eletroterapia e a massagem, até Elisabeth von R., a qual já trata sem hipnose e com quem estabelece um diálogo verdadeiro, do qual tanto aprende. A história clínica de Elisabeth mostra Freud utilizando um procedimento intermediário entre o método de Breuer e a psicanálise propriamente dita, que consistia em estimular e pressionar o enfermo para a recordação.

Quando termina a história clínica de Elisabeth, também está terminado o *método da coerção associativa* como trânsito para a psicanálise, esse diálogo singular entre duas pessoas que são, diz Freud, igualmente donas de si.

Em "Sobre psicoterapia" (1905a), uma conferência pronunciada no Colégio Médico de Viena, em 12 de dezembro de 1904, publicada na *Wiener Medical Presse* do mês de janeiro seguinte, Freud estabelece uma diferença convincente entre a psicanálise (e o método catártico) e as outras formas de psicoterapia que existiam até esse momento. Essa diferença introduz uma ruptura que provoca, como dizem Zilboorg e Henry (1941), a *segunda revolução* na história da psiquiatria. Para explicá-la, Freud baseia-se nesse belo modelo de Leonardo, o qual diferencia as artes plásticas que operam *per via di porre* e *per via di levare*. A pintura cobre de cores a tela vazia, tal como a sugestão, a persuasão e os outros métodos que *acrescentam* algo para modificar a imagem da personalidade; ao contrário, a psicanálise, do mesmo modo que a escultura, retira o que está a mais para que surja a estátua que dor-

---

[1] Strachey informa que o tratamento de Anna O. estendeu-se de 1880 até 1882. (Ver a "Introdução" de James Strachey aos *Estudos sobre a histeria*, em S. Freud, *Obras completas*, Buenos Aires: Amorrortu Editores, 24 volumes, 1978-1985, v.2, p. 5 [doravante, *AE*]).

[2] Ver J. Strachey, "Introdução", em *AE*, 1, p. 69-75.

mia no mármore. Esta é a diferença substancial entre os métodos anteriores e posteriores a Freud. Certamente, depois de Freud, e por sua influência, surgem métodos como a neopsicanálise ou a ontoanálise, que também atuam *per via di levare,* ou seja, que procuram liberar a personalidade daquilo que está impedindo-a de tomar sua forma pura, sua forma autêntica. Contudo, esta é uma evolução ulterior, que não nos interessa discutir neste momento. O que nos interessa é diferenciar entre o método da psicanálise e as outras psicoterapias de inspiração sugestiva, que são repressivas e atuam *per via di porre.*

Da discussão precedente, ressalta-se que há uma relação muito grande entre a teoria e a técnica da psicoterapia, um ponto que o próprio Freud assinala em seu artigo de 1904 e que Heinz Hartmann estudou ao longo de sua obra, por exemplo, no começo de seu "Technical implications of ego psychology" (1951). Em psicanálise, este é um ponto fundamental: sempre há uma técnica que configura uma teoria e uma teoria que fundamenta uma técnica. Essa interação permanente de teoria e técnica é privativa da psicanálise porque, como diz Hartmann, a técnica determina o método de observação da psicanálise. Em algumas áreas das ciências sociais, ocorre um fenômeno semelhante, mas não é ineludível, como na psicanálise e na psicoterapia. Somente na psicanálise podemos ver como uma determinada abordagem técnica conduz, de modo inexorável, a uma teoria (da cura, da enfermidade, da personalidade, etc.) que, por sua vez, gravita retroativamente sobre a técnica e a modifica para torná-la coerente com os novos achados – e assim indefinidamente. Talvez nisso se baseie a denominação um tanto pretensiosa de *teoria da técnica,* que tenta não apenas dar um respaldo teórico à técnica, mas também salientar a inextricável união de ambas. Veremos, ao longo deste livro, que cada vez que se procura entender a fundo um problema técnico passa-se insensivelmente ao terreno da teoria.

AS TEORIAS DO MÉTODO CATÁRTICO

O que Breuer introduz é uma modificação técnica que leva a novas teorias da doença e da cura. Essas teorias não apenas podem ser verificadas com a técnica, como também, à medida que são refutadas ou sustentadas, incidem sobre ela.

A técnica catártica descobre um fato surpreendente, a *dissociação da consciência,* que se torna visível a esse método porque produz uma *ampliação da consciência.* A dissociação da consciência cristaliza-se em duas teorias fundamentais, ou em três, se acrescentarmos a de Janet. Breuer postula que a causa do fenômeno de dissociação da consciência é o *estado hipnóide,* enquanto Freud inclina-se a atribuí-lo a um trauma.[3]

A explicação de Janet remete à *labilidade da síntese psíquica,* um fato neurofisiológico, constitucional, que se apóia na teoria da degeneração mental de Morel. Desse modo, se para que uma psicoterapia seja científica exigimos dela harmonia entre teoria e técnica, o método de Janet não chega a sê-lo. Enquanto sustenta que a dissociação da consciência deve-se a uma labilidade constitucional para obter a síntese dos fenômenos de consciência, e adscreve essa dissociação à doutrina da degeneração mental de Morel, isto é, a uma causa biológica, orgânica, a explicação de Janet não abre caminho a nenhum procedimento psicológico científico, mas sim, no máximo, a uma psicoterapia inspiracional (que, além disso, no final atuará *per via di porre),* nunca a uma psicoterapia coerente com sua teoria e, portanto, etiológica.

A teoria de Breuer e, sobretudo, a de Freud, ao contrário, são psicológicas. A *teoria dos estados hipnóides* postula que a dissociação da consciência deve-se ao fato de que um determinado acontecimento encontra o indivíduo em uma situação especial, o estado hipnóide, e por isso fica segregado da consciência. O estado hipnóide pode depender de uma razão neurofisiológica (a fadiga, por exemplo, de modo que o córtex fica em estado refratário) e também de um acontecimento emotivo, psicológico. De acordo com essa teoria, que oscila entre a psicologia e a biologia, o que se consegue com o método catártico é fazer o indivíduo retroagir ao ponto em que se havia produzido a dissociação da consciência (pelo estado hipnóide) para que o acontecimento ingresse no curso associativo normal e, por conseguinte, possa ser "desgastado" e integrado à consciência.

A hipótese de Freud, a *teoria do trauma,* já era puramente psicológica e foi a que definitivamente os fatos empíricos apoiaram. Freud defendia a origem traumática da dissociação da consciência: era o próprio acontecimento que, por sua índole, tornava-se rechaçável *da* e *pela* consciência. O estado hipnóide não teria intervido, ou teria intervido subsidiariamente; o decisivo era o fato traumático, que o indivíduo segregou de sua consciência.

De qualquer forma, e sem começar a discutir essas teorias,[4] o que importa para o raciocínio que estamos fazendo é que uma *técnica,* a hipnose catártica, levou a uma descoberta, a dissociação da consciência, e a certas teorias (do trauma, dos estados hipnóides), as quais, por sua vez, levaram a modificar a técnica.

Segundo a teoria traumática, o que a hipnose fazia era ampliar o campo da consciência para que o fato segregado voltasse a se incorporar a ela, mas isso poderia ser obtido também por outros métodos, com outra técnica.

A NOVA TÉCNICA DE FREUD: A PSICANÁLISE

Freud sempre se declarou mau hipnotizador, talvez porque esse método não satisfizesse sua curiosidade cien-

---

[3] Para maiores detalhes, ver a "Comunicação preliminar", publicada por Breuer e Freud em 1893 e incorporada como Capítulo I nos *Estudos sobre a histeria* (AE, v.2, p. 27-43).

[4] Gregorio Klimovsky utilizou as teorias dos *Estudos sobre a histeria* para analisar a estrutura das teorias psicanalíticas.

tífica. E foi assim que decidiu abandonar a hipnose e elaborar uma nova técnica para chegar ao trauma, mais de acordo com sua idéia da razão psicológica de querer esquecer o acontecimento traumático. Ele pôde dar esse passo intrépido quando recordou a famosa experiência de Bernheim da *sugestão pós-hipnótica*[5] e, sobre essa base, mudou sua técnica: em vez de hipnotizar seus pacientes, começou a estimulá-los, a concitá-los à recordação. Freud operou assim com Miss Lucy e sobretudo com Elisabeth von R., e essa nova técnica, a *coerção associativa*, coloca-o frente a novos fatos que haveriam de modificar outra vez suas teorias.

A coerção associativa confirma a Freud que as coisas são esquecidas quando não se quer recordá-las, porque são dolorosas, feias e desagradáveis, contrárias à ética e/ou à estética. Esse processo, esse esquecimento, também se reproduzia diante de seus olhos, no tratamento e, então, concluía que Elisabeth *não queria* recordar, que havia uma força que se opunha à recordação. Assim, Freud faz a descoberta da *resistência,* pedra angular da psicanálise. Aquilo que no momento do trauma condicionou o esquecimento é o que nesse momento, no tratamento, condiciona a resistência: há um jogo de forças, um *conflito* entre o desejo de recordar e o de esquecer. Então, se isso é assim, já não se justifica exercer a coerção, porque sempre se vai tropeçar na resistência. Será melhor deixar que o paciente fale, que fale livremente. Desse modo, uma nova teoria, a teoria da resistência, leva a uma nova técnica, a *associação livre*, própria da psicanálise, que se introduz como um preceito técnico, a *regra fundamental.*

Com o instrumento técnico recém-criado, a associação livre, serão descobertos novos fatos, frente aos quais a teoria do trauma e a da recordação cedem gradualmente seu lugar à teoria sexual. O conflito já não é apenas entre recordar e esquecer, mas também entre forças instintivas e forças repressoras.

A partir disso, as descobertas multiplicam-se: a sexualidade infantil e o complexo de Édipo, o inconsciente, com suas leis e seus conteúdos, a teoria da transferência, etc. Nesse novo contexto de descobertas, surge a *interpretação* como instrumento técnico fundamental e totalmente de acordo com as novas hipóteses. Enquanto só se propunham a recuperar uma recordação, nem o método catártico nem a coerção associativa precisavam da interpretação; agora é diferente, agora deve-se dar ao indivíduo informes precisos sobre si mesmo e sobre aquilo que lhe acontece, mas que ele ignora, para que possa compreender sua realidade psicológica: a isso chamamos de interpretar.

Em outras palavras, na primeira década do século XX, a teoria da resistência amplia-se vigorosamente em dois sentidos: descobre-se, por um lado, o inconsciente (o resistido) com suas leis (condensação, deslocamento) e seus conteúdos (a teoria da libido) e surge, por outro, a teoria da transferência, uma forma precisa de definir a relação médico-paciente, já que a resistência sempre se dá em termos da relação com o médico.

Os primeiros indícios da descoberta da transferência, como veremos no Capítulo 7, encontram-se nos *Estudos sobre a histeria* (1895d); e no epílogo de "Dora", escrito em janeiro de 1901 e publicado em 1905,[6] Freud já compreende o fenômeno da transferência praticamente em sua totalidade. É justamente a partir desse momento que a nova teoria começa a incidir sobre a técnica e imprime seu selo nos "Conselhos ao médico" (1912e) e em "Sobre o início do tratamento" (1913c), trabalhos contemporâneos de "Sobre a dinâmica da transferência" (1912b).

A repercussão imediata da teoria da transferência sobre a técnica é uma reformulação da relação analítica, que fica definida em termos precisos e rigorosos. O enquadre, como já veremos, não é mais que a resposta técnica daquilo que Freud havia compreendido na clínica sobre a peculiar relação entre o analista e seu analisando. Para que a transferência surja claramente e possa ser analisada, dizia Freud em 1912, o analista deve ocupar o lugar de um espelho que só reflete o que lhe é mostrado (hoje, diríamos o que lhe projeta o paciente). Quando Freud formula seus "Conselhos", a *belle époque* da técnica em que convidava, com chá e arenques, ao "Homem dos Ratos" (Freud, 1909d) encerrou-se definitivamente.

Compreende-se a coerência que há, nesse ponto, entre teoria e técnica; o médico não deve mostrar nada de si: sem se deixar envolver nas redes da transferência, ele se limitará a devolver ao paciente o que colocou sobre o liso espelho de sua técnica. Por isso, Freud diz (1915a), ao estudar o amor de transferência, que a análise deve desenvolver-se em abstinência, e isso sanciona a mudança substancial da técnica na segunda década do século XX. Se não houvesse uma teoria da transferência, esses conselhos não teriam razão de ser, conselhos totalmente desnecessários no método catártico ou na primitiva psicanálise da coerção associativa. Portanto, vemos aqui novamente essa singular interação entre teoria e técnica que assinalamos como específica da psicanálise.

Tratamos com certo detalhe a teoria da transferência porque ela ilustra muito claramente a tese que estamos desenvolvendo. À medida que Freud toma consciência da transferência, de sua intensidade, de sua complexidade e de sua espontaneidade (embora isso seja discutível), impõe-se a ele uma mudança radical no enquadre. O enqua-

---

[5] Quando Bernheim dava a uma pessoa em transe hipnótico a ordem de fazer algo depois de despertar, a ordem era cumprida exatamente, e o autor não podia explicar o porquê de seus atos e apelava para explicações triviais. No entanto, se Bernheim não se conformasse com essas *racionalizações* (como as chamaria Jones, muitos anos depois), o sujeito acabava recordando a ordem recebida em transe.

[6] "Fragmento de análise de um caso de histeria", *AE*, 7, p. 98 e ss.

dre frouxo do "Homem dos Ratos" poderá incluir chá, sanduíches e arenques, pois Freud não sabe ainda até onde chega a rebeldia e a rivalidade na transferência paterna.[7]

A modificação do enquadre, que se torna mais rigoroso em virtude da teoria da transferência, permite, por sua vez, uma precisão maior para apreciar o fenômeno, ao passo que um enquadre mais estrito e estável evita contaminá-lo e torna-o mais nítido, mais transparente.

Esse processo não foi lento e continuou depois de Freud. Basta reler a história de Richard, analisado em 1941, para ver Melanie Klein depurando sua técnica, e a de todos nós, quando chega com um pacote para seu neto e dá-se conta de que seu paciente responde com inveja, ciúmes e sentimentos de perseguição (sessão 76). Ela compreende que cometeu um erro, que não se deve fazer isso (M. Klein, 1961). Apenas um longo processo de interação entre a prática e a teoria fez com que o enquadre se tornasse cada vez mais estrito e, conseqüentemente, mais idôneo e confiável. Detivemo-nos na interação entre teoria e técnica porque isso nos permite compreender a importância de estudar simultaneamente ambos os campos e afirmar que uma boa formação psicanalítica deve respeitar essa valiosa qualidade de nossa disciplina, na qual se integram harmoniosamente a especulação e a práxis.

TEORIA, TÉCNICA E ÉTICA

Freud disse muitas vezes que a psicanálise é uma teoria da personalidade, um método de psicoterapia e um instrumento de investigação científica, querendo assinalar que, por uma condição especial, intrínseca dessa disciplina, o método de investigação coincide com o procedimento curativo, porque, à medida que alguém conhece a si mesmo, pode modificar sua personalidade, isto é, curar-se. Essa circunstância vale não apenas como um princípio filosófico, mas também como fato empírico da investigação freudiana. Poderia não ter sido assim; porém, de fato, o grande achado de Freud consiste em que, descobrindo determinadas situações (traumas, recordações ou conflitos), os sintomas da doença modificam-se e a personalidade enriquece-se, amplia-se e reorganiza-se. Essa curiosa circunstância unifica em uma só atitude a cura e a investigação, tal como o expôs lucidamente Hanna Segal (1962) no "Simpósio de fatores curativos" do Congresso de Edimburgo. Bleger também abordou esse ponto, ao falar da entrevista psicológica, em 1971.

Assim como há uma correlação estrita da teoria psicanalítica com a técnica e com a investigação, também se dá na psicanálise, de maneira singular, a relação entre a técnica e a ética. Pode-se até dizer que a ética é uma parte da técnica ou, de outra forma, que o que dá coerência e sentido às normas técnicas da psicanálise é sua raiz ética. A ética integra-se na teoria científica da psicanálise não como uma simples aspiração moral, e sim como uma necessidade de sua práxis.

As falhas éticas do psicanalista revertem ineludivelmente em falências da técnica, já que seus princípios básicos, especialmente os que configuram o enquadre, sustentam-se na concepção ética de uma relação de igualdade, respeito e busca da verdade. A dissociação entre a teoria e a práxis, sempre lamentável, em psicanálise o é duplamente, pois danifica nosso instrumento de trabalho. Em outras disciplinas, até certo ponto é factível manter uma dissociação entre a profissão e a vida, mas isso, para o analista, é impossível.

Ninguém vai pretender que o analista não tenha falhas, debilidades, hipocrisias ou dissociações, mas sim que possa aceitá-las, em seu foro íntimo, por consideração ao método, à verdade e ao paciente. É que o analista tem como instrumento de trabalho seu próprio inconsciente, sua própria personalidade, motivo pelo qual a relação da técnica com a ética torna-se tão urgente e indissolúvel.

Um dos princípios que Freud propôs – e que é ao mesmo tempo técnico, teórico e ético – é que não devemos ceder ao *furor curandis;* e hoje sabemos, sem sombra de dúvida, que o *furor curandis* é um problema de contratransferência. Esse princípio, entretanto, não vem a modificar o que acabo de dizer, porque não se deve perder de vista que Freud previne-nos do *furor curandis,* diferente do desejo de curar que significa cumprir nossa tarefa.[8]

O tema do *furor curandis* nos faz voltar ao da ética, porque a prevenção de Freud não é mais que a aplicação de um princípio mais geral, a regra de abstinência. A análise, afirma Freud no Congresso de Nuremberg (1910d) e reitera-o muitas vezes (1915a, 1919a, etc.), deve transcorrer em privação, em frustração, em abstinência. Essa regra pode ser entendida de várias maneiras; de qualquer modo, ninguém duvidará que Freud quis dizer que o analista não pode dar ao paciente satisfações diretas, porque, quando este as obtém, o processo detém-se, desvia-se, perverte-se. Em outros termos, seria possível dizer que a satisfação direta retira do paciente a capacidade de simbolizar. Pois bem, a regra de abstinência, que para a análise é um recurso técnico, para o analista é uma norma ética. Porque, evidentemente, o princípio técnico de não dar ao analisando satisfações diretas tem seu corolário no princípio ético de não aceitar as que ele possa oferecer-nos. Assim como não podemos satisfazer a curiosidade do paciente, por exemplo, tampouco podemos satisfazer a nossa. Do ponto de vista do analista, o que o analisando diz são apenas associações, cumprem a regra fundamental, e aquilo que associa só pode ser considerado como um informe pertinente a seu caso.

---

[7] A respeito disso, ver o trabalho de David Rosenfeld, apresentado no Congresso de Nova York de 1979 e publicado no *International Journal of Psycho-Analysis* de 1980.

[8] Sobre a proposta de Bion (1967a) de que o analista trabalhe "sem memória e sem desejo", teremos algo a dizer mais adiante, do mesmo modo que do "desejo do analista" de Lacan (1958).

O que acabamos de dizer abrange o problema do segredo profissional e redefine-o de forma mais estrita e rigorosa, enquanto passa a ser, para o analista, um aspecto da regra de abstinência. Na medida em que o analista não pode tomar o que o analisando diz senão como material, na realidade este nunca lhe informa nada; nada do que o paciente tenha dito o analista pode dizer que foi dito, porque o analisando só forneceu seu material. E material é, por definição, o que nos informa sobre o mundo interno do paciente.

A atenção flutuante implica receber da mesma maneira todas as associações do paciente. E, quando o analista pretende obter delas alguma informação que não seja pertinente à situação analítica, está funcionando mal, transformou-se em uma criança (quando não em um perverso) escoptofílica. Além disso, a experiência mostra que, quando a atenção flutuante perturba-se, é porque está operando, em geral, alguma projeção do analisando. Portanto, o transtorno do analista deve ser considerado um problema de contratransferência ou de contra-identificação projetiva, se seguirmos Grinberg (1963, etc.).

O que acabo de expor não é apenas um princípio técnico e ético, mas também uma saudável medida de higiene mental, de proteção para o analista. Como diz Freud em "Sobre a psicanálise 'selvagem'" (1910k), não temos direito de julgar nossos colegas e, em geral, a terceiros, através das afirmações dos pacientes, os quais devemos escutar sempre com uma benevolente dúvida crítica. Em outras palavras, e isso é rigorosamente lógico, tudo o que o paciente diz são suas opiniões, e não os fatos. Não se oculta para mim o quão difícil é estabelecer e manter essa atitude na prática, mas penso que, à medida que a compreendemos, é mais fácil para nós cumpri-la. A norma fundamental é, outra vez, a regra de abstinência: enquanto uma informação não viola a regra de abstinência, é pertinente e é simplesmente material; se não é assim, a regra de abstinência foi transgredida. Às vezes, é somente o sentimento do analista – e, em última instância, sua contratransferência – que pode ajudá-lo nessa difícil discriminação.

O princípio que acabo de enunciar nunca deve ser tomado de maneira rígida e sem plasticidade. Alguma informação geral que o paciente dê colateralmente pode ser aceita como tal, sem violar as normas de nosso trabalho,[9] do mesmo modo que pode haver desvios que não configurem uma falta, uma vez que estejam dentro dos usos culturais e sejam dados ou recebidos sem perder de vista o movimento geral do processo. Contudo, fica de pé a norma básica de que nenhuma intervenção do analista é válida se violar a regra de abstinência.

---

[9] Por exemplo, que o analisando informe-nos que o elevador não funciona.

2

Indicações e Contra-Indicações Segundo o Diagnóstico e Outras Particularidades

As indicações terapêuticas da psicanálise são um tema que vale a pena discutir não somente por sua importância prática, mas porque, por pouco que seja estudado, revela um pano de fundo teórico de verdadeira complexidade.

AS OPINIÕES DE FREUD

As indicações e contra-indicações foram fixadas lucidamente por Freud na já mencionada conferência no Colégio Médico de Viena, em 12 de dezembro de 1904. Ali, Freud começa por apresentar a psicoterapia como um procedimento médico-científico e depois delimita suas duas modalidades fundamentais, expressiva e repressiva, tomando o belo modelo de Leonardo das artes plásticas.

No curso de sua conferência, Freud insiste nas contra-indicações da psicanálise para reivindicar finalmente seu campo específico, as neuroses (o que hoje chamamos de neurose).

Nessa conferência, e também no trabalho que escreveu pouco antes por encargo de Löwenfeld, Freud afirmou, e é um pensamento muito original, que a indicação da terapia psicanalítica não deve ser feita apenas pela doença do sujeito, mas também por sua personalidade. Essa diferença continua sendo válida: a psicanálise é indicada de acordo tanto com a pessoa como quanto o diagnóstico.

Ao considerar o *indivíduo*, Freud diz com franqueza (e também com certa ingenuidade) que "devem-se rechaçar os doentes que não possuam certo grau de cultura e um caráter em alguma medida confiável" (*AE*, v.7, p. 253). Essa idéia havia sido exposta, como acabamos de ver, no trabalho para o livro de Löwenfeld, em que diz que o paciente deve possuir um estado psíquico normal, um grau suficiente de inteligência e um certo nível ético porque, do contrário, o médico perde logo o interesse e verá que seu esforço não se justifica. Entretanto, esse ponto de vista seria hoje revisável, a partir da teoria da contratransferência, porque, se o analista perde seu interesse, deve-se supor que algo lhe acontece. Por outro lado, isso poderia ser refutado até com argumentos do próprio Freud, que muitas vezes afirmou que ninguém sabe as potencialidades que podem jazer em um indivíduo doente.

Todavia, partindo de outra vertente, o valor (social) do indivíduo influi, de fato, nas prioridades de tempo do analista, de tal forma que talvez possa justificar algum tipo de seleção. Quando os candidatos tomavam pacientes gratuitos (ou quase gratuitos) na Clínica Racker de Buenos Aires, havia seleção; contudo, esta não era feita pelo terapeuta, e sim pela clínica, que dava preferência a professores, mestres, enfermeiros e outras pessoas cuja atividade as colocava em contato com a comunidade e que, por isso, gravitavam especialmente na saúde mental da população. A seleção do próprio analista, porém, é sempre arriscada, já que pode ser complicada por um fator de contratransferência que, em casos extremos, beira a megalomania e o narcisismo.

Sempre dentro das indicações que dependem do indivíduo e não da enfermidade, Freud considera que a *idade* põe um limite à análise e que as pessoas próximas aos 50 anos já carecem de suficiente plasticidade; por outro lado, a massa do material a elaborar é de tal magnitude, que a análise se prolongaria indefinidamente. Freud já havia feito essas mesmas observações em "A sexualidade na etiologia das neuroses" (1898a), em que afirma que a análise não é aplicável nem às crianças nem aos anciãos (*AE*, 3, v.3, p. 274).

Esses dois fatores são contemplados hoje com ânimo mais otimista. Não há dúvida de que os anos tornam-nos menos plásticos; porém, um jovem também pode ser rígido, já que isso depende, em grande medida, da estrutura do caráter, do encouraçamento do caráter, diria Wilhelm Reich (1933). Portanto, a idade é um fator a ser levado em conta, sem ser decisivo por si mesmo. Em seu minucioso estudo das indicações e contra-indicações, Nacht e Lebovici (1958) aceitam, em princípio, que a idade impõe um limite à análise, mas assinalam enfaticamente que a indicação sempre depende do caso particular. Por outro lado, deve-se levar em conta que a expectativa de vida mudou notavelmente nas últimas décadas.

Atualmente, consideramos menos ainda como um obstáculo o acúmulo de material, já que o próprio Freud mostrou-nos que os acontecimentos decisivos abrangem um número limitado de anos – a amnésia infantil – e, por outro lado, esses acontecimentos repetem-se sem cessar, ao longo dos anos e concretamente, nessa singular história vital que é a transferência.

Embora as prevenções de Freud não nos obriguem hoje tanto como antes, de qualquer modo a idade avançada estabelece sempre um problema delicado, que o analista deve encarar com equilíbrio e consciência. Ao resolver dedicar seu tempo a um homem mais velho ou reservá-lo para outro com expectativa de vida mais longa, o analista depara-se com um problema humano e social. Como é a regra em análise, tampouco aqui poderemos fornecer uma norma fixa. A indicação dependerá do paciente e do critério do analista, uma vez que a expectativa de vida é determinante para o demógrafo, mas não para este último, que só deve ter em vista a pessoa concreta. Há um momento em que, socialmente, a análise já não seria justificável para um velho? Aqui também não podemos fazer nenhuma inferência definitiva, porque algumas pessoas morrem cedo e outras muito tarde. Kant publicou a *Crítica da razão pura* quando tinha 57 anos e já se havia aposentado como professor em Königsberg, de modo que, se esse modesto professor de filosofia aposentado tivesse vindo procurar-me para se analisar por uma inibição para escrever, talvez eu, muito seguro de mim mesmo, o tivesse rechaçado por sua idade avançada!

Por sorte, nosso critério foi modificando-se, tornou-se mais elástico. Há um trabalho de Hanna Segal (1958) em que ela relata a análise de um homem de 74 anos que teve um curso excelente, e Pearl S. King (1980) tratou o tema, em seu relato do Congresso de Nova York, com uma profundidade que não deixa dúvida sobre a eficácia da análise em pessoas de idade. King insiste sobretudo no fato de que os problemas do ciclo vital desses pacientes aparecem nitidamente na transferência, na qual se pode apreendê-los e resolvê-los por métodos estritamente psicanalíticos.

Esse tema foi abordado há muitos anos por Abraham (1919b). Diferentemente de Freud e da maioria dos analistas de então, Abraham sustentava "que a idade da neurose é mais importante que a idade do paciente" (*Psicanálise clínica*, Cap. 16, p. 241) e apresentou várias histórias de pessoas com mais de 50 anos que responderam muito bem ao tratamento psicanalítico.

INDICAÇÕES DE FREUD SEGUNDO O DIAGNÓSTICO

Com respeito às indicações da análise *segundo o diagnóstico clínico*, é admirável a cautela com que Freud as discute. Concretamente, considera a psicanálise como método de escolha em casos crônicos e graves de histeria, fobias e abulias, ou seja, as neuroses. Nos casos em que há fatores psicóticos ostensivos, a indicação da análise não é para ele pertinente, embora deixe aberta, para o futuro, a possibilidade de uma abordagem especial da psicose. Também não a recomenda em casos agudos de histeria e no esgotamento nervoso. E descarta, obviamente, a degeneração mental e os quadros confusionais.

Em resumo, apenas o núcleo nosograficamente reduzido, mas epidemiologicamente extenso da neurose, é acessível à análise: Freud, nesse sentido, foi categórico e não mudou sua posição desde esses trabalhos até o *Esquema da psicanálise* (1940a), em que volta a dizer, no começo do Capítulo VI, que o ego do psicótico não pode prestar-se ao trabalho analítico, pelo menos até que encontremos um plano que se adapte melhor a ele (*AE*, v.23, p. 174).

É inegável, porém, que algo mudou ao longo do século XX e que se abriram caminhos importantes a partir da psicanálise infantil (o que foi propiciado, entre outros, por sua filha Anna) e das novas teorias da personalidade que abrangem o primeiro ano da vida e dão possibilidades de acesso às doenças que, desde Freud e Abraham (1924), já se sabia que têm seu ponto de fixação nessa época.

Embora Freud sempre tenha insistido em que só se devia tratar os neuróticos, seus próprios casos, ao que parece, nem sempre o foram. Com fundamento, poderíamos diagnosticar "Dora" de psicopatia histérica e de *bordeline* o "Homem dos Lobos", que desenvolveu depois uma clara psicose paranóide, pela qual teve de tratá-lo Ruth Mack Brunswick no final de 1926, por alguns meses, como informa seu trabalho de 1928. O próprio Freud, diga-se de passagem, fez o diagnóstico e indicou o tratamento, que comentou com satisfação em "Análise terminável e interminável" (1937c). As opiniões de Freud, pois, devem ser consideradas com sentido crítico, como faz Leo Stone (1954). Uma prova do critério amplo de Freud para indicar o tratamento pode ser encontrada, sem ir mais longe, na própria conferência de 12 de dezembro de 1904, quando introduz o exemplo de uma (grave) psicose maníaco-depressiva que ele mesmo tratou (ou tentou tratar).

Digamos, para terminar, que as indicações de Freud são bastante sensatas; os casos francos de psicose, perversão, adicção e psicopatia são sempre difíceis e deve-se pensar detidamente antes de tomá-los. São pacientes que põem à prova o analista e que apenas em circunstâncias muito felizes podem ser levados a bom porto. (Voltaremos a isso, ao tratar os critérios de analisabilidade, no Capítulo 3.)

Em seus dois artigos do começo do século passado, Freud assinala que os casos agudos ou as emergências não são da alçada da psicanálise; menciona, por exemplo, a anorexia nervosa como uma contra-indicação. (Por extensão, poderíamos dizer o mesmo do paciente com tendências suicidas, sobretudo o melancólico.)

Em sua conferência de 1904, Freud afirmou que a análise não é um método perigoso se praticado adequadamente, o que merece um momento de reflexão. Creio que Freud, com isso, quer dizer algo que é certo para os cautelosos médicos que o escutam no Colégio de Viena: a análise não é perigosa, porque não leva ninguém para o mau caminho, não vai transformar ninguém em louco, perverso ou imoral; e é necessário sublinhar que Freud diz que a análise não pode causar dano ao paciente *se for praticada adequadamente*. Todavia, é inegável que a psicanálise mal praticada faz mal, às vezes muito mal, infelizmente.[1]

---

[1] O tema da iatrogenia na análise mereceu reflexões acertadas de Liberman ao longo de toda a sua obra.

O SIMPÓSIO DE ARDEN HOUSE DE 1954

Convocado pela Sociedade Psicanalítica de Nova York, o simpósio *The widening scope of indications for psychoanalysis* (A ampliação do campo de indicações da psicanálise) ocorreu em maio de 1954. Participaram Leo Stone, o principal expositor, Edith Jacobson e Anna Freud.

O trabalho de Stone tem, sem dúvida, um valor perdurável. Mais do que otimista, é realista, já que não estende os limites das indicações, mas mostra como sempre se tentou legitimamente ultrapassar esses limites. Recorda que na década de 1920, e já mesmo antes, Abraham começou a tratar pacientes maníaco-depressivos com o apoio decidido de Freud[2] e menciona também as tentativas de Ernest Simmel com adictos alcoolistas e psicóticos internados, assim como as de Aichhorn em Viena, com sua juventude transviada, na mesma época. Acrescentemos que Abraham escreveu a história de um fetichista do pé e do espartilho para o Congresso de Nuremberg, em 1910, e Ferenczi estudou profundamente o tique em 1921, tema que também ocupou Melanie Klein em 1925.

Antes de passar em revista as indicações que ultrapassam o marco da neurose, Stone aponta os limites da própria psicanálise como método. Diz, com razão, que uma psicoterapia orientada psicanaliticamente, mas que não se propõe a resolver os problemas do paciente na transferência e com a interpretação, não deve ser considerada psicanálise, ao passo que, se forem mantidos esses objetivos, apesar de (e graças a) que se recorra aos parâmetros de Eissler (1953), não estaremos fora de nosso método. Assinalemos que para Stone, da mesma forma que para Eissler, o parâmetro é válido se não obstaculiza o desenvolvimento do processo e, posteriormente, uma vez removido, pode-se analisar com plenitude a transferência.

Leo Stone considera que os critérios nosográficos da psiquiatria, apesar de imprescindíveis, não são suficientes, já que devem ser completados com toda uma série de elementos dinâmicos da personalidade do paciente potencial, tais como narcisismo, rigidez, pensamento dereístico, distanciamento e vazio emocional, euforia, megalomania e muitos mais.

Uma afirmação importante de Stone – com a qual concordo plenamente – é que a indicação do tratamento psicanalítico apóia-se, em certos casos, no conceito de *psicose de transferência:* "Pode-se falar, justificadamente, de uma psicose de transferência, no sentido de uma variante ainda viável de neurose de transferência nas formas extremas" (1954, p. 585). Logo, o que se amplia, e sobre bases teóricas que considero firmes, é o conceito de neurose de transferência, que discutiremos no Capítulo 12.

Stone conclui que as neuroses de transferência e as caracteropatias a elas associadas continuam sendo a primeira e melhor indicação para a psicanálise, mas que os objetivos ampliaram-se e abrangem praticamente todas as categorias nosológicas de natureza psicogênica (p. 593), ponto de vista que informa, coincidentemente, todo o livro de Fenichel (1945a).

Vemos, assim, que Leo Stone estabeleceu as indicações com amplitude; paradoxalmente, afirmou que os transtornos neuróticos de gravidade mediana, que podem ser resolvidos com métodos psicoterapêuticos breves e simples, não configuram uma indicação para a análise, que se deve ser reservarda para os casos neuróticos mais graves, ou para os que não possam ser resolvidos por outras técnicas mais simples ou com os meios farmacológicos da psiquiatria moderna, ponto de vista que Nacht e Lebovici (1958) também sustentam. Veremos que, nesse ponto, Anna Freud teve sua única discrepância com Stone.

Em Arden House, Edith Jacobson (1954a) falou também sobre o tratamento psicanalítico da depressão grave. Considera casos que podem variar desde as depressões reativas mais intensas até a psicose circular em sentido estrito, passando pelos *borderlines*, que são os mais freqüentes. Em todos eles, a autora opina que as dificuldades no desenvolvimento e na análise da transferência são muito grandes, mas não impossíveis. Considera que os resultados mais satisfatórios são obtidos quando podem ser recuperadas e analisadas na transferência as fantasias prégenitais mais arcaicas (p. 605).

O comentário de Anna Freud (1954) coincide basicamente com Stone e apóia-se em sua própria experiência com caracteropatias graves, perversões, alcoolismo, etc.; porém, como analista leigo, não tratou casos psicóticos ou depressões graves. Anna Freud considera que é válido e interessante tratar todos esses casos e concorda com a opinião de Stone sobre o uso de parâmetros para torná-los acessíveis ao método, embora pense também que o esforço excessivo e o tempo prolongado que demandam os casos difíceis devem ser pesados no momento das indicações. Com um critério que chamamos antes de social, Anna Freud considera que os casos neuróticos devem ser levados muito em conta (p. 610).

É de se destacar que, quando Anna Freud voltou a discutir as indicações da análise no Capítulo 6 de seu *Normality and pathology in childhood* (1965), reafirmou seus pontos de vista do Simpósio de Arden House.

Na Conferência de Arden House, em conclusão, ninguém questionou a validade teórica de aplicar o método psicanalítico aos transtornos psicogênicos que ultrapassam os limites da neurose, embora todos tenham concordado que essa tarefa é bastante difícil.

O INFORME DE NACHT E LEBOVICI

Em *A psicanálise hoje,* Nacht e Lebovici (1958) dividem as indicações e contra-indicações da psicanálise em

---

[2] Há pouco, assinalei que Freud não hesitou em ensaiar seu método em uma psicose circular de evolução severa. Às vezes, esquece-se que Freud tomou em análise uma jovem homossexual com uma séria tentativa de suicídio, caso que publicou em 1920, e que, quando decidiu interromper o tratamento pela intensidade da transferência paterna negativa, sugeriu aos pais que, se quisessem continuá-lo, procurassem para sua filha uma analista mulher (*AE,* v.18, p. 157).

função do diagnóstico clínico e do paciente, seguindo Freud (1904a) e Fenichel (1945a).

Com referência às indicações *pelo diagnóstico,* esses autores destacam, como Glover (1955), três grupos: os casos acessíveis, os casos moderadamente acessíveis e os fracamente acessíveis. Nacht e Lebovici consideram a psicanálise aplicável aos estados neuróticos, ou seja, às neuroses sintomáticas, mas muito menos às neuroses de caráter; as perturbações da sexualidade, isto é, a impotência no homem e a frigidez na mulher, são indicações freqüentes e aceitas, ao passo que nas perversões as indicações são mais espinhosas e difíceis de estabelecer.

Apesar de Nacht e Lebovici partirem do princípio (bem freudiano, por certo) de que não existe uma oposição absoluta entre neurose e psicose, inclinam-se a pensar que, nos casos francos de psicose, o tratamento analítico é de difícil aplicação, enquanto os casos não demasiadamente graves animam a tentar a análise.

Quanto às indicações *pela personalidade,* dissemos que Nacht e Lebovici aceitam o critério de Freud sobre a idade e estabelecem um limite ainda mais estrito, pois consideram que só o adulto jovem, que não passe dos 40 anos, é da incumbência da análise (p. 70), embora admitam exceções.

Esses autores consideram que o benefício secundário da enfermidade, se está muito arraigado, é uma contra-indicação ou, ao menos, um fator a ser levado em conta como grave obstáculo. Desse modo, estudam detidamente a força do ego como fator de primeira importância, enquanto o narcisismo, o masoquismo, em suas formas mais primitivas, as tendências homossexuais latentes, que imprimem seu selo no funcionamento do ego, e os casos com marcada facilidade para a passagem ao ato (*acting out*) são fatores negativos, os quais devem ser levados em consideração, assim como a debilidade mental, que cria um obstáculo à plena compreensão das interpretações.

O SIMPÓSIO DE COPENHAGUE DE 1967

No XXV Congresso Internacional, realizou-se um simpósio, *Indications and contraindications for psychoanalytic treatment,* dirigido por Samuel A. Guttman, com a participação de Elizabeth R. Zetzel, P. C. Kuiper, Arthur Wallenstein, René Diatkine e Alfredo Namnum.

Se contrastarmos o simpósio de 1954 com este, veremos claramente que a tendência a ampliar as indicações da psicanálise reverte-se, estreita-se. Como diz Limentani (1972), há primeiro um processo de expansão e depois um de retração, a partir das circunspectas afirmações de Freud no começo do século XX. Limentani considera que a tendência a voltar a pautas restritas depende, ao menos parcialmente, dos critérios mais seletivos dos institutos de psicanálise para admitir candidatos, que foi impondo-se em todo o mundo, desde a época da Segunda Guerra Mundial. É evidente, conclui Limentani, que nesses modelos mais rigorosos está implícito o reconhecimento de que o tratamento psicanalítico não chega a resolver todos os problemas psicológicos.

Além de uma maior prudência nos alcances do método, o Simpósio de Copenhague destacou entre outros um fator importante, a motivação para a análise, que aparece explicitamente no trabalho de Kuiper (1968), mas permeia também os outros.

O tema central de Copenhague é, sem dúvida, a analisabilidade, desenvolvida com rigor por Elizabeth R. Zetzel. Por sua importância, nós nos ocuparemos dele no próximo capítulo.

Quando Guttman abriu o simpósio, expôs um critério restritivo quanto às aplicações da psicanálise com um raciocínio que me parece um tanto circular. Disse que a psicanálise, como método, consiste na análise da neurose de transferência, de modo que, se esta não se desenvolve plenamente, mal se poderá resolvê-la com métodos analíticos e, portanto, a psicanálise não será aplicável. Pois bem, continua Guttman, dado que as únicas doenças em que, *por definição,* instaura-se uma neurose de transferência são justamente as neuroses de transferência – ou seja, a histeria em suas duas formas, de conversão e de angústia, e a neurose obsessiva, com os correspondentes transtornos caracterológicos – então apenas estas são indicações válidas. É clara aqui a petição de princípios, porque o que está em discussão é se os outros pacientes podem desenvolver plenamente fenômenos de transferência, de acordo com a natureza de sua enfermidade e de seus sintomas, e se estes podem ser resolvidos na análise.

Os pacientes psicóticos, *borderlines,* perversos e adictos só poderão analisar-se, diz Guttman, quando o curso do tratamento permitir o desenvolvimento de uma neurose de transferência, ou quando se descobrirem os conflitos neuróticos encobertos na conduta do paciente.

Como veremos mais adiante, a neurose de transferência deve ser entendida como um conceito técnico, o que não implica necessariamente que os outros quadros psicopatológicos não possam desenvolver fenômenos análogos. Acabamos de ver que Stone admite, para os quadros graves, uma transferência psicótica; e, muitíssimo antes, em seu brilhante trabalho de 1928, intitulado "Análise de um caso de paranóia. Delírio de ciúmes", Ruth Mack Brunswick fala concretamente de uma psicose de transferência e mostra a forma de analisá-la e resolvê-la. A experiência clínica parece demonstrar que cada paciente desenvolve uma transferência de acordo com seu padecimento e com sua personalidade. Nesse sentido, convém reservar o termo neurose de transferência para as próprias neuroses, e não estendê-lo às outras situações.

ALGUMAS INDICAÇÕES ESPECIAIS

Um tema da maior atualidade é a aplicação da psicanálise nas enfermidades orgânicas em que participam notoriamente fatores psíquicos, as quais se houve por bem chamar, com razão, de *psicossomáticas.* Convergem aqui problemas teóricos e técnicos que convêm estudar criticamente. Embora seja certo que, do ponto de vista doutrinário, vale o conceito de que toda enfermidade é, ao mesmo tempo, psíquica e somática (ou, se se quiser, psíquica, somática e social), os fatos empíricos mostram que o peso relativo desses fatores pode ser muito díspar.

A indicação da psicanálise variará, em primeiro lugar, conforme a maior participação dos fatores psicológicos; em segundo lugar, conforme a resposta aos tratamentos médicos previamente efetuados e, em terceiro lugar, conforme o tipo de enfermidade. A colite ulcerativa, por exemplo, mesmo em suas formas mais graves, é uma doença que responde quase sempre satisfatoriamente à psicanálise, enquanto a obesidade essencial, a diabete e as coronariopatias não oferecem, em geral, uma resposta favorável. O asma brônquica e a hipertensão às vezes se beneficiam (nem sempre) da análise, e menos a úlcera gastroduodenal. Em certos casos, vi regularizar-se a pressão arterial de pacientes que não consultavam por hipertensão, mas por problemas neuróticos, e aos quais os clínicos que os atendiam deram alta, tendo em vista sua evolução favorável.

Deve-se levar sempre em conta que nem todos os doentes psicossomáticos têm uma resposta semelhante à psicanálise, assim como tampouco a têm os neuróticos. Além disso, há doenças em que a psicogênese pode ser relevante; porém, uma vez posto em marcha o processo patológico, já não se pode detê-lo com meios psíquicos. Assim, por exemplo, há muitos estudos que provam convincentemente que o fator psicológico pesa no surgimento do câncer, mas é muito improvável que, uma vez produzido, seja possível fazê-lo retroceder, removendo os fatores psicológicos que participaram de sua aparição. É possível, contudo, que o tratamento analítico possa coadjuvar em algo para uma evolução melhor dessa doença.

De qualquer modo, deve-se examinar em cada caso todos os fatores mencionados – e talvez outros – antes de se decidir pela psicanálise; e, ao fazê-lo, será esclarecendo ao paciente que deve continuar os tratamentos médicos pertinentes. Em nenhum caso isso é mais notório do que na obesidade, na qual a ajuda psicológica é plausível e muitas vezes eficiente, mas nunca pode ir além do que ditar o balanço calórico. É evidente também que, se a doença psicossomática pode ser resolvida por meios médicos ou cirúrgicos mais simples que o longo e sempre trabalhoso tratamento psicanalítico, o paciente deve optar por eles se seus sintomas propriamente mentais não forem muito relevantes. Aqui está presente, de novo, o tema da motivação.

Mais adiante, no Capítulo 6, quando falarmos do contrato, discutiremos o problema técnico estabelecido pelo tratamento médico ou cirúrgico de um paciente em análise. Porém, digamos desde já que, se os papéis são bem delimitados e cada um cumpre sua função sem sair de seu campo, o processo analítico não tem por que se ver entorpecido.

É bem sabido que a esterilidade feminina e a infertilidade masculina, quando não se devem a causas orgânicas, às vezes respondem à análise. Muito antes que se analisasse esse tipo de pacientes, o doutor Rodolfo Rossi assinalava, em sua cátedra de Clínica Médica em La Plata, que os casais estéreis tinham, às vezes, seu primeiro filho com posterioridade à adoção.

Dissemos que, até certo ponto, o significado de uma pessoa para a sociedade pode pesar na indicação de sua análise. Isso nos leva a outro problema de importância teórica e de projeção social, a análise do *homem normal*. Em outras palavras, até que ponto é legítimo indicar a análise como um método profilático, como um método para melhorar o rendimento e a plenitude da vida de um homem normal. Embora seja certo que, em princípio, ninguém apóia abertamente esse tipo de indicação, cabem certas precisões.

O homem normal é, de imediato, uma abstração e a experiência clínica demonstra convincentemente que apresenta transtornos e problemas quase sempre importantes. Quem se analisa sem estar formalmente doente, como é o caso de muitos futuros analistas, em geral não se arrepende: no curso da análise, chega a visualizar, às vezes com assombro, os graves defeitos de sua personalidade ligados a conflitos e a resolvê-los se o andamento do tratamento é favorável.

É inegável que o senso comum mais elementar adverte que se deve pensar muito antes de indicar profilaticamente uma terapia difícil e longa como a psicanálise, que exige um investimento grande em esforço, em afeto e angústia, em tempo e dinheiro. A pessoa que se analisa empreende um caminho, toma uma decisão; a análise é quase uma escolha de vida por muitos anos. Porém, essa escolha vital abrange também a de querer analisar-se e buscar a verdade que, se é autêntica, a longo prazo vai justificar a empresa.

Onde mais se coloca em prática esse tipo de indicação é na psicanálise de crianças, porque ali a expectativa de vida é ampla e os problemas do desenvolvimento normal apenas se distinguem da neurose infantil.

ALGO MAIS SOBRE OS FATORES PESSOAIS

Já dissemos reiteradamente que a indicação da psicanálise não deve ser feita apenas atendendo ao tipo e ao grau de enfermidade do paciente, mas também a outros fatores, que são sempre de peso e às vezes decisivos. Alguns deles dependem da pessoa e outros (que quase nunca são levados em conta) de seu meio.

Já consideramos o valor social da pessoa como critério de indicação. Quem ocupa um lugar significativo na sociedade justifica – se está doente – o alto esforço da análise. Dissemos, também, que esse fator não implica um juízo de valor e, ao incluí-lo entre seus critérios de seleção, o analista deve estar seguro de que não se deixa levar pelo preconceito ou por um fator afetivo (contratransferência), e sim por uma avaliação objetiva da importância do tratamento para esse indivíduo e desse indivíduo para a sociedade.

Dentro dos fatores que estamos considerando agora, está a atitude psicológica do paciente frente à indicação da análise. É algo que o trabalho de Freud de 1904 já levava em conta e que os autores atuais também assinalam como fundamental.

Nunberg descobriu, há muitos anos (1926), que todo paciente traz ao tratamento desejos neuróticos e não somente desejos realistas de cura e, a partir disso, a resultante de ambos mostrará os aspectos sãos e enfermos, que haverão de se desenvolver como neurose de transferência e aliança terapêutica. Às vezes, os desejos neuróticos (ou psicóticos) de cura podem configurar de início uma situação muito difícil e conduzir inclusive ao que Bion descreveu, em 1963, como reversão da perspectiva.

Entretanto, o que estamos considerando aqui está além dos desejos de cura que uma pessoa possa ter e que, no fim das contas, a análise pode modificar: é algo prévio e próprio de cada um, o desejo de embarcar em uma empresa cuja única oferta é a busca da verdade. Porque, seja qual for a forma como se proponha a análise, o paciente sempre se dá conta de que estamos oferecendo-lhe um tratamento longo e penoso, como dizia Freud (1905a), cuja premissa básica é a de conhecer a si mesmo, e isso não é atrativo para todos e para ninguém é agradável. Dessa perspectiva, eu me atreveria a dizer que há uma *vocação* para a análise, assim como para outras tarefas da vida.

Freud preferia os casos que vêm espontaneamente, porque ninguém pode tratar-se a partir do desejo do outro. Apesar de as expressões manifestas do paciente serem sempre equívocas e apenas com a própria marcha da análise poderem ser avaliadas, a atitude mental profunda frente à verdade e ao conhecimento de si mesmo influi notoriamente no desenvolvimento do tratamento psicanalítico. Bion (1962b) refere-se sem dúvida a isso quando fala da função psicanalítica da personalidade.

O fator que estamos estudando é difícil de detectar e avaliar de saída, pois um paciente que pareceu vir ao tratamento de forma espontânea e muito resoluta pode revelar-nos depois que não era assim; e, vice-versa, alguém pode aproximar-se pretextando um conselho ou uma exigência familiar, mas ter um desejo autêntico. Às vezes, enfim, a falta de espontaneidade, de autenticidade, está encadeada na própria patologia do paciente, como no caso da *as if personatity*, de Helene Deutsch (1942), e então é parte de nossa tarefa analisá-la e resolvê-la, à medida que nos seja possível. Esse problema também pode ser visto da perspectiva da renúncia altruísta de Anna Freud (1936), enquanto tais indivíduos só podem ter acesso à análise em função de outros e não de si mesmos, tema ao qual também se refere Joan Rivière em seu artigo de 1936 sobre a reação terapêutica negativa. De qualquer modo, nesses casos, a indicação é sempre mais espinhosa e o prognóstico, pior. Quando Bion esteve na Associação Psicanalítica Argentina, em 1968, supervisionou um caso que vinha mandado por sua mulher. "Esse homem sempre faz o que sua mulher lhe manda?", perguntou o sagaz Bion.

No Simpósio de Copenhague, Kuiper (1968) afirma acertadamente que a motivação para a análise e o desejo de conhecer a si mesmo são decisivos, mais talvez que o tipo de doença e outras circunstâncias, embora se declare decidido partidário de não estender os alcances da psicanálise, e sim de trazê-los de volta aos quadros neuróticos clássicos. Aumentar os limites das indicações, diz Kuiper, conduz a perigosas variações da técnica, o que é nocivo para o analista já formado e mais ainda para o candidato.

Quem talvez tenha colocado esse problema com mais rigor foi Janine Chasseguet-Smirgel (1975), em seus estudos sobre o ideal do ego. Essa autora diz que, além do diagnóstico, há dois tipos de pacientes quanto ao comportamento no tratamento psicanalítico. Há pacientes com um conhecimento espontâneo e intuitivo do método psicanalítico, com autêntico desejo de conhecer a si mesmos e chegar ao fundo dos problemas, que buscam a *voie longue* de uma análise completa e rigorosa. Outros, ao contrário, buscarão resolver seus conflitos sempre pela *voie courte*, porque são incapazes de captar a grande proposta humana que a análise formula e carecem do *insight* que lhes permita entrar em contato com seus conflitos. Como vemos, trata-se de uma atitude frente à análise (e eu diria que também frente à vida) que pesa profunda e definitivamente no processo e, por sua índole, nem sempre pode modificar-se com nosso método.

Não se deve confundir a motivação para a análise com a busca de um alívio concreto frente a um sintoma ou a uma determinada situação de conflito. Essa última atitude, como assinalou Elizabeth R. Zetzel em Copenhague, implica uma motivação muito frouxa, que se perde com a dissolução do sintoma e conduz de imediato a um desinteresse na continuidade do processo, quando não a uma rápida fuga para a saúde.

Às vezes, esses problemas podem apresentar-se de forma muito sutil. Um analista didático recebe um candidato muito interessado por sua formação e apenas preocupado com seus graves sintomas neuróticos. Após um breve período de análise, em que o candidato percebeu que o tratamento oferecia-lhe uma possibilidade certa de cura, começou a aparecer nos sonhos o desejo de ser considerado um paciente, e não um colega, junto com um vivo temor de ver interrompida sua análise ao ter mudado seu objetivo. Nesse caso, a autêntica motivação em busca de si mesmo estava encoberta por outra menos válida, que pôde ser abandonada graças à própria análise. Como era de se supor, aquele candidato é hoje um excelente analista. Infelizmente, a situação inversa, em que o tratamento só é pretexto para aceder à categoria de psicanalista, é muito mais freqüente.

Um fator do ambiente social ou familiar que influi na possibilidade e no desenvolvimento da análise é que o futuro paciente disponha de um meio adequado que o suporte quando falta o analista, ou seja, entre as sessões, no fim de semana e nas férias. Uma pessoa que está totalmente só é sempre difícil de analisar. É óbvio que isso varia com a psicopatologia do paciente e com as possibilidades de cada um de encontrar companhia, fora ou dentro de si mesmo. No neurótico, por definição, existe internamente esse suporte; contudo, ainda assim, também precisa de um mínimo de apoio familiar, que, justamente por suas condições internas, o paciente procura na realidade.

Com as crianças e muito mais com os psicóticos, os psicopatas, os adictos ou perversos, se o meio familiar não presta uma ajuda concreta, ainda que não seja formal e de tipo racional, a empresa da análise torna-se quase impossível. Quando o futuro paciente depende de um meio familiar hostil à análise, a tarefa será mais difícil, e tanto mais se essa dependência é concreta e real, econômica, por exemplo. Em nossa cultura, um marido que mantém sua família e quer analisar-se contra a opinião da mulher será um paciente mais fácil do que uma mulher que dependa economicamente do marido, considerando igual para ambos o montante da projeção da resistência no cônjuge. Esses fatores, embora não constituam a essência da análise, devem ser pesados no momento da indicação.

AS INDICAÇÕES DA ANÁLISE DE CRIANÇAS

As árduas controvérsias sobre indicações e contra-indicações da análise de crianças e adolescentes foram modificando-se e atenuando-se no curso dos anos, não menos que os desacordos sobre a técnica. Freud foi o primeiro a aplicar o método psicanalítico nas crianças, tomando a seu encargo o tratamento do pequeno Hans, um menino de cinco anos com fobia aos cavalos (Freud, 1909a). Como todos sabem, Freud realizou esse tratamento através do pai de Hans, mas o fez utilizando os princípios básicos da técnica analítica daqueles tempos, isto é, interpretando ao pequeno seus desejos edípicos e sua angústia de castração. Ao comentar o caso, no final de seu trabalho, Freud sublinha que a análise de um menino de primeira infância veio a corroborar suas teorias da sexualidade infantil e do complexo de Édipo e, o que é mais importante para o nosso tema, que a análise pode ser aplicada às crianças sem riscos para sua culturalização.

Esses pensamentos freudianos avançados não foram depois retomados ao longo de sua obra. Somente no final de sua vida é que Freud voltou ao tema da análise infantil, nas *Novas conferências* (1933a), em que diz outra vez que a análise das crianças serviu não apenas para confirmar, de forma viva e direta, as teorias elaboradas na análise de adultos, mas também para demonstrar que a criança responde muito bem ao tratamento psicanalítico, de modo que se obtêm resultados promissores e duradouros. (Conferência nº 34: "Esclarecimentos, aplicações, orientações", *AE*, v.22, p. 126 e ss.)

Os primeiros analistas dos anos de 1920 eram discrepantes, em muitos pontos, quanto à técnica para analisar crianças e à idade a partir da qual o tratamento pode ser aplicado. Hug-Hellmuth sustentava, em sua pioneira apresentação ao Congresso de Haya, que uma análise estrita de acordo com os princípios da psicanálise só pode ser realizada a partir dos sete ou oito anos.[3] Em seu *Einführung in die Technik der Kinderanalyse* (Introdução à técnica da análise de crianças), publicada em 1927 sobre a base de quatro conferências que proferiu um ano antes na Sociedade de Viena, Anna Freud também considera que a análise só pode ser aplicada às crianças a partir da latência, e não antes. Porém, na segunda edição de seu livro, publicada em Londres em 1946, com o título de *The psycho-analytical treatment of children,* a autora estende muito esse limite e pensa que as crianças de primeira infância são analisáveis, desde os dois anos.[4]

Melanie Klein, por sua vez, sempre pensou que as crianças podiam analisar-se na primeira infância e, de fato, tratou Rita quando tinha dois anos e nove meses.

Se deixamos de lado a apaixonada polêmica que tem um de seus pontos culminantes no *Simpósio sobre análise infantil* da Sociedade Britânica, de 1927,[5] podemos concluir que a maioria dos analistas que seguem Anna Freud e Melanie Klein pensa que a análise é aplicável a crianças de primeira infância e que todas as crianças, normais ou perturbadas, poderiam beneficiar-se com a análise. Contudo, a análise da criança normal, diz sabiamente Anna Freud (1965, Capítulo 6), toma para si uma tarefa que pertence, de direito, à própria criança e a seus pais.[6] Quanto ao limite de idade, Anna Freud assinala com toda razão, no recém-citado Capítulo 6, que, se a criança desenvolveu sintomas neuróticos, é porque seu ego se opôs aos impulsos do id, o que permite supor que estará disposta a receber ajuda para triunfar em sua luta.

Um dos casos mais notáveis da bibliografia de tentativa de uma análise precoce é o de Arminda Aberastury (1950), que estudou uma menina de 19 meses com fobia aos balões. A fobia, que eclodiu no começo da nova gravidez da mãe, foi evoluindo significativamente, até se transformar em uma fobia aos ruídos de coisas que explodem ou estalam, à medida que a gestação da mãe ia chegando a seu termo. Nesse momento, a analista realizou uma sessão com a menina em que pôde interpretar os principais conteúdos da fobia, ao que parece com boa recepção por parte da diminuta paciente, que depois dessa única sessão não retornou ao tratamento.

Parece também haver terminado a polêmica sobre o alcance da psicanálise de crianças, que parece aplicável tanto às neuroses infantis quanto aos transtornos não-neuróticos (transtornos de caráter e de conduta, crianças *borderlines* e psicóticas).

---

[3] *International Journal of Psycho-Analysis*, v.2, p. 289, 1921.

[4] *Writings*, v.1: "Introduction", p. viii.

[5] O simpósio aconteceu entre 4 e 18 de maio e foi publicado no *International Journal* desse mesmo ano (v.8, p. 339-91). Participaram Melanie Klein, Joan Rivière, M. N. Searl, Ella F. Sharpe, Edward Glover e Ernest Jones.

[6] *Writings*, v.6, p. 218.

3

Analisabilidade

Vimos, no capítulo anterior, que a indicação da psicanálise, quando não há uma contradição específica e irrecusável, é sempre um processo complexo, em que se deve computar uma série de fatores. Nenhum deles é por si mesmo determinante embora alguns possam pesar mais que outros. Só depois de avaliar ponderadamente todos os elementos, surge como resultante a indicação. Todavia, logo veremos que as coisas são ainda mais complexas, porque os conceitos de analisabilidade e acessibilidade, que agora discutiremos, estão além das indicações.

CONCEITO

O Simpósio de Copenhague mostrou, como dissemos, uma tendência geral a estreitar as indicações do tratamento psicanalítico, e essa tentativa tomou sua forma mais definida no conceito de *analisabilidade,* introduzido por Elizabeth R. Zetzel, um dos porta-vozes mais autorizados da psicologia do ego. Com esse trabalho, culmina uma longa investigação da autora sobre a transferência e a aliança terapêutica, que se inicia com o trabalho de 1956 (apresentado, um ano antes, no Congresso de Genebra) e desdobra-se em seus relatos aos três congressos pan-americanos de psicanálise, ocorridos no México (1964), em Buenos Aires (1966) e em Nova York (1969). Neste, que foi infelizmente o último da série, pude discutir com ela a primeira sessão de análise (Etchegoyen, 1969).

Embora o trabalho da doutora Zetzel em Copenhague refira-se exclusivamente à histeria feminina, ele se assenta em critérios que marcam os limites da analisabilidade em geral (Zetzel, 1968).

O ponto de partida de Zetzel é que as relações de objeto estabelecem-se, *antes* da situação edípica e são de natureza diádica. Na etapa pré-edípica do desenvolvimento, a criança estabelece uma relação objetal bipessoal com a mãe e com o pai, que são independentes entre si. Consolidar esse tipo de vínculo é um requisito indispensável para que se possa enfrentar depois a relação triangular do complexo de Édipo. O que falta, por definição, no neurótico é justamente a relação edípica, que é a que se alcança por via regressiva na análise como neurose de transferência. Porque, para Zetzel (assim como para Goodman), a neurose de transferência reproduz o complexo de Édipo, enquanto a aliança terapêutica é pré-genital e diádica (1966, p. 79).

O estabelecimento de firmes relações de natureza diádica com a mãe e o pai, independentemente, cria as condições para estruturar e, na melhor das hipóteses, resolver a situação edípica, sobre a base da confiança básica de Erickson, já que equivale à possibilidade de distinguir entre realidade externa e realidade interna. Como se compreende, distinguir realidade interna e realidade externa importa tanto no tratamento psicanalítico quanto deslindar a neurose de transferência da aliança terapêutica. Essa capacidade de discriminação é acompanhada de uma tolerância suficiente frente à angústia e à depressão do complexo de Édipo, com o que se abre a possibilidade de renunciar a ele, de superá-lo. É nesse sentido que a doutora Zetzel (1966, p. 77) estabelece um vínculo entre suas idéias e a confiança básica de Erickson (1950), como também com o conceito de posição depressiva de Melanie Klein (1935, 1940).

As pessoas que não puderam cumprir esses passos decisivos do desenvolvimento serão inanalisáveis, porquanto tenderão continuamente a confundir o analista, como pessoa real, com as imagos sobre ele transferidas.

Nos dois primeiros congressos pan-americanos, a doutora Zetzel havia exposto de forma clara seus critérios de analisabilidade. Seu trabalho "The analytic situation" (1964), apresentado no primeiro desses certames (México, 1964) e publicado dois anos depois,[1] consigna as funções básicas para desenvolver a aliança terapêutica, a saber:

1. a capacidade de manter a confiança básica em ausência de uma gratificação imediata;
2. a capacidade de manter a discriminação entre o objeto e o *self* em ausência do objeto necessitado;
3. a capacidade potencial de admitir as limitações da realidade (p. 92).

A BOA HISTÉRICA

Sobre essas bases, Elizabeth R. Zetzel sustenta que, embora a histeria seja por excelência a neurose da etapa

---
[1] R. E. Litman (1966).

genital (ou, melhor dito, fálica), muitas vezes a genitalidade é apenas uma fachada por trás da qual o analista descobrirá fortes fixações pré-genitais que tornarão seu trabalho extremamente difícil, quando não de todo infrutífero.

Com humor, a doutora Zetzel recorda uma canção infantil inglesa – a da menina que, quando é boa, é muito, mas muito boa; porém, quando é má, é terrível – para diferenciar as mulheres histéricas justamente nessas duas categorias, boa (analisável) e má (inanalisável).

Na realidade, Zetzel distingue *quatro* formas clínicas de histeria feminina quanto à analisabilidade.

O *grupo 1* corresponde à boa histérica, a verdadeira histérica, que se apresenta pronta para a análise. Trata-se, em geral, de uma mulher jovem, que passou nitidamente sua adolescência e completou seus estudos. É virgem ou teve uma vida sexual insatisfatória, sem ser frígida. Se se casou, não pôde responder completamente em sua vida de casal, ao passo que, em outras esferas, pode mostrar conquistas muito positivas (acadêmicas, por exemplo). Essas mulheres decidem-se pela análise quando compreendem, de imediato, que suas dificuldades estão dentro delas mesmas, e não fora. A análise mostra que a situação edípica estabeleceu-se, mas não pôde resolver-se, muitas vezes por obstáculos externos reais, como a perda ou a separação dos pais no auge da situação edípica.

O *grupo 2* é o da boa histérica potencial. Trata-se de um grupo clínico mais variado que o anterior, com sintomas díspares. São mulheres, em geral, um pouco mais jovens do que as do primeiro grupo e sempre mais imaturas. As defesas obsessivas egossintônicas, que prestam unidade e fortaleza às mulheres do grupo anterior, não se estruturaram satisfatoriamente nesse grupo, de modo que há traços passivos na personalidade e menos conquistas acadêmicas ou profissionais. O problema maior desse grupo quanto à análise é o período de começo, no qual podem sobrevir regressões intensas, que impedem estabelecer a aliança de trabalho, ou uma fuga para a saúde que leve a uma interrupção brusca. Se esses riscos forem evitados, o processo analítico se desenvolverá sem maiores inconvenientes e a fase terminal poderá ser resolvida de forma satisfatória.

O *grupo 3* já pertence à *so called good hysteric* e só pode ser analisável por meio de um tratamento longo e difícil. Trata-se de caracteropatias depressivas que nunca puderam mobilizar seus recursos ou reservas diante de cada crise vital que tiveram de enfrentar. À sua baixa auto-estima soma-se o rechaço de sua feminilidade, a passividade e o desvalimento. Apesar dessas dificuldades, são mulheres atraentes e com inegáveis méritos, que encobrem sua estrutura depressiva com defesas histéricas organizadas em torno da sedução e do encanto pessoal. Geralmente, consultam mais tarde que os grupos anteriores, já derrotadas e com um considerável menosprezo por suas funções egóicas. Se essas pacientes entram em análise, mostram logo sua estrutura depressiva, com uma forte dependência e passividade frente ao analista O processo analítico torna-se difícil de manejar, enquanto a paciente não conseguir discriminar entre a aliança de trabalho e a neurose de transferência A etapa final da análise leva a sérios problemas, cuja conseqüência é a análise interminável.

O *grupo 4* compreende a mais típica e irredimível *so called good hysteric*. No entanto, quadros floridos, com marcados traços de aparência genital, demonstram no tratamento uma notória incapacidade para reconhecer e tolerar uma situação triangular autêntica. A transferência assume precocemente, com freqüência, um tom de intensa sexualização, que se apóia em um desejo tenaz de obter uma satisfação *real*.[2] Incapazes de distinguir a realidade interna da externa, essas histéricas tornam impossível a aliança terapêutica, base para que se instaure uma neurose de transferência analisável. Apesar da aparência, apesar do erotismo manifesto, a estrutura é pseudo-edípica e pseudogenital. São pacientes que tendem a desenvolver prematuramente uma intensa transferência erotizada, já desde as entrevistas frente a frente, observação que teremos de considerar quando discutirmos o conceito de regressão terapêutica. A história dessas pessoas revela alterações importantes nos anos infantis, como ausência ou perda de um dos pais ou de ambos nos primeiros quatro anos da vida, pais gravemente doentes, com um casamento infeliz, doença física prolongada na infância ou ausência de relações objetais significativas com adultos de ambos os sexos.

O OBSESSIVO ANALISÁVEL

Quando o tema da analisabilidade volta a ser proposto no livro póstumo de Elizabeth R. Zetzel,[3] publicado em colaboração com Meissner, confirmam-se e precisam-se seus pontos de vista anteriores. No Capítulo 14 desse livro, Zetzel volta a propor sua teoria sobre a analisabilidade da histeria, mas acrescenta considerações interessantes sobre a analisabilidade da neurose obsessiva.

Em primeiro lugar, nossa autora sustenta que o neurótico obsessivo analisável não apresenta dificuldades para entrar na situação analítica, mas sim para desenvolver uma neurose de transferência franca e analisável durante o primeiro período de análise. Os pacientes histéricos, ao contrário, desenvolvem com facilidade e rapidez uma franca neurose de transferência, porém custa-lhes estabelecer a situação analítica (aliança terapêutica). Em outras palavras, a neurose obsessiva tem dificuldades com o processo analítico e a histeria com a situação analítica.

O que é decisivo para determinar a analisabilidade dos pacientes obsessivos é que sejam capazes de tolerar a regressão instintiva, para que se constitua a neurose de transferência, sem que por isso a aliança terapêutica so-

---

[2] Essa configuração singular será estudada com detalhe no Capítulo 12.
[3] A doutora Zetzel morreu no final de 1970, aos 63 anos. O livro foi publicado em 1974.

fra. Ou seja, o obsessivo tem de poder tolerar o conflito pulsional entre amor e ódio da neurose de transferência, distinguindo-o da relação analítica.

Assim como os sintomas histéricos não são uma prova suficiente de analisabilidade, tampouco podemos basear nossa indicação terapêutica na presença de sintomas obsessivos. O paciente obsessivo analisável mostra sempre que conseguiu estabelecer uma genuína relação independente (diádica) com cada pai e que seus problemas derivam do conflito triangular edípico irresolvido. Quando as formações reativas e, em geral, as defesas obsessivas apareceram *antes da* situação edípica genital, então o paciente será obsessivo, mas não analisável. Se essas defesas estabeleceram-se prematuramente, "pode ser impossível estabelecer uma aliança terapêutica que seja suficientemente segura e que facilite a anulação das defesas relativamente rígidas que se mantêm com intensa carga" (1974, p. 277-278 da tradução castelhana).

COMENTÁRIOS E CRÍTICAS AO CONCEITO DE ANALISABILIDADE

O critério de analisabilidade procura precisar as indicações e contra-indicações da análise que estão além das categorias diagnósticas. O movimento concêntrico que limita as indicações da psicanálise estritamente às neuroses, como proclama Guttman ao abrir o Simpósio de Copenhague, vai agora um passo adiante e afirma que, apesar de todos os neuróticos serem potencialmente capazes de estabelecer uma neurose de transferência, nem todos podem, de fato, conseguir isso. Apenas alguns deles reúnem as condições para que o tratamento psicanalítico possa desenvolver-se normalmente. Ao estudar a histeria feminina, como já vimos, Elizabeth R. Zetzel distingue quatro grupos e conclui que apenas os dois primeiros são realmente analisáveis.

O critério de analisabilidade que Zetzel expõe está sustentado na teoria das funções autônomas do ego; e, por isso, não é de se estranhar que outros autores não o admitam. Ao que parece, não o compartilham totalmente autores dessa mesma linha de pensamento, como Leo Stone, Edith Jacobson e a própria Anna Freud. Por outro lado, autores de diferentes escolas na França, na Inglaterra e na América do Sul pensam que o método psicanalítico é aplicável a outros tipos de pacientes, além dos que estabelecem uma neurose de transferência; embora seja mais difícil, também podem ser analisados os aspectos psicóticos, farmacotímicos, perversos ou psicopáticos da transferência. Com um suporte teórico distinto, aqueles que admitem a relação de objeto desde o começo da vida não se sentem inabilitados para analisar o desenvolvimento pré-edípico e consideram que o trabalho analítico pode ir delimitando gradualmente as duas áreas que os psicólogos do ego reclamam e que existem de fato sempre, mesmo nos casos mais perturbados.

O conceito de analisabilidade da psicologia do ego é, pois, discutível do ponto de vista teórico. Apesar de ser prudente e válido para medir as dificuldades dos casos que não se conformam às exigências maiores do método, não há por que nos restringirmos operativamente.

O maior inconveniente do conceito de analisabilidade reside, em meu entender, em que é inflexível. Não devemos deixar de lado que, na realidade, não há casos puros. Se aplicássemos com rigor os critérios de Zetzel, ficaríamos logo sem pacientes, porque mesmo a melhor de suas histéricas passará, em algum momento, por situações psicóticas. Por outro lado, e em coincidência com o anterior, a capacidade de diferenciar a realidade externa da realidade psíquica, por exemplo, não é uma conquista que se dê em termos absolutos e de uma vez por todas: varia de pessoa para pessoa, em cada momento da vida, frente a cada situação de ansiedade. De fato, aumenta com o desenvolvimento, com o crescimento mental, e é função principal da análise promovê-la. Como nunca está totalmente ausente, mesmo no paciente mais perturbado, o analista sempre terá o direito de pensar que, com seu método, poderá ir reforçando-a e enriquecendo-a. Apesar de essa confiança em seu instrumento de trabalho e na capacidade de desenvolvimento do paciente poder conduzi-lo, mais de uma vez, pelo perigoso caminho da onipotência terapêutica, não é menos certo que os inflexíveis critérios de analisabilidade antes expostos podem operar como artefato nas entrevistas que deverão sustentar a indicação. Por pouco que o paciente perceba que está sendo examinado para determinar se será aceito ou rechaçado (com tudo o que isso significa para o inconsciente), é provável que tente adaptar-se ao que se espera dele, com o que pode viciar a relação de início. O perigo de um contrato implícito, em que o paciente e o analista acordam que os aspectos psicóticos não serão considerados, é uma possibilidade certa, sobretudo no analista principiante. E mesmo o analista mais experimentado não poderá jamais eludir a realidade de uma prova que de fato pesará em sua contratransferência e na atitude do paciente, que, de alguma maneira, tem de percebê-lo. O conceito de analisabilidade nega ao paciente o benefício da dúvida, e este é, com certeza, seu calcanhar-de-Aquiles.

Em resumo, utilizo os critérios de analisabilidade da grande analista de Boston para estabelecer um prognóstico, mas não para selecionar meus pacientes.

O CONCEITO DE ACESSIBILIDADE

O conceito de analisabilidade expõe a forma de entender a práxis analítica de muitos, mas não todos, psicólogos do ego. Trata-se de uma tomada de posição clínica fundamentada nas teorias clássicas da psicanálise. Podemos, neste momento, contrapô-lo ao conceito de *acessibilidade* de uma figura bastante representativa da escola kleiniana. Esse conceito deve-se a Betty Joseph, que o propôs em seu artigo de 1975. Embora a intenção de Betty Joseph não seja a de oferecer uma alternativa ao conceito de analisabilidade, creio que, ao estudá-los simultaneamente e ao contrapô-los, respondo às grandes linhas teóricas que subjazem às idéias que estamos discutindo. A primeira coisa que Betty Joseph assinala é que a acessibilidade não depende do tipo nosográfico, e sim da personalidade profunda do paciente. Essa autora não diz que há duas classes de pacientes, acessíveis e inacessíveis, mas que há pacientes mais difíceis de alcançar do que outros, e procura estudar em que consiste essa dificuldade. Disso decorre que a acessibilidade só pode estabelecer-se com a própria marcha da análise; a analisabilidade, ao contrário, aspira a detectar a situação previamente, efetuando a classificação dos futuros analisandos.

O paciente de difícil acesso que Betty Joseph descreve não corresponde a uma categoria diagnóstica peculiar, se bem que a autora vincule sua investigação com a personalidade *como se*, de Helene Deutsch (1942), o falso *self*, de Winnicott (1960a), a pseudomaturidade, de Meltzer (1966), e os pacientes narcisistas, de Rosenfeld (1964b). Trata-se, antes, de um tipo especial de dissociação, pela qual uma parte do paciente – a parte "paciente" do paciente, como diz a autora – fica mediatizada por outra, que se apresenta como colaboradora do analista. Entretanto, essa parte que aparentemente colabora não constitui, na verdade, uma aliança terapêutica com o analista, mas, ao contrário, opera como um fator hostil à verdadeira aliança.[4] Parecem colaborar, falam e discutem de maneira adulta, porém vinculam-se como um aliado falso, que fala com o analista do paciente que ele mesmo é. O problema técnico consiste em *chegar* a essa parte necessitada que permanece bloqueada pela outra, a pseudocolaboradora.

O que surge, nesses casos, como associação livre é simplesmente um *acting out* que procura guiar o analista, quando não o leva a "interpretar" o que o paciente quer; outras vezes, uma interpretação verdadeira é utilizada para outros fins, para saber as opiniões do analista, para receber seu conselho ou aprender dele. O analisando entende mal as interpretações do analista, tomando-as fora de contexto ou parcialmente.

Em outras ocasiões, a parte do ego com a qual devemos estabelecer contato torna-se inacessível, porque se projeta em um objeto, que pode ser o próprio analista. O resultado é que o analisando permanece extremamente passivo e o analista, se ceder à pressão daquilo que se projetou nele, assume um papel ativo e sente o desejo de obter algo, o que não é mais que um *acting out* contratransferencial.

Ao longo de todo o seu trabalho, Joseph insiste na necessidade de tratar o material mais do ponto de vista da forma com que surge que do conteúdo, para esclarecer quais foram as partes do ego desaparecidas e onde se deve ir buscá-las. As interpretações de conteúdo são as que mais se prestam a que o paciente entenda mal, muitas vezes porque há nelas um erro técnico do analista, isto é, um *acting out* daquilo que o paciente projetou nele e que o analista não soube conter adequadamente dentro de si.

Desse modo, o analista fica identificado com uma parte do *self* do paciente, em vez de analisá-la.

O conceito de acessibilidade, em conclusão, surge do trabalho analítico e propõe-se a descobrir as razões pelas quais um paciente torna-se inacessível ou quase inacessível ao tratamento psicanalítico, pensando que o fenômeno deve ser explicado em termos do narcisismo e de tipos especiais de dissociação. Todavia, não é útil para predizer o que acontecerá no decorrer do tratamento, ao que também não se propõe, diferentemente dos critérios de analisabilidade.

O PAR ANALÍTICO

O último tema que discutiremos é muito apaixonante: o problema do *par analítico*. Analistas de diversas escolas acreditam firmemente que a situação analítica, enquanto encontro de duas personalidades, fica, de alguma maneira, determinada por isso, por esse encontro, pelo par; outros, ao contrário, e eu entre eles, não acreditam nisso e pensam que esse conceito não é convincente.

O conceito de analisabilidade, já o vimos, é algo que se refere especificamente ao paciente; porém, como acabamos de ver, em última instância pode também compreender o analista. O conceito de acessibilidade é mais vincular: seria difícil dizer que um paciente não é acessível *per se*; é mais lógico dizer que, na prática, o paciente não o foi para mim e, portanto, que estou envolvido em seu fracasso. Entretanto, ao menos como o entendo, o conceito de par analítico, quanto à indicação, vai muito além dessa responsabilidade compartilhada, porque ninguém poderia discutir que, em uma empresa como a análise, o bom ou o mau resultado pertence a ambos os integrantes. O mesmo se diz, e com igual razão, do matrimônio.

O que discutiremos é algo mais específico: se realmente determinado paciente responderá melhor a um analista do que a outro ou, o que é o mesmo, se um analista pode tratar melhor alguns pacientes do que outros. Apenas se isso for certo, o conceito de par analítico sustenta-se.

Entre nós, Liberman e os Baranger declaram-se partidários do conceito de par analítico, embora com suporte teórico diferente, e nos Estados Unidos o apoiou resolutamente Maxwell Gitelson (1952).

Liberman parte de suas idéias sobre os *estilos lingüísticos complementares*. A psicopatia está para a neurose obsessiva, por exemplo, assim como a linguagem de ação (estilo épico) está para a linguagem reflexiva (estilo narrativo).[5] O tratamento de uma neurose obsessiva começa a ter sucesso quando o indivíduo pode apelar mais para a linguagem de ação; e, vice-versa, uma psicopatia começa a se modificar quando o paciente pode refletir, quando

---

[4] Compare-se com a pseudo-aliança terapêutica de Rabih (1981).

[5] "Os dados iniciais da base empírica" (Cap VI, v.2, 1970-1972) e "Pacientes com perturbações, psicoses maníaco-depressivas e esquizofrenias" (Cap. VII).

começa a se dar conta, de repente, de que agora tem "inibições" e tem de pensar.[6]

Entendo que Liberman fala de estilos complementares mais do que no aspecto psicopatológico, no instrumental: para interpretar um obsessivo, deve-se instrumentar uma linguagem de ação, uma linguagem de conquistas, como Bion gosta de dizer; e, vice-versa, uma boa interpretação para um psicopata é simplesmente detalhar para ele, de forma ordenada, o que fez, mostrando-lhe as seqüências e conseqüências de sua ação. O que não parece uma interpretação é a interpretação mais cabal para esse caso.

A teoria dos estilos complementares de Liberman é uma contribuição valiosa para a técnica e para a psicopatologia; porém, instrumentar operacionalmente as diferentes qualidades egóicas não quer dizer, sem mais, que exista o par. O que torna o analista eficaz é formar o par que corresponde e, para isso, como dizem Liberman e colaboradores (1969), o analista deve ter um ego idealmente plástico. Por esse caminho, em meu entender, a idéia do par mais se refuta do que se confirma, pois ocorre que, quanto mais riquezas tonais tiver um analista em sua personalidade, melhor analista será. Quanto mais alguém tiver essa plasticidade, melhor poderá formar o par que corresponda às notas que faltam ao paciente. Em conseqüência, nesse sentido, o bom par é sempre formado pelo melhor analista.

O que dizem os Baranger (1961-1962, 1964), na realidade, é diferente. Eles partem da teoria do campo e do baluarte. O campo é basicamente uma situação nova, a-histórica, percorrida por linhas de força que partem tanto de um dos componentes quanto do outro. Em um dado momento, o campo cristaliza-se em torno de um *baluarte*, e isso implica que o analista é mais sensível a determinadas situações. A teoria do baluarte supõe que o analista contribui sempre para a sua criação, já que o baluarte é um fenômeno de campo. Apesar de que o paciente o constrói, o baluarte está sempre ligado às limitações do analista. O par fracassa pelo que um fez e pelo que o outro não pôde resolver.

Em "A situação analítica como campo dinâmico" (1961-1962), os Baranger definem claramente o que entendem por campo bipessoal da situação analítica e afirmam que é um campo de par que se estrutura sobre a base de uma fantasia inconsciente, a qual não pertence somente ao analisando, mas a ambos. O analista não pode ser espelho, ainda mais pelo fato de que um espelho não interpreta (1969, p. 140).

Não se trata meramente de entender a fantasia básica do analisando, e sim de aceder a algo que se constrói em uma relação de par. "Isso implica, naturalmente, uma posição de muita renúncia à onipotência por parte do analisando, ou seja, uma limitação maior ou menor das pessoas a quem podemos analisar. Não é preciso dizer que não se trata da 'simpatia' ou 'antipatia' possível que possa-

mos sentir à primeira vista por um analisando, mas de processos muito mais complicados" (p. 141).

Essa posição é bem clara, porém não é acompanhada de uma explicação satisfatória sobre esses processos "muito mais complicados", pois poderia ser que a complexidade tivesse a ver com as sutilezas da análise, que põem o analista sempre à prova, e não especificamente com a interação. Teríamos que demonstrá-lo e, enquanto esperamos essa demonstração, podemos continuar pensando que o melhor analista é o que melhor se protege das armadilhas contínuas e imprevisíveis do processo analítico, o que melhor desarma os baluartes.

Partindo de pressupostos teóricos diferentes, Gitelson também é um decidido partidário da importância do par analítico, como se pode ver em seu trabalho de 1952, já recordado. Esse ensaio é, antes de tudo, um estudo da contratransferência, com muitas reflexões sobre a concordância entre analista e paciente, sobretudo no começo da análise. Seguindo, como Rappaport (1956), a inspiração de Blitzsten, Gitelson ocupa-se do significado que pode ter, para o processo analítico, o aparecimento do analista em pessoa no primeiro sonho do analisando, e uma das conseqüências que deriva dessa circunstância é que, às vezes, corresponde a uma mudança de analista. Nesse caso, o conceito de par analítico sustenta-se em uma configuração peculiar do fenômeno de transferência e contratransferência.[7]

Poder-se-ia pensar que a idéia de *reverie*, de Bion (1962b), apóia o conceito de par analítico. O que Bion postula é uma capacidade de ressonância com o que o paciente projeta, mas isso não tem por que depender de determinados registros, e sim de uma capacidade global da personalidade. O analista recebe mais o paciente quanto mais *reverie* tem; em outras palavras, quanto melhor analista é. O que põe um limite à nossa tarefa é a capacidade de entender; no entanto, essa capacidade não é necessariamente específica, não está provado que se refira a um determinado tipo de paciente. Pode-se pensar validamente que é, antes, uma maneira geral de funcionar do analista. Esses argumentos convêm, todavia, mais à idéia de *holding*, de Winnicott (1955), que se apresenta claramente como uma condição que não depende em especial do paciente. O conceito de *holding*, em meu entender, sugere menos o par do que o de *reverie*.

Há outras razões para descrer do par. Na realidade, a função analítica é muito complexa e, mais cedo ou mais tarde, o analisando sempre encontra o calcanhar-de-Aquiles do analista. Este, finalmente, terá de travar a batalha nos piores lugares, porque ali a proporá aquele, e sairá airoso à medida que possa superar suas dificuldades pessoais e suas limitações técnicas e teóricas. Como diz Liberman (1972), o paciente retroalimenta não apenas os acertos do analista, mas também seus erros, de modo que, cedo ou tarde, a dificuldade aparecerá. Se não gosto de tratar

---

[6] Pude seguir passo a passo esse processo fascinante em um psicopata que tratei há anos (Etchegoyen, 1960).

[7] Voltarei às idéias de Gitelson ao falar do amor de transferência e nos capítulos sobre contratransferência.

neuróticos obsessivos porque os considero aborrecidos ou carentes de imaginação, simpatia ou espontaneidade, ao final de um certo tempo todos os meus pacientes terão traços obsessivos, justamente porque não soube resolvê-los. Ou, pior ainda, todos os meus pacientes serão histéricos sedutores ou psicopatas divertidos que reprimiram a neurose obsessiva presente em cada um deles. Além de meu paciente reprimir ou reforçar esses traços, creio que sobrevém uma espécie de "seleção natural": se analiso bem os traços histéricos, os esquizóides e os perversos, mas descuido dos obsessivos, esses sintomas serão cada vez mais prevalentes. Lembro-me de um distinto colega, que me consultou certa vez porque muitos de seus pacientes tinham fantasias de suicídio. Estudando o material de seus pacientes, cheguei à conclusão de que ele não os analisava bem nesse ponto, em agudo contraste com seu bom nível de trabalho. Disse-me, então, que tentava não tomar pacientes com tendências suicidas, pois seu irmão mais velho tinha-se suicidado quando ele era adolescente. Quando comecei minha prática, temia o amor de transferência, e todas as pacientes apaixonavam-se por mim.

A experiência tende a mostrar que os pacientes que fracassam com um analista voltam a propor os mesmos problemas com outro, e depende da habilidade do novo analista que o problema seja resolvido ou não. Algumas vezes se observa, é claro, que um paciente que fracassou com um analista ou com vários (e da mesma forma) evolui favoravelmente com um novo. Deixando de lado a idoneidade, deve-se aqui considerar vários elementos. Primeiro, que a ou as análises anteriores podem ter promovido determinadas mudanças positivas e, segundo, a possibilidade de alguma situação específica. Se uma pessoa é o quarto filho, talvez somente na quarta análise manifeste-se um funcionamento melhor. De maneira que o paciente não é o mesmo e a situação pode ser outra.

PAR ANALÍTICO E PREDILEÇÕES

Não se deve confundir o problema do par analítico com as *predileções* que se pode ter por determinados casos ou doenças. Essa disposição é sadia e razoável e não tem a ver com a contratransferência. Que um analista escolha tratar um caso da doença que está estudando, isso nada tem de particular. Se me fosse oferecida a oportunidade de tratar um perverso fetichista, provavelmente o tomaria com fins de investigação; contudo, não creio que isso fosse pesar especificamente em minha contratransferência, nem que formaria com ele um par melhor do que com outro analisando. Foram dadas, simplesmente, condições nas quais há um legítimo interesse consciente, e falo de interesse consciente para destacar que esse tipo de escolha é racional. O interesse que um caso pode despertar, o entusiasmo inclusive, pesam de fato no andamento de uma análise, mas de uma forma mais racional e menos específica do que a teoria do par analítico supõe. Há algum tempo, veio ver-me uma colega jovem que me disse que queria fazer comigo sua análise didática. Entre as razões que expôs, estava a de que sou basco, como ela. Pareceu-me uma razão atendível e simpática e, na realidade, lamentei não ter hora para satisfazê-la. Não creio, porém, que por essa razão teríamos formado um par melhor.

A idéia do par analítico leva, às vezes, a um tipo de seleção singular. Que um homossexual latente ou manifesto prefira um analista de seu sexo ou do sexo oposto, ou que um homem invejoso recuse tratar-se com um analista de prestígio, são problemas que devem ser resolvidos dentro da análise, e não antes, buscando um analista que "faça o jogo". Porque a teoria que estamos discutindo baseia-se em buscar um analista que seja adequado à personalidade do paciente.

Temos discutido isso teoricamente; todavia, deve ser acrescentada uma objeção prática importante: não é fácil dar-se conta, em uma ou duas entrevistas, da personalidade profunda do futuro paciente. Como dizia Hamlet, e Freud recorda-nos, não é fácil tanger o instrumento anímico. Inclino-me a pensar que muitas dessas seleções são feitas sobre bases frágeis e pouco científicas, às vezes até demasiadamente simplistas.

É diferente se o paciente o pedir. Se vem um paciente e me diz que quer analisar-se com um analista jovem ou velho, homem ou mulher, argentino ou europeu, tento fazer-lhe a vontade para não violentá-lo e para não acrescentar outra resistência na fase de abertura de sua análise, mas não penso que se constituirá, assim, um par melhor. Nesse caso, só se poderá constituir um bom par quando se analisar a fantasia inconsciente que motiva essa predileção. Não devemos esquecer que a análise é uma experiência profunda e singular, que nada tem de convencional. Um colega eminente, um psiquiatra brilhante, mandou-me certa vez uma moça homossexual, convencido de que precisava de um analista varão. O epicentro de minha relação com a paciente, entretanto, foi a transferência materna. O pai só apareceu com força no final do tratamento, quando o complexo de Édipo direto atingiu sua plena intensidade; a perversão havia diminuído muito antes.

Pode-se assegurar que, quanto mais exigências o paciente tiver para escolher seu analista, mais difícil será sua análise, porém isso é algo que depende de sua psicopatologia, e não do par. Uma mulher que se encontrava um pouco além da crise da meia-idade veio pedir-me que a analisasse, porque amigos comuns haviam-lhe falado bem de mim. Disse-lhe que não tinha hora, mas que poderia indicar-lhe outro colega. Aceitou, em princípio, mas advertiu-me que queria analisar-se com um analista homem que não fosse judeu. Encaminhei-a a um colega de primeira linha de família italiana, mas ela não quis saber disso. Não podia compreender que a tivesse mandado para esse analista que era um desastre, que não se dava conta de nada. Acrescentou que tinha pensado novamente e que havia decidido não se analisar. Um tempo depois, veio dizer-me que havia decidido de novo analisar-se, mas seria comigo e esperaria o tempo necessário. Compreendi a gravidade de seu estado e decidi encarregar-me disso. Contra minhas próprias suposições (ou preconceitos), essa mulher fez, no início, uma excelente análise, a qual refutou todas as minhas hipóteses. Em sua história, havia uma séria tentativa de suicídio, e era uma paciente realmente muito grave; contudo, o fato de que tinha escolhido seu analista e de que este lhe respondera parecia ter facilitado a tarefa. Finalmente, quando eu pensava que a situação estava definitivamente estabilizada, interrompeu de um dia para outro e, portanto, fez com que me equivocasse duas vezes, e não uma!

Quando se toma um paciente, deve-se pensar que se tomam muitos pacientes e que esses "muitos pacientes", que é o paciente na realidade, exigirão de nós que sejamos todos os analistas possíveis: esta é, talvez, a maior objeção que faço à idéia do par analítico.

Em resumo, estudamos não apenas a idéia do par analítico, mas também fizemos sua crítica e vimos um outro aspecto, o das predileções do paciente e do analista que, à maneira das afinidades eletivas de Goethe, deve ser levado em conta. No entanto, isso não tem a ver com o diálogo analítico, e sim com a situação convencional que a análise começa sendo e logo deixa de ser.

4

A Entrevista Psicanalítica: Estrutura e Objetivos

Creio que seguimos, até este momento, um curso natural no desenvolvimento de nossos temas: começamos por definir a psicanálise, depois nos ocupamos de suas indicações e agora nos cabe estudar o instrumento para estabelecê-las, a entrevista. Vamos seguir de perto o trabalho de Bleger (1971), claro e preciso, verdadeiro modelo de investigação.[1]

DELIMITAÇÃO DO CONCEITO

O termo entrevista é muito amplo: tudo o que seja uma "visão" entre duas (ou mais) pessoas pode ser chamado de entrevista.[2] Parece, entretanto, que a denominação é reservada para algum encontro de tipo especial, não para contatos regulares. "Vista, concorrência e conferência de duas ou mais pessoas em lugar determinado, para tratar ou resolver um negócio", diz o *Diccionario de la lengua española de la Real Academia* (1956). Essa vista, pois, tem por finalidade discutir ou esclarecer alguma tarefa concreta, entre pessoas determinadas que respeitam certas constantes de lugar e de tempo. Uma entrevista jornalística, por exemplo, consiste em que um repórter vá ver uma pessoa, digamos um político, para angariar suas opiniões a respeito de um tema da atualidade. Nesse sentido, é necessário delimitar a que entrevista nos referiremos neste item do livro.

Como diz o título, nós nos ocuparemos da entrevista psicanalítica, entendendo por isso a que se faz antes de empreender um tratamento psicanalítico. Sua finalidade é decidir se a pessoa que consulta deve realizar um tratamento psicanalítico, o que depende do que já estudamos, as indicações e contra-indicações.

No entanto, essa definição – que é a mais estrita e, por conseguinte, a mais precisa – sofre pela falha de ser, justamente, um pouco estreita. Por esse motivo, muitos autores, seguindo Harry Stack Sullivan, preferem falar de *entrevista psiquiátrica,* que tem um sentido mais amplo.[3] De qualquer maneira, o adjetivo cria problemas, já que a entrevista pode terminar com o conselho de que não é o caso de se empreender um tratamento psicanalítico ou psiquiátrico. Por isso, Bleger inclina-se por entrevista psicológica, acentuando que o objetivo é fazer um diagnóstico psicológico, que sua finalidade é avaliar a psique (ou a personalidade) do entrevistado, independentemente de que esteja sadio ou doente.

Apesar de ser certo, então, que entendemos por entrevista psicanalítica a que tem como principal objetivo decidir sobre a procedência de um tratamento psicanalítico, reservamo-nos uma categoria de escolha mais ampla. De modo que não nos limitaremos a dizer ao entrevistado que deve analisar-se ou que não deve fazê-lo porque, neste último caso, é provável que ofereçamos alguma alternativa, como outro tipo de psicoterapia ou um tratamento farmacológico; então, a entrevista que começou como analítica termina sendo psiquiátrica.

Do ponto de vista particular que estamos considerando, o melhor título para este item talvez pudesse ser, simplesmente, "A entrevista", sem adjetivos.

Essas precisões são pertinentes; porém, deve-se assinalar que qualificam a entrevista por seus objetivos, e não por sua técnica ou por quem a realiza. Com esse outro enfoque, poderemos dizer validamente que uma entrevista é psicanalítica quando é realizada com os métodos da psicanálise e (se quisermos ser mais formais) quando é realizada por um psicanalista.

---

[1] O trabalho de Bleger foi publicado em 1964 pelo Departamento de Psicologia da Faculdade de Filosofia e Letras da Universidade de Buenos Aires, onde Bleger foi eminente professor, e depois passou a integrar, em 1971, o livro *Temas de psicologia,* publicado pouco antes de sua lamentada morte.

[2] Para simplificar a exposição, referimo-nos à entrevista mais simples, que ocorre entre um entrevistado e um entrevistador, sem desconhecer que o número pode variar nos dois pólos.

[3] Harry Stack Sullivan, sem dúvida um dos maiores psiquiatras do século XX, formou com Karen Horney e Erich Fromm a neopsicanálise dos anos de 1930. Seu livro perdurável, *A entrevista psiquiátrica*, foi publicado postumamente em 1954, sob o patrocínio da Fundação Psiquiátrica William Alanson White, tomando por base as conferências proferidas por Sullivan em 1944 e 1945, com alguns acréscimos de suas aulas de 1946 e 1947.

CARACTERÍSTICAS DEFINIDORAS

Acabamos de ver que a entrevista é uma *tarefa* que pode ser entendida por seus objetivos ou por seu método.

Como qualquer outra relação humana, a entrevista pode ser definida a partir da tarefa a que se propõe, de seus *objetivos*. Estes estão sempre presentes e, ainda que não sejam explícitos, nem sejam reconhecidos formalmente, pesam sobre, quando não decidem, o curso da relação.

Os objetivos, por sua vez, são regidos por pautas, as quais sempre existem, embora não sejam reconhecidas. Portanto, torna-se necessário definir *sempre* explicitamente as pautas no começo da entrevista, mesmo que se observe ou não alguma dúvida por parte da pessoa entrevistada.

Não menos importante é definir a entrevista ao começar a estudá-la, porque, desse modo, esclarecem-se problemas que às vezes confundem. Digamos, para começar, que os objetivos da entrevista são radicalmente diferentes dos da psicoterapia, um ponto em que muitos autores, como Bleger (1971) e Liberman (1972), insistem com razão. Em um caso, o objetivo é orientar uma pessoa para determinada atividade terapêutica; no outro, realiza-se o que antes se indicou. De maneira que a primeira condição é delimitar com rigor os fins da entrevista. Assim, poderemos dizer que somente será legítimo o que contribuir para consumar esses fins.

Uma norma básica da entrevista, que em boa parte condiciona sua técnica, é a de facilitar ao entrevistado a livre expressão de seus processos mentais, o que nunca se consegue em um enquadramento formal de perguntas e respostas. Como diz Bleger, a relação que se procura estabelecer na entrevista é a que dá ao sujeito a maior liberdade para se estender, para se mostrar como é. Disso decorre que Bleger sublinhe a grande diferença entre anamnese, interrogatório e entrevista. O interrogatório tem um objetivo mais simples, obter informação. A entrevista, ao contrário, pretende ver como funciona um indivíduo, e não como *diz* que funciona. O que aprendemos com Freud é, justamente, que ninguém pode dar uma informação fidedigna de si mesmo. Se pudesse, seria dispensável a entrevista. O interrogatório parte do pressuposto de que o entrevistado sabe ou, se quisermos ser mais equânimes, o interrogatório quer averiguar o que o entrevistado sabe, o que lhe é consciente. A entrevista psicológica parte, em troca, de outro pressuposto: quer indagar o que o entrevistado *não* sabe, de modo que, sem desqualificar o que ele possa dizer-nos, vai mais nos ilustrar o que possamos observar no curso da interação promovida pela entrevista.

A entrevista psicológica é, pois, uma tarefa com objetivos e técnica determinados, que se propõe a orientar o entrevistado quanto à sua saúde mental e ao tratamento que melhor possa ser-lhe conveniente, se eventualmente lhe faz falta.

Assim delimitada, a entrevista psicológica persegue objetivos que se referem àquele que consulta, mas também pode abranger outras finalidades, se for outro o destinatário de seus resultados. É que estamos considerando que o beneficiário da entrevista é o paciente potencial que consulta, porém há outras alternativas, como quando a entrevista é feita em benefício do entrevistador, que está realizando um trabalho de investigação científica, ou de terceiros, como quando se seleciona o pessoal de uma empresa ou os candidatos de um instituto de psicanálise. Conquanto essas finalidades possam combinar-se, e de fato não se excluam, o que qualifica a entrevista é seu objetivo primordial.

Outra característica da entrevista que, para Bleger, tem valor definidor é a investigação: a entrevista é um instrumento que, ao mesmo tempo que aplica o conhecimento psicológico, serve também para colocá-lo à prova (1971, p. 9).

Quando centra seu interesse na entrevista *psicológica,* Bleger tem também o propósito de estudar a psicologia da própria entrevista. "Fica dessa maneira limitado nosso objetivo ao estudo da entrevista psicológica, não apenas para assinalar algumas das regras práticas que possibilitam seu emprego eficaz e correto, mas também para desenvolver, em certa medida, o estudo psicológico da entrevista psicológica" (p. 9). Uma coisa são as regras com que se executa a entrevista (técnica), e outra são as teorias em que se fundamentam essas regras (teoria da técnica).

O CAMPO DA ENTREVISTA

A entrevista configura um campo, o que para Bleger significa que "entre os participantes estrutura-se uma relação da qual depende tudo o que nela acontece" (p. 14). A primeira regra – prossegue Bleger – consiste em fazer com que esse campo configure-se especialmente pelas variáveis que dependem do entrevistado. Para que isso se cumpra, a entrevista deve contar com um enquadre (*setting*), no qual se juntam as constantes de tempo e lugar, o papel de ambos os participantes e os objetivos perseguidos.[4]

Estudamos até agora, seguindo Bleger, as finalidades (objetivos ou metas) da entrevista, seu marco e enquadre, e agora o campo em que se desenvolve a interação que conduz às metas.

Para Bleger, "campo" tem um sentido preciso, o de um âmbito adequado para que o entrevistado faça seu jogo, o que se chama de "dar espaço" em nossa linguagem popular. Para obtê-lo, o entrevistador tenta participar o menos possível, de modo que, quanto menos participar, melhor ficará o campo. Isso não significa, certamente, que não participe ou pretenda ficar de fora, mas que deixe a iniciativa para o outro, o entrevistado. Daí a feliz expressão de Sullivan – que, por outro lado, é o criador da teoria da entrevista – de *observador participante*, de que tanto gostava o mestre Pichon Rivière. Entendo por observador participante aquele que mantém uma atitude que o faz ser reconhecido no campo como um interlocutor que não pro-

---

[4] Mais adiante, veremos como essas idéias podem ser aplicadas ao tratamento psicanalítico.

põe temas, nem faz sugestões, e frente ao qual o entrevistado deve reagir sem que lhe seja dado outro estímulo a não ser o da presença, nem outra intenção senão a de levar adiante a tarefa.

Em resumo, o entrevistador participa e condiciona o fenômeno que observa e, como diz Bleger, com sua precisão característica, "a máxima objetividade que podemos obter só é alcançada quando se incorpora o sujeito observador como uma das variáveis do campo" (p. 19).

Essa atitude é a mais conveniente para se alcançar os fins propostos, a que melhor nos permite cumprir nossa tarefa, que não é outra senão verificar se convém ou não a essa pessoa analisar-se ou, mais amplamente, se precisa de ajuda psiquiátrica ou psicológica. Se nos envolvermos além daquilo que é ditado pela nossa posição de observador participante, seja perguntando demais (interrogatório), dando apoio, expressando simpatia manifesta, dando opiniões ou falando de nós mesmos, iremos desvirtuar o sentido da entrevista, convertendo-a em um diálogo formal, quando não em uma tosca conversação. Pode ocorrer, então, que ao tentar consolidar a relação com esses métodos paguemos um preço muito alto, mais alto do que pensávamos. Deve-se prevenir os analistas principiantes, antes, do contrário: uma atitude demasiadamente profissional e hermética, que causa confusão, ansiedade e descontentamento no desorientado interlocutor.

Todavia, a alternativa interrogatório ou entrevista não deve ser considerada como um dilema inevitável, e é parte de nossa arte amalgamá-los e complementá-los. Para isso, não há normas fixas – tudo depende das circunstâncias, do campo. Às vezes, pode ocorrer que uma pergunta ajude o entrevistado a falar de algo importante, mas sem esquecer que é mais importante, porém, porque foi necessária essa pergunta para que o sujeito pudesse falar.

Sullivan insistiu muitíssimo nos processos de angústia que ocorrem na entrevista, tanto a partir do entrevistado quanto do entrevistador. A angústia do entrevistado informa-nos, em primeira mão, sobre seus problemas; contudo, às vezes é necessário, como diria Meltzer (1967), modular a ansiedade quando esta alcançou um ponto crítico. Durante a entrevista, isso pode ser bastante pertinente, porque a tarefa do entrevistador não é analisar a ansiedade, e então, às vezes, deve-se moderá-la para que se cumpra o objetivo perseguido.

Com respeito à angústia inicial da entrevista, convém aceitá-la e não interferir nela, mas não se for o artefato de uma atitude de excessiva reserva do entrevistador. Como dizia Menninger (1958), o entrevistado deu o primeiro passo ao vir, e é lógico (e humano) que o entrevistador dê o seguinte, com uma pergunta (neutra e convencional) sobre os motivos da consulta para quebrar o gelo.

ENQUADRE DA ENTREVISTA

Como veremos na quarta parte deste livro, o processo psicanalítico só pode ocorrer em um determinado enquadre. A entrevista também tem seu enquadre, que não pode ser outro senão o que é marcado por seu objetivo, isto é, colher informação do entrevistado para decidir se precisa de tratamento e qual é o de escolha. Pois bem, o enquadre constitui-se quando algumas variáveis são fixadas (arbitrariamente) como constantes. A partir desse momento e dessa decisão, configura-se o campo e a tarefa torna-se possível.

No item anterior, dissemos que estão igualmente comprometidos na entrevista o entrevistado e o entrevistador e agora devemos estudar as normas que regulam o funcionamento de ambos. Devemos assinalar como deve proceder o entrevistador, o qual já sabemos que *participa* da entrevista, para estudar objetivamente seu entrevistado. A idéia de objetividade inspira a psicologia, não menos que as ciências físicas ou naturais, mas a partir de suas próprias pautas. O "instrumento" do psicanalista é sua mente, de modo que, na entrevista, vamos investigar de que forma o entrevistado conduz-se frente a seus semelhantes, sem perder de vista que somos nós mesmos o semelhante com o qual essa pessoa tem de se relacionar.

O enquadre da entrevista pressupõe fixar como constantes as variáveis de tempo e lugar, estipulando certas normas que delimitam os papéis de entrevistado e entrevistador, de acordo com a tarefa que se vai realizar. O analisando deve saber que a entrevista tem a finalidade de responder a uma consulta sua sobre sua saúde mental e seus problemas, para ver se precisa de um tratamento especial e qual deve ser esse possível tratamento. Isso define uma diferença na atitude de ambos os participantes, já que um terá de mostrar abertamente o que lhe ocorre, o que pensa e sente, enquanto o outro terá de lhe facilitar essa tarefa e avaliá-lo.

Portanto, a situação é assimétrica, o que surge necessariamente da função de cada um, até o ponto em que não é preciso assinalá-lo sistematicamente. Uma atitude reservada, mas cordial, contida e continente, mas não distante, faz parte do *papel* do entrevistador, que este conservará depois, durante todo o tratamento psicanalítico, se for realizado.

A entrevista sempre é realizada frente a frente, e o uso do divã está formalmente proscrito. Por isso, é preferível que os dois participantes sentem-se frente a uma mesa ou, melhor ainda, em duas poltronas dispostas simetricamente em um ângulo tal que lhes permita olhar-se ou desviar o olhar de forma natural e confortável. Se não se dispuser de outra comodidade, o entrevistado se sentará no divã e o entrevistador em sua poltrona de analista, o que tem o inconveniente de sugerir o formato da sessão e não da entrevista.

Para iniciar a reunião, pode-se solicitar, de imediato, os dados de identidade do entrevistado; depois se indicará a ele o tempo de duração da entrevista, a possibilidade de que não seja a única, e ele será convidado a falar. Certamente, a entrevista não respeita a regra da associação livre, tal como na sessão psicanalítica.

Pessoalmente, não sou em nada partidário de uma abertura ambígua e rígida em relação aos usos culturais, na qual o entrevistador fica em silêncio, olhando inexpressivamente para o entrevistado, que não sabe o que fazer. Lembro-me sempre da experiência que um candidato (hoje prestigiado analista) contou-me em sua primeira entrevista de admissão. Cumprimentou a analista didática que o entrevistava e, com o nervosismo do caso, pediu permissão para fumar e acendeu um cigarro. Muda e com cara de pôquer, a entrevistadora olhava-o fixamente, enquanto ele percorria a sala com o olhar, buscando em vão um cinzeiro. Por fim, teve de se levantar, abrir discretamente a janela e jogar o cigarro na rua. Uma atitude assim é bastante exagerada e opera simplesmente como artefato, não como estímulo para se expressar. Faz-me lembrar daquela anedota do professor de psiquiatria que, para demostrar a seus alunos do hospício a frieza afetiva característica dos esquizofrênicos, disse a um catatônico que sua mãe tinha morrido, e o rapaz desmaiou.

TÉCNICA DA ENTREVISTA

Ao fixar os parâmetros nos quais se enquadra a entrevista, estabelecemos, implicitamente, as bases de sua técnica.

A maioria dos autores sustenta que a técnica da entrevista é própria e singular, diferente da técnica da sessão de psicanálise ou de psicoterapia. Não apenas os objetivos de uma e de outra são diferentes, o que forçosamente repercutirá na técnica, mas também os instrumentos, já que não se propõe a associação livre e a interpretação é reservada para situações especiais.

Sem recorrer à associação livre, que de fato requer outro enquadre, distinto do da entrevista, e é somente justificável quando tem sua contrapartida na interpretação, podemos obter os informes necessários com uma técnica não-diretiva, que deixe ao entrevistado a iniciativa e ajude-o discretamente nos momentos difíceis.

Uma simples mensagem pré-verbal, como assentir ligeiramente com a cabeça, olhar amavelmente ou formular algum comentário neutro é, em geral, suficiente para que o entrevistado restabeleça a comunicação interrompida. Rolla (1972) olha para o entrevistado que ficou em silêncio e estimula-o, movendo a cabeça, dizendo suavemente "sim".

Ian Stevenson (1959), que escreveu sobre a entrevista no livro de Arieti, estimula o entrevistado com gestos ligeiros, palavras ou comentários neutros, e até com alguma pergunta convencional que surge do material do cliente.

Há uma experiência muito interessante de Mandler e Kaplan (1956), citados por Stevenson, que mostra até que ponto o entrevistado é sensível às mensagens do entrevistador. Pediu-se aos sujeitos da experiência que pronunciassem ao acaso todas as palavras que lhes viessem à mente, enquanto o experimentador permanecia escutando e proferia um grunhido de aprovação cada vez que o sujeito pronunciava, por exemplo, uma palavra no plural. Bastava esse estímulo para que aumentasse significativamente o número de plurais. É de supor o quanto deverá influir, então, nosso interesse, explícito ou implícito, na escolha dos tópicos pelo entrevistado.

A experiência de Mandler e Kaplan vem justificar convincentemente o que todos sabem: a importância que pode ter na entrevista um gesto de aprovação, um olhar ou o mais leve sorriso, do mesmo modo que o "hum!" ou outra interjeição do gênero. O mesmo se consegue com a velha técnica de repetir de forma neutra ou levemente interrogativa as últimas palavras do entrevistado:

"As dificuldades, parece-me, começaram ali". (*Silêncio breve*.)
"Ali...".
"Sim, ali, doutor. Porque foi então que...".[5]

DA INTERPRETAÇÃO NA ENTREVISTA

Dissemos repetidamente que é necessário e conveniente discriminar entre a entrevista e a sessão de psicoterapia. Digamos agora que uma diferença notória entre elas é que na entrevista não operamos com a interpretação. Liberman é muito estrito, nesse ponto, e tem suas razões; também as têm os que não são tão estritos e, em algumas circunstâncias, interpretam.

Liberman é severo a esse respeito porque entende que o *setting* da entrevista não autoriza o emprego desse instrumento e também porque quer destacar a entrevista como aquilo que ele chama de *experiência contrastante*, que justamente faça o sujeito compreender, quando se analisar, a diferença entre aquilo e isto. Se não se obtém o contraste, Liberman teme que as primeiras interpretações da transferência negativa sejam decodificadas como juízos de valor do analista. Suponho que Liberman queira assinalar que a diferença entre o que aconteceu antes e o que ocorre agora, na sessão, dá ao analisante a possibilidade de entender o sentido da análise como uma experiência não-convencional, em que o analista não opina, mas interpreta. Liberman diz que "o fato de ter efetuado entrevistas prévias ao início do tratamento psicanalítico possibilitará que, uma vez começado o mesmo, o paciente tenha incorporado outro tipo de interação comunicativa prévia, que funcionará como 'experiência contrastante' de valor inestimável para as primeiras interpretações transferenciais que poderemos subministrar" (Liberman, 1972, p. 463).

Enquanto Liberman é muito estrito ao proscrever o uso da interpretação na entrevista, Bleger considera que há casos determinados e precisos em que a interpretação é pertinente e necessária, "sobretudo cada vez que a comunicação tenda a ser interrompida ou ser distorcida" (Bleger, 1971, p. 38). Essa idéia prossegue a linha de pensamento de Pichon Rivière (1960), que em seus grupos operativos unia o esclarecimento à interpretação da resistência à tarefa. Por isso, Bleger diz que o alcance ótimo é a

---

[5] Todas essas técnicas formam o corpo teórico da psicoterapia não-diretiva de Roger.

entrevista operativa, quando se consegue esclarecer o problema que o entrevistado propõe na forma com que se materializa concretamente na entrevista.

Vale a pena destacar aqui que todas as nossas idéias a esse respeito partem de Pichon Rivière, mais de seu permanente magistério verbal do que de seus escritos. Entre estes, pode-se mencionar o que publicou em *Acta,* em 1960, em colaboração com Bleger, Liberman e Rolla. Sua teoria, nesse breve ensaio, tem seu ponto de partida na *angústia frente à mudança,* que para Pichon é de dois tipos: *depressiva,* pelo abandono de um vínculo anterior, e *paranóide,* pelo vínculo novo e pela conseqüente insegurança (Pichon Rivière et al., 1960, p. 37).

A finalidade do *grupo operativo* (p. 38) é o esclarecimento das ansiedades básicas que surgem em relação à tarefa. A técnica dos grupos operativos (e, acrescentemos, da entrevista como um tipo especial deles) resume-se nestas palavras: "A técnica desses grupos está centrada na tarefa, na qual teoria e prática resolvem-se em uma práxis permanente e concreta, no 'aqui e agora' de cada campo assinalado" (p. 38).

Creio, por meu turno, assim como Bleger, que a interpretação na entrevista é legítima se aponta para remover um obstáculo concreto à tarefa que está sendo realizada. Não a emprego nunca, porém, para modificar a estrutura do entrevistado (ou, o que é o mesmo, para lhe dar *insight*), simplesmente porque este, por louvável que seja, não é o propósito da entrevista, nem do que o entrevistado precisa. O sujeito não vem para adquirir *insight* de seus conflitos, mas para cumprir uma tarefa que o informe sobre um tema concreto e circunscrito, se deve fazer um tratamento e que tratamento convém a ele.

Às vezes, emprego a interpretação como uma prova para ver como o entrevistado reage. A interpretação que utilizo, nesse caso, é sempre simples e superficial, quase sempre genética, unindo os ditos do sujeito em uma relação de tipo causal, no estilo de "Não lhe parece que isso que acaba de lembrar poderia ter alguma relação com...?". É uma espécie de teste que, às vezes, pode informar sobre a capacidade de *insight* do entrevistado.

Em resumo, o famoso e controvertido problema de interpretar durante a entrevista deve ser resolvido levando-se em conta os objetivos a que nos propomos e o material a nosso alcance. Não deve ser resolvido, pura e simplesmente, pelo "sim" ou pelo "não".

5

A Entrevista Psicanalítica: Desenvolvimento

No capítulo anterior, dissemos que na entrevista configura-se um *campo,* porque ambos, entrevistado e entrevistador, participam, porque ambos são membros de uma mesma estrutura: o que é de um não pode ser entendido se prescindirmos do outro. O mesmo seria dizer que a entrevista é um grupo, em que os dois protagonistas estão inter-relacionados, dependem e influenciam-se de maneira recíproca.

O grupo da entrevista e o campo em que esse grupo insere-se só podem ser estudados a partir dos processos de *comunicação* que toda relação humana traz consigo; por comunicação entende-se aqui não apenas a interação *verbal,* em que se trocam e empregam palavras, mas também a comunicação *não-verbal,* que se faz a partir de gestos e sinais, assim como a comunicação *paraverbal,* que se canaliza através dos elementos fonológicos da linguagem, como o tom e o timbre da voz, sua intensidade, etc. Nós nos ocuparemos disso em breve, com os estilos de comunicação.

A ANSIEDADE DA ENTREVISTA

Uma situação nova e desconhecida, na qual será avaliado e da qual pode depender em boa parte seu futuro, tem necessariamente de provocar ansiedade no entrevistado. Por iguais motivos, embora certamente não tão decisivos, o entrevistador também chega ao encontro com uma quantidade não desprezível de angústia. Embora seja possível que tenha feito muitas entrevistas em sua carreira profissional, ele sabe que a cada vez a situação é diferente e, portanto, nova e que dela depende em certa medida seu futuro, não somente porque o futuro de um profissional é posto em jogo cada vez que opera e ainda mais nesse caso, no qual pode ser que se comprometa por muitos anos com o tratamento de uma pessoa, mas também porque ele sabe que a entrevista é um desafio do qual nenhum analista pode estar seguro de se sair bem. Em outras palavras, um entrevistador responsável deve ficar ansioso por seu entrevistado, por sua tarefa e por si mesmo. A todos esses motivos compreensíveis e racionais de ansiedade acrescentam-se ainda outros, que acabam sendo mais importantes e derivam do significado que cada um dos atores atribua de maneira inconsciente ao encontro.

Como já dissemos, quem primeiro desenvolveu a teoria da entrevista foi Sullivan, e o fez sobre a base das operações que são realizadas para dominar a ansiedade.

Depende em grande medida da habilidade do entrevistador que a ansiedade na entrevista mantenha-se em um limite aceitável. Se é muito baixa ou está ausente, o entrevistado carece do incentivo mais autêntico e do veículo mais eficaz para expressar seus problemas; se é muito alta, o processo de comunicação sofre e a entrevista tende a se desorganizar.

Uma dificuldade especial da ansiedade na entrevista é que o entrevistador não deve recorrer a procedimentos que a evitem, como o apoio ou a sugestão, e tampouco pode resolvê-la com o instrumento específico da interpretação.

Em geral, a ansiedade do entrevistado tende a aumentar na entrevista em razão direta, mais que do silêncio e da reserva do entrevistador, da ambigüidade de suas instruções. Disso decorre a importância de explicar no começo os objetivos e a duração da entrevista, antes de convidar o entrevistado para que fale do que quiser. Nesse ponto, o entrevistador deve ser explícito, claro e preciso, sem entrar muito em detalhes e instruções que possam perturbar a livre expressão de seu cliente. Na maioria das vezes, a abundância de instruções é uma defesa obsessiva do entrevistador, assim como sua excessiva ambigüidade é uma forma esquizóide de intranqüilizar o outro. Uma participação digna e moderada, que corresponda ao montante de angústia do entrevistado, será a melhor maneira de motivá-lo e também de modular sua ansiedade. Ao mesmo tempo, como dizia Sullivan, o entrevistador terá de confrontar seu cliente com situações de ansiedade, já que um encontro em que o entrevistado permaneça sempre cômodo e tranqüilo dificilmente pode merecer a denominação de entrevista psiquiátrica.

Como já dissemos, toda a concepção sullivaniana da entrevista parte de sua idéia da *ansiedade.* A ansiedade surge sempre dessa relação humana que a entrevista necessariamente é e, frente à ansiedade, atua o *sistema do ego* da pessoa, com suas *operações de segurança.* Portanto, para Sullivan, a ansiedade é aquilo que se opõe a que, nessa situação *social* que é a entrevista, estabeleça-se um processo livre e recíproco de comunicação.[1]

Rolla (1972) descreve diferentes modalidades da ansiedade no desenvolvimento da entrevista. Primeiro, vem a ansiedade do começo (que esse autor chama "de abordagem"), que tem a ver com estratégias exploratórias e com a curiosidade. No outro extremo, no final da entrevista, predomina a angústia de separação. Durante o desenvolvimento da entrevista, também sobrevêm, com certeza, momentos de angústia, crises de angústia que podem informar-nos especificamente sobre as áreas perturbadas na estrutura mental do entrevistado. Rolla chama essa angústia crítica de "confissional", termo que não me parece conveniente pelas ressonâncias teóricas que pode ter.

PROBLEMAS DE TRANSFERÊNCIA E CONTRATRANSFERÊNCIA

O tema da ansiedade leva-nos ao dos fenômenos de transferência/contratransferência que ocorrem na entrevista.

O entrevistado reproduz na entrevista conflitos e pautas de seu passado que assumem uma vigência atual, uma realidade psicológica imediata e concreta, em que o entrevistador fica investido de um papel que não lhe corresponde estritamente. Por meio dessas "transferências", podemos obter uma informação preciosa sobre a estrutura mental do sujeito e o tipo de sua relação com o próximo.

O entrevistador, por sua vez, não responde a todos esses fenômenos de forma absolutamente lógica, mas também de maneira irracional e inconsciente, o que constitui sua contratransferência. Esse tipo de reação, por sua índole, pode perturbar sua tão almejada objetividade; porém, ao mesmo tempo, se o entrevistador registra-o e pode derivá-lo do efeito que o entrevistado opera sobre ele, conseguirá não apenas recuperar sua objetividade, por um momento perdida, mas também chegar a um conhecimento profundo e seguro de seu entrevistado. Desse modo, como instrumento técnico na entrevista, a contratransferência é sumamente útil; apesar disso, Bleger adverte-nos, com razão, que ela não é de fácil manejo e requer preparação, experiência e equilíbrio (1971, p. 25).

López e Rabih ocuparam-se do tema da contratransferência na entrevista inicial em um trabalho inédito. Esses autores começam por assinalar que, por sua estrutura, sua técnica e os objetivos que persegue, a entrevista inicial é radicalmente diferente do tratamento analítico. A entrevista tem importância em si mesma e também porque exerce uma profunda influência no tratamento psicanalítico que pode seguir-se a ela.

Para esses autores, uma particularidade da entrevista é a quantidade da angústia que mobiliza, que eles estudam à luz da teoria da identificação projetiva (Melanie Klein, 1946) e da contratransferência. Por suas características, a entrevista inicial deixa o analista especialmente sensível – e, em muitas ocasiões, indefeso – frente às identificações projetivas de seu cliente. Para López e Rabih, essa situação pode ser explicada por diversas razões, entre as quais destacam a intensa comunicação extraverbal que o entrevistado utiliza, justamente para evacuar sua ansiedade em uma situação bastante ansiogênica. Frente a esse forte impacto, o entrevistador não pode usar o legítimo recurso da interpretação que, em outras condições, ajudaria o analisando, ao mesmo tempo que resolveria a sobrecarga de angústia contratransferencial. E não pode fazê-lo, como já dissemos, porque seus objetivos não o autorizam, nem foi disposto um enquadre em que a interpretação possa operar. Como diz Bleger, "toda interpretação fora de contexto e de *timing* é uma agressão" (1971, p. 39). Ou, acrescentemos, uma sedução.

Quanto maior for o montante de ansiedade do entrevistado, maior será sua tendência a "descarregar-se" na entrevista, transformando-a, como dizem López e Rabih, em uma psicoterapia brevíssima, com um alívio enganoso que pode mobilizar uma típica evasão para a saúde. Nesses casos, a sobrecarga contratransferencial só pode ser intensa; contudo, através dela o entrevistador pode obter uma informação que lhe permita operar com a máxima precisão.

Uma observação desses autores é que em três momentos o entrevistador fica especialmente exposto à identificação projetiva, a saber: abertura, encerramento e formulação do contrato. Essa terceira alternativa, de fato, não pertence formalmente à entrevista, mas a essa terra de ninguém na qual a entrevista terminou e o tratamento não começou. Por outro lado, é nesse momento que as fantasias mágicas de cura e de todos os tipos ficam contrastadas com a realidade de uma tarefa longa e incerta.

EVOLUÇÃO DA ENTREVISTA

Um ponto original e importante do trabalho de Liberman (1972) é que a entrevista tem uma *evolução* e que dela podemos derivar valiosas predições. Enquanto experiência prévia ao tratamento psicanalítico, a entrevista informa-nos sobre fatos fundamentais. O analista imediatamente fixará o critério de analisabilidade dessa pessoa com respeito a si mesmo; o futuro paciente, por sua vez, sairá da entrevista com uma experiência que, em seu devido tempo, poderá contrastar com a sessão para obter uma primeira compreensão do método psicanalítico. Portanto, a entrevista permite-nos avaliar o que podemos esperar do potencial analisando e, reciprocamente, o que ele necessitará de nós.

Se um problema colocado no início evolui favoravelmente, tem-se o direito de pensar que o entrevistado

---
[1] Sobre essas bases, Sullivan vai erigir sua concepção da psiquiatria moderna.

possui recursos para superar as situações críticas ou traumáticas – as crises vitais, como diz Liberman. Se ocorrer o contrário, e o problema acaba no final pior do que no começo, temos o direito de fazer um prognóstico menos otimista.

Essa evolução pode ocorrer em uma só entrevista; porém, é mais possível e detectável em duas. Por isso, Liberman insiste em que a unidade funcional é de duas entrevistas, e não uma. Nesse ponto, estou plenamente de acordo com Liberman e por vários motivos. Primeiro, porque se pode apreciar, às vezes, essa evolução favorável (ou desfavorável) de um determinado conflito ou crise. Além disso, deve-se levar em conta que o entrevistado muda, em geral, de uma para outra entrevista, e o próprio entrevistador pode mudar e mesmo recuperar-se do impacto que pode ter-lhe significado o primeiro encontro. Por fim, creio que é conveniente dar ao entrevistado um tempo para pensar sua experiência, antes de dá-la por terminada. Em seu comentário sobre o trabalho de Liberman, Héctor Garbarino (1972) pensa que nem sempre é necessária uma segunda entrevista; contudo, creio que isso pode estar certo apenas em casos muito especiais. Berenstein (1972), por sua vez, em seu comentário sobre o trabalho de Liberman, declara-se partidário de várias entrevistas: "Fazer duas ou três entrevistas permite ver como este paciente e este analista registram a separação e o encontro" (p. 487). Concordo com Berenstein sobre a importância da avaliação da maneira como o entrevistado responde à separação.

Logo, quando falamos *da* entrevista, estamos referindo-nos a uma unidade funcional. Em geral, nunca se deve fazer uma só, mas todas as que se fizerem necessárias para cumprir a tarefa empreendida. Em resumo, convém dizer de saída que essa entrevista não será a única e eventualmente insistir que as entrevistas não são um tratamento (nem transformá-las nós em tratamento, prolongando-as demasiadamente).

Durante as entrevistas, temos a oportunidade de estudar algumas das crises vitais que o entrevistado atravessou no curso de sua vida e a que mais nos interessa, a atual, a que o sujeito necessariamente atravessa durante a época em que consulta. Se não conseguirmos detectar essa crise vital, com seus elementos inconscientes e infantis, afirma Liberman, corremos o risco de começar uma análise às cegas.

Para detectar a evolução que se dá na série de entrevistas, Liberman lança mão das funções egóicas por ele descritas, bem como de sua teoria de que essas funções correspondem a determinados estilos: reflexivo, com busca de incógnitas e sem suspense, lírico, épico, narrativo, dramático com suspense e dramático com impacto estético. Através das mudanças de estilo durante o curso das entrevistas, Liberman pode chegar ao conflito inconsciente, à ansiedade e às defesas, detectando como se modificam, seja diversificando-se e ampliando-se, quando a evolução é favorável, seja estereotipando-se e restringindo-se, quando o andamento é negativo.

INDICADORES PROSPECTIVOS DO PAR ANALÍTICO

Já afirmamos que entre entrevistado e entrevistador (assim como que entre analisando e analista) há uma interação que configura um campo. É evidente, pois, que os problemas psicopatológicos não podem sequer ser pensados senão por meio de uma teoria vincular, de uma teoria das relações de objeto, que no tratamento psicanalítico chama-se de teoria da transferência e da contratransferência. O processo não se dá exclusivamente no paciente, mas na *relação*.

Quando discutimos as indicações da psicanálise, falamos detidamente do *par analítico* e agora temos de voltar ao tema no âmbito da entrevista. No caso de que exista o par analítico, será possível predizê-lo no momento da entrevista? Liberman acredita que isso é possível, se forem utilizados os indicadores que ele propõe.

Partidário decidido do par analítico, Liberman utiliza as entrevistas para avaliar até que ponto a interação que se estabelece entre entrevistador e entrevistado será curativa ou iatrogênica. No primeiro caso, assumiremos a tarefa que se propõe a nós, isto é, escolheremos nosso paciente; no segundo, saberemos desqualificar-nos a tempo, para dar ao entrevistado "uma nova oportunidade, remetendo-o a outra pessoa com a qual consideremos que possa ter uma conjunção de fatores que tornem mais favoráveis as condições para que se desenvolva um processo psicanalítico" (Liberman, 1972, p. 466).

Os indicadores que Liberman oferece para diagnosticar prospectivamente a compatibilidade do par assentam-se no que acabamos de ver sobre a evolução da entrevista. Se, durante as entrevistas, reproduz-se uma crise vital e, paradigmaticamente, a que o entrevistado está atravessando (a qual, de alguma maneira, levou-o à consulta), e essa crise resolve-se bem, tem-se o direito de supor que o curso dessa análise seguirá esse modelo favorável. O isomorfismo entre os motivos da consulta e os conflitos que o paciente realmente tem também definem um prognóstico auspicioso. Do mesmo modo, quanto maior capacidade o analista tiver para captar os mecanismos de defesa mobilizados pelo paciente, em melhores condições estará para tratá-lo, assim como se, no curso das entrevistas, esses mecanismos mudarem. Já falamos, há pouco, das alternativas do registro estilístico como uma pauta fina e precisa para medir a evolução do processo.

Os instrumentos que Liberman enumera medem, sem dúvida, a analisabilidade do sujeito e/ou a capacidade do analista; porém, mediriam realmente o que Liberman propõe-se a descobrir? Se não há isomorfismo entre os motivos que o sujeito aduz e seus verdadeiros conflitos (como o analista os vê, suponhamos que corretamente), a única coisa que se pode inferir é que esse paciente está muito perturbado. Vice-versa, quando o analista capta rápida e penetrantemente os mecanismos de defesa de seu paciente potencial, pode-se inferir que é um analista competente; contudo, deve-se ainda provar que essa competência depende de um sistema de comunicação específico entre ambos, porque, não sendo assim, estaríamos novamente frente ao fato trivial de que o melhor par é alcançado quando o paciente distorce pouco e o analista compreende muito.

A patologia grave do paciente, diz Liberman, pode fazer com que ele se desqualifique para se preservar e não danificar seu instrumento de trabalho. Seria lindo perguntar a ele a quem mandaria esse paciente, que poderia nada menos do que lhe fazer mal! É evidente que aqui Liberman está falando pura e simplesmente de indicações e analisabilidade, o que nada tem a ver com o par, ainda mais quando afirma que "geralmente são os analistas que se iniciam em sua prática aqueles que se encarregarão dos pacientes mais difíceis e que foram descartados pelos outros" (1972, p. 470). O fato de que sejam os analistas mais capazes os que têm, em geral, os pacientes mais analisáveis é um dos grandes e dolorosos paradoxos de nossa prática.

No entanto, considero plausível e legítimo o caso oposto, isto é, que um analista principiante e consciente de suas limitações recuse um caso difícil e encaminhe-o a um analista de grande experiência, como era Liberman. Nesse caso, é óbvio que não se operou com o critério de um par analítico, mas simplesmente com o que proponho, ou seja, se forem mantidas as outras variáveis, o melhor analista forma sempre o melhor par. Pessoalmente, creio que um analista tem todo o direito de não se responsabilizar por um determinado caso simplesmente porque não lhe agrada ou o considera muito difícil; todavia, deveria fazê-lo sem se amparar na idéia confortadora de par.

Há outros analistas que, sem empregar o sofisticado armamento de Liberman, deixam-se levar simplesmente pelo *feeling* que lhes desperta o entrevistado; porém, desconfio muito desse tipo de sentimentos. São mais aplicáveis ao casamento ou aos esportes do que à análise. Se, depois de terminada uma entrevista, digo a mim mesmo que gostaria de analisar esse sujeito ou, vice-versa, que isso não me agradaria, penso que se propôs para mim um problema de contratransferência, o qual tenho de resolver. Não há dúvida de que encaminhá-lo, se me for desagradável, oferece a meu desditoso personagem a possibilidade de encontrar um analista que simpatize mais com ele de início, mas não resolve o problema dos sentimentos que ele desperta nos outros. O tema surgirá fatalmente na análise e só ali poderá ser resolvido. Com certeza, ninguém pensa que uma dama que caiu vítima do amor de transferência deva trocar de analista e ir tratar-se com uma mulher.

Creio, finalmente, que o problema do par analítico parte sempre do erro de pensar que a relação entre analisando e analista é simétrica. Esquece-se que, por mais problemas que tenha o analista e por muito que sua insalubre profissão o afete, ele também está protegido por seu enquadre. Se sublinharmos a psicopatologia do analista, acreditaremos na importância do par e, se acentuarmos as habilidades do analista, opinaremos que, quanto melhor analista se é, melhor se analisa. Em meu entender, essa diferença metodológica talvez possa explicar o contexto em que surge o problema, embora não o resolva. A diferença entre a habilidade do analista e sua psicopatologia não reside simplesmente na ênfase com que se propõe essa opção dilemática, visto que de nada valerá uma boa capacidade para analisar que esteja vinculada radicalmente com a psicopatologia do analista. O destino da relação analítica define-se pela psicopatologia do paciente e pelas qualidades do analista.

Não se devem confundir, enfim, alguns aspectos convencionais do começo da análise com seus problemas substanciais. Além do conjuntural, uma vez que se estabeleça o processo, tudo isso desaparecerá e pesarão apenas a psicopatologia do paciente e a perícia do analista.

Ao abandonar a idéia do par, renuncio à possibilidade de fazer predições acerca de como influirá no processo o vínculo específico entre um determinado analista e um determinado analisando, mas o faço porque considero que a variável em estudo é ilusória, ou tão complexa que não se pode considerá-la validamente.

UM CASO CLÍNICO ESPINHOSO

Há casos que certamente estabelecem uma situação bastante particular. Muito perturbado pelo suicídio de sua esposa, um homem decidiu consultar uma analista que tinha o nome da falecida. Criou-se um problema bastante difícil para a analista consultada. Ela pesou se não seria melhor para o paciente encaminhá-lo a um colega que não reproduzisse "realmente" circunstâncias tão desditosas. Por outro lado, não lhe escapava que a escolha era fortemente determinada pela trágica homonímia.

De fato, apresentavam-se-lhe várias alternativas: encaminhar o paciente, ou tomá-lo em análise sem nunca tocar no delicado assunto, delegando-o prudentemente ao processo que haveria de se iniciar. Entretanto, a analista pensou que ambas as possibilidades postergavam para um futuro incerto o que estava sucedendo no aqui e agora. Decidiu propor o problema na segunda entrevista e o fez como se fosse um tema contingente e casual. O entrevistado reagiu vivamente e reconheceu que, quando decidiu consultar, não havia reparado nessa circunstância. No entanto, compreendia que o nome da analista podia ter algo a ver com sua escolha. Passado esse brevíssimo momento de *insight*, voltou a negar o conflito e afirmou que a circunstância assinalada não pesaria na marcha de sua análise. A analista respondeu a ele que era um dado a levar em conta e não vacilou em tomá-lo, sabendo, interiormente, que estava enfrentando uma tarefa difícil. Insistir, contra a (forte) negação do paciente, em uma mudança de analista, pensou, reforçaria a onipotência destrutiva daquele homem, seria como se dar por morta.

Digamos também, para terminar de comentar esse interessante caso e esclarecer minha forma de pensar, que eu teria feito o que essa analista fez (e não o teria mandado para um analista de nome diferente, como talvez fizessem um Gitelson ou um Rappaport). Seria diferente minha conduta, com certeza, se o paciente tivesse se decidido por outro analista. Nesse caso, teria concordado com ele sem a menor vacilação, abstendo-me de empregar a interpretação para convencê-lo. A "interpretação", nesse caso, não seria para mim mais que um *acting out* contratransferencial, já que o paciente nunca poderia recebê-la, nessas circunstâncias, como uma informação imparcial, destinada a lhe dar melhores elementos de julgamento para decidir.

Há ainda outra alternativa a considerar. Assim como a analista de meu exemplo (que era uma técnica de muita experiência) decidiu tomar o paciente, poderia ter-se desculpado por não se sentir capacitada. Nesse caso, porém, o analista deve reconhecer suas limitações e recomendar outro de maior experiência. Dessa maneira, daria ao futuro analisante uma prova de honestidade e o informaria, implícita mas formalmente, de seu grau de doença, o que certamente não se conseguiria dizendo que a dificuldade reside na homonímia, no "par". No primeiro caso, informo ao paciente de minhas limitações e das suas; no outro, as duas ficam eludidas.

A ENTREVISTA DE ENCAMINHAMENTO

A entrevista de encamunhamento abrange uma temática muito restrita e aparentemente simples; contudo, isso não é assim. Na realidade, propõe problemas complexos, que podem criar dificuldades no manejo prático, embora sirvam também para uma melhor compreensão da teoria da entrevista em geral.

A entrevista de encaminhamento é, sem dúvida, mais complexa do que a outra, já que devemos obter dela uma informação suficiente para assentar uma indicação e, ao mesmo tempo, evitar que o entrevistado ligue-se a nós demasiadamente, o que pode pôr em perigo nosso propósito de mandá-lo para um colega. Há ainda uma terceira dificuldade nesse tipo de entrevista, que é a prudência com que se devem receber os informes (quando não as confissões) e obter dados de alguém que, por definição, não será nosso analisando.

Em seu trabalho, Liberman insiste em que nesses casos o entrevistador deve dar um só nome para que não se reforce no entrevistado a idéia de que é ele quem entrevista. Lembro-me vivamente, e não sem certa amargura, de algumas pessoas que entrevistei quando me instalei em Buenos Aires, em 1967, voltando de Londres. Provinham todas de colegas generosos e amigos que me haviam recomendado. Alguns desses entrevistados não tinham mais que meu nome; em outros casos, eu vinha incluído em uma lista de alguns analistas possíveis. Os que vinham com uma lista às vezes me tratavam como quem está realizando uma seleção de pessoal (e, o que é pior, o faziam certos de sua grande habilidade psicológica!). Enfim, há muitos analistas que, de boa-fé, dão vários nomes para oferecer ao futuro analisando a oportunidade de escolher a fim de que ele possa decidir qual é o analista que lhe convém, mas creio, como Liberman, que estão equivocados.

Por outro lado, lembro-me de um homem de meia-idade, encaminhado por um colega que lhe havia dado apenas meu nome. A primeira entrevista foi dura e difícil, e ficamos de nos ver novamente uma semana depois.

Disse então, com muita sinceridade, que eu lhe parecera – e continuava parecendo-lhe – antipático, rígido e altaneiro, de modo que pensou em não voltar mais e recorrer ao doutor R. (o colega que o encaminhou) para lhe pedir outro analista, mais cordial e simpático. Depois, pensou novamente e decidiu que precisava de um médico capaz de tratá-lo (como o doutor R. havia dito que eu era, sem dúvida), e não de um amigo bonachão e atraente. Era um paciente capaz de deixar até a doutora Zetzel satisfeita!

Nesse ponto, concordo completamente com as advertências de Liberman e sempre dou ao futuro paciente que encaminho um só nome. Também costumo pedir-lhe que me comunique como foi, para ele, a entrevista que vai realizar e fico à sua disposição para qualquer dificuldade que possa surgir. Com isso, deixo aberta a possibilidade de que volte a me chamar, se não gostar do analista ao qual o encaminhei, sem reforçar seus mecanismos maníacos, nem fomentar uma reversão da perspectiva.

Porém, não concordo, em absoluto, com a idéia de que o analisante escolhe seu futuro analista, tanto como este escolhe aquele. Creio que Liberman superpõe aqui dois problemas, certamente por sua declarada adesão à teoria do par analítico: que o analisando não deveria nunca realizar a "entrevista" de seu futuro analista não quer dizer que não o escolha.

Creio que o futuro analisando escolhe, de fato e de direito, seu analista, embora saiba bem que, na maioria das vezes, o faça por motivos muito pouco racionais e que pouco podemos fazer para evitá-lo. As razões pelas quais fomos escolhidos, junto com as fantasias neuróticas de cura estudadas por Nunberg em seu ensaio clássico de 1926, só aparecem, em geral, muito depois do começo da análise.

Por mais que nos doa, a verdade é que oferecemos nossos serviços ao futuro paciente e ele sempre terá o direito de aceitá-los ou recusá-los. A idéia de que também tenho o direito de escolher meus pacientes é inaceitável para mim, já que sempre vejo meu sentimento de rechaço como um problema de minha contratransferência. Não me refiro aqui, com certeza, às considerações que realmente podem levar-me a decidir a não tomar um paciente, em termos de predileções e conveniências conscientes, como vimos no Capítulo 3.

A DEVOLUÇÃO

Todos os analistas concordam quanto ao fato de que, no final do ciclo das entrevistas, temos de dizer algo para o entrevistado a fim de fundamentar nossa indicação. Há analistas (entre eles, eu) que preferem ser parcos em suas razões, porque pensam que um informe muito detalhado presta-se mais a ser mal-entendido e facilita a racionalização. Outros, ao contrário, como os Liendo (Gear e Liendo, 1972), são mais explícitos.

Penso que a devolução não deve ir além do objetivo básico da tarefa realizada, isto é, aconselhar ao entrevistado o tratamento mais conveniente, a indicação com seus fundamentos, sempre muito sucintos.

Na realidade, e sem considerar a curiosidade normal ou patológica, os motivos que justificam a indicação não estão, em princípio, dentro do que o paciente precisa saber.

6

O Contrato Psicanalítico

Assim como o tema das indicações e das contra-indicações é continuado naturalmente pelo da entrevista, há também continuidade entre a entrevista e o contrato. Situada entre as indicações e o contrato, a entrevista deve ser o instrumento que, por um lado, permita-nos fundamentar a indicação do tratamento e, por outro, conduza-nos a formular o contrato. Uma das estratégias da entrevista será, então, preparar o futuro analisando para subscrever o metafórico *contrato psicanalítico*.

CONSIDERAÇÕES GERAIS

Talvez a palavra "contrato", que sempre empregamos, não seja a melhor, porque sugere algo jurídico, algo muito prescritivo. Talvez fosse melhor falar do convênio ou de acordo inicial; de qualquer modo, a palavra contrato tem força e é a que utilizamos correntemente.[1] Entretanto, e pela razão indicada, quando chega o momento de formulá-lo, não se fala ao paciente de contrato; diz-se a ele que seria conveniente pôr-se de acordo sobre as bases ou as condições do tratamento. Um amigo meu, então discípulo em Mendoza, contou-me o que aconteceu com um de seus primeiros pacientes, a quem propôs "fazer o contrato". O paciente, advogado com uma florida neurose obsessiva, veio à entrevista seguinte com um rascunho do contrato para ver se parecia bem ao médico. Portanto, a palavra deve ficar circunscrita ao jargão dos analistas, e não aos futuros pacientes. Digamos, de passagem, que meu jovem discípulo de então, hoje distinto analista, cometeu dois erros, e não apenas um. Empregou inadequadamente a palavra e, além disso, criou uma expectativa de ansiedade para a próxima entrevista. Se se aborda o tema do contrato, deve-se resolvê-lo de imediato, e não deixá-lo para a próxima vez. Frente a essa espera angustiada, um advogado obsessivo pode responder como fez aquele homem.

O propósito do contrato é definir concretamente as bases do trabalho que se vai realizar, de modo que ambas as partes tenham uma idéia clara dos objetivos, das expectativas e também das dificuldades a que as compromete o tratamento analítico, a fim de evitar que depois, durante o curso da terapia, possam surgir ambigüidades, erros ou mal-entendidos. Digamos melhor, para não pecarmos por otimismo, que o convênio serve para que, quando a ambigüidade torne-se presente – porque os mal-entendidos inevitavelmente surgirão no tratamento –, possa ser analisada tendo como base o que se disse inicialmente. Desse ponto de vista, pode-se dizer que, de certo modo, o processo analítico consiste em cumprir o contrato, solucionando os mal-entendidos que impedem sua vigência.

Com isso, fica dito que o que vale mais é o espírito do pactuado, ao passo que a letra pode variar de acordo com a situação, com cada paciente e a cada momento. É justamente atendendo a esse espírito que algumas estipulações são tidas por ineludíveis e outras não. Isso se depreende da leitura dos dois ensaios escritos por Freud, em 1912 e 1913, no quais formulou, com toda precisão, as cláusulas do pacto analítico.

Nos "Conselhos ao médico sobre o tratamento psicanalítico" (1912e) e em "Sobre a iniciação do tratamento" (1913c), Freud formula as bases teóricas do contrato, ou seja, seu espírito, ao mesmo tempo que estabelece as normas fundamentais que o compõem, ou seja, suas cláusulas.

Freud tinha uma capacidade singular para descobrir os fenômenos e, ao mesmo tempo, explicá-los teoricamente. Cada vez que pensamos sobre ele, voltam a surpreender a precisão e a exatidão com que definiu os termos do pacto analítico e assentou, com isso, as bases para o estabelecimento do enquadre. Porque, para compreender o contrato, deve-se pensá-lo com referência ao enquadre e, ao contrário, só se pode estudar o enquadre com referência ao contrato, já que, evidentemente, é a partir de determinados acordos – que não podem ser chamados de outra maneira que não contratuais – que certas variáveis ficam fixadas como as constantes do *setting*.

Esses dois trabalhos definem as estratégias que se deve utilizar para pôr em marcha o tratamento e, previamente a tais estratégias, os acordos a que se deve chegar com o paciente para realizar essa tarefa singular que é a análise. Também está incluída na idéia de contrato a de que o tratamento deve finalizar por acordo das partes e, por isso, se apenas um dos dois assim decide, não se fala de término da análise, mas de interrupção. Portanto, o analisando tem liberdade para rescindir o contrato em qualquer momento e, em circunstâncias especialíssimas, o analista também tem esse direito.

---
[1] Freud preferia a palavra pacto, que em nosso meio possui uma clara conotação psicopática.

Como bem diz Menninger (1958), toda transação na qual há algum tipo de intercâmbio baseia-se em um contrato.[2] Às vezes, este é muito breve ou implícito, mas sempre existe e a ele se remetem as partes para realizar a tarefa combinada, ainda mais quando surgem dificuldades. Embora o contrato psicanalítico tenha suas particularidades, prossegue Menninger, em última instância não se diferencia substancialmente daquele que se pode estabelecer quando se vai às compras, ou se encarrega um operário ou profissional de alguma tarefa.

Uma vez explicitadas as cláusulas de um contrato, seja qual for, fica definido um tipo de interação, uma tarefa e, por isso, importa sempre expô-las claramente. Apenas se forem estipuladas corretamente as normas com as quais se desenvolverá uma determinada tarefa poderão ser superadas as dificuldades que surgirem depois.

Vale a pena assinalar, também, que o contrato psicanalítico implica não apenas direitos e obrigações, mas também riscos, os riscos inerentes a toda empresa humana. Embora o contrato inspire-se na intenção de oferecer ao futuro analisando a maior segurança, não se deve perder de vista que o risco nunca pode ser eliminado por completo, e pretender isso implicaria um erro que poderíamos qualificar de sobreproteção, controle onipotente, mania ou idealização, conforme o caso. Ouvi comentar, certa vez, que uma das melhores analistas do mundo, já de idade avançada, ao tomar um candidato, advertiu-o do risco que corria por essa circunstância.

OS CONSELHOS DE FREUD

Nos dois trabalhos mencionados, Freud diz concretamente que dará alguns conselhos ao médico, ao analista. Esses conselhos, que se mostraram úteis para ele, podem contudo variar e não ser iguais para todos, esclarece prudentemente. Embora seja certo que Freud não se propõe a nos dar normas fixas, mas antes sugestões, a verdade é que os conselhos que dá são universalmente aceitos e, em alguma medida, implícita ou explicitamente, são os que propomos aos pacientes, porque são a base da tarefa.

Quando Freud diz que seus conselhos ajustam-se à sua forma de ser, mas que podem variar, abre uma discussão interessante, que é a da diferença entre o estilo e a técnica. Ainda que nem todos os analistas façam essa distinção, inclino-me a crer que a técnica é universal e que o estilo varia. Não se oculta para mim que há, aqui, uma certa ambigüidade, porque os leitores poderiam perguntar o que eu entendo por estilo e o que entendo por técnica. Podem objetar, também, que depende de minhas predileções pessoais, de meu arbítrio, que eu classifique algo dentro da técnica ou do estilo. Tudo isso está completamente certo: quanto mais digo que determinadas normas fazem parte de meu estilo, mais circunscrevo o campo da técnica como patrimônio universal de todos os analistas, e vice-versa; porém, de qualquer modo, creio que há diferença entre as coisas que são pessoais, próprias do estilo de cada analista, e as que são universais, que correspondem a um campo em que todos, de alguma forma, têm de estar de acordo. Creio realmente que é uma diferença válida, embora não ignore que sempre restarão algumas normas cujo posicionamento em um ou outro campo será impreciso. Considero que essas imprecisões devem ser aceitas como parte das dificuldades intrínsecas à nossa tarefa.

Alguns conselhos de Freud, que ele pensa serem eminentemente pessoais, como o de pedir a seus pacientes que se deitem para não ter de suportar que o olhem, chegaram a ser indispensáveis para nossa técnica. Aqui, claramente, o que Freud introduz como algo próprio de seu estilo é, sem dúvida, uma norma técnica universal. Poucos analistas a discutem, como Fairbairn (1958), por exemplo.

Em geral, quase todos os psicanalistas que deixam de sê-lo, porque questionam os princípios básicos de nossa disciplina, começam por remover o divã de seu consultório, como Adler, que busca que seu paciente não se sinta inferior. Isso pode ser fundamental para um psicólogo individual, mas nunca para um psicanalista, que reconhece no sentimento de inferioridade algo mais que uma simples posição social entre analisando e analista.

Por isso, não creio serem convincentes as reflexões de Fairbairn em "On the nature and aims of psychoanalytical treatment" ("Sobre a natureza e os objetivos do tratamento psicanalítico"), recém-citado. Fairbairn previne os analistas do perigo de que uma adesão muito estrita ao método científico faça-os esquecer o fator humano, indispensável e ineludível na situação analítica. A partir dessa tomada de posição, o grande analista de Edimburgo chegará a desconfiar da validade de certas restrições da técnica analítica, como o tempo fixo das sessões e o uso do divã. Questiona-se sobre a conveniência de que o paciente estenda-se em um divã e o analista coloque-se fora de seu campo visual (1958, p. 378), herança fortuita da técnica hipnótica e de certas peculiaridades de Freud. Desse modo, Fairbairn finalmente abandonou o divã, embora, ao que parece, não sem um certo conflito, já que esclarece que não advoga por uma técnica frente a frente, como a de Sullivan (que assim realiza sua famosa entrevista psiquiátrica), mas que ele se senta em uma escrivaninha e situa seu paciente em uma poltrona confortável, não à sua frente, mas de lado, etc., etc. Para alguém que, como eu, tem simpatia e respeito por Fairbairn, essas precisões fazem sorrir brevemente.

Se resgato a diferença entre o geral e o particular, entre a técnica e o estilo, é porque às vezes se confundem e levam a discussões acaloradas e inúteis. Em outras palavras, podemos escolher nosso estilo, mas as normas técnicas nos vêm da comunidade analítica e não podemos variá-las.

A modalidade com que recebo meus pacientes, por exemplo, e a forma como lhes dou entrada ao consultório pertencem inteiramente ao meu estilo. Outro analista terá

---

[2] "O contrato. A situação do tratamento psicanalítico como uma transação de duas partes contratantes" (1958, Cap. II).

sua modalidade própria e, a não ser que seja muito dissonante em relação aos usos culturais, nenhuma delas poderia ser considerada inferior. Conseqüentemente, ninguém poderia fornecer uma norma técnica a esse respeito. Quando alguém muda de consultório, é provável que mudem algumas dessas formas.

De qualquer maneira, e é importante assinalá-lo, uma vez que adotei meu próprio estilo, isso passa a ser parte de meu enquadre e de *minha* técnica.

Quando discutimos a técnica da entrevista, afirmamos que Rolla (1972) inclina-se a estipulações muito estritas, quanto a como cumprimentar, como se sentar e como fazer o paciente sentar-se, etc. Creio que essas normas são parte de um estilo pessoal, e não elementos constitutivos da entrevista. Propõe-se, por exemplo, que o entrevistador e o entrevistado sentem-se em poltronas que guardem um certo ângulo entre si para que não fiquem frente a frente. Essa prescrição é, em meu entender, parte de um estilo; e ninguém poderia dizer que, se alguém tem uma poltrona giratória, está incorrendo em um erro técnico.

Voltando aos conselhos de Freud, diremos que configuram as cláusulas fundamentais do contrato analítico, enquanto apontam para a regra fundamental, o uso do divã e a troca de tempo e dinheiro, isto é, freqüência e duração das sessões, ritmo semanal e férias.

FORMULAÇÃO DO CONTRATO

Convém formular o contrato sobre a base dos itens básicos que Freud estabeleceu e que acabamos de enumerar. É preferível centrar a atenção no fundamental, e não é nem prudente, nem elegante, ser muito prolixo ou dar muitas diretivas. A regra fundamental pode ser introduzida com muito poucas palavras e, com ela, o emprego do divã. Depois, vêm os acordos sobre horários e honorários, o anúncio de feriados e férias e a forma de pagamento. Nada mais.

Quando sublinhamos que o essencial é o espírito do contrato, e não a letra, tínhamos presente que nem mesmo as cláusulas essenciais têm forçosamente de ser introduzidas de saída e, vice-versa, outras podem ser incluídas, de acordo com as circunstâncias.

A regra da associação livre pode ser proposta de maneiras muito diferentes, e até mesmo não ser explicitada de início. Como dizia Racker (1952), em uma nota de rodapé de seu Estudo III, a regra fundamental pode não ser comunicada de início, mas, de qualquer modo, logo faremos o analisando conhecê-la, por exemplo, ao pedir-lhe que associe ou que diga tudo o que lhe ocorre sobre um determinado elemento do conteúdo manifesto de um sonho (p. 80). Ninguém tem dúvida de que é melhor comunicar sem delonga a regra fundamental, mas pode haver exceções. A um paciente muito assediado por pensamentos obsessivos será preciso ter cuidado ao propô-la, para não lhe criar de início um problema de consciência grande demais. Porém, um paciente hipomaníaco – e não há o que dizer se for maníaco – não precisará de um estímulo muito especial para dizer tudo o que pensa. Do mesmo modo, acentuar com um psicopata que tem a liberdade de dizer tudo o que quiser pode ser simplesmente o sinal verde para seu *acting out* verbal.

Com isso, quis assinalar que, mesmo na convenção que chamamos de fundamental – a regra da associação livre –, podem-se estabelecer circunstâncias especiais que nos aconselhem a seguir um caminho diferente do habitual, sem que isso queira dizer, em absoluto, que possamos afastar-nos da norma.

As cláusulas fundamentais do contrato respondem a uma pergunta ineludível, que está na mente do entrevistado quando lhe é dada a indicação de se analisar: em que consiste o tratamento. Formule-se ou não, essa pergunta oferece-nos a oportunidade de propor o mais importante do contrato. Poderemos dizer, por exemplo: "O tratamento consiste em que você se deite neste divã, se ponha na atitude mais cômoda e serena possível e diga tudo o que vá surgindo em sua mente, com a maior liberdade e a menor reserva, procurando ser o mais espontâneo, livre e sincero que puder". Assim, introduzimos a regra fundamental e o uso do divã, após os quais se pode falar de horários e honorários.

É conveniente introduzir de início a norma de que, quando o paciente não vem, tem de pagar a sessão; porém, se o entrevistado mostra-se muito ansioso ou desconfiado, pode-se deixá-la de lado e propô-la a partir da primeira ausência. Entretanto, essa postergação às vezes traz problemas, já que o paciente pode considerá-la uma resposta concreta à sua ausência, e não uma regra geral.

Outras normas, ao contrário, não devem ser propostas no primeiro momento, isto é, na entrevista, e sim quando surgem no curso do tratamento. Um exemplo típico poderia ser o das mudanças de horário ou os presentes. São normas contingentes, que têm mais a ver com o estilo do analista do que com a técnica; só se justifica discuti-las quando for o caso. Se um paciente começa a pensar em dar um presente ao analista, ou sonha com isso, este poderá, em tal caso, expor seu ponto de vista.

CONTRATO AUTORITÁRIO E CONTRATO DEMOCRÁTICO

Na medida em que regulará o aspecto real da relação entre analisando e analista, o acordo deve ser necessariamente justo e racional, igualitário e eqüitativo. Disso decorre a utilidade de diferenciar o contrato democrático do contrato autoritário ou do demagógico. O contrato *democrático* é o que leva em conta as necessidades do tratamento e as harmoniza com o interesse e a comodidade de ambas as partes.

Tenho observado repetidamente que os analistas jovens tendem a pensar de boa-fé que o contrato obriga mais o futuro analisando do que a eles mesmos, mas estão inteiramente equivocados. Assim pensam, contudo, todos os pacientes, o que não é mais do que uma parte de seus conflitos. Na realidade, o analisando só se compromete a cumprir determinadas diretivas que concernem à tarefa, e nem sequer a cumpri-las, mas a tentá-lo. Não é autoritário que o analista vele por essas diretivas, porque deve proteger a tarefa combinada, como qualquer operário responsável por seu ofício. Por outro lado, a cada obrigação do analisando corresponde, simetricamente, uma do analista. Às vezes, os pacientes queixam-se de que o analista fixe o período de férias, por exemplo, mas nisso não há nada de autoritário ou unilateral: todo profissional fixa seu período de descanso e, além disso, se essa constante ficasse à livre escolha do paciente, o trabalho do analista se desordenaria.

O contrato é racional, enquanto as diretivas ajustam-se ao que se determinou como mais favorável para que o processo analítico desenvolva-se da melhor maneira possível, de acordo com a arte. A regularidade e a estabilidade dos encontros não apenas se justificam pelo respeito recíproco entre as partes, mas porque são necessárias para o desenvolvimento do tratamento.

A partir desses pontos de vista, não me é difícil definir o contrato *autoritário* como aquele que busca a conveniência do analista, em vez de preservar o desenvolvimento da tarefa. Quando o contrato busca agradar ou apaziguar o paciente, em detrimento da tarefa, deve ser tachado de *demagógico*.

Se as entrevistas foram desenvolvidas corretamente e culminaram com a indicação de se analisar, no momento de fundar essa indicação o analista enunciará os objetivos do tratamento, explicará ao entrevistado que a psicanálise é um método que opera fazendo com que o analisando conheça melhor a si mesmo, o que deve dar-lhe melhores oportunidades para manejar sua mente e sua vida. Aqui, surge a pergunta que já mencionamos, em que consiste o tratamento e, por conseguinte, as normas de como, quando e onde se realizará esse trabalho que é a análise.

Surgem, assim, naturalmente, a regra analítica fundamental, ou seja, como o analisante deve comportar-se no tratamento, como deve informar-nos, como deve fornecer-nos o material com o qual trabalharemos e em que consiste nosso trabalho: devolver informação, interpretando. Desse modo, é introduzida a regra da associação livre, que pode ser formulada de maneiras muito diversas, e depois as constantes de tempo e lugar, freqüência, duração, troca de dinheiro e de tempo, etc. Portanto, tudo acontece naturalmente, pois, se digo a alguém que vai realizar um trabalho comigo, imediatamente me pergunta quantas vezes tem de vir e a que horas, quanto tempo trabalharemos, etc. Nesse contexto, é certo que o futuro analisando pergunte pela duração do tratamento, ao que se responderá que a análise é longa, leva anos e não se pode calcular de antemão o quanto vai durar. Pode-se acrescentar também que, à medida que alguém vê que sua análise progride, preocupa-se menos com sua extensão.

Não se deve perder de vista que, por sua índole singular, as cláusulas do contrato psicanalítico não são invioláveis, nem exigem do paciente outra adesão senão a de conhecê-las e tentar cumpri-las. O contrato analítico não é um *contrato de adesão*, como se diz juridicamente para caracterizar o contrato em que uma parte impõe e a outra tem de acatar: as duas partes contratantes subscrevem (metaforicamente) esse convênio, porque o consideram conveniente.

Por isso, dissemos anteriormente que o contrato é importante como ponto de referência da conduta ulterior do paciente. Nós descontamos desde já que o analisando não vai cumprir, não vai poder cumpri-lo. A norma é formulada não para que seja cumprida, mas para ver como o analisando comporta-se frente a ela. O que muitas vezes se chamou de atitude permissiva do analista consiste, justamente, em que a norma é exposta, porém não é imposta. Quando surgir um impedimento para cumpri-la, o que importa ao analista é ver de que se trata: o analista enfrentará o descumprimento não com uma atitude normativa (muito menos punitiva), e sim com sua específica qualidade de compreensão.

É diferente que eu diga ao paciente que se deite no divã, de que diga que deve deitar-se, ou de que não lhe diga nada. Apenas no primeiro caso fica aberto o caminho para analisar. No terceiro caso, eu não poderia fazer nunca uma interpretação do *voyeurismo*, por exemplo. O paciente diria, com toda razão, que não é por *voyeurismo* que não se deita, mas porque eu não lhe disse que tinha de fazê-lo. Se deixei isso a seu critério, e seu critério é ficar sentado, não há nada mais a dizer. Ao contrário, se lhe disse que se deite e fale, e o paciente responde que não gosta de ficar deitado, porque sente angústia ou porque não lhe parece natural falar deitado com alguém que está sentado, ou o que for, então já está colocado um problema que pode e deve ser analisado. Ou seja, apenas quando o analista tiver formulado a norma é que se pode analisá-la se o paciente não a cumprir. Desenvolvi esse tema com certa extensão em um trabalho apresentado no Congresso Pan-Americano de Nova York, em 1969.

A tolerância frente ao descumprimento da norma nada tem a ver, em meu ponto de vista, com a ambigüidade. Evito ser ambíguo, prefiro dizer as coisas taxativamente e não deixar que o paciente as suponha. Se, por exemplo, o paciente pergunta-me, na primeira sessão, se pode fumar, digo-lhe que sim, que pode fazê-lo e que tem aí um cinzeiro.[3] Alguns analistas preferem não dizer nada, ou interpretar o significado da pergunta. Creio que isso é um erro, porque uma interpretação só é possível quando antes foram fixados os termos da relação. O paciente não entende isso como uma interpretação, mas como minha forma de lhe dizer se pode ou não pode fumar. Se digo a ele, por exemplo, "você quer sujar-me", entenderá que não o deixo; se lhe digo "você precisa de que eu lhe dê permissão", entenderá que não precisa pedir-me permissão, que não me oponho. Nem em um caso, nem no outro, terá recebido uma interpretação. Por isso, prefiro não ser ambíguo. Se depois desse esclarecimento o paciente volta a colocar o problema, já não cabe outra atitude para o ana-

---

[3] Pertence inteiramente ao estilo do analista deixar seus pacientes fumarem, ou lhes pedir para que se abstenham de fazê-lo.

lista senão interpretar. Justamente ter sido claro no começo permite ser mais estrito depois.

O mesmo vale para a associação livre. A regra fundamental deve dar ao paciente, e com clareza, a idéia de que ele tem, em primeiro lugar, a liberdade de associar, que pode associar, que pode dizer tudo o que pensa; contudo, ao mesmo tempo, deve saber que o analista espera que não guarde nada para si, que fale sem reservas mentais. Não lhe digo que tem a obrigação de dizer tudo o que pensa, porque sei que isso é impossível: ninguém diz tudo o que pensa, nem sequer na última sessão da mais completa análise, porque há sempre resistências, recalcamentos. Então, tento fazer o paciente ver não apenas que tem liberdade para dizer tudo o que pensa, mas também que deve dizê-lo mesmo que lhe seja custoso, de tal forma que ele saiba que a norma existe e que seu descumprimento será matéria de meu trabalho.

No começo de minha prática, quando não introduzia claramente a norma de deitar no divã, a maioria de meus pacientes ficava sentada e eu não sabia o que fazer. Um exemplo ainda mais engraçado é o daquele aluno meu que me consultou porque *todos* os seus pacientes ficavam calados. Por mais que ele já tivesse lido seu *Análise do caráter* e interpretasse-lhes o silêncio, não conseguia absolutamente nada. Sua difícil e enigmática situação só pôde ser resolvida quando explicou como formulava a regra fundamental: "Você pode dizer tudo o que pensa e também tem o direito de ficar calado". Com essa diretiva, os pacientes optavam pelo mais simples. Essa formulação, diga-se de passagem, é um exemplo típico de contrato demagógico.

Isto nos faz voltar ao ponto de partida. Dissemos que o contrato analítico deve ser justo e eqüitativo. No caso recém-citado, o contrato era demagógico, já que se dava ao paciente mais liberdade do que tem. A regra fundamental é, certamente, um convite generoso a falar com liberdade, mas é também uma severa solicitação, pois pede para se sobrepor às resistências. Por isso, não creio que a atmosfera analítica seja permissiva, como se diz com freqüência. O contrato analítico pressupõe responsabilidade, uma responsabilidade grande e compartilhada.

CONTRATO E USOS CULTURAIS

As diretivas do contrato, enquanto normas que estabelecem a relação entre as partes, devem ajustar-se aos usos culturais. A psicanálise não poderia nunca se colocar fora das normas gerais que regem a relação entre as pessoas em nossa sociedade. O analista deve tentar respeitar os usos culturais quando têm validade. Se eles não têm, e isso pode afetá-lo, poderá então denunciá-los e discuti-los. Como exemplo do que quero dizer, tomemos o pagamento dos honorários com cheque. Em nosso país, existe o uso cultural de pagar dessa forma e, nesse sentido, não seria adequado não aceitar um cheque do analisando, sempre que seja de sua conta e não, é claro, de terceiros, pois isso já implica um abuso de confiança, quando não um ato psicopático. Se um analista pede a seus pacientes o pagamento em dinheiro, porque lhe é mais cômodo, ele está em seu direito, é seu estilo. Eu não o faço, porque me parece que não está de acordo com os costumes e com meu estilo pessoal. Se um analista me dissesse que não recebe cheques porque o cheque serve para negar o vínculo libidinal com o dinheiro, eu diria a ele que está equivocado. Se um paciente pensa que, ao pagar com cheque, não paga ou não suja a relação, ou seja o que for, é preciso analisar essas fantasias e a implícita falha na simbolização, sem recorrer a uma precaução que seria própria da técnica ativa. Um analista europeu disse uma vez, em nossa cidade, que exige que lhe paguem com cheque para que o paciente não pense que ele elude suas rendas, mas esse proceder também corresponde, em meu ponto de vista, à técnica ativa. Será melhor analisar por que o paciente pensa assim (ou por que *não* pensa assim, se ocorresse em Buenos Aires!). Um homem jovem, que era executivo de uma casa importante e tinha um mau manejo com o dinheiro, vinha muitas vezes com o cheque de seu salário e queria transferi-lo para mim. Às vezes, pretendia que eu agisse como o banco e devolvesse-lhe o valor do cheque que excedia meus honorários. Nunca aceitei esse tipo de acertos e sempre preferi esperar que ele o descontasse e então me pagasse, mesmo sabendo que corria o risco de que gastasse o dinheiro nesse meio tempo. Quando passou a ser sócio da firma, eu aceitava o cheque da empresa, se fosse pela importância justa de meus honorários, embora viesse assinado pelo contador da empresa, e não por ele.

Nunca aceito pagamento em moeda estrangeira, nem a conta de honorários, mas posso mudar essa norma em certas circunstâncias. Um analisando veio preocupado à sua última sessão antes das férias, porque havia calculado mal meus honorários e o dinheiro que tinha disponível já não era suficiente para pagar-me. Perguntou-me se podia acertar o pequeno saldo em dólares, ou se eu preferia que me pagasse em pesos na volta. Disse-lhe que fizesse como achasse melhor. E centrei minha atenção nas angústias de separação – das quais, entre parênteses, o paciente tinha consciência pela primeira vez, depois de tê-las negado invariavelmente por muitos anos. Variações como essa não são, em meu entender, uma mudança de técnica e não podem comprometer em absoluto a marcha do tratamento.

Se um analisando adoece e falta à análise por um tempo, o analista pode modificar conjunturalmente a norma de cobrar as sessões. Dependerá das circunstâncias, do que o paciente propuser e também de suas possibilidades. Não é o mesmo um homem abastado e outro de escassos recursos; não é o mesmo o que pede que se considere essa situação e quem não a coloca. A norma pode variar dentro de certos limites. Há sempre um ponto de toda relação humana em que é necessário saber escutar o outro e saber o que deseja e espera de nós, sem que isso nos obrigue a comprazê-lo. Aceitar a opinião do paciente nem sempre significa gratificá-lo ou conformá-lo, assim como não aceitá-la não tem por que ser sempre uma afronta ou uma frustração.

As viagens apresentam um problema interessante. Uma solução salomônica, que aprendi com Hanna Segal quando veio a Buenos Aires em 1958, é cobrar a metade. Isso implica, por um lado, um compromisso do paciente, porque continua responsabilizando-se por seu tratamento, embora não venha; e, por outro lado, de alguma forma cobre o lucro cessante do analista, na medida em que "não é um mau negócio" cobrar a metade por horas de que se pode dispor livremente. Uma pessoa muito opulenta não sabia se começava sua análise antes ou depois das férias de verão. Ele havia feito a ressalva de que ia para a Europa e perguntou-me se lhe cobraria essas sessões, no caso de começar. Disse-lhe que, se começasse antes, eu lhe cobraria a metade do valor das sessões nas quais estivesse ausente pela viagem. Isso ficou como norma para o futuro; contudo, em certa ocasião, ausentou-se inopinadamente por uns dias, para ir a um balneário, apesar de eu lhe interpretar o sentido que tinha fazê-lo. Dessa vez, não lhe concedi a franquia para que ficasse em evidência que era uma decisão unilateral e que eu não estava de acordo.

Não se deve perder de vista que o dinheiro não é a única coisa que conta, nesses casos, nem sequer a mais importante. Para a pessoa recém-citada, que dispunha de dinheiro para viajar quantas vezes quisesse e que limitou suas viagens ao indispensável durante seu prolongado tratamento, a redução dos honorários tinha antes o caráter de um reconhecimento, de minha parte, de que suas viagens eram justificadas. Do mesmo modo, uma pessoa pode pedir que se cancele uma sessão ou que se mude a hora para não se sentir em falta, e não pelo dinheiro da consulta ou para manejar psicopaticamente o analista.

Um aspecto interessante é o da influência da inflação sobre os honorários. Entre nós, já se tornou clássico o trabalho que Liberman, Ferschtut e Sor apresentaram no III Congresso Psicanalítico Latino-Americano, reunido em Santiago do Chile em 1960.[4] Esse trabalho é importante porque mostra que o contrato analítico sela o destino do processo e está, por sua vez, subordinado a fatores culturais, como é, nesse caso, a inflação. Santiago Dubcovsky (1979) referiu-se a esse tema, mostrando convincentemente o efeito que a inflação tem sobre a prática analítica e as possibilidades de neutralizá-la, não tanto com medidas pretensamente estabilizadoras, mas sim com acordos flexíveis e razoáveis, que respeitem os princípios do método e levem em conta as necessidades e possibilidades de ambas as partes contratantes.

Deve-se ter muito cuidado nessas questões e não deslizar para uma atitude superegóica, irracional. Ensinou-me isso meu primeiro paciente, que hoje é um distinto advogado platense e que se tratou comigo por uma impotência episódica que o preocupou muito e que atribuía, não sem certa razão, a um pai bastante severo. Então, naquele tempo distante, meu enquadre era muito mais frouxo que agora e eu não tinha idéia do que significava sua estabilidade. Meu paciente pedia-me sempre mudanças e reposições de hora quando precisava prestar exames ou estudar, e eu sempre as concedia, sem nunca me questionar por isso, nem tampouco analisá-lo, já que a "norma" nesses casos era simplesmente que se chegasse a um acordo sobre a hora da sessão. Após ter terminado seu curso – e estar muito contente, porque havia superado sua impotência – viajou por dois dias com uma moça para se divertir. Pediu-me, como sempre, uma mudança de horário, e eu lhe disse que não ia concedê-la, porque a situação era diferente. Disse-me então, categoricamente, que eu era igual ou pior que o pai: quando me pedia uma mudança de horário para estudar, eu sempre a concedia, mas para sair com uma moça, não. Tinha razão, ao menos de seu ponto de vista. Eu deveria ter analisado com mais esmero suas mudanças anteriores, e também esta de agora, antes de lhe dar uma resposta. Esse exemplo serve para demonstrar a importância da norma, porque, nesse caso, a norma era que eu "tinha" de lhe trocar o horário. Com a pessoa das viagens, ao contrário, a norma era que ela era responsável pela hora, embora eu pudesse contemplar o caso particular.

Deve-se ter sempre presente que o contrato é um ato racional, entre adultos. Daí que a equanimidade com que se faça assente as bases do respeito mútuo entre analista e analisando, o que também se chama de aliança de trabalho.

OS LIMITES DO CONTRATO

O contrato estabelece uma carta de condições, com as obrigações que o analisando e o analista têm. Essas relações são recíprocas e, talvez mais que recíprocas, têm a ver com o próprio tratamento como pessoa jurídica (se os advogados permitem-me utilizar essa expressão). Todavia, há direitos e obrigações que o analista e o analisando têm como pessoas, que não concernem ao contrato. Nem sempre é fácil discriminar, nesse ponto, e vejo meus alunos vacilarem e também, para ser sincero, meus colegas.

Um analista pode ter o desejo de supervisionar um de seus pacientes; é um direito que todo analista tem, inclusive uma obrigação, se é um candidato; porém, de maneira alguma isso pode ficar incluído no contrato. Alguma pessoa do meio, algum analista que me coube tratar, disse-me algo assim, que queria ou que não queria que supervisionasse seu caso, mas eu nunca respondi, não me senti absolutamente na necessidade de fazê-lo. No entanto, quando o paciente refere-se a algo que tem a ver com o contrato, é preciso responder-lhe. Se me pergunta se serei reservado com o que ele me disser, respondo-lhe que sim, que tenho a obrigação de guardar o segredo profissional, embora ele devesse saber disso e sua pergunta tivesse outros determinantes. Ao contrário, não me sinto obrigado a responder quando são coisas que concernem à minha própria discrição, ao meu arbítrio. Se um colega pedisse-me para supervisionar o cônjuge de um paciente meu ou, em geral, um familiar próximo, não o faria; porém, não consi-

---

[4] Publicou-se no número extraordinário do volume 18 da *Revista de Psicoanálisis* em 1961.

dero essa decisão como parte do contrato com meu paciente. Se este alguma vez me perguntasse isso, não me sentiria na obrigação de esclarecê-lo. Não gosto, tampouco, de supervisionar pacientes com os quais estou ligado por um vínculo de amizade. Uma vez, supervisionando um caso de homossexualidade, descobri que o *parceiro* daquele homem era alguém que eu conhecia desde jovem e, assim, inteirei-me, sem me propor a isso, de sua perversão. Creio que a maioria dos analistas aceita esse tipo de limitações, mas não deve considerá-las de maneira alguma como cláusulas do contrato. Um analisando soube que eu era o supervisor de um candidato que tratava sua esposa e perguntou-me se eu supervisionaria esse caso. Decidi responder-lhe que não o faria, porém não considerei essa proposição como parte do contrato.

Um de meus primeiros pacientes de Mendoza perguntou-me se eu era membro da Associação, e respondi-lhe afirmativamente. Esclareceu-me, então, que se havia tratado com um médico que lhe havia dito que ia psicanalisá-lo, mas não era analista. Depois, quando me perguntou se eu era membro ou candidato, já não me senti na obrigação de responder. Nem nesta nem na pergunta anterior, deixei de notar os componentes paranóicos (desconfiança) e maníacos (denegrimento) que estavam em jogo, mas não me guiei por eles, e sim pelo aspecto racional do contrato (sem dúvida, segundo meu leal saber e entender nesse momento). Em outras palavras, deve-se separar – na medida do possível – a desconfiança paranóica da desconfiança racional, ver onde termina aquela e começa esta. Além disso, não devemos esquecer que a confiança inicial do paciente nem sempre é muito racional.

Portanto, é importante deslindar claramente o que pode ser parte do contrato e o que pertence ao foro íntimo, à liberdade individual de cada um. Que eu tome notas durante ou depois da sessão, ou que grave, são precauções que tenho o direito de tomar para levar adiante meu trabalho; não tenho de prestar contas ao paciente. Em relação ao gravador, discute-se muito e acaloradamente. Melanie Klein declarou-se totalmente contra seu emprego no prefácio de seu *Narrative of a child analysis* (1961). Se se considera que o gravador é um recurso do analista para registrar seu trabalho e estudá-lo, não creio que viole nenhum preceito técnico ou ético. Não ocorreria a ninguém que procede mal tomando notas depois da sessão. É justamente isso que Melanie Klein fazia com Richard. Não há, no meu entender, uma diferença substancial entre um processo e o outro, pois são duas formas de registrar a sessão. Se Funes, o memorioso, se tornasse analista, certamente não usaria o gravador, mas poderia reproduzir as sessões como se o utilizasse. Enquanto memória mecânica do analista, o gravador é, para mim, um recurso totalmente válido.

O TRATAMENTO DE PROVA

Entre tantos problemas colocados pelo contrato, vale a pena mencionar a famosa e agora bastante esquecida análise de prova. Freud a utilizava para fazer o diagnóstico, segundo o diz em "Sobre a iniciação do tratamento" (1913c). Atualmente, a maioria dos analistas prefere remeter esse problema às entrevistas. A análise de prova cria, sem dúvida, incerteza no paciente, com o que se turva o campo, porque é inegável que, quando se põe alguém à prova, este faz tudo o que é possível para não ser rechaçado.

Parece mais conveniente, então, confiar às entrevistas o problema da indicação, e não incluí-lo no próprio tratamento como análise de prova. De qualquer modo, nos casos difíceis, não é certo que as entrevistas possam resolver o problema, e deve-se também levar em consideração que não é prudente prolongá-las demais, porque podem criar uma ansiedade desnecessária no entrevistado e complicar a relação analítica futura pelos vínculos que vão sendo formados, ainda mais que o enquadre das entrevistas não torna aconselhável fazer interpretações sobre a transferência que está formando-se.

Esse inconveniente foi mencionado concretamente por Freud, que não queria dar ao paciente a vantagem de estabelecer uma relação de transferência antes de iniciar o tratamento e, certamente por isso, recorria à análise de prova. Essa razão tem, sem dúvida, peso, mas o risco pode ser menor se as entrevistas são realizadas tendo-se em conta, com clareza, seus objetivos e respeitando-se seu próprio enquadre.

SEGUNDA PARTE
Da Transferência e da Contratransferência

História e Conceito da Transferência

A teoria da transferência é um das maiores contribuições de Freud para a ciência e é também o pilar do tratamento psicanalítico. Quando se repassam os trabalhos desde que surge o conceito até seu total desenvolvimento, chama a atenção o breve lapso dessa investigação: é como se a teoria da transferência tivesse nascido, inteira e de um só golpe, na mente de Freud, embora sempre se tenha dito o contrário, que ele foi elaborando-a pouco a pouco. Talvez essas duas afirmações não se contradigam, no entanto, se a primeira se refere ao central da teoria e a segunda aos detalhes.

O CONTEXTO DA DESCOBERTA

Uma releitura do trabalho de Szasz, "The concept of transference", fez com que se recolocasse para mim esse pequeno dilema, interessante, sem dúvida, do ponto de vista da história das idéias psicanalíticas. Como todos sabem, por Jones (1955) e pela "Introdução" de Strachey ao grande livro de Breuer e Freud (*AE,* v.2, p. 3-22), o tratamento de Anna O. ocorreu entre 1880 e 1882 e terminou com um intenso amor de transferência e contratransferência (e até de paratransferência, poderíamos dizer, pelo ciúme da esposa de Breuer). Os três protagonistas desse pequeno drama sentimental registraram-no como um episódio humano igual a qualquer outro. Quando Breuer referiu a Freud o tratamento de Anna O., no final de 1882 (o tratamento havia finalizado em junho), fez menção ao desenlace traumático; porém, ao que parece, Freud tampouco estabeleceu, de imediato, uma conexão entre o enamoramento e a terapia. Quando, pouco depois, comentou-o em uma carta a Martha Bernays, então sua noiva, Freud a tranqüilizava, dizendo-lhe que isso nunca aconteceria com ele, porque "for that to happen one has to be a Breuer"* (Szasz, 1963, p. 439).

No começo da década de 1890, como assinala Jones, Freud instou Breuer a comunicar os achados sobre a histeria e observou que a reticência de Breuer apoiava-se em seu episódio sentimental com Anna O. Freud pôde convencê-lo, dizendo-lhe que também havia acontecido com ele algo semelhante, motivo pelo qual considerava que o fenômeno era inerente à histeria.

Esses detalhes permitem-nos afirmar agora que, no lapso de um pouco mais de 10 anos, transcorrido desde que finalizou o tratamento da célebre paciente até a "Comunicação preliminar" de 1893, Freud foi amadurecendo as bases de sua teoria da transferência.

TRANSFERÊNCIA E FALSO ENLACE

Nas histórias clínicas dos *Estudos sobre a histeria* (1895d), vê-se aparecer diversas vezes alguma observação sobre as características singulares da relação que se estabelece entre o psicoterapeuta e seu paciente, comentários que, no caso de Elisabeth von R., são bastantes claros. Quando Freud escreve "Sobre a psicoterapia da histeria", o Capítulo IV desse livro fundamental, a idéia da *transferência* como uma relação humana singular entre o médico e o enfermo através de um *falso enlace* fica definida categoricamente.

O raciocínio de Freud, ao descobrir a transferência, parte de uma avaliação sobre a confiabilidade da coerção associativa. Segundo ele, há três circunstâncias nas quais o método fracassa, mas as três não fazem senão convalidá-lo. A *primeira* ocorre quando não há mais material a investigar em um área determinada e, como é óbvio, mal se poderia dizer que fracassa a coerção associativa, em que não há mais nada para investigar. (Vocês recordarão que, nesse ponto, para apreciar o que realmente acontece, Freud observa a atitude do paciente, sua expressão facial, a serenidade de seu rosto, sua autenticidade.)

A *segunda* eventualidade, descrita por Freud com o nome de *resistência interna* é, sem dúvida, a mais típica desse método e a que justamente levou a compreender a luta de tendências, ou seja, o ponto de vista dinâmico, o valor do conflito na vida mental. Nesses casos, afirma Freud, e novamente com razão, o método continua sendo válido, já que a coerção associativa falha somente na medida em que tropeça em uma resistência; contudo, é precisamente por intermédio dessa resistência que se conseguirá chegar, por via associativa, ao material que se busca.

A *terceira,* por último, a *resistência externa,* marca outro aparente fracasso do método, cuja explicação deve ser buscada na relação particular do paciente com seu

---

*N. de R.T. Em inglês, como no original.

psicoterapeuta, daí que seja externa, extrínseca, não-inerente ao material. Aqui, Freud distingue três casos, que podemos rotular de ofensa, dependência e falso enlace.

Quando o paciente sofreu uma *ofensa* por parte do médico, alguma pequena injustiça, alguma desatenção ou desinteresse, algum desprezo, ou quando escutou um comentário adverso sobre sua pessoa ou seu método, sua capacidade de colaborar entorpece-se. Enquanto a situação persiste, falha a coerção associativa; porém, quando se esclarece o ponto de controvérsia, a colaboração restabelece-se e o procedimento volta a funcionar com toda a eficácia. Não importa, precisa Freud, que a ofensa seja real ou simplesmente sentida pelo paciente: em ambos os casos, erige-se um obstáculo frente à coerção associativa, enquanto trabalho entre o médico e o paciente, e a cooperação restabelece-se com o esclarecimento necessário. Freud já incorpora aqui às suas teorias, ainda que implicitamente, a idéia de realidade interna, a que é *sentida* pelo paciente, o que importa muito para a futura teoria da transferência.

A segunda forma de resistência externa provém de um temor muito especial do paciente, a *dependência,* o temor de perder sua autonomia e até de ficar atado sexualmente ao médico. Diga-se de passagem que é singular que Freud não veja aqui, de momento, um falso enlace a partir de sua então vigente teoria da sedução. Nesse caso, o paciente nega sua colaboração para se rebelar, para evitar cair nessa situação temida e perigosa; também aqui, o esclarecimento pertinente (em última instância, a análise desse temor) resolve-o.

O terceiro tipo de resistência extrínseca é o falso enlace, em que o paciente atribui ao médico representações (desprazerosas) que emergem durante a tarefa. Freud chama a isso de *transferência (Übertragung)* e assinala que ocorre por meio de uma conexão errônea, equivocada. Freud expõe um exemplo convincente, que vale a pena consignar de forma textual: "A origem de um certo sintoma histérico era, em uma de minhas pacientes, o desejo que acariciara há muitos anos, e em seguida remetera ao inconsciente, de que o homem com quem estava conversando nesse momento se aproveitasse ousadamente e lhe desse um beijo. Pois bem, certa vez, no final de uma sessão, aflorei na paciente esse desejo com relação à minha pessoa; isso lhe causa espanto, passa uma noite insone e, na sessão seguinte, ainda que não se recuse ao tratamento, está incapacitada por completo para o trabalho" (1895d, *AE*, v.2, p. 306-307). E Freud acrescenta: "Desde que tenho averiguado isso, posso pressupor, frente a qualquer requerimento parecido a minha pessoa, que voltaram a se produzir uma transferência e um falso enlace".

Deve-se destacar que Freud adverte, ao remover o obstáculo, que o desejo transferido, o qual tanto havia assustado sua paciente, aparece em seguida como a recordação patogênica mais próxima, a que exigia o contexto lógico: isto é, em vez de ser recordado, o desejo apareceu com referência direta a ele, Freud, em tempo presente. Desse modo, e embora a incipiente teoria da transferência fique explicada como o resultado (mecânico) do associacionismo, Freud já a situa na dialética do presente e do passado, no contexto da repetição e da resistência.

Vale a pena sublinhar que, já nesse texto, Freud assinala que esses falsos enlaces da transferência constituem um fenômeno regular e constante da terapia e que, embora importem um aumento do labor, não impõem um trabalho extra: para o paciente, a tarefa é a mesma, ou seja, vencer o desagrado que teve em certo momento de recordar um determinado desejo. Convém observar que Freud fala aqui, concretamente, de *desejo* e de *recordação*, mas não registra ainda a relação entre ambos, que ocupará sua atenção em "Sobre a dinâmica da transferência" (1912b).

Quando se relêem com atenção essas duas páginas admiráveis de "Sobre a psicoterapia da histeria", impõe-se ao espírito a idéia de que toda a teoria da transferência já estava potencialmente no Freud de 1895, e com ela toda a psicanálise, isto é, a idéia de conflito e de resistência, a vigência da realidade psíquica, a sexualidade. Veremos de imediato que, de fato, no epílogo do caso "Dora",[1] a teoria é exposta de forma completa.

TRANSFERÊNCIA DO DESEJO

Na seção C, "Acerca do cumprimento de desejo", do capítulo sétimo da *Interpretação dos sonhos* (1900a), Freud emprega a palavra transferência para dar conta do processo de elaboração onírica. O desejo inconsciente não poderia chegar nunca à consciência, nem burlar os efeitos da censura, se não conferisse sua carga a um resto diurno pré-consciente. Freud chama esse processo mental também de *transferência (Übertragung)*. Embora não diga em nenhum momento que emprega a mesma palavra porque o fenômeno é o mesmo, muitos autores dão por certa a identidade conceitual. Entre nós, Avenburg (1969) e Cesio (1976) opinam dessa maneira. Avenburg diz, por exemplo, que a transferência não é outra coisa senão utilizar o analista como resto diurno, em si mesmo indiferente, como suporte do desejo inconsciente e de seu objeto infantil. Cesio, por sua vez, apóia seu raciocínio nas duas formas com que Freud utiliza a palavra transferência e, aplicando estritamente à transferência os mecanismos de elaboração onírica, conclui que a identidade é evidente.

Jacques-Alain Miller (1979), expoente distinto da escola de Lacan, pensa que o termo transferência surge na *Interpretação dos sonhos* e só depois assume seu significado mais especializado (ou seja, clínico). Esse autor vai um pouco além, porque apenas leva em conta a teoria do falso enlace dos *Estudos*. Entende-se esse ponto de vista, sem dúvida um tanto parcial, porque o que interessa a Miller é apoiar a idéia de Lacan sobre o significante: o sonho apodera-se dos restos diurnos, esvazia-os de sentido e atribui a eles um valor diferente, um novo significado. "É ali que Freud fala pela primeira vez de transferência de sentido,

---

[1] "Fragmento de análise de um caso de histeria", *AE*, v.7, p. 98 e ss.

deslocamento, de utilização pelo desejo de formas muito estranhas a ele, mas das quais se apodera, carrega, infiltra e dota de uma nova significação" (p. 83).

É de fazer notar, entretanto, que outros autores estudam e expõem a teoria da transferência sem levar em conta absolutamente a seção C, que estamos considerando. Assinalo essa diferença porque creio que tem a ver com problemas teóricos de fundo sobre a natureza do fenômeno transferencial.

Por minha vez, considero que a utilização da mesma palavra nos dois contextos assinalados não implica necessariamente que, para Freud, houvesse entre eles uma identidade conceitual. Entretanto, aplicando as idéias de Guntrip (1961), podemos pensar que, nos *Estudos* e no epílogo de "Dora", Freud expõe uma teoria *personalística* da transferência e, no capítulo sétimo, dá conta do mesmo fenômeno com um enfoque *processual,* isto é, de processo mental. Nesse ponto, concordo com Strachey, que, em uma nota de rodapé da página 554 (*AE*, v.5), explica que Freud empregou a mesma palavra para descrever dois processos psicológicos diferentes, embora não desconectados entre si.

A TRANSFERÊNCIA EM "DORA"

No epílogo da análise de "Dora" (publicado em 1905, mas sem dúvida escrito em janeiro de 1901), Freud desenvolve uma teoria ampla e compreensiva da transferência, na qual já se encontram todas as idéias que se cristalizarão no trabalho de 1912, que discutiremos no próximo capítulo.

Durante o tratamento psicanalítico, diz Freud, a neurose deixa de produzir novos sintomas, porém seu poder, que não se extinguiu, aplica-se à criação de uma classe especial de estruturas mentais, quase sempre inconscientes, às quais se deve dar o nome de *transferências*.[2]

Essas transferências são impulsos ou fantasias que se tornam conscientes durante o desenvolvimento do tratamento, com a peculiaridade de que os personagens pretéritos encarnam-se agora no médico. Assim, revive-se uma série de experiências psicológicas como pertencentes não ao passado, mas ao presente e em relação ao psicanalista. Algumas dessas transferências são praticamente idênticas à experiência antiga e, aplicando-lhes uma metáfora tomada da imprensa, Freud as chama de *reimpressões*; outras, ao contrário, têm uma construção mais engenhosa, à medida que sofrem a influência modeladora de algum fato real (do médico ou das circunstâncias) e, então, são mais *novas edições* do que reimpressões, produtos da sublimação.

A experiência mostra consistentemente, prossegue Freud, que a transferência é um fenômeno inevitável do tratamento psicanalítico: nova criação da enfermidade, deve ser combatida como as anteriores. Se a transferência não pode ser evitada, é porque o paciente a utiliza como um recurso a fim de que o material patogênico permaneça inacessível; porém, acrescenta, é só depois que foi resolvida que o paciente chega a se convencer da validade das construções realizadas durante a análise. Vemos, pois, que já aqui surge a transferência em suas duas vertentes, obstáculo e agente da cura, propondo-se, assim, como um grande dilema para a reflexão freudiana.

Freud não tem dúvida de que o fenômeno da transferência complica a marcha do tratamento e o trabalho do médico, mas também é claro que, para ele, não acrescenta essencialmente nada ao processo patológico, nem ao desenvolvimento da análise. Em última instância, o trabalho do médico e do paciente não difere substancialmente se o impulso a dominar refere-se à pessoa do analista ou a outra qualquer.

Freud afirma no epílogo, e afirmará sempre, que o tratamento psicanalítico não cria a transferência, mas a descobre, a torna visível, assim como outros processos psíquicos ocultos. A transferência existe fora e dentro da análise; a única diferença é que, nesta, ela é detectada e tornada consciente. Dessa forma, a transferência vai sendo desenvolvida e descoberta continuamente, e Freud conclui com essas palavras duradouras: "A transferência, destinada a ser o máximo obstáculo para a psicanálise, converte-se em seu auxiliar mais poderoso, quando se consegue inferi-la em cada caso e traduzi-la ao paciente" (*AE*, v.7, p. 103).

CARACTERÍSTICAS DEFINIDORAS

Com o que Freud disse no epílogo de "Dora", estamos em condições de caracterizar a transferência. Trata-se de um fenômeno geral, universal e espontâneo, que consiste em unir o passado ao presente mediante um falso enlace que superpõe o objeto originário ao atual. Essa superposição do passado e do presente está vinculada a objetos e desejos pretéritos que não são conscientes para o sujeito e que dão à conduta um selo irracional, em que o afeto não aparece como ajustado – nem em qualidade, nem em quantidade – à situação real, atual.

Apesar de, no epílogo de "Dora", Freud não remeter esse fenômeno à infância, já que diz, por exemplo, que Dora faz, em certo momento, uma transferência do Sr. K. para ele, em todo momento aparece em seu raciocínio a existência e a importância da transferência paterna, ou seja, que se refere ao pai, embora não necessariamente ao pai da infância.

Pode-se ler um acertado resumo das idéias de Freud sobre a transferência nas cinco aulas que ele ministrou, em setembro de 1909, na Clark University, de Massachusetts, convidado por G. Stanley Hall, e publicadas no ano seguinte. Em sua quinta conferência, Freud fala da transfe-

---

[2] "No curso de um tratamento psicanalítico, a neoformação de sintoma suspende-se (de maneira regular, estamos autorizados a dizer); porém, a produtividade da neurose não se extinguiu em absoluto, mas afirma-se na criação de um tipo particular de formações de pensamento, na maioria das vezes inconscientes, às quais se pode dar o nome de *transferências*" (*AE*, v.7, p. 101).

rência, sublinha sua função de aliada no processo analítico e define-a rigorosamente a partir de três parâmetros: realidade e fantasia, consciente e inconsciente, passado e presente. A vida emocional que o paciente não pode recordar, conclui, é revivenciada na transferência, e é ali que deve ser resolvida.

Nesse ponto, a teoria freudiana da transferência deve ser considerada completa e exata. A transferência é uma relação de objeto peculiar de raiz infantil, de natureza inconsciente (processo primário) e, portanto, irracional, que confunde o passado com o presente, o que lhe confere seu caráter de resposta inadequada, desajustada, inapropriada. A transferência, enquanto fenômeno do sistema Icc, pertence à realidade psíquica, à fantasia, e não à realidade fática. Significa que os sentimentos, os impulsos e os desejos que surgem no momento atual e em relação a uma determinada pessoa (objeto) não podem ser explicados em termos dos aspectos reais dessa relação, mas sim, ao contrário, se forem referidos ao passado. Por isso, Greenson (1967) diz que os dois traços fundamentais de uma reação transferencial são que é repetitiva e inapropriada (p. 155), ou seja, irracional.

A partir dessa caracterização freudiana, podemos dizer que a maioria dos autores procura compreender a transferência na dialética de fantasia e realidade. Como já assinalaram Freud, em diversos contextos, Ferenczi em 1909, Fenichel (1941, 1945a) depois e Greenson (1967) mais tarde, o fato psíquico é sempre a resultante dessa dialética, ou seja, uma mistura de fantasia e realidade. Uma reação transferencial nunca o é cem por cento, e tampouco o é a ação mais justa e equilibrada. Como diz com rigor Fenichel (1945a), quanto maior for a influência dos impulsos reprimidos que buscam sua descarga através de derivados, mais estará entorpecida a correta avaliação das diferenças entre o passado e o presente e maior também será o componente transferencial na conduta da pessoa em questão. Devemos considerar, pois, que a transferência é o irracional, o inconsciente, o infantil da conduta, que coexiste com o racional, o consciente e o adulto em série complementar. Como analistas, não devemos pensar que tudo é transferência, mas descobrir a porção dela que há em todo ato mental. Nem tudo é transferência, mas em tudo há transferência, o que não é o mesmo.

Voltaremos mais adiante a esse tema bastante complexo para tentar precisar a relação entre realidade e fantasia na transferência, assim como a interação entre transferência e experiência, que me parece fundamental para uma definição mais precisa do fenômeno.

CONTRIBUIÇÕES DE ABRAHAM E FERENCZI

A teoria da transferência que Freud expõe no epílogo de "Dora" despertou o interesse de seus primeiros discípulos. O próprio Freud, em seu artigo de 1912, comenta um escrito de Stekel de 1911 e, por sua vez, Abraham e Ferenczi haviam publicado, um pouco antes, dois trabalhos importantes, os quais completam e ampliam as idéias de Freud.

O trabalho de Abraham, "As diferenças psicossexuais entre a histeria e a demência precoce", é de 1908(a). Abraham retoma as idéias de Jung sobre a psicologia na demência precoce, de um ano antes, e centra a diferença entre a histeria e a demência precoce na disponibilidade da libido. A demência precoce destrói a capacidade do indivíduo para uma transferência sexual, isto é, para o amor objetal. Essa subtração da libido de um objeto sobre o qual, em certa oportunidade, esteve transferida com particular intensidade é típica, porque a demência precoce implica justamente a cessação do amor objetal, a subtração da libido do objeto e o retorno ao auto-erotismo. Os sintomas apresentados pela demência precoce, estudados por Jung, são para Abraham uma forma de atividade sexual auto-erótica.

O trabalho de Abraham acentua a capacidade de transferir a libido, mas descuida a fixação no passado. Assim, a diferença entre amor "real" e transferência não fica clara. Por seu interesse em diferenciar dois tipos de processos, neurose e psicose, Abraham sacrifica a diferença entre presente e passado na relação de objeto, nítida na epicrise de "Dora". É importante assinalar que Abraham delimita aqui praticamente os dois grandes grupos de neurose que Freud descreverá em 1914, em "Introdução do narcisismo".

Creio, assim, que a contribuição de Abraham nesse trabalho é relevante para a psicologia da psicose, mas não tanto para a teoria da transferência.

Um ano depois, Sandor Ferenczi continua a investigação de Jung e Abraham. Ferenczi salienta a importância e a ubiqüidade da transferência e a explica como o mecanismo pelo qual uma experiência típica esquecida é posta em contato com um evento atual por meio da fantasia inconsciente. Essa tendência geral dos neuróticos à transferência encontra no curso do tratamento analítico as circunstâncias mais favoráveis para sua aparição, enquanto os impulsos recalcados que, graças ao tratamento, vão tornando-se conscientes dirigem-se *in statu nascendi* para a pessoa do médico, que opera como uma espécie de catalisador.

Ferenczi compreende claramente que a tendência a transferir é o traço fundamental da neurose ou, como ele diz, que a neurose é a paixão pela transferência: o paciente foge de seus complexos e, em uma total submissão ao princípio do prazer, distorce a realidade conforme seus desejos.

Essa característica dos neuróticos permite distingui-los claramente do demente precoce e do paranóico. De acordo com as idéias de Jung (1907) e Abraham (1908a), o demente precoce retira, subtrai completamente sua libido (interesse) do mundo externo e torna-se auto-erótico. O paranóico não pode tolerar dentro de si os impulsos instintivos e libera-se deles projetando-os no mundo externo. A neurose, ao contrário, no pólo oposto da paranóia, em vez de expulsar os impulsos desagradáveis, busca objetos no mundo exterior para carregá-los com impulsos e fantasias. A esse processo, oposto à projeção, Ferenczi dará o nome duradouro de *introjeção*. Mediante a introjeção, o neurótico incorpora objetos a seu ego para lhes transferir seus sentimentos. Assim, seu ego amplia-se, ao passo que o ego do paranóico estreita-se.

Enquanto o trabalho de Abraham é um marco decisivo para diferenciar neurose de psicose e discriminar duas classes de libido (alo e auto-erótica) em termos de relações de objeto, o de Ferenczi ocupa-se especificamente da teoria da transferência, deixando claro que a quantidade desta mede o grau de enfermidade. Estabelece assim, claramente, a dialética da transferência entre fantasia e realidade, apoiando o fenômeno nos mecanismos de projeção e introjeção, tema que será essencial na investigação de Melanie Klein, sua analisanda e discípula. Esses duas contribuições de Ferenczi são, sem sombra de dúvida, fundamentais.

8

Dinâmica da Transferência

Neste capítulo, nós nos ocuparemos de "Sobre a dinâmica da transferência", que Freud escreveu em 1912 e incluiu em seus trabalhos técnicos. É, na realidade, como assinala Strachey (*AE*, v.12, p. 95), um trabalho essencialmente teórico e de alto nível teórico. Freud propõe-se a resolver dois problemas: a origem e a função da transferência no tratamento psicanalítico. É necessário destacar que, nesse estudo, a transferência é, para Freud, um fenômeno essencialmente erótico.

NATUREZA E ORIGEM DA TRANSFERÊNCIA

A *origem* da transferência deve ser buscada em certos modelos, estereótipos ou clichês que todos temos e que surgem como resultante da disposição inata e das experiências dos primeiros anos. Esses modelos de comportamento erótico repetem-se constantemente no curso da vida, embora possam mudar frente a novas experiências. Pois bem, apenas uma porção dos impulsos que alimentam esses estereótipos atinge um desenvolvimento psíquico completo: é a parte consciente que se dirige para a realidade e está à disposição da pessoa. Outros impulsos, detidos no curso do desenvolvimento, afastados da consciência e da realidade, impedidos de toda expansão fora da fantasia, permaneceram no inconsciente.

Quero deter-me um momento nesse ponto para destacar que Freud distingue aqui dois fenômenos que vêm do passado: o que alcançou um desenvolvimento psíquico completo e fica à disposição da consciência (do ego, em termos da segunda tópica) e o que fica afastado da consciência e da realidade. Nessa reflexão freudiana apóia-se minha idéia da transferência como contraposta à *experiência*. Quero dizer que os estereótipos compõem-se de duas classes de impulsos: os conscientes, que servem ao ego para compreender a circunstância presente com os modelos do passado e dentro do princípio de realidade (*experiência*), e os inconscientes, que, submetidos ao princípio do prazer, tomam o presente pelo passado em busca de satisfação, de descarga (*transferência*). Os estereótipos da conduta são *sempre* modelos do passado em que estão presentes em série complementar esses dois fatores, experiência e transferência. Embora Freud não estabeleça tal diferença, é evidente que ela é necessária se quisermos definir com precisão a transferência.

Voltemos agora à exposição de Freud. Se a necessidade de amor de um indivíduo não se encontra inteiramente satisfeita em sua vida real, essa pessoa estará sempre em uma atitude de busca, de espera, frente a quem quer que conheça ou encontre; e é muito provável que ambas as porções da libido, a consciente e a inconsciente, apliquem-se a essa busca. De acordo com a definição recém-proposta, a porção consciente da libido se aplicará a essa busca de forma racional e realista, enquanto a outra o fará apenas com a lógica do processo primário, em busca de descarga.

O analista não tem por que ser uma exceção em tais circunstâncias e, portanto, a libido insatisfeita do paciente se dirigirá para ele tanto quanto a qualquer outra pessoa, como já disse Ferenczi em seu ensaio de 1909. Se excede em quantidade e natureza o que poderia justificar-se racionalmente, é porque essa transferência apóia-se justamente mais no que foi recalcado do que nas idéias antecipatórias conscientes.[1]

Quanto à natureza e à intensidade, Freud é claro e determinado e manterá, em todos os seus escritos, idêntica opinião: a transferência é a mesma, tanto na análise quanto fora dela; não deve ser atribuída ao método, mas à enfermidade, à neurose. Recorde-se o que diz, por exemplo, dos sanatórios para doentes nervosos.

TRANSFERÊNCIA E RESISTÊNCIA

O outro problema que se coloca Freud é mais complexo: por que a transferência aparece, durante o tratamento psicanalítico, como *resistência*? No início do ensaio, encontra uma resposta clara e satisfatória para esse problema; porém, logo veremos como depois as coisas complicam-se.

A explicação de Freud parte de que é condição necessária para que surja a neurose o processo descrito por

---

[1] Acabo de dizer que, em meu entender, se quisermos deslindar a transferência da totalidade do ato de conduta, devemos considerar que "as idéias antecipatórias conscientes" não lhe pertencem. Chego até a pensar que não fazer essa discriminação levou Freud a dificuldades teóricas.

Jung como *introversão*, segundo o qual a libido capaz de consciência e dirigida para a realidade diminui, torna-se inconsciente, afasta-se da realidade e alimenta as fantasias do sujeito, reativando as imagos infantis. O processo patológico constitui-se a partir da introversão (ou regressão) da libido, que reconhece dois fatores de realização:

1. a ausência de satisfação no mundo real e atual, que inicia a introversão (conflito atual e regressão);
2. a atração dos complexos inconscientes, ou melhor, dos elementos inconscientes desses complexos (conflito infantil e fixação).

Na medida em que o tratamento psicanalítico consiste em seguir a libido nesse processo regressivo para torná-la novamente acessível à consciência e colocá-la a serviço da realidade, o analista constitui-se, de fato, no inimigo das forças da regressão e do recalcamento, que operam agora como *resistência*. Aqui, a relação entre resistência e transferência não pode ser mais nítida: as forças que puseram em marcha o processo patológico apontam agora contra o analista, enquanto agente de mudança que quer reverter o processo. Ferenczi (1909) havia advertido isso, ao dizer que os impulsos liberados pelo tratamento dirigem-se para o analista, que atua como agente catalítico.

Essa reflexão, que transforma uma explicação processual na explicação personalística correspondente, é a mesma que Freud sempre utilizou para estabelecer a analogia entre recalcamento e resistência. Mais ainda, é no fenômeno vincular (personalístico) da resistência que Freud apóia-se para justificar sua teoria (processual) do recalcamento. Penso, então, que essa reflexão é suficiente para dar conta da relação entre transferência e resistência. Todavia, Freud não fica satisfeito e se faz outra pergunta: por que a libido que se subtrai do recalcamento, durante o processo de tratamento, há de se enlaçar ao médico para operar como uma resistência? Ou, em outros termos, por que a resistência utiliza a transferência como seu melhor instrumento?

O tratamento analítico, prossegue Freud, tem de vencer a introversão (regressão) da libido, motivada pela frustração da satisfação, por um lado (fator externo), e pela atração dos complexos inconscientes, por outro (fator interno). Desse modo, cada ato do analisando conta com esse fator de resistência e representa um compromisso entre as forças que tendem para a saúde e as que se opõem (*AE*, v.12, p. 101). Quando seguimos um complexo patogênico até o inconsciente, entramos logo em uma região na qual a resistência faz-se sentir claramente, de maneira que cada associação deve levar seu selo: e é nesse ponto que a transferência entra em cena (ibid.). Por pouco que algum elemento no material do complexo preste-se a ser transferido para a pessoa do médico, essa transferência tem lugar e produz a próxima associação que se anuncia como uma resistência: a detenção do fluxo associativo, por exemplo. Infere-se, a partir dessa experiência, que o elemento do material do complexo que se presta a ser transferido penetrou na consciência com prioridade em relação a qualquer outro possível, *porque* satisfaz a resistência. Muitas vezes, quando nos aproximamos de um complexo patogênico, a porção desse complexo capaz de transferência surge na consciência e é defendida com a maior obstinação.[2]

Há, aqui, um ponto que sempre me foi difícil de compreender no raciocínio de Freud. Se a porção do complexo capaz de transferência mobiliza-se porque satisfaz a resistência, não pode ser, ao mesmo tempo, a que desperta a resistência mais forte. É que no mesmo raciocínio se diz que a resistência causa a transferência (a idéia transferida chega à consciência porque satisfaz a resistência) e o contrário, que a idéia transferida chega à consciência para mobilizar a resistência (e é defendida com a maior tenacidade).

Freud parece não se dar conta de sua ambigüidade (ou o que chamo de sua ambigüidade) e dá a impressão de se inclinar pela segunda alternativa, isto é, que se utiliza a transferência para promover a resistência. O enlace transferencial, assinala Freud, ao transformar um desejo em algo que tem a ver com a própria pessoa a quem se dirige esse desejo, torna-o mais difícil de admitir.[3] Dessa forma, parece que Freud quer dizer que o impulso (ou o desejo) transforma-se em transferência para poder, assim, ser ulteriormente resistido.

Em resumo, o ponto de vista de Freud nesse trabalho poderia ser expresso dizendo-se que a transferência serve à resistência porque: 1) a transferência é a distorção mais efetiva e 2) conduz à resistência mais forte. De acordo com o segundo ponto, a transferência é apenas uma tática que o paciente emprega para resistir e, se fosse assim, já não se poderia dizer que o tratamento não a cria.

De qualquer modo, se quiséssemos esclarecer esse problema difícil com os instrumentos que Freud nos dá em *Inibição, sintoma* e *angústia* (1926d), diríamos que a emergência de uma recordação (angustiosa) põe em ação uma *resistência de recalcamento* que a transforma em um fenômeno vincular, o qual se coagula imediatamente na *resistência de transferência*. Talvez seja isso o que Freud quer dizer em 1912 quando afirma, primeiro, que nada é melhor do que transferir para evitar a recordação e, em seguida, que a transferência é o que condiciona a resistência mais forte, porque o mais difícil é reconhecer algo que está presente no momento. Entretanto, essa explicação é tão válida quanto a contrária, ou seja, que o desejo surgido na transferência reativa a recordação, como diz o próprio Freud em 1895.

A contradição que creio notar deriva de que Freud fala às vezes da transferência em função da *recordação*, e

---

[2] "Sempre que nos aproximamos de um complexo patogênico, primeiro se adianta até a consciência a parte do complexo suscetível de ser transferida e é defendida com a máxima tenacidade" (*AE*, v.12, p. 101).
[3] Compare-se com o que foi dito anteriormente, que o trabalho para o paciente é o mesmo.

outras em função do *desejo*. Quanto a recordar, a melhor resistência será a transferência, porque transforma uma recordação em algo presente, ao vivo e a cores, como dizem as pessoas da televisão. Do ponto de vista do desejo, ao contrário, será sua atualidade o que há de despertar a resistência mais forte. Freud não faz em nenhum momento essa distinção entre resistência à recordação e resistência ao desejo e, por isso, incorre, a meu ver, em contradição; porém, isto sim, em nenhum momento perde de vista a complexidade do fenômeno. Porque, embora não possa desprender-se totalmente da idéia mecanicista de falso enlace, já em seu exemplo de "Sobre a psicoterapia da histeria" percebe com clareza a interação entre esses dois fatores e assinala que a remoção da resistência de transferência conduz diretamente à recordação patogênica.

O que mais se acomoda à resistência à recordação, é, sem dúvida, a transferência, porquanto é através dela que o paciente não rememora, não recorda. O que pode ser melhor para não lembrar do que trocar a recordação pela atualidade, pela presença? Para isso, é óbvio, deverá penetrar na consciência o elemento do complexo patogênico que seja mais adequado à situação atual, de modo que permita que o complexo seja repetido, em vez de ser recordado. Nenhuma associação pode ser melhor para evitar a recordação do que a associação transferencial: no momento em que eu ia recordar a rivalidade com meu pai, começo a sentir rivalidade com meu analista, e essa transferência serve-me maravilhosamente para não me responsabilizar pela recordação. É o que observa Freud em "Homem dos Ratos" (1909d) e o diz concretamente.

No entanto, quando afirmamos que a associação transferencial é a que condiciona a resistência mais forte, é porque já não pensamos na recordação, e sim no desejo. Que situação pode ser mais embaraçosa para nós do que reconhecer um desejo quando está presente seu destinatário?

A RESISTÊNCIA DE TRANSFERÊNCIA

Para resolver a complexa relação entre resistência e transferência, abordada por Freud em 1912, propus encará-la a partir de dois ângulos distintos, que são, de certo modo, inconciliáveis, mas que operam de comum acordo, servindo um como resistência do outro. Por isso, Ferenczi dizia sabiamente que, quando o paciente fala do passado, devemos falar do presente e, quando nos fala do presente, falemos a ele do passado.

Se o que buscamos é recuperar a recordação patogênica, a transferência opera como a melhor distorção, de modo que, à medida que aumente a resistência à recordação, o analisando procurará estabelecer uma transferência para evitá-lo. Porém, se consideramos o desejo, a pulsão será então ao contrário. Porque sempre será mais difícil confessar um desejo presente, um desejo dirigido ao interlocutor, do que recordar que este foi experimentado com outra pessoa no passado. Logo, o problema está vinculado à antinomia entre a recordação e o desejo. Essa antinomia, vale a pena assinalá-lo, atravessa do começo ao fim toda a práxis da análise. Por isso me detive nesse ponto, pois creio que ele encerra um grande problema teórico. O que considerarei como uma contradição no pensamento de Freud deriva, em última instância, de suas dúvidas sobre a natureza última do fenômeno transferencial. Essa dúvida não é apenas de Freud; ela aparece continuamente em muitas discussões sobre a teoria da técnica. Como assinala Racker (1952) em "Considerações sobre a teoria da transferência", há analistas que consideram a transferência somente como resistência (à recordação) e há os que acreditam que as recordações servem unicamente para explicá-la. Em outras palavras, há analistas que utilizam a transferência para recuperar o passado, e outros que recorrem ao passado para explicar a transferência. Essa antinomia, contudo, é inconsistente, porque a transferência é, *ao mesmo tempo*, o passado e o presente: quando é resolvida, solucionam-se as *duas* coisas, e não uma. O inconsciente é atemporal e o tratamento consiste em lhe dar temporalidade, ou seja, em redefinir um passado e um presente. Nesse sentido, quando tem êxito, a análise resolve dialeticamente as três estases do tempo de Heidegger. Recordação, transferência e história são, na realidade, inseparáveis. O analista deve fazer com que o passado e o presente unam-se na mente do analisando, superando os recalcamentos e as dissociações que tentam separá-los.

Para terminar este item, talvez seja conveniente lembrar que o conceito de resistência de transferência não pertence ao Freud de 1912, mas antes ao de 1926. No Capítulo XI, seção A de *Inibição, sintoma e angústia,* especialmente na página 150, quando faz sua classificação das três resistências do ego, Freud define com precisão a resistência de transferência (*AE*, v.20, p. 147-154). Considera que a resistência de transferência é da mesma natureza que a resistência de recalcamento, mas tem efeitos especiais no processo analítico, na medida em que consegue reanimar um recalcamento que deveria apenas ser recordado.[4] Essa frase é, de novo, ambígua. Pode-se entender que a resistência de transferência é o mesmo que a resistência de recalcamento, só que referida ao analista e à situação analítica; ou, ao contrário, que a (resistência de) transferência reanima um recalcamento que deveria somente ter sido recordado. No primeiro caso, Freud diria que a resistência de recalcamento é a mesma coisa que a resistência de transferência, só que vista de outra perspectiva; no segundo, o apagamento da recordação provoca a transferência.

O ENIGMA DA TRANSFERÊNCIA POSITIVA

Talvez o maior problema que se coloca para Freud, em 1912, seja por que razão a transferência, que é um

---
[4] "(...) e, assim, reanimar como se fosse fresco um recalcamento que devia ser meramente recordado" (*AE*, v.20, p. 150).

fenômeno basicamente erótico, está a serviço da resistência na análise, o que não parece ocorrer em outras terapias. Não se deve esquecer que, para resolver esse enigma (se o é), Freud classifica a transferência em positiva e negativa, ao mesmo tempo em que divide a primeira em erótica e sublimada. Apenas as transferências negativa e positiva de impulsos eróticos atuam como resistência; e são esses dois componentes, prossegue Freud, que eliminamos, tornando-os conscientes, enquanto o terceiro fator (a transferência positiva sublimada) persiste sempre "e é na psicanálise, assim como nos outros métodos de tratamento, o portador do êxito" (*AE*, v.12, p. 103). Partindo dessa perspectiva, Freud aceita que a psicanálise opera, em última instância, por sugestão, se entendermos por sugestão a influência de um ser humano sobre outro através da transferência.

Talvez valha a pena recordar aqui os postulados do ensaio de Ferenczi de 1909, sobretudo da segunda parte, que estuda o papel da transferência na hipnose e na sugestão. Sem conceder grande importância às diferenças entre esses dois fenômenos (hipnotismo e sugestão), Ferenczi apóia o ponto de vista de Bernheim de que a hipnose é apenas uma forma da sugestão.[5] Recorde-se a mulher a quem o grande húngaro tratou, primeiro com hipnotismo e depois com psicanálise. Com o segundo tratamento, surgiu o amor de transferência e, então, a paciente confessou que havia tido iguais sentimentos durante o tratamento anterior e que, se havia obedecido às sugestões hipnóticas, tinha sido por amor. Ferenczi conclui que a hipnose opera porque o hipnotizador desperta no hipnotizado os mesmos sentimentos de amor e temor que este teve frente aos pais (sexuais) de sua infância. Para Ferenczi, a sugestão é uma forma de transferência. O médium sente pelo hipnotizador o amor inconsciente que sentiu na infância por seus pais. O ensaio de Ferenczi termina com um parágrafo bastante concludente:

> *A sugestão e a hipnose, segundo as novas idéias, correspondem à criação artificial de condições nas quais a tendência universal (geralmente rechaçada) à obediência cega e à confiança incondicional, resíduo do amor e do ódio infantil-erótico em relação aos pais, transfere-se do complexo paterno para a pessoa do hipnotizador ou do sugestionador* (Psicanálise, v.1, p. 134, os grifos são do original).

Deixando de lado neste momento o apaixonante problema teórico da relação entre transferência e sugestão, que discutiremos mais adiante, tudo faz supor que, nesse ponto, a inusitada intensidade do fenômeno transferencial, pela qual nem Freud, nem seus discípulos haviam-se responsabilizado ainda, comove, por um momento, o sólido edifício teórico que pôde ser construído no epílogo de "Dora".

Na realidade, Freud opera nesse caso com um critério mais psicoterapêutico do que psicanalítico. É certo que a transferência positiva de impulsos eróticos (submissão, sedução, atração hetero e homossexual, etc.), que não se atinge com a psicoterapia, joga a favor da cura, se entendemos por cura recalcar melhor os conflitos; na psicanálise, ao contrário, à medida que a analisamos, ela se transforma em resistência. Não há, porém, nenhuma necessidade de explicar por que a transferência coloca-se a serviço da resistência na análise, e não nos outros métodos, porque isso não é certo; apenas que ali ela é posta em evidência, como nos ensinou o próprio Freud. Se pratico uma psicoterapia que utiliza a submissão homossexual de meus pacientes (masculinos) para fazê-los progredir e melhorar, posso dizer, então, que não se colocam para mim problemas de resistência de transferência; porém, a verdade é que estabeleço um vínculo perverso com meus pacientes e nada mais.

A necessidade que Freud sente de explicar por que a transferência opera na análise como um obstáculo, como uma resistência muito forte, está baseada em uma premissa que o próprio Freud rechaça e, na realidade, não se sustenta: a transferência não seria mais forte na análise do que fora dela.[6]

Como diz Freud em muitas oportunidades, a análise não cria esses fenômenos; eles estão na natureza humana, são a essência da enfermidade. Ferenczi (1909) dizia que o *quantum* de transferência é o *quantum* de enfermidade, de neurose. Tomemos um paciente de caráter passivo-feminino que recorre à homossexualidade como defesa frente à angústia de castração, um exemplo muito simples e muito certo. Na realidade, o que acrescento a isso, como analista, quando mobilizo a defesa? Dou acesso para o analisando a algo que sempre esteve presente, porque sua homossexualidade evita a angústia de castração, ao mesmo tempo que a realiza, pois, de fato, um homossexual passivo não usa seu pênis, ou pelo menos o usa mal. Apenas do ponto de vista econômico é certo que, ao remover sua defesa (a homossexualidade), aumentou sua angústia de castração. Mais exatamente, sua angústia não aumentou, tornou-se patente quando a análise removeu uma forma específica de manejá-la.[7]

FUNÇÃO DA TRANSFERÊNCIA

Outra forma de compreender o que estamos dizendo é perguntando-nos até que ponto é pertinente a explica-

---

[5] Como todos sabem, Freud (1921c) vai pronunciar-se finalmente contra Bernheim (ou, o que dá no mesmo, a favor de Charcot), afirmando que a sugestão é uma forma da hipnose: o hipnotizador toma o lugar do ideal do ego (superego) do hipnotizado, e assim se exerce sua influência.

[6] Racker (1952) também incorre nesse erro, em meu entender, quando quer explicar por que a transferência é tão forte na análise, recorrendo ao que chama de abolição do rechaço.
[7] Deixo de lado aqui o problema de se a angústia ou, em geral, os sentimentos podem ser inconscientes, porque isso não concerne ao desenvolvimento de meu pensamento.

ção funcional de determinados fenômenos, até que ponto é útil o *funcionalismo* em psicanálise. Como é sabido, o funcionalismo procura explicar os fatos sociais e, em especial, os antropológicos por sua *função*, isto é, pelo papel que desempenham dentro do sistema social ao qual pertencem.[8]

Sem entrar na discussão de seus fundamentos epistemológicos, o funcionalismo não parece ser muito aplicável à psicanálise, pelo tipo de fatos que trata nossa disciplina. Freud ensinou-nos que o sintoma expressa sempre todos os termos do conflito; nunca é simples, é complexo. Nesse ensino inspira-se o princípio da múltipla função de Wälder (1936), que nos diz que o funcionalismo é sempre equívoco em psicanálise, na qual não há uma causalidade linear e simples, em que a função varia com a perspectiva do observador. Segundo a "teoria" funcionalista de nosso hipotético analisando, a homossexualidade cumpre a função de protegê-lo da angústia de castração; porém, para mim, que sou seu analista, cumpre a "função" de fazê-lo adoecer.

A idéia de explicar a transferência *em função da* resistência leva então, talvez, a uma proposição simples demais. O critério funcional não apenas é insuficiente em psicanálise, mas também, às vezes, pode fazer-nos errar o caminho. Quanto ao desenvolvimento do tratamento, por exemplo, deve-se discriminar entre as expectativas de como se deve cumpri-lo e o fato real de como se desenvolve. São duas coisas distintas. No final de seu ensaio, Freud diz que o analisando quer atuar (*agieren*) seus impulsos inconscientes, em vez de recordá-los, "como o tratamento o deseja". Contudo, a verdade é que o tratamento (ou, nesse caso, o analista) não tem por que desejar nada. O processo psicanalítico desenvolve-se de acordo com sua própria dinâmica que, como analistas, devemos respeitar e, na medida do possível, compreender.

Nesse sentido, poderíamos dizer que depende muito da ênfase que atribuímos aos fenômenos, da perspectiva em que nos colocamos para ver o problema. É certo, por um lado, que o amor de transferência é instrumentado para o tratamento não se desenvolver, para convertê-lo em um *affaire*, em uma pura satisfação de desejos; realmente obstaculiza. Por outro lado, não se deve esquecer que esse obstáculo é a própria doença, que consiste precisamente em que esse paciente não pode aplicar sua libido a situações reais, a objetos reais; nesse sentido, o amor de transferência não é um obstáculo, mas a própria matéria do tratamento.

O raciocínio que acabo de fazer para compreender o empenho de Freud de explicar a transferência em função da resistência leva-me, mais adiante, a objetar a classificação da transferência proposta por Lagache em seu valioso informe de 1951. Adiantemo-nos a dizer que a classificação da transferência em positiva e negativa deve ser fenomenológica, isto é, pelo *afeto* (como fez Freud em 1912), e não pelo *efeito*, pela utilidade, como propõe Lagache, justamente para evitar a conotação funcional que, como acabamos de ver, é bastante equívoca.

TRANSFERÊNCIA E REPETIÇÃO

No final desse artigo impressionante, Freud dá uma vívida descrição do tratamento psicanalítico e indica-nos o rumo que seguirá sua investigação. Assinala que, à medida que o tratamento interna-se no inconsciente, as reações do paciente revelam as características do processo primário, que o levam a valorizar seus impulsos (ou desejos) como atuais e reais, enquanto o médico tenta situá-los no contexto do tratamento, que é o da história vital do paciente. Do resultado dessa luta, conclui Freud, depende o êxito da análise e, embora seja certo que essa luta desenvolve-se plenamente no campo da transferência e oferece ao psicanalista suas maiores dificuldades, também lhe dá a oportunidade de mostrar ao paciente seus impulsos eróticos esquecidos, da maneira mais imediata e conclusiva, já que é impossível destruir um inimigo *in absentia* ou *in effigie*.

Desse modo, Freud abre o novo tema de sua investigação, a transferência como um fenômeno repetitivo, que vai ocupá-lo por muitos anos. Efetivamente, dois anos depois, estuda a transferência a partir do conceito de *repetição*, que antepõe ao de *recordação*.

Também na Conferência nº 27 das *Conferências de introdução à psicanálise* (1916-1917), quando expõe novamente suas idéias sobre a transferência, salienta que a neurose é a conseqüência da repetição. A análise da transferência permite transformar a repetição em memória e, assim, a transferência deixa de constituir um obstáculo para ser o melhor instrumento da cura.

---

[8] Malinowski e Radcliffe-Brown são os principais intérpretes dessa orientação, que Nagel discute amplamente na seção 2 do Capítulo XIV de sua obra (1961).

9

Transferência e Repetição

RESUMO DOS DOIS CAPÍTULOS ANTERIORES

Vale a pena reiterar que, quando escreveu o epílogo à análise de "Dora", seguramente em janeiro de 1901, Freud tinha uma idéia concreta da natureza da transferência e de sua importância, embora depois o desenvolvimento de sua reflexão chegue às vezes a pontos obscuros e/ou discutíveis. A transferência deve ser continuamente analisada, diz ele, e acrescenta que apenas quando a transferência foi resolvida o paciente adquire verdadeira convicção das construções que se fizeram para ele. Isso é muito claro, e hoje todos o subscrevem plenamente. Creio, por minha vez, que o paciente não somente adquire convicção, já que se analisa a transferência, mas que, além disso, tem todo o direito de que seja assim, porque só a transferência demonstra-lhe que realmente *repete* as pautas de seu passado: todo o resto não passa de uma mera compreensão intelectual que não pode chegar a convencer ninguém.

Recordemos também, brevemente, o artigo de 1912, em que Freud fornece uma explicação teórica do fenômeno da transferência, colocando-o em relação com o tratamento e com a resistência.

A respeito do tratamento, Freud reafirma o que já disse em 1905, que o tratamento não cria a transferência, mas a *descobre*. Este é um conceito muito freudiano (e muito importante), que às vezes é esquecido quando se discute a espontaneidade do fenômeno, como veremos ao falar do processo psicanalítico. Nesse sentido, Freud é categórico: a transferência não é efeito da análise, mas antes a análise é o método que se ocupa de descobrir e analisar a transferência. Assim, pode-se dizer, pura e simplesmente, que a transferência é em si mesma a doença: quanto mais transferimos o passado ao presente, mais nos equivocamos entre o presente e o passado e mais doentes estamos, mais perturbado está nosso princípio de realidade.

O outro problema que se coloca Freud em 1912 é a relação entre a transferência e a *resistência*. Esse tema certamente merece um esforço de atenção. Nos termos de sua concepção da cura daquele momento, Freud opina e irá reiterá-lo dois anos depois, em "Recordar, repetir e reelaborar" (1914g), que, enquanto o tratamento propõe-se a descobrir as situações patogênicas passadas, rememorar e recuperar as recordações, a transferência opera como resistência, porque reativa a recordação, porque a torna vigente e atual, com o que deixa de sê-lo. Não obstante, Freud também diz nesse artigo, e o reiterará muitas vezes, que um inimigo não pode ser vencido *in absentia* ou *in effigie*, com o que assinala que, na realidade, a concepção do tratamento que ele tinha até esse momento vai mudar até certo ponto – e vai mudar justamente ao compreender o significado da transferência.

A Freud interessa explicar a intensidade que a transferência adquire no tratamento psicanalítico e por que serve aos fins da resistência, em aberto contraste com o que (aparentemente) sucede nos outros tratamentos de pacientes nervosos – ponto de vista, como já dissemos, bastante discutível.

Freud parte do princípio de que, em nossas modalidades de relação amorosa, ocorrem determinadas pautas, estereótipos ou clichês que se repetem continuamente por toda a vida; ou seja, cada um enfrenta uma situação amorosa com toda a bagagem de seu passado, com modelos que, reproduzidos, configuram uma situação na qual o passado e o presente põem-se em contato.

Freud também afirma claramente que há nesse fenômeno dois níveis ou dois componentes, porque uma parte da libido desenvolveu-se plenamente e está ao alcance da consciência, enquanto a outra foi recalcada. Apesar de contribuir para o modo de reação do indivíduo, a libido consciente nunca será um obstáculo para o desenvolvimento, e sim, ao contrário, o melhor instrumento para aplicar o que se aprendeu no passado à situação presente.

A outra parte da libido, que não adquiriu seu pleno desenvolvimento, é vítima do recalcamento, ao mesmo tempo em que é atraída pelos complexos inconscientes. Por esse duplo mecanismo, essa libido sofre um processo de *introversão* – segundo o termo de Jung que Freud propugna nesse momento. Essa libido inconsciente, subtraída da realidade, é a que provoca fundamentalmente (e, a meu critério, exclusivamente) o fenômeno de transferência.

A partir desse modelo teórico, Freud explica convincentemente a relação da transferência com a resistência. À medida que a ação do médico encaminha-se para que essa libido subtraída à consciência e afastada da realidade volte a ser liberada, os mesmos fatores que produziram sua introversão agirão agora como resistência (de transferência). Nesse sentido, pode-se dizer que o conflito *mental* trazido pelo paciente transforma-se em um conflito *personalístico* quando o analista intervém para mobilizá-lo.

Essas idéias têm plena vigência na psicanálise atual. A única coisa em que caberia modificá-las é em sua extensão, já que devem ser aplicadas a todo tipo de relação de objeto, e não apenas à vida amorosa. Sem por isso desmerecer em nada a importância da libido na teoria da relação de objeto, diríamos agora que o outro tipo de impulso, a agressão, também sofre esse mesmo processo.

Freud não se conforma com isso ao explicar a relação entre transferência e resistência. Diz algo mais, que a transferência começa a operar no momento em que se detém (por resistência) o processo de rememoração, que se põe em marcha justamente a serviço desse processo resistencial: em vez de rememorar, o paciente começa a transferir e, para isso, escolhe de todo o complexo o elemento mais apto para a transferência. Em outras palavras, das várias possibilidades que seu complexo oferece, e posto que não quer recordar, o paciente utiliza como resistência o elemento que melhor possa encadear na situação presente. Portanto, de todo o complexo, o elemento que primeiro se mobiliza como resistência é o mais apto para a transferência, porque a melhor distorção é a distorção transferencial.

Já assinalamos que aqui Freud parece debater-se em uma contradição, que também o alcança no capítulo terceiro de *Além do princípio de prazer* (1920g), quanto a se a transferência é o elemento resistencial ou o resistido, se a resistência causa a transferência ou, ao contrário, a transferência causa a resistência.

Para unir as duas afirmações de Freud, dissemos no capítulo anterior que o elemento do complexo[1] que primeiro se emprega como resistência (à recordação) é o elemento transferencial e que esse elemento, uma vez empregado, desencadeia a resistência mais forte (no diálogo analítico).

RECORDAÇÃO E REPETIÇÃO

O conceito de neurose de transferência, introduzido em "Recordar, repetir e reelaborar" (1914g), possui uma dupla importância. Freud destaca primeiro que, no começo da análise, na primeira etapa, chamada às vezes de lua-de-mel analítica, produz-se uma calma que se traduz em uma diminuição e até mesmo em um desaparecimento dos sintomas, que não equivale, por certo, à cura. O que aconteceu, na realidade, é uma espécie de transposição do fenômeno patológico, que começou a se dar no nível do próprio tratamento. O que antes era neurose na vida cotidiana do indivíduo transforma-se em uma neurose que tem como ponto de partida (e de chegada) a análise e o analista. A esse processo, que ocorre espontaneamente no começo do tratamento, Freud chama de *neurose de transfe-*

rência e adscreve-o a um mecanismo já mencionado em 1905 e sobretudo em 1912: a repetição.

Ao estabelecer o conceito de *neurose de transferência,* Freud assinala um fato clínico: os fenômenos patológicos que antes ocorriam na vida do paciente começam agora a operar nessa zona intermediária entre a doença e a vida, que é a transferência, com o que assenta um conceito técnico. É importante sublinhá-lo, porque já vimos como o conceito de neurose de transferência leva alguns analistas a uma posição restritiva no campo das indicações (ou analisabilidade), quando o utilizam em sentido nosográfico e não técnico, apoiados em outro trabalho de Freud do mesmo ano, "Introdução do narcisismo", em que neurose de transferência contrapõe-se a *neurose narcísica.*

Mas voltemos à repetição. O conceito de *repetição* não é novo, já que está implícito no de transferência, à medida que algo volta do passado e opera no presente. Vale a pena salientar, porém, que a idéia de falso enlace de 1895 não pressupõe necessariamente a repetição, como a de estereótipo ou clichê.

Freud contrapõe, nesse artigo, recordação a repetição, e não se deve perder de vista que se a repetição ocorre é porque não está ali a recordação, já que esta é o antídoto da repetição. Então, vale a pena assinalar que, em 1914, Freud utiliza o conceito de repetição com um critério preciso, porque o contrapõe à recordação. Até 1912, essa diferença conceitual não é tão definida. No trabalho desse ano, entende-se a dinâmica da transferência pela resistência à recordação; porém, em 1914, a recordação recalcada repete-se na transferência. Dessa forma, o conceito de recordação enlaça-se mais claramente com o de experiência, porque é justamente quando alguém pode dispor de seu acervo de recordações que possui experiência.

Portanto, o conceito de repetição do ano de 1914 não é substancialmente diferente do de 1912 ou 1905, embora seja mais formal e esteja contraposto à recordação. Veremos muito em breve que, em 1920, a idéia de repetição modifica-se: o que até então era um conceito descritivo e totalmente subordinado ao princípio do prazer transforma-se em um conceito genético e explicativo, *além* do princípio do prazer. Este será o grande giro do pensamento de Freud no começo da década de 1920.

A REPETIÇÃO COMO PRINCÍPIO EXPLICATIVO

A mudança de Freud frente à teoria da transferência, em *Além do princípio de prazer* (1920g), surge no contexto de uma profunda reflexão sobre o prazer e a natureza humana. A pergunta que se formula Freud é se há algo além do princípio do prazer e, depois de passar em revista três exemplos clínicos – o brinquedo das crianças, os sonhos da neurose traumática e a transferência –, responde que sim, que há.

O que Freud afirma concretamente, no capítulo terceiro de *Além,* é que a transferência está motivada pela compulsão à repetição e que o ego a reprime a serviço do prazer.

---
[1] Freud substituiu a idéia de recordação pela de complexo, mais ampla, que toma emprestada de Jung.

A transferência surge agora cabalmente a serviço do instinto de morte, essa força elementar e cega que busca um estado de imobilização, uma situação constante, que não cria novos vínculos, nem novas relações, que leva, enfim, a um estado de estancamento. Basta pôr juntas essas duas idéias para se dar conta de algo que muitas vezes passa inadvertido: a transferência (que é, por definição, um vínculo) está a serviço do instinto de morte (que, por definição, não cria vínculos, e sim os destrói).

A repetição converte-se agora no princípio explicativo da transferência. Regida pela repetição e pelo instinto de morte, a transferência passa a ser, então, o resistido (e não a resistência); e o ego, que se opõe à repetição, recalca a transferência, porque a repetição é, para o ego, o aniquilante e destrutivo, o ameaçador.

A repetição transferencial, na maioria das vezes cega e sempre dolorosa, mostra e demonstra que existe um impulso (impulso que Freud muitas vezes chamou de demoníaco) que tende a repetir as situações do passado, além do princípio do prazer. É justamente o montante de desprazer que se dá nessas condições que leva Freud a postular a compulsão à repetição como um princípio e o instinto de morte como um fator pulsional da mesma classe que eros. A repetição, como princípio, redefine a transferência como uma *necessidade de repetir*.

Se a transferência implica uma tendência a repetir adscrita ao instinto de morte, a única coisa que o indivíduo pode fazer é opor-se através de uma resistência à transferência que, esta sim, será mobilizada pelo princípio do prazer, pela libido. A libido já não explica a transferência, mas a resistência à transferência. Se compararmos essa teoria com a de 1912 e 1914, veremos que é diametralmente oposta, porque antes a transferência era o resistido, um impulso libidinal, e a defesa do ego opunha-se a ela como resistência *de* transferência. A teoria da transferência deu um giro de 180 graus.

Para avaliar adequadamente essa mudança, é mister não esquecer que Freud toma o tema da transferência como um exemplo clínico que fundamenta sua teoria de que existe um instinto de morte cujo atributo principal é a repetição, mas não faz, de fato, uma revisão de sua teoria da transferência. E, quando se repassam os escritos de Freud posteriores a 1920, não há nenhum que pareça implicar essa modificação. Por exemplo, quando fala do tratamento psicanalítico nas *Novas conferências de introdução à psicanálise* (1933a), diz que, quanto à teoria do tratamento, não tem nada a acrescentar ao que foi dito no ano de 1916 (*AE*, v.22, p. 140). Tampouco no *Esquema* (1940a) modifica a idéia da transferência como algo que está dentro do princípio do prazer. É diferente a atitude de Freud em outras áreas de sua investigação como, por exemplo, o masoquismo.[2]

Se aceitamos realmente a hipótese de que a transferência está adscrita ao instinto de morte, então toda a teoria do tratamento analítico requer uma profunda revisão.

De fato, essa revisão não foi efetuada porque, em meu entender, com o passar do tempo, nem Freud nem seus continuadores colocaram a teoria da transferência sob a égide do instinto de morte.

TRANSFERÊNCIA DE IMPULSOS E DEFESAS: A SOLUÇÃO DE ANNA FREUD

Em "Sobre a dinâmica da transferência" (1912b), Freud estabelece um nexo importante entre transferência e resistência, que já estudamos, segundo o qual a transferência serve à resistência. Dissemos que a relação entre uma e outra nem sempre é clara e tentamos resolver esse enigma em função da recordação e do desejo. Acabamos de ver que essa dinâmica muda substancialmente em *Além do princípio de prazer*, quando se concebe a transferência como um impulso tanático contra o qual o ego, a serviço do prazer, mobiliza o instinto de vida para recalcá-lo. Muitos analistas, se não todos, preocuparam-se, desde então, em resolver esse dilema de se a transferência é o resistido ou a resistência.

Creio que essa alternativa foi resolvida sabiamente, há muitos anos, por Anna Freud no segundo capítulo de *O ego e os mecanismos de defesa* (1936). Ali se diz, salomonicamente, que a transferência é as duas coisas, a saber, que há transferência de impulsos e transferência de defesas.[3]

Desse modo, Anna Freud estuda a transferência com o método estrutural da segunda tópica, graças ao qual se torna claro que tanto o id quanto o ego podem intervir no fenômeno transferencial. A mudança teórica que Anna Freud propõe é, a meu ver, substancial e resolve com tanta precisão e naturalidade o problema, que às vezes não se nota isso. A concepção de Anna Freud é mais abrangente e mais coerente do que as anteriores: ela nos diz que há não apenas transferência de impulsos positivos e negativos, de amor e de ódio, de instintos e afetos, mas também transferência de defesas. Enquanto a transferência de impulsos ou tendências corresponde a irrupções do id e é sentida como estranha à sua personalidade (adulta) pelo analisando, a transferência de defesas repete, na atualidade da análise, os velhos modelos infantis do funcionamento do ego. Aqui, a prática analítica sadia aconselha-nos a ir do ego ao id, da defesa ao conteúdo. É essa talvez, prossegue Anna Freud, a tarefa mais difícil e ao mesmo tempo mais frutífera da análise, porque o analisando não percebe esse segundo tipo de transferência como corpo estranho. Não é fácil convencê-lo do caráter repetitivo e extemporâneo dessas reações, justamente porque são egossintônicas.

---

[2] Em "Bate-se numa criança" (1919e), o masoquismo é secundário; em "O problema econômico do masoquismo" (1924c), é primário (instinto de morte).

[3] Anna Freud distingue um terceiro tipo de transferência, a atuação (*acting out*) na transferência, que abordaremos mais adiante.

A CONTRIBUIÇÃO DE LAGACHE

O outro problema que Freud deixa proposto em 1920 é, como dissemos há pouco, o da natureza da repetição transferencial. Antes de 1920 (e certamente também depois), a repetição é, para Freud, apenas um princípio *descritivo*, enquanto a dinâmica da transferência é explicada pelas necessidades instintivas que buscam permanentemente satisfação e descarga, segundo o princípio do prazer/desprazer. Em 1920, a repetição eleva-se a princípio *explicativo* da transferência, que passa a ser agora uma instância da compulsão à repetição, que exprime o enigmático, o mudo instinto de morte. Dessas duas teses freudianas, na verdade antitéticas, parte a lúcida reflexão de Lagache (1951, 1953).

Lagache resume e contrapõe as duas postulações de Freud em um elegante aforismo: *necessidade da repetição* e *repetição da necessidade*. Lagache não aceita que a repetição possa erigir-se como princípio explicativo, como causa da transferência; pensa, ao contrário, que se repete por necessidade, e essa necessidade (desejo) é contrabalançada pelo ego. O conflito é, então, entre o princípio do prazer e o princípio de realidade.

A transferência é um fenômeno em que o princípio do prazer tende a satisfazer o impulso que se repete; porém, o ego, a serviço da realidade, procura inibir esse processo para evitar a angústia, para não recair na situação traumática. Contudo, é próprio do funcionamento egóico buscar a descarga da pulsão e o prazer, de modo que em cada repetição há uma nova busca: repete-se uma necessidade para encontrar uma saída que satisfaça o princípio do prazer, sem por isso desconhecer o princípio de realidade.

Esse ponto de vista é o que Anna Freud apóia implicitamente em 1936 e o que, em meu entender, Freud adota quando volta ao tema em *Inibição, sintoma e angústia* (1926d). Seu conceito da transferência é o de antes, que se repetem necessidades. A transferência condiciona uma das resistência do ego, análoga à resistência de recalcamento, enquanto o princípio da compulsão repetitiva fica integrado, na teoria, como resistência do id. O id opõe uma resistência à mudança, que é independente da transferência, da resistência de transferência.

O EFEITO ZEIGARNIK

Lagache toma como ponto de apoio de seu raciocínio a psicologia da aprendizagem (ou do hábito) e recorre a uma prova experimental para explicar a transferência, o *efeito Zeigarnik*.

Em 1927, Zeigarnik fez uma experiência muito interessante: colocou indivíduos a fazer uma tarefa e interrompeu-a antes de chegar ao fim. Comprovou que essas pessoas ficavam com uma tendência a tentar completá-la. Outros dois psicólogos, Maslow e Mitellman, aplicaram esses resultados não apenas à psicologia experimental, mas também à psicologia geral, e Lagache apóia nisso sua explicação da origem da transferência. O suporte teórico que Lagache encontra na teoria da aprendizagem ele também o obtém da teoria da estrutura, já que o efeito Zeigarnik é, em última instância, uma aplicação da lei da boa forma da psicologia da *Gestalt*.

O princípio do qual Lagache parte é claro, mostra nitidamente o que ele quer dizer quando afirma que se repete uma necessidade e não que há uma necessidade primária de repetir: repete-se a necessidade de terminar a tarefa, de fechar a estrutura. Na repetição transferencial, sempre pulsa o desejo de completar algo que ficou incompleto, de fechar uma estrutura que ficou aberta, de obter uma solução para o que ficou inconcluso. Tomando o exemplo mais simples, um homem que repete sua situação edípica direta o faz não apenas com o desejo de possuir sua mãe, mas também com a intenção de encontrar uma saída para o dilema que se coloca para ele entre o desejo incestuoso e a angústia de castração, sem mencionar os impulsos a reparar, etc.

Apoiado em conceitos estruturalistas e gestálticos, Lagache trabalha com o pressuposto de que a mente opera em busca de certas integrações, de certas experiências que lhe faltam e que devem ser completadas e assumidas. Destaquemos, desde já, que essas idéias têm uma clara inserção nas grandes teorias psicanalíticas. Torna-se evidente que a maturidade consiste, desse ponto de vista, em trabalhar com tolerância à falta, à frustração. À medida que é mais maduro, o homem adquire instrumentos para aceitar a frustração, quando uma tarefa fica incompleta, e para finalizá-la, quando a realidade torna isso possível.

Pois bem, os problemas inconclusos que se colocarão na transferência são justamente, por sua índole, por sua importância, os que, por definição, ficaram inconclusos nas etapas decisivas do desenvolvimento e precisam de uma relação objetal para seu cumprimento.

A partir do efeito Zeigarnik, Lagache consegue entender a transferência, além de seus conteúdos, impulsos e manifestações, com uma teoria da motivação e das operações que o indivíduo cumpre para dar por satisfeita a motivação e cumprida a necessidade. Resolve assim, com êxito, o dilema da natureza da repetição transferencial, uma contribuição decisiva para a teoria da transferência, que é como dizer para a psicanálise.

TRANSFERÊNCIA E HÁBITO

Na nova etapa de sua reflexão, Lagache faz ingressar a idéia de *hábito* para dar conta dos objetivos da repetição transferencial.

A transferência deve inscrever-se em uma teoria psicológica mais abrangente, a do hábito: o que é a repetição transferencial, senão o exercício de um hábito que nos vem do antigo, de nosso passado?

A transferência está vinculada a determinados hábitos, e sempre enfrentamos uma nova experiência com a bagagem de nossos velhos hábitos, com nossas experiências anteriores. Tudo consiste em que utilizemos instrumentalmente aqueles hábitos para encontrarmos – ou não – a solução do problema que se coloca para nós.

Para reformular a teoria da transferência a partir dos hábitos, Lagache é levado a abandonar, ao que parece sem pena, a classificação da transferência em positiva e negativa, segundo seu conteúdo de pulsões ou afetos. E, remetendo-se à teoria da aprendizagem, diz que a transferência *positiva* pressupõe a utilização efetiva ou positiva de hábitos antigos para aprender, ao passo que a transferência *negativa* consiste na interferência de um hábito antigo com a aprendizagem.

Não se vá pensar que o que Lagache propõe seja uma mera mudança de nomenclatura na classificação da transferência. A verdade é que esse autor propõe-nos uma mudança conceitual, uma mudança em nossa maneira de pensar, e ele sabe disso muito bem. Quero antecipar desde já que, no que se segue, não estarei em absoluto de acordo com Lagache.

A classificação da transferência em positiva e negativa, diz Lagache, deve ser abandonada por vários motivos. Em primeiro lugar, a transferência nunca é positiva ou negativa, mas sempre mista, ambivalente; e hoje sabemos, por outro lado, que não se transferem apenas sentimentos de amor e de ódio, mas também inveja, admiração e gratidão, curiosidade, desprezo e apreço, toda a gama dos sentimentos humanos. Assim, seria um pouco maniqueísta e esquemático falar de transferência positiva e negativa. Essa objeção, contudo, não é decisiva, já que, além da ambivalência e da variedade de sentimentos, a teoria dos instintos somente reconhece duas pulsões: amor e ódio, eros e tánatos.

Outra objeção de Lagache é a de que classificar a transferência em negativa e positiva implica sempre deslizar para algum tipo de axiologia. À parte o fato de que não convém fazer juízos de valor sobre o que ocorre no tratamento, na realidade esse valor é sempre muito discutível, porque a transferência negativa não é negativa, nem a transferência positiva é positiva quanto aos fins do tratamento. Tampouco essa crítica de Lagache parece-me consistente. É certo que os termos positivo e negativo (que ele, no fim das contas, não substitui!) prestam-se a ser utilizados como juízos de valor; isso, porém, é apenas um desvio da teoria, e já sabemos que qualquer teoria pode ser desvirtuada com fins ideológicos. Para evitar esse risco, a classificação de Lagache leva o problema do valor à própria teoria: agora é o analista quem qualifica a resposta do paciente como positiva ou negativa, conforme se enquadre em suas expectativas.

A classificação da transferência em negativa e positiva, segundo os conteúdos, é sem dúvida muito esquemática, porque as pulsões ou os afetos que se transferem nunca são puros. O próprio Freud destaca isso em "Sobre a dinâmica da transferência" e afirma que se aplica ajustadamente à transferência o termo *ambivalência*, recém-criado por Bleuler. Essa classificação, por outro lado, é puramente observacional, não-dinâmica, mas de qualquer modo é útil, orienta-nos e, além disso, refere-se ao paciente. A de Lagache, ao conttrário, refere-se ao analista – e este é justamente o problema. É óbvio que, como diz Lagache, a transferência negativa do paciente, isto é, a hostilidade, pode ser muito útil para os fins do tratamento, assim como uma transferência positiva erótica intensa é sempre perniciosa. Aqui, porém, a crítica de Lagache soa como uma petição de princípios: quando se fala de uma transferência positiva, não se faz referência a seu valor para o tratamento. É Lagache que a faz.

Lagache propõe então que, em vez de uma classificação em termos de emoções, de *afetos*, classifique-se a transferência em termos de *efeitos* e fale-se, como na teoria da aprendizagem, de transferência positiva quando um hábito antigo favorece a aprendizagem e de transferência negativa quando interfere nela. Em termos da teoria da aprendizagem, fala-se também de facilitação e interferência.

Uma vez afirmado em sua teoria, Lagache pode assimilar a transferência negativa à resistência, enquanto a transferência positiva é a que facilita o desenvolvimento da análise.

O que a análise propõe ao paciente, prossegue Lagache, é o hábito da livre associação. Em última instância, o que o paciente tem de aprender na análise é a associar livremente, capacidade que implica, no final, a cura. Então, propõe Lagache, chamemos de transferência positiva a daqueles hábitos do passado que facilitam a livre associação, tais como a confiança, e de transferência negativa os que nela interferem.

A proposta de Lagache é, pois, classificar a transferência em função de sua finalidade, e não de seu conteúdo. Assim, ele consegue, por certo, incluir a transferência na teoria da aprendizagem, mas parece-me que não resolve os problemas da teoria psicanalítica que enfrenta nesse ponto.

Enquanto explicarmos a transferência positiva como as aprendizagens do passado que nos permitem cumprir a livre associação, estaremos falando de um processo que se ajusta à situação real e, portanto, já não é transferência. Desse modo, o conceito de transferência positiva fica no ar, é anulado, superposto totalmente à atitude racional do paciente diante da análise como tarefa.

O conceito de transferência negativa também sofre, pois fica totalmente atado ao de resistência – embora a resistência, como todos sabem, também tenha um lugar legítimo no tratamento. O juízo de valor que se evitou para as pulsões aplica-se agora às operações egóicas. Retorna-se ao critério de Freud (1912) de que a transferência alimenta-se da resistência. Lagache diz, concretamente, que a transferência negativa implica uma interferência associativa no processo de aprendizagem, porquanto é um comportamento inadequado, que não cumpre a associação livre. Isso equivale a dizer simplesmente que o paciente tem resistência.

Por outro lado, como fica dito, a repetição de hábitos antigos que se ajustam à situação real e atual, por definição, já não é transferência, sendo preferível chamá-la de *experiência*. Um hábito antigo que nos permite um bom ajuste à realidade atual é um novo desenvolvimento em que as pautas do passado não são repetidas, e sim aplicadas; não se retoma algo interrompido, para dizê-lo do ponto de vista do efeito Zeigarnik. Se desejamos continuar explicando a transferência pelo efeito Zeigarnik, tal como nos ensinou Lagache, então veremos que não é aplicável ao que Lagache propõe chamar de transferência positiva, já que, por definição, não há ali uma tarefa do passado que ficou incompleta.

A classificação de Lagache falha, em meu entender, porque não distingue entre transferência e experiência. É por isso que, quando defini a transferência, contrastei-a com a experiência, em que o passado serve para compreender a nova situação, e não para equivocá-la. Por definição, só chamamos de transferência uma experiência do passado que está interferindo na compreensão do presente. As recordações são nosso tesouro; longe de interferir, ajudam-nos, tornam-nos mais ricos em experiência e mais sábios. A experiência pressupõe ter recordações e saber utilizá-las.

Em resumo, a partir de uma classificação que, repitamo-lo, implica uma tentativa de integrar a transferência à teoria da aprendizagem, Lagache tem de modificar o conceito de transferência, incorporando a ele o de adaptação racional à nova experiência, com o qual incorre em uma contradição, e até se desdiz, em suas contribuições mais valiosas.

TRANSFERÊNCIA, REALIDADE E EXPERIÊNCIA

Neste capítulo, partimos do conceito de repetição para explicar a transferência, e creio que é chegado o momento de estudá-lo em função da realidade e da experiência. Essas relações são naturalmente complexas, mas podemos tentar explicá-las tomando como ponto de partida a idéia dos clichês e das séries complementares de Freud.

A libido, diz Freud, tem duas partes: a consciente, que está à disposição do ego para ser satisfeita na realidade, e a que não é consciente, porque está fixada a objetos arcaicos. Do balanço desses dois fatores depende a primeira série complementar, a (pre)disposição por fixação da libido, que configura o *conflito infantil*. A segunda série complementar depende da primeira, como disposição, e da privação (*conflito atual*). Quando sobrevém o conflito atual, que sempre pode ser reduzido nesse esquema a uma privação, uma parte da libido que estava aplicada a um objeto da realidade (seja este o cônjuge, o trabalho ou o estudo) tem de ser aplicada a outro objeto e, se isso falha, empreende o caminho regressivo. Esse é o fenômeno que Jung chamou de introversão da libido.

Na base desse esquema, creio que a porção de libido que busca na realidade seus canais de satisfação tem a ver com a experiência, e não com a transferência. Essa idéia aplica-se a todos os acontecimentos humanos não menos que ao encontro erótico, no qual sempre intervêm elementos da experiência. Como alguém conquistará o seu par, e como se relacionará com ele, se não for sobre a base das experiências passadas? À medida que essas experiências operam como recordações à disposição do ego e são conscientes, teremos mais possibilidades de operar de maneira realista. A outra parte da libido, ligada às imagos inconscientes, está por definição sempre insatisfeita e busca descarregar-se, sem levar em conta os elementos da realidade.

Quando a situação atual cria uma privação, essa libido que fica flutuando insatisfeita tende à introversão, a carregar as imagos inconscientes para obter uma satisfação que a realidade não oferece. É isso que se chama de conflito atual, sempre vinculado a uma situação de privação, que, por sua vez, depende do conflito infantil, pois, quanto mais fixada estiver a libido aos objetos arcaicos, mais exposto se estará à frustração. Em outras palavras, quanto mais intenso é esse processo de introversão da libido, mais disponibilidade tem o indivíduo para a transferência e, ao contrário, quanto maior for a quantidade de libido que não sofre esse processo, maior possibilidade de adaptação real terá aquele nas relações eróticas.

A libido à disposição do ego é a que permite enfrentar a situação atual com uma bagagem de experiência que torna possível aceder à realidade. Nisso é decisivo, para mim, a realidade da tarefa, que surge do contrato – ou do pacto inicial, como dizia Freud. O que me dita a razão (e a realidade) é que essa mulher que está sentada atrás de mim tenta resolver meus problemas e ajudar-me; portanto, tenho de cooperar com ela em tudo o que puder. Minha relação com minha analista, se estou enquadrado na realidade, não pode ser outra senão a realidade do tratamento. Quando minha libido infantil insatisfeita pretende aplicar-se a essa mulher, já estou escorregando. Aí me falha o juízo de realidade. A *tarefa* é, então, a meu ver, o que nos guia para pensar a realidade, a âncora que nos amarra a ela, e tudo o que não estiver vinculado à tarefa pode ser considerado, por definição, transferência, já que se dá em um contexto que não é o adequado.

Dessa maneira, ao estabelecer um vínculo entre a tarefa (ou o contrato) e os objetivos buscados, pode-se compreender a relação entre transferência, realidade e experiência. O que dá sentido e realidade a meus objetivos e a meus sentimentos é que estão endereçados a cumprir a tarefa proposta. O ajuste com a realidade que aqui se ressalta pertence ao indivíduo, ao sujeito. A realidade é, então, subjetiva, pertence ao analisando e não pode ser definida de fora, isto é, do analista, sem que incorramos em um abuso de autoridade, tal como Szasz (1963) precisa muito bem.

A TRANSFERÊNCIA *SEM* REPETIÇÃO

Vimos que Freud descobriu a transferência trabalhando no consultório, onde esta se impôs a ele como um fato clínico inegável, inesperado e até incômodo; vimos também que foi explicando-a com diferentes esquemas teóricos. Embora no primeiro momento tenha recorrido à hipótese simplista de um falso enlace, notou, ao mesmo tempo, que ela não surgia sem motivo e, com a perspicácia do gênio, deu-se conta de que esse enlace não era conjuntural, mas que antes vinha a dar testemunho dos próprios acontecimentos que estavam sendo investigados. Essa compreensão levou-o naturalmente a explicar a transferência como efeito da repetição. Esse conceito é enunciado claramente em 1905, com o modelo de reedições e novas edições, leva aos clichês de 1912 e é formalizado em 1914 na dialética recordação/repetição. Assinalamos que, em 1920, sobrevém uma virada na dinâmica da transferência, que deixa de ficar unida solidariamente à resistência para se converter no resistido; porém, isso em nada questiona o efeito da repetição. Ao contrário, acentua-o, enquanto a transferência passa a ser tributária da pulsão de morte, e a compulsão à repetição erige-se como seu princípio explicativo.

Durante muitos anos, ninguém duvidou de que a transferência fincasse suas raízes na repetição, até que, em seu Seminário XI, *Les quatre concepts fondamentaux de la psychanalyse*, Lacan (1964) questionou decididamente essa hipótese e, como veremos no Capítulo XI, desconectou a repetição da transferência.

Mais recentemente, outros investigadores de grande valor, como Meltzer, os Sandler e Merton M. Gill, também vieram a questionar o vínculo entre repetição e transferência.

Em *The Kleinian development* (1978), Meltzer segue, com uma perspectiva muito original, o grande arco de círculo que vai desde Freud até Melanie Klein e dela a Bion. Meltzer expõe com clareza essas idéias em seu artigo "The Kleinian expansion of Freud's metapsychology"* (1981), incorporado como Capítulo III a *Dream life* (1983, *Vida onírica*). Freud opera sempre com um modelo neurofisiológico, de acordo com o espírito de seu tempo, que aspira a situar a psicanálise entre as ciências capazes de *explicar* fatos da natureza, diz Meltzer. Nesse contexto, a grande descoberta da transferência só pode ser entendida como repetição do passado.

O modelo de Melanie Klein apóia-se basicamente na existência de um *mundo interno* de objetos, no qual o indivíduo vive com tanta plenitude quanto no mundo externo e no qual a transferência surge como a externalização do presente imediato da situação interior, não como relíquia do passado.

O modelo de Bion, por fim, dá conta da mente como um aparelho para pensar, em que o dilema fundamental ocorre entre verdade e mentira, a partir da experiência emocional, da vivência, em que a emoção *é* o significado. Nesse modelo epistemológico, as relações no mundo interno engendram o significado e, por conseguinte, todas as nossas relações externas possuem uma certa qualidade transferencial, na medida em que derivam seu significado daquilo que existe em nosso mundo interno. "This means, in a sense, that all of our external relationships have a certain transference quality that they derive meaning from what exists in our internal world" (1981, p. 183). Suponho que, com essa frase, Meltzer quer assinalar que nossas relações externas tomam seu significado do que se passa no mundo interno e não simplesmente, porque seria óbvio, que estão sempre infiltradas de elementos transferenciais.

Como se pode ver no itinerário esboçado, Meltzer afirma que a psicanálise foi transformando-se de ciência explicativa em ciência fenomenológica e descritiva, que tem a ver com o significado e a emoção; portanto, a transferência deve ser entendida mais como uma atualização do mundo interno presente do que como a repetição do passado. Desse modo, a transferência vem a ser o selo que a realidade psíquica, a fantasia, imprime sobre o mundo externo, sem que isso implique a repetição de pautas pretéritas. Mais ainda, o que Meltzer vem dizer-nos é que, longe de nos equivocar, a transferência é nossa bússola, aquilo que nos guia no mundo externo.

Embora parta de premissas diferentes e abranja um outro conjunto de problemas, a penetrante investigação de Joseph e Anne-Marie Sandler tem pontos de contato com Meltzer e, como veremos em seguida, também com Lacan. Em "The 'second censorship', the 'three box model' and some technical implications" (1983, "A 'segunda censura', o 'modelo das três caixas' e algumas implicações técnicas"), os Sandler propõem um tipo de aparelho psíquico que pretende refletir os aspectos relevantes da interface das teorias topográfica e estrutural. A idéia de que existe uma segunda censura entre o sistema Prcc e o sistema Cc, muitas vezes exposta por Freud, porém nunca incorporada à teoria topográfica, torna mais fácil a relação entre a teoria psicanalítica e a experiência clínica. Dessa forma, ficam delimitadas três áreas da mente. Daí o modelo das três caixas, isto é, dos três sistemas: Icc, Prcc e Cc. As duas censuras delimitam para os Sandler, entretanto, três compartimentos psicológicos que não se superpõem nem aos três estratos da primeira tópica, nem às três instâncias da segunda. O *primeiro sistema* compreende as reações infantis e os desejos mais primitivos, as urgências peremptórias (*peremptory urges*) que podem nascer de necessidades instintivas, do desprazer e da angústia, o que fica encoberto pela amnésia infantil por trás da primeira censura, "a criança dentro do adulto", para usar a metáfora dos autores. É o equivalente do id ou do inconsciente sistêmico (*system unconscious*), mas também muito mais do que isso, as reações, as fantasias e os desejos que se desenvolveram precocemente na vida da criança, junto às transformações defensivas próprias dessa etapa e cuja finalidade essencial é evitar o desprazer.

O *segundo sistema*, que está separado da consciência pela segunda censura, abrange o que se chamou classicamente de pré-consciente, mas também as partes inconscientes do ego e do superego da teoria estrutural. Os conteúdos desse segundo sistema podem ser considerados como *derivados* (rebrotos) dos desejos infantis do outro sistema que atravessaram a barreira da primeira censura. Diferentemente do anterior, o segundo sistema (*present unconscious*, "inconsciente atual") orienta-se para o presente, não para o passado, e está sintonizado com a realidade, embora seja inconsciente. Na clínica psicanalítica, o principal

---

*N. de R.T. Serão mantidas as citações em língua estrangeira como no original.

exemplo são as fantasias transferenciais inconscientes que surgem durante o processo terapêutico (1983, p. 421).

Também se reveste de características especiais a segunda censura, cuja principal missão é de evitar os sentimentos de vergonha, embaraço e humilhação. A situação transferencial pressupõe a externalização dessa segunda censura sobre o analista e, conseqüentemente, a sua tarefa principal consiste, para os Sandler, em ajudar o analisando a aceitar o aspecto de sua personalidade em que residem os desejos infantis que despertaram os conflitos dolorosos da infância e vieram a constituir uma ameaça durante o curso do desenvolvimento. ("The analyst aims to help the patient eventually to accept the infantile wishful aspects of himself which have aroused painful conflict and have become threatening during the course of his development" [1983, p. 423].)

Todas essas idéias adquirem maior precisão em "The past unconscious, the present unconscious, and interpretation of the transference" (1984, "O inconsciente pretérito, o inconsciente atual e a interpretação da transferência"), em que os Sandler comentam e discutem o livro de Merton M. Gill e Irwin Z. Hoffman, *Analysis of transference* (1982), do qual nos ocuparemos ao falar da interpretação.

Nesse trabalho, os Sandler reafirmam o que foi dito em 1983, porém definem com mais precisão o inconsciente pretérito e o inconsciente atual, que surgiram do modelo das três caixas. O *inconsciente pretérito* (ou infantil) é composto pelos impulsos, pelas respostas e pelos desejos imediatos e peremptórios formados nos primeiros anos de vida, os quais constituem o que os autores chamam de *criança dentro do adulto*, com suas relações de objeto e seu mundo interno, em que predominam os mecanismos de defesa primitivos, como a projeção e a negação. O inconsciente pretérito é aquele que fica por trás da primeira censura, que coincide com a cristalização do superego, o encerramento do período edípico e a entrada na latência, isto é, o período da vida que chega até o quinto ou sexto ano. O *inconsciente atual*, ao contrário, é influenciado sobretudo pela realidade e sua principal função é manter o equilíbrio no presente.

Frente aos impulsos que vêm do inconsciente pretérito, o inconsciente atual tem dois tipos de processos adaptativos. O *primeiro* deles consiste em atualizar o passado no presente ("the past is updated to the present", 1984, p. 372). Desse modo, o passado repete-se no presente, e é nesse ponto que podemos começar a falar de transferência. No exemplo dos Sandler, a um comentário do analista sentido como depreciativo, o paciente reage, por exemplo, com uma fantasia edípica grandiosa e reasseguradora, produzida pelo inconsciente pretérito, a qual, por sua vez, deve amoldar-se à atualidade, tornar-se sintônica. Se essa forma atualizada do impulso infantil não suscita conflito, chegará à consciência sem obstáculo. Contudo, isso é raro; o mais freqüente é que o impulso infantil que chegou ao inconsciente atual suscite conflito e mobilize um *segundo* tipo de processos adaptativos em que vai operar a defesa, que o converterá em um derivado que terá, então, de atravessar a segunda censura.

Após essas precisões, os Sandler inclinam-se por uma definição flexível de transferência que alcance o amplo sentido de *relação* (p. 378). Em seu próprio marco de referência, nossos autores sustentam que "a transferência ocorre quando a pessoa do analista é representada *de qualquer maneira* nas fantasias desiderativas e nos pensamentos, no inconsciente atual ou na ideação consciente".[4] Apesar de o material transferencial manifesto poder ser a repetição de um passado no inconsciente atual, como se explicou antes, pode ser também uma resistência frente ao material transferencial inconsciente. Por isso, os autores salientam a necessidade de não cair na conclusão de que todo o conteúdo manifesto transferencial é uma repetição do passado.

Para os Sandler, é muito importante estabelecer uma distinção básica entre a concepção que entende a transferência como todo conteúdo que inclui uma referência à relação interpessoal entre paciente e analista e a concepção que a concebe como uma repetição inconsciente de uma relação importante do passado. ("... *the major distinction between transference as any content which includes a reference to the interpessoal relationship between the patient and the analyst, on the one hand, and transference as an unconscious reexperiencing or repetition; of an important past relationship, on the other*", 1984, p. 388, grifos no original). Creio que nessa diferença os Sandler sustentam a necessidade teórica de discriminar entre um inconsciente atual e um inconsciente pretérito. A tarefa interpretativa deve encaminhar-se, em primeiro lugar, para os conteúdos do inconsciente atual e a primeira censura a fim de que o analisando adquira uma maior tolerância frente aos aspectos infantis de sua personalidade, e somente por via de reconstruções pode-se chegar, em alguns casos, ao inconsciente pretérito.

Em "The past unconscious, the present unconscious and the vicissitudes of guilt" (1987, "O inconsciente pretérito, o inconsciente atual e as vicissitudes da culpa"), Joseph e Anne-Marie Sandler introduzem uma distinção metodológica entre o que se concebe e o que se percebe: podemos *conceber* o conteúdo do inconsciente pretérito, porém não *percebê-lo*, já que é algo que só reconstruímos a partir de nossas teorias, mas que nunca vemos e nunca foi acessível à consciência. Além disso, o inconsciente pretérito é essencialmente inalterável: o que se pode modificar "*é a maneira como os reflexos do passado inconsciente acomodam-se na psique adulta e a maneira como são tratados dentro desta*" (*Livro Anual de Psicanálise*, 1987, p. 81, grifos no original). "*What is changeable, we believe, is the way in which the reflections of the past unconscious are accomodated to and dealt with in the adult psyche*" (1987, p. 335, grifos no original).

---

[4] "... transference occurs when the person of the analyst is represented *in any way* in wishful fantasies and thoughts in the present unconscious, or in unconscious ideation" (1984, p. 378, grifo no original).

O inconsciente atual, ao contrário, é acessível, pois como organização funcional, ajusta as fantasias para que possam entrar na consciência como derivados, mediante o uso de mecanismos de defesa, entre outros a identificação projetiva (ibid., p. 81; ibid., p. 336). Em outras palavras, os conteúdos do inconsciente atual são percebidos, ao passo que os do inconsciente pretérito só são alcançados por meio da reconstrução, isto é, só são concebidos.

O papel da interpretação na obtenção do *insight* sobre os conteúdos do inconsciente atual e do mundo interno é central para o trabalho analítico, assim como é decisiva a identificação do analisando com a atitude tolerante do analista em relação a seus aspectos infantis, parvos ou perversos (ibid., p. 83; ibid., p. 338).

Ao discriminar dois tipos de inconsciente, a proposta dos Sandler implica não apenas uma redefinição da transferência, o tema que agora nos ocupa, mas também uma concepção de como se deve interpretar e, já no terreno epistemológico, de quais são os dados sobre os quais se assenta a teoria psicanalítica.

Sobre esse último eixo gira a ponderada reflexão de Wallerstein (1988) ao inaugurar o Congresso de Montreal de 1987. Há uma teoria com a qual todos os analistas podem concordar, a que surge da interação com o analisando no consultório. Essa teoria opera com os dados que oferece o inconsciente atual dos Sandler, que para Wallerstein coincide com a *teoria clínica* de George S. Klein (1966, 1976). As outras teorias, as de mais alto nível, que pretendem dar conta do inconsciente pretérito (ou daquilo que Klein chama, com certo desdém, de metapsicologia), abrem-se em um leque amplo que, para Wallerstein, somente compreende as *metáforas* que nos distinguem em escolas.

Se as idéias que acabamos de expor forem entendidas como uma reação saudável frente a um conceito ingênuo da transferência, em que o ontem repete-se textualmente, podemos dar-lhes, sem reticência, as boas-vindas ao campo teórico da psicanálise. Como bem dizem os Sandler (1988, comunicação pessoal), o passado não é isomórfico com a atualidade, com o presente. Às vezes, é certo, buscamos tanto o passado que deixamos o presente de lado.

As idéias de todos esses autores, entretanto, vão além dessa legítima advertência. Meltzer, por exemplo, denuncia a proposta de ligar a transferência à repetição como sendo uma (demorada) sujeição do ajudante de Brücke, que tenta situar o fato psicológico no marco explicativo das ciências naturais. Talvez a teoria do falso enlace possa ser considerada um vestígio ideológico do Freud que estudava o Petromyzon Planeri ou a ação da cocaína, mas não a teoria da repetição, que vem estabelecer a dialética de passado e presente e oferece-nos os instrumentos para resolvê-la limpamente. A transferência não é uma relíquia do passado, e sim a luta viva de um passado por ser presente, para ocupar um espaço que já não lhe pertence. Dessa perspectiva, defini certa vez a psicanálise como "o método que reconhece o passado no presente (transferência) e procura discriminá-lo, fundamentalmente graças à interpretação" (Etchegoyen, 1988, p. 82).

Os Sandler propõem-se a estender o conceito de transferência para que seja sinônimo da relação entre analisando e analista e responda ao funcionamento do inconsciente atual, isto é, o sistema que está voltado para a atualidade, e não para o passado.

Circunscrita ao inconsciente atual, a transferência é o que se *percebe* e nada tem a ver com a repetição, que se confina ao inconsciente pretérito, que nunca é acessível, que só se *concebe,* que se reconstrói.

Para sustentar essa concepção da transferência, é preciso manter uma divisão taxativa dos dois inconscientes dos Sandler; todavia, eles mesmos dizem que as fantasias transferenciais do inconsciente atual têm sua raiz naquelas urgências peremptórias do inconsciente pretérito – que são, em meu entender, justamente as que se repetem. O fato de que nem sempre possamos justificar essa repetição e que às vezes recorramos a interpretações genéticas para não vermos o que realmente está acontecendo com o analisando não deve levar-nos a jogar fora a criança junto com a água do banho.

Como bem diz Popper (1953), a ciência consiste em conjecturas e refutações. O grande objetivo de nossa ciência é, precisamente, alcançar e revelar o inconsciente pretérito dos Sandler, isto é, o inconsciente profundo, o sistema inconsciente. Poderemos errar muitas vezes nessa tentativa, porém isso não nos deve fazer abandonar tão elevada empresa, por mais difícil que seja. E, no fim das contas, não era justamente isso o que Freud pretendia quando buscava cortar a amnésia infantil?

10

A Dialética da Transferência Segundo Lacan

RESUMO

Para fazer uma síntese do que foi estudado até aqui, poderia dizer que, quando é considerado no nível teórico, o tema da transferência estabelece duas interrogações fundamentais, em torno das quais giram todos os estudos: 1) a espontaneidade do fenômeno transferencial ou, como também se diz, em que grau é determinado pela situação analítica e 2) a natureza da repetição transferencial. Sem prejuízo de que talvez haja outros, estes são, sem dúvida, dois pontos essenciais. Miller (1979) afirma que a transferência fica enlaçada a três temas fundamentais: a repetição, a resistência e a sugestão, enfoque que coincide com o que recém foi expresso.

Falamos suficientemente da *espontaneidade* do fenômeno transferencial e assinalamos que Freud tem aqui uma posição muito clara: não se cansa de insistir que a transferência não depende da análise, que a análise a detecta, mas não a cria, etc. Essa opinião é registrada desde o epílogo de "Dora" até o *Esquema da psicanálise*.

Alguns autores ressaltam, e não sem uma certa razão, que quando Freud fala, em 1915, do amor de transferência afirma que é um fenômeno provocado pelo tratamento e, assim, procura demonstrá-lo à analisanda; creio, porém, que isso não contradiz o anterior. Porque o que Freud quer dizer é que as condições do tratamento fazem com que esse processo (que pertence à doença) torne-se possível: o tratamento desencadeia-o, mas não o cria. Tanto é assim, que a participação do analista tem o claro nome de *sedução contratransferencial* para denunciar sua incúria.

Quanto à posição contrária, o trabalho mais lúcido é, sem dúvida, o de Ida Macalpine, de 1950. É também o mais extremo, na medida em que sustenta que o fenômeno transferencial é uma resposta às constantes do enquadre, e define-o como uma forma especial de adaptação, por via regressiva, às condições de privação sensorial, frustração e assimetria da situação analítica. Não é o momento de discutir esse ponto de vista, que nos ocupará mais adiante; direi, porém, que os elementos que Ida Macalpine propõe são, para mim, muito discutíveis, como procuro demonstrar em meu trabalho "Regressão e enquadre" (1979), incorporado a este livro como Capítulo 40.

Lagache e outros autores, como, por exemplo, Liberman (1976a), adotam uma posição contemporizadora e eclética, dizendo que há uma predisposição à transferência, ao mesmo tempo que uma possibilidade de realização, isto é, que os dois elementos intervêm. No entanto, essa solução evita mais do que resolve o problema. Não há dúvida de que existe uma série complementar entre a situação que o enquadre analítico oferece e a predisposição que o paciente traz, mas o verdadeiro problema está em ver qual desses elementos é o decisivo. Em outras palavras, se o enquadre cria o fenômeno ou simplesmente o põe em evidência. Digo, por exemplo, que, se não existisse o complexo de Édipo, o *setting* analítico não despertaria nunca o amor de transferência senão, em todo caso, um amor como qualquer outro: o decisivo é o complexo de Édipo do paciente;[1] e, mais ainda, o enquadre é planejado para que possa surgir a transferência sem ser perturbada, e não o contrário.

Quanto ao segundo tema, a natureza da *repetição*, devemos a Lagache o estudo mais sensato, verdadeiro modelo de investigação clínica.

Até poucos anos atrás (ver o capítulo anterior), ninguém duvidava que a transferência é um fenômeno repetitivo, talvez com a única exceção de Lacan em 1964; porém, trata-se de saber como se dá nela a repetição. Aqui, a posição de Freud é ambígua: muda e volta a mudar desde "Sobre a dinâmica da transferência" (1912b) até o terceiro capítulo de *Além do princípio de prazer* (1920g); pode-se acrescentar ainda, com boas razões, que muda também em 1926, quando em *Inibição, sintoma e angústia* refere a idéia de repetição a um impulso do id, que conceitua como resistência, enquanto a transferência opera como um fator que promove uma defesa específica, a resistência de transferência, que fica homologada à resistência de recalcamento. É difícil decidir se essa posição de Freud retorna à sua idéia anterior ou implica um terceiro momento na marcha de sua investigação, como me inclino a pensar. As chamadas resistência do ego, na classificação

---

[1] Não estou levando em conta aqui a contratransferência por razões de método e de simplicidade. Que o analista participe com seus próprios conflitos edípicos não muda a natureza do fenômeno, embora o complique.

de 1926, coincidem com a primeira explicação de 1912, ou seja, com a teoria de que a transferência surge como resposta à atividade do analista que se opõe à introversão da libido; a resistência do id inclui, ao mesmo tempo em que circunscreve, o princípio da repetição, como é concebido em 1920. Seja qual for nossa posição a respeito, ficam de pé as duas alternativas de Freud: uma, que a transferência está a serviço do princípio do prazer e, por conseguinte, do princípio de realidade; outra, que a transferência exprime o impulso de repetição do id, que o ego tenta impedir, enquanto fenômeno sempre doloroso e mortal.

Já discutimos isso amplamente e só poderíamos dizer, não para encerrar a discussão, mas para lembrar os elementos de juízo de que dispomos, que a idéia de *Além do princípio de prazer* não é a que Freud utiliza, em geral, depois de 1920 quando se refere à transferência. Assim, Freud muda drasticamente, por exemplo, sua concepção do masoquismo depois desse ano, mas não faz o mesmo com a transferência. De qualquer modo, há aqui um ponto importante de controvérsia – e essa controvérsia, como vimos no capítulo anterior, foi melhor estabelecida, sem dúvida, por Lagache (1951), com esse obscuro aforismo de *necessidade da repetição* versus *repetição da necessidade*.

Como o leitor deve lembrar, Lagache inclina-se decididamente pela repetição da necessidade, na medida em que apóia toda a sua explicação no efeito Zeigarnik, segundo o qual, quando há uma necessidade não cumprida, tem tendência a se repetir. Se se entende, porém, que a transferência está a serviço do instinto de morte, então, forçosamente, conclui-se que há uma necessidade de repetir.

Para avaliar o juízo de Freud sobre a transferência nesse ponto, vale a pena levar em conta que os conceitos de 1920 não se referem propriamente à transferência. Assim como os sonhos da neurose traumática e o brinquedo das crianças, Freud a utiliza para fundamentar clinicamente a idéia de um instinto de morte, mas não se propõe, em nenhum momento, a revisar sua teoria da transferência.

De qualquer modo, Lagache está decididamente a favor do primeiro Freud (do primeiro e do último, eu diria), pois entende que a transferência, sob a égide do princípio do prazer, trata de repetir uma situação para encontrar um melhor desenlace. Nessa tentativa apóia-se, ao fim e ao cabo, a possibilidade de um tratamento psicanalítico.

A DIALÉTICA DO PROCESSO ANALÍTICO

Lagache apresentou seu valioso trabalho no Congresso de Psicanálise das Línguas Românicas em 1951, e aí Lacan expôs suas idéias sobre a transferência. Em princípio, referenda Lagache e, a partir disso, desenvolve seus pontos de vista.[2]

A idéia da qual Lacan parte é a de que o processo analítico é essencialmente *dialético* (e quero esclarecer que se refere à dialética hegeliana). A análise deve ser entendida como um processo em que tese e antítese conduzem a uma nova síntese, que reabre o processo.

O paciente, com seu material, oferece a tese; e nós, frente a esse material, temos de operar uma inversão dialética, propondo uma antítese que depare o analisando com a verdade que está evitando – que seria o latente. Isso leva o processo a um novo desenvolvimento da verdade, e o paciente a uma nova tese.

À medida que esse processo desenvolve-se, a transferência não aparece, nem tem por que aparecer. Este é, em meu entender, o ponto-chave, a tese fundamental de Lacan: o fenômeno transferencial surge quando, por algum motivo, interrompe-se o processo dialético.

Para ilustrar essa teoria, Lacan toma a análise de "Dora", em que se vê claramente tal movimento. Lacan diz que ninguém destacou – e isso chama a atenção – que Freud (1905a) expõe realmente o caso "Dora" como um desenvolvimento dialético, no qual ocorrem determinadas teses e antíteses, e afirma que esse fato não é casual, nem tampouco produto de uma necessidade metodológica: corresponde à própria estrutura do caso (e de todos os casos).

A *primeira tese* que Dora apresenta, como todos sabem, é o grave problema que para ela significam as relações ilegítimas de seu pai com a Sra. K. Essa relação existe, é visível, é inegável; e o que mais preocupa Dora, porque a afeta diretamente, é que, justamente para encobrir essa relação, o pai faz caso omisso dos avanços com que o Sr. K. a assedia. Dora sente-se, assim, manejada por uma situação que lhe é alheia. Freud opera aqui a *primeira inversão dialética* quando pede a Dora que veja qual é sua participação nesses acontecimentos, com o que reverte o processo: Dora propõe uma tese (eu sou joguete das circunstâncias), e Freud propõe-lhe a antítese de que ela não é passiva como pretende. Essa primeira inversão dialética confronta Dora com uma nova verdade.

Dora, então, tem de reconhecer que participa de tudo isso e que se beneficia, por exemplo, com os presentes do Sr. K. e com os de seu pai, que a situação dela com o Sr. K. não é denunciada pelas mesmas razões, etc. Aparece, então, como autora e não como vítima.

Nesse momento, Dora subitamente tem fortes ciúmes de seu pai, e esta é a segunda situação que ela propõe, sua *segunda tese*: como não vou ter ciúmes nessas circunstâncias? Que filha que quer bem sua mãe poderia não tê-los? Freud, porém, tampouco se deixa enganar e reverte novamente o argumento, operando a *segunda inversão dialética*. Diz a ela que não crê que suas razões sejam suficientes para justificar seus ciúmes, uma vez que a situação já lhe era conhecida: seus ciúmes devem corresponder a outras causas, a seu conflito de rivalidade com a Sra. K., não tanto como amante do pai, mas como mulher do Sr. K., que é quem lhe interessa. "*A segunda inversão dialética,* que Freud opera com a observação de que não é aqui o pretenso objeto dos ciúmes que dá seu verdadeiro

---
[2] Outro trabalho de Lacan sobre o tema, também dos *Écrits,* é "A direção do tratamento e os princípios de seu poder", apresentado ao Colóquio Internacional de Royaumont de 1958, em que se mantém o que foi dito em 1951.

motivo, mas sim que mascara um interesse em relação à pessoa do sujeito-rival, interesse cuja natureza, muito menos assimilável ao discurso comum, não pode expressar-se nele senão sob essa forma invertida" (*Leitura estruturalista de Freud*, p. 42). De onde surge, então, um novo desenvolvimento da verdade, a atração de Dora pela Sra. K.

Quanto ao segundo desenvolvimento da verdade, que surge dos ciúmes de Dora pelas relações do pai com a Sra. K., Freud propõe na verdade duas explicações: 1) enamoramento edípico pelo pai e 2) enamoramento por K. Dora manifesta seus ciúmes pretendendo que está ciumenta do pai como filha; contudo, a segunda inversão dialética de Freud tem, na realidade, as duas antíteses que acabo de enumerar. Freud mostra a Dora, em primeiro lugar, que seus ciúmes do pai são eróticos, identificada com as duas mulheres do pai (a mãe de Dora e a Sra. K.). Em segundo lugar, mostra que ela está enamorada por K. e que, se reforçou o vínculo filial com o pai, é para reprimir seu amor por K., seu temor de não resistir a seus galanteios. Como surge claramente da interpretação do primeiro sonho e do que Freud diz no capítulo primeiro (*AE*, v.7, p. 52), o amor infantil pelo pai havia sido reativado para reprimir o amor por K.

Faltou a Freud operar uma *terceira inversão dialética*, que teria levado Dora do amor pelo Sr. K. ao vínculo homossexual com a Sra. K.

Dessa forma, fica claro que Lacan busca uma retificação do sujeito com o real, que se dá como uma inversão dialética. Esse procedimento mostra que a paciente, nesse caso Dora, não está desadaptada, como diria Hartmann (1939), mas, ao contrário, demasiadamente bem adaptada a uma realidade que ela mesma contribui para falsificar.

TRANSFERÊNCIA E CONTRATRANSFERÊNCIA

Se Freud não pôde cumprir esse terceiro passo é, para Lacan, porque sua contratransferência o trai.

É bem certo que, em uma nota de rodapé do epílogo (*AE*, v.7, p. 104-105), Freud diz concretamente que falhou porque não foi capaz de compreender a situação homossexual de Dora com a Sra. K. e até acrescenta que, enquanto não descobriu a importância da homossexualidade nas psiconeuroses, nunca pôde compreendê-las cabalmente. Seja pelo que for, Freud, de fato, não chegou a operar essa terceira inversão dialética; precisaria ter dito a Dora que, por trás de seus ciúmes pelo Sr. K., estava seu amor pela mulher. Se o tivesse feito, Dora se veria confrontada com a verdade de sua homossexualidade, e o caso teria sido resolvido. Em vez de fazer isso, diz Lacan, Freud procura tornar Dora consciente de seu amor por K. e, por outro lado, também insiste em que o Sr. K. poderia estar enamorado por ela. Aí Freud *engancha-se* na transferência e não faz a reversão do processo.

Se Freud coloca-se no lugar do Sr. K., prossegue Lacan, é porque um fenômeno de contratransferência impede-o de aceitar que não é a ele, identificado com K., mas à Sra. K. que Dora ama: "Freud, em razão de sua contratransferência, volta demasiado constantemente sobre o amor que o Sr. K. inspiraria a Dora", diz Lacan (p. 45). E comenta, a seguir, que é singular que Freud tome sempre as variadas respostas de Dora como confirmação daquilo que ele lhe interpreta.

Duas páginas depois, Lacan afirma: "E o fato de se haver posto em jogo em pessoa como substituto do Sr. K. teria preservado Freud de insistir demais sobre o valor das proposições de matrimônio daquele" (p. 47). Desse modo, Lacan abre o problema do valor da interpretação transferencial no processo analítico. É evidente que, para ele, a interpretação transferencial cumpre uma função que poderíamos chamar de higiênica, enquanto preserva o analista, mas "não remete a nenhuma propriedade misteriosa da afetividade" (p. 47). A transferência toma seu sentido do momento dialético em que se produz e que expressa, comumente, um erro do analista (ibid.). Freud pensa, mais exatamente, que deveria ter dado a Dora uma interpretação transferencial concreta, isto é, que ela lhe imputava as mesmas intenções que K. Essa interpretação transferencial não é do agrado de Lacan, já que Dora a teria acolhido com seu habitual ceticismo (desmentido); porém, pela "própria oposição que haveria engendrado teria provavelmente orientado Dora, apesar de Freud, na direção favorável: a que a teria conduzido ao objeto de seu interesse real" (ibid). Não é, pois, uma interpretação "transferencial" o que põe em marcha a análise, mas a reversão dialética do processo, que, nesse ponto concreto, levaria Dora a tomar contato com seu amor pela Sra. K.

A cegueira de Freud está vinculada à sua contratransferência, que não lhe permite aceitar que Dora não o queira como homem. Identificado com o Sr. K., tenta convencer Dora de que K. (que é ele mesmo) a quer bem e, ao mesmo tempo, procura despertar o amor de Dora por K. (= Freud) quando, nesse momento, a libido de Dora é basicamente homossexual. Logo, o enganchamento surge por um problema de contratransferência: a impossibilidade de Freud de se aceitar como excluído. À medida que o problema contratransferencial cega-o, Freud fica preso e o processo é cortado.

Posto que essa situação tem validade universal para Lacan, segue-se que a transferência vem a ser o correlato da contratransferência. Se Freud não tivesse sido cegado por sua contratransferência, teria podido manter-se à margem desses avatares, fazendo Dora deparar-se com seus sentimentos homossexuais. É a partir do analista, então, que se produz o estancamento do processo e *aparece* a transferência como um enganchamento pelo qual o analista fica incluído na situação. Para que isso não lhe aconteça, o analista deve devolver ao analisando seus sentimentos através de uma reversão dialética. Ou talvez fosse melhor dizer, ao contrário, que, se o analista não sucumbir à sua contratransferência, poderá opor a antítese que corresponda.

Segundo esse ponto de vista, Lacan descreve a transferência como o momento de um fracasso no contexto das relações dialéticas do tratamento: quando falha o processo dialético, surge a transferência como um enganchamento, como um obstáculo.

No caso de Dora, tal fato é patente, porque o próprio Freud reconhece que seu erro foi não dizer a ela que a pulsão inconsciente mais poderosa em sua vida mental era seu amor homossexual pela Sra. K. Freud chegou a lhe assinalar que era surpreendente que não guardasse rancor a quem claramente a tinha acusado; todavia, não foi além.

A INVERSÃO DIALÉTICA OMITIDA

A terceira inversão dialética, diz Lacan, deveria ter confrontado Dora com o mistério de seu próprio ser, de seu sexo, de sua feminilidade. Ela permaneceu fixada oralmente à mãe, e, nesse sentido, exprime a fase do espelho, em que o sujeito reconhece seu ego no outro (Lacan, 1949, 1953a). Dora não pode aceitar-se como objeto de desejo do homem.

A inversão dialética que Freud não operou teria levado Dora a reconhecer aquilo que a Sra. K. significava para ela. Lacan insiste em que, quando K. diz a Dora, no lago, que sua mulher não significava nada para ele, quebra torpemente o feitiço daquilo que ele significa para Dora, o vínculo com a mulher. Daí essa bofetada que passou para a história da psicanálise. Lacan mostra aqui, sagazmente, que a brusca reação de Dora tem outro determinante além dos quase manifestos ciúmes pela preceptora dos filhos dos K., enquanto expressa a ruptura dessa relação imaginária que Dora mantém com a Sra. K. através de seu marido. Entretanto, a cena do lago e a bofetada que Dora proporciona a seu sedutor não podem ser explicadas, a meu ver, sem levar em conta os ciúmes heterossexuais do complexo de Édipo. O "parto" de Dora, aos nove meses dessa cena, força o raciocínio de Lacan, que tem de dizer: "O fantasma latente de gravidez, que se seguirá a essa cena, não é uma objeção para nossa interpretação: é notório que se produz nas histéricas justamente em função de sua identificação viril" (p. 46). Faço esse comentário porque creio que a técnica lacaniana da reversão dialética do material, para "desenganchar-se" da transferência, só pode sustentar-se na idéia de que há sempre um só problema a resolver, e não vários. Freud, porém, não tem dúvida de que a bofetada do lago foi um impulso de ciumenta vingança (AE, v.7, p. 93).

Se Freud tivesse confrontado Dora com seu vínculo homossexual com a Sra. K., operando a terceira inversão dialética que lhe reclama Lacan, não se teria posto no lugar do Sr. K., vítima de sua contratransferência, nem teria sentido a necessidade de fazer que Dora reconhecesse seu amor pelo Sr. K., com quem ele se identifica.

No entanto, em meu entender, há aqui uma nova simplificação de Lacan: nada impede que, se Freud tivesse procedido como se sugere, Dora pudesse ter-se sentido rechaçada, identificando, por exemplo, seu analista com um pai débil, que a cede para a mamãe. Não se explica porque Lacan, que é cético em relação à interpretação da transferência, que Dora teria acolhido com seu habitual desmentido, acredita, em vez disso, que sua terceira reversão dialética teria tido um melhor destino.

BREVE RESENHA DE ALGUMAS IDÉIAS DE LACAN

Nas teorias lacanianas, como é sabido, a fase do espelho é um momento fundante da estrutura do ego. Não se deve entendê-la como um passo genético, embora seja claramente uma fase prévia ao Édipo, mas como uma tentativa de dar conta do narcisismo primário em termos estruturais. A fase do espelho implica uma situação diádica entre a mãe e a criança, em que esta descobre seu ego espelhado nela: é em seu reflexo na mãe que o sujeito descobre seu ego, porque a primeira noção do ego provém do outro (Lacan, 1949, 1953a).

O ego é substancialmente excêntrico, é uma alteridade: a criança adquire a primeira noção de seu ego ao ver-se refletida na mãe, isto é, no outro, porque a mãe é o outro, e esse *outro* é um outro com minúscula; depois surgirá o *Outro* com maiúscula, que é o pai da situação triangular.

Na relação com a mãe, que sempre é diádica, ocorre um novo desenvolvimento da fase do espelho quando aparecem os irmãos e, com eles, os ciúmes primordiais e a agressividade. Nessa situação, embora haja fenomenologicamente três, na realidade continua havendo dois, porque a relação da criança com seu irmão dá-se em função do desejo de ocupar o lugar que ele tem ao lado da mãe, enquanto é desejado ou querido por ela.

Somente depois desse segundo momento da fase do espelho sobrevém, quando surge o pai, uma ruptura fundamental da relação diádica. O pai irrompe e corta esse vínculo imaginário e narcisista, obrigando a criança a se situar em um terceiro lugar, a clássica configuração do complexo de Édipo, que *sujeita* a criança à ordem simbólica, isto é, a torna sujeito arrancando-a de seu mundo imaginário, fazendo-a aceitar o falo como significante que ordena a relação e a diferença dos sexos.

Lacan entende a relação de Dora com o Sr. K. como imaginária, ou seja, diádica: o Sr. K. é um irmão com o qual ela tem um problema de rivalidade (e de agressão) pela mamãe, representada pela Sra. K. Nesse contexto, também o pai de Dora é, para ela, um irmão rival. (O pai de Dora é fraco e não sabe impor-se como tal.)

Na fase do espelho, a criança, que obtém sua primeira identidade refletida na mãe para manter essa estrutura diádica e ser querida de forma narcisista, identifica-se com o desejo dela. Pois bem, na teoria freudiana, o desejo da mãe, assim como o de toda mulher, é ter pênis, e a criança imagina-se (e essa palavra é empregada em seu sentido mais literal) como o pênis que a mãe quer ter. É nesse sentido que a criança é o *desejo do desejo*, porque seu único desejo é ser desejada pela mãe. Portanto, na fase do espelho há uma relação *imaginária*, na qual objeto e sujeito espelham-se, são no fundo iguais.

A relação imaginária da criança com a mãe cristaliza-se, pois, em uma situação (narcisista) na qual o pequeno converte-se na parte faltante da mãe, no pênis que ela sempre ansiou ter e sempre amou, também de forma narcisista. A criança é o desejo dela, desejo do desejo, em que ocorre a situação imaginária de que o pequeno pode preencher o desejo (de ter um pênis) da mãe. É aqui, justamente, que o pai aparece no cenário e que se configura a situação triangular.

A ORDEM SIMBÓLICA

Lacan distingue três etapas no complexo de Édipo. Na *primeira*, o pai está situado na condição de um irmão, com todos os problemas de rivalidade próprios da fase do espelho, ou seja, para a criança é um rival a mais que pretende ocupar o lugar do desejo da mãe. Até esse momento, o pequeno vive em um mundo imaginário de identificação com a mãe, em que o pai não conta.

Na *segunda* etapa do Édipo, o pai opera a castração: separa a criança da mãe e a faz sentir que não é o pênis da mãe (e, à mãe, que o filho não é seu pênis). É aqui que o pai aparece fundamentalmente como (superego) castrador. Essa castração é absolutamente necessária para o desenvolvimento, segundo Lacan (e segundo todos os analistas).

Uma vez que o pai consumou a castração e implantou sua Lei, uma vez que pôs as coisas em seu lugar, separando o filho da mãe ao romper a fascinação especular que os unia, sobrevém a *terceira* etapa, na qual o pai é permissivo, é doador, e facilita para a criança uma identificação vinculada já não ao superego, mas ao ideal do ego: é o momento em que o menino quer ser como o pai. Quando o filho reconhece que o pai tem o falo e compreende que ele não é o falo, quer ser como o pai (que, diga-se de passagem, tampouco é o falo desejado pela mãe, porque o pai *tem* o falo, mas não *é* o falo). Isso permite que a criança passe de uma situação em que seu dilema é ser ou não ser o falo (segunda etapa) para outra, a terceira etapa, na qual quer ter um falo, mas não sê-lo.[3]

Essa passagem implica o acesso à ordem simbólica, porque Lacan admite, como Freud (1923e, 1924d, 1925j), uma etapa fálica, em que a alternativa fálico-castrado, isto é, a presença ou a ausência do falo, é o que determinará a diferença dos sexos. No momento em que se opera a castração, o menino reconhece com dor essa diferença: ele não é o falo, a mãe não tem falo, e sobre esse eixo estabelecem-se todas as diferenças com o falo como símbolo, como expressão de uma singularidade que o erige em primeiro significante.

Essa mudança substantiva e substancial, que ordena a relação entre os sexos, entre pai e filhos (e entre todos os homens), surge da substituição de um fato empírico por um *significante*: o pênis como órgão anatômico é substituído pelo falo como símbolo. Lacan chama isso, com propriedade, de *metáfora paterna*: enquanto aparece como símbolo das diferenças, o falo é uma metáfora, e essa metáfora é a *Lei do Pai*, a lei que sujeita o indivíduo à ordem simbólica, obrigando-o a aceitar a castração e o valor do falo como símbolo: o indivíduo torna-se sujeito, *sujeita-se* à cultura.

ESPELHISMO DA TRANSFERÊNCIA

Fiz essa breve resenha de algumas idéias de Lacan para compreender melhor seus fundamentos ao discutir a técnica de Freud com Dora. Lacan pensa que Freud poderia ter solucionado a neurose de Dora e acrescenta, com fina ironia, que prestígio Freud não teria ganho se tivesse resolvido essa terceira situação dialética que Dora apresentava! Por uma falha de contratransferência, Freud comete um erro e, em vez de confrontar Dora com seu conflito de homossexualidade com a Sra. K., procura empurrá-la pelo caminho da heterossexualidade na direção do Sr. K., com o qual obviamente se identificou.

Um dos pressupostos teóricos de Lacan, que se depreende da resenha de suas teorias, é que a relação de Dora com a Sra. K. está marcada pela fase do espelho: fixação oral e homossexualidade vinculada a querer ser o pênis da mãe. O Sr. K. é o rival de Dora na posição de um igual, de um irmão. E, quando Freud identifica-se com o Sr. K., coloca-se em uma situação imaginária, em todo o sentido da palavra, porque é algo que Freud imagina, mas que não é verdadeiro; e é imaginária, também, porque Freud começa a reverberar em uma relação diádica, isto é, de imagens iguais, sem operar o corte simbólico que deveria ser efetuado a partir de uma posição de pai. O que Freud deveria ter feito, nesse momento, seria impor a Lei do Pai e separar Dora da Sra. K.

Tal como se acaba de conceituar, o fenômeno de transferência é sempre uma falha do analista, que se engancha em uma situação imaginária. A situação de transferência, em termos de tu e eu, é algo desprovido de significado que não faz mais do que reproduzir indefinidamente a fascinação imaginária. Disso decorre que Lacan deplore a excessiva ênfase da psicanálise atual no *hic et nunc* (aqui e agora).

Em conclusão, a transferência não é real (no sentido da realidade simbólica), mas algo que aparece quando se estanca a dialética analítica. A arte e a ciência do analista consistem em restabelecer a ordem simbólica, sem se deixar capturar pela situação especular. Interpretar a transferência, diz belamente Lacan, "não é outra coisa senão preencher com um espelhismo o vazio desse ponto morto" (p. 47). Segundo essa opinião, e de acordo com todo o raciocínio de Lacan, a interpretação transferencial não opera por si mesma; é um espelhismo, algo que nos engana duplamente, porque nos mantém no plano imaginário da fase do espelho e porque não nos deixa operar a inversão dialética que o momento torna necessária.

---

[3] Isidoro Berenstein (1976) assinalou muitas vezes que o desenlace do complexo de Édipo implica que o filho renuncie a ser o pai, mas não a ser como o pai, o qual, por sua vez, renunciou à sua mãe, em vez de se casar com ela.

Essa opinião, tão original quanto extrema, atenua-se pelo efeito, diria eu, de artefato que tem para Lacan a interpretação transferencial. Reproduzo a citação anterior da página 47 de forma mais completa: "O que é, então, interpretar a transferência? Não é outra coisa senão preencher com um espelhismo o vazio desse ponto morto. Mas esse espelhismo é útil, pois, ainda que enganoso, volta a lançar o processo". Compare-se com o que disse antes sobre a interpretação transferencial que Freud teria querido dar a Dora (*AE*, v.7, p. 103), que (só) por oposição poderia tê-la orientado na direção favorável.

Nesse ponto, é necessário recordar que para Lacan o imaginário é sempre enganoso e, por outro lado, o real é uma estrutura diferente da realidade fática ou empírica. Lacan chama de realidade, seguindo Hegel, a realidade que vemos através de nossa própria percepção estruturada. Assim como a máquina ou a fábrica produzem a transformação da energia, dizia Hegel, também nós nunca vemos a realidade fática ou empírica, mas uma realidade estruturada. Lacan sempre se remete a essa realidade, ao real que é racional. Mais tarde, ele considerará o registro do real como aquilo que volta e que se impõe ao simbólico.

TRANSFERÊNCIA E HISTORICIDADE

A análise é, repitamo-lo, um processo dialético que investiga a história do paciente e no qual a transferência surge no momento em que o analista deixa de oferecer a antítese correspondente. A transferência fica assim definida como resistência e, mais precisamente, como resistência do analista. Lacan imagina um processo analítico no qual, idealmente, poderia não existir a transferência: se o analista entendesse *tudo*, o processo seguiria seu curso e a transferência não teria por que aparecer.

Lacan diz textualmente: "O que é, enfim, essa transferência da qual Freud diz, em algum lugar, que seu trabalho prossegue *invisível* por trás do progresso do tratamento e cujos efeitos, além disso, 'escapam à demonstração'? Não se pode aqui considerá-la como uma entidade totalmente relativa à contratransferência, definida como a soma dos preconceitos, das paixões, das perplexidades, inclusive da insuficiente informação do analista em tal momento do processo dialético?" (p. 46-47).

Atenuando, porém, essa opinião taxativa, sua "Intervenção" termina com estas palavras: "Cremos, entretanto, que a transferência tem sempre o mesmo sentido de indicar os momentos de errância e também de orientação do analista, o mesmo valor para voltarmos a chamar à ordem de nosso papel: um não atuar positivo, com vistas à ortodramatização da subjetividade do paciente".

Lacan insiste muito nesse tema. Em seu artigo de 1958, por exemplo, diz que a resistência parte do analista, já que é sempre este quem obstrui o processo dialético. O que interessa a Lacan é reconstruir a vida do paciente como historicidade, e esse processo sofre interferência cada vez que a transferência transforma o passado em atualidade. A conseqüência técnica é que, nesse processo dialético de reconstrução, o analista deve desenganchar-se dessa situação dual ou imaginária e, para isso, opera sempre concretamente como pai. Willy Baranger (1976) assinala, em seu trabalho sobre o complexo de Édipo, que "a função específica do analista parece-nos situar-se em um registro essencialmente *paterno* (qualquer que seja o sexo efetivo, naturalmente), já que se situa no próprio limite que separa e define a ordem imaginária e a ordem simbólica" (p. 311). E acrescenta, em seguida, que confrontar o sujeito com a castração é especificamente uma função paterna. Ou seja, o analista sempre intervém para romper o espelhismo da díade mãe-criança.

O MANEJO LACANIANO DA TRANSFERÊNCIA

As idéias de Lacan que acabamos de expor projetam-se em sua técnica, que a mim parece severa e ríspida. Para começar, digamos que, assim como Lacan toma o caso "Dora" para ilustrar sua tese da transferência como falha do analista, também se poderia tomá-la para mostrar que o enfoque dialético de Lacan é insuficiente. Deve-se ter em conta, de início, que Freud *constrói* com Dora sua teoria da transferência, de modo que não é esse caso, precisamente, o que mais se presta para estudar como opera essa teoria no tratamento. O que pensa o próprio Freud é que ele falhou porque não prestou suficiente atenção às primeiras advertências e que a transferência tomou-o de surpresa (*AE*, v.7, p. 104), e não que se deixou enganchar, como afirma Lacan. A única forma de desenganchar-se da transferência é interpretá-la a partir do lugar do objeto atribuído ao analista no momento. A Dora que Lacan imagina possui, parece-me, um grau muito alto de racionalidade para se manter na linha que ele lhe propõe.

A teoria da transferência de Lacan tem, sem dúvida, seu suporte teórico na diferença entre o imaginário e o simbólico. Na medida em que a transferência é sempre um fenômeno imaginário, o que o analista tem de fazer é rompê-lo, transformar a relação imaginária em simbólica. É de se notar que essa cura "cirúrgica", de corte, de ruptura, não depende do nível que o processo alcançou, mas inteiramente do analista, até o ponto em que não fazê-lo é sempre um fenômeno de contratransferência. Desse ponto de vista, o conceito de *holding* (Winnicott, 1958) não conta, nem parece tampouco escutar-se a voz de Freud, que diversas vezes nos aconselha a não interpretar antes que se tenha criado um *rapport* suficiente.

Lacan insiste na idéia de ruptura, e essa idéia (esse significante, diria ele) deve ser reconhecida como uma imagem plástica de sua concepção técnica. Assim o propõe também Baranger, no trabalho já citado, uma de cujas conclusões é que o Édipo precoce de Melanie Klein levou "a considerar a situação analítica como o marco de maternagem no qual se desdobram relações duais e não triádicas" (1976, p. 314). Todavia, a teoria continente-conteúdo de Bion (1962b) introduz-se como um fator de pensamento, não tendo, portanto, uma referência especular.

Em seu discurso de Roma, de 1953, Lacan distingue a palavra *vazia* e a palavra *plena*. Ali onde a resistência torna-se máxima, frente ao acesso possível à palavra reveladora, o discurso dá uma volta, um desvio para a palavra vazia, ou seja, a palavra como mediação, como enganchamento no interlocutor. Esse enganchamento com o outro (com minúscula) impede o acesso ao *Outro* (com maiúscula). Por isso, Lacan diz que a resistência é sempre algo que se projeta no sistema eu-tu, o sistema imaginário. No momento em que se produz essa virada, assenta-se o suporte da transferência.

Se a resistência cristaliza-se no sistema especular eu-outro (com minúscula), enquanto o analista considera o eu do paciente como aliado (no sentido da aliança terapêutica), cai na armadilha especular em que se encontra o próprio paciente; fica encerrado nessa relação dual e imaginária. O enfoque atual da técnica, opina Lacan, perde de vista que a resistência é resistência de algo ao qual o sujeito não quer aceder, e não resistência do outro. Disso decorre a crítica de Lacan à interpretação preferencial do *hic et nunc* da transferência. A relação analítica não deve ser concebida como dual, como diádica, mas como integrada por um terceiro termo, o Outro (com maiúscula), que determina a historicidade simbólica. A transferência, enfim, é um espelhismo do qual o analista deve desenganchar-se.

Para terminar esse ponto, digamos que a técnica que Lacan propõe parece aplicável somente ao caso do neurótico, na medida em que dá por certo que é sempre possível o acesso à ordem simbólica, isto é, que o analisando está, desde o princípio, em condições de abandonar a ordem do imaginário e diferenciar-se do objeto.

A Teoria do Sujeito Suposto Saber

O pensamento de Lacan é complexo e tem vitalidade. Não é, pois, de espantar que mude, e ainda mais em um tema como o da transferência, que o ocupou em muitas ocasiões ao longo de sua extensa obra.

Até aqui, a transferência havia sido situada na tópica do imaginário, na qual analista e paciente espelham-se um no outro e ficam prisioneiros de sua fascinação narcísica. A partir dessa perspectiva, o processo psicanalítico só se constituirá no momento em que o analista transformar essa relação dual em simbólica, para o que é necessário que rompa a relação diádica e ocupe um lugar terceiro, o lugar do código, o lugar do grande Outro.

O SUJEITO SUPOSTO SABER

Em *Les quatre concepts fondamentaux de la psychanalyse* (1964), o livro XI de seus seminários, Lacan oferecerá uma nova hipótese, que atribui à transferência um lugar na ordem simbólica. Essa proposta, conhecida como *a teoria do sujeito suposto saber (S.S.S.)*, tem como ponto de partida uma reflexão sobre o conhecimento e a ordem simbólica.

O ponto de partida da argumentação de Lacan é um estudo sobre a função do analista. Uma coisa é que o analista fique incluído na relação dual da fase do espelho e outra, muito diferente, é que ocupe o lugar terceiro exigido pela ordem simbólica.

A partir dessa diferença, Lacan coloca-se a questão da posição do analista na situação analítica, não menos que a posição da análise na ciência.

A função do analista é desaparecer enquanto eu (*moi*) – diz Miller (1979, p. 23) – e não permitir que a relação imaginária domine a situação analítica. O analista deve estar no lugar do Outro. Miller expressa essa concepção do processo analítico com um esquema simples, com uma cruz na qual em um de seus eixos inscreve-se a relação imaginária e recíproca do eu e do *a* (outro com minúscula) e, no outro eixo, estão o *sujeito* e o grande *Outro*.

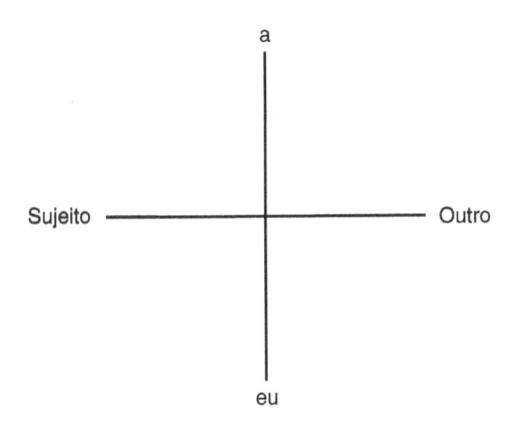

A ciência pressupõe separar o simbólico do imaginário, o significante da imagem. O significante, diz Miller na página 60 de sua terceira conferência, pode existir independentemente de um sujeito que se expresse por seu intermédio.[1] Entretanto, cada vez que o progresso da ciência cria uma nova invenção significante, sentimo-nos levados a pensar que estava ali desde sempre e então a projetamos em um *sujeito suposto saber*. Descartes tornou possível a ciência porque colocou Deus como garantia da verdade, com o que pôde separá-lo do conhecimento científico. Portanto, a ciência apresenta-se como um discurso sem sujeito, como um discurso impessoal, o discurso do sujeito suposto saber em pessoa (Miller, 1979, p. 66).

Para Lacan, "algo de Deus persiste no discurso da ciência a partir da função do S.S.S.", diz Miller (p.70), "porque é muito difícil defender-se da ilusão de que o saber inventado pelo significante não existe desde sempre", que sempre esteve ali.

O SUJEITO SUPOSTO SABER NA TRANSFERÊNCIA

Com base nessas idéias, articula-se a nova teoria da transferência de Lacan. Ao introduzir a regra da associação livre, o analista diz ao paciente que tudo o que disser terá valor, terá sentido; desse modo, a partir do dispositivo do tratamento, o analista transforma-se, para o paciente, no sujeito suposto saber.

Embora, por essa circunstância, o analista faça as vezes, no tratamento, de sujeito suposto saber, o que Lacan afirma é que a experiência psicanalítica consiste precisamente em evacuá-lo. Estruturalmente, o S.S.S. surge com a abertura da análise; porém, a questão está no final e não no começo. O fim da análise significa ejetar o S.S.S., com-

---
[1] Compare-se com a idéia de Bion (1962b) do aparelho para pensar os pensamentos.

preender que não existe. Por isso, a análise ocupa um lugar especial na ciência, porque apenas nela o S.S.S. pode ficar incluído no processo e ser, no final, evacuado. Se há uma ciência verdadeiramente atéia, sentencia Miller, é a psicanálise (p. 68).

Miller afirma que a análise da transferência consiste em descobrir que não há um S.S.S. no sentido real e salienta, a seguir, que esse processo no qual se evacua o S.S.S. no final do tratamento coincide com a perda do objeto, o luto pelo objeto, tal como propõe Melanie Klein (1935, 1940).

Em outras palavras, segundo a teoria do S.S.S., o analisando tenta de início estabelecer uma relação imaginária com o analista, já que, ao atribuir a ele o saber sobre o que lhe acontece, está assumindo que o analista e ele são um. Quando o analista não se deixa colocar nesse papel e faz o analisando compreender que o único que sabe o que lhe acontece (qual é seu desejo) é ele mesmo, atinge-se o nível simbólico.

Essa idéia não só é correta, como também é aceita por todos nós. O analisando atribui-nos um conhecimento dele que não temos, e nossa tarefa é retificar esse juízo, que provém de uma fascinação narcisista. Winnicott (1945, 1952) diria que devemos ir tirando as ilusões do paciente, até fazê-lo compreender que esse objeto que sabe tudo não existe mais que em sua imaginação.

Como uma primeira aproximação a essa teoria, podemos dizer que, no começo do tratamento, o analisando supõe que o analista possui o saber que concerne a ele e que, com o passar do tempo, vai abandonando essa suposição. Já dissemos que o S.S.S. é a conseqüência imediata de que o analista introduza a regra fundamental no momento de começar o tratamento. Contudo, não se deve deduzir disso, sem mais, que o S.S.S. surge do fato de que o paciente atribui ao analista a onisciência, um saber onímodo que tudo abrange e alcança. Quando esse fenômeno ocorre em estado puro, já estamos frente à psicose: o paciente crê que o analista conhece seus pensamentos (paranóia) e inclusive os provoca, como no delírio transitivista dos esquizofrênicos. Nesses casos extremos, a transferência funciona ao máximo e o S.S.S. emerge em toda a sua magnitude, e salientamos que, com ou sem intenção, Lacan vem a definir com elegância a psicose de transferência.

Nos outros casos, mais comuns e menos graves, quando o analista introduz a regra fundamental e, com isso, dá ao paciente a garantia de que tudo o que disser poderá ser interpretado, o analisando em geral se mostra cético e teme, antes, poder enganar o analista. Lacan propõe um exemplo simples: um paciente que oculta sua sífilis, porque teme que isso conduza o analista a uma explicação organicista e o desvie do psicológico (1964, p. 238 da edição castelhana). O paciente pode pensar, então, não apenas que o analista sabe tudo, como também, ao contrário, que o analista será enganado se lhe proporcionar certos dados.

É necessário destacar que a teoria do S.S.S., enquanto atribui a transferência à própria constituição da situação analítica, à sua estrutura – que Lacan gosta de chamar de *discurso analítico* –, reconhece à transferência um lugar próprio e já não poderá denunciá-la, parece-me, como o momento de errância do analista. A transferência surge do paciente no próprio momento em que o analista introduz a regra fundamental e, quanto mais doente estiver o paciente, mais verá o analista como o S.S.S. em pessoa, como é o caso do paranóico, por exemplo. Ferenczi já havia dito, em seu ensaio de 1909, que a quantidade de transferência é diretamente proporcional ao grau de enfermidade.

Desse modo, creio que a teoria do S.S.S. implica que, cada vez que enunciamos uma antítese e operamos uma reversão dialética, estamos apoiando implicitamente a crença de nosso analisando de que somos o S.S.S., o que nos obriga a interpretar essa crença, ou seja, a integrar à antítese que propusemos o elemento transferencial com que a recebe o paciente. Se isso é assim, então a técnica deve variar e aproximar-se da que utiliza a interpretação transferencial como um instrumento indispensável e cotidiano. Por tudo isso, penso que as duas teorias de Lacan sobre a transferência não são facilmente conciliáveis.

A TRANSFERÊNCIA E A ORDEM SIMBÓLICA

Essa grande mudança do pensamento de Lacan pode ser notada nos *Quatro conceitos*, já antes de propor sua teoria do S.S.S. quando, no Capítulo XI (p. 152), diz que "a transferência é a colocação em ato da realidade do inconsciente". Com essa afirmação, Lacan aproxima-se da opinião dos analistas em geral, isto é, que a transferência é um fenômeno universal e que deriva basicamente do funcionamento do inconsciente, do processo primário. De acordo com o que Freud ensinou, prossegue Lacan, a realidade do inconsciente é sexual, é o desejo. E esse desejo que põe em ato a transferência, conclui ele, é o desejo do outro, ou seja, o desejo do analista. Por isso, a presença do analista é muito importante para Lacan, e a esse tema dedica o Capítulo X do livro. Esse desejo do analista, bem singular, por certo, é o de não se identificar com o outro, respeitando a individualidade do paciente (Miller, 1979, p. 125).

Voltando ao anterior, o discurso analítico (a situação analítica) tem para Lacan, no entanto, outra vertente. Se, ao pedir ao paciente que fale e que diga tudo o que passa por sua cabeça, instaura, por um lado o S.S.S. como coluna vertebral da transferência, por outro, outorga ao analista um poder sobre o sentido daquilo que o analisando diz. Sua posição de intérprete converte o analista no amo da verdade, afirma Lacan, enquanto decide retroativamente a significação daquilo que lhe é dirigido. Nesse momento, e enquanto sujeito que se supõe saber o sentido, o analista já é o Outro. Aqui se estabelece, pois, claramente, uma diferença entre o Outro que sabe verdadeiramente e o sujeito suposto saber – e tudo me faz supor que essa diferença é a mesma que vai da ordem imaginária à ordem simbólica. Enquanto garantidor da experiência analítica, o analista é o grande Outro, e esse é o ponto em que a transferência torna-se simbólica.

O nível simbólico da transferência surge então, evidentemente, quando o analista, em vez de ocupar o lugar do S.S.S. que lhe atribui o paciente, ocupa o lugar do Outro. Como se cobre esse trajeto sem cair no autoritarismo, nem incorrer em afirmações ideológicas, se se prescinde da interpretação transferencial, parece-me que é mais fácil de pensar do que de executar na práxis concreta do consultório.

É necessário assinalar aqui que, para Lacan, sempre é o ouvinte quem decide sobre o sentido; em todo diálogo, o que cala detém o poder, porquanto outorga significação ao que o outro diz; porém, quando o ouvinte passa a ser falante, esse poder de fato se reparte. O diálogo analítico, ao contrário, é completamente assimétrico, já que o analista sempre cala e, se fala, é para sancionar a significação do que o analisando disse. Portanto, somente o analista tem o poder. Desse ponto de vista, o discurso (situação) analítico é constitutivamente um *pacto* entre o analista e o paciente, em que este reconhece àquele o lugar do grande Outro.

EFEITO CONSTITUINTE E EFEITOS CONSTITUÍDOS

O pivô da transferência, aquilo que a funda, é a forma singular com que se estabelece o discurso analítico a partir do convite a associar livremente, que configura um diálogo assimétrico. Esse nível é constitutivo, transfenomênico e estrutural. Não se trata aqui de uma vivência, e sim de uma estrutura. Por isso, Lacan insiste em que não se deve confundir o *efeito constituinte* da transferência (estrutura) com os *efeitos constituídos* (fenômenos) que derivam daquele. A estrutura está além dos fenômenos e consiste em que o analista coloque-se no lugar do significante para o sujeito. No plano fenomenológico, essa situação estrutural pode originar diversos sentimentos (vivências): o desprezo, a credulidade, a admiração, a desconfiança, etc.

Desejo reiterar, neste ponto, porque me parece um conceito lacaniano de real valor que, ao formular a teoria da transferência, não se deve confundir a dimensão fenomênica com a estrutural. A teoria do S.S.S. não se refere a uma vivência do analisante, e sim a um pressuposto que surge da própria estrutura da situação. Disso decorre que, como vimos há pouco, o fenômeno possa ser exatamente o contrário, a saber, que o analisante pense que o analista não sabe, que pode ser enganado.

Essa diferença entre o estrutural e o fenomenal no discurso analítico é, sem dúvida, um fator básico para compreender não apenas a nova teoria de Lacan sobre a transferência, mas também a teoria da transferência em geral. Os fenômenos que Freud deslindou, descobriu e estudou na transferência – e que, para Miller, são a repetição, a resistência e a sugestão – giram em torno do eixo estrutural e *transfenomênico* do S.S.S. Por isso, já em seu discurso de Roma de 1953, que é como o ponto de partida de sua investigação, Lacan distingue os efeitos constituintes da transferência dos conseqüentes efeitos constituídos; e, ao incorporar esse trabalho a seus *Escritos* em 1966, em uma nota de rodapé afirma que, com a diferença entre efeitos constituintes e constituídos, fica definido o que depois haveria de designar como o suporte da transferência, ou seja, o S.S.S.

A teoria simbólica da transferência apóia-se no que Lacan chamou, no começo de sua investigação, de *pacto analítico* – a aliança analítica de Freud. Em seu discurso de Roma, Lacan fala, efetivamente, de que o paciente acredita que sua verdade está em nós, que nós a conhecemos desde o momento em que ele travou seu pacto inicial conosco. Assim se configuram para Lacan os efeitos constituintes da transferência, com seu índice de realidade (p.125-126).

O efeito constituinte da transferência, enquanto depende da estrutura do discurso analítico, tem uma relação com o real e o simbólico e não está vinculado à repetição, ao passo que os efeitos constituídos que decorrem dessa estrutura são repetitivos. Desse modo, em seu nível simbólico, a transferência fica desvinculada da repetição, um ponto no qual insiste especialmente Oscar Masotta (1977) em seu prólogo aos *Quatro conceitos*.

Diz Lacan: "De fato, essa ilusão que nos leva a buscar a realidade do sujeito além do muro da linguagem é a mesma pela qual o sujeito crê que sua verdade está em nós já dada, que nós a conhecemos de antemão, e é igualmente por isso que está aberto à nossa intervenção objetivante.

"Sem dúvida, não tem de responder, por sua vez, por esse erro subjetivo que, confesso ou não em seu discurso, é imanente ao fato de que entrou na análise e de que travou seu pacto inicial. E não se pode descuidar a subjetividade desse momento, tanto menos quanto que encontramos nele a razão do que poderíamos chamar de efeitos constituintes da transferência, enquanto se distinguem por um índice de realidade dos efeitos constituídos que lhes seguem" (1953b, p. 125-126). Há aqui o chamado à nota de rodapé já citada, na qual Lacan aponta que ali se encontra definido o que designou mais tarde como o suporte da transferência, o sujeito suposto saber.

E diz no parágrafo seguinte, para tornar mais claro o anterior, que Freud insistia em que, dentro dos sentimentos trazidos para a transferência, deve-se distinguir um fator de realidade "e tirava, como conclusão, que seria abusar da docilidade do sujeito querer persuadi-lo, em todos os casos, de que esses sentimentos são uma simples repetição transferencial da neurose" (p. 126).

Parece-me que, ao introduzir o real na transferência, Lacan aproxima-se, embora certamente por um caminho bem diferente, do conceito de aliança terapêutica dos psicólogos do ego. Pelo fato de que se apóia no pacto analítico selado pelo paciente, ao aceitar a regra fundamental, a teoria simbólica da transferência corresponde ao plano da realidade, e não ao repetitivo. Cabe aqui perguntar, entretanto, se ainda podemos continuar chamando isso de transferência, se já não seria melhor chamá-lo pura e simplesmente de aliança terapêutica ou pacto psicanalítico. Em outras palavras, o efeito constituinte da transferência, enquanto se distingue por seu índice de realidade, pertence à ordem simbólica; porém, já não é mais transferência, ao menos na forma estrita que, em seu devido momento, definimos. Apenas os efeitos constituídos a partir disso merecem, em meu entender, esse nome.

COMENTÁRIO FINAL

Em resumo, poderíamos dizer que o tema da transferência ocupa um lugar muito importante no pensamento de Lacan e, em sua obra escrita, cristaliza-se em pelo menos dois momentos, em duas teorias que unem a transferência à ordem do imaginário e à ordem simbólica.

A *teoria imaginária da transferência,* enunciada em 1951, a conceitua como um processo diádico, especular e narcísico em que falta o terceiro, o Outro que remete ao código e redistribui os papéis da dupla mãe-criança, impondo a Lei do Pai. Se o analista não se coloca como o terceiro que tem de operar o corte (castração), ingressa em um campo imaginário onde reverbera indefinidamente na situação tu-eu. Isso é o que sucede a Freud com Dora: identificado com o Sr. K., Freud quer ser querido por Dora, em lugar de lhe indicar seu vínculo homossexual com a Sra. K.

Muitos anos depois, em 1964, Lacan propõe uma série de idéias que articulam a *teoria simbólica da transferência.* Segundo ela, o discurso analítico é uma estrutura que fica definida ao começar a relação, quando o analista introduz a regra fundamental. A partir desse momento, o analista ocupa um lugar determinado na estrutura recém-formada, que é o lugar do S.S.S.

É evidente que, ao atribuir ao analista a posição de S.S.S., o analisando procura estabelecer uma relação imaginária e narcisista: se o paciente afirma que o analista sabe o acontece com ele, o paciente, é porque analista e paciente são um; contudo, se o analista não se deixa colocar nessa posição e a denuncia como um mero pressuposto do paciente, então se alcança o nível simbólico. Desse modo, como todos sabem, a função do analista é ficar finalmente excluído da vida e da mente do analisando.

Adendo: significante, repetição e transferência

Antes de encerrar estes dois capítulos, farei uma tentativa de expor as idéias de Lacan sobre a transferência a partir de suas próprias pautas. Embora não seja fácil, é a única maneira de entender esse grande pensador, que em muitos aspectos afasta-se decididamente das outras linhas doutrinárias da psicanálise atual.

Lacan retorna a Freud com o propósito de formalizar suas teorias a partir da lingüística estrutural e da matemática combinatória. E faz isso com sua noção original de *significante,* que orienta como uma bússola todo o "campo freudiano". Não pretendo desenvolver em sua plenitude a teoria lacaniana do significante, já que excederia o âmbito deste comentário, mas tentarei expô-la à medida que é aplicável à transferência na práxis psicanalítica.

Ao longo de toda a sua obra, Lacan insiste sem esmorecer em que o inconsciente está estruturado como uma linguagem, e não é por acaso que os *Écrits* iniciam com "Le séminaire sur 'La lettre volée'" (1955, "O seminário sobre 'A carta roubada'"), em que toma o conto de Poe para ilustrar sua teoria do significante. Lacan sustenta que os personagens do conto ficam definidos em relação à carta como significante, a qual rege o destino de quem a possui. Na relação entre o rei, a rainha e o ministro, muda a posição deste quando se apropria da carta e, ao mesmo tempo, fica preso a ela. Mais adiante na história, quando a relação se dá entre o chefe de polícia, o ministro e Dupin, também este, como possuidor da carta, converte-se em algo distinto do que era até esse momento. "Pode-se dizer que, quando os personagens apoderam-se da carta, são apanhados e arrastados por algo que predomina com vantagem sobre suas particularidades individuais" (*O eu na teoria de Freud e na técnica psicanalítica,* 1983, p. 295). Os personagens ficam definidos por sua posição frente a esse protagonista singular que é a carta. Além disso, o conteúdo (significado) da carta não tem, e isso é inegável, nenhuma importância na trama do conto. Os elementos valem mais por sua relação do que por sua substância, o que é característico da perspectiva estruturalista, que inspira toda a primeira parte da obra de Lacan.

Lacan chega a pensar que quem possui a carta sofre, por sua influência, um processo de feminização, fundando-se em algumas contingências do relato e, com isso, parece querer convencer-nos de que o poder da carta como significante chega a prender e a converter o sujeito em feminino. Que, ao apoderar-se "da carta da rainha" (porque dela foi roubada), o ladrão identifica-se com o objeto danificado e adquira algum traço da personalidade de sua vítima é algo que não entra em nada no raciocínio de Lacan; e não poderia entrar sem menosprezo de sua teoria, porque, então, a carta já não seria somente um significante, mas o símbolo de um objeto "empírico", como podem ser o seio, o pênis ou a mãe, por exemplo. Quero dizer que há muitas formas de entender psicanaliticamente o conto de Poe, e não apenas uma. Assim, Freud veria a rainha como a mulher com pênis, a mãe fálica, e Melanie Klein não duvidaria em supor que a rainha com a carta é a mãe que contém em seu interior o pênis do pai, os bebês e as fezes que o filho-ministro ataca por inveja e por ciúmes.

A noção de significante aparece continuamente ao longo de toda a obra de Lacan, e assim lemos, por exemplo, no começo da seção 2 do Capítulo XI dos *Quatro conceitos,* que "a relação do sujeito com o significante é o ponto de referência que quisemos pôr no primeiro plano de uma retificação geral da teoria analítica, pois também é primeiro e constituinte na instauração da experiência analítica, assim como primeiro e constituinte na função radical do inconsciente" (p. 145). "Vous saisissez pourquoi la relation du sujet au signifiant est le repère que nous avons voulu mettre au premier plan d'une rectification générale de la théorie analytique, car il est aussi premier et constituant dans l'instauration de l'expérience analytique, que premier et constituant dans la fonction radicale de l'inconscient"* (*Les quatre concepts*, p. 127). Portanto, para Lacan, o significante é o primeiro na teoria e na prática da psicanálise e primeiro, também, no funcionamento do inconsciente.

O significante lacaniano é, sem dúvida, herdeiro da teoria do signo lingüístico de Ferdinand de Saussure (1916), que o define como a combinação de um conceito (significado) e uma imagem acústica (significante) e propõe um gráfico que se tornou célebre:

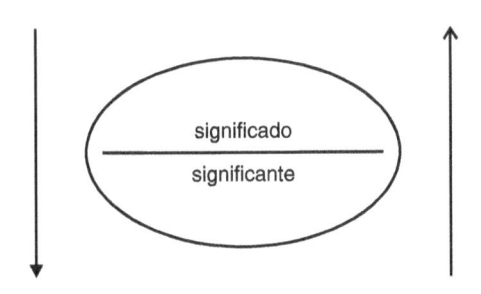

$$\frac{\text{significado}}{\text{significante}}$$

Esse gráfico mostra-nos as duas faces inseparáveis do signo como um sistema fechado (elipse), no qual a raia horizontal expressa o vínculo entre ambos os elementos; as flechas indicam sua relação de ida e volta, enquanto a própria elipse implica a conexão unívoca de ambos os termos.

Lacan inverte essa relação para indicar a preeminência do significante e torna espessa a linha divisória, a tal ponto que o significante fica acima (para não dizer no ar), só e desprovido de toda relação com o significado, porque a barra que os separa é impenetrável. Desprovido de elipses e de flechas, o famoso algoritmo lacaniano fica finalmente assim:

$$\frac{S}{s}$$

onde o S maiúsculo é o significante; o s minúsculo, o significado; a espessura da barra, sua radical separação.

Rompida a relação do significante com o significado, a significação só pode provir das relações de combinação (sintagma) e substituição (paradigma) que se estabelecem nos elos da cadeia simbólica significante. Esta se erige assim, como assinala Ríos (1984), em um sistema axiomático fechado, surpreendentemente análogo ao formalismo matemático de Hilbert (1984, p. 120), em que um significante só se liga a outro significante, afastado de toda referência empírica (ou objetal): o signo é "para alguém", mas o significante o é apenas para outro significante. Não é de se estranhar, então, que Oscar Masotta, em seu cuidadoso estudo "Psicoanálisis y estructuralismo" (1969), chegue a dizer que, quando a teoria psicanalítica parte da relação de objeto, cai em uma espécie de delírio empirista que parece esquecer que Freud fala de achado (e não de relação) de objeto, de modo que o objeto começa por não estar. É certo que a teoria da relação de objeto vem mais de Berlim, de Budapeste e de Londres do que de Viena e que, para Freud, o objeto é contingente à pulsão e deve ser achado. Não é menos certo, por outro lado, que Freud distingue o objeto da pulsão e o objeto de amor do ego. Que o objeto não esteja, em princípio, isso se explica sobre a base da teoria do narcisismo primário, que Freud aceita na maioria das vezes. Freud diz, também, que o achado do objeto é, na realidade, um reencontro, o que é entendido por muitos como um retorno ao primeiro objeto, enquanto Lacan o considera como uma prova de que o desejo nunca pode, por definição, encontrar o objeto de onde se originou, porque este ficou irremediavelmente perdido na trama simbólica. O tema é complexo e presta-se a uma discussão mais ampla. Basta dizer, nesse momento, que para Freud o objeto começa por não estar (narcisismo primário), ao passo que para Lacan *termina* por não estar, já que o objeto do desejo não coincide com o da necessidade e jamais pode ser nomeado, recoberto pela demanda. À maneira de um Parmênides ao avesso, Lacan diz que o não-ser é (Ríos, 1989, comunicação pessoal).

A rigor, Lacan dá toda uma volta para descartar, primeiro, a idéia de que o objeto é encontrável, enquanto diz que ele é perdido e, por isso, busca-se uma falta; e depois dirá que o que *é*, é o objeto, que é o objeto perdido. Assim, no Seminário X sobre a angústia (1962-1963), Lacan afirmará que "a angústia não é sem objeto". Dessa perspectiva, ele afirma que há um objeto que se *busca* como um chamariz (o que corre metonimicamente), e outro que é o objeto *causa* do desejo (que é o objeto "a"). Este último é a razão principal de todo o devir psíquico. Ambos os objetos (o da busca e o da causa) têm sua razão no falo como cobertura. Ou seja, a teoria lacaniana, em seus últimos trabalhos, está fortemente influenciada pela teoria objetal (Moreno, 1999, comunicação pessoal).

Essa breve digressão talvez sirva para compreender com que sentido rigoroso (e também extremo) Lacan não se cansa de dizer que "um significante só é significante para outros significantes" e também que "um significante é o que representa o sujeito para outros significantes", do que se segue que o analista deve oferecer-se para que o paciente encontre nele (como no morto do bridge) os significantes com os quais se representar como "sujeito da transferência". Por isso, Maci (1983) pode dizer com clareza, em *La repetición significante*, valioso livro dedicado a esse tema, que "o sujeito da análise está sempre em *transferência*, está sempre *transferido*" (Cap. 6, p. 203, grifos no original), o que se deve entender estritamente como que "o sujeito é transportado pela marca significante" (p. 207). Outro discípulo eminente de Lacan, o argentino Juan David Nasio (1984), afirma que, enquanto está estruturado como linguagem, "o inconsciente consiste nessa relação formal entre um significante reconhecível e atual e os outros

---

*N. de R.T. Em francês, como no original.

significantes, não-reconhecíveis e virtuais" (*En los límites de la trasferencia*, p. 23).

Ao situarem a transferência no campo da significação, os autores lacanianos tomam como ponto de partida de nascimento do conceito o parágrafo C do Capítulo VII, em que é chamado de *Übertragung* o processo graças ao qual o desejo inconsciente transfere-se a um resto diurno pré-consciente para abrir caminho à consciência. Para esses autores, a teoria da transferência começa em 1900, e não em 1895. Há aqui um claro divisor de águas entre os que entendem (eu, entre eles) a transferência como *transferência de objetos* e os que a pensam como *transferência de significantes*. Isso surge do fato de que para Lacan, como acabamos de ver, o objeto é radicalmente uma ausência, ou melhor, é velado por uma ausência cuja significação é fálica. É muito claro, porém, que para o Freud de "Sobre a psicoterapia da histeria", no fenômeno recém-descrito, intervém a *pessoa* do médico, de modo que "a transferência sobre o médico acontece por *falso enlace*" (*AE*, v.2, p. 306). "Transference on to the physician takes place through a false connection" ("The psychotherapy of hysteria", *AE*, v.2, p. 302). Recorde-se o exemplo de Freud, a doente que teve o desejo de que a beijasse, como o havia tido, muitos anos antes, de outro homem. Freud conclui que, desde que pôde compreender esse fenômeno, todo requerimento similar para sua pessoa teria de ser reduzido a uma transferência por falso enlace.

Com sua habitual precisão, Maci (1983) diz que a transferência é um circuito e lembra que a palavra *Übertragung* assinala algo que se suporta e que se transporta, que circula. A transferência, contudo, não carrega nada de substancial e concreto, a não ser o sujeito de um discurso (1983, p. 203). O sujeito é carregado pela marca significante, e o famoso aforismo de Lacan, do qual partimos, deve ser entendido, para Maci, não como que o significante representa o sujeito, mas que simplesmente o põe em relação, engancha-o na rede significante, que é uma cadeia desiderativa (p. 207). Com a mesma perspectiva, Masotta diz que "é preciso situar o sujeito (...) no interstício das relações de substituição e combinação que unem um significante a outro significante..." (1970, p. 43). É o mesmo que expressa Jacques-Alain Miller (1966) com o conceito de *sutura*, o ponto em que o sujeito fica soldado à cadeia simbólica significante. A sutura nomeia, pois, a relação do sujeito com a cadeia de seu discurso, onde figura como um elemento que falta sob a espécie de possuidor de um lugar (1966, p. 41).

Como o diz no começo do "Seminário sobre 'A carta roubada'", Lacan sustenta que o automatismo de repetição (*Wiederholungszwang*) tem seu princípio no que ele chama de *insistência* da cadeia significante e exemplifica-o com a estrutura que se repete no conto entre a cena em que o rei não vê, a rainha vê que o rei não vê e o ministro vê a carta, e a outra cena na qual quem não vê é o chefe de polícia (que agora ocupa o lugar do rei), enquanto o ministro está no lugar da rainha, e Dupin, no lugar do ministro. Ou seja, os personagens mudam, mas os lugares não, e o roubo repete-se. Assim entende Lacan o automatismo de repetição e a função do psicanalista (Dupin), à medida que os deslocamentos ficam determinados pelo lugar que um significante – a carta – vem a ocupar no trio. A segunda cena repete a primeira, mas, graças a essa repetição, permite ao analista-Dupin compreender a primeira, não por seus méritos pessoais, e sim porque ocupa o *lugar* do sujeito do inconsciente. Vemos aqui, novamente, que Lacan parte do estruturalismo, concepção da qual mais adiante, em sua obra, tentará desligar-se (a partir do Seminário X sobre a angústia, 1962-1963).

Mais tarde, quando sublinha a materialidade do significante, que não suporta ser partido, afirma que o significante é o símbolo da ausência e da morte, com o que nos dá sua explicação daquilo que Freud situa além do princípio de prazer em 1920: o sujeito segue o desfiladeiro do simbólico e seu próprio ser fica modelado sobre o momento que o percorre na cadeia significante (*Écrits*, p. 30; *Escritos II*, p. 30), de modo que uma linguagem formal o determina. Há um elemento que governa a experiência humana além da vida, que Freud chama de instinto (ou pulsão) de morte e que, para Lacan, é a repetição simbólica, em que se mostra que "L'ordre du symbole ne peut plus être conçu comme constitué par l'homme, mais comme le constituant", ou seja, "a ordem do símbolo já não pode ser concebida como constituída pelo homem, mas como o constituindo" (p. 46). A autonomia do simbólico, dirá depois (p. 52), é a única coisa que permite liberar de seus equívocos a teoria e a prática da associação livre em psicanálise.

A reconhecida influência de Heidegger no pensamento de Lacan é aqui patente e leva-o a uma visão muito peculiar da teoria dualista das pulsões de 1920, com um Freud descarnado de todo referente empírico e com um homem cuja existência é ser para a morte. Lacan crê que, assim, libera Freud de suas limitações e penetra na essência de seu pensamento, embora seja possível que esteja equivocado e mais distante do mestre do que acredita.

O algoritmo lacaniano que sanciona a autonomia do simbólico é, sem dúvida, uma tentativa legítima de aplicar o método axiomático formal da matemática e da lingüística estrutural às descobertas de Freud. Nisso, o mérito de Lacan é grande e inquestionável. No entanto, há muitas formas de entender essa teoria, e uma coisa é propô-la como um modelo metodológico que pode, efetivamente, dar uma explicação da combinatória das associações livres e das relações sutis que Freud foi capaz de desentranhar em um ato falho, um sintoma ou um sonho (e que todos, graças a ele, podem realizar em seu trabalho cotidiano), e outra, muito diferente, é erigir as combinações sintáticas como única fonte da significação. Em alguns momentos, sobretudo na primeira parte de sua obra, Lacan parece querer emancipar a combinatória significante de toda referência às coisas. Desse modo, a semântica e inclusive a pragmática ficam subsumidas na sintaxe. Enquanto modelo, a teoria do significante será aceitável para todos (ou quase todos) os analistas; porém, para muitos, será difícil segui-la quando for proposta como um sistema fechado de elementos interconectados que não admitem nenhuma relação com entidades extralingüísticas.

Em sua versão mais rigorosa, a teoria de Lacan afirma sem rodeios que a relação sintática entre os significantes dá conta da significação, com independência de uma relação semântica com as coisas. Isso é o que pensava Hilbert, da matemática, com sua famosa teoria da definição implícita, segundo a qual os conceitos matemáticos são dependentes do sistema sintático em que, por convenção, são situados. Dentro desse sistema, o significado de cada termo varia em relação com os outros significantes e, é claro, o usuário do sistema – o "sujeito", poderia dizer Lacan – não pode interferir em nada nessa combinatória. Entretanto, como afirma Gregorio Klimovsky (1984, p. 50), "a maioria das linguagens formais da matemática admite interpretações ou modelos não-isomórficos". Em outras palavras, se acrescentarmos a um sistema axiomático um dicionário que atribui um determinado significado a seus termos (excluídos os termos lógicos), obteremos o que se chama de uma *interpretação* do sistema e diremos que essa interpretação configura um *modelo* adequado, se os axiomas tornam-se verdadeiros. Esse modelo, como é óbvio, já não é um sistema sintático, mas semântico. De acordo com esse ponto de vista, a matemática atual tende a resgatar o valor semântico de seus sistemas, busca sua aplicação a algo externo.

Mesmo admitindo o formalismo matemático como método, é necessário dizer que há um trecho muito longo para chegar às ciências fáticas, porque elas não consistem simplesmente em um jogo formal de signos (ou significantes), mas em algo em que há designação e condições de verdade. Uma linguagem científica tem referências semânticas e delas dependem suas condições de verdade e suas propriedades informativas. Quanto a Freud, como mostrou Klimovsky (1989) em sua destacada apresentação ao Congresso Internacional de Roma, é indubitável que ele estava convencido de que havia descoberto coisas e que sua teoria do inconsciente era semântica. É certo que Freud presta muita atenção à combinatória de elementos significantes e, por algum motivo, salienta continuamente a importância dos mecanismos de condensação e sobretudo de deslocamento de um significado a outro, porém nunca põe em dúvida o fato de que o significado provém da relação que o significante tem com coisas que não são significantes.

O esquecimento do nome de Signorelli, que Freud (1901b) analisa magistralmente no primeiro capítulo de *Psicopatologia da vida cotidiana,* ilustra o que dizemos. Ali, é evidente que as associações podem ser consideradas como uma cadeia simbólica significante na qual Freud, como sujeito, fica enredado. Ele não duvida nem por um momento, contudo, que o suicídio de um paciente que lhe importava muito, e de que tinha sabido em Trafoi, era um referente semântico dos conteúdos "morte e sexualidade" e um fator eficaz para a aparição dos significantes Botticelli e Boltraffio (por Signorelli). Para Freud, que sempre entendeu a psicanálise como ciência natural, o significado é algo mais do que a relação entre significantes.

Uma esforçada tentativa de desenvolver a lógica do significante de forma rigorosa é a de Jacques-Alain Miller (1966), a partir das idéias de Frege sobre o número. Frege baseia-se no conceito de verdade de Leibniz, ou seja, de que a verdade é que cada coisa é idêntica a si mesma. Disso decorre que há uma classe de coisas não-idênticas a si mesmas que, de fato, é uma classe vazia, já que não pode haver um objeto subsumido na classe de não-idêntico a si mesmo. Essa classe vazia é o número zero. Desse modo, o conceito da não-identidade a si mesmo está representado pelo número zero, que sutura o discurso lógico. ("C'est l'énoncé décisif que *le concept da non-identité-à-soi est assigné par le nombre zéro* qui suture le discours logique" [p. 46, grifos no original].) Sendo assim, a lógica pode sustentar-se a si mesma, como quer Frege, sem nenhuma referência ao real.

Então, prossegue Miller, o zero inscreve-se em um lugar desenhado pela subsunção, onde o objeto falta: o zero é um branco que torna visível a falta e, ao mesmo tempo, é contado por um (embora o conceito de zero não subsuma, no real, mais que um branco); assim, converte-se no suporte geral da sucessão dos números (p. 47). É necessário que o zero seja um número, que ocupe o lugar suturante da falta, para que o discurso da lógica feche.

A partir dessa complexa exposição matemática, Miller conclui que, se o zero não é mais que o possuidor do lugar suturante da ausência, se o zero deve ser restituído à sucessão dos números, então não há obstáculo para reconhecer a relação que a cadeia significante mantém com o sujeito. O sujeito é, em conclusão, esse objeto do impossível que a lógica conhece como não-idêntico a si mesmo.

A exposição de Miller é, sem dúvida, engenhosa ao homologar o zero à falta e a lógica da aritmética à do significante; porém, quando essas idéias são aplicadas à clínica psicanalítica, nota-se de imediato a distância que vai da lógica do significante ao que ocorre na sessão.

Em "La signification du phallus" (1958b, "A significação do falo"), que leu em alemão no Instituto Max Planck de Munique, em 9 de maio de 1958, Lacan expõe sua teoria do significante com relação ao complexo de castração. A relação do sujeito com o falo estabelece-se independentemente da diferença anatômica dos sexos, já que, nesse artigo, o falo não é um objeto, e muito menos um órgão, mas um significante destinado a significar com sua presença os efeitos de significação. (Mais adiante, essa concepção irá mudar.) À diferença de todos os demais significantes, o falo não tem outra contrapartida senão a falta e essa *falta,* sublinhemo-lo, refere-se não só ao aparelho sexual da mulher, mas também à morte. Nesse ponto, é justo dizê-lo, Lacan segue fielmente Freud, para quem o inconsciente não registra nem o genital da mulher, nem a morte. Se Freud chegou a pensar que a mulher constitui-se a partir da castração (inveja fálica), Lacan dá um passo a mais e afirma que tampouco o homem retira seu sexo de sua conformação biológica. Para ambos, a mulher e o homem, o falo instaura a falta que constitui o desejo e põe em marcha a cadeia desiderativa do significante.

A necessidade do homem desvia-se pelo fato de que fala, já que então fica sujeito à demanda, que retorna a ele alienada. Para Lacan, isso não é o efeito da dependência da criança (biológica, instintiva), mas da conformação significante e de que a mensagem falada é emitida a partir do lugar do Outro (*Leitura estruturalista de Freud*, p. 284; *Écrits*, p. 690). Nisso se distingue o desejo da necessidade e da demanda.

Para Lacan, a demanda refere-se a outra coisa que não a satisfação reclamada, é antes de tudo demanda de uma presença ou ausência, demanda de amor. Tudo o que pode ser concedido fica transmutado pela demanda em prova de amor e, entre a necessidade e a demanda, abre-se a fenda (*Spaltung*) na qual aparece o desejo. Como diz Jinkis (1974, p. 82), o significante deve ser pensado com relação à falta no Outro, que é o fundamento da cadeia simbólica. O sujeito mora em um mundo significante cujo fundamento é a falta.

Por isso, o falo é o significante por excelência, a barra que divide o signo lingüístico, graças ao qual o inconsciente está estruturado como uma linguagem. Tanto o homem quanto a mulher desejam do outro o que lhes falta, e essa falta essencial remete, em última instância, ao falo. O homem deseja encontrar na mulher o falo para superar, assim, seu medo de perdê-lo, e a mulher anseia receber do homem o falo que lhe falta. Só podemos desejar o que nos falta e, no ato de amor, cada um dá ao outro o que não tem. Não devemos esquecer que Lacan mantém, ao longo de sua obra, uma concepção inteiramente narcisista do amor e nada o enfurece mais que o conceito de oblatividade[2] genital que – lamenta – um francês (Laforgue) introduziu no corpo teórico da psicanálise. Essa concepção inteiramente narcisista do amor, segundo a qual o desejo sexual leva a buscar o complemento no outro, Lacan a contrasta com sua polêmica assertiva: a relação sexual não existe, corolário que pode parecer chocante, mas que é uma conseqüência ineludível de sua concepção da vida erótica e do inconsciente estruturados como uma linguagem. Em outras palavras, os significantes dessa linguagem não podem dar conta da relação (no sentido de *ratio*) sexual.

Como dissemos há pouco, Lacan segue de perto o Freud da fase fálica (1923e) e da sexualidade feminina (1931b, 1933a, Conferência nº 33) para quem, na fase fálica infantil, há apenas um órgão sexual, que o menino teme perder e a menina quer ter. Entretanto, a distância que vai da fase fálica à teoria do falo como significante é sem dúvida muito grande e, a meu ver, intransponível. Freud usa o substantivo "falo" para designar o órgão reitor da etapa genital infantil, que para ele (mas não para Jones, Karen Horney ou Melanie Klein) é comum ao menino e à menina, porque ambos se imaginam dotados de um órgão idêntico, que é o pênis no varão e o clitóris na mulher, aos quais convém aquele vocábulo. Enquanto Freud remete essa condição às diferenças anatômicas do homem e da mulher (Freud, 1925j), Lacan afirma apoditicamente no começo de "Die Bedeutung des Phallus" (1958b) que as seqüelas que resultam do complexo de castração no inconsciente masculino e da *Penisneid* no feminino são insolúveis a toda redução a dados biológicos.

O salto que vai da fase fálica de Freud à sexualidade genital do adolescente pode ser compreendido dentro de sua teoria (falocêntrica), embora não seja compartilhada. O salto que Lacan dá para romper toda ligação da sexualidade humana com a biologia é muito mais abrupto, audaz e, em meu entender, não suficientemente fundado. À parte sua insistência em apresentar o falo como significante, Lacan nunca chega a nos explicar em que consiste esse passo que o leva da zoologia à cultura. Às vezes, recorre a referências mitológicas para dar conta dessa função, recordando-nos os mitos paleolíticos em que os monumentos glorificam um falo que já não parece guardar relação alguma com o homem do qual foi membro e, então, o falo é um símbolo como qualquer outro; em certas ocasiões, surpreende-nos com recursos concretos, tais como "ce signifiant est choisi comme le plus saillant de ce qu'on peut attraper dans le réel de la copulation sexuelle" (*Écrits*, p. 692), ou seja, "esse significante é escolhido como o que mais sobressai do que se pode captar no real da copulação sexual" (*Leitura estruturalista de Freud*, p. 286). Nesse caso, o "falo" é simplesmente o pênis, e nem mencionemos quando, na mesma página, recorre à sua turgidez para sustentar seus argumentos, dos quais resulta que o significante fálico não é mais que o pênis rodeado das fantasias inerentes a todo ser humano. As transformações que Lacan oferece nas últimas páginas do trabalho que apresentou no Instituto Max Planck são ilustrativas de como se podem explicar algumas características psicológicas e psicopatológicas do homem e da mulher, do ponto de vista da teoria da fase fálica, mas nada acrescentam, em meu entender, à dignidade do falo como significante. Ao contrário, quando Lacan procura dar conta da impotência do homem e da frigidez da mulher com sua teoria do falo como significante, suas explicações acabam sendo pobres e evocam vivamente o protesto masculino de Adler (1912); o mesmo se pode dizer para a homossexualidade.

Se, como penso, falham os esforços de Lacan para justificar sua teoria do falo como significante primordial, então cabe contrastá-la com outras, o que não está no âmbito deste comentário, e assinalar, ainda que brevemente, seus ingredientes ideológicos. Roberto Speziale-Bagliacca ocupou-se desse tema em seu bem documentado livro *Sulle spalle di Freud* (1982, *Sobre os ombros de Freud*). Esse autor considera que a teoria de Lacan configura a ideologia fálica própria da personalidade autoritária. Speziale-Bagliacca afirma que o falo é pura e simplesmente o pênis em ereção e, remetendo-se ao que diz o próprio Lacan e também aos mitos antigos dos cultos fálicos, sustenta que essa concepção (que do ponto de vista social configura o machismo) está a serviço das defesas maníacas, em uma tentativa de eludir a dependência e evitar a depressão. Para esse autor, a técnica lacaniana (e em especial as sessões de tempo livre) está fortemente influenciada por uma dificuldade de compreender os aspectos continentes do *setting*, que têm a ver com a mãe e com

---

[2] *Oblação*: oferenda e sacrifício que se faz aos deuses – diz o *Diccionario de la lengua española de la Real Academia*.

a função materna do analista, que a genialidade de Freud foi capaz de plasmar nas normas do tratamento. Seguindo Fornari (1981), Speziale-Bagliacca considera que há um código paterno e um código materno, e não somente a Lei do Pai, como diz Lacan.³

Vimos que, para Lacan, o inconsciente é o jogo do significante (*Os quatro conceitos*, p. 137) e recordemos agora que "a transferência é a colocação em ato da realidade do inconsciente" (p. 152). "Le transfert est la mise en acte de la réalité de l' inconscient" (*Les quatre concepts*, p. 133). Como nos ensinou Freud, a realidade do inconsciente é sexual, de modo que na transferência deve inscrever-se o peso da realidade sexual, que corre sob o que sucede no nível do discurso analítico (ibid., p. 161; ibid., p. 142), e essa realidade sexual não é outra coisa senão o desejo.

Nesse ponto de sua reflexão, Lacan afirma terminantemente que o desejo que está em jogo na transferência é o desejo do analista, afirmação esta que coincide com outro articulador indispensável de sua teoria: *o desejo é o desejo do outro*. Ou seja, se o desejo expressa essa realidade sexual que aparece na transferência, que é a colocação em ato da realidade do inconsciente, então o desejo do analista *significa* o desejo do paciente.

Abordaremos o desejo do analista com mais detalhe nos capítulos sobre a contratransferência; porém, digamos por ora que Lacan reporta-se à experiência paradigmática de Breuer com Anna O. (Bertha Pappenheim) para fundamentar uma afirmação que ele mesmo teme que possa deixar estupefata a sua audiência. Afirma, então, que a *chimney-sweeping* ia sobre os trilhos quanto mais significantes dava Anna O. e não havia, em sua fala, nem um traço de sexualidade, até que Breuer a introduz. Para Lacan, inclusive a pseudociese daquela histérica e histórica paciente não é mais que o desejo de Breuer: era ele quem queria ter um filho. E Lacan dá um princípio de prova que parece confirmá-lo plenamente: ao partir para a Itália com sua mulher, em uma espécie de nova lua-de-mel, Breuer a deixa grávida (*Os quatro conceitos,* Cap. XII, parág. 3). Para tornar mais claro seu pensamento, afirma em seguida que Freud – este que, para Lacan, é o que realmente sabe da experiência analítica! – dá a Breuer uma saída elegante, assegurando-lhe que a transferência surge espontânea do inconsciente de Bertha, que o desejo não é de Breuer, mas dela. É desse grande equívoco, em que Freud nega o desejo de Breuer, que surgem os *Estudos* e a própria psicanálise. Devo confessar que, embora não faça aqui mais do que levar a seu ponto mais extremo o que foi dito em sua "Intervenção sobre a transferência" (1951) e em outros escritos, a originalidade e a audácia de Lacan deixam-me, de fato, estupefato.

Vale a pena assinalar, por outro lado, que essa afirmação categórica sobre "o desejo de Breuer" não resiste à prova dos fatos. Lacan apóia-se na versão dada por Jones (1955) da viagem de Breuer com sua esposa, em junho de 1882, após interromper o tratamento de Anna O. (Cap. XI, "O período de Breuer"). No entanto, a cuidadosa investigação de Ellenberger veio mostrar, conclusivamente, que Dora Breuer, último rebento do matrimônio, nasceu em 11 de março de 1882, antes da famosa segunda lua-de-mel de seus pais em junho (Ellenberger, 1970, p. 483; Sulloway, 1979, p. 79-80). Além dessa refutação "empírica" que vem do registro civil, a afirmação de Lacan não parece consistente com sua própria forma de pensar, já que, como diz Ríos (comunicação pessoal), só poderia sustentar-se demostrando que Anna O. não tinha esse desejo, o que é difícil de provar, sobretudo para quem sustenta que o desejo é o desejo do outro. Lacan descarta por completo que fosse Anna O. quem faz Breuer sentir o desejo de engravidá-la (e, por deslocamento, sua esposa).

Se seguimos corretamente o pensamento de Lacan, podemos concluir que em sua teoria a transferência deve ser entendida basicamente como uma transferência de significantes em busca de um desejo que, como tal, não se satisfará jamais. O desejo não é da ordem da necessidade e é impossível satisfazê-lo, porque sempre se vai correr de um ponto a outro. A cadeia de significantes, através de seu deslocamento metonímico, outorga a significação. Por isso, Lacan diz em "L'instance de la lettre dans l' inconscient ou la raison depuis Freud" (1957, "A instância da letra no inconsciente ou a razão desde Freud") que "o significante instala a falta do ser na relação de objeto" (*Leitura estruturalista de Freud,* p. 200; *Écrits,* p. 515). E afirma também, nesse mesmo artigo, que na cadeia do significante o sentido *insiste* (mantém-se, persevera, insta, interpela o sujeito), mas não *consiste,* já que nenhum dos elementos da cadeia leva a uma significação final (ibid., p. 188; ibid., p. 502). É justo destacar aqui a beleza e a precisão com que Lacan é capaz de se expressar.

Com o deslocamento do desejo, com o corrimento metonímico do significante em busca da significação, Lacan pode estabelecer uma nova relação entre transferência e repetição. A repetição não tem seu fundamento na necessidade (compare-se com Lagache, 1951), mas na busca do novo e, nesse sentido, a transferência, em seu nível simbólico, não é uma repetição das coisas do passado, nem sombra dos amores antigos (*Os quatro conceitos,* Cap. XIX, seção 2), e sim, ao contrário, ação do simbólico, um instrumento de acesso ao material inconsciente. Lacan é categórico ao dizer, na seção 2 do Capítulo III do Seminário XI, que o conceito de repetição nada tem a ver com o de transferência, se bem que foi estudando esta que Freud o descobriu.

Creio entender com mais segurança o pensamento de Lacan, neste ponto, no que diz no Capítulo V, "Tyche et automaton", de *Les quatre concepts*, em que, jogando com esses termos aristotélicos, nosso autor recorda-nos o esforço de Freud na procura de encontrar o real por trás do trauma para assegurar, de imediato, que a repetição (*Wiederholung*) não se refere ao retorno de uma necessidade, ma sim que demanda o novo.

Aqui, Lacan retoma o famoso brinquedo do carretel, que Freud descreve no Capítulo II de *Além do princípio de*

---

³ Ahumada (1992) também escreveu recentemente sobre os ingredientes ativos da técnica lacaniana.

prazer (1920g). Como todos lembram, aquele menino de um ano e meio, neto de Freud, lançava o carretel enquanto proferia um "fort" ("se foi") para recolhê-lo depois, com o barbante, até exclamar "da" ("aqui está"). Ao interpretar esse brinquedo, Freud inclina-se a pensar que o menino procura superar o trauma do desaparecimento da mãe, transformando o passivo em ativo; Lacan, porém, sustenta que esse fenômeno é secundário. Para ele, o brinquedo do carretel é, antes, a resposta do sujeito ao que a ausência da mãe provocou, no qual o carretel não representa a mãe, mas uma pequena coisa do sujeito. Esse objeto é o que Lacan chama de objeto *a*. Em outras palavras, o brinquedo do menino simboliza não a repetição de uma necessidade que apelaria para o retorno da mãe, mas a repetição de sua partida como causa de uma *Spaltung* no sujeito, "superada pelo jogo alternativo *fort-da,* que é um *aqui* ou *ali* e que não aponta, em sua alternância, mais que a ser *fort* de um *da* e *da* de um *fort*" (*Os quatro conceitos,* p. 61 e 72). Se não o entendo mal, Lacan quer dizer que o carretel como objeto *a*, resíduo do sujeito no real, é o que representa o significante *fort* para o significante *da*. O brinquedo do carretel *não* expressa a necessidade de que a mãe volte, e sim *repete* sua partida para simbolizá-la. Do mesmo modo, o analista como objeto *a* deve permitir que o significante circule (metonímia significante), deve colocar-se no lugar do sujeito que deixa que um significante o represente (ou o ponha em relação) com outro significante. A ênfase lacaniana na *escuta* é porque ela é entendida como recepção do fluxo de significantes (Max Hernández, 1989, comunicação pessoal). Lacan acredita que se repete *unicamente* para simbolizar, sem levar em conta que se repete *também* para não simbolizar, para não pensar, para não recordar (por exemplo, o vínculo - K de Bion). Não se deve confundir transferência com elaboração.

Em seu interessante ensaio "A transferência", Michel Silvestre (1985) afirma que o significante tem uma virtude curativa, porquanto pode representar o sujeito para outro significante (p. 39), e acrescenta que "a repetição é o motor do simbólico e da lógica do significante" (p. 41). O que o psicanalista deve fazer é deixar que o registro simbólico ocupe o lugar do motor do tratamento e que, desse modo, seja exercido o efeito curativo do significante (p. 42). A inevitável conclusão de Silvestre é que não há mais resistência à análise senão a do próprio analista (como Lacan repete ao longo de sua obra) "à medida que este se opõe à ação do simbólico" (p. 42).

Como se pode ver, essas idéias não remetem mais a um conflito entre o S.S.S. e o Grande Outro, ou entre a ordem do imaginário e a ordem simbólica; ao contrário, elas nos propõem uma confiança plena, para não dizer cega, no desdobramento do significante e em sua potencialidade curativa. Assim, pois, outorga-se ao significante uma qualidade quase humana e pessoal, delega-se a ele a tarefa própria do analista no tratamento, a de vencer as resistências, supondo que, mais cedo ou mais tarde, o significante será capaz de triunfar sobre elas. É o preço – elevado, a meu ver – que paga, enfim, a escola lacaniana por tomar como ponto de referência da teoria e da práxis psicanalíticas a relação do sujeito com o significante.

Agradeço a Gregorio Klimovsky, Carlos Ríos e Julio Moreno por sua indispensável e generosa ajuda para escrever este adendo.

As Formas de Transferência*

Neurose de transferência é um termo bifronte, introduzido por Freud em dois trabalhos perduráveis de 1914. Em "Recordar, repetir e reelaborar", define-o como um conceito *técnico*, assinalando uma modalidade especial do desenvolvimento do tratamento psicanalítico, segundo a qual a doença originária transforma-se em uma nova que se canaliza para o terapeuta e para a terapia. Em "Introdução do narcisismo", ao contrário, neurose de transferência contrapõe-se a neurose narcísica e é, portanto, um conceito *psicopatológico* (ou nosográfico).

ALGUMAS PRECISÕES SOBRE A NEUROSE DE TRANSFERÊNCIA

As duas valências do termo que acabo de destacar em geral não se discriminam, entre outras razões porque o próprio Freud sempre pensou que as neuroses narcísicas careciam de capacidade de transferência e ficavam por isso fora do alcance de seu método.

Se quisermos ser precisos, no entanto, o que Freud afirma em "Recordar, repetir e reelaborar" (1914g) é que, com o começo do tratamento, a doença sofre uma virada notável que a faz cristalizar-se no tratamento. Diz Freud em seu belo ensaio: "E damo-nos conta de que a condição de doente do analisando não pode cessar com o começo de sua análise e que não devemos tratar sua doença como um episódio histórico, mas como um poder atual. Essa condição patológica vai entrando, peça por peça, dentro do horizonte e do campo de ação do tratamento e, enquanto o doente o vivencia como algo real-objetivo e atual, nós temos de realizar o trabalho terapêutico, que, em boa parte, consiste na recondução ao passado" (*AE*, v.12, p. 153).

Adiantando o mesmo conceito, já em 1905 havia dito no epílogo de "Dora": "No curso de um tratamento psicanalítico, a neoformação de sintoma suspende-se (de maneira regular, estamos autorizados a dizer); porém, a produtividade da neurose não se extinguiu, em absoluto, mas afirma-se na criação de um tipo particular de formações de pensamento, na maioria das vezes inconscientes, às quais se pode dar o nome de *transferências*" (*AE*, v.7, p. 101).[1]

Depreende-se claramente dessas citações, em meu entender, que Freud concebe a neurose de transferência como um efeito especial da iniciação do tratamento psicanalítico em que cessa a produção de novos sintomas e surgem, em sua substituição, outros novos que convergem para o analista e seu meio.

Quem melhor definiu a neurose de transferência em sua vertente técnica foi, em minha opinião, Melanie Klein no Simpósio de 1927. Ela assinala com veemência que, se seguirmos o método freudiano de respeitar o *setting* analítico e se respondermos ao material da criança com interpretações, prescindindo de toda medida pedagógica, a situação analítica estabelece-se do mesmo modo (ou melhor) que no adulto e a neurose de transferência, que constitui o âmbito natural de nosso trabalho, desenvolve-se plenamente. Por certo, naquele momento Klein falava de neurose de transferência, pois ainda não sabia que nos anos seguintes, e em boa parte graças a seu próprio esforço, o fenômeno psicótico, em particular, e o narcisismo, em geral, seriam incorporados ao campo operativo do método psicanalítico.

Vale a pena transcrever aqui as afirmações categóricas de Melanie Klein: "Em minha experiência, aparece nas crianças uma plena neurose de transferência, de maneira análoga à que surge nos adultos. Quando analiso crianças, observo que seus sintomas mudam, que se acentuam ou diminuem, de acordo com a situação analítica. Observo nelas a ab-reação de afetos, em estreita conexão com o progresso do trabalho e em relação a mim. Observo que surge angústia e que as reações da criança resolvem-se no terreno analítico. Pais que observam seus filhos cuidadosamente com freqüência me contaram que se surpreenderam ao ver reaparecer hábitos, etc., que tinham desaparecido há muito. Não encontrei crianças que expressem suas reações quando estão em casa da mesma maneira que

---

*Trabalho apresentado no XII Congresso Latino-Americano de Psicanálise do México, em 21 de fevereiro de 1978. Publicado em versão ampliada em *Psicoanálisis*, v.2, n. 2, de onde é transcrito com mínimas modificações.

[1] "It may be safely that during psycho-analytic treatment the formation of new symptoms is invariably stopped. But the productive powers of the neurosis are by no means extinguished; they are occupied in the creation of a special class of mental structures, for the most part unconscious, to wich the name of *transferences* may be given (*Standard Edition* [*SE*], v.7, p. 116).

quando estão comigo: em sua maioria, reservam a descarga para a sessão analítica. Por certo, ocorre que às vezes, quando estão emergindo violentamente afetos muito poderosos, algo da perturbação torna-se chamativo para os que rodeiam a criança, mas isso é apenas temporário e tampouco pode ser evitado na análise de adultos" (*Obras completas*, v.2, p. 148-149).[2]

Assim, pois, os sintomas mudam (diminuem ou aumentam) em relação à situação analítica, os afetos e em especial a ansiedade dirigem-se ao analista, recrudescem velhos sintomas e hábitos, as reações afetivas tendem a se canalizar na análise (e não fora). A neurose de transferência, enfim, define-se como o reconhecimento da presença do analista e do efeito da análise.

Se me for permitido oferecer uma definição concisa da neurose de transferência em seu sentido técnico, eu diria que é o correlato psicopatológico da situação analítica. Quero dizer que a situação analítica estabelece-se quando aparece a neurose de transferência e, vice-versa, quando a neurose de transferência demarca-se da aliança terapêutica, fica constituída a situação analítica.

NEUROSE DE TRANSFERÊNCIA E PARTE SADIA DO EGO

Com isso, chegamos a outro ponto de nossa reflexão. Às vezes se sustenta que, para que se constitua a situação analítica (e coloque-se em marcha o processo), é necessário que exista basicamente, como fato primário, o fenômeno neurótico, tela na qual se podem inserir eventualmente situações psicóticas, perversas, farmacotímicas, psicopáticas, etc. A neurose de transferência não pode estar ausente; se existisse uma psicose pura, não poderia haver análise: deve haver uma neurose que, de alguma maneira, a contenha.

Em "Sobre o início do tratamento" (1913c), Freud assinalou que a fase de abertura da análise caracteriza-se porque o paciente estabelece um vínculo com o médico. Foi um grande mérito dos psicólogos do ego ter desenvolvido uma teoria coerente e sistemática da indispensável presença de uma parte sadia do ego para que possa desenvolver-se o processo analítico. Essa linha de investigação, que parte de Freud, de Sterba (1934) e de Fenichel (1941), passa por Elizabeth R. Zetzel (1956a), Leo Stone (1961), Maxwell Gitelson (1962) e Ralph R. Greenson (1965a), para citar apenas os principais. Esses autores pensam que é inerente à neurose, como entidade clínica, a presença de uma parte sadia do ego, que muitos homologam à área livre de conflito de Hartmann (1939), na qual se assenta a *aliança terapêutica* (Zetzel) ou *de trabalho* (Greenson). Com outro enfoque teórico, Salomón Resnik (1969) prefere falar de *transferência infantil*, que expressa a capacidade de relação do paciente em um nível lúdico. A criança que habita no adulto, diz Resnik, é fonte essencial de comunicação de todo ser humano (1977, p. 167).

No entanto, há dois critérios de analisabilidade: 1) só é analisável a pessoa que desenvolve uma neurose de transferência (em sentido estrito) e 2) é analisável toda pessoa com um núcleo sadio do ego que lhe permita configurar uma aliança terapêutica. São duas coisas distintas: o fato de que no neurótico seja mais forte e mais nítida a parte sadia do ego, não implica que nos demais ela não exista. Não devemos, pois, confundir neurose de transferência com parte sadia do ego.

Esta é outra razão para explicar por que se atribui tanta ênfase à neurose de transferência e por que esse conceito não foi corrigido à luz dos fatos.

NARCISISMO E TRANSFERÊNCIA

Que as neuroses narcísicas de Freud (1914) sejam ou não capazes de transferência é um problema da base empírica, não de definição, como de certo modo propõem alguns psicólogos do ego, por exemplo, Samuel A. Guttman no *Simpósio sobre indicações* do Congresso de Copenhague de 1967.

Se contemplamos retrospectivamente os longos e fecundos anos de trabalho que nos separam de 1914, a conclusão de que as chamadas neuroses narcísicas apresentam indubitáveis fenômenos de transferência impõe-se com vigor a nosso espírito.

Não é o caso de seguir aqui o laborioso desenvolvimento de todas essas investigações. Basta dizer que, afluindo de diferentes campos, confluem primeiro em afirmar a existência de fenômenos de transferência na psicose para visualizar mais tarde a forma peculiar da "neurose" de transferência nos perversos, nos psicopatas e nos toxicômanos, etc. Em todos esses casos, o que mostra invariavelmente a clínica psicanalítica é uma verdade acaciana: a "neurose" de transferência de um psicopata é psicopática; de um perverso, perversa, e assim sucessivamente. Por isso, o título deste capítulo alude às *formas* de transferência.

---

[2] "In my experience a fall transference-neurosis does occur in children in a manner analogous to that in wich it arises with adults. When analysing children I observe that their symptoms change, are accentuated or lessened in accordance with the analytic situation. I observe in them the abreaction of affects in close connection with the progress of the work and in relation to myself. I observe that anxiety arises and that the children's reactions work themselves out on this analytic ground. Parents who watch their children carefully have often told me that they have been surprised to see habits, etc. which had long disappeared, come back again. I have not found that children work off their reactions when they are at home as well as when with me: for the most part they are reserved for abreaction in the analytic hour. Of course it does happen that at times, when very powerful affects are violently emerging, something of the disturbance becomes noticeable to whose with whom the children are associated, but this is only temporary and it cannot be avoided in the analysis of adults either" (*Writings*, 1975, v.I, p. 152).

Para ser mais preciso, deveria dizer que o grande conflito teórico sempre se deu com a psicose, já que as outras entidades clínicas, ou seja, a psicopatia, a farmacotimia e a perversão sempre foram consideradas, na prática, formas de neurose.[3]

Joseph Sandler e colaboradores (1973) falam de "formas especiais" de transferência para se referirem às variedades que não se encaixam na *norma*, isto é, na neurose de transferência e inclinam-se a pensar que o fenômeno psicótico dá colorido à transferência, mas não a conforma. Contudo, apenas se tomamos a neurose de transferência como norma há tipos especiais.

Dissemos que foi no campo da psicose em que se pôde estudar, pela primeira vez, a transferência narcisista.[4] Digamos também que essa descoberta não se impôs subitamente. À parte as avançadas contribuições de Jung à psicologia da demência precoce do começo do século XX e dos trabalhos dos anos de 1940, de Harry Stack Sullivan e seus continuadores, como Frieda Fromm-Reichmann, teve de passar muito tempo para que Rosenfeld (1952a e b) e Searles (1963) falassem abertamente de psicose de transferência. Antes, porém, em 1928, Ruth Mack Brunswick utilizou com propriedade esse termo e expôs claramente sua forma de enfrentar e resolver a psicose de transferência com seu instrumental analítico. Em seu ensaio sobre as indicações da psicanálise, Leo Stone (1954) também introduz concretamente o termo. Mais adiante, Painceira (1979) assinala a passagem inevitável pela psicose de transferência na análise dos pacientes esquizóides.

Nesse ponto, também merece destaque a investigação longa e profunda de Kohut sobre o narcisismo. Em geral, diz Kohut (1971), sempre se assumiu que a existência de relações de objeto exclui o narcisismo, mas a verdade é que muitas das experiências narcisistas mais intensas referem-se a objetos (p. XIV). Como é sabido, esse autor distingue dois tipos de transferência narcisista, a *transferência idealizada* e a *transferência especular*, frente às quais a estratégia do analista deve ser abrir ao paciente o caminho para seu narcisismo infantil, para as necessidades insatisfeitas de sua infância, graças ao desenvolvimento de uma plena *transferência narcisista*. Embora Kohut recorra, em certa medida, ao mesmo modelo que Lacan, o espelho, a atitude técnica é bem diferente. No lugar em que Lacan[5] intervém como o Outro que rompe a fascinação especular do tu e do eu, Kohut abre caminho para que o paciente regresse e repare os danos sofridos por seu *self* no processo de desenvolvimento.

Se repassarmos os trabalhos recém-citados e outros dos mesmos autores, assim como os não menos pioneiros de Hanna Segal (1950, 1954, 1956) e Bion (1954, 1956, 1957), seremos levados a concluir que o fenômeno psicótico aparece alimentado pela transferência e radicalmente vinculado a ela, e não (como pensa Sandler) que a psicose apenas imprime seu colorido à transferência.

Deixando de lado a influência que a opinião de Freud teve em todos os investigadores, se se demorou tanto em compreender (ou em ver) os fenômenos transferenciais da psicose é porque eles correspondem a um modelo distinto, extremo e, embora pareça paradoxal, muito mais imediato e visível. Não é que a transferência não exista, como acreditaram Abraham (1908a) ou Freud (1911c, 1914c): ao contrário, é tão constrangedora que nos assusta e nos envolve por completo. Recordo-me de um exemplo de Frieda Fromm-Reichmann naquele belo trabalho de 1939, "Transference problems in schizophrenics". No final de uma sessão prolongada, em que começa a ceder um quadro de estupor, oferece a seu paciente catatônico um copo de leite, que ele aceita; vai buscá-lo e, quando volta, o paciente atira-o na cara. É de se supor que o paciente não pôde tolerar o fim da sessão, o afastamento da analista (seio). Tão extrema dependência é difícil de compreender como fenômeno transferencial e não simplesmente psicótico. Até mesmo uma analista tão fina e sagaz como Fromm-Reichmann não captou o que acontecia, o pedido de que o alimentasse, de que não se afastasse. (Na realidade, ela poderia talvez ter-lhe dado essa interpretação ou outra semelhante, que era o leite que ele buscava!)

Do exemplo que acabo de lembrar segue-se uma conseqüência geral: se entendermos essas formas não como especiais, mas como a norma da própria transferência, poderemos responder mais adequadamente e encontrar a interpretação correta. No caso de Fromm-Reichmann, o impacto da angústia de separação sobre a contratransferência levou uma analista bastante experimentada a um tipo de realização simbólica, o copo de leite, que o analisando, mais rigoroso que qualquer professor de técnica psicanalítica, rechaçou iradamente.

Uma aproximação aos fenômenos segundo essa proposta coloca-nos mais ao abrigo, creio eu, da atuação contratransferencial.

Em uma paciente homossexual, à qual me referi em outros trabalhos (1970, 1977, 1978), houve um longo período no qual a situação analítica tinha um viés perverso, sadomasoquista. Com o tom irado, provocativo e polêmico próprio da perversão,[6] ela se queixava de que eu a atacava com minhas interpretações, e eu a interpretava no marco da transferência negativa com mais rigor e severidade do que é conveniente, e assim (como se pôde comprovar depois) satisfazia seu masoquismo. Havia, pois, uma relação que não se poderia conceituar senão como perversa da transferência e da contratransferência, e custei a me dar conta do que acontecia; só então pude sair da perver-

---

[3] Hoje, porém, há uma tendência cada vez mais franca de aproximá-las da psicose.
[4] Deveríamos assinalar que o belo ensaio de Freud sobre Leonardo inaugura a fase da relação narcisista de objeto em 1910 e o faz no terreno da perversão.
[5] "Intervention sur le transfert" (1951).

[6] Os trabalhos de Betty Joseph (1971), Clavreul (1966) e os meus, recém-citados, mostram que esta é uma característica da perversão de transferência.

são (sadismo contratransferencial), que mobilizava a paciente nesse momento.

De acordo com esse exemplo, inclino-me a pensar que tampouco devemos conceber a neurose de contratransferência (Racker, 1948) como a norma. Em cada caso, a resposta do analista terá o signo da transferência, um ponto ao qual voltarei no devido momento.

Uma contribuição fundamental ao tema que estamos estudando são os trabalhos de Bion sobre as características da transferência psicótica (ou da parte psicótica da personalidade): lábil, intensa, precoce e tenaz. Se levamos em conta essas condições, podemos captar o fenômeno com rapidez e colocar-nos no centro da transferência. O que desorienta no psicótico é, repitamo-lo, que os fenômenos de transferência sejam tão intensos, tão prematuros, tão rápidos. Lembrem-se daquela paciente de Freud da dromomania que fugiu dele em uma semana, segundo nos diz em "Recordar, repetir e reelaborar". Escutemos Freud uma vez mais: "Posso mencionar, como exemplo extremo, o caso de uma senhora que repetidas vezes, em um estado crepuscular, havia abandonado sua casa e seu marido e fugido para algum lugar, sem que nunca se tornasse consciente para ela um motivo para essa 'evasão'. Iniciou tratamento comigo em uma transferência terna bem definida, acrescentou-a de uma maneira assustadoramente rápida nos primeiros dias e, ao final de uma semana, também se 'evadiu' de mim, antes que eu tivesse tido tempo de lhe dizer algo capaz de impedi-la dessa repetição" (*AE*, v.12, p. 155).[7]

Desse modo, se mudamos o marco conceitual, temos uma dupla vantagem. Por um lado, não se obriga os pacientes a desenvolverem uma neurose de transferência, não se os coloca nesse leito de Procusto (ou divã de Procusto, eu diria) e, por outro, pode-se perceber mais facilmente o essencial. Porque, verdadeiramente, em uma perversão, por exemplo, os fenômenos neuróticos de transferência são sempre adjetivos, quase uma forma de desviar nossa atenção.

Essa abertura leva-nos, inevitavelmente, a rever os modos de interpretar. O conteúdo, a forma e a oportunidade (*timing*) de interpretar mudam conforme o tipo de transferência, porque a interpretação tem muito a ver com as ansiedades que fixam o ponto de urgência. Benito López (1972) diz que a formulação da interpretação exige do analista, em certos casos (neurose de caráter), uma acertada correlação entre "o significante verbal com os aspectos paraverbal e não-verbal da comunicação do paciente"

(p.197) e acrescenta que as maneiras de interpretar variam desde os quadros neuróticos (em que há um mínimo de participação contratransferencial) até a psicose, passando pelos transtornos de caráter.

Enquanto a organização neurótica permite manter as interpretações no nível de nosso modelo habitual de comunicação, as estruturas perversa, psicopática e de adicção – e, mais ainda, a psicótica – tornam necessário um modelo diferente, uma maneira de dizer que nos separa cada vez mais do habitual. Tocamos aqui o atraente campo dos estilos interpretativos, aberto pela investigação de David Liberman (1970-1972, 1976a).

SOBRE A NEUROSE DE CONTRATRANSFERÊNCIA

Espero que o desenvolvimento deste capítulo tenha deixado claro que se propõe uma redefinição da neurose de transferência para tornar esse conceito mais preciso e mais de acordo com os fatos clínicos. Se isso é assim, compreende-se logo que o fecundo conceito de *neurose de contratransferência* de Racker (1948, 1953) deve ser redefinido paralelamente.

Pode-se considerar que o correlato da transferência do paciente é sempre uma *neurose* de contratransferência ou, então, que a contratransferência assume um caráter psicótico, adictivo, perverso ou psicopático, complementar ao da transferência. Por razões teóricas, e especialmente pelo que me ensina a experiência clínica, apóio a segunda alternativa – e suponho que Racker também o fizesse. Penso, pois, que é natural que a resposta do analista tenha o mesmo signo que a transferência do analisando.

No exemplo de páginas anteriores, configurou-se uma perversão de contratransferência que se prolongou por um tempo e só pôde ser resolvida quando aceitei interiormente sua realidade psicológica e pude consecutivamente interpretar.

Creio que isso é inevitável para se chegar a captar plenamente a situação: o analista deve ficar incluído no conflito e, com certeza, deve resgatar-se com a interpretação. O que me levou um tempo certamente muito longo poderia tê-lo feito em um minuto se, na primeira vez em que se deu esse jogo de irada provocação e polêmica latente, eu tivesse notado meu desagrado e um impulso hostil.

Para estudar mais a fundo esse delicado tema, pode-se recorrer aos conceitos de posição e associação contratransferencial de Racker (1953).[8] Apesar de a posição contratransferencial implicar um maior compromisso do analista, posição e associação não devem ser entendidas como fenômenos distintos em sua essência. Quanto mais fluida for a resposta contratransferencial, naturalmente mais fácil será para o analista compreendê-la e superá-la.

Para explicar esse tipo de relação, é também operante o conceito de contra-identificação projetiva de Grinberg

---

[7] Diga-se de passagem que esse exemplo original mostra conclusivamente em que consiste a neurose de transferência para Freud: no que cessa a produção de novos sintomas (a doente já não foge de casa), aparece uma nova ordem de fenômenos referidos ao analista e a seu *setting*, pelos quais a paciente abandona Freud. Para dizer mais, pode-se apreciar aqui que Freud não vacila em colocar como paradigma da "neurose" de transferência um sintoma psicótico, que além disso cumpre as particularidades definidoras de Bion.

---

[8] Estudo VI, seção IV.

(1956, 1963, 1976a). Com esse suporte teórico, temos de concluir que o paciente põe no analista uma parte sua, que será presumivelmente perversa no perverso, ou psicopática no psicopata, etc., e que o analista toma para si essa projeção inevitavelmente, passivamente.

Otto Kernberg (1965) afirma com razão que a reação contratransferencial ocorre como um contínuo em relação à psicopatologia do paciente e vai, assim, desde o pólo neurótico do conflito até o psicótico, de modo que, quanto mais regressivo for o paciente, maior será sua contribuição na reação contratransferencial do analista. E acrescenta que, nos pacientes *borderlines* e em geral nos muito regressivos, o analista tende a experimentar emoções intensas, que têm mais a ver com a transferência violenta e caótica do paciente do que com os problemas específicos de seu passado pessoal.

O fetichista de Betty Joseph (1971) também provocava fenômenos contratransferenciais em sua exímia analista. A perversão de transferência consistia basicamente em colocar nos outros a excitação e ele ficar como um fetiche inerte. Joseph diz em seu trabalho que precisava prestar muita atenção ao tom de sua voz e à sua compostura como analista, porque era muito forte a pressão exercida pelo paciente para que ela se excitasse interpretando. Novamente, está claro aqui o momento de perversão contratransferencial e a forma como, com sua maestria habitual, Betty Joseph resolve-o. Entretanto, a forma como ela o conceitua poderia ser mais precisa se tivesse presente o conceito de perversão de contratransferência. O cuidado de Miss Joseph em não se mostrar excitada na realidade já anuncia na contratransferência a interpretação que ela mesma fará pouco depois, que ele põe a excitação nela e que a sente excitada. Tal interpretação surge, evidentemente, de um momento de excitação (perversa) que o analista sente e transforma em uma interpretação. Creio que é sempre lógico e prudente cuidar-se para não incorrer em erro, mas desejo destacar, nesse ponto, que esse cuidado já adverte o analista sobre o conflito que deve interpretar. Se o analista cede simplesmente a esse cuidado, incorre sem querer na perversão, via recusa da realidade (*Verleugnung*): sente e recusa (ou desmente) ao mesmo tempo a excitação, mecanismo tipicamente perverso. Porém, quando se interpreta, como o faz com presteza e com agudeza Joseph, então se sai da perversão e já não se necessita, na realidade, cuidar-se de nada.

Em um trabalho apresentado nas Terceiras Jornadas Trasandinas de Psicanálise (outubro de 1982), Rapela sustenta, ao contrário, que o fenômeno contratransferencial não depende tanto da forma da transferência, mas da disposição do analista. Inclina-se a pensar que a proposta que faço deveria limitar-se aos casos em que o compromisso contratransferencial é muito notório e persistente.

O AMOR DE TRANSFERÊNCIA

O famoso amor de transferência, de alta linhagem na tradição psicanalítica, pode servir para pôr à prova as idéias deste capítulo. Por amor de transferência, entendemos muitas coisas. Em toda análise, de saída, deve haver momentos de amor, de enamoramento, porquanto o tratamento reproduz as relações de objeto da tríade edípica e é, por isso, inevitável (e saudável) que assim ocorra. Guiard mostrou isso claramente em uma série de importantes trabalhos (1974, 1976) e, pouco depois, também Juan Carlos Suárez (1977). Este autor pensa que, no caso que apresenta, a forte e persistente contratransferência erótica que sobreveio até o final do tratamento foi um fator não somente útil, mas também necessário no processo que culminou na feminilidade de sua paciente.

No entanto, o amor de transferência que mais preocupa a Freud em seu ensaio de 1915, por sua tenacidade irredutível, pela forma súbita com que aparece, por sua intenção destrutiva, pela intolerância à frustração que o acompanha, parece mais ligado a um tipo psicótico do que neurótico de transferência. Os traços clínicos que Freud assinalou em 1915 quase se superpõem aos que Bion descreverá muito depois. Assim, por exemplo, em "Development of schizophrenics thought", Bion (1956) diz que a relação de objeto da personalidade psicótica é precipitada e prematura e a labilidade da transferência mostra um acentuado contraste com a tenacidade com que é mantida. "A relação com o analista é prematura, precipitada e intensamente dependente" (*Second thoughts,* 1967b, p. 37).

Portanto, devemos pensar que há várias formas de amor de transferência e polarmente duas: neurótico e psicótico. Para discriminá-los, fala-se às vezes de transferência erótica e transferência erotizada. Essa diferenciação deve-se a Lionel Blitzsten, que nunca a publicou, mas suas idéias foram recolhidas por outros analistas de Chicago, como Gitelson e Rappaport.

Ernest A. Rappaport apresentou um trabalho importante no Congresso Latino-Americano de Psicanálise, realizado em Buenos Aires em agosto de 1956.[9] Sua comunicação desenvolve as idéias de Blitzsten sobre as causas e as conseqüências da transferência erotizada e sobre como detectá-la a partir do primeiro sonho da análise.

A tese básica de Blitzsten é que, se o analista aparece em pessoa no primeiro sonho, o analisando erotizará violentamente o laço transferencial e sua análise será difícil, quando não impossível. Essa presença no primeiro sonho indica que o analisando é incapaz de discriminar o analista de uma figura significativa de seu passado ou então que o analista, por sua aparência e conduta, realmente se parece com essa figura. Nessas circunstâncias, a análise será erotizada desde o começo. Entende por erotização uma sobrecarga dos componentes eróticos da transferência, que não significa em absoluto uma grande capacidade de amor, mas, ao contrário, uma deficiência libidinal acompanhada de uma grande necessidade de ser amado.

---

[9] Nesse mesmo ano, o trabalho foi publicado na *Revista de Psicoanálisis* e, três anos depois, no *International Journal of Psycho-Analysis*.

Blitzsten diz, segundo a citação de Rappaport: "Em uma situação transferencial, o analista é visto como *se fosse* o pai (ou a mãe), ao passo que na erotização da transferência *é* o pai (ou a mãe)" (1956, p. 240).

Blitzsten conclui que, nesses casos, quando o analista aparece em pessoa no primeiro sonho do analisando, a situação deve ser elaborada imediatamente, ou o paciente deve ser encaminhado a outro analista.

Apesar de não apoiar Blitzsten totalmente nessas precauções técnicas, as idéias deste capítulo coincidem, em princípio, com as dele, na medida em que separa a transferência erótica como fenômeno neurótico do fenômeno psicótico da transferência erotizada. É um fato clínico sempre comprovável que, em uma análise que evolui normalmente (e aqui tomo por norma a neurose), a transferência erótica vai armando-se e desarmando de modo gradual e tende a alcançar seu clímax, como diz Guiard (1976), na etapa final. Nos quadros que Blitzsten estudou, ao contrário, o amor de transferência ou, como ele dizia, a transferência erotizada surge no começo.

Em um trabalho já clássico sobre a posição emocional do analista, Maxwell Gitelson (1952) também havia seguido as idéias de Blitzsten, embora seu ensaio proponha problemas mais amplos, que concernem à teoria da transferência e da contratransferência em geral.

Gitelson afirma que, quando no primeiro sonho do analisando aparece o analista em pessoa, deve-se supor uma grave perturbação e, seguindo Blitzsten, sustenta que tal perturbação pode provir do paciente, por sua escassa capacidade de simbolização, ou do analista, que teria cometido um erro técnico de magnitude, ou então que poderia exibir, por alguma qualidade especial, uma real semelhança com o pai ou com a mãe do paciente.

Das três alternativas que Blitzsten estabelece, a primeira, a grave perturbação do paciente, questiona a indicação em termos de analisabilidade;[10] a segunda, a falha do analista, questiona a ele próprio: deveria aconselhar uma mudança de analista e, eventualmente, a reanálise do analista, a não ser que fosse uma falha casual; a terceira não me parece muito significativa. Não sei se bastaria uma notória semelhança do analista com os genitores para que se condicionasse esse tipo de resposta. Em todo caso, se o condiciona, não creio que chegue a configurar uma contra-indicação desse par analítico especial. A contra-indicação – e com ela a troca de analista – só surge, a meu ver, se o analista comete um erro e/ou se deixa envolver tão gravemente, a ponto de que apareçam esses elementos no primeiro sonho. (Volta aqui um tema muito interessante, o par analítico, que não é o caso discutir agora.) Se tomarmos um exemplo clínico de Rappaport, veremos que o que desqualifica o analista não é que se pareça com a mãe de seu paciente, e sim que seja, como ela, desordenado, desorganizado e sem nenhum *insight* sobre como essas condições podem perturbar os demais. (Refiro-me ao candidato que apresenta um caso em público, em que ele aparece no primeiro sonho do paciente. Quando contou o sonho, com seus apontamentos esparramados pela mesa e alguns no chão, era óbvio para todos, menos para ele, que seu paciente identificava-o com sua desordenada mãe.)

A observação de Blitzsten é interessante, e creio que a aparição do analista em pessoa nos sonhos implica sempre, em qualquer momento da análise e não apenas no início, que há um *fato real* em jogo, seja uma atuação contratransferencial, pequena ou grande, ou simplesmente uma ação real e racional, como, por exemplo, uma informação sobre os aspectos concretos da relação (mudança de horários ou de honorários, por exemplo). Em todos esses casos, é provável que o analista apareça como tal. Esses sonhos implicam que o paciente tem um problema com o analista *real,* e não com a figura simbólica da transferência. Portanto, esse tipo de sonho deve advertir-nos sempre de alguma participação nossa real, que o paciente alude-nos pessoalmente.[11]

Em um trabalho clínico bastante documentado, Bleichmar (1981) pôde seguir a evolução do amor de transferência em uma mulher adulta jovem e ver como foi evoluindo desde os níveis pré-genitais, em que o decisivo era a relação com objetos parciais e com a figura combinada, até as fantasias edípicas genitais, em que os pais já aparecem discriminados e a analisanda mostra-se disposta a enfrentar seus conflitos, preservando o tratamento. Não há contradição entre os dois níveis – conclui Bleichmar – e a tarefa principal do analista consiste em discriminá-los e elaborar a cada instante uma estratégia precisa para decidir qual nível deve ser abordado.

FORMAS CLÍNICAS DA TRANSFERÊNCIA EROTIZADA

Dentro do amor de transferência psicótico ou, para seguir Blitzsten, dentro da transferência erotizada, é evidente que podemos destacar várias formas. A mais típica

---

[10] É evidente que nesses casos falha, por definição, a exigência de Elizabeth R. Zetzel (1956, 1968), isto é, que o futuro analisando seja capaz de separar realidade de fantasia ou, o que dá no mesmo, delimitar a área da neurose de transferência da aliança terapêutica.

[11] Seguindo essa tese, Manuel Galvéz, Silvia Neborak e Sara Zac de Filc apresentaram, no 11º Simpósio da Associação Psicanalítica de Buenos Aires (1979), uma cuidadosa investigação, na qual classificam os sonhos com o analista em dois grandes grupos, segundo a capacidade do paciente de simbolizar. Se o paciente tem um déficit na simbolização, o surgimento de sonhos com o analista, enquanto denuncia esse déficit, implica também um prognóstico reservado. Nos pacientes em que não falha a simbolização, os autores confirmam e precisam a tese inicial, distinguindo quatro eventualidades: a) modificação e/ou alteração do enquadre; b) compromisso contratransferencial importante; c) dados recebidos sobre a pessoa do analista e d) momentos de dificuldades graves, que causam um anseio de encontro com o analista.

é a que expus antes, descrita magistralmente por Freud como tenaz, inusitada e irredutível, sintônica com o ego e que não aceita substituto algum, características nas quais Bion chegou a ver, anos depois, a marca do fenômeno psicótico. São casos em que, como diz Freud, em geral o enamoramento é sintônico e surge precocemente. Neste ponto, poderíamos acrescentar que, quanto mais precocemente apareça, pior o prognóstico.

Outros casos entram naquilo que Racker (1952) chamou acertadamente de *ninfomania de transferência*. Há mulheres que querem seduzir sexualmente o analista, assim como qualquer homem que conhecem: esses casos são formas larvadas ou visíveis de ninfomania e devem ser entendidos como tais.

A ninfomania é um quadro difícil de delimitar, e seu posicionamento taxonômico varia com os acentos que tenha e até mesmo com a perspectiva com que seja encarada. Às vezes, a ninfomania é alimentada por um *delírio erótico* (*erotomania*), uma forma da paranóia de Kraepelin com o mesmo título que o delírio persecutório ou o delírio de ciúmes; outras vezes, pode ser a expressão sintomática de uma *síndrome maníaca*; em outras, por fim, quando a perturbação é mais visível no nível da conduta sexual do que na esfera do pensamento, a ninfomania apresenta-se como uma *perversão* com respeito ao objeto sexual, se quisermos remeter-nos à classificação do *primeiro ensaio* de 1905. Há, também, uma ninfomania que tem todas as características da *psicopatia*, quando a estratégia fundamental da paciente é a inoculação no analista para levá-lo a atuar (Zac, 1968).

Pode haver, pois, formas psicóticas (delirantes e maníacas), formas perversas e formas psicopáticas do vínculo transferencial dentro do chamado amor de transferência. Tive oportunidade de ver em minha prática, há anos, um quadro muito singular, que agora me animaria a classificar, retrospectivamente, como um amor de transferência com todas as características estruturais da *toxicomania*, da *adicção*. Era uma paciente já entrada em anos, distinta, espiritual e culta, que nunca soubera quem foi seu pai. Consultou por um quadro de distimia crônica, intensa e rebelde aos psicofármacos. Pouco tempo depois de iniciar a análise, desenvolveu um intensíssimo amor de transferência, segundo o qual me necessitava como um bálsamo ou um calmante, do qual não podia ficar separada mais do que um certo tempo. O vínculo fortemente erotizado e idealizado com o pênis do pai como fonte de todo bem-estar e sossego (ao mesmo tempo que de todo sofrimento) assumia, através da persistente fantasia de *fellatio*, todas as características da ligação do adicto com sua droga. Apesar de meus esforços e da boa disposição (consciente) da doente, o tratamento terminou em fracasso.

Outras vezes, quando a situação não é tão manifesta, esse tipo adictivo de amor de transferência leva ao *impasse* e à análise interminável, recoberto às vezes de um desejo manifesto de analisar-se "todo o tempo que for necessário".

Em um trabalho interessante, Elsa H. Garzoli (1981) adverte sobre o perigo de adicção do analista frente aos sonhos que lhe subministra o paciente. No caso que apresenta, a analisanda (que exibia claros sintomas de adicção ao leite, ao café e à aspirina, assim como também ao álcool e às anfetaminas) oferecia-lhe, com um tom de voz agradável e vivaz, sonhos realmente fascinantes, às vezes de tonalidade aterrorizante e freqüentemente coloridos, sobretudo em vermelho e azul. A analista começou a notar que, com esses sonhos, a analisanda tinha estabelecido um ritmo estereotipado nas sessões, ao qual ela mesma não era alheia, enquanto se deixava levar mais pelo atrativo dos sonhos do que pelo processo – que, por outro lado, havia-se detido. Como adverte sagazmente a autora, por nossa dependência real do sonho como inegável material privilegiado, via régia para o inconsciente, a armadilha de cair ali em uma atitude de adicção é muito grande.[12]

Em resumo, o amor de transferência é uma fonte inesgotável de conhecimentos, por sua complexidade e pela sutileza dos mecanismos que o animam, ao mesmo tempo que é uma dura prova para o analista, para sua habilidade e para sua técnica. Alguns dos enigmas que surpreendiam Freud estão agora resolvidos ou, pelo menos, mais claros. Racker (1952) apontava para isso quando, comentando o belo trabalho de 1915, dizia que essa grande necessidade de amor que Freud atribuía a essas doentes, *filhas da natureza* que lhe formulavam a pergunta sobre como podiam coexistir o amor e a enfermidade, é mais aparente do que real – são, ao contrário, mulheres que têm muito pouca capacidade de amar (Blitzsten dizia o mesmo) – e que é através do instinto de morte (ou da inveja) que elaboram todo esse sistema de voracidade, insaciabilidade, exigências concretas, labilidade, etc., que muitas vezes leva a análise a seu ponto de ruptura.

Vemos assim como, dentro da nomenclatura geral de amor de transferência (ou de erotização do vínculo transferencial), agrupam-se quadros muito dessemelhantes.

AS TRANSFERÊNCIAS NARCISISTAS (DE KOHUT)

No terceiro item deste capítulo, expusemos algumas idéias sobre narcisismo e transferência; agora, voltamos a esse tópico para abordar a profícua investigação de Heinz Kohut, um vienense que se formou em Chicago e, a partir dali, exerceu uma crescente influência.

Kohut foi inicialmente um *ego psychologist* à maneira de Hartmann, de quem toma a idéia central de que o narcisismo é o investimento do *self* (e não do ego) e de que é conveniente falar de *representação do self* (*self-representation*), assim como se fala de *representação de objeto* (*object-representation*). ("Comments on the psychoanalytic theory of the ego", 1950; "Comentários sobre a teoria psicanalítica do ego", nos *Essays on ego psychology*, p. 127.)

---

[12] Para um enfoque psicanalítico moderno e integral da adicção, ver o livro de Susana Dupetit (1982).

A partir dessa premissa hartmanniana, que por outro lado é a coluna vertebral da investigação de Edith Jacobson (1954b, 1964), que por sua vez inspira Kernberg (1975, 1976a, 1980, 1984), Kohut chega a estabelecer uma nova escola, *a psicologia do self,* que em parte continua e na maior parte diverge da psicologia do ego.

Em sua formulação clássica, a teoria da libido leva a conceber a mente como uma estrutura tripartite (id, ego e superego). Ao contrário, o conceito de *self* de Kohut concebe a mente como conteúdos ou representações, e não como instâncias.

A primeira discrepância de Kohut com o *establishment* da psicologia do ego pode ser situada em seu trabalho sobre a empatia (1959), que comentaremos nos capítulos de contratransferência. Com a empatia como método de investigação, Kohut destaca uma perturbação caracterológica que chamou de *transtorno narcisista da personalidade,* diferente para ele das neuroses clássicas, entre outras razões pelo tipo de transferência que desenvolve e que Kohut chama de *transferência narcisista.* Ao final, em sua investigação[13] Kohut (1977, 1978, 1984) preferiu chamá-la de *transferência com os objetos do self* (*self-object transfere*nce), dando um passo decisivo para uma psicologia do *self* claramente definida.

Já no prólogo de seu livro inicial, *The analysis of the self* (1971, *Análise do self*), Kohut assinala que sempre se assumiu que a existência de relações de objeto exclui o narcisismo; porém, a verdade é que muitas das experiências narcisistas mais intensas referem-se a objetos (ibid., p. XIV; ibid., p. 14).

O eixo da psicologia do *self* é que o narcisismo não constitui somente uma etapa do desenvolvimento da libido a caminho do objeto, mas também um campo independente, que coexiste com o amor objetal por toda a vida. O narcisismo não se define pelo alvo ao qual aponta o investimento instintivo, mas pela natureza e qualidade da carga (ibid., p. 26; ibid., p. 38). Há uma diferença *qualitativa* entre libido objetal e libido narcisista, de modo que o sujeito pode colocar nos outros investimentos narcisistas e até investir a si mesmo com investimentos objetais. Isso implica, sem dúvida, uma imensa mudança doutrinária, que nos remete à sempre viva polêmica entre Freud e Jung nos anos de 1910. Porém, Kohut considera que se trata meramente de uma questão terminológica, já que ele se interessa por estudar a evolução e a dinâmica das configurações narcisistas mais importantes (ibid., p. 27; ibid., p. 38).

Kohut parte manifestamente da concepção clássica do narcisismo primário, segundo a qual a relação de objeto é atingida, transferindo-se ao outro a perfeição narcisista do ego arcaico, como postula Freud em seu ensaio sobre o narcisismo (1914c), e sustenta que são os inevitáveis defeitos do cuidado materno que comovem esse invejável equilíbrio. A criança reconquista, então, a perfeição perdida, estabelecendo os chamados "objetos do *self*", que são o *self grandioso* e a *imago parental idealizada* (ibid., p. 25; ibid., p. 37). Em outras palavras, a libido narcisista não apenas investe o *self,* mas também pode alcançar os outros, que passam a ser *objetos do self,* partes de si mesmo. Como é fácil de imaginar, inicialmente os objetos do *self* são os pais e o *self* constitui-se precisamente a partir desse tipo especial de relação que se dá com eles, como objetos vividos como partes de si mesmo. Em seu documentado livro *A psicanálise depois de Freud* (1989), Norberto e Celia Bleichmar sublinham como uma característica definidora dos objetos do *self,* a de serem *objetos externos* que o analisando (e, em seu tempo, a criança) toma como partes de seu ser. Nada têm a ver, portanto, com os objetos internos dos autores ingleses. Este é um dado importante (que pesará na técnica), porque Kohut não opera com os mecanismos de introjeção e projeção. Já em seu trabalho inaugural de 1959 dizia, referindo-se à transferência nos casos mais regressivos, que o analista não é tela de projeção da estrutura interna, mas a continuação direta de uma realidade primária que não pôde ser convertida em estruturas psicológicas sólidas. "Here the analyst is not the screen for the projection of internal structure (transference), but the direct continuation of an early reality that was too distant, too rejecting, or too unreliable to be transformed into solid psychological structures" (1959, p. 470-471).

Em seus primeiros trabalhos, por exemplo, o que apresentou em Buenos Aires em 1966, Kohut utilizou a expressão "*self* narcisista", seguindo, como outros autores, Hartmann; porém, dado que o *self* está investido com libido narcisista, a expressão "*self* narcisista" é tautológica.[14] Por isso, Kohut prefere "*self* grandioso", de muito maior poder evocativo. Esse *self* grandioso coincide, até certo ponto, com o ego de prazer puro (Freud 1915c) que reconhece como bom somente o que lhe pertence. A contrapartida do *self* grandioso é a *imago parental idealizada,* que termina por incorporar-se à estrutura como superego. Pode-se dizer que o *self* grandioso é o *sujeito* e a imago parental idealizada é o *objeto* da dinâmica narcisista; contudo, Kohut chama invariavelmente o *self* grandioso de "objeto do *self*", o que já é, parece-me, uma contradição mais importante, que se transpõe por fim em seus últimos trabalhos, nos quais esse objeto do *self* chama-se *objeto do self especular* (*mirroring self-object*) (Kohut et al., 1978, p. 414). Talvez valha a pena assinalar que em seu relato ao Congresso Pan-Americano de Buenos Aires, recém-citado, Kohut tenha chamado de "gemelar" aquilo que foi depois a transferência especular. Assinalo essas oscilações porque me parece possível ver nelas o nó górdio dos postulados de Kohut sobre a relação de objeto. Em outras palavras, há momentos em que Kohut, o

---

[13] Heinz Kohut morreu em Chicago, a 8 de outubro de 1981, aos 68 anos.

[14] Não o seria se nos ativéssemos ao que foi dito há pouco, que o *self* pode ser investido por investimentos objetais. Esta não é, por certo, uma contradição importante; porém, eu a destaco porque mostra, em meu entender, uma dificuldade básica do raciocínio kohutiano.

teórico, parece confundir o objeto com o sujeito, assim como, segundo ele, fazem a criança e o paciente.

O certo é que, para Kohut, o *self* tem uma estrutura bipolar derivada dos dois objetos do *self*: o objeto do *self* grandioso, do qual derivam as ambições e as metas, e a imago parental idealizada, que é portadora dos ideais, com uma zona intermediária na qual residem os talentos e as habilidades. O que nos interessa especialmente aqui é que essa estrutura bi (ou tri) polar do *self* oferece a possibilidade de que se configurem *dois* tipos de transferência: idealizadora e especular. *Análise do self* consagra-se basicamente a estudar o tipo especial de relação do *self* da criança com os objetos do *self* e a forma como esses fenômenos manifestam-se na transferência.

Ao tratar as perturbações narcisistas da personalidade, seguindo um itinerário basicamente clínico, Kohut sustenta que, se o analista conserva o lugar que lhe cabe dentro do *setting*, logo se inicia uma regressão terapêutica, própria desse tipo de enfermidades, a qual consiste em que as estruturas narcisistas do *self* grandioso e da imago parental idealizada amalgamem-se com a representação psíquica do analista, configurando-se, assim, a situação transferencial (ibid., p. 29; ibid., p. 40). Simultaneamente, a parte sadia da psique estabelece um vínculo terapêutico com o analista, a partir do qual se poderá trabalhar a transferência. Uma premissa irredutível de Kohut, da qual certamente não discordarei, é que a transferência constitui-se espontaneamente e que o analista não deve nem interferir nela, nem fomentá-la.

Desse modo, as neuroses narcisistas (no sentido de Kohut) passam a integrar, com as neuroses de transferência, o campo das afecções analisáveis, do qual ficam excluídos os estados *borderlines* e as psicoses. Segundo Kohut, nos transtornos narcisistas já existe um *self coesivo* que torna possível a análise, porque o *objeto* narcisista (a imago parental idealizada) e o *sujeito* narcisista (o *self* grandioso) são configurações relativamente estáveis, que podem entrar em união com a representação psíquica do analista para constituir o fenômeno transferencial. Convém assinalar que Kohut entende a transferência com o esquema freudiano de 1900 (e não o de 1895), no qual o analista oferece-se como o suporte pré-consciente em que se assentará a estrutura inconsciente objetal (neurose de transferência) ou narcisista (objetos do *self*). Com isso, fica dito que a diferença essencial entre as neuroses estruturais e os transtornos narcisistas é o tipo de libido, objetal e narcisista, conforme o caso.

Nos pacientes psicóticos e *borderlines*, ao contrário, a regressão é de maior alcance e chega à fase *do self fragmentado*, que corresponde ao que Freud chamou de etapa auto-erótica, em que já não existe a possibilidade de uma aliança terapêutica (ou aliança de trabalho) que torne factível a análise. Esses fragmentos são pré-psicológicos e não podem entrar em um amálgama estável com os conteúdos pré-conscientes, requisito indispensável para que se constitua o fenômeno transferencial.

É somente a partir dos pressupostos teóricos que enunciamos resumidamente que se podem compreender e discutir os dois tipos de transferência narcisista – idealizadora e especular – propostos por Kohut.

Transferência idealizadora

Esse tipo de transferência narcisista provém da reativação terapêutica do objeto onipotente que é a imago parental idealizada, com o que se revive na análise uma fase primitiva do desenvolvimento psíquico. *A transferência idealizadora* ocorre espontaneamente, como resultado da atitude empática do analista, e reproduz o momento em que a psique, exposta à perturbação do equilíbrio psicológico do narcisismo primário, recupera em parte a experiência perdida de perfeição, atribuindo-a a um objeto do *self* rudimentar. Kohut chama esse objeto de "transicional", seguindo Winnicott (1953), talvez porque ocupe um lugar intermediário entre o externo e o interno.

Uma vez que a criança endosse a esse objeto o poder de seu narcisismo primário e converta-o em fonte de toda calma e segurança, compreende-se que seu vínculo com ele se torne essencial: quando esse objeto falhar, ela se sentirá vazia e sem forças.

A libido narcisista idealizadora desempenha um papel significativo no desenvolvimento da criança e nas relações objetais maduras. Amalgamada com a libido objetal, que também carrega os pais, a idealização "... exerts a strong and important influence on the phase-appropiate (re)internalization process and thus on the building up of two permanent core structures of the personality – (a) the neutralizing basic fabric on the psyche, (b) the idealized superego – which are invested with narcissistic instinctual cathexis" (ibid., p. 40); "... exerce uma poderosa e importante influência na construção das duas estruturas nucleares permanentes da personalidade investidas de investimentos instintivas narcisistas: *a*) o sistema neutralizador básico da psique, e *b*) o superego idealizado" (ibid., p. 49-50). Vale a pena esclarecer que, novamente, Kohut pensa aqui no conceito de Hartmann, em sua célebre monografia de 1939 (Capítulo 5), e *não* nos processos de introjeção, como são entendidos a partir de Ferenczi (1909), Freud (1917c), Abraham (1924), Melanie Klein (1932), etc. Hartmann pensa que, nos organismos superiores, a atividade da aprendizagem (*trial activity*) desloca-se para o interior do organismo, isto é, internaliza-se; e, em seu trabalho "Notes on the superego" (1962, "Notas sobre o superego"), escrito em colaboração com Löwenstein, diz que se fala de *internalização* quando as regulações ocorridas na interação com o mundo exterior são substituídas por regulações internas e volta a destacar como exemplo típico a mudança que vai de uma atividade de prova no mundo exterior ao pensamento. Nos casos paradigmáticos, afirmam Hartmann e Löwenstein, é fácil ver a diferença com a identificação. Detive-me nesse ponto porque ele pode esclarecer a maneira como Kohut entende a mudança que o processo analítico provoca.

A retirada dos investimentos instintivos (objetais e narcisistas) das imagos de objeto desempenha um papel importante no processo de formação da estrutura psíquica, que Kohut chama de *internalização trasmutadora* (*transmuting internalization*), cujo suporte são os aparelhos do ego (*ego apparatuses*) em que se baseia a autonomia primária (Hartmann, 1939, Cap. 9). Esse processo é possível porque a idealização que a criança faz de seus pais está aberta à correção, com o que se retira parte da libido das imagos parentais para empregá-la na construção de estruturas destinadas ao controle das pulsões. A decepção edípica, que sobrevém depois, leva à formação do superego, na qual Kohut também distingue a influência da libido narcisista (superego idealizado) e da libido objetal.

Os objetos do *self* são, portanto, objetos arcaicos investidos de libido narcisista que não cumpriram o processo de internalização trasmutadora. Na terapia, são revividos com o analista e formam dois tipos diferentes de transferência, os quais podem ser investigados e elaborados sistematicamente (ibid., p. 52 e 59). Kohut recomenda não confundir os objetos do *self* com os objetos incestuosos da infância, investidos com libido objetal e pertencentes ao âmbito da neurose de transferência; porém, essa diferença, mais fácil de estabelecer nos livros do que no consultório, vai-se perdendo gradualmente na obra de Kohut, como assinalam Eagle (1984) e muitos outros autores.

A transferência idealizadora deve remeter-se a um momento específico do desenvolvimento, em que a relação com o objeto idealizado sofreu uma grave perturbação e interrupção, embora sua gênese deva ser avaliada através dos fenômenos de imbricação (*telescopagem*, "telescoping") de outras experiências análogas, prévias ou ulteriores. Por mais que se empenhe em não cair na armadilha de uma simplificação extrema e sustente a vigência das séries complementares, a verdade é que Kohut pensa que a raiz da patologia do *self* é sempre uma falha empática dos pais, com o que chega a uma posição ambientalista extrema, como a de Winnicott.[15]

É interessante a forma como Kohut maneja a transferência idealizada – e creio que faz aqui uma de suas contribuições mais valiosas. O grande analista de Chicago insiste com toda razão em que, quando se instala a transferência idealizadora, a neutralidade do analista deve consistir em não reprimi-la e adverte que, por motivos convencionais ou teóricos, o analista pode desalentar um processo que surge espontaneamente. Assim como não estimulamos nem sufocamos o amor de transferência, aceitemos com equanimidade e – como diria Kohut – com empatia que o analisando idealize-nos!

Se concordo sem reticências com a atitude de Kohut quando se apresenta a transferência idealizadora, não posso acompanhá-lo na forma como ele a resolve, isto é, interpretando para recuperar a origem genética da perturbação, com o que deriva o problema invariavelmente a uma falha empática dos pais. Desse modo, o que sempre se obtém é que o analista volte a ser idealizado e o paciente fique absolvido de culpa e responsabilidade. Essa crítica coincide, em grande parte, com a de Kernberg (1975, 1984), que diz que há vários tipos de idealização e que Kohut não os discrimina. Às vezes, a idealização é uma defesa contra a agressão; outras vezes, uma formação reativa contra a culpa e, em outros casos, surge da projeção do *self* grandioso, como descreveu Kohut (Kernberg, 1984, *Severe personality disorders*, p. 185; Transtornos graves da personalidade, p.165).

Transferência especular

Assim como, às vezes, a estrutura do *self* nos transtornos narcisistas faz com que o processo analítico organize-se em torno da imago parental idealizada, também pode ocorrer que surja outro tipo de configuração, *a transferência especular*, em que a reativação terapêutica aponta para o *self* grandioso. O analisando revive então sua necessidade infantil por um objeto que o aceite e que o confirme plenamente. Para dizê-lo com mais clareza: naquele caso, a criança tratou de salvar seu narcisismo primário com um objeto idealizado; neste, concentrando a perfeição e o poder em si mesma, afastando-se desdenhosamente de um mundo externo ao qual atribui todas as imperfeições.

O *self* grandioso condensa em si tudo o que é bom, e os demais são apenas o pretexto para mostrar seu exibicionismo e seu poder. Nesse sentido, o analista deve funcionar como um espelho que abre para o analisando o caminho para as necessidades insatisfeitas de sua infância.

Na forma mais madura da transferência especular, "the analyst is most clearly experienced as a separate person" (*The analysis of the self*, p. 115-116; "o analista é vivido mais claramente como uma pessoa distinta", *Análise do self*, p. 114), mas só importa no marco do *self* grandioso terapeuticamente reativado (por regressão). Repete-se aquela fase da infância na qual o brilho (*gleam*) do olho materno reflete como um espelho o desdobrar exibicionista da criança. Para ela, é fundamental que a mãe participe de seu gozo narcisista, pois disso depende sua futura auto-estima. O paralelo entre o que foi (ou devia ser) a mãe e o que é agora o analista é claro e inequívoco: o analista adquire importância em sua função de espelho, na medida em que reflete e confirma o prazer narcisista do analisando, vencendo seu próprio narcisismo, e dá um jeito para que não se lhe reconheça outro valor.

Sempre atento sempre aos riscos a que pode expô-lo sua contratransferência (narcisista), o analista deve compreender que, durante o curso da transferência especular, o analisando necessita que ele reflita empaticamente sua imagem idealizada, que virá a dar coerência ao *self*.

No curso da elaboração da transferência especular, o primeiro objetivo é mobilizar o *self* grandioso e a formação de derivados de impulsos exibicionistas e fantasias grandiosas. O analisando consegue, no final, exprimir abertamente seu desejo de que o analista admire-o ou elogie-o e, em seus sonhos, aparecem elementos mági-

---

[15] Ver "El problema naturaleza/cultura em psicoanálisis", por Celia Leiberman de Bleichmar (1989).

cos que expressam o poder do sonhante, muitas vezes identificado com Deus. O analista deve integrar em suas interpretações o medo do analisando de ser rechaçado por suas fantasias grandiosas, como o foi na infância por seus pais (não -empáticos), e sua atitude permissiva (empática) deve estender-se também ao *acting out*, inevitável em uma determinada etapa da transferência especular.[16]

Desse ponto de vista, compreende-se logo que as interpretações sobre exibicionismo, controle onipotente, megalomania ou inveja, que poderiam ser formuladas por analistas de outras escolas, carecem de empatia e só servem para realimentar o processo patológico.

Talvez valha a pena comparar aqui, por um momento, o espelho de Kohut com o de Lacan (1949). Esses dois grandes investigadores recorrem a um mesmo modelo, mas a teoria subjacente não é a mesma e a atitude técnica é bem diferente. Ali onde Lacan (1951) intervém como o Grande Outro, que rompe a fascinação especular do tu e do eu, Kohut sujeita-se a que o analisando desenvolva plenamente a transferência narcisista, oferecendo-lhe a oportunidade de reparar a falta de empatia de seus pais, que não foram capazes de se colocar no lugar de uma criança que precisava ser admirada. Para Lacan, a relação da criança com a mãe na fase do espelho é imaginária e só pode deixar de sê-lo quando o pai imponha a castração simbólica, que coloca o filho em um terceiro lugar. Kohut considera, ao contrário, que a criança precisa ser admirada pela mãe e não há necessidade de um terceiro para que sobrevenha a internalização trasmutadora que constituirá o *self* nuclear.

Para manter a coerência interna de suas teorias, Kohut forçosamente deve deixar de lado o enorme poder estruturante do complexo de Édipo e da angústia de castração; e, como certamente não ignora que existe um exibicionismo fálico, deve voltar-se ao exame do *self* grandioso *pré-fálico* para dar conta de sua internalização trasmutadora. É óbvio que, nesse ponto, a linha divisória entre as neuroses estruturais e os transtornos narcisistas da personalidade torna-se convencional e aleatória. Como Wallerstein (1985) diz bem ao comentar o livro póstumo de Kohut, a psicologia do *self* chamou nossa atenção para alguns fatos clínicos e teóricos de valor, mas equivoca-se quando pretende erigi-los como a *única* resposta que se pode oferecer aos inúmeros problemas de nossa disciplina. Quando volta ao tema em seu *Forty-two lives in treatment,* um livro realmente importante, Wallerstein (1986) reafirma que a *self-object transference* é uma contribuição valiosa para compreender os fenômenos de transferência e contratransferência, não apenas nas personalidades narcisistas, mas em todas as áreas da clínica psicanalítica; porém, ao mesmo tempo, questiona agudamente que a nova psicologia do *self* necessite assentar sua estrutura teórica em uma dicotomia entre a psicologia do conflito e sua resolução (o destino do Homem Culpável) e a psicologia do déficit e sua restauração (o destino do Homem Trágico). "...The need for the new theoretical structure of self psychology, with its dichotomization between a psychology of conflict and its resolution (the fate of Guilty Man) and a psychology of deficit and its restauration (the fate of Tragic Man)" (ibid., p. 322).

É necessário destacar também que Kohut compreende no *self* grandioso várias estruturas (ou conceitos) que outros autores consideram em separado. Assim, Rosenfeld (1971) distingue um *self infantil* que quer crescer e está mobilizado basicamente pela libido, de um *self narcisista*, que é por definição refratário a todo vínculo de dependência (isto é, de amor) e cujo signo principal é o instinto de morte (ou a inveja). Por sua vez, Kernberg (1984) recrimina Kohut por não distinguir entre sentimentos normais e patológicos de grandiosidade e descuidar a análise da transferência negativa (p. 136). Kernberg considera que o *self* grandioso de Kohut deve ser entendido como *patológico* e somente por meio da análise da transferência positiva e negativa pode converter-se em um *self normal*. O *self* normal, para Kernberg, constitui uma estrutura que integrou componentes carregadas de libido e de agressão, ou seja, que compreende partes boas e más.

Kernberg distingue um narcisismo normal e um narcisismo patológico e sustenta que as características estruturais da personalidade narcisista devem ser compreendidas como a conseqüência de um desenvolvimento patológico do ego e do superego.

Transferência gemelar

Kohut distingue ainda um terceiro tipo de transferência narcisista, a *transferência gemelar* ou *alter ego*. É a que toca a área intermediária, o arco de tensões entre os pólos grandioso e idealizado, que é onde residem os talentos e as habilidades de cada um.

Essa transferência gemelar foi inicialmente considerada por Kohut como uma forma de transferência especular, mas em *Como cura a análise?* (1984) ele a propôs como um tipo especial de transferência com um objeto do *self* também especial, idêntico ao analisando, com o qual se compartilha a companhia e a solidão. Assim como o dano específico do pólo das ambições conduz à transferência especular e o dano específico do pólo dos ideais reativa a transferência idealizadora, quando o que está fortemente afetado é a área intermediária dos talentos e das habilidades, o que se busca é um objeto do *self* que assegure uma experiência de igualdade, cujas qualidades coincidam com as próprias para sentir confirmada a existência de seu ser.

A transferência gemelar, que Kohut terminou por reconhecer como uma forma autóctone, independente das outras duas, recolhe um fato clínico significativo, que foi estudado a partir de outras perspectivas por Bion (1950), Hautmann (1983), Berenstein (1984) e, é claro, por Freud e Otto Rank.

Bion (1950) estudou o fenômeno dos gêmeos e entendeu-o como uma forma especial de dissociação e personificação, em que os olhos (e, em especial, a visão

---

[16] Abordaremos esse tema ao estudar o *acting out*.

binocular) desempenham um papel de primeira importância no teste da realidade e, simultaneamente, na obtenção do *insight*.

Ele pensa que, quando a relação gemelar na transferência não é admitida, fica bloqueado todo acesso ao complexo de Édipo. O analista como gêmeo do analisando coloca-o na condição de ser um *alter ego* que tem de pensar pelo outro. Trata-se de uma relação muito arcaica, que implica negar toda realidade diferente: a impossibilidade de tolerar um objeto que não esteja totalmente sob controle.

Apoiando-se no trabalho de Bion e em sua sugestão de que a relação com um gêmeo deve situar-se presumivelmente em um momento muito precoce do desenvolvimento, Hautmann (1983) considera que o gêmeo representa o outro ego do sujeito, o *self* antes de nascer, equiparando o feto com o gêmeo, isto é, a representação do *self* como unidade dual materno-fetal, antes que se inicie a capacidade de pensar, que é também a capacidade de ver e conhecer.

Na mesma linha de pensamento coloca-se Isidoro Berenstein (1984), para quem a gemelaridade é uma forma especial de vínculo narcisista que corresponde a uma organização mental muito precoce, na qual o objeto cria para si especularmente a imagem do ego ou, ao contrário, o ego erige-se como duplo do objeto. Em vez de organizar o sistema de semelhanças e diferenças em que se desenvolve a relação objetal, há aqui uma defesa que Berenstein chama de "transtorno para o idêntico" e que consiste em despojar sistematicamente o objeto das características que o distinguem do ego. Em outras palavras, quando se vê confrontado com a difícil tarefa de aceitar suas semelhanças e suas diferenças com o objeto, o ego estabelece uma igualdade.

Em coincidência com os outros autores, Berenstein dá importância nesses casos ao olhar e considera que, na origem desse transtorno, encontram-se sempre angústias confusionais que impedem o reconhecimento das diferenças entre eu/não-eu, boca/seio, etc. Para Berenstein, a estrutura dos gêmeos tem duas explicações. Por um lado, é um momento constitutivo que ajuda a encontrar o objeto, por vê-lo como semelhante ao ego, e então tem um sentido libidinal. Outras vezes, predominam as pulsões tanáticas (e um tipo particular de inveja) que tendem a fazer com que desapareçam os traços que constituem o objeto como diferente. Em todo caso, Berenstein pensa, como Bion (1950), que o gêmeo imaginário põe o sujeito ao abrigo da dependência e do desamparo e assinala que, freqüentemente, esses analisandos recebem as interpretações dizendo que pensavam o mesmo.

Todos esses autores concordam com Kohut quanto à importância do fenômeno e à necessidade de detectá-lo e resolvê-lo na transferência, mas não o consideram, como ele, uma detenção do desenvolvimento por falhas específicas dos objetos originários, e sim uma expressão do conflito entre a criança e seu ambiente.

13

Psicose de Transferência

No capítulo anterior, discutimos o conceito de neurose de transferência e sustentamos que é melhor reservá-lo para os fenômenos de natureza estritamente neurótica que aparecem no tratamento psicanalítico, e não para todos os sintomas que, de uma maneira ou de outra, adquirem uma nova expressão na terapia. Essa proposta tende a diferenciar a técnica da psicopatologia, com o que, a meu ver, evita-se mais de um equívoco.

Cabe-nos agora estudar a *psicose de transferência*, isto é, como se reconvertem os sintomas psicóticos durante o tratamento psicanalítico para obter ali seu modo de expressão.

ALGUMAS REFERÊNCIAS HISTÓRICAS

Quando estudamos a forma como foi desenvolvendo-se o conceito de transferência, assinalamos o empenho de Abraham (1908a) para estabelecer as diferenças psicossexuais entre a histeria e a demência precoce. A libido permanece ligada aos objetos na histeria, ao passo que se torna auto-erótica na demência precoce. Incapaz de "transferência", essa libido condiciona e explica a inacessibilidade do doente, sua radical separação do mundo. Seguindo o mesmo esquema, um ano depois Ferenczi propôs uma divisão tripartite dos pacientes, que vai desde o demente precoce, que retira sua libido do mundo externo (de objetos), passa pelo paranóico, que projeta a libido no objeto, e chega finalmente ao neurótico, que introjeta o mundo de objetos. Esses trabalhos serão reformulados por Freud quando, em 1914, introduz o conceito de narcisismo e propõe as duas categorias taxonômicas de neuroses de transferência e neuroses narcisistas.

Embora essa linha de investigação sustentasse que a psicose carece da capacidade de transferência, outros autores pensaram que esses fenômenos existiam e, entre eles, um dos primeiros foi Nunberg (1920), citado por Rosenfeld (1952b), que apresentou suas observações de um paciente catatônico, em que as experiências da enfermidade tinham uma nítida coloração transferencial.

Até onde sei, a primeira vez que surge a expressão *psicose de transferência* é na "Análise de um caso de paranóia", que Ruth Mack Brunswick publicou em 1928 e que comentaremos ao falar da transferência precoce no Capítulo 15.[1]

A partir da década de 1930, o estudo da psicose e da possibilidade de seu tratamento psicanalítico desenvolve-se simultaneamente em Londres (Melanie Klein), nos Estados Unidos (Sullivan) e em Viena (Federn). Esses pensadores não apenas empreenderam o estudo da psicose, como também sustentaram que ela é acompanhada de fenômenos de transferência, por mais difícil que seja detectá-los. No capítulo anterior, estudamos as contribuições de Frieda Fromm-Reichmann e dos discípulos de Melanie Klein para chegar ao conceito de psicose de transferência, que consegue ocupar um lugar próprio no corpo teórico da psicanálise em meados do século XX, e agora veremos com mais detalhe as contribuições de diversos autores.

Um trabalho que merece ser citado entre os precursores é o de Enrique J. Pichon Rivière, "Algumas observações sobre a transferência nos pacientes psicóticos", que ele apresentou na XIV Conferência de Psicanalistas de Língua Francesa, reunida em novembro de 1951.[2] Com um lúcido aproveitamento das idéias kleinianas, Pichon Rivière sustenta que a transferência nos pacientes psicóticos, e em especial no esquizofrênico, deve ser entendida à luz do mecanismo da identificação projetiva. O esquizofrênico afasta-se do mundo em um recuo defensivo de extrema intensidade, mas a relação de objeto conserva-se, e sobre essa base deve ser entendida e interpretada a transferência. A tendência a tomar contato com os outros é intensa, apesar do isolamento defensivo; por isso, a transferência deve ser interpretada, assim como a angústia que determina o afastamento do mundo de objetos.

AS TEORIAS DA PSICOSE E A ABORDAGEM TÉCNICA

Todos os autores concordam que a psicose tem a ver com as fases pré-genitais do desenvolvimento e com os primeiros anos de vida, mas divergem nas explicações teóricas e na abordagem prática.

Com o risco de simplificar excessivamente os problemas, proporei que há duas grandes teorias e duas formas de se conduzir na prática. Quanto às teorias, há os que pensam, como Melanie Klein, que a relação de objeto es-

---

[1] Não se deve esquecer que, nesse mesmo ano, a autora publicou também a análise do surto psicótico do "Homem dos Lobos", que Freud havia-lhe confiado.

[2] Foi publicado na *Revista de Psicoanálisis*, 10 anos depois.

tabelece-se de início e que sem ela não há vida mental, e os que postulam, como Searles, Mahler e Winnicott, que o desenvolvimento parte de um momento em que sujeito e objeto não estão diferenciados e existe, portanto, uma etapa de narcisismo primário. Nos anos de 1920, essa discussão ocorria geograficamente entre Viena e Londres, o que equivale a dizer entre Anna Freud e Melanie Klein; porém, na atualidade, as posições não são tão definidas e há algumas formas de trânsito.

Desses dois enfoques doutrinários seguem-se modos de operar da práxis: a dos autores para os quais a psicose de transferência deve ser interpretada e, através da interpretação, irá modificando-se, e a dos que sustentam que os fenômenos pertencentes ao narcisismo primário não respondem à técnica interpretativa clássica, sendo melhor, então, deixar que se desenvolvam no tratamento, cumprindo etapas não alcançadas no desenvolvimento precoce.[3]

A PSICOSE DE TRANSFERÊNCIA E A TEORIA KLEINIANA

O ponto de partida dessa investigação é a análise de Dick, um menino de 4 anos com um desenvolvimento mental que não ultrapassava os 18 meses e que havia sido diagnosticado como tendo demência precoce.[4] Klein empregou com Dick sua técnica do jogo, interpretando as fantasias sádicas da criança frente ao corpo da mãe e a cena primária, sem outro parâmetro a não ser o de dar o nome de papai, mamãe e Dick aos carrinhos de brinquedo a fim de pôr em marcha a situação analítica. Com base nesse caso, Klein propôs uma nova teoria do símbolo e da psicose, nada menos do que uma técnica para abordá-la com instrumentos estritamente analíticos.[5]

Foram os discípulos de Melanie Klein, e não ela mesma, que nos últimos anos da década de 1940 animaram-se a tratar formalmente pacientes psicóticos, empregando a técnica clássica, isto é, deixando que se desenvolva uma "psicose de transferência" e analisando-a sem parâmetros. Assim como Melanie Klein havia sustentado que na criança, não menos que no neurótico, deve-se interpretar imparcialmente a transferência positiva e negativa sem recorrer, em absoluto, a medidas pedagógicas ou de apoio, a mesma atitude será adotada com o psicótico, sem temer que a análise da agressão possa entorpecer o tratamento ou prejudicar o paciente. Federn havia dito, no entanto, em seu clássico artigo "Psicanálise das psicoses" (1943), que a transferência positiva deve ser mantida pelo analista e nunca dissolvida, se não se quer perder a influência sobre o paciente.[6] É a mesma filosofia proposta por Anna Freud em seu livro sobre a análise de crianças, em 1927, discutida ardorosamente por Melanie Klein no *Simpósio sobre análise infantil* da Sociedade Britânica.

Quando Hanna Segal, Bion e Rosenfeld decidem-se a analisar psicóticos, contam com os utensílios teóricos que Klein havia forjado ao elaborar a teoria das posições e com o valioso conceito de identificação projetiva.

Uma das primeiras contribuições foi o caso Edward, publicado por Segal em 1950, quando ainda não haviam sido registrados casos de esquizofrenia tratados com a técnica psicanalítica clássica. A marcha da análise mostrou que essa abordagem técnica foi operante e foi esse paciente, entre aspas, que permitiu a Segal fazer suas valiosas contribuições à teoria do simbolismo em 1957. As únicas diferenças técnicas introduzidas por Segal foram que a análise iniciou-se no hospital e em casa, e não se pediu ao analisando que se deitasse no divã e associasse livremente. A terapeuta manteve em todo momento a atitude analítica, sem recorrer ao apoio ou a outras medidas psicoterapêuticas, interpretando ao mesmo tempo as defesas e os conteúdos, a transferência positiva e a negativa.

Paralelas às contribuições recém-mencionadas, temos as de Herbert A. Rosenfeld, que publica "Transference-phenomena and transference-analysis in an acute catatonic schizophrenic patient" (1952b), em que, com base em um material clínico bastante ilustrativo, postula que o psicótico desenvolve fenômenos de transferência positiva e negativa, que o analista pode e deve interpretá-los e que o paciente compreenderá e responderá a essas interpretações, às vezes confirmando-as, às vezes corrigindo-as.

Em um trabalho desse mesmo ano, "Notes on the psycho-analysis of the superego conflict in an acute schizophrenic patient" (1952a), Rosenfeld confirma que, se interpretamos os fenômenos transferenciais positivos ou negativos que surgem espontaneamente, evitando estritamente promover uma transferência positiva com apoio direto ou expressões de amor, as manifestações psicóticas ligam-se à relação com o analista e, "da mesma forma que desenvolve-se uma neurose de transferência no neurótico, também na análise dos psicóticos desenvolve-se o que podemos chamar de uma *psicose de transferência*". Como Segal e Bion, Rosenfeld também pensa que o conceito de identificação projetiva abre um novo campo para a compreensão da psicose.

Enquanto Segal estuda o simbolismo na psicose e Rosenfeld depura a técnica de sua abordagem, Bion ocupa-se preferencialmente da linguagem e do pensamento

---

[3] Um estudo crítico e exaustivo da psicose de transferência pode ser encontrado em Wallerstein (1967).
[4] Hoje, sem dúvida, nós o diagnosticaríamos como tendo autismo precoce infantil.
[5] "The importance of symbol-formation in the development of the ego" foi apresentado no Congresso de Oxford, em 1929, e publicado no ano seguinte.
[6] "A transferência é útil na análise dos conflitos que estão na base da psicose, mas o analista nunca deve desfazer uma transferência positiva; o analista perderia, assim, toda a sua influência, já que não pode continuar trabalhando com o psicótico nos períodos de transferência negativa, como pode fazê-lo com os neuróticos" (p. 162-163 da versão castelhana [ver as Referências Bibliográficas ao final da obra]).

esquizofrênico, caracterizando a transferência – como já vimos – como prematura, precipitada e de intensa dependência. Esses estudos irão conduzi-lo a diferenciar na personalidade duas partes, psicótica e não-psicótica, e a propor uma teoria do pensamento.

SIMBIOSE E TRANSFERÊNCIA

Enquanto Mahler aprofunda sua rigorosa e lúcida investigação sobre o desenvolvimento infantil, a psicose da infância e o processo de separação-individuação, Harold F. Searles trabalha no Chestnut Lodge, seguindo a tradição de Frieda Fromm-Reichmann. Searles é não apenas um grande analista, mas também um observador sagaz e um teórico criativo e cuidadoso.

Searles (1963) aceita plenamente o conceito de psicose de transferência proposto por Rosenfeld (1952a e b) ou de transferência delirante de Margaret Little (1958) e assinala que não é fácil descobri-la no material do paciente por muitas razões, entre elas porque a vida cotidiana do psicótico consiste, de fato, nesse tipo de reações. A psicose de transferência não se torna patente porque o funcionamento do ego psicótico sofre um sério prejuízo na capacidade de diferenciar a fantasia da realidade e o presente do passado, características definidoras do fenômeno transferencial. Quando Searles sugeriu a uma mulher com esquizofrenia paranóide que ela achava muito semelhantes as pessoas no hospital – e ele entre elas – às de sua infância, ela lhe contestou, com impaciência, que qual era a diferença? Falta, então, a distância psicológica que nos torna possível discriminar o objeto originário e a réplica.[7]

A transferência expressa uma organização egóica bastante primitiva que remonta aos primeiros meses de vida, quando o lactante relaciona-se com objetos parciais que não chega a discriminar do *self*, enquanto o neurótico relaciona-se com objetos totais e em uma relação triangular. Essa situação corresponde aos mecanismos esquizóides de Melanie Klein e ao que Searles prefere chamar, como Mahler (1967), de *fase simbiótica*. A transferência que se remete a essa fase não ocorre apenas com objetos parciais, mas também com as partes do *self* que se relacionam com eles e, para complicar mais as coisas, esses dois tipos de transferência alternam-se rapidamente.

A partir de sua experiência clínica, que coincide com a investigação de Mahler (1967, etc.), Searles distingue cinco fases evolutivas na psicoterapia da esquizofrenia crônica, a saber: fase fora de contato, fase de simbiose ambivalente, fase de simbiose pré-ambivalente, fase de resolução da simbiose e fase tardia de individuação.

Searles pensa que a etiologia da esquizofrenia deve ser buscada em uma falha da simbiose mãe-criança, ou ainda antes, se essa simbiose não chega a se formar pela excessiva ambivalência da mãe, e sustenta que uma transferência de tipo simbiótico é uma fase necessária em toda análise e muito mais para o caso do psicótico.

A *fase sem contato* corresponde à etapa autística de Mahler (1952), em que se origina a psicose homônima. São as crianças que nunca chegaram a participar de uma relação simbiótica com a mãe. O fenômeno transferencial existe, porém, quando o analista fica de fato identificado errônea e bizarramente com um objeto do passado. Aqui é onde mais se aplica o conceito de transferência delirante de Little, e o maior problema da contratransferência é sentir-se persistente e radicalmente ignorado. A contrapartida da transferência delirante é que o próprio paciente sinta-se erroneamente identificado com as outras pessoas. Nesse contexto, pela lógica, o analisando sente que o analista não está falando a ele mesmo, mas ao outro.

Durante essa fase, que pode estender-se por meses ou anos, o paciente e o terapeuta não chegam a estabelecer uma relação afetiva mútua, e o mais aconselhável para o analista é manter uma atitude serena e neutral, sem pretender aliviar apressadamente o sofrimento do paciente, como costuma fazer o analista novato. O psicanalista mais experimentado não se cansa tentando compreender o silêncio de seu paciente e, antes disso, deixa que seus próprios pensamentos sigam seu curso, quando não folheia um jornal ou lê algum artigo que lhe interessa.

À medida que analista e paciente começam a entrar em contato, inicia-se a segunda etapa do tratamento, *a fase da simbiose ambivalente*. O silêncio e a ambigüidade da comunicação foram debilitando os limites do ego do paciente e do analista, e os mecanismos de projeção e introjeção por parte de ambos operam com grande intensidade, emprestando uma base de realidade à transferência simbiótica, que nesse período se caracteriza por uma forte ambivalência. O analista percebe-o na comunicação verbal e não-verbal do paciente, não menos que em sua contratransferência, que flutua rapidamente do ódio ao amor, do apreço ao rechaço.

Uma característica dessa etapa é que a relação com o paciente adquire uma importância excessiva e absorvente para o analista, que sente perigar suas relações dentro do hospital e até no seio de sua família. A hostilidade alcança um grau muito alto, e o decisivo dessa etapa é justamente que analista e analisando comprovem que sobrevivem ao ódio do outro e de si mesmo, assumindo alternativamente o papel de mãe má.

Então, começa a se instalar insensivelmente *a fase da simbiose pré-ambivalente* (ou simbiose total) em que o analista começa a aceitar seu papel de mãe boa para o paciente e, reciprocamente, sua dependência infantil diante o paciente, que para ele também é a mãe boa. Os sentimentos não são agora predominantemente sexuais, porém mais de tipo maternal. É necessário, diz Searles, que analista e paciente depositem no outro a confiança da criança pequena que há em cada um. Essa fase da terapia reproduz uma experiência infantil feliz com uma mãe boa de forma concreta na relação com o terapeuta. Alcançada a etapa do amor pré-ambivalente, já não existe o medo de perder a individualidade e surge uma atividade lúdica

---

[7] Pode-se encontrar o mesmo conceito no artigo de Fromm-Reichmann, "Transference problems in schizophrenics" (1939).

gozosa entre analista e paciente, que trocam seus lugares sem temor e exploram sutilmente todos os campos da experiência psicológica.

Segue-se depois *a fase da resolução da simbiose*, na qual voltam a surgir as necessidades individuais de ambos os participantes. O analista começa a delegar ao paciente a responsabilidade de curar-se ou a decisão de continuar por toda a vida em um hospital psiquiátrico. Aqui, é decisivo que a contratransferência do analista não o faça temer pelo futuro do paciente e por seu próprio prestígio profissional, bem como compreenda que a última palavra será sempre verdadeiramente da responsabilidade do paciente. Nesse momento, costumam intervir os familiares e os membros da equipe terapêutica para evitar que o paciente converta-se em uma pessoa separada, pois com isso eles perderiam a gratificação de uma relação simbiótica.

A *etapa final* do tratamento, *a individuação*, é atingida quando se resolveu a simbiose terapêutica. Essa etapa sempre se prolonga por um longo tempo, enquanto o paciente vai estabelecendo relações de objeto genuínas e enfrenta os problemas próprios da análise do neurótico.

A agudeza clínica de Searles, sua capacidade de captar os matizes mais delicados da relação com o paciente e transmiti-los ao leitor não nos devem fazer esquecer a distância que há entre seu método e o tratamento padrão, que ele certamente não ignora, e a pouca confiança que dispensa à interpretação. Searles crê firmemente que basta viver plenamente primeiro e gozosamente depois a simbiose para que, sem palavras, o paciente evolua e mude. Pensa, efetivamente, que o destino do paciente psicótico em análise consiste em poder reproduzir na transferência a relação simbiótica, e isso se consegue por meio de um vínculo não-verbal, em que raras vezes chega o momento para fazer interpretações transferenciais. Searles inclina-se a pensar que os analistas que, como Rosenfeld, tendem a dar ao analisando interpretações verbais da psicose de transferência sucumbem a uma resistência inconsciente: evitam enfrentar o período de simbiose terapêutica. Recorrer às interpretações verbalizadas antes que se tenha atravessado com bom êxito a fase simbiótica da transferência é claramente um erro: equivale a que o analista empregue a interpretação transferencial como um escudo que o protege do grau de intimidade psicológica que lhe reivindica o paciente, do mesmo modo que o paciente utiliza sua transferência delirante para não experimentar a plena realidade do analista como pessoa presente.

Os riscos que Searles aponta são muito certos, mas tampouco são evitados abstendo-se de interpretar; e, por outro lado, a atitude de não fazê-lo pode ser igualmente um escudo para os conflitos de contratransferência.

Searles oferece-nos generosamente em seus trabalhos ricas ilustrações clínicas de sua forma de trabalhar, que o pintam invariavelmente como um analista sagaz, profundo e comprometido. Se me atrevesse a opinar sobre a base do que ele nos mostra, diria que Searles preocupa-se em geral mais pelo bem-estar do paciente, em não feri-lo e em mostrar-lhe sua simpatia, do que por interpretar o que lhe acontece.

Creio que vale a pena mencionar agora um outro grande investigador da psicose, Peter L. Giovacchini, que trabalhou sobre o tema muitíssimos anos e, como Searles, com a transferência simbiótica como principal instrumento. Entretanto, Giovacchini acredita que o decisivo no destino da simbiose terapêutica é justamente que o analista a interprete, como diz em todos os seus trabalhos e muito especialmente em "The symbiotic phase" (1972b).

AS CONTRIBUIÇÕES DE DAVID ROSENFELD

Na década de 1990, David Rosenfeld realizou contribuições importantes para o tema da psicose de transferência. Rosenfeld apóia-se em diversas fontes: os estudos de Hanna Segal, Herbert Rosenfeld e Bion, da escola kleiniana; as propostas de Winnicott sobre a regressão à dependência e os estudos de autores norte-americanos, como Searles, Frieda Fromm-Reichmann, Peter L. Giovacchini e L. Bryce Boyer.

David Rosenfeld aceita resolutamente a existência de uma psicose de transferência, ou seja, que nas psicoses há fenômenos transferenciais, que também se encontram nos pacientes limítrofes e nos gravemente perturbados ou em notório estado de regressão. A todos eles Rosenfeld aplica o termo de psicose de transferência, apesar de pensar que, conforme o predomínio dos sintomas clínicos, às vezes é mais aplicável a idéia de transferência delirante, regressiva, primitiva e outras.

O denominador comum de todos esses quadros, diz Rosenfeld, são as vivências transferenciais intensas e primitivas que se encontram na sessão psicanalítica. Os traços definidores da psicose de transferência são a ruptura do contato com a realidade, que Freud já assinalara (1924b, etc.), e o fato de que o paciente esteja totalmente convencido do que pensa e sente, ao que Rosenfeld dá muita importância. Disso decorre que certos autores, como Margaret Little (1958), falem de transferência delirante.

Como já vimos, neste capítulo e no anterior, Bion descreve a transferência no psicótico como prematura, precipitada e de intensa dependência. David Rosenfeld (1992, 1999) questiona essa afirmação tanto clínica quanto teoricamente. A partir de sua longa experiência clínica, destaca que a transferência psicótica nem sempre se apresenta com essas características. Ao contrário, às vezes se leva muito tempo para detectá-la e senti-la em carne viva. Do ponto de vista teórico ou metodológico, David Rosenfeld sustenta que as características propostas por Bion dependem da contratransferência, que faz o analista perceber dessa forma o fenômeno transferencial. Afirma que a psicose de transferência nem sempre é exuberante e florida, mas antes silenciosa. Esse autor faz uma contribuição original a esse tema quando descreve a *transferência silenciosa*, que encobre total e persistentemente a psicose. A transferência silenciosa é sempre alimentada por um delírio latente e, nesse sentido, deve ser diferenciada do silêncio histérico ou esquizóide ou da simples resistência a falar.

David Rosenfeld considera que os aspectos mais regressivos e arcaicos da personalidade (e que configuram a psicose de transferência) não podem ser reconhecidos diretamente. Portanto, epistemologicamente, o conceito de psicose de transferência é um modelo útil para descrever uma variedade de fenômenos que têm características vivenciais e emocionais muito intensas, as quais são indiferenciadas e primitivas e baseiam-se em objetos parciais. Esses fenômenos só podem ser compreendidos e decodificados a partir da contratransferência. O paciente psicótico, conclui Rosenfeld, nos faz viver e sentir o que nunca pôde pôr em palavras ou em conceitos. O analista deve estar preparado para receber essas mensagens, para senti-las e decodificá-las, e só depois de tê-las pensado com tranqüilidade terá chegado ao momento de interpretá-las.

Um aspecto importante da psicose de transferência é o que Rosenfeld chama de *esquema corporal primitivo psicótico* (1982, 1992). O esquema corporal psicótico tem características especiais porque, perdida a idéia de uma pele continente, a vivência do paciente é que seu corpo é fluido, sem qualidade nem diferenciação, dentro de uma membrana frágil que não consegue contê-lo. Esse esquema corporal, em seus extremos mais graves, encontra-se no surto esquizofrênico e em algumas doenças psicossomáticas. O surgimento desse tipo de esquema corporal é também uma advertência frente à possibilidade de suicídio ou acidentes. Em especial, com pacientes toxicômanos que se injetam drogas endovenosas ou com os que deliram com infecções no sangue ou líquidos vitais e cortam-se para retirar o perseguidor, mas ao custo de uma hemorragia mortal. Essa imagem corporal também predomina em colites ulcerativas e em psicoses pós-cirúrgicas de grande porte (transplantes cardíacos).

A TRANSFERÊNCIA NO PACIENTE *BORDERLINE*

O termo *borderline* pode ser rastreado até a psiquiatria do século XIX e a ele ficam ligadas, no século XX, a esquizofrenia latente de Bleuler (1911) e a esquizoidia e a cicloidia de Kretschmer, para citar apenas os principais. Sempre se aceitou que há casos intermediários entre a neurose e a psicose; porém, só nas últimas décadas, e graças principalmente aos psicanalistas dos Estados Unidos, pôde-se chegar a defini-los como entidade clínica. Essa doença singular (ou síndrome), que por definição está em uma fronteira, certamente não é fácil de delimitar e sua amplitude varia com o critério de quem a estuda. Os autores que reivindicam a autonomia do *borderline* indicam que a mistura de sintomas neuróticos e psicóticos produz um quadro particular e estável – estável em sua instabilidade – que não se deve entender como um mero lugar de passagem.

Muitos psicanalistas ocuparam-se de casos em que a fachada neurótica encobria transtornos mais graves, mas parece que foi Adolph Stern que introduziu em 1938 o termo que haveria de fazer fortuna. Seu trabalho refere-se a pacientes que não se encaixam nas categorias de neurose e psicose e apresentam características clínicas particulares, assim como uma forma especial de transferência, na qual predomina o narcisismo e estabelece-se uma relação de extrema dependência, acompanhada por fortes fenômenos de idealização, que por si sós falam de um sentido perturbado de realidade. Esse tipo especial de transferência impõe modificar a técnica, já que se torna irrecusável uma atitude de apoio, ao menos como fase prévia. A intensidade da dependência transferencial, prossegue Stern, obriga a ocupar-se constantemente dela, sem dar muito espaço para as interpretações histórico-genéticas, uma característica que Kernberg retoma depois.

O trabalho de Stern não chega a distinguir claramente a nova entidade e, nesse sentido, a contribuição de Robert P. Knight é relevante, porque estuda detidamente sua clínica, chamando a atenção sobre os problemas diagnósticos, psicopatológicos e terapêuticos. Pode-se dizer, então, que seu trabalho duradouro, "Borderline states", lido em Atlantic City em 12 de maio de 1952 e publicado no ano seguinte no *Bulletin of the Menninger Clinic*, constitui o nascimento da nova entidade.

Do ponto de vista psicodinâmico, o *borderline* caracteriza-se para Knight pela debilidade de certas funções egóicas, como a integração, a formação de conceitos e o juízo; outras, porém, mantêm-se, como a adaptação (convencional) à realidade, o que marca a diferença em relação ao psicótico.

Knight voltou ao tema no ano seguinte, mostrando-se mais cauteloso ou pessimista, já que fala do "paciente esquizofrênico *borderline*", com o que, a meu juízo, delimita notavelmente o campo: se o *borderline* é um esquizofrênico (*mitis**, pseudoneurótico ou o que for), já não constitui uma entidade clínica. Talvez por influência de Knight, os analistas dos Estados Unidos e da Inglaterra ligam os quadros *borderlines* à esquizofrenia e às personalidades esquizóides; outros autores, no entanto, consideram que há também *borderlines* aparentados com a psicose maníaco-depressiva, como diz Paz em sua atualização de 1964. Quem mais estudou esse ponto foi, sem dúvida, Jean Bergeret. Em "Les états-limites et leurs aménagements" (1972, "Os estados-limites e seu manejo"), Bergeret sustenta que o *borderline* não alcança o plano genital da evolução da libido, e sim se mantém no nível da dependência anaclítica, a partir de onde se defende basicamente da depressão. Nessa linha de pensamento, Grinberg (1977c) distingue dois tipos de *borderlines*, esquizóides e melancolóides, e López (1987) estuda em profundidade os mecanismos maníacos desse tipo de pacientes.

Graças ao esforço de muitos autores, dentre os quais se destaca Otto F. Kernberg, o *borderline* não é mais a colcha de retalhos na qual vão parar os casos de diagnóstico difícil ou impreciso, mas uma entidade clínica com direito próprio. Para assinalar essa individualidade, para subli-

---

*N. de T. *Psicosis mitis*: termo introduzido por F. Marco Merenciano para descrever os pacientes *borderlines*.

nhar que se trata de algo específico e estável, Kernberg (1967) prefere falar, justamente, de *organização borderline da personalidade* e assim se intitula seu primeiro trabalho sobre o tema.[8] Também Carlos Alberto Paz, um dos mais destacados investigadores dessa área, fala de *estruturas e estados borderlines* (Paz, Pelento e Olmos de Paz, 1976, 1977) para destacar o aspecto estrutural do transtorno.

A organização *borderline* da personalidade diferencia-se mais facilmente da psicose do que da neurose. Kernberg aponta como sintomas importantes a ansiedade crônica e difusa, a neurose polissintomática (fobias múltiplas, sintomas obsessivos que tendem a se tornar egossintônicos, estados crepusculares, tendências paranóides e hipocondríacas) e as inclinações sexuais perverso-polimorfas. Também devem fazer pensar em uma organização *borderline* da personalidade os indivíduos de fortes traços paranóides, esquizóides ou hipomaníacos e os que apresentam tendências toxicomaníacas ou traços impulsivos do caráter. Os autores estão de acordo em afirmar que a raiva é o afeto proeminente do *borderline*.

Quanto à análise estrutural, é característica a labilidade egóica, que se nota na falta de tolerância à ansiedade, no descontrole dos impulsos e no desenvolvimento insuficiente da sublimação. A isso se acrescentam o predomínio do processo primário, sem que apareça uma alteração formal do pensamento, e as operações defensivas arcaicas, que giram em torno da clivagem do ego e compreendem a idealização, a identificação projetiva, a negação (*denial*) e a onipotência. Esses mecanismos têm a ver com as relações objetais internalizadas, estudadas por Kernberg em seu "Structural derivatives of object relationships" (1966, "Derivados estruturais das relações objetais").

O minucioso ensaio de 1967 termina com uma análise genético-dinâmica da organização *borderline* da personalidade, em que se salienta a importância da agressão pré-genital, em íntima conexão com o conflito edípico precoce (como assinalou Melanie Klein desde seus primeiros trabalhos).

Um ano depois, Kernberg (1968) ocupa-se do tratamento dos pacientes com organização *borderline* da personalidade e passa em revista um amplo espectro de proposições.[9]

Nos dois trabalhos de Knight (1953a e b), afirmava-se que o *borderline* não se adapta ao tratamento psicanalítico, porque seu ego sumamente lábil fica exposto a desmoronar, frente à regressão natural e inevitável que o tratamento clássico promove. Knight inclinava-se, então, a tratar esses pacientes com uma psicoterapia de apoio de inspiração analítica, buscando restaurar as forças perdidas do ego. Somente se isso é alcançado fica aberto o caminho para um tratamento psicanalítico em regra. Também Paul Federn, em seus "Principles of psychotherapy in latent schizophrenia" (1947, "Princípios psicoterapêuticos na esquizofrenia latente"), desaconselha a psicanálise e propõe uma psicoterapia que respeite a transferência positiva, recomendando energicamente não "curar" esses pacientes de sua neurose para não converter a psicose latente em manifesta.

Há os que pensam, com mais otimismo, que o tratamento psicanalítico é possível usando-se parâmetros, ao passo que outros autores, como Winnicott (1958), Paz (1969), Grinberg (1977c), Rosenfeld (1978, 1987), Painceira (1979, 1987, 1989) e López (1987), consideram que o paciente *borderline* é acessível ao tratamento psicanalítico clássico, embora não duvidem nem por um momento de que haverá problemas muito mais difíceis do que os do neurótico comum ou padrão. Alguns desses autores aplicam a técnica clássica, enquanto outros empregam, em maior ou menor grau, parâmetros. Margaret Little (1966), por exemplo, considera que há áreas nas quais as palavras não bastam, sendo necessário proporcionar ao analisando um determinado contato corporal.

Eqüidistante de todas essas posições, Kernberg pronuncia-se a favor de uma forma especial de psicoterapia psicanalítica modificada. Ele pensa (como Knight e Frosch, 1988a e b) que os pacientes *borderlines* não toleram a regressão que ocorre na análise, porque seu ego é muito fraco e tende a desenvolver uma psicose de transferência e a recorrer ao *acting out*; contudo, tampouco julga útil a psicoterapia de apoio, que em geral leva a uma perigosa dissociação da transferência negativa, que se atua com outras pessoas, enquanto a relação analítica torna-se superficial e vazia. Disso decorre que o *borderline* deva ser tratado com uma forma especial de análise, apoiada em diversos parâmetros técnicos, ou simplesmente com uma psicoterapia psicanalítica modificada, na qual, mais que falar de parâmetros, é preferível falar pura e simplesmente de modificações técnicas (1968, p. 601). Entre as modificações técnicas porpostas por Kernberg, está o ritmo de três sessões frente a frente, a elaboração sistemática da transferência negativa, sem tentar sua reconstrução genética (lembrem-se de Stern), e a "deflexão" da transferência negativa fora da interação terapêutica, mediante o exame sistemático das relações do paciente com os demais, a estruturação de uma situação terapêutica que possa conter o *acting out*, estabelecendo limites estritos para a agressão não-verbal que será admitida durante as sessões e utilizando os fatores do ambiente que possam promover uma melhor organização da vida do paciente e do tratamento. Por outro lado, Kernberg declara-se partidário de utilizar a transferência positiva enquanto mantiver a aliança de trabalho, sem tocar decisivamente nas defesas que poderiam fazê-la cambalear.

Ao terminar seu importante trabalho de 1968, Kernberg resume seu enfoque terapêutico nestes termos: "Essa forma particular de psicoterapia expressiva de orientação psicanalítica é uma abordagem terapêutica que se diferencia da psicanálise clássica pelo fato de não permitir o desenvolvimento total da neurose de transferência, nem

---

[8] "Borderline personality organization" foi publicado no *Journal of the American Psychoanalytic Association* e incluído em *Borderline conditions and pathological narcissism* (1975) como Capítulo 1.
[9] Com algumas modificações, esse trabalho será o Capítulo 3 de *Borderline conditions and pathological narcissism* (1975).

se valer apenas da interpretação para resolver a transferência" (p. 616, tradução pessoal).

Para Kernberg (1982), o que caracteriza o paciente *borderline* é: 1) a desfusão da identidade, porquanto não estão claramente delimitadas as representações do *self* e do objeto; 2) o predomínio de mecanismos de defesa primitivos baseados na dissociação e 3) a manutenção da prova de realidade, que falta precisamente na psicose.

Essa estrutura leva a um tipo especial de transferência, que Kernberg (1967b) chama de *transferência primitiva*, na qual a relação de objeto é parcial: "A transferência reflete uma multiplicidade de relações objetais internas de aspectos dissociados do *self* e aspectos altamente distorcidos, fantásticos e dissociados das representações de objeto" (*Revista Chilena de Psicanálise,* p. 30).

Em seu *Object relations theory and clinical psychoanalysis* (1976a, *A teoria das relações objetais e a psicanálise clínica*), Kernberg volta ao tema ao estudar a transferência e a contratransferência no tratamento do paciente *borderline*, mantendo e refinando seus pontos de vista. Insiste em que a transferência negativa dos pacientes *borderlines* deve ser somente interpretada no aqui e agora, já que as reconstruções genéticas não podem ser captadas por pacientes que de fato confundem a transferência com a realidade, e que os aspectos da transferência positiva de origem menos primitiva não devem ser interpretados para favorecer o desenvolvimento da aliança terapêutica. Os aspectos mais distorcidos da transferência deverão ser atacados em primeiro lugar para chegar *depois* aos fenômenos transferenciais que se vinculam a experiências reais da infância.

A meta estratégica de sua terapia, dirá Kernberg em 1976, consiste em ir transformando a transferência primitiva em reações transferenciais integradas (1976b, p. 800). Isso se consegue com a análise sistemática das constelações defensivas, que melhora o funcionamento do ego e permite transformar e resolver a transferência primitiva, como diz Kernberg em seu *Internal world and external reality* (1980, *Mundo interno e realidade externa*), especialmente nos Capítulos 9 e 10.

As regras que Kernberg fornece sobre a técnica têm, sem dúvida, coerência com os pressupostos teóricos com os quais opera; contudo, caberia perguntar-lhe se não paga um preço muito alto para aplicar sua técnica, em vez de confiar na que todos manejam. Não deve-mos esquecer que as limitações que Kernberg impõe a seu paciente e a si mesmo podem agravar, a curto ou longo prazo, as próprias dificuldades que ele procura evitar.

Esse ponto é, com certeza, o que mais interessa em um livro de técnica e, para discuti-lo a fundo, é necessário prestar atenção aos fenômenos psicóticos que aparecem no tratamento do *borderline*.

Desde seus primeiros trabalhos, Kernberg estabeleceu os princípios que, a seu ver, devem reger o tratamento desse tipo de pacientes, a partir da idéia de que "Quando recebem tratamento psicanalítico, costuma-se observar neles uma forma peculiar de perda da prova de realidade, e inclusive idéias delirantes, que se manifestam apenas na transferência – em outras palavras, eles desenvolvem uma psicose de transferência, e não uma neurose de transferência" (1968, p. 600, tradução pessoal). Vale a pena salientar aqui que Kernberg emprega o termo "psicose de transferência" para denotar uma eventualidade (ou complicação) do tratamento psicanalítico, como também o faz Wallerstein, e não como se emprega neste livro. Para Kernberg, a psicose de transferência estabelece-se quando o analista e o objeto primário tornam-se idênticos (p. 607), com o que o paciente perde o teste de realidade.

Apesar de que, nesse mesmo trabalho, Kernberg afirmasse que uma característica típica do paciente com organização *borderline* da personalidade é que, diante de situações de tensão (*estresse*) ou por efeito de álcool ou drogas, desenvolve fenômenos psicóticos transitórios, ele prefere reservar o termo psicose de transferência para o que ocorre *dentro* do tratamento.

Em 1984, Kernberg mantém e precisa seu ponto de vista: "Prefiro reservar o termo *psicose de transferência* para designar a perda da prova de realidade e o surgimento de material delirante dentro da transferência, que não afeta muito notavelmente o funcionamento do paciente fora do contexto do tratamento" (*Transtornos graves da personalidade,* p. 101; *Severe personality disorders,* p. 115).

Wallerstein (1967) empregou o mesmo conceito quando expôs dois casos que apresentaram sintomas psicóticos durante a análise. Wallerstein toma o termo *transference psychosis* de um trabalho de N. Reider (1957) e aplica-o a casos neuróticos em que sobrevém uma reação psicótica durante o curso de um tratamento psicanalítico convencional, e não para os casos propriamente psicóticos de que falam Rosenfeld e Searles. Para Wallerstein, essas reações sempre têm a ver com as condições do *setting* e são basicamente reversíveis, ponto de vista que reitera em seu cativante *Forty-two lives in treatment* (1986), que já é um livro clássico.

A grande maioria dos autores concorda que a psicose de transferência irrompe por períodos variáveis nesses casos e que essa presença contingente é uma de suas características definidoras (Rosenfeld, 1978; López, 1987); porém, enquanto alguns pensam (Painceira, 1979) que a passagem pela psicose de transferência é pouco menos que inevitável, outros (Paz, 1969) sustentam que o processo psicanalítico pode desenvolver-se sem episódios psicóticos.

UM CASO CLÍNICO DE KERNBERG

Vale a pena revisar com uma certa detenção um dos interessantes casos com que Kernberg ilustra o Capítulo 7, "Manejo da transferência na psicoterapia de expressão", de seu valioso livro de 1984. Trata-se da Srta. M., uma universitária de cerca de 30 anos, que foi diagnosticada como tendo personalidade infantil com traços *borderlines*. Apresentava reações depressivas graves, com idéias suicidas e perda de peso, alcoolismo e dificuldades no estudo, na vida social e em sua relação de casal. Um caso verdadeiramente grave.

Kernberg propôs a ela um tratamento frente a frente (já que só utiliza o divã para a psicanálise), à razão de três vezes por semana, e estabeleceu certas condições para realizá-lo: deixar de beber, não atuar seus impulsos suicidas e manter seu peso dentro de limites aceitáveis, comendo o necessário qualquer que fosse seu estado de ânimo e apetite (ibid., p. 110; ibid., p. 124). Se ela não pudesse cumprir essas condições, a psicoterapia seria feita sob internação. (Não ficou claro se Kernberg explicou à sua futura paciente as diferenças entre as várias formas de tratamento possíveis.) Como é lógico, a paciente comprometeu-se a cumprir as solicitações do médico. Também ficou combinado que uma assistente social psiquiátrica se ocuparia dela.

Certamente, esse contrato não protege a paciente de suas tendências auto e alodestrutivas; contudo, em meu entender, compromete o psicoterapeuta além do que é necessário, o que, por outro lado, parece ser confirmado pelas associações contratransferenciais que surgem na sessão: será capaz de manter o *setting* programado? Não estará mentindo para mim...? Dos informes de sua contratransferência, Kernberg também tira a conclusão de que a paciente o vê como uma figura parental temida, que a criticará por não ser sincera e a repreenderá porque se comporta mal. Essa conclusão não só é correta, como também fundada nas condições do contrato. Mais tarde, Kernberg deu-se conta de um sentimento contratransferencial de impaciência, combinado com preocupação pela paciente e com irritação, porque estava sendo desbaratado o programa combinado. Um aspecto que Kernberg não menciona é que a paciente o veja ávido e exigente: assim, por obra de seu contrato, Kernberg facilita grandemente a identificação projetiva da parte infantil raivosa e cheia de voracidade na figura parental ("... because she projected her own angry demands onto it", p. 126; p. 111).

Tudo isso acontece em uma sessão que ocorreu nas primeiras semanas do tratamento. Chovia a cântaros, e M. chegou inquieta, com olheiras e empapada; pôs-se a falar de seus problemas com o estudo, de seus ciúmes do noivo e dos honorários de Kernberg. Enquanto isso, ele se perguntava se teria estado bebendo, sem atrever-se a confessá-lo, e se seria capaz de manter o enquadre do tratamento ambulatorial.

Quando Kernberg interpretou a ela seus sentimentos contraditórios e assinalou-lhe que qualquer interpretação poderia ser mal-entendida, seja como uma investigação policial, seja como mostra de desinteresse e insensibilidade, a Srta. M. pôde confessar que tinha estado bebendo e que tinha medo de que o terapeuta a internasse, acrescentando, de imediato, que também a preocupava o atraso dos pais em enviar o cheque com os honorários. (Aqui é onde vejo a identificação projetiva da voracidade no analista.) Kernberg interpretou que ela o via mais interessado em seus honorários do que nela mesma, como uma figura parental que se sentia incomodada por ter de cuidá-la. Essa interpretação certeira trouxe um alívio imediato e abriu o caminho para analisar conflitos mais neuróticos, menos regressivos.

Não tenho realmente nenhuma dúvida sobre o bom desenlace da sessão e o desempenho impecável de Kernberg. Não vejo, porém, a utilidade das condições com as quais se iniciou o tratamento. Os problemas de transferência e contratransferência dessa sessão, estou convencido, teriam-se apresentado da mesma forma, mas sem o desnecessário matiz de realidade que lhes emprestam as exigências iniciais de Kernberg – excessivas, talvez ingênuas e, além disso, pouco realistas.

A técnica de Kernberg tem por principal objetivo criar as condições mais propícias para poder analisar os conflitos (ou alguns dos conflitos) do paciente *borderline*, sem permitir que a regressão originada pelo enquadre leve-o a um nível psicótico. No entanto, esses objetivos são questionáveis.

Como veremos no Capítulo 40, embora seja aceita universalmente, há muitas razões para abandonar a teoria de que a neurose de transferência é um efeito do enquadre, e o mesmo se pode afirmar para a psicose de transferência: o enquadre as contém, mas não as provoca, opera apenas nos limites do conflito atual. Não creio, pois, que esses pacientes tenham sintomas psicóticos *pelo* tratamento e *apenas* no tratamento. Penso, ao contrário, que os sintomas apresentam-se, de fato, dentro e fora do tratamento e, quando se circunscrevem à análise, é porque esta foi capaz de contê-los sem permitir que se expandam. Kernberg pensa, por sua vez, como Knight, Reider e Wallerstein, que o *setting* analítico provoca uma psicose localizada.

A entidade clínica que estamos considerando tem, por certo, uma história recente em psicanálise, mas é antiga para a psiquiatria. A crise psicótica breve e transitória que entra em remissão e recidiva não é outra coisa senão a *bouffée delirante* que os grandes psiquiatras franceses do século XIX estudaram. Sobrevém quando aumenta o nível de tensão no conflito atual e tende sempre à remissão com *restitutio ad integrum*.

Como qualquer outro conflito atual, o que surge no *setting* analítico pode desencadear essa psicose passageira, e Rosenfeld (1978) propôs uma explicação plausível para sua aparição: a psicose de transferência é desencadeada quando o analisando vê o analista como um superego que o acusa cruelmente. Concordo com essa opinião de Herbert Rosenfeld, embora não a considere como a única causa. Há outras, como, por exemplo, um erro técnico, uma alteração do enquadre e, muito importante, uma crise de inveja na transferência (Etchegoyen, López e Rabih, 1985). Se se passa por alto a inveja primária (no sentido de intrínseca e não-reativa), corre-se o perigo de acreditar que esses analisandos difíceis reagem sempre por seu baixo umbral à frustração quando na realidade, em mais de uma ocasião, estão exteriorizando sua intolerância a serem ajudados.

Rosenfeld não propicia, por certo, o surgimento da psicose de transferência, mas tampouco a teme e sustenta que sua investigação em detalhe abre a possibilidade de compreender esses pacientes e de desentranhar seus conflitos precoces com um superego arcaico e severo, que tem demandas contraditórias e, por conseguinte, provocadoras de confusão. Rosenfeld pensa que essa qualidade do superego diferencia os *borderlines* dos pacientes narcisistas (descritos por ele em 1971): nestes, o superego não está tão comprometido e as interpretações da agressão são viáveis, enquanto naqueles levam a graves distorções semânticas que, perpetuando o conflito e a confusão, podem desembocar na psicose. Para o grande analista de Londres, um traço distintivo da psicopatologia da organização *borderline* da personalidade é a *confusão,* que pode estar vinculada à inveja precoce e/ou a situações graves de deprivação nos primórdios da vida.

A investigação de Carlos Alberto Paz desenvolveu-se simultaneamente à de Kernberg e não é menos importante. Em suas "Reflexiones técnicas sobre el proceso analítico em los psicóticos fronterizos" (1969), Paz estabelece uma dialética entre a parte psicótica e a parte neurótica da personalidade, seguindo Bion (1957), Katan (1959) e Bleger (1967b), cujo correlato é a presença de uma transferência neurótica e uma transferência psicótica que se alternam e que se entrelaçam. Concordo plenamente com esse ponto de vista e acrescento que o trânsito entre ambas pode ser muito rápido, como se verifica, por exemplo, no material de Kernberg depois da interpretação.

Paz advoga por um enquadre estável, com cinco sessões por semana, e por interpretações claras, que tratem de estabelecer os elos entre os sistemas inconsciente e pré-consciente e entre as instâncias psíquicas, evitando, na medida do possível, a ambigüidade, como sugeriu Melanie Klein (1946) para os estados esquizóides – que eram os *borderlines* para ela. Acrescentemos a importância que tem nesses casos o mal-entendido, que não apenas provém dos transtornos do pensamento, mas também do efeito da inveja transferencial.

Assim como nunca será prudente recorrer a interpretações histórico-genéticas para aliviar a tensão que se apresenta freqüentemente na transferência e na contratransferência, Paz considera que a emergência espontânea de material infantil é sempre bem-vinda, porque ajuda a diferenciar o analista dos objetos arcaicos. Acredito que o desacordo entre Kernberg e Paz nesse ponto é mais aparente do que real, já que as prevenções de Kernberg dirigem-se a interpretações históricas prematuras. Vale a pena assinalar que Bryce Boyer (1969), por sua vez, sustenta que as interpretações de aspectos genéticos são mais convincentes e estruturantes, de modo que estimula a recuperação de recordações.

Um aspecto importante da análise dos *borderlines* consiste, para Paz, em ir corrigindo gradualmente a idealização, mecanismo básico desses doentes. Os objetos idealizados sofrem um processo de encapsulamento, o qual deve ir sendo modificado passo a passo. Paz sustenta que no *borderline* existe uma cena primária pré-genital com um casal combinado idealizado que se encapsula no inconsciente e, em boa medida, a análise consiste em ir desencapsulando esse objeto. Se esse processo é cumprido, o complexo de Édipo precoce evolui para suas formas maduras e o paciente vai afastando-se da psicose.

Também Bryce Boyer (1969) – que, entre aspas, inclina-se a tratar o *borderline* com o método psicanalítico ortodoxo – pensa que, se o tratamento anda bem, a psicose de transferência vai cedendo seu lugar à neurose de transferência, o que se consegue por meio da interpretação e da incorporação de novos introjetos, reduzindo a severidade do superego, arcaico e sádico.

Dois autores que se ocuparam em profundidade dos pacientes narcisistas (ou esquizóides) e *borderlines* são, sem dúvida, Kohut e Winnicott. Há entre eles pontos de contato, por exemplo, a importância que dão ao ambiente, e também divergências. Vimos as idéias de Kohut ao falar das transferências narcisistas (*self-object transference*) na sétima seção do Capítulo 12. Exporemos agora algumas idéias de Winnicott.

Para Winnicott, um *borderline* é um paciente cujo núcleo da perturbação é psicótico, mas a organização neurótica mantém a salvo seu precário equilíbrio.

O esquizóide (narcisista), o *borderline* e o esquizofrênico pertencem a uma mesma categoria psicopatológica, se bem que de gravidade distinta, em que o essencial é a dissociação entre o verdadeiro self e o falso self. Em todos esses pacientes, encontra-se perturbado o desenvolvimento emocional primitivo (estudado no Capítulo 16), que é prévio ao conflito: a criança nasce com uma potencialidade (criativa) para crescer e o fará mais espontaneamente, de dentro para fora, até alcançar a independência, se encontrar um meio (a mãe) que o facilite. No começo da vida, reina a identificação primária, raiz da comunicação e da empatia, em que a criança acredita-se uma com a mãe (e a mãe uma com a criança). O bebê "tem a ilusão" de que criou seu objeto e a função materna é, em princípio, sustentar essa ilusão ao apresentar-se como o *objeto subjetivo,* para que o bebê exercite sua capacidade criativa, até que as necessidades do crescimento façam com que vá perdendo essa ilusão. Os primeiros momentos da vida da criança não são, para Winnicott, terríveis (como para Klein), visto que a não-integração é prazerosa e a angústia inimaginável não surge se a mãe a neutraliza.

Quando esse processo facilitador não ocorre, quando a mãe falha e não é capaz de entrar em ressonância empaticamente frente às exigências da criança, esta a introjeta e forma o falso *self*. A partir desse momento, o desenvolvimento será fundamentalmente uma reação, e a introjeção do papel materno converte a criança no cuidador de si mesmo. O falso *self*, portanto, não é outra coisa senão a introjeção da mãe: o bebê converte-se na mãe de si mesmo, ocultando e protegendo o verdadeiro *self*.

Winnicott distingue diversos graus de organização do falso *self*, e Painceira (1989) precisou as diferenças entre o falso *self* do esquizóide e do *borderline*. O primeiro introjetou um meio materno com certa coerência, apesar de suas falhas. Se a isso se acrescenta um bom desenvolvimento intelectual, temos o esquizóide típico, com boas realizações e conquistas, porém com uma sensação de vazio interior, de futilidade, como dizia Fairbairn (1941), incapaz de estabelecer laços afetivos. O meio maternante do *borderline*, ao contrário, foi mais contraditório e caprichoso, de modo que sua introjeção configurou um falso *self* fragmentado, que nunca chega a adquirir integração e coerência, como reflexo de um meio errático e imprevisível.

Deixando de lado as diferenças entre ambos, o esquizóide e o *borderline* são analisáveis e têm de passar no tratamento por uma profunda regressão à dependência, "que o analista não busca, mas o paciente necessita e o analista não deve impedir" (Painceira, 1987, p. 6).

Enquanto se opera esse processo regressivo, o analista fala do verdadeiro *self* com o falso, isto é, com um interlocutor equivocado; contudo, finalmente, o falso *self* – que trouxe o paciente ao tratamento – delega sua função cuidadora ao analista e o paciente desestrutura-se momentaneamente para iniciar o processo de crescimento do verdadeiro *self*, que havia ficado congelado, à espera de condições mais propícias, como explicaremos no Capítulo 41. Quando se consuma o processo regressivo de dependência absoluta, a capacidade do analista de tolerar a experiência de fusão fica posta à dura prova. Se isso se cumpre, o analisando começa a descobrir sua alteridade e inicia o caminho para a independência.

14

Perversão de Transferência*

A tese deste capítulo é que a perversão possui individualidade clínica e configura um tipo especial de transferência.

CONSIDERAÇÕES TEÓRICAS

Não foi simples captar a unidade psicopatológica das perversões e assinalar suas características definidoras. O estudo fenomenológico não basta, já que uma conduta não pode ser definida em si como perversa, sem contar que classificar as perversões por sua forma é como classificar os delírios por seu conteúdo. Era necessário chegar a compreender a perversão a partir de suas próprias pautas, e isso só começou a ser feito nos últimos anos.

A polaridade neurose-psicose é tão clara e categórica, que os outros quadros psicopatológicos tendem a cair finalmente em sua órbita. E as vigorosas pinceladas com que Freud traçou a linha divisória em seus dois ensaios de 1924 reforçaram, sem se propor a isso, esse dualismo fundamental.

A primeira tentativa de compreender a perversão partiu da neurose, com o célebre aforismo freudiano de que *a neurose é o negativo da perversão*, ainda vigente de certo modo, como diz com razão Gillespie (1964).

Depois dos *Três ensaios de teoria sexual* (1905d), contudo, foi impondo-se um ponto de vista estrutural, cujas balizas são o estudo sobre Leonardo (1910c), "Bate-se numa criança" (1919e) e o trabalho de Hans Sachs de 1923. Segundo esse enfoque, o ato perverso tem a estrutura de um sintoma especial, porque é egossintônico e prazeroso, mas enfim sintoma, com o que se apagaram os limites entre perversão e neurose. Entretanto, percorrer esse longo caminho para chegar à conclusão de que o sintoma perverso é como qualquer outro não era ainda propor o problema da própria perversão.

A irredutível diferença dos fatos clínicos, a dificuldade de analisar o perverso fez, depois, com que se abordasse a perversão a partir do pólo oposto.

Freud vislumbrou em 1922 que a perversão pode ter a ver com impulsos agressivos e não somente libidinais; em seu ensaio sobre o fetichismo (1927e), destaca nesses pacientes uma forma peculiar de aceder à realidade. Também Melanie Klein (1932) salientou a importância das situações de ansiedade e de culpa vinculadas aos impulsos agressivos no desenvolvimento da perversão.

Sobre essas bases, Glover (1933) afirma que muitas perversões são, por assim dizer, o negativo da psicose, enquanto tentativas de fechar as brechas que restaram no desenvolvimento do sentido da realidade.

Os continuadores de Melanie Klein (Bion, Hanna Segal, Rosenfeld, etc.), ao estudar a personalidade psicótica (ou a parte psicótica da personalidade), chegaram à conclusão de que esta é muito forte no perverso.

Assim, cunhou-se um novo aforismo, segundo o qual a perversão já não é o "positivo" da neurose, mas o negativo (uma defesa contra) da psicose,[1] uma maneira de fugir da loucura.

Deve-se aceitar sem reservas que a perversão tem muito a ver com a parte psicótica da personalidade; porém, propô-la como uma simples defesa contra a psicose, uma espécie de mal menor (para dizê-lo de forma que denuncie sua raiz ideológica), conota mais um juízo de valor sobre a saúde mental do que uma fórmula psicopatológica. Quando vemos os fatos clínicos sem esse preconceito, damo-nos conta de que a perversão pode ser tanto uma defesa contra a psicose quanto uma de suas causas.

O EGO PERVERSO

Somente nos últimos anos a perversão começou a mostrar sua individualidade, quando a investigação convergiu em um tema essencial, *a divisão do ego perverso*.

O ponto de partida está em "A organização genital infantil" (1923e), em que Freud afirma que, frente à primeira (e profunda) impressão diante da falta de pênis na mulher, a criança *verleugnet* (recusa, reprova, desmente)

---

*Este trabalho apareceu, em sua versão completa, em *Prácticas psicoanalíticas comparadas en la psicosis,* editado por León Grinberg. Aqui se reproduz, com ligeiras modificações, o resumo lido no XXX Congresso Internacional de Jerusalém, publicado no *International Journal* e em *La cure psychanalytique sur le divan* (1980), editado por Jean Bergeret.

[1] Uma discussão lúcida sobre o interjogo entre neurose, perversão e psicose pode ser encontrada em Pichon Rivière (1946, p. 9).

o fato[2] e acredita que deve ter visto um pênis. Em outros trabalhos da mesma época, usa o substantivo *Verleugnung* com referência à castração, à diferença dos sexos ou a certa realidade penosa.[3]

Ao aplicar esses conceitos à compreensão do fetichismo em 1927, Freud afirma que o fetichismo reprime o afeto (ou seja, o horror à castração) e desmente a representação. O desmentido, enquanto conserva e descarta a castração, define para Freud a *clivagem do ego* no processo defensivo, que ele estuda em duas obras inconclusas de 1938 (Freud, 1940a e e).

Lacan e seus discípulos sustentam que a explicação das perversões deve ser buscada neste mecanismo de defesa particular, *Verleugnung*, distinto essencialmente do recalcamento, *Verdrängung* (próprio da neurose) e da *Verwerfung*, exclusão, forclusão, base estrutural da psicose.[4] Lacan (1956) sustenta que o fetichista passou pela castração, mas a desmente. Reconhece a castração; porém, "presentificando" a imago do pênis feminino, imagina o que não existe. A "presentificação" é a outra face do recusado. O fetiche, diz Lacan plasticamente, apresenta (encarna) e, ao mesmo tempo, vela o pênis feminino. Na fase do espelho, a criança é o falo faltante da mãe, o objeto do desejo (de ter um falo) da mãe. No momento culminante do complexo de Édipo, o pai intervém, ressituando a criança em um terceiro lugar: a criança não é o falo da mãe e, desde então, *o falo é um símbolo* (e não um órgão).

O fetiche, afirma Rosolato (1966), é a contrapartida da clivagem do sujeito. O fetiche aparece *cortado* de sua dependência corporal e, ao mesmo tempo, em *continuidade* (metonímica) com o corpo (fâneros, vestidos). Se por essa continuidade o fetiche é uma *metonímia*, enquanto representa ("presentifica") o pênis faltante da mãe, ele é também sua *metáfora*.

Com o suporte teórico da psicologia do ego, Gillespie (1956, 1964) elabora uma clara e ampla teoria da perversão, na qual também ocupa um lugar destacado a dissociação do ego, embora não chegue a reivindicar a *Verleugnung* como específica. Na mesma linha de pensamento, Bychowski (1956) considera que o ego homossexual sofre um processo de dissociação, que explica em função dos introjetos.

Também para Meltzer (1973) a dissociação do ego perverso ocupa um lugar preponderante e assume uma forma especial, o *desmantelamento*. Esse autor fez uma contribuição valiosa para distinguir a sexualidade do adulto (de base introjetiva) da infantil e da perversa, ambas de base projetiva, mas com diferentes processos de dissociação na estrutura egóica, vinculados à angústia e à inveja.

Em seu regresso das primeiras férias, uma paciente homossexual expressou plasticamente a dissociação do ego (e o mecanismo básico da recusa), dizendo que estava mal porque lhe havia caído uma lente de contato e sua mãe havia pisado nesta enquanto a procuravam. Descartada a possibilidade de recorrer a seus óculos, tinha de usar uma só lente de contato e ver as coisas bem com um olho e mal com o outro. Na sessão seguinte, expressou o temor de que eu tivesse mudado durante as férias, transformando-me em um mau analista.

A mudança dos óculos por lentes de contato havia sido um dos primeiros progressos que a paciente manifestou e ocultou-o durante um tempo, temendo que eu o invejasse. Apenas na volta das férias pôde vir ao consultório com as lentes de contato (com *uma* lente) e contou o engraçado episódio.

A PERVERSÃO DE TRANSFERÊNCIA

Esse rodeio teórico permite voltar à substância deste capítulo, a forma especial de relação que, forçosamente, o perverso haverá de desenvolver na análise para que se constitua e resolva a *perversão de transferência*. Com essa denominação, proponho unificar os diversos fenômenos clínicos observados no tratamento desse grupo de pacientes.

Como conceito técnico, a perversão de transferência tem o mesmo estatuto que a neurose de transferência e permite estudar esses pacientes, sem fazê-los deitar em um leito de Procusto.

O fecundo conceito freudiano de que a doença originária volta a se apresentar no campo do tratamento psicanalítico e passa a ser o objeto de nosso labor ("Recordar, repetir e reelaborar", 1914g) pode estender-se a outros grupos psicopatológicos, com o que a neurose de transferência propriamente dita precisa-se e delimita-se. Isso implica aceitar que o grupo patológico que Freud contrapôs à neurose de transferência em "Introdução do narcisismo" (1914c) tem também um correlato transferencial, como parece depreender-se da experiência clínica.[5]

Minha proposta implica deslindar o conceito técnico de neurose de transferência de suas conseqüências psicopatológicas (ou nosográficas) e situa-se, portanto, na mesma linha de pensamento que levou Rosenfeld (1952) e Searles

---

[2] Strachey utiliza o verbo *disavow* e o substantivo *disavowal* para *verleugnen* e *Verleugnung* (recusar e recusa; reprovar e reprovação; desmentir e desmentido).

[3] Diferentemente de Elisabeth von R., que é neurótica, uma paciente psicótica teria *desmentido* a morte da irmã (*SE*, 19, p. 184; *AE*, 19, p. 194).

[4] Em "As neuropsicoses de defesa" (1894a, Cap. 3), Freud diz: "Existe uma modalidade defensiva muito mais enérgica e exitosa, que consiste em que o ego rejeite (*verwerfen*) a representação insuportável junto com seu afeto e comporte-se como se a representação nunca tivesse existido" (*AE*, v.3, p. 59). Na *Standard Edition*, encontramos "Here, the ego rejects the incompatible idea together with its affect and behaves as if the idea had never occurred to the ego at all" (*SE*, v.3, p. 58). Segundo assinalam Laplanche e Pontalis (1968), aqui Strachey traduz o verbo *verwerfen* por *reject*. Porém, em "Neurose e psicose" (1924b), Freud utiliza *Verleugnung* (*disavowal*), e não *Verwerfung* (*rejection*).

[5] Sabe-se que esse ponto de vista não é compartilhado por muitos analistas (Guttman, 1968; Zetzel, 1968).

(1963) a reconhecer a individualidade da psicose de transferência. Também recolhe as valiosas contribuições da investigação atual, que soube iluminar as relações narcisistas de objeto, base teórica para aceder às perversões e destacar o especificamente perverso no vínculo transferencial. De forma quase diabólica, esses pacientes tentam perverter a relação analítica e põem à prova nossa tolerância; contudo, se a perversão é o que é, não podemos esperar outra coisa.

Embora não fale explicitamente de perversão de transferência, Betty Joseph (1971) ilustra suas modalidades mais significativas e afirma que a perversão só poderá ser resolvida à medida que o analista a descubra e interprete na *transferência*. A erotização do vínculo, a utilização da palavra ou do silêncio para projetar a excitação no analista, a passividade para provocar sua impaciência e conseguir que a atue com interpretações (ou pseudo-interpretações) aparecem claramente nesse trabalho fundamental. Esses mecanismos, prossegue Betty Joseph, não são apenas *defesas* por meio dos quais o paciente tenta desembaraçar-se de seus impulsos e de seus (dolorosos) sentimentos, mas também *ataques* concretos contra o analista. Identificado projetivamente o bico do seio com a língua, a palavra é alimento, ao passo que o próprio bico do seio-pênis fica roto e sem força para ser estimulado por um diálogo vazio, que tenta excitá-lo e atormentá-lo.

Depois de longas férias, um paciente *froteur*, que costumava falar longamente e em tom intelectual, sonhou que *voltava de barco e tinha jogos sexuais com uma jovem. Dava-lhe um beijo e, ao separar-se, a língua dela se encompridava e encompridava, de modo que permanecia sempre em sua boca.*

Em seu interessante ensaio sobre o fetichismo, Luisa de Urtubey (1971-1972) fala da "fetichização" do vínculo transferencial e a ilustra convincentemente. O sutil esforço do perverso para arrastar o analista surge plasticamente descrito no rigoroso trabalho de Ruth Riesenberg (1986) sobre a fantasia do espelho: a capacidade de observar e descrever da analista corre o risco de ser transformada em escoptofilia.

O persistente impacto dos sutis mecanismos perversos no analista foi estudado profundamente por Meltzer (1973, Cap. 19), que sublinha que muitas vezes o analista dá-se conta de que o processo analítico foi subvertido quando já é tarde demais. A análise desenvolve-se, então, em um marco de esterilidade, e a esterilidade é a razão de ser de toda perversão. Nos casos extremos, o analista atua diretamente sua contratransferência por meio de pseudo-interpretações. Pode iniciar-se, assim, um dano permanente em seu instrumento analítico (Liberman, 1976b). Como é lógico, conclui Meltzer, a decadência de um grupo analítico segue por esse caminho.

Em uma breve comunicação (1973) sobre os problemas técnicos criados pela ideologia do paciente, quando é utilizada projetivamente com fins defensivos (e ofensivos), pude ilustrar como um impulso transforma-se em ideologia e projeta-se. Apesar de essa comunicação referir-se ao vegetarianismo, o transtorno descrito, isto é, a transformação de um mal-entendido (Money-Kyrle, 1968) em ideologia do analista, através da identificação projetiva (Melanie Klein, 1946), é em essência perverso. (E o era o paciente de minha comunicação.) Cheguei, então, à conclusão de que o perverso não sente o chamado do instinto; só tem comunicação com seu corpo através do intelecto. Suponho que é principalmente a inveja enlaçada ao sentimento de culpa o que leva o perverso a sentir seu instinto não como desejo, mas como ideologia. Reflexões estas que talvez possam contribuir para esclarecer o enorme potencial criador da estrutura perversa. Desse modo, compreende-se por que para o perverso, encerrado em um mundo de ideologias, a polêmica seja tão vital.

Segundo minha experiência, são mecanismos perversos a erotização do vínculo e a proposição "ideológica" da vida sexual (e da vida em geral), acompanhada sempre de uma nota de rebeldia e um tom polêmico. Se essas características aparecem em pacientes neuróticos é porque está em jogo um aspecto perverso da personalidade, assim como também se observa a transferência neurótica em pacientes perversos, porque os quadros clínicos nunca são puros.

Com um suporte teórico diferente, os autores franceses chegam a conclusões semelhantes. Rosolato (1966) sustenta que a perversão fetichista sempre traz consigo uma ideologia e, concretamente, a ideologia gnóstica:[6] a perversão está para o gnosticismo assim como a neurose obsessiva está para a religião ritual. O perverso desmente a Lei do Pai, enquanto impõe o acesso à ordem simbólica sancionando a diferença dos sexos, e a substitui pela lei de seu desejo. Clavreul (1963, 1966), por sua vez, assinala as características peculiares do "par perverso" e considera que toda a transferência impregna-se de uma nota de desafio. Seu discurso sobre o amor (e sobre todas as coisas) assume sempre um caráter de alegação, de desafio, de rebelião.

Essas coincidências são interessantes, porque mostram que a prática analítica, mesmo sobre bases teóricas diferentes, revela um conjunto de problemas que concernem à própria essência da perversão.

MATERIAL CLÍNICO

Ilustra o que foi dito o material clínico de uma jovem que se analisou por sua homossexualidade e por uma atormentadora sensação de vazio interior.

Durante os primeiros meses da análise, foi impondo-se a ela a vivência de que podia mudar e de que estava mudando: o mundo parelho e entrópico da homossexualidade como forma de apagar as diferenças (de sujeito e objeto, de homem e mulher, de adulto e criança) começou a se tornar mais vivo e contrastante, mais *heterogêneo*. Isto

---

[6] O gnosticismo sustenta-se em um saber consolidado e objetivo, que considera a divindade como a alma do mundo e admite uma visão direta de seu espírito, um conhecimento absoluto, direto de Deus (Guillermo Maci, comunicação pessoal).

fez renascer sua esperança e, ao mesmo tempo, reforçou um preexistente temor à loucura. Afirmava que não era que mudasse, e sim que eu lhe metia coisas na cabeça. E, em momentos de paz interior nunca antes experimentada, surgiu-lhe de um modo imperativo categórico o desejo de se rebelar contra mim, deitando-se com uma mulher. (A norma transforma-se em impulso.)

O temor à loucura emergia em contextos diferentes, e a relação entre perversão e psicose não era meramente de defesa e conteúdo. A loucura tinha diversos significados: a vivência de progresso a conduzia à exaltação maníaca ou ao delírio persecutório; outras vezes, a psicose vinculava-se à erotização da transferência[7] ou a uma regressão maciça e indiscriminada à infância (ecmnésia). "Em sua forma mais específica, porém, a loucura surge do recontato com a realidade: descobrir o mundo, em sua infinita variedade e riqueza, é como um erro dos sentidos: *a realidade tem de ser enlouquecedora para quem vive em um mundo de alucinações negativas*. Nesse sentido, a perversão não é uma defesa contra a psicose, mas a própria psicose" (Etchegoyen, 1970). Reproduzo esse parágrafo porque concorda com Clavreul, quanto ao sentido de realidade nas perversões, e com a idéia de desmantelamento de Meltzer. Se não se leva em conta essa distorção especial, incorre-se em erros técnicos que confirmam o perverso em sua crença de que a análise é uma forma sutil de doutrinação.

Ao finalizar o primeiro ano, sentia-se melhor, o que se expressou no singular processo de dissociação que estamos descrevendo: aumentou sua confiança em mim e temia que eu invejasse seu progresso. Só podia sentir-se bem, afirmava, com a condição de não ter nenhum tipo de vida sexual para não ser invejada.[8] Era como se conhecesse perfeitamente o conceito de afânise e a teoria da inveja precoce!

Suas afirmações categóricas e contraditórias provocavam-me desconcerto e intranqüilidade. Quando queria reduzi-las, interpretando suas óbvias contradições, tropeçava em uma resistência irredutível e em recriminações de que estava impondo-lhe minhas idéias. (E, em parte, tinha razão.)

No começo do segundo ano de análise, teve sua primeira relação heterossexual e sentiu-se "louca de alegria". Veio confusa, enjoada e com vontade de vomitar: apenas no final da sessão, e com vivo temor de que a censurasse, pôde comunicar-me o fato.

A partir dessa sessão, tinha de vencer uma forte resistência para vir; sentia-se humilhada pelo progresso do tratamento. Às vezes, chegava com boa disposição; porém, quando me via, pensava que não devia deixar-se enganar, que ela vinha para lutar, mas que eu só queria derrotá-la e humilhá-la. (Desafio, disputa.)

A sessão seguinte ilustra seu tom polêmico e desafiador. Chega de um exame e acredita que foi bem. Continua confusa e com tendência a ficar enjoada. Pensou que, se o exame se prolongasse e não pudesse vir na segunda-feira seria muito difícil para ela fazê-lo e talvez não viesse mais. Recorda que, com a doutora X (analista anterior), começou a faltar em conseqüência de um exame e depois abandonou.

A: Talvez tenha vontade de interromper o tratamento e de não vir mais: você teme que se repita a situação com a doutora X.

P: Você me mete idéias na cabeça que me são completamente estranhas. Não sinto de maneira alguma que queira não vir mais.

A: Teremos de ver por que você sente como estranhas essas idéias, apesar de serem simplesmente as suas: *você* disse que, se não viesse hoje, teria custado muito para você voltar na segunda.

P (com ênfase e arrogância): Isso eu *digo*, mas não o sinto; penso nisso, mas não o sinto.

A: Mas esse argumento é muito equívoco: enquanto você decide que não sente o que diz, eu já não posso interpretar nada. (Justamente porque se coloca nessa atitude, essa interpretação não vale.)

Meses depois, surge a mesma atitude polêmica a propósito de um sonho, mas eu posso compreendê-la melhor. Era um momento em que alternava entre a homossexualidade e a heterossexualidade, com vivo temor à loucura e à penetração genital. No sonho, *ela vai prestar exame acompanhada por uma companheira que tinha dormido em sua casa. No caminho, deparam-se com um levante popular e regressam assustadas. Fica contrariada por ter-se assustado.* Interpretei que o sonho parecia expressar seu conflito entre a homossexualidade (a companheira que dorme em sua casa) e a heterossexualidade (o exame). Sugiro-lhe que o levante popular deve ser a (temida) ereção do pênis: não pode enfrentá-la e refugia-se em um lugar seguro, a casa, a mãe, a companheira.

Aceita com um sorriso cordial; porém... outro analista teria podido interpretar algo muito diferente, talvez que ela escapa da responsabilidade social. Daí que sempre lhe pareça insuficiente a psicanálise. Não é que minha interpretação seja incorreta, é insuficiente; não abrange toda a sua problemática.

Após vacilar um momento, diz que tem, na realidade, um grande conflito com o pênis, conflito cuja nota principal é a decepção. Depois de tê-lo temido tanto tempo, agora se excita e deseja-o; porém, o pênis a frustra, porque nunca a penetra bem em ereção. É sempre muito pequeno, ou sua vagina é grande, e fica insatisfeita.[9]

---

[7] Sonhei que viajava de ônibus com Américo, o ex-noivo de Delia (sua irmã mais moça), sentada sobre ele, face a face. Américo estava com a bragueta aberta e penetrava-me; falávamos como se nada acontecesse para que os outros passageiros não se dessem conta. (Assim vivia nesse momento o diálogo analítico.)

[8] Recorde-se o episódio das lentes de contato.

[9] O transtorno oposto ao vaginismo, menos freqüente e estudado. (Garma assinalou-me isso em uma comunicação pessoal.)

Sugiro que trata minha interpretação como um pênis pequeno demais, que a deixa insatisfeita, mas insiste em que eu deixo de lado o social.

Respondo que, assim como ela critica e inclusive despreza minha interpretação, porque é pequena e insuficiente, também acredita que eu despreze seu material, deixando coisas de lado. (Considero essa interpretação acertada, porque corrige a projeção de sua dissociação peculiar: *Verleugnung*, desmantelamento.)

Ela reconhece que tende a pensar que sou sectário e tendencioso. Em outro tom, diz que a moça do sonho deve ser homossexual e acrescenta material confirmatório sobre seu temor ao pênis ereto.

Quatro anos depois, estava casada e começava a considerar a possibilidade de terminar seu tratamento, quando o marido anunciou-lhe que queria separar-se, após quase três anos de vida em comum. Reagiu com extremo desespero, porque pensava que sem ele não poderia viver.

Consumada a separação, sentiu que tudo vinha abaixo. Temia uma recaída na homossexualidade, a qual sobreveio. Durante essa época, seu tom desafiador e polêmico obrigava-me a ser muito cauteloso ao interpretar, observando atentamente minha contratransferência para evitar, na medida do possível, a contra-identificação projetiva (Grinberg, 1956, 1976a). Qualquer interpretação era considerada uma desqualificação, com a qual, por sua vez, desqualificava-me. Afirmava que era definida e definitivamente homossexual e que havia se casado exclusivamente para conquistar meu amor (de pai!). Simultaneamente, caracterizava-me como uma mãe antiquada e egoísta que só busca casar suas filhas para se livrar delas. Eu deveria ter visto até que ponto era fictícia a relação com Pablo e interpretá-la. Não o fiz porque queria curá-la a qualquer custo. Se o tivesse feito – reconhecia –, teria vivido como seu eterno proibidor.

Sua convicção de ter de me agradar a qualquer preço era compatível com a não menos firme de que eu não aceitava sua volta à homossexualidade, embora eu sempre tenha interpretado essa nova experiência – porque assim o sentia[10] – como um desejo de decidir por si mesma o destino de sua identidade sexual. Recordei-lhe sonhos em que havia fugido da homossexualidade como de um cárcere, deixando um irmão em seu lugar (Etchegoyen, 1970, p. 466-471), e disse-lhe que tinha voltado para obter um desenlace mais honesto e autêntico.

O diálogo analítico era-lhe difícil e uma voz interior a prevenia de que só me contasse o que me agradava. (A única coisa que não cabia em sua necessidade de me agradar era associar livremente!)

Começou a se dar conta de que nem a homossexualidade nem a heterossexualidade a satisfaziam e de que, no esforço de se colocar no lugar do outro para agradá-lo (ou desafiá-lo), nunca encontrava o próprio.

Quando a nova experiência homossexual esgotou-se por si mesma, voltou a ter a sensação de estar curada. Sua relação com a homossexualidade, dizia, tinha mudado: já não era algo mau e abominável, mas simplesmente coisa do passado. Durante esses meses, havia sentido que dentro dela se reconstruía uma imagem de homem que a orientava para um futuro heterossexual.

Compridos nove anos de análise, seus sintomas haviam entrado em remissão, suas relações de objeto eram mais maduras e não evitava como antes seus sentimentos depressivos.[11] Todavia, seu tipo de relação transferencial mostrava, ainda que atenuadas, as características de sempre. Afirmava categoricamente que eu não lhe daria alta, ou então que o faria para me livrar dela, e oscilava de uma convicção para a outra de forma brusca e versátil, sem que suas afirmações prévias pudessem servir-lhe de *feedback*. Essas características foram tornando-se mais egodistônicas e retificáveis até que, em meados de um mês de maio, combinamos terminar no final daquele ano, o que lhe despertou muita angústia.

No mês desse acordo, chegou muito tarde em uma sexta-feira e disse que não tinha vontade de vir. Reconheceu que estava aborrecida e sentia-se infantil, egoísta. Antes, acreditava que eu estava disposto a tudo para atendê-la, porque ela e eu éramos um. Agora, porém, tinha de fazer um esforço para que eu a analisasse. Quando se separou de Pablo, começou a se romper essa ilusão de unidade, já que o fez seguindo seu próprio impulso e acreditando que eu me opunha.

P: Quando me separei de Pablo, comecei a sentir que você não é tudo para mim e eu não sou tudo para você. Eu não sei a partir de onde decido o que vai lhe agradar. Eu sempre estive muito segura do que iria gostar ou desgostar em mim, mas agora me dou conta de que essa opinião é muito subjetiva. (*Considero que essas associações mostram uma retificação importante.*)

A: Separar-se de Pablo era também separar-se de mim, abandonando essa idéia de acordo absoluto que nos unificava. (*Uma das razões das alegações é, justamente, restituir essa unidade.*)

Na sessão seguinte, veio tarde, hostil e angustiada, dizendo que lhe era muito difícil falar-me.

P (*com ênfase*): Hoje, para mim, você não é um analista, mas alguém que quer que eu venha aqui todos os dias de minha vida, todos os anos que me restam de vida. (*Silêncio.*) Ao me escutar, penso que estou louca, que não pode ser que eu sinta isso. No entanto, é o que sinto. Ao mesmo tempo, penso que estou tentando desnaturalizar tudo, porque, não sei por que, não quero pensar que, na realidade, você me disse que eu posso ir embora. (*O trans-*

---

[10] Livre do desejo de "curá-la", sentia-me nesse momento disposto a que a paciente tomasse efetivamente seu próprio caminho. Isso havia sido difícil para mim, porque suas alegações dirigiam-se, no fundo, a demonstrar-me que, pelo simples fato de tê-la tomado em análise, eu denunciava meu preconceito frente à homossexualidade.

[11] No começo do tratamento, costumava tachar-me de ideólogo da depressão, com o que batia no calcanhar-de-Aquiles de minha ideologia científica.

torno é o mesmo, Verleugnung, *desmantelamento, mas agora é egodistônico.*)

A: Essa idéia deve ter saído de alguma parte. (*Prefiro estimular sua associação, em vez de saturá-la com uma interpretação, por outro lado óbvia.*)

P: Creio que não posso entender que você me diz que posso ir, pois que sentido terá minha vida quando eu não vier mais aqui? Então... há outro passo que me leva a sentir que você não quer ajudar-me, que quer manter-me aqui encerrada.

A: Esse passo parece ser o momento em que você coloca em mim seu próprio desejo de vir sempre. (*Começo a corrigir a projeção.*)

P: Não sinto meu próprio desejo de vir sempre. Por isso, sinto você como alguém que quer manter-me encerrada, em vez de me sentir como alguém que não quer deixar você em paz, que é o que deveria sentir. (*Angústia depressiva.*) Tenho medo de me sentir desprotegida se não estou encerrada.

A: Quando você sente que quero fazê-la vir por toda a vida, encontra-se encerrada, porém mais protegida do que quando lhe digo que vá.

P: Quando digo que você quer manter-me encerrada, digo uma loucura, mas a verdade é que você se transforma, nesse momento, em outro.

A: Transformo-me em outro quando você se mete dentro de si para ficar protegida e encerrada. (*Aqui, posso interpretar concretamente a identificação projetiva e a conseqüente perda de identidade e claustrofobia.*)

Ela pode aceitar essa interpretação sem conflito e a completa dizendo que, ao se sentir louca, volta a me colocar na necessidade de continuar cuidando dela.

Na sessão seguinte, entretanto, refratária e angustiada, afirma que, se consinto com sua alta, é porque quero separar-me dela e não gosto dela. Sente-se infantil e boba. (O infantil pode expressar-se agora, mas não domina o ego.) Temia, ao mesmo tempo, que eu modificasse minha posição ao vê-la mal. Digo a ela que a idéia de que nunca lhe daria alta a preservava da *desilusão* que agora sente (Winnicott, 1953).

P: É como se tivesse vivido 10 anos para me analisar e para você. Tenho medo de que esse espaço volte a reconstruir o vazio de minha vida anterior e que tudo perca o sentido. Creio que, no fundo de meu coração, sempre pensei que você jamais me deixaria ir embora.

CONSIDERAÇÕES FINAIS

Apresentei esse material com o desejo de oferecer dados empíricos sobre o desenvolvimento da perversão de transferência, as precauções técnicas que permitem resolvê-la e os erros mais freqüentes em seu manejo.

A erotização do vínculo analítico, um tipo peculiar de relação narcisista de objeto que procura construir permanentemente uma ilusória unidade sujeito-objeto, a utilização da palavra e o silêncio para provocar excitação e impaciência no analista são traços que aparecem com regularidade cronométrica na análise desses pacientes, do mesmo modo que uma atitude polêmica e desafiadora, latente em geral, que deve ser descoberta e referida à dissociação do ego, à confusão sujeito-objeto e à transformação da pulsão em ideologia. Para o analista, esse último fator é decisivo.

É importante assinalar que a dissociação egóica, os problemas ideológicos, as alegações e o desafio *persistem durante toda a marcha da análise.* Chamou-me a atenção que, até o último momento, a paciente manteve as características perversas da transferência, embora em um nível que se aproximava cada vez mais da normalidade. Ela permanecia fiel às suas próprias pautas, enquanto eu, dominado pela idéia de "neurose de transferência", esperava em vão que, com o progresso do tratamento, a transferência passasse de perversa a neurótica. Razão muito convincente, em meu entender, para sustentar o conceito de *perversão de transferência.*

ADICÇÃO DE TRANSFERÊNCIA

A *adicção de transferência* despertou menos atenção que a neurose, a psicose e a perversão, talvez porque sejam poucos os analistas que tratam adictos (apesar da extensão desse flagelo em nosso tempo) e porque não é fácil delimitar um tipo especial de vínculo transferencial em pacientes como estes, nos quais se juntam os mecanismos psicológicos com a ação fisiopatológica da droga. Uma dificuldade singular com o adicto é que, se não se põe termo à ingesta, torna-se difícil a análise e, se interferimos nisso, sofre então a neutralidade analítica.

A meu ver, um grande obstáculo para delimitar a "adicção de transferência" surge dos limites imprecisos do quadro psicopatológico em que deve sustentar-se. Em primeiro lugar, tanto os autores clássicos (Fenichel, l945a) quanto os atuais (Dupetit, 1982) consideram que há adicção *com* drogas e *sem* drogas. A comida, o cinema, a leitura (infelizmente, menos do que antes!), o esporte, os jogos de azar, o trabalho, a TV e, enfim, qualquer atividade humana podem ter o selo da adicção. E não se deve esquecer que, em sua carta 79 (22 de dezembro de 1897), Freud (1950a) diz a Fliess que o onanismo é a adicção primordial, da qual todas as demais são substitutos. A isso se deve acrescentar que não é a mesma coisa ser adicto ao álcool ou à morfina que à maconha, ao tabaco, ao café, ao chá ou à erva-mate. Inclino-me a pensar que em todos os casos a estrutura mental é a mesma, porém as conseqüências clínicas são diferentes. É nesse ponto que os fatores quantitativos do conflito psíquico e a ação farmacológica da droga desempenham um papel principal. Como afirmam Goodman e Gilman (1945) em seu célebre tratado, para muitos farmacologistas apenas os alcalóides fenantrênicos do ópio criam dependência fisiológica. Apesar de ser certo que a dependência psíquica aos barbitúricos, à cocaína e às anfetaminas pode ser muito grande, a dependência fisiológica não é tão claramente demonstrável como no caso dos derivados fenantrênicos do ópio.

De qualquer modo, neste item, considera-se adicto o paciente que recorre ao álcool e/ou às drogas como seu principal recurso para manter o equilíbrio psíquico e proporcionar-se um alívio da ansiedade e uma sensação de prazer e de bem-estar. Quando a droga é utilizada para contrabalançar o efeito negativo que aparece ao término de sua ação, encerra-se um círculo vicioso que tem muita importância no estabelecimento da adicção. O impulso do adicto é, por definição, impossível de satisfazer, porquanto não nasce de uma necessidade, e sim da avidez.

A grande maioria dos autores considera que são graves os conflitos pré-genitais (orais e anais) do adicto e que a eles se acrescenta invariavelmente uma grande força das pulsões agressivas. O sadismo e o masoquismo existem não apenas no inconsciente desses pacientes, como também claramente em sua conduta e podem ser ativados tanto diante da frustração quanto por obra da inveja. Ao mesmo tempo, e como já assinalaram Abraham (1908b) e Ferenczi (1913), o adicto luta contra tendências homossexuais muito fortes e temidas. Muitos autores, como Fenichel, dão suma importância ao narcisismo e à vulnerabilidade da auto-estima. No adicto, diz Fenichel (1945), a satisfação auto-erótica (preferentemente oral) e a satisfação narcisista encontram-se.

A partir de Freud e de seus colaboradores imediatos, os autores que se ocuparam desse tema coincidem na importância dos fatores orais, do narcisismo e dos impulsos alo e auto-destrutivos; além disso, quase todos comparam os períodos de ingesta e de suspensão da droga com os ciclos da psicose maníaco-depressiva.

Sandor Radó (1926) sustentou que o modelo e o precursor do orgasmo genital do adulto é a satisfação do bebê durante a mamada (*orgasmo alimentício*). É essa satisfação arcaica que o adicto, dominado por seu anseio mórbido (*morbid craving*), busca peremptoriamente na droga, a qual o transporta ao que Radó chama de *orgasmo farmacotóxico*. O anseio mórbido de Radó é, para mim, a voracidade ou a inveja, que no fundo são a mesma coisa.

Em geral, os autores pensam que o álcool ou a droga são para o adicto um objeto idealizado e, ao mesmo tempo, um objeto mau e perseguidor. Baseado na teoria das posições de Melanie Klein, Herbert A. Rosenfeld (1960) sustenta que no adicto há uma dissociação do objeto interno em idealizado e persecutório, que logicamente é acompanhada de uma dissociação paralela do *self*. Embora Rosenfeld considere que os adictos têm, em geral, uma estrutura similar à da psicose maníaco-depressiva, em que a droga opera como uma espécie de mania artificial, protegendo o adicto da dor depressiva e das angústias persecutórias, ele sustenta que os conflitos básicos do adicto têm a ver com uma fixação na etapa esquizoparanóide, na qual o objeto encontra-se profundamente dividido.

O adicto tem sempre uma posição sumamente contraditória frente à sua droga e ao estado que esta lhe provoca, em que coexistem a idealização exaltada e o rechaço mais severo. A rapidez com que a droga muda na mente do adicto de objeto idealizado que protege de toda dor possível a objeto persecutório que ameaça com a mais cruel destruição só é comparável com a fluidez do vínculo transferencial, que oscila rápida e continuamente do amor até ao ódio, da ternura à violência mais extrema. Susana Dupetit (1988) aponta como característica do adicto o temor aos sentimentos de ternura, pois implicam dependência e entrega emocional. Tão logo surgem, despertam uma reação defensiva instantânea de ódio devastador e criminoso, que não poucas vezes é delatada pelo "olhar do tigre".

Assim como o vínculo do adicto com a droga é versátil e extremo, a transferência com o analista muda rapidamente de sinal, e isso é acompanhado muitas vezes de nova ingesta da droga e *acting out*.

Por caminhos opostos, mas convergentes, a adicção de transferência configura-se como um vínculo em que o analista é droga e antidroga: o adicto só pode relacionar-se verdadeiramente com seu analista quando o converte em sua droga (salvadora e destruidora) e, ao mesmo tempo, o vínculo de (sã) dependência analítica é mal-entendido (principalmente por inveja) como a ameaça da pior adicção. O conflito transferencial leva, pois, continuamente à droga, e nisso reside, a uma só vez, o risco e a esperança da psicanálise da adicção.

Esses conflitos provocam, com freqüência, uma reação terapêutica negativa que, quando é severa, torna-se muito difícil de manejar, ainda mais quando se acrescenta a ela o efeito farmacológico da droga. Nos casos mais graves, o tratamento psicanalítico só pode ser feito sob internação e tomando-se uma série de precauções (tratamento clínico-psiquiátrico de desintoxicação, terapia familiar coadjuvante, etc.). É evidente que a adicção aos compostos fenantrênicos do *papaver somniferum* requer um tratamento de desintoxicação com internação, e o mesmo ocorre com a dipsomania alcoólica quando se alcançou a fase crônica de Jellinek (1958). No entanto, o bebedor excessivo e o alcoolista na fase prodrômica (quando aparece o palimpsesto alcoólico ou *black-out*) podem ser tratados ambulatorialmente. Na fase crucial ou básica de Jellinek, o manejo do alcoolista no consultório torna-se extremamente problemático, quando não impossível. Também Simmel (1948) considera que o dipsômano deve ser tratado em uma clínica, ao passo que os outros tipos (o bebedor social, o bebedor reativo e, até certo ponto, o bebedor neurótico de sua classificação) podem ser tratados no consultório.

Como veremos no devido momento, o processo analítico desenvolve-se a partir de um vínculo de dependência madura e recíproca entre o analisando e o analista, que se chama aliança de trabalho, graças à qual se pode analisar a enfermidade que trouxe o analisando ao tratamento. Um traço distintivo da adicção de transferência é que a dependência analítica tende a se converter em vínculo adictivo, de modo que a relação analítica oscila pendularmente entre a dependência e a adicção. É possível esperar que o adicto tome a (boa) disposição do analista para tratá-o como adicção; nesse sentido, é necessário interpretar-lhe que ele acredita que o analista está dependente dele como de uma droga (Rosenfeld, 1972; Dupetit, 1988). Ao mesmo tempo, como adverte Rosenfeld (1972), se o analisando recebe as interpretações como droga e não como algo equivalente ao objeto originário (seio), a tarefa do analista consistirá em discriminar entre ambos os tipos de relação.

Em um lúcido estudo, Sheila Navarro de López (1980) salienta o controle onipotente que o adicto mantém sobre os processos de introjeção e projeção do objeto, cujos modelos são a ingesta e a defecação. O objeto coisifica-se e converte-se em droga (fezes). O analista segue esse destino e, finalmente, chega a ser o adicto da droga que o analisando é. Aqui se configura uma situação particularmente dolorosa para o analista, mas que também lhe oferece a possibilidade de interpretar a identificação projetiva: a analista era adicta a seu paciente com o único efeito de satisfazer sua obsessão de curá-la e limpá-la, ou seja, usando-a como um objeto-coisa para resolver seus próprios problemas. Desse modo, a bondade do objeto que repara fica substituída (por inveja) pela suja necessidade de se limpar através do paciente (1980, p. 1158).

Vimos anteriormente, no sexto item do Capítulo 12, que até o amor de transferência pode assumir um caráter adictivo. Acrescentemos agora que a situação analítica em si mesma pode converter-se em uma adicção, tanto mais difícil de resolver quando o impulso adictivo é recoberto por um desejo manifesto de se analisar por "todo o tempo que for necessário".

Em um trabalho interessante, Elsa H. Garzoli (1981) adverte sobre o perigo de adicção do analista frente aos sonhos que lhe subministra o paciente. No caso que apresenta, a analisante (que exibia claros sintomas de adição ao leite, ao café e à aspirina, assim como, também, ao álcool e às anfetaminas) lhe oferecia, com um tom de voz agradável e vivaz, sonhos deveras fascinantes, às vezes de tonalidade aterrorizante e freqüentemente coloridos, sobretudo em vermelho e azul. A analista começou a notar que, com esses sonhos, a analisante tinha estabelecido um ritmo estereotipado nas sessões, ao qual ela mesma não era alheia, à medida que se deixava levar mais pelo atrativo do relato do que pelo processo – que, além do mais, se havia detido. Como adverte sagazmente a autora, por nossa dependência real do sonho como inegável material privilegiado, via régia do inconsciente, a armadilha de cair ali, em uma atitude de adição contratransferencial, é muito grande.

Digamos, para concluir, que o dispositivo analítico presta-se para que se estabeleça caladamente um vínculo adictivo e que sempre teremos de estar atentos para que não interfira pesadamente na marcha do processo analítico e em seu término.

15

Transferência Precoce: Fase Pré-edípica ou Édipo Precoce

RECAPITULAÇÃO

Nos capítulos anteriores, revisamos o conceito de neurose de transferência, procurando dar-lhe um sentido mais específico ao compará-lo e contrastá-lo com outras formas psicopatológicas. Como o leitor certamente lembrará, há autores que preferem falar de neurose de transferência e formas especiais de transferência, como, por exemplo, Sandler e colaboradores (1973). Para eles, não existe propriamente uma psicose de transferência, mas uma neurose de transferência em que a psicose põe um selo especial. Nós tomamos uma posição oposta e afirmamos que o fenômeno transferencial, na psicose, está baseado em sua psicopatologia especial e autóctone. Se quisermos entender a transferência no psicótico e o próprio psicótico, teremos de descobrir a forma específica de transferência que lhe corresponde.

Esse conceito tarda em se impor; porém, uma vez compreendido, damo-nos conta de que não poderia ser de outra maneira. O que se pode esperar de um adicto, senão que procure manter, com o analista, o vínculo próprio de sua doença, tomando-o por uma droga?

Além disso, dissemos que nunca existe um quadro de neurose pura, mas que há sempre, em cada caso, uma mistura de aspectos neuróticos e psicóticos, psicopáticos, adictivos e perversos; por conseguinte, sempre haverá uma psicose de transferência e uma psicopatia de transferência, etc., concomitantes à neurose de transferência em sentido estrito. Os ingredientes mudam em cada caso e também de momento a momento, de sessão a sessão, de minuto a minuto, e isso nos obriga a ficar sempre atentos, prestando atenção preferencial aos fenômenos que dominam o quadro clínico, que de fato o caracterizam em cada circunstância. A outra metodologia, ao contrário, é mais perigosa, porquanto pode levar-nos a impor ao paciente o tipo neurótico de funcionamento quando não é o que se enquadra a ele. Em outras palavras, se formos mais precisos ao descrever os fatos, poderemos compreender melhor nossos pacientes.

Pode ser que, por razões táticas, em um dado momento tentemos reforçar os aspectos neuróticos da transferência, que são os mais acessíveis, mas deveremos estar plenamente conscientes de que estamos fazendo algo que se relaciona com o *manejo* da situação transferencial, e não estritamente com sua análise. Por outro lado, sendo a neurose de transferência por definição a parte do paciente mais próxima da realidade, tudo o que possa legitimamente reforçá-la será bom, sempre que não se confunda reforçar com estimular.

O tema deste capítulo, a *transferência precoce*, implica uma nova ampliação do conceito de transferência (ou de neurose de transferência). É outra "forma especial" de transferência, que já não tem a ver com a configuração psicopatológica, e sim com o desenvolvimento, com critérios evolutivos.

Para começar, convém perceber que, apenas pelo fato de tratá-lo, já estamos tomando uma posição frente a esse tema, ou seja, pensamos que essa transferência existe e que se pode defini-la, caracterizá-la e estudá-la com os métodos da psicanálise. Apesar desse ponto de vista ainda ser controvertido, penso que há uma franca tendência a aceitá-lo cada vez mais.

A NEUROSE INFANTIL

A neurose do adulto, disse reiteradamente Freud, e depois também Wilhelm Reich em seu livro *Análise do caráter* (1933), tem sempre sua raiz na infância, na chamada *neurose infantil*, e esta é a que aparece na análise como neurose de transferência em sentido estrito.

Pois bem, a neurose de transferência está indissoluvelmente ligada à situação edípica. O nível de integração neurótica é alcançado quando se consegue superar uma etapa do desenvolvimento – longa, não tanto em tempo, mas sim em esforço – que nos leva até o ponto em que já se pode diferenciar o ego do objeto e também os objetos entre si, em que se pode reconhecer que há um pai e uma mãe, frente aos quais temos de estabelecer uma estratégia relacional. Esse tipo de vínculo, que, como Freud demonstrou, está muito ligado a fatores instintivos, é o que se chama de *complexo de Édipo*. Como diz Elizabeth R. Zetzel (1968), somente quando se conseguiu superar o nível diádico do desenvolvimento é que se pode estabelecer verdadeiramente a situação edípica. Desse ponto de vista, o complexo de Édipo implica um grau de maturação muito grande, pois significa ter resolvido os problemas com cada um dos pais em separado e estar em condições de estabelecer uma relação com ambos simultaneamente. A esse nível de desenvolvimento corresponde estritamente, repitamo-lo, a neurose de transferência

Muitos autores, sobretudo psicólogos do ego, pensam que somente quando se atinge esse grau de maturação é factível o tratamento psicanalítico, porque então o futuro analisando será capaz de distinguir entre realidade e fantasia, entre o externo e o interno ou, em termos mais técnicos, entre a neurose de transferência e a aliança terapêutica. Se essa etapa do desenvolvimento não foi alcançada, o indivíduo será inanalisável, porque não poderá colaborar conosco e porque, desde já, as vicissitudes da relação analítica o levarão, por via da regressão, aos problemas não-resolvidos do começo de sua vida.

O DESENVOLVIMENTO PRÉ-EDÍPICO

Ninguém duvida, certamente, que há um desenvolvimento psicológico que se estende desde o nascimento (ou antes) até que a criança ingressa no conflito edípico, tal como acabamos de descrevê-lo. Mas, o que acontece, então, *antes* do complexo de Édipo? Situa-se ali, justamente, a chamada *etapa pré-edípica*, que abrange os dois primeiros anos de vida e corresponde às fases pré-genitais do desenvolvimento, oral e anal.

É clara para todos, com certeza, a importância dessa etapa. Freud ocupou-se dela reiteradamente, em especial em seus trabalhos sobre a sexualidade feminina (1931*b*, 1933*a*, conferência nº 33), nos quais afirma que na mulher assume um caráter particularmente importante; porém, quem iniciou formalmente seu estudo foi Ruth Mack Brunswick, com seu caso de delírio de ciúmes, publicado em 1928.

Tratava-se de uma mulher de 30 anos, casada, que foi levada à análise por fortes sentimentos de ciúmes e uma séria tentativa de suicídio. Era a mais moça de cinco irmãos e sua mãe havia morrido quando ela tinha 3 anos. Sua irmã mais velha, que a excedia em 10 anos, a tinha criado como mãe substituta. Débil mental e promíscua, essa irmã, chamada Luisa, foi por toda a vida enurética e morreu de paralisia juvenil em um hospital psiquiátrico de Viena.

A paciente casou-se aos 28 anos e, pouco depois, começou o delírio de ciúmes, com a idéia de que seu esposo havia tido relações com a madrasta. Essas idéias logo a dominaram por completo e começou a se sentir observada pelas pessoas da rua.

Pouco depois da morte de sua primeira esposa, o pai voltou a se casar e, com a chegada da madrasta, a paciente foi enviada ao campo para viver com uns parentes distantes e lá esteve dos 4 até os 11 anos. Quando tinha 5 anos, porém, foi trazida do campo para passar um tempo em sua casa. Três anos depois de seu regresso definitivo ao lar, sua irmã, então com 24 anos, ingressou no hospital psiquiátrico, onde morreu cinco anos depois.

A análise foi breve, já que durou apenas dois meses e meio, mas foi, sem dúvida, intensa e a analista não deixou de utilizar a técnica ativa quando lhe pareceu necessário. A partir dos sonhos e da transferência, foi possível reconstruir uma época de jogos sexuais com a irmã, que se iniciaram quando a paciente tinha 2 anos e foram interrompidos aos 4, ao ser tirada de casa. Os jogos, que consistiam em masturbação clitoridiana recíproca na cama e no banho, reproduziram-se em muitos dos sonhos da análise, fac-similarmente em um deles, que se transcreve: "Uma pessoa a quem a paciente chama de Luisa, mas que por todos os outros aspectos sou eu, a deita na cama com ela. A paciente deita-se com a cabeça sobre os pés da irmã para alcançar melhor os genitais. Luisa tem em torno de 12 anos e a paciente por volta de 2, e é muito pequena. Masturbam-se reciprocamente, de forma simultânea. Luisa ensina-lhe a manter os lábios abertos com uma mão e a esfregar o clitóris com a outra. Todo o ato ocorre sob as cobertas. De imediato, tem o orgasmo mais intenso de que recorda, uma convulsão de todo o seu corpo seguida, um momento depois, da mesma reação por parte de sua irmã. Depois, Luisa a toma com amor entre seus braços e a abraça estreitamente. O sonho possui uma sensação de absoluta realidade" (1928*b*, p. 627).

Mais adiante, lembrou que, quando esteve de volta à sua casa, aos 5 anos, os jogos sexuais com a irmã assumiram outro caráter, com estimulação vaginal (e não só clitoridiana).

Ao assentar suas conclusões sobre esse caso, Mack Brunswick considera que a ligação da paciente com a irmã ocorreu em um ponto muito precoce do desenvolvimento, quando tinha um ano de idade, época em que, pela doença da mãe, a irmã encarregou-se de sua criação.

Afirma também a autora, que "o ponto mais surpreendente, neste caso, é a ausência total do complexo de Édipo" (p. 649). O material é radicalmente pré-edípico, e o pai não intervém em absoluto. Não se trata de uma regressão a partir do complexo do Édipo, precisa Mack Brunswick, mas de uma fixação a uma fase anterior, o que só pode ser explicado pelo trauma homossexual precoce e profundo que sobreveio no nível pré-edípico.

A FASE PRÉ-EDÍPICA DE RELAÇÃO COM A MÃE

Mack Brunswick continuou sua investigação por uma década, em estreito contato com Freud, e publicou-a no número em que o *Psycho-Analytic Quarterly* comemorou a morte do mestre. Para a autora, o ponto de partida de sua investigação é o delírio de ciúmes, de 1928, que "revelou uma rica e insuspeitada informação concernente a um período até agora desconhecido, precedente ao complexo de Édipo, sendo denominado, em conseqüência, pré-edípico" (*Revista de Psicoanálisis,* v.1, p. 403).

Nesse trabalho, "A fase pré-edípica do desenvolvimento da libido", Mack Brunswick define com precisão essa etapa como "o período durante o qual existe uma relação exclusiva entre a criança e a mãe" (ibid., p. 405). A criança reconhece, com certeza, outros indivíduos no mundo exterior, especialmente o pai, mas não ainda como rival.

No começo, o que melhor define a relação de objeto é a polaridade *ativo-passivo*. O papel da mãe é ativo, não-feminino, e tanto o menino quanto a menina dão por certo que todos os seres têm um genital como o seu. É a etapa que Jones chamou de *protofálica*, no Congresso de Wiesbaden de 1932.[1] Com a descoberta de que há seres que possuem um órgão genital distinto, estabelece-se um segundo par de antíteses, *fálico-castrado* (etapa *deuterofálica* de Jones). Para Mack Brunswick, o período fálico começa no final do terceiro ano, quando a criança está interessada na diferença dos sexos e desenvolve-se o complexo de Édipo, com as particularidades que Freud estabelece para o menino e a menina.

Apesar de seguir de perto as idéias de Freud sobre a fase fálica (1923e) e a sexualidade feminina, Mack Brunswick propõe mudanças significativas que a aproximam, em certos pontos, de Klein, como, por exemplo, sua afirmação de que o desejo de um bebê é, em ambos os sexos, prévio ao desejo (da mulher) de ter um pênis,[2] embora Mack Brunswick explique-o por uma identificação (primária) com a mãe ativa e, em conseqüência, não tem a ver com o complexo de Édipo, nem com a pulsão genital.[3]

Para Mack Brunswick, a terceira polaridade, a de *masculino-feminino*, só é atingida com a maturação sexual da adolescência e a descoberta, por ambos os sexos, da vagina.

O COMPLEXO DE ÉDIPO PRECOCE

Um pouco antes da investigação de Ruth Mack Brunswick, desenvolve-se a de Melanie Klein. Em vários de seus trabalhos, ela descreve os conflitos da criança nos primeiros dois anos de vida. Entre outros trabalhos da mesma década, destaca-se, nesse ponto, o que apresentou ao Congresso de Innsbruck em 1927, "Early stages of the Oedipus conflict", publicado no *International Journal* do ano seguinte.

Klein utiliza o termo *desenvolvimento precoce* e não pré-edípico, porque, para ela, o complexo de Édipo surge antes do que dizia Freud: descreve-o no final de primeiro ano da vida (1928), na metade do primeiro ano (1932) e aos três meses (1945, 1946). Para diferenciá-lo do que Freud descreveu aos três anos, chama este de *complexo de Édipo precoce*, em que os objetos não são totais, o pai e a mãe não estão discriminados e todo o drama transcorre no corpo da mãe, com o chamado *par combinado*, o corpo da mãe que contém o pênis do pai. Em outras palavras, para Klein, a criança estabelece uma relação muito precoce com o corpo da mãe e, quando começa a discriminar um objeto especial que está ali dentro, que é o pênis do pai, já ingressa na situação edípica.

Em Innsbruck, Melanie Klein proclama que o complexo de Édipo inicia-se pelo final do primeiro ano da vida e descreve a relação da criança com o corpo da mãe em que, no compasso do estabelecimento da fase anal e do investimento das fezes, instaura-se o que ela chama de a *fase feminina*, de valor fundamental no desenvolvimento de ambos os sexos.

O conceito de transferência precoce é o corolário natural dessas hipóteses, apesar de a idéia ser redefinida e precisada ao longo dos anos.[4]

AS ORIGENS DA TRANSFERÊNCIA

Convém enfatizar que o conceito de transferência precoce apóia-se, para Klein, em fatos da base empírica, naquilo que ela descobre nos anos 20, com sua técnica do jogo; porém a formalização de seus achados demorou a acontecer. O artigo que se intitula "The origins of transference" foi apresentado no Congresso de Amsterdã de 1951 e publicado no *International Journal* do ano seguinte. É claro e sistemático como poucos artigos de Melanie Klein, sendo o único que ela escreveu sobre o tema.

Tal fato não deixa de chamar a atenção porque, com ou sem razão, uma das maiores objeções feitas a Klein é que interpreta em demasia a transferência. Os analistas que, em Buenos Aires ou Montevidéu, abandonaram a teoria kleiniana para voltar a Freud ou dirigir-se a Lacan registram eles mesmos que uma de suas primeiras mudanças foi começar a pôr menos ênfase na transferência. Essa mudança na práxis sustenta-se com vários argumentos teóricos, por exemplo, que se deve atender mais a história que o presente, ou seja, que se deve reconstruir, mais do que interpretar, que se deve interpretar *as* transferências com as figuras importantes da realidade não menos que com o analista, etc. Essa controvérsia deve ficar para mais adiante, quando estudarmos a interpretação, mas aqui cabe dizer que há muito de ideológico nessas proposições. A verdade é que nunca se deve interpretar sobre a base de pressupostos e é tão equivocado interpretar a transferência onde ela não está quanto deixá-la de lado.

---

[1] "The phallic phase" (International Journal, 1933).
[2] "Contrary to our earlier ideas, the penis wish is not exchanged for the baby wish, as we have seen, has ideed long preoceeded it" (The psicho-analytic reader, editorado por Robert Fliess, Nova York: International Universities Press, 1948, p. 245).
[3] Para uma comparação mais detalhada entre Mack Brunswick e Klein, ver R. H. Etchegoyen e colaboradores (1982b).
[4] É importante assinalar que já em 1929, em "Personification in the play of children", Melanie Klein oferece um conceito original da transferência, do qual nos ocupamos oportunamente, de acordo com o qual a transferência tem a ver com a personificação, um duplo mecanismo de dissociação e projeção, graças ao qual o ego consegue diminuir o conflito interno com o superego e o id, colocando no analista as imagos internas que lhe provocam ansiedade.

Apoiada na clássica definição de Freud, no epílogo do caso "Dora", Klein sustenta que a transferência opera ao longo da vida inteira e influi em todas as relações humanas. Na análise, revive-se gradualmente o passado e, quanto mais profundamente penetrarmos no inconsciente e quanto mais atrás pudermos levar o processo analítico, tanto maior será nossa compreensão da transferência.[5] Desse modo, Klein dá um valor universal ao fenômeno de transferência e advoga por levar seu estudo aos níveis mais arcaicos da mente.

A afirmação básica desse trabalho é que as etapas precoces do desenvolvimento aparecem na transferência e, por isso, podemos captá-las e reconstruí-las. Essa asseveração é informada implicitamente por toda a obra kleiniana, não é nova, mas aqui é exposta concretamente: a transferência é um instrumento idôneo, sensível e confiável, para reconstruir o passado precoce. Poucos anos depois, no primeiro capítulo de *Inveja e gratidão* (1957), chamará de "memories in feelings", *recordações de sentimentos* (ou sensações), essas reconstruções primeiras. Nesse capítulo, e apoiada no Freud de "Construções" (1937d), afirma que o método reconstrutivo da psicanálise é válido para esclarecer a relação da criança com o seio. Nisso repousa, justamente, sua discutida afirmação de que existe uma inveja primária ao seio, porque ela a vê aparecer na transferência e a partir dali a reconstrói.[6]

NARCISISMO E RELAÇÃO DE OBJETO

A base teórica desse artigo é que a relação de objeto aparece logo, com o começo da vida. Klein expõe assim, pela primeira vez, uma discrepância com Freud e com Anna Freud que vem de longe. Não apenas rechaça sem contemplações a teoria do narcisismo primário, mas vai mais longe ainda ao proclamar que a vida mental não pode acontecer no vazio, sem relação de objeto: onde não há relação de objeto também não há, por definição, psicologia. Há, pois, *estados* auto-eróticos e narcisistas, mas não fases: *states,* não *stages.*

"The hypotesis that a stage extending over several months precedes object-relations implies that – except for the libido attached to the infant's own body – impulses, phantasies, and defenses either are not present in him, or are not related to an object, that is to say, they would operate *in vacuo.* The analysis of very young children has tought me that there is no instinctual urge, no anxiety situation, no mental process which does not involve objects, external or internal; in other words, object-relations are at the *centre* of emotional life. Furthermore, love and hatred, phantasies, anxieties, and defenses are also operative from the beginning and are *ab initio* indivisibly linked with object-relations. This insight showed me many phenomena in a new light" (*Writings,* v.3, p. 52-53).*

Essa firme tomada de posição inicia com o que Klein observou em seus primeiros anos de trabalho com a técnica lúdica e chega a ser, finalmente, uma proposta epistemológica e formal que procura dar conta do problema, redefinindo-o. Embora seja certo que me inclino a seguir Klein nesse ponto, considero que o problema está longe de ser resolvido. A verdade é que, à medida que nos aproximamos das origens, as dificuldades são maiores e o método analítico por excelência, isto é, a reconstrução do passado por meio da situação transferencial, torna-se cada vez mais falível. Por outro lado, não se deve confiar que outros métodos possam resolver o problema, porque falta a eles, justamente, o que é a essência da psicanálise, a transferência, o fenômeno intersubjetivo. Isto não quer dizer, de maneira alguma, que os outros métodos sejam desdenháveis: valem por si mesmos e podem ser uma ajuda importante para a psicanálise, porém não podemos encaminhar-lhes o que é inerente à nossa disciplina.

Klein afirma enfaticamente em seu trabalho que sustentou essa teoria por muitos anos, mas a verdade é que só aqui se pronuncia explicitamente. É provável que Klein tenha vacilado, mais do que ela mesma pensa, em abandonar a teoria do narcisismo primário, ou pelo menos em proclamá-lo. Em meados da década de 30, quando Joan Rivière viajou para Viena para ler, em 5 de maio de 1936, "On the genesis of psychical conflict in earliest infancy",[7] vê-se que lhe custa abandonar a hipótese do narcisismo primário; porém, o mais significativo é que, quando publica, em 1952, esse trabalho em *Developments in psychoanalysis,* ainda continua vacilando. Se, como parece legítimo, tomamos Rivière como um porta-voz autorizado da escola kleiniana, isso quer dizer que as dúvidas persistiam pouco antes do Congresso de Amsterdã. Quando intervém na memorável polêmica de Joan Rivière e Robert Wälder, Balint (1937) diz que a teoria do narcisismo primário unifica, de algum modo, Viena (Anna Freud) e Londres (Melanie Klein). É a escola de Budapeste (Ferenczi) a que não tem temor em denunciá-la, com aquilo que Balint chama, seguindo Ferenczi (1924), de *amor objetal primário.*

Creio, enfim, como Balint, que a decisão de abandonar o narcisismo primário como hipótese dá-se antes em Budapeste do que em Londres. Embora toda a sua obra esteja orientada nessa direção, Klein não se decide facilmente a abandonar as teorias freudianas.[8]

---

[5] *Writings,* v.3, p. 48.
[6] Sem me propor a isso, estou rebatendo os que dizem que Melanie Klein interpreta e não reconstrói. A verdade é que Klein reconstrói, reconstrói muito e às vezes em demasia, só que suas reconstruções nem sempre são como as de Freud, que não levam em conta o desenvolvimento precoce. Quando reconstruímos o desenvolvimento precoce, não recuperamos lembranças (encobridoras), e sim engramas.

*N. de R.T. Em inglês, como no original.
[7] Publicado no *International Journal* desse mesmo ano e em *Developments in psycho-analysis* em 1952. A nota em que Rivière reafirma, embora atenue, sua adesão à hipótese do narcisismo primário figura na página 41 do livro e está datada de 1950.
[8] Para mais detalhes, ler o artigo "Notas para una historia de la escuela inglesa de psicoanálisis" (Etchegoyen, 1981a).

TRANSFERÊNCIA E FANTASIA INCONSCIENTE

Quando se aplica a teoria da fantasia inconsciente para explicar a transferência, o campo amplia-se notoriamente. Essa teoria, formalizada por Susan Isaacs nas *Controversial discussions* da Sociedade Britânica de 1943 e 1944 (e publicada no *International Journal* de 1948), é a coluna vertebral da investigação kleiniana. Segundo Isaacs, a fantasia inconsciente está sempre em atividade, está sempre presente. Se isso é assim, então poderemos interpretar toda vez que captemos como está operando, em um dado momento, a fantasia inconsciente. Desse modo, o analista tem maior liberdade para interpretar, sem necessidade de que haja uma ruptura do discurso, como, por exemplo, dirá Lacan. O analista kleiniano não tem de esperar essa ruptura do discurso, porque a fantasia subjaz ao conteúdo manifesto mais coerente. Embora eu fale com lógica irretocável, debaixo do que digo estão minhas fantasias ao nível do processo primário.

Pois bem, como expressão típica do sistema Icc, a fantasia inconsciente sempre opera, em algum nível, com os objetos primários e com essa porção de libido insatisfeita que voltou a carregá-los por via regressiva (introversão). Disso decorre, silogisticamente, que a transferência está sempre aludida e, embora em grau variável, está sempre presente. Por isso, Klein diz em Amsterdã, a transferência opera não apenas nos momentos em que o paciente alude de forma direta ou indireta ao analista – ou nas rupturas do discurso, acrescentemos –, mas *permanentemente*, e tudo é questão de saber detectá-la.

PULSÕES E OBJETOS NA TRANSFERÊNCIA

Com o que acabamos de ver, compreende-se por que os analistas kleinianos interpretam mais a transferência, porém ainda há mais. Os analistas dessa escola atentam mais do que os outros à transferência negativa e abrangem, também, o desenvolvimento precoce.

É distintiva da técnica kleiniana a ênfase na transferência negativa. Seus detratores a criticam porque insiste muito nela; os que a defendem dizem que simplesmente não a evitam. Além dessa controvérsia, fica de pé que os kleinianos interpretam mais a transferência negativa.

Desde seus primeiros trabalhos, Melanie Klein sustentou que a transferência negativa deve ser interpretada sem postergação, nem vacilações.[9] Esse é um ponto em que sua polêmica com Anna Freud tornou-se mais patente. Anna Freud disse, em seu *Einführung in die Technik der Kinderanalyse* (1927), que a transferência negativa deve ser evitada na análise de crianças, que é imprescindível reforçar, na criança, os sentimentos positivos e encaminhá-la com medidas pedagógicas. Melanie Klein, ao contrário, dirá, desde os seus primeiros trabalhos – e não mudará pelo resto de sua vida – que o analista deve interpretar sempre imparcialmente, tanto a transferência positiva quanto a negativa, seja seu paciente uma criança ou um adulto, um neurótico ou um psicótico. É interessante assinalar que, nesse assunto, Anna Freud toma uma posição bastante estrita: quando Hermine von Hug-Hellmuth leu seu trabalho pioneiro no VI Congresso Internacional de La Haya em setembro de 1920,[10] advogou por interpretar tanto a transferência positiva quanto a negativa. Anna Freud concorda com Hug-Hellmuth, no entanto, que as medidas pedagógicas são necessárias na análise de crianças, o que Klein combate ardorosamente no *Symposium on Child-Analysis*, ocorrido em maio de 1927 na Sociedade Britânica.

Ao entender o fenômeno transferencial com o instrumento teórico da fantasia inconsciente, Klein afirma por último, como já dissemos, que se podem recuperar na transferência aspectos ligados ao desenvolvimento psíquico precoce. Tal fato implica que há áreas da transferência que têm a ver com o seio, com o pênis, com a figura combinada. O campo ampliou-se, portanto, notoriamente.

Então, a convergência destes três fatores – a ação contínua da fantasia inconsciente, a interpretação da transferência negativa e a existência de uma transferência precoce – explicam por que os analistas kleinianos interpretam a transferência mais do que os outros. É claro que esses três princípios podem ser questionados, mas não podemos ser acusados de inconsistência entre nossos princípios e a práxis.

No próximo item, veremos como Melanie Klein concebe essa transferência chamada de precoce.

ANGÚSTIAS PARANÓIDES E DEPRESSIVAS NA TRANSFERÊNCIA

A tese central do trabalho de Amsterdã é que a transferência parte das angústias persecutórias e depressivas que iniciam o desenvolvimento.

No começo da vida, a criança tem uma relação diádica com o seio da mãe, em que predominam os mecanismos de dissociação que determinam a divisão do objeto em dois, bom e mau, com a conseqüente clivagem no ego e nos impulsos. As pulsões de amor dirigem-se, e ao mesmo tempo, projetam-se no seio bom, que se transforma no centro do amor do bebê e fonte da vida, enquanto o ódio é projetado no seio mau, que desperta a angústia persecutória e (logicamente) a agressão. Durante esse período, que configura a *posição esquizoparanóide* e abrange os três ou quatro primeiros meses de vida, o sujeito é basicamente egocêntrico e a preocupação pelo objeto é nula.[11]

---

[9] O mesmo dizia, em seu Seminário de Técnica de Viena, Wilhelm Reich nessa época, certamente com outro *background* teórico.

[10] Publicado no *International Journal* em 1921, com o título "On the technique of child-analysis".

[11] Como se sabe, em seu ensaio de 1948 sobre as origens da ansiedade e da culpa, Klein atenuou essa afirmação.

Portanto, a teoria da relação (precoce) de objeto de Melanie Klein pode ser resumida, em uma só frase: a criança sente toda experiência como o resultado da ação de objetos. Disso decorre que, logicamente, os objetos serão classificados como bons ou maus segundo suas ações sejam sentidas como positivas ou negativas, benéficas ou maléficas, com seu correlato no sujeito, a dissociação do ego e a polarização dos instintos de vida e de morte. Esse tipo de relação, em que predominam a angústia persecutória e a clivagem (*splitting*), é acompanhado de sentimentos de extrema onipotência e mecanismos de negação e de idealização do objeto bom (para contrabalançar a perseguição).

Essa situação muda, à medida que os processos de integração vão consolidando-se. O seio bom que dá e o seio mau que frustra vão aproximando-se na mente do bebê e, por conseqüência, os sentimentos de amor por aquele começam a se juntar com os de ódio por este, o que traz uma mudança radical frente ao objeto, que Melanie Klein chama de *posição depressiva*. O que melhor define as duas posições kleinianas é, sem dúvida, a natureza da ansiedade, centrada primeiro no temor à destruição do ego e depois no temor a que o objeto (bom) seja destruído – e, com ele, o próprio ego.

Para Melanie Klein, a posição depressiva é básica para o desenvolvimento, pois estrutura o psiquismo e a relação do sujeito com o objeto, com o mundo. Implica a capacidade de simbolizar e de reparar, de se separar do objeto e de lhe conceder autonomia.

Conjuntamente com a posição depressiva, inicia-se o complexo de Édipo (precoce), já que os processos de integração que acabamos de descrever implicam, por um lado, a autonomia do objeto e, por outro, o reconhecimento do terceiro.

De outro ponto de vista, podemos dizer que o desenvolvimento baseia-se, para Klein, nos processos de projeção e de introjeção que operam desde o começo da vida: aqueles condicionam a relação com o objeto externo e a realidade exterior; estes, com o objeto interno e a realidade psíquica (fantasia). E ambas se influenciam mutuamente, já que a projeção e a introjeção funcionam em continuidade.

É justamente sob a égide desses dois processos fundantes que se constitui a relação de objeto e são demarcadas suas duas áreas, o mundo externo (realidade) e o mundo interno (fantasia). Então, entende-se que, para Klein, a transferência tenha a ver com mecanismos introjetivos e projetivos, como por sua vez afirmaram Ferenczi (1909) e Nunberg (1951), e que sustente também que a transferência origina-se nos mesmos processos que determinam a relação de objeto nas fases mais precoces do desenvolvimento. (Writings, v.3, p.53) Entende-se, por isso, que Klein chegue à conclusão de que a transferência deve ser entendida não apenas como referências diretas ao analista no material do analisando, já que a transferência precoce, enquanto afunda suas raízes nos estratos mais profundos da mente, leva a ver o fenômeno como muito mais amplo e abrangente.(p.55)

16

Transferência Precoce: Desenvolvimento Emocional Primitivo

INTRODUÇÃO

Como vimos no capítulo anterior, o termo *transferência precoce* abrange os aspectos mais arcaicos, mais remotos do vínculo transferencial. É um tema complexo e controvertido, porque não há, em absoluto, acordo entre os investigadores do desenvolvimento precoce. Além disso, seja qual for esse desenvolvimento, ainda se deve verificar depois se é suscetível de ser captado e resolvido na análise.

Seguimos o itinerário de duas grandes investigações, iniciadas nos últimos anos da década de 1920 por Melanie Klein e Ruth Mack Brunswick. Não creio ser parcial se afirmo que a obra de Klein é mais transcendente que a de Mack Brunswick, que, pela enfermidade e pela morte, não chegou a se desenvolver plenamente.

A rota aberta por Melanie Klein, com seus trabalhos das décadas de 1920 e de 1930, graças ao instrumento que ela mesma se proporcionou, a técnica do jogo, culmina na metade do século XX com "The origins of transference" (1952a). Embora tenha sido combatida vivamente, a presença do tema na psicanálise atual parece dar-lhe a razão. Não se deve esquecer que Anna Freud, a outra grande figura da psicanálise de crianças, pensava que não era possível, de modo algum, ter acesso a essa área, e assim o afirmaram muitos analistas esclarecidos, como, por exemplo, Robert Wälder (1937) em sua viagem a Londres.

Depois de Melanie Klein, houve por certo outros investigadores que se ocuparam do tema, corroborando alguns de seus pontos de vista e retificando ou refutando outros. Mencionemos, entre os principais, Winnicott, Meltzer, Margaret Mahler, Bion, Kohut, Bleger, Kernberg, Esther Bick e Balint. Entre eles, vamos tomar como eixo de nossa exposição Winnicott, que oferece um desenvolvimento original e atraente, enquanto consideraremos os outros em sua oportunidade, isto é, quando se relacionarem com a técnica psicanalítica.

Sem ânimo de reabrir polêmicas que já estão encerradas, direi que, em três momentos de sua carreira, Melanie Klein tropeçou em uma forte oposição do *establishment* psicanalítico: quando apresentou seus primeiros trabalhos em Berlim, no começo da década de 1920; cerca de 10 anos depois, ao introduzir o conceito de posição depressiva; e, por fim, nos últimos anos de sua vida, quando propôs a teoria da inveja primária.

A ênfase que Klein atribuía ao sadismo oral e sua forma de interpretar diretamente às crianças as fantasias sexuais causaram muita agitação em Berlim, embora Klein não fizesse mais do que confirmar os achados de Abraham, chefe indiscutível dos analistas alemães. Contudo, essas tensões duraram pouco, porque Klein deixou Berlim e instalou-se em Londres em 1926, pouco depois da morte de Abraham, no Natal de 1925.

Em Londres, houve uma época em que toda a Sociedade girava em torno de Melanie Klein, até meados da década de 1930; porém, quando escreve "A contribution to the psychogenesis of manic-depressive states" para o Congresso de Lucerna de 1934, muitos não a seguiram, entre eles Glover, que se declarou abertamente em desacordo, considerando que se havia afastado por completo de Freud e da psicanálise.

O terceiro momento de tensão sobreveio em 1955 quando apresentou, no Congresso de Genebra, seu trabalho sobre a inveja. Ali se afastaram decididamente Paula Heimann, que havia sido seu braço direito durante muitos anos, e Winnicott, que é quem nos interessa neste momento. Quando, em março de 1969, realizou-se na Sociedade Britânica o chamado *Simpósio sobre inveja e ciúmes*, que nunca foi publicado, Winnicott declarou formalmente que, a partir daquele momento, ele tinha uma discrepância maior com Melanie Klein; que não queria ser injusto e mal-agradecido, mas acreditava que, com esse trabalho, Melanie Klein havia tomado um caminho equivocado: a idéia de inveja primária é insustentável.[1] Como se sabe, Winnicott nunca aceitara a teoria do instinto de morte e não é de surpreender, então, que não admitisse uma inveja primária.

A idéia básica de Melanie Klein, em geral, era de que a criança pode sentir inveja do seio que a alimenta e que a alimenta bem. Essa idéia foi e continua sendo muito com-

---

[1] Cito de memória, mas creio que fidedignamente, já que pude ler o Simpósio porém não transcrevê-lo, porque não é um documento público.

batida – hoje talvez menos do que antes. Freud havia dito algo similar com respeito à inveja do pênis na mulher, mas não havia levantado objeções tão fortes. Paula Heimann diz no mesmo Simpósio, quando se separa de Melanie Klein, que a introdução do conceito de inveja do seio muda substancialmente a teoria da libido, porquanto os afetos vêm a ocupar o lugar dos instintos. Porque a inveja, em todo caso, é um afeto, um sentimento, e ela não pode seguir Klein nesse flagrante desvio da teoria instintiva. Paula Heimann, na realidade, poderia ter dito o mesmo a Freud, quando ele introduziu a teoria da inveja do pênis para explicar a psicologia da mulher. Entretanto, as coisas não são puramente científicas. Nem Paula Heimann, nem Winnicott sentem-se incompatíveis com Freud, embora pudessem sentir-se assim, tanto ou mais do que com Klein.

Poderia dizer, em conclusão, que Glover deixa de ser kleiniano, com a teoria da posição depressiva e Winnicott, com a teoria da inveja primária. Todavia, o que nos interessa não é defender posições, e sim assinalar o posicionamento e o ponto de partida de Winnicott, autor que faz um desenvolvimento muito pessoal e criativo a partir de Melanie Klein.

O DESENVOLVIMENTO EMOCIONAL PRIMITIVO[2]

Winnicott separa nitidamente o desenvolvimento emocional primitivo do restante do desenvolvimento humano. O desenvolvimento emocional primitivo compreende os primeiros seis meses da vida, os quais são muito importantes. Os prazos, para Winnicott, não são nada fixos. Winnicott critica Klein por sua forma demasiadamente fixa e precoce de datar o desenvolvimento; ele, com certeza, não tem nada de obsessivo.

A primeira etapa, que corresponde ao desenvolvimento emocional primitivo, está marcada pelo narcisismo primário e, portanto, não há relação de objeto, nem há, tampouco, estrutura psíquica. Esta é uma diferença fundamental entre Winnicott e Klein, que, em dado momento de sua investigação, rompe decididamente com a hipótese do narcisismo primário e que, além disso, sempre havia sustentado que existe um ego desde o começo.

Winnicott mantém (ou volta a manter) a idéia de narcisismo primário e isso significa, em primeiro lugar, que afirmará resolutamente que, se durante os primeiros meses da vida não há uma estrutura psíquica, mal se pode explicar o começo do desenvolvimento em termos de impulsos ou fantasias. Disso deriva, com muita coerência teórica, a idéia de que a criança requer, no começo da vida, um ambiente adequado e de que o destino do desenvolvimento emocional primitivo está totalmente ligado aos cuidados maternos. É interessante ver quais conseqüências Winnicott retira dessa forma de entender o desenvolvimento para dar conta dos fenômenos que ocorrem na transferência. Visto que se pode dizer que essa parte do desenvolvimento não é mentalizada, Winnicott chegará a pensar que o desenvolvimento emocional primitivo estará vinculado a alguma função do analista, que é isomórfica à dos cuidados maternos.

Sem desconhecer que os cuidados maternos são importantes, Klein acredita, no entanto, que a criança participa de início. Winnicott não pensa assim, já que a criança não tem mente. Segundo ele, a mente aparece para compensar a deficiência dos cuidados maternos. Com isso, erige-se uma das idéias mais importantes de Winnicott, a de *falso self*, que ele desenvolve ao longo de toda sua obra e, em especial, em "Ego distortion and the true and false self" (1960a). O falso *self* é sempre conseqüência de uma falha da criação, a tal ponto que, a menos que as circunstâncias externas permitam abandonar essa situação, o indivíduo irá fazê-lo. Se o analista sabe conduzir a análise e dá ao paciente a oportunidade de regressar, o indivíduo volta para trás e começa de novo seu caminho. Winnicott sustenta, não sem um certo otimismo, que nascemos com um desejo de crescer puro e que, se o meio não interfere em demasia, esse desejo leva-nos para diante. Klein, ao contrário, é mais cética; pensa que toda pessoa quer crescer e não quer crescer ou, para dizê-lo em seus próprios termos, há um impulso à integração, mas também um impulso à desintegração, em consonância com sua declarada adesão à teoria dualista dos instintos. É evidente que o conflito entre crescer e não crescer, entre avanço e retrocesso, entre integração e desintegração aparece continuamente no consultório; todavia, poderia ser que Winnicott tivesse razão, no fim das contas, e que o impulso original a crescer existisse sem conflito no princípio da vida e que foram as más experiências que o sufocaram. Essas hipóteses são, por sua índole, como se compreenderá, de difícil refutabilidade. (Voltaremos a esse tema no Capítulo 41, quando falaremos da regressão como processo curativo no *setting* analítico.)

O NARCISISMO PRIMÁRIO SEGUNDO WINNICOTT

No capítulo anterior, dedicamos uma parte aos fundamentos com que Melanie Klein rechaça a hipótese do narcisismo primário. Dissemos que, para ela, há estados narcisistas, isto é, momentos em que se abandona a relação com o objeto externo e em que se paralisam os processos de projeção e introjeção, mas não uma etapa narcisista em que a libido carrega o ego, antes de se aplicar ao objeto, como diz Freud. Digamos, de passagem, que Klein recorda que Freud vacila nesse ponto e cita o artigo da *Enciclopedia* (1923a), para concluir que seu desacordo com Anna Freud é mais radical do que com o pai da psicanálise.

Mais próximo nesse ponto de Anna Freud do que de Melanie Klein, Winnicott diz, de fato, concretamente, que existe uma etapa de narcisismo primário que coincide com o que ele chama de desenvolvimento emocional primitivo. Há, entretanto, um ponto no qual Winnicott aproxima-se

---
[2] Uma exposição lúcida e consistente da obra de Winnicott pode ser encontrada no recente livro de Painceira (1997).

de Klein, porque reconhece à criança nesse estado uma capacidade criativa. A criança tem a capacidade de criar o objeto, no sentido de *imaginar* que há algo com o qual sua fome pode ser satisfeita. Por sua vez, a mãe é capaz de prover o objeto real (e aqui real quererá dizer objetivo, o que não é imaginado). Se a mãe aproxima o seio e dá-lhe o leite, oferece um ponto de coincidência que leva a criança a pensar que ela criou esse objeto. Nesse sentido, diz Winnicott, esse objeto é parte da criança, ou seja, que não se modificou a estrutura narcisista, mas, ao mesmo tempo, criou-se algo novo, que Winnicott chama de *área da ilusão*.

Winnicott emprega duas expressões, que toma da psiquiatria, para dar conta desse processo: alucinação e ilusão. Ball definiu a alucinação como uma percepção sem objeto, ao passo que, na ilusão, o objeto existe, porém sua percepção está distorcida. O bebê primeiro alucina o seio e, quando a mãe o dá para ele, tem a *ilusão* de que esse objeto foi criado por ele. Em outras palavras, o bebê alucina o seio como algo que tem de existir para seu impulso e, depois que a mãe lhe dá o seio, como o objeto agora existe na realidade, a alucinação transforma-se em ilusão, no sentido psiquiátrico dessas palavras. Por isso, diz Winnicott, belamente, a tarefa fundamental da mãe é ir retirando paulatinamente a ilusão de seu bebê e com isso vai transformando a situação, inicialmente alucinatória e depois ilusória, em real. Desse modo, estabelece-se a relação de objeto: no momento em que me dou conta de que o seio não é produto de minha criação, mas que tem autonomia, terei feito a passagem da área da ilusão à da relação de objeto.

Nesse ponto, a concepção winnicottiana apresenta algumas diferenças em relação a Freud. O narcisismo sustentado por Freud parece-me mais estrito, enquanto que Winnicott postula que a idéia do objeto está dentro do indivíduo e não provém, portanto, do primeiro engrama de satisfação. Freud põe o ponto de partida do desenvolvimento na marca mnêmica da primeira experiência de satisfação. Winnicott prescinde da teoria da marca mnêmica e pensa, além disso, que seu conceito de ilusão é prévio ao de fantasia inconsciente de Klein e Isaacs, que já implica o objeto. Há mais aparelho psíquico para Susan Isaacs do que para Winnicott, embora a diferença seja para mim aleatória, nesse aspecto, e sirva talvez mais para classificar os analistas por escola do que para caracterizar os fatos.

A distância entre a fantasia inconsciente de Isaacs e a alucinação de Winnicott não me parece muito longa e, no melhor dos casos, existe mais nas palavras do que nas teorias. Os etólogos não duvidariam em qualificar a alucinação de Winnicott como um conhecimento filogenético do *Homo sapiens*, e pessoalmente não consigo compreender que diferença há entre a alucinação de Winnicott e a pré-concepção de Bion, salvo que os dois pertencem a diferentes escolas de pensamento. Parece-me que Winnicott chama de alucinação o que já é uma idéia do seio, mas talvez aqui eu mesmo não faça mais do que professar meu próprio credo. Apoiada no Freud dos *Três ensaios*, Susan Isaacs (1943) sustenta que fim e objeto são características definidoras do instinto; que instinto, mecanismo e objeto estão indissoluvelmente ligados. O distintivo do pensamento kleiniano é que a realidade exterior só irá confirmar ou refutar um dispositivo instintivo genético.

Fiel à hipótese do narcisismo primário, Winnicott diz que a idéia de objeto ainda não vigora quando a criança alucina o seio como algo que tem de existir para seu impulso. Esse ponto de vista é bastante discutível, e com ele a teoria do narcisismo primário, sustentada por Winnicott. Por que Winnicott diz que o objeto ainda não está? Se alucino que "há algo que", por que não chamar de "objeto" esse *algo que*? Para mim, é difícil pensar que, quando a criança alucina o seio, ainda não tem uma relação com esse objeto, cujo conhecimento vem com o genoma. Desse modo, a área da ilusão, que é, sem dúvida, um conceito básico da psicologia de Winnicott, seria um primeiro contraste com o objeto externo, com a realidade. Porém, deixemos por um momento a teoria e vejamos como se traduz tudo isso na transferência.

UMA CLASSIFICAÇÃO PSICOPATOLÓGICA

Em termos da abordagem técnica, Winnicott (1945, 1955) divide os pacientes em três tipos, que em última instância podem reduzir-se a dois. Há, por um lado, os pacientes neuróticos, nos quais se alcançou um alto grau de maturação. Relacionam-se com objetos totais, diferenciam objeto e sujeito, distinguem o dentro do fora, o interno do externo. São as pessoas que sofrem no nível das relações interpessoais e das fantasias que colorem essas relações. Por outro lado, há os pacientes que não puderam superar o que Winnicott chama de *etapa do concern*, ou seja, a posição depressiva; são pacientes depressivos, melancólicos ou hipocondríacos, nos quais está fundamentalmente em jogo o mundo interno do paciente, não estritamente as relações objetivas interpessoais. Se esse grupo é distinto do anterior, ainda se pode aplicar a ele a técnica clássica, que nos ensinou Freud. E, por fim, há os pacientes em que o perturbado é o desenvolvimento emocional primitivo. Neles, existe uma *transferência precoce* que não é de modo algum superponível à neurose de transferência dos outros casos. Convém destacar que Winnicott está empregando a expressão neurose de transferência em sentido amplo, como aquilo que se cristaliza no tratamento. De modo que há, portanto, duas formas de transferência: a neurose de transferência típica (regular), na qual se reproduzem situações do passado no presente, como diz Freud em 1914, e a transferência precoce, que corresponde ao desenvolvimento emocional primitivo. Nesta, diz Winnicott, não é que o passado venha até o presente (ou se reproduza no presente), mas é o presente que se transformou pura e simplesmente no passado: o fenômeno transferencial tem aqui uma realidade imediata, e isso obriga o analista a enfrentá-lo não mais com sua bagagem convencional interpretativa, e sim com *atitudes*.

Apesar de que nem sempre seja claro que atitudes Winnicott preconiza, é evidente que pensa que o desenvolvimento emocional primitivo é inacessível à interpretação, que não é uma questão de compreendê-lo, mas de refazê-lo (ou, mais ainda, de deixar que ele espontaneamente se refaça). Voltaremos a falar disso quando tratarmos da regressão no *setting*; porém, digamos desde já que as proposições de Winnicott abrem, no meu entender, duas interrogações: 1) em que consiste essa atitude que substitui a interpretação? e 2) quando e por que alguém vai decidir que a técnica convencional (interpretativa) já não é operante e que se deve dispor a proceder de outra forma?

A MÃE SUFICIENTEMENTE BOA ("GOOD ENOUGH MOTHER")

Como dissemos no segundo item, o ponto-chave de toda a doutrina de Winnicott é a função da mãe. O desenvolvimento emocional primitivo não é concebível sem ela. Além de seu impulso a crescer, a amadurecer, a criança depende inteiramente da mãe para transitar por esse difícil momento que vai desde o narcisismo primário até a relação de objeto. Na realidade, Winnicott propõe aqui uma posição metodológica que deriva coerentemente de suas teorias: se a criança cursa um período de narcisismo primário em que, por definição, não se diferencia da mãe, então é logicamente impossível estudá-lo separadamente dela. Nesse primeiro momento de seu desenvolvimento, a criança não é ainda o que se pode chamar de uma pessoa, um indivíduo. A criança não tem impulsos e fantasias. Não se trata apenas de que Winnicott rechace a idéia de instinto de morte ou de inveja primária. Toda a vida pulsional da criança está colocada, nesse momento, entre parênteses. Sem desconhecê-lo, inclusive o sadismo oral é visto a partir de outra perspectiva. Winnicott dirá que, na *etapa de preconcern*, que corresponde ao desenvolvimento emocional primitivo, a atitude impiedosa e cruel da criança, que ele chama de *ruthlessness*[3], não tem a ver com desejos sádicos, mas com necessidades que a criança tem e que a mãe é capaz de compreender. O desenvolvimento emocional primitivo é cumprido se e somente se a mãe dá ao filho, e de forma adequada, aquilo de que ele necessita: a gratificação necessária e também a frustração necessária. Uma mãe demasiado solícita anula o desenvolvimento do filho, porque o mantém na etapa de narcisismo primário.

O recém-nascido não pode controlar seus impulsos, porque na etapa do narcisismo primário os impulsos provêm de fora, e a mãe tem de contemplar essa situação: a criança não traz conflitos, o conflito vem de fora; e, à medida que a mãe cumprir medianamente bem sua tarefa, à medida que for, diz Winnicott, uma *mãe suficientemente boa* (não uma mãe perfeita), seu filho se desenvolverá bem. É quando a mãe falha que sobrevêm obstáculos no desenvolvimento. Winnicott chama esses obstáculos de *impingement*, que quer dizer algo assim como perturbação ou produzir impacto.

Uma mãe suficientemente boa é aquela capaz de se colocar nesse difícil ponto em que convergem a alucinação e a realidade na *ilusão* da criança de ter criado esse objeto; também é a capaz de ir retirando pouco a pouco a ilusão de seu bebê. Essa desilusão consiste em que o bebê vá se dando conta de que o objeto não foi criado por ele. A resultante desse processo é a constituição de um vínculo. Em outras palavras, a área da ilusão transforma-se em um vínculo, em uma relação de objeto.

É compreensível que os autores que aceitam o narcisismo primário dêem mais importância à agressão do ambiente que à do sujeito nesse momento do desenvolvimento. Winnicott acredita que, apenas não sendo perturbada, a criança crescerá bem, como se o impulso ao desenvolvimento fosse anterior à área de conflito e independente dela, o que é no mínimo discutível. Todo ganho implica uma perda: quem não gostaria de ficar no útero e quem não gostaria de sair dali? O útero é muito cômodo, mas aborrecido; fora é difícil, porém mais divertido.

OS PROCESSOS DE INTEGRAÇÃO

Um dos principais trabalhos de Winnicott é "Primitive emotional development" (1945), no qual são expostos os processos fundamentais do ego precoce, que são a integração, a personalização e a realização.

Winnicott postula um estado primário de *não-integração* e diferencia-o da *desintegração* como processo regressivo. O estado primário de não-integração proporciona uma base para que se produza o fenômeno da desintegração, sobretudo se falha ou se atrasa o processo de integração primária. A diferença decisiva entre esses dois processos é que a não-integração é acompanhada de um ânimo tranqüilo, enquanto a desintegração produz medo.

Portanto, o *estado primário de integração* é um aspecto fundamental do desenvolvimento emocional primitivo, que vai construindo-se nos primeiros meses de vida a partir de dois tipos de experiências: a técnica dos cuidados maternos e as experiências agudas instintivas, que tendem a juntar a personalidade a partir de dentro (Winnicott, 1945, p.140).

O processo de *personalização*, que consiste em que a pessoa esteja em seu corpo, corre parelho com o de integração, do mesmo modo que a despersonalização com a desintegração. A despersonalização da psicose relaciona-se com o retardo dos processos precoces de personalização.

Por último, o processo de adaptação à realidade, ou de *realização*, consiste no encontro da mãe e do bebê nessa área da ilusão que já descrevemos (p.141).

Parece-me que Winnicott pressupõe infinitas possibilidades dentro do narcisismo primário, que só ulteriormente vão organizando-se. Inicialmente, narcisismo primário implica *não-integração*, no sentido de que, quando sinto fome, sou uma criança frenética, irritada, e quando me dão o seio sou uma criança tranqüila. Sendo assim, não preciso integrar esses dois aspectos e, por conseguinte,

---

[3] *Ruthless* quer dizer sem piedade, cruel, sem misericórdia.

posso ser em um momento isso e em outro momento aquilo, sem que haja um processo de dissociação. Winnicott distingue rigorosamente não-integração de dissociação, o que Melanie Klein não faz. Winnicott diz que os fenômenos de não-integração não são necessariamente acompanhados de angústia, enquanto os de dissociação sim, porque na dissociação já existe a perseguição ou a perda. Nesse ponto, as idéias de Winnicott são muito convincentes, ao passo que Melanie Klein flutua entre a não-integração como processo do desenvolvimento e a dissociação como defesa. Esse ponto, que não chega a ser resolvido em Melanie Klein, reaparece no pensamento pós-kleiniano a partir do trabalho de Esther Bick (1968) sobre a pele que contém o *self*. Meltzer diz, no Capítulo IX de *Explorations in autism* (1975), que o trabalho de 1968 abriu o problema da não-integração em contraste com a desintegração, e relacionou-o com um objeto continente defeituoso(p.234); porém a verdade é que Winnicott já havia proposto isso em "Primitive emotional development" em 1945. Para ser mais exato, quero assinalar que a idéia parte de Glover, com seus núcleos do ego, trabalho ao qual Klein refere-se subestimando-o em seu escrito sobre os mecanismos esquizóides de 1946.

O DESENVOLVIMENTO EMOCIONAL PRIMITIVO NA TRANSFERÊNCIA

Fizemos uma resenha breve e incompleta das teorias de Winnicott, não para expô-las rigorosamente, mas apenas como uma necessária introdução ao que realmente nos interessa em um livro como este: a técnica de Winnicott.

No trabalho que apresentou no *Simpósio sobre a transferência*, no Congresso de Genebra de 1955, Winnicott (1956) sustentou que, quando o desenvolvimento emocional primitivo falhou, o que devemos fazer, como analistas, é dar ao paciente a oportunidade de reparar essas falhas. No entanto, nos neuróticos e mesmo nos depressivos, que alcançaram de alguma forma a posição depressiva, a técnica clássica pode ser mantida. Como veremos, ao falar da regressão e do enquadre, o paciente que teve seu desenvolvimento emocional primitivo perturbado requer uma experiência concreta, que lhe permita regressar e iniciar de novo seu caminho.

Para compreender Winnicott nesse ponto, deve-se recordar o conceito de *falso self*. Quando a mãe não sabe conformar o ambiente de que seu bebê necessita – porque, em vez de responder adequadamente a suas necessidades, interfere nelas –, ela obriga a criança a ter um desenvolvimento especial e aberrante que leva à formação de um falso *self*, que a suplanta em suas deficiências. O falso *self*, diz Winnicott (1956), é, sem dúvida, um aspecto do verdadeiro *self*, ao qual protege e oculta como reação às falhas na adaptação. Desse modo, o falso *self* desenvolve-se como um padrão de conduta que corresponde à falha ambiental (p.387).

Se compreendermos que essa é a real situação do paciente, poderemos dar-lhe a oportunidade de voltar ao ponto de partida e iniciar um novo desenvolvimento de seu *self* verdadeiro. Nisso é decisiva a compreensão do analista e a capacidade de não interferir no processo de regressão. Se nos prestamos a acompanhar o paciente nesse difícil trânsito até as fontes, devemos estar dispostos a nos equivocar, alerta-nos Winnicott, porque não há analista, por mais competente que seja, que não interfira. Quando for assim, o paciente perceberá nosso erro e então, pela primeira vez, se irritará. Contudo, essa irritação não se refere ao erro que o analista acaba de cometer, mas a um erro de sua criação, frente à qual o paciente reagiu configurando um falso *self*, porque obviamente não estava então em condições de protestar. A chave é que o paciente utiliza o erro do analista para protestar por um erro do passado, e isso deve ser considerado assim (p.388).

Nesse sentido, a transferência das fases precoces do desenvolvimento tem, paradoxalmente, um significado real. O analisando está reagindo por algo que lhe ocorreu em sua infância, irritando-se por um erro *real* que o analista cometeu, e o que o analista tem de fazer é respeitar essa irritação, que é certa e justificada. É real porque se refere a um erro que cometi em minha tarefa, e o que tenho de fazer é admiti-lo e, se necessário, estudar minha contratransferência, mas nunca interpretá-lo porque, se o fizesse, estaria utilizando a interpretação de maneira defensiva, para desqualificar um juízo certeiro de meu analisando.[4] Ao finalizar sua exposição em Genebra,[5] Winnicott diferencia com rigor o trabalho clínico com as duas classes de pacientes que está considerando.

O paciente que apresenta falhas em seu desenvolvimento emocional primitivo tem de passar pela experiência de ser perturbado e reagir com (justificada) raiva. Para isso, utiliza as falhas do analista. Nessa fase da análise, prossegue Winnicott, o que se poderia chamar de resistência, quando se trabalha com pacientes neuróticos, indica aqui que o analista cometeu um erro, e a resistência continua até que o analista descubra e assuma seu erro (1956, p.338)

O analista deve ficar alerta e dar-se conta de seu erro cada vez que surja a resistência; além disso, e deve saber que é apenas usando seus próprios erros que pode prestar seu melhor serviço ao paciente nessa fase da análise, isto é, dar-lhe a oportunidade de que se irrite pela primeira vez com os detalhes e as falhas de adaptação que produziram a perturbação de seu desenvolvimento.

Compreende-se que, a partir desse ponto de vista, Winnicott sustente que, nesses casos, a transferência ne-

---

[4] Embora esta não seja a oportunidade para discutir tal idéia, quero assinalar que nem nesse caso, nem em nenhum outro, a interpretação deve desqualificar o que, mal ou bem, pensa o analisando. A interpretação não deve ser uma opinião, mas sim uma conjectura do analista sobre o que o paciente pensa, ou seja, sobre seu inconsciente.

[5] O trabalho de Genebra foi publicado no *International Journal* de 1956, com o título "On transference", e em *Through Paediatrics to Psicho-Analysis* (1958) como "Clinical varieties of transference" (Cap. 23).

gativa da análise do neurótico fica substituída por uma irritação objetiva com as falhas do analista, o que implica uma diferença significativa entre os dois tipos de trabalho (p.388).

Winnicott considera que esses dois tipos de análise não são incompatíveis entre si, ao menos em seu próprio trabalho clínico, e que não é muito difícil mudar de um para o outro, de acordo com o processo mental que ocorre no inconsciente do analisando.[6]

Fica para o futuro, diz Winnicott ao encerrar seu importante artigo, o estudo detalhado dos critérios pelos quais o analista pode saber quando surge uma necessidade do tipo das que se devem manejar por meio de uma adaptação ativa, pelo menos com um sinal ou mostra de adaptação ativa, sem nunca perder de vista o conceito de identificação primária (p.388).

Com esses últimos comentários, Winnicott vem mostrar que as duas técnicas que inicialmente se propunham como diferentes e distantes podem alternar-se não apenas no mesmo analisando, mas também na mesma sessão. Desse modo, a classificação perde consistência e a técnica adquire, em meu entender, um viés demasiado inspiracional. Por outro lado, é inevitável que, quando são introduzidas medidas de exceção para os casos mais difíceis, surja o desejo de aplicá-las aos mais simples, pensando-se que quem pode o mais pode o menos.

---

[6] "I have discovered in my clinical work that one kind of analysis does not preclude the other. I find myself slipping over from one to the other and back again, according to the trend of the patient's unconscious process" (1956, p. 388). (Esta citação foi ligeiramente modificada, na recompilação de 1958, mas o sentido, para mim, continua sendo o mesmo.)

17

Sobre a Espontaneidade do Fenômeno Transferencial

Desejo resenhar, a seguir, duas breves experiências que, em meu entender, apóiam a idéia de que a transferência aparece espontaneamente e desde o começo. São dois casos muito particulares, em parte semelhantes e em parte opostos, em que a transferência impõe-se de imediato, sem que nem o *setting*, nem minhas "teorias" pareçam ter pesado. Por se tratar de dois colegas, terei de omitir certos dados, que também teriam apoiado a tese que sustento.

MATERIAL CLÍNICO Nº 1

Há vários anos, no final de um mês de outubro, consultou-me por telefone uma colega que se encontrava muito deprimida depois da morte de sua única irmã. (Um irmão dois anos mais moço havia morrido ao nascer). Queria realizar algumas entrevistas antes das férias de verão e considerava que eu era o mais indicado. Aceitei vê-la, apesar de minhas escassas disponibilidades de tempo, certo de que não passaria de uma psicoterapia breve, de tempo limitado pelas férias três meses depois, à maneira de uma *crisis intervention*.

Com esse plano em mente, consenti em ter com ela uma entrevista, na qual lhe falei de meu tempo escasso e ela aceitou ver-me uma vez a cada quinze dias. Confiava que isso lhe bastaria para superar seu estado de depressão e angústia. Ficou bem claro que, caso pensasse reanalisar-se no futuro, não haveria nenhuma possibilidade de que eu pudesse dispor de tempo para fazê-lo. Combinamos um horário fixo, uma vez a cada duas semanas, e disse-lhe que talvez, em janeiro, pudesse dar-lhe uma entrevista por semana. Ficou também combinado o valor de meus honorários, que decidiu pagar a cada vez que viesse. Com isso, creio que ela mesma acentuava o caráter esporádico dos encontros.

Durante novembro e dezembro eu a atendi, efetivamente, como havíamos combinado: nas quintas-feiras, de quinze em quinze dias. Durante essas sessões, umas quatro ou cinco no total, ela falou extensamente de sua irmã falecida, de sua mãe, morta havia muitos anos, de seu pai e de uma tia (irmã do pai) que viviam longe de Buenos Aires e aos quais planejava ir visitar durante as férias de fevereiro. Falou-me do caráter de seu pai e de sua tia e dos temores que tinha de que a convencessem a ficar morando com eles. Falou de seu marido (falecido), de seus filhos já casados (o mais moço recentemente) e também de seus analistas anteriores. Haviam sido vários e todos a tinham ajudado. Falava deles com respeito e gratidão, sem excessos e sinceramente.

Durante essas entrevistas, não fiz outra coisa senão escutá-la com atenção e intercalar circunspectamente alguma pergunta ou comentário para facilitar o desenvolvimento de seu relato. Apesar de ter-se colocado no divã (e não em uma poltrona simétrica à minha, que tenho para as entrevistas), permaneceu sentada e falou com espontaneidade e franqueza, mas sem associar livremente. O material onírico só apareceu muito contingentemente. Por minha vez, não fiz absolutamente nenhuma interpretação. Não vinha ao caso para o tipo de psicoterapia que me havia proposto a realizar.

Logo após as primeiras entrevistas, digamos ao finalizar o primeiro mês de tratamento, disse sentir-se muito melhor, aliviada de sua angústia e depressão, o que era visível. Ela atribuiu sua melhora à minha psicoterapia, que lhe tinha permitido falar com alguém de seus problemas e ser escutada. Eu lhe recordei que isso podia dever-se, também, ao efeito da imipramina que havia começado a tomar antes de vir ver-me, já que esse medicamento tem um período de latência para começar a agir; contudo ela se sentiu mais inclinada à sua própria explicação do que à minha.

Apesar de ser certo que não fiz nenhum tipo de interpretação durante os dois primeiros meses do tratamento (se assim pode ser chamado), desejo assinalar que meu comportamento foi completamente analítico quanto às normas clássicas do enquadre: eu a atendi pontualmente, as entrevistas duraram 50 minutos, guardei a distância e a reserva de sempre, etc. Por sua vez, a paciente adaptou-se sem inconvenientes a esse tipo de relação e não pretendeu modificá-la por sua condição de colega e de ex-aluna do Instituto.

A primeira sessão quinzenal de janeiro foi quinta-feira, dia 5, e nela se repetiu o desenvolvimento das entrevistas anteriores. Falou de sua ansiedade por sua viagem próxima, que sua tia a tinha chamado por interurbano para lhe pedir que fosse logo, porque o pai estava com a saúde delicada, etc. Perguntou-me se eu poderia dar-lhe mais horas em janeiro, como lhe havia prometido e respondi-lhe que sim, embora não dispusesse de horário nesse momento. Pedi-lhe que me ligasse nesse fim de semana para combinar uma hora para a semana seguinte. Perguntou-me também se haveria alguma possibilidade de que eu dispusesse de hora para analisá-la depois das férias ou mais adiante, e respondi-lhe que, infelizmente, nada havia mudado quanto às minhas disponibilidades de tempo livre, que ela já conhecia. Ela supunha que seria assim; porém, visto que gostaria muito de se analisar comigo, quis perguntar-me sobre isso concretamente. Acrescentou que poderia esperar-me, se eu assim o dispusesse. Havia passado sua crise – comentou – e não acreditava ter nenhum problema urgente a ponto de se analisar de imediato. Direi, entre parênteses, que pela forma como colocou o problema, nesse momento, confirmei minha primeira impressão de que se tratava de um caso neurótico e não grave, uma das boas histéricas de Elizabeth R. Zetzel.

Não me ligou, no fim de semana e veio em sua hora habitual na semana seguinte, na quinta-feira, 19 de janeiro. Desculpou-se porque não pôde ligar-me, deixou assim, esqueceu e finalmente não o fez. Fiel à técnica que eu me havia imposto, não interpretei nada a esse respeito e, quando me pediu uma hora para a semana seguinte, dei-lhe a segunda-feira, dia 23, a uma hora que lhe era conveniente. Começou, então, a falar extensamente do pai, de seus conflitos com ele e da necessidade que tinha de se reanalisar para resolvê-los. Enquanto falava desses temas, já comuns a entrevistas anteriores, começou a chorar copiosamente. Seu pranto chamou-lhe muito a atenção, mais que a mim, que não a conhecia o bastante. Disse que as saxãs, como ela, raras vezes choram. Não se explicava esse pranto e ela não lembrava de ter chorado assim em muitos anos. O tema de sua viagem e das férias voltava sem cessar em seu material, regado com um pranto generoso e incoercível. Não podia explicar o que lhe estava acontecendo. Tentava ligar seus fortes sentimentos de pena e de dor a seus numerosos lutos (presentes, passados e futuros), mas ela própria não se sentia satisfeita com essas auto-interpretações.

Como a situação não cedia, resolvi então fazer a primeira interpretação desse peculiar e interessantíssimo tratamento. De forma muito hipotética, dado que eu mesmo não acreditava nisso totalmente, perguntei-lhe se não estaria chorando porque se aproximava o fim das entrevistas e pela separação que nos imporiam as férias, ainda mais depois que, na sessão anterior, tínhamos voltado à idéia de que eu não disporia de tempo para me encarregar de seu tratamento, caso quisesse reanalisar-se.

Aceitou sem rodeios a interpretação e notou que se acalmava subitamente. Deixou de chorar e à sua angústia sobreveio um sentimento de assombro pelo que lhe havia ocorrido. Em todos os seus anos de análise, certamente não haviam faltado interpretações sobre a angústia de separação, seja a propósito de fins de semana ou das férias, mas nunca lhe haviam soado tão certas como essa. Como podia ser que fosse justamente dessa vez que uma interpretação ouvida tantas vezes (e tantas vezes formulada por ela mesma, como analista) repercutisse dessa forma?

O achado implícito em suas associações, que eu pudesse ter interpretado melhor que os outros, não tinha muito lugar. A minha foi uma interpretação de rotina, imposta pelo imediato da situação e depois que as explicações mais justificáveis (as auto-interpretações sobre seus diversos lutos) tinham-se mostrado inoperantes. Supus, portanto, que teria coincidido algo mais para que houvesse uma reação tão forte em minha colega (e digo colega porque o era mais que paciente, para mim, nesse momento).

De qualquer modo, quando, depois desse episódio, tornou a falar de minhas férias e da separação comigo, voltou a chorar, quase como uma comprovação experimental de que era isso o que efetivamente lhe acontecia.

Na segunda-feira, dia 23, veio novamente tranqüila, como nas sessões anteriores, quando já havia melhorado, e voltou a comentar com assombro o que lhe havia acontecido. Nunca havia sentido antes de forma tão imediata e convincente a famosa angústia frente à separação como na quinta passada. E continuava sem se explicar o porquê. Voltou depois a seus temas habituais, seu pai, sua tia, sua viagem, seus amigos (que são muitos e bons), seu trabalho. Disso passou a alguns comentários sobre a crise institucional. Desde o primeiro momento, alinhou-se com o grupo independente e não a fez duvidar, a esse respeito, sua boa relação com o doutor X, do qual foi ajudante em um seminário e a quem aprecia como mestre e colega. Um tempo antes, esse colega havia-lhe perguntado qual era sua posição. Foi um momento muito tenso, mas pôde dizer-lhe com franqueza. No dia seguinte, quando se encontrou com ele na Associação, viu com dor que lhe tinha virado a cara para não cumprimentá-la. Como é de se esperar, não fiz comentário algum sobre esse tema e não o pensei ligado ao material anterior. (Não se deve esquecer que eu não estava pensando em interpretar o que ouvia.)

Combinamos que teríamos uma nova entrevista na sexta-feira, dia 27, e ofereci-lhe outra mais, se o desejasse, para encerrar o ciclo.

Na sexta-feira, 27, veio com muito entusiasmo, e voltou a se mostrar interessada na intensidade de sua reação pelas férias. Reiterou que nunca o havia sentido de forma tão viva e contundente. Apesar de não ter dúvida de que seu pranto referia-se concreta e inequivocamente a minhas férias, não se explicava sua qualidade e sua intensidade. Nunca tinha chorado assim antes em todos os seus anos de análise; mais ainda, em toda a sua vida, talvez. Só pôde comparar o pranto que sentiu agora com o de uma recordação de seus cinco ou seis anos. Seus pais foram para a praia, de férias, e a deixaram em casa de castigo. Sentiu, então, a mesma dor e ressentimento que havia sentido comigo na quinta-feira, dia 19, e chorou tão copiosa e desconsoladamente como agora.

Aqui, já não tive nenhuma dúvida de que era uma repetição (transferencial) daquele episódio (recordação encobridora) dos cinco ou seis anos. Para resolver o enigma, faltava apenas ver por que havia sido castigada, naquela ocasião e ver se tinha recebido um castigo semelhante de minha parte.

Disse que não podia recordar de modo algum o motivo da penitência, mas sim seus vivos sentimentos de então. Contou-me, de passagem, que viajaria para a casa de uns amigos nos primeiros dias da semana seguinte, antes de partir para a de seu pai, e com isso entendi que estávamos realizando nossa última entrevista. Havíamos combinado que, em seu regresso, ela me ligaria para voltarmos a nos reunir e discutir quem poderia ser seu analista. Ela tinha pensado em alguns colegas e trocaríamos idéias a respeito.

Quando estávamos para nos despedir, lembrou-me de que eu lhe tinha prometido uma hora a mais, antes das férias, e disse-lhe que não a ofereci, por causa de sua viagem ao Uruguai. Respondeu-me que, se eu dispunha dessa hora, ela postergaria sua viagem a Montevidéu de sábado para segunda-feira. Propus-lhe, então, que viesse no dia seguinte (sábado, dia 28) para não transtornar seus planos de viagem.

No sábado, dia 28, disse-me que não havia conseguido lembrar o motivo da penitência daquela viagem dos pais à praia, porém lembrava-se claramente de algo que lhe aconteceu na mesma época. Considerando-o bem, poderia ter sido o motivo da penitência. Ou não. Não estava certa. De qualquer modo, ia contar-me o que recordou. Nessa época, contou à tia (a irmã do pai) que a mãe não gostava dela e que a tratava sempre mal e com injustiça. A tia não aceitou sua história e comentou-a com os pais. O pai disse-lhe que essas coisas não se dizem "fora da família" e vê ainda plasticamente o olhar cheio de pesar de sua silenciosa mãe. Talvez tenha sido por essa desobediência e por essa traição que os pais a castigaram não a levando.

Ficou em silêncio, e perguntei-lhe em que medida ela poderia ter feito a mim algo assim, algo que reproduzisse aqueles sentimentos de rebeldia infantil frente aos pais. E de traição, acrescentou ela.

Ficou novamente em silêncio e disse que não conseguia explicá-lo. Pedi-lhe que associasse livremente, e sua primeira associação já não me surpreendeu. Disse-me às vezes que se sentia incômoda frente a mim, porque não havia passado para a nova Associação, mas esse não podia ser o motivo. Pensava passar mais adiante, etc. Além disso, sabia que isso não podia influenciar-me, conhecendo-me como me conhecia.

Disse-lhe que sua associação era muito pertinente e que, de fato, ela sentia que eu ia sair de férias sem ela para castigá-la por sua "traição", por não passar para a nova Associação. Agora se explica, acrescentei, por que na sessão da segunda-feira, dia 23, falou extensamente de seus desencontros com X. Por meio dessas associações, estava dizendo-me que pensava que eu também tinha-lhe virado a cara por sua "traição".

Lembrou-se de imediato que, quando pensou em fazer essas entrevistas comigo, teve o temor de que eu não quisesse concedê-las, por ela não pertencer à nova Associação.

Na volta de sua viagem, tivemos uma última entrevista. Pediu-me conselho para escolher seu novo analista e aceitou o que lhe sugeri. Com sua nova análise, entendo que resolveu seu problema com os pais, que tão espontânea e candidamente me havia transferido.

MATERIAL CLÍNICO Nº 2

Quero relatar agora o sonho de outra colega, a quem tratei muito informalmente por uma crise depressiva após a morte de seu marido. É um caso bastante diferente do anterior, porque dessa vez se tratava de uma amiga. Quando sua depressão aumentou, como não quis voltar à sua analista, preferiu pedir-me que a ajudasse. Aceitei sua proposta, sabendo que não trabalharia nas melhores condições, porque éramos amigos; porém ela pretendia uma ajuda mais amistosa do que psicoterapêutica.

Combinamos nos ver uma vez por semana, nas segundas-feiras à noite, e eu me recusei a lhe cobrar honorários, embora ela o tivesse preferido. O tratamento durou apenas algumas semanas e nós o suspendemos de comum acordo, quando ela notou que havia superado a parte mais difícil do trabalho de luto e pensou (com razão, a julgar pelo que aconteceu depois) que já estava em condições de continuar por sua conta.

Durante o primeiro mês desse singular tratamento, cancelei uma das entrevistas. Fiz isso sem maior preocupação, pelo enquadre frouxo com que havíamos definido a relação. Ela aceitou de bom grado e não quis vir em outra hora para não me incomodar. Disse que compareceria na semana seguinte, na hora de costume.

Chegou muito abatida e disse que sua depressão tinha-se acentuado. São as alternativas do trabalho de luto sentenciou, enquanto eu afastava de minha consciência a idéia "absurda" de que pudesse ter influído em seu estado de ânimo o cancelamento da segunda-feira anterior. Reconfortei-me, dizendo para mim mesmo que seu luto era muito recente e que as entrevistas que estávamos tendo não podiam pesar dessa maneira em seu estado de ânimo.

Voltou a seu tema habitual, falou de seu marido, da doença que o levou à morte, de recordações e episódios com ele dos últimos anos. Também comentou o pesar de seus dois filhos, já casados, pela morte do pai. Seus filhos e suas noras a ajudavam, sublinhou, e isso a fazia não se sentir tão só. Voltou a sonhar com Ricardo (seu marido): "Sonhei que estávamos cruzando o canal da Mancha em um barco, da Inglaterra para a França, de Dover a Calais. Ricardo vinha atrás de mim, com um traje Príncipe de Gales que lhe caía muito bem e um montão de malas. Porém, entre mim e ele se interpunha um montão de gente. Eu me sento em um banco, que curiosamente se estende ao longo da coberta do barco. Na parte em que me sento, esse banco tem uma forma muito particular, de cotovelo, de modo que Ricardo e eu ficávamos quase frente a frente. Olho, mas Ricardo não está. Começo a buscá-lo com o olhar e não o encontro".

Nem bem escutei o sonho, tive uma associação contratransferencial que logo descartei: pensei se o Ricardo do sonho não poderia ser eu, que não lhe dei sua última sessão. Raciocinei de imediato que somente uma irritante deformação profissional poderia fazer-me pensar dessa maneira, pois nenhum analista, em são juízo, pensaria assim quando ainda não se havia constituído a relação analítica, nem se configuraria, por outro lado, de acordo com o combinado. Ricardo era realmente o nome de seu marido recém-falecido. Além disso, ela me chamava de Horacio, como todos os meus amigos, e apenas se recordava de que meu primeiro nome é Ricardo. Pedi-lhe associações.

Associou então, como era de se esperar, com seu marido. Sua morte tinha vindo a frustrar uma viagem já planejada para a Europa. Queriam ir à Inglaterra, visitar Londres uma vez mais, e tinham o propósito de chegar à pequena cidade em que tinha nascido seu pai, que morreu quando ela era pequena. Também iriam à Itália e, certamente, à França. Como se pode conceber uma viagem à Europa que não passe por Paris? Paris a encanta, é uma cidade sem par. Também gosta de Londres. E Florença. Esteve lendo ultimamente os autores franceses e nota que cada vez gosta mais deles. Não diria Lacan, que é tão difícil, mas sim Lebovici e Nacht, Laplanche e Pontalis. Leu recentemente um belo trabalho de Widlöcher. Foi afastando-se sem sentir, nos últimos anos, da escola inglesa, o que pensarei eu! Sua supervisão comigo, apesar dos anos que passaram, continua sendo, para ela, um momento-chave de seu desenvolvimento, reassegurou-me. Leu há pouco um livro sobre a criatividade que lhe pareceu excelente. Acredita que é de Janine Chasseguet-Smirgel.

Atrevi-me, agora, a interpretar o sonho da transferência (!). Disse a ela que, sem de modo algum pôr em dúvida que esse sonho era uma tentativa de elaborar o luto pela perda de seu marido, ainda mais dolorosa por ter vindo a truncar uma bela e já planejada viagem, eu pensava que o Ricardo do sonho era também eu mesmo. Ainda que ela me chamasse de Horacio, não ignorava, por certo, que meu primeiro nome era o de seu marido. Aceitou que era assim e que sempre nos identificava, em alguma medida, por sermos tocaios.

Alentado por essa primeira resposta, prossegui minha interpretação. Disse-lhe que talvez, ao cancelar a hora da segunda-feira anterior, eu lhe havia proporcionado, sem me propor a isso, nova situação de luto. No estado em que você se encontra – acrescentei —, talvez não seja tão trivial, como acreditamos, saltar uma sessão e uma semana.

Aceitou novamente essa sugestão, mas lembrou-me que não era para tanto, que eu mesmo havia oferecido compensá-la e ela não tinha aceitado para não me sobrecarregar. Não devíamos perder de vista, disse-me com sua habitual cordialidade, que nossos encontros eram mais um encontro de amigos do que um tratamento, etc. Ou seja, repetiu as razões (ou racionalizações) que eu mesmo me tinha dado um momento antes.

Com mais segurança, insisti em meu ponto de vista. Disse-lhe que certamente compartilhava seus raciocínios e que não consideraria minha ausência da segunda-feira anterior como uma falha de nosso amistoso *setting*. (Lembrei-me, com meus botões, de seu analista anterior, ao qual ela não tinha querido voltar a ver, famoso entre seus amigos pelos vaivéns de seu enquadre.) Entretanto, seu sonho – insisti com ela – parece aludir várias vezes a mim como o ausente. A posição desse singular assento no barco lembra-me muito a posição que têm as duas poltronas nas quais estamos sentados. E suas associações sobre o seu afastamento da escola inglesa estão plasticamente expressas com a travessia do canal da Mancha. Tanto é assim que covê precisou acrescentar que sempre lembrará de sua supervisão comigo, em que aprendeste justamente os fundamentos da técnica kleiniana. E sua preferência por Paris, sem desmerecer a Londres.

Houve um momento de silêncio tenso, em que voltei a pensar que me havia excedido, que minha interpretação tinha sido profunda e transferencial demais, e maldisse internamente Melanie Klein, como se ela fosse a culpada de tudo. Então, minha amiga falou de novo com essa voz pausada e profunda, que parece a marca de fábrica do *insight*. Disse-me que tinha voltado à sua consciência a cena do sonho, que a tinha visto claramente por um momento e reparado em um detalhe que não esteve presente quando o recordou nessa manhã e quando me contou o sonho na sessão. A cor do assento do sonho era exatamente a das poltronas de meu consultório. Recordou então vivamente que, quando lhe falei por telefone para cancelar a hora, lembrou-se de uma má experiência com seu analista didático. Continua estimando-o, como sempre, mas preferiu não voltar justamente por sua impontualidade; eu, porém, era mais "inglês" nesse ponto. Lembrou-se de imediato, com emoção, daquele outro inglês, seu pai, que havia morrido quando ela era pequena, quando tinha entrado em sua dolorosa latência, e disse finalmente que sim, que o sonho referia-se a mim e que se sentia aliviada. Sentiu espontaneamente, ato contínuo, a necessidade de me esclarecer que, quando tinha falado da morte de seu pai, em nossa primeira conversa, havia cometido um erro, um pequeno ato falho cujo significado lhe era agora, por completo, facilmente compreensível. Disse-me que seu pai morreu aos 50 anos, o que não é assim. Morreu muito mais jovem, aos 40 anos. O que morreu aos 49 anos era seu marido.

Considero que, nesse material, o esclarecimento do ato falho sobre a morte do pai é probatório, porque mostra o momento de *insight* em que o pai, o marido e o analista unem-se e discriminam-se. Digo o mesmo de quando se levanta o recalcamento sobre a cor das poltronas do sonho. Pela forma como foi oferecido e pelo contexto em que aparece, para mim é conclusivo sobre o componente transferencial do sonho. Confio em que essa opinião será compartilhada pela maioria dos analistas.

18

A Aliança Terapêutica: de Wiesbaden a Genebra

Nos capítulos anteriores, estudamos a transferência e não vacilamos em destacá-la como o fator mais importante da terapia psicanalítica. Afirmamos também que ela só pode ser entendida se for comparada com algo que *não* é transferência, como sustentou Anna Freud no Simpósio de Arden House de 1954. Desse modo, é óbvio que a transferência ocupa apenas uma parte do universo analítico (e o mesmo se pode dizer de qualquer experiência humana). Como já disse em um capítulo anterior, nesse ponto concordo com Fenichel (1945a) e Greenson (1967).

Quando sustento que nem tudo o que aparece no processo analítico é transferência, quero dizer que sempre há algo mais, não que falte a transferência, o que é bem diferente: a transferência está em tudo, mas nem tudo o que existe é transferência. Ao lado da transferência, encontra-se sempre algo que não é transferência, e a esse algo vamos chamar, provisoriamente, de *aliança terapêutica*.[1] Digo provisoriamente porque, como veremos em seguida, o conceito de aliança terapêutica é mais complexo do que parece.

A DISSOCIAÇÃO TERAPÊUTICA DO EGO

O conceito de que, apesar de suas resistências, o paciente colabora com o analista é tipicamente freudiano e o vemos atravessar toda a sua obra; porém, o postulado de que o ego está destinado a se dissociar, como conseqüência do processo analítico, deve-se inquestionavelmente a Sterba, que o apresentou em 1932 no Congresso de Wiesbaden e publicou-o no *International Journal* de 1934, com o título "The fate of the ego in analytic therapy" ("O destino do ego na terapia analítica"). Esse trabalho fala concretamente de aliança terapêutica,[2] e a explica sobre a base de uma *dissociação terapêutica do ego* na qual se destacam duas partes, a que colabora com o analista e a que se opõe a ele; aquela é a que está voltada para a realidade; esta compreende os impulsos do id, as defesas do ego e as ordens do superego".[3] A dissociação terapêutica do ego deve-se a uma identificação com o analista, cujo protótipo é o processo de formação do superego. Essa identificação é fruto da experiência da análise, no sentido de que, frente aos conflitos do paciente, o analista reage com uma atitude de observação e reflexão. Identificado com essa atitude, o paciente adquire a capacidade de observar e criticar seu próprio funcionamento, dissociando seu ego em duas partes.

Vale a pena assinalar as coincidências entre os ensaios de Sterba e de Strachey, publicados juntos no mesmo número do *International Journal* de 1934. Enquanto para Sterba o decisivo no processo analítico é a dissociação terapêutica do ego, para Strachey a chave está em que o psicanalista assuma o papel de um superego auxiliar, discriminando-se do superego arcaico. Apesar de suas diferenças, esses dois exímios trabalhos apóiam-se na idéia de que o tratamento analítico funda-se em uma peculiar dissociação instrumental do *self* e os dois apontam para um fato ainda não bem compreendido naquele tempo: a importância da interpretação da (resistência de) transferência.

No começo de seu ensaio, Sterba define com precisão a transferência, dizendo que é dual, que compreende ao mesmo tempo o instinto e o recalcamento (defesa). A partir do estudo da resistência de transferência, diz Sterba, sabemos que as forças do recalcamento incluem-se na transferência, não menos que as forças instintivas (Sterba, 1934, p.118). Essa idéia, que dá uma solução ao enigma

---

[1] Vamos preferir o termo "aliança terapêutica", introduzido por Zetzel (1956a) seguindo Sterba (1934), que consideramos sinônimo de transferência racional (Fenichel, 1941), transferência madura (Stone, 1961), aliança de trabalho (Greenson, 1965a) e outros.

[2] "This capacity of the ego for dissociation gives the analyst the chance, by means of his interpretations, to effect an alliance with the ego against the powerful forces of instinct and repression and, with the help of one part of it, to try to vanquish the opposing forces" (Sterba, 1934, p. 120).

[3] Em um trabalho de 1975, Sterba recorda que sua apresentação não agradou em Wiesbaden, nem na Sociedade de Viena, onde voltou a lê-la depois do Congresso, no final de 1932. Foi-lhe criticado ali, duramente, o termo *therapeutische Ich Spaltung*, que só poderia aplicar-se à psicose. A única pessoa que apoiou Sterba na discussão foi Anna Freud. Entretanto, poucas semanas depois da acalorada discussão de Viena, vieram à luz as *Novas conferências introdutórias à psicanálise* (1933a), em que Freud afirma categoricamente que o ego pode se dividir e voltar a se juntar das mais diversas formas.

que Freud propõe sem resolver em "Sobre a dinâmica da transferência" (1912b), é desenvolvida pouco depois por Anna Freud (1936), quando fala de transferência de impulsos e transferência de defesas.[4]

Frente a essas duas vertentes da transferência que ameaçam, partindo de flancos opostos, a marcha da análise, surge um terceiro fator, derivado da influência corretiva do analista. Ao interpretar o conflito transferencial, o analista contrapõe os elementos egóicos que se conectam com a realidade e os que têm um investimento de energia instintiva ou defensiva (Sterba, 1934, p.119). Desse modo, o analista obtém uma *dissociação* dentro do ego do paciente, que lhe permite estabelecer uma *aliança* contra as poderosas forças do instinto e do recalcamento (ver a nota 2). Portanto, quando se inicia uma análise que terminará com bom êxito, *o destino inevitável que espera o ego é a dissociação*.

Como dissemos, para Sterba a atitude do analista que reflete e interpreta é fundamental, porque dá ao paciente um modelo a partir do qual sobrevém a identificação e fica sancionada a dissociação terapêutica do ego. O protótipo da dissociação terapêutica do ego é o processo de formação do superego, mas com a diferença de que ocorre em um ego maduro e de que sua demanda não é moral, já que se encaminha a adotar uma atitude de observação contemplativa e serena. Para Sterba, a parte do ego que se orienta para a realidade e que se identifica com o analista é o filtro através do qual deve passar todo o material transferencial que o ego, graças à sua função sintética, irá gradualmente assimilando.

De acordo com essas idéias, Sterba pode descrever o processo psicanalítico como a resultante de dois fatores egóicos: a dissociação, que torna possível a tomada de consciência dos conteúdos inconscientes, e a função sintética, que permite incorporá-los. O processo analítico fica assim explicado por uma dialética de dissociação e síntese do eu.

A RESISTÊNCIA DE TRANSFERÊNCIA

Para pesar em toda a sua magnitude a contribuição de Sterba, é necessário lembrar aqui, neste ponto, seu denso artigo "Zur Dynamik der Bewältigung des Übertragungswiderstandes" ("Sobre a dinâmica da dominação da resistência de transferência"), publicado no *Internationale Zeitschrift für Psychoanalyse* de 1929).[5] Segundo o modelo freudiano de 1912, do qual parte Sterba, a transferência estabelece-se como resistência ao trabalho de investigação da análise, já que o paciente atua para não recordar uma experiência infantil, o que promove uma defesa do ego frente ao analista, transformando em representante das mesmas tendências às quais o ego do analisando deve opor-se.[6]

O trabalho do analista consiste, diz Sterba, em superar a resistência de transferência que obstrui o avanço do processo. Portanto, o analista encontra-se em uma situação difícil, porque se transformou no destinatário da repetição emocional que opera no paciente para obstruir justamente as recordações que o analista busca.[7]

Quando o analista interpreta a resistência de transferência, ele contrapõe o ego do analisando (enquanto órgão em contato com a realidade) à atividade instintiva que se reatualizou na transferência.[8] Ao ajudar o ego do analisando, que se sente ameaçado por seu id, o analista oferece-lhe a possibilidade de uma identificação que satisfaz o teste de realidade de que o ego necessita,[9] e essa identificação é possível pelo fato de que o analista observa a situação psicológica e a interpreta ao paciente. A atitude de trabalho do analista e a forma como fala a seu analisando, isto é, seu uso do "nós" e seu constante chamado à tarefa, são um convite permanente para que o paciente identifique-se com ele. Desse modo, e valendo-se da interpretação, o analista oferece ao analisando a oportunidade de uma identificação, que é a condição necessária do tratamento analítico.

Quis reproduzir o essencial desse trabalho, nem sempre lembrado, porque ele contém em germe a teoria principal do funcionamento egóico, que Sterba exporá depois em Wiesbaden. Junto com outros trabalhos desses anos, como os que Ferenczi e Reich apresentaram no Congresso de Innsbruck e o de Strachey, já citado, o ensaio de Sterba inicia uma mudança radical na técnica, que se centrará cada vez mais na interpretação da transferência.

REGRESSÃO E ALIANÇA TERAPÊUTICA

Em julho de 1955, realizou-se em Genebra o XIX Congresso Internacional, em que ocorreu uma *Discussão sobre problemas de transferência*. Ali, Elizabeth R. Zetzel leu seu "Current concepts of transference", que apareceu

---

[4] Desse modo, cabe reconhecer a Sterba uma lúcida aproximação ao problema que pouco depois Anna Freud resolve.
[5] Apareceu anos depois, em 1940, no *Psychoanalytic Quarterly*: "The dynamics of the dissolution of the transference resistance", de onde tomaremos as citações deste capítulo.
[6] "Because the transference serves the resistances, the patient acts out infantile experiences to avoid conscious remembrance of them. This leads on the part of the ego to a defense which is directed against the analysis because the analyst has become, in the transference, the representative of the emotional tendency against which the ego has to defend itself" (1940, p. 368-369).
[7] "The analyst thereby finds himself in a difficult situation, for he is the object of the emotional repetition operating in the patient in order to hinder the recollections for which the analyst asks" (1940, p. 369).
[8] "When an analyst interprets the transference resistance, he opposes the ego of the patient, as the organ controlling reality, to the instinctual activity re-enacted in the transference" (1940, p. 370-371).
[9] "The analyst assists the ego, attacked by the id, offering it the possibility of an identification which satisfies the reality texting needs of the ego" (1940, p. 371).

no *International Journal* de 1956, no qual a transferência é entendida como o conjunto da neurose de transferência e a aliança terapêutica. O artigo recoloca lucidamente uma discussão que parte da controvérsia dos anos de 1920, entre Melanie Klein e Anna Freud, sobre técnica da análise de crianças e que chega até nossos dias.

Enquanto Melanie Klein presta atenção especial à angústia e a interpreta de imediato, a *ego-psychology* acentua nas funções do ego quanto ao controle e à neutralização da energia instintiva. Aqui, a influência da famosa monografia de Hartmann de 1939 é decisiva, porquanto se reconhece que o conflito originário, por obra e graça da autonomia secundária, fica divorciado total ou parcialmente da fantasia inconsciente. Explica-se, dessa forma, a relativa inoperância das interpretações precoces da transferência e também os limites da eficácia da análise se a autonomia secundária tornou-se irreversível.[10]

Segundo Sterba (1934) e Bibring (1937), esse ego sofre um processo de *splitting*, que leva Zetzel a distinguir teoricamente a transferência como aliança terapêutica da neurose de transferência, que considera uma manifestação da resistência (Zetzel, 1956a, p.370). Desse modo, a aliança terapêutica fica definida como parte da transferência, ainda que se faça com que ela dependa da existência de um ego suficientemente maduro, que não existe nos pacientes gravemente perturbados e nas crianças pequenas (1956a). Desde já, pode-se deduzir disso o que essa autora dirá em trabalhos posteriores quanto à origem dessa parte sadia do ego: será prévia à eclosão do conflito edípico.

Para Zetzel, assim como para a maioria dos *ego-psychologists*, a análise do ego consiste na análise da defesa; respeitam o conselho de Freud de que a análise deve ir do superficial ao profundo, da defesa ao impulso. Na primeira etapa da análise, a interpretação profunda dos conteúdos pode ser perigosa e inoperante; a da defesa tampouco é aconselhável: a energia instintiva à disposição do ego maduro foi neutralizada e divorciou-se de suas fontes inconscientes. Somente depois que as defesas do ego foram minadas e os conflitos instintivos ocultos foram mobilizados é que se pode desenvolver a neurose de transferência (p.371).

A neurose de transferência é uma formação de compromisso que serve ao propósito da resistência e deve ficar nitidamente separada de certas manifestações transferenciais precoces que surgem no começo do processo analítico, mais como conseqüência de fenômenos defensivos do que por um autêntico deslocamento de conteúdos instintivos sobre o analista. Mantém-se, assim, a diferença proposta por Glover (1955) entre transferência flutuante e neurose de transferência.

A chave do raciocínio de Zetzel consiste em considerar que a neurose de transferência só é possível através de um processo de regressão. Ela opina, como Ida Macalpine (1950), que a situação analítica fomenta a regressão, a indispensável regressão que é condição necessária do trabalho analítico (p.372). De acordo com Zetzel, então, a divisão terapêutica do ego, postulada por Sterba e por Bibring, só pode ser obtida a partir do processo de regressão terapêutica que ocorre nos primeiros meses de tratamento e graças ao qual se delimitam as áreas da neurose de transferência e da aliança terapêutica. Enquanto manifestação da resistência, a regressão opera como um mecanismo primitivo de defesa que o ego emprega no contexto da neurose de transferência. A escola kleiniana, porém, pensa Zetzel, considera que as manifestações regressivas aparecidas na situação analítica implicam um aprofundamento do processo, indicam diminuição mais do que reforçamento da resistência.

Conforme essa teoria, a regressão como mecanismo de defesa frente ao *setting* analítico é o que torna possível a reversão das defesas rígidas do ego, para que voltem à área de conflito.

DE STERBA A ZETZEL

Apesar de ter-se apoiado reconhecidamente em Sterba, a doutora Zetzel propõe um pensamento original, que, a meu ver a afasta talvez mais do que ela pensa do ensaio de Wiesbaden. Sterba sustenta que o tratamento psicanalítico torna-se possível por um processo de dissociação do ego, uma de cujas partes, a que está voltada para a realidade, sela uma aliança com o analista para observar e compreender a outra, a instintiva e defensiva, e um ponto forte de seu raciocínio é que essa dissociação torna-se possível porque o analista interpreta. Toda a sua concepção apóia-se na tarefa interpretativa do analista, que opera sobre o *acting out* do conflito, transformando-o em pensamento, em palavras, ao mesmo tempo que serve ao analisando como modelo de identificação.

Se reproduzi, talvez de forma prolixa, o trabalho de 1929, foi porque desejava sublinhar a importância que Sterba dá à interpretação, nessa dupla vertente de linguagem e tarefa.

O material clínico da exposição de Wiesbaden permite compreender as idéias de Sterba e sua forma de trabalhar. Lembremos aquela mulher que transfere a seu analista uma experiência altamente traumática de sua infância, com um otorrinolaringologista, que primeiro a seduziu com bons tratos e caramelos para depois lhe praticar de surpresa uma amidalectomia. A situação que se coloca para Sterba é que a mulher identifica-o como aquele médico traidor, em quem havia concentrado todo o seu conflito infantil com o pai. Logicamente, a resistência de transferência consistia literalmente em não abrir a boca.

A análise iniciou-se, pois, com um silêncio pertinaz e hostil. Ao final da segunda hora, porém, a paciente deu a

---

[10] "Hartmann has suggested that in addition to these primary attributes, other ego characteristics, originally developed for defensive purposes, and the related neutralized instinctual energy at the disposal of the ego, may be relatively or absolutely divorced from unconscious fantasy. This not only explains the relative inefficacy of early transference interpretation, but also hints at possible limitations in the potentialities of analysis attributable to secondary autonomy of the ego which is considered to be relatively irreversible" (Zetzel, 1956a, p. 373).

Sterba uma pista valiosa. Perguntou-lhe se não tinha em seu consultório um *closet* onde se pudesse trocar, ao sair da sessão, já que se levantava do divã com o vestido muito amassado. Na sessão seguinte, disse que, ao sair no dia anterior, tinha de se encontrar com uma amiga, a quem certamente chamaria a atenção vê-la com a roupa nesse estado e pensaria que havia tido relações sexuais. Sterba define essa configuração como uma clara situação edípica transferencial com um pai sádico (o médico da garganta, Sterba) e uma mãe que censura. Creio que a opinião de Sterba seria compartilhada por todos os analistas.

Aqui, Sterba não teve dúvida em interpretar o significado da defesa e acrescenta claramente: "Com essa interpretação, tínhamos começado o processo que resolvi chamar de dissociação terapêutica do ego" (1934, p.124).

Reproduzi com certo detalhe o breve historial do trabalho de Sterba para mostrar a diferença de sua teoria em relação à de Zetzel. Para Sterba, não é necessária a teoria da regressão terapêutica, e a aliança começa a se formar justamente quando o analista interpreta. Diferentemente das boas histéricas de Zetzel, a paciente de Sterba estabeleceu de saída uma forte transferência erótica de forte coloração sadomasoquista, que ele pôde, entretanto, resolver muito bem.

DOIS TIPOS DE REGRESSÃO

Como a regressão ocupa um lugar central na teoria da aliança terapêutica da doutora Zetzel, vale a pena deter-se um momento nesse ponto, tanto mais se pensarmos, como eu, que ele oferece dificuldades. Não é fácil compreender, de imediato, como pode a regressão terapêutica ser conceituada como um mecanismo de defesa e, ao mesmo tempo, ser invocada como o fator que mobiliza as defesas. Deveríamos concluir que a regressão leva o ego a uma situação anterior à de sua autonomia secundária? Se isso fosse assim, já seria difícil entender a neurose de transferência como manifestação da resistência, e, então, sua diferença em relação à aliança terapêutica se tornaria mais aleatória. Assim, o conceito de regressão de Winnicott (1955) parece mais explicativo e convincente.

Zetzel compreende que há aqui um ponto delicado em sua teoria e procura resolvê-lo, distinguindo *dois* tipos de regressão na situação transferencial.

O conceito de regressão na transferência pode ser considerado como uma tentativa de elaborar experiências traumáticas infantis ou de voltar a um estado anterior de gratificação real ou fantasiada. Do primeiro ponto de vista, o aspecto regressivo da transferência deve ser considerado como um passo preliminar e necessário para elaborar o conflito. Do outro, ao contrário, deve ser atribuído a um desejo de voltar a um estado anterior de descanso ou de gratificação narcisista, que busca um *status quo* de acordo com a concepção freudiana do instinto de morte (Zetzel, 1956a, p.375). Com base nesses dois tipos de regressão, enquanto aspectos opostos da compulsão à repetição estudada por Lagache, Zetzel conclui que ambos são observados em toda análise.

Contudo, essa solução demasiado eclética deixa bastante a desejar. Como vemos, Zetzel tem de unir o Freud de 1912 com o de 1920 para dar conta de dois tipos de regressão, embora nem Freud, nem Lagache ocupem-se da regressão, mas da transferência. Ainda assim, de qualquer modo, temos a regressão no *setting*, que ela pensa não pode ser outra senão a que repete a necessidade para tentar resolvê-la, isto é, a do Lagache de 1951; porém, o que vamos fazer com a outra regressão, a que Freud postula em *Além do princípio de prazer*? Frente a ela, seria difícil supor que a conduta do analista devesse ser a mesma que nos propõem Zetzel e Macalpine e, em geral, os psicólogos do ego, isto é, *fomentar* a regressão. Para isso, logicamente, não há resposta em Genebra. Mas haverá mais adiante, e já sabemos dela pelo Capítulo 3, a inanalisabilidade. No entanto, por mais que os critérios de analisabilidade possam apoiar-se em fatos clínicos válidos, é óbvio que não poderão, de maneira alguma, dar conta dos problemas que aqui ficam estabelecidos.

DEPOIS DO CONGRESSO DE GENEBRA

A exposição da doutora Zetzel no Congresso de Genebra, que acabamos de comentar, é o ponto de partida de uma investigação penetrante sobre o papel que a aliança terapêutica cumpre no processo psicanalítico. Da comparação e do contraste entre essa aliança terapêutica e a neurose de transferência surgem os critérios de analisabilidade e a hipótese de uma regressão terapêutica, em resposta às particularidades que o começo do tratamento analítico oferece ao analisante. Simultaneamente, nota-se, nesse empenho, a tentativa de integrar às teorias de Hartmann algumas contribuições de Melanie Klein. Esse esforço é patente em "An approach to the relation between concept and content in psychoanalytic theory", coetâneo do trabalho de Genebra, e em "The theory of therapy in relation to a developmental model of the psychic apparatus". Esse trabalho, que apareceu no número do *International Journal* de 1965 festejando os 70 anos of Hartmann, o diz expressamente: "Tratei, dessa forma, de reduzir a brecha entre o conceito de Hartmann sobre a autonomia secundária do ego e as teorias que enfatizam as relações de objeto precoces, mediante um modelo do desenvolvimento que atribui funções egóicas maiores em sua iniciação na relação precoce mãe-criança" (*Revista Uruguaya*, v.7, p. 352).[11] E, no

---

[11] "I have thus tried to narrow the gap between Hartmann's concept of secondary autonomy of the ego and theories emphasizing early object relations by a developmental model which attributes major ego functions to their initiation in the early motherchild relationships" (*International Journal*, v.46, p. 51). Proporia a seguinte tradução: "Tratei, pois, de reduzir a brecha entre o conceito de Hartmann sobre a autonomia secundária do ego e as teorias que destacam as relações de objeto precoces, mediante um modelo do desenvolvimento que atribui a iniciação das funções maiores do ego à relação precoce mãe-criança".

começo desse mesmo trabalho, diz inequivocamente que, em "Concept and content", comparou as contribuições de Hartmann, Kris, Löwenstein e Rapaport com as de Klein e sua escola (p. 326).

Os resultados dessa tarefa podem ser encontrados no livro que escreveu com Meissner e que foi publicado após a sua morte. Nesse livro, a psicanálise é concebida ao mesmo tempo como uma teoria da estrutura e do desenvolvimento, enquanto o tratamento analítico é entendido como a dialética entre a neurose de transferência e a aliança terapêutica. A diferença entre ambas, porém, já não é tão notória e taxativa.

A aliança terapêutica continua sendo entendida como assentada nas funções autônomas do ego e, concretamente, na autonomia secundária, mas é remetida às primeiras relações de objeto da criança com os pais, em especial com a mãe. Desse modo, um dos dilemas propostos pela autora em 1956 parece ser resolvido, sendo reconhecida agora uma importância maior à relação precoce de objeto: "As diferenças na interpretação do papel do analista e da natureza da transferência surgem, por um lado, da ênfase na importância das relações precoces de objeto e, por outro, de uma atenção preferencial ao papel do ego e suas defesas", havia dito em Genebra (1956a, p.369).

Em 1974, mantém-se integralmente o conceito de que a aliança terapêutica é a base indispensável do tratamento analítico, e ela volta a ser definida como uma relação positiva e estável entre o analista e o paciente, que permite realizar o trabalho de análise (p. 307). Como em outros trabalhos anteriores, sustenta-se que a aliança terapêutica é pré-genital e diádica, mas seu limite com a neurose de transferência torna-se mais fluido, mais conjuntural e funcional. "Em primeiro lugar, e como já se indicou, aqueles que destacam a análise da defesa tendem a estabelecer uma diferenciação nítida entre a transferência como aliança terapêutica e a neurose de transferência como formação de compromisso que serve aos fins da resistência" (p.371). Essas afirmações suavizam-se muito (ao menos assim me parece) em 1974. "Como essas faculdades do ego estão tão intimamente ligadas à resolução de conflitos pré-genitais experimentados no contexto de uma relação unilateral, não surpreende que, quando o analista aproxima-se do nível dos conflitos pré-genitais, a relação que constitui a base da aliança terapêutica fique ela própria incluída na análise da transferência" (1974; p. 308-309 da edição castelhana, 1980). E na página 310: "Quando a análise de transferência começa a chegar a esses níveis de conflitos pré-genitais, a neurose de transferência e a aliança terapêutica tendem a se misturar, às vezes até um ponto tal que não é possível distingui-las". Essas afirmações poderiam ser aceitas, creio eu, por mais de um analista kleiniano.

ALGO MAIS SOBRE A REGRESSÃO ANALÍTICA

Em um item anterior, assinalei que o conceito de regressão analítica (ou terapêutica) deparava o ensaio de 1956 com suas dificuldades mais fortes. Não fazia mais do que reiterar, assim, as objeções à teoria da regressão no *setting*, que formulei em meu trabalho de 1979, incluído mais adiante como Capítulo 40.

O livro de 1974 (p. 303 e ss. da edição castelhana) reafirma que a regressão analítica serve para reabrir o conflito fundamental que enclausurou a personalidade ao terminar o período edípico, com o que se oferece a possibilidade de elaborá-lo e resolvê-lo. Reitera-se, também, o que se disse em 1956, que há dois tipos de regressão. Os dois tipos que agora se propõem, no entanto, já não são os que Lagache discutiu em seu ensaio de 1951, porquanto se diz que "no processo analítico devemos distinguir entre regressão instintual e regressão do ego" (ibid., p. 305).

Além disso, afirma-se que a regressão instintiva é seguida de um aumento de energia no sistema fechado, o que mobiliza, por sua vez, a angústia sinal; porém, decide-se agora, claramente, um ponto obscuro (ao menos para mim) do ensaio de Genebra: "Essa liberação regressiva de energia é compatível com a conservação de uma autonomia secundária, sempre que as funções fundamentais do ego permaneçam intactas" (p. 305). De onde se conclui que "a regressão instintual é essencial no processo analítico e pode ser considerada potencialmente favorável à adaptação. Ao contrário, a regressão do ego impede o processo analítico e deve ser considerada perigosa" (p. 305-306). Já em seu trabalho de 1965, Zetzel admitia esses dois tipos de regressão. Dizia ali, de acordo com Hartmann, que as características definitivas do ego que possuem autonomia secundária são mais estáveis que as defesas do ego, mas deixando bem claro que essas qualidades podem estar sujeitas à regressão, em determinadas circunstâncias (1965, p.41). Mais adiante, no mesmo ensaio, volta ao tema e reitera que "até mesmo os indivíduos cujo equipamento básico é essencialmente sadio continuam sujeitos a processos regressivos que afetam sua autonomia secundária em situações específicas de tensão. Essa regressão, na situação analítica, deve ser diferenciada da regressão instintiva, que é um acompanhante aceitável da análise transferencial" (p.46).

Com essa afirmação reiterada e categórica de que a autonomia secundária deve ficar à margem do processo de regressão terapêutica (que não era tão clara em 1956), também se desliga, de fato, o postulado da regressão terapêutica das teorias de Hartmann, ainda que a doutora Zetzel nunca o diga nesses termos.

As teorias de Hartmann seriam aplicáveis se o processo de regressão terapêutica mobilizasse a energia ligada à autonomia secundária e a lançasse no caldeirão em ebulição do processo primário, para usar a plástica metáfora de David Rapaport em seu clássico ensaio de 1951; mas acabamos de ver que essa possibilidade ficou definitivamente rechaçada.

Chegados a esse ponto, podemos prever que a doutora Zetzel vai buscar apoio nas teorias que destacam a importância da relação de objeto precoce e, com efeito, foi assim. "Sugeri como premissa maior dessa discussão que a relação de objeto primeira e mais significativa, a que conduz a uma identificação do ego, ocorre na relação precoce mãe-criança. A natureza e a qualidade dessa conquista precoce relaciona-se com a iniciação da autonomia secundária" (tradução pessoal).[12]

Apesar de regressão ser um acompanhante inevitável do processo analítico, conclui a autora, o paciente deve reter e reforçar sua capacidade para a confiança básica e a identificação positiva do ego. Esse é um pré-requisito essencial do processo analítico que depende da regressão potencialmente a serviço do ego (p.49).

Após estabelecer claramente que a aliança terapêutica depende da autonomia secundária e esta da (boa) relação de objeto com a mãe, Zetzel chega à conclusão de que a regressão terapêutica está a serviço do ego. Com isso já se torna difícil sustentar que a neurose de transferência é um mecanismo de defesa do ego, e que a regressão é uma manifestação da resistência, como se disse no Congresso de Genebra (1956a, p.372). Voltaremos a esse tema apaixonante na quarta parte deste livro.

---

[12] "I have suggested as a major premisa of this discussion that the first and most significant object relation leading to an ego identification occurs in the early mother-child relationship. The nature and quality of this early achievement has been correlated with the initiation of secondary ego autonomy" (1965, p. 48-49).

19

A Relação Analítica Não-Transferencial

TRANSFERÊNCIA E ALIANÇA

Freud compreendeu claramente, em seus trabalhos técnicos, a natureza altamente complexa da relação que se estabelece entre o analista e o analisando, e pôde formulá-la rigorosamente em sua teoria da transferência. Do ponto de vista da marcha do tratamento, discriminou também duas atitudes do analisando, díspares e contrapostas, de cooperação e resistência. Certamente, por sua firme convicção de que até os mais elevados produtos do espírito afundam suas raízes na sexualidade, Freud preferiu incluí-las na transferência. Assim, quando fez sua classificação, em "Sobre a dinâmica da transferência" (1912b), disse que as resistências alimentam-se tanto da transferência erótica, quando assume um caráter sexual, quanto da transferência negativa (hostil), deixando separada delas a *transferência positiva sublimada*, motor da cura, tanto na análise quanto nos outros métodos de tratamento.

Alguns autores lamentam essa decisão freudiana e pensam que, se tivesse separado mais decididamente ambas as áreas, a investigação ulterior teria sido simplificada. A postura de Freud talvez tenha a ver com a dificuldade inerente aos fatos que se colocavam para ele e que ainda estamos discutindo.

Certamente, ninguém tem dúvida de que a aliança terapêutica tem a ver, muitas vezes, com a transferência positiva e até mesmo com a negativa (quando fatores de rivalidade, por exemplo, levam o paciente a colaborar), sendo legítima a tentativa de separar conceitualmente ambos os fenômenos. Apressemo-nos em dizer que, com esse empenho, pode-se transitar por vários caminhos teóricos: o da sublimação, seguido por Freud, a área livre de conflitos, de Hartmann, e outros.

A verdade é que, com poucas exceções, os autores seguem o critério de Freud e visualizam a aliança terapêutica como um aspecto especial da transferência.

AS IDÉIAS DE GREENSON

Quando, com toda a paixão de que era capaz, Greenson começa a estudar o problema, nos anos de 1960, entende que sua *aliança de trabalho* é um aspecto da transferência que não se separou claramente de outras formas de reação transferencial (1965a, p.156). "A aliança de trabalho – dirá categoricamente dois anos depois – é um fenômeno de transferência relativamente racional, dessexualizado e desagressivizado" (1967, p.207).

Em seu trabalho de 1965, recém-citado, Greenson define a aliança de trabalho como o *rapport* relativamente racional e não-neurótico que o paciente tem com seu analista (1965a, p.157).

Da mesma forma, descreve-a em seu livro: "A aliança de trabalho é a relação relativamente racional e não-neurótica entre paciente e analista, que torna possível, para o paciente, trabalhar com determinação na situação analítica" (1967, p.46). A aliança, como já disse Sterba, entre o ego racional do paciente e o ego racional do analista, a partir de um processo de identificação com a atitude e com o trabalho do analista que o paciente vivencia, em primeira mão, na sessão.

Para Greenson, a aliança de trabalho depende do paciente, do analista e do enquadre. O paciente colabora, porque lhe é possível estabelecer um vínculo relativamente racional, a partir de seus componentes instintivos neutralizados, vínculo que teve no passado e surge agora na relação com o analista. O analista, por sua vez, contribui para a aliança de trabalho por seu empenho consistente em procurar compreender e superar a resistência, por sua empatia e sua atitude de aceitar o paciente, sem julgá-lo ou dominá-lo. O enquadre, por fim, facilita a aliança de trabalho pela freqüência das visitas, pela longa duração do tratamento, pelo uso do divã e pelo silêncio. Os fatores do enquadre, diz Greenson, citando Greenacre (1954), promovem a regressão e também a aliança de trabalho.

A diferença entre a neurose de transferência e a aliança de trabalho não é absoluta. A aliança pode conter elementos da neurose infantil, que eventualmente requerem ser analisados (1967, p. 193). Na realidade, a relação entre uma e outra é múltipla e complexa. Às vezes, uma atitude claramente ligada à neurose de transferência pode reforçar a aliança de trabalho e, vice-versa, a cooperação pode ser usada defensivamente para manter recalcado o conflito, como sucede às vezes com o neurótico obsessivo, sempre aferrado ao racional.

Portanto, a aliança de trabalho contém sempre uma mistura de elementos racionais e irracionais.

UMA DIVISÃO TRIPARTITE

Como já vimos, Greenson postulou, em seu trabalho de 1965, que o fenômeno transferencial (e, por conseguinte, o tratamento analítico) deve ser entendido como uma relação entre duas forças paralelas e antitéticas, a neurose de transferência e a aliança de trabalho, ambas de igual importância (1965a, p.179). No Capítulo 3 de seu livro de técnica, porém, estabelece uma relação distinta, porque fala, por um lado, de aliança de trabalho (seção 3.5) e, por outro, da relação real entre paciente e analista (seção 3.6).

Real, para Greenson, significa duas coisas: o que não está distorcido e o genuíno. As reações transferenciais não são reais, no primeiro sentido da palavra, já que estão distorcidas: mas são genuínas se são sentidas verdadeiramente. Ao contrário, a aliança de trabalho é real, no primeiro sentido do termo, isto é, de acordo com a realidade (objetiva), apropriada, não-distorcida; contudo, à medida que surge como um artefato do tratamento, não é genuína.

A divisão tripartite de Greenson pouco acrescenta, em meu entender, ao tema que estamos discutindo. Se a tomássemos ao pé da letra, teríamos de dividir em três frentes nosso campo de trabalho, fomentando aquilo que nos ajuda da parte do analisando, embora não seja genuíno, aceitando que colabore conosco por motivos espúrios.

Creio que Greenson equivoca-se, nesse ponto, porque procura fixar na teoria a complexidade às vezes confusa dos fatos.

GREENSON E WEXLER NO CONGRESSO DE ROMA

No XXVI Congresso Internacional de 1969, acompanhado dessa vez por Wexler, Greenson dá um passo decisivo em sua investigação: divide a relação analítica em transferencial e não-transferencial. Ficam de pé as duas partes de sempre, a neurose de transferência e a aliança de trabalho (ou terapêutica), porém esta última se segrega conceitualmente daquela. A aliança de trabalho fica, por fim, definida como uma interação real (às vezes com aspas e outras sem elas, para mostrar a vacilação dos autores), que pode requerer por parte do analista intervenções diferentes da interpretação.

Como recordam os autores, tudo isso já havia sido apontado por Anna Freud, com sua proverbial clareza, no Simpósio de Arden House de 1954: o paciente tem uma parte sã de sua personalidade, que mantém uma relação real com o analista. Deixando a salvo o respeito, devido ao estrito manejo da situação transferencial e sua interpretação, devemos dar-nos conta de que analista e paciente são duas pessoas reais, de igual nível, com uma relação também real entre elas. Descuidar esse aspecto da relação é, talvez, a origem de algumas reações de hostilidade, por parte dos pacientes, que depois qualificamos de transferidas – diz, com razão, Anna Freud.[1]

Como toda relação humana, a relação analítica é complexa e nela há sempre uma mistura de fantasia e realidade. Toda reação transferencial contém um germe de realidade e toda relação real tem algo de transferência. O passado sempre influi no presente, porque não há nunca um presente puntiforme e imediato, sem apoio pretérito, mas isso somente não significa que haja transferência.[2]

Se sustentarmos que o analista é um observador imparcial, que se situa de maneira eqüidistante frente a todas as instâncias psíquicas, devemos então assumir que ele deve reconhecer e trabalhar com as funções egóicas que incluem o teste de realidade (Greenson e Wexler, 1969, p.38).

Creio que as idéias de Greenson e Wexler que acabo de resumir são certas e quase diria que são indiscutíveis. Pode-se questionar, desde já, o que vamos entender por transferência e por realidade; porém, uma vez que deixemos de discutir sobre isso, teremos de reconhecer que nossa tarefa consiste em contrastar duas ordens de fenômenos, duas áreas de funcionamento mental. Poderemos chamá-las, segundo nossas predileções teóricas, de verdade material e verdade histórica, fantasia e realidade, tópica do imaginário e do simbólico, área de conflito e ego autônomo, mas sempre estarão presentes.

Antes de ir a Roma, Greenson e Wexler poderiam ter encontrado muitas de suas justas advertências na introdução de *The psychoanalytical process* de Meltzer, já escrito nessa época. Meltzer afirma que, em maior ou menor grau, sempre existe em cada paciente, embora não seja acessível, um nível mais maduro da mente que deriva da identificação introjetiva com objetos internos adultos e que pode ser chamado, com razão, de "parte adulta". Com essa parte, constitui-se uma *aliança* durante a tarefa analítica. Um aspecto do trabalho analítico que alimenta essa aliança, consiste em indicar e explicar a cooperação requerida, ao mesmo tempo que estimulá-la (Meltzer, 1967, p.xiii). A linguagem é diferente e diferentes são os pressupostos teóricos, mas as idéias são as mesmas.

Na discussão em Roma, as objeções ao trabalho de Greenson e Wexler podem ser classificadas como teóricas (quando não-semânticas) e técnicas. Estou convencido de que, quando se superpõem inadvertidamente esses dois aspectos, a discussão torna-se confusa e também mais exasperada. Alguns analistas parecem ter medo de que, com a chave (ou a chave falsa) da aliança terapêutica, sejam reintroduzidos em sua severa técnica os sempre perigosos métodos ativos. O risco existe e deve-se levá-lo em conta, mas nem por isso jogaremos fora a criança junto com a água do banho.

---

[1] *Writings*, v.4, p. 373. Também em *Estudos psicanalíticos*, p. 42.
[2] "One can hardly argue the question that the past does influence the present, but this is not identical to transference" (Greenson e Wexler, 1969, p. 28). Nesse ponto, a formulação de Greenson e Wexler é quase idêntica à que eu fiz ao comparar transferência e experiência.

Como moderadora da discussão, Paula Heimann (1970) propôs algumas questões, das quais a fundamental parece ser sua opinião de que a definição de transferência de Greenson é muito estreita. Freud, recorda Heimann, reconheceu a transferência positiva sublimada como um fator indispensável do tratamento. Esse aspecto da transferência está ligado à confiança e à simpatia que fazem parte da condição humana. Sem a confiança básica, o infante não sobrevive e, sem a transferência básica, o analisando não empreende a análise.

A discrepância de Heimann nesse ponto é categórica, porém apenas semântica: ela prefere chamar pura e simplesmente de transferência básica aquilo que Greenson e Wexler isolam como aliança de trabalho.

Os reparos técnicos de Paula Heimann vão mais a fundo no assunto, e nós nos referiremos a eles no próximo item.

COMO REFORÇAR A ALIANÇA TERAPÊUTICA

A aliança de trabalho não apenas existe, como também pode ser reforçada ou inibida. Se não existe, marca para Greenson o limite da inanalisabilidade. Levá-la em conta e fomentá-la pode transformar em analisáveis pacientes muito perturbados.

Como já se disse, a contribuição mais importante do analista à aliança terapêutica provém de seu trabalho diário com o paciente, da forma como se comporta frente a ele e ao seu material, de seu interesse, seu esforço e sua compostura. Além disso, a atmosfera analítica, humanitária e permissiva, ao mesmo tempo que moderada e circunspecta, é também decisiva.

Cada vez que se introduz uma medida nova, é necessário explicá-la, ainda mais se é dissonante com os usos culturais, sem prejuízo de analisar cuidadosamente a resposta do analisando.

Um elemento que reforça notavelmente a aliança de trabalho é a franca admissão por parte do analista de seus erros técnicos, sem que isso implique, de modo algum, nenhum tipo de confissão contratransferencial, procedimento que Greenson e Wexler criticam severamente.

Estas são as precauções principais propostas por Greenson e Wexler para fortalecer a aliança de trabalho que – reiteram – nada têm a ver com as técnicas ativas ou algum tipo de *role playing*.

Há um comentário zombeteiro de Paula Heimann que pode ser o ponto de partida para discutir algumas das precauções com que Greenson e Wexler buscam reforçar a aliança de trabalho.

Greenson afirma que devemos reconhecer nossos erros e nossas falhas quando o analisando nota-os, e Paula Heimann pergunta-lhe por que não fazemos o mesmo quando o analisando elogia-nos. Greenson desconversa, dizendo que, em geral, os elogios do paciente são exagerados e pouco realistas, mas este não é o caso. Aceitaríamos, por acaso, o elogio se fosse certo e adequado?

Diferentemente de Greenson, creio que não cabe reforçar ou retificar o juízo de realidade do analisando. Continuo pensando, como Strachey (1934), que, embora soe paradoxal, a melhor maneira de restabelecer o contato do paciente com a realidade é não oferecê-la a ele por nós mesmos.

Tomemos o exemplo que Greenson (1969) propõe, o do paciente Kevin, que só no final de uma exitosa análise atreve-se a dizer a seu analista que ele às vezes fala um pouco mais do que a conta. Justamente porque Kevin considerava que seu juízo era certeiro, era-lhe difícil emiti-lo. Sabia que Greenson toleraria, sem se perturbar, um *ex abrupto* de sua parte, tudo o que viesse com sua associação livre, mas temia feri-lo ao dizer isso, pensando, como pensava, que estava certo e supondo que o próprio Greenson também o pensaria. Greenson respondeu-lhe que estava certo, que havia percebido corretamente um traço de seu caráter e que acertava também que lhe era doloroso que lhe assinalassem isso. Ao aceitar o correto juízo de Kevin, Greenson produz o que ele chama de uma medida não-analítica, que deve ser diferenciada de *medidas antianalíticas*, as quais bloqueiam a capacidade do paciente para adquirir *insight*.

Ignorar o juízo crítico de Kevin, passando-o por alto, ou tratando-o meramente como associação livre ou como um dado a mais a ser analisado, teria confirmado seu temor de que o analista não pudesse reconhecer corretamente o que lhe dizia. Ou, então, teria pensado que suas observações e seus juízos eram apenas material clínico para o analista, sem valor intrínseco, sem mérito próprio. Ou, pior ainda, teria concluído que o que disse, acreditando-o ser certo, não era mais que outra distorção transferencial.

Passar por alto a observação de Kevin ou responder com uma "interpretação" que a desqualificasse seria, por certo, como diz Greenson, um grave erro técnico (e ético), ainda mais lamentável quando o analisando podia emitir, por fim, um juízo a seu parecer certeiro, o qual havia silenciado por anos.

Entretanto, essas duas alternativas não são as únicas possíveis. Poderia ser dada uma interpretação que mostrasse a Kevin seu temor que o analista não tolerasse a dor de algo que sente que é certo, talvez porque isso mesmo acontece com ele, nesse particular momento da análise, em que tem a capacidade de ver as falhas próprias e alheias, e isso lhe dói. Uma interpretação como essa, que segundo meu próprio esquema referencial aponta para as angústias depressivas do paciente, respeita seu juízo de realidade, sem necessidade de aprová-lo. Dizer-lhe, porém, que sente inveja por minha palavra-pênis (ou seio) ou que quer castrar-me seria, isto sim, desqualificador, como diz Greenson; todavia, na realidade, uma intervenção desse tipo não é uma interpretação, mas simplesmente um *acting out* verbal do analista.

Lembro-me de uma situação semelhante com uma paciente neurótica que estava saindo de um longo e penoso período de confusão. Chegou muito angustiada e disse-me que acreditava estar louca, porque tinha visto, junto à porta de um apartamento do mesmo piso que o consultório, o capacho que eu usava em meu consultório anterior. (Havia pouco tempo que tinha mudado o consultório, e minha mulher tinha colocado esse capacho no apartamento em que agora vivíamos.) Refreei apenas o desejo de lhe dizer, creio que de boa-fé, que tinha visto bem, que esse era o capacho do consultório. Pensei que reter essa informação não era nem honesto, nem bom para uma paciente que tanto duvidava de seu juízo de realidade. Associei de imediato que, quando minha esposa colocou aquele capacho frente ao novo apartamento, estive a ponto de lhe dizer que não o fizesse, porque algum paciente poderia reconhecê-lo e inteirar-se, assim, de meu domicílio particular. Lembrei-me de que não o fiz para não levar ao extremo a reserva analítica e lamentei, agora, não tê-lo dito. Concluí que havia cometido um erro; uma verdadeira loucura, pareceu-me; algo que não estava de acordo com minha técnica. Interpretei, então, que ela pensava que o capacho era efetivamente o de meu consultório e que, ao vê-lo agora em outro lugar, pensou que era como se eu tivesse querido comunicar-lhe que ali era a minha casa. Conhecendo ela, como conhecia, meu estilo como analista, acrescentei, e tendo-me criticado uma vez por lhe parecer rígido, só podia pensar que eu havia ficado louco e dizia-me isso afirmando que *ela* estava louca. Passou como por encanto a angústia da paciente, e eu mesmo me senti tranqüilo. Respondeu serenamente que reparara isso no primeiro dia e não pôde acreditar, pensando que eu não sairia, dessa forma, de minha técnica. Acrescentou, então, bondosamente, que com certeza a minha mulher o teria colocado, sem que eu notasse. Daí à cena primária já não havia mais que um passo.

Creio, como Greenson, que escamotear um problema desse tipo, com o pretexto de preservar o *setting*, é rotundamente antianalítico, o mesmo que desconversar com uma interpretação defensiva, que desqualifica e não interpreta. Os recursos não-analíticos de Greenson, porém, não são tão inócuos como parecem. Têm o inconveniente de que nos fazem assumir, como analistas, a responsabilidade pelo juízo ou pela percepção do analisando, o que nunca é bom; e, por pouco que seja, fazem-nos abandonar, por um momento, o método. Talvez por isso Greenson e Wexler recriminem Rosenfeld quando diz que, se falha com sua interpretação, pensa em princípio que era esta, e não o método, que estava equivocado, embora, nesse ponto, Rosenfeld não faça mais que cumprir as expectativas de qualquer comunidade científica.

A ALIANÇA TERAPÊUTICA DA CRIANÇA

Pela natureza especial da mente infantil, compreende-se que a aliança terapêutica tenha características especiais nas crianças. Neste item, seguiremos a discussão de Sandler, Hansi Kennedy e Tyson com Anna Freud (1980).

"A aliança de tratamento é um produto do desejo, consciente ou inconsciente da criança, de cooperar e de sua disposição a aceitar a ajuda do terapeuta para vencer suas dificuldades internas e suas resistências" (Sandler, Kennedy e Tyson, 1980, p.45).

Isto equivale a dizer que a criança aceita que tem problemas e está disposta a enfrentá-los, apesar de suas resistências e das que podem vir de fora, da família. Embora seja sempre difícil traçar uma linha divisória clara entre a aliança terapêutica e a transferência, sempre é possível tentá-lo. Às vezes, a criança expressa claramente sua necessidade de ser ajudada frente às suas dificuldades internas; em outras, a aliança é um aspecto da transferência positiva, e o analista é só um adulto significativo pelo qual a criança deixa-se levar e com o qual está disposta a trabalhar ou uma figura materna que vai ajudá-la. Acrescenta-se a isso a própria experiência da análise, em que a criança encontra-se com uma pessoa que a compreende e que lhe desperta sentimentos positivos.

Do ponto de vista das instâncias psíquicas, a aliança de tratamento não depende apenas dos impulsos libidinais e agressivos do id, mas surge também do ego e do superego.

Com certeza, não é a mesma coisa a aliança que surge do reconhecimento das dificuldades internas (consciência da doença e necessidade de ser ajudado) e a que nasce da transferência positiva. No passado, o bom desenvolvimento da análise centrava-se na idéia de transferência positiva; hoje, porém, esses fatores são avaliados com reserva. Daqui nasce, justamente, a idéia de diferenciar a aliança de tratamento e a transferência. A famosa lua-de-mel analítica não é mais que o resultado de uma análise que começa em transferência positiva.

Assim como o superego participa da aliança de tratamento, fazendo com que a criança assuma a responsabilidade de não faltar às sessões e de trabalhar com o analista, também os pais, que a estimulam a empreender e continuar o tratamento, fazem parte da aliança. Desse modo, a continuação do tratamento pode residir mais nos pais do que na criança, motivo pelo qual a avaliação da aliança de tratamento torna-se mais difícil do que no adulto. Quando falha a aliança terapêutica, o adulto deixa de vir, mas a criança pode continuar vindo, mandada pelos pais.

A aliança de tratamento pode ser definida (e conceituada) de duas maneiras distintas. Descritivamente, compõe-se de todos os fatores que mantêm o paciente em tratamento e que lhe permitem seguir adiante, apesar da resistência ou da transferência negativa. De acordo com uma definição mais estreita, baseia-se especificamente na consciência da doença e no desejo de fazer algo com ela, que se liga com a capacidade de tolerar o esforço e a dor de enfrentar as dificuldades internas. A definição ampla inclui os elementos do id que podem sustentar a aliança de tratamento, enquanto a segunda leva em conta estritamente o que depende do ego.

Já mencionamos, ao falar das indicações da análise, que Janine Chasseguet-Smirgel (1975) considera que a aliança reside, em boa parte, no ideal do ego, que fixa seus objetivos ao analisando.

PSEUDO-ALIANÇA TERAPÊUTICA

Muitos autores, como Sandler e colaboradores (1973), Greenson (1967) e outros, assinalam que, freqüentemente, a aliança terapêutica e a transferência confundem-se, que às vezes a aliança repousa em elementos libidinais e, menos freqüentemente, agressivos; e, em outras, a própria aliança coloca-se a serviço da resistência, impedindo o desenvolvimento da neurose de transferência. A partir dessas observações clínicas, Moisés Rabih (1981) considera que sempre se deve levar em conta a formação de uma *pseudo-aliança terapêutica* e prestar atenção aos indicadores clínicos que possam evidenciá-la.

Rabih considera que a pseudo-aliança terapêutica é uma expressão do que Bion (1957) chama de personalidade psicótica (ou parte psicótica da personalidade), que às vezes assume a forma da reversão da perspectiva (Bion, 1963). Uma das características da reversão da perspectiva, recorda Rabih, é a aparente colaboração do analisando.

Enquanto expressa a parte psicótica da personalidade, a pseudo-aliança terapêutica oculta, sob uma fachada de colaboração, sentimentos agressivos e tendências narcisistas, cuja finalidade é justamente atacar o vínculo e entorpecer a tarefa analítica.

Essa configuração psicopatológica de narcisismo e hostilidade, que se controlam e ao mesmo tempo se expressam na pseudocolaboração, com traços de hipocrisia e complacência, provoca, como é de se supor, uma grave sobrecarga na contratransferência. O analista encontra-se preso em uma situação difícil, já que percebe que seu trabalho está seriamente ameaçado por alguém que, ao mesmo tempo, apresenta-se como seu aliado. Por isso, Rabih sustenta que um dos indicadores mais preciosos para detectar o conflito e poder interpretá-lo ajustadamente é prestar atenção à contratransferência. Se o conflito contratransferencial torna-se dominante, é possível que a pseudocolaboração do analisando encontre sua contrapartida nas pseudo-interpretações do analista.

20

Aliança Terapêutica: Discussão, Controvérsia e Polêmica

A idéia de aliança terapêutica é fácil de se entender intuitivamente, mas custa colocá-la em conceitos. Talvez seja por isso que, quando discutimos o tema, todos temos uma certa tendência a assumir posições, já que sempre é mais fácil a polêmica do que o exame sereno dos problemas e de suas complexidades. Por outro lado, um tema que toca tão de perto a nossa práxis e que afunda suas raízes na história da psicanálise presta-se à discussão frontal e apaixonada. Ao terminar sua exposição no Congresso de Roma, Greenson e Wexler recordam palavras de Anna Freud no Simpósio de Arden House para assinalar que talvez seja por isso que o relato deles tem um tom um tanto desafiador e polêmico. Gostaria que o que vou dizer possa servir para pensar e não para discutir; porém, desde já, não posso estar seguro de mim mesmo.

Quando, em capítulos anteriores, tentei precisar e delimitar o conceito de transferência, opondo-o ao de experiência por um lado e, por outro, ao de realidade, assinalei explicitamente que o ato de conduta, o processo mental ou como se queira chamá-lo, é a resultante desses dois elementos: sempre há nele um pouco de irrealidade (transferência) e um pouco de realidade; e o passado é sempre utilizado para se compreender o presente (experiência) e para equivocá-lo (transferência).

Será, então, uma questão a decidir em cada caso, em cada momento, se acentuaremos um ou outro; todavia, em última análise, uma boa apreciação da situação (e essa apreciação chama-se, em nosso labor, de "interpretação") deve contemplar as duas coisas. Sublinharmos uma ou outra é um problema mais de nossa tática que de nossa estratégia já que a situação é sempre integrada por esses dois fatores.

Esses dois aspectos coincidem com o que chamamos, nestes capítulos, de neurose de transferência e aliança terapêutica (ou de trabalho). É, a meu juízo, ilusório ver uma sem a outra e basta dizer que, quando contempla a realidade interna, o analista não pode senão contrastá-la com a outra, para diferenciá-la.

A aliança de trabalho é estabelecida com base em uma experiência prévia, na qual se pôde trabalhar com outra pessoa, como o bebê com o seio da mãe, para remetermos às fontes. Não chamo esse fenômeno de transferência, porquanto é uma *experiência* do passado que serve para se situar no presente, e não algo que se repete irracionalmente do passado, perturbando minha apreciação do presente. Desse modo, como Greenson e Wexler, também separo a aliança terapêutica da transferência; porém faço ambas partirem, totalmente de acordo com Melanie Klein, das relações precoces de objeto, da relação da criança com o seio, ao que Zetzel também chega finalmente por seu próprio caminho. Toda vez que o sujeito utilizar o modelo de mamar no seio – e os outros não menos importantes do desenvolvimento – para entender e cumprir a tarefa que se lhe apresente, terá realizado uma aliança de trabalho. Toda vez que pretender utilizar o trabalho que se propõe a ele no presente, para voltar a se prender ao seio, incorrerá em flagrante transferência.[1]

Pensa-se que, em geral, a aliança terapêutica é mais consciente do que a neurose de transferência, mas isso não tem de ser necessariamente assim. Na maioria dos casos, o paciente salienta sua colaboração e, então, temos de interpretar a outra parte, a resistência; no entanto, a situação pode ser oposta em um melancólico ou em um psicopata, nos quais pode estar recalcada a aliança terapêutica, porque é o mais inaceitável, o mais temido, o inconsciente. Nesse caso, pode-se discutir, desde já, se o que se interpretou foi a aliança terapêutica ou simplesmente a transferência positiva; mas isso poderia ser resolvido discriminando-se, na medida do possível, o componente racional, que é verdadeiramente a aliança terapêutica, em que as experiências passadas estão a serviço da tarefa atual, e o irracional, em que está contida a transferência positiva. Mais freqüentemente, ocorre que se interpreta a transferência (positiva ou negativa) e, com isso, afiança-se a aliança terapêutica.

É evidente que, se dizemos que há analistas que só vêem a transferência e que subestimam a realidade, estamos afirmando simplesmente que esses analistas estão equivocados, quando não-psicóticos – já que o psicótico é aquele que não vê a realidade. Basta ler um par de sessões de Richard para ver até que ponto Klein (1961) atende os

---

[1] Utilizo aqui o modelo do bebê com o seio por simplicidade, mas meu esquema aplica-se a qualquer relação de objeto, ao treinamento esfincteriano, por exemplo.

aspectos da realidade, seja a enfermidade da mãe, a licença do irmão que luta no *front*, a invasão de Creta, o bloqueio do Mediterrâneo, etc.

Todavia para sermos justos, convém reconhecer que nem Melanie Klein, nem seus discípulos, com a única exceção talvez de Meltzer, leva em conta o conceito de aliança de trabalho. É dado por entendido e por óbvio, mas não o integram à sua teoria, nem acreditam necessário fazê-lo. Apesar dessa falha teórica, essa *falta*, como diria Lacan, todos os analistas kleinianos (e ninguém mais, talvez, do que Betty Joseph) analisam contínua e rigorosamente as fantasias do paciente com respeito à tarefa analítica. Bion, a quem ninguém considerará um psicólogo do ego, falou já em 1961 de grupos de trabalho e grupos de suposto básico, como o fez, também, nessa época e antes, Enrique Pichon Rivière, em Buenos Aires. Bion, porém, nunca se ocupou em verter para o processo analítico aquelas fecundas idéias. Direi, de passagem, que, no Capítulo III de seu livro de técnica (1973), Sandler recorda generosamente Bion neste ponto, mas no mesmo parágrafo diz nada menos que os kleinianos deixam de lado a realidade e só vêem nas comunicações e nos comportamentos do paciente transferência de atitudes e sentimentos postulados como infantis. Por acaso acredita meu amigo Sandler que, se na Buenos Aires de hoje algum paciente me diz que não pode pagar meus honorários completos, eu lhe interprete que quer castrar-me ou que tem inveja do meu seio? Ou pensaria, com mais benevolência, que lhe baixo os honorários? Seria lindo não levar em conta a realidade. Mas é, infelizmente, isso impossível.

Paula Heimann disse em Roma que alguns postulados de Greenson e Wexler coincidem com os ensinamentos freudianas mais óbvios e elementares, mas isso também pode ser injusto, porque tudo depende da ênfase com que procedemos. Nem Greenson, nem Wexler, nem os demais autores que propõem, a partir de Sterba, a idéia de aliança terapêutica, jamais pensariam que propuseram algo que não estava no pensamento de Freud. O que se discute é se esses autores chamaram a atenção sobre algo que em geral passa despercebido.

Uma diferença fundamental poderia ser que apenas os psicólogos do ego partem da idéia de área livre de conflito de Hartmann; porém, quando se estudam com muito cuidado todos esses trabalhos, vê-se que a monografia de 1939 inspira-os, mas não os apóia. Mesmo em seu trabalho do número de homenagem a Hartmann, Elizabeth R. Zetzel assenta seu conceito de ego autônomo mais na boa experiência da relação diádica com a mãe do que na área livre de conflito. Parece-me, embora talvez me engane, que a grande analista de Boston presta homenagem a Hartmann, mas refugia-se em Melanie Klein. E em Freud, no fim das contas, quando definiu o ego como um precipitado de relações de objeto passadas.

A escola kleiniana, de qualquer forma, não aceita de modo algum que haja algo na mente que esteja separado do conflito, como também o afirma Charles Brenner (1976, 1982).

Lacan critica os psicólogos do ego com mordacidade, cruelmente, de maneira sempre mais dilacerante do que critica Klein. Quem são os *ego-psychologists*, diz indignado, para se arrogarem o direito de ajuizar a realidade? E a que chamam eles de realidade? Para Lacan, assim como para Hegel, a realidade é antes de tudo uma experiência simbólica: todo o real é racional, todo o racional é real. Somente a razão pode dar conta dos fatos; porém, enquanto o faz, os fatos já se transformaram por obra da razão. Mais adiante em seu ensino, Lacan conclui que se alcança a ordem do real quando se franqueia a ordem simbólica (atravessamento do fantasma). Enfim, a realidade para mim é que me reuni com um grupo de colegas para estudar a aliança terapêutica; mas perguntem à minha empregada e ela dirá que, na realidade, há um grupo de pessoas reunidas para conversar, tomar café e sujar a sala. A realidade que ela vê é bem diferente, porquanto a simboliza de outra maneira. A realidade muda, as transformações são distintas. A crítica lacaniana à psicologia do ego parte de que não podemos atribuir a esse hipotético ego autônomo a capacidade de ajuizar a realidade, porque temos de nos colocar de acordo sobre o que é a realidade: não há realidade que não seja mediada pela razão, pela ordem simbólica.[2]

Se tomarmos o trabalho de Susan Isaacs sobre a fantasia ou o da interpretação transferencial de Paula Heimann, no Congresso de Genebra de 1955, isto é, antes que se afastasse dessa escola, e todos os trabalhos da própria Melanie Klein referentes a esse tema, veremos que assinalam permanentemente que há uma unidade indestrutível entre o interno e o externo, que a realidade é vista por meio de projeções que são também percepções. O processo de crescimento (e igualmente o que se dá no tratamento) consiste em ir modificando o jogo de projeções e introjeções para que a distorção pese cada vez menos. Portanto, desse ponto de vista, nenhum psicanalista que siga Melanie Klein pode interpretar sem levar em conta a realidade. Não se deve perder de vista que, por definição, a interpretação marca sempre o contraste entre o subjetivo e o objetivo, entre o interno e o externo, entre fantasia e realidade. Este é um ponto que está muito claro no trabalho de Strachey, de 1934, e que se reafirma no recémcitado de Paula Heimann, mais de 20 anos depois. Não poderia ser de outra forma. Quando digo ao paciente que ele vê em mim seu pai, estou implicando que não sou esse pai, que há um outro pai que não eu. Se não fosse assim, minha interpretação não teria sentido.

Em resumo, se quisermos discutir esse tema ou qualquer outro sem o passionalismo a que pode conduzir a posição teórica de cada um, devemos verificar o que diz realmente cada autor e não fazê-lo dizer algo com o qual não estaremos de acordo depois.

As críticas que se fazem reciprocamente as escolas são justas apenas no sentido de que cada teoria traz implí-

---

[2] A crítica lacaniana vai, na verdade, muito além, porque questiona radicalmente o ego em si mesmo: considera-o ilusório, imaginário, ou seja, próprio da fase do espelho, que contrapõe o sujeito à ordem simbólica.

cita a possibilidade de errar por um caminho mais do que por outro. A ênfase teórica nos mecanismos de adaptação pode fazer Hartmann perder a visão do mundo interno; porém, esse risco não está implícito, de modo algum, à própria teoria. A forma ampla com o qual Klein entende a transferência expõe seus discípulos a ver a transferência mais do que deveriam e descuidar da realidade, mas a teoria não diz que a realidade não existe.

Lacan apostrofa Hartmann, porque se arroga o direito de decidir o que é a realidade, de se sentir com o direito de discriminar entre a neurose de transferência e a aliança de trabalho, sem se dar conta de que ele corre um risco semelhante, quando decide se seu paciente está na ordem do imaginário ou na ordem do simbólico. A meu ver, o risco de Lacan é maior, porque ele se acredita com o direito de interromper a sessão quando *lhe parece* que o paciente incorre no que chama de palavra vazia.

A teoria da aliança de trabalho leva Greenson a não ser arbitrário, a aceitar o que o paciente vê realmente, cuidando-se para não desqualificá-lo. Se um paciente diz que me vê mais encanecido e eu lhe respondo que me confunde com seu pai (ou melhor, com seu avô), é mais do que provável que eu queira negar uma percepção real que o paciente tem: eu instrumento uma teoria correta, a teoria da transferência, para negar a realidade. Greenson tem total razão quando assinala que para o analista é sempre forte a tentação de utilizar a teoria da transferência para negar os fatos; somos humanos, isso é evidente. O mau uso da teoria da transferência pode conduzir a esse tipo de desqualificação, e tal risco é maior na teoria da transferência de Melanie Klein, pois é muito mais abrangente.

Uma coisa é utilizar a interpretação para compreender o que acontece com o paciente, e outra muito diferente é usá-la para desqualificar o que o paciente viu, o que o paciente percebeu. Digamos, também, que esse é um ponto-chave do trabalho de Paula Heimann (1956).

Em geral, quando a interpretação desqualifica, é formulada, como dizia Bleger, como uma negação. Uma coisa é que eu diga ao paciente que me vê encanecido porque me confunde com seu pai, e outra que lhe diga que, ao ver-me de cabelos brancos, eu o faço lembrar-se do pai. Nesse último caso, nem sequer julgo a percepção do paciente. Limito-me a dizer que, à medida que me vê encanecido, identifica-me com o pai. Eu poderia não ter cabelos brancos e a interpretação valer o mesmo.

Com isso, aproximamo-nos de um problema que considero fundamental e do qual já disse algo quando falei da forma como Greenson fomenta a aliança terapêutica. Sustento que aceitar a percepção ou o juízo do paciente como reais, quando assim nos parece, tampouco modifica substancialmente as coisas, como acredita Greenson. A verdade é que uma intervenção que tenda a respaldar a percepção de meus cabelos brancos é tão perturbadora quanto a que busca negá-la. Porque do que se trata, na realidade, é de respeitar o que o paciente percebeu (ou acredita ter percebido) e fazer com que ele assuma a responsabilidade por essa percepção.

É através de falhas como esta, pequena mas inegável, que as críticas de Lacan contra os psicólogos do ego encontram justificativa. Aqui, Lacan poderia dizer, com exagero, que Greenson impõe a Kevin seu juízo de realidade. Além dessas situações-limites, porém, creio que os únicos que impõem seu critério de realidade ao paciente são os maus analistas (ou muito novatos) de todas as escolas; e algumas vezes também, concedamo-lo, os mais experimentados, em momentos em que sofrem uma sobrecarga muito forte na contratransferência. Se um paciente me diz que o saúdo com um tom distante ou depreciativo, refutá-lo ou confirmá-lo é, na realidade, o mesmo: é como se eu acreditasse que posso julgar a realidade de sua percepção, mas não é assim. Lembro-me de um paciente que, já no final de sua análise, colocava-me um problema desse tipo. Queixava-se de que eu não reconhecia o que ele tinha percebido em mim (e que, entre parênteses, era muito óbvio). Em vez de apoiar sua percepção, que já disse que me parecia certa, interpretei-lhe que ele queria depender de mim e não do que lhe informavam seu juízo e seus sentidos. Ao solicitar-me essa ratificação, voltava a delegar a mim sua própria decisão sobre a realidade. Também lhe assinalei a forte idealização que isso implicava: dava por certo que eu lhe diria a verdade, que eu não podia enganá-lo, nem me enganar. Em última instância, o paciente está tão capacitado quanto o analista para perceber o que acontece com este – e ainda mais se há um problema de contratransferência. Esse aspecto é importante e, às vezes, não é levado em conta. É inevitável que, quando acreditamos que podemos apreciar a realidade melhor do que os outros, transformemo-nos em moralistas ou ideólogos. Como diz Bion, o analista não tem a ver com os fatos, mas com o que o paciente *acredita* que são os fatos.

É típico de muitos movimentos dissidentes da psicanálise reivindicar a importância da realidade social. Assim sucedeu com a psicanálise culturalista dos anos de 1930 e também em Buenos Aires na década de 1970. A bandeira que esses dissidentes levantaram era que a análise kleiniana era ideológica. Pessoalmente, penso que um bom analista, um analista autêntico, sempre leva em conta a realidade.

Na escola kleiniana, Meltzer (1967) é o que mais insiste na idéia de aliança terapêutica através do que chama de *parte adulta*. A parte adulta não é interpretada, se fala para ela. Deve-se levar em conta que, para Meltzer, a "parte adulta" é um conceito metapsicológico, é a parte do *self* que alcançou um nível maior de integração e, por conseguinte, de contato com o mundo de objetos externos. Desse modo, Meltzer propõe um conceito de aliança que, na prática, parece-se com o dos psicólogos do ego, embora tenha um suporte doutrinário diferente. Meltzer propõe, por exemplo, que as primeiras interpretações sejam formuladas com suavidade e acompanhadas de explicações amplas sobre a forma com que a análise difere das situações ordinárias da vida em casa e na escola (Meltzer, 1967, p.6).

É possível que outros analistas da mesma escola pensem que Meltzer fala "em demasia" com a parte adulta, mas isso não impede que, quando a situação o impõe e com todos os cuidados do caso, devemos *falar* com nossos pacientes. A quantidade e a forma com que o façamos de fato variarão, porque isso já é questão de estilo. A verdade é que o diálogo analítico impõe-nos, a cada momento, uma decisão sobre quem fala no paciente, o que nunca é fácil, mas tampouco é impossível.

A atitude que o analista deve ter dependerá sempre, segundo Meltzer, do que verdadeiramente surja do material. Se o paciente fala com sua parte adulta, será preciso responder a ele como adulto; se é com a parte infantil, o que cabe é interpretar no nível da criança que nesse momento ele é.

Pode-se criticar isso a Meltzer dizendo que, às vezes, fala-se à parte adulta e quem escuta é a criança. No entanto, esse risco é inerente a toda tentativa de discriminar as partes do *self*.[3] Também existe o perigo contrário e, como diz Meltzer, não escutar a parte adulta pode operar negativamente, como artefato de regressão. Certa vez, um paciente disse-me que "tinha a fantasia" de que fulano era melhor analista do que eu. Disse-lhe simplesmente que isso era o que ele acreditava realmente, e ele se angustiou. Como Greenson diz bem, é muito mais fácil para o paciente falar da perspectiva de sua neurose do que a partir do que sente como a realidade. Ele sabe, como o paciente de Greenson, que o analista será sereno e equânime com sua neurose de transferência, mas que pode perturbar-se, se lhe fala de fatos que podem ser reais.

Outro aspecto vinculado ao tema da aliança terapêutica é o da assimetria da relação analítica, ponto que toca a ética. Nem sempre se repara que o tipo de relação, no nível da neurose de transferência, é radicalmente diferente do da aliança de trabalho. É importante saber que a assimetria corresponde exclusivamente à neurose de transferência, ao passo que a aliança terapêutica é simétrica. Quando o analista utiliza a assimetria da relação analítica para manejar aspectos da situação real (que, por definição, pertencem à aliança terapêutica), está demonstrando sua veia autoritária. Essa confusão é muito freqüente, e deve-se levá-la em consideração. Apenas quando o analista ocupa-se da neurose de transferência do paciente a situação é assimétrica; porém, essa assimetria é complementar, dupla, com o que se volta a sancionar a igualdade inerente a toda relação humana.

Um jovem colega cancelou uma sessão, de um dia para o outro, de um empresário. O paciente incomodou-se e reclamou, porque não havia sido avisado com um pouco de antecedência, já que então teria podido utilizar esse dia para uma curta viagem de negócios. O candidato interpretou a angústia de separação do paciente: que ele não podia tolerar a ausência, etc. Essa interpretação foi de imediato inoperante, e o material do paciente demonstrou que tinha sido vivida – não sem razão, creio – como cruel. Em outras palavras, se não quisermos perturbar o juízo crítico e a capacidade de perceber do paciente, devemos cuidar-nos de utilizar a assimetria da relação transferencial para apagar a simetria da aliança terapêutica.

Recordo sempre com carinho de um paciente que analisei há muitos anos, quando cheguei a Buenos Aires. Era um homem de negócios, de modestos negócios, neurótico, ou melhor, *borderline*, com uma inveja do seio como poucas vezes vi, que me ensinou muitas coisas de psicanálise. Quando já havia passado um ano de tratamento, e depois das férias de verão, informei-lhe, como faço de rotina, de meu plano de trabalho do ano, incluindo as férias de inverno e as do próximo verão. Perguntou-me, com assombro, se eu já sabia que as férias escolares de inverno seriam nessa época. Ele ainda não tinha lido nenhum aviso do Ministério a esse respeito. Respondi-lhe, muito simplesmente, que tinha fixado minhas férias de inverno sem levar em conta o feriado escolar. Saltando de fúria em seu divã, apostrofou-me: "Ah, sim! Claro! É assim! Por certo que você, que é tão onipotente e que, com os anos que tem, já não vai ter filhos em idade escolar, tira as férias quando lhe dá na telha. E seus pacientes que se ralem!".

Embora meus amigos norte-americanos não acreditem nisso, disse a ele que tinha razão e que eu reconsideraria o que tinha feito. Poderia interpretar a ele muitas coisas, e todas certas (e é claro que o fiz, em seu devido tempo!), mas antes reconheci a justiça de sua reclamação.

Por outro lado, na área da neurose de transferência, a assimetria não é mais que a sanção de uma realidade, de uma justa realidade, a diferença de papéis; não é certo, como pensa o paciente, que as frustrações só pertencem a ele. Isto depende do ponto de vista que cada um adotar. O paciente pode queixar-se, por exemplo, de que o analista o frustra porque só interpreta e nunca fala de si mesmo. Para o analista, ao contrário, é sempre uma grande frustração manter contato durante anos com umas pessoa, o paciente, e nunca poder participar-lhe algum fato importante de sua vida. Isto é tão certo que muitos analistas não o suportam. A regra de abstinência vigora igualmente de ambos os lados. A assimetria não impõe supremacia, mas o reconhecimento da polaridade dos papéis, necessária para desenvolver qualquer tarefa e não somente a análise. A analisanda que quer ser a mulher de seu analista e sente-se frustrada porque não é satisfeita, esquece que a mulher do analista não pode ser sua analisanda. É um mistério qual das duas sai ganhando; porém estou convencido de que é muito mais fácil ser bom analista do que marido.

---

[3] Bleger costumava dizer que, às vezes, o analisando gira, de modo que, quando falamos à sua parte neurótica, responde-nos a parte psicótica, e vice-versa.

21

Contratransferência: Descoberta e Redescoberta

Nos capítulos anteriores, vimos como Freud chegou a uma idéia da relação médico-paciente nada convencional, com sua teoria da transferência, e pudemos seguir o desenvolvimento do conceito desde as primeiras conjecturas sobre o falso enlace, nos *Estudos sobre a histeria* (1895d) até que se configura a teoria geral, no epílogo da história clínica de "Dora" (1905e), em que Freud define a natureza repetitiva do fenômeno (reedições) e dá-se conta do grave transtorno que significa para o tratamento e, ao mesmo tempo, de seu valor insubstituível, pois dá ao paciente convicção, com o que pode converter-se de maior obstáculo no auxiliar mais poderoso de seu método. Lagache (1951) diz, com razão, que a genialidade de Freud consiste em transformar os obstáculos em instrumentos.

ORIGEM DO CONCEITO

É novamente mérito de Freud ter definido a relação analítica não somente da perspectiva do paciente, mas também do analista, ou seja, como uma relação bipessoal, recíproca, de transferência e *contratransferência*. Freud observou esse novo e surpreendente fenômeno também precocemente e conceituou-o com precisão.

Como todos sabem, o termo contratransferência é introduzido em "As perspectivas futuras da terapia psicanalítica", o belo artigo do II Congresso Internacional de Nurenberg em 1910. Seguramente, Freud leu-o em 30 de março, ao inaugurar o evento.

Freud diz em seu artigo que o porvir da terapia psicanalítica apóia-se em três grandes fatores: o progresso interno, o incremento de autoridade e a repercussão geral do trabalho dos analistas. Por progresso interno, Freud entende o avanço da teoria e da prática psicanalíticas; incremento de autoridade significa que a análise irá merecendo, com o tempo, o respeito e o favor do público, dos quais ainda não gozava, e, finalmente, à medida que a psicanálise influa no meio social e cultural, isso também repercutirá, como efeito geral, em seu próprio progresso. Apontemos agora, mais de 90 anos depois, que esses três pontos de vista estavam certos. Embora os avatares da sociedade atual possam torná-los, às vezes, imprecisos, nunca se poderá escrever a história dessa época sem levar em conta Freud e a psicanálise.

Quanto ao progresso interno, Freud menciona, entre os aspectos teóricos, o simbolismo e, no nível técnico, a contratransferência. Chegou-se a compreender nesses anos, diz, que também é um obstáculo para o progresso da psicanálise a *contratransferência*;[1] e descreve-a como a resposta emocional do analista aos estímulos que provêm do paciente, como o resultado da influência do analisando sobre os sentimentos inconscientes do médico. Ou seja, define-a, como creio que é lógico, em função do analisando.

Sempre se disse que Freud considerou a contratransferência apenas como um obstáculo; contudo, se a introduziu pensando no porvir, era porque supunha que o conhecimento da contratransferência ligava-se ao futuro da psicanálise. Pode-se sustentar, pois, que Freud presumia que a compreensão da contratransferência significaria um grande progresso para a técnica psicanalítica.

Não cabe negar, entretanto, que Freud menciona a contratransferência como um obstáculo que, justamente enquanto obstáculo, deve ser removido. Segundo ele, a experiência prova claramente que ninguém pode ir além de seus pontos cegos, e, acrescenta, estamos inclinados a exigir do analista, como norma geral, o conhecimento de sua contratransferência e sua superação como um requisito indispensável para ser analista. É interessante sublinhar que a solução de Freud, em 1910, para superar os pontos cegos da contratransferência, é a *auto-análise*. Dois anos depois, porém, em "Conselhos ao médico sobre o tratamento psicanalítico" (1912e), sob a influência de Jung e do grupo de Zurique, Freud propicia já concretamente a análise didática.

Vê-se que o tema rondava a mente de Freud, porque o considera novamente nesse mesmo ano, alguns meses depois. Em uma carta a Ferenczi de 6 de outubro (que figura no segundo tomo da biografia de Jones, p. 94-95), fala novamente da contratransferência e, dessa vez de *sua* contratransferência. Nesse ano, Ferenczi e Freud haviam

---

[1] López Ballesteros traduziu *Gegenübertragung* por transferência recíproca, sem reparar no sentido específico da palavra. Esse erro não se repete na edição da Amorrortu.

feito uma viagem de férias à Itália, e Ferenczi tinha estado um pouco inconveniente, assediando Freud com perguntas e diversas demandas; estava certamente com ciúmes, queria ter uma situação de discípulo predileto (que na realidade tinha, porque estava passando as férias com o mestre) e pretendia que Freud contasse-lhe todas as coisas de sua vida. De regresso, Ferenczi escreveu a Freud uma longa carta, tipo auto-análise, expressando o temor de tê-lo incomodado e lamentando-se que Freud não o tivesse repreendido para restabelecer a boa relação. Em sua serena resposta de 6 de outubro, Freud replica-lhe: "É bem certo que isso foi uma debilidade de minha parte. Eu não sou o super-homem psicanalítico que você forjou em sua imaginação, nem superei a contratransferência. Não pude tratar você de tal modo, como tampouco poderia fazê-lo com meus três filhos, porque os quero muito e me sentiria aflito por eles". Ou seja, Freud faz aqui uma referência concreta à contratransferência, nesse caso claramente uma contratransferência paterna e positiva, que lhe impedia um determinado curso de ação, que o fazia ser fraco e equivocar-se.

De outro ponto de vista, talvez não desligado do anterior, chama a atenção com que liberdade utiliza-se o conhecimento analítico no trato pessoal. Atualmente, nós nos cuidamos mais, porque sabemos que essas referências são, em geral, complicadas. Recordemos de passagem que, quando Freud fala, em "Análise terminável e interminável" (1937c), daquele paciente que lhe recriminava não lhe ter interpretado a transferência negativa (e ao qual Freud dizia que, se não a tinha interpretado, era porque não aparecia), está mencionando Ferenczi, como afirma Balint (e o próprio Jones).[2] O que em 1910 se passava em um nível de cordialidade e simpatia, depois assumiu outro caráter.[3]

Afora essas duas referências muito concretas de 1910 e uma ou outra mais esporádica, Freud não voltou ao tema e é evidente que nunca elaborou uma teoria da contratransferência. Tampouco se ocuparam muito dela outros autores, de modo que ficou de lado durante bastante tempo. Podemos afirmar, sem medo de nos enganarmos, que, a não ser alguma contribuição solta, a contratransferência não foi estudada até meados do século passado.

A CONTRATRANSFERÊNCIA NA PRIMEIRA METADE DO SÉCULO XX

Os 40 anos que se passaram desde que Freud a descobre até que volta a estudá-la não se pode tampouco dizer que foram em vão; entretanto, também é certo que não trazem algo de substancialmente novo ao estudo da contratransferência.

Não há dúvida de que em alguns de seus trabalhos, como "New ways in psycho-analytic technique", publicado em 1933, Theodor Reik esboça uma teoria da contratransferência a partir da intuição, mas, na realidade, não chega a formulá-la, como tampouco em seus famosos trabalhos sobre o silêncio e a surpresa (1937). Estes são, por certo, estudos importantes no desenvolvimento da teoria da técnica, enquanto tentativas de sistematizar a intuição do analista e de dar respaldo à idéia da atenção livremente flutuante, porém não se pode considerá-los escritos sobre a contratransferência.

Em todos os seus trabalhos, Reik assinala que, se tivermos uma atitude receptiva e confiarmos mais na intuição que no mero raciocínio, talvez possamos captar melhor o que está passando-se no inconsciente do analisando, à medida que há, em última instância, uma captação intuitiva de inconsciente a inconsciente, que o próprio Freud assinalou em "O inconsciente" (1915e). Sabe-se que, durante esses anos, Reik desenvolve uma teoria do *insight* do analista baseada na *surpresa*, e afirma que este deve deixar-se surpreender por seu próprio inconsciente. Não fala, de modo algum, de contratransferência, embora sua idéia traga implícita a de associação contratransferencial de Racker (1953, Estudo VI, parág. IV). No entanto, para dizer que esta é uma teoria da contratransferência, é preciso forçar o raciocínio e estender indevidamente os conceitos. Reik sustenta que a melhor forma de captar o material do analisando é através da intuição oferecida por nosso inconsciente, mas não que essa intuição seja alimentada por um conflito do analista, promovido, por sua vez, pelo conflito transferencial do paciente. Reik não o diz, isso não está em sua teoria do processo. Quando fala concretamente da contratransferência em "Some remarks on the study of resistances" (1924), Reik a considera uma resistência do analista (p. 150) e afirma que ela deve ser vencida pela auto-análise. Significa que, claramente, não a toma como a fonte de sua intuição.

Também em alguns trabalhos de Fenichel, que culminam em seu livro de técnica de 1941, há contribuições à receptividade analítica e à intuição analítica, sobretudo quando intervém na famosa polêmica entre intuição (Reik), e sistematização (Reich); mas não à contratransferência como instrumento para compreender o analisando.

Em todos esses trabalhos, sem dúvida pulsa o tema da contratransferência, porém nenhum chega a considerá-la como um instrumento do analista. Faltava que alguém tomasse a idéia de Freud, que mostrou a existência da contratransferência (e denunciou-a como um obstáculo do tratamento), e, ao mesmo tempo, a idéia de Reik sobre a intuição como o instrumento maior do analista, para que, da síntese, derivasse uma teoria da contratransferência, mas isso só vem muito depois e por outros caminhos.

Do mesmo modo, algumas referências de Wilhelm Reich a suas próprias reações afetivas, como analista aparecem como intuições, inclusive como súbitas intuições; contudo, não é Reich (1933), e sim Racker (1953) quem,

---
[2] Balint o diz explicitamente no simpósio intitulado *Problems of psycho-analytic training*, do Congresso Internacional de Londres (*International Journal*, 1954, p. 160).
[3] Para um desenvolvimento mais completo da relação entre ambos os pioneiros, pode-se consultar o trabalho de Etchegoyen e Catri (1978).

ao estudá-las novamente, as considera produto da contratransferência. Frente às queixas reiteradas daquele paciente passivo-feminino, que lhe dizia que a análise não lhe fazia nada, que não mudava nada, que não melhorava, etc., Reich imediatamente tem, como um raio, a intuição de que, dessa forma, o paciente atua todo o seu conflito de fracasso e impotência na transferência, castrando e fazendo o analista fracassar. A súbita compreensão de Reich, diz Racker (1953), não pode nascer senão da vivência contratransferencial de fracasso que lhe produz o paciente: os fatos são os mesmos, a teoria é diferente. Reich pensa que sua intuição (experiência, ofício) permite-lhe compreender a transferência do analisando, mas não que esteja em jogo sua contratransferência, como tampouco havia valorizado o período anterior, no qual não pôde operar, como efeito de uma inibição (impotência contratransferencial).[4]

Enquanto a teoria da intuição recorre a uma explicação em termos de experiência, de olho clínico, de ofício (*métier*), define-se como independente da contratransferência, do conflito que o analista está sofrendo. Ao contrário, a teoria da contratransferência, tal como a formulam Racker, Paula Heimann e outros, dirá que o *métier* do analista consiste em escutar e perscrutar sua contratransferência, que isso é sua intuição. Ao estabelecer um vínculo entre a intuição e a contratransferência, não se afirma que toda interpretação origine-se desse modo, já que não é possível descartar que, enquanto o analista conservar plenamente sua capacidade de compreender, não intervenha sua contratransferência. É possível sustentar, ao menos fenomenologicamente, que a intuição surge quando não estamos decodificando bem, porque, do contrário, não a chamamos de intuição: chamamos de intuição um momento de ruptura em que, de repente, impõe-se algo inesperado à nossa compreensão. Quando estudarmos o trabalho de López (1972) sobre a forma como se constrói a interpretação, veremos três níveis – o neurótico, o caracteropático e o psicótico – nos quais os mecanismos de codificação variam e, com eles, o grau em que participa a contratransferência para se chegar à interpretação. É legítimo, pois, supor que a intuição não pode ser separada da contratransferência (do conflito) e que isso é também aplicável às outras ciências, porque a intuição do físico ou do químico opera da mesma forma no contexto da descoberta.

Em resumo, como acabamos de ver, a teoria da contratransferência não participa do desenvolvimento da teoria da técnica na primeira metade do século XX e brilha por sua ausência na famosa polêmica de Reik e Reich.

Todavia, deve-se destacar um antecedente de relevo dessa época, que passou, até onde sei, totalmente inadvertido. Refiro-me à contribuição de Ella F. Sharpe ao *Simpósio sobre análise infantil*, em 1927. Todo o raciocínio teórico da autora gira em torno de suas reações (contratransferenciais) ao tratar uma adolescente de 15 anos; porém, em vez de construir uma teoria sobre a contratransferência como instrumento, Sharpe ocupa-se de compreender as resistências dos analistas ao método de Melanie Klein, o que é natural no contexto do simpósio. A autoanálise que Sharpe faz de suas reações frente a seu paciente é um modelo de investigação psicanalítica sobre a angústia contratransferencial e os conflitos do analista com seu superego, projetado no paciente e em seus pais, assim como também o manejo do sentimento de culpa através de mecanismos de negação e projeção. A reação do analista, conclui essa autora, é de vital importância nesses casos (Sharpe, 1927, p. 384).

Expus com algum detalhe a investigação de Sharpe não apenas porque se sobressai em um momento singular da evolução da psicanálise, mas também porque é um exemplo de que mesmo os mais lúcidos podem passar por alto um grande problema quando não estão dadas as condições para enfocá-lo. Antes de que se pudesse descobrir a contratransferência como um problema da práxis e de que se conseguisse formulá-lo teoricamente, era necessário que as premissas da técnica mudassem, que se compreendesse melhor a profundidade e a complexidade do fenômeno transferencial, os alcances e os limites da interpretação, a transcendência do enquadramento e muito mais. Tudo isso se consegue graças a Melanie Klein e Anna Freud, graças a Ferenczi, Reich, Reik e Fenichel, graças a Sterba e Strachey, para citar alguns protagonistas.

Como analistas, não vamos deixar de lado os fatores inconscientes que pesaram nesse atraso. Ninguém se gratificará ao ver e reconhecer sua essencial identidade com o paciente que trata, abandonando a cômoda, a ilusória superioridade que acreditou ter. Para os pioneiros, isso não apenas era inevitável, como também até conveniente porque, se não fosse assim, a complexidade dos fatos os teria oprimido. No entanto, como acabo de assinalar, o fator inconsciente, apesar de ser importante, não foi o único. Era necessário esperar que a técnica progredisse o suficiente para que suas insuficiências fossem descobertas, para que aquela definição consoladora de que a tarefa psicanalítica transcorre entre um neurótico e um sadio pudesse ser revisada.

A ciência, diz Kuhn (1962), evolui por crises. Há momentos em que a comunidade científica aplica sossegadamente suas teorias para reforçar o conhecimento e expandi-lo; em outros, surge um mal-estar crescente, porque as anomalias ao aplicar a teoria são cada vez mais freqüentes e flagrantes; por fim, explode uma revolução e muda o paradigma. Creio realmente que algo assim aconteceu com o reconhecimento da contratransferência na metade do século passado.

A CONTRATRANSFERÊNCIA COMO INSTRUMENTO

Nos anos de 1950, surge uma série de trabalhos em que a idéia de contratransferência é considerada concre-

---

[4] "Os significados e usos da contratransferência" (1953), Estudo VI, parág. V. O caso de Reich figura em seu trabalho apresentado no Congresso de Innsbruck de 1927, intitulado "Sobre a técnica da análise do caráter" (1928) e incorporado à sua obra *Análise do caráter* como Capítulo 4.

tamente não só como problema técnico, mas também como problema teórico, isto é, questionando sua presença na análise e seu significado.

As contribuições mais importantes para a teoria da contratransferência, que nasce nesses anos são, sem dúvida, as de Heinrich Racker, em Buenos Aires, e as de Paula Heimann, em Londres. Foram contribuições simultâneas, e tudo faz supor que nem Paula Heimann tinha ouvido falar da investigação de Racker, nem Racker da de Paula Heimann.[5] O trabalho liminar de Paula Heimann foi publicado no *International Journal* de 1950. Três anos depois, Racker publica, nessa mesma revista, "A contribution to the problem of countertransference", que aparece em 1955 na *Revista de Psicoanálisis* com o mesmo nome, "Contribuição ao problema da contratransferência"; porém, na realidade, esse trabalho, incorporado aos *Estudos* com o número cinco e o nome de "A neurose de contratransferência", foi apresentado na Associação Psicanalítica Argentina em setembro de 1948. Portanto, a apresentação de Racker, foi prévia à publicação do trabalho de Paula Heimann, mas é de se supor que ela o terá preparado nessa mesma época e, de fato, leu-o no Congresso de Zurique de 1949. Se, como parece justo, a descoberta (ou redescoberta) é atribuída salomonicamente aos dois, deve-se dizer também que os estudos de Racker são mais sistemáticos e completos. Afora o artigo de 1950 e de outro que escreveu 10 anos depois, Paula Heimann não voltou mais ao tema ou só o fez de passagem; Racker, ao contrário, publicou uma série de trabalhos nos quais foi estudando aspectos importantes da contratransferência, que conseguiu articular em uma teoria coerente e ampla.

Se atribuí a Paula Heimann e Heinrich Racker o mérito de descobridores é porque penso que são os que destacam o papel de *instrumento* da contratransferência, o propriamente novo, e não porque deixe de lado outros trabalhos desses anos, também de valor. Há, com certeza, outros artigos nessa época que merecem ser considerados, como o de Winnicott, de 1947, e os de Annie Reich e Margaret Little, publicados no *International Journal* de 1951.

As contribuições de todos esses autores, e de outros que logo consideraremos, introduzem de imediato, incisivamente, o tema da contratransferência e marcam, de certo modo, uma espécie de revolução, que não se realizou sem lutas. Quando em 1948 Racker apresentou seu trabalho na Associação Psicanalítica Argentina, causou mal-estar, e um analista importante disse iradamente que o melhor que um analista ao qual acontecem "essas coisas" pode fazer é voltar a se analisar! Como acabo de dizer, e não creio estar exagerando, os trabalhos sobre contratransferência, nesses anos, promovem uma mudança de paradigma: desde então, a tarefa do analista ficou mais questionada e melhor criticada. Vale a pena sublinhar, ainda, as claras afirmações de Lacan em sua "Intervention sur le transfert", que também é dessa época (1951), em que assinala a importância da contratransferência no estabelecimento da transferência. Entretanto Lacan não pensa na contratransferência como instrumento.

O que distingue os trabalhos de Racker, de Paula Heimann e de outros autores daquele momento é que a contratransferência já não é vista apenas como um perigo, mas também como um instrumento sensível, que pode ser muito útil para o desenvolvimento do processo analítico. A isso Racker acrescenta que a contratransferência também configura, de certo modo, o campo no qual se dará a modificação do paciente.

Se compararmos com o que se disse, no devido momento, sobre a transferência, veremos que é exatamente o mesmo: a transferência é um (grave) obstáculo, um (útil) instrumento e, ao mesmo tempo, em última análise, o campo que torna possível que o paciente mude realmente; a transferência é o teatro das operações. Na conferência nº 27 das *Conferências de introdução à psicanálise* (1916-1917), que trata da transferência, Freud expõe essa idéia nitidamente. A transferência não é apenas obstáculo e instrumento do tratamento, mas também possui a qualidade de dar um destino diferente à antiga relação de objeto que tende a se repetir. No momento em que a transferência é resolvida, dizia Freud, o paciente fica em condições de enfrentar seus problemas de forma diferente da de antes, embora o analista fique novamente excluído.

Sobre a base desse triplo modelo freudiano, Racker afirmará que também a contratransferência opera de três formas: como *obstáculo* (perigo de escotomas ou pontos cegos), como *instrumento* para detectar o que está passando-se com o paciente e como *campo* no qual o analisando pode realmente adquirir uma experiência viva e diferente da que teve originariamente. Para mim, seria mais preciso e eqüânime dizer da que *acredita* ter tido. Inclino-me cada vez mais a pensar que a "nova" experiência sempre se faz sobre a base de outra que foi positiva em seu momento ou, mais exatamente, de um aspecto positivo da experiência completa original, o que equivale a dizer, com Wälder (1936), que os atos psíquicos são multideterminados.

Em última instância, a análise não faria nada mais (e nada menos!) do que restituir ao paciente seu passado, incluindo também o que foi bom de seu passado, embora ele o tenha distorcido ou entendido mal. Este é um problema teórico de grande densidade, que abordarei mais adiante.[6] Digamos, desde já, que esse problema apresenta um aspecto técnico (quando vamos dizer que a nova experiência *boa* é original; quando trataremos de remetê-la ao passado) e um aspecto epistemológico que, à medida que inclui o problema dos quantificadores universais, exige um enfoque especial.

Se se compreendem os três fatores estudados por Racker, pode-se reformular a teoria da contratransferência

---

[5] Lembro-me de ter ouvido Racker comentar muitas vezes, nesses anos, a coincidência entre seus trabalhos e os de Heimann e a autonomia das idéias de ambos.

[6] Em meu trabalho de Helsinki (1981b), exponho algumas idéias sobre esse tema. (Ver o Cap. 28).

como correlato da transferência, dizendo que o analista é não somente o *intérprete*, mas também o *objeto* da transferência. Isto é óbvio, mas às vezes o esquecemos. A idéia da intuição, por exemplo, refere-se a um analista intérprete; porém, quando o analista é só isso, não participa do processo, não o padece, não tem paixão; e justamente talvez o mais valioso da tarefa do analista seja que, sendo o objeto, possa ser o intérprete – esse é seu mérito, como assinalou Strachey em seu famoso trabalho de 1934.

O CONCEITO DE CONTRATRANSFERÊNCIA

Tentaremos agora precisar e demarcar o conceito de contratransferência. Os tipos que vamos discutir dependem muito do conceito, e vice-versa; à medida que distinguimos tipos diversos, podemos obter um conceito amplo ou restrito.

Joseph Sandler e colaboradores (1973) dizem, com razão, que na palavra contratransferência o prefixo *contra* pode ser entendido com dois significados distintos que, quando se fala de contratransferência, de fato são levados em conta: oposto e paralelo. No primeiro significado, "contra" é o que se opõe: por exemplo, dito e contradito, ataque e contra-ataque; na outra acepção, o prefixo é empregado como o que faz balanço em busca de equilíbrio: ponto e contraponto (1973, Cap. 6).

Essas duas acepções operam continuamente, e às vezes contraditoriamente, nas definições. Quando falamos de contratransferência no primeiro sentido, queremos dizer que, assim como o analisando tem sua transferência, o analista também tem a sua. Desse modo, a contratransferência é definida pela direção, daqui para lá. A outra acepção estabelece um balanço, um contraponto, que surge ao compreender que a reação de um não é independente do que vem do outro.

Com essas duas formas de conceber o processo, inicia-se uma grande controvérsia para definir a contratransferência e delimitá-la da transferência. A maioria dos analistas pensa, como Freud, que os sentimentos e as pulsões da contratransferência surgem no inconsciente do analista, como resultado da transferência do analisante. Um investigador tão rigoroso como Lacan, porém, afirma exatamente o contrário, como já vimos, ao estudar sua "Intervention sur le transfert" de 1951. Quando se pergunta o que é a transferência, responde-se: "Não se pode aqui considerá-la como uma entidade totalmente relativa à contratransferência, definida como a soma dos preconceitos, das paixões, das perplexidades, inclusive da insuficiente informação do analista em tal momento do processo dialético?" (*Leitura estruturalista de Freud*, p. 46-47). Já criticamos essa opinião um tanto extrema, que se modifica depois com a nova teoria da transferência de Lacan, a teoria do sujeito suposto saber.

A única coisa que podemos fazer para resolver esse dilema é fixar uma direção arbitrária do processo, o que, de fato, Freud faz (e também faz Lacan, com o sinal contrário). No entanto, essa decisão deixa de ser arbitrária quando se funda por inteiro nas constantes do enquadre. O enquadre e, dentro dele, a reserva analítica justificam que chamemos, por definição, de transferência o que provém do paciente e de contratransferência a resposta do analista, e não o contrário. Se fosse o contrário, a situação analítica não se teria constituído. Lacan não se afasta dessa opinião, ao que parece, porquanto considera que os fenômenos de contratransferência surgem quando se interrompe o processo dialético, que para ele é a essência da análise.

Essa decisão define o campo, a área do trabalho analítico. Chamar um fenômeno de transferência e outro de contratransferência implica que o processo analítico inicia-se com a transferência, como o contraponto musical, em que há primeiro um canto ao qual responde o contracanto. O termo contratransferência implica, pois, que o ponto de partida é a transferência do paciente. Inclusive, o que se pretendeu, em um primeiro momento da história da psicanálise, é que só existia a transferência e que o analista respondia sempre racionalmente; do contrário, estava em falta. Depois, viu-se que não era assim e que não podia ser assim: uma análise na qual o analista não participa seria impossível e talvez equivocada, pois deve haver uma reação. Essa definição é operativa, mas não autoritária, como poderia parecer. É autoritário crer que o analista reage sempre racionalmente ou esquecer que, ao definir a participação do analista no processo, como propusemos, não fazemos outra coisa senão assinalar seu papel, sem nos pronunciarmos sobre sua saúde mental.

O que acabo de dizer, creio, coincide com o que Winnicott (1960b) chama de *atitude profissional* do analista.

CONTRATRANSFERÊNCIA E ENQUADRE

O que justifica que se discriminem transferência e contratransferência é, em última análise, o enquadre. O enquadre ordena os fenômenos: se não fosse assim, falaríamos somente de transferência ou de transferência recíproca, como Luis López Ballesteros y de Torres preferiu traduzir *Gegenübertragung*.

Não é simplesmente um jogo de palavras, ou uma petição de princípio, situar o enquadre como elemento ordenador. Porque o enquadre é instituído para que existam realmente esses fenômenos, para que o paciente desenvolva sua transferência e o analista acompanhe-o, no sentido do contraponto musical, ressoando a partir do que inicialmente é do paciente; se essa condição não ocorre, tampouco ocorre o tratamento analítico. O enquadre opera como uma referência contextual que permite que se dê esse jogo de transferência e contratransferência; é a estrutura sintática, em que os significados de transferência e contratransferência irão adquirir sua significação.

O enquadre ordena uma relação distinta e particular entre o analista e o paciente, uma relação não-convencional e *assimétrica*. O paciente comunica todas as suas vivências (ou pelo menos tenta) e o analista só responde ao que disse o analisando com o que acredita pertinente. Desse modo, e apenas desse modo, fica definido o tipo de relação com seus papéis de analisando e de analista. Se considerássemos que a contratransferência é um processo autônomo, em tudo igual à transferência, não ficaria configurada a situação analítica. Não é casual, em meu entender, que o frouxo enquadre de Lacan coincide justamente com uma explicação teórica que reverte os termos do processo.

Apesar de os papéis de analista e analisando ficarem assim definidos contratualmente (como, no fim das contas, em qualquer tipo de relação humana), não se deve perder de vista que esse acordo prévio à tarefa também se sustenta e em grande medida, no fato de que o enquadre ajuda o analista a cumprir seu papel, a manter um equilíbrio maior que o do paciente, além de que sua análise didática e sua formação o coloquem em vantagem. Sendo assim, o conceito de assimetria dependerá, antes de mais nada, do enquadre e apenas secundariamente da saúde mental do analista. Como todos sabem, o analista que se analisa funciona diferentemente em ambas as circunstâncias.

O analista poderia responder à transferência do paciente de uma forma absolutamente racional, mantendo-se sempre, por assim dizer, no nível da aliança de trabalho; porém, os fatos clínicos provam que o analista responde, em princípio, com fenômenos irracionais, em que se mobilizam conflitos infantis. Nesse sentido, trata-se claramente de um fenômeno transferencial do analista, mas esse fenômeno, se queremos preservar a situação analítica, tem de ser uma *resposta* ao paciente, se não teríamos de dizer que não estamos dentro do processo analítico, e sim reproduzindo o que passa na vida corrente entre duas pessoas em conflito.

CONTRATRANSFERÊNCIA CONCORDANTE E COMPLEMENTAR

Preocupado por sua fenomenologia e por seus dinamismos, Racker classificou a contratransferência em vários tipos.

Assim, em primeiro lugar, distinguiu duas classes de contratransferência, segundo a forma de identificação (Racker, 1953, Estudo VI, parág. II). Na contratransferência *concordante*, o analista identifica seu ego com o ego do analisando, e o mesmo para as outras partes da personalidade, id e superego. Em outros casos, o ego do analista identifica-se com os objetos internos do analisando, e a esse tipo de fenômeno Racker chama de contratransferência *complementar*, seguindo a nomenclatura de Helene Deutsch (1926) para as identificações.

Racker pensa que as identificações concordantes são em geral empáticas e expressam a compreensão do analista, sua contratransferência positiva sublimada, enquanto a contratransferência complementar implica um montante maior de conflito. À medida que o analista fracassa na identificação concordante, intensifica-se a complementar. Racker assinala, desse modo, que o uso corrente do termo contratransferência refere-se às identificações complementares, e não às outras, embora considere que não devem ser separadas, já que, em ambos os casos, estão em jogo os processos inconscientes do analista e seu passado.[7]

Essa classificação merece alguns reparos. De um ponto de vista um pouco acadêmico, seria possível assinalar que a identificação concordante com o superego do analisando é uma identificação com o objeto interno. Como Racker não ignora isso, com certeza, deve-se concluir que a identificação do analista com o superego do analisando é concordante quando há coincidência na apreciação da culpa e complementar quando o analista cumpre a função de censor. Mais difícil é sustentar os pontos de vista rackerianos frente a um paciente com auto-recriminações, porque nele a identificação concordante não poderia ser nunca a mais empática.

Talvez o modelo de aparelho psíquico que Racker utiliza para sua classificação (a segunda tópica) não seja o mais apto para classificar a contratransferência. Seu esquema também sofre, sem dúvida, porque explica nesse ponto a dinâmica das identificações sobre a base da projeção e da introjeção, sem recorrer à identificação projetiva, um ponto que Grinberg e Money-Kyrle levarão muito em conta, como veremos no próximo capítulo.

O conceito de identificação projetiva leva-nos naturalmente a outro tema importante, que Racker leva em conta apenas colateralmente, sem chegar a conceituá-lo plenamente: a diferença entre objetos parciais e totais. Racker diz: "Quanto maiores forem os conflitos entre as próprias partes da personalidade do analista, tanto maiores serão as dificuldades para realizar as identificações concordantes em sua totalidade" (p. 161). É evidente que a identificação que Racker tem *in mente* é a concordante com um objeto total, mas então o que vale é a integração mais do que a concordância.

Creio pessoalmente que a compreensão ou a empatia do analista não depende de que se identifique concordante ou complementarmente, e sim do grau de consciência que tenha do processo, da plasticidade das identificações e da natureza objetal do vínculo.

Chegamos aqui a outro ponto em que se torna questionável a classificação de Racker, já que a contratransferência concordante é a que mais se presta a um vínculo de tipo narcisista. O próprio Racker adverte sobre isso quando destaca que a contratransferência concordante anula, em certo sentido, a relação de objeto, o que não ocorre na complementar (p. 163). É que, na verdade, as identificações concordantes (narcisistas) são as que implicam o maior montante de participação contratransferencial.

EMPATIA

Acabamos de ver que Racker inclina-se a considerar a *empatia* como uma forma especial de contratransferência,

---

[7] Aqui, Racker decide-se claramente por incluir a compreensão do analista (empatia, intuição) na contratransferência.

e muitos analistas pensam como ele. Outros, ao contrário, decididamente a separam dela e atribuem-lhe um lugar próprio e distinto. O tema é complexo e, por certo, merece um estudo especial, que agora procuraremos fazer. Deve-se levar em conta, de imediato, que boa parte dessa controvérsia depende da extensão que demos ao conceito de contratransferência. Os que pensam como Racker – e, no fim das contas, como Freud (1915e), que todo pensamento tem sua raiz no sistema Icc – sustentarão naturalmente que a empatia não é uma exceção: por mais elevados que possam ser seus produtos, sempre se poderá remetê-la aos processos primários da vida psíquica.

Quando Guillermo Dilthey (1833-1911) propôs a clássica divisão entre *ciências da natureza* (*Naturwissenschaften*) e *ciências do espírito* (*Geisteswissenschaften*), quando disse que a natureza é *explicada* e o espírito é *compreendido*, abriu um caminho pelo qual ainda continuam transitando os homens de pensamento e que atingiu as bases filosóficas da psicologia e da psicanálise. Recordemos que Dilthey usou, no princípio, o conceito de *empatia* (*Einfühlung*) como o método básico das ciências do espírito, mas depois preferiu o de *vivência* (*Erlebnis*), porque acreditou que se enquadrava melhor com o estudo da história, que era pelo que ele basicamente se interessava (Guariglia, comunicação pessoal).

Seguindo a linha de Dilthey, a monumental *Psicopatologia geral* de Karl Jaspers (1913) introduziu a diferença entre psicologia explicativa e psicologia compreensiva. Aplicando com vigor esse instrumento conceitual, Jaspers distinguiu taxativamente dois tipos de entidades psiquiátricas: os *desenvolvimentos*, que podemos alcançar com nossa compreensão, e os *processos*, que são explicáveis, ainda que não compreensíveis. Assim, por exemplo, a idiotia fenilpirúvica ou fenilcetonúria *é explicada* por uma falha genética que não permite a síntese de uma enzima – a hidroxilase – necessária para converter a fenilalanina em tirosina, com grave alteração no desenvolvimento do sistema nervoso central. A depressão reativa, porém, *é compreendida*, uma vez que podemos colocar-nos no lugar daquele que a sofre.

Na psicologia compreensiva, Jaspers distingue, por sua vez, dois tipos de compreensão: estática e genética. A compreensão *estática* estuda os estados anímicos que o observador pode alcançar pela vivência (fenomenologia); a compreensão *genética*, ao contrário, descreve como surge o anímico do anímico, através da conexão de motivos (*psicologia compreensiva*).[8] A compreensão genética, por seu turno, possui duas vertentes. Na *compreensão racional*, compreendemos segundo as regras da lógica, compreendemos o falado, enquanto que a *compreensão empática* (ou psicológica) permite-nos compreender aquele que fala, insere-nos no reino das relações psicológicas, leva-nos à própria psicologia (Jasper, 1913, p. 355). Logo, a concepção jasperiana reconhece a empatia como o instrumento fundamental de sua psicologia compreensiva e, por conseguinte, da psicoterapia.

A partir dessas precisões de Jaspers, definiremos provisoriamente a *empatia* como a capacidade de alguém para sentir o que outro sente e compreendê-lo.

Freud não estudou especificamente a empatia, nem se ocupou muito dela, mas reconheceu-lhe, sem dúvida, um valor importante no tratamento psicanalítico, tal como assinalam Lerner e Nemirovsky (1989). Assim, por exemplo, quando se pergunta em "Sobre o início do tratamento" (1913c), em que momento deve começar a tarefa interpretativa, afirma taxativamente que nunca antes de que o analisando tenha estabelecido uma transferência operativa, um *rapport* em regra, e afirma, ato contínuo, que essa ligação pode ser entorpecida se o analista, "desde o começo, situa-se em um ponto de vista que não seja o da empatia" (*AE*, v.12, p. 140). "It is certainly possible to forfeit this first success if from the start one takes up any standpoint other than one of sympathetic understanding, such as a moralizing one..."* (*SE*, v.12, p. 140). Strachey preferiu "sympathetic understanding", e, embora o giro lingüístico não mude na verdade o conceito, cabe salientar que os *Estudienausgabe* consignam *Einfühlung*, isto é, "empatia".

Vale a pena recordar que é em *O chiste e sua relação com o inconsciente* que Freud (1905c) emprega com mais assiduidade a palavra "empatia" para se referir à compreensão que surge entre os dois personagens que interagem no chiste. Ao "querer compreender", diz Freud, o sujeito situa-se no lugar da pessoa observada e, assim, sobrevém uma liberação do gasto psíquico que se descarrega com o riso.

Na nota introdutória a esse livro, Strachey (1960) recorda que se atribui a Theodor Lipps (1851-1914) ter cunhado o termo *Einfühlung* e, é evidente, acrescenta que Lipps influenciou muito Freud por seu conceito de inconsciente e seu ensaio sobre o cômico e o humor. No entanto, como acabamos de ver, foi Dilthey quem de fato introduziu o conceito de empatia, que veio a ocupar um lugar chave em seu sistema filosófico.

Em diversos contextos do livro do chiste, Freud assinala que a oposição entre os elevados interesses espirituais e a perturbação que pode provocar alguma circunstância fortuita, como pode ser uma necessidade corporal excrementícia, é medida por empatia, e isso é o que produz o efeito cômico. Esse efeito cômico, afirma Freud (Cap. VII, seção 1), está ligado à empatia quando o avaliamos no outro, já que, se ocorresse em nós mesmos, não surgiria um efeito cômico, mas, ao contrário, um sentimento penoso. Nesse sentido, parece que Freud utiliza o conceito de empatia para medir a diferença do próprio eu com o outro e *não* para compreendê-lo, para entrar em ressonância com ele.

---

[8] Voltaremos a Jaspers quando falarmos da interpretação no Capítulo 26, segundo item.

*N. de R.T. Serão mantidas as citações em língua estrangeira como no original.

No Capítulo VII, "Identificação", de *Psicologia das massas e análise do ego*, Freud (1921c) outorga à empatia um lugar singular, afirmando que "... desempenha a parte principal em nossa concepção do ego alheio, o das outras pessoas" (*AE*, v.18, p. 102); "... plays the largest part in our understanding of what is inherently foreign to our ego in other people" (*SE*, v.18, p. 108).

Muitos analistas ocuparam-se da empatia, mas nenhum com a profundidade com que o fez Ferenczi. Seu famoso ensaio "Elasticidade da técnica psicanalítica" (1928) é, sem dúvida, o trabalho mais original e mais completo sobre o tema.

No auge de sua genialidade, Ferenczi mostra nesse artigo um admirável equilíbrio entre a ciência e a arte da psicanálise. Como me apontou Ahumada, em uma comunicação pessoal, talvez seja porque está no meio do caminho que vai da técnica ativa à neocatarse, eqüidistante de duas paixões que terminam por extraviá-lo. É o Ferenczi que acaba de escrever um artigo definitivo sobre o problema do término da análise (1927), reivindicando o direito do analista a ser analisado a sério; o Ferenczi que compreende e maneja como poucos a técnica e o método; o Ferenczi que, para Freud, não tem pares.[9]

O ponto de partida do ensaio de Ferenczi é uma reflexão sobre a natureza científica da psicanálise como conhecimento transmissível. Segundo ele, quem tenha sido analisado a fundo e esteja familiarizado com os princípios da técnica poderá operar com eficácia, embora sempre fique um resíduo de equação pessoal que se deverá manejar com *tato*, que não é outra coisa senão a capacidade para a empatia. A *empatia* orienta-nos sobre o que devemos e podemos dizer ao paciente para não aumentar desnecessariamente suas resistências e para evitar o sofrimento do qual se pode dispensá-lo. Porque Ferenczi, como haverá de dizer Bion muitos anos depois, pensa que a psicanálise não pode ocorrer sem dor, e um de seus objetivos é justamente aprender a tolerá-la.

Para Ferenczi, a empatia significa dar-se conta e, até certo ponto, prever a reação do analisando para poder falar ou calar no momento oportuno, mas nunca uma atitude ingênua ou sentimental. O analista deve ter os olhos bem abertos, enquanto sua mente oscila continuamente entre a empatia, a auto-observação e a atividade do juízo (*Psicanálise*, v.4, p. 68). "One might say that his mind swings continuously between empathy, self-observation and making judgements" (*Final contributions*, p. 96). Síntese admirável que hoje possui a mesma vigência de então. Como ele mesmo diz em sua carta a Freud de 15 de janeiro de 1928 (Grubrich-Simitis, 1986), a empatia não significa concessão alguma à arbitrariedade do fator subjetivo e requer um estrito controle sobre os conflitos pessoais – algo que, infelizmente, alguns analistas contemporâneos esquecem.

As relações entre o tato e a empatia, que Ferenczi estabeleceu sem chegar a defini-las claramente, foram depois precisadas por Poland (1975) e Carloni (1984). A empatia serve-nos para compreender, e o tato, para interpretar; aquela tem a ver com o pólo sensorial do aparelho; este, com o pólo motor.

Depois do trabalho de Ferenczi, o tema da empatia foi abordado apenas ocasionalmente, até que, nos últimos anos, voltou à consideração dos analistas a partir da investigação de Kohut.

Greenson escreveu, em 1960, um ensaio de grande amplitude sobre a empatia e suas vicissitudes. Para esse autor, a empatia é o conhecimento emocional dos sentimentos do outro, um fenômeno pré-consciente que serve para compreender o analisando, na medida em que nos permite compartilhar seus sentimentos. A empatia implica um equilíbrio delicado, a possibilidade de sentir com o outro, mas sem se deixar envolver por seus sentimentos, ocupando o lugar de um observador participante, como dizia Sullivan. Disso decorre que Greenson considere que a empatia do analista falha por defeito ou por excesso. Na inibição da empatia, o analista mantém-se demasiadamente afastado por medo de se ver envolvido nos sentimentos do analisando; no descontrole, o compromisso do analista com os sentimentos do analisando é intenso demais, e, com isso, perde a distância ideal e a objetividade.

Greenson distingue a empatia da *simpatia*, na qual existe um elemento de acordo com o que o outro sente e, portanto, um grau mais amplo de compromisso emocional. Também diferencia intuição de empatia, porque aquela tem a ver com o intelectual, e esta, com os sentimentos.

Seguindo as idéias de Melanie Klein, Nora Barugel (1984) distingue simpatia e empatia, como Greenson, mas define-as de outro modo. Na *simpatia*, sente-se ou sofre-se com o outro (sin-pathos) como resultado de se conectar com aspectos próprios que se sente como semelhantes ao objeto. Na *empatia*, sente-se ou sofre-se dentro do objeto (em-pathos), de modo que a identificação sobrevém sobre a base das próprias qualidades colocadas no objeto, isto é, a partir da identificação projetiva. Portanto, Barugel considera ambos os processos como resultado da identificação e entende-os, no marco de referência kleiniano, como duas modalidades da identificação, introjetiva e projetiva.

Yampey (1985) reconhece a empatia como uma condição importantíssima da compreensão psicanalítica e define-a como a possibilidade de se colocar no lugar do outro e de compartilhar o que ele pensa e deseja, aquilo que vivencia, mas também adverte sobre seus perigos quando é dominada pelo mágico, pelo narcisista e pelo infantil.

O autor que mais se ocupou da empatia em meados do século XX foi, sem sombra de dúvida, Heinz Kohut. Sua trajetória científica é um grande arco de círculo que começa em "Introspection, empathy, and psychoanalysis" (1959, "Introspecção, empatia e psicanálise") e encerra-se com "Introspection, empathy, and the semicircle of mental health" (1982, "Introspecção, empatia e o semicírculo da saúde mental"), passando pelo último capítulo de *Análise do self* (1971), até chegar a *Como cura a análise?* (1984), publicado após sua morte.

---

[9] Ver Grubrich-Simitis, 1986, carta de 4 de janeiro de 1928.

Desde seu trabalho inaugural de 1959, Kohut afirma categoricamente que o fato psicológico só é alcançado por introspecção ou por empatia, que para ele é uma forma vicariante de introspecção; e, reciprocamente, afirma que o alcançado por esses métodos é psicológico e o demais *não*. Desse modo, Kohut privilegia e limita a psicanálise ao que acontece na sessão, ao que se passa entre analista e analisando. O demais, o que provier de outros campos de observação (como a etologia e as neurociências, por exemplo) poderá ser-nos útil, mas nunca pertencerá à nossa disciplina. Kohut ainda diz mais: a empatia deve ser considerada como um componente essencial do método psicanalítico. "We designate phenomena as mental, psychic or psychological if our mode of observation includes introspection and empathy *as an essential constituent*" (1959, p. 462; "Designamos um fenômeno como mental, psíquico ou psicológico, se nosso modo de observação inclui a introspecção e a empatia como *um componente essencial*". (Os grifos são de Kohut; a tradução é minha). Aqui reside a grande inovação de Kohut: a empatia deixa de ser uma condição necessária do trabalho analítico (como todos pensam, desde Ferenczi) para se constituir na própria essência do método, com o que se estende para ela um verdadeiro cheque em branco metodológico.

A definição de 1959 repete-se e aperfeiçoa-se em 1971, quando a empatia é reconhecida como "um modo de conhecimento especificamente de acordo com a percepção de configurações psicológicas complexas" (*Análise do self*, p. 269). "Empathy is a mode of cognition which is specifically attuned to the perception of complex psychological configurations" (*The analysis of the self*, p. 300).

Nesse capítulo, Kohut passa em revista os limites da empatia e seu emprego equivocado. Se a empatia aplica-se à observação de áreas que estão fora do campo dos estados psicológicos complexos, isto é, a processos não-psicológicos, conduz a uma percepção errônea da realidade, pré-racional e animista. Pelo contrário, se não se utiliza a empatia quando devem ser observados fenômenos psicológicos complexos, então se cai em um erro simétrico e oposto ao anterior, que leva a uma concepção mecanicista e inerte da realidade psicológica.

Até esse momento, e visto que erigiu a empatia como um modo de conhecimento específico, ou seja, como um elemento essencial da práxis psicológica, tudo faria supor que Kohut se declararia partidário de uma psicologia compreensiva, como a que propiciaram Dilthey e Jaspers, ou como a que mais tarde sustentou Alfred Lorenzer (1970) com sua teoria da compreensão cênica. Kohut, porém, rechaça energicamente essa possibilidade, sustentando que a empatia falha quando, em vez de utilizá-la como um instrumento para a reunião de dados psicológicos, como um modo de observação, pretende-se substituir com ela as fases explicativas da psicologia científica. Dessa maneira, prossegue Kohut, chega-se a uma psicologia compreensiva, no sentido de Dilthey e de Jaspers, mas não a uma psicologia explicativa, com o que se deterioram as pautas científicas e inicia-se uma regressão sentimentalista para a subjetividade (*Análise do self*, p. 270; *The analysis of the self*, p. 300-301).

Um pouco mais adiante, no mesmo capítulo, encontramos um parágrafo sumamente explicativo: "O psicólogo científico, em geral, e o psicanalista, em particular, devem ter livre acesso à compreensão empática, e, além disso, estar em condições de poder renunciar à atitude empática. Se não podem ser empáticos, tampouco poderão observar e reunir os dados de que necessitam; se não conseguem superar a empatia, será impossível para eles estabelecer hipóteses e teorias e, por conseguinte, não poderão criar interpretações" (*Análise do self*, p. 272). "The scientific psychologist, in general, and the psychoanalyst, in particular, not only must have free access to empathic understanding; they must also be able to relinquish the empathic attitude. If they cannot be empathic, they cannot observe and collect the data which they need; if they cannot step beyond empathy, they cannot set up hypothesis and theories, and thus, ultimately, cannot achieve explanations" (*The analysis of the self*, p. 303).

Creio notar aqui uma contradição no pensamento de Kohut. Se a empatia só serve para colher dados a partir dos quais se deve chegar a uma explicação, então não se pode dizer que a empatia é a própria essência do método, mas, na melhor das hipóteses, seu ponto de partida. Todavia, com o desenvolvimento de sua investigação, o mestre de Chicago foi esclarecendo seu pensamento.

Em seu livro póstumo, *Como cura a análise?* (1984), Kohut oferece-nos alguns argumentos para poder compreender essa aparente contradição. No Capítulo 6, volta a definir a empatia como introspecção vicariante, como a capacidade de penetrar com o pensamento e com o sentimento na vida interior de outra pessoa, de vivenciar o que o outro vivencia, embora em grau atenuado.

No Capítulo 9, "Papel da empatia no tratamento psicanalítico", ele nos diz claramente que a empatia do analista consiste em aceitar sem rodeios a transferência narcisista do analisando, tolerando a transferência especular, com seu cortejo de exibicionismo e controle, e a transferência idealizada, sem limitá-la com chamados à realidade ou com interpretações que impliquem seu rechaço. Kohut acredita que, graças à empatia, o analista capta genuinamente a percepção que o paciente tem de sua realidade psíquica e a aceita como válida. Para que se torne nítido o alcance dessa afirmação-chave, Kohut fornece um exemplo que vale a pena comentar. Se um paciente confessa-lhe que se sentiu ferido porque ele, Kohut, chegou um minuto mais tarde, não se deverá responder-lhe que sua percepção da realidade está distorcida ou que ele está confundindo-o com a mãe ou o pai; antes lhe dirá que todos somos sensíveis às ações daquelas pessoas que chegaram a ser tão importantes para nós quanto nossos pais o foram na infância e que, em vista do caráter imprevisível de sua mãe e do desinteresse que seu pai mostrou em relação a ele, é lógico que sua percepção da importância de suas ações e omissões (de Kohut) tenha-se intensificado, assim como também suas reações.

Nesse caso simples, porém ilustrativo, creio entender, sem medo de me equivocar, que a empatia de Kohut consiste em aceitar sem reticências o mal-estar do analisando porque seu analista atrasou-se um minuto. Nisso consiste o momento empático (embora não implique, de fato, coleta de dados). O que Kohut inclui em sua interpretação sobre o mau comportamento dos pais (como objetos do *self*) deve ser entendido, sem dúvida, como a parte explicativa da interpretação e, diga-se de passagem, provém aqui das teorias de Kohut e não do que diz o analisando: ao menos, Kohut não o consigna, nem julga necessário fazê-lo.

Com respeito ao momento empático da interpretação, creio que Kohut está certo ao aceitar plenamente a realidade psíquica do analisando que se sentiu lesado porque o analista o fez esperar. A interpretação que Kohut imagina – e subestima —, ou seja, que o analisando distorce os fatos da realidade ou que confunde o analista com sua mãe ou seu pai, não é estritamente para mim uma interpretação, mas uma desqualificação dos sentimentos e do juízo do analisando e, provavelmente, um *acting out* do analista, que procura descarregar sua agressão e sua culpa. Somente analistas muito superegóicos (e/ou de pouca experiência) poderiam formular uma interpretação como essa.

Quanto ao segundo momento da interpretação, convém, em princípio, pontuar o que Kohut pretende explicar: e é, não resta dúvida, que os sentimentos transferenciais do analisando, diante da (mínima) espera que sofreu, são uma resposta lógica ao comportamento errático dos *self-objects* parentais de sua infância. Mas o que é, na realidade, que se está testando com essa interpretação? Não é, com certeza, a qualidade daqueles pais distantes, porque disso Kohut não duvida, já que o sabe por empatia: foram não-empáticos; tampouco pode ser que se esteja testando sua teoria dos *self-objects*, porque então cairia em um círculo vicioso, em uma petição de princípios. O que Kohut está testando, e não vejo outra possibilidade, é se a reação transferencial de seu analisando fica explicada pelo que os pais da infância fizeram, enquanto objetos do *self* deficientes. Se isso é assim, é evidente que o que Kohut testa é pouco significativo. O analisando não pode menos do que confirmar a interpretação, já que é por empatia com o que ele disse muitas vezes que Kohut afirma que a mãe era imprevisível e o pai, desinteressado. Quanto pode haver aqui de cumplicidade entre o analisando e o analista para converter o conflito do presente em um conflito do passado que absolva os dois protagonistas atuais é difícil de dizer, mas é algo para se levar em conta e que não entra, certamente, nas previsões da *self-psychology*. Poderia ser, por exemplo, que o analisando desloque, com a mínima espera, algum agravo maior contra seu analista que não se atreve a confessar.

De qualquer modo, quando Kohut julga tão severa e assertivamente os pais de seu sensível analisando, deixa fora de toda consideração que tenha sido a atitude extremamente exigente daquela criança que condicionou – ao menos em parte – a resposta dos pais. Essa possibilidade fica, de fato e de direito, fora do campo visual de Kohut.

Uma verdadeira psicologia explicativa deveria testar os ditos do analisando e ver como se reproduz seu conflito infantil na transferência e não dar fé ao que ele sente, que sempre será, como diz Kohut, muito respeitável, mas não a inapelável verdade histórica.

Ao longo de toda sua obra, Kohut considera que sua contribuição fundamental à psicanálise é uma nova perspectiva do fenômeno empático, como foi nova a proposta de Brunelleschi sobre a perspectiva no começo do Renascimento. Por isso, penso que, apesar do que diga seu criador, a psicologia do *self* deve ser conceituada como uma psicologia compreensiva, em que a empatia ocupa o lugar central, como método principal de conhecimento.

O próprio Kohut diz isso, quando assinala que o aspecto explicativo das intervenções do analista baseia-se, em última instância, na empatia e que as reconstruções genéticas corretas não fazem outra coisa senão provar ao analisando que ele foi compreendido.

Em seu livro póstumo (Capítulo 9), Kohut afirma que, através da psicologia do *self*, o analista consegue empatizar com a experiência que o analisando tem de si mesmo como parte do analista e do analista como parte de si. Na realidade, Kohut pensa que o conceito de empatia só pode ser apreendido cabalmente no marco da psicologia do *self* e, de certo modo, tem razão, porque a empatia fica redefinida a partir da teoria dos objetos do *self* e, igualmente, os objetos do *self* podem ser definidos como aquilo que se alcança por empatia.

Para preservar o vínculo empático, Kohut não vacila em evitar as interpretações que possam "ser sentidas" pelo analisante como hostis ou admonitórias. O analista terá sempre de usar o tato para interpretar, como nos ensinou Ferenczi, mas nunca deve ficar atado ao que o analisando sentirá, porque este é livre para sentir o que lhe aprouver, e a tarefa do analista consiste justamente em analisar essa vivência – não em evitá-la. O cuidado que Kohut atribui a esse ponto é, a meu ver, contrário ao método psicanalítico e também ao espírito de buscar a verdade que nos ensinou Freud.

Nesse ponto, deve-se articular também a mudança conceitual de Kohut de uma teoria do conflito à sua teoria da detenção do desenvolvimento. Ele sustenta que, à medida que sua doutrina considera as pulsões sexuais da relação de objeto como secundárias à organização do *self*, fica protegida de uma conotação culposa. Enquanto o enfoque interpretativo, centrado no conflito de impulso e defesa, presta-se para que o analisando *sinta-o* como censura, a interpretação das transferências com os objetos do *self* será vivenciada como a aceitação do desenvolvimento no processo normal de maturação. Essa decisão de manter *à outrance* o clima empático parece ser um dos fatores que influenciaram o pensamento de Kohut para abandonar a teoria do conflito e da pulsão.

Se a empatia é entendida como uma forma de proteger o analisando de verdades dolorosas sobre si mesmo, então o conceito acaba sendo extremamente estreito. Concordo com Kernberg quando diz: "É muito fácil para o analista considerar uma intervenção como 'empática' quando se adapta tanto à sua própria teoria quanto às expectativas ou necessidades conscientes do paciente" (*Transtornos graves da personalidade*, p. 166). "It is very easy for the analyst to consider an intervention 'empathic' when it fits with both his own theory and the patient's conscious expectations or needs" (*Severe personality disorders*, p. 187).

Depois desse longo percurso, quero concluir assinalando que a empatia deve ser considerada, como queria Ferenczi, como um guia válido, mas não infalível, para nos aproximarmos do que o analisando (e, em geral, o próximo) sente, para compreender e compartilhar o sofrimento alheio, para atenuá-lo na medida do possível, embora não esteja em nossas mãos evitá-lo. Considero a empatia como um fator *necessário* do trabalho analítico, pois, sem ela, nunca poderíamos entrar no compasso de nosso analisando, mas de modo algum como *suficiente* para nossa tarefa, já que a empatia depende de muitíssimos fatores, que ocorrem, em geral, mais no âmbito da comunicação analógica do que da digital. E, frente a essa multiplicidade de fatores, de estímulos, nossa própria resposta não é nunca unívoca e infalível, uma vez que depende de nosso próprio estado de ânimo, de nossa receptividade e de nossos conflitos; em suma, dos processos de introjeção e projeção que configuram nossa contratransferência em sentido amplo.

Como veremos mais adiante (Cap. 26, segundo item), Jaspers afirma que a compreensão empática (que para ele é uma forma da compreensão genética) oferece-nos uma evidência que é última, que não se pode prosseguir além; todavia, em seguida, atenua essa afirmação extrema dizendo que uma relação compreensível não prova *per se* que seja real e pode estar equivocada se o material objetivo com que essa relação é compreendida não foi bem tomado. Essa referência ao material objetivo, à qual apela o próprio Jaspers, demonstra-nos que nem sequer esse autor confia em sua empatia; e a isso deve acrescentar-se, com Lorenzer (1970, Cap. 2), que a psicanálise rechaça a possibilidade de colher dados objetivos e, por motivos de técnica e de ética, veda a si mesma o acesso a toda informação que não provenha do analisando.

Lorenzer, por sua vez, apóia-se em Dilthey e em Jaspers para propor a compreensão (e não a explicação) como a forma operativa típica da psicanálise; mais coerente nesse ponto que Kohut, declara-se partidário de uma psicanálise radicalmente hermenêutica, na qual, por meio da *compreensão cênica*, pode-se recuperar o nível simbólico da linguagem, reparando o processo destrutivo que levou do símbolo ao clichê.

As idéias de Lorenzer merecem, por certo, um estudo à parte; porém, digamos desde já que todo o seu raciocínio apóia-se em uma *vivência de evidência* obtida mediante um ato psíquico que se cumpre no analista e que se verifica nesse ato (1970, Cap. 2, segundo item), com descuido, em meu entender, das infinitas armadilhas da contratransferência.

A maioria dos psicanalistas que se ocuparam da empatia inclinam-se a considerá-la um fenômeno (ou afeto) complexo, que tem a ver com processos de identificação, uma forma especial de identificação, em geral transitória e pré-consciente, não-regressiva e de natureza reversível (Levy, 1985, p. 355; Yampey, 1985, p. 353). Laura Etchegoyen (1997), por sua vez, considera que a empatia não pode ser separada da contratransferência e que flutua nos parâmetros da relação psicanalítica. A empatia, conclui, não é algo fixo e estático, e sua constante oscilação "constitui uma importante área da investigação clínica" (p. 159).

As relações entre a empatia e a contratransferência variam segundo a extensão que demos a esta última. Annie Reich (1966) e, em geral, todos os autores que tendem a conceituar a contratransferência como obstáculo preferem separá-la da empatia; outros, como Racker, a considerar uma forma madura ou sublimada da contratransferência; contudo, nem uns, nem outros a reconhecem como um método inequívoco para coletar dados. Quando Levy (1985) estuda a empatia no âmbito da psicologia do *self*, destaca a excessiva amplitude que o termo tem para Kohut e o valor contraditório que lhe atribui: a empatia é, às vezes, um instrumento fidedigno para coletar dados e, em outras, a habilidade do analista para que o analisando experimente suas intervenções, de acordo com seus desejos e suas necessidades (p. 368). Embora Kohut não pareça ter notado, são dois conceitos bem distintos, e é justamente o último que faz muitos estudiosos temerem que possa ficar comprometida a neutralidade psicanalítica em uma espécie de experiência emocional corretiva, como Alexander e French (1946).

Levado por uma esforçada tentativa de estabelecer uma rigorosa metapsicologia dos afetos, Maldavsky (1986, 1988) estuda a empatia em relação aos mecanismos específicos da neurose (recalcamento, *Verdrängung*), das perversões e das psicopatias, enquanto modalidades transgressoras (recusa da realidade, *Verleugnung*) e da psicose (forclusão, *Verwerfung*), e destaca, em cada caso, uma atitude empática especial. De acordo com sua linha de pensamento, esse investigador estabelece diferenças entre a empatia, a contratransferência e o contágio afetivo, assinalando que os dois últimos constituem um obstáculo para a tarefa analítica e o primeiro tem um valor orientador na clínica, sem que os três difiram pelos afetos em jogo, nem por sua intensidade, mas por sua origem, pelo modo como cada um deles é produzido. Para Maldavsky, a contratransferência surge de um desejo recalcado do analista, o contágio afetivo de uma identificação, também sufocada, ao passo que, na empatia, o afeto originário deriva de uma identificação com o paciente que é suscetível de consciência e serve para cumprir a meta clínica da mudança da defesa.

Em suma, outorguemos à empatia um lugar de destaque em nossa capacidade de compreender nosso analisando (e, em geral, nosso próximo), mas saibamos que tem seus limites e pode enganar-nos. Temos o direito de acreditar que a psicanálise é uma ciência natural ou uma hermenêutica, porém não pensemos jamais que o caminho para a verdade é seguro e sem voltas.

22

Contratransferência e Relação de Objeto

No capítulo anterior, rastreamos o conceito de contratransferência, desde quando foi introduzido por Freud, em 1910, até a segunda metade do século XX, quando começa a ser estudado com outro enfoque, em outro paradigma: como uma presença ineludível, como instrumento, não menos que obstáculo.

Vimos que Racker estudou a contratransferência da perspectiva dos fenômenos de identificação e descreveu dois tipos, concordante e complementar. Dissemos que essa classificação apresenta alguns problemas e também os assinalamos. A classificação de Racker apóia-se em uma teoria da identificação, que agora estudaremos mais detidamente, seguindo sobretudo Grinberg e Money-Kyrle.

A CONTRA-IDENTIFICAÇÃO PROJETIVA

Com seu conceito de *contra-identificação projetiva*, León Grinberg fez uma contribuição de valor à teoria geral da contratransferência ou, como ele pensa, além dessa teoria, já que se ocupa "dos efeitos reais produzidos no objeto pelo uso peculiar da identificação projetiva proveniente de personalidades regressivas" (1974, p. 179).

O pensamento de Grinberg sustenta e continua o de Racker, e um de seus méritos principais é que, à diferença deste, Grinberg leva muito em conta a identificação projetiva. Estabelece uma gradação que vai da contratransferência concordante à complementar para chegar à contra-identificação projetiva. O que Grinberg postula especificamente é que há uma diferença substancial entre a contratransferência complementar, na qual, frente a determinada configuração transferencial, o analista responde identificando-se com os objetos do paciente, e o fenômeno que ele mesmo descreve, no qual o analista *vê-se forçado* a desempenhar um papel que lhe sobrevém: é a violência da identificação projetiva do analisando o que diretamente o leva, além de seus conflitos inconscientes, a assumir esse papel. Grinberg chega a ser tão categórico que diz que aqui não está em jogo, em absoluto, a contratransferência do analista e até assinala pacientes que, com diversos analistas (que ele teve oportunidade de supervisionar), configuraram a mesma situação.

A contribuição de Grinberg destaca, pois, uma forma especial de resposta do analista, em que o efeito da identificação projetiva é máximo, de qualidade distinta. Embora se possa dispô-lo em uma escala crescente de perturbações, situa-se além do ponto em que uma mudança quantitativa torna-se qualitativa.

As idéias de Grinberg assentam-se em fatos clínicos facilmente observáveis, bem registrados pelo autor. O conceito de contra-identificação projetiva é útil e operativo. Todavia, aceitá-lo não obriga a compartilhar a opinião de que, nesses casos, opera somente o analisando (e não o analista), o que, em meu entender, é discutível e difícil de demonstrar. A discriminação entre a contratransferência complementar e a contra-identificação projetiva não é difícil, do ponto de vista clínico, se forem separadas quantitativamente. Se quisermos separá-las como dois processos de índole distinta, a diferenciação torna-se mais árdua, e não sei se temos indicadores para decidir isso, apesar da cuidadosa investigação de Grinberg. Se o método não nos fornece instrumentos para discriminar clinicamente, pode-se também argumentar que, a partir da teoria, por mais forte que seja a projeção do paciente, o analista não tem de sucumbir necessariamente a ela; se sucumbe é porque há algo nele que não lhe permite receber o processo e devolvê-lo.

O DESENVOLVIMENTO DA INVESTIGAÇÃO DE GRINBERG

O conceito de contra-identificação projetiva tem não apenas importância técnica, mas também teórica, e propõe um problema aberto e apaixonante, o da comunicação pré ou não-verbal. Vale a pena, então, que o estudemos mais detidamente, seguindo passo a passo o pensamento do autor.

O primeiro trabalho de Grinberg sobre o tema, "Aspectos mágicos na transferência e na contratransferência", foi apresentado na Associação Psicanalítica Argentina em 27 de março de 1956 e foi publicado em 1958. É um estudo da magia à luz dos mecanismos de identificação, em que o fenômeno fica definido com as seguintes palavras: "A 'contra-identificação projetiva' produz-se especificamente como resultado de uma excessiva identificação projetiva do analisando que não é percebida conscientemente pelo analista, e que, como conseqüência, vê-se 'levado' passivamente a desempenhar o papel que, de forma ativa – embora inconsciente, o analisando 'forçou para dentro de si'"

(1958, p. 359-360). Um mês depois dessa exposição, no *Simpósio sobre técnica psicanalítica* da Associação Psicanalítica Argentina, presidido por Heinrich Racker em abril de 1956, Grinberg apresentou seu trabalho "Perturbações na interpretação pela contra-identificação projetiva", publicado em 1957, no qual estuda especialmente o efeito da contra-identificação projetiva naquilo que é a tarefa essencial do analista: de interpretar.

Anteriormente, Grinberg havia publicado "Sobre alguns problemas de técnica psicanalítica determinados pela identificação e contra-identificação projetivas", que apareceu na *Revista de Psicanálise* de 1956. A segunda parte desse trabalho de 1956 apareceu em 1959, com o título "Aspectos mágicos nas ansiedades paranóides e depressivas", e nela Grinberg refere o caso de uma paciente que, na primeira sessão, o fez sentir como se estivesse analisando um cadáver, o que coincidia com o suicídio de uma irmã quando a paciente era criança. Com esse caso ilustrativo, Grinberg volta a algo em que insistiu desde o começo, o processo parte do analisando e origina no analista uma reação específica, pela qual se vê levado inconsciente e passivamente a cumprir os papéis que o paciente atribuiu-lhe. Trata-se, pois, de um caso muito especial da contratransferência. Enquanto que o comum da resposta contratransferencial é que o analista tome consciência do tipo de sua resposta e utilize-a como instrumento técnico, no fenômeno da contra-identificação projetiva o analista reage como se tivesse assimilado real e concretamente os aspectos que nele se projetam. Então, é como se o analista "deixasse de ser ele para se transformar, sem poder evitá-lo, naquilo que o paciente inconscientemente quis que se convertesse (id, ego ou outro objeto interno)" (1957, p. 24).[1]

Em um dos exemplos clínicos do trabalho do simpósio, o analisando, que havia ficado muito surpreso quando as interpretações do analista detiveram uma diarréia, começou a falar de música em termos técnicos, com o que conseguiu provocar admiração e inveja no analista, sentimentos que ele mesmo tinha sentido depois da suspensão de sua diarréia.

A partir desses trabalhos, Grinberg estuda nos anos seguintes o efeito da contra-identificação projetiva na técnica e no desenvolvimento do processo analítico e, quando em 1963 volta ao tema em "Psicopatologia da identificação e contra-identificação projetivas e da contratransferência", interessa-se especialmente pelo valor comunicativo da contra-identificação projetiva, processo que considera de importância central. Em certas situações, "a identificação projetiva participa de um modo mais ativo na comunicação das mensagens extraverbais, exercendo uma influência maior no receptor; em nosso caso, o analista" (1963, p. 114).

Procurando precisar a diferença entre a contra-identificação projetiva e a contratransferência complementar de Racker, salienta que nesta o objeto do paciente com o qual o analista identifica-se é vivenciado como próprio, ou seja, representa um objeto interno do analista. A situação é, então, que no caso da transferência complementar o analista reage passivamente à projeção do analisando, mas a partir de suas próprias ansiedades e conflitos. Na contra-identificação projetiva, porém, "a reação do analista é, em grande parte, *independente de seus próprios conflitos e corresponde, de forma predominante ou exclusiva, à intensidade e à qualidade da identificação projetiva do analisando*" (p. 117).

O aspecto mais original (mas também, talvez, o mais discutível) da teoria da contra-identificação projetiva é que, nesses casos, não intervêm os conflitos específicos do analista, que é levado passivamente a desempenhar o papel que o paciente atribui-lhe. Melanie Klein descreveu a identificação projetiva (1946) como uma fantasia onipotente, na qual o sujeito põe no objeto partes suas com as quais fica, por conseguinte, identificado. A partir de então, o progresso da investigação foi mostrando o valor da identificação projetiva no processo de comunicação e, assim, foi abrindo caminho a idéia de que a identificação projetiva opera no objeto. Grinberg adere decididamente a essa idéia e assim o diz em 1973: "É parte importante da teoria da identificação projetiva patológica que esta produza efeitos reais sobre o receptor e que, portanto, seja mais que uma fantasia onipotente (que é como M. Klein define a identificação projetiva)" (1976b, Cap. 15, p. 277).

Quando Bion (1962b) introduz o conceito da tela beta, destaca que, graças a ela, o paciente psicótico provoca emoções no analista, (Cap.10) e essa afirmação coincide claramente com a teoria de Grinberg, que a menciona em um de seus últimos trabalhos a menciona para caracterizar a modalidade peculiar da identificação projetiva descrita por ele (1974). Pode-se supor, então, que essas emoções são, até certo ponto, independentes da contratransferência do analista.

Portanto, a idéia fundamental de Grinberg, é que no fenômeno da contra-identificação projetiva o analista não participa com seus conflitos, mas fica dominado pelo processo projetivo do paciente.

Do ponto de vista prático, a teoria de Grinberg ajuda-nos nos casos – freqüentes – em que o analista sente-se mais invadido do que comprometido na situação analítica. Quanto à teoria do processo analítico, Grinberg oferece-nos uma hipótese estimável para compreender os meios sutis de comunicação que se estabelecem entre o analisando e seu analista. Como dissemos anteriormente, a delimitação teórica entre a contratransferência complementar e a contra-identificação projetiva não é fácil de se precisar. Sempre se pode pensar que o analista, em última instância, participou, apesar de que se tenha sentido forçado ou obrigado pela identificação projetiva do paciente. Por mais forte que tenha sido a identificação projetiva recebida, o analista poderia ter sido capaz de introjetá-la ativamente e responder de forma adequada. Não se pode descartar, então, que, se ele se deixou dominar pelo impacto pro-

---

[1] "Perturbações na interpretação pela contra-identificação projetiva" (1957).

jetivo, é pela neurose de contratransferência. Em outras palavras, a passividade do analista pode ser uma forma "ativa" de não compreender ou de preferir que o invadam. Nesse ponto, a teoria de Grinberg é difícil de ser comprovada com nossos métodos clínicos.

Quando se estudam os casos concretos em que se observa, sem sombra de dúvida, a força do impacto de que fala Grinberg (no material de supervisão, por exemplo), o calcanhar-de-Aquiles do analista às vezes é descoberto e, outras vezes, não.

Um dos casos de Grinberg (1959) – dos primeiros em que adverte o fenômeno e um ponto de partida de toda a sua reflexão – é o da paciente que coloca nele sua parte morta, a irmã que se suicidou. O que Grinberg percebe inicialmente, à maneira de uma associação contratransferencial de corte humorístico, é que "esta quer encaixar o morto em mim".

Que há por parte da paciente uma projeção decidida e total do morto no analista e que este recebe tal impacto passivamente é um fato bastante ostensivo. Entretanto, não se pode descartar o conflito contratransferencial do analista, ainda mais porque *todo* analista tem sempre a sensação de assumir uma grande responsabilidade na primeira sessão de um tratamento. Essa responsabilidade pesada, esse fardo, chama-se em nosso *argot* "carregar o morto". Com sua perspicácia habitual, Grinberg notou de início a atitude cadavérica da paciente e, após sua primeira interpretação, percebeu que havia sido exato, porém mais superficial do que o drama do momento exigia. Foi ali que se surpreendeu com a fantasia de estar analisando um cadáver e, de imediato, prosseguiu sua associação humorística. Não creio que, com esse belo material, possa-se descartar a participação contratransferencial (em sentido estrito) do analista.

A CONTRATRANSFERÊNCIA NORMAL

Money-Kyrle escreveu apenas um trabalho sobre contratransferência, em 1956, no qual introduz o conceito de contratransferência normal, isto é, algo que se apresenta regularmente e que intervém, por direito próprio, no processo psicanalítico. Chama de contratransferência *normal* a do analista que assume um papel parental, complementar ao do paciente: como a transferência consiste em reativar conflitos infantis, a condição que mais convém à contratransferência é a parental. Entende-se que normal quer dizer aqui a norma, e não que o processo seja totalmente sublimado e livre de conflito. O analista assume essa atitude contratransferencial a partir de uma vivência inconsciente, na qual se sente o pai ou a mãe do paciente. Acrescentemos que é novamente o *setting* que nos favorece e que nos põe ao resguardo de desenvolver uma *folie à deux*. A situação assimétrica que o enquadre impõe e define permite dar uma resposta adequada ao que o paciente transferiu; porém, nossa resposta inicial é sentir inconscientemente o impacto da transferência, que nos situa em um papel parental.

Salta à vista que esse critério é oposto ao de Racker, já que aqui se atribui a maior empatia a uma contratransferência de tipo complementar.

A partir desse modelo claro e simples, Money-Kyrle avança um passo a mais e afirma que a contratransferência pode ser adequadamente instrumentada a partir de uma dupla identificação, com o sujeito e seu objeto, porque o analista, na realidade, para cumprir bem sua tarefa, tem de se colocar nos *dois* lugares. Esse duplo mecanismo é realizado pela identificação projetiva do ego infantil do analista no paciente e pela identificação introjetiva da figura parental. Na contratransferência normal, o analista assume o papel do pai projetado pela criança e, por outro lado, pode compreender o papel de criança, não apenas graças a essa posição de pai, mas também graças a uma identificação projetiva de seu ego infantil no paciente, mobilizada por sua tendência a reparar.

Agora fica mais claro que o calcanhar-de-Aquiles da classificação de Racker reside em que fala de um processo de identificação, sem discriminar seu mecanismo, que pode ser introjetivo e projetivo. Para funcionar da melhor maneira possível, o analista precisa, diz Money-Kyrle, de uma dupla identificação, que, a meu ver, inclui as duas de Racker, concordante e complementar. Se a identificação concordante ocorre com o ego infantil sofredor do analisando, sem absolutamente levar em conta o objeto parental, o mais provável é que o analista tenha utilizado a identificação projetiva não para compreender o ego infantil de seu analisando (empatia), mas para se desembaraçar de um aspecto infantil que não pode tolerar dentro de si.

Money-Kyrle afirma decididamente em seu trabalho que o conflito contratransferencial do analista provém não apenas de seu próprio inconsciente, mas também do que lhe causa o paciente (ou do que lhe projeta), à maneira das séries complementares. Nesse ponto, Money-Kyrle concorda com Racker, apesar de ser evidente que não o leu, já que não o cita. A interação sutil entre analisando e analista é estudada no artigo de Money-Kyrle com todas as filigranas do contraponto musical. Seguindo Margaret Little (1951), nosso autor salienta que o analisando não é apenas responsável (em parte) pela contratransferência do analista, senão que também sofre seus efeitos. A única solução que o analista tem é analisar primeiro seu conflito, ver depois de que maneira o paciente contribuiu para criá-lo e, por último, observar os efeitos de seu conflito, no paciente. Apenas quando esse processo de auto-análise tenha sido cumprido é que o analista estará em condições de interpretar; então, já não terá necessidade de falar de sua contratransferência, mas basicamente do que ocorre com o analisando.[2]

UM CASO CLÍNICO

Vimos ao longo dessa exposição, que, para resolver o problema que a transferência do paciente propõe, deve-

---

[2] Voltaremos a esse tema no final do próximo capítulo.

mos compreender o que acontece com ele (identificação concordante) e também o que ocorre com seu objeto (identificação complementar). Questionamos a hipótese de Racker de que a compreensão ou a empatia do analista deriva das identificações concordantes. Digamos agora que, em geral, é o principiante quem tende às identificações concordantes, porque pensa, como o empregado de comércio, que o cliente sempre tem razão. O verdadeiro trabalho analítico é bastante diferente desse tipo de acordo e, às vezes, exige que nos situemos em outra perspectiva que não a do analisando, eqüidistantes dele e de seus objetos.

Uma mulher um pouco além da meia-idade, e com um grande conflito com a mãe, que começou a ser resolvido quase no final da análise, propõe em uma sessão o problema que lhe cria sua filha adolescente, "que a deixa louca", enquanto seu filho varão está de cama, com aftas.

Como antecedente, direi que, a partir do desenvolvimento do último ano de sua análise, havíamos chegado ao acordo de que, em princípio, seu tratamento poderia terminar nesse ano ou no próximo. Embora ela tenha ficado muito alegre quando assim combinamos e embora eu tenha sido claro ao dizer-lhe que o término já se anunciava, mas que eu não acreditava que pudesse ser muito logo, abriu-se uma fenda profunda entre nós, e isso implicava uma catástrofe.

Sem nenhum contato com meu (creio que prudente) comentário de que a análise poderia terminar em não mais que dois anos e sem retificar sua persistente idéia de que eu teria em análise por toda a vida, veio, na sessão que comento, com o problema de seus dois filhos. Com base em algumas associações significativas, disse-lhe que a fenda aberta entre nós era, outra vez, o nascimento de sua irmã, quando ela estava em plena lactância; talvez a mãe possa ter tido, nessas circunstâncias, fendas no bico do seio. Essa interpretação parece que lhe atingiu um pouco, porque reconheceu, a contragosto, que a alegrava a perspectiva de ter alta, mas não podia deixar de se sentir mal quando pensava em que alguém viria a ocupar seu lugar em meu divã.

De imediato, tratou de se afastar de seus ciúmes infantis e voltou às aftas de seu filho e à adolescência da menina, que interpretei como aspectos de sua relação comigo: o conflito com sua filha adolescente expressa sua rebeldia e as aftas do filho são, talvez, o correlato das supostas fendas do bico do seio de sua mãe. Sugeri-lhe que, no momento do desmame, ela poderia ter tido aftas, e quem sabe como teria sido tudo aquilo, se o seio havia-se fendido ou se era como se sua boca estivesse com chagas. Comoveu-se novamente e voltou a mencionar uma (pequena) rachadura na parede do consultório, que já tinha aparecido em suas associações anteriores (o que foi, para mim, um indício válido do clima da transferência); contudo, logo se refez e disse, com arrogância, que essas eram apenas interpretações psicanalíticas, elucubrações minhas. Voltei a interpretar esse juízo seu no duplo nível da relação adolescente com a mãe, na perspectiva da rivalidade edípica direta e da relação oral com o seio que se retira.

Mostrei-lhe sobretudo o tom *mordaz* de seu comentário, capaz de rachar o bico de seio analítico.

Então, surgiu um recordação encobridora muito importante. Perguntou-me, desafiadora, o que sabia eu de sua mãe, como eu lhe resolveria esse problema insolúvel, o que eu pensava, se ela agora recordava e nunca me havia dito antes que, quando estava em sua latência (ela, obviamente, não empregou esse termo) e atirava-se no chão, a mãe perdia totalmente as estribeiras e dava-lhe pontapés. (A paciente empregou aqui expressões mais vulgares, que denotavam a carga sádico-anal do conflito.) Eu não responderia nada, com certeza, porque não lhe daria razão. Seu tom desafiador seguiu-se a duas ou três interpretações que fiz em relação à menina adolescente que ela era na sessão. Eram interpretações, ao menos assim acredito, convincentes e bem formuladas, mas seu tom não mudou. Senti aqui um momento de irritação e desalento, e cheguei imediatamente à interpretação que creio correta. Disse-lhe, então, que nesse momento ela se havia atirado no chão com a boca cheia de aftas, de dor e de ressentimento e que não havia maneira de falar com ela, de ajudá-la. Esperneava no chão com a esperança de que eu, como mãe, compreendesse sua dor e ao mesmo tempo tentando perturbar minha equanimidade para que eu realmente lhe desse pontapés. A interpretação chegou a ela, e, certamente, minha contratransferência resolveu-se, fiquei tranqüilo.

O exemplo mostra que, às vezes, uma boa compreensão provém fundamentalmente de uma contratransferência complementar. Não se deve esquecer que minhas interpretações anteriores, concordantes com sua dor (as aftas), e com sua rebeldia ao ter de se separar da mãe, terminar a análise e ser ela mesma, haviam encontrado sua repulsa mais recalcitrante. Quando a tensão baixou e foi ostensivo que a interpretação tinha causado efeito, recordo que lhe disse, porque ela é uma mulher com humor: "Que razão dou a dona Fulana (a mãe) quando lhe dava pontapés no chão!". Respondeu, então, com *insight* que ela mesma tinha dito à Fulaninha (a filha), pouco antes da sessão, que "hoje tinha vontade de lhe dar um chute na bunda".

O material é interessante, a meu ver, porque o conflito ocorre em todos os níveis: na transferência, na atualidade e na infância; porém, estou convencido, de que a compreensão principal estava vinculada a reconhecer e interpretar a ação da paciente sobre o objeto para lhe retirar sua equanimidade e sua capacidade de ajuda e, com isso, também a esperança, remota mas viva, de que a pudessem compreender.

Não sei se Grinberg tomaria esse caso como um exemplo de contra-identificação projetiva. Há vários elementos para pensá-lo assim: que o desejo de colocar no objeto analista a imagem da mãe impaciente (para não dizer sádica) é muito forte, é muito violento. Até mesmo vale a pena assinalar que, fenomenologicamente, a situação assemelha-se à citada em seu trabalho no Simpósio de 1956. Refiro-me ao caso do doutor Alejo Dellarossa, submetido a uma forte tensão por um paciente que o provocava (masoquisticamente) de forma constante para que o jogasse do consultório a pontapés (Grinberg, 1957, p. 26-27).

De qualquer forma, em meu entender, o processo todo está vinculado à contratransferência: nenhum desses conflitos é alheio à minha própria neurose e à minha possibilidade de me situar no lugar da adolescente rebelde, no lugar do lactante, no lugar do seio atacado e com rachaduras, no lugar da menina que provoca a mãe por ressentimento e vingança e, por fim, no lugar da mãe, que não sabe o que fazer com sua filha rebelde, sem deixar de compreender que, em última instância, também ela tem razão quanto a que, seja o que for o que ela fizer, não está em questão dar-lhe pontapés. Há toda uma série de identificações projetivas e introjetivas, que são feitas a partir da contratransferência – não da fria razão, porque minha capacidade de compreender o que se passava e de resolver a situação partiu de um momento de dor, irritação e desalento.

Vale a pena destacar que, após a interpretação da transferência materna negativa, o material mostrou ostensivamente que outro determinante do conflito transferencial era ver como eu me comportava com minha filha rebelde, ao modo de um *role playing*, para aprender comigo e lidar melhor com sua própria filha. Nesse plano, que apareceu depois de interpretada com bom êxito a transferência materna negativa, estava intacta uma boa imago da mãe, a transferência positiva e, eu me atreveria a acrescentar, também a aliança terapêutica.

A NEUROSE DE CONTRATRANSFERÊNCIA

O caso clínico recém-apresentado para ilustrar as contribuições de Grinberg e de Money-Kyrle serve também para voltar a Racker e a um conceito seu, audaz e ao mesmo tempo rigoroso, a *neurose de contratransferência*. Desse modo, Racker define o processo analítico em função de seus dois participantes.

Freud (1914g) assinalou que as transferências do analisante cristalizam-se, durante o tratamento, na neurose de transferência. Racker (1948) aplica o mesmo conceito para o analista, sem perder de vista as diferenças que vão de um caso a outro: "Assim como no analisando, em sua relação com o analista, vibra sua personalidade total, sua parte sã e neurótica, o presente e o passado, a realidade e a fantasia, *assim também vibra o analista*, embora com diferentes quantidades e qualidades, *em sua relação com o analisando*" (*Estudos sobre técnica psicanalítica*, p. 128).

No Estudo V, que acabamos de citar, e no seguinte, intitulado "Os significados e usos da contratransferência", Racker caracteriza a neurose de contratransferência a partir de três parâmetros: contratransferência concordante e complementar, contratransferência direta e indireta, associações e posições contratransferenciais. Já analisamos os tipos concordante e complementar de contratransferência com certo detalhe; no próximo capítulo, falaremos da contratransferência direta e indireta, segundo o analista transfira o objeto de seu conflito a seu paciente ou a outras figuras de significação especial: o paciente derivado ao candidato por seu (admirado) analista de controle, por exemplo.

Nós nos deteremos, por um momento, no terceiro parâmetro de Racker. Às vezes, quando o conflito contratransferencial do analista é fluido e versátil, costuma aparecer como *associação contratransferencial*. O analista encontra-se de repente pensando em algo que não se justifica racionalmente no contexto em que aparece, ou que não soa como algo que tenha a ver com o analisando. No entanto, as associações do analisando, um sonho ou um ato falho mostram a relação. Recorde-se aquela associação contratransferencial de Racker quando saiu por um instante do consultório para buscar troco. O paciente havia-lhe entregado uma nota de mil pesos (quantos anos passaram-se, desde aquela sessão!) e havia-lhe indicado o troco que tinha de lhe dar. Racker deixou a nota em sua mesa e saiu pensando que, ao voltar, os mil pesos não estariam mais ali e que o analisando diria que ele já os tinha recolhido, enquanto o analisando, sozinho diante de seus queridos mil pesos, pensou em guardá-los ou em dar-lhes um beijo de despedida (Estudo VI, p. 169-170).

Como nesse caso, as associações contratransferenciais não implicam, em geral, um conflito muito profundo e, assim como afloram de repente na consciência do analista, também aparecem com certa facilidade no material do analisando. O perigoso – diz Racker – é desprezá-las quando se apresentam, em vez de levá-las em consideração, à espera do material do paciente que as confirme. Se assim acontece, pode-se interpretar com um alto grau de segurança. Se a associação contratransferencial do analista não é confirmada pelo material do analisando, não cabe utilizá-la para uma interpretação: e por dois motivos, porque poderia não ter relação direta com o paciente ou porque está muito longe de sua consciência.

Diferentemente da associação, a *posição contratransferencial* indica quase sempre um maior conflito. Aqui, os sentimentos e as fantasias são mais profundos e duradouros, podendo passar despercebidos. É o caso do analista que reage com irritação, angústia ou preocupação frente a um determinado paciente. Às vezes, esse aspecto da neurose de contratransferência é muito sintônico e passa completamente despercebido. Lembro que, quando estava começando, quando não me parecia um grande problema cancelar ou mudar a hora de algum paciente, surpreendeu-me um deles (de caráter passivo-feminino) dizendo-me que, como ele era submisso, certamente eu trocava a sua hora quando queria, sem me importar nenhum pouco. Tinha razão.

Otto F. Kernberg (1965), concordando em geral com as idéias de Racker, descreve um caso especial de posições contratransferenciais em que a participação do analista é maior e tem a ver com a grave patologia do paciente. Ele o chama de *fixação contratransferencial crônica* e considera que se configura quando a patologia do paciente, sempre muito regressivo, reativa padrões neuróticos arcaicos no analista, de sorte que analisando e analista complementam-se de tal forma que parecem reciprocamente ensamblados. Kernberg atribui essa dificuldade, que é persistente e difícil de solucionar, à força da agressão pré-genital que o mecanismo de identificação projetiva mobiliza em ambos, analista e paciente, com limites cada vez mais apagados entre sujeito e objeto. A fixação contratransferencial crônica aparece, com freqüência, no tratamento de psicóticos e *borderlines*, mas também em períodos regressivos de pacientes de tipo menos grave.

ALÉM DA CONTRA-IDENTIFICAÇÃO PROJETIVA

Desejo terminar este capítulo com uma nova consideração da investigação de Grinberg. Em seus últimos trabalhos, esse autor procurou utilizar o conceito de contra-identificação projetiva para dar uma visão mais ampla – mais tridimensional, diz, seguindo Enid Balint – da interação dinâmica que, sem dúvida, é a pedra angular da relação analítica.

Em sua introdução ao painel *Os afetos na contratransferência*, do XIV Congresso Latino-Americano de Psicanálise, que se intitula justamente "Além da contra-identificação projetiva" (Grinberg, 1982), expõe, com sua habitual clareza, novos pensamentos.

Recorda que o termo contra-identificação projetiva quis desde o começo sublinhar que a fantasia de identificação projetiva provoca efeitos no receptor, no analista. Este reage, então, incorporando real e concretamente os aspectos que nele se projetaram. Na atualidade, diz Grinberg, "penso que a 'contra-identificação projetiva' não tem por que ser necessariamente o elo final da cadeia de complexos acontecimentos que ocorrem no intercâmbio das comunicações inconscientes, com pacientes que, em momentos de regressão, funcionam com identificações projetivas patológicas" (Grinberg, 1982, p. 205-206).

Desse modo, a contra-identificação projetiva oferece ao analista "a possibilidade de vivenciar um espectro de emoções que, bem compreendidas e sublimadas, podem converter-se em instrumentos técnicos utilíssimos para entrar em contato com os níveis mais profundos do material dos analisandos, de um modo análogo ao descrito por Racker e por Paula Heimann para a contratransferência" (p. 206). Para que se consiga isso, acrescenta Grinberg em seguida, o analista deve estar disposto a receber e conter as projeções do paciente.

Com essas reformulações, a contra-identificação projetiva já não se situa fora da contratransferência, nem a posição do analista é puramente passiva frente a ela. Antes disso, a disposição de recebê-la e de compreendê-la como mensagem deve ser reconhecida como uma das mais altas produções de nossa atividade profissional.

Creio que, com as mudanças mencionadas, Grinberg depura e precisa seu pensamento anterior, superando algumas falhas, que tentei justamente apontar há pouco. Isto realça o ponto decisivo de sua contribuição, o fator comunicativo da identificação projetiva nos estratos mais arcaicos da mente do homem.

Quando falarmos, no Capítulo 44, da relação diádica entre analista e paciente, veremos que Spitz e Gitelson também aceitam uma contratransferência normal, que denominam diatrófica e que aparece, para eles, desde o começo da análise.

23

Contratransferência e Processo Psicanalítico

Dissemos, em um capítulo anterior, que o estudo da contratransferência começa verdadeiramente quando se deixa de encará-la como um obstáculo e com atitude normativa ou superegóica, e se passa a aceitá-la como um elemento inevitável e ineludível da práxis. Homologando-a à transferência, Racker dizia que a contratransferência é, ao mesmo tempo, obstáculo, instrumento e campo.

Um dos grandes temas que sempre se propõe, ao estudar a contratransferência, é em que medida o processo depende do paciente, isto é, da transferência, e em que medida depende de outros fatores. Esse problema foi discutido muitas vezes e o estudaremos a seguir, a partir de uma classificação que distingue dois tipos de contratransferência, direta ou indireta.

CONTRATRANSFERÊNCIA DIRETA OU INDIRETA

Quando o objeto que mobiliza a contratransferência do analista não é o próprio analisando, mas outro, fala-se de contratransferência *indireta*. Ao contrário, a que provém do paciente é a contratransferência *direta*. Exemplos típicos de contratransferência indireta é o analista didático, pendente de seu primeiro candidato pelo que dirá a Associação, e o candidato pendente de seu primeiro caso pelo que dirão o Instituto, seu supervisor, seu analista didático. Todos sabem até que ponto pesa sobre nossa contratransferência o paciente que, por algum motivo, desperta o interesse de amigos, colegas ou da sociedade em geral. Esta é uma circunstância tão evidente que, muitas vezes, cria uma incompatibilidade para a análise do ponto de vista do enquadre.

A diferença entre contratransferência direta e indireta foi proposta por Racker em seus primeiros trabalhos sobre o tema, como se pode apreciar em "A neurose de contratransferência", o quinto de seus estudos, lido em 1948. No estudo seis, "Os significados e usos da contratransferência" (1953), ao fazer uma atualização das últimas contribuições, Racker ocupa-se do trabalho de Annie Reich (1951), que distingue dois tipos de contratransferência: a contratransferência propriamente dita e a utilização da contratransferência para fins de *acting out*. A contratransferência propriamente dita de Annie Reich corresponde à direta de Racker, enquanto a utilização da contratransferência para fins de *acting out* corresponde à indireta. Se o que quero é ser amado por meu analisando, minha contratransferência é direta; porém, se minha relação com o analisando é influenciada por meu desejo de ser amado por meu supervisor, então minha contratransferência é indireta, uma vez que utilizo meu analisando como instrumento de minha relação com o supervisor.

A classificação da contratransferência em direta e indireta é válida do ponto de vista fenomenológico, mas discutível para a metapsicologia. No exemplo que acabo de citar, o do candidato que se interessa mais por seu supervisor do que por seu paciente, dever-se-ia perguntar se não existe antes de mais nada um conflito com o próprio paciente, que fica deslocado sobre o supervisor. Pode ser que o candidato sinta ciúmes de seu analisante e tente colocá-lo no lugar do terceiro excluído, por exemplo. Desse modo, o candidato estaria exteriorizando seu conflito edípico com seu paciente ou, então seus ciúmes fraternais. Mesmo nesse último caso, em que o analisando é o irmão rival e o supervisor a imago parental, sempre se poderia supor que, se o supervisor ocupa o lugar mais importante, é porque o jovem analista desloca seu conflito principal de um plano ao outro.

De qualquer modo, as diferenças entre contratransferência direta e indireta, e especialmente as inteligentes reflexões de Annie Reich, serão nosso escopo dentro em breve, quando falarmos das relações entre *acting out* (do analista) e contratransferência.

Contudo nem todos os casos de transferência indireta podem, a meu ver, ser qualificados de *acting out*. Como veremos mais adiante, o *acting out* do analista implica algo mais que um simples deslocamento de um objeto para outro; este é um fator necessário, mas não suficiente para o *acting out*.

Adiantemos, desde já, que definiremos o *contra-acting out*, isto é, o *acting out* do analista, como um tipo especial de contratransferência, vinculado a uma perturbação da tarefa. Nesse sentido, é possível manter a definição de contratransferência que demos no começo e destacar que, quando a contratransferência não é a *resposta* à transferência do analisando, configura um *acting out* do analista. Nesse caso, o paciente é apenas um instrumento para que o analista desenvolva um conflito que não pertence basicamente ao paciente. Falaremos sobre isso mais adiante.

GITELSON E AS DUAS POSIÇÕES DO ANALISTA

Como vimos, ao estudar as formas de transferência no Capítulo 12, Gitelson (1952) distingue duas posições do analista na situação analítica e chama apenas uma delas de contratransferência.

Às vezes, diz Gitelson, o analista reage frente ao paciente como totalidade, e isso implica um compromisso muito grande, que o desqualifica para esse caso, ao passo que, outras vezes, a reação do analista é sobre aspectos parciais do paciente.

Reações ao paciente como totalidade

Em alguns casos, perde-se a atitude de neutralidade e de empatia que o analista deve ter e, se ele não pode superar isso, significa que o paciente reativou-lhe um potencial transferencial neurótico que não o torna adequado para esse caso particular.

Gitelson cita um caso pessoal, uma mulher jovem que veio analisar-se por suas dificuldades matrimoniais. Desde o começo da análise de prova, fazia muitas queixas sobre as injustiças que havia suportado em sua vida, a qual tinha sido muito difícil. Na última de suas oito semanas de análise, trouxe um sonho que decidiu a conduta de Gitelson.

No sonho, Gitelson aparecia em pessoa,[1] junto de uma figura que representava com nitidez a colega que lhe havia remetido o caso. A paciente aparecia como criança, mas claramente identificada. Os dois adultos do sonho estavam em uma cama, estimulando a menina com seus pés. Gitelson conclui que sua aparição em pessoa no sonho indicava que ele, como analista, havia introduzido um fator perturbador da situação analítica que vinha a repetir uma situação interpessoal típica da infância da paciente, isto é, a luta por sua guarda entre os pais quando estes se divorciaram. Gitelson acrescenta que essa experiência clínica era conseqüência direta de um potencial neurótico transferencial seu não resolvido naquela época, que perturbava seus sentimentos *in toto* frente à paciente. Não era uma resposta episódica, sublinha Gitelson, mas sua reação à paciente como pessoa.

Gitelson sustenta que esse tipo de reação não pode ser chamada de contratransferência, já que o paciente converteu-se por completo, em sua totalidade, em um objeto transferencial para o analista e, além disso, o paciente dá-se conta de que é assim, como o demonstra essa paciente com seu sonho. Gitelson acrescenta que a paciente pôde fazer uma boa análise com o analista ao qual ele a encaminhou.

O exemplo dois de Gitelson refere-se a um analista jovem e uma analisanda que passa suas primeiras sessões falando mal de si mesma, afirmando que ninguém gosta e nem pode gostar dela. O analista intervém para reconfortá-la: ela lhe causou uma boa impressão. Na sessão seguinte, a analisando traz um sonho em que o analista aparece exibindo seu pênis flácido. Essa paciente abandonou a análise durante o período de prova.[2]

Gitelson conclui reafirmando seu ponto de vista de que essas reações totais frente a um paciente devem ser consideradas *transferências* do analista e atribuídas à reativação de uma antiga transferência potencial. Podem referir-se a uma classe de paciente ou a um paciente em particular e podem ser positivas ou negativas. O que as caracteriza é que se referem à relação em sua totalidade e sempre aparecem precocemente na análise. (Disso decorre a importância que Blitzsten atribui ao primeiro sonho.)

Reações a aspectos parciais do paciente

Aqui, a participação do analista não é total. São reações que surgem mais tarde do que as outras e aparecem no contexto de uma situação analítica já estabelecida, ao passo que, no caso anterior, a relação analítica não havia chegado a se estabelecer. Gitelson considera essas reações, em sentido estrito, como contratransferência. São reações do analista à transferência do paciente, ao seu material ou à atitude do paciente frente ao analista como pessoa.

A contratransferência do analista, assim descrita e delimitada, prova sempre que está presente uma área não analisada do analista; porém, na medida em que pode ser resolvida, não desqualifica o analista, nem torna impossível a continuidade da análise. Para Gitelson, essas reações são simplesmente uma prova de que ninguém está perfeitamente analisado e que, por isso mesmo, a análise é interminável.

Como se vê, a classificação de Gitelson procura deslindar duas áreas da posição emocional do analista, restringindo apenas para uma delas o termo de contratransferência. Sublinhemos que não há, na investigação de Gitelson, nenhuma referência às possibilidades de utilizar a contratransferência como instrumento, mas simplesmente os limites para removê-la como obstáculo.

Gitelson declara-se francamente partidário da análise de prova e a considera não apenas como um teste da analisabilidade do paciente, mas também da situação analítica em sua totalidade, para o paciente e para o analista. Graças à análise de prova, o analista pode ver se está em condições de se incluir nesse aspecto particular da vida que lhe propõe o paciente.

---

[1] Ver o Capítulo 12, "As formas de transferência".

[2] Gitelson declara-se partidário do período de prova, durante o qual se pode testar, em seu entender, não apenas a analisabilidade do paciente, mas também as possibilidades de funcionamento desse par analítico determinado. (Sobre esse ponto, veja-se o que foi dito no cap. 6, "O contrato psicanalítico".)

Na página 4 de seu ensaio, após descrever as qualidades pessoais do analista, Gitelson afirma que o predomínio de algumas qualidades em detrimento de outras dá o quadro final do analista como pessoa e como terapeuta. E acrescenta que nesse registro total, e de acordo com o predomínio dos fatores descritos, reside a razão de que um determinado analista possa ter qualidades especiais para um tipo de pacientes e falhe em outros.

A divisão que Gitelson faz entre o que ele chama de transferência do analista e a contratransferência foi acertadamente criticada por Racker e por outros autores que não consideram que se possa manter essa divisão taxativamente. Contudo, ninguém tem dúvida, de que se trata de dois tipos de reações que implicam um compromisso distinto do analista (e/ou do paciente) de grande valor diagnóstico e prognóstico. Abordamos esse assunto ao falar da transferência erotizada no Capítulo 12. Embora seja certo que há graus no fenômeno contratransferencial, também é verdade que a capacidade do analista para reconhecê-los e para tentar resolvê-los é o que, em última instância, definirá o destino da relação. Tudo depende da capacidade e do valor do analista para enfrentar e resolver o problema. Essas classificações, como diz Racker, porque implicam diferenças quantitativas, demonstram apenas que há uma *disposição* e uma *exposição* no fenômeno de contratransferência, à maneira das séries complementares de Freud. Esse esquema abrange, a meu ver, também a contra-identificação projetiva de Grinberg, como um caso especial em que a disposição tende a zero e a exposição, ao infinito.

Digamos, para assinalar as limitações da posição de Gitelson, que, em seu primeiro exemplo, ele mesmo reconhece explicitamente a parte que o paciente desempenha em sua reação, como campo em que lutam os dois pais que estão divorciando-se. Então, por mais "total" que seja a reação de Gitelson, o paciente teve algo a ver em sua configuração.

A CONTRATRANSFERÊNCIA SEGUNDO LACAN

Diferentemente de outros autores, e como vimos no Capítulo 10, em sua "Intervention sur le transfert" (1951), Lacan sustenta que a transferência inicia-se quando a contratransferência obstrui o desenvolvimento do processo dialético. O tratamento estanca-se quando Freud não pode aceitar o vínculo homossexual que liga Dora à Sra. K., porque sua contratransferência torna-lhe intolerável sentir-se excluído (identificado com K.). É aí que Freud começa a insistir para que Dora torne-se consciente de que quer K. e, ainda de que há elementos de juízo para pensar que K. também a quer. É evidente que Freud aqui se afasta de seu próprio método, já que dá opiniões e faz sugestões, mas não é isso que importa agora sublinhar, e sim que a tese lacaniana de que a transferência é o correlato da contratransferência articula-se com os pontos-chave da teoria lacaniana do desejo e da constituição do ego e do sujeito. Assim como a criança é o desejo do desejo, assim como o desejo da histérica é o desejo do outro, do pai, do mesmo modo é o desejo do analista o que vale para Lacan.

Essa concepção parece-me unilateral, pois penso que o processo é mais complexo. A contratransferência de Freud não é algo que vem puramente do desejo de Freud, mas também do que Dora lhe faz sentir. Porque quem é que, sabendo o que é o complexo de Édipo, o amor, o ciúme, a dor e o ressentimento que os acompanham, poderia sustentar que o vínculo homossexual de Dora com a Sra. K. nada tem a ver com o pai? Entre muitas outras determinantes, o apego de Dora pela Sra. K. tem o objetivo de frustrar o pai-Freud, de se vingar dele e de fazê-lo sentir ciúmes. O conflito de contratransferência de Freud não provém somente dos preconceitos desse homem da Viena do final do século XIX, mas também de como Dora, a histérica (e também a psicopata!), opera sobre ele a compreensão que falta a Freud para operar a terceira reversão dialética que, com veemência e não sem ingenuidade, Lacan exige dele não provém apenas do desejo de Freud, mas do desejo de Dora que, além disso, não é *o* senão os desejos de Dora. Se Freud fica enganchado e sucumbe à sua contratransferência é porque Dora também o influencia, frustrando-o e rechaçando-o. Esse rechaço não é *somente* (como afirma Lacan) pela relação pré-genital (especular, diádica, narcisista) de Dora com a Sra. K. (mãe), mas também por seus intensos ciúmes no complexo de Édipo direto. Freud não tem dúvida nem por um momento de que, interrompendo seu tratamento, Dora torna-o objeto, via *acting out*, de uma vingança em tudo comparável à famosa bofetada no lago.

Gostaria de discutir isso em um plano mais modesto e mais imediato, em relação à sessão que descrevi com minha paciente. Penso que, quando minha paciente afirma desafiadoramente que eu deveria saber que, quando ela se atirava no chão, em uma birra, a mãe dava-lhe pontapés, operar a inversão dialética, dizendo a ela que deveria ver qual era sua participação naqueles episódios, não teria sido suficiente, porque ela não ignorava que era sua birra que tirava a sua mãe do sério. Creio que a situação só pode ser resolvida se aceitarmos plenamente o *hic et nunc* da transferência. Que não basta remetê-la ao passado, mas fazer-lhe ver também o que está no presente. Estou convencido de que, se me tivesse limitado a dizer à minha paciente que por algum motivo a mãe dava-lhe pontapés quando se atirava no chão (e por algo, também, minha paciente atirava-se no chão), ela teria entendido mal o que eu lhe dizia: ter-me-ia visto como uma mãe que a castiga, ou como um pai submetido à mãe, por exemplo, mas nunca como um analista que quer romper a fascinação do momento e remetê-la à sua história.

DA COMUNICAÇÃO DA CONTRATRANSFERÊNCIA

Um problema que sempre se discute e que é talvez o melhor para terminar esse ciclo é o da confissão ou, para dizê-lo em termos mais neutros, da *comunicação* da contratransferência.

Em geral, os autores pensam que *não* se deve comunicar a contratransferência, que a teoria da contratransferência não vem mudar a atitude de reserva que é própria da análise. Quando estudamos a aliança terapêutica, dissemos que o processo analítico exige uma rigorosa assimetria no nível da neurose de transferência, mas também uma completa eqüidistância quanto à aliança de trabalho. O enquadre exige que só falemos do paciente, mas isso não implica que neguemos nossos erros ou ocultemos nossos conflitos. Entretanto, reconhecer nossos erros e conflitos não quer dizer explicitá-los. Ninguém, nem mesmo os que advogam mais decididamente pela franqueza do analista, está de acordo em mostrar ao paciente as fontes de nosso erro e de nosso conflito, pois isso equivale a fazê-lo arcar com algo que não lhe corresponde.

Se lemos com atenção o trabalho de Margaret Little (1951), de quem se diz que é partidária de explicitar a contratransferência, vemos que não é de todo assim. Ela diz expressamente que não se trata de confessar a contratransferência, mas de reconhecê-la e de integrá-la na interpretação.

A análise tenta devolver ao paciente sua capacidade de pensar, restituindo-lhe a confiança em seu próprio pensamento. Isto se faz levantando os recalcamentos e corrigindo as dissociações, não lhe dando a razão ou dizendo-lhe que o que pensou de nós estava certo. Não se trata de esclarecer o que o analista sentiu, mas de como o paciente sentiu e de respeitar o que ele pensou. Quando, em um ato de sinceridade, avaliamos o que o paciente pensou de nós, não lhe fazemos nenhum favor porque, em última instância, voltaremos a fazê-lo pensar que nós temos a última palavra. O paciente deve confiar em seu próprio pensamento e deve saber, também, que seu pensamento pode enganá-lo, tanto como pode enganá-lo o pensamento alheio.

Nesse ponto, o tema da contratransferência entra em contato com a interpretação. O conteúdo e sobretudo a forma da interpretação expressam às vezes a contratransferência, porque a maioria de nossas reações contratransferenciais, quando não sabemos transformá-las em instrumentos técnicos, é canalizada através de uma má interpretação ou de uma interpretação mal formulada. Em geral, é na formulação em que vai, muitas vezes, o conflito.

O problema da confissão ou da comunicação da contratransferência aproxima-se do que Winnicott (1947) propõe quanto aos sentimentos *reais* na contratransferência. Esse autor fala especialmente do ódio que o psicótico provoca no analista e que é um ódio real. É um tema que merece ser discutido, porque justamente, por definição, a transferência e a contratransferência não são "reais".

AS IDÉIAS DE WINNICOTT SOBRE A CONTRATRANSFERÊNCIA

Pouco antes de aparecerem os trabalhos de Racker e de Paula Heimann, Winnicott falou da contratransferência em uma reunião da Sociedade Britânica, ocorrida em 5 de fevereiro de 1947.[3] A contribuição de Winnicott é interessante, sobretudo porque oferece certa informação sobre sua técnica com os psicóticos e os psicopatas. Não se refere à contratransferência se a considerarmos estritamente como instrumento técnico, mas a certos sentimentos reais que podem surgir no analista, especialmente o ódio.

D. W. Winnicott classifica os fenômenos contratransferenciais em três tipos:

1) os sentimentos contratransferenciais anormais, que devem ser considerados como uma prova de que o analista precisa de mais análise;
2) os sentimentos contratransferenciais que têm a ver com a experiência e o desenvolvimento pessoal do analista e dos quais depende o trabalho de cada analista;
3) a contratransferência verdadeiramente objetiva do analista, ou seja, o amor e o ódio do analista como resposta à personalidade real e ao comportamento do paciente, que se baseiam em uma observação objetiva.

De acordo com essa classificação, Winnicott inclina-se por um conceito muito amplo de contratransferência, que engloba os conflitos não-resolvidos do analista, suas experiências e sua personalidade, bem como suas reações racionais, objetivas.

Com base nisso, sustenta que o analista que trata pacientes psicóticos ou anti-sociais deve estar plenamente consciente de sua contratransferência e deve ser capaz de diferenciar e estudar suas reações objetivas frente ao analisando.[4] Na análise do psicótico, a coincidência do amor e do ódio aparece continuamente, dando lugar a problemas de manejo tão difíceis que podem deixar o analista sem recursos. "Essa coincidência de amor e ódio à qual estou referindo-me é diferente do componente agressivo que complica o impulso primitivo de amor e implica que, na história do paciente, houve uma falha ambiental no momento em que seus impulsos instintivos buscavam seu primeiro objeto" (International Journal, 1949, p70).

Deixando sem discutir, neste momento, as afirmações apodícticas de Winnicott sobre o desenvolvimento, interessa destacar que a configuração de amor e ódio recém-assinalada desperta um ódio justificado no analista, que deve reconhecê-lo em seu foro íntimo e reservá-lo até que chegue o momento em que possa ser interpretado. "O trabalho principal do analista, frente a qualquer paciente, é manter a objetividade com respeito a tudo o que o paciente traz, e um caso especial disso é a necessidade do analista de ser capaz de odiar o paciente objetivamente" (p.70).

---

[3] O trabalho foi publicado no *International Journal* de 1949, e depois em *Through paediatrics to psycho-analysis*.

[4] "I suggest that if an analyst is to analyse psychotics or anti socials he must be able to be so thoroughly aware of the counter-transference that he can sort out and study his *objective* reactions to the patient" (*International Journal*, 1949, p. 70).

O exemplo que Winnicott traz talvez não seja o melhor para discutir sua técnica, já que se trata de uma criança de nove anos com graves problemas de conduta, a quem albergou durante três meses em sua casa. De qualquer modo, Winnicott afirma que sua possibilidade de dizer à criança que a odiava, cada vez que lhe provocava esses sentimentos, permitiu-lhe seguir adiante com a experiência.

Assim como a mãe odeia seu bebê, e por múltiplas razões, o analista odeia seu paciente psicótico; e, se isso é assim, não é lógico pensar que um paciente psicótico em análise possa tolerar seu próprio ódio contra o analista, a menos que o analista possa odiá-lo (p.74).

Winnicott pensa, em conclusão, que, se é certo o que ele sustenta, isto é, que o paciente desperta um ódio objetivo no analista, então se coloca o difícil problema de interpretá-lo. Questão delicada, que exige a mais cuidadosa avaliação; porém, uma análise será sempre incompleta, se o analista nunca pôde dizer ao paciente que sentiu ódio por ele quando estava doente. Somente depois que essa interpretação for formulada é que o paciente pode deixar de ser um infante, ou seja, alguém que não pode compreender o que deve à sua mãe.

COMENTÁRIOS E REPAROS

A forma como Winnicott propõe o problema da contratransferência é muito original, e saltam à vista suas diferenças em relação aos outros autores. Ao incluir na contratransferência o sentimento objetivo e justificado que o analista pode ter, modificamos a definição corrente de transferência e contratransferência; os sentimentos objetivos não são incluídos nelas a não ser por extensão: quando pensamos que nenhum sentimento é absolutamente objetivo, implicamos que deve haver uma parte não-objetiva que não provém da realidade, mas da fantasia e do passado. Esta é, porém, uma objeção um tanto acadêmica. Ao fim e ao cabo, as definições comumente aceitas nem sempre são as melhores.

No entanto, as idéias que estamos comentando podem ser questionadas também de outra maneira, perguntando-se até que ponto é objetivo o juízo de qualquer analista – inclusive da estatura de Winnicott – sobre a natureza de seus sentimentos. Não é possível, talvez, que o analista tenda a justificar suas reações? Quem é que coloca o analista ao abrigo da tendência a racionalizar? Estes são problemas que não podemos resolver muito facilmente com nosso método, contudo, se pudéssemos, surgiria outra pergunta: o quanto há de artefato na técnica winnicottiana? Se fosse justificado o ódio de Winnicott para com seu menino de nove anos, teríamos de perguntar se é racional levá-lo para sua casa. O próprio Winnicott observa o gesto generoso de sua esposa ao admiti-lo, e seria preciso provar que essa generosidade do casal Winnicott – elogiável como expressão humana – estava livre de *todo* compromisso neurótico, o que é muito improvável. Não é necessário conhecer de perto um determinado casal, para supor que, quando decidem introduzir um terceiro na casa, é porque querem ter problemas ou porque já os têm e pensam resolvê-los dessa maneira. Por outro lado, a decisão dos Winnicott de abrigar a criança não surge somente de seus sentimentos generosos, o que seria difícil de questionar, mas também de um (legítimo) desejo de investigar e pôr à prova suas teorias e, nesse caso, a relação de Winnicott com a criança seria mais egoísta (ou narcisista) do que parece e seu ódio já não me parece tão objetivo.

Gostaria de propor essa discussão em termos mais rigorosos e dizer que a idéia de um ódio objetivo na contratransferência tropeça em três dificuldades. A primeira, que acabamos de considerar, é de definição, porque transferência e contratransferência definem-se justamente por sua falta de objetividade. Em segundo lugar, deve-se aplicar aqui o princípio da função múltipla de Wälder e dizer, então, que nenhum sentimento é objetivo, nem deixa de sê-lo: é sempre as duas coisas. Isto nos obriga a levar em conta muitos fatores, de modo que, quando chegar a ocasião de dizer ao paciente (e ainda que seja na melhor oportunidade concebível) que uma vez sentimos por ele um ódio justificado, será sempre uma simplificação, e temo que também uma racionalização, porque nem Winnicott estará isento dessas falhas. Então, se for verídico como me pede Winnicott, terei de dizer ao paciente não apenas que o odiei "objetivamente" há três anos por seu comportamento insuportável, mas também que naquele momento estava mal com minha mulher, que estava preocupado com minha situação econômica, que havia sido rejeitado um artigo meu no *International Journal*, que o dólar tinha subido outra vez, que Reina* continuava faltando, que não me saía bem a aula de contratransferência, e isso me punha em conflito com meu analista Racker e com meu amigo León e... Deus sabe quantas coisas mais do gênero. Todas certas e objetivas.

Disse que tinha uma terceira objeção para Winnicott, e é a seguinte: não creio que sentir ódio contra um paciente, por mais agressivo, violento, pesado ou maldito que seja, é uma reação objetiva. Será justificada, totalmente justificada, mas não objetiva. Porque o único fato objetivo é que tomei o paciente para ajudá-lo a resolver seus problemas e conto com meu *setting* para manter meu equilíbrio. Se não o mantenho, perco minha objetividade, o que é mais do que humano e compreensível, porém nunca objetivo. É porque aqui, como em todos os casos, a objetividade deve ser medida em relação aos objetivos. Se estes se perdem, aquela fica no ar. Nesse ponto, pois, a objetividade de Winnicott não tem outra medida senão sua subjetividade.

Se pude ser claro naquilo que expus, será possível compreender que meu desacordo com a idéia de contratransferência objetiva de Winnicott questiona por extensão sua técnica do manejo, sua hipótese básica de que as alterações do desenvolvimento emocional primitivo devem ser resolvidas com atos (manejo), e não com palavras (interpretação). É justamente porque Winnicott acredita-se

---

*N. de R.T. Nome da secretária do autor, na época.

na obrigação (e com direito) de atender aos fatos reais e objetivos que sua resposta contratransferencial tem logicamente de terminar por se situar também nesse plano: ao dizer que seus sentimentos são objetivos, Winnicott percebe corretamente algo que poderia ser deduzido logicamente de sua práxis.

Com isso tem a ver também, segundo vejo, a teoria do desenvolvimento de Winnicott, quando afirma que a psicose é uma falha ambiental. Creio que o grande analista inglês é, nesse ponto, mais severo com os que foram responsáveis por essa criança do que com ele mesmo como analista. Seguindo Melanie Klein, creio que essa triste criação, que é a psicose, provém conjuntamente da criança e de seus pais (e de muitos outros fatores que aqui não vêm ao caso).[5]

NOVAS IDÉIAS DE WINNICOTT

Em um simpósio sobre a contratransferência que ocorreu na Sociedade Psicanalítica Britânica em 25 de novembro de 1959, Winnicott voltou ao tema, mostrando que suas idéias haviam mudado bastante. Na ocasião, diz que "a palavra 'contratransferência' deveria ser devolvida à sua acepção originária" (1960b, segunda parte, Cap. 6, p. 191). Winnicott pensa que o trabalho profissional difere por completo da vida corrente e que o analista encontra-se submetido à tensão ao manter uma atitude profissional (p. 193). O psicanalista "deve permanecer vulnerável e, apesar disso, conservar seu papel profissional durante as horas de trabalho" (p. 194). E acrescenta, pouco depois: "O que o paciente encontra é, com toda certeza, a atitude profissional do analista, e não os homens e as mulheres instáveis que os analistas são em sua vida particular". Winnicott sustenta, pois, firmemente que "entre o paciente e o analista está a atitude profissional deste, sua técnica, *o trabalho que faz com sua mente*" (p. 195). Graças à sua análise pessoal, o analista pode permanecer profissionalmente comprometido, sem sofrer uma tensão excessiva.

Com base nisso, Winnicott defende uma idéia bem delimitada e circunscrita da contratransferência, cujo significado não pode ser outro senão "os traços neuróticos *que deterioram a atitude profissional* e que desbaratam a marcha do processo analítico, tal como o determina o paciente" (p. 195-196).

Frente a esse conceito restritivo e rigoroso, que volta a definir a contratransferência como obstáculo, Winnicott assinala que, na realidade, há dois tipos de pacientes, frente aos quais *o papel* do analista muda substancialmente.

A imensa maioria das pessoas que vêm ao tratamento, prossegue Winnicott, pode e deve ser tratada da forma já referida. Todavia, há outro grupo de pacientes, reduzido, mas nem por isso menos significativo, que altera por completo a atitude profissional do analista. Trata-se do paciente com tendências anti-sociais e do paciente que

---

[5] Refiro-me concretamente aos fatores biológicos e sociais.

necessita uma regressão. O paciente com tendências anti-sociais "está em um estado permanente de reação diante de uma privação" (p. 196), de modo que o terapeuta vê-se obrigado a "corrigir constantemente a falta de apoio do ego, que alterou o curso da vida do paciente" (p. 196).

No outro tipo de pacientes, a regressão torna-se necessária, porque apenas através de uma passagem pela dependência infantil podem ser recuperados: "Se se quer que o verdadeiro *self*, que se acha oculto, tome o seu lugar, não haverá mais remédio senão provocar o colapso do paciente como parte do tratamento, com a conseqüente necessidade, por parte do analista, de fazer as vezes de mãe da criança na qual se terá convertido o paciente" (p. 197).

A necessidade primitiva do paciente leva-o a atravessar a técnica do analista e sua atitude profissional, que são um obstáculo para esse tipo particular de pacientes, estabelecendo forçosamente uma relação direta, de tipo primitivo, com o analista.

Winnicott separa, finalmente, esses casos de outros nos quais o analisando irrompe na barreira profissional e pode promover uma resposta direta do analista. Winnicott opina, aqui, que não cabe falar de contratransferência, mas simplesmente de uma *reação* do analista frente à circunstância especial que transgrediu seu âmbito profissional: empregar a mesma palavra para fatos distintos somente pode trazer confusão.

Em conclusão, Winnicott mantém suas conhecidas idéias sobre o *manejo* dos pacientes regressivos; porém, algumas de suas afirmações de 1947 (que há pouco critiquei) parecem ter-se modificado substancialmente e, com isso, retorna-se a uma concepção clássica da contratransferência.

A partir do trabalho de Winnicott que estamos discutindo, Painceira (1997) sustenta que a contratransferência "deveria significar o que significava no princípio, a patologia do analista" (p. 386) e salienta "a diferença entre a psicanálise aplicável como método ao tratamento de pacientes neuróticos, e uma versão modificada da mesma, aplicável a esses casos" (p. 387), ou seja, aos pacientes com um falso *self* predominante, nos quais a regressão à dependência é uma etapa inevitável para a cura. O termo *manejo* reduz-se, pois, a cuidar transitoriamente de um analisando em estado de regressão, que depositou no analista seu falso *self* diluído, para que o paciente chegue, por fim, a tomar as rédeas de sua existência: "...a isso, nada mais e nada menos, reduz-se o mencionado manejo", conclui Painceira (p. 388). Para esse autor, então, o manejo winnicottiano ocupa um lugar mais modesto do que se dá a ele neste livro.

RESUMO FINAL

Apesar de a contratransferência como fator importante do processo analítico ter estado sempre presente na mente dos analistas, como prova o exemplo destacado de Ella Sharpe, é inegável que somente a partir da metade do século XX a contratransferência organiza-se em um corpo de doutrina completo. A partir desse momento, a contratransferência torna-nos mais responsáveis por nossa tarefa e destrói, com argumentos válidos (e analíticos), a idéia de um analista que pode manter-se incólume, à margem do processo. Ao contrário do que se pensava antes, a idéia que temos agora é de que a contratransferência existe, deve existir e não tem por que não existir. Devemos levá-la em consideração e, como diz Margaret Little (1951), o analista impessoal é simplesmente um mito.

Entretanto, a mudança substancial que vem desses anos não é esta que acabo de assinalar, e sim que a contratransferência é aceita não apenas como um ingrediente ineludível do processo analítico, mas também como um instrumento de compreensão. Essa idéia, como vimos, é a que fundamentalmente trazem Paula Heimann e Racker, e é por isso que lhe demos uma posição especial neste desenvolvimento.

TERCEIRA PARTE
Da Interpretação e Outros Instrumentos

24

Materiais e Instrumentos da Psicoterapia

A parte principal das lições que agora começamos é o estudo da *interpretação*, o fundamento da terapia psicanalítica. Contudo, ninguém tem dúvida de que a atividade do analista não está estritamente circunscrita a interpretar e que sempre fazemos algo mais que isso. Com um sentido mais abrangente, o que vamos estudar são os *instrumentos* da psicoterapia, entre os quais a interpretação ocupa o lugar principal. Ao mesmo tempo, devemos levar em conta que a interpretação não é privativa da psicanálise, já que todas as psicoterapias maiores a utilizam.

É necessário começar, pois, situando a interpretação no contexto de todo o instrumental com o qual psicoterapeuta deve operar e explicar por que esse instrumento tem uma importância especial. Por outro lado, deve-se também delimitar o conceito de interpretação, porque, segundo o tomemos em sentido lato ou estrito, chegaremos a diferentes conclusões quanto à tarefa do analista, se só interpreta ou se faz outras coisas, sendo, às vezes, esse problema simplesmente de definição. Logicamente, se atribuirmos ao conceito um sentido muito amplo, tudo pode ser rotulado como interpretação, mas talvez esse não seja o melhor critério.

Começaremos estudando a interpretação como o instrumento principal utilizado por todos os métodos de psicoterapia maior (ou profunda); depois, em um segundo passo, procuraremos ver quais são as características essenciais da interpretação em psicanálise.

PSICOTERAPIA E PSICANÁLISE

Para abordar esse tema, é inevitável um breve comentário sobre as diferenças entre psicanálise e psicoterapia. Com o correr dos anos, a poética idéia de Freud (1904a) de dividir a psicoterapia, como Leonardo dividiu as artes plásticas, acabou sendo a mais rigorosa de todas as classificações.

Freud afirmava que o método descoberto por Breuer, a psicoterapia catártica e a psicanálise, desenvolvida a partir desta primeira, operavam *per via di levare*, não *per via di porre*, como as outras. Essa idéia aparece em quase todos os trabalhos (que são centenas), em que se procura separar a psicanálise da psicoterapia.

O leitor recordará, sem dúvida, dos trabalhos de Robert P. Knight, entre os quais se destaca, do ponto de vista que estamos considerando, "Uma avaliação das técnicas psicoterapêuticas" (1952), no qual se reconhecem dois tipos de psicoterapia: de apoio e exploratória. Outros autores preferem falar de psicoterapia repressiva e expressiva. Merton M. Gill (1954), destacado estudioso da psicologia do ego, fala de psicoterapia exploratória e de apoio, definindo a psicanálise nesses termos: "A psicanálise é aquela técnica que, empregada por um analista neutro, tem como resultado o desenvolvimento de uma neurose de transferência regressiva e a resolução final dessa neurose ocorre somente por meio de técnicas de interpretação" (*Contribuições à teoria e à técnica psicanalítica*, p. 215).

Um enfoque similar é o de Edward Bibring em seu clássico artigo de 1954. Bibring diz que há cinco tipos de psicoterapia: sugestiva, ab-reativa, manipulativa, esclarecedora e interpretativa. Não preciso esclarecer a que ele se refere com psicoterapia sugestiva ou ab-reativa.[1] Por manipulativa, define a psicoterapia na qual o médico participa, tentando fornecer uma imagem que sirva como modelo de identificação. As psicoterapias de esclarecimento e as interpretativas operam por meio do *insight*; já as outras não. É interessante esse ponto de vista, porque somente Bibring diz que o esclarecimento produz *insight*. Os demais psicanalistas pensam que o *insight* está ligado exclusivamente à interpretação, ainda que possa haver aqui um problema semântico, já que talvez o *insight* em que Bibring pensa seja o descritivo, e não o ostensivo, no sentido de Richfield (1954). Quando, no próximo capítulo, considerarmos a forma como Löwenstein define a interpretação, veremos que o faz, justamente, em função do *insight*.

Bibring conclui, e parece-me interessante, que a psicanálise é uma psicoterapia que utiliza esses cinco instrumentos, isto é, a sugestão, a ab-reação, a manipulação, o esclarecimento e a interpretação. Há, porém, uma diferença que a caracteriza e também a destaca frente às outras, prossegue Bibring, que é o fato de utilizar os três primeiros como recursos *técnicos*, e apenas os dois últimos como recursos *terapêuticos*. É permitido ao psicanalista usar a sugestão, a ab-reação e a manipulação como recursos para mobilizar o paciente e facilitar o desenvolvimento do processo analítico, mas os únicos recursos com os quais opera como fatores terapêuticos são os que produzem *insight*. Essa idéia de Bibring parece-me correta, porque o

---

[1] A ab-reação ocupa um lugar singular, como veremos mais adiante.

que diferencia a psicanálise das psicoterapias em geral (refiro-me, especificamente, às psicoterapias exploratórias ou expressivas) é justamente que nestas a sugestão, a ab-reação e a manipulação são utilizadas como recursos terapêuticos, isto é, essenciais. O paradigma poderia ser a reeducação emocional de Alexander e French (1946), em que se recorre à manipulação da transferência para dar ao paciente uma nova experiência, que corrija as defeituosas do passado. A verdade é que, quando tentamos corrigir a imagem do passado dessa forma, já começamos a operar com fatores sugestivos ou de apoio. Digamos, de maneira precisa, que o psicanalista utiliza *de fato* os recursos que Bibring chama de técnicos, sem por isso conceder a eles um lugar de todo legítimo em seu método.

MATERIAIS E INSTRUMENTOS

A reflexão de Bibring abre-nos caminho para outro esclarecimento que devemos fazer para abordar finalmente nosso tema; trata-se da diferença entre materiais e instrumentos da psicoterapia, seguindo basicamente Knight. É uma diferença um tanto geométrica e pitagórica, segundo a qual o que surge do paciente chama-se de *material*, e o analista opera sobre esse material com seus *instrumentos*.

Tanto o conceito de material quanto o de instrumento exigem alguns esclarecimentos. Com respeito ao *material*, eu diria que devemos circunscrevê-lo ao que o paciente fornece com a intenção (consciente ou inconsciente) de informar o analista sobre seu estado mental. Desse modo, ficaria de fora o que o paciente faz ou diz não para informar, mas para influenciar ou dominar o terapeuta. Essa parte do discurso deve ser conceituada como *acting out verbal*, e não verdadeiramente como material. Como veremos com mais detalhe ao falar de *acting out*, é mais exato dizer que o discurso sempre tem, ao mesmo tempo, as duas partes e, por conseguinte, compreende ambas. Se toda a comunicação do paciente inclui esses dois fatores, será então parte da técnica analítica discriminar entre o que o paciente fornece para nos informar e o que nos *faz* com sua comunicação. Essa discriminação não muda se o que o paciente "faz" pode ser transformado pelo analista e compreendido como material, porque a classificação não é funcional, mas dinâmica, ou seja, tem a ver com o desejo do paciente, com sua fantasia inconsciente. Em outras palavras, sem ter intenção de comunicar, o *acting out* do analisando pode informar-nos.

Quanto aos instrumentos, também se deve estabelecer a mesma diferença e privar desse caráter as intervenções do analista que não tenham por finalidade desenvolver o processo terapêutico. Essas intervenções devem ser chamadas, para sermos justos, de *acting out* do analista (*contra-acting out*).

Este não é um problema ocioso, porque muitas discussões sobre o *acting out* estão vinculadas a tal diferença. Em minha opinião, e adiantando-me ao tema, o *acting out* não é material, porque o paciente não o fornece com a *intenção* de informar, de colaborar com a tarefa. Isso não significa que o psicoterapeuta não possa tirar determinada conclusão dele. Como diz Elsa Garzoli (comunicação pessoal), o *acting out* não comunica, embora informe.

O conceito de material deve ser circunscrito ainda mais, porque se deve considerar uma terceira dimensão do discurso: quando o analisando não associa, somente fala.

Ocupamo-nos indiretamente desse tema, a propósito da aliança terapêutica, ao estudar as contribuições de Greenson e de Meltzer. A parte adulta fala, afirma Meltzer; e, quando o paciente fala (ou *nos* fala), o que corresponde é responder a ele, não interpretar.

Greenson e Wexler (1969, 1970) sustentam, no meu entender, a mesma idéia quando discriminam entre associação livre e o que não é. Sustentam que tomar por associações livres o que se expõe como real (que, para eles, tem o duplo significado do não-distorcido e do genuíno) danifica o juízo da realidade do analisando. (Recorde-se o exemplo de Kevin.)

Em resumo, se quisermos ser precisos e evitar equívocos, deveremos limitar o termo *material* ao que o analisando comunica, em obediência à regra fundamental e colocar entre parênteses o que ele mesmo deixa de fora inconscientemente (*acting out* verbal) ou conscientemente, isto é, quando fala (ou pensa que fala) como adulto, esteja relacionado ou não, para ele, com o tratamento.

Convém esclarecer que as precisões recém-propostas referem-se integralmente ao que o analisando sente, a suas fantasias, e não a julgamentos do analista. É parte da tarefa do analista assinalar ao analisando com que (ou a partir de que) fantasias está falando, sobretudo quando notar uma discordância entre o que o analisando assume manifestamente e suas fantasias inconscientes. Em outras palavras, o analista deve reconhecer o que o analisando assume explícita ou implicitamente quando fala, sem por isso sujeitar-se a essas estipulações.

Deixando para outra oportunidade uma discussão mais detida desse tema, que para mim é fundamental, a seguir estudaremos os instrumentos que o psicoterapeuta utiliza, os quais, para um melhor desenvolvimento de nossa exposição, dividiremos em quatro grupos: 1) instrumentos para influir sobre o paciente; 2) instrumentos para obter informação; 3) instrumentos para oferecer informação e 4) parâmetro de Eissler (1953).

INSTRUMENTOS PARA INFLUIR SOBRE O PACIENTE

O psicoterapeuta dispõe de vários instrumentos para exercer uma influência direta sobre o paciente, com o propósito de fazer com que mude, com que melhore. Essa mudança pode consistir em que os sintomas aliviem-se ou desapareçam, que seu estado mental modifique-se, que sua conduta torne-se mais adaptada à realidade em que vive, etc. Há muitos procedimentos para alcançar esses fins, como o apoio, a sugestão e a persuasão.

Todos eles se propõem a alcançar uma mudança *direta*, imediata, que aponta mais para a conduta do que para a personalidade e que se diferenciam dos outros métodos que vamos estudar, porque estão a serviço da psicoterapia repressiva. Nem o apoio, nem a sugestão, nem a persuasão têm por finalidade abrir o campo ou, se quisermos dizê-lo nos termos da teoria psicanalítica, levantar o recalque, muito antes pelo contrário. São métodos limitados, com certeza, mas podem ter um efeito curativo, que é muito legítimo em algumas formas (menores) de psicoterapia.

Entendemos por *apoio* uma ação psicoterapêutica que procura dar ao paciente estabilidade ou segurança, algo como um respaldo ou uma bengala. Aqui as expressões plásticas de se manter de pé ou de continuar caminhando são ineludíveis, porque o conceito está intrinsecamente ligado à idéia de algo que sustenta. Há diversos tipos de apoio, como as medidas que tendem a aliviar a ansiedade, procurando afastá-la da consciência (recalcamento, negação), as que tendem a reforçar a boa relação com o outro, para o qual o psicoterapeuta coloca-se no lugar de um objeto (superego) bom, sobre o qual falou Strachey em seu trabalho de 1934, e as que tendem a ressaltar (tendenciosamente) certos aspectos da realidade.

O apoio é o instrumento mais comum da psicoterapia, o que está mais ao alcance do médico geral (ou, simplesmente, de tudo que esteja relacionado com relações interpessoais) e o que se utiliza mais livremente. No entanto, apesar de ser o mais comum, não é o mais adequado, pois pode criar uma situação viciosa – porque estimula uma dependência difícil de resolver – e, quando não é verdadeiro, pode aumentar a insegurança. Logicamente, isso depende do que chamaremos de apoio. Refiro-me ao apoio como algo que se oferece ao paciente externamente para mantê-lo, a qualquer custo, em equilíbrio. Como observa Glover (1955), às vezes o apoio está fortemente determinado pela contratransferência. Se, contudo, entendemos por apoio uma atitude de simpatia, de cordialidade e de receptividade frente ao paciente, obviamente esse apoio é um instrumento inevitável em toda a psicoterapia. Para diferenciar as duas alternativas, prefere-se falar, nesses casos, de contenção (*holding*), de acordo com Winnicott (1958, *passim*), como veremos ao estudar o processo analítico.

Quanto à influência da angústia contratransferencial na necessidade de dar apoio, convém salientar que o analista não deve confundir o apoio que se oferece conjunturalmente com algo que pretende ser de valor duradouro. Meltzer (1967) destaca que a adequada manutenção e o manejo do *setting* podem *modular* a ansiedade, mas apenas a interpretação resolve-a.

O apoio no tratamento psicanalítico mereceu a atenção de vários autores. Glover aborda-o em seu livro de técnica (1955, p. 285-290). Melitta Schmideberg tratou do tema na Sociedade Britânica, em fevereiro de 1934, e seu trabalho foi publicado no ano seguinte. Ela considera que o apoio é um método de dosar a ansiedade e, como tal, é legítimo em psicanálise se utilizado prudentemente e se combinado com a interpretação. Na discussão do trabalho falaram, entre outros, Glover, Ella Sharpe, Paula Heimann e a mãe de Melitta, que a apoiou (Glover, p. 288).

Outro instrumento da psicoterapia, do qual também falarei brevemente, é a *sugestão*. Como indica seu nome, sugestão, "sub-gestar", é algo que se faz, que se gesta desde baixo (a raiz latina é *suggestio*). O fundamento do método sugestivo é introduzir na mente do paciente, de forma subjacente ao que pensa, algum tipo de juízo ou afirmação que depois possa operar a partir de dentro, com o sentido e a finalidade de modificar uma determinada conduta patológica. Baudouin distingue dois tipos de sugestão, passiva e ativa, chamando de *aceptividade* a passiva e, de *sugestibilidade* a ativa. No primeiro caso, o indivíduo deixa-se penetrar pela sugestão, sem fazer nenhum esforço para recebê-la e incorporá-la. É a menos eficaz e a mais condenável. Na sugestibilidade, ao contrário o paciente participa do processo, que por isso mesmo é mais duradouro e eficaz.

Para alguns autores, o psicanalista exercita uma forma sutil e indireta de sugestão, e o próprio Freud sempre manteve essa idéia. Ele dizia que, em última instância, a diferença entre a psicoterapia analítica e as outras é que a analítica utiliza a influência do médico, ou seja, a sugestão, para que o paciente abandone suas resistências, e não para lhe induzir determinado tipo de conduta. Nesse sentido se apóia o trabalho de Ida Macalpine (1950) sobre a transferência, que parte para ela de um fenômeno subjacente de sugestão e, até mesmo, de hipnose.

Se o apoio é criticável por criar um vínculo que, de certo modo, é ortopédico (já dissemos que a analogia da bengala é inevitável), também a sugestão (mesmo a forma ativa de Baudouin) é perigosa, porque a influência que exerce é muito grande e pode ser perturbadora. A possibilidade de conduzir demasiadamente o paciente e de exercitar a demagogia ou a fraude são riscos inerentes à sugestão, sem que isso a desqualifique, já que todos os instrumentos, inclusive a interpretação, têm seus riscos. Quando o apoio e a sugestão situam-se no lugar que lhes cabe, e quando o psicoterapeuta sabe com que instrumentos está operando, eles são legítimos e podem ser úteis em certas formas de psicoterapia (menor).

A *persuasão* de Dubois aponta para a razão e assume diferentes modalidades, trocando idéias, argumentando e até mesmo polemizando com o paciente.[2]

Dubois sempre procurou diferenciar seu método do apoio e da sugestão, afirmando que a persuasão está ligada ao processo racional, à razão do paciente. Embora aparente ter um matiz racional, o método de Dubois está sempre carregado de afetividade; seus argumentos são mais racionalizações do que razões. O mesmo se pode dizer de algumas psicoterapias de inspiração pavloviana, que surgiram há anos e que, assim como surgiram, passaram. Entre

---

[2] A *logoterapia* de Frankl (1955) é, a meu ver, uma forma de psicoterapia persuasiva, mais moderna e existencial; porém coincidente, no fundo, com a de Dubois.

nós, um de seus cultores foi José A. Itzingsohn, cuja evolução foi, porém, de uma crescente aproximação à psicanálise. Em todos esses métodos, a idéia de "psicoterapia racional" está mais ligada à forma que ao fundo, ao passo que a psicanálise, como bem dizia Fenichel (1945a), é racional, embora maneje fenômenos irracionais.

INSTRUMENTOS PARA OBTER INFORMAÇÃO

Os instrumentos do primeiro grupo, que acabamos de estudar, buscam influenciar o paciente, operar de forma direta e concreta sobre sua conduta e, por isso, estão conceitualmente ligados aos métodos repressivos de psicoterapia, embora já tenhamos dito que, às vezes, o analista utiliza-os, com ou sem razão, fora daquela questionável afirmação freudiana de que a sugestão é uma parte indispensável do procedimento analítico, uma vez que a utilizamos para que o paciente vença suas resistências.

A seguir, estudaremos dois grupos de instrumentos que, opostos por seus objetivos, são irmãos em seu fundamento, que é a *informação*. Veremos primeiramente os que servem para obter informação e depois os que a oferecem ao paciente. Esses dois tipos de recursos, digamos desde já, são por sua índole totalmente compatíveis com os métodos da psicoterapia maior e da psicanálise mais estrita.

Entre os instrumentos para obter informação, o mais simples e direto é a *pergunta*. Quando não escutamos, não entendemos ou desejamos conhecer algum dado que nos parece pertinente às associações do analisando, assim como quando acreditamos necessário saber que significado o paciente dá ao que está dizendo, podemos perguntar – sempre que não haja elementos que nos aconselhem a interpretar ou simplesmente a nos calar. Não é, por certo, excludente formular a pergunta e também interpretar; e dependerá da arte analítica que em um caso se pergunte, em outro se interprete ou se façam as duas coisas.

Não há regras fixas, não pode haver: tudo depende do material do paciente, do contexto, do que a contratransferência possa informar. Um caso singular é o publicado por Ruth Riesenberg (1970), em que a perversão de transferência consistia em querer pôr a analista como observadora, como as pessoas em uma fantasia da paciente com o espelho. Felizmente, a hábil analista deu-se conta e absteve-se de perguntar quando fazê-lo teria sido obviamente um erro. Para ser mais preciso, a analista fez, no começo, alguma pergunta; porém, foi justamente a resposta da paciente, nessas ocasiões, que a levou a se cuidar, a pensar por que a paciente respondia de forma tão particular às perguntas que, por outro lado, pareciam à analista mais do que naturais para esclarecer o material. De modo que, como mostra esse trabalho, cada vez que alguém pergunta deve estar atento para ver se está realmente obtendo informação ou se se deixou levar a uma situação que mereceria ser analisada em si mesma.

No caso regular, a pergunta tem por finalidade obter uma informação precisa e entende-se que é formulada sem outros propósitos, sem segundas intenções, porque, do contrário, já estaríamos fazendo outra coisa, influindo sobre o analisando, manejando-o, apoiando-o, etc. Uma dificuldade, justamente, de perguntar é que, sem nos darmos conta, tenhamos segundas intenções e/ou que o analisando as atribua a nós. De fato, isso pode ser analisado.

O outro inconveniente de perguntar é que, em alguma medida, perturbamos a associação livre. Löwenstein referiu-se a isso no painel sobre variações técnicas do Congresso de Paris em 1957. As perguntas têm um lugar legítimo na técnica para obter detalhes e precisões, como fez Freud com o "Homem dos Ratos", mas apenas em casos especiais justifica-se interromper o fluxo associativo para perguntar. Concordo nesse aspecto, com Löwenstein (1958), já que, quando o paciente associa livremente, não se deve interrompê-lo, embora tudo dependa do contexto e das circunstâncias.

Se perguntarmos com outro propósito que não o de obter informação, estamos introduzindo um fator na situação, e isso sempre é complicado. Olinick (1954) ocupou-se desse tema e emprega as perguntas concretamente como um parâmetro.

Quando o paciente está angustiado ou confuso, quando não pode falar livremente, Olinick considera que é legítimo fazer perguntas, seja para dar suporte ao ego ou reforçar seu contato com a realidade ou então como uma tentativa de melhorar o nível de colaboração do paciente, preparando-o eventualmente para a interpretação.

Esse uso das perguntas como parâmetro parece-me discutível. O exemplo de Olinick, de uma jovem que começa sua análise esforçando-se em mostrar sua admiração pela mãe e o desprezo pelo pai, assim como um grande desejo de impressionar o analista, foi resolvido com uma série de perguntas sobre suas relações parentais. Apesar de o material ser muito sucinto para dar uma opinião pessoal, tampouco é demonstrativo de que o conflito agudo não poderia ter sido resolvido interpretando sem parâmetros.

Aqui intervém a arte analítica porque, evidentemente, quando o analista está com uma pessoa muito angustiada e não acerta com a interpretação, pode perguntar para aliviar momentaneamente a angústia, mas deve saber que essa pergunta é um modo de apoio e não tem por finalidade obter informação.

Outro instrumento para obter informação é o *assinalamento* (observação). Para mim, a observação superpõe-se por inteiro ao assinalamento, são sinônimos; não consigo ver em que se diferenciam.

O assinalamento, como seu nome indica, assinala algo, circunscreve uma área de observação, chama a atenção, com o objetivo de que o paciente observe e ofereça mais informação. Se quiséssemos situar esse instrumento na tabela de Bion (1963), o colocaríamos nas colunas 3 (notação) e 4 (atenção).

O assinalamento implica sempre, é certo, um grau de informação que o analista dá ao paciente ao chamar a sua atenção, mas creio que isso é somente adjetivo: o que define esse instrumento é o fato de que busca receber informação.

Como no caso da pergunta, a observação pode ter segundas intenções ou pode suportar elementos interpretativos. Sempre há lugares de trânsito, os quais são inevitáveis, mas o que importa é discriminar os diferentes ingredientes do caso particular.

O assinalamento (observação) tende a ser feito dizendo-se *repare que* ou *note que*, ou algo assim, isto é, assinalando realmente um fato, assinalando algo que não foi notado pelo analisando e que não sabemos se é consciente para ele. Não é necessário que o paciente não tenha consciência; pode tê-la e, por isso, é contingente a informação que o analista dá no assinalamento: o característico é, de qualquer modo, que o assinalamento contribui para circunscrever uma área determinada para a investigação ulterior. Nos atos falhos, o assinalamento cumpre, às vezes, simultaneamente a missão de chamar a atenção do analisando e de torná-lo consciente, de informá-lo de que teve um lapso que ele não percebeu.

Quando, após contar seu primeiro sonho, Dora oferece suas associações, Freud diz a ela: "Peço-lhe que tome nota bem de suas próprias expressões. Talvez nos façam falta. Você disse que, *à noite, poderia acontecer algo que a obrigasse a sair*" (*AE*, 7, p. 58). E em seguida, no rodapé da página, Freud explica por que sublinha essas palavras, isto é, por que fez esse assinalamento a Dora.[3]

No assinalamento, o analista não tem o propósito de informar especificamente o paciente, mas de fazê-lo fixar a atenção em algo que apareceu e que, em princípio, o próprio terapeuta não sabe que significado pode ter. Na nota de rodapé de seu assinalamento, Freud diz que o material é ambíguo e que essa ambigüidade pode conduzir às idéias ainda ocultas por trás do sonho. Se o analista conhece com certeza do que se trata, então o assinalamento é supérfluo, e ele deve interpretar. Poderíamos argüir que, mesmo conhecendo com certa segurança o conteúdo latente, o analista pode preferir, em certo momento, o assinalamento à interpretação, pensando, por exemplo, que o analisando ainda não está em condições para compreender ou tolerar a interpretação. Discutiremos esse ponto quando falarmos da interpretação profunda, mas digamos, desde já, que essa prudência do analista introduz um problema teórico.

Dentro do esquema que estamos desenvolvendo, outro instrumento para obter informação é a *confrontação*. Como seu nome indica, a confrontação mostra ao paciente duas situações contrapostas, com a intenção de colocá-lo diante de um dilema para que note uma contradição. Um paciente dizia que estava muito bem e próximo, portanto, do fim do tratamento, embora expressasse fortes temores de morrer de um infarto do miocárdio. Havia, é claro, várias interpretações possíveis, mas a grande contradição que ele não percebia entre estar bem e ter um infarto, fizeram-me preferir confrontá-lo com esse fato singular e colocar-me, assim, ao abrigo de que uma interpretação pudesse ser mal-entendida nos termos de uma opinião da minha parte, por exemplo, levando em conta justamente a surpreendente negação de seus temores.

Outro paciente que queria sinceramente deixar de fumar acendia um cigarro cada vez que se punha a analisar o problema. Em uma dessas oportunidades, confrontei-o simplesmente com esse fato, disse a ele que a situação era singular, que queria analisar seu hábito de fumar para deixar de fazê-lo e, enquanto isso, acendia um cigarro. A confrontação, então, destaca dois aspectos distintos, contraditórios do material. Foi realmente útil ao paciente, porque o fez compreender toda uma série de automatismos, de contradições em sua conduta, inclusive a função que o cigarro cumpria para ele quando devia realizar uma tarefa, etc.

Nem sempre é fácil separar a confrontação do assinalamento, já que aquela pode ser considerada como um caso especial deste, em que chamamos a atenção sobre dois elementos contrapostos. No entanto, existem algumas diferenças que, com certeza, não devem ser consideradas como inquestionáveis. Poderíamos dizer inicialmente que, em geral, o assinalamento está relacionado com a percepção, e a confrontação, com o juízo. A imagem plástica que utilizamos antes, a de que o assinalamento circunscreve uma área, talvez possa servir para estabelecer uma diferença. Enquanto o assinalamento centra a atenção em um ponto determinado para investigá-lo, na confrontação o fundamental é deparar o paciente com uma contradição. Confrontar é colocar, frente a frente, dois elementos simultâneos e contrastantes, que podem ocorrer tanto no material verbal quanto na conduta. Muitas vezes, como no caso do fumante recém-mencionado, contrapõem-se a conduta e a palavra.

Creio que vale a pena salientar, para evitar mal-entendidos, que as discriminações que fizemos nesta seção são dinâmicas, metapsicológicas e não fenomenológicas. O fundamental não é a forma: um assinalamento, uma confrontação e mesmo uma interpretação podem ser feitos por meio de uma pergunta e, ao contrário, muitas vezes se dá o caráter de interpretação ao que é apenas um comentário do analista.

Löwenstein (1951) fala desses três instrumentos como *preparatórios* da interpretação; contudo, em minha exposição, quis dar-lhes mais autonomia: por serem instrumentos para obter informação, não são necessariamente passos prévios a uma interpretação. Os exemplos de Löwenstein são diferentes dos meus, sem dúvida porque ele está interessado em mostrar alguns fundamentos de sua técnica. Em primeiro lugar, Löwenstein distingue momentos preparatórios e momentos finais no processo interpretativo, porque pensa, como muitos autores, que é artificial falar da interpretação quando, na realidade, a atividade do analista é complexa e não se deveria separá-la em compartimentos.[4] Por outro lado, pensa que é fundamental ir graduando o acesso do analisando ao material inconsciente e, nesse sentido, entende-se seu empenho

---

[3] Os itálicos, no texto de Freud, são a expressão tipográfica da necessidade de assinalar.

[4] Assim pensa, por exemplo, Terencio Gioia (1979).

em discriminar entre os passos prévios e o fechamento final. Todavia, essa atitude prudente possui seus senões e pode até ser tendenciosa, já que se propõe que o analisando chegue por si só ao que o analista já sabe.

Lembro-me de um homem jovem, inteligente e desconfiado que foi um de meus primeiros pacientes. Tinha sonhos muito pouco censurados e eu, que não me animava a interpretá-los, fazia-lhe perguntas sobre o conteúdo manifesto, que ele recusava, por considerá-las tendenciosas: "Claro! Você me pergunta isso para que lhe diga que é homossexualidade (*sic*) ou que essa mulher é sua esposa ou minha mãe". Na realidade, tinha razão, porque essa era minha intenção, e talvez teria sido melhor interpretar diretamente e assinalar-lhe que ele *queria* que eu lhe interpretasse "isso" para depois me acusar. É evidente agora para mim que eu tinha medo de suas respostas paranóides[5] e queria fazê-lo dizer o que eu tinha de dizer. Nesse caso, minha falha técnica é notória e não serve, então, para refutar Löwenstein, mas demonstra, de qualquer modo, um risco da prudência. Enfim, voltamos a tocar, aqui, no tema da interpretação profunda.

---

[5] Grinberg diria, com mais precisão, que eu me havia contra-identificado com sua parte assustada pelas revelações que a análise tinha de lhe fazer.

25

O Conceito de Interpretação

No capítulo anterior, ocupamo-nos dos instrumentos da psicoterapia, que dividimos em quatro grupos, dos quais estudamos os que servem para influenciar o paciente e para lhe solicitar informação. Agora, cabe-nos estudar o terceiro grupo, que compreende os instrumentos para informar, dentre os quais se encontra a interpretação. Como se recordará, existe ainda uma quarta categoria, os parâmetros.

INSTRUMENTOS PARA INFORMAR

De todos os instrumentos que formam o arsenal do psicoterapeuta, há três que têm uma entidade distinta e também uma dignidade diferente: a informação, o esclarecimento e a interpretação. Essas três ferramentas são essencialmente uma e única, mas convém distingui-las, mais por seu alcance do que por suas características.

Em um extremo está a *informação*, que opera como um autêntico instrumento de psicoterapia se a oferecemos para corrigir algum erro. Se de algum modo a neurose provém de um erro de informação, e especificamente de erros de informação em termos de relações interpessoais, é lógico pensar que qualquer afirmação que perpetue ou aprofunde os erros perpetua e aprofunda a doença; e, vice-versa, qualquer dado que traga melhores elementos para compreender a realidade (ou a verdade) deve ter um caráter terapêutico.

Em seu sentido estrito, a informação refere-se a algo que o paciente desconhece e deveria conhecer, ou seja, tenta corrigir um erro que provém da informação deficiente do analisando. Aplica-se, a meu ver, por definição, a conhecimentos extrínsecos, a dados da realidade ou do mundo, não do próprio paciente. Assim delimitada, a informação aumenta o conhecimento do analisando, mas não se refere especificamente a seus problemas, e sim a um desconhecimento objetivo que, de algum modo, influi sobre ele. Em casos muito especiais (e digamos que também muito escassos), o analista pode legitimamente dar essa informação, corrigir esse erro. Não é difícil encontrar exemplos na prática, em nossa própria prática, e a primeira coisa em que pensamos, sob a influência do severo superego psicanalítico, é que cometemos uma transgressão; entretanto, se damos essa informação com o objetivo de que o paciente tenha um dado que lhe faz falta e do qual carece por motivos que lhe são fundamentalmente alheios, essa informação é pertinente e pode ser útil.

Não se oculta para mim, por certo, o risco que se corre ao dar esse tipo de informação. O paciente pode tomá-la equivocadamente por apoio, sedução, desejo de influenciá-lo ou de controlá-lo, etc.; porém, de qualquer maneira, se o analisando sofre de uma ignorância que o afeta e nós lhe trazemos o conhecimento que lhe falta com a intenção apenas de modificar essa situação, penso que estamos operando legitimamente, conforme a arte.

Certamente se poderá dizer que, nesses casos, é sempre viável subministrar o mesmo informe por meio de uma interpretação que o contenha, mas para mim isso é um artifício que não se compadece da técnica e menos ainda da ética. É valer-se de nossa ferramenta mais nobre para fins que não lhe competem e que não podem senão depreciá-la. Não se deve perder de vista que o analisando captará, mais cedo ou mais tarde, que estamos transmitindo-lhe um determinado dado através de um artifício e, então, poderá supor que sempre operamos com segundas intenções, sem que possamos simplesmente lhe interpretar sua desconfiança (paranóica) ou seu desprezo (maníaco).

É necessário destacar aqui que me refiro a um desconhecimento do analisando que não está relacionado com o contrato, com o enquadre, como perguntas sobre o feriado, as férias, os honorários, etc., porque, nesse caso, é claro que a informação é inevitável. Refiro-me a questões que não se relacionam com as constantes do enquadre e sobre as quais o analista pode não se sentir na obrigação de informar.

Às vezes se justifica, por exemplo, dar alguma informação médica a um analisando que não a tem e nem sequer sabe que não a tem. Na mesma semana em que sua mulher entrou no climatério, um analisando que sempre invejava as prerrogativas do sexo frágil teve uma pequena hemorragia retal. Interpretei esse sintoma como o desejo de ser ele, agora, aquele que tinha a menstruação, na dupla perspectiva de sua reconhecida inveja à mulher e de seu desejo de reparar. Pude, ao mesmo tempo, colocar esse material, de maneira válida, na linha de sua transferência homossexual e também de seu desejo de se liberar de mim, terminando repentinamente a análise, como se fosse um aborto. Informei-lhe, ainda, que o sangue nas matérias fecais podia ser um sintoma de enfermidade orgânica e pedi-lhe que consultasse. Infelizmente, meu temor confirmou-se e, uma semana depois, o paciente foi operado de um carcinoma de sigmóide.

Nem sempre, mas talvez em casos especiais, se não for legítimo ao menos pode ser perdoável dar a um colega em análise, que quer seguir a carreira, algum dado geral sobre certos requisitos, por exemplo, que o período das entrevistas inicia e termina em prazos definidos, embora o mais provável, nesses casos, é que se tenha de interpretar ao aspirante os motivos neuróticos de sua desinformação.

Um paciente pode consultar pelo que ele chama de ejaculação precoce e tratar-se de um desajuste de outro tipo. Há muitos anos, tomei em análise uma mulher "frígida" e depois, quando pude obter dados sobre sua vida sexual durante o tratamento, inteirei-me de que seu marido ejaculava *ad portas*. Foi um erro, então, não lhe perguntar nas entrevistas por que ela considerava que era frígida, a que ela chamava de frigidez. Embora fosse certo que a mulher em questão precisava de análise, era por outros motivos, entre eles por seu desconhecimento da vida sexual, pela idealização do marido e por suas auto-recriminações quase melancólicas.

Há algum tempo, um/uma colega jovem comentava com entusiasmo que, ao sair da sessão, iria ao seminário de um eminente analista que nos visitaria. Eu sabia que a viagem havia sido cancelada de última hora e preferi dar essa informação a meu/minha analisanda, em vez de deixar que se abalasse até a associação para só então se inteirar. Essa história, ao que parece nada transcendente, contém, entretanto, toda uma teoria da informação no *setting* analítico. Eu não era, evidentemente, obrigado a suprir seu déficit de informação, mas sabia que ele/ela não era o único ignorante da suspensão de última hora da viagem. Eu mesmo tinha dado a ordem de que se avisassem membros e candidatos da circunstância imprevista e supunha que nem todos poderiam ter sido avisados. Parece-me que, pesando todas as circunstâncias, não lhe dar a informação teria sido descomedido de minha parte.

Em muitos desses casos, coloca-se para o analista uma situação delicada, porque essas falhas "objetivas" de informação são freqüentemente produto do recalque, da negação ou de outros mecanismos de defesa. Nesses casos, é mais operante (e mais analítico) interpretar que ele sabe algo que não quer ver (recalcamento), cuja existência nega (negação) ou que quer que eu (ou seja quem for) saiba por ele (projeção, identificação projetiva).

Novamente, não há regra fixa nesses casos. Tudo depende do momento, das circunstâncias, de muitos fatores. Não estaremos em falta se o que buscamos é informar o analisando e não nos congraçarmos com ele, apoiá-lo ou influenciá-lo, e sempre que pensemos que seu déficit de informação deve ser corrigido diretamente e não interpretado, que dessa maneira ampliamos o diálogo analítico, em vez de encerrá-lo.

Comete-se um erro lamentável quando se acredita que, ao dar esse tipo de informação, contribuímos para uma mudança no paciente. Apenas lhe damos a oportunidade de ver seus problemas de outra perspectiva, ao mesmo tempo que evitamos que veja nosso silêncio como uma confirmação do que ele pensava.

Para terminar, quero trazer o melhor exemplo de que recordo de minhas leituras. No clássico trabalho de Ruth Mack Brunswick, "Análise de um caso de paranóia. Delírio de ciúmes" (1928b), em que se mostra pela primeira vez a fixação patológica de uma mulher à etapa pré-edípica, a paciente comenta com muito desembaraço que as cadelas não têm vagina, e seu analista dá-lhe a informação pertinente (p. 619 da ed. cast.).

O *esclarecimento* busca iluminar algo que o indivíduo sabe, mas não distintamente. O conhecimento existe; porém, diferentemente da informação, aqui a falha é um tanto mais pessoal. Não é que lhe falte um conhecimento de algo extrínseco, e sim que há algo que não percebe claramente de si mesmo. Nesses casos, a informação do terapeuta é destinada a esclarecer o que o paciente disse. O esclarecimento não promove, em meu entender, *insight*, mas apenas um reordenamento da informação; essa opinião, contudo, não é a de Bibring (1954), para quem o processo implica o vencimento de uma resistência (seguramente no sistema Prcc).

No esclarecimento, a informação pertence ao paciente, mas ele não pode apreendê-la, não pode captá-la.

A INTERPRETAÇÃO

No outro extremo desse espectro, a *interpretação* sempre se refere, a meu ver, também por definição, a algo que pertence ao paciente, mas do qual ele não tem conhecimento. Não utilizo a palavra consciência, porque desejo definir esses três instrumentos em termos aplicáveis a qualquer escola psicoterapêutica, e não apenas à nossa metapsicologia. Os ontoanalistas, por exemplo, não admitem, de fato, uma diferença entre consciente, pré-consciente e inconsciente, mas não objetarão se digo conhecimento ou emprego a palavra consciência no sentido geral de ter consciência, de se responsabilizar ou saber de si mesmo. A informação refere-se a algo que o paciente ignora do mundo exterior, da realidade, algo que não lhe pertence; a interpretação, ao contrário, assinala sempre algo que pertence em propriedade ao paciente, mas do qual ele não tem conhecimento. A diferença é muito grande e servirá para definir e estudar a interpretação.

Diz-se, às vezes, que a interpretação pode referir-se não apenas a algo que pertence ao indivíduo, mas também a seu ambiente. Esta é uma extensão do conceito que não compartilho. Por isso, insisti em definir e legalizar a informação propriamente dita para não confundir com o conceito de interpretação. Só se interpreta o paciente: as "interpretações" a familiares ou amigos são interpretações silvestres.

Do mesmo modo, quando Winnicott (1947) diz que o analista deve interpretar ao psicótico o ódio objetivo que alguma vez teve dele, utiliza a idéia de interpretação muito frouxamente. Com vistas às precisões que estamos estabelecendo, o que se faz, nessas circunstâncias, é informar algo que em certo momento sentimos, mas nunca interpretar. Interpretar seria dizer-lhe que, naquelas circunstâncias, ele fez algo para que eu o odiasse, ou que ele sentiu que eu o odiava; todavia, dizer-lhe que eu o odiei é somente uma informação.[1]

Anos atrás, consultou-me um colega sobre uma mulher que estava em um evidente impasse, porque não havia forma de torná-la consciente de que seu marido a enganava. O analista havia-lhe interpretado reiteradamente, e com base em fatos objetivos, esse engano notório e os mecanismos de defesa da paciente para não se dar conta disso. "Você não quer ver que seu marido a engana. Você dá as costas à realidade, não quer ver o evidente. Ninguém pode pensar que um homem que sai todas as noites e volta de madrugada, sob os mais diversos pretextos, que se arruma em excesso para ir fazer negócios, que há meses suspendeu sua vida conjugal com você", etc. Disse de imediato a meu jovem colega que a paciente tinha razão ao não aceitar seus pontos de vista, que ele chamava de interpretações.

Essas pretensas interpretações não são mais do que opiniões (e as opiniões são algo que pertence àquele que as emite, não ao receptor) ou, na melhor das hipóteses, informações (já que pertencem ao mundo exterior, à realidade objetiva). Em suma, meu jovem colega poderia ter dito à sua obstinada paciente: "Desejo informar-lhe que há uma alta incidência de engano matrimonial entre os homens que têm todas as tardes reunião de diretoria ou entre as mulheres que saem sós e bem arrumadas, nos sábados à noite". Basta colocar assim para que todos nos demos conta de que uma intervenção desse tipo não tem sentido, é ridícula. As "interpretações" de meu colega não soavam ridículas, mas eram totalmente ilógicas, careciam de método (e de ética), já que ele não podia saber, de verdade, se esse homem andava com outras mulheres, nem tampouco a análise ocupa-se de averiguá-lo.

De qualquer maneira, meu colega me consultava porque o caso estava detido. Depois das "interpretações", sua paciente interpelava seu marido, ele negava e ela terminava por acreditar nele, para desespero de seu analista.

Quando iniciei essa supervisão, mostrei a meu colega seu erro metodológico e, por minha vez, não fiz nenhuma conjectura sobre se o marido enganava ou não sua mulher. Na realidade, não posso sabê-lo, e isso tampouco me incumbe como analista (ou, no caso, como supervisor).

O analista começou a prestar mais atenção à forma como a paciente contava as saídas do esposo, que logo lhe deram uma pauta. Ela o esperava presa por uma angústia muito intensa e por grande excitação, assediada pela imagem de vê-lo na cama com outra mulher. No final dessa longa agonia, terminava masturbando-se. Ou seja, tudo isso lhe provocava um prazer escoptofílico e masoquista muito intenso. Quando isso lhe foi interpretado, houve uma mudança dramática, em primeiro lugar porque a mulher responsabilizou-se pelo que acontecia com *ela* e, em segundo, porque pôde colocar esta situação de outra forma para seu marido. Assim, lentamente, começou a pôr-se em marcha de novo a análise. Vale a pena assinalar aqui, de passagem, o conflito de contratransferência, à medida que a paciente colocava seu analista na posição do terceiro que imagina a cena primária.

A interpretação não pode referir-se senão ao paciente – e por vários motivos. Antes de mais nada, porque nem metodologicamente, nem eticamente podemos saber o que faz o outro. Só sabemos o que se passa no *hic et nunc*, no aqui e agora; só consta, para nós, o que nos diz o paciente. Essa posição não muda, em absoluto, se o analista pudesse ter acesso à realidade exterior (objetiva), já que essa realidade não é pertinente; o único fato pertinente é aquilo que provém do analisando.

INFORMAÇÃO E INTERPRETAÇÃO

Tentamos aproximar-nos do conceito de interpretação a partir do fato de que é uma maneira especial de informar. Por informar, a interpretação tem de ser, antes de tudo, *veraz*. Se uma informação não é veraz, não é objetiva, não é certa, obviamente deixa de sê-la por definição. Também está dentro de suas notas definidoras que sua finalidade não seja outra senão a de informar, a de compartilhar conhecimento. Por isso, insisto que a interpretação deve ser *desinteressada*. Se temos outro interesse que não o de proporcionar conhecimento, então já não estamos estritamente interpretando, mas sugerindo ou apoiando, persuadindo, manipulando, etc. Convém esclarecer aqui dois fatos importantes.

Em primeiro lugar, estou referindo-me à atitude que tem o emissor, o analista; pouco ou nada importa, no caso, o que faça o receptor. O analisando pode dar a nossas palavras outro sentido, mas isso não as muda. Se o destinatário utiliza mal o conhecimento que lhe foi dado, terei de voltar a interpretar e certamente apontarei, agora, a mudança de sentido que minha escuta operou. Em segundo lugar, refiro-me ao objetivo básico da comunicação, sem pretender ser um analista quimicamente puro, livre de toda contaminação e de posse de uma linguagem ideal, na qual não existam o equívoco ou a imprecisão. Às vezes, essas inevitáveis notas, acrescentadas à interpretação em sentido estrito, são a única coisa que o analisando capta para criticar, com maior ou menor razão, uma interpretação.

No conceito de interpretação (e, em geral, no de informação) coincidem o método psicanalítico, a teoria e a ética, porquanto nos é dado interpretar, mas não ditar a conduta alheia. Isto só pode ser decidido por cada um, nesse caso o paciente. Lacan (1958a) tem razão ao protestar contra o analista querer ser aquele que define a adaptação ("A direção do tratamento", p. 228 e *passim* da ed. cast.).

Além de veraz e desinteressada, a interpretação também deve ser uma informação *pertinente*, isto é, dada em

---

[1] Não estamos aqui discutindo a validade da técnica de Winnicott, mas precisando o conceito de interpretação.

um contexto em que possa ser operativa, utilizável, embora finalmente não o seja. A interpretação deve ser oportuna, deve ter um mínimo razoável de oportunidade. Estou introduzindo aqui, pois, outra nota definidora da interpretação, a pertinência (oportunidade), que para mim não é sinônimo de *timing*. O conceito de *timing* é mais restrito e mais preciso que o de oportunidade, que é mais abrangente. Uma interpretação fora de *timing* não deixa de sê-lo; uma intervenção impertinente não o é por definição. Portanto, a oportunidade refere-se ao contato com o material, ao posicionamento do analista frente ao paciente.

Definimos, pois, a interpretação como uma informação veraz, desinteressada e pertinente, que se refere ao receptor.

INTERPRETAÇÃO E *INSIGHT*

Por um caminho diferente do que percorremos, Löwenstein chegou, em 1951, a uma definição da interpretação similar à recém-exposta. Löwenstein distingue as intervenções preparatórias do analista, endereçadas a liberar as associações do analisando (isto é, a obter informação), da interpretação propriamente dita, intervenção especial que produz as mudanças dinâmicas que chamamos de *insight*. A interpretação é uma explicação que o analista dá ao paciente (a partir do que este lhe comunicou) para lhe proporcionar um novo conhecimento de si mesmo. Löwenstein diz, em resumo, que a interpretação é uma informação (conhecimento) que se dá ao paciente, que se refere ao paciente e que provoca as mudanças que conduzem ao *insight*.

Essa definição só difere da que demos no item anterior por incluir o *efeito* da interpretação. Nesse ponto, concordo com Sandler e colaboradores (1973) quando dizem que seria melhor definir a interpretação por suas intenções, e não por seus efeitos. Nesse sentido, a definição de Löwenstein seria mais aceitável se dissesse que a interpretação é destinada a (ou tem a intenção de) produzir *insight*, e não que deve produzi-lo. Porque, de fato, até mesmo a interpretação mais perfeita pode ser inoperante se o analisando assim o quiser. É melhor então, em conclusão, que a definição apóie-se na informação que o analista dá, e não na resposta do paciente.

Enfim, Sandler, Dare e Holder propõem, como alternativa, que a interpretação *está destinada* a produzir *insight*. Concordo, então, com a sugestão deles, já que, nesse caso, informar é o mesmo que procurar fazer com que o paciente adquira *insight*.

A relação com o *insight*, apesar de ser importante, é complexa; por isso, que preferi não incluí-la na definição. Se assumíssemos o desejo de que o analisando responda com *insight*, perderíamos algo de nossa atitude de imparcialidade. O *insight* deve ser algo que surja por obra de nosso trabalho, sem que nós o busquemos diretamente. Feitas essas ressalvas e com as precisões de Sandler e colaboradores, podemos acrescentar, como uma de suas notas definidoras, que a interpretação é destinada a produzir *insight*.

Além dos aspectos metodológicos, que me parecem decisivos, a relação entre a interpretação e o *insight* é muito complexa. Talvez se possa inclusive sustentar que nem toda interpretação é destinada a produzir *insight*, ao menos o *insight* ostensivo. O *insight* é um processo muito específico, é a culminação de uma série de momentos de elaboração por meio de um longo trabalho interpretativo. Este é um tema apaixonante, que discutiremos mais adiante, especialmente no Capítulo 50, e que não se refere estritamente à presente discussão. Estamos buscando as notas definidoras do conceito de interpretação, sem nos pronunciarmos ainda sobre suas relações com o *insight* e a elaboração. Esse modo de pensar apóia novamente a idéia de que o *insight* figure entre as notas definidoras, sem por isso estar entre as finalidades imediatas do analista quando ele interpreta. Como veremos logo mais, o efeito buscado pela interpretação é decisivo quando a definimos operacionalmente.

INTERPRETAÇÃO E SIGNIFICADO

Em uma tentativa de definir a interpretação a partir de outra perspectiva que complementa a anterior, prestemos agora atenção ao seu valor semântico. O analista, afirma David Liberman (1970-1972), dá um segundo sentido ao material do paciente. O novo sentido que a interpretação outorga ao material leva-me a compará-la com a vivência delirante primária (Jaspers, 1913).

Jaspers definiu genialmente a vivência delirante primária como uma nova conexão de significado: de imediato, o indivíduo – inexplicavelmente para Jaspers (mas não para Freud), ou seja, de uma forma em que a empatia torna-se impossível para o observador fenomenológico, porque efetivamente, no plano da consciência, seria incompreensível – faz surgir uma nova relação, uma nova *conexão de significado*, uma outra significação.

A interpretação é também uma nova conexão de significado. O analista toma diversos elementos das associações livres do paciente e produz uma síntese que dá um significado diferente à sua experiência. Essa nova conexão é, sem dúvida, real, simbólica e, certamente, não é delirante.[2]

Em contraste com a vivência delirante primária, a interpretação chega a um significado pertinente e realista; além disso, e tal fato parece-me decisivo, a interpretação tem duas notas que nunca podem aparecer com a vivência delirante primária, a qual sempre desqualifica e não é retificável.

A interpretação não desqualifica; se o fizesse, já não seria interpretação, e sim uma mera manobra defensiva do analista (negação, identificação projetiva, etc.) mais próxima da vivência delirante primária do que da informação. A interpretação nunca desqualifica; a vivência delirante primária sim.

---

[2]Essa definição pode ser enquadrada perfeitamente nas idéias de Bion (1963) sobre a conjunção constante e o fato selecionado.

Em meio a uma grave crise conjugal, o analisando afirma que não se divorcia por causa de seus filhos. Apoiado em um material amplo e convincente, o analista interpreta-lhe que projeta nos filhos sua parte infantil que não quer separar-se da mulher, que representa a mãe de sua infância. O que quer dizer essa interpretação, o que busca com ela o analista? Procura dar ao analisando uma nova informação sobre sua relação com sua mulher e seus filhos, mas não desqualifica suas preocupações de pai. Pode ser que o paciente resolva esse conflito deixando de projetar em seus filhos sua parte infantil e que, no entanto, decida finalmente não se divorciar pensando em como ficariam seus rebentos.

Outra diferença em relação à vivência delirante primária é que a interpretação é sempre uma hipótese e, como tal, retificável. A idéia delirante não é retificada; a hipótese, ao contrário segundo Popper (1953, 1958, 1962, 1972), nunca é confirmada e continua válida até que seja refutada. Portanto, a interpretação pode ser considerada uma proposição científica, uma sentença declarativa, uma hipótese que pode ser justificada ou refutada, e isso a separa totalmente da vivência delirante primária.

Em resumo, enquanto nova conexão de significado, a interpretação informa e dá ao analisando a possibilidade de organizar uma nova forma de pensamento, de mudar de ponto de vista (Bion, 1963).

DEFINIÇÃO OPERACIONAL DA INTERPRETAÇÃO

Até agora, definimos a interpretação de duas formas distintas e, de certo modo, coincidentes, como um tipo especial de informação e como uma nova conexão de significado. Do primeiro ponto de vista, a interpretação é uma proposição científica, um ponto já estudado, há alguns anos, por Bernardo Alvarez (1974); do outro ponto de vista, a interpretação caracteriza-se por ter um valor semântico, por conter um significado.

É importante incluir aqui, nesse ponto, as idéias de Bernardo Alvarez Lince sobre o conceito de interpretação em psicanálise. Sua consistente investigação inicia-se em 1974, com a idéia de que a interpretação psicanalítica é uma proposição científica, adquire precisão quando estuda a forma como a interpretação é posta à prova (1984) e culmina em um valioso livro, recentemente publicado (1996). A interpretação é sempre uma hipótese e, como tal, exposta à refutação; porém, quando formulada, adquire outra dignidade, torna-se *autônoma*. Já não pertence nem a quem a propõe, nem a quem a escuta: fica, antes, à consideração de ambos para ser validada ou refutada e traz conseqüências, às vezes, não previstas e sempre independentes de nossa criação. Desse modo, estabelece-se um sistema aberto de retroalimentação e regulação entre o homem e o mundo 3 (Alvarez Lince, 1996, p. 78). Assim como Popper de *Conhecimento objetivo* (1972), Alvarez Lince considera que a interpretação psicanalítica não pertence ao mundo dos estados físicos (mundo 1), nem ao mundo dos estados mentais (mundo 2), mas ao mundo 3, que é o mundo do inteligível, das idéias em sentido objetivo, isto é, o âmbito das teorias em si mesmas e de suas relações lógicas (Popper, 1972, Cap. 4). Disso decorre que Alvarez Lince (1996) considere que nem eticamente, nem epistemologicamente, o analista pode aferrar-se à sua interpretação, recorrendo a uma hipótese *ad hoc* ou a um raciocínio de tipo circular para defendê-la, já que essa *interpretação* realmente se tornaria irrefutável e deixaria de sê-lo. "O uso de teorias *ad hoc* para reinterpretar as respostas do paciente que refutam as interpretações quebra o método científico" (p. 85). Desse modo, Alvarez Lince situa-se na linha daqueles que, como Freud, reivindicam para a psicanálise a condição de uma ciência da natureza.

Devemos agora considerar uma terceira forma de definir a interpretação, que é a operacional. Como bem diz Gregorio Klimovsky, no Capítulo 35, a interpretação não é apenas uma hipótese que o analista constrói, mas uma hipótese que é feita para ser dada, para ser comunicada. Embora possamos reter a interpretação, em casos especiais a condição de ter de comunicá-la ao paciente é inevitável porque, como hipótese, a única forma de testá-la é comunicando-a. Logo, está incluída na definição de interpretação que ela deve ser comunicada; contudo, ao ser comunicada, é também operativa, ou seja, promove alguma mudança, e isso é o que nos permite testá-la. Desse modo, reabre-se o debate do quarto item e comprova-se a razão de Sandler, quando inclui entre as qualidades definidoras da interpretação sua intenção (mais que seu efeito, como Löwenstein) de produzir *insight*.

Essas três notas – a informação, a significação e a operatividade – são os três parâmetros com os quais se define a interpretação.

Como dissemos antes, a definição operacional da interpretação não implica que esse efeito seja buscado de forma direta pelo analista. Ele sabe empiricamente, porque sua práxis lhe demonstrou muitas vezes, que, se a interpretação é correta e o analisando a admite, esta vai operar em sua mente. Todavia, isso não muda a atitude com que o analista interpreta. Sua atitude continua sendo desinteressada, pois ao que ele se propõe é dar ao analisando elementos de juízo para que possa mudar, sem ficar pendente de suas mudanças, sem exercer nenhuma outra influência senão a do conhecimento. A informação do analista é desinteressada, na forma como Freud propunha-nos em "Conselhos ao médico", com aquela frase do cirurgião que dizia: "Je le pansai, Dieu le guérit"*. Não é outro o sentido com que damos ao paciente a interpretação, atitude de liberdade para o outro, não de coação: de desinteresse, não de exigência. Não há nessa atitude nenhum desinteresse afetivo, porque a informação é dada com afeto, com o desejo de que o analisando tome para si a informação para que depois, e por sua conta, reajuste, ressitue ou questione sua conduta. A modificação da conduta não está incluída em nossa intenção ao informar, e talvez esta seja a essência do trabalho analítico.

---

*N. de R.T. Em francês, como no original.

INTERPRETAÇÃO E SUGESTÃO

Nesse sentido, como disse anteriormente, penso que o que define a psicanálise é que ela prescinde da sugestão. A psicanálise é a única psicoterapia que não usa placebos. Todas as psicoterapias utilizam, de alguma forma, a comunicação como placebo; nós, ao contrário, renunciamos a isso. Essa renúncia define a psicanálise, que por isso também é mais difícil. Nossa intenção não é modificar a conduta do paciente, mas sua informação. Bion disse com sua habitual precisão: a psicanálise não pretende resolver conflitos, e sim promover o crescimento mental.

O paciente pode tomar nossa informação como sugestão, apoio, ordem, ou o que seja. Não digo que o paciente não possa fazer isso e nem sequer digo que não seja bom que o faça. É a atitude com que nós damos a informação, não a atitude com que a recebe o analisando, o que define nossa prática. É parte de nossa tarefa, além disso, levar em conta a atitude com que o paciente pode receber nossa informação e, na medida do possível, predizer sua resposta, evitando, quando estiver a nosso alcance, sermos mal-entendidos. Podemos inclusive nos abster de interpretar, se pensarmos que não seremos compreendidos, se prevermos que nossas palavras serão distorcidas e utilizadas para outros fins. No momento em que estamos propondo um aumento de honorários, uma interpretação das tendências anal-retentivas dificilmente vai ser recebida como tal. O mais provável é que o analisando a veja como uma tentativa de nos justificarmos, ou algo semelhante, e não como uma interpretação.

Creio ter esclarecido, então, que informação, esclarecimento e interpretação formam uma categoria especial de instrumentos pela *intenção* com que são utilizados, intenção singular que poderia ser resumida dizendo-se que é a de que não operem como placebos, mas como informação.

Se quisermos utilizar o esquema clássico do primeiro tópico, poderemos concluir que informação, esclarecimento e interpretação correspondem a processos conscientes, pré-conscientes e inconscientes, respectivamente.

COMENTÁRIO FINAL

Procuramos definir, com o maior rigor possível, os múltiplos instrumentos de que dispõe o analista, porque disso surge espontaneamente a essência da práxis. Chegamos a mostrar com base em que argumentos pode-se afirmar que a psicanálise não está relacionada com a sugestão.

Convém deixar claro que, ao isolar diversos instrumentos, não estamos sugerindo que, na prática, sempre nos seja possível discriminá-los. Na clínica, as coisas nunca são simples e surgem zonas intermediárias e imprecisas, nas quais um instrumento é trocado por outro insensivelmente. Essas mudanças são das mais comuns, mas nem por isso diremos que as diferenças não existem. Quando um assinalamento transforma-se em confrontação, quando uma confrontação começa a ter ingredientes interpretativos ou vice-versa, é algo que temos de decidir sempre em caso particular.

Se insisti que existem à disposição do analista vários instrumentos, e não somente a interpretação, é para dar a esta sua dignidade plena, para evitar que se desvirtue o conceito de interpretação, englobando nela tudo o que o analista faz ou, vice-versa, pensando que entre a interpretação e os outros instrumentos não há maior diferença.

Acredito que é artificial transformar em interpretação o que deveria ser uma pergunta ou uma ordem. Nesses casos, embora possamos dizer que interpretamos, na realidade o paciente decodifica-o como é – e creio que tem razão. Transformar em interpretação algo que deveria ser outra coisa é sempre artificial e, mais ainda, contrário ao espírito da análise, porque a interpretação, como dissemos, não deve promover uma conduta.[3]

Há zonas intermediárias nas quais se pode inclinar para um lado ou para outro, por uma confrontação ou por uma interpretação, por exemplo. Se no paciente que analisava com todo o entusiasmo seu hábito de fumar, enquanto acendia um cigarro, eu tivesse descoberto uma atitude de burla, teria feito uma interpretação, não uma confrontação.

Tudo isso aponta, então, para destacar qual é o lugar legítimo que podem ter o assinalamento, a confrontação e as perguntas em nossa técnica. São passos preparatórios ou de menor significado que a interpretação; porém, às vezes, respeitam mais as regras do jogo, pois não introduzem elementos que possam ser equívocos.

Essas diferenças permitem reivindicar a autonomia desses instrumentos e respeitar os princípios básicos de nossa tarefa.

---

[3] Quando um paciente pergunta-me se pode fumar durante a sessão, prefiro dizer-lhe que pode fazê-lo, em vez de "interpretar-lhe" que está pedindo-me permissão ou está tentando ver se eu o proíbo.

26

A Interpretação em Psicanálise

No capítulo anterior, fizemos fundamentalmente duas coisas: situamos a interpretação no lugar que lhe cabe, entre os vários instrumentos da psicoterapia, e depois tentamos chegar a ela pelos caminhos díspares da comunicação, da semiologia e do operacionalismo, pensando que, no ponto de sua convergência, devem forçosamente se encontrar as notas definidoras.

Falamos, então, situados intencionalmente no campo amplo da psicoterapia e agora nos cabe uma tarefa diferente – complementar, porém distinta – que é o estudo da interpretação em psicanálise.

A psicanálise é, por certo, um método entre outros da psicoterapia maior, mas possui pautas que a singularizam, como o lugar privilegiado que concede à interpretação. Com razão, Laplanche e Pontalis dizem, no *Vocabulário* (1968, p. 207), que a psicanálise pode ser caracterizada pela interpretação.

A INTERPRETAÇÃO NOS ESCRITOS FREUDIANOS

Na obra de Freud, a interpretação é definida basicamente como o caminho que recorre à compreensão do analista para ir do conteúdo manifesto às idéias latentes. A interpretação é o instrumento que torna consciente o inconsciente. Na *Interpretação dos sonhos*, a interpretação é igual e contrária à elaboração: a elaboração vai das idéias latentes ao conteúdo manifesto; a interpretação vai no sentido contrário.

Para Freud, a interpretação é, antes de mais nada, o ato de dar sentido ao material, como aparece no próprio título de sua obra culminante, que o situa não entre os que estudaram os sonhos "cientificamente", mas entre os que lhe atribuem um sentido. Interpretar um sonho é descobrir seu sentido. A definição de Freud é semântica, como se aprecia no começo do Capítulo 11 da obra: "... interpretar um sonho significa indicar seu sentido". A interpretação insere-se como um elo a mais no encadeamento de nossas ações anímicas, que assim adquirem sentido.

O sentido que a interpretação resgata varia paralelamente aos distintos momentos que vão perfilando-se na investigação freudiana. Como veremos em breve, Didier Anzieu (1969) distingue três grandes concepções do processo do tratamento e, por conseguinte, três tipos de interpretação; porém, para os fins de nosso interesse neste momento, diremos que a interpretação está sempre relacionada com o conflito e o desejo. As recordações são recuperadas, mas não interpretadas. Porque há instintos que se cristalizam em desejos, contra os quais se erigem defesas, torna-se necessária a interpretação. Como instrumento específico para desentranhar o conflito, a interpretação fica encadeada, já o veremos, ao tripé topográfico-dinâmico-econômico da metapsicologia.

O que Freud pensa da interpretação pode ser deduzido, com suficiente aproximação, relendo-se um de seus escritos técnicos, "O uso da interpretação dos sonhos na psicanálise" (1911e). O sonho, assim como o sintoma, é explicado quando se apreendem sucessivamente os diferentes fragmentos de seu significado, e "deve-se dar por satisfeito se, no princípio, colige-se graças à tentativa interpretativa, ainda que seja apenas uma noção de desejo patogênica" (*AE*, v.12, p. 89).[1] Segundo o que se vislumbra nessa citação, para o Freud dos escritos técnicos, interpretar é explicar o significado de um desejo inconsciente, trazer à luz uma determinada pulsão.

Laplanche e Pontalis assinalam que a palavra interpretação não é superponível a *Deutung*, cujo sentido aproxima-se mais da explicação e do esclarecimento. A palavra latina "interpretação", porém, sugere por momentos o subjetivo e o arbitrário.

O próprio Freud, entretanto, utiliza a palavra com essas duas conotações, quando compara a interpretação psicanalítica com a do paranóico na *Psicopatologia da vida cotidiana* (1901b), tal como já vimos, ao definir a interpretação como uma nova conexão de significado.

Os autores do *Vocabulário* citam, por sua vez, o emprego que Freud faz no Capítulo VII de *Sobre o sonho* (1901a), em que a palavra adquire essa conotação arbitrária. Ao introduzir o conceito de elaboração secundária, Freud diz ali que é um processo que tende a ordenar os elementos do sonho, provendo-os de uma fachada que vem a recobrir, em alguns pontos, o conteúdo onírico, à maneira de uma interpretação provisória. Quando empreendemos a análise de um sonho, a primeira coisa que temos de fazer é nos livrarmos dessa tentativa de interpretação, diz Freud.

---

[1] "... one must be content if the attempt at interpretation brings a single pathogenic wishful impulse to light" (*AE*, v.12, p. 93).

Como todos sabem, Freud atribui a elaboração secundária à tentativa de que o sonho seja compreensível (com vistas à compreensibilidade) e a explica por uma atividade do sonhador, que apreende o material que se apresenta para ele a partir de certas representações de espera (*Erwartungsvorstellungen*), que o ordenam sob a premissa de que é compreensível, com o que só consegue, muitas vezes, falseá-lo.[2] Nesses casos, pois, a palavra interpretação aparece carregada de suas notas menos confiáveis.

COMPREENDER, EXPLICAR E INTERPRETAR SEGUNDO JASPERS

Na segunda parte de sua *Psicopatologia geral* (1913), que trata da psicologia compreensiva, Jaspers distingue duas ordens de relações compreensíveis: compreender e explicar. A *compreensão* é sempre genética, permite-nos ver como surge o psíquico do psíquico, como o atacado irrita-se e o enganado desconfia. A *explicação*, por sua vez, enlaça objetivamente os fatos típicos em regularidades e é sempre causal. Entre compreensão e explicação há, para Jaspers, um abismo insuperável.

Nas ciências da natureza, as relações são causais, somente causais, e expressam-se em regras e leis. Na psicopatologia, podemos explicar assim alguns fenômenos, como a herança recessiva da oligofrenia fenilpirúvica ou da idiotia amaurótica de Tay-Sachs, estabelecer uma relação legal certa entre a paralisia geral e a leptomeningite sifilítica ou remeter o mongolismo à trissomia do cromossomo 21.

Em psicologia, podemos conhecer não apenas relações causais (que são as únicas cognoscíveis nas ciências naturais), mas também um tipo diferente de relações, quando vemos como surge o psíquico do psíquico de uma maneira compreensível para nós. Compreendemos a concatenação dos fatos psíquicos geneticamente.

A evidência da compreensão genética é, para Jaspers, algo último, algo que não podemos prosseguir além e, nessa vivência de evidência última, repousa toda a psicologia compreensiva. "O reconhecimento dessa evidência é a condição prévia da psicologia compreensiva, assim como o reconhecimento da realidade da percepção e da causalidade é a condição prévia das ciências naturais" (Jaspers, 1913, p. 353 da ed. esp. de 1955).

Parece-me que Jaspers atenua suas afirmações quando esclarece, em seguida, que uma relação compreensível não prova, por si só, que seja real em determinado caso particular ou que se produza em geral. Quando Nietzsche afirma que da consciência de debilidade do ser humano surgem a exigência moral e o sentimento religioso, porque a alma quer satisfazer dessa maneira sua vontade de poder, experimentamos de imediato essa vivência de evidência, da qual não podemos ir além; contudo, quando Nietzsche aplica essa compreensão ao processo singular da origem do cristianismo, ele pode estar equivocado, se o material objetivo com o qual é compreendida a relação não foi bem tomado. Desse modo, toda a psicologia compreensiva de Jaspers repousa na vivência, mas é diferente, quando se aplica ao fato particular.

Jaspers afirma agora, sobre essas bases, que "todo compreender de processos *reais* particulares é, portanto, mais ou menos um *interpretar*, que apenas em casos raros de relativamente alto grau de perfeição pode chegar ao material objetivo convincente" (p. 353-354).

Podemos considerar compreensível (vivencialmente) uma relação psíquica livre de toda realidade concreta, mas, no caso particular, só podemos afirmar a realidade dessa relação compreensível se existirem os dados objetivos. Quanto menores sejam os dados objetivos e mais frouxamente suscitarem a compreensão, mais interpretaremos e menos compreenderemos.

Desse modo, e na realidade com definições, Jaspers inclina-se a desqualificar como arbitrária a interpretação em geral. A dificuldade maior da psicologia compreensiva jasperiana é como unir essa evidência da compreensão genética com o que chama de material objetivo. Essa dificuldade epistemológica não se coloca, por sorte, para a psicanálise.

A CLASSIFICAÇÃO DE BERNFELD

Siegfried Bernfeld, um dos grandes pensadores da psicanálise, escreveu em 1932 um extenso ensaio sobre a interpretação.[3] É uma das poucas tentativas de precisar o conceito de interpretação com um critério metodológico dentro da bibliografia psicanalítica.

Bernfeld parte das definições de Freud recém-mencionadas, segundo as quais interpretar é desvelar o sentido de algo, incorporando-o ao contexto global da pessoa que o produziu, e propõe três classes de interpretação: finalista, funcional e genética (reconstrução).

A interpretação *finalista* descobre o propósito ou a intenção de uma determinada ação, tomando-a como elo da cadeia de acontecimentos que constituem o contexto intencional de uma pessoa. Esse contexto intencional é, obviamente, inconsciente e aponta para ele a interpretação final. "A interpretação final remete ao contexto intencional ao qual pertence um elemento em questão, que primariamente aparece como isolado ou incorporado a outro contexto" (1932, p. 307).

O inconveniente das interpretações finais, diz Bernfeld, é que são mais fáceis de aceitar do que de provar, de modo que muitas vezes se pressupõe que tem de haver a intenção e finalmente ela é encontrada. É o que ocorre, conti-

---

[2] O conceito de representações de espera é interessante, porque às vezes inspira a técnica de Freud, quando dá ao analisando certos informes sobre a teoria psicanalítica para que operem dessa forma. Também se pode observar esse *modus operandi* na história clínica do "Homem dos Ratos".

[3] "Der Begriff der 'Deutung' in der Psychoanalyse". Cito a tradução que aparece em *El psicoanálisis y la educación antiautoritaria*.

nua Bernfeld, com a psicologia individual de Adler. Com um tom polêmico, sem dúvida, mais justificado então do que agora, Bernfeld sustenta que não se trata de que a psicologia estabeleça um determinado nexo, mas de que descubra o existente e o oculto (p. 309).

No sistema adleriano, a interpretação não pode fazer outra coisa senão descobrir as intenções que surgem teleologicamente da meta final fictícia (Adler, 1912, 1918). Em Freud, o suporte teórico é completamente diferente, porque as intenções inconscientes que a interpretação final capta têm seu ponto de partida na pulsão, com seu corolário de desejo inconsciente ou fantasia. Bernfeld, que por certo conhece bem essa diferença, poderia destacar com rigor o contraste entre a psicanálise e a psicologia individual, sem questionar à primeira o direito de interpretar os fins.

A interpretação *funcional* aponta para descobrir que papel cumpre uma determinada ação e para que serve ao sujeito. Quando dizemos que uma mulher não sai à rua para não se deixar levar por seus desejos inconscientes de prostituição, podemos dizer que a claustrofobia cumpre, nesse caso, a *função* de evitar essa tentação e seus perigos.

Como assinala Bernfeld, nem sempre é fácil distinguir entre interpretação finalista e funcional, já que, muitas vezes, a função do ato em estudo é justamente cumprir um objetivo; porém, outras vezes, a diferença salta aos olhos. Quando transformo o som do despertador no trinado de um pássaro para continuar dormindo, pode-se interpretar que o sonho cumpre a *função* de preservar meu repouso e sua *finalidade* é satisfazer meu desejo de continuar dormindo.

Bernfeld adverte que a interpretação funcional tem dois significados diferentes.[4] Em geral, é empregada para estabelecer uma relação entre dois fatos, como quando dizemos que temos olhos para ver, com uma clara conotação teleológica. Outras vezes, a interpretação funcional é utilizada para denotar uma relação entre o todo e as partes, como quando dizemos que x é uma função de y. Nesse último caso, a interpretação funcional permite caracterizar um fato no contexto ao qual pertence.

Bernfeld considera com razão que, pelo fato de a relação funcional requerer que se demarque o universo ao qual se aplica, torna-se imprecisa e aleatória em psicanálise, em que justamente há sempre *muitos* contextos, em que sempre opera o princípio da função múltipla de Wälder (1936). "Para as formulações funcionais da psicanálise, a 'pessoa', como essência de todos os momentos pessoais, é excessivamente ambígua para constituir a 'totalidade' à qual se referem tais formulações" (1932, p. 320).

A interpretação *genética* (reconstrução) é, para Bernfeld, o método fundamental da psicanálise. A psicanálise sempre se propõe à reconstrução dos processos psíquicos que se sucederam concretamente. Essa reconstrução é possível, afirma Bernfeld, porque o processo psíquico a reconstruir deixa marcas e porque existe uma relação regular entre os fatos psíquicos e suas marcas.

A psicanálise é, para Bernfeld, a ciência das marcas e, portanto, "*o método fundamental da investigação psicanalítica pode caracterizar-se como a reconstrução de acontecimentos pessoais passados a partir das marcas que deixam para trás*" (p. 326, grifado no original). E, adiantando-se um lustro a Freud, conclui que é preferível chamar de *reconstrução* que de interpretação o método fundamental da psicanálise, "sublinhando que a reconstrução utiliza com muita freqüência a interpretação final e funcional" (p. 326). A reconstrução psicanalítica pode ser chamada também, de qualquer modo, de interpretação reconstrutiva ou genética.[5]

Bernfeld destaca ainda, com acerto, que o reconstruído não é propriamente o processo tal como foi, mas unicamente um *modelo* do processo (p. 327).

O ensaio de 1932 termina com uma síntese muito clara: a interpretação finalista aponta para as intenções do sujeito, a interpretação funcional refere-se ao valor de um fenômeno no nexo de uma totalidade, enquanto a reconstrução estabelece o nexo genético de um fenômeno que ficou separado (p. 329).

CONTRIBUIÇÕES DOS ANZIEU

Didier e Annie Anzieu ocuparam-se da interpretação em uma série de importantes trabalhos,[6] que trazem elementos valiosos para delimitar a interpretação psicanalítica.

Didier Anzieu (1969) considera que é difícil estudar a interpretação, porque mostra o analista em sua totalidade, racional e também irracional. Anzieu não acredita, com certeza, que a interpretação surja claramente da área livre de conflitos do analista e dirija-se à área livre de conflitos do analisando, como às vezes parecem sugerir os três artigos do *Psycho-Analytic Quarterly*, de 1951, de Hartmann, Löwenstein e Kris, e tampouco subscreve a conhecida frase de Lagache quando diz que, com a associação livre, pedimos ao paciente que delire, mas com a interpretação nós o convidamos a raciocinar juntos. Anzieu crê, ao contrário, que a interpretação expressa o processo secundário do analista, infiltrado de processo primário, visto que "a interpretação não poderia alcançar o inconsciente se lhe fosse radicalmente estranha" (*Revista de Psicanálise*, 1972, p. 255).

---

[4] Voltaremos ao tema das explicações funcionais em psicanálise sobretudo ao falar do *acting out*. (Ver também o Capítulo 8, no qual se discute a função da transferência).

[5] Veremos mais adiante que, a partir de sua teoria das marcas, Bernfeld fornecerá uma visão original da metodologia da psicanálise, que Weinshel e outros autores utilizam para caracterizar o processo analítico.

[6] Didier Anzieu, "Dificuldades de um estudo psicanalítico sobre a interpretação" (1969); "Elementos de uma teoria da interpretação" (1970). Annie Anzieu, "A interpretação: sua escuta e sua compreensão pelo paciente" (1969). Didier e Annie Anzieu, "A interpretação em primeira pessoa" (1977).

De acordo com o Freud dos sonhos, dos atos falhos e do chiste, Lacan vê o psicanalista como o tradutor de um texto, de modo que a interpretação psicanalítica é, no fim das contas, uma hermenêutica. Em desacordo com essa concepção, Anzieu pensa que o psicanalista é um intérprete vivo e humano que traduz o "idioma" do inconsciente para outro ser humano; e, como o intérprete que verte um idioma para outro, o analista não opera nunca como máquina ou robô, justamente porque toda tradução é apenas uma equivalência, uma aproximação.

Além da hermenêutica e da lingüística, a interpretação tem para Anzieu um significado que coincide com a interpretação do artista. O analista interpreta no mesmo sentido que o músico interpreta sua partitura, ou o ator seu papel, isto é, compreendendo e expressando as intenções do autor. O intérprete, nesses casos, respeita e conserva o texto, mas o reproduz à sua maneira. Como o músico e o ator, o analista interpreta com sua personalidade. Diz Anzieu "A interpretação psicanalítica testemunha o eco encontrado no analista, não tanto pelas palavras como pelas fantasias do paciente" (p. 272). A interpretação surge, pois, daquilo que o analista sente, do que nele ressoa do paciente.

No denso ensaio, intitulado "Elementos de uma teoria da interpretação" (1970), Didier Anzieu vai recobrindo a interpretação de significado à medida que se desenvolvem as teorias de Freud, com freqüentes referências ao trabalho de Widlöcher, *Freud e o problema da mudança* (1970), que distingue três concepções sucessivas do aparelho psíquico e, por conseguinte, da mudança no tratamento.

A primeira concepção compreende as idéias de Breuer e Freud nos *Estudos sobre a histeria* (1895d) e alcança o período seguinte, no qual Freud assenta as bases da psicanálise. A equação fundamental, diz Widlöcher, é que o sintoma equivale à recordação desprazerosa e esquecida, sendo resolvido quando o tratamento (catártico) recupera a recordação.

Aqui a interpretação torna-se necessária em dois sentidos. Do ponto de vista tópico, para resolver a dupla inscrição entre os (dois) sistemas de funcionamento propostos por Breuer, de energia livre e ligada. Do ponto de vista dinâmico, introduzido por Freud, para denunciar o conflito e levantar o recalcamento.

Sempre no âmbito dessa concepção, a interpretação dirige-se ao processo primário, que tende à identidade de percepção, deslocando a energia do pólo motor para o imaginário, com o que falha a descarga e repete-se a situação (1970, p. 109). Nessas circunstâncias, a interpretação deve promover um processo em que essa tendência repetitiva e automática, subordinada ao princípio do prazer, possa modificar-se. O processo secundário cumpre essa função, pois tende à identidade de pensamento, contrastando a imagem prazerosa com a realidade, confrontando a percepção com a recordação.

Um ponto de singular importância no pensamento de Anzieu está relacionado com uma divisão dentro do processo secundário, que caracteriza o sistema percepção-consciência: "Freud introduz no interior do processo secundário uma subdivisão que complementa a distinção breueriana entre sistema livre e sistema ligado. Essa subdivisão deriva de uma diferenciação relativamente tardia do processo secundário; trata-se da atenção. Caracteriza o que Freud denomina, a partir de 1915, de sistema percepção-consciência" (p. 111). A consciência é, então, o órgão que permite perceber as qualidades psíquicas, o agente de mudança: "É para a consciência do paciente que se dirige a interpretação do psicanalista, fazendo com que aquele "atenda" ao funcionamento de sua própria realidade psíquica" (p. 113).

A primeira concepção de Freud, que acabo de resenhar sumariamente (a descrição de Anzieu é, por certo, mais rica e mais complexa), é basicamente intelectualista, diz Anzieu, e reconhece que Freud a reafirma, ao final de sua vida no *Esquema da psicanálise* (1940a), em que reitera que a atividade interpretativa do analista é um trabalho intelectual.

Na segunda concepção freudiana do tratamento e do aparelho psíquico, "a interpretação é concebida como produtora do deslocamento do investimento libidinal" (p. 128). O sintoma já não é unicamente o símbolo de uma recordação perdida, mas serve aos interesses do sujeito e sua resolução exige um deslocamento dos investimentos que hão de mudar seu objeto e seus modos de satisfação.

Agora, a interpretação já não é mais o ato intelectual que comunica à consciência. "A interpretação só traz ao paciente uma representação de palavra, sendo a representação patogênica, recalcada e inconsciente uma representação de coisa" (p. 129). O paciente deve fazer com que ambas coincidam, através de um duro trabalho de elaboração. A *Deutung* cede, assim, seu lugar à *Durcharbeiten*, concernindo à psicanálise não apenas o representante-representativo, mas também o *quantum* de afeto na transferência. "Aqui operam, além da interpretação, a atitude do psicanalista na situação analítica, seu silêncio, suas interdições, suas intervenções a respeito de normas, horários, honorários, como igualmente importantes e inclusive com freqüência decisivas" (p. 130). Aqui, sem dúvida, encontra seu principal apoio teórico a interpretação em primeira pessoa (Anzieu e Anzieu, 1977).

A terceira concepção freudiana integra duas idéias principais, o automatismo de repetição e os sistemas de identificação que intervêm na estrutura do aparelho psíquico. Nessa terceira fase das teorias freudianas, a interpretação vai operar segundo entendamos seus postulados principais. Se seguimos Bibring e pensamos que na compulsão à repetição há uma tendência restitutiva, então a interpretação deve dar conta desses dois aspectos do automatismo de repetição e realizar a restituição. Se entendemos a repetição pulsional como uma tentativa de voltar a um estado anterior, de recuperar o objeto perdido, então nossa interpretação deve dirigir-se a esse plano arcaico das primeiras relações de objeto, seja separação entre a criança e a mãe e, mais tarde, a separação do sujeito e sua imagem especular. "Em ambos os casos, a repetição pulsional tende a retornar ao estado anterior, a repossuir o objeto perdido: fusão do lactante com o seio materno, unificação narcisista do sujeito com seu ego imaginário" (p. 143).

Os três momentos da doutrina freudiana propostos por Anzieu, de acordo com Widlöcher, esclarecem muitos pontos obscuros no estudo da interpretação, mostrando não apenas que interpretamos a partir de uma determinada teoria, mas também que o próprio conceito de interpretação depende desse marco em que ela está situada.

Em meu entender, falta à rigorosa investigação dos Anzieu uma articulação entre *insight* e interpretação, com o que talvez pudessem integrar *Deutung* e *Durcharbeiten*, sem necessidade de antepô-las.

ALGUMAS IDÉIAS DE RACKER

A interpretação foi um tema central na investigação rackeriana, que se ocupou de seu fundo e de sua forma, das resistências para interpretar, do uso da interpretação como um meio de eludir a angústia por via do *acting out*, da relação do analisando com a interpretação e de muitos outros aspectos. Neste item, estudaremos algumas idéias sobre quanto, quando e o que interpretar, que Racker propôs em seu relato oficial ao II Congresso Latino-Americano, ocorrido em São Paulo, Brasil, em 1958, quando estava no auge de sua carreira científica.

O tema da exposição, "Sobre técnica clássica e técnicas atuais da psicanálise" (1958b), leva seu relator a formular algumas precisões sobre a interpretação, as quais servem para situá-la no contexto geral da teoria e da técnica da psicanálise. O trabalho figura no livro como Estudo II, e interessa-nos o capítulo sobre a interpretação, que discute os três advérbios de modo já mencionados. O ponto em que mais fortemente divergem as escolas é, embora pareça paradoxal, no problema da quantidade, porque dirimem a atividade do analista e o valor técnico do silêncio.

Quanto interpretar refere-se a um problema que concerne especialmente à contraposição sobre a técnica clássica e as atuais, porque há um lugar comum que ninguém se anima a tocar, mas que Racker discute: o analista clássico é muito silencioso e sua interpretação chega sempre para culminar um longo processo de silêncio. Se fosse assim, aponta Racker, dever-se-ia concluir que Freud não está entre os analistas clássicos; Freud era muito ativo. Com o "Homem dos ratos", por exemplo, dialoga, informa, explica, participando bastante. Isto é evidente. Em todos os seus historiais, Freud mostra-se como um analista que dialoga e, certamente, deve ter trabalhado sempre assim. Em *Podem os leigos exercer a análise?* (1926e), por exemplo, diz que o analista não faz mais que entabular um diálogo com o paciente e, nos historiais, apresenta de que forma concebia esse diálogo. "Mostram, antes de mais nada, com quanta liberdade Freud desdobra toda a sua personalidade genial em seu trabalho com o analisando e quão ativamente participava de cada acontecimento da sessão, dando plena expressão a seu interesse. Faz perguntas, ilustra suas afirmações citando Shakespeare, faz comparações e até realiza um experimento (com 'Dora')" (*Estudos*, p. 44).

Nada escreveu Freud após seus historiais, para se supor que tenha modificado posteriormente essa atitude. Alguém poderá sustentar que ele mudou depois, na segunda década do século XX, ao dar-se conta dos problemas do *setting* e da importância da transferência; todavia Racker não encontra uma só palavra de Freud que apóie tal conjectura.

O concreto é que os analistas que se chamam de freudianos falam pouco. E pode-se dizer, também, que uma ruptura de Melanie Klein com a psicanálise clássica foi não se sujeitar a essa norma de silêncio. Ao tomar como ponto de partida a ansiedade do analisando na sessão (ponto de urgência), Klein vê-se levada naturalmente a falar mais.

É evidente que os que seguem Anna Freud e Hartmann e que, depois da diáspora do grupo de Viena, vão desenvolver-se como *Grupo B*, na *Hampstead Clinic* de Londres, e como a escola da psicologia do ego, nos Estados Unidos, são analistas muito silenciosos. Sobretudo no começo do tratamento, a norma geral é não interpretar absolutamente nada; podem fazer observações ou comentários, mas não estritamente interpretações.[7]

O mesmo fazem os analistas do campo freudiano que Lacan inspira. Não interpretam durante meses e, sem intervir, deixam o paciente falar, para que desenvolva seu discurso e denuncie o que eles chamam de palavra vazia, até que o paciente possa falar significativamente. Tampouco nesse último caso, que se esperou tanto, o decisivo da técnica lacaniana será uma interpretação que corresponda às palavras significativas do analisando, mas antes uma pontuação no discurso, interrompendo a hora para marcar a importância do dito, quando não um "hum!" aprovador. Assim como na poesia a escansão mede o verso, também a técnica lacaniana consiste em escandir o discurso do analisando para detectar o significante, evitando o perigo do espelhismo da interpretação, cuidando de não responder com ela à demanda impossível do que fala.

Em "La direction de la cure et les principes de son pouvoir" (1955a), assim como também em outros trabalhos, Lacan compara o analista com o morto do bridge. O paciente é o que remata e joga; o analista é seu companheiro que põe suas cartas na mesa. O paciente tem de mobilizar suas cartas e as de seu analista, silencioso e passivo por definição.

Essa atitude técnica respalda-se nos postulados básicos de Lacan sobre o simbolismo e a comunicação, não menos que em sua teoria da demanda e do desejo. Um bom analista deve ficar sempre como o morto, porque nunca se pode satisfazer o desejo; satisfazem-se as necessidades, que são biológicas, mas não o desejo, como ato psicológico. O desejo tem a ver com o deslocamento da cadeia de significantes e é esse deslizamento metonímico que dá significado, instaurando a falta de ser na relação de objeto. A cada demanda que lhe faça, meu analista responderá sempre "se fazendo de morto" (esse uso da gíria

---

[7] Há razões para pensar que, às vezes, a chave dessa técnica não é o silêncio, mas o não interpretar, à espera de que se estabeleça a neurose regressiva de transferência.

parece-me aqui particularmente justo) porque, em última instância, todas as minhas demandas não são mais que o discurso que devo percorrer passo a passo, até compreender que não tenho nada que esperar, que meu desejo não será – nem pode ser – satisfeito.[8]

Cada teoria, pois, é conseqüente com sua práxis, em que, querendo ou não, surgem diferenças. Os adeptos da psicologia do ego pensam que o analista deve ser silencioso e deve interpretar prudentemente, sem intoxicar o paciente com interpretações, nem gastar pólvora em chimangos, como adverte o sábio dito crioulo: deve-se acertar o alvo e ser preciso. Os lacanianos não podem interpretar muito, porque dariam a impressão de que se pode responder à demanda, o que seria um espelhismo. No entanto, os kleinianos, e em geral todos os autores que aceitam a relação precoce de objeto, na medida em que atendem primordialmente ao desenvolvimento da angústia durante a sessão, intervêm mais, dando ao processo analítico um caráter mais de diálogo.

Para salvar a distância inegável que há entre a forma de analisar de Freud e a dos que se acreditam seus discípulos diretos, às vezes se afirma que os escritos técnicos dirigem-se ao principiante, a quem Freud dá alguns conselhos que ele próprio não necessita cumprir. Isto é, obviamente, discutível; porém, não há dúvida de que, a partir dos escritos técnicos de Freud da segunda década, as divergências na práxis são cada vez maiores.[9]

Uma dessas linhas é a que encarna Theodor Reik, em "A significação psicológica do silêncio", em que postula não apenas que o analista deve ser silencioso, mas também que a dinâmica da situação analítica baseia-se fundamentalmente no silêncio do analista, mais no que o analista *não diz* do que no que possa dizer. Em seu recém-citado artigo, assim como em outros de seu livro *The inner experience of a psychoanalyst* (1949a), entre os quais se destaca "In the beginning is silence" (p. 121), Reik sustenta que o processo analítico põe-se realmente em prática quando o paciente dá-se conta, não só de que o analista não fala, como também de que emudeceu, de que o analista não fala de propósito, de que tem vontade de não falar. É nesse momento que o paciente sente mais necessidade de fazê-lo ele próprio para mudar esse mutismo de seu analista. Racker discute e critica tal fato porque, se nisso se apóia a instauração da situação analítica, o que se conseguiu foi criar uma situação fortemente persecutória e essencialmente coercitiva, que foi provocada e que opera como artefato, não como algo espontâneo.

---

[8] Seria interessante detalhar aqui as similitudes e as diferenças entre Lacan e Bion, mas isso nos afastaria de nosso tema.
[9] A contradição que Racker descobre entre Freud e os analistas "clássicos" é, para mim um pouco mais que anedótica. É encontrada também em outras áreas e passá-la por alto leva, às vezes, a endurecer as controvérsias. No ponto que agora estamos discutindo, por exemplo, acredito que Melanie Klein mostre-se convencida de que ela segue Freud, e não aqueles que propiciam o silêncio.

Tal como fica explicitamente definida nos artigos mencionados, a dinâmica da situação analítica consiste para Reik em que o analisando vivencie o silêncio de seu analista como uma ameaça que o força a novas confissões. Segundo ele, "Obtém-se, assim, a impressão de que a atitude silenciosa do analista é determinada, em boa parte, pela idéia de que a confissão em si é um fator muito importante ou mesmo decisivo no processo de tratamento, o que representa uma idéia muito cristã, mas não totalmente psicanalítica" (*Estudos*, p. 45). O que cura em psicanálise, diz em seguida, é tornar consciente o inconsciente e, por isso, necessita-se da interpretação.

Com lucidez e coragem, Racker enfrenta depois, em seu relato, o significado que podem ter o interpretar ou o calar do analista, assinalando que tanto um como o outro pode ser uma atuação; na realidade, as duas coisas podem ser boas ou más. Contra a opinião clássica – embora tenhamos visto que esse epíteto é discutível –, pensa que o calar do analista está mais intrinsecamente ligado à atuação. Visto que a tarefa do analista é interpretar, não se poderia dizer que, quando a cumpre, ele estaria atuando (no sentido do *acting out*). Desse modo, Racker tende a valorizar a interpretação como a única ação válida do analista frente a todas as outras que, em princípio, seriam atuação. Nesse ponto, o raciocínio de Racker torna-se discutível, para mim, e os termos gerais nunca bastam para resolver o caso concreto. Racker diz que a tarefa essencial do analista é interpretar e tem razão, mas *escutar* também é parte essencial de nossa tarefa. Então, nesse sentido, apenas o caso concreto permite decidir quando calar ou interpretar são o que corresponde e quando são uma atuação.

Se contrastarmos interpretar com calar, como faz Racker, então implicitamente nos pronunciamos a favor de interpretar; contudo, se a alternativa é entre falar e escutar, já é diferente, porque sempre que alguém interpreta fala, mas nem sempre que fala, interpreta. Às vezes interpretamos para não escutar, com o objetivo de que o paciente não continue falando de algo que nos cria ansiedade, que não podemos agüentar, ou também com a idéia de acalmá-lo. Nesses casos, em realidade, a assim chamada interpretação não é mais que uma forma neurótica empregada pelo analista para negar que não pode suportar a ansiedade do paciente ou a de si mesmo, que não tem instrumentos para tolerá-la e para interpretá-la. Do mesmo modo, quando o analista interpreta para que o paciente não pense que não o entende, como assinala Bion (1963, 1970), ainda que revista o que diz com a roupagem da interpretação, no fundo é um *acting out*. O que se deveria fazer, nesse caso, seria ver primeiro por que penso que o analisando está pensando que não o compreendo e depois examinar minha contratransferência para ver por que desejo que ele não pense dessa forma.

Em resumo, a alternativa de interpretar e calar está disposta em quatro áreas distintas: falar, interpretar, calar e escutar. Nem a palavra, nem o silêncio são, por si mesmos, uma atuação, nem são tampouco um ato instrumental. Em geral, podemos dizer que, quando a palavra ou o silêncio são instrumentais, os dois são igualmente válidos e, vice-versa, à medida que a palavra ou o silêncio são destinados a perturbar o desenvolvimento da sessão, são atuações. Como sempre na técnica psicanalítica, aqui também há matizes. Se o paciente tem uma ansiedade que o está invadindo, pode ser legítimo falar para lhe proporcionar um alívio momentâneo, enquanto se busca a interpretação que poderá resolvê-la.

Pode-se afirmar, em suma, que o problema de *quanto* interpretar é de singular transcendência, porque nos depara com duas técnicas distintas e às vezes opostas. A quantidade de interpretações está mais relacionada com as teorias do analista do que com seu estilo pessoal ou com o material do paciente.

As outras duas interrogações que Racker formula, com referência à oportunidade e ao conteúdo do que se interpreta, são também importantes.

Em relação a *quando* interpretar, os problemas que se colocam continuam, obviamente, vinculados às teorias e ao estilo pessoal do analista, mas aqui a influência do analisando é maior, com sua reivindicação latente ou manifesta pesando sobre a contratransferência do analista.

Além do material e da natureza especial do vínculo analítico em um dado momento, as teorias do analista pesam permanentemente em sua decisão de interpretar. Se seguirmos Klein, atendendo preferentemente à forma como se apresenta a ansiedade durante a sessão, pensaremos que é lógico interpretar cada vez que a angústia eleva-se criticamente. Nesse sentido, a técnica de Klein está ligada totalmente ao *ponto de urgência* que marca o *timing* da interpretação e, mais ainda, o ponto de urgência não apenas nos autoriza, mas também nos obriga a interpretar sem demora. Se a angústia sobe excessivamente, e não a resolvemos a tempo, perturbamos a situação analítica. Essas afirmações de Klein provêm de sua prática com a criança, que deixa de brincar cada vez que surge a ansiedade e não a interpretamos. No adulto, de modo semelhante, surge um obstáculo na comunicação que perturba a associação livre, e o analisando cala-se ou começa a associar de forma trivial. Se sai da sessão nessas condições, fica predisposto ao *acting out*.

Quando fala de *timing* no Congresso de Paris, Löwenstein (1958) destaca a importância de que a interpretação seja dita no momento justo, quando o paciente está maduro para recebê-la. Contudo, reconhece que é difícil definir em que consiste esse momento e deixa-se levar pelo *tato*, sem considerar, em absoluto, as precisões de Melanie Klein sobre o ponto de urgência e esquecendo que o "tato" tem sempre suas raízes na contratransferência.

No entanto, se pensarmos que apenas quando aparece uma resistência que interrompe o fluxo associativo chegou o momento de interpretar, então decidiremos que é melhor que o paciente continue falando e que fiquemos calados.[10] Nesse sentido, vê-se que a teoria influi sobre o momento da interpretação. O mesmo ocorre se pensarmos que, antes de interpretar, temos de esperar (e até fomentar com nosso silêncio) a neurose de transferência, a partir de um processo de regressão no *setting*.

Por fim, e para terminar esse tema, resta-nos considerar o conteúdo das interpretações, *o que* interpretar.

O conteúdo das interpretações varia a cada momento e em cada caso. Há muitas variáveis que dependem do material e das vicissitudes do diálogo analítico, como também do que teoricamente pensamos a respeito do inconsciente. E obviamente, como disse Anna Freud no Congresso de Copenhague de 1967, certas interpretações que não se davam antes se dão agora, porque conhecemos mais.

OS PARÂMETROS TÉCNICOS

Dissemos que os instrumentos que o psicoterapeuta utiliza para realizar sua tarefa são de quatro ordens e até agora estudamos apenas três, os que influenciam o paciente, os que obtêm informação e os que a proporcionam, dentre os quais se destaca a interpretação. Cabe-nos agora nos referirmos ao que faltava, o *parâmetro técnico*.

Esse conceito foi introduzido por K. R. Eissler em seu ensaio "The effect of the structure of the ego on psychoanalytic technique", publicado em 1953. Eissler voltou ao tema no Congresso de Paris, de 1957, no painel intitulado *Variações na técnica psicanalítica clássica*, no qual Ralh R. Greenson atuou como moderador.

Eissler diz que a técnica analítica depende de três fatores: a personalidade do paciente, a vida real e a personalidade do analista. Seu trabalho ocupa-se exclusivamente do primeiro fator.

Assim como um analisando ideal pode lidar sozinho com a interpretação, outros precisam de que o analista faça algo mais do que interpretar. Tomemos como exemplo o fóbico em que, além da interpretação, pode-se tornar necessário o conselho, quando não a ordem de que se exponha à situação temida. Esse procedimento, esse "algo mais" que o paciente requer, é o que Eissler chama de *parâmetro técnico*.

O parâmetro é definido, pois, como um desvio quantitativo ou qualitativo do modelo básico da técnica, que repousa exclusivamente na interpretação. Sublinhemos que, para Eissler, esse parâmetro sustenta-se em uma estrutura deficiente do ego do analisando.

Eissler não apenas definiu o parâmetro, dando um lugar na técnica ao que às vezes se faz e não se reconhece, mas também fixou claramente as condições em que é legítimo introduzi-lo: 1) deve-se utilizá-lo quando o modelo técnico básico demonstrar-se insuficiente; 2) deve-se transgredir a técnica regular o mínimo possível; e 3) só se deve utilizá-lo, quando for destinado a eliminar a si mesmo.

A essas três condições Eissler acrescenta uma quarta: o efeito do parâmetro sobre a relação transferencial deve ser de tal índole que possa ser abolido posteriormente com uma interpretação adequada. O parâmetro nunca poderia, por exemplo, comprometer a reserva analítica,

---

[10] Aqui, Racker recorda que Freud procedeu assim com Dora, mas acabou arrependendo-se.

até um ponto que tornasse depois impossível restabelecê-la para continuar a análise segundo a arte.

Sobre as quatro condições do parâmetro não há muito o que dizer, pois falam por si próprias. É óbvio que uma medida desse tipo só se justifica quando o analista entende como esgotados seus recursos regulares e a introduz com a maior circunspecção e parcimônia. Além desses estreitos limites, agitam-se as águas procelosas do *acting out*. É também compreensível que, enquanto medida de exceção, o parâmetro deve levar dentro de si a necessidade de eliminar a si mesmo, quando seu uso já não for mais necessário. Se decidimos propor a um analisando, que mantém um recalcitrante silêncio, apesar de nossos esforços e dos dele próprio, que se sente no divã e experimente falar dessa forma, é lógico que, uma vez que essa resistência ceda à nossa atividade interpretativa, o analisando volte a se deitar. O parâmetro foi introduzido, de fato, explicitamente, para lhe dar uma oportunidade de resolver a dificuldade de falar na posição deitada, mas não para mudar de método.

A terceira condição de Eissler, entretanto, não é aplicável por definição a um dos parâmetros mais comuns, o que Freud empregou justamente com o "Homem dos Lobos": fixar uma data de término do tratamento. Esse parâmetro não pode ser eliminado antes que o tratamento termine (Freud, 1918b).

Apóio pessoalmente a atitude de Eissler ao introduzir o conceito de parâmetro, embora não concorde com o próprio parâmetro. A atitude é plausível, pois se apresenta como uma justificativa da técnica. Poderá ser bom ou mau introduzir um parâmetro, mas o que é mau sem atenuantes é não se dar conta de que foi introduzido ou negá-lo. Isto nos acontece mais de uma vez, e Eissler defende-nos disso. O uso honesto do parâmetro previne-nos de praticar uma análise silvestre, coberta com falsas interpretações.

Apesar de reconhecer esse valor à técnica de Eissler, devo expressar o meu desacordo com a introdução de parâmetros por vários motivos. Ou talvez por um só e fundamental: não confio na objetividade do analista quando decide que o modelo básico da técnica já não é suficiente. A experiência mostrou-me reiteradamente que, quando se recorre a um parâmetro, no começo é aplicado a casos excepcionais e depois vai sendo insensivelmente generalizado, o que é bastante lógico. Se encontramos um recurso que nos permitiu resolver um caso sumamente grave, que mal haveria em aplicá-lo a outros mais simples?

Lembro-me de uma conversa de muitos anos atrás com um colega que estava começando a aplicar o ácido lisérgico. A minhas reservas, respondeu dizendo que era uma técnica excepcional, que ele só empregava nos caracteropatas mais duros, esses que não se mobilizam nem com 20 anos de análise. Respondi a ele que, em um lapso de tempo não muito longo, um ano ou dois, estaria usando LSD com todos os seus analisandos. Infelizmente, tive razão e só me excedi no prazo calculado.

É evidente que distingo perfeitamente a distância que há entre administrar drogas alucinógenas e sugerir sentar-se no divã. Para esse último caso, as perturbações que podem apresentar-se sempre serão pequenas, além da forma como reaja um determinado paciente. Porém, não estou aqui fazendo questão de grau, assentando o princípio geral de que, como analistas, não temos melhor forma de ajudar nossos clientes do que permanecendo fiéis à técnica.

Ao discutir esse tema, convém esclarecer um aspecto que muitas vezes passa despercebido. Considero que só se deve chamar de parâmetro o que o analista introduz na inteligência de que encontrará nele um legítimo auxiliar da técnica. Nunca será parâmetro, mas *acting out*, aquilo que o analista faça à margem de um objetivo técnico, terapêutico, e tampouco o será o que provier do paciente.

Quanto ao *acting out* do analista, recordo o que me contou um paciente que veio pedir-me que lhe recomendasse um analista, após interromper um tratamento. Estava associando com um encanador muito eficiente, que havia resolvido um problema difícil dos encanamentos de sua casa; nesse momento, o analista, que ao que parece também tinha graves problemas em seus encanamentos, interrompeu-o para pedir o nome desse técnico tão confiável. O analisando deu-lhe o nome, de imediato, e, em seguida, disse-lhe que não continuaria o tratamento.

O parâmetro é algo que o analista faz para superar uma deficiência na estrutura egóica do paciente que não pode ser resolvida com a técnica regular. O parâmetro é um recurso que *o analista* emprega para se livrar de um obstáculo que vem do paciente. A teoria do parâmetro pressupõe que, sem ele, o processo analítico como arte não poderia continuar, e disso se deduz que o analista sente-se na obrigação de abandonar por um momento sua técnica. Por isso, penso que *não* é parâmetro o que o analisando decide por sua conta.

Quando digo ao paciente silencioso que se sente no divã, para ver se assim pode vencer seu mutismo, é porque penso que dessa maneira se modificará a sua até então incoercível resistência. É completamente diferente da situação, na qual o analisando, por si mesmo, decida sentar-se, em um dado momento, porque pensa que assim falará melhor, ou por outro motivo qualquer. Parâmetro seria aqui contrariá-lo ou mostrar-me de acordo com o que fez. Respeitar a decisão de meu paciente, sem abdicar de modo algum de meu direito a analisá-la, é manter-me inteiramente dentro de minha técnica.

Ao falar do contrato, disse algo que coincide plenamente com o que acabo de expor. O analista deve introduzir a norma no contrato. Se o analisando não pode ou não quer cumpri-la, o analista não a imporá, mas já tem o direito de analisá-la.

No Congresso de Paris de 1957, discutiu-se extensamente o tema das variações da técnica psicanalítica.

Nessa ocasião, Eissler (1958) volta à sua teoria do parâmetro, como um recurso que está à margem do instrumento típico da análise, a interpretação. Contudo, creio notar duas restrições da teoria.

Por um lado, Eissler considera que, muitas vezes, o parâmetro pode transformar-se em uma interpretação. Assim, por exemplo, em vez de pedir a um paciente que fale de como se relacionam seus pais, pode-se interpretar que ele nunca fala desse tema, etc. Do mesmo modo, em vez de estimular o fóbico para que enfrente a situação que lhe provoca angústia, pode-se interpretar que ele resiste a fazê-lo, ou algo do gênero.

Eissler restringe também sua teoria originária, introduzindo a idéia de *pseudoparâmetro*. Alguns recursos que, de acordo com as definições clássicas, não poderiam ser chamados de interpretação operam, no entanto, como se o fossem. O pseudoparâmetro pode ser utilizado, por exemplo, em casos em que a interpretação provoca insuperáveis resistências, de modo que ele pode introduzi-la clandestinamente (Eissler, 1958, p. 224). Um chiste, no momento certo, pode ser um recurso desse tipo.

Desse modo, parece-me que a teoria do parâmetro fica reduzida – e mesmo questionada – por seu próprio criador.

Se o que Eissler chama de pseudoparâmetro não é mais que um recurso formal de dizer as coisas, com respeito e com tato, em nada se afasta da técnica clássica. Se o que pretende é introduzir algo clandestinamente, eu nunca o utilizaria e, nesse caso, prestaria atenção a que conflito de contratransferência está levando-me a utilizar esse procedimento tão pouco católico.

27

Construções

INTRODUÇÃO

Nos dois capítulos anteriores, procurei oferecer, da forma mais clara e rigorosa que me foi possível, as notas definidoras da interpretação, em geral, e da interpretação psicanalítica, em particular. Vimos que a interpretação pode ser entendida de várias maneiras. Do ponto de vista da comunicação, é uma informação de características especiais; em semiologia, é definida por seu conteúdo semântico e, por último, também a entendemos operacionalmente por seus efeitos, que servem para testá-la.

Dissemos ainda que, quando Freud a define no livro dos sonhos e em "O uso da interpretação dos sonhos na psicanálise", atende especialmente ao sentido, à significação. Diz, por exemplo, que a *Deutung* (interpretação) de um sonho consiste em determinar sua *Bedeutung* (significação).

Também vimos nos capítulos anteriores que, mesmo sendo a interpretação o instrumento principal da análise, há outros que igualmente são empregados na técnica mais estrita, no entanto não é necessário recordá-los agora.

Com o conjunto de todas essas ferramentas, entretanto, não questionamos de modo algum a proeminência da interpretação psicanalítica. Agora, porém, faremos isso com a construção: com efeito, a *construção* é colocada ao par da interpretação e, para alguns autores, até mesmo acima dela.

Interpretação e construção são, então, dois instrumentos distintos, mas da mesma entidade, da mesma classe. Para ambas, são aplicáveis as características definidoras já estudadas, ambas são destinadas a dar ao paciente uma informação sobre si mesmo, que é pertinente, que lhe pertence inteiramente e da qual não tem consciência. Assim definimos a interpretação e assim podemos definir, em princípio, a construção. Se nos ativermos a essa definição, então, temos de concluir que interpretação e construção pertencem a uma mesma classe, o que nos coloca frente a um grande problema: de que maneira se diferenciam entre si?

CONSTRUÇÃO E INTERPRETAÇÃO

Não é fácil, por certo, dizer em que consiste a diferença entre construção e interpretação, mas pode-se buscá-la a partir de diferentes ângulos: na forma ou na essência, na teoria ou na técnica.

É indubitável que, como indica seu nome, a construção pressupõe juntar vários elementos para formar algo e, por isso, de um ponto de vista formal, tendemos a pensar que as construções são mais amplas e pormenorizadas que as interpretações, as quais podem ser concisas, assertivas e até mesmo contundentes. Essa diferença, porém, é pouco satisfatória. Uma construção pode ser concisa e lacônica, enquanto há interpretações longas, seja pelo estilo do analista, seja pela complexidade do tema. O aspecto formal, isto é, a maneira como se formula uma interpretação ou uma construção, não parece servir muito, embora Freud leve isso em consideração ao dar seu exemplo em "Construções na análise": "Você, até seu ano x, se considerou...", etc.

Quase sempre se sublinha que, se a construção busca juntar vários elementos para formar um todo, é porque tem sempre um viés histórico. A construção refere-se ao passado, tenta desvelar uma situação histórica, algo que aconteceu e foi determinante na vida do sujeito. A circunstanciada referência à história sempre é vista como própria na construção, ao passo que a interpretação pode omiti-la. No entanto, essa diferença é relativa e contingente, porque existem exceções em um caso e em outro. Há interpretações que levam em conta o passado e, por outro lado, há um tipo especial de construção que não o faz. Refiro-me ao que Löwenstein (1951, 1954, 1958) chama de *reconstrução para diante* (*reconstruction upwards*), na qual certos acontecimentos da infância servem para iluminar o presente, e não o contrário, como é o clássico. Assim, por exemplo, um homem que se sentiu incomodado pelos honorários começa a análise idealizando o analista e tendo sonhos hostis em relação a um homem que ele mesmo identifica com seu pai já falecido. Löwenstein interpreta que sua hostilidade dirige-se ao analista e refere-a ao valor dos honorários (1954, p. 191).

Às vezes se confundem a forma e o fundo. "Você foi desmamado com aloé"* é uma construção, embora soe como interpretação, por ser breve e concisa. Pareceria uma

---

*N. de T. Em espanhol, "acíbar". Há muito tempo, era costume praticar o desmame, passando-se uma substância amarga no bico do seio, extraída de plantas da família do aloé.

construção, todavia, se disséssemos: "Parece-me que, dado que cada vez que chega o fim de semana você sente um gosto amargo na boca, começa a fumar em excesso, tem angústia e prefere os alimentos doces, e tudo isso se acalma com a sessão da segunda de manhã, poder-se-ia pensar que o desmamaram com aloé". Essas duas formulações, contudo, são substancialmente idênticas.

Se deixarmos, então, de lado os aspectos formais para estabelecer a diferença, teremos de nos remeter ao suporte teórico com que se interpreta ou se constrói, pois a maior ênfase da construção é a história, e a da interpretação, o presente; mas também isso, como acabamos de ver, é muito relativo. A única diferença nítida é que a referência ao passado pode faltar na interpretação. Esta, porém, pode dirigir-se ao passado, até o ponto em que uma das formas de classificar as interpretações é em históricas e atuais. Se desejarmos, de qualquer modo, defender a idéia de que uma interpretação histórica não é igual a uma construção, nós nos veremos em dificuldades para diferenciá-las. Sem desconhecer a estreita relação entre uma interpretação histórica (ou genética) e a reconstrução, Blum (1994), entretanto, pensa que a reconstrução é mais abrangente e complexa: dirige-se mais a uma época do que a um acontecimento. Como ato integrador, a reconstrução é, portanto, muito mais completa do que a interpretação genética, porque pode amalgamar um número considerável de classificações alcançadas em diferentes interpretações genéticas.[1] A reconstrução é, pois, uma forma de interpretação genética que substitui a memória, expandindo e ordenando as interpretações genéticas.

Nesse ponto, Blum adere firmemente a Freud quando, no Capítulo II de "Construções", ressalta que a interpretação refere-se a um elemento simples do material, como um ato falho, um sonho ou uma associação, ao passo que a construção abrange um fragmento integral da vida esquecida pelo paciente. Sandler e colaboradores não se mostram em absoluto de acordo com essa definição, que lhes parece um tanto estranha (1973, p. 93n.). Concordo com Sandler nesse ponto e suponho que Freud teve de recorrer a uma definição ostensiva da construção ("Você, até seu ano x, considerou-se o único e irrestrito possuidor de sua mãe. Veio então um segundo filho...", etc.), porque não dispunha de elementos conceituais suficientes para estabelecer as diferenças.

Por outro lado, é mais do que discutível que a interpretação seja parcial e a construção, totalizadora. Basta reler alguns exemplos de sonhos e atos falhos analisados por Freud, como o sonho da monografia botânica ou o esquecimento do nome Signorelli, para ver até que ponto essas interpretações reconstroem amplos fragmentos da história, se não a vida inteira.

O que Freud chama de construção, no Capítulo II, poderia ser também chamado de interpretação completa, e então já estaríamos diante de um problema semântico de definição. São os analistas que aceitam sem reservas a delimitação de Freud, recém-mencionada, os que conseqüentemente acreditam que é melhor construir do que interpretar. Contudo, as diferenças técnicas (e teóricas) são melhor compreendidas se se discute a forma como cada analista utiliza o passado e o presente em seu trabalho clínico, tema ao qual voltaremos mais adiante.

Uma delimitação que pode parecer bastante categórica é que a interpretação está relacionada com o desejo e a construção, com a história, mas, na realidade, essa diferença falha pela base, porque não há acontecimentos sem desejos, nem desejos desvinculados de acontecimentos. (Voltaremos a isso ao tratar dos tipos de interpretação.)

Se o caminho que percorremos até agora é correto, não aparecem claras diferenças entre interpretação e construção, nem de forma, nem de fundo. Laplanche e Pontalis (1968) pensam que é difícil e até pouco conveniente conservar o termo construção no sentido restrito que lhe deu Freud em 1937 (1968, p. 99), quando pressupõem o pouco acesso ideal de uma rememoração completa de tudo aquilo que jaz na amnésia infantil, já que, mesmo quando não ressurjam as recordações, a construção possui, de qualquer maneira, uma eficácia terapêutica se é acompanhada da firme convicção do analisando. No entanto, dão importância à construção como uma organização do material patogênico e citam o que diz Freud, nos *Estudos*, bem como o trabalho de reconstrução de uma fantasia que Freud realiza em "Bate-se numa criança" (1919e). A concepção freudiana da fantasia a pressupõe como um modo de elaboração que se apóia parcialmente no real, como sucede nas "teorias" sexuais infantis. Dessa maneira, o termo adquire um sentido mais teórico do que técnico.

Também David Maldavsky, que estudou o tema com insistência, dá ao conceito de construção um sentido especialmente teórico, que o leva a uma posição de certo modo oposta à de Laplanche e Pontalis. Afirma que o conceito de construções deve ser conservado, porque ocupa o centro de toda a reflexão psicanalítica como um articulador indispensável entre a teoria, a clínica e a técnica. Para Maldavsky, ao contrário, é antes o conceito de interpretação o que sobra, na medida em que postula "que uma interpretação qualquer pressupõe uma construção subjacente no terapeuta, admita-o este ou não" (1985, p. 18). Qualquer tentativa de interpretar pressupõe uma teoria de como se produziu a manifestação do paciente, e isso já é uma construção. Para Maldavsky, há dois tipos de construções: as que se relacionam com vivências e as que nascem de processos puramente internos, como os afetos, as fantasias e os pensamentos inconscientes. Dessa forma, o conceito de construção amplia-se até abranger não apenas as recordações, mas também toda a atividade do processo primário, até o recalcado primordial, e então é lógico sustentar que a construção é o epicentro da tarefa psicanalítica, que, para esse autor, está relacionada com o que chama de fantasia masoquista primordial, em que convergem o complexo de Édipo, a castração e as pulsões parciais (fixações). Para esse conjunto heterogêneo de fatos psico-

---

[1] "As an integrated act, a reconstruction is therefore far more complicated than a genetic interpretation: reconstruction may amalgamate a number of clarifications achieved in several genetic interpretations" (1994, p. 11).

lógicos aponta, em primeiro lugar, a construção (1985, p. 20), que abrange também os processos ulteriores defensivos que surgem desse conjunto e que se desdobrarão, com o tempo, em uma sutil e complexa combinatória, ao longo de todo o período de latência.

Depois de ter lido muitas vezes o artigo de Freud, creio que o conceito de construção sustenta-se mais no método do que na teoria, na técnica ou na clínica. A característica da construção é que pode ser comparada com as recordações do paciente, com sua história. Não pode ser por acaso que Freud parte, em seu artigo, da metodologia. No primeiro capítulo, menciona o comentário irônico de que o psicanalista sempre tem razão: cara, eu ganho; coroa, você perde.

Freud responde que a resposta explícita do paciente não é o que mais interessa, e sim a que vem indiretamente do material. Nem sequer a mudança dos sintomas é concludente. A piora dos sintomas em um paciente no qual detectamos, em outras oportunidades, uma reação terapêutica negativa pode fazer-nos supor que acertamos e, ao contrário, a complacência do analisando pode fazê-lo melhorar, após uma construção (ou interpretação) errônea.

De qualquer maneira, Freud também aceita, de bom grado, que nem sempre tomamos a resposta negativa do paciente como uma prova de que estamos equivocados: pensamos antes que se trata de uma resistência do que de um erro nosso. Obviamente, essa atitude, da qual podem participar conflitos de contratransferência, é muito perigosa, não só do ponto de vista metodológico, mas também clínico; e muitos epistemólogos, como Popper, baseiam-se nisso para negar validade científica à psicanálise.

O que Freud toma aqui como ponto de partida da discussão é que a resposta convencional do paciente não é o que a resposta *convencional* do paciente não é o que mais importa. Pode interessar-nos como associação, como manifestação de uma conduta que devemos estudar, porém o realmente significativo como confirmatório ou denegatório de uma construção é o que surge espontaneamente no material do analisando. Isto nos informa, em geral com bastante bsegurança, sobre a validade ou o erro de uma construção. Essa afirmação de Freud continua sendo correta, e hoje apenas a completaríamos, dizendo que também nos orienta o que nos informa nossa contratransferência. Podemos dizer, em conclusão, que há toda uma série de indicadores de que a construção oferecida ao paciente foi acertada. Pois bem, de que forma se dão esses indicadores.

OS INDICADORES

Digamos, para começar, que a questão dos indicadores é distinta se se trata de uma interpretação ou de uma construção, porque nesta há um tipo de indicador preciso e precioso que naquela não existe, sendo a ecforização de uma recordação pertinente à construção que foi proposta. Outras vezes, não aparece a recordação, mas o paciente acrescenta detalhes que complementam a construção formulada, quando não a adornam com elementos aos quais o analista nunca poderia ter tido acesso, pelo fato de que não os conhece. Se digo a um paciente que, aos cinco anos, deve ter pensado que não era filho de seus pais, e ele responde que agora lembra que nessa idade o pai justamente foi embora de casa e a mãe viveu com um homem por um tempo, isso que realmente eu não conhecia confirma suficientemente a exatidão de minha construção. Às vezes, os fatos ocorrem realmente assim, e todos os analistas entesouram acertos desse tipo, mas nem sempre temos essa sorte. Além desse tipo de resposta que se dá via recordações que se ecforizam, ou detalhes que complementam a recordação e/ou a construção, também os sonhos prestam, às vezes, uma confirmação. O que o paciente recordou, no caso hipotético que acabo de mencionar, poderia tê-lo sonhado, e esse sonho teria tido praticamente tanto valor confirmatório quanto sua recordação.

Portanto, em relação à resposta do paciente, há diferença entre interpretação e construção. Outra diferença é que a resposta é mais manifesta, em geral mais aberta, frente à interpretação; o paciente dirá sim ou não. Porém, frente a uma construção, se não se responde com uma recordação que a confirma, o analisando a toma antes como benefício de inventário, postergando seu juízo. Com a interpretação, a resposta tende, geralmente, a ser mais viva, mais imediata. Essa diferença, no entanto, não é tão substancial quanto a anterior.

Dissemos que a construção pode ser confirmada de diversos modos: com uma recordação, com dados que a complementam, com sonhos ou com atos falhos e, digamos também, pelos resultados. Porque não se deve esquecer que, como analistas, operamos com a teoria de que uma construção (ou interpretação), se é acertada e aceita, provocará resultados. Como dissemos no capítulo anterior, não temos a intenção de modificar diretamente a conduta, mas confiamos em obter resultados: uma vez que a construção (ou a interpretação) foi assimilada como informação, deve operar sobre a vida mental do paciente. Se não fosse assim, a análise não teria objeto.

AVALIAÇÃO DOS INDICADORES

Revisamos os principais indicadores clínicos que nos informam sobre a validade de nossas construções e interpretações, assinalando as particularidades que apresentam em um caso e em outro. Dediquemo-nos, agora, por um momento, a avaliá-los.

Os indicadores que estudamos vão desde as respostas mais imediatas até as mais afastadas, e são estas últimas as que, em geral, têm maior valor como mensagens não-convencionais do inconsciente.

As respostas afirmativas do paciente, sobretudo quando são fáceis e explícitas, não devem ser muito valorizadas, porque muitas vezes partem do desejo de agradar ou de se mostrar inteligente. Um paciente com um grande complexo de castração, que deslocava a sua inteligência, durante muito tempo me manteve intrigado pela forma com que respondia a minhas interpretações. Ele as recebia com respeito, mostrava-se interessado e atento, às vezes me pedia algum esclarecimento, sempre pertinente, e terminava por fazer um comentário sobre o que eu lhe havia dito, às vezes complementado com uma atinada reflexão. Eu percebia algo singular em sua conduta, mas custou-me chegar a compreendê-la, sobretudo levando em conta que a análise andava regularmente. Depois de analisar à maneira de Reich, durante um longo tempo, a atitude com que recebia minhas interpretações, obtive uma resposta convincente. Disse-me que sabia que eu era um professor eminente (sic) e que, portanto, procurava entender o que eu lhe dizia, dando por assentado que não podia equivocar-me e que ele, por sua vez, não se considerava muito inteligente. Assim, pois, para esse ingênuo analisando a interpretação não era uma informação e uma hipótese, mas a verdade revelada que ele tinha de se esforçar para apreender, ao mesmo tempo que funcionava como um teste para medir sua inteligência (como havia medido o tamanho de seu pênis em seus jogos com os companheiros da latência). Mais inconscientemente, havia a complacência, a sedução e o apaziguamento como defesas homossexuais frente à sua (imensa) rivalidade edípica com o pai.

Quando a interpretação ou, menos freqüentemente, a construção operam em um nível concreto, o motor da resposta é ao próprio ato de interpretar, e não ao conteúdo informativo do que dissemos. É o caso de uma histérica grave que, por exemplo, sente a interpretação de suas angústias genitais como um pênis que realmente a penetra. Nesse caso, a única coisa que podemos assegurar é que a interpretação foi rechaçada, porque foi considerada como um ato de violação, como um pênis que se introduz violentamente. Entretanto, isso nada nos diz sobre o valor da refutação, não só porque falta a verbalização, mas também porque o problema deslocou-se e a paciente não responde ao conteúdo informativo da interpretação, e sim ao ato de interpretar. É certo que, em um caso como o desse exemplo, seria possível inferir validamente que a interpretação foi correta, já que foi rechaçada do mesmo modo que o temido pênis, porém essa inferência é apenas uma hipótese ad hoc que teria de ser demonstrada.

O surgimento ou o desaparecimento de um sintoma somático como resposta a uma interpretação é sempre interessante, mas o significado pode variar em cada caso. Eu diria que, em geral, se a resposta corporal do paciente implica melhora, eu a tomaria como uma provável confirmação da interpretação; todavia, se o paciente reage com um sintoma somático ou de conversão, eu não diria que é porque a interpretação foi eficaz, e sim porque foi nociva, salvo o caso especial da RTN.*

Em resumo, o *rechaço* de uma construção ou de uma interpretação pode estar mais relacionado com a transferência negativa ou com a angústia do que com o conteúdo informativo; a *aceitação* também pode ser equívoca, se o desejo do analisando é agradar-nos, enganar-nos ou demonstrar que compreende o que lhe dizemos. Do mesmo modo, a mudança na conduta e/ou a modificação dos sintomas são sempre

---
*N. de T. Reação Terapêutica Negativa

interessantes, mas não decisivas. Já Glover (1931) escreveu sobre o efeito terapêutico das interpretações inexatas.

Freud, deve-se dizer, foi sempre muito cauteloso e perspicaz frente à resposta do analisando. Não retrocedia diante de uma negativa, nem se deixava levar assim no mais pela aprovação. Em "Observações sobre a teoria e a prática da interpretação dos sonhos" (1923c), estuda os sonhos confirmatórios e de complacência. Afirma que um dos motivos pelos quais uma pessoa pode ter um sonho que confirme uma interpretação é o de se congraçar com o analista ou comprazê-lo. E chega tão longe, nesse sentido, que pensa que até a elaboração primária do sonho pode ser encaminhada a comprazer.[2]

Um exemplo sutil de como se pode refutar o analista é o sonho da mulher do açougueiro com o salmão defumado, em que renuncia ao desejo de dar um jantar, mas satisfaz o desejo de não satisfazer o de sua amiga-rival e refuta, ao mesmo tempo, a teoria da satisfação de desejos do sonho, que é o desejo de Freud (AE, v.4, p. 164-168). Freud cita, a seguir, o sonho de outra paciente, a mais inteligente de suas sonhadoras, que diz que veraneia com sua odiada sogra só para demonstrar que a teoria do desejo é errônea (p. 169).

De modo que, em conclusão, somente uma análise muito cuidadosa de todos os elementos pode levar-nos a decidir, com suficiente certeza, o que – do que diz ou faz o paciente – apóia ou refuta a interpretação. O que importa assinalar aqui é que *há* indicadores, que a construção e também a interpretação podem ser refutadas, apesar de Popper (1953) posicionar a psicanálise como exemplo de uma teoria não-científica, porque suas hipóteses, assim como as da astrologia, não podem ser refutadas.[3]

As duas primeiras seções de "Construções" ocupam-se do método, de como pode ser validada uma construção, de quais elementos dispomos para saber se ela é correta, verdadeira. Freud observa que nem a aceitação, nem o rechaço formal, consciente, podem decidir sobre a validade. O que realmente importa é o que surge no material associativo ou na conduta a partir da construção formulada. Em nenhum caso mais do que neste, Freud assinala a índole verdadeiramente hipotética da comunicação do analista; uma vez que a palavra construção sugere fortemente a idéia de hipótese, de algo construído. Não há dúvida, porém, de que a interpretação também é uma hipótese, embora se possa formulá-la em termos mais assertivos.

REALIDADE MATERIAL E REALIDADE HISTÓRICA

"Construções" é um breve trabalho que consta de três seções, sendo que a última delas propõe um problema importante, o de realidade histórica e realidade material.

Se algo distingue a interpretação da construção é que esta tenta recuperar um acontecimento do passado. A construção *busca* o passado; a interpretação encontra-o.

---
[2] Ver a forma (um pouco severa, na minha opinião) como Freud (1920a) avalia os sonhos de sua paciente homossexual.
[3] No Capítulo 35, o doutor Klimovsky estuda esse problema em profundidade.

A influência do passado no presente é um tema que preocupa Freud desde seus primeiros trabalhos, desde a época de sua colaboração com Breuer. Esse tema é, por certo, fundamental. Já na segunda seção da terceira parte do *Projeto*, Freud (1895d) fala de *realidade exterior* e de *realidade do pensamento* (cogitativa) como duas alternativas que se deve discriminar, que se deve diferenciar (*AE*, v.1, p. 420-424), e diz que a quantidade externa (Q) mantém-se sempre afastada de Y (psi), ou seja, de Qn. Em *Totem e tabu* (1912-1913), fala de *realidade psíquica* e de *realidade fáctica*. Ao referir-se a esse ponto (*AE*, v.1, p. 421 n. 38), Strachey destaca que, em seus escritos posteriores, Freud chama de material a realidade fáctica, por exemplo, em *Moisés e a religião monoteísta* (1939a), em que fala de *verdade histórica* e *verdade material* (*AE*, v.23, p. 124). Nas páginas 73 e 74, porém, fala-se de *realidade exterior* e *realidade psíquica* (ou interior). Em "A verdade histórico-vivencial" (parte II, seção G, p. 123), Freud pergunta-se por que a idéia de um deus único impõe-se à mente dos mortais e recorda que a resposta da religião é que essa percepção é parte da verdade, da verdade eterna de que há um só deus. O homem foi criado para que possa captar as verdades essenciais: se a idéia do monoteísmo se impõe firmemente ao espírito é porque o homem capta a realidade "material" de que efetivamente há um só deus. Freud, que certamente é cético quanto à capacidade do homem de descobrir a verdade, não pensa que estejamos conformados para receber naturalmente a verdade revelada. Sua experiência de psicanalista mostra-lhe que o homem deixa-se levar mais por seu desejo do que pela voz de Deus. A história prova que o homem acreditou, no decorrer do tempo, em muitas coisas e equivocou-se. O simples fato de que os homens acreditem em algo não é garantia de que isso corresponda à verdade.

Se a religião monoteísta incitou uma adesão tão forte entre os homens, não é porque corresponda a uma verdade eterna, material, conclui Freud, mas sim porque corresponde a uma verdade *histórica*. Essa verdade histórica que volta do passado e impõe-se a nosso espírito é que, nos tempos primitivos, havia certamente uma pessoa que surgia grande e poderosa: o pai.

Esse tema já havia sido desenvolvido por Freud, mais de 20 anos antes, em *Totem e tabu* (1912-1913), em que estuda a relação do pai com a horda primitiva. E, sem ir tão longe, aparece regularmente na infância: pelo fato de que todos tivemos um só pai, estamos predispostos a aceitar a idéia de um só deus. O que me leva a sentir como verdadeira a idéia de que há um só deus é a realidade histórica de que tive somente um pai, e não que sejam assim os fatos materiais.[4]

Freud conclui disso que, frente a toda experiência humana acompanhada de uma forte convicção, dever-se-ia considerar a possibilidade de que esteja respondendo a uma verdade histórica (ainda que não a uma verdade material). É nesse sentido que volta à verdade que há no delírio e insiste, então, em que talvez a via de compreendê-lo, e inclusive de resolvê-lo analiticamente, seria a partir não de suas distorções grosseiras (que correspondem à realidade material), mas de sua parte de verdade histórica, que de fato existiu, e que lhe dá sua força irredutível. Este é o tema principal do trabalho de Avenburg e Guiter para o Congresso de Londres de 1975.

Avenburg e Guiter entendem por construção "estabelecer nexos entre os fenômenos que, até o momento, aparentemente não os tinham" (1976, p. 415) e pensam que a tarefa do analista é reconstruir a construção, refazê-la, resgatá-la do recalcamento. Eles consideram que Freud joga com dois pares de conceitos – realidade psíquica e realidade exterior, verdade material e verdade histórica – e inclinam-se a pensar que o conceito de verdade histórica é mais abrangente que o de realidade interior, já que, quando procuramos estabelecer a verdade histórica com nossas construções, procuramos ver não apenas como o indivíduo assimilou determinadas experiências, mas também que grau de realidade tiveram as próprias experiências.

O ponto de vista de Avenburg e Guiter, entretanto, tem suas limitações, porque a verdade material não pode ser conhecida a não ser a partir da estrutura do indivíduo, de modo que é difícil contrapor o conceito de realidade interior/exterior com o de verdade histórica/material.

Como analistas, ocupamo-nos da realidade interior (psicológica), importa-nos como o indivíduo assimilou a experiência; porém, à medida que mostramos ao analisando como incorporou determinada experiência, vamos fazendo com que a realidade interior seja contrastada com a realidade fáctica.

O trabalho analítico consiste em que o sujeito revise sua realidade interior (ou, o que é o mesmo, sua verdade histórica) e vá dando-se conta de que o que ele considera que sejam os fatos é apenas sua versão dos fatos. Desse modo, o analisando terá de admitir que seu desejo imprimiu (e imprime) seu selo à experiência e, dessa maneira, ele foi modificando e recriando a realidade exterior.

Na seção I de "Construções", Freud diz que o propósito da análise é obter uma imagem dos anos esquecidos que seja ao mesmo tempo verdadeira e completa (*AE*, v.23, p. 260). Creio que esse objetivo é cumprido se se pode construir um quadro do passado em que o paciente reconheça sua própria perspectiva e saiba que não é a única, nem a melhor, que os outros podem ter uma versão diferente dos mesmos fatos.

Para se obter uma imagem verdadeira e completa do passado, não bastam as recordações, nem tampouco os dados "objetivos" que pudéssemos obter, já que teríamos de incluir entre eles a complexa e sutil interação em um dado momento, isto é, o núcleo de verdade de cada versão, um ponto estudado com acerto no trabalho de Avenburg e Guiter. O que importa realmente é o valor simbólico da conduta, a estrutura da conduta, uma vez que a verdade material só pode ser definida por consenso ou, o que é o mesmo, quando podemos ver as coisas a partir de diversas perspectivas.

Quem talvez melhor tenha feito esse tipo de discriminação foi Lacan quando, em seu seminário sobre *Les*

---

[4] No caso dos mitos da humanidade, parece que Freud prefere a alternativa de verdade material e verdade histórica; no entanto, na história individual, a alternativa é entre realidade material e realidade psíquica.

écrits techniques de Freud (1953-1954), separa taxativamente a rememoração da reconstrução. Para ele, a recordação pertence ao plano do imaginário, enquanto a reconstrução do passado aponta para restabelecer a historicidade do sujeito, a ordem simbólica. Portanto, o que se evoca vivencialmente não é mais que um plano de superfície, um conteúdo manifesto a partir do qual devem ser reconstruídos os elementos simbólicos. A reconstrução concerne aos fatos simbólicos que estão na trama do evocado.[5]

Desse ponto de vista, o artigo de Freud ensina-nos, em definitivo, que a distorção que o indivíduo opera sobre os fatos só pode ser modificada reconhecendo-se seu núcleo de verdade histórica, e não trazendo fatos objetivos.

A confirmação que os fatos exteriores podem oferecer tem apenas um valor relativo. Às vezes são úteis, e não resta dúvida de que nos dá uma grande satisfação quando se confirma uma construção com fatos reais, que o paciente inclusive recolhe da família. Freud adverte-nos, contudo, que não operamos a partir desse tipo de comprovações, com base em fatos que materialmente existiram: o que realmente conta é a convicção (subjetiva) do analisando. Em seu documentado trabalho sobre construções, Carpinacci (1975) parte do conceito de verdade histórica, que "consiste na conformidade entre o que se afirma sobre um fato histórico e o próprio acontecimento histórico" (1975, p. 269). Essa verdade histórica, prossegue Carpinacci, pode ser interpretada científica e objetivamente (verdade material) ou ideológica e desiderativamente (verdade eterna).

CONSTRUÇÃO E INTERPRETAÇÃO HISTÓRICA

Como veremos mais adiante, há dois tipos de interpretações – históricas e atuais – do passado e do presente. Esse esclarecimento refere-se ao conteúdo da interpretação, é fenomenológico, porque, do ponto de vista dinâmico, toda interpretação aponta, de alguma forma, para o passado. A teoria de transferência repousa, como vimos, em que o passado e o presente superpõem-se, em que o passado está contido no presente. Através da transferência, podemos ter acesso ao passado, e toda interpretação da transferência é histórica, pois descobre a repetição. Desse ponto de vista, podemos definir a construção como um tipo especial de interpretação, na qual se dá uma ênfase especial ao histórico. Assim o estabeleceu Bernfeld, um lustro antes de Freud. Embora por razões conjunturais, isto é, táticas, possamos circunscrever-nos ao presente ou ao passado, uma interpretação completa leva em conta os dois, já que sempre se referirá ao que sobrevive do passado no presente.

No momento atual, há uma grande discussão, que vem de longe, entre os que reivindicam a construção como o verdadeiro instrumento da análise e os que, ao contrário, a desqualificam ou não a levam em conta. Todavia, essa discussão deveria ser racional e menos apaixonada.

Antes de mais nada, convém destacar que há, evidentemente, estilos diferentes de trabalhar, legítimas preferências que deveríamos aprender a respeitar. Indo agora ao fundo da questão, direi que há, sem dúvida, divergências técnicas entre os analistas que põem a ênfase no atual e os que prestam atenção preferencialmente ao passado. Aqueles interpretam (e interpretam fundamentalmente a transferência), estes constroem. Existem, por certo, dois tipos polares de analistas, que Racker (1958b) caracterizou como os que usam a transferência para compreender o passado e os que usam o passado para compreender a transferência.

Na mesa-redonda realizada na Associação Psicanalítica Argentina, em 1970,[6] um decidido partidário das construções como Avenburg disse que estamos intoxicados de transferência. Essa advertência talvez seja justa para certos analistas do momento atual, que interpretam a transferência onde ela não está. Não deixa de ser certo o caso oposto, por exemplo, o candidato que, constrangido pelas pulsões que lhe dirige o paciente, procura fazer com que pense em sua infância.

Todo método tem virtudes e defeitos, mas não se deve confundir as dificuldades inerentes a um método com seus erros. Se colocamos o interesse na transferência, há o risco de não apreciar a história; se nos dirigimos preferencialmente ao passado, corremos o risco de não ver a transferência. O analista deve abranger em sua tarefa o presente e o passado. Não é por acaso que Freud assinala, em seu trabalho de 1937, a importância da convicção do analisando, e foi também Freud que disse, no epílogo de "Dora", que a convicção surge da situação transferencial.

A alternativa entre construção e interpretação pode inspirar legitimamente o estilo de cada analista; contudo é diferente se pretendermos levar a discussão ao plano da técnica, porque a técnica analítica exige que ambas integrem-se e complementem-se.[7]

Essas reflexões são também aplicáveis ao problema de interpretar a realidade exterior. Esta também deve ser integrada em nossa tarefa, porque justamente o que dá convicção e o que realmente cura é que eu me dê conta de que aqui com meu analista, com minha mulher e meus filhos em casa, e com meus pais e irmãos na infância, repito o mesmo *pattern*, sou o mesmo.

Houve um tempo em Buenos Aires, certamente pela experiência derivada da psicoterapia de grupo, que se ressaltava muito o atual, o aqui e agora, e até se chegou a pensar que a situação analítica era a-histórica. Como veremos no devido momento, a situação analítica pode ser explicada com a teoria do campo, mas o processo analítico é uma situação transferida e histórica. Quando Hanna Segal veio a Buenos Aires, em 1958, combateu essa postura, e lembro de tê-la ouvido dizer que a insistência em interpretar exclusivamente em termos da situação transfe-

---

[5] Repito aqui os ensinamentos de meu amigo Guillermo A. Maci.

[6] *Mesa-redonda sobre "Construções na análise", de S. Freud*, com a participação de Jaime P. Schust (coordenador), Ricardo Avenburg, Gilberta Royer de García Reinoso, David Liberman e Leonardo Wender. Apareceu no volume 27 da *Revista de Psicoanálisis*.

[7] Para uma discussão mais detalhada, ver meu trabalho apresentado no Congresso de Helsinque, incluído como Capítulo 28 desta obra.

rencial o que faz, no fim das contas, é satisfazer o narcisismo do analista e criar uma situação de megalomania, em que o analista é tudo para o paciente quando, na realidade, reflete um objeto que vem do passado.

De qualquer modo, é certo que alguns analistas pensam que, uma vez resolvido o conflito aqui e agora, o resto vai por si só, o passado muda por acréscimo e deixa de perturbar. Essa tese não é correta, porque esquece que pode haver mecanismos de dissociação ou recalque que rompem a continuidade entre o passado e o presente. Não há dissociação mais perigosa, para mim, do que a de pais maus na infância e um analista idealizado no momento atual.

Portanto, a diferença não deve ser buscada entre os que interpretam e os que constroem, e sim na forma como se articulam esses dois instrumentos: há analistas que reconstroem a partir da situação transferencial e outros que propõem uma construção para depois analisá-la. Essa última modalidade é a que praticava, às vezes, Freud; porém, muitos analistas atuais não a praticam (eu, entre eles) porque complica e, ao mesmo tempo, descuida a situação transferencial. Se em um dado momento o analisando reconhece-nos em nosso papel, vê-nos como analista, então torna-se possível para nós reconstruir o passado; no entanto, quando o passado irrompeu ocupando o presente (transferência), essa possibilidade se reduz e até se anula.

A situação analítica é complexa e não se presta a um esquema. Ferenczi dizia que, quando o paciente fala do passado, devemos falar do presente, e vice-versa, para que não se cristalize a tendência a dissociar o passado do presente. Às vezes, o paciente fala do passado ou do atual para evitar o conflito transferencial; outras vezes, ao contrário. Um paciente vem e diz que está muito preocupado com o que eu lhe disse ontem, uma trivialidade, e depois ocorre que, um pouco antes da sessão, chegou-lhe uma notícia que o põe à beira da falência ou de perder seu emprego. Um bom trabalho analítico implica corrigir esse tipo de recalcamentos ou dissociações. A única técnica adequada é a que contempla os problemas em sua magna complexidade.[8] Kris tem o mesmo critério em "The recovery of childhood memories in psychoanalysis" (1956b), em que diz: "Tanto o paciente falar continuamente do passado, quanto sua persistente aderência ao presente podem funcionar como resistência" (p. 56).

Entendo que a tarefa do analista compreende duas funções fundamentais: tornar o paciente consciente de suas *pulsões* e fazê-lo recuperar determinadas *recordações*. Sei muito bem que uma coisa e outra são indissolúveis e, por isso, creio que não há e não pode haver uma diferença clara entre interpretações e construções. Diria provisoriamente que, quando se põe ênfase nos impulsos, são feitas interpretações e, quando se acentuam as recordações, construções. Porém, como nenhum acontecimento está separado dos impulsos e nenhum impulso pode ocorrer sem acontecimentos, compreende-se por que é difícil delimitar esses dois conceitos e talvez não venha ao caso fazê-lo.

Quero terminar este capítulo lembrando o mestre Pichon Rivière, que nos inculcou o conceito de uma interpretação *completa*, na qual se atende ao que ocorre no imediatismo da transferência tanto quanto ao que ocorre na realidade exterior e ao que vem do passado.

CONSTRUÇÃO E DELÍRIO

Nas últimas páginas de seu ensaio, e a partir de recordações muito claras, Freud faz algumas reflexões sobre o delírio. Ele se pergunta se a força de convicção do delírio não se deve ao fato de que contém um fragmento de verdade histórica que fincou suas raízes na infância. A tarefa do analista deveria consistir, talvez, em liberar esse núcleo de verdade histórica de todas as deformações que lhe foram impostas. Conclui com uma afirmação singular: "As formações delirantes dos enfermos aparecem-me como equivalentes das construções que edificamos nos tratamentos analíticos, são tentativas de explicar e de restaurar, que, por certo, sob as condições da psicose, só podem conduzir a que o fragmento de realidade objetiva que se forclui no presente seja substituído por outro fragmento que, de igual modo, havia sido forcluído na pré-história precoce" (*AE*, v.23, p 269).[9] Acrescenta que, se a construção é efetiva porque recupera um fragmento perdido da existência, também o delírio deve seu poder de convicção ao elemento de verdade histórica que ocupa o lugar da realidade rechaçada.[10]

Relendo a *Psicopatologia da vida cotidiana* (1901b), notei que Freud compara as interpretações delirantes dos paranóicos com as suas dos atos falhos e dos sonhos. Afirma que o paranóico tem uma compreensão do material inconsciente totalmente análoga à do analista. A diferença está em que o paranóico fica com sua interpretação e não vê todo o resto (*AE*, v.6, p. 248). De modo que minha idéia de definir a interpretação comparando-a com a vivência primária de Jaspers tem um apoio em Freud.

---

[8] Os Liendo ocuparam-se muitas vezes disso. Eles observam como a situação que se dá fora se reproduz na análise em geral como sinal oposto. (Ver, por exemplo, o Cap. 6 de *Semiología psicoanalítica*, por María Carmen Gear e Ernesto C. Liendo, 1974.) Em um livro posterior, de feitura impecável, escrito em colaboração com Melvyn A. Hill em 1981, os Liendo estudam a estrutura sadomasoquista da situação analítica e mostram como essa estrutura apresenta-se e reitera-se, assinalando ao mesmo tempo as estratégias e as técnicas que permitem resolvê-la.

[9] "The delusions of patients appear to me to be the equivalents of the constructions which we build up in the course of an analytic treatment – attempts at explanation and cure, though it is true that these, under the conditions of a psychosis, can do no more than replace the fragment of reality that is being disavowed in the present by another fragment that had already been disavowed in the remote past" (*SE*, v.23, p. 268).

[10] "Assim como nossa construção produz seu efeito por restituir um fragmento de biografia (*Lebensgeschichte*, "história objetiva de vida") do passado, assim também o delírio deve sua força de convicção à parte de verdade histórico-vivencial que põe no lugar da realidade rechaçada" (*AE*, v.23, p. 269-270). "Just as our construction is only effective because it recovers a fragment of lost experience, so the delusion owes its convincing power to the elements of historical truth which it inserts in the place of the rejected reality" (*SE*, v.23, p. 268).

28

Construções do Desenvolvimento Precoce*

O tratamento psicanalítico propõe-se a reconstruir o passado, preenchendo as lacunas da recordação da primeira infância, que são produto do recalcamento. Ele consegue isso levantando as resistências e resolvendo a transferência, através da análise dos sonhos, dos atos falhos e das recordações encobridoras, não menos que dos sintomas e do caráter. As teorias que com esse método Freud formulou sobre o desenvolvimento, a sexualidade infantil e o complexo de Édipo viram-se fortemente apoiadas não só pelos resultados do tratamento, mas também pela psicanálise de crianças, que pode ver esses mesmos fenômenos *in statu nascendi*.

Na criança pequena, carente de instrumentos verbais de comunicação, os problemas a investigar não podem ser alcançados diretamente através da linguagem, mas resta a possibilidade de vê-los reproduzidos na transferência e interpretá-los, à espera de que as associações do paciente apóiem-nos ou refutem-nos.

Para os fins desta apresentação, chamaremos de desenvolvimento (ou conflito) *precoce* o período pré-verbal em que não há registro pré-consciente das recordações, o qual abrange aproximadamente a etapa pré-edípica descrita por Freud (1931b, 1933a) e Ruth Mack Brunswick (1940), e o distinguiremos do desenvolvimento (ou conflito) *infantil*, que corresponde ao complexo de Édipo, descoberto por Freud, entre os três e os cinco anos.

Baseado em material clínico, sustentarei os seguintes pontos:

1. O desenvolvimento precoce integra-se à personalidade e pode ser reconstruído durante o processo analítico, já que se expressa na transferência e é comprovável através da resposta do analisando.
2. O conflito precoce surge na situação analítica de preferência como linguagem pré-verbal ou paraverbal, ou seja, não-articulado, mas de ação, e tende a configurar o aspecto psicótico da transferência, em função de objetos parciais e relações diádicas e edípicas precoces, ao passo que o conflito infantil expressa-se sobretudo em representações verbais e recordações encobridoras, isto é, como neurose de transferência.
3. Às vezes, é possível apreciar os três pólos (precoce, infantil e atual) do conflito, imbricados em uma mesma estrutura.
4. Os informes que o analisando oferece de seu desenvolvimento precoce devem ser considerados recordações encobridoras, crenças e mitos familiares que, de fato, mudam no curso do tratamento.
5. O método psicanalítico revela a verdade histórica (realidade psíquica), a forma como o indivíduo processa os fatos e como os fatos pesaram no indivíduo, mas não a verdade material, inacessível em suas infinitas variáveis.
6. Não existe incompatibilidade entre interpretação e construção, visto que interpretar a transferência implica comparar, em forma de contraponto, o presente e o passado como membros de uma mesma estrutura.
7. A história vital do paciente é sempre a *teoria* que ele tem de si e que a análise reformulará em termos mais precisos e flexíveis.
8. O conceito de situação traumática deveria ser reservado para o econômico, uma vez que o conflito dinâmico sempre se dá entre o sujeito e seu meio em série complementar.
9. O manejo adequado e rigoroso da relação transferencial permite analisar o conflito precoce sem recorrer a nenhum tipo de terapia ativa, nem regressão controlada, porque a análise não se propõe a corrigir os fatos do passado, e sim a *reconceituá-los*.
10. Se se aceita que existe uma transferência precoce, capaz de se desenvolver plenamente no tratamento e suscetível de ser resolvida com métodos psicanalíticos, abre-se a possibilidade de utilizá-la como teoria pressuposta[1] para investi-

---

*N. do A. Com o risco de incorrer em repetições, decidi incluir neste ponto meu trabalho apresentado no Congresso de Helsinque, "Validade da interpretação transferencial no 'aqui e agora' para a reconstrução do desenvolvimento psíquico precoce", no qual discuti muitos dos temas que desenvolvo nesta parte do livro. Acrescento, no final, um estudo da reconstrução do desenvolvimento precoce partindo de um sonho de Freud, inspirado na leitura de Schur e de Blum.

[1] Por teoria pressuposta, entendo aqui um instrumento que se aplica sem questionar de momento sua validade, como, por exemplo, a teoria óptica do telescópio para o astrônomo.

gar o desenvolvimento precoce e testar as teorias que procuram explicá-lo, no entanto meu relato não abrange este tema.

Quero falar de um paciente, o senhor Brown, que analisei por nove anos e meio, para ilustrar a maneira como um conflito dos primeiros meses de vida expressa-se na personalidade e aparece na transferência.[2]

Quando veio ver-me, tinha 35 anos e tinha estado três em análise, até que seu analista faleceu. Durante a entrevista, advertiu-me que era um paciente grave e detalhou seus sintomas: incapacidade para pensar e concentrar-se, tendência a beber e a tomar psicoestimulantes, dificuldades sexuais (falta de desejos, impotência) e sentimentos anti-semitas, apesar de ser judeu. Assinalou também seu bloqueio afetivo e deu como exemplo sua indiferença pela morte de seu analista.

Sobre o diagnóstico, basta dizer que se trata de um paciente *borderline*, com uma forte estrutura farmacotímica e uma perversão manifesta (*froteur*): para atingir o orgasmo, esfregava seus genitais na mulher, evitando o coito. Não era consciente dessa perversão, que racionalizava às vezes toscamente.

Disse que não lembrava nada de sua infância, embora tenha referido sem emoção que, *quando tinha dois meses, quase morreu de fome, porque a mãe perdeu subitamente o leite*.

Esse acontecimento nunca havia sido valorizado pelo senhor Brown. Foi seu analista anterior quem deduziu que, provavelmente, tinha sentido muita fome, quando criança. O paciente respondeu com o informe mencionado e ficou surpreso com o acerto do analista, ao qual, desde então, levou mais a sério, embora nunca tenha chegado a estimá-lo.

Comigo, porém, simpatizou desde o começo, apesar de me considerar um novato. Sabendo pelo colega que o encaminhou para mim que eu acabava de chegar de Londres, estava certo de que era meu primeiro paciente, se não o único de toda a minha carreira. Ao interpretar seus ciúmes dos irmãos frente a esse tipo de material, obtinha somente um sorriso condescendente e nem me escutava quando lhe dizia que ele estava colocando em mim sua necessidade, isto é, que me via faminto de pacientes.

Durante os primeiros meses, manteve-se frio e distante; às vezes, adormecia subitamente quando lhe interpretava algo que podia ser novo. Freqüentemente, sentia fome antes ou depois da sessão e, então, apareceram fantasias coprofágicas de inusitada clareza. Sonhou que, *em um pequeno restaurante, serviam-lhe guisado de gato. Sentia um asco terrível, mas alguém lhe dizia que o comesse, que não se teria dado conta se o tivessem apresentado por lebre. O guisado cheirava a excremento de gato*. Esse sonho serviu para mostrar sua desconfiança do analista, que lhe faz passar gato por lebre, e seu desejo de se alimentar de suas próprias fezes para não depender de alguém.

O tom jactancioso que Abraham (1920) derivou da idealização das funções emunctoriais e das excretas era o centro de seu sistema defensivo, muitas vezes ligado à masturbação anal (Meltzer, 1966).

Sua rebelde aerofagia, que anos mais tarde haveria de ser um expressivo indicador de sua traumática lactância, aparecia como motivo de hilaridade e burla. Recordou que arrotava com seu analista anterior e, quando este lhe assinalou isso, respondeu-lhe que ele pagava por seus arrotos. Quando interpretei que sentia orgulho por seus arrotos e por seu dinheiro, lembrou-se de que *começou a se analisar justamente porque tinha gases e meteorismo*, assim como mal-estares gástricos e dificuldade para estudar. Por esses sintomas, um psiquiatra, o doutor M., indicou-lhe a análise.

Meses depois, sonhou que *estava em um bar e serviam-lhe um refrigerante com uma mosca atravessada na tampinha. Estava em dúvida entre bebê-la ou reclamar ao moço e, finalmente, optava por reclamar*. A propósito desse sonho, recordou outro de sua análise anterior: *Sonhei que estava frente à clínica do doutor M., e havia um grupo que comia carne humana. Um deles tomava um crânio meio putrefato, passava-lhe um pedaço de pão por dentro e comia os miolos untados nesse pão.*

Associou com um momento em que estava por interromper a análise, por razões econômicas, e M. propôs a ele que fizesse psicoterapia de grupo. Disse-lhe que esses sonhos explicavam em parte suas dificuldades para pensar e concentrar-se e, apoiado em Freud (1917e) e Abraham (1924), acrescentei que analisar-se, para ele, era concretamente alimentar-se dos pensamentos do analista; porém, incapaz de tolerá-los, expulsa-os como fezes que depois volta a incorporar por alimentos. O paciente respondeu dizendo que estava com água na boca! Acrescentou, com viva resistência, que isso lhe acontece muitas vezes com os cheiros nauseabundos, inclusive com sua matéria fecal.

Como efeito dessa sessão, sentiu-se angustiado, com vontade de chorar e pedindo-me internamente ajuda. De imediato teve raiva, porque o tratamento não o curava, e voltou a pensar em interrompê-lo. Afirmava continuamente que a psicanálise não é uma relação humana, mas uma fria transação comercial.

As fantasias coprofágicas e as defesas maníacas, sempre enlaçadas ao transtorno do pensamento, ocuparam um longo trecho da análise. Simultaneamente, iam sendo analisados seus ciúmes edípicos, sua rivalidade com o pai e seus impulsos homossexuais. Seu desejo de chupar o pênis do analista aparecia em sonhos e fantasias, para grande humilhação do senhor Brown, que temia ser homossexual. A análise de todos esses conflitos conseguiu remover os principais sintomas e fez aparecer processos sublimatórios ligados ao conflito precoce.

Depois dessa evolução, que ocupou uns três anos, o conflito oral torna-se patente. Sonha, por exemplo, que *tira de si três fios grossos que lhe saem da garganta* e associa com tentáculos. Esse sonho é interpretado como seu

---

[2] Os aspectos técnicos foram discutidos em um seminário dirigido por Betty Joseph, em janeiro de 1974, em Buenos Aires. Anteriormente, discuti este caso com León Grinberg.

desejo de se aferrar e mamar do seio analítico, o que parece confirmar outro da mesma noite: *Sonhei, também, com uma menininha que queria chupar desesperadamente meu cigarro. Eu o retiro da boca e ela se estica desesperadamente para chupar.* Aqui, sua oralidade foi projetada, e ele é um pai que frustra a necessidade de sua parte infantil feminina. Que existem sentimentos vorazes e agressivos pelo pênis do pai dentro do corpo da mãe fica expresso por um terceiro sonho, em que *entra em um banco* (corpo da mãe) e *querem que ele mate o caixa* (pênis do pai). *Nega-se a isso, mas outros o fazem e, quando o detêm, nega toda vinculação com o crime e consegue fugir.*

Na oportunidade de um pagamento de honorários atrasados, lembra-se da época em que passou fome em sua lactância, *quando quase morre, porque a mãe não se dava conta de sua necessidade, embora ele chorasse e gritasse o dia inteiro.*

Vale a pena comparar essa versão com a da entrevista, porque aqui se acrescenta que ele chorava e gritava o dia inteiro. Essa modificação mostra, em meu entender, que seu bloqueio afetivo mobilizou-se, o que implica, também, que os informes referentes ao desenvolvimento psíquico precoce devem ser conceituados como recordações encobridoras (Freud, 1899a), apesar de serem narrados como fatos reais, como histórias verídicas transmitidas por pais e familiares.

Superado o bloqueio afetivo, agora chora e grita o dia inteiro: meus honorários são muito altos, a psicanálise é puro blá-blá-blá, se não pode pagar-me é por suas dificuldades, das quais eu também sou responsável. Esse intenso conflito transferencial culmina com o seguinte sonho:

Estou em seu consultório, você sentado a meu lado como um médico clínico. Aflito, digo-lhe que sofro muitíssimo, porque abri meus sentimentos para os demais. Você parece compenetrado de minha dor e tem também uma cara de intenso sofrimento, talvez um pouco excessivo. Então, irrompem na peça três pessoas, um homem contrafeito e uma mulher; não me lembro do terceiro. Eram amigos seus que vinham jogar cartas ou fazer psicoterapia de grupo. Eu tinha trocado de roupa e buscava minhas cuecas para que não as vissem sujas de cocô. Encontrava umas que talvez fossem suas. Você me acariciava e me tocava, para acalmar minha aflição. Associa a mulher do sonho com a que viu dias atrás no consultório, e que lhe provocou ciúmes. Mais consciente de suas necessidades, é agora vulnerável à dor: quer que o acalme, mas teme aproximar-se e sentir ciúmes e/ou atração homossexual. Para que não descubram suas coisas sujas, confunde-se comigo mediante a identificação projetiva (Melanie Klein, 1946), metido em minhas cuecas.

Reconhece, por momentos, que sua única companhia é a análise e sente então desejos de me destruir. Seus atrasos no pagamento têm agora um matiz de provocação e rivalidade, ao mesmo tempo que quer ficar com meu dinheiro para não se sentir só. Quando diz que meu dinheiro o acompanha, fica com água na boca. Ao conseguir um aumento de salário, o que pensa primeiro é que tem de me pagar e isso lhe dá raiva.

Quando está para comprar um apartamento para viver sozinho, sonha que eu *estou analisando-o sentado na rua, sob um arco de triunfo: ele fala aos gritos, porque estamos muito separados. Enquanto se analisa, vai aproximando-se com movimentos rápidos, sempre deitado.* Esse sonho, em que se vê plasticamente a aproximação, foi interpretado em termos do complexo de Édipo completo: o atrai o genital da mãe (arco de triunfo) protegido pelo pênis rival do pai, que também o excita.

A compra do apartamento, sua ascensão na empresa e a melhoria de sua vida erótica fazem-lhe sentir que progride, o que lhe provoca raiva e medo: teme destruir-me com seus progressos e tem medo de confiar. Interpreto esse temor como baseado em uma confiança inicial no seio, que depois o traiu; responde com uma recordação que considero básica: *aos sete ou oito anos, uma empregada contou-lhe que uma criança morreu de inanição, porque a mãe dava-lhe água quando chorava de fome, o que a acalmava sem alimentá-la.*

Essa recordação é, sem dúvida, uma nova versão de sua lactância, e não é por acaso que apareça em um momento em que se aproximou do analista e começou a sentir a confiança básica de Erickson (1950). Esse material foi interpretado não apenas na perspectiva do conflito precoce e *em termos reconstrutivos* ("você deve ter sentido, quando pequeno, que sua mãe dava-lhe água em vez de leite"), mas também no *aqui e agora*, como uma típica resistência de transferência: "Acredita que progride pela análise e quer confiar em mim; porém, algo o leva a pensar que o alimento analítico não é mais do que água". Recordei-lhe seus desejos recentes de ver um médico clínico, "que com duas injeções vai arrumar tudo" e suas reiteradas afirmações de que a análise é puro blá-blá-blá, assim como uma fantasia que contou dias antes: *Vou a uma estação de serviço, onde me metem ar pelo traseiro, com pressão, para me limpar.*

Esse material ilustra a tese principal de meu trabalho: o desenvolvimento precoce não fica separado do restante da personalidade e pode ser reconstruído a partir de dados posteriores, que basicamente têm sua mesma significação. Não é decisivo que o pré-verbal seja, *depois*, ressignificado, como propõe Freud (1918b), ou que de início tenha significação: basta que uma experiência adquira significado *a posteriori* para que seja lícito sustentar que podemos alcançá-la e reconstruí-la – o material sugere fundamentalmente que a fantasia do período de latência do senhor Brown (a criança alimentada de água) é isomórfica com sua experiência de lactante.

Considero também que interpretação e construção são fases complementares de um mesmo processo.[3] Se transferência implica superpor passado e presente, então não podemos pensar que uma interpretação do aqui e agora possa ocorre sem a perspectiva do passado, nem tampouco que se possa restaurar a história sem responder ao sempre

---

[3] Phyllis Greenacre diz: "Any clarifying interpretation generally includes some reference to reconstruction" (1975, p. 703).

presente compromisso transferencial. Em outras palavras, é imprescindível não só elucidar o que ocorre no presente para desimpedir o passado, mas também utilizar as recordações para iluminar a transferência. Racker (1958b) dizia, com humor, que há analistas que vêem a transferência apenas como um obstáculo para recobrar o passado, e outros que tomam o passado como um mero instrumento para analisar a transferência (p. 59); todavia, como acabo de assinalar, devem-se fazer as duas coisas. "Both the patient dwelling on the past and his persistent adherence to the present can function as resistence", afirma Kris (1956b, p. 56). Contudo, deve-se obter, como sugere Blum (1980), uma ação sinérgica entre a análise da resistência e a reconstrução (p. 40) para restaurar a continuidade e a coerência da personalidade (p. 50). Entendida dessa maneira, a análise da transferência separa o passado do presente, discrimina o objetivo do subjetivo. Quando se consegue isso, o passado já não precisa repetir-se e fica como uma reserva de experiências que podemos aplicar para compreender o presente e predizer o futuro – não para entendê-los mal.

A partir da história da criança alimentada com água, o meteorismo acossava-o e seu ventre inchado fazia-o pensar em um bebê desnutrido. Aumentou cinco quilos em um mês e acentuou sua tendência a dormir quando recebia uma interpretação. A inveja ocupa agora um lugar importante: progride para despertar inveja nos demais e limita seus progressos para não provocá-la. Com sua sonolência, regula a sessão para controlar sua inveja (e também para expressá-la); ao mesmo tempo, põe em mim sua fome e seu desespero, seu bebê desnutrido.

Tem agora este sonho: *Sonhei que estávamos na cama e você me examinava a barriga, dolorida e cheia de gases. Você me apalpava e fazia um movimento circular para aliviar minha dor, enquanto dizia, com sua voz grave, que eu estava mal, que era uma "somatização".*

Associou com o outro sonho em meu consultório, de um ano e meio antes, e salientou que eu procedia como médico e não havia nada erótico; já que uma vez, quando criança, teve dor de barriga e seu pai disse-lhe que fizesse massagens.

Interpretei que precisa de mim como pai para aliviar sua dor: sente que posso tirar de seu corpo com minha mão-pênis o ar ruim que ali colocou o seio vazio de sua mãe – que sou eu mesmo quando falo em vão. Sugeri reconstrutivamente que, quando esteve a ponto de morrer de fome, de alguma forma o pai ajudou-o.

Sem entender o essencial da interpretação, aceita que deve haver um desejo homossexual, e adormece. Interpreto que agora tornou real o sonho: estamos dormindo juntos na cama, e o bebê desnutrido transforma-se na mãe grávida. A interpretação anterior aponta para o vínculo de dependência; já esta aponta para sua erotização.

No ano seguinte, quando já tem cinco de análise, a maioria de seus sintomas entrou em remissão: não aparecem mais suas fantasias coprofágicas, não lhe dá água na boca os odores nauseabundos e não expulsa seus pensamentos, isto é, pode prestar atenção e estudar, ainda que com dificuldades; sua vida sexual regularizou-se e chega até a ser satisfatória. Na análise, porém, a situação está longe de ser fácil. Embora seu desprezo olímpico já não vigore, ele continua resistindo vivamente em confiar e suas exigências e sua rivalidade fustigam continuamente o *setting* analítico.

Recordou que, aos cinco anos, *costumava brincar com uma amiguinha de bailarina e de diabo*. Esse jogo, que coincide com o momento culminante do complexo de Édipo, está relacionado com a masturbação frente à cena primária e junta-se a uma recordação encobridora da mesma época: *acreditava que havia diabos e bruxas entre seu quarto e o dos pais*. O demônio é, ao mesmo tempo, a fome de sua lactância, o pênis do pai que o acalma ou excita e o bebê dentro da mãe, que desperta seus ciúmes; em outras ocasiões, o demônio era o seu traseiro, o objeto espúrio de Money-Kyrle (1971), alternativa do seio. O jogo da bailarina e do diabo foi interpretado também à maneira de Rosenfeld (1971), como duas partes de seu *self*: infantil dependente (bailarina) e narcisista onipotente (diabo).

No meio do quinto ano de análise, trouxe um sonho importante para avaliar sua colaboração. Era um momento em que o tratamento interessava-lhe e queria curar-se. *Sonhei que estava com Carlos, trabalhando com entusiasmo sobre filtros de ar. Tínhamos nos tornado independentes da empresa e íamos muito bem. Havíamos construído o primeiro filtro absoluto do país e estávamos por fabricar um contador de partículas, que mede a eficácia dos filtros.* Associou que no sonho se sentia como se tivesse terminado a análise curado; seu problema sexual não está resolvido; o filtro absoluto esteriliza o ar.

Interpretei o sonho como um desejo de se curar, com a minha ajuda (Carlos), do ar ruim que lhe provoca meteorismo (aliança terapêutica) e, ao mesmo tempo, como um jogo sexual masturbatório entre irmãos, que torna estéril a análise (pseudo-aliança).

O sonho refere-se a um importante progresso: em seu novo posto de gerente, impulsionou a filtragem de ar e logo chegou a ser um renomado especialista.[4]

Quando inicia o sexto ano de tratamento, vincula-se com uma mulher que merece a sua confiança e o atrai sexualmente, com a qual se casa depois. Vive essa decisão como uma grande conquista da análise. Em uma sessão na qual expressa esses sentimentos, aparece o meteorismo. Interpreto que me vê como uma mãe que o está parindo são, e quer imitar-me. O meteorismo cede dramaticamente, e isso lhe desperta sentimentos contraditórios de confiança e de rivalidade. Pouco depois, em uma sessão na qual adormece, sonha que *está com uma mulher velha e má, com peitos vazios, dos quais só sai ar*.

No compasso de seus progressos, seu sistema defensivo tornou-se pouco menos que impenetrável: auto-interpreta-se, adormece quando eu falo, repete em voz alta minha interpretação, que com isso passa a ser sua, etc.; freqüentemente me interrompe e completa por sua conta

---

[4] Referia-me a este ponto ao falar de suas sublimações.

o que eu ia dizer. É agora o exemplo cabal do paciente de difícil acesso (Betty Joseph, 1975).

Como seus sintomas abdominais aumentam, consulta um clínico que promete curá-lo em uma semana. Isto o alegrou, porque demonstraria que eu estava equivocado, mas tampouco ao clínico deu a satisfação de curá-lo. Na sessão anterior, eu tinha voltado a interpretar seu meteorismo como gravidez, sem que me escutasse. Entretanto, dessa vez teve de reconhecer que sua esposa havia tido um pequeno atraso menstrual, pensou que estava grávida e sentiu ciúmes da criança, como eu lhe havia interpretado dias atrás.[5]

O modelo do meteorismo como identificação com a mulher grávida aparece agora vinculado mais à inveja do que aos ciúmes. Digo-lhe que ele quer ser quem vai ter a criança, mas sem ser fecundado por minhas interpretações. Responde com assombro que sua tensão abdominal diminuiu e que o meteorismo desapareceu.[6]

Nessa época, teve um sonho muito significativo. Chega com meteorismo e mal-estares abdominais, enquanto continua a amenorréia de sua mulher. *Sonhei que meu carro estava estragado e o levava à oficina. Diziam que o compressor estava mal e deveria ser revisado a fundo para ver se era grave. Isto me chamava a atenção, porque meu carro não tem compressor. Pensava que seria algo muito grave, equivalente a um câncer.*

Esse sonho expressa o conflito em todos os seus níveis: precoce, infantil e atual. O *conflito atual* do senhor Brown é que acredita que engravidou sua mulher e será pai, o que o obriga a ser mais adulto e responsável. O *conflito infantil* tem a ver com o complexo de Édipo e os ciúmes fraternos. Dessa vez, recordou os vivos sentimentos de desolação de seus cinco anos quando nasceu sua (única) irmã. Por último, o *conflito precoce* surge originalmente expresso pelo compressor, seio introjetado que insufla ar, em vez de alimentar.

Seu meteorismo como gravidez de ar é representado de maneira dupla: pelo compressor e porque pensa que seu carro não o tem. Essa dupla representação convém também à gravidez de sua mulher, imaginária, porque não está confirmada e por sua ambivalência, ao mesmo tempo que simboliza a pseudociese do senhor Brown, com um compressor (útero) que não existe em seu corpo de varão.

Enquanto representação do processo analítico, o sonho mostra com crua precisão o momento que cursa: estamos investigando algo que não existe, que é só ar, palavras que o vento leva, mas que é grave como um câncer. O processo analítico estava detido, não tinha profundidade e transformara-se em um jogo sexual perverso (*froteur*), apesar de todos os meus esforços. Carentes de significado emocional, as interpretações eram água ou ar que incham o ventre do bebê e o condenam a morrer de fome. Nunca se poderia empregar com mais dolorosa propriedade a expressão popular "falar em vão". Durante esse período, não só se identificava com a mãe grávida e o bebê desnutrido: com freqüência, projetava o bebê morto de fome no analista, e eu me sentia então desvalido e desalentado, às vezes com sonolência.

É importante destacar que esse *impasse* repete com surpreendente clareza o conflito da lactância, enquanto o conflito edípico é recordado e revivido em outro nível de comunicação. Apreciam-se, assim, duas formas de organização, neurótica e psicótica (Bion, 1957). O conflito neurótico contém a situação triangular de uma criança de cinco anos, ciumenta pelo nascimento de uma irmã, a intensa angústia frente à cena primária, através da recordação encobridora das bruxas e dos demônios, a masturbação infantil (o diabo e a bailarina) e os jogos sexuais com empregadas e amiguinhas – que recordou agora vivamente.

O conflito com o seio expressa-se de outro modo, com uma linguagem de ação, sem representações verbais, nem recordações, assim como o complexo de Édipo precoce (Melanie Klein, 1928, 1945). A análise alcança-os, no entanto, apesar de os avatares da técnica serem outros, e o analista, no torvelinho da repetição, vê-se transformado no seio vazio que insufla gases em seu bebê-paciente. Que este seja um processo muito doloroso para o analista não desmerece em nada a beleza de nosso método, a confiabilidade de nossas teorias.

Para os objetivos deste capítulo, importa que o conflito precoce encontra diversas formas de expressão que mostram sua unidade coerente com a vida e a história: o adulto que consultou por aerofagia é a criança do período de latência que se impressiona pelo relato do bebê alimentado com água e ouve contar a história de sua desafortunada lactância, tanto quanto o lactante que acreditou receber ar (flatos) em vez de alimento, o homem das fantasias coprofágicas que confunde fezes com comida, arrotos com palavras, o especialista com filtros de ar.

Na unidade dessa história, baseia-se nossa tese de que as experiências precoces deixam sua marca e depois se expressam fidedignamente nas idéias latentes dos mitos familiares e das fantasias do sujeito, em recordações encobridoras e traços de caráter, não menos do que nos sintomas e na vocação.

A outra tese é que essas experiências precoces são acessíveis à técnica psicanalítica clássica, embora resolvê-las seja extremamente difícil.

A maioria dos psicólogos do ego pensa que os conflitos precoces não são analisáveis. Elizabeth R. Zetzel (1968) afirma que, se forem resolvidos apenas os conflitos diádicos com a mãe e o pai separadamente, podem ser delimitadas a neurose de transferência e a aliança terapêutica, condição necessária de analisabilidade. Apesar de que acabo de dizer que as relações precoces são analisáveis, compartilho na prática as prevenções da psicologia do ego, sem deixar de pensar que em *todo* paciente aparecem conflitos precoces e mecanismos psicóticos.

---

[5] Esse aparente *insight* muitas vezes só significava que ele (e não eu) era quem o dizia.

[6] Para compreender a inexpugnabilidade de seu sistema defensivo, deve-se ter presente que a interpretação *fértil* desse momento pode transformar-se depois em um blá-blá-blá que enche outra vez o abdome de gases (gravidez imaginária).

Outros autores, no entanto, consideram analisáveis os conflitos precoces variando-se a técnica. Se o desenvolvimento emocional primitivo está afetado, diz Winnicott (1955), o trabalho analítico deve ser suspenso, "management being the whole thing" (p. 17). Anteriormente, a escola de Budapeste havia sustentado idéias similares a partir da técnica ativa de Ferenczi (1919b, 1920) e de sua teoria do trauma (1929, 1931, 1932), que inspira o *new beginning* de Balint (1937, 1952) para dar conta do amor objetal primário. Nessa linha, situam-se Annie e Didier Anzieu (1977), para os quais as falhas graves do desenvolvimento exigem mudanças técnicas, porque somente experiências concretas podem ser paliativas para elas: enquanto ato especificamente simbólico, a interpretação nunca pode chegar ao que não foi simbolizado.

Esses argumentos têm o apoio definido do senso comum; entretanto, a história da ciência mostra que o senso comum pode extraviar-nos. No caso apresentado, uma experiência altamente traumática dos primeiros meses da vida incorporou-se à personalidade do paciente e adquiriu um valor simbólico, ao qual pudemos chegar com a interpretação. O lactante de dois meses que "não pode entender nossa linguagem" é parte de uma criança e de um adulto que nos comunicam com ele.

O corolário é que não precisei dar a esse paciente a oportunidade de regredir. Voltou a viver plenamente no *setting* analítico clássico seu conflito de lactante, sem nenhum tipo de terapia ativa ou regressão controlada. Como analista, apliquei com rigor meu método e, quando por erro o abandonei, tentei recuperar-me através da análise silenciosa de minha contratransferência, sem concessões para meus desacertos.[7]

Pode-se discutir, por fim, a avaliação teórica das experiências traumáticas da infância. No caso exposto, aparece uma situação ambiental que realmente pôs em perigo a vida do sujeito; contudo, se vamos continuar utilizando conseqüentemente a teoria da transferência para compreender o passado, devemos notar que as coisas não são simples. Na repetição transferencial, encontramos um bebê-paciente que opera continuamente sobre o pai e o pênis, a mãe e o seio, a cena primária. Dir-se-á, e com razão, que o faz para transformar em ativa aquela experiência catastrófica; porém, pode isso excluir uma ação mais complexa entre a criança e os pais? Assim como adormece na sessão para não receber a interpretação, pode ter adormecido sobre o seio, condicionando em parte a agalactia. Essa hipótese é lógica e não há nada no material que a refute. Não digo que com isso fique apoiada a teoria da inveja primária de Melanie Klein (1957), porque poderiam ser oferecidas outras explicações igualmente possíveis, mas penso que o conflito sempre se dá entre o sujeito e o meio humano com o qual interage, ao modo das séries complementares de Freud (1916-17). Mirsky e colaboradores (1950, 1952) demonstraram que a alta concentração de pepsinogênio de alguns lactantes faz com que se sintam insatisfeitos e condiciona o tipo de mãe rechaçadora descrito por Garma (1950, 1954). Como diz Brenman (1980), o "complexo de Édipo" deve ser entendido como resultante de suas próprias tendências edípicas e do ambiente (o abandono de seus pais, os cuidados vicariantes dos reis de Corinto, etc.).

Apesar das advertências de Freud (1937d), freqüentemente se confunde a verdade histórica com a material. A *verdade material* são os fatos objetivos que têm uma infinidade de variáveis e, por conseguinte, de explicações. O que é acessível ao método psicanalítico é a *verdade histórica* (realidade psíquica), que é a forma pela qual cada um de nós processa os fatos. Por isso, creio que é melhor falar de realidade psíquica e realidade fática, como faz Freud no *Projeto* de 1895 (1950a) e no quarto ensaio de *Totem e tabu* (1912-1913), ou de realidade e fantasia, de acordo com Susan Isaacs (1943) e Hanna Segal (1964a).

O informe que um paciente dá de suas situações traumáticas e, em geral, de sua história é uma versão pessoal, um conteúdo manifesto que deveria ser interpretado e que, de fato, muda no decorrer da análise.

Vimos que, ao levantar-se o bloqueio afetivo, o senhor Brown modificou a versão do trauma de sua lactância. Dois anos depois do sonho do compressor, quando o *impasse* havia cedido e a análise encaminhava-se para seu término, sobreveio uma nova mudança. Nessa época, o analisando, mais consciente de sua avidez e desconsideração, temia cansar-me. No regresso das férias, sonhou *que tinha jogos sexuais com uma jovem: dava-lhe um beijo, e a língua da moça, crescendo enormemente, permanecia em sua boca ao separar-se*. Interpretei que ele erotiza o vínculo analítico, negando a separação das férias, e acrescentei que a língua da moça era meu bico de seio complacente que lhe permite estar sempre preso ao seio para que não se repita seu catastrófico desmame. Comentou com preocupação seu novo atraso no pagamento e lembrou, de imediato, que *o transtorno em sua lactância não foi o fato de sua mãe perder o leite e de ele passar fome, até que começaram a lhe dar a mamadeira, se não justamente ao contrário: foi com a mamadeira que passou fome, porque lhe davam menos ração que a ordenada pelo médico*. Essa nova versão corresponde, em meu entender, a uma mudança estrutural: agora, há um seio bom que alimentou e uma mamadeira má; e o pai (médico) é uma figura protetora, como se insinuava em um material anterior.[8]

A análise não se propõe a corrigir os fatos do passado, o que, além disso, é impossível, mas a *reconceituá-los*. Se se consegue isso e o paciente melhora, a nova versão é mais eqüânime e serena, menos maniqueísta e persecutó-

---

[7] Minha tolerância no pagamento poderia ser considerada um parâmetro (Eissler, 1953); contudo, não foi algo que eu introduzi e analisei-a como outro sintoma qualquer.

[8] Três anos depois de terminada a análise, em uma entrevista de seguimento, mudou uma vez mais a recordação e disse que *passou fome com a mamadeira porque a dose indicada pelo médico era insuficiente*, incorporando-se, talvez, uma queixa pelo término da análise.

ria. O sujeito reconhece-se como ator, agente, além de paciente; aprecia nos outros melhores intenções, não só negligência e má-fé; a culpa fica mais repartida; atribui-se um papel maior às adversidades inevitáveis da vida.

Cada um de nós guarda um conjunto de informes, recordações e relatos que, ao modo de mitos familiares e pessoais, são processados em uma série de *teorias*, com as quais enfrentamos e ordenamos a realidade, assim como nossa relação com os demais e com o mundo. Emprego a palavra "teoria" em sentido estrito, uma hipótese científica que pretende explicar a realidade e que pode ser refutada pelos fatos, como ensina Popper (1962), e que, a meu ver, coincide com o conceito psicanalítico de fantasia inconsciente. A neurose (e, em geral, a enfermidade mental) pode ser definida, desse ponto de vista, como a tentativa de manter nossas teorias, apesar dos fatos que as refutam (vínculo menos K. de Bion, 1962b); e o que chamamos na clínica de *transferência* é a tentativa de que os fatos tornem-se adequados a nossas teorias, em vez de testar nossas teorias com os fatos.

O processo psicanalítico propõe-se a revisar as teorias do paciente e torná-las, ao mesmo tempo, mais rigorosas e flexíveis. Isto é alcançado com a interpretação e especialmente com a interpretação mutativa (Strachey, 1934), em que se unem, por um momento, o presente e o passado para nos demonstrar que nossa teoria de considerá-los idênticos estava equivocada.

O SONHO "NON VIXIT" E O PSIQUISMO PRECOCE

Nos últimos anos, vários autores descobriram que um dos sonhos de Freud, em *A interpretação dos sonhos*, pode servir para ilustrar o tema das reconstruções pré-edípicas. Trata-se do que transcorre no Laboratório de Fisiologia do professor Ernest Brücke e que, no jargão psicanalítico, é conhecido como o sonho "Non vixit". Freud analisa-o quando fala do valor das palavras no sonho, no Capítulo VI, e volta a ele mais adiante. Os personagens principais são Ernst Fleischl von Marxow e Josef Paneth, dois companheiros de Freud no Laboratório, e seu grande amigo Fliess. O texto do sonho é o seguinte:

> "*Fui à noite ao laboratório de Brücke e abro a porta, depois que bateram suavemente, ao* (defunto) *professor Fleischl, que entra com vários amigos e, logo após algumas palavras, senta-se à sua mesa. Segue-se outro sonho: Meu amigo Fl.* (Fliess) *chegou a Viena em julho, incógnito; encontro-o na rua em colóquio com meu* (defunto) *amigo P. e vou com eles para algum lugar, onde se sentam em uma pequena mesa, frente a frente, e eu na cabeceira, do lado mais estreito da mesinha. Fl. fala de sua irmã e diz: "Em três quartos de hora, morreu"* e, *depois, algo como "Esse é o umbral". Como P. não o entende, Fl. volta-se para mim e pergunta-me o quanto de suas coisas comuniquei, então, a P. Depois disso eu, presa de estranhos afetos, quero comunicar a Fl. que P.* (nada pode saber porque ele) *não está com vida. Mas digo, notando eu mesmo o erro:* "*Non vixit*". *Olho, então, P. com intensidade e, sob meu olhar, ele se torna pálido, difuso, seus olhos põem-se de um azul enfermiço... e, por fim, se dissolve. Isto me dá uma enorme alegria, agora compreendo que também Ernst Fleischl era só uma aparição, um ressuscitado e acho inteiramente possível que uma pessoa assim não subsista senão pelo tempo que se quer e que possa ser eliminada pelo desejo do outro*" (AE, v.5, p. 421-2).

Por diversas circunstâncias bem estabelecidas, e que não vem ao caso esclarecer, pode-se assegurar que esse sonho ocorreu em torno de 30 de outubro de 1898, em meio a vários acontecimentos significativos.

Em 23 de outubro, haviam-se passado dois anos da morte de Jakob Freud e, uns dias antes, em 16 de outubro, havia ocorrido, no peristilo da Universidade, uma homenagem a Fleischl, em cuja memória foi erigido um busto. Nessa oportunidade, Freud lembrou-se não apenas desse grande amigo e benfeitor seu, mas também de outro que o ajudou, Joseph Paneth. Se Paneth não tivesse morrido prematuramente, pensou que ele também teria seu monumento no peristilo.

Quando Freud renunciou ao Laboratório, em 1882, Paneth foi justamente quem ocupou o cargo, mas sua promissora carreira científica foi interrompida, quando morreu de tuberculose em 1890, um ano antes de Fleischl.

Outro acontecimento não menos importante era que, nesses dias, Fliess submeteu-se a uma operação cirúrgica em Berlim e Freud estava realmente preocupado, pois os primeiros informes, que chegaram a ele pelos sogros de Wilhelm, não eram muito alentadores. Além disso, Freud havia ficado muito ofendido, porque os familiares do enfermo haviam-lhe recomendado não comentar as notícias, como se duvidassem de sua discrição. No entanto, Freud reconhecia que, em certa ocasião, havia cometido uma indiscrição com Fleischl e outro Joseph (certamente Breuer) e, por isso, sentia-se mais incomodado por essa recomendação.

Rosa, a irmã de Freud, deu à luz em 18 de outubro e, no fim de agosto, nasceu uma filha de Fliess, que se chamou de Pauline, como uma irmã de Wilhelm que morreu jovem. Ao felicitá-lo por esse grato acontecimento, Freud disse-lhe que a nova Pauline seria logo a reencarnação da defunta. (Pauline também é o nome da sobrinha de Freud, filha, como John [Hans], de Emmanuel.)

Freud lembrou que as palavras "non vixit" figuravam no pedestal do monumento ao imperador José. Ao compará-lo com o José imperador e com o colega homenageado, levantava então um monumento a seu amigo Joseph Paneth, a quem, ao mesmo tempo, matava no sonho com o olhar. Freud recordou que, certa vez, Paneth deu mostras de impaciência, esperando a morte de Fleischl para ocupar seu posto, mas seu mau desejo não se realizou, já que morreu antes. Aqui, Freud dá-se conta de que seus encontrados sentimentos por seu amigo podem ser resumidos em uma frase como essa: "Porque era inteligente, eu o honro; porque era ambicioso, eu o matei", igual, em sua estrutura, à que Bruto diz depois de assassinar Júlio César.

A partir desses elementos, Freud pode fazer uma primeira interpretação do sonho: conclui que as aparições (*revenants*) do sonho, Fleischl e Paneth, foram seus rivais no Laboratório de Fisiologia, assim como seu sobrinho John foi seu rival na infância. Como se sabe, este foi o inseparável companheiro de brincadeiras de Sigmund até os três anos, quando Emmanuel Freud e família saíram de Leipzig, indo para Manchester.

Uma coincidência, que Freud recorda de imediato, vem a prestar apoio a essa interpretação: quando Freud tinha 14 anos, Emmanuel veio com sua família de visita a Viena e, então, Sigmund e Hans representaram, em um auditório infantil, Bruto e César, tomados de uma obra de Schiller. Freud diz: "Desde então, meu sobrinho John encontrou muitas encarnações que reviviam ora este aspecto, ora este outro de seu ser, fixado de maneira indelével em minha recordação inconsciente" (*AE*, v.5, p. 425). Freud afirma categoricamente que sua relação infantil com John foi determinante para todos os seus sentimentos posteriores no trato com pessoas de sua idade (p. 424-425).

O que Freud não diz, em sua penetrante interpretação, mas sim Anzieu (1959), Grinstein (1968), Schur (1972), Julia Grinberg de Ekboir (1976) e Blum (1977) é que Freud teve um irmãozinho que se chamou Julius. Essa criança nasceu no final de 1857 e morreu em 15 de abril de 1858, quando Sigmund estava para completar dois anos (em 6 de maio).

A partir desse fato, esclarecem-se alguns enigmas do sonho e certos dados biográficos de Freud, assim como também o alcance das reconstruções pré-edípicas, que é o que nos interessa neste momento.

É singular que nas cartas heróicas do verão de 1897 (isto é, um ano antes do sonho "Non vixit"), quando Freud comunica a Fliess a descoberta do complexo de Édipo, fala de Julius, John e Pauline; porém, um ano depois Julius fica esquecido por completo e para sempre. Na Carta 70, de 3 de outubro de 1897, Freud lembra-se de seu irmão e de seus sobrinhos, sem nomeá-los nesses termos: "... que depois (entre os dois anos e os dois anos e meio) despertou minha libido para *matrem*, e isso por ocasião de viajar com ela de Leipzig a Viena, em cuja viagem pernoitamos juntos, e devo ter tido oportunidade de vê-la *nudam* (há tempo extraíste a conseqüência disso para teu filho, como me deixou transparecer uma observação tua); que recebi meu irmão varão um ano mais moço que eu (e morto de poucos meses) com maus desejos e genuínos ciúmes infantis e que, desde a sua morte, ficou em mim o germe para algumas recriminações. De meu companheiro de travessuras, quando eu tinha entre um e dois anos, há muito que tenho notícia: é um sobrinho um ano mais velho que eu, que agora vive em Manchester e que nos visitou em Viena quando eu tinha 14 anos. Parece que, em certas ocasiões, ambos tratávamos cruelmente minha sobrinha, um ano mais moça que eu. Pois bem, esse sobrinho e esse meu irmão, mais moço, comandam o neurótico, mas também o intenso em todas as minhas amizades. Tu mesmo viste em flor minha angústia para viajar" (*AE*, v.1, p. 303-304).

Nesse parágrafo, Freud descreve pela primeira vez o complexo de Édipo e o faz com base em sua própria história, deixando-o enlaçado a seus ciúmes infantis e à culpa por seus desejos hostis contra o irmãozinho recém-nascido.

Portanto, o assassinado no sonho não é apenas John, mas também Julius, e a ele se aplica mais estritamente "non vixit" (não viveu) do que a John ou a qualquer outro. Pode-se deduzir também, como fazem todos os autores mencionados, que Fliess, nascido em 1858, e Paneth, que era, como Julius, de 1857, representavam mais o irmão do que o sobrinho. Freud atribui seu lapso no sonho – quando diz "non vixit", em lugar de "non vivit" (não vive) – a seu medo de chegar a Berlim para receber a ingrata notícia de que Wilhelm já não vive e associa-o com suas chegadas atrasadas ao Instituto de Fisiologia, quando tinha de suportar o olhar penetrante e reprovador dos olhos azuis do grande Brücke, que o aniquilavam.

Max Schur assinala com precisão que o conflito atual do sonho "Non vixit" é a operação de Fliess e a crescente ambivalência de Freud frente a seu amigo e seu regozijo por sobreviver a ele, ficando de dono do terreno frente à fantasia de sua morte, como realmente aconteceu ao morrer Julius. Schur sustenta que Freud presta atenção ao material infantil em sua interpretação não apenas por seus interesses teóricos do momento, mas também para eludir o conflito atual com Fliess. Schur afirma: "O trabalho do sonho pode operar geneticamente em duas direções – do presente ao passado e vice-versa" (1972, p. 167).

Seguindo essa linha de pensamento, quero sugerir que o *conflito infantil* de Freud com John e Pauline serve, por sua vez, para evitar o *conflito precoce* com Julius, empregando esses termos da forma que propus no começo deste capítulo.

Nesse ponto, creio que se confirma uma das teses de meu trabalho de Helsinque, aqui reproduzido, a de que o conflito precoce e o conflito infantil aparecem unidos em uma mesma estrutura e que aquele pode ser recuperado na transferência.

Quando Harold Blum (1977) retoma esse tema em um trabalho excelente, "The prototype of preoedipal reconstruction", explica o conflito pré-edípico de Freud com a perspectiva do período de reaproximação de Margaret Mahler (1967, l972a, 1972b), a terceira subfase da etapa de separação e individuação, que ocorre entre os 18 e os 24 meses. Sigmund passou por essa etapa justamente nos meses em que Julius viveu. Desse modo, a partir dos instrumentos teóricos da psicologia do ego, pode-se explicar não só o desenvolvimento precoce, como também os fenômenos transferenciais que correspondem a essa época. O próprio Freud reconheceu mais de uma vez e o fez precisamente em seus comentários desse sonho, que todos os seus conflitos adultos com seus pares sempre estiveram vinculados a seu sobrinho John (e podemos acrescentar, agora, a seu irmão Julius). O trabalho de Blum estuda penetrantemente os sentimentos da criança nessa difícil etapa do desenvolvimento e sublinha a importância crucial da relação da criança com a mãe, e mais ainda no caso especial de Freud, com uma mãe que está passando pelo luto por seu filho Julius, enquanto espera Anna, que nasce em dezembro de 1858.

Ao destacar o valor demonstrativo desse sonho, Blum afirma que a reconstrução dos estados pré-edípicos é possível e o atribui ao gênio de Freud. Nesse ponto, porém, creio que Blum outorga a Freud méritos que, a rigor, correspondem a Melanie Klein: foi ela que insistiu denodadamente no fato de que o complexo de Édipo inicia muito antes do que diz a teoria clássica, sem nunca ser escutada pelo criador, e foi ela também que antedatou drasticamente as origens do superego, assinalando o imenso sentimento de culpa da criança pequena por seus ataques sádicos ao corpo da mãe e seus conteúdos, bebês, pênis e fezes. É realmente surpreendente notar, por outro lado, que a descoberta do complexo de Édipo de Freud por Freud corresponde estritamente ao Édipo precoce de Melanie Klein!

Se, como disse há pouco, seguindo o fio do pensamento de Schur, a reconstrução do desenvolvimento infantil com John e Pauline serve para recalcar o desenvolvimento precoce de Freud, em que o conflito de ciúmes com Julius (e pouco depois com Anna) ocupa um lugar principal, então se pode supor validamente que a teoria do complexo de Édipo de Freud sofre por essas razões e disso decorre que peque por uma certa rigidez. Se não fosse por essas dificuldades pessoais, é provável que o criador não tivesse precisado recorrer à sua complicada teoria do *après coup*, para explicar a cena primária do "Homem dos Lobos", aos 18 meses.

Enfim, o sonho "Non vixit" apóia também, surpreendentemente, a teoria de Meltzer (1968) sobre o terror que produzem os bebês mortos na realidade psíquica, que reaparecem como *revenants*, como fantasmas.

29

Metapsicologia da Interpretação

De acordo com a mais clássica definição psicanalítica, a interpretação é o instrumento para tornar consciente o inconsciente, o que, por outro lado, coincide com a teoria da cura. Apesar de que, em princípio, preferimos definir a interpretação sem nos basearmos na teoria do inconsciente, para que conveniesse a todas as escolas de psicoterapia maior, não duvidamos nem por um momento de que a concisa fórmula freudiana é inobjetável.

A interpretação, pois, busca tornar consciente o inconsciente; porém, quando aceitamos essa formulação, coloca-se o problema de ver em que sentido usamos a palavra inconsciente. Porque o inconsciente tem diversas acepções, que andam no compasso da metapsicologia, e amplia seu alcance de acordo com os pontos de vista da metapsicologia.

TÓPICA E DINÂMICA DA INTERPRETAÇÃO

A terapia catártica, que buscava ampliar a consciência via sonho hipnótico, está marcada fundamentalmente pelo ponto de vista *tópico* (ou topográfico) daquilo que depois vai ser a metapsicologia, embora Breuer e Freud tenham notado, desde o primeiro momento, que a descarga de afeto (isto é, o econômico) era fundamental para a obtenção dos resultados buscados.

Ao abandonar o método catártico e descobrir o conflito dinâmico das forças inconscientes, Freud pôde compreender que a passagem topográfica de um sistema a outro não é suficiente para obter resultados, e assim surgiu o ponto de vista *dinâmico*, que leva em conta a ação da resistência. Esse passo, que é por certo fundamental, é explicitado por Freud em "Sobre o início do tratamento" (1913c). Recorda que, nos primeiros tempos da técnica analítica, era guiado por uma atitude mental intelectualista, que o fazia crer muito importante que o paciente alcançasse o conhecimento do que tinha esquecido por recalcamento. Os resultados obtidos dessa maneira eram completamente desalentadores. Isto é, ao transmitir ao paciente notícias dos traumas infantis obtidos pela anamnese dos familiares, a situação não mudava, e o paciente conduzia-se como se não soubesse nada de novo. Freud relata o caso de uma moça histérica, cuja mãe revelou-lhe uma vivência homossexual, sem dúvida determinante dos ataques da paciente (*AE*, v.12, p. 142). A própria mãe havia surpreendido a cena, que se desenvolveu nos anos imediatos à puberdade e foi completamente esquecida pela paciente. Quando Freud repetia o relato da mãe à moça, o que obtinha não era que esta recordasse, e sim que caísse em um novo ataque histérico, até o ponto em que terminou em um quadro de amência e perda total da memória. E aqui Freud acrescenta: "Foi preciso então retirar ao saber, como tal, o significado que se pretendia para ele e pôr o acento sobre as resistências que, em seu tempo, tinham sido a causa do não saber e agora estavam dispostas para protegê-lo. O saber consciente era, sem dúvida, impotente contra essas resistências, embora isso não fosse expulso de novo" (ibid.).

Nos escritos técnicos, Freud insiste em que o tratamento deve procurar a expressão do recalcado, através da superação da resistência e assinala diversas vezes que a análise deve partir sempre da superfície psíquica. Assim, por exemplo, em "O uso da interpretação dos sonhos na psicanálise" (1911e), diz que a interpretação dos sonhos deve subordinar-se às normas gerais do método, porque "para o tratamento é do máximo valor tomar notícia, cada vez, da superfície psíquica do paciente e manter-se orientado para os complexos e as resistências que, no momento, possam mover-se em seu interior, e para a eventual reação consciente que guiará seu comportamento frente a isso" (*AE*, v.12, p. 88). Essa meta terapêutica, sentencia Freud, nunca deve ceder seu lugar ao interesse pela interpretação onírica.

O PONTO DE VISTA ECONÔMICO

Na segunda metade da década de 20, o Seminário de Técnica Psicanalítica que Wilhelm Reich ditava em Viena inicia uma revisão que logo haveria de se cristalizar em mudanças significativas. Essa grande abertura deu-se com a chave do fator energético, isto é, o ponto de vista econômico, que integrava o trípode metapsicológico da primeira tópica de 1915.

A investigação de Reich apóia-se, sem dúvida, nos inúmeros e importantes trabalhos que, por essa época, haviam escrito Abraham, Jones e Ferenczi sobre caracterologia psicanalítica, em especial o de Abraham, intitulado

"Uma forma particular de resistência neurótica contra o método psicanalítico" (1919a).[1] Concordo com Robert Fliess (1948), que, ao apresentar os trabalhos de Reich e após recordar as contribuições de Freud à caracterologia psicanalítica, sublinha que as premissas em que Reich baseará sua análise do caráter estão contidas no trabalho de 1919, recém-citado (Fliess, 1948, p. 104-5).

Há pacientes, diz Abraham, que não cumprem a regra fundamental, nem tampouco as outras normas do enquadre, até o ponto em que não parecem entender que vieram ao tratamento para se curar. Esse recalcitrante descumprimento transforma-se na chave de acesso a esses casos, em que se descobrem marcados traços caracterológicos vinculados à rebeldia, à inveja e à onipotência. São pacientes que têm uma permanente atitude de desobediência e provocação, embora sua resistência oculte-se, às vezes, por trás de uma aparência de boa vontade. São particularmente sensíveis a tudo o que possa lesar seu amor próprio, ou seja, são narcisistas; isso os leva, por um lado, a se identificar com o analista e, por outro, a desejar superá-lo, com o que perdem de vista o objetivo do tratamento. Em seu afã de rivalizar, costumam recorrer, entre outras táticas, a uma auto-análise, que tem um claro conteúdo de rebeldia masturbatória. Abraham termina seu trabalho assinalando que a complacência fingida com que esses pacientes encobrem sua resistência torna-os de difícil acesso.

A TRANSFERÊNCIA NEGATIVA LATENTE

Em junho de 1926, Reich apresentou o primeiro de uma série de trabalhos fundamentais no Seminário de Viena. Intitula-se "Sobre a técnica da interpretação e a análise da resistência" e apareceu no *Internationale Zeitschrift für Psychoanalyse* no ano seguinte, sendo o terceiro capítulo de *Análise do caráter* (1933). Reich começa lembrando as dificuldades do período de abertura da análise e salienta que, com freqüência, passa-se por alto a transferência negativa oculta por trás das atitudes positivas convencionais e, desse modo, chega-se quase que invariavelmente a uma situação caótica, em que o paciente oferece material de distintos estratos e gira em um círculo vicioso.[2]

A *transferência negativa latente* é a chave desse trabalho de Reich. Apresenta-se com freqüência e com freqüência é passada por alto. A transferência negativa, latente ou manifesta, em geral não é analisada, afirma Reich.

Outro ponto de vista que Reich introduz nesse artigo é que devem ser evitadas, no começo, as interpretações profundas, em particular as simbólicas, e chega até a dizer que às vezes é necessário suprimir o material profundo que aparece cedo demais (1933, p. 38).

---
[1] Voltaremos a esse trabalho ao falar da reação terapêutica negativa.
[2] Lembremos que Abraham havia insistido muito na máscara de complacência dos pacientes que descreve.

A transferência negativa latente conduz a prestar a máxima atenção à *primeira resistência transferencial*. Ela é observada, às vezes diretamente, quando o paciente afirma que não lhe ocorre de que falar, como dizia Freud em "Sobre o início do tratamento" (*AE*, v.12, p. 138); outras vezes não aparece manifestamente, mas pode ser detectada pela *forma* como o paciente desenvolve sua relação com o analista.

Mesmo por motivos reais, não-neuróticos, é lógico que o paciente tenha, no começo, desconfiança e dificuldade para se entregar à tarefa da análise; e essa atitude, até certo ponto racional, transforma-se em resistência, a menos que o tratamento comece a comover o equilíbrio neurótico. A atitude de confiança e colaboração no início de uma análise, conclui ceticamente Reich, é necessariamente convencional. Quando começamos a colocá-la em dúvida, muda a nossa visão do período de abertura e torna-se clara a resistência de transferência. (Pensemos, por exemplo, na atitude de Freud na análise de "Dora".)

Disso decorre que a primeira resistência transferencial seja para Reich a chave – já que surge de um conflito real, racional, a desconfiança natural que se pode ter frente a um estranho – e conduza aos conflitos profundos de que se alimenta essa desconfiança, enquanto o analista define-se como uma pessoa que está ali para perturbar o equilíbrio neurótico.

Pode-se dizer, então, que a primeira resistência transferencial sempre assume um caráter de transferência negativa (desconfiança) e, como essa transferência negativa em geral não se exterioriza, não se manifesta, Reich diz que a primeira resistência transferencial configura uma *transferência negativa latente*. É a partir dela que se tem acesso à estrutura caracterológica, porque não se dá nos conteúdos: na realidade, se se manifestasse nos conteúdos, já não seria latente, mas patente. Traduz-se ora em uma atitude de obediência e franca colaboração, afável e confiante, ora em uma atitude formal e cortês, que provocam suspeitas e que, entre parênteses, correspondem ao caráter histérico e ao caráter obsessivo, respectivamente. Essas duas atitudes, e outras que podem apresentar-se, são sempre acompanhadas de algo que as denuncia, que é a falta de afeto, a falta de autenticidade.

Desse modo, Reich descreve e descobre as resistências do analisando que não se expressam de forma direta e imediata, as quais se encobrem com uma atitude de cooperação convencional, por trás da qual espreita a temida transferência negativa latente. Nos pacientes excessivamente afáveis, obedientes e confiantes (que passam por bons pacientes), assim como nos convencionais, nos corretos e nos que apresentam bloqueio afetivo ou despersonalização, é de se presumir a transferência negativa latente.

Para descobrir a primeira resistência transferencial, Reich fixa-se, portanto, no *comportamento* do paciente, e isso o levará rapidamente a uma teoria geral do caráter.

Ao analisar essas formas da transferência negativa latente, Reich verifica que são, na verdade, muito complicadas, descobre que cada uma dessas defesas tem diversos estratos e que justamente a análise sistemática da resistência permite um acesso ordenado a esses estratos, com o que se evita a situação caótica. Porque não se deve esquecer que a reflexão de Reich parte da situação caótica, fato concreto e ominoso da práxis de sua época (e às vezes da nossa). Se não respeitarmos a estratificação da defesa, produziremos algo como um cataclisma, teremos uma zona de fratura, de falha, falando em termos geológicos.

Portanto, Reich muda nesse trabalho o conceito de *superfície psíquica*, já que para ele compreende não só os *conteúdos* mais próximos da consciência, mas também a *forma* como esses conteúdos oferecem-se.

Para não passar por alto a transferência negativa latente, Reich propõe regras estritas ao interpretar. Para começar, deve-se partir sempre da análise da resistência e, em especial, da resistência transferencial; contudo, além disso, deve-se ter uma tática na tarefa interpretativa, a qual deve ser ordenada, sistemática e conseqüente.

A interpretação deve ser *ordenada* porque não deve saltar estratos ou queimar etapas; não deve começar apenas pela superfície psíquica, como tantas vezes disse Freud; deve também atender os estratos que se organizam de acordo com a evolução da neurose. Se em uma histérica apareceu primeiro a sedução frente ao pai, para recalcar (como Dora) a homossexualidade frente à mãe, seria um erro interpretar esta antes que aquela. Reich chama isso de uma interpretação ordenada do material.

Não basta ser ordenado com a interpretação: deve-se, também, ser *sistemático*, persistir na ordem. Para Reich ser sistemático é não se afastar de um estrato antes de tê-lo resolvido.

Reich considera, por fim, que a tarefa interpretativa deve ser *conseqüente*, porquanto devemos voltar ao ponto de partida diante de cada dificuldade e não saltar etapas. O que Reich quer dizer é que, em geral, quando o paciente enfrenta um novo conflito, recorre a suas velhas técnicas defensivas, e a essas deve remeter-se, em primeiro lugar, o analista. É certo que, se procedemos conseqüentemente, a duração da análise da resistência será dessa vez mais breve; porém o que importa a Reich é que somente por esse caminho chegaremos ao conflito que realmente queríamos alcançar.

A RESISTÊNCIA CARACTEROLÓGICA

O X Congresso Internacional foi realizado na bela Innsbruck em 1927. Nesse congresso, Reich apresentou um novo trabalho, intitulado "Sobre a técnica da análise do caráter" e publicado no *Internationale Zeitschrift* do ano seguinte, o qual constitui o quarto capítulo de seu livro.

Nesse artigo, Reich desenvolve lucidamente a metapsicologia da interpretação. Destaca a importância do ponto de vista tópico, com seus estratos inconsciente, pré-consciente e consciente; em seguida, o ponto de vista dinâmico, que consiste em analisar primeiro a resistência para depois chegar ao conteúdo; e, por fim, o ponto de vista econômico, que é o centro de sua reflexão. O ponto de vista econômico pode ser definido, em princípio, como a ordem com que se deve analisar a resistência.[3]

O ponto de partida de Reich é que o analisando não se mostra acessível inicialmente e que de fato *não* cumpre a regra fundamental. Ou seja, o que Abraham havia observado em casos particulares (e muito notórios), Reich pensa, com razão, que está presente em *todos* os casos em maior ou menor grau.

Pois bem, há dois métodos para que o paciente cumpra a regra fundamental: o método *pedagógico* de lhe ensinar em que consiste a associação livre e estimulá-lo para que a pratique e o método *analítico*, que consiste em interpretar o descumprimento da regra fundamental como se fosse um sintoma (e assim é). Se aplicarmos o segundo método, como propõe Reich, o que Abraham já havia sugerido quase 10 anos antes, chega-se de imediato, inesperadamente, à análise do caráter. Porque o cumprimento da regra fundamental está relacionado com o caráter, algo que Abraham salienta claramente no trabalho já citado e, de certo modo, também Freud na conferência para o Colégio Médico de Viena de 1904.[4]

Diferentemente do sintoma, o traço de caráter é sintônico, graças ao fato de estar fortemente racionalizado, e põe-se a serviço de ligar a angústia flutuante com aquilo que Reich chama de *couraça carácter-muscular*, a expressão da defesa narcisista.

É no nível das estruturas caracterológicas que Reich pensa que estão congelados os conflitos, e aqui a palavra congelado expressa plasticamente o fator econômico. Porque a energia do conflito ficou ligada à estrutura do caráter e nossa tarefa principal será, então, liberá-la. Enquanto não conseguirmos mobilizar essa energia, as coisas continuarão iguais, por mais que o paciente adquira um conhecimento (ponto de vista topográfico) e capte o conflito (ponto de vista dinâmico), já que lhe faltará o motor para a mudança, os impulsos libidinais absorvidos na estrutura do caráter.

Em resumo, o que até esse momento era para Reich o estudo da resistência e seus estratos, agora se transforma em uma situação mais complexa e mais rica, a análise do caráter. Pode-se concluir, então, que a dificuldade para associar livremente traduz originalmente a estrutura do caráter: o que antes se chamou de análise ordenada, sistemática e conseqüente da estratificação defensiva chama-se agora de análise do caráter. A partir desse momento, Reich distingue dois tipos de resistências: as resistências correntes ou comuns e as resistências que operam conti-

---

[3] Como procuro mostrar mais adiante, Reich não deixa de lado o ponto de vista estrutural, próprio da segunda tópica.
[4] Vale a pena destacar, nesse ponto, que a alternativa entre métodos analíticos ou métodos pedagógicos, para realizar a tarefa analítica, que Reich propõe no Congresso de Innsbruck, havia sido discutida nos mesmos termos, se bem que com maior passionalismo, no *Simpósio sobre análise infantil*, de 4 a 18 de maio daquele mesmo ano (*International Journal*, v.8, 1927), em que Melanie Klein foi a voz dominante.

nuamente e diante de *todos* os conflitos, que são as resistências caracterológicas.

Deve-se levar em conta que, nessa época, já alguns autores, como Glover e Alexander, apoiados no escrito de Freud de 1916, "Alguns tipos de caráter elucidados pelo trabalho psicanalítico", haviam distinguido dois tipos de neurose: *sintomáticas e assintomáticas* ou *caracterológicas*.

Reich dirá agora, e com razão, que a neurose de caráter é *prévia* à neurose sintomática e que o sintoma é apenas uma eflorescência da estrutura de caráter, assenta-se sempre no caráter. Que diferença haverá, então, entre analisar um sintoma e um traço de caráter? Ou, em outras palavras, o que distingue uma resistência qualquer e uma resistência caracterológica? A diferença fundamental, afirma Reich, é que o traço de caráter tem uma estrutura muito mais complexa. Originariamente, foi um sintoma o que se incorporou à estrutura do caráter, através de identificações no ego e de processos de racionalização que o tornam sintônico. Esse processo que leva do sintoma ao traço de caráter implica uma maior complexidade na estrutura do aparelho psíquico. Se o sintoma está sempre multideterminado, tanto mais estará o traço de caráter.

Este é o enfoque econômico que Reich traz para complementar os outros dois níveis em que um processo deve tornar-se consciente. Apenas se atendermos a esses três fatores, a interpretação poderá ser um arma eficaz para promover as mudanças estruturais pretendidas pela análise.

OS PRESSUPOSTOS TEÓRICOS DE REICH

A tese principal da técnica interpretativa reichiana baseia-se em dois suportes teóricos: a estase libidinal e a teoria do caráter. O conceito de estase libidinal pertence inteiramente à teoria da libido em termos de um processo evolutivo que, através das conhecidas etapas, deve conduzir à primazia genital, em que a sexualidade pré-genital fica finalmente subordinada à consecução do orgasmo. A teoria do caráter de Reich sustenta que cada traço de caráter é o herdeiro de uma situação de conflito na infância. O desenlace da neurose infantil é a constituição de uma fobia durante a etapa do complexo de Édipo e, a partir disso, o ego procura transformar essa fobia em traços egossintônicos que configuram o caráter. Essa teoria do caráter implica que os sintomas da neurose do adulto são conseqüência do caráter neurótico e surgem quando a armadura caracterológica começa a se quebrar. Apoiado nos recém-citados trabalhos de Glover (1926) e Alexander (1923, 1927), Reich sustenta, então, que a neurose sintomática é simplesmente uma neurose de caráter que produziu sintomas.

A análise do caráter requer, por conseguinte, mais habilidade e persistência que a análise dos sintomas. O que se busca é isolar o traço de caráter, para que se torne egodistônico e, para isso, é necessário enlaçá-lo de todas as formas possíveis com o material do paciente e com sua história infantil.

Para Reich, o conjunto dos traços de caráter forma a *armadura caracterológica* ou carátero-muscular, que opera como a principal defesa na análise. Essa armadura tem uma função econômica definida, pois serve para dominar tanto os estímulos externos quanto os internos ou instintivos. Freud demonstrou que os sintomas ligam a angústia livre; Reich aplica o mesmo conceito ao traço de caráter, que, no fim das contas, é um sintoma. A couraça carátero-muscular estabelece um certo equilíbrio, que o sujeito mantém por razões narcisistas e do qual deriva a resistência transferencial.

Dada a persistência e a a complexidade da resistência caracterológica, Reich insiste sempre na importância da ordem ao interpretar e em como selecionar o material, centrando a tarefa nos múltiplos significados transferenciais das resistências de caráter. Enquanto persistem as resistências caracterológicas, as interpretações profundas devem ser cuidadosamente evitadas. Desse ponto de vista, o que Reich chama de seleção do material poderia ser entendido como uma maior atenção ao conflito na transferência, ou o que é o mesmo, da resistência transferencial.

AS FALHAS DA TÉCNICA REICHIANA

A atitude com que Reich analisa o traço de caráter é estritamente analítica. Despojada de qualquer tentativa de educar ou conduzir o paciente, tenta chegar às raízes infantis do traço de caráter a partir de seu significado no conflito atual. No entanto, a estrita divisão entre interpretações de forma (caráter) e de conteúdo provoca dificuldades teóricas e técnicas importantes. Reich chega a dizer que, caso o material "profundo" insista em aparecer, será legítimo desviar a atenção do paciente – e aqui é o ponto no qual, a meu ver, afasta-se do sadio método analítico que ele mesmo defendeu com inteligência.

As falhas da técnica de Reich também surgem mais claramente em sua forma de atacar as defesas caracterológicas que se cristalizaram na couraça narcisista ou carátero-muscular. Assim, por exemplo, frente a um paciente com pronunciado bloqueio afetivo, Reich confronta-o continuamente, durante meses, com esse traço de caráter, até que o paciente chega a se sentir irritado e, nesse ponto, Reich acredita que a situação começa a se modificar. Contudo, a agressão do paciente está mais vinculada a um artefato da técnica do que a uma modificação da resistência. Reich reconhece isso, sem se dar conta, quando diz que a análise consistente da resistência sempre provoca uma atitude negativa em relação ao analista. Também tem algo (ou muito) de artefato a indignação narcisista do paciente frente à persistente interpretação da forma como fala, de sua linguagem afetada ou amaneirada, do uso de termos técnicos para ocultar seus sentimentos de inferioridade frente ao analista, etc. Atualmente, sabemos com segurança que atitudes como essas, vinculadas sempre a situações de conflito profundo, não podem ser resolvidas a não ser com interpretações que alcancem esse nível.

Apesar de as objeções que acabo de fazer a Reich quanto aos artifícios de seu procedimento, elas são, em meu entender, bem fundadas, uma vez que deixam intacto seu mérito de ter ampliado o alcance da interpretação com base em uma teoria metapsicológica consistente e duradoura, ao mesmo tempo denunciam como não-analítica a técnica de utilizar a sugestão, que é sempre um aspecto da transferência positiva, para vencer as resistências. Creio que, nesse ponto, Reich retifica e também supera Freud.

O USO DA TRANSFERÊNCIA POSITIVA PARA VENCER A RESISTÊNCIA

A obra de Reich adquire sua mais alta significação, já dissemos, quando denuncia o uso da transferência positiva para vencer a resistência.

No Capítulo II da *Análise do caráter* (1933), "O ponto de vista econômico da terapia analítica", Reich dá uma visão muito clara de sua técnica, que considera um desenvolvimento lógico do método freudiano da análise da resistência. O que Reich acrescenta é a análise do caráter como resistência, que implica passar da análise dos sintomas à análise da personalidade total.

O ponto de vista econômico proposto por Reich pressupõe incorporar à técnica o fator quantitativo, a quantidade de libido que deve ser descarregada, e esse fator está relacionado com a economia libidinal e com o conceito de *impotência orgástica*, que elimina, em última instância, a neurose atual (ou de estase) como núcleo somático da psiconeurose.

Esse objetivo não pode ser alcançado, afirma Reich, mediante a educação, a "síntese" ou a sugestão, mas exclusivamente resolvendo as inibições sexuais ligadas ao caráter.

No final do capítulo, Reich expõe suas divergências com Nunberg, cujo livro *Principles of psychoanalysis* havia sido publicado um ano antes, em 1932. Embora Reich compartilhe com Nunberg a idéia de que as mudanças que a análise promove devem ser explicadas nos termos da teoria estrutural, difere radicalmente quanto à atividade do analista e ao uso da transferência positiva para obter essas mudanças.

A posição de Nunberg é exposta no Capítulo XII de seu livro, que trata dos princípios teóricos da terapia analítica. O analista deve mobilizar a transferência positiva contra as resistências. Isto é algo que Freud sempre assinalou, por isso creio que as idéias de Reich questionam não apenas Nunberg, mas também o próprio criador da psicanálise. Reich tem mais mérito do que ele mesmo supõe.

Para mobilizar as resistências, Nunberg considera que o analista deve infiltrar-se no ego do paciente e destruí-las a partir dessa posição, conseguindo assim, finalmente, reconciliar o id com o ego.

Reich critica essa postura, destacando, com razão, que no começo do tratamento nunca existe uma autêntica transferência positiva e que, ao contrário, é somente através da análise da transferência negativa e das defesas narcisistas que se pode alcançar uma verdadeira transferência positiva. A relação que Nunberg pretende – e que ele compara com a de hipnotizado e hipnotizador – só cria uma transferência positiva artificial, fictícia e perigosa para a continuidade da análise. Quando se estabelece esse tipo de transferência hipnóide, o que se deve fazer, afirma Reich, é desmascará-la como resistência e eliminá-la o quanto antes.

A continuidade do tratamento descrita por Nunberg mostra até que ponto esse autor acredita que a solução do conflito é obtida por meio de um reforçamento da transferência positiva – e, além disso, acrescentemos, narcisista. À medida que o trabalho progride, diz Nunberg, o conflito interno transforma-se em um conflito transferencial e o paciente adota uma atitude passiva, deixando para o analista toda a carga da análise. Assim, chega-se ao ponto culminante, porque a análise corre o perigo de fracassar e o analista começa a se desinteressar pelo caso. É para recobrar o amor do analista que o paciente volta a tomar parte ativa no trabalho analítico. Reich critica energicamente essa visão do trabalho analítico. Em total coincidência com Reich e à luz dos conhecimentos atuais, não vacilo em afirmar que a teoria do tratamento de Nunberg assenta-se em uma avaliação errônea do conflito de transferência/contratransferência, que deixa intactos os aspectos psicóticos da personalidade.

CONTRIBUIÇÕES DE FENICHEL

Em um artigo que apareceu no *Internationale Zeitschrift* de 1935, Fenichel realiza um estudo crítico das contribuições de Reich, a partir de um comentário ao trabalho de Kaiser, publicado na mesma revista um ano antes.[5]

Fenichel expressa em seu escrito como também em seu livro de técnica, que aparece seis anos depois, seus acordos e seus desacordos com Reich e, digamos desde já, que se trata mais do seus acordos que seus desacordos.

É necessário assinalar que Fenichel declara-se de início a favor da existência de uma teoria da técnica psicanalítica e combate as concepções de Reik (1924, 1933) que, como sabemos, opõem-se a qualquer tipo de sistematização da técnica, reivindicando o valor da intuição e da surpresa.

Fenichel toma, pois, partido a favor de Reich, sustentando que Reik confunde a natureza irracional do inconsciente com a técnica para conhecê-lo. Se o analista só pode operar com sua intuição, que é por definição irracional, então sua técnica não pode ser mais que uma arte, mas nunca uma ciência.

Fenichel considera que o mérito de Reich foi prevenir-nos contra essa atitude meramente intuitiva, baseando-se em princípios metapsicológicos e especialmente econômicos. Do ponto de vista dinâmico, Fenichel pensa, como Reich, que a interpretação sempre se inicia no que está na superfície psíquica:[6] as atitudes defensivas do ego sempre

---

[5] O trabalho de Fenichel apareceu em inglês, "Concerning the theory of psycho-analytical technique", em seus *Collected papers*, primeira série, Capítulo 30, e em *Psychoanalytic clinical interpretation*, p. 42-64.

[6] Fenichel critica de passagem a técnica de Melanie Klein (1932), que busca um contato direto com o inconsciente.

são mais superficiais do que as pulsões instintivas do id. Nisso repousa a fórmula freudiana de que a interpretação da resistência tem de vir sempre antes da interpretação do conteúdo, isto é, o ponto de vista dinâmico-estrutural. Fenichel está de acordo com as idéias de Reich sobre as resistências caracterológicas e o ponto de vista econômico. Conclui que os princípios de Reich em nada se afastam dos postulados freudianos, mas também lhes reconhece originalidade e pensa que são renovadores, por serem mais sistemáticos e consistentes do que as regras, mais gerais, propostas pelo mestre.

Fenichel expressa também diferenças teóricas e técnicas em relação a Reich. Em primeiro lugar, não está de acordo com a idéia de estratificação do material, que lhe soa um tanto esquemática, porque não atende aos detalhes. O material é ordenado apenas de forma relativa, e nem sempre a situação caótica é produto de uma técnica inconsistente e errática: há também situações caóticas *espontâneas*, simplesmente porque os estratos psicológicos se romperam.[7] Fenichel expressa seu desacordo retomando o modelo geológico dos estratos. Todos sabem, mesmo sem ser geólogos, que a crosta terrestre estruturou-se através de sedimentos que foram depositando-se em camadas e sabem, também, que às vezes essa disposição fica alterada por movimentos tectônicos, cataclismas que sacodem a estrutura. De modo que a confiança de Reich em que as camadas da personalidade, que foram organizando-se durante o desenvolvimento, têm de aparecer uma por uma é demasiadamente otimista. Um acontecimento posterior ou um trauma pode modificar os estratos. Reich poderia responder, por sua vez, que esses cataclismas não poderiam ser estudados a não ser a partir daquilo que ficou e o psicanalista, não menos que o geólogo, terá de buscar os destruídos estratos sedimentares em meio às perturbações tectônicas.

Fenichel também crítica a excessiva seleção do material, que Reich propõe, ainda que seja pelo fato de que pode ser que o material subseqüente demonstre que o deixado de lado acabou sendo, no final, o mais pertinente.[8]

Se os sonhos podem conduzir-nos a interpretações de conteúdo, não atendendo à defesa caracterológica, é melhor ignorá-los. Há efetivamente situações, responde Fenichel, em que a interpretação do conteúdo dos sonhos está contra-indicada, porquanto o próprio fato de interpretar o sonho tem um significado especial para o paciente; porém, se não é este o caso, não há nada que possa auxiliar mais a compreensão do paciente, inclusive de suas defesas caracterológicas, do que o estudo atento e cuidadoso de seus sonhos.

Fenichel marca outros dois desacordos quanto à técnica da análise do caráter. Em primeiro lugar, questiona a dosagem do ataque à armadura caracterológica, que às vezes pode ser muito violento. A interpretação consistente dos traços de caráter fere o narcisismo do paciente, mais que qualquer outra medida técnica. Concordamos nisso com Fenichel e já denunciamos essa atitude como um artefato da técnica reichiana. O manejo da couraça caracterológica é agressivo e as palavras que Reich utiliza são por si mesmas significativas: ataque, dissolução, liquidação, etc.

A outra objeção de Fenichel vai ao coração do método de Reich, quando afirma que a análise da armadura caracterológica pode transformar-se, por sua vez, em uma resistência. Isto depende da forma como o paciente pode vivê-la. Por exemplo, se o paciente sente que o analista está tentando romper sua organização narcisista em termos muito concretos, pode-se configurar uma fantasia sádico-anal perversa na transferência. Lembro-me de uma particularidade de minha própria análise com Racker, quando eu lhe exigia (sic) que ele interpretasse minhas resistências caracterológicas. Racker interpretou, é claro, meu desejo de controlá-lo onipotentemente e de me colocar em seu lugar, identificado com Reich. Fenichel também fornece alguns exemplos nos quais a análise da defesa caracterológica fica incluída nas manobras defensivas do analisando, que pretende controlar o analista e inclusive induzi-lo a atitudes perversas ou psicopáticas.

Um desenvolvimento singular e extremo da análise do caráter encontra-se no estudo de Kaiser (1934), que Fenichel discute no trabalho que estamos comentando. O raciocínio de Kaiser é lógico e simples (e também simplista). O trabalho do analista é remover as resistências, diz Freud; portanto, não devemos fazer outra coisa senão interpretar as resistências. Se a interpretação da resistência é correta, o recalcado aparecerá espontaneamente, sem a necessidade de que o chamemos, isto é, de que o convoquemos e o designemos. Se não ocorrer assim é porque a interpretação falhou e teremos de completá-la ou corrigi-la. Sem negar que em determinadas circunstâncias uma interpretação de conteúdo pode também eliminar recalques, Kaiser acredita que, do ponto de vista teórico, tal fato só pode ser explicado por um efeito colateral, à medida que uma interpretação desse tipo pode chamar a atenção do paciente sobre suas resistências e pode corrigi-las. Kaiser não aceita, por certo, que uma idéia antecipatória possa ser operante, no sentido que certa vez Freud referiu, ou seja, que cumpra o mesmo efeito que a indicação que o professor de histologia dá ao estudante que vai ver o preparado no microscópio. Um impulso recalcado, objeta Kaiser, não está no sistema Prcc e, por isso, nenhuma indicação pode ajudar o sujeito na busca de algo que não está situado no espaço que lhe é acessível. Essa idéia extrema pressupõe que o sistema Icc é impermeável e que de nenhuma maneira temos acesso ao impulso: a única coisa que podemos fazer é deixar que apareça quando as condições dinâmicas o permitirem. Fenichel rechaça esse argumento, assinalando que as interpretações de conteúdo não designam o

---

[7]Muitos anos depois, Bion (1957) daria sustentação teórica a essa opinião ao estudar a parte psicótica da personalidade e o ataque ao aparelho de pensar.
[8]Esses problemas, que não são solucionados com a técnica de Reich, são os que Klein está simultaneamente procurando resolver com suas idéias de ponto de urgência e interpretação profunda, conforme se expõe no Capítulo 31.

impulso inconsciente, mas seu derivado pré-consciente. Freud (1915e) ensinou-nos que o impulso inconsciente produz formações substitutivas, utilizando idéias pré-conscientes às quais se associa para assim emergir na consciência. A defesa do ego opera contra os *derivados* (rebrotes) do recalcado, e o destino dos derivados varia conforme o interjogo dinâmico-econômico da força em cada momento: às vezes, chegarão à consciência; em outras, serão novamente recalcados. Por isso, Fenichel diz que o tratamento analítico pode ser descrito como uma educação do ego para que tolere derivados cada vez menos distorcidos. Não se trata, pois, conclui Fenichel, de nunca interpretar o inconsciente, porque nem sequer podemos fazer isso: os que estão a favor de interpretar os conteúdos, entre os quais se encontra o próprio Freud, não pretendem chegar às pulsões recalcadas, mas a seus derivados pré-conscientes.

Através de seu trabalho interpretativo, o analista demonstra ao paciente as falhas de seu ego quanto à percepção e ao juízo da realidade, de modo que o ego é clivado em uma parte observadora e em uma parte vivencial, que aquela começa a considerar irracional. Assim se produz uma mudança na dinâmica da defesa, como descreveu Sterba (1929, 1934).

A contribuição mais importante de Fenichel à teoria da técnica é, talvez, operar com o conceito de derivado e não simplesmente com o de conteúdo. A introdução desse conceito é de muito valor, visto que contribui para esclarecer a diferença entre recalcamento primário e recalcamento secundário ou recalcamento propriamente dito. No recalcamento primário (*Verdrängung, Urverdrängung*), a representação ideativa do instinto não pode entrar na consciência por contracarga; no recalcamento secundário (*Nachdrängung, Nachverdrängung*), o ego opera por contracarga e por subtração.

O CARÁTER E A TEORIA DA LIBIDO

Os trabalhos de Reich vieram demonstrar o valor das idéias de Adler em *O caráter neurótico* (1912), ao mesmo tempo que suas limitações, à medida que Adler tentou opor a teoria do caráter à teoria da libido. Seguindo nesse ponto os estudos de Freud e de seus primeiros discípulos, Reich confirma que o caráter é uma estrutura homeostática e teleológica, como queria Adler, mas nem por isso independente do instinto: é, ao contrário, a partir do controle do instinto que se organiza o caráter. O caráter é finalista, como disse Adler, porém constitui-se sobre as bases que lhe dita a pulsão, e isso é o que Adler nunca pôde aceitar.

No sistema adleriano, a interpretação tem sempre o objetivo de descobrir a meta final fictícia e desfazer os "jeitinhos" que levam à neurose, ao passo que a interpretação em psicanálise pode ser finalista (teleológica) quando descobre os recursos homeostáticos no nível do caráter, mas nunca pode deixar de ser causal, ao dirigir-se à pulsão.[9]

---

[9] Falamos mais definidamente desse tema no Capítulo 26, quando desenvolvemos as idéias de Bernfeld (1932) sobre a interpretação final.

A Interpretação e o Ego

A TÉCNICA PSICANALÍTICA EM CRISE

No capítulo anterior, estudamos com certo detalhe os trabalhos de Reich, que culminam com o surgimento de *Análise do caráter* em 1933. Teremos de voltar agora a eles para entendê-los como uma resposta à crise em que se debatia a prática da psicanálise dos anos 20 e que alcançava as duas grandes metrópoles de então, Viena e Londres, já que Berlim havia renunciado a seu magistério depois da morte irreparável de Abraham em 1925. Neste capítulo, nós nos ocuparemos de Viena, deixando para o próximo as contribuições da Sociedade Britânica.

A partir de 1920, os analistas começaram a se deparar com dificuldades. Sentiam que os princípios assentados nos escritos técnicos da segunda década não bastavam e buscavam algo novo. Entre as pessoas que estão em Viena rodeando Freud antes de que se inicie a sombria ascensão de Hitler, muito antes da diáspora forçada pela ocupação nazista, sobrevém uma diáspora teórica e abrem-se dois caminhos. Alguns acreditam que a crise com a qual está defrontada a técnica da psicanálise não pode ser resolvida senão revendo seus postulados, criando novos suportes teóricos e, por conseguinte, outros instrumentos psicoterapêuticos. Isto se expressa muito claramente no grupo que em 1934 formam Erich Fromm, Harry Stack Sullivan e Karen Horney, para fundar a neopsicanálise ou psicanálise culturalista, como também no desenvolvimento do pensamento de Ludwig Binswanger, que nessa época cria a análise existencial. Ao contrário, os que consideram válida a doutrina básica da psicanálise, ou seja, em última instância, o complexo de Édipo e a teoria da libido, sustentam que, para dar conta dos problemas, apenas se devem rever os princípios da técnica, de maneira a aperfeiçoá-la.

Na década de 1920, talvez nada expresse melhor esse momento de crise do que o famoso livro de Ferenczi e Rank, *O desenvolvimento da psicanálise*, aparecido em 1923.[1] Ferenczi e Rank declaram-se partidários de uma técnica que facilite a expressão do afeto. Naquele momento, a alternativa colocava-se entre recordar ou repetir na transferência, de acordo com o ensaio de Freud sobre o tema. O livro, que despertou controvérsias e algumas suspeitas em Abraham e Jones, era um tentativa de assegurar um desenvolvimento mais vivo do processo analítico a partir dos instrumentos que nesse momento existiam.

A RESPOSTA DE WILHELM REICH

Quando Reich propõe a análise da resistência como prioritária à dos conteúdos, em princípio não faz mais que reafirmar o postulado freudiano de que se deve partir sempre da superfície psíquica; contudo, em dois pontos vai além de Freud. Em primeiro lugar, enfatiza a estrutura do caráter. O que para o Freud dos escritos técnicos era superfície psíquica, e mais tarde será ego, para Reich é caráter, não somente ego, mas as *formas operativas* do ego que configuram o caráter. Em *O caráter neurótico* (1912), Alfred Adler serviu-se do caráter para descartar a teoria da libido e propor uma psicologia teleológica. Agora, o caráter reintegra-se à teoria psicanalítica, graças principalmente a Reich, sem se afastar de modo algum da explicação causal, pulsional, da teoria da libido.

Este é um elemento fundamental, que não está formalmente presente em Freud, nem sequer em Ferenczi, Abraham e Jones, que fizeram uma teoria do caráter, mas não uma teoria da *defesa* caracterológica. Isto corresponde a Reich.

O outro elemento é a sistematização da técnica. Reich introduz a idéia de que não basta a técnica, deve haver também uma estratégia. Essa idéia deriva de outra, pois, assim como o ego foi engendrando uma estratégia defensiva, que se cristaliza no traço de caráter, o analista deve prover-se de uma estratégia contraposta.

Desde seus primeiros trabalhos no Seminário de Viena, Reich defendeu não apenas uma interpretação ordenada (antes a defesa do que o conteúdo, seguindo o conselho de Freud), mas também (esta é sua própria contribuição) que esse tratamento da defesa fosse sistemático e conseqüente.

PELA INTUIÇÃO E PELA SURPRESA

Se deixarmos de lado os que seguem os novos caminhos do culturalismo e da ontoanálise, afastados como de fato estão da psicanálise e de sua técnica, que é a matéria

---
[1] Traduzido para o inglês em 1925.

de nosso estudo, veremos que a outra resposta é dada por Theodor Reik, defendendo uma técnica que não fosse sistemática e que se deixasse levar pela intuição.

As idéias principais de Reik podem ser lidas no relato que levou ao Congresso de Wiesbaden de 1932 e publicou no *International Journal* do ano seguinte, que seu próprio autor considera seu primeiro trabalho de técnica após 20 anos de prática.

"A essência do processo psicanalítico – começa Reik – consiste em uma série de 'choques' que o sujeito experimenta, ao tomar conhecimento de seus processos inconscientes, e cujo efeito sente-se muito depois" (Reik, 1933, p.322). Depois de sublinhar que chama de tomar conhecimento um fenômeno estranhamente vivencial, afirma que esse "choque" específico da psicanálise é a *surpresa*. Para Reik, a surpresa consiste no encontro, em um momento inesperado ou em uma circunstância inesperada, com um fato cuja expectativa tornou-se inconsciente (1933, p.322). A surpresa é sempre a expressão de nossa luta contra algo que nos é apresentado e que já sabíamos, mas apenas inconscientemente. Indo concretamente para a experiência analítica, seria a luta contra o reconhecimento de uma parte do ego que certa vez conhecemos, mas que agora é inconsciente.

O *insight* mais efetivo, diz Reik, é o que contém esse elemento de surpresa, e a metapsicologia da interpretação repousa nesse fato fundamental.

A interpretação ou a reconstrução do analista não operam somente do ponto de vista *topográfico*, tornando consciente o inconsciente. Há também um deslocamento energético como o que Freud estudou no chiste (1905c), que tem a ver com o *econômico* e, por fim, com um efeito *dinâmico*, à medida que o *insight* permite ao analisando apreciar como coincide o que estava recalcado com a realidade material do momento, quando o analista põe em palavras o recalcado.

A surpresa com a qual o analisando recebe uma interpretação acertada tem algo da vivência mágica ao ver que o esperado aparece efetivamente, da mesma forma com que nos surpreendemos quando, depois de termos pensado em um amigo que há muito não vemos, ele nos aparece na rua. A interpretação produz surpresa dessa forma, pois é uma mensagem concreta que traz à consciência do paciente algo com o qual ele estava muito familiarizado: sente que a interpretação coincide com algo que pensava, embora não de maneira consciente.

Se a interpretação opera dessa forma, deve-se concluir que toda tentativa de sistematizar a técnica está destinada ao fracasso e, mais ainda, é teoricamente impossível e radicalmente antianalítica. A associação livre é destinada justamente a criar as condições em que o analista promove com sua interpretação esse momento de surpresa, esse momento em que o analisando reconhece algo com o qual sempre havia estado em contato, mas que nunca aparecia para ele e que agora lhe chega de fora através das palavras do analista.

Theodor Reik dizia nesse famoso artigo que a interpretação psicanalítica tem muito a ver com a técnica do chiste, na qual, a partir de um conteúdo manifesto, há uma regressão estrutural ao processo primário, que trata o material através de mecanismos de condensação e deslocamento para que emerja novamente, mas de modo diferente. Esse processo supõe uma liberação energética que produz uma descarga libidinal. O mesmo ocorre com a técnica psicanalítica, que é uma tentativa de recolher o material do paciente, deixar que se internalize em nós e que depois apareça novamente para nós como uma interpretação. Quando a comunicarmos ao paciente, teremos dado a ele uma visão de si mesmo que forçosamente deve surpreendê-lo.

Reik ainda diz algo mais: também o analista deve deixar-se ganhar pela surpresa, porque só poderá verdadeiramente operar através da surpresa com que recebe em sua própria consciência o processo de elaboração que ocorreu em seu inconsciente. Compreende-se, assim, que Reik alerte contra toda sistematização da técnica.

Não há dúvida de que, com sua inteligente e ao mesmo tempo apaixonada defesa da intuição do analista, Reik opunha-se, com todo o direito, à sistematização *a priori* do material, à tentativa (freqüente naquela época) de intelectualizar, de resolver os problemas por via puramente racional. Para isso contribuía às vezes Freud, estou convencido, com suas representações de espera, *Erwartungsvorstellungen*.

As justas admonições de Reik, entretanto, não implicam necessariamente que o analista não possa dar prioridade a determinados problemas, que é o que na realidade pretendia Reich. Com a perspectiva que dão os 50 anos que se passaram, os postulados de Reik não me parecem inconciliáveis com os de seu oponente.

À margem da polêmica de Reik e Reich em Viena, Melanie Klein desenvolvia em Londres sua técnica do jogo, que a levaria a novas propostas sobre a interpretação e a transferência, das quais nos ocuparemos mais adiante.

AS IDÉIAS DE ANNA FREUD

A Anna Freud que publica *O ego e os mecanismos de defesa*, em 1936, já é uma analista madura e uma investigadora penetrante, que aprendeu muito com seu pai e com seus pacientes, mas também, assim creio, com seus colegas de Viena, entre eles Reich e Fenichel, e de sua polêmica com Melanie Klein na década anterior.

O antecedente mais imediato às novas contribuições que Anna Freud fará é, para mim, o trabalho de Fenichel (1935), que apóia e critica Reich, como já vimos.

O livro é, sem dúvida, herdeiro dos trabalhos em que Freud, na terceira década do século XX, destaca o ego como instância psíquica. Como se sabe, o conceito perfila-se em *Além do princípio de prazer* e adquire sua fisionomia estrutural em *O ego e o id*, três anos mais tarde. Quando, depois de outros três anos, Freud retoma o tema em *Inibição, sintoma e angústia*, é para nos mostrar que esse ego é, ao mesmo tempo, paciente e agente da angústia: padece a angústia traumática e administra a angústia sinal.

Vale a pena destacar aqui que, para Lacan e sua escola, o ego é mais passivo do que "ele" se acredita, que sua atividade é um *espelhismo* e também o são sua adaptação e juízo de realidade. Nesse ponto, destacam-se os lúcidos estudos de Guillermo A. Maci em *A outra cena do real* (1979), livro claro e rigoroso.

O ego e os mecanismos de defesa define a tarefa do analista (e, portanto, a práxis da interpretação) estritamente nos termos da teoria estrutural.

O interesse fundamental de Anna Freud é o ego, seu funcionamento, seu modo de operar frente à angústia. Seguindo o esquema das três sujeições do ego, no último capítulo de *O ego e o id* (1923b), Anna Freud distingue três tipos de angústia: *neurótica* (instintiva), *real* (objetiva) e *sentimento de culpa* (frente ao superego). A angústia real é objetiva porque se refere ao mundo de objetos, à realidade com seus perigos e suas inevitáveis frustrações. As outras duas são, ao contrário, subjetivas. É óbvio, porém, e o diz Anna Freud, que há também uma relação dialética entre angústia subjetiva e objetiva, ainda que seja apenas porque as angústias que são agora subjetivas foram objetivas em outro momento do desenvolvimento. Ou seja, a angústia frente ao impulso tem uma história, pois, em algum momento da infância, a pulsão encontrou-se com um recalcamento real, isto é, houve um momento em que esse impulso foi motivo de uma angústia externa, que depois se internalizou e transformou-se em angústia neurótica, subjetiva.

O livro de Anna Freud, ao que me parece, recolhe sem dúvida as idéias de Reich, mas introduz uma mudança substancial. Ela não pensa que a análise da resistência deva ser prioritária e sistemática; postula, mais exatamente, que a análise deve oscilar como um pêndulo entre a resistência (ego) e o impulso (id). Portanto, a tarefa do analista consiste basicamente nesse contínuo equilíbrio entre a análise do ego e a análise do id. Desse modo, a técnica de Anna Freud introduz uma mudança importante: o analista deve estar mais atento ao material que aparece do que a suas idéias de como manejá-lo e ordená-lo. Em geral, o que surge do material é primeiro uma fração do ego (a defesa) e, quando é interpretada, surge uma porção do id, o impulso, precisamente o impulso que a defesa não deixava aflorar.

Em conclusão, a técnica de Anna Freud é mais livre e versátil do que a de Reich e atende melhor ao desenvolvimento natural do processo analítico.

CONFLITO INTRA-SISTÊMICO E CONFLITO INTERSISTÊMICO

Ao livro de Anna Freud segue-se a famosa monografia de Hartmann, *A psicologia do ego e o problema da adaptação* (1939). A estrutura e o funcionamento do ego são a tarefa de Hartmann: seu credo científico é a adaptação, e seu objetivo, o desenvolvimento de uma psicologia psicanalítica. Hartmann distingue duas partes diferentes no ego: a que está relacionada com o conflito (e, por conseguinte, com os mecanismos de defesa) e a que constitui a *área livre de conflito*.

Com base nisso, Hartmann entende que o ego tem dois tipos de conflito: *intersistêmico*, com as outras instâncias, id e superego; *intra-sistêmico*, com partes de si mesmo. Para Hartmann, o conflito intra-sistêmico por excelência é, sem dúvida, o que transcorre entre a área de conflito e a área livre de conflito; mas não é o único. Há também conflito intra-sistêmico entre as autonomias primária e secundária. A clivagem defensiva do ego, que Freud (1940e) estudou a partir do fetichismo (1927e), e a dissociação terapêutica do ego, de Sterba (1934), são também conflitos intra-sistêmicos.

Quando, mais de 10 anos depois, Hartmann (1951) revisa as conseqüências técnicas da psicologia do ego, distingue dois tipos de interpretações, segundo atendam ao conflito intersistêmico ou intra-sistêmico. As interpretações que se dirigem aos mecanismos de adaptação intersistêmicos são preferencialmente de tipo dinâmico-econômico, enquanto as que respondem aos conflitos intra-sistêmicos são, por essência, de natureza estrutural.

Esse esquema de funcionamento egóico explica um efeito singular que Hartmann destaca na interpretação. Embora dirigida, em geral, a um ponto concreto, a interpretação ramifica-se na mente do analisando e pode alcançar outras zonas. Hartmann chama isso de *multiple appeal* da interpretação, que eu gostaria de traduzir por *ressonância múltipla* da interpretação. Löwenstein (1957) oferece um exemplo desse efeito indireto da interpretação. Um paciente lembra-se de seu forte sentimento de inferioridade, quando um homem mais velho o viu nu na piscina, e explica-o porque tinha uma mancha na coxa que lhe dava vergonha. Após um período de análise em que apareceram claramente na transferência seus sentimentos competitivos e sua inferioridade frente ao analista, voltou a contar a recordação da piscina, mas agora conectei diretamente sua vergonha à comparação de seu pênis com o do homem grande que estava olhando para ele. As interpretações sobre a angústia de castração e a rivalidade com o analista-pai operaram sobre outra área da mente.

A REVISÃO DE 1951

No primeiro número do *Psychoanalytic Quarterly*, de 1951, foi publicado o artigo de Hartmann que estamos comentando e outros de Löwenstein e Kris. Esses três trabalhos representam uma revisão a fundo da teoria da interpretação do ponto de vista da psicologia do ego nos Estados Unidos.

Os três artigos[2] baseiam-se reconhecidamente em *O ego e os mecanismos de defesa*, procurando mostrar que na metade do século XX, a técnica interpretativa deve-se basicamente às contribuições de Anna Freud. Esses autores estabelecem uma linha de desenvolvimento que parte dos escritos técnicos de Freud, continua com os escritos teóricos que fundamentam a teoria estrutural na década de 1920 e culmina, por fim, no livro de 1936.

---
[2] Hartmann (1951), Kris (1951) e Löwenstein (1951).

Como disse no começo deste capítulo, considero que Reich ocupa um lugar destacado nesse desenvolvimento, assim como Fenichel, de modo que uma visão que não os leve em conta sempre será, a meu ver, parcial. É bom frisar que essa posição não encontra apoio no grande livro de Anna Freud. Pelo contrário, no terceiro capítulo, "As atividades defensivas do ego como objeto da análise", ela dedica atenção preferencial ao encouraçamento do caráter de Reich.

A psicanálise é uma disciplina, diz Hartmann, na qual ocorre uma interação permanente entre a teoria e a técnica; contudo, entre os escritos técnicos da segunda década e a teoria estrutural, formulada na década seguinte, há um inegável deslizamento. Nos artigos técnicos, a insistência de Freud no conceito de *superfície psíquica* mostra que ele já tem a idéia de um ego que ainda não descobriu teoricamente. O conceito de superfície psíquica implica, com efeito, que há uma defesa e um impulso, que a defesa é superficial e o impulso subjacente: dessa forma, ficam definidos implicitamente o id e o ego.

Sem dúvida, Hartmann tem razão quando diz que os escritos técnicos de Freud prenunciam a psicologia do ego. Seus princípios técnicos não podem ser entendidos se não forem contemplados da perspectiva de uma instância que, de algum modo, administra o conflito; e essa instância é, obviamente, o ego. Freud adianta-se, de fato, nos escritos técnicos, aos que formulará teoricamente, com mais precisão, anos depois.

Deve-se acrescentar a isso que, como já disse, a década de 1920 marca uma crise da técnica; e, pessoalmente, creio que algumas mudanças teóricas de Freud estão relacionadas com essa crise. As idéias de instinto de morte, necessidade de castigo, masoquismo moral e reação terapêutica negativa como mecanismos pouco menos que impossíveis de solucionar expressam, no nível do contexto de descobrimento, as dificuldades técnicas em que se encontrava a psicanálise. Portanto, a verdade é que, em meu entender, a técnica não apenas se havia adiantado à teoria (estrutural), como dizem Hartmann, Löwenstein e Kris, mas também não havia evoluído no compasso da teoria da transferência que o próprio Freud já havia estabelecido. A insegurança e a confusão com que Ferenczi e Rank enfrentam esse problema em seu ensaio de 1923, assim como o rebuliço que provocam, mostram claramente as dificuldades para aplicar à clínica o rico conceito de transferência. Quando Freud fala da transferência em *Além do princípio de prazer*, ele a explica por um impulso demoníaco a se repetir: como é possível que o paciente queira repetir experiências dolorosas, humilhantes, frustrantes, desagradáveis em todo sentido, se não for porque o move uma força que está *além* do princípio do prazer? Nesse momento, Freud capta o drama, mas não se encarrega da intensidade do vínculo transferencial. O drama é realmente que o analisando repete porque está sujeito à sua história, ao seu passado. Eu me atreveria a dizer que, ao considerá-lo além do princípio do prazer, não se repara que o paciente está disposto a fazer um esforço enorme ao repetir na transferência as experiências dolorosas, porém ineludíveis de seu passado. É a força do desejo e a obstinada esperança de chegar, de alguma maneira, a resolvê-lo, o que leva à repetição da necessidade que, em última instância, torna possível o tratamento psicanalítico.

Hartmann considera a obra de Reich em seu artigo, mas antes de mais nada para desmerecê-la. Afirma que a psicologia de Reich é pré-estrutural, que só se maneja com estratos que estão mais próximos ou mais distantes da consciência. Nesse ponto, Hartmann estabelece uma antinomia muito estrita entre estratos e estruturas. Os estratos correspondem à divisão de inconsciente, pré-consciente e consciente da primeira tópica; correspondem à segunda tópica, porém, as estruturas funcionais de id, ego e superego. Por outro lado, a estratificação varia com o curso da vida e, por isso, não se pode estabelecer uma seqüência correta na interpretação, como sugere Reich.

Hartmann chega a dizer que foi Freud, e não Reich, quem propôs a análise sistemática das resistências (1951, *Essays...*, p. 143), ao mesmo tempo em que afirma que a oposição taxativa entre impulso e defesa proposta por Reich já não se sustenta, que perdeu a clareza que em dado momento pôde ter. Ou seja, Hartmann critica Reich pelo defeito de ser sistemático e reconhece a Freud o mérito de sê-lo.

A diferença entre instinto e defesa, prossegue Hartmann, foi perdendo seu caráter de oposição absoluta, uma vez que o impulso pode ser usado como defesa, do mesmo modo que uma defesa pode assumir um caráter impulsivo (defesa sexualizada ou "agressivizada"). Reich, entretanto, não ignora isso. Ao contrário, é ele justamente quem nos mostra, com sua psicologia dos estratos, como o ego (e o ego da teoria estrutural) opera estrategicamente, usando os impulsos para a defesa, como já vimos: o caráter passivo-feminino, por exemplo, usa os impulsos homossexuais para ocultar sua agressão e sua rivalidade, etc. É que os estratos pressupõem para Reich uma organização que é ineludivelmente egóica.

Se entendemos por estrato uma parte do ego que foi organizando-se através da história do sujeito em luta com o ambiente, como postula Reich, então a teoria da defesa caracterológica dá conta aproximadamente dos mesmos fatos que depois Hartmann haveria de considerar, partindo da mudança de função e da autonomia secundária. Em 1939, Hartmann diz que há setores da área de conflito que se tornam autônomos, que se tornam independentes de suas fontes instintivas e passam a engrossar a área livre de conflito, a título de autonomia secundária. Isto ocorre a partir do que ele chama de mudança de função. Essas idéias de Hartmann são mais amplas, talvez, do que as de Reich, pois abrangem a psicologia normal e não apenas a patológica; porém, consideradas com serenidade, sem nos deixarmos levar pelos compromissos escolásticos que sempre influem no movimento psicanalítico, veremos que são muito similares. A autonomia secundária reformula a teoria de Reich sobre o traço de caráter, como estrutura que se desarraigou de suas bases instintivas. Para ambas as teorias, a função do analista parece ser a mesma: operar sobre a autonomia secundária (traço de caráter) e trazê-la de voltas à área de conflito (torná-la novamente egodistônica).

O artigo de Kris, "Ego psychology and interpretation in psychoanalytic technique", ocupa-se especialmente da análise das defesas do ego, entendidas como atividades que participam do conflito não menos que os impulsos do id. Seguindo suas idéias sobre o processo mental pré-consciente, expostas um ano antes, Kris considera que o trabalho sobre as defesas do eu é uma parte essencial da tarefa analítica, porque permite reordenar, no nível do sistema Prcc, as energias previamente imobilizadas pelo conflito. Kris não subestima as contribuições de Reich sobre a estratificação, mas afirma que Anna Freud dá um passo adiante quando considera que a resistência do ego é uma parte essencial do trabalho analítico, e não um mero obstáculo.

Kris sustenta que, antes de se chegar ao id, impõe-se uma tarefa exploratória do ego, durante a qual vão sendo descobertas diversas atividades (condutas) do ego que operam como mecanismos de defesa, e pensa que a interpretação mais eficaz é a que estabelece um vínculo entre a defesa do ego e a resistência do paciente durante a análise (Kris, 1951, p.24).

O artigo de Löwenstein, por fim, ocupa-se preferencialmente do conceito de interpretação, que separa das outras intervenções do analista, como vimos em capítulos anteriores, sobretudo no Capítulo 25.

AS CONTRIBUIÇÕES DE LÖWENSTEIN

Löwenstein é, sem dúvida, um dos investigadores que mais se ocupou da interpretação, procurando defini-la e contrastá-la com aquilo que não é interpretação. Creio que este é o momento oportuno para expor algumas de suas idéias.

Nem tudo o que fazemos é interpretar, diz Löwenstein, e é óbvio. Por isso, em 1951, fala de momentos preparatórios e momentos finais da tarefa interpretativa, colocando entre aqueles o assinalamento e a confrontação, que preferi classificar como instrumento para obter informação no Capítulo 24, quarto item. Os autores que afirmam que tudo o que o analista deve fazer é interpretar, não por desconhecerem as outras intervenções, mas retiram-lhes importância e não as levam em conta do ponto de vista do processo terapêutico; não lhes parecem significativas. Todavia, como o processo psicanalítico é sutil e complexo, é melhor não deixar coisas de fora, porque a longo prazo podem ser decisivas. Por isso, é sempre útil estudar os outros instrumentos que configuram as intervenções não estritamente interpretativas do analista, como as chamou Perrotta (1974). No Simpósio do Congresso de Paris sobre as variações da técnica psicanalítica, Löwenstein (1958) traçou a linha divisória entre interpretações e intervenções, situando entre essas últimas o parâmetro.

Não me parece conveniente pôr em uma mesma categoria as intervenções não-interpretativas e o parâmetro. É preferível destacar bem esse último, pois é uma importante atividade do analista que se decide a modificar conjunturalmente seu *setting*, e chamar aquelas de preparatórias ou táticas, como fez Löwenstein em 1951, se não queremos dar-lhes autonomia, como é minha proposta (instrumentos para obter informação).

Enquanto as interpretações preparatórias (1951) ou intervenções (1958) têm um valor tático para Löwenstein, a interpretação configura a estratégia do analista e define-se como uma *explicação* que o analista dá ao paciente sobre si mesmo, a partir de seu material.

Quando distingue a interpretação das intervenções preparatórias, Löwenstein assinala que o limite é impreciso. Às vezes, é difícil decidir o momento em que se passa de um nível a outro, mas isso não quer dizer que a diferença não exista. As intervenções preparatórias servem para tatear a disposição do analisando. Por isso, Löwenstein fala de uma distância ótima, quando o paciente não está demasiado afastado afetivamente, nem tampouco excessivamente envolvido na situação que se vai interpretar.

Com o conceito de distância ótima, Löwenstein propõe o problema do *timing* no marco teórico do funcionamento do ego e suas resistências. Isto se junta ao papel que esse autor atribui às intervenções preparatórias, que às vezes assumem, ao menos, em meu critério, o caráter de interpretações táticas para ir avaliando o grau de receptividade do paciente e seu *insight*. Nesse ponto, compreende-se porque, ao definir a interpretação por seu efeito de *insight,* Löwenstein definirá *a fortiori* uma interpretação que não produziu *insight* como preparatória, o que não deixa de ter seus inconvenientes.

CONFLUÊNCIA DAS DUAS TÓPICAS FREUDIANAS

Talvez a crítica mais rigorosa que se possa fazer à revisão de 1951, a partir de suas próprias pautas, é que se inclina demasiadamente a buscar seus fundamentos teóricos no ponto de vista estrutural da segunda tópica, com o que descuida a primeira. O trabalho de Clifford Yorke sobre a metapsicologia da interpretação, publicado em 1965, procura integrar os dois aspectos.

Yorke parte da conhecida diferença estabelecida por Freud em seus ensaios metapsicológicos de 1915 entre as duas fases (ou tipos) do processo de recalcamento. Vem primeiro o *recalcamento primário* (*Urverdrängung*), que consiste em rechaçar da consciência o representante da pulsão por meio de um contra-investimento, e depois o *recalcamento secundário* ou recalcamento propriamente dito (*Verdrängung*), que incide sobre os *derivados* (ou "rebrotes", como outros preferem chamá-los) do representante recalcado no sistema Prcc, formados por um processo simultâneo de repulsão e atração. Como se sabe, no recalcamento propriamente dito operam, ao mesmo tempo, o contra-investimento e a retirada do investimento de atenção (hiperinvestimento, sobreinvestimento). Em outras palavras, o processo de recalcamento propriamente dito é iniciado por uma retirada do investimento de atenção sobre o derivado pré-consciente, que então fica à mercê do contra-investimento.

A metapsicologia da interpretação tem a ver então, diz Yorke, com uma complexa cadeia de eventos metapsicológicos. Para que um derivado torne-se consciente, a interpretação deve remover o contra-investimento e restaurar o investimento de atenção (1965, p. 33). A repressão priva a representação de coisa de sua conexão com a palavra, e a função da interpretação é justamente restaurá-la (p. 34).

Como muitos outros autores, Yorke sustenta que a interpretação opera nas duas fases (tipos) de recalcamento, ou seja, no limite entre os sistemas Prcc-Cc e Prcc-Icc. O analista trabalha primeiramente no limite entre o pré-consciente e o consciente, fazendo com que o analisando tome contato com a representação de palavra até que possa, por fim, aproximar-se do representante instintivo que sofreu o processo de recalcamento primário, uma vez que se aproximou suficientemente do sistema Prcc. Como dizia Fenichel (1935), à medida que avança o processo analítico, os derivados sofrem menos distorção.

Yorke pensa que a função da verbalização é melhor compreendida a partir da idéia de um mundo representacional, em especial da representação do *self*. Como postulou Jacobson (1954b), a representação do *self* pode ser investida com energia instintiva não menos que uma representação objetal. A palavra e o símbolo fazem parte do mundo de representações e podem ligar-se às representações do *self* e do objeto. Uma parte do trabalho analítico consiste em modificar, através da interpretação, a distorção das representações que provêm das demandas do ego, da realidade e dos introjetos. Segue dizendo que a interpretação imprime mudanças nas representações do mundo externo e dos introjetos que podem conduzir a modificações importantes na representação do *self* (Yorke, 1965, p.36).

Desse modo, Yorke busca uma síntese entre recalcamento primário e recalcamento propriamente dito, que conduz a uma melhor integração das teorias da primeira e da segunda tópica, para dar conta da metapsicologia da interpretação.

31

A Teoria da Interpretação na Escola Inglesa

Nos capítulos anteriores, estudamos detidamente a metapsicologia da interpretação, procurando compreendê-la à luz da primeira tópica e da teoria estrutural, ao longo de um caminho que, a partir de Freud, passa por Reich e Fenichel, por Anna Freud e Hartmann, até chegar aos autores mais modernos da psicologia do ego na Inglaterra e nos Estados Unidos.

Com o risco de simplificar, farei uma caracterização geográfica e direi que essa linha de investigação corresponde à escola de Viena, que vou agora contrastar com a escola inglesa. Por *escola de Viena*, entendo aqui a que se formou em torno de Freud, entre os anos de 1920 e 1930, e que se prolongou na Inglaterra e nos Estados Unidos depois da diáspora provocada pelo *Anschluss* de 1938. Por outro lado, como procurei defini-la em um trabalho anterior (Etchegoyen, 1981a), a *escola inglesa* é a que Jones funda e dirige à frente da British Psychoanalytical Society e onde Melanie Klein ocupa um lugar proeminente, desde que chega a Londres em 1926. Quando, ao final da Segunda Guerra Mundial, sobrevém uma ruptura definitiva na Sociedade Britânica e formam-se, sob a presidência de Sylvia Payne, os grupos A e B, já não se pode falar de uma escola inglesa, mas de três núcleos no seio dessa Sociedade: o de Anna Freud, o de Melanie Klein e o grupo independente (*middle group*).

Neste capítulo, vamos ocupar-nos preferencialmente de Melanie Klein, em uma tentativa de apreender o original e próprio de seu emprego da interpretação.

ALGUNS ANTECEDENTES

É difícil estudar a teoria da interpretação em Melanie Klein, porque ela nunca a expôs formalmente. Deve-se rastreá-la, então, em seus escritos, mas essa busca não é simples e leva cada vez mais até o começo de sua obra. Se lemos com atenção seus primeiros trabalhos, já a vemos interpretar com essa naturalidade, originalidade e arrojo que serão depois a marca inconfundível de seu estilo e de seu credo científico, tanto como a pedra do escândalo para seus detratores.

É indubitável que, mesmo antes de chegar a Londres, quando exerce em Berlim e analisa-se com Abraham, Klein utiliza o instrumento interpretativo com uma convicção e uma audácia que não se encontram facilmente em outros analistas. Ela mesma o evoca em 1955, quando descreve a técnica do jogo e compara o proceder prudente da maioria dos analistas da década de 1920 com sua própria forma de operar: "Quando comecei meu trabalho, era um princípio estabelecido que se devia fazer um uso muito limitado das interpretações. Com poucas exceções, os psicanalistas não haviam explorado os estratos mais profundos do inconsciente – em crianças, tal exploração era considerada potencialmente perigosa. Essa cautela refletia-se no fato de que naquela época, e por muito tempo, a psicanálise era considerada adequada somente para crianças do período de latência em diante" (*The Writings*, v. 3, p. 122; *Obras completas*, v. 4, p. 21). Lembremos que assim o sustentaram, por exemplo, Hug-Hellmuth (1921) e Anna Freud (1927).

No trabalho de 1955, recém-citado, Klein também lembra que, quando decidiu analisar Fritz, ao ver que o esclarecimento apenas não era suficiente, desviou-se de algumas regras até então aceitas, interpretando o que lhe parecia mais urgente no material, de modo que logo notou que seu interesse centrava-se na ansiedade e nas defesas frente a ela.

Pode-se dizer, pois, que quase desde o começo de sua prática Klein reconheceu sempre a interpretação como o instrumento essencial da psicanálise e aplicou-a sem vacilar quando considerou oportuno. Por isso, não deixa de chamar a atenção que nunca se sentisse obrigada a fundamentar sua teoria da interpretação, apesar de notar que sua forma de interpretar diferenciava-se notoriamente da dos outros analistas de sua época. É possível, entretanto, que esse reconhecimento tenha sido tardio e não se impusesse a ela em seus primeiros anos de trabalho.

Embora seja certo que Klein nunca escreveu especificamente sobre a interpretação, os escritos de Strachey (1934, 1937) e Paula Heimann (1956), por todos reconhecidos como de primeira linha, foram gerados, sem sombra de dúvida, sob sua inspiração.

OS PRIMEIROS TRABALHOS

As primeiras interpretações de Melanie Klein podem ser rastreadas na segunda parte de "O desenvolvimento de uma criança" (1921), que se intitula "A resistência da criança ao esclarecimento sexual".[1] Quando adverte que apenas esclarecer não basta, porque a criança resiste ao conhecimento sexual que se oferece a ela, compreende que o único recurso válido para levantar os recalques é a interpretação.

Quando ela apresentou esse caso à Sociedade Húngara em 1919,[2] Anton von Freund sustentou que as observações de Melanie Klein eram por certo analíticas, mas não suas interpretações, que tocavam somente os aspectos conscientes do material. Ela rechaçou essa crítica e afirmou que era suficiente tratar os problemas conscientes, se não havia razões em contrário; porém, pouco depois, ao escrever seu trabalho, dava-lhe plenamente a razão (*The Writings*, v. 1, p. 30; *Obras completas*, v. 2, p. 44). Nesse pequeno fato, pode-se apreciar diretamente a rápida evolução de seu pensamento psicanalítico.

Se pensarmos que Von Freund tinha razão e que no começo de seu trabalho com Fritz nossa autora esclarecia, mas não interpretava, então podemos afirmar que a primeira interpretação que consignam os escritos de Klein surge na segunda parte do trabalho que estamos considerando.

Dias depois que Melanie Klein anima-se (por fim!) a lhe explicar o papel do pai na procriação, Fritz narra seu sonho-fantasia do motor grande e do motor pequeno que se chocam com o trem elétrico e diz também que o motor pequeno fica entre o grande e o trem elétrico. Klein explica-lhe, então, "que o motor grande é seu papai, o carro elétrico sua mamãe e o motorzinho ele mesmo e que ele se colocou entre papai e mamãe, porque gostaria muito de afastar papai totalmente, ficar sozinho com sua mamãe e fazer com ela o que só ao papai é permitido fazer" (*Obras completas*, v. 2, p. 48-49). Essa interpretação, vale a pena assinalar, vai entre parênteses no texto, e Melanie Klein a chama de *explicação*. De fato, é muito parecida com a que o pai formula a Hans (Freud, 1909b), quando lhe diz que, ao estar na cama com a mamãe em Gmunden, pensou que ele era o papai e teve medo disso, ao que Hans responde comovedoramente: "você sabe tudo" (*AE*, v. 10, p. 75). Do mesmo tipo é a interpretação do pai na página 77: "Você gostaria de ser o papai e estar casado com a mamãe, gostaria de ser tão grande como eu e ter um bigode e gostaria que a mamãe tivesse um filho".

Em princípio, Klein interpreta de maneira semelhante o complexo de Édipo negativo de Fritz: "Disse-lhe que ele se havia imaginado no lugar de sua mamãe e queria que seu papai fizesse com ele o que faz com ela" (*The Writings*, v. 1, p. 41; *Obras completas*, v. 2, p. 53). Aqui, porém, Klein vai adiante e chama as coisas por seu nome, porque diz claramente a Fritz: "Mas tem medo (assim como imagina que sua mamãe também tem medo) de que, se esse pau – o pipi de papai – se mete em seu pipi, ele ficará machucado, e depois dentro de sua barriga, em seu estômago, tudo ficará destruído também" (*Obras completas*, v. 2, p. 53).[3] Creio que, nesse ponto, há uma mudança substancial, porque Klein anima-se a nomear os órgãos e as funções, traduzindo os símbolos, em vez de mencioná-los alusivamente. Essa atitude define uma teoria, uma técnica e uma ética: a teoria de que a criança compreende o valor semântico da interpretação, a técnica de que se deverá remeter os símbolos à sua origem, a ética de que é necessário dizer à criança a verdade, sem ocultações.

HANS, "DORA" E FRITZ

Acabamos de ver como evolui a técnica interpretativa de Klein em seu primeiro trabalho. Suas interpretações são, no princípio, da mesma feitura que as do pai de Hans, isto é, Freud, mas logo vão adquirindo outro caráter. À medida que atendem ao funcionamento do processo primário e seus modos de expressão peculiares, tornam-se mais profundas e mais comprometidas, porque procuram entrar em contato com o Icc. Penso que essas características são patrimônio da forma de trabalhar de Klein, de seu estilo, que não se afasta, no entanto, do espírito com o qual o próprio Freud interpretava. Diz à Dora, por exemplo, que ela pensa que seu pai está impotente (não tem *recursos*) e imagina que suas relações com a Sra. K. são *per os*, depois disso lhe interpreta que ela se identifica com as duas mulheres do pai (sua mãe e a Sra. K.), para satisfazer seus desejos incestuosos, e acrescenta que seus ciúmes são os de uma mulher apaixonada. Freud não só interpreta a afonia de Dora como uma expressão de pena pela ausência do amado, o Sr. K., mas também a coloca em relação com suas fantasias inconscientes de *fellatio*, assim como sua tosse e as cócegas de sua garganta.

Nesse ponto, Freud justamente se antecipa a seus detratores, que imagina horrorizados. Diz que a melhor maneira de falar dessas coisas é direta e secamente, sem malícia nem afetação, chamando o pão de pão e o vinho de vinho. *J'appelle un chat, un chat*, diz Freud.

---

[1] "O desenvolvimento de uma criança" foi publicado em 1921 na *Imago* e em 1923 no *International Journal* e consta de duas partes. A primeira, intitulada "A influência do esclarecimento sexual e a diminuição da autoridade sobre o desenvolvimento intelectual das crianças", pertence ao período inicial de Klein, que foi breve e desenvolveu-se em Budapeste. A segunda parte corresponde a uma comunicação à Sociedade de Berlim, em fevereiro de 1921, pouco depois de ter-se estabelecido nessa cidade.

[2] Klein leu seu trabalho "Notas sobre o desenvolvimento intelectual de uma criança" em julho de 1919 na Sociedade Húngara. Essa conferência é a base da primeira parte do trabalho que estamos considerando, embora também tenha contribuído outro, lido em dezembro de 1920 na mesma Sociedade, intitulado "Contribuição à análise na infância precoce".

[3] "But he is afraid (as he imagines his mamma to be too) that if this stick – papa's wiwi – gets into is wiwi he will be hurt and then inside his belly, in his stomach, everything will be destroyed, too" (*The Writings*, v.1, p. 41).

Certamente, Freud tampouco vacila em lançar mão do simbolismo quando interpreta à Dora seu primeiro sonho e sua excitação sexual, comparando seu sexo com o cofre.

O CONGRESSO DE SALZBURGO

Nos dois trabalhos que publica em 1923, "O papel da escola no desenvolvimento libidinal da criança" e "Análise infantil", não há referências explícitas a seu modo de interpretar; porém, aprecia-se que a compreensão das fantasias da criança tornou-se mais intrépida e profunda e já tem um selo decididamente "kleiniano", uma vez que se apóia em uma referência contínua ao valor simbólico do jogo ou da palavra.

Em 1924, realizou-se em Salzburgo o VIII Congresso Psicanalítico Internacional, no qual, em 22 de abril, Melanie Klein leu seu trabalho "A técnica da análise de crianças pequenas", que nunca foi publicado. Só conhecemos dele um resumo aparecido no Boletim da Associação Psicanalítica Internacional (*International Journal*, v. 5, p. 398)

Essa comunicação mostra já nitidamente como opera a técnica do jogo e a forma como Klein emprega a interpretação. A técnica lúdica consiste em aplicar as regras da interpretação onírica aos jogos, testando sua validade através da resposta da criança, que assim é contrastada com suas fantasias, seus desenhos e o conjunto inteiro de sua conduta.

Por essa época, Klein já havia chegado a compreender que o mecanismo fundamental do jogo das crianças é a descarga de fantasias masturbatórias.[4] Disso decorre que as inibições no jogo têm sua origem no recalcamento dessas fantasias, que sempre nos remetem à cena primária. Klein havia chegado às mesmas conclusões ao estudar o papel da escola no desenvolvimento libidinal da criança em 1923.

Nunca se pode superestimar, afirma Klein (1926), a importância da fantasia e de sua transformação em atos na vida da criança, sob a marca da compulsão à repetição.[5]

A EXPERIÊNCIA COM RITA

O trabalho de Salzburgo inspirou, sem dúvida, "Os princípios psicológicos da análise infantil", em que Klein desenvolve com maior amplitude sua técnica do jogo e sua teoria da interpretação.[6] Adiantando-se ao que vai expor em "A personificação no jogo das crianças" (1929), descobre que a atribuição de papéis no jogo permite à criança separar as diferentes identificações que tendem a se apresentar em bloco. É fácil compreender que essa concepção do jogo leva naturalmente a interpretar sem dilação os papéis que aparecem e a prestar um interesse crescente à interpretação transferencial. Portanto, desse ponto de vista, já estão perfiladas as características que distinguirão Melanie Klein por sua forma de interpretar.

Petot (1979) assinala com razão que o caso Rita, que Melanie Klein analisou a domicílio em 1923, operou uma mudança substancial em seu pensamento e em sua práxis. Assim como se pode dizer que Anna O. inventou a *talking cure*, também se pode afirmar que a pequena Rita criou a técnica lúdica com seus brinquedos e seu famoso ursinho superegóico.

Não sem certa nostalgia, Klein lembra em 1955 de sua primeira sessão com Rita naquela primavera berlinense de 1923. Tão logo ficaram a sós, a menina mostrou-se ansiosa, permaneceu em silêncio e pediu para sair ao jardim. A analista consentiu e saíram, enquanto a mãe e a tia as olhavam de longe com ceticismo, certas de que a tentativa fracassaria. Entretanto, aquela analista de tão pouca experiência e tanto talento já havia decidido que a transferência negativa estava dominando o quadro. Ao vê-la mais tranqüila no jardim e levando em conta certas associações, disse-lhe que temia que ela lhe fizesse algo, ao estarem sozinhas no quarto, e ligou esse temor a seus terrores noturnos, quando Rita pensava que uma mulher má a atacaria em sua cama. Minutos depois, Rita voltou confiante ao seu quarto.

Essa interpretação é, por muitas razões, histórica. Podemos datá-la com segurança, e oferece as características próprias do trabalho de Klein: dirige-se à angústia, leva em conta a transferência, inclusive a de sinal negativo, e a vincula aos sintomas e ao conflito. Esses elementos enlaçados, destaca Petot (1979, p. 121), exibem a originalidade dessa técnica. A própria Melanie Klein diz isso em seu trabalho de 1955: sua abordagem de Rita é típica do que viria a ser depois sua técnica (*The Writings*, v. 3, p. 123; *Obras completas*, v. 4, p. 22).

Klein apóia sua tarefa interpretativa em um fato empírico, derivado de seu trabalho clínico: a criança tem mais contato com a realidade do que o adulto supõe. Muitas vezes, a alegada deficiência deve-se não a que seja incapaz de percebê-la, mas que a desmente, a repudia: é que o critério decisivo do juízo de realidade da criança e, por conseguinte, de sua capacidade de se adaptar dependem de sua tolerância à frustração e, em especial, à frustração edípica. Daí que com freqüência nos surpreenda a facilidade com que às vezes aceita a interpretação e até goza com ela:[7] na criança, a comunicação entre os sistemas Cc e Icc é mais fácil do que no adulto. Por isso, a

---

[4] Ver *The Writings*, v.I, p. 135, nota 2, em que são resenhadas algumas idéias do trabalho de Salzburgo.
[5] "In general, in the analysis of children we cannot over-estimate the importance of phantasy and of translation into action at the bidding of the compulsion to repetition" (*The Writings*, v.1, p. 136; *Obras Completas*, v.2, p. 134).
[6] Este artigo foi lido na Sociedade Psicanalítica de Berlim, em dezembro de 1924 (Elsa del Valle, 1979, v.1, p. 55), e publicado dois anos depois.

[7] "We are often surprised at the facility with which on some occasions our interpretation are accepted: sometimes children even express considerable pleasure in them" (*The Writings*, v.1, p. 134; *Obras completas*, v.2, p. 132).

interpretação tem nela um efeito rápido, às vezes surpreendente, por mais que possa não se dar por aludida: seu jogo reinicia-se ou muda, sua angústia cai ou sobe bruscamente, aparece material novo, a relação com o analista torna-se mais viva e estreita. Ao levantar os recalcamentos, a interpretação promove uma mudança econômica que transparece originalmente no prazer com que a criança brinca.

Aqui, Klein permite-se discordar diretamente de Freud, que em sua história do "Homem dos Lobos" (1918) afirmou que, contrariamente ao que poderia parecer, o material que a criança oferece é, no fim das contas, inferior ao do adulto, já que a ela faltam palavras e pensamentos que tem de receber emprestados. Essa afirmação será compartilhada rotundamente por Anna Freud. O material da criança, dirá ela, não nos leva além da linguagem quando seu pensamento começa a se parecer com o nosso. É que na criança falham os dois métodos que nos permitem reconstruir a pré-história no paciente adulto, ou seja, a associação livre e a transferência.[8] Klein replica que, se soubermos observar atentamente seu jogo e situá-lo no contexto de sua conduta total, a criança oferecerá um material rico, sobretudo se o entendermos em seu valor simbólico: as fantasias, os desejos e as experiências da criança ficam representadas no jogo graças ao simbolismo, essa linguagem arcaica e esquecida que nos vem da filogenia, assim como também dos outros meios de expressão que Freud descobriu no trabalho do sonho. O simbolismo – dirá no Simpósio – é a alavanca da análise da criança (*The Writings*, v. 1, p. 147; *Obras completas*, v. 2, p. 144).

Com isso, chegamos a um dos princípios básicos da interpretação kleiniana, talvez o mais controvertido, a utilização dos símbolos. Custa aqui um pouco separar com equanimidade os problemas propriamente científicos, teóricos ou técnicos, dos que irrompem da ideologia e do preconceito, assim como dos legítimos e irrecusáveis estilos pessoais. É exato afirmar que um traço distintivo da abordagem kleiniana é que não vacila em interpretar diretamente os símbolos, mas sem esquecer que o simbolismo é apenas uma parte do material de que ela se vale, atenta sempre a todas as formas sutis de expressão do processo primário. Diferentemente de outros analistas mais cautelosos (entre os quais também se incluem alguns autores pós-kleinianos!), a verdade é que tudo o que Klein faz é não deixar de lado o simbolismo e recorrer a ele tanto como aos outros modos de expressão inconsciente. Que esse procedimento a exponha ao erro de traduzir mecanicamente os símbolos só prova que Melanie Klein pode equivocar-se como qualquer outro analista. Os que criticam o uso dos símbolos sempre pensam que eles são traduzidos estereotipadamente, jamais com agudeza e talento. Além das predileções pessoais e do estilo de cada analista, creio que é temerário afirmar, como às vezes se faz, que a técnica de Klein consiste em uma tradução direta dos símbolos. Assim pensa, contudo, Maurice Dayan, em um trabalho (1982) que entende a técnica de Melanie Klein como uma tradução sistemática e direta de símbolos, com total prescindência de todo o restante. Diz Dayan: "De tal sorte que ancora no sujeito a convicção de que o conteúdo manifesto de suas atividades locutórias, gráficas e lúdicas não têm nenhuma importância e de que só contam as significações latentes que o intérprete reencontra sem modificações sob as representações mais diversas" (p. 272). Para Dayan, Melanie Klein interpreta com uma certeza inabalável, em um "discurso de traço delirante" (p. 301), que rompe totalmente com a metodologia de Freud e da psicanálise. Opiniões tão extremas como essa servem mais para a polêmica e o rechaço do que para um possível cotejo das idéias contrapostas.

Na verdade, a meu ver, Klein pouco tinha de rotineira e mecânica em sua maneira de trabalhar. Coincidindo com todos os psicanalistas, ela considerava que a interpretação só devia ocorrer com base em um material adequado; porém, diferentemente de outros, sustentou que as crianças de fato apresentam esse material, amiúde surpreendentemente rápido e em grande variedade (*The Writings*, v. 1, p. 134; *Obras completas*, v. 2, p. 132). Portanto, não se deve buscar a diferença nesse ponto, na teoria da interpretação, mas sim no que se entende por material ou, o que é o mesmo, no alcance que se dará ao conceito de fantasia inconsciente.

Klein conclui seu importante trabalho de 1926 comparando a situação analítica no adulto e na criança. Dado que os meios de expressão são diferentes, a situação analítica parece muito distinta; porém, na realidade, é em essência igual: "Assim como os meios de expressão das crianças diferem dos meios dos adultos, assim também a situação analítica na análise de crianças parece ser inteiramente diferente. Entretanto, em ambos os casos, é *essencialmente* a mesma. Interpretações adequadas, resolução gradual das resistências e persistente descoberta pela transferência de situações anteriores – isso constitui, tanto nas crianças quanto nos adultos, a situação analítica correta" (*Obras completas*, v. 2, p. 134; *The Writings*, v. 1, p. 137, grifos no original).

O SIMPÓSIO SOBRE ANÁLISE INFANTIL

Em 4 e 18 de maio de 1927, ocorreu na Sociedade Britânica o *Simpósio sobre análise infantil*, no qual falaram Melanie Klein, Joan Rivière, M. N. Searl, Ella F. Sharpe, Edward Glover e Ernest Jones. Todos os trabalhos têm um tom polêmico e não poupam as críticas a Anna Freud e a sua recém-publicada obra *Einführung in die Technik der Kinderanalyse*. Neste momento, não me interessa reabrir aquela ardorosa polêmica, que chegou a incomodar o próprio Freud, mas extrair os traços que permitam desenhar com mais realismo o perfil da interpretação kleiniana.

No simpósio, enfrentam-se não apenas duas pioneiras jovens e criadoras, não apenas duas escolas e dois pó-

---

[8] "But so far as my experience goes, and with the technique I have described, it does not take us beyond the boundaries where verbalization begins – that period, in other words, when his thought processes begin to approximate our own" (*The Writings of Anna Freud*, v.1, p. 52).

los de gravitação científica – Viena e Londres –, mas também dois temperamentos. Se Anna Freud vê a criança diferente do adulto, é porque pensa no ego; Klein os vê parecidos porque olha o inconsciente.

Quando em 1966 falou em Chicago, convidada por Kohut, sobre "O instituto psicanalítico ideal", Anna Freud mostrou-se em desacordo com o título de sua conferência, porque não lhe interessa o ideal, a não ser que possa transformar-se em realidade, e lembrou que, quando criança, só lhe interessavam os contos que podiam ser verdade. Quando apareciam elementos com caráter sobrenatural, seu interesse decaía. Não é estranho que uma menina como aquela, com um apego tão forte à realidade, estudasse, quando crescida, o ego e seus mecanismos de defesa. Não tenho uma história da pequena Melanie para contrapor a esta que acabo de lembrar, mas eu a imagino escutando absorta os contos de fadas e bruxas de seus primeiros anos de vida.

No Capítulo 3 de seu livro, Anna Freud (1927) apresenta os argumentos teóricos que a fazem duvidar da técnica lúdica. Nem tudo o que a criança faz no jogo pode ter o valor simbólico que lhe atribui Klein; pode ser também algo inocente, algo que tem a ver com uma experiência presente e imediata, ao modo – diria eu – dos restos diurnos do sonho. Klein responde que ela não interpreta diretamente (ou selvagemente), mas que considera *toda* a situação em conjunto. Não me interessa aqui destacar quem tem razão (e, de fato, penso que essa crítica de Anna Freud às vezes é justa e outras não), mas assinalar como Klein define nesse ponto sua atividade interpretativa: quando chegou a compreender certas conexões, "então interpreto esses fenômenos e os enlaço com o inconsciente e com a situação analítica. As condições práticas e teóricas para a interpretação são precisamente as mesmas que na análise de adultos" (*Obras completas*, v. 2, p. 144; *The Writings*, v. 1, p. 147). Para mim, essa citação de Klein é importante, porque apóia o que eu disse antes, que o uso da interpretação é igual tanto na criança quanto no adulto e o que varia é o conceito de material, que tem a ver, por sua vez, com o alcance da fantasia.

O sistema Icc predomina na criança. É possível esperar, por isso, que o modo de representação simbólica prevaleça em sua mente e que, para tomar contato com a criança, devamos recorrer à interpretação.

Se queremos penetrar no inconsciente da criança, devemos ficar atentos a seus modos de expressão, para detectar o quanto antes a ansiedade e a culpa, porque somente interpretando-as e aliviando-as poderemos ter acesso ao inconsciente. "Então, se levarmos até o fim o simbolismo que suas fantasias contêm, logo veremos reaparecer a angústia, e poderemos, assim, garantir o progresso do trabalho" (*Obras completas*, v. 2, p. 145; *The Writings*, v. 1, p. 148).

OS PONTOS-CHAVE DA CONTROVÉRSIA

Se comparadas as exposições do simpósio com o livro de Anna Freud, observam-se de imediato muitas divergências. Digamos, desde já, que nem todas haverão de se manter no curso do tempo e nem sempre têm relação direta com o que aqui estudamos, isto é, a interpretação. As diferenças mais notáveis são observadas na extensão que se dá à transferência (e, em termos mais amplos, à fantasia) e em como se concebe a origem e a estrutura do superego.

Klein (1927) acredita firmemente que uma atitude ansiosa ou hostil por parte da criança expressa a transferência negativa (*The Writings*, v. 1, p. 145; *Obras completas*, v. 2, p. 142), ao passo que Anna Freud (1927) considera que uma reação desse tipo em uma criança pequena pode dever-se a seu bom vínculo com a mãe.[9] Antes, ao contrário, prossegue Anna Freud, são precisamente as crianças que gozaram de pouco carinho no lar as que estabelecem mais cedo uma relação positiva com o analista.[10]

Klein replica, por seu turno, que a clínica "confirmou minha crença de que se explico imediatamente esse rechaço como sentimento de angústia e de transferência negativa e o interpreto como tal, em conexão com o material que a criança produz ao mesmo tempo, e depois o trago de volta a seu objeto original, a mãe, imediatamente posso comprovar que a angústia diminui (*Obras completas*, v. 2, p. 142; *The Writings*, v. 1, p. 145). Algumas linhas mais abaixo, Klein afirma de modo complementar que se a atitude da criança em relação a nós é amistosa e brincalhona, estamos justificados em presumir que há uma transferência positiva e fazer uso dela, sem hesitar, em nosso trabalho (*The Writings*, v. 1, p. 145-146; *Obras completas*, v. 2, p. 143).

O debate sobre se a transferência aparece precocemente e se precocemente deverá ser interpretada continua quase com o mesmo fragor em nossos dias. Este não é o momento de entrar na polêmica, mas de salientar que não se discute se devemos interpretar a transferência, e sim o momento de sua aparição.

O outro grande tema de controvérsia é a origem do superego. Anna Freud pensa, como seu pai, que o superego forma-se com o declínio do complexo de Édipo, enquanto Klein postula que o superego forma-se ao longo do complexo de Édipo, e não de maneira crítica no final. Desse modo, acredita não estar modificando as teorias de Freud. Klein parte de um fato de observação: em suas primeiras análises (Fritz, Félix), o sentimento de culpa surge *antes* que o complexo de Édipo decline. Esses primeiros indícios clínicos vêem-se comprovadamente confirmados para ela quando emprega com Rita, Inga ou Peter a técnica de jogo. Os terrores noturnos do segundo ou terceiro ano de vida constituem-se claramente a partir da cena primária e per-

---

[9] "The more tenderly a little child is attached to his own mother, the fewer friendly impulses he has toward strangers" (*The Writings of Anna Freud*, v.I, p. 45).

[10] "It is especially with children who are accostumed to little loving treatment at home, and are not used to showing or receiving any strong affection, that a positive relationship is often most quickly established" (ibid.).

sistem sem solução de continuidade no complexo de Édipo da etapa fálica.

Com essa base clínica, Klein vai sustentar que o complexo de Édipo inicia-se no começo do segundo ano da vida ("The psychological principles of early analysis", 1926) ou na segunda metade do primeiro ano (*The psycho-analysis of children*, 1932, Capítulo 1). Com a teoria das posições, quando o complexo de Édipo fica finalmente enlaçado à posição depressiva, a data de seu começo se desloca para o segundo trimestre do primeiro ano. Mas, então, o superego esquizoparanóide aparece *antes* do complexo de Édipo e o determina; com isso, a teoria de Klein diz justamente o oposto à de Freud.

Nesse ponto preciso, pois, vem a ter razão, com o tempo, Anna Freud, embora o enfoque clássico da formação do superego tropece em mais de uma dificuldade, como procurei demonstrar em um trabalho em colaboração apresentado ao XIV Congresso de Psicanálise da América Latina (1982).

A INTERPRETAÇÃO EM *A PSICANÁLISE DE CRIANÇAS*

A psicanálise de crianças, que Klein publicou em 1932, consta de uma parte técnica e outra clínico-teórica que estuda o efeito das situações precoces de ansiedade sobre o desenvolvimento da criança. Para os objetivos de nosso estudo, interessa a primeira parte e sobretudo o segundo capítulo, "A técnica de análises precoces", em que a interpretação ocupa um lugar destacado. (O primeiro capítulo do livro baseia-se no trabalho já comentado de 1926.)

No começo do Capítulo 2, com o caso de Peter, de três anos e nove meses, Klein mostra-nos como interpreta a cena primária, os ciúmes pelo nascimento do irmãozinho e os jogos sexuais, baseada na atividade lúdica da criança e suas associações. Pergunta, computa a resposta da criança, examina sua receptividade e finalmente interpreta. Ela faz isso com palavras simples, mas informando detalhada e detidamente, sem poupar as referências concretas aos órgãos e às suas funções, assim como aos objetos (pai, mãe, irmãos e outras pessoas do ambiente). Klein insiste mais de uma vez em que a interpretação não deve ser simbólica, isto é, alusiva. Os símbolos devem ser traduzidos literalmente e sem eufemismos. Não basta dizer, como o pai a Hans, que ele quer ter um bigode como o seu, se o que se quer dizer é que o bigode representa o pênis. Como afirma em uma nota de rodapé desse capítulo, se queremos ter acesso ao inconsciente da criança, e certamente que só o podemos fazer com a linguagem e a partir do ego, então devemos evitar circunlóquios e utilizar palavras simples (*The Writings*, v. 2, p. 32; *Obras completas*, v. 1, p. 161).

Klein assinala nesse capítulo que, quando a criança oferece-lhe material para interpretar, o faz *imediatamente*. Parte da base de que se a criança comunica-se bem, é porque está em transferência positiva e então cabe interpretar antes que seja tarde, isto é, antes que surja a ansiedade. Se a interpretação é feita a tempo – e para Klein isso quer dizer enquanto seja possível –, então o analista evita ou, melhor dito, regula a emergência da ansiedade: "Assim, com uma interpretação feita a tempo – ou seja, quando se interpreta o material tão logo quanto possível –, o analista pode cortar a ansiedade da criança ou reduzi-la...".[11]

Assim como é necessário interpretar quando a criança está expressando suas fantasias, o que para Klein implica um momento de transferência positiva (ou poderíamos melhor dizer um momento em que está operando suficientemente a aliança terapêutica), e antes que nossa dilação faça subir a angústia e a resistência, do mesmo modo também se deve interpretar sem hesitação a transferência negativa, que muitas vezes se expressa em uma atitude de timidez, desconfiança ou vergonha. Nesse ponto, Klein concorda com Reich (1927, 1933) quanto à importância da transferência negativa latente, embora sua estratégia seja diametralmente oposta. Ele propõe atacar de modo sistemático a resistência caracterológica; ela busca tomar contato com a fantasia inconsciente.

Um postulado básico do efeito da interpretação para Klein é que somente a partir do alívio da angústia nos níveis profundos da mente pode-se analisar validamente o ego da criança e sua relação com a realidade. "Esse estabelecimento da relação da criança com a realidade, assim como o reforçamento de seu ego, são obtidos apenas muito gradualmente e são o resultado, e não a condição prévia, do trabalho analítico" (*Obras completas*, v. 1, p. 155; *The Writings*, v. 2, p. 25-26). Com essa vigorosa afirmação, creio que se entende o que Klein quer dizer com interpretação direta e profunda, assim como também em que consiste sua estratégia de tomar contato com o inconsciente.

Melanie Klein afasta-se aqui *prima facie* do Freud de "Sobre o início do tratamento" (1913c), que aconselha formalmente não começar a interpretar até que se tenha estabelecido uma efetiva transferência, um apropriado *rapport* com o paciente.[12] Contudo, seria possível argüir que Klein não ignora o conselho, pois supõe que esse *rapport* existe, se a criança brinca ou lhe fala, mas é indubitável que, nesse ponto, a transferência tem para Klein um alcance diferente do que lhe dá o criador da psicanálise. Ela se afasta, além disso, da confiante cautela de Freud, que pensa que esse *rapport* necessário é obtido apenas dando tempo ao analisando, se o médico exibe um interesse genuíno, elimina as resistências iniciais e evita cometer certos erros. Klein pensa, na verdade, exatamente o contrário: que o *rapport* só é obtido interpretando.

---

[11] "Thus by making a timely interpretation – that is to say as soon as the material permits – the analyst can cut short the child's anxiety, or rather regulate it" (*The Writings*, v.2, p. 25; *Obras completas*, v.1, p. 155).

[12] "A resposta só pode ser esta: não antes que se tenha estabelecido no paciente uma transferência operativa, um *rapport* em regra" (*AE*, v.12, p. 140).

A INTERPRETAÇÃO NO PERÍODO DE LATÊNCIA

A teoria da interpretação de Klein desenvolveu-se a partir de sua experiência na análise de crianças pequenas, na qual uma rica vida de fantasia e uma ansiedade aguda facilitam o acesso ao inconsciente. No período de latência, não se conta com essas (favoráveis) circunstâncias, e, por isso, crescem as dificuldades na abordagem técnica. O ego do período de latência, por outro lado, não se desenvolveu por completo, de modo que o analista não conta com o desejo de cura do adulto, nem com um desenvolvimento da linguagem que torne possível a associação livre: em outras palavras, a criança do período de latência não brinca como a pequena, nem associa como o adulto.

A via de abordagem que Klein encontra nessas difíceis circunstâncias tem seu ponto de apoio na curiosidade sexual, em que o recalcamento do instinto epistemofílico domina todo o quadro. Por pouco que o material o permita, Klein interpreta à criança latente que está preocupada com a diferença dos sexos, a origem das crianças e a comparação com o adulto, cuidando que essas primeiras intervenções sejam interpretações cabais e não explicações. Com a interpretação, logo se chega à ansiedade e ao sentimento de culpa da criança, com o que se estabelece a situação analítica, ao passo que as explicações intelectuais ou a atitude pedagógica só conseguem remover o material recalcado, sem resolvê-lo, com o que aumenta a resistência.

Um caso bastante ilustrativo para compreender não apenas a técnica, mas também a estratégia (ou ideologia) de Klein, é o de Egon, um menino de nove anos e meio com graves problemas de desenvolvimento e dificuldade para estabelecer contato com as pessoas e a realidade, relatado na parte final do Capítulo 4 de *A psicanálise de crianças*.

Ao começar o tratamento, Klein convidou Egon a usar o divã, o que a criança aceitou com sua proverbial indiferença, sem que se pudesse estabelecer a situação analítica. A analista compreendeu que a escassez de material dependia de dificuldades na verbalização que só poderiam ser resolvidas com métodos analíticos. Convidou-o, então, a considerar a possibilidade de brincar e, embora Egon tenha dito, como sempre, que para ele dava no mesmo, começou um jogo muito monótono e reiterativo com uns carrinhos.

Conhecedora de que um dos fatores que iniciaram as dificuldades de Egon foi que, quando tinha quatro anos, o pai reprimiu sua masturbação e exigiu-lhe que pelo menos confessasse quando o tinha feito, Klein procurou diferenciar-se desse pai severo e dominante brincando de carrinhos com a criança durante várias semanas, em silêncio, evitando toda interpretação. Quando, por fim, decidiu interpretar em termos de coito dos pais, masturbação e rivalidade edípica, o brinquedo monótono começou a mudar, a se tornar mais rico e movimentado, ao mesmo tempo que também se modificou a conduta da criança em casa.

O caso Egon é, assim, pouco menos do que experimental para Klein. Todas as tentativas de estabelecer a situação analítica procurando obter um *rapport* fracassaram, enquanto a interpretação do material conseguiu isso rápida e diretamente. Klein conclui, então, que foi tempo perdido não interpretar o jogo desde o começo e pensa até que, se pôde manter essa atitude sem pôr em perigo a continuidade da análise, foi somente pela intensidade com que a angústia de Egon estava recalcada. Em crianças menos doentes, demorar as interpretações conduz em geral à aparição de crises agudas de ansiedade, que obrigam a interpretar prontamente, antes que seja tarde demais e a criança abandone o tratamento.

Quando resume as conclusões do capítulo, Klein afirma que, no período de latência, é essencial estabelecer contato com as fantasias inconscientes da criança, o que se consegue interpretando o conteúdo simbólico do material em função da ansiedade e do sentimento de culpa; porém, como o recalque das fantasias é mais intenso nessa etapa do desenvolvimento do que na anterior, muitas vezes temos de encontrar o acesso ao inconsciente a partir de representações que se apresentam como inteiramente desprovidas de fantasias. Entretanto, se o analista não se contenta em enfrentar esse tipo de produto como uma mera expressão da resistência e o trata como verdadeiro material (isto é, como *conteúdo*), poderá abrir caminho para o inconsciente: "Prestando suficiente atenção a pequenas indicações e tomando como nosso ponto de partida para a interpretação a conexão entre o simbolismo, o sentimento de culpa e a ansiedade, que acompanham essas representações, sempre encontraremos oportunidade de começar e efetuar a tarefa analítica" (*Obras completas*, v. 1, p. 201; *The Writings*, v. 2, p. 73).

A seguir, Klein precisa o que quer dizer tomar contato com o inconsciente. O fato de que na análise de crianças nos coloquemos em comunicação com o inconsciente, antes de que se tenha estabelecido uma relação frutífera com o ego, não significa que este tenha ficado excluído do trabalho analítico. Tal tipo de exclusão seria impossível, não só porque o ego está estreitamente conectado com o id e o superego, mas também porque somente podemos ter acesso ao inconsciente por meio do ego. O que Klein quer dizer é que a análise não se aplica ao ego como tal, como fazem os métodos educacionais, mas busca abrir caminho às agências inconscientes da mente, decisivas na formação do ego (*Obras completas*, v. 1, p. 201).[13] Uma atitude técnica que procure estimular os interesses egóicos da criança não modificará substancialmente a situação, já que apenas a interpretação põe em marcha o processo analítico e o mantém em movimento (*Obras completas*, vol. 1, p. 202).[14] A análise não se dirige ao ego com medidas educacionais, mas busca abrir caminho ao inconsciente.

---

[13] "Nevertheless, analysis does not apply itself to the ego as such (as educational methods do) but only seeks to open up a path to the unconscious agencies of the mind those agencies which are decisive for the formation of the ego" (*The Writings*, v.2, p. 74).

[14] "For in child analysis it is interpretation alone, in my experience, which starts the analytic process and keeps in going" (ibid., p. 75).

ALGUMAS CARACTERÍSTICAS DA INTERPRETAÇÃO KLEINIANA

Chegados a esse ponto, é fácil compreender que Klein interpreta de uma forma especial e diferente da de outros autores, embora não seja simples assinalar em que consiste sua particularidade. Klein interpreta mais freqüentemente que outros analistas, e sua tática consiste em interpretar (ao menos na criança) tão logo quanto possível. Se o paciente está trazendo material, ela considera que essa atitude nasce de sua transferência positiva, e que demorar a interpretação só conduzirá a situações de angústia e resistência. Se a angústia e a resistência aparecem espontaneamente, então há uma razão a mais para interpretar, com o fim de aliviar a primeira e reduzir a segunda.

Deve-se lembrar que toda essa teoria geral da interpretação surge justamente da viva resposta das crianças à tarefa interpretativa. Essas respostas eram de tal magnitude, que a levaram a consultar Abraham sobre o caminho a seguir. Abraham respondeu-lhe que, dado que as interpretações produziam alívio e a análise ia progredindo, parecia-lhe lógico não modificar o método.[15]

Klein continuou, então, corajosamente seu método, que consistia, no fim das contas, em interpretar a fantasia que estava operando (segundo ela acreditava) e a ansiedade que essa interpretação pudesse despertar.

Essa técnica foi combatida por muitos, muitíssimos autores, que a consideram brusca e desconsiderada. Às vezes, pode sê-lo, já que Klein não leva muito em conta os efeitos colaterais da ação de interpretar. A interpretação "direta" pode ser decodificada pelo analisando efetivamente como agressiva ou sedutora, e isso pode ser mais certo ainda se o analista opera com um conflito de contratransferência. Em outras ocasiões, uma tradução simples dos símbolos, ao omitir os elos pré-conscientes do material, pode levar o processo pelos caminhos da ab-reação ou da intelectualização. Todos estes são riscos certos e, em alguma medida, inevitáveis da interpretação kleiniana, os quais devem ser contrabalançados com as virtudes inegáveis desse modo de operar, que consiste em interpretar sem outro compromisso e objetivo a não ser o de tornar consciente o inconsciente, sem se deixar levar jamais pela complacência e pela brandura, sem temer as conseqüências de dizer o que o analista considera que está passando-se na mente do analisando e que deve dizer.

Embora seja certo que a compreensão atual das sutilezas do processo analítico, a complexidade da relação inconsciente entre o analista e o analisando, que deriva da teoria atual da contratransferência e da resposta concreta do analisando à interpretação (como foi exposta por Luisa G. Alvarez de Toledo, 1954; Racker, 1958c, e Liberman, 1976a, entre muitos outros autores), obrigue-nos a ser muito cautelosos, os princípios assentados por Melanie Klein continuam tendo, em minha opinião, plena vigência.

---

[15] Ver "A técnica psicanalítica do jogo" (1955).

32

Tipos de Interpretação

BREVE RECAPITULAÇÃO

Iniciamos o estudo da interpretação a partir dos meios de que o terapeuta dispõe para operar, meios aos quais Knight chama de *instrumentos*, em contraposição ao *material* que surge do paciente e compreende todas as suas modalidades expressivas. Os instrumentos de que o psicoterapeuta dispõe são muitos e menos os do analista, em razão do rigor de sua técnica. Por isso, dizíamos que contamos apenas com três ferramentas básicas, a informação, o esclarecimento e a interpretação. Recordemos também que, a não ser que se dê ao termo interpretação um sentido muito amplo (mas também impreciso), devemos reconhecer que, como analistas, utilizamos outros elementos, por exemplo, para obter informação. Os recursos restantes, ao contrário, os que servem para influenciar o paciente, como o apoio, a sugestão e a persuasão, não pertencem à técnica psicanalítica. Poderão ser utilizados, em suma, dizia Bibring (1954), como recursos técnicos, mas não terapêuticos; e ainda assim se deverá ver, no caso concreto, se seu emprego pode alguma vez se justificar.

Estudamos depois as diferenças entre interpretação e construção, tema que está em pauta e que foi debatido nos congressos internacionais de Nova York (1979) e Helsinque (1981), frente ao qual cabem vários enfoques teóricos. Há autores que os pensam como instrumentos substancialmente diferentes; outros consideram que são, em essência, o mesmo e só reconhecem diferenças de grau em relação a situações técnicas concretas, não menos que a determinados interesses teóricos que o analista possa ter.

No Capítulo 29, estudou-se de maneira específica a interpretação em seus diversos aspectos e modalidades. Sem nos propormos a isso, seguimos a evolução histórica da própria técnica, em que o conceito de tornar consciente o inconsciente (através da interpretação) foi enriquecendo-se com os diversos enfoques metapsicológicos que Freud e alguns de seus discípulos foram descobrindo e descrevendo.

Chegamos, assim, a discriminar na interpretação três níveis: o topográfico, que corresponde à fórmula mais antiga e simples de tornar consciente o inconsciente; o dinâmico, ou seja, o de vencer uma determinada resistência, e, por fim, o econômico, que toma o material no ponto preciso em que (no juízo do analista, obviamente) estão cristalizando-se nesse momento os afetos mais fortes. Esse conceito econômico, eixo da técnica reichiana, voltou a aparecer, em outro contexto técnico e com outra terminologia, como *timing* da interpretação e ponto de urgência na obra de Melanie Klein. Embora seja certo que o conceito de *timing* tende antes a assinalar a importância da ansiedade emergente, à medida que esta é o mais relevante para a tarefa interpretativa, isso implica que está em jogo o econômico.

Estudamos depois a influência da teoria estrutural na interpretação e, para isso, seguimos o caminho que vai desde Reich e Fenichel até Anna Freud e sua influência nos psicólogos do ego dos Estados Unidos e de Londres.

No último capítulo, tentamos traçar um perfil da interpretação em Melanie Klein, tarefa nada fácil, por certo, uma vez que se somam as complexidades teóricas com os conflitos da lealdade escolástica, que confiamos completar neste capítulo e no seguinte.

TIPOS DE INTERPRETAÇÃO

Após ter delimitado o conceito e estudado a metapsicologia da interpretação, vamos agora discutir seus *tipos* (classes). Na realidade, há vários, se não muitos, tipos de interpretação; porém, centraremos a discussão em quatro deles, que abrangem os demais: interpretação histórica e atual; transferencial e extratransferencial, como mostra esse pequeno quadro sinóptico:

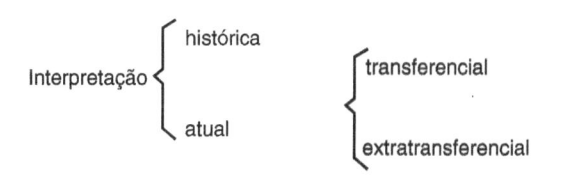

$$\text{Interpretação} \begin{cases} \text{histórica} \\ \text{atual} \end{cases} \quad \begin{cases} \text{transferencial} \\ \text{extratransferencial} \end{cases}$$

Esse quadro engloba a maior parte das possibilidades interpretativas e sustenta-se em duas teorias fundamentais: a teoria do conflito (atual, infantil) e a teoria da transferência, isto é, a tendência dos seres humanos a repetir o passado no presente.[1] É claro que nosso quadro sinóptico pode ser invertido sem que variem os conceitos: interpretação transferencial e não-transferencial, histórica e atual.

A interpretação da história do paciente e a interpretação de sua vida atual, a interpretação referente ao passado ou ao presente, não são coisas opostas: somos história, e o presente é também parte dessa história, tanto quanto o passado também é parte do presente. Somos tempo, além de nós mesmos, diz Heidegger. Mesmo sem esgrimir a teoria da transferência, *somos* nosso passado: independentemente de que o repitamos ou não, em cada um de nossos atos pode-se visualizar nosso passado. De modo que, quando se faz essa classificação, não se sanciona uma diferença fundamental entre interpretar o passado ou o presente, porque em ambos os casos deve-se considerar o indivíduo em seu conjunto.

INTERPRETAÇÃO HISTÓRICA

Apesar do que acabamos de dizer, a práxis marca diferenças entre interpretar a história e a atualidade. Acentuá-las leva-nos insensivelmente a recolocar o problema de construções *versus* interpretações, na medida em que a construção sempre se refere ao passado. De fato, chamamos de *construção* um tipo especial de interpretação histórica, por meio da qual tentamos recuperar uma situação passada, com seus afetos, seus personagens e suas ansiedades, da forma mais completa e fidedigna possível. De modo que, em meu entender, a interpretação histórica, porque acentua seu caráter de tal e busca uma colocação em cena de todos os elementos que em dado momento estiveram em jogo, chama-se concretamente de construção.[2] Como diz Phyllis Greenacre, "toda interpretação esclarecedora inclui geralmente alguma referência à reconstrução".[3]

Se é difícil separar conceitualmente interpretação e construção, mais difícil ainda é separar construção de interpretação histórica. Bernfeld (1932), como já vimos, não as distingue e acaba por considerá-las sinônimos. Pode-se dizer que a construção procura recuperar acontecimentos esquecidos (recalcados) e a interpretação, pulsões e desejos. No entanto, essa diferença é mais simpática e pedagógica do que rigorosa. Se os acontecimentos são esquecidos, é justamente porque estavam impregnados de desejos e, vice-versa, não pode haver desejos isolados do suceder vital daquele que os tem.

De qualquer modo, os analistas que utilizam a construção sublinham o valor do passado, convencidos de que o fundamental é reconstruir a história, devolvendo ao analisando o lugar que ocupou na trama de sua própria vida, restaurando os momentos em que essa história havia se rompido.

Não vou pretender que se termine essa magna discussão, mas quero ressaltar que, sejam quais forem as teorias (e as predileções) com que o analista enfrente seu singular trabalho, não creio que haja analista algum que na prática possa ocupar-se somente da transferência e prescindir das interpretações históricas ou do conflito atual; e, vice-versa, nem mesmo o analista que circunscreva todo o seu trabalho a fazer a mais cuidadosa reconstrução do passado e entenda a transferência como um obstáculo do qual se deve liberar (uma fascinação imaginária da qual se deve desenganchar, diz o Lacan de 1951, por exemplo) vai pensar que poderá operar sem interpretações transferenciais, ainda que fosse apenas para remover o obstáculo.

INTERPRETAÇÃO ATUAL

Nossos analisandos não vivem, por certo (e por sorte!), em uma torre de marfim; e, por muito poderosa e estável que tenha chegado a ser a neurose de transferência, o analisando terá conflitos e ansiedades com seu ambiente, que aparecerão na sessão, logo que cumpra a regra fundamental. Às vezes, esses conflitos têm mais a ver com a transferência do que com o ambiente, e então os chamamos de *acting out*; outras vezes, referem-se concretamente às pessoas que formam o grupo social, e então se coloca o problema de interpretá-los, como e até onde interpretá-los.

Uma crítica muito freqüente contra a análise consiste em acusá-la de esquecer a realidade. E também sofremos essa crítica e a fazemos aos analistas com uma orientação teórica diferente da nossa.

Por mais que estejamos atentos à relação de nosso analisando com seu ambiente, nem sempre é simples interpretar-lhe seu conflito atual, e é discutível que a interpretação do atual, do real na vida do paciente, possa operar como instrumento de transformação. Para a maioria dos psicanalistas, a interpretação do conflito atual é mais tática que estratégica, preparatória. Não esqueçamos, porém, que o limite entre essas duas categorias é sempre aleatório, quando não ideológico. No fim das contas, as táticas e a estratégia do analista mudam não apenas com sua orientação teórica, mas também (e assim deve ser) com as infinitas flutuações do processo analítico.

TÁTICAS E ESTRATÉGIAS INTERPRETATIVAS

Embora não nos demos conta, ao desenvolver nosso pequeno quadro sinóptico, tratamos não só dos tipos (ou classes) de interpretação, mas também das táticas e das estratégias interpretativas. Se aceitarmos a noção de neurose de transferência, proposta em "Recordar, repetir e

---

[1] Mais adiante, consideraremos outros tipos, como interpretação superficial e profunda, completa e incompleta, etc.
[2] Como vimos no devido momento, o caráter hipotético da construção não lhe é de modo algum específico; a interpretação também é uma hipótese, e não apenas pelas decisivas razões do método, mas também pelas da modéstia e do tato.
[3] "Any clarifying interpretation generally includes some reference to reconstruction" (1975, p. 703).

reelaborar", então a interpretação do conflito atual será sempre, como dissemos há pouco, uma interpretação tática por definição, enquanto a estratégia subjacente será transferencial. E diria mais: quando as interpretações do conflito atual transformam-se em estratégicas, estamos saindo do método da psicanálise, estamos enfocando de um ângulo completamente diferente a situação terapêutica. Estamos fazendo – talvez sem percebermos – ontoanálise, já que o psicanalista existencial interessa-se pelo *encontro existencial*, e, para ele, dá no mesmo se esse momento de encontro seja dentro ou fora da sessão. A estratégia da ontoanálise é que os dois existentes possam unir-se, e essas interpretações, então, não se dão em termos táticos (para chegar a uma situação diferente), mas são a própria base do trabalho; são interpretações estratégicas, porque a estratégia de seu trabalho é buscar um encontro existencial. Ao contrário, quando eu, como analista, interpreto o conflito atual, visto que estou operando com a teoria da transferência, dou essa interpretação taticamente, esperando que surja o vínculo com o passado.

Por outro lado, os psicanalistas que pensam que em nosso trabalho não há outra coisa senão a situação de campo, na realidade, transformam em estratégicas as interpretações do *aqui e agora*. Acreditam que se o campo for modificado, muda necessariamente o mundo inteiro de objetos do analisando. Essa posição é, a meu ver, errônea, porquanto não leva suficientemente em consideração os mecanismos de dissociação temporal. Às vezes, o conflito transferencial é "resolvido" idealizando o analista e culpando os pais da infância.

O problema só pode ser solucionado quando o analista capta o analisando nessa zona de bruma em que o passado e o presente superpõem-se e, com a interpretação, delimita essas duas áreas. Só então o presente torna-se presente enriquecido por todas as notas do pretérito, e este, por sua vez, fica delimitado como tal, como experiência: não há, pois, de início, duas áreas distintas, mas que ficam a rigor definidas como produto do trabalho analítico. Para o inconsciente, dizia Racker, o analista é o pai e o pai é o analista. Somente depois da interpretação adequada é que esses dois objetos ficam separados.

Uma estratégia original no tratamento psicanalítico é a proposta por Fabio Herrmann. Sua obra extensa e persistente sobre a psicanálise e seu método cristaliza-se em seu livro sobre a arte da interpretação (1991), traduzido para o espanhol em 1996. Herrmann defende que, além das grandes teorias que sustentam a prática psicanalítica, como as de Hartmann, Lacan, Melanie Klein, Bion, Winnicott, etc., há uma teoria (ou metateoria) clínica que abrange a todas. Essa teoria geral parte do princípio de que o método psicanalítico é comum e prévio às teorias e dirige-se a compreender a lógica das emoções, sem se amarrar, em princípio, às escolas psicanalíticas ou à história infantil de cada analisando, o que virá depois, espontaneamente e por acréscimo. A estratégia de Herrmann centra-se no campo transferencial, que se rompe cada vez que é interpretado para se reconstruir depois. O efeito da interpretação é pôr a descoberto a lógica das emoções e o desejo que subjaz a elas, alimentado sempre pelas *crenças* do analisando. O sucesso do trabalho psicanalítico é descobrir essas crenças para dar ao analisando a oportunidade de trocá-las por outras mais flexíveis e mais amplas.

A INTERPRETAÇÃO TRANSFERENCIAL

A teoria da transferência move-se obrigatoriamente entre dois pólos, o campo a-histórico e a historicidade do sujeito. Poderemos salientar um aspecto ou outro, conforme nossas inclinações doutrinárias, mas nunca desconhecer um dos dois. Como assinalei em um parágrafo anterior, o dilema não é superado com a distinção entre táticas e estratégias interpretativas, já que estas dependem menos de nossas teorias do que das flutuações do processo analítico. Temos de passar do campo a-histórico à história, e vice-versa, em uma espécie de compromisso duplo; e, a rigor, o dilema cessa se aplicamos corretamente a teoria da transferência, teoria segundo a qual a enfermidade consiste em que tanto o passado quanto o presente confundem-se na mente do sujeito doente.

Em seu duradouro trabalho de 1956, Paula Heimann sublinha a importância da *função perceptiva* na dinâmica da interpretação transferencial. Heimann apresentou seu trabalho no Congresso de Genebra de 1955 (e publicou-o no *International Journal* do ano seguinte). É um dos grandes escritos sobre a interpretação, assim como o de Strachey, que comentaremos mais adiante. Também nos ocuparemos agora de um pós-escrito de Paula Heimann, que modifica algumas das idéias expostas em Genebra.[4]

O ponto de partida de Paula Heimann é que a terapia analítica dirige-se ao ego do paciente, cuja função primordial, da qual todas as outras derivam, é a percepção. A percepção está para o ego assim como o instinto para o id, já que a percepção pressupõe que o ego investe ativamente o objeto, através de mecanismos de projeção e introjeção. Desse modo, a função básica do ego, a percepção, fica indissoluvelmente associada aos processos que sancionam a estrutura e o desenvolvimento do ego e a relação de objeto. "A percepção inicia o contato, e o contato implica os mecanismos básicos de introjeção e projeção que constroem e dão forma ao ego".[5]

Na percepção, opera o instinto de vida em busca da união e do contato com o objeto, em primeiro lugar o seio da mãe, enquanto a finalidade do instinto de morte é evitar ou destruir o contato, a união com o objeto. É o instinto de vida, então, que dirige o sujeito para o objeto e engendra a percepção, e é a partir desse fato capital que podemos definir a tarefa do tratamento como a amplificação do conhecimento de si mesmo através da relação emocio-

---

[4] Deve-se levar em conta que, depois de escrever esse artigo, Heimann afastou-se da escola kleiniana.

[5] "Perception initiates contact; and contact involves the main structural mechanisms of introjection and projection, which then build up and shape the ego" (Heimann, 1956, p. 303).

nal com o analista. Dessa forma, a transferência converte-se realmente no campo de batalha em que irão dirimir-se os conflitos do analisando, os mesmos conflitos que, por sua vez, deram forma ao ego (1956, p. 304).

A tese fundamental do trabalho é, portanto, que o instrumento específico do tratamento psicanalítico é a interpretação transferencial (p. 304-305), que permite ao ego perceber sua experiência emocional e torná-la consciente no exato momento em que desperta e em contato direto com o objeto.

A outra tese forte do trabalho de Heimann é que a fantasia inconsciente (tal como a definiu Susan Isaacs) opera em todo momento. Desse ponto de vista, a fantasia inconsciente, causa da transferência, não é algo que irrompe ocasionalmente na relação do analisando com seu analista e então interfere em sua razão e seu desejo de cooperar, mas a matriz fértil da qual nascem suas motivações conscientes e inconscientes, racionais e não-racionais.

A tarefa do analista consiste em tornar conscientes para o analisando suas fantasias inconscientes, e isso se aplica tanto à transferência positiva quanto à negativa, tanto à sua cooperação quanto à sua resistência.

Há ainda uma terceira tese no trabalho de Heimann, que se refere à função do analista. Como dizia Freud, o analista deve ser um espelho para o paciente, deve refleti-lo, dando-lhe, assim, a oportunidade de perceber a si mesmo no outro: o analista assume o papel de um ego suplementar para o paciente. Para funcionar dessa maneira, conclui Heimann, o analista deve deixar que o paciente tome a iniciativa, e sempre lhe será vedado intervir ativamente com opiniões e conselhos; ao mesmo tempo, terá de analisar permanentemente sua contratransferência para obter dela indícios do que acontece com o analisando, a fim de cumprir seu difícil papel.

Se o analista mantém esse equilíbrio, conclui Heimann, sua atividade interpretativa pode ser sua resposta a uma pergunta implícita: o que está fazendo o analisando agora, a quem e por quê?

A INTERPRETAÇÃO EXTRATRANSFERENCIAL

De toda a discussão anterior surge, por diversas vezes, uma pergunta que sempre tem vigência: que lugar ocupa na psicanálise a interpretação extratransferencial? Por interpretação extratransferencial, entende-se aqui, segundo o já estudado, a que opera sobre o conflito atual, o conflito infantil e o conflito precoce.

Se quiséssemos propor esse problema nos termos de Paula Heimann, poderíamos dizer que tudo depende dos processos perceptivos que estão em jogo em um dado momento na situação analítica. Como diz Lacan (1958a), a interpretação que o analista dá, se a dá, "será recebida como proveniente da pessoa que a transferência supõe que é" (*Leitura estruturalista de Freud*, p. 223). Na técnica lacaniana, essa advertência influi, sem dúvida, na atitude de silêncio do analista, ao passo que na Paula Heimann de 1955 e, em geral, em todos os analistas kleinianos opera como um chamado de atenção para não passar por alto a transferência.

Heimann tende a pensar que somente em raras ocasiões o analista é cabalmente o analista para o paciente. Assinala que é nesses momentos que o paciente toma consciência de sua história e fala de seus objetos, de sua mãe ou de seu pai, e está realmente em união com eles; o analista passa a ser uma testemunha privilegiada desse encontro, em que se cristaliza e frutifica seu persistente trabalho no campo da transferência.

O problema que se coloca mais para a técnica, talvez, do que para a estratégia, quando se faz uma interpretação histórica ou atual, é se o analista a faz de verdade ou meramente o objeto que se transferiu a ele nesse momento. Se este último for o caso, a intervenção será para o paciente ameaça, recriminação, cumplicidade, sedução: tudo, menos uma interpretação, porque foi omitido o centro de dispersão que estava na transferência.

O risco das interpretações extratransferenciais, então, reside em que o paciente as receba com uma perspectiva transferencial. Nos termos de Heimann, não teremos modificado a distorção perceptiva do ego do paciente; teremos aumentado o mal-entendido, se preferirmos falar como Money-Kyrle (1968, 1971). Esse risco, porém, não deve ser tomado como um obstáculo intransponível: o analisando sempre pode entender mal, e o analista sempre pode corrigir esse mal-entendido com uma nova interpretação. E também podemos cair no erro contrário, fazendo uma interpretação transferencial quando o que teria cabimento era atender o conflito infantil ou o atual. Se quisermos ser ainda mais precisos, teremos de dizer que toda interpretação será bem compreendida por uma parte do ego (o ego observador) e, ao mesmo tempo, distorcida pelo ego vivencial, de modo que, cada vez que vamos interpretar, teremos de pesar ambas as possibilidades. Se o ego observador é suficiente (ou, o que é o mesmo, se contarmos com uma aliança terapêutica aceitável), a possibilidade de que a interpretação seja operante é obviamente maior. É nessas condições, justamente, que aumenta o alcance da possibilidade de uma interpretação extratransferencial.

Entretanto, é também inegável que, por sua índole, a interpretação transferencial conta com melhores recursos para corrigir a distorção perceptiva do ego (mal-entendido), porque se dirige ao imediato, ao dado; e, ao mesmo tempo, o analista pode resgatar-se melhor, em sua condição de tal, ao devolver o drama ao verdadeiro tempo de sua história. Esses dois elementos são importantes e, pelo fato de que só podem ocorrer a partir da interpretação transferencial, conferem a esta um valor especial.

Se aceitamos sem rodeios a teoria da transferência, podemos afirmar que, à medida que corrigimos a intromissão do passado no presente, temos mais oportunidades de operar como analistas. Cada vez que interpreto bem a transferência, aumento o âmbito a partir do qual posso falar como analista.

Em resumo, a oposição dilemática entre interpretação transferencial e extratransferencial é resolvida respeitando-se a complexidade do material, sem se amparar na comodidade das opções escolásticas. Como dizia o mestre Pichon Rivière, uma boa interpretação, uma interpretação *completa*, deve tomar os três (ou quatro) âmbitos e mostrar a identidade essencial do que se passa no consultório com o que sucede fora e com o que sucedeu no passado. Se tomamos somente uma dessas áreas, seja qual for, como se não existissem as outras, então já não operamos com a teoria da transferência.

A INTERPRETAÇÃO COMPLETA

Uma *interpretação completa*, como acabamos de ver, deve integrar todos os níveis que o material oferece: conflito infantil, conflito atual e transferência. À medida que utilizamos coerentemente a teoria da transferência, apoiados nos postulados psicanalíticos mais clássicos, mais freudianos, evitamos a contradição entre os diversos níveis de operação que convergem para uma situação total.

O aspecto decisivo para entender as diferenças escolásticas é deslindar em sua real hierarquia os níveis de ação do analista. Isto depende das teorias, mas também da clínica.

Se postulamos, como Paula Heimann, que a realidade é percebida a partir da fantasia inconsciente, logicamente vamos pensar que a realidade imediata da qual podemos partir é a transferência. Se sustentamos, ao contrário, que o conflito a analisar encontra-se em um círculo fechado, ao qual só podemos aceder após um processo de regressão, antes de intervir teremos de esperar em silêncio até que isso ocorra. E ficaremos mais em silêncio ainda se sustentarmos que a transferência é um fenômeno imaginário do qual devemos desengancharmo-nos, sem ceder à demanda.

Alguns analistas, entre os quais se destaca Ricardo Avenburg (1974, 1983), dizem que a transferência está tanto fora quanto dentro da sessão, e é indiferente, então, interpretá-la em um lugar ou em outro: minha transferência materna será tanto com minha esposa e minhas amigas quanto com a doutora que me analisa; e isso é certo, absolutamente certo, um fato, diga-se de passagem, que mostra a espontaneidade do fenômeno transferencial. No entanto, esses analistas não levam em conta que, quando minha doutora analisa minha transferência materna com minha mulher ou com uma colega, pode não ser a analista para mim. Pode ser minha mamãe, por exemplo, uma mamãe que não assume sua responsabilidade e deixa-me com "a babá", quando não uma mamãe que consente com o *acting out* de que eu me vá com a vizinha ou com a tia que minha mulher está representando; ou será meu papai que me castrará por meu vínculo incestuoso; ou meu irmãozinho ciumento de me ver com mamãe, etc. E, no fim das contas, quem assegura à minha analista que minha mulher seja minha mamãe nesse momento para mim? Pode ser meu papai, por exemplo. E pode até ser, pura e simplesmente, minha mulher sem distorções! Para ser ainda mais preciso, devo dizer que, na realidade, quando minha analista interpreta minha transferência materna com minha mulher ou com alguém de fora, opera com duas inferências teóricas: que minha mulher, ou quem quer que seja, é minha mamãe para mim, e que ela, minha analista, é minha analista para mim. Esses dois pressupostos podem ocorrer, é claro, mas não deixa de ser paradoxal que, nesse preciso momento, eu distorça lá e não aqui. Se assim fosse, com efeito, deveríamos perguntar de que forma estão operando os mecanismos de dissociação.

Nesse ponto, compreende-se a importância que Heimann outorga ao fenômeno perceptivo, já que será sempre mais fácil para o analista advertir e para o analisando corrigir uma distorção perceptiva, quando se dá no campo. Mais seguro é falar da (neurose de) transferência que se vê do que das transferências que se infere. O erro já se tornará inevitável quando um problema de contratransferência leve a interpretar dessa maneira. Se o analista está realmente aludido e prefere, não obstante, interpretar o conflito atual ou o conflito infantil, é lógico supor que está sendo influenciado por sua contratransferência.

Muitas dessas reflexões podem ser aplicadas *mutatis mutandi* a Lacan ou, mais precisamente, ao Lacan da "Intervenção sobre a transferência". Não basta, de maneira alguma, operar a inversão dialética do material, desengancha-se da transferência e remeter o paciente à sua história, ainda que fosse apenas porque essa atitude do analista pode ser vista pelo paciente a partir de seu conflito transferencial. Assim, por exemplo, operar a inversão dialética (embora, obviamente, não se digam essas palavras) será, para o analisando, a homossexualidade; remetê-lo à história, tirá-lo da cama dos pais, etc. Lembro-me de um paciente eritrofóbico que ficava enrubescido cada vez que se usava uma expressão que (no nível do processo primário) pudesse aludir à homossexualidade, como, por exemplo, dar marcha a ré com o automóvel, fazer uma inversão bancária, etc.

Tudo isso explica por que estabelecemos diferenças entre o nível tático e o nível estratégico da interpretação, como também faz Löwenstein. De forma esquemática, gostaria de propor que, em termos da *situação analítica* (isto é, do campo), a interpretação transferencial é a estratégia do analista, ao passo que as interpretações do conflito atual são táticas ou resultam da elaboração que se segue àquela: "Compreende-se agora por que você sente que sua mulher...". Da perspectiva do *processo psicanalítico*, no entanto, a interpretação transferencial é tática e subordina-se à estratégia de estabelecer seu nexo com o passado, com o conflito infantil.

Além dessas linhas gerais, contudo, sempre devemos partir do que aparece manifestamente no material. Se o que realmente predomina no material é o conflito atual, interpretá-lo será em princípio o mais legítimo, enquanto trazê-lo para a transferência, como faz às vezes o analista principiante ("E isso também acontece comigo"), não será mais que um artefato. Veremos esse artefato aparecer com mais freqüência, é evidente, nos grupos analíticos que consideram fundamental interpretar na transferência e originam, por conseguinte, um superego analítico que pressiona nessa direção. De qualquer modo, é provável, porém, que a interpretação do conflito atual, formulada nessas condições, só cumpra a função tática de reativar o conflito transferencial, como dizia Strachey.[6]

A interpretação extratransferencial do conflito atual adquire um valor diferente quando fica integrada ao processo de elaboração. Como veremos ao falar de *insight*, o efeito da interpretação deve ser entendido a partir do processo de elaboração, que em boa parte é cumprido mostrando-se ao analisando até que ponto repete a mesma situação em contextos diferentes (Fenichel, 1941). Isto só é alcançado atendendo imparcialmente a transferência, o conflito atual, o conflito precoce e o conflito infantil, conforme vão aparecendo no material.

Uma interpretação *completa* é, então, a que abrange todas as áreas do conflito. E digamos que aqui, assim como na aritmética, a ordem dos fatores não altera o produto. Dá no mesmo que sigamos o caminho que vai da transferência à história e dali ao conflito atual ou outro qualquer. Todas as combinações são válidas, e não há, portanto, uma rota obrigatória. Quando pretendemos aplicar um esquema estrito, já estamos falhando, porque nenhum esquema pode abranger a variedade infinita da experiência do consultório. Embora seja certo que a passagem pela transferência é ineludível e privilegiada, porque nosso inimigo jamais poderá ser vencido *in absentia* ou *in effigie*, tampouco é concebível uma análise em que não se interprete o conflito atual, se formos conseqüentes com o conceito de elaboração; que dirá então o conflito infantil, que está implícito na transferência.

Na verdade, se formos receptivos, o material do paciente nos levará continuamente daqui para lá, girando nessas três áreas. A objetividade analítica, medida na atenção flutuante, pressupõe tomar o material assim como vem e sem prevenção. Sem memória e sem desejo, diz Bion, com simplicidade hiperbólica. A única prioridade é a associação livre.[7]

Como já dissemos, a maior dificuldade da interpretação extratransferencial – e também seu risco – é que, em geral, o analista tem um papel atribuído na transferência, e, à medida que esse papel seja forte, toda interpretação extratransferencial é destinada ao fracasso, a ser mal-entendida. Quando o analista é o analista para o paciente, e isso se mede na quantidade de ego observador do paciente em dado momento, então dá no mesmo interpretar na situação analítica ou fora dela. Nem sempre temos essa sorte, entretanto, o que não pode chamar a atenção de ninguém se nos ativermos ao que diz a teoria, que a libido do neurótico está ligada a figuras arcaicas e, portanto, não está disponível para os objetos da realidade. É por isso que, probabilisticamente, pode-se afirmar que não se oferece com freqüência a ocasião de interpretar fora da transferência. Todavia, a probabilidade não pode reger a práxis concreta do consultório e a alternativa oposta também é válida. Não interpretar o conflito atual ou o conflito infantil, quando é o momento, dando em seu lugar uma interpretação convencional na transferência, é um erro que reforça os mecanismos de dissociação e contribui para idealizar o analista.

Os mecanismos de dissociação complicam e enriquecem a tarefa do analista. Estamos habituados a descobrir que o paciente dissocia, quando fala de seu conflito atual ou de seu conflito infantil, para eludir o conflito na transferência; porém, pode ser que faça justamente o contrário, reforçando artificialmente o conflito com o analista para não ver o que lhe acontece fora, ou para não se responsabilizar por sua história; e também, é óbvio, para agradar ao analista que só vê a transferência. Aqui sim ficamos enganchados na transferência, em uma situação ilusória, imaginária, como diz Lacan. Lembro-me de um homem rico e muito inteligente que falava de modo vão de "sua relação comigo" no dia em que havia recebido a notícia de que uma de suas principais empresas estava por quebrar. Não menos problemático era para mim aquele outro paciente que, enquanto se debatia em um conflito transferencial de inusitada intensidade, dizia que ia falar de mim, porque era o único tema que me interessava! Essa predileção "minha" já era motivo suficiente para que em seguida me ofendesse, insultando-me de cima a baixo.

Enfim, temos forçosamente que aceitar a bela complexidade da situação analítica e pensar que nunca poderemos estar certos de nada, receptivos ao material, atentos sempre às mudanças que podem ocorrer. O processo analítico é muito sutil e não vamos simplificá-lo com uma posição tomada de antemão.

Um dos fatores que dá à interpretação transferencial um valor insubstituível é sua imediatez, e está implícito nas teorias de Strachey, como veremos no devido momento, que o *setting* analítico opera como uma realidade testável. O *setting* é a condição necessária do trabalho analítico. A atitude mental e emocional do analista são parte de seu *setting*, condições necessárias para o trabalho analítico, em que opera como único fator suficiente a interpretação. Se a interpretação opera, é, justamente, porque estão dadas as condições para que o paciente a tome como interpretação. Porque, se tenho rivalidade com meu paciente e faço-lhe a melhor interpretação do mundo sobre sua rivalidade edípica, essa interpretação nunca será operante. E tampouco é boa; na realidade, é uma forma sofisticada de exercitar minha rivalidade e nada mais. A interpretação é útil, porque as condições necessárias para formulá-la estão dadas.

SOBRE O REGISTRO DA FANTASIA INCONSCIENTE

Ao apoiar-se resolutamente no conceito de fantasia inconsciente de Susan Isaacs, o trabalho de Heimann dá as razões teóricas que levam os analistas kleinianos a in-

---

[6] Voltaremos a esse tema interessante ao estudarmos a interpretação mutativa.
[7] Serão encontrados exemplos pertinentes em meu trabalho "Instances and alternatives of the interpretation work" (1981c).

terpretar com mais amplitude e freqüência a transferência. A própria Melanie Klein havia dito em "The origins of transference" (1952a): "Durante muitos anos – e isso é, até certo ponto, ainda certo agora –, a transferência foi entendida em termos de referências diretas ao analista no material do paciente. Meu conceito de que a transferência tem suas raízes nas fases mais precoces do desenvolvimento e nos níveis mais profundos do inconsciente é muito mais amplo e leva a uma técnica pela qual os *elementos inconscientes* da transferência são deduzidos da totalidade do material apresentado".[8] Paula Heimann desenvolve em seu ensaio essas afirmações de Klein, nas quais também se baseia o trabalho de López (1972) quando estuda como se pode descobrir a fantasia inconsciente que alimenta a transferência na sessão e como se constrói, a partir disso, a interpretação. López apóia-se especialmente em alguns elementos da teoria da comunicação e nos informes que o analista registra como contratransferência. No paciente neurótico típico, diz López, a via preferida da comunicação é a verbal; porém, nos caracteropatas, boa parte da comunicação transcorre por canais não-verbais ou paraverbais, que são justamente os que mais incidem na contratransferência. A compreensão assim obtida "completa-se mediante sua correlação com o significado verbal" (López, 1972, p. 196).

Quando o compromisso contratransferencial é ainda maior, como na psicose, o analista, em geral, tem de interpretar sem atender às alternativas do significante verbal.

Nos casos intermediários da classificação de López, os transtornos do caráter, o analista pode às vezes correlacionar o significante verbal com o registrado na contratransferência e chega, então, a construir uma interpretação que inclui o significante verbal (o que se diz), o componente paraverbal (como se diz) e o não-verbal (o que se faz) (1972, p. 195).

A EMENDA DE PAULA HEIMANN

No *post-scriptum* publicado pelo *Bulletin* da Associação Psicanalítica da França, em 1969, Paula Heimann volta a seu artigo de 1956 para assinalar algumas mudanças nesses quase 15 anos.

Já não aceita a teoria freudiana das pulsões de vida e de morte, que abraçou com entusiasmo desde seus anos de candidata. Há uma tendência destrutiva primária no ser humano, ao lado da libidinal, mas não lhe parece agora convincente a relação entre a hipotética pulsão de morte e a tendência destrutiva primária.

Heimann também acredita que seu trabalho concedia uma importância exagerada às relações de objeto e aos mecanismos de introjeção e de projeção que modelam o crescimento do ego, deixando na sombra as capacidades inatas do ego enquanto potencialidades que impulsionam o desenvolvimento. Seguindo Hendrick, nossa autora considera que os mecanismos do ego não são apenas defensivos, mas também executivos.

Continua pensando que a interpretação é a única ferramenta específica da análise, porém agora dá mais importância à situação analítica e às concepções atuais que a descrevem na dupla vertente da aliança terapêutica e da neurose de transferência. A situação analítica, enquanto *milieu*, oferece ao analisando um ambiente que se assemelha ao meio familiar da infância e, ao mesmo tempo, é muito variável e rico em estímulos.

Por repetir a indiferenciação original entre o lactante e os cuidados maternos, o meio analítico permite ao paciente reviver a ilusão narcisista de estar unido com seus pais amantes e reviver a confiança primitiva da qual depende um desenvolvimento favorável. É no interior desse equipamento de trabalho que se situam os processos de individuação, assim como a descoberta das capacidades específicas do ego que podem corrigir o que andava mal.

As mudanças na condição psíquica do paciente dependem de uma tomada de consciência de si mesmo, e isso lhe vem das interpretações do analista; contudo, ao avaliar a importância de uma interpretação, não podemos descuidar o efeito do meio psicanalítico, que, por sua constância, representa uma fonte de transferência positiva.

O que o analista oferece com a interpretação e, às vezes, com uma pergunta ou um "hum!" é a percepção de um processo que deve ser um ponto de partida para o ego. Não cabe ao analista oferecer ao paciente a solução de seus problemas, e sim um esclarecimento que acrescente algo ao que o analisando já sabia de si mesmo.

O analista, enfim, deve estar atento ao significado da transferência, mas também à importância dos acontecimentos fora da situação analítica.

O *post-scriptum* de 1969 marca uma mudança evidente no pensamento de Paula Heimann. A interpretação compartilha agora com o *milieu* psicanalítico as potencialidades curativas do método, e seus alcances ficam muito limitados. Já não é uma informação que amplia a capacidade perceptiva do ego, mas um esclarecimento que acrescenta algo ao que o analisando já sabia de si mesmo. Sem pretender explicar tudo, a interpretação pode reduzir-se a um "hum", que tanto signifique compreensão quanto dúvida.

A transferência já não é o decisivo, e a interpretação deve ocupar-se também da realidade exterior.

Quanto a seu alcance e profundidade, a interpretação aproxima-se agora do esclarecimento, e não é casual para mim que se acredite que ela é superponível a essa famosa interjeição que pode transmitir muita compreensão e afeto, mas pouca informação.

---

[8] "For many years – and this is up to a point still true today – transference was understood in terms of direct references to the analyst in the patient's material. My conception of transference as rooted in the earliest stages of development and in deep layers of the unconscious is much wider and entails a technique by which form the whole material presented the *unconscious elements* os the transference are deduced" (*The Writings*, v.3, p. 55, grifos no original).

A REVISÃO DE MERTON GILL

Houve uma extensa revisão da análise da transferência entre os psicólogos do ego dos Estados Unidos e do Grupo Freudiano ("B") da Sociedade Britânica nos últimos 20 anos.

Merton M. Gill (1979, 1982) voltou preocupado ao tema da transferência, porque tem a impressão de "que a análise da transferência não se realiza de maneira tão sistemática e detalhada quanto creio que poderia e deveria fazer-se" (ibid., p. 138).[9] Gill pensa que o mais descuidado é a interpretação da resistência a tomar consciência da transferência, mas há também um passo ulterior, em que se deve interpretar a resistência a resolver o vínculo transferencial. No primeiro caso, o analisando resiste a ter contato com o transferido; no segundo, resiste a abandoná-lo. "A interpretação da resistência a tomar consciência da transferência aponta para tornar explícita a transferência implícita, enquanto a interpretação da resistência à resolução da transferência aponta para que o paciente compreenda que a transferência já explícita inclui, sem dúvida, um determinante do passado" (ibid., p. 139).

Isto leva nosso autor a assinalar que se descuida, em geral, da análise da transferência aqui e agora, ao amparo das interpretações genéticas que procuram remeter o conflito transferencial aos modelos infantis que o originaram. Gill dá-se conta de que, ao fugir da transferência para o passado, analisando e analista aliviam-se dos afetos perturbados do presente.

A partir dessas reflexões, Gill propugna que deve ampliar-se o campo da transferência na situação analítica, atendendo às alusões encobertas à transferência no material do analisando e prestando atenção às circunstâncias reais da situação analítica que determinam o fenômeno transferencial aqui e agora, antes de recorrer à interpretação transferencial genética. Disso se segue, naturalmente, que muitas associações do analisando sobre fatos e pessoas da realidade devem ser interpretadas em termos da transferência ou como *acting out*.

Com sua erudição habitual, Gill mostra-nos um Freud, verdadeiro por certo, que desde a autobiografia de 1925 até *A interpretação dos sonhos* está alertando-nos para o fato de que a situação analítica e o próprio analista estão permanentemente aludidos no material associativo do analisando e que será, assim, a fonte de inspiração do notável trabalho de Strachey sobre a natureza da ação terapêutica da psicanálise (ibid., p. 159).

Gill procura diferenciar-se dos analistas kleinianos, assegurando que estes não levam em conta – como ele – os traços reais da situação analítica presente; contudo, talvez o talentoso investigador de Illinois pudesse chegar a revisar essa afirmação taxativa se lesse com menos paixão o trabalho de Strachey, que tanto admira, se lembrasse o que Paula Heimann disse sobre o ego e a percepção e – *last but not least* – se relesse sem preconceito "The origins of transference".

---

[9] Cito a tradução aparecida em *Psicoanálisis*, pois não tenho a versão inglesa, nem tive a sorte de receber a tempo *Analysis of the transference*, de Gill e Hoffman.

33

A Interpretação Mutativa*

Em 13 de junho de 1933, James Strachey leu na Sociedade Britânica uma comunicação, "The nature of the therapeutic action of psychoanalysis", que haveria de deixar uma marca profunda no pensamento psicanalítico. É, sem dúvida, um dos trabalhos mais valiosos da bibliografia, e há quem diga que é de todos o mais lido, naturalmente se excluirmos Freud. Apareceu no *International Journal* de 1934 e foi reeditado novamente em 1969, ao comemorar a revista seu qüinquagésimo aniversário.[1] No número anterior do mesmo volume, publicaram-se as notas necrológicas de Anna Freud e de Winnicott pela morte de Strachey.[2]

Pouco depois, em 4 de agosto de 1936, durante o XIV Congresso Internacional de Marienbad, Strachey falou no *Symposium on the Theory of the Therapeutic Results of Psycho-Analysis*, junto a Glover, Fenichel, Bergler, Nunberg e Bibring, todos por certo analistas de primeira linha. Esse relato reproduz as idéias do anterior, com algumas diferenças que assinalarei mais adiante.

Como seu nome indica, o trabalho de Strachey interroga-se sobre os mecanismos que levam a cabo os efeitos terapêuticos da psicanálise, e sua resposta é clara: a ação terapêutica da psicanálise depende das mudanças dinâmicas que a interpretação produz e sobretudo um tipo especial de interpretação, que ele chama de *mutativa*.

Aos 50 anos da leitura de seu ensaio, quero prestar-lhe homenagem, mostrando até que ponto tem atualidade e vigência.

ANTECEDENTES DO TRABALHO DE STRACHEY

O escrito de Strachey e o simpósio de Marienbad têm um antecedente certo no VIII Congresso de Salzburgo (1924), em que foram relatores Sachs, Alexander e Radó.

Esses trabalhos,[3] por sua vez, mostram a influência direta da teoria estrutural de Freud e sobretudo do novo conceito sobre a sugestão que se propunha em *Psicologia das massas e análise do ego* (1921c).

A contribuição de Sachs (1925) sugere que a mudança estrutural provocada pela análise depende de uma modificação do ideal do ego (superego). O antigo conflito entre o id e o ego é resolvido, porque o superego do paciente conforma-se com a atitude do superego analítico e adota uma posição de sinceridade frente ao impulso, que permite remover o recalcamento.

Alexander (1925), por sua vez, também considera que o conflito deve ser resolvido a partir de uma modificação do superego; porém, seus pressupostos vão um pouco mais longe que os de Sachs, já que o superego é para ele uma instância arcaica que o tratamento deve demolir.

Alexander sustenta que o superego não tem acesso à realidade, nem o ego tem contato com o instinto. O ego é cego aos estímulos internos e esqueceu a linguagem das pulsões, enquanto o superego só entende essa linguagem e tudo o que exige é o castigo do ego (1925, p. 23). Com base nessas definições, compreende-se que Alexander considere que o superego é uma estrutura anacrônica e postule que o processo curativo consiste em dissolvê-lo para que o ego se encarregue de suas funções, o que, certamente, não se consegue sem resistências (ibid., p. 25).

Esse processo desenvolve-se em duas etapas e tem a ver com a metapsicologia do tratamento. A partir da transferência, o analista toma primeiro para si as funções do superego; depois, por meio do trabalho interpretativo e da elaboração, ele as reinstala no ego do paciente. O papel da transferência no processo analítico consiste, pois, em transformar o conflito estrutural entre o id e o superego em um conflito externo entre o paciente (id) e o analista (superego).

Talvez valha a pena nos determos aqui, por um momento, nos postulados de Alexander para assinalar o quanto há neles de petição de princípios. Porque, se digo que o superego é somente irracional e que todo o racional está depositado no ego, então está bem transformar o superego em ego, removê-lo e subsumi-lo no ego. Esse critério leva finalmente Alexander à sua reeducação emocional. Dife-

---

* N. do A. Transcrevo meu trabalho "Há cinqüenta anos da interpretação mutativa", publicado na *Revista Chilena de Psicanálise* de 1982 e também no *International Journal* de 1983.

[1] O outro trabalho que mereceu essa honra foi o de Edward Bibring, "The development and problems of the theory of the instincts", aparecido primeiro em *Imago* (1936) e depois no volume 22 do *International Journal* (1941).

[2] Strachey morreu aos 79 anos, em abril de 1967. Quando leu seu célebre *paper*, tinha por volta de 45 anos.

---

[3] Publicados no *International Journal* de 1925.

rentemente de Alexander, a grande maioria dos analistas pensa que o superego tem aspectos positivos, embora às vezes se fale dele pejorativamente. Freud sempre o sublinhou e diz isso com elegância ao finalizar seu ensaio sobre o humor (1927d). A teoria do superego apenas indica que há uma instância moral dentro do aparelho psíquico, não que ela seja necessariamente irracional, nem tampouco irreversivelmente cruel.

Lacan (1957-1958), que estudou esse problema com insistência, considera o *superego* como estrutura paterna proibidora e o *ideal do ego* como o representante dos aspectos doadores do pai, com o qual a criança tende a se identificar no final do complexo de Édipo. Meu superego diz que não posso deitar-me com minha mamãe, mas meu ideal do ego diz que posso ser como meu pai e ter uma mulher, diferente da mamãe.[4] Assim, pode-se dizer, com Lacan, que o superego é uma instância interditora e que o ideal do ego estimula, sem esquecer que os dois aspectos ocorrem, na realidade, simultaneamente e que ambos são necessários.

De qualquer maneira, o superego contém um amplo setor arcaico e infantil que constitui um problema real na análise; e ninguém duvida que o analista tem de se deparar com um superego imaturo e irracional.

O SUPEREGO PARASITA DE RADÓ

Radó (1925) expôs em Salzburgo os princípios econômicos da técnica analítica e introduziu o conceito de superego parasita.

O ponto de partida de sua reflexão é o conceito de neurose de transferência que, como Freud descreveu-a em 1914, consiste em uma neurose *artificial*, surgida durante o tratamento psicanalítico e a cuja resolução encaminha-se nossa técnica. Na terapia hipnótica, prossegue Radó, há também uma transferência de libido dos sintomas ao hipnotizador, que reproduz textualmente a relação da criança com seus pais. Portanto, na hipnose, forma-se uma neurose de transferência hipnótica como produto artificial da terapia.

Também no método catártico sobrevém para Radó uma neurose artificial, talvez mais aparente ainda que a anterior. Aqui, influi um novo fator: muda a atitude do hipnotizador. Em vez de operar como um superego que recalca os sintomas, isto é, o conflito e a sexualidade infantil, o hipnotizador do método catártico utiliza sua influência para que os instintos ligados aos sintomas liberem-se do recalcamento. Desse modo, os sintomas cedem, e a energia liberada cristaliza-se na descarga afetiva que chamamos de ab-reação e que é, estritamente, um sintoma neurótico agudo. Para Radó, a ab-reação é a contrapartida artificial de um sintoma histérico. Quero dizer, de passagem, que esse pensamento parece-me a objeção teórica mais consistente sobre o valor da catarse em psicoterapia.

Para Radó, entre a neurose artificial recém-descrita do método catártico de Breuer e a do método proposto depois por Freud, com o paciente desperto, não há uma diferença essencial.

A metapsicologia de todos esses procedimentos terapêuticos deve ser buscada na explicação que Freud (1921c) fornece sobre a hipnose: o hipnotizador toma o lugar do ideal do ego do hipnotizado, usurpando suas funções através de um processo de introjeção.[5] O hipnotizado situa em seu ego uma representação ideal do hipnotizador, que se modifica continuamente, visto que continua recebendo impressões sensoriais do mundo exterior e, ao mesmo tempo, investimentos do mundo interno. Se dessa forma o objeto introjetado consegue atrair os investimentos do superego, sua esfera de influência aumenta, reforçada por elas: o hipnotizador deixa de ser simplesmente um objeto introjetado para se converter em um verdadeiro *superego parasita*.[6] Essa passagem de investimentos do superego ao objeto introjetado é sempre apenas parcial e, portanto, precária; porém, de qualquer modo, a mudança econômica traz como conseqüência que o superego fique debilitado e o superego parasita fortifique-se transitoriamente, ou seja, enquanto durar a influência do hipnotizador. A partir das mudanças econômicas recém-descritas, forma-se na hipnose, conclui Radó, um novo superego, um superego parasita, que é o duplo do outro.

Esse processo, prossegue Radó, reproduz o originário, dado que o superego formou-se inicialmente a partir da introjeção dos pais, que conduziu à retirada das cargas incestuosas. No neurótico, esse processo não teve bom êxito, e é justamente a libido recalcada do complexo de Édipo que investe o hipnotizador, o superego parasita. Isto reativa o masoquismo feminino do ego, o que provoca uma aguda modificação do equilíbrio energético do aparelho psíquico, que fica neutralizado graças ao fato de que o processo de identificação dessexualiza a relação entre o ego e o objeto introjetado; este fica, assim, transformado em um superego parasita ao apropriar-se dos investimentos do superego original.

Resumindo, o hipnotizador toma o lugar de um objeto, o que reativa o masoquismo do ego e desencadeia um processo defensivo de introjeção que provoca a idealização do objeto e reforça sua autoridade frente ao ego e, com isso, converte-se em superego.[7]

---

[4] A idêntico resultado, e por seu próprio caminho, chega a reflexão de Berenstein (1976).

[5] Não se deve esquecer que o ideal do ego de 1921 passa a ser o superego em 1923.

[6] "Should it now succeed in attracting to itself the natural cathexis of the topographically differentiated super-ego, its sphere of influence is thereby subjected to a new authority and the hypnotist is promoted from being an object of the ego to the position of a *parasitic super-ego*" (Radó, 1925, p. 40, grifos no original).

[7] "The hypnotist first of all takes the place of an object for the ego, turns to the masochistic state of readiness in the ego, is quickly subjected to the defensive process of introjection which brings about his idealization and strenghens his autority over the ego by means of the super-ego" (ibid., p. 44).

Não sabemos como Radó teria descrito a função do superego na neurose de transferência, porque a segunda parte de seu trabalho nunca foi publicada. Teria certamente estabelecido alguma diferença entre o que escreveu para os métodos hipnóticos e o que não chegou a escrever para o método psicanalítico, preservando a linha de seus raciocínios. Isto não sabemos, mas sabemos, em troca, que Strachey toma a idéia de superego parasita para pôr em marcha sua própria investigação.

O SUPEREGO AUXILIAR

Contrariando Bernheim, para quem a hipnose era um produto da sugestão, Freud (1921c) sustentou que a sugestão explica-se a partir da hipnose, isto é, a partir do posicionamento do hipnotizador no lugar do ideal do ego do hipnotizado, do mesmo modo que o líder constitui-se dentro do ego dos componentes do grupo e a partir dali opera sobre eles. É, então, esse processo de introjeção que ocorre na hipnose o que condiciona a sugestionabilidade.

Essa idéia de Freud, a relação entre sugestionabilidade e hipnose, que parece articular as três contribuições de Salzburgo, também inspira Strachey. Digamos que é, além disso, o ponto de partida de muitas reflexões sobre problemas técnicos. Ida Macalpine (1950), por exemplo, explica a transferência a partir da sugestão hipnótica.

Já que Freud sempre pensou que, em última instância, o analista opera sugestivamente sobre o analisando para que abandone suas resistências, então, como um silogismo, pode-se dizer – conclui Strachey – que o analista funciona, porque se colocou no lugar do superego do paciente.

Apoiado em Alexander, Strachey pensa que há um primeiro momento do processo em que o analista toma o lugar do superego do analisando, mas não, como diz o húngaro, para demoli-lo e devolvê-lo como integrante da estrutura egóica, e sim para operar em uma situação vantajosa. Strachey, diga-se de passagem, não concorda com a idéia de que o superego é inteiramente irracional e inconsciente e que deve ser arrasado.

O que interessa a Strachey da metapsicologia de Alexander é, portanto, que o superego do analisando passa ao analista e que isso altera, em alguma medida, os termos do conflito. Aqui, nesse ponto, valem para Strachey os princípios econômicos de Radó, na medida em que o hipnotizado introjeta o hipnotizador como superego parasita, que absorve a energia e assume as funções do superego original. Esse processo é sempre transitório e não dura além da influência do hipnotizador, mas explica as mudanças promovidas pelo tratamento sugestivo hipnótico e pela cura catártica, bem como os resultados sempre temporários desses métodos.

O CÍRCULO VICIOSO NEURÓTICO

Agora, Strachey percorrerá o caminho que separa os transitórios métodos hipnóticos das mudanças permanentes que a análise pode alcançar e fará isso guiado por Melanie Klein. O ser humano funciona através de processos contínuos de introjeção e projeção, que fundam a relação de objeto e a estrutura do aparelho psíquico. O superego surge muito precocemente e leva a marca do sadismo que a criança projeta no objeto. Como diz Klein (1928), se a criança pequena pode sentir-se aterrorizada frente a um superego que destrói, morde e corta em pedaços, é porque projetou nele seus impulsos destrutivos, independentemente das características agressivas e frustradoras dos pais da infância. O objeto sobre o qual se projetaram os impulsos introjeta-se depois com essas características, e a nova projeção depende delas. Desse modo, pode-se criar um círculo vicioso, em que o objeto torna-se perigoso pelo sadismo projetado que obriga a um reforço do sadismo como defesa, ou um círculo "virtuoso", em que o objeto torna-se cada vez melhor e protetor, o que tem a ver com o avanço da libido ao plano genital.

Para Strachey, o jogo de projeção/introjeção serve para explicar simultaneamente o mecanismo da enfermidade e da cura. O círculo vicioso descrito entorpece o crescimento, estanca o indivíduo nos conflitos primários que lhe impedem o acesso à etapa genital, em que as pulsões do id são mais toleráveis e o superego é mais tolerante. Se pudéssemos abrir uma brecha nesse círculo vicioso, conclui Strachey, o desenvolvimento se restabeleceria espontaneamente.

Quando encontra um novo objeto, o neurótico dirige para ele seus impulsos, ao mesmo tempo em que projeta nele seus objetos arcaicos. Certamente, isso acontece com o analista no começo da análise, que fica investido pelos variados objetos que formam o superego. Dado o comportamento real do analista, e na suposição de que o analisando tenha um mínimo contato com a realidade, este incorpora o analista como um objeto diferente do resto, ao que Strachey chama de *superego auxiliar*.

Strachey segue nesse ponto a inspiração de Radó, porém há uma diferença de fundo. Strachey não fala de um superego "parasita", mas sim de um superego "auxiliar", e essa diferença não é apenas na nomenclatura: a postulação de Radó é mais energética (o parasita vai chupando as energias do superego, e isso permite a cura), enquanto em Strachey sobressai o estrutural, pois pensa que esse posicionamento do analista como superego abre a possibilidade de romper o círculo vicioso neurótico que perpetua e reforça os mecanismos de introjeção e projeção, base da relação de objeto.[8]

Há várias razões para que o analista como objeto introjetado diferencie-se em princípio do superego arcaico, entre as quais Strachey destaca a atitude permissiva que introduzir a regra fundamental supõe. O superego auxiliar autoriza o paciente a dizer tudo o que lhe venha à cabeça, o que Racker (1952) chamou, certa vez, de abolição do rechaço. Desse modo, o novo superego ("podes di-

---

[8] Por isso, não creio que Strachey marque a apoteose de uma psicologia do impulso, como afirma Klauber (1972).

zer") funciona em sentido contrário ao antigo ("não deves dizer"), embora a diferença seja muito fluida e, em qualquer momento, o superego racional possa transformar-se, demandando: "Se não disseres tudo, deixarei de te querer, tirar-te-ei do consultório, castrar-te-ei, matar-te-ei, cortar-te-ei em pedaços", etc.

A única forma de romper o círculo vicioso, diz Strachey, é que a imagem projetada não se confunda totalmente com a real. Para que isso seja possível, há uma condição necessária, o *setting* analítico, e uma condição suficiente, a interpretação.

O superego auxiliar não se distingue apenas do superego arcaico mau do analisando, mas também do bom, já que sua bondade baseia-se consistentemente em algo que é real e atual,[9] o que depende, antes de mais nada, do enquadre.

O *enquadre*, entendido aqui como a atitude neutral do analista, faz com que este não fique demasiadamente envolvido no conflito e, por sua vez, permite ao analisando ser mais consciente da deformação que suas projeções promovem. O enquadre, efetivamente, dá ao paciente uma oportunidade realmente muito particular de projetar e de ver que essas projeções não correspondem à realidade, enquanto o analista responde com uma atitude imparcial. Mas apenas isso, prossegue Strachey, certamente não basta, porque a pressão do superego infantil (e, em geral, do conflito) faz com que a tendência a entender mal a experiência real seja muito grande. Como a diferença entre o superego arcaico e o auxiliar é bastante lábil e aleatória, não passará muito tempo até que o analisando encontre em sua fantasia ou na realidade motivos mais do que suficientes para percorrer essa distância, com o que o novo superego ficará subsumido no antigo.

Entretanto, o analista dispõe de um instrumento singular para que essa superposição não sobrevenha: a *interpretação*.[10]

Strachey sabe muito bem que a idéia de interpretação é ambígua e está carregada de conotações afetivas, quando não irracionais e mágicas, e é por isso que procura precisá-la com seu conceito de *interpretação mutativa*.

A INTERPRETAÇÃO MUTATIVA

As mudanças econômicas que a presença do analista pressupõe como superego auxiliar permitem aflorar à consciência um determinado impulso do id que, em princípio, será dirigido ao analista. Esse é o ponto crítico, já que o analista não se comporta, de fato, como o objeto originário, pelo qual o analisando poderá tomar consciência de que, entre seu objeto arcaico e o atual, há uma distância. "A interpretação tornou-se agora mutativa, desde que produziu uma brecha no círculo vicioso neurótico".[11] O analisando introjeta agora um objeto diferente e, com isso, muda o mundo interno (superego) e também o mundo externo, visto que a próxima projeção será também mais realista, menos distorcida. O psicanalista ressurge do processo interpretativo como figura *real*, que é o que mais importa a Strachey em seu artigo. Uma interpretação correta sempre traz implícita uma afirmação do analista em sua função. Digamos, de passagem, que a palavra mutativa tem para Strachey o significado de algo que muda a estrutura psicológica, assim como a mutação genética muda a estrutura celular.

Strachey chama, pois, de *interpretação mutativa* a que produz mudanças estruturais e diz que consiste em dois momentos, que separa didaticamente em sua descrição para torná-la mais compreensível. Não é necessário para a teoria, contudo, que essas duas fases tenham uma delimitação temporal; elas podem ocorrer simultaneamente ou então ficar separadas, e é freqüente que a interpretação do analista abranja ambas em uma só fórmula.

As duas fases nunca são simples e podem ser bastante complexas; porém, do ponto de vista genético, existirão sempre. A chave da teoria apóia-se em que o analisando tome consciência de *duas* coisas: um impulso instintivo e um objeto ao qual esse impulso não se adapta.

Primeira fase

Como já se disse, a primeira fase é cumprida quando o analisando torna-se consciente da pulsão ou, como afirma Strachey, seguindo Freud (1915d), de um *derivado* (rebrote) da pulsão. Isto pode ser alcançado direta e espontaneamente, ou seja, antes de interpretar, mas o mais comum é que o analista intervenha com interpretações sucessivas para que o analisando se dê conta de que há um estado de tensão e de angústia. Assim, deverá interpretar a defesa do ego, a censura do superego e o impulso instintivo, em diversas formas e na ordem correspondente, até que o derivado chegue à consciência, e mobilize-se a angústia em uma dose que será sempre moderada. Porque uma característica essencial da interpretação mutativa é que a descarga de angústia seja graduada. Se a dose é muito baixa, não se terá alcançado a primeira fase; se é muito alta, sobrevirá uma explosão de angústia que tornará a segunda impossível.

---

[9] "The most important characteristic of the auxiliary super-ego is that its advice to the ego is consistently based upon *real* and *contemporary* considerations and this in itself serves to differentiate it from the greater part of the original super-ego" (Strachey, 1934, p. 140, grifos no original).

[10] Gostaria de acrescentar aqui, lembrando Pichon Rivière, que a interpretação não só corrige o mal-entendido, como também "cura" o analista de seu conflito contratransferencial do momento, porque, cada vez que este faz uma interpretação, recupera-se como analista, na medida em que devolve ao analisando o que na verdade lhe pertence.

[11] "The interpretation has now become a mutative one, since it has produced a breach in the neurotic vicious circle" (Strachey, 1934, p. 143).

Segunda fase

Nessa fase, desempenha um papel importante o senso de realidade do analisando para que possa contrastar o objeto real com o arcaico (transferido). Já se disse que esse contraste sempre é bastante inseguro; o analisando pode transformar, em qualquer momento, o objeto real (analista) no arcaico. Em outros termos, o paciente está sempre disposto a confundir o analista com o objeto de seu conflito e, então, o analista perde a posição de privilégio que lhe permite efetuar a mutação. É nesse ponto que se destaca a importância decisiva do enquadre. Se o analista afasta-se de seu enquadre e de seu papel, consumando algum tipo de conduta que não lhe corresponde (*acting out*), a resposta imediata (e lógica) do analisando será incluí-lo na série de seus objetos arcaicos, bons ou maus. Desse modo, o analista fica inabilitado, e a segunda fase não poderá ser realizada. Embora seja paradoxal – diz Strachey, em frase memorável –, a melhor forma de assegurar que o ego seja capaz de distinguir entre fantasia e realidade é privá-lo da realidade o máximo possível.[12] Se olharmos bem, o paradoxo de Strachey não é tanto: ao transgredir seu *setting*, o analista afasta-se da realidade (que é seu trabalho); e agora sabemos com segurança o que não se sabia no tempo de Strachey, que essas transgressões têm sempre uma raiz na neurose de contratransferência (Racker, 1948; Money-Kyrle, 1956). Ao estudar o trabalho de Strachey, Rosenfeld (1972) destaca que quando o analista ocupa-se de uma realidade externa alheia à análise, só consegue que o analisando perturbe-se e o entenda mal.

CARACTERÍSTICAS DEFINIDORAS DA INTERPRETAÇÃO MUTATIVA

Segundo foram descritas, as duas fases da interpretação mutativa têm a ver com a ansiedade: a primeira fase a libera, a segunda a resolve. Quando a ansiedade já está presente, então cabe administrar diretamente a segunda fase. Pode ser que o analista prefira, nesse caso, dar apoio ao paciente, pensando que o montante da angústia torna improvável que ela seja resolvida interpretando. Essa conduta pode ser taticamente plausível, embora o analista deva ter então presente que renunciou, por um momento, à possibilidade de enfrentar a ansiedade com métodos especificamente analíticos.

Se quisermos descrever o procedimento de Strachey na linguagem da segunda tópica, poderemos dizer que a primeira fase dirige-se ao id e procura tornar consciente o derivado da pulsão. A tomada de consciência do derivado é acompanhada de angústia, e, então, a segunda fase dirige-se ao ego. Com essa formulação, torna-se claro que, nesse ponto, Strachey parece adiantar aqui, de certo modo, o pensamento de Anna Freud, que em 1936 dirá que a tarefa interpretativa tem de flutuar continuamente entre o id e o ego.

Strachey considera que há certas notas que são definidoras da interpretação mutativa, que é sempre imediata, específica e progressiva (bem dosada).

Uma interpretação é *imediata* quando se aplica a um impulso em estado de investimento. Uma interpretação que informa o analisando da existência de um impulso que não está presente nunca poderá ser mutativa, embora possa ser útil para preparar o terreno. Uma condição necessária da interpretação mutativa será sempre que tenha a ver com uma emoção que o analisando vivencia como algo atual. Para dizê-lo em outras palavras, a interpretação tem de ir sempre ao ponto de urgência, como salienta Klein (1932) reiteradamente.

Uma interpretação é *específica* se é detalhada e concreta, um ponto que Kris (1951) também sublinha quando lembra a necessidade de atender aos elos pré-conscientes do material. Novamente, nada há de objetável em que uma interpretação possa ser vaga, geral, imprecisa; e, de fato, assim se interpreta forçosamente quando se aborda um tema novo. Todavia, enquanto não chegarmos a circunscrever o material, enquanto não conseguirmos enfocar a interpretação nos detalhes que sejam relevantes, não poderemos nunca esperar um efeito mutante. A interpretação deve adaptar-se exatamente ao que está acontecendo, deve ser delimitada e concreta.

Por último, como dissemos há pouco em 5.1, a interpretação mutativa deve ater-se ao princípio da dose ótima, deve ser *progressiva*, bem dosada, porque, caso contrário, não se atinge a primeira fase, ou torna-se impossível a segunda. Strachey ensina-nos a desconfiar das interpretações apressadas, que pretendem saltar etapas. As comoções não são mutações e as grandes mudanças acabam sendo, no fim das contas, de efeito sugestivo e pouco duradouras.

A INTERPRETAÇÃO EXTRATRANSFERENCIAL

Um dos maiores méritos do trabalho de Strachey é a avaliação da interpretação extratransferencial, tema que considerará novamente em seu relato de Marienbad. Strachey afirma que, em princípio, uma interpretação que não seja transferencial dificilmente pode promover a cadeia de efeitos que concernem à essência da terapia analítica. Seu trabalho quer pôr em destaque a distinção dinâmica entre interpretação transferencial e não-transferencial.[13]

---

[12] "It is a paradoxical fact that the best way of ensuring that his ego shall be able to distinguish between phantasy and reality is to withold reality from him as much as possible" (ibid., p. 147).

[13] "Is to be understood that no extra-transference interpretation can set in motion the chain of events which I have suggested as being the essence of psycho-analytical therapy? That indeed my opinion, and it is one of my main objects in writing this paper to throw into relief – what has, of course, already been observed, but never, I believe, with enough explicitness – the dynamic distinctions between transference and extra-transference interpretations" (ibid., p. 154).

A diferença essencial entre esses dois tipos de interpretação depende de que somente na interpretação transferencial o objeto do impulso do id está presente. Tal circunstância faz com que uma interpretação extratransferencial dificilmente possa dar-se no ponto de urgência (fase um), e, ao fazê-lo, sempre será problemático que o analisando possa estabelecer a diferença entre o objeto real ausente e o de sua fantasia (fase dois). Portanto, uma interpretação extratransferencial será sempre menos efetiva e mais arriscada.

Até aqui, o raciocínio de Strachey aponta para mostrar que é *faticamente* impossível que uma interpretação extratransferencial seja mutativa, embora seja *logicamente* possível. Entretanto, em uma nota de rodapé do final de seu trabalho, Strachey fornece os argumentos teóricos que permitem sustentar que somente uma interpretação transferencial pode ser mutativa.

O maior risco de uma interpretação extratransferencial é que a segunda fase fique seriamente perturbada. Pode ser, por exemplo, que o impulso liberado na primeira fase não se aplique a modificar a imago à qual foi remetido, mas que se projete sobre o próprio analista. Essa projeção no analista poderá, sem dúvida, dar-se em uma interpretação transferencial, porém o contexto é outro, porque então o objeto do impulso e o que o mobilizou na primeira fase são a mesma pessoa. É muito provável, conclui Strachey (na nota 32), "que a inteira possibilidade de efetuar interpretações mutativas possa depender do fato de que, na situação analítica, o que fornece a interpretação e o objeto do impulso do id que se interpretou sejam uma e a mesma pessoa".[14] Se a finalidade da interpretação mutativa é promover a introjeção do analista como objeto real (no sentido de não-arcaico) para que, dessa maneira, o superego original vá mudando gradualmente, segue-se que o impulso do id que se interpreta deve ter o analista como objeto. Nesse ponto, Strachey dá-se conta de que tudo o que foi dito em seu trabalho requer uma emenda e que o primeiro critério de uma interpretação mutativa é que deve ser transferencial. A interpretação extratransferencial só terá um valor conjuntural, preparatório ou tático, que abre o caminho ou realimenta a transferência.

Com essas últimas reflexões, o trabalho de Strachey alcança sua mais alta ressonância teórica. A interpretação transferencial fica, por fim, redefinida rigorosamente e a ela se atribui o efeito mutante, não já como possibilidade fática, mas como possibilidade lógica (no sentido de Reichenbach, 1938). Desse modo, Strachey vem fornecer os fundamentos teóricos que sustentam a sábia reflexão de Freud (1912b), quando afirmava que não se pode vencer um inimigo *in absentia* ou *in effigie*.

---

[14] "It even seems likely that the whole possibility of effecting mutative interpretations may depend upon this fact that in the analytic situation the giver of the interpretation and the object of the id-impulse interpreted are one and the same person" (ibid., p. 156).

ALGUMAS APLICAÇÕES DO ESQUEMA DE STRACHEY

Uma vez estabelecido seu esquema teórico, Strachey pode aplicá-lo para precisar os grandes problemas da práxis psicanalítica. Façamos uma tentativa de estudá-los ordenadamente.

Interpretação mutativa e apoio

Comecemos por discutir o conceito de apoio, tal como o entende Strachey. O apoio transforma o analista em um objeto bom que se confunde com o objeto bom arcaico (idealizado) do paciente. Compreende-se que, com vistas a essa caracterização, o apoio não pode obter nunca uma mudança estrutural, isto é, permanente e de fundo. Na medida em que fomenta a relação com o objeto idealizado, o apoio não permite a segunda fase da interpretação, a qual franqueia o contato com a realidade.

A técnica ativa de Ferenczi (1919b, 1920) opera no mesmo sentido: facilita a primeira fase, mas depois se vê em dificuldades para resolver a segunda, porque justamente a atividade transforma o analista em um objeto idealizado – sedutor, por exemplo.

Interpretação superficial ou interpretação profunda

O ponto em que as precisões de Strachey adquirem sua maior nitidez é ao discutir o problema – antigo e sempre atual – da oposição dilemática entre interpretação superficial e profunda. De seu ponto de vista, interpretação superficial e profunda são duas formas equivocadas de interpretar, porque somente a interpretação mutativa está no nível correto. Com essa perspectiva teórica, uma interpretação será superficial se não toca o ponto de urgência e não libera suficiente energia instintiva; por outro lado, será profunda quando promove uma descarga demasiado alta de angústia, sem chegar a resolvê-la, com o que desvia o analista de sua função de superego auxiliar.

Pode-se dizer que a interpretação superficial falha na primeira fase, e a profunda, na seguinte. Em um caso, o impulso não chega à consciência e, no outro, não se pode elaborá-lo, não se pode contrastá-lo com a realidade: a intensidade da angústia despertada pela pulsão faz com que o analisando não tenha, nesse momento, juízo de realidade suficiente para discriminar o arcaico do real. Para expor com todo rigor o vigoroso pensamento de Strachey, direi que, enquanto faz uma interpretação profunda, no sentido que acabamos de definir, o analista não dá, na verdade, a seu paciente uma boa imagem real. A confusão do paciente então não é tal, já que o terapeuta falhou em sua função de superego auxiliar e o analisando percebe corretamente que o analista é, nesse ponto, tão irracional quanto seu objeto arcaico.

Creio que sigo fielmente o pensamento de Strachey se afirmo que qualificamos de superficiais e profundas as interpretações que são pura e simplesmente equivocadas, as que se baseiam mais no temor ou nas teorias do analista do que naquilo que está acontecendo na sessão. Graças a Strachey, os conceitos de interpretação superficial e profunda descobrem, para mim, seu pano de fundo valorativo e ideológico. São, na verdade, adjetivos que se empregam para dizer com um eufemismo que a interpretação é correta ou inadequada. Se dizemos que uma interpretação é profunda ou superficial, estamos reconhecendo que não se ajusta ao nível ótimo e, portanto, é má.

Interpretação mutativa e material profundo

A correta aplicação dos esquemas teóricos de Strachey, como acabamos de ver, situa-nos melhor nessa apaixonada discussão (que vem de longe) sobre interpretação superficial e profunda; porém, sua reflexão abrange ainda outro flanco do histórico problema: a conduta que o analista deve manter frente à emergência espontânea de material profundo.

Embora seja certo que podem ser aplicados diversos conceitos metapsicológicos para definir o material profundo (o mais recalcado, o mais infantil, o mais regressivo, o mais afastado no tempo, etc.), é evidente que também aqui se descobre a influência de Klein em relação à forma como Strachey concebe o ponto de urgência e a importância de resolver a angústia.

Strachey pensa que, se a análise segue uma marcha regular, o material profundo vai sendo alcançado passo a passo e, por conseguinte, não há razão para surgirem magnitudes imanejáveis de ansiedade. Apenas quando os impulsos profundos aparecem antes do previsto, e isso tem a ver com algumas peculiaridades da estrutura da neurose, o analista vê-se confrontado com uma situação difícil, com um dilema. Se nessa circunstância oferecermos ao analisando uma interpretação, podemos desencadear uma reação explosiva de angústia que tornará impossível operar a segunda fase da interpretação mutativa. No entanto, seria um erro crer que o problema é solucionado simplesmente eludindo o material profundo, interpretando-o em um nível mais superficial ou dirigindo-se a outra camada do material. Todas essas opções são, em geral, pouco eficazes e, por isso, Strachey inclina-se finalmente a pensar que a interpretação do impulso, por profunda que seja, será o mais seguro.[15]

De modo que, nesse assunto controvertido, Strachey não coincide com as proposições de Wilhelm Reich (1927), quando diz que, no começo de uma análise, às vezes é necessário ignorar o material profundo e até mesmo desviar a atenção do paciente,[16] mas com Melanie Klein, que não vacila em interpretar nesses casos. É evidente, porém, que Klein nunca levou muito em consideração as precisões de Strachey sobre a interpretação profunda. E é uma lástima, porque poderia ter encontrado ali as razões que lhe faltaram para explicar sua forma de interpretar.

É necessário reiterar que o nível ótimo não se define na investigação de Strachey em termos simplesmente econômicos, como faz, de fato, Melanie Klein ao falar do ponto de urgência. É também um conceito estrutural que leva em conta a função do ego, tanto para tolerar a ansiedade quanto para perceber a diferença entre o objeto arcaico e o real, o que concorda com o que Paula Heimann (1956) chama de capacidade perceptiva do ego: até onde o paciente pode perceber a diferença entre o objeto arcaico e o real.

Interpretação mutativa e ab-reação

Por último, Strachey estuda o efeito da ab-reação, tema que se discutia muito naqueles tempos (e, embora menos, ainda hoje). Há quem afirme que a ab-reação é o agente essencial de todas as terapias expressivas, incluindo a análise, enquanto outros pensam, como Radó (1925), que a teoria da ab-reação é incompatível com a função da análise. Para Strachey, a ab-reação pode acalmar a angústia, mas nunca produzirá uma verdadeira mudança, a não ser que a angústia corresponda a um evento externo.

Strachey considera que, com a palavra ab-reação, cobrem-se dois processos diferentes, a descarga de afeto e a gratificação libidinal. Descartando imediatamente esta última, a ab-reação como descarga de afeto pode ser considerada um elemento útil para a análise e até mesmo um acompanhante inevitável da interpretação mutativa. De qualquer modo, conclui Strachey, a parte que pode desempenhar na análise nunca será mais que de natureza auxiliar.

Embora seja possível sustentar na teoria de Strachey que cada interpretação mutativa fornece a dose ótima de ab-reação, pois promove a angústia e a resolve, creio que hoje podemos dirimir decididamente esse ponto e dizer que a análise opera através do *insight* e nada tem a ver com a ab-reação. A teoria da ab-reação é econômica; a de Strachey, em troca, é fundamentalmente estrutural. Considero que Strachey não se decide de todo a abandonar a teoria da ab-reação, porque não opera com o conceito de *insight*. Apenas contingentemente o nomeia (na página 145), porém mais como uma palavra do inglês comum do que como termo teórico. Entretanto, posso afirmar com fundamento que a teoria da interpretação mutativa oferece-nos (embora o faça de maneira implícita) uma definição rigorosa do *insight*, já que a mutação sobrevém no

---

[15] "It is possible, therefore, that, of the two alternative procedures which are open to the analyst faced by such a difficulty, the interpretation of the urgent id-impulses, deep though they may be, will actually be the safer" (ibid., p. 151).

[16] O trabalho de Reich sobre a técnica da interpretação apareceu originalmente no *Internationale Zeitschrift für Psychoanalyse* e foi incluído em *Análise do caráter* como Capítulo 3.

preciso instante em que o *insight* ostensivo rompe o círculo vicioso neurótico.

Acabo de assinalar como limitação teórica de Strachey, a única talvez que nele encontro, sua posição um tanto complacente com a ab-reação, pelo menos em alguma de suas formas. Herbert Rosenfeld (1972) também se ocupa desse tema, procurando incorporar o conceito de elaboração ao pensamento de Strachey. Rosenfeld acredita que a interpretação transferencial pode pôr em marcha o processo mutante, mas que isso deve ser seguido por um período de elaboração para que o desenvolvimento mutativo possa continuar e ser reforçado.[17] A opinião de Rosenfeld não coincide totalmente, em meu entender, com o que postula Strachey, para quem o processo mutante é cumprido no segundo passo da interpretação mutativa. Talvez Rosenfeld busque compensar o déficit teórico recém-assinalado quanto à elaboração, mas sacrifica, desse modo, uma característica fundamental da interpretação mutativa, que por definição inclui o processo de elaboração.

STRACHEY EM MARIENBAD

O circunspecto relato de Strachey no Simpósio do XIV Congresso Internacional, soa, em princípio, como um simples resumo de seu trabalho maior; todavia, se o lemos com atenção, notamos que avança pela linha teórica que há pouco sublinhei. Em seu novo trabalho, Strachey não sente a necessidade de mencionar sequer uma vez a interpretação mutativa: fala simplesmente da interpretação transferencial na perspectiva dos processos de introjeção e de projeção que estruturam o psiquismo à luz da teoria da relação de objeto. E distingue taxativamente as interpretações da transferência da *verdadeira* interpretação transferencial. Pela forma como a descreve, não há dúvida de que a "verdadeira" interpretação transferencial é a que antes chamou de mutativa. Toda vez que interpretamos um impulso que concerne ao analista, estamos fazendo uma interpretação da *transferência*, mas apenas se o impulso é ativo no momento pode-se fazer uma interpretação *transferencial* (isto é, mutativa).

Strachey repassa e precisa os fatores que fazem da interpretação transferencial o instrumento terapêutico essencial da análise:

1. o paciente pode estabelecer uma comparação entre sua pulsão e o comportamento do objeto, já que ambos estão presentes;
2. aquele que fornece a interpretação é, ao mesmo tempo, o objeto ao qual se dirige o impulso. No entanto, se o analista refere uma determinada pulsão a um objeto não-presente, aumenta a possibilidade de uma resposta inesperada daquele que está (por exemplo, que o paciente irrite-se com o analista que acaba de lhe interpretar, digamos, a agressão a seu cônjuge, supondo-o seu aliado).

Que o objeto da pulsão seja, ao mesmo tempo, quem a interpreta é o aspecto decisivo para Strachey (como ele destacava na nota 32 de seu trabalho anterior), já que o fenômeno que se repete do passado tem dessa vez um desenlace diferente, porque o processo projetivo/introjetivo com o objeto arcaico modifica-se à luz da experiência atual. É que o momento em que se formula a interpretação transferencial é único na vida do paciente, pois o destinatário do impulso não se comporta como o objeto originário, mas aceita a situação sem angústia e sem irritação.

Strachey conclui seu relato reiterando que a interpretação, e em especial a interpretação transferencial (mutativa), é o fator determinante dos resultados terapêuticos da psicanálise e que as mudanças dinâmicas produzidas só se tornam explicáveis quando se presta suficiente atenção aos mecanismos de introjeção e projeção.

Dessa forma, prosseguindo e depurando seu trabalho anterior, Strachey chega agora a uma explicação do tratamento analítico em que os efeitos da sugestão ficam completamente excluídos.

STRACHEY NO MOMENTO ATUAL

Como muitos outros psicanalistas, considero que a contribuição de Strachey é, na verdade, transcendente e que sua influência ainda continua sendo muito forte, embora os anos não tenham passado em vão e nossas idéias não sejam as mesmas de 1933.

Nos últimos anos, foram vários os autores que se ocuparam com interesse de Strachey. Em primeiro lugar, Klauber (1972), que pensa que, ao formularmos nossas teorias, deveríamos levar mais em conta a personalidade do analista. Freqüentemente esquece-se que, desde os primórdios da psicanálise, considerou-se que sua ação terapêutica deve-se não apenas à interpretação, mas também ao vínculo afetivo que o paciente desenvolve com o analista.[18] O interesse de Klauber dirige-se precisamente a esse vínculo, que as teorias de Strachey não contemplam. A interpretação é herdeira daquela psicobiologia freudiana que afunda suas raízes em Helmholtz via Brücke e tem, por isso, um caráter redutivo que não inclui o inevitável sistema de valores sempre presente nessa complexa relação humana que é a análise.

O ensaio de Strachey marca para Klauber o apogeu da psicobiologia do impulso, porquanto se propõe a des-

---

[17] "... ilustrates how transference interpretations can set the mutative process in motion, but that this has to be followed up by working-through periods so that the mutative development can continue and be strengthened" (p. 457).

[18] "One of the earliest discoveries of psychoanalysis was that another factor was involved in therapy besides the interpretation of the analyst. This was the development by the patient of strong feelings of attachment" (p. 385).

cobrir e resolver as forças latentes que se expressam como pacotes de energia do id dirigidos para o psicanalista; e, entretanto, quando afirma que a mutação tem lugar porque o paciente incorpora em seu superego a atitude do analista frente aos impulsos, incorre em uma contradição radical: reconhece-se, por fim, que a situação analítica fica impregnada pelo sistema de valores do terapeuta, valores que são transmitidos não só pelo conteúdo das detalhadas interpretações da transferência, mas também por meio de formas inconscientes de comunicação.

Sachs, em Salzburgo, vários relatores, em Marienbad, e mais de um estudioso de nosso tempo pensam que o tratamento analítico consiste em que o analisando identifique-se com um analista tolerante, mas Strachey não. O que Strachey diz é outra coisa, que já vimos: o analista deve operar a partir da posição de superego que lhe atribui o analisando, não para sugestioná-lo e educá-lo, mas para interpretar-lhe seu erro, para mostrar-lhe a força da repetição que sempre o leva a projetar seu objeto interno.

Portanto, o analista não precisa impor ao analisando seu sistema de valores; basta-lhe mostrar a ele (e demonstrar) que se deixa levar mais do que deveria por sua subjetividade. E, quando o analisando pretender incorporar seu sistema de valores, o que o analista deve fazer é denunciar essa tentativa como uma nova forma do mal-entendido e da repetição.

É que Klauber dá muita importância ao que Strachey chama, em certo momento, de interpretações mutativas implícitas e apóia-se em Rycroft (1956), que afirma que a interpretação não opera somente através do conteúdo intelectual que comunica verbalmente, mas também porque suporta a atitude emocional do analista. Por serem sinais de interesse e de responsabilidade, esses enunciados implícitos fazem com que a comunicação seja real, não-ilusória, diz Rycroft. (Voltaremos a isso oportunamente.)

Do mesmo modo que a criança estabelece um vínculo com as *funções* da mãe (e não apenas com a própria mãe), e com isso se põe ao abrigo de mudanças na relação de objeto, caberia pensar, segundo Klauber, que o bom resultado da análise pode dever-se a que o paciente estabeleça uma relação com a função analítica. Dessa forma, o efeito da interpretação passa a depender da afinidade do paciente com o método analítico, e até certo ponto com a personalidade do analista, à medida que ela possa reforçar a coerência interna de uma determinada linha interpretativa. A eficácia da interpretação torna-se, assim, mais contingente de seu conteúdo (informativo) e aproxima-se do plano da sugestão. Sem negar o valor da interpretação, Klauber acredita que a mente humana satisfaz-se, e em certa medida cura-se, pelo que *sente* como verdade.

Nesse ponto, vale a pena recordar o trabalho de Glover (1931) sobre a ação terapêutica das interpretações inexatas, as quais podem operar de várias maneiras, seja reforçando o recalcamento sugestivamente, seja oferecendo melhores deslocamentos às forças em conflito e aproximando-se de algum modo da verdade, seja, enfim, em termos de experiências concretas que põem um certeiro obstáculo no caminho para a objetividade.

Para mim, é evidente que a interpretação opera muitas vezes por seu efeito colateral, e o que soluciona a angústia do momento não é, então, o conteúdo informativo, mas que o próprio fato de interpretar correspondeu a determinadas necessidades inconscientes do analisando, como, por exemplo, que o analista fale ou mostre seu interesse. Levando-se em conta essa possibilidade, entende-se que o alívio da angústia não é suficiente para provar que uma interpretação foi correta e que, quando a interpretação opera dessa forma, devemos considerar que seu efeito é tão-somente sugestivo, que atua por seu *efeito placebo*, como diz Schenquerman (1978).

Por duvidar que exista uma relação direta entre o conteúdo da interpretação e os resultados que a psicanálise obtém, Klauber questiona a tese fundamental de Strachey. Desde os tempos de Strachey até agora – diz Klauber – foi-se impondo a idéia de que a interpretação opera nessa trama complexa e bastante sutil da relação de transferência/contratransferência. E conclui que se ali tem lugar e ali adquire seu significado, devemos ser extremamente cautelosos ao avaliar seus efeitos.[19]

As opiniões de Klauber são sábias como advertências metodológicas para não cair no erro de validar nossas interpretações simplesmente por seus efeitos, mas não como refutações de Strachey. A doutrina de Strachey sustenta-se sem que necessite em absoluto da sugestão. Ao contrário, cada vez que conseguimos denunciar o efeito da sugestão como algo que provém da necessidade do analisando de cumprir as demandas de um superego em nós projetado, obtemos por definição um efeito mutante. Porque é o superego arcaico e não o analista que quer impor seu sistema de valores. Que nem sempre funcionemos com esse alto nível de eficácia não é culpa das teorias de Strachey, mas sim de nossas falhas.

Quando afirma que, ao lado de seu conteúdo informativo, toda interpretação transmite a comunicação implícita de uma atitude emocional, Rycroft destaca taxativamente que tal comunicação não-verbal dá um viés *real* à relação, pois demonstra que o analista está cumprindo sua função, que consiste em estar com o analisando, escutá-lo e procurar entendê-lo.[20] Essa função, em geral, não se interpreta, demonstra-se concretamente na tarefa, no próprio fato de exercê-la, embora se possa e se deva legitima-

---

[19] "Interpretation thus takes place in the context of a relationship, and we therefore have to be cautious in determining its effects. How much is determined by the content of the interpretations, how much by the subtile understanding of an unconsciously agreed code, how much by the authority lent to the analyst by his convictions?" (1972, p. 388).

[20] "Now this implicit statement is a sign of the analyst's interest in and concern for the patient, of this capacity to maintain an object-relationship, at least within the confines of the consulting-room. It tells the patient the one thing that he needs to know about the analyst, and it is the analyst's major contribution to making the relationship between himself and the patient a real and not an illusory relationship" (1956, p. 472).

mente interpretá-la quando o analisando a questiona ou não a percebe ("Você agora se calou porque precisa ouvir minha voz, porque deseja ver se estou vivo ou aborrecido", etc.). Apenas se essas interpretações forem omitidas frente a elementos que permitem considerá-las necessárias, poderemos dizer que estamos utilizando a comunicação implícita para operar por via sugestiva. Olinick (1954) procede dessa forma, por exemplo, quando faz uso das perguntas como parâmetro para dar um suporte momentâneo ao ego, reforçar seu contato com a realidade ou elevar o nível de colaboração do paciente.

Vejamos o que quero dizer com um simples exemplo clínico. O analisando é um psicólogo de acentuada personalidade esquizóide que se maneja frente à frustração e aos ciúmes com uma retirada narcisista. Essa estratégia defensiva, nem sempre compreendida pelo analista, havia provocado um *impasse* rebelde e prolongado, o qual pôde ser resolvido com um trabalho mais atento e sistemático sobre a recém-mencionada couraça caracterológica. Na sessão prévia, na segunda-feira, havia-se voltado a interpretar a maneira como se afastava do analista, abandonando-o para não se sentir abandonado. Na sessão seguinte, chega dez minutos mais tarde e comenta, com uma nota de esperança, que esteve conversando com dois colegas sobre a possibilidade de ter um lugar de trabalho. Imediatamente se encolhe, e, à recordação de experiências anteriores de fracasso e desencontro, ressurge a desconfiança. Em seguida, fala com um tom de ciúmes de um amigo seu e de sua mulher. Depois diz:

P: Bom... Na segunda-feira, em função de algo de segunda, fiquei pensando que algumas vezes me incomoda quando você não me responde. Não sei como considerar isso, não sei se é aprovação, desaprovação ou nada, mas creio que chegou a me incomodar. Desorienta-me. Sempre havia escutado que os pacientes se incomodam quando o analista se cala. Não sei se não tinha me dado conta, mas me produz muita incerteza. (*Silêncio brusco. Tensão na contratransferência.*)

Nesse material, voltam a se colocar com clareza os problemas básicos do paciente: seu desejo de trabalhar na análise e sua desconfiança de voltar a experimentar o fracasso e a frustração, os ciúmes frente ao casal, etc. O que mais chama a atenção, porém, é que possa reconhecer agora que é um paciente como todos e que o silêncio do analista causa-lhe incerteza e mal-estar.

Quando subitamente se cala, colocam-se para o analista duas alternativas que, a meu juízo, são ambas equivocadas: falar, para que não volte a ocorrer o mesmo de sempre, ou calar, à espera de que o analisando sobreponha-se ao silêncio (e à frustração). Nenhuma das duas me parece acertada: a palavra opera sugestivamente e ao modo da reeducação emocional de Alexander e French (1946); enquanto o silêncio opera como coação para que o analisando veja-se obrigado a superar a frustração. Há ainda uma terceira possibilidade, que é a de interpretar o silêncio como um desejo de ver se o analista compreende seu conflito e pode fazer algo para ajudá-lo. Uma interpretação como essa procura evitar todo efeito sugestivo e abre um caminho novo e diferente, já que se dirige precisamente ao conflito que se está estabelecendo; tenta ser uma interpretação estritamente analítica, ao passo que as outras duas não vacilo em qualificá-las como *acting out* contratransferencial, por comissão ou por omissão, falando ou calando.

Klauber tem razão, sem dúvida, quando sublinha a importância da presença do analista, como diz Nacht (1962, 1971); contudo, em meu entender, tanto Klauber quanto Nacht equivocam-se ao outorgar a esse tipo de fatores o mesmo estatuto que à interpretação. A presença do analista (e dou agora a essa expressão seu sentido mais lato) é uma condição *necessária* para que a análise funcione, mas a interpretação mutativa que carrega o *insight*, em troca, é uma condição *suficiente*: aquelas sozinhas não bastam; esta opera se, e somente se, as outras foram cumpridas. Para resolver a rivalidade transferencial, por exemplo, é necessário que o analista, por sua vez, não sinta rivalidade, ou seja, não pretenda ganhar de seu analisando. Isto também equivale a dizer que pode tolerar a rivalidade de seu paciente "sem angústia e sem irritação", o que, em geral, só se consegue após ter analisado o conflito na contratransferência: essas são as condições necessárias para operar com eficácia. Se faltam, nunca poderemos resolver o conflito, por mais que o interpretemos de maneira aparentemente correta, justamente porque essa "interpretação" será apenas o fragmento de um *acting out* verbal: interpretamos corretamente, por exemplo, para que o analisando reconheça nossa superioridade! Apesar de ser *necessária*, a atitude de empatia e objetividade não é, entretanto, *suficiente*: para que a situação mude, devemos interpretar ao analisando sua rivalidade, até que ele veja a distância objetiva que se interpõe entre o objeto arcaico e o atual. Fica de pé a tese fundamental de Strachey, isto é, que *somente* o efeito mutante da interpretação rompe o círculo vicioso neurótico. Se falta a interpretação, o analisando repetirá seu conflito, e assim, mais cedo ou mais tarde, o analista ficará envolvido.

Também Jacques-Alain Miller (1979) sustenta que Strachey, seguindo Radó, aferra-se à teoria freudiana da hipnose para entender como a análise opera, postulando que o analisando se cura quando se identifica com o analista. Não é nada disso, a meu ver, o que Strachey propõe, mas sim o contrário: que o analisando projeta no analista seu objeto arcaico (superego) e pretende reintrojetá-lo sem modificações, enquanto a situação reverte-se justamente quando o analista não se deixa colocar no lugar desse objeto e preserva sua posição.

Parece-me que as teorias de Strachey podem ser reformuladas sem violência em linguagem lacaniana, porque ninguém melhor do que Strachey, com sua interpretação mutativa, sabe colocar-se no lugar do Grande Outro e ninguém consegue melhor do que ele discriminar-se do objeto arcaico, o outro com minúscula, que o analisando imagina ver refletido nele.

Outro autor que se ocupou detidamente do ensaio de Strachey foi Rosenfeld (1972), com cujas idéias coincidem, em geral, as deste capítulo. Para Rosenfeld, o esquema de Strachey é enriquecido quando se aplicam a ele conceitos mais atuais, sem que por isso mudem sua coerência e sua força originais. Pelo que agora sabemos, o analisando identifica projetivamente não apenas seus objetos internos, em especial seu superego, mas também partes de seu *self*, pelo que a tarefa do analista torna-se mais complexa, sem que por isso variem em nada os princípios da interpretação mutativa.

Desde os tempos de Strachey, diz Rosenfeld com razão, aumentou nosso conhecimento dos processos de *splitting*, idealização e onipotência, os quais interferem no desenvolvimento do ego e, ao mesmo tempo, distorcem as relações objetais, aumentando a distância entre o objeto idealizado e o objeto persecutório. Esses mecanismos operam continuamente na marcha do processo, influindo consideravelmente no funcionamento do analista; porém, se é adequado o registro de sua contratransferência, também lhe dão profundidade e precisão em seu trabalho interpretativo.

Gostaria de terminar este capítulo assinalando que se as idéias de Strachey tiveram uma vida tão longa, é porque integram a teoria e a técnica em uma unidade convincente, em que a natureza da ação terapêutica da psicanálise fica explicada com base em conceitos que são, ao mesmo tempo, claros e precisos. Graças a Strachey, chegamos a saber por que importa tanto em nossa tarefa uma interpretação justa, qual é o lugar preciso que ocupam em nossa práxis a interpretação transferencial e a extratransferencial, assim como as diferenças entre interpretação, sugestão e apoio. Acrescentemos, ainda, que Strachey ajuda-nos a distinguir as interpretações superficiais e profundas da interpretação do material profundo.

Por último, e junto a tudo isso, a interpretação mutativa assentou, em seu momento, as bases para as futuras explicações que haveriam de levar o *insight* e a elaboração à posição de principais instrumentos teóricos da psicanálise de nossos dias.

STRACHEY UMA VEZ MAIS

Quando escrevi este trabalho (e este capítulo), certamente não sabia que James Strachey apareceria uma vez mais, em pessoa, entre nós. Graças a Pearl S. King, destacada analista e devotada arquivista da British Society, acaba de ser encontrada uma série de lições e notas escritas por Strachey em 1941, quando a Inglaterra sofria os bombardeios nazistas e os analistas ingleses discutiam com fervor os grandes problemas teóricos e técnicos de nossa ciência. O primeiro desses escritos, que o próprio Strachey havia intitulado de "Opening remarks at a practical seminar", foi lido aos candidatos em 15 de outubro de 1941 e veio a ser publicado no *Bulletin* da Sociedade Britânica em julho de 1989, com uma lúcida nota introdutória de Riccardo Steiner.[21]

---
[21] Agradeço a Pearl S. King, por me ter dado acesso ao trabalho de Strachey e permitido citá-lo, e a Riccardo Steiner, pela oportunidade de me referir a seu consistente comentário.

Strachey discute em sua aula uma série de temas importantes: a situação analítica como instrumento de observação, a natureza do fenômeno transferencial, a diferença entre psicanálise e psicoterapia e novamente, com profundidade, a interpretação e seus tipos, o que nos remete continuamente a 1934.

Como bem ressalta Steiner, a discussão de Strachey sobre a interpretação "prove to be extremely sharp and pertinent" (Steiner, 1989, p. 14) e vem a iluminar o pensamento de Strachey, mostrando-nos com grande detalhe seu interesse em alcançar, por meio da interpretação transferencial, "the direct emotional experience... before any important change can be produced in him" (o analisando) (Strachey, 1989, p. 22). Como em 1934, Strachey procura explicar como a interpretação pode promover o ato de discriminação que separa o passado do presente, a fantasia da realidade, a imagem atual da transferida. No final de seu trabalho, infelizmente inacabado, Strachey volta a insistir no que foi dito na nota 31 da página 156 do trabalho de 1934: a interpretação transferencial tem uma característica essencial, ou seja, o objeto dos sentimentos do analisando é, ao mesmo tempo, o que opera a discriminação. Nesse ponto, creio notar um avanço do pensamento de Strachey em relação a 1934 e 1937, já que agora insiste em que o analista encarrega-se dos sentimentos do analisando, que por sua vez pode assumir os próprios, alcançando, assim, essa experiência direta que lhe permite discriminar o passado do presente, base de uma mudança permanente no funcionamento de seu aparelho mental (1989, p. 24). Já não se invoca apenas a introjeção de um analista que opera "sem angústia e sem irritação" (*International Journal of Psycho-Analysis*, 15, p. 144), mas sim o elemento de realidade que nesse momento se alcança: ao assumir os sentimentos que estão em jogo sem evitá-los, o analista dá ao analisando não só um modelo de identificação, mas também um exemplo direto e comprometido da vigência da realidade psíquica precisamente quando está operando.

"ENCONTRO DE BUENOS AIRES"

Em 8 de julho de 2000, realizou-se esse encontro organizado por Juan Carlos Stagnaro e Dominique Wintrebert, os diretores da *Vértex, Revista Argentina de Psiquiatria*, no qual se reuniram Graciela Brodsky, R. Horacio Etchegoyen, Eric Laurent, Jacques-Alain Miller, Elizabeth Tabak de Bianchedi e Samuel Zysman para discutir o imperecível trabalho de Strachey e contrastá-lo com outro não menos duradouro, "A direção da cura e os princípios de seu poder", de Jacques Lacan. Da discussão de ambos os trabalhos, surgiram claramente as coincidências e as divergências em uma "investigação clínica compartilhada", que acaba de ser publicada pela Coleção "Psicanálise e saúde mental", dirigida por Samuel Zysman. Nessas seis apresentações e na discussão que se seguiu a elas, o leitor encontrará inúmeras sugestões para ler em profundidade dois trabalhos que resistiram à prova do tempo e mostram com clareza algumas das linhas teóricas que sulcam e fertilizam a psicanálise de nossos dias.

34

Os Estilos Interpretativos*

ALGUNS ANTECEDENTES

Com a proposta dos *estilos interpretativos* culmina a investigação original de Liberman que, desde que foram publicados "Identificação projetiva e conflito matrimonial" (1956), "Interpretação correlativa entre relato e repetição" (1957) e "Autismo transferencial" (1958), prolongou-se por mais de 25 anos. Nesses trabalhos, todos de excelente elaboração clínica, já sobressai o germe das futuras idéias de Liberman quanto ao valor singular do diálogo na sessão para fundamentar a teoria psicanalítica e explicar rigorosamente sua práxis. Ali começa a se vislumbrar a importância que pode ter para a tarefa interpretativa um apoio interdisciplinar na teoria da comunicação, que mais adiante também será buscado na semiologia.

Para situá-la no contexto ao qual pertence, digamos, para começar, que a investigação de Liberman recolhe as preocupações da escola argentina sobre as formas de interpretar como uma tentativa de resolver o dilema de conteúdo e forma da interpretação, que nasce na teoria do caráter de Reich e desenvolve-se em autores como Luisa G. Alvarez de Toledo, Geneviève T. de Rodrigué, Racker e outros. Todos esses trabalhos apontam que a *forma* da interpretação pode atingir diretamente certas estruturas que ficaram cristalizadas no diálogo analítico, onde devemos ir resgatá-las. A forma como se interpreta, portanto, deve ser reconhecida como um instrumento de nosso trabalho.

Desses trabalhos, o que, sem dúvida, abre o caminho é o de Alvarez de Toledo, lido na Associação Psicanalítica Argentina no final de 1953 e publicado em 1954, que estuda o significado que têm em si mesmos os atos de interpretar, de falar e de associar, além dos conteúdos que possam significar. Todo falar é uma ação e nessa ação se expressam os desejos inconscientes e os conflitos do falante, de forma direta e concreta, de modo que se tornam muito acessíveis à interpretação.[1] A palavra tem intrinsecamente um valor como tal, e é necessário chegar às fontes da linguagem, desestruturar a linguagem para que reapareçam as pulsões e as fantasias profundas das quais nasceu. Tudo isso é uma parte importante do material que nos oferece o analisando.

Nessa mesma linha de investigação, Racker (1958) assinala que boa parte das relações de objeto do analisando apresenta-se em sua relação com a interpretação. A interpretação aparece muitas vezes como o objeto do impulso e nela se cristaliza o desejo inconsciente do analisando, de sorte que às vezes nos permite um acesso direto ao material recalcado inconsciente: a resposta do analisando ao que lhe diz o analista é sempre significativa.

Também Geneviève T. de Rodrigué (1966) presta atenção a como se formula a interpretação e a compara à maneira como a mãe atende a criança. "A formulação de uma interpretação tem de ser o recipiente adequado para o conteúdo que expressa" (1966, p. 109). Às vezes, a dissociação do analista em mãe boa e mãe má canaliza-se na alternativa do *conteúdo* mau e da *forma* boa (bela) das associações e das interpretações, e é justamente aí que se travará a batalha decisiva.[2]

Todos esses trabalhos têm a ver, sem dúvida, com o começo da investigação de Liberman, embora também seja evidente que, a partir de 1962, quando publica *A comunicação em terapêutica psicanalítica*, esse autor dá um passo teórico importante, porque começa a utilizar um enfoque multidisciplinar para formular seus pontos de vista, para entender essa insubstituível unidade de investigação que é para ele a sessão psicanalítica. Esse embasamento será primeiramente, no livro de 1962, a teoria da comunicação; e logo depois, nos anos que se seguem, a semiologia, que se cristaliza em seu *Lingüística, interação comunicativa e processo psicanalítico*, publicado entre 1970 e 1972.

TEORIA DA COMUNICAÇÃO

Em *A comunicação em terapêutica psicanalítica*, Liberman propõe-se uma grande tarefa: verter a teoria da

---

* N. do A. Reproduzo aqui, quase sem modificações, o artigo que apresentei à revista *Psicoanálisis* para o número em homenagem ao grande analista e grande amigo desaparecido.
[1] A idéia central de Alvarez de Toledo coincide notavelmente com a de John R. Searle e outros filósofos da linguagem, que resgatam a importância do *ato de fala*. (Ver Searle, 1969.)

[2] Em um trabalho de 1983, Sara Zac de Filc estuda com acerto a função dos aspectos fônicos da linguagem na interpretação e destaca-os como parte importante do *holding* que o analista oferece ao analisando, marcando a conveniência de incluí-los na interpretação.

libido e dos pontos de fixação, que Freud e Abraham estabeleceram nas primeiras décadas do século XX, para o molde da teoria da comunicação, tal como propôs Ruesch em seu *Disturbed communication* (1957). Os tipos ou modelos da comunicação – eis aqui a tese principal – têm a ver com os pontos de fixação e, conseqüentemente, com a regressão transferencial.

Seguindo, então, o caminho dos dois grandes criadores da teoria da libido, Liberman redefine os quadros da psicopatologia, segundo os modelos comunicativos de Ruesch.[3] Os pontos de fixação nos quais Abraham situou as principais neuroses e psicoses, em seu ensaio de 1924, agora serão contemplados a partir da teoria da comunicação. Adiantemo-nos em dizer que o esforço é elogiável e, mais importante ainda, é convincente o resultado. Liberman encontra uma relação significativa entre os modos de se comunicar e os pontos de fixação da libido; estes, por outro lado, determinam também os momentos mais destacados da situação analítica. A regressão analítica se fará, então, aos pontos de fixação mais significativos no desenvolvimento individual, segundo a dialética que Freud estabeleceu nas *Conferências de introdução à psicanálise* de 1916-1917, especialmente na conferência 22.

Como em outros momentos de sua investigação, aqui Liberman apóia-se, também, em conceitos de seu mestre, Enrique J. Pichon Rivière. Pichon disse que há pontos de fixação principais e acessórios; se aqueles definem o diagnóstico, nestes, nos pontos acessórios, repousa o prognóstico. Se, por exemplo, um neurótico obsessivo tem traços histéricos, seu prognóstico será melhor do que se tivesse matizes melancólicos ou esquizóides.[4] Sempre me lembro de um paciente jovem com um delírio persecutório que atendi em La Plata e que terminou por entrar amplamente em remissão. Eu duvidava do diagnóstico entre uma psicose histérica e uma esquizofrenia paranóide e consultei sobre ele com o doutor Pichon. Ele decidiu o diagnóstico pela esquizofrenia, mas assinalou a nota histriônica do delírio ("tudo está preparado, tudo é uma farsa ridícula") como um elemento que melhorava um pouco o prognóstico em vista da gravidade do caso.

Com base nisso, Liberman oferece seis quadros característicos. O primeiro deles é a *pessoa observadora não-participante*, fixada à primeira etapa oral, de sucção, e que, na nomenclatura psiquiátrica, é o caráter esquizóide. São as pessoas que podem observar com objetividade, captando a totalidade, olhando o conjunto. Liberman destaca aqui a importância da inveja no transtorno de comunicação desses pacientes, na ruptura e na desintegração da comunicação e as relações dessa situação com a teoria das posições de Melanie Klein.

Depois vem a *pessoa depressiva*, observadora participante, que tem seu ponto de fixação na etapa oral secundária e cujo processo de comunicação está centrado na transmissão dos sentimentos e na regulação da auto-estima.

O terceiro tipo proposto por Liberman é a *pessoa de ação*, que corresponde ao psicopata e ao perverso da nomenclatura psiquiátrica, com seu ponto de fixação na primeira etapa anal (ou anal expulsiva) e um modelo aloplástico de adaptação. Aqui Liberman afasta-se de Abraham, que, como se sabe, havia atribuído esse nível de fixação à paranóia. Por vários motivos, penso que a modificação de Liberman é pertinente, já que nem Abraham nem Freud nunca levaram em conta a psicopatia, doença bastante descuidada pelos analistas clássicos, com exceção de Aichhorn. A paranóia, por sua vez, a partir do próprio Kraepelin, foi perdendo sua autonomia para ficar incluída no que atualmente configura o grupo heterogêneo das enfermidades esquizofrênicas. Para Liberman, a pessoa do terceiro grupo tem uma dificuldade radical de pensar com prescindência da ação. Falha na forma de utilizar instrumentalmente os símbolos, de modo que percebe a tensão de necessidade, mas não pode decodificá-la em termos verbais. Liberman também inclui nesse item as perversões, o que me parece discutível, como direi mais adiante.

Depois temos o quarto grupo, a *pessoa lógica*, fixada na segunda etapa anal, que corresponde à neurose obsessiva da classificação de Abraham, com seu clássico modelo retentivo de relação de objeto. Esse tipo de pacientes apresenta uma hipertrofia defensiva das operações racionais, em que a lógica formal contrapõe-se à lógica das emoções, com uma grande distância entre o processo secundário e o processo primário. O relato é ordenado, com excesso nos detalhes, motivo pelo qual sofre a quantidade de informação que transmite. São pessoas que exigem muita atenção, mas dizem muito pouco (*A comunicação em terapêutica psicanalítica*, 2ª ed., 1966, p. 179).

Os dois últimos quadros que Liberman descreve têm a ver com a histeria de angústia e a histeria de conversão. O quinto item, a *pessoa atemorizada e fugidia*, corresponde ao caráter fóbico da histeria de angústia. São pacientes que se encontram em um estado permanente de alerta, e a situação analítica fica impregnada pela angústia que marca a vida toda desses pacientes. O analista, por sua vez, fica investido de duas valências contraditórias, objeto fobígeno e protetor.

O sexto grupo de Liberman corresponde à *pessoa demonstrativa*, que coincide com o caráter histérico e a histeria de conversão. A pessoa demonstrativa "utiliza como canais de transmissão a mente, o corpo e a ação" e, "na medida em que o complexo de Édipo positivo encontra-se estimulado pela regressão transferencial, perde a sincronização entre as três áreas e transmite, então, em um código simbólico que se exterioriza por sintomas de conversão histérica e por transtornos de comportamento na sessão, que foram descritos nas classificações sob a rubrica de caráter histérico" (1966, p. 217-218). A pessoa demonstrativa é a que apresenta o material analítico com a maior clareza, visto que, por sua estrutura, tem um manejo correto dos símbolos representativos.

---

[3] Ruesch (1957) propõe, com efeito, os seguintes tipos: pessoa demonstrativa, pessoa atemorizada e fugidia, pessoa lógica, pessoa de ação, pessoa depressiva, pessoa infantil, pessoa observadora não-participante.

[4] Essas idéias de Pichon Rivière são parecidas com as que Elizabeth R. Zetzel (1968) proporá depois sobre a boa histérica.

Liberman pôde correlacionar lucidamente esses seis tipos de Ruesch com as etapas e subetapas da classificação de Abraham, porém resta mais um item, a *pessoa infantil*, que corresponde às organoneuroses e exige uma decisão especial. Liberman pensa que a pessoa infantil tem traços muito semelhantes aos da pessoa depressiva. São indivíduos que localizam seus conflitos no nível do sistema nervoso autônomo e suas fantasias expressam-se no nível visceral. Portanto, a pessoa infantil fica localizada no mesmo grupo que a pessoa depressiva. Obviamente, este é um acréscimo à classificação que não deixa de oferecer dificuldades; mas, de qualquer maneira, digamos aqui que até esse ponto dirigiu-se a investigação de Liberman nos últimos anos antes de sua morte.[5]

Assim como creio que a inclusão da psicopatia nesse esquema é uma contribuição muito importante, tenho certas dúvidas com respeito à conveniência de separar a personalidade fóbica da demonstrativa, como fazem Ruesch e Liberman. Do mesmo modo que Freud e os autores clássicos, inclino-me a pensar que há duas histerias do ponto de vista fenomenológico, mas uma só para a psicodinâmica. Reich tampouco separou as duas histerias em sua classificação do caráter, já que, conforme sua nomenclatura, o caráter histérico da mulher superpõe-se ao caráter passivo-feminino do homem. Caberia até perguntar se o que se chama de pessoa demonstrativa não é simplesmente a pessoa normal, o caráter genital estudado por Abraham (1925) e Reich (1933). Quando Liberman diz que a pessoa demonstrativa é aquela capaz de adequar a mensagem verbal ao gesto, de mobilizar adequadamente a angústia e tudo o mais, pessoalmente tenho por momentos a impressão de que está descrevendo-nos a resposta normal. Por último, desejo assinalar que a posição de Liberman de colocar em um mesmo item a psicopatia e a perversão coincide com a grande maioria dos autores clássicos e atuais, mas não com o que expus em meus trabalhos sobre o tema (1973, 1977), nos quais procurei caracterizar a perversão como um transtorno ideológico, no pólo oposto da psicopatia. Certamente, este não é o momento de abrir um debate que corresponde muito mais à psicopatologia do que à técnica, mas quero salientar que o perverso é, em geral, um homem de pensamento (às vezes muito criativo), e não de ação.

O EGO IDEALMENTE PLÁSTICO

A partir dos trabalhos que culminam em seu livro sobre a comunicação, Liberman dá um passo a mais e tenta definir as funções egóicas de acordo com os meios de comunicação e seus instrumentos. Esse trecho da reflexão de Liberman, que continua sua linha geral de investigação, começa por descrever "um ego idealmente plástico", que detém as seis qualidades ou funções dos modelos comunicativos.

A função mais desenvolvida na pessoa observadora e não-participante é a capacidade de se dissociar e observar totalidades sem participar, sem se deixar envolver pelo que observa. É capaz de abstrair, mas falha irremediavelmente em sua participação afetiva.

A pessoa depressiva, em agudo contraste com a anterior, é apta para se aproximar do objeto e vê-lo em detalhe; porém, arrastada por esse contato, perde a distância que permite a objetividade.

O maior mérito da pessoa de ação é que pode captar seus desejos e levá-los à prática, embora sua capacidade de reflexão esteja sempre abaixo da norma.

Como antípoda da anterior, a pessoa lógica conta com a possibilidade de utilizar o pensamento como ação de ensaio, mas tende a ficar atada a suas reflexões, sem encontrar o momento de passar ao ato, de operar.

A pessoa atemorizada e fugidia tem a virtude de poder mobilizar a angústia em um grau útil, o que a prepara para a ação, sempre que não a estagne e a paralise. Se funciona adequadamente, esse tipo de personalidade é o que melhor emprega a angústia como sinal.

Por último, a pessoa demonstrativa é capaz de enviar uma mensagem em condições tais que alcance o mais alto grau de integração.

OS MODELOS DA REPARAÇÃO

Uma vez que Liberman provou seus instrumentos teóricos no campo da psicopatologia, poderá aplicá-los para discriminar o conceito de reparação, sem dúvida um dos mais complexos e sugestivos de nossa disciplina.[6] A obra de Melanie Klein, muito freqüentada por Liberman, sem dúvida exerce uma influência ponderável e persistente em nosso autor – e aqui especialmente.

A tese nuclear do trabalho que estamos comentando é que há diferentes modos de reparação, que implicam distintos desenlaces do processo terapêutico. Assim como cada abertura do tratamento analítico mostra uma problemática diferente, que aponta para uma meta diferente, o final da análise pode ser entendido conforme o grau de aproximação a esse objetivo.

Para tipificar os diferentes processos de reparação, Liberman estuda as funções egóicas, aplicando-lhes o esquema de classificação já exposto.

Em cada um dos seis tipos de personalidade recém-descritos, comprovam-se pautas de comportamento desenvolvidas excessivamente em detrimento de outras. Nisso consiste, justamente, o desequilíbrio do ego, porque o ego detém uma série de funções, e sua patologia reside em que umas cresçam em prejuízo das outras.

---

[5] Liberman morreu em 30 de outubro de 1983, rodeado pelo afeto e pela admiração de seus inúmeros amigos e discípulos, quando já era reconhecido como um investigador de primeira linha pela comunidade psicanalítica internacional.

[6] Essa investigação foi realizada principalmente por Liberman em um grupo de estudos composto por J. Achával, N. Espiro, P. Grimaldi, I. Barpal de Katz, S. Lumermann, B. Montevechio e N. Schlossberg, com quem a publicou em 1969.

Um ego normal, prosseguem Liberman e colaboradores, teria de ser idealmente plástico, de modo que cada uma de suas funções ocupasse o lugar que lhe cabe, sem avançar sobre as demais.

Em relação aos seis tipos de personalidade que encontra, Liberman distingue para cada um deles atributos no ego:

1. a capacidade de se dissociar e observar sem participar, percebendo a totalidade do objeto;
2. a capacidade de se aproximar do objeto e vê-lo em seus detalhes;
3. a capacidade de captar os próprios desejos e levá-los à prática, quando existem perspectivas de satisfazê-los, calibrando a necessidade e a possibilidade;
4. a capacidade de utilizar o pensamento como ação de ensaio, o que implica, para Liberman, a possibilidade de se adaptar às circunstâncias e aos vínculos familiares de tipo vertical (avós, pais e filhos) e horizontal, com seus diversos graus de intimidade, o que também implica a capacidade de estar só;
5. a capacidade de mobilizar um montante de ansiedade útil, preparatória para a ação, e
6. a capacidade para enviar uma mensagem na qual ação, idéia e afeto combinem-se adequadamente.[7]

Esse catálogo de funções egóicas, como bem dizem Liberman e colaboradores, difere da psicologia do ego de Hartmann, em que as funções egóicas seguem os caminhos clássicos da psicologia wundtiana.

Um processo analítico que chega a bom termo deverá ter corrigido o excesso de quaisquer dessas funções egóicas, apoiando as que estavam em déficit.

Entre essas funções, há certas polaridades peculiares, e, ao detectá-las, Liberman já anuncia o caminho futuro de sua investigação: os estilos.

Uma das polaridades mais nítidas é entre a pessoa de ação (psicopatia) e a pessoa lógica (neurose obsessiva); outra, também convincente, ocorre entre a pessoa observadora não-participante (esquizóide), que tem desenvolvida em excesso a função de abstrair e generalizar à custa da dissociação do afeto e da motricidade, e a autoplastia histérica.

Em resumo, partindo das idéias de Melanie Klein (1935, 1940) sobre a reparação como desenlace da posição depressiva, Liberman e colaboradores postulam a existência de diversos modos e os distinguem cuidadosamente, estabelecendo "uma correspondência entre estruturas e processos psicopatológicos e estruturas e processos de reparação" (1969, p. 137). Quando se consegue reparar a pauta que sofria o detrimento mais intenso, modifica-se a visão do passado e sobrevêm mudanças nos estilos lingüísticos de comunicação que o paciente emprega na sessão.

---

[7] Transcrevo quase textualmente o trabalho de 1969, p. 124.

OS ESTILOS DO PACIENTE

Liberman sempre sustentou que Freud descobriu duas coisas importantes, o inconsciente e a sessão psicanalítica como unidade de investigação, e nesta última desenvolve-se toda a indagação de nosso autor. O estudo da sessão psicanalítica conduziu Liberman, desde sua reformulação da psicopatologia psicanalítica, nos termos da teoria da comunicação de Ruesch, à sua descrição original do funcionamento egóico e dos modelos de reparação, para chegar, enfim, a uma classificação dos estilos comunicativos. Também aqui Liberman vai aplicar, conseqüentemente, o gráfico dos seis grupos:

1. estilo reflexivo;
2. estilo lírico;
3. estilo épico;
4. estilo narrativo;
5. estilo de suspense;
6. estilo estético.

Tentaremos caracterizá-los, seguindo principalmente o livro *Linguagem e técnica psicanalítica*, que Liberman publicou em 1976.

Antes de começar com o tratamento especial dos estilos, convém dizer que Liberman vai apelar, ao estudá-los, à teoria do signo de Charles Morris (1938). Como se sabe, esse autor distingue três áreas em relação com os três fatores que constituem o processo semiótico: o *signo*, o *designatum*, que é a coisa à qual o signo se refere, e o *intérprete* ou usuário. Assim, a *semântica* estuda a relação do signo com o objeto ao qual o signo se aplica (*designatum*), a *pragmática* ocupa-se da relação do signo com o intérprete, e a *sintática* ocupa-se de como se vinculam os signos entre si.

Com esse apoio na teoria dos signos, Liberman agrupará os quadros psicopatológicos segundo neles predominem as alterações pragmáticas, semânticas ou sintáticas. Em termos gerais, poderíamos dizer que nas grandes psicoses, na psicopatia, nas perversões e nas adicções preponderam as perturbações de tipo pragmático, enquanto o transtorno predominante nas esquizoidias e nas ciclotimias, nas organoneuroses, nas hipocondrias e nas diáteses traumáticas é semântico; a sintática, por fim, está especialmente comprometida nas neuroses.

Estilo 1 (reflexivo)

Como vimos anteriormente, a pessoa observadora e não-participante, o esquizóide da psicopatologia clássica, tem desenvolvida em alto grau a capacidade de dissociação, que lhe permite observar sem participar, ou seja, sem afeto e objetivamente, em uma espécie de *percepção microscópica*, "porque o ego apequena-se e os objetos engrandecem-se" (Liberman, 1976, p. 16).

Tudo o que disseram Fairbairn (em 1941) e Klein (em 1946) sobre a personalidade esquizóide, em relação a controle onipotente, idealização e dispersão das emoções aplica-se aqui. É o paciente que permanece afastado, que está fora; o paciente mais silencioso e com alterações na percepção dos 50 minutos da sessão. Às vezes, a hora pareceu-lhe muito curta (e tornou-se interminável para nós, porque nos deu muito pouco material); às vezes, pode ocorrer o contrário.

Esse tipo de paciente sempre está propondo-se incógnitas, os grandes problemas filosóficos da vida, por exemplo, o que é a verdade, o que é a inteligência, o que é a justiça, assim como a origem do mundo ou da vida. Para ele, analisar-se é justamente encontrar resposta para essas questões a partir de uma incógnita central – o que é a análise – mas faz isso de maneira fria, como quem observa de fora. Esse paciente pode ter a capacidade de ver objetivamente as coisas em sua totalidade, porém apresenta um sério problema para falar, porque falar é comprometer-se. São os pacientes que começam a falar em voz baixa, para dentro, e a linguagem vai tornando-se cada vez mais críptica, quando não começam a surgir os neologismos. O analista está sempre intrigado, tudo lhe parece insólito, e às vezes termina com dor de cabeça. O terapeuta tende a idealizá-lo, e o paciente, por sua vez, concebe o analista como um sujeito que pensa e o tem muito idealizado, já que esses pacientes supervalorizam o pensar. "Com a estilística 1, o paciente só pode ser um ótimo receptor, mas encontra-se cerceado como emissor" (Liberman, 1976, p. 28). "O estilo reflexivo caracteriza-se pelo alto grau de generalidade das emissões" (p. 54), de modo que os acontecimentos vitais transformam-se em incógnitas abstratas que são propostas e perseguidas sem suspense. Contemplando seu objeto sem afeto e sem vida, o indivíduo perde os limites de sua personalidade, fundido "com uma totalidade transcendente com a qual o vínculo é predominantemente cognitivo (em termos de certeza-incerteza)" (ibid., p. 55).

Liberman recorda-se de uma paciente esquizóide que estava muito intrigada com as xícaras de café que às vezes apareciam em sua escrivaninha (quando sua hora se seguia a uma supervisão). Depois de muito tempo, disse certa vez: "Há pessoas às quais tenho de falar em linguagem notarial. Estes, estes, estes que vêm tomar café". Sua linguagem notarial referia-se, então, a que ela deveria deixar assentado em um protocolo, como fazem os escrivães, que a analisanda Fulana de Tal faz constar que tem um interesse especial em conhecer o que vêm fazer estes que saem do consultório quando ela entra, e com os quais às vezes conversa; e faz constar que se sente enciumada e que essas xícaras de café são um testemunho que fica assentado nesse protocolo, etc. O grau de deformação é enorme. Falar como um protocolo (ou por correspondência) está mostrando-nos, em última instância, que o paciente está longe.[8]

Em relação aos níveis semióticos, o estilo reflexivo opera com uma certa precisão formal e abstrata do ponto de vista sintático, com uma escala de valores semânticos que giram de observar sem participar a ser observado participando; em relação à pragmática, o estilo reflexivo tende a despertar no usuário incerteza, desconfiança e desapego.

Estilo 2 (lírico)

O segundo tipo corresponde ao ciclóide da psicopatologia clássica. Encontra-se exposto com clareza nos dois trabalhos sobre a posição depressiva de Melanie Klein (1935, 1940) e também nos estudos mais recentes sobre a simbiose transferencial de Bleger (1967) e Mahler (1967). São os pacientes que estão literalmente em cima de nós, que se penduram; apresentam dificuldades na comunicação porque não têm controle de suas emoções, são os pacientes "impacientes" que nunca terminam de nos comunicar algo. É que a impaciência vê-se invadida pelo aspecto oral canibalístico. São pessoas que, quando falam, dizem a metade e "comem" o resto, porque não têm uma demarcação entre o pensamento verbal falado e o pensamento verbal pensado. O paciente ouve a si mesmo e o impacto do que vai dizendo faz com que coma suas palavras. Isto nos obriga a um grande esforço de atenção, a uma espécie de tradução, do que às vezes não nos damos conta. Se gravamos a sessão, não a entendemos, como se o gravador funcionasse mal; isto ocorre porque o aparelho registra exatamente o dito, o emitido, sem completar o omitido. São pacientes que nos exigem um grande esforço, acabam frustrando-nos e, às vezes, podem produzir-nos sono.

Em contraposição ao estilo um, o *self* participa afetivamente, mas à custa de clivar os processos de percepção. O compromisso afetivo leva à percepção parcial do objeto, em uma espécie de *percepção telescópica*.

O alto componente emocional que o estilo lírico transmite canaliza-se muitas vezes através do código paraverbal.[9]

Enquanto a temática do estilo um gira sobretudo em torno do conhecimento, aqui os temas aludem aos sentimentos, ao amor, à culpa e à necessidade de ser perdoado. Esses pacientes também buscam a fusão, mas não com um ente abstrato, como os anteriores, e sim com o ser amado, cujo amor deseja-se possuir eternamente.

O estilo lírico caracteriza-se por uma profusa inclusão de qualificadores do estado de ânimo na área sintática e pela tendência pragmática a provocar fortes respostas afetivas no usuário.

---

[8] Tomo esse exemplo, e muitas das idéias expostas nesta seção, da aula que Liberman ministrou nos seminários de técnica de Rabih, Ferschtut e Etchegoyen, em 27 de novembro de 1980, na Associação Psicanalítica de Buenos Aires.

[9] Seguindo os teóricos da comunicação, Liberman distingue três códigos: verbal, paraverbal e não-verbal. Os componentes paraverbais são todos os ingredientes da fala que não estão incluídos na mensagem verbal, como o tom, a altura, o ritmo e a intensidade, isto é, o fonético.

Adendo: o estilo lírico do paciente infantil (organoneurótico)

A *personalidade infantil*, que Ruesch descreveu entre seus tipos básicos, conserva-se na classificação de Liberman, que por diversas razões a situa na *pessoa depressiva* (e, por conseguinte, no estilo lírico). Talvez se pudesse justificar essa inclusão assinalando que o amplo registro das emoções do estilo lírico, por ter conexão com o corpo, imediatamente nos leva a esse tipo de patologia.

O paciente organoneurótico tem uma adaptação formal à realidade, porém suas emoções canalizam-se para o corpo. Assemelham-se em algo ao psicopata, porque não registram suas emoções, mas são radicalmente diferentes, pois nunca prejudicam terceiros, e sim a eles mesmos, a seu corpo.

Nos últimos anos, como já disse, Liberman ocupou-se detidamente da doença psicossomática.[10]

Estilo 3 (épico)

O estilo épico, sem dúvida um dos mais bem tipificados no registro libermaniano, é o que corresponde à pessoa de ação. É o paciente que atua, que recorre ao *acting out* na sessão – ao *acting in*, como o chamam alguns. O *acting out* é, para Liberman, um pensamento que não chegou a ser como tal e que se exterioriza mediante uma ação; portanto, o conteúdo latente do *acting out* é uma frase que o sujeito não chegou a estruturar.

Esses pacientes vão para a análise com uma segunda intenção, que por certo ocultam conscientemente do analista, e nisso reside, como em seguida veremos, sua principal característica.

O paciente com estilo épico é o que demonstra mais convincentemente, a meu ver, o desajuste na relação do signo com o intérprete, isto é, a pragmática. A perturbação pragmática pressupõe uma marcada distorção no uso dos signos. A mensagem verbal não serve para o intercâmbio comunicativo, sendo um meio para influir secretamente sobre a vontade do outro. A arte da psicopatia consiste na inoculação (Zac, 1973).

Liberman estudou também os fatores genético-evolutivos que conduzem à distorção pragmática do estilo épico, recorrendo às séries complementares de Freud e aos conceitos kleinianos de voracidade e inveja. "Os pacientes com distorção pragmática apresentam uma dificuldade particular em serem abordados psicanaliticamente, como conseqüência de perturbações precoces que conspiram contra a necessidade de adquirir novas formas de codificação no curso do ciclo vital" (1970-1972, v. 2, p. 579).

Liberman observa que concorrem vários fatores para que se configure a distorção pragmática do estilo épico.

---

[10] Para uma meditada exposição sobre esse aspecto da investigação libermaniana, ver *Del cuerpo al símbolo. Sobreadaptación y enfermedad psicosomática*, que Liberman escreveu em colaboração com Elsa Grassano de Piccolo, Silvia Neborak de Dimant, Lía Pistiner de Cortiñas e Pola Roitman de Woscoboinik.

Há, em primeiro lugar, uma fuga invejosa precoce do seio com uma acelerada maturação muscular, porque está interferida a possibilidade de depender da figura materna (p. 585). A isso se unem, como segunda série complementar, uma mãe narcisista e infantil e um pai ausente.

Coincidindo com Phyllis Greenacre (1950), Liberman considera que a tendência ao *acting out* tem uma de suas raízes no segundo ano da vida, quando a criança defronta-se com a aprendizagem da marcha e da linguagem, junto com o domínio esfincteriano. No segundo ano da vida, quando o processo de separação-individuação de Margaret Mahler (1967, 1975) está em seu apogeu e a criança começa a falar à sua mãe de longe, esta não lhe responde com palavras, mas com gestos. Algo falha nessas mães, incapazes de pensar em função da necessidade da criança. São mulheres que só podem pensar quando o que está em jogo é sua própria ansiedade. Enquanto a criança não fala, não há problemas, podem atendê-la sem dificuldade. Porém, quando a criança cresce, afasta-se e fala, a mãe responde com ações e gestos. Se a criança tem fome, ela vai para a cozinha e abre o armário onde estão as bolachas. A criança vê-se levada a aperfeiçoar suas técnicas de ação, para se meter pelos interstícios, e termina por ser um pequeno ladrãozinho que rouba comida. Ao longo de sua vida, essas pessoas elaboram a teoria de que jamais serão entendidas, o que as leva a uma cosmovisão delirante do mundo. O analista é alguém que encontrou essa "boquinha" do divã e de vir todos os dias para ganhar a vida à custa dos demais e obter benefícios. São os pacientes que têm mais problemas com o dinheiro e tendem a manipular o analista com o pagamento.

Estilo 4 (narrativo)

O paciente com estilo narrativo corresponde ao que com o enfoque comunicacional se havia descrito como pessoa lógica, isto é, a neurose obsessiva da psicopatologia. Nesses pacientes, a lógica formal erige-se como instrumento mais idôneo para contrabalançar a lógica das emoções, que o analista pretende alcançar com suas interpretações. A hipertrofia defensiva das operações lógicas pressupõe um amplo predomínio do processo secundário, em que os produtos da fantasia inconsciente tendem a ficar anulados por completo.

O paciente com estilo narrativo preocupa-se mais com a forma como deve entender e deve falar do que com o conteúdo do que diz ou escuta. Ao cuidado excessivo no vocabulário corresponde um temor subjacente a se equivocar, a entender mal ou ser mal-entendido, temor este que afunda suas raízes na onipotência do pensamento e da palavra. Deitado e quieto no divã, costuma levantar os antebraços enquanto fala para impedir que o analista irrompa e o interrompa (1970-1972, v. 2, p. 516).

Esse pacientes são os que mais se esforçam para se isolar do analista, os que mais falam e os que redigem melhor. Se transcrevermos à máquina uma de suas sessões, veremos que preenche várias folhas. São pacientes que fazem crônicas organizadas no tempo e no espaço: "Na sexta-feira, quando saí daqui, encontrei-me na esquina com Fulano. E ficamos de nos ver à noite para ir jantar com nossas esposas. E assim o fizemos". Ordenam seu discurso e o encabeçam por um "vou contar-lhe". Desse modo, controlam-nos e desconcertam-nos, quando não nos fatigam, entediam ou aborrecem.

O paciente com estilo narrativo esclarece continuamente a que está referindo-se. É característico desse estilo que a mensagem tenda a se concentrar no contexto e na função referencial: "Essa função sempre remete o terapeuta para que se situe em um contexto determinado ao qual o paciente tenta conduzir, utilizando as características da narração para controlar os processos mentais do receptor, fixando a mente deste em um mundo conhecido pelo paciente, no qual os dados são ordenados de maneira exclusiva por este" (p. 520).

Como sabemos pelos autores clássicos, a neurose obsessiva tem seu ponto de fixação na fase anal secundária (ou retentiva). Segundo Freud, a neurose obsessiva aparece tipicamente no período de latência, mas, na realidade, Klein (1932) mostrou que as técnicas obsessivas instauram-se no segundo ano da vida, na época da educação esfincteriana.

O estilo quatro corresponde a um sujeito que, em determinado momento de seu desenvolvimento, sofre uma socialização precoce. Ele chega a ser uma criança ordenada e obediente, que se sobreadapta. Faz o que a mamãe manda e os deveres para a professora, é sempre um bom aluno e recebe o prêmio de melhor companheiro. É que o estilo narrativo – conclui Liberman – constitui a expressão empírica dos típicos mecanismos de defesa da neurose obsessiva: formação reativa, anulação e isolamento. Como disse Rosen (1967), o controle anal retentivo permite manter a seqüência de um relato e, quando falha, o discurso "se suja".

À força de ser um bom paciente, a pessoa lógica termina por ser a caricatura de um paciente. Se o analista precisa trocar e suspender uma sessão, escolhe esse tipo de paciente, porque acredita que é o que vai tolerar melhor, deixando-se induzir pelos limites que estabelece com seu controle. Na realidade, é um grave erro, porque alterar o enquadre de um paciente desse tipo pode ser algo catastrófico.

Estilo 5 (suspense)

O estilo da personalidade atemorizada e fugidia é o suspense, que se caracteriza pelo clima de assombro, medo e busca. Os personagens são nítidos e os signos são selecionados para estabelecer incógnitas nas quais o sujeito sente-se comprometido e tenta comprometer o analista. O discurso mostra a típica evitação fóbica no nível das palavras e dos giros verbais, sem perder sua coerência e sua ordem. Às vezes, o discurso principal é interrompido e, ao modo do "aparte" na técnica teatral, intercala-se uma seqüência independente, depois do que se volta ao tema central.

O estilo de suspense mostra uma clara oposição entre a linguagem verbal, por um lado, e a paraverbal e a não-verbal, por outro. Os dois últimos registros são os mais reveladores, os que mostram as atitudes reais do paciente, ao passo que o registro verbal tende a ocultá-las. Essa discordância marca um engano, mas, enquanto no estilo épico o engano tem o outro por destinatário (e vítima), aqui o enganado é o próprio emissor.

A temática desse estilo gira sempre em torno do risco, da aventura e do descobrimento, opostos à rotina, ao conformismo e à tranqüilidade. Aparecem com freqüência a competição entre pessoas do mesmo sexo por um objeto de amor heterossexual, como expressão típica do complexo de Édipo positivo. Estas e outras emoções afloram claramente nesse discurso, matizadas com as técnicas fóbicas de aproximação e afastamento que foram descritas por Mom (1956, etc.) e que circunscrevem, às vezes, um pólo atrativo e perigoso e outro tranqüilizador, porém aborrecido.

Os pacientes do tipo cinco são os que melhor mobilizam o sinal de angústia, descrito por Freud em 1926. Quando fracassa essa função antecipatória do ego, instaura-se uma relação objetal com angústia que deriva para a fobia. Assim como os do tipo um, são pacientes que estão intrigados, mas procuram criar suspense, imprimindo à sessão a expectativa de que algo vai acontecer. Assim, esses sujeitos transcrevem sua fobia e seu estado de alerta para o clima da sessão. Para esse paciente, o analista pode ser um detetive que tem a habilidade de encontrar o culpado, o objeto fobígeno.

Como dissemos há pouco, ao descrever o discurso dessas pessoas, a maior alteração encontra-se no nível sintático, quando a evitação fóbica opera sobre as palavras e os giros verbais. A semântica não está especialmente perturbada, e, quanto à pragmática, o mais característico desse estilo, como indica seu nome, é a tentativa de criar suspense no receptor, a quem sempre se atribui um papel de observador não-participante.

Estilo 6 (estético)

O paciente com estilo dramático que provoca impacto estético é a pessoa demonstrativa, segundo os modos comunicacionais, que corresponde à histeria da clínica psiquiátrica. Aqui se aprecia "uma ótima sincronização dos códigos verbal, paraverbal e não-verbal para transmitir uma mensagem" (Liberman, 1976, p. 58). Como no estilo anterior, o espaço, o tempo, os objetos e os personagens aparecem claramente delimitados, mas a diferença está no fato de que neste estilo não há mudanças bruscas nas seqüências discursivas, nem se procura criar a atmosfera de suspense, "e sim se busca um grau ótimo de redundância, seja porque os três códigos transmitem isomorficamente a mesma mensagem, seja porque se articulam de modo complementar com esse mesmo objetivo" (p. 58).

Esse tipo de paciente tenta criar no receptor um impacto estético. Deleita-se ao emitir os sinais e ao recebê-los. Segundo Liberman (p. 59), há uma espécie de prazer funcional que coincide com temas agradáveis de freqüente conteúdo erótico, com muitos elementos de beleza e fascinação.

Os pacientes do estilo seis são os que mais provocam no analista um sentimento de comodidade e agrado. A resistência de transferência baseia-se no exibicionismo. Se o analista fica fascinado pelos recursos do paciente, a sessão se converterá em uma espécie de espetáculo e, como é natural, fracassará. O sentimento de vergonha e de fealdade, o temor ao ridículo são traços reconhecidamente histéricos, derivados da pulsão exibicionista, que estão na raiz do estilo estético.

ESTILOS COMPLEMENTARES

Os seis tipos que acabo de descrever, tentando ajustar-me fielmente ao pensamento de Liberman, nunca ocorrem em estado puro. Os estilos misturam-se, superpõem-se e – também – contrapõem-se. Se uma pessoa tem de base um estilo reflexivo e procura solucionar seu isolamento emocional e sua falta de comunicação empregando técnicas histéricas, será então um histérico torpe, nunca um histérico elegante. Do mesmo modo, um paciente que tem uma estrutura basicamente obsessiva e, portanto, um estilo narrativo, mas que pode apelar às técnicas dramáticas da histeria, será alguém que conta fatos, mas intercala diálogos: "Chegamos à esquina e ela me perguntou: Aonde você quer ir? E eu lhe respondi: Você sempre quer que eu decida. Não, dessa vez decida você. Então, ela deu a volta e, nesse momento, chegaram os outros e disseram: Chê! Estão brigando de novo?". É uma crônica narrada em forma de libreto teatral, em que o sujeito, de alguma maneira, vai atuando os papéis que descreve. O elemento histérico dá à técnica narrativa mais plasticidade.

Desse modo, o estilo nunca é simples; acrescentam-se a ele outros registros que, embora o compliquem e o façam perder sua nitidez, também o enriquecem e o diversificam.

Um postulado básico de toda a reflexão libermaniana é que os estilos não apenas se superpõem, mas também se complementam, que cada estilo tem outro que lhe é complementar e, portanto, em dado momento, será o mais adequado à sua capacidade de receptor. O estilo narrativo é complementado pelo épico, o reflexivo pelo dramático que cria suspense.

Liberman expôs claramente suas idéias sobre complementaridade estilística em sua colaboração à *Revista de Psicanálise*, no número comemorativo de seus 30 anos, e em um artigo especial para a *Revista Uruguaia* em homenagem a Pichon Rivière.[11]

A complementaridade estilística, diz Liberman (1978), deriva das pautas de interação na psicoterapia e acrescenta imediatamente: "Devemos compreender que complementaridade significa as diferenças dos papéis e características das mensagens e que contrasta com a interação simétrica, na qual as similitudes predominam" (p. 45, nota de rodapé). Se o analista argumenta ou discute com seu paciente obsessivo, estabelece uma interação simétrica; se pode recorrer ao estilo épico ao lhe interpretar, poderá alcançar a complementaridade, dando ao paciente o que lhe falta. Como corolário dessas reflexões, Liberman chega a afirmar que as mudanças do analisando, durante o processo psicanalítico, dependem do grau em que se ajuste a organização verbal da interpretação às condições receptivas do paciente e, por conseguinte, "quanto maior for o grau de adequação entre a estrutura da frase que formula a interpretação e o estado do paciente quando a recebe, tanto menor será a distorção" (p. 45-46). O significado desse ajuste, diz Liberman taxativamente, é a complementaridade estilística (p. 46). A interpretação deve oferecer ao analisando os modelos do pensamento verbal que não pôde construir em seu desenvolvimento e, por isso, "a interpretação ideal, a mais exata, será aquela que reúna em uma só oração os componentes estilísticos de que o paciente carece" (p. 48). A interação complementar, conclui Liberman, conduz o paciente ao *insight*.

Em outras palavras, Liberman procura dar um conteúdo lingüístico ao que, em termos fenomenológicos, chamamos de empatia, por meio da complementaridade estilística. Aquilo que na sessão surge como empatia aparece depois, quando se estuda a sessão, como complementaridade estilística.

Embora a complementaridade estilística implique uma tomada de posição teórica frente ao analisando, frente à transferência e frente ao processo analítico, Liberman não descuida os outros determinantes e adverte que, ao se supervalorizar a idéia de estilos complementares, corre-se o risco de perder a espontaneidade, submetendo-se à busca de uma complementaridade ideal. Por isso, "quando alcançamos um nível ótimo de trabalho, efetuamos, sem premeditar, a complementaridade estilística" (p. 48).

---

[11] "Complementariedad estilística entre el material del paciente y la interpretación" (1974); "El diálogo psicoanalítico y la complementariedad estilística entre analizado y analista" (1978).

35

Aspectos Epistemológicos da Interpretação Psicanalítica

GREGORIO KLIMOVSKY

INTRODUÇÃO

O problema estabelecido pela estrutura lógica da interpretação e sua contrastabilidade não é nada fácil, e ainda poucos são os lógicos que têm predileção por esses temas. Tivemos a oportunidade de discuti-los durante anos com muitos psicanalistas e se chegamos a extrair finalmente alguma conclusão promissora, uma parte importante do mérito é dos amigos que participaram dessas discussões.

Vista por um lógico ou por um epistemólogo, a interpretação em psicanálise propõe problemas semelhantes aos que se apresentam quando se quer fundamentar as teorias físicas e as razões para aceitá-las ou rechaçá-las, assim como também aos que se propõem em ciências sociais, mais concretamente em disciplinas como a história, quando se quer aplicar a elas o conceito de explicação.

Talvez alguns dos debates mais interessantes na epistemologia contemporânea estejam por esse lado; também é onde há menos acordo, de modo que, entre as analogias que vemos nesse mosaico de dificuldades, poderíamos dizer que, mais do que resultados certos, existem diversas variantes e possibilidades.

O primeiro problema que se coloca é o da natureza lógica da interpretação. O que ocorre quando se realiza uma interpretação? Que estruturas um lógico repara nela? Dos vários aspectos que imediatamente se encontram como características do ato de interpretar, três chamam a atenção e levam a problemas diferentes: o explicativo, o semântico e a vertente instrumental. Nós nos referiremos mais ao primeiro do que aos restantes, mas não devemos esquecer que os três são de interesse.

São muitas as ocasiões em que procuramos precisar o que há no problema da interpretação do ponto de vista epistemológico. Não é tarefa fácil, porque os próprios psicanalistas parecem não oferecer uma completa unanimidade conceitual e um perfil claro do que eles entendem por interpretação, de maneira que, às vezes, não se sabe o que se está discutindo. Algo bastante curioso é que, nos longos, extensos e riquíssimos trabalhos que marcam o labor freudiano, a palavra interpretação aparece pouco, apesar de ser uma das noções centrais de sua teoria, uma de suas principais contribuições.

É evidente que muitos dos usos que Freud faz da interpretação em *A interpretação dos sonhos* (1900a) são antes canônicos, em que "interpretação" quer dizer algo assim como uma chave explicativa do que está acontecendo na psique ou na conduta do sujeito, e não outra coisa. No entanto, há outros contextos na obra de Freud nos quais a interpretação aparece mais como um instrumento da terapia psicanalítica e da tarefa clínica, como algo peculiar que já não é meramente de tipo epistemológico, mas possui também as características de instrumento de ação. Não nos referiremos, entretanto, às distintas concepções que os próprios psicanalistas têm sobre a interpretação, porque nos parece que essa é uma tarefa que compete a eles. Algo disso se vê no livro de Louis Paul, *Psychoanalytic clinical interpretation* (1963), em que os artigos reunidos mostram uma atrativa variedade de concepções sobre a interpretação.

Dissemos que na interpretação psicanalítica superpõem-se três fenômenos que nela sempre coexistem.

O primeiro é de ordem epistemológica e relaciona-se com o tipo de conhecimento que a interpretação oferece. Uma interpretação é uma espécie de teoria em miniatura sobre o que há por trás de um fenômeno manifesto. Desse modo, interpretar implica produzir um modelo ou uma hipótese, semelhantemente ao que faria um físico quando quer salientar o que há por trás de um efeito. A isso poderíamos chamar de vertente gnoseológica da interpretação, que estabelece problemas epistemológicos típicos.

A segunda faceta ligada ao fenômeno da interpretação é de tipo semiótico, tem a ver com significações. O que se faz é algo parecido com uma captação dos significados que está oferecendo o material que a interpretação atende. Aqui, a tarefa assemelha-se à de um lingüista ou de um semiótico e é de uma ordem diferente da gnoseológica, embora não se possa deixar de reconhecer que há aspectos comuns.

O terceiro aspecto é instrumental e talvez, em certo sentido, terapêutico; é que a interpretação em psicanálise é uma ação: aquele que interpreta está fazendo algo com finalidade de produzir uma modificação ou um determinado efeito no paciente.

ASPECTO GNOSEOLÓGICO

O que primeiro se impõe a nosso espírito, ao estudarmos o fenômeno da interpretação, é que é um ato mediante o qual procuramos obter conhecimento: é uma afirmação que o analista faz em relação ao material oferecido pelo paciente com o propósito de lê-lo, descrevê-lo ou explicá-lo. Em seguida esclareceremos por que não utilizamos uma só palavra, *explicar*. De qualquer modo, esse é o aspecto teórico de tipo hipotético-dedutivo implicado pela interpretação. A primeira coisa que queremos fazer notar é que, em uma interpretação, o psicanalista formula uma proposição, enuncia o que os lógicos chamam de uma *sentença declarativa*, ou seja, algo no qual o psicanalista pode estar equivocado ou certo. Na maioria dos casos, a afirmação que constitui a interpretação é de caráter hipotético, porque a verdade ou a falsidade do que se está dizendo não é conhecida. Com certeza, não o é diretamente pelo paciente, mas tampouco o é para o terapeuta. A interpretação tem, em grande medida, características de conjectura e, como tal, é antes uma espécie de aventura que exigirá, como dizia o profeta, ser medida por seus frutos. Somente ao conhecer quais são os efeitos dessa declaração é que se poderá ponderar sua exatidão.

Para começar agora a discutir o aspecto explicativo, iniciaremos por dizer que, do ponto de vista lógico, vale a pena distinguir dois tipos de interpretações: as que se obtêm *por leitura* e as que surgem como hipótese, *por explicação*.

Para nos darmos a entender, façamos previamente algumas alusões de caráter epistêmico. Primeiramente, mencionemos uma característica do tipo de teoria e de discurso que a psicanálise maneja e que se relaciona com a diferença evidente que há entre um tipo de material que epistemologicamente poderíamos chamar de direto, que está mais ou menos próximo da descrição, da observação, da prática clínica, e que corresponde ao material empírico (em psicanálise é mais corrente chamá-lo de "material manifesto"); e, em segundo lugar, o que epistemologicamente poderíamos chamar de material teórico, que não é diretamente visível e observável, ao qual se há de chegar de maneira indireta; aqui estaria o material latente, inconsciente.

O que acabamos de assinalar é uma diferença que se faz em certas disciplinas científicas entre o que poderíamos chamar de o lado empírico e o lado teórico da realidade estudada, diferença que, todavia, não será encontrada em todas as disciplinas. Há teorias que são puramente empíricas, teorias que constroem grandes hipóteses, e muito engenhosas, mas sobre material detectável e observável. A teoria da evolução de Darwin, tal como seu autor a expõe na primeira edição de *A origem das espécies*, em 1859, por exemplo, é desse tipo; teoria muito bem armada, engenhosa e enormemente explicativa, porque dá conta de uma quantidade de fatos, permite fazer predições e é, por sua vez, explicada pela genética, porém não faz alusão a material teórico; todas as suas noções (características, variedade, determinação, adaptação) podem ser definidas perfeitamente de maneira manifesta, de maneira empírica. Não é assim que ocorre em genética, nem em química, nem tampouco é o que ocorre em psicanálise.

É verdade que um psicanalista sabe que o material inconsciente pode também, em certo sentido, observar-se, detectar-se e descrever-se, mas há uma diferença bem clara: uma coisa é falar da conduta do paciente, do material manifesto, e outra muito diferente é falar de sua estrutura psíquica, de suas fantasias, de seu inconsciente. Aí há realmente um salto gnoseológico tão grande quanto o que acomete o químico quando deixa de falar da cor do papel tornassol e põe-se a falar da órbita dos elétrons na estrutura atômica e do deslocamento deles nessas órbitas. Nesse sentido, o que se passa no aparelho psíquico, o que precisamente interessa ao psicanalista, o coração daquilo que ele "vê", tem bastante analogia com o que interessa a um químico quanto à estrutura interna de moléculas, átomos e elétrons. Desse ponto de vista, são situações teóricas bastante parecidas. Um problema que a psicanálise tem em comum com todas essas teorias da ciência natural é como se pode fundamentar nosso conhecimento, como é possível obter a ordenação, a sistematização dessa parte da ciência que não é diretamente acessível, diretamente operável, empiricamente tangível.

O problema da interpretação envolve diretamente essa questão, porque aquele que interpreta (na forma tradicional em que se pode pensar que a interpretação psicanalítica existe, de Freud em diante) não está nem descrevendo, nem correlacionando, nem sequer está colocando um fato descritivo no contexto de outros fatos descritivos. Na realidade, no sentido ordinário da palavra, uma interpretação transcende sempre a conduta do paciente, o dado empírico, e cala muito mais fundo em estruturas primitivas que estão no inconsciente, em fatos recalcados, em pulsões instintivas e em muitos outros elementos que de maneira alguma são gnoseologicamente comparáveis ao que manifestam a conduta propriamente dita e o material verbal do paciente. E aqui surge a segunda questão: como se faz para alcançar com a interpretação o material ao qual interessa chegar? Qual é o procedimento adequado?

A INTERPRETAÇÃO-LEITURA

Em ciência, existem muitos procedimentos para poder chegar ao que não é diretamente visível ou epistemologicamente direto. Um tanto metaforicamente, mas não muito, poderíamos dizer que o microscópio e o telescópio são algo assim, porque permitem tecnicamente chegar a observar o que não é diretamente observável, o que não está empiricamente dado. Entretanto, para observar mediante o microscópio ou o telescópio, é necessário ter previamente uma teoria. Se não houvesse uma teoria, poder-se-ia reagir como muitos colegas de Galileu: não querendo observar nada mediante esse instrumento, que para eles – devido a seus preconceitos – devia ser mágico, encantado e defeituoso. Se realmente não houvesse uma teoria científica que o justificasse, o telescópio poderia ser pensado como algo enfeitiçado. Realmente, não se veria por que tem de garantir conhecimento. Existe, felizmente, uma teoria, uma teoria independente da biologia ou da astronomia, que é a óptica, cujas leis correlacionam o que está do lado da vida cotidiana, da prática imediata (e que no aparelho está na ocular), com o que está do lado da objetiva, que é precisamente o que se quer conhecer. De modo que, quando alguém internalizou a óptica, depositando nela de boa-fé a garantia de que os instrumentos servem, já não vai mais discutir problemas de óptica quando fizer astronomia ou biologia: aceita realmente que quando observa certos fenômenos desse lado do aparelho óptico, é porque há tais ou tais coisas do outro.

As leis que correlacionam um tipo de variável com outro, o lado empírico com o não-empírico, costumam ser chamadas no jargão epistemológico de *regras de correspondência*. São também hipóteses, são também leis que alguma teoria científica proporcionou e que correlacionam o visível com o que não o é, o material manifesto com o conteúdo latente, para empregar as clássicas expressões psicanalíticas que Freud introduziu ao estudar o sonho.

Para entendermos a discussão que se segue, o que estamos chamando de material manifesto, do ponto de vista epistemológico, é material observável, é o que pode se chamar de material empírico, o material para cujo conhecimento haveria acesso até no sentido condutista da palavra. Que o paciente tenha dito tal ou qual coisa, ou que não o tenha dito (isso, às vezes, é também importante, e para os lacanianos mais ainda), é um fato que se pode registrar; inclusive, se houvesse filmadoras ou aparelhos de registro oculto, ali estaria o fato e não se poderia negá-lo. Ao lado disso, temos o que pertence ao setor inconsciente do indivíduo, tudo o que é material latente, inobservável ou não-empírico, que os epistemólogos costumam chamar, usando uma maneira de falar que não nos agrada, mas que está imposta, de os objetos "teóricos" (segundo a nomenclatura anglo-saxônica); isso quer dizer os objetos "que se conjecturam com auxílio da teoria, mas que não são diretamente observáveis". Para a psicanálise, a conduta é diretamente observável, o inconsciente não o é, é somente conjectural ou indireto. Contudo, precisamente, o que interessa à psicanálise é chegar ao inconsciente, porque é ali que está o importante, de modo que seu problema é como fundamentar o que se conjectura, a partir da conduta diretamente observável. Nesse sentido, a psicanálise é uma disciplina com muito mais ousadia do que o condutismo, porque este não quer saber desse outro lado da questão, que para ele não é científico; o científico, para o condutismo, é ficar apenas com o que é diretamente observável. O psicanalista pensa, ao contrário, que o científico será sustentar o que se disser sobre o inconsciente.

Dessa maneira, será possível distinguir entre material observável, que chamaremos de *A*, e material de tipo *B*, inobservável, conjecturável. E não resta dúvida de que a interpretação é algo que procura vincular o material A com o B.

Às vezes, o observável *A* vincula-se com o conjeturado *B*, mediante uma lei que diz *se A, então B*. Ou também: se ocorrer A, então ocorrerá B. Se tivermos uma forma redonda A desse lado da ocular, então, em virtude de que aceitei as leis da óptica, teremos B, uma célula, por exemplo, do lado da objetiva. De certo modo, quando estamos frente a A, podemos entender, se internalizamos a lei em questão – como dizíamos antes –, que estamos diante de B, ou como se estivéssemos vendo B, embora, na realidade, a única coisa que vemos de verdade é A.

Um epistemólogo empirista muito à inglesa aqui protestaria; ele nos diria que, na realidade, do ponto de vista mais sério da história do conhecimento e de sua fundamentação, a única coisa que se pode dizer é que conhecemos A: porém, todos sabemos que o ato de conhecer, assim como o próprio ato de perceber, implicam uma mistura inextricável e "gestáltica" de aspectos empíricos e conceituais. Mesmo a visão do livro que temos sobre a mesa é algo que se nos proporciona como dado empírico e de forma totalmente imediata, sem se dividir em uma etapa em que há um dado que depois interpretamos. Evidentemente, de forma ingênua, estamos diante de um livro, embora, na realidade, o que se passa é algo mais complexo, em que percebemos uma *Gestalt* formada por elementos sensíveis e elementos conceituais que correspondem ao conceito de livro. Em conclusão, se um cientista internalizou em sua concepção do mundo certas leis, indubitavelmente quando está frente à mancha ou imagem da ocular, "gestalticamente" estará vendo o que diz que vê e que está, na realidade, na objetiva – a célula ou o microrganismo. Quando se internaliza uma lei destas, termina-se por *ver*, por ter experiências que vão além da experiência pré-teórica; dito de outra maneira, as hipóteses do tipo que referimos terminam, como os óculos, por fazer alguém "ver" o que não poderia realmente ver sem eles.

Aqui há algo interessante, porque, com tudo o que dissemos, poderíamos estar insinuando que é possível que os psicanalistas tenham, por analogia com os biólogos, uma espécie de "aparelho óptico privado" que lhes proporciona um tipo de microscópio que lhes permite chegar ao material latente por meio do material manifesto. Tal idéia é totalmente acertada, embora a diferença seja que, enquanto os biólogos tiveram a sorte de que os físicos lhes proporcionassem o tipo de lei "se A, então B" para utilizar o microscópio, os psicanalistas tiveram de construir sua própria óptica através de suas teorias. Na realidade, é a própria psicanálise que chega ao tipo de lei "se A, então B" que permite, de forma inequívoca, através de um traço de conduta e dessa regra de correspondência, compreender o que está internamente se passando com a pessoa estudada.

Os exemplos que podemos dar certamente pecarão por ingênuos, como todos os que querem ilustrar um campo alheio ao especialista. Se tomarmos em consideração a forma como Freud explica a estrutura dos fenômenos patológicos em *O ego e o id* (1923b) e em *Inibição, sintoma e angústia* (1926d), poderemos enunciar uma lei que, exposta simplesmente, diga-nos uma coisa como esta: se uma pessoa está na ocasião apropriada para desenvolver uma ação para a qual manifesta interesse e deixa, todavia, de fazê-la, então é porque o superego inibiu a ação do ego. Compreende-se que estamos diante de uma afirmação do tipo "se A, então B", porque estamos dizendo que se ocorre a carência de uma ação por parte de um agente em circunstâncias adequadas, *então* ocorre que o superego exerce uma ação inibidora. Na realidade, do ponto de vista epistemológico, o superego e a ação inibidora não são material manifesto, material empírico. Para uma fundamentação epistemológica da psicanálise, o superego não é dado; o que é dado é que se deixou de realizar uma ação que o contexto favorecia e que havia interesse manifesto, por parte do agente, em realizá-la: temos o rapaz, temos a moça nas circunstâncias apropriadas, ela desejosa e com o maior beneplácito; ele gosta da menina; porém não se sabe o que aconteceu, de imediato ele toma um livro e põe-se a ler. Esses são os dados, não o superego e sua ação inibidora.

Entretanto, a psicanálise chegou a uma hipótese como a que usamos de exemplo baseando-se nos estudos de Freud; essa hipótese pode estar muito bem contrastada, pode estar realmente muito apoiada por uma empiria anterior, de modo que um psicanalista não a discute mais, porque já tem motivos de sobra para pensar que ele se sai bastante bem com esse aparato teórico conceitual. Felizmente, nenhum cientista de modo prático está fazendo o questionamento epistemológico contínuo de tudo o que faz, e acreditamos que os pacientes fugiriam espavoridos diante da idéia de que o psicanalista está constantemente reexaminando epistemologicamente a teoria que emprega para tratá-lo. De maneira que, no tipo de exemplo que demos, há sempre uma tal lei que está incorporada ao "automatismo teórico" do psicanalista. Porém, é claro, se tivermos esse tipo de lei, teremos o mesmo que o biólogo quando pressupõe a óptica do microscópio; teremos algo tal que se estivermos no conhecimento de A, que aqui é a carência de conduta positiva à qual nos referíamos, e como sabemos que isso está relacionado com B, o que se passa no inconsciente, poderemos fazer esse tipo de leitura "gestáltica", conceitual, da experiência. Assim como na vida cotidiana temos todo o direito de dizer que possuímos como dado que isso que está em minha mesa é um livro, o psicanalista dirá que tem como dado a inibição do ego pelo superego da pessoa em questão.

Em resumo, quando a forma lógica da relação entre uma variável e outra é a que estamos considerando, efetuamos a "leitura" de B, que como se pode notar não é visível, a partir de A, que é o visível.

Assinalemos uma vez mais que se aplicamos a lei "se A, então B", é porque estamos pressupondo que as variáveis A e B estão em uma relação particular, de modo que A implica B, pressuposição que se supõe sustentada por uma determinada teoria psicanalítica.

Esse tipo de relação entre A e B que nos permite fazer uma "interpretação-leitura" consiste em que A é *condição suficiente* para B e também, como dizem os lógicos, B é *condição necessária* para A. Significa que não pode dar-se A sem estar presente B. Quando uma lei como essa é incluída em uma teoria, permite-nos "ler" no material o que não veríamos sem a lei, em nosso exemplo a ação inibidora do superego, através da conduta peculiar do rapaz. Se temos uma lei que nos diz que quando essa conduta está presente, então forçosamente, a inibição deve estar presente, podemos dizer que estamos *lendo* a inibição através do dado manifesto.

Quem não dispusesse da teoria, ou simplesmente não estivesse muito habituado a utilizá-la, não poderia fazêlo; isso é certo. Um leigo não veria o superego inibindo o ego; veria simplesmente uma conduta intrigante, incompreensível. Nesse sentido, repito, a teoria permite-nos ver o que sem ela não veríamos: tem, realmente, o mesmo efeito que uma lente de aumento. Não por repetida, a metáfora deixa de ser exata. De igual modo, as regras semióticas dizem-nos como captar um significado de uma maneira análoga: se temos um signo A (constituído por traços visíveis) e queremos *lê-lo* aprendendo seu sentido B, as regras que estabelecem sentido nos ensinarão que "se se dá o signo A, então está dado o sentido B". Por isso é que estamos falando de "*ler*", se é que fazer tal coisa é captar o sentido B através do signo A.

Quando o material manifesto está ligado ao material latente por alguma relação legal do tipo que acabamos de referir, ou seja, por uma hipótese que diz que se esse material manifesto está presente, forçosamente deve ser acompanhado de tal material latente, então estamos autorizados a dizer – e para esse caso somente – que a interpretação é uma *leitura*, que estamos captando realmente o que ocorre no inconsciente através do que observamos, através do material manifesto. Mais ainda, insistimos em que se pode dizer, com toda a naturalidade e sem reparos, que o estamos *vendo*. Isto, entre parênteses, produz um certo escândalo entre os que não meditaram sobre o problema da epistemologia da psicanálise, sobretudo porque às vezes se fala de comunicação de inconsciente a inconsciente, de captar diretamente o inconsciente do outro, e essas maneiras de dizer são sempre muito suspeitas para quem vem de fora e estará tentado a pensar na telepatia, em relações mágicas, em algum tipo de misterioso canal subterrâneo universal que conecta duas mentes diferentes.

Na realidade, depois do que dissemos, não parece haver dificuldade alguma do ponto de vista lógico. O problema está claro: se o psicanalista, através de sua teoria (e de sua prática), incorporou algum tipo de lei que relaciona o material manifesto com o latente, da maneira que caracterizamos como "se A, então B", então é certo que acede legitimamente à experiência de estar vendo o inconsciente do outro, mas no mesmo sentido em que um biólogo não duvida, nem por um momento, de que está vendo a célula com seu microscópio; e, assim como o biólogo não se coloca o menor problema gnoseológico por sua forma de falar, tampouco o psicanalista tem por que fazê-lo.

Do ponto de vista lógico, pois, o problema é claro, embora não nos escape que pode haver dificuldades técnicas implicadas nesse tipo de interpretação. Não as discutiremos, porque não são de nossa competência; porém, queremos assinalar que, embora essas interpretações-leituras possam ser objetadas tecnicamente, por não serem instrumentais, por facilitarem uma excessiva intelectualização ou pelo que for, não deixam de ser irrepreensíveis, para o lógico.

Nossa primeira conclusão, então, é que há um tipo de interpretação que é uma leitura, na qual o material latente é lido por meio do material manifesto, onde *lido* quer dizer detectado através de uma lei. Quando a lei é do tipo "se A, então B", o material manifesto é o que se chama de *condição suficiente*, sua presença basta e sobra, é suficiente para que possamos inferir a presença daquilo que o deve estar acompanhando. O outro, o material latente, é a *condição necessária*, é o lido.

Uma meditação à margem nesse momento é que, de qualquer modo, para que isso seja possível, o intérprete tem de haver incorporado as leis, seja através de sua aprendizagem da teoria psicanalítica ou, de forma não-explícita, mediante a referência indireta que lhe subministrem seus professores. Ou seja, finalmente, embora nossos mestres possam não ser a óptica por inteiro, serão ao menos os óculos que usamos; porque dessa maneira se aprende, muitas leis, muitas regularidades, simplesmente porque a prática dirigida o ensina. Que isso valha como uma pequena justificativa do importante papel que desempenha a teoria na aprendizagem – e isso vale para os historiadores, para os sociólogos, para os psicólogos clínicos, para os psicanalistas. Sem incorporar as hipóteses estabelecidas por esse tipo de correlação, não haveria possibilidade de fazer o tipo de leitura que, nesse caso, é a interpretação psicanalítica. Mas este é também o caso da interpretação sociológica, que seria a leitura de uma variável (ou de um fato) através de indicadores, como eles dizem – e os indicadores se supõem variáveis ou dados manifestos.

A INTERPRETAÇÃO-EXPLICAÇÃO

Em nossa opinião, entretanto, o caso típico da interpretação psicanalítica não é o que acabamos de caracterizar, mas o inverso, em que o conteúdo manifesto é a condição necessária e o conteúdo latente, a condição suficiente. Isso quer dizer que a lei que dessa vez a psicanálise nos dá é que se B está presente no inconsciente, então deve ocorrer A na conduta. Como se pode ver, o exemplo está agora ao avesso: antes, tínhamos que "se existe A, é porque está acompanhado de B"; agora dizemos que se existe B, é porque está acompanhado de A, mas A é o visível. Por conseguinte, ver A não nos permite agora dizer com segurança que estamos diante de B. Quando isso ocorre, frente ao material manifesto, já não podemos dizer simplesmente que estamos lendo o conteúdo latente, pois isso seria cometer um erro lógico fundamental; é certo que se alguém bebe cicuta, então morre, mas não é certo que se alguém está morto, é porque bebeu cicuta; há muitas outras formas de morrer.[1]

Frente a essa configuração, o que podemos fazer é *supor* que o conteúdo latente é B, porque estamos diante do material A, e a lei diz que se existe B no inconsciente, deve aparecer o material A no conteúdo manifesto. Contudo, deve-se ter presente que é possível haver uma outra causa C que pode estar promovendo a presença de A, em vez de B (pois talvez também seja certa a lei "se se dá C, então se dá A").

Para dar um exemplo desse tipo, poderíamos partir da clássica configuração edípica e estabelecer, para o caso de um varão, uma lei que dissesse que se a imago do pai é agressiva, então, segundo a teoria da transferência, esse homem também tende a ver nas figuras masculinas com as quais está em relação de dependência uma nota de agressividade. Com essa lei não retiramos, todavia, do fato de que o paciente esteja descrevendo alguém como agressivo, que está transferindo a ele a figura do pai. Poderia ser certo tudo o que dissemos; porém, seria possível haver outra causa pela qual, nesse momento, ele está vendo Fulano, material manifesto, como agressivo. Poderia, por exemplo, estar expressando um conflito de rivalidade com um irmão, poderia estar projetando nesse Fulano sua própria agressividade contra a mãe e, é claro, poderia estar observando objetivamente os fatos. Então, devemos limitar-nos, em princípio, a dizer que a tendência desse paciente a ver uma pessoa como agressiva é pela hipotética existência da imago do pai ou por alguma outra razão. O que ocorre exatamente, deveras, não o sabemos e, de qualquer modo, não podemos dizer que estamos "lendo" através de seu material manifesto a imago agressiva do pai.

No entanto, é muito provável que o psicanalista, apesar de tudo, diga: sim, mas é a figura do pai somente. Quando faz isso, o psicanalista não leu o material latente, o que realmente fez foi formular uma hipótese; a hipótese, muito útil, de supor que o material latente é assim. Supor isso lhe é explicativamente útil, porque dispõe de uma lei que diz que quando esse material latente está presente, devem ocorrer tais ou tais coisas na conduta manifesta. A partir da hipótese de que a imago agressiva do pai pesa nesse momento no ânimo do paciente, mais a lei que diz que essa imago inconsciente é acompanhada de tais ou quais referências ou de tal ou qual material, *explica-se* por que o paciente ofereceu o material que ofereceu.

O modelo do que aqui ocorre é o que se costuma chamar de um esboço explicativo, que certamente tem

---

[1] Recordemos que a afirmação "se B, então A", assim como a anterior "se A, então B", são, de acordo com o que foi dito mais acima, "regras de correspondência", ou seja, ligam conceitos e fenômenos "empíricos" A com noções e acontecimentos "teóricos" B. Seu papel em ciência é muito importante, como mostra a presente discussão.

várias complicações. Não desejamos agora começar a caracterizar o chamado *modelo de Hempel* (1965) e sua estrutura lógica, enquanto pauta do que é uma explicação. Basta a idéia de que, nesse tipo de interpretação, primeiro se propõe uma hipótese e, ao ver que da hipótese, com a ajuda de uma lei, pode-se deduzir o já conhecido (o material manifesto), dizemos que o explicamos.

Pensamos que essa forma de interpretar é a mais habitual, porque acreditamos que a psicanálise é antes uma teoria modelística: proporciona um modelo de funcionamento do aparelho psíquico do qual se depreendem certas conseqüências sobre a conduta manifesta dos seres humanos e, em particular, dos pacientes. Nesse sentido, parece que em psicanálise é mais freqüente, embora não obrigatório, que operem leis do tipo que estamos agora estudando: se ocorre internamente algo do tipo B, é que se vai observar algo do tipo A. Nos casos que nos preocupam, portanto, interpretar será propor uma hipótese e ver como dela sai dedutivamente, com o auxílio de leis, o que queríamos explicar.

Na prática clínica, um psicanalista não dá os passos que estamos caracterizando, por certo. O psicanalista tem internalizada a teoria psicanalítica, assim como tem internalizada a lógica do pensar efetivo e prático, igual a todos nós. O que dizemos é que quando um psicanalista está diante do material manifesto, mediante um procedimento um tanto rápido e automático, propõe-se vários modelos, várias possibilidades do que internamente ocorre, examina também rapidamente e de forma automática qual desses modelos é mais apto para deduzir dele a conduta efetiva que já conhece e, ao notá-lo, apreende-o imediatamente e decide que esse modelo é explicativo. A interpretação, por conseguinte, é utilizada como hipótese, a hipótese do que ocorre internamente.

A lei que se aplica nesses casos vem da psicanálise e, assim como as leis que permitiam leituras, também faz parte da aprendizagem, da prática teórica que o psicanalista incorporou durante sua aprendizagem; para realizar a operação que acabamos de descrever, deve-se possuir realmente um mínimo adestramento teórico, embora o façamos automaticamente, porque a capacidade de produzir uma grande quantidade de modelos e ver rapidamente quais são os aptos para explicar dedutivamente o material assim o exige: o paciente faz muitas coisas, todos os seres humanos fazem muitas coisas, e todas são em algum sentido interpretáveis; porém interessa à psicanálise de alguma maneira captar aquelas que são suscetíveis de uma interpretação mais significativa e interessante. Para que possamos captar, da torrente quase infinita de atos que o paciente faz como ser humano, aquele que nos interessa como psicanalistas, devemos possuir o olfato teórico que permita ver por trás desse material que modelo poderia haver que, conectado logicamente, acabasse sendo uma interpretação interessante da conduta do paciente.

Depois dessa espécie de apoteose do papel da teoria para demonstrar como ela pesa no ato de interpretar, temos de dizer aqui, entretanto, que há uma diferença entre o que é interpretação agora e o que era interpretação no primeiro caso. Se não se discute a psicanálise, se a psicanálise está incorporada como teoria no primeiro caso, o de leitura, não há nada a dizer, leu-se e basta. Quando se chega ao material latente através do material manifesto, a partir de uma relação de leitura, tipo microscópio, sabemos que, forçosamente, se o material manifesto que vemos está ali, é porque tem de estar lá o material latente, e isso basta. É verdade que se poderia aqui observar que, talvez, a psicanálise, embora tenha mais de modelo determinista do que probabilístico, toma às vezes as correlações tidas mais como tendência e probabilidade do que de forma rigorosa e que não se deve dizer, nem sequer com a lei do tipo "se A, então B", que leu B inexoravelmente através de A: deveria somente dizer que é provável. Não queremos deter-nos demasiadamente no fundo dessa questão, que não é essencial para o problema que estamos discutindo; além disso, com todas as precauções do caso, entende-se que é assim. O que importa é que, por esse caminho, a leitura é a leitura, e é como se se tivesse ampliado a base empírica: vê-se melhor o paciente, em uma perspectiva mais ampla.

O outro tipo de interpretação, o explicativo, em que a correlação é "se B, então A", é outro problema. A interpretação é uma hipótese acerca do que se passa com B, do que ocorre do lado interno da questão. É uma hipótese que fazemos porque tentamos conhecer o paciente, queremos conhecê-lo melhor, do mesmo modo que os cientistas constroem hipóteses porque querem conhecer a natureza do universo; porém, deve-se contrastar as hipóteses. Como se pode avaliar uma hipótese interpretativa, isto é, uma interpretação?

A contestação que um epistemólogo ingênuo daria é que uma interpretação, assim como qualquer hipótese, é validada ou contrastada por meio das conseqüências que tem e do que podemos deduzir delas. Quando formulamos uma hipótese, dela se podem deduzir conseqüências práticas, clínicas, observáveis. Se as coisas ocorrem como afirmamos é porque a interpretação é boa; ao contrário, se não é assim, a hipótese (a interpretação) é má. *Grosso modo*, isso é o que ocorreria. Diga-se de passagem, não seria mau recordar aqui uma espécie de *slogan* do método científico: por muito que uma hipótese tenha tido boas conseqüências práticas, clínicas e observacionais, isso não a demonstra como certa; a razão é que os lógicos sabem que, infelizmente, raciocinando corretamente, do falso se pode deduzir o verdadeiro. Isto que estamos dizendo constitui uma tragédia lógica, mas não há nada a fazer. Aqueles que inventaram a lógica deram-se conta perfeitamente de que as leis lógicas só garantem que, se se parte de verdades, deve-se chegar a verdades: isso é certo, nesse caso a lógica comporta-se bem. Porém, se se parte de falsidades, à lógica não importa a questão, porque, digamos, para a lógica, aquele que parte de falsidades deveria ser como o que se deita com crianças e amanhece molhado: deve ater-se às conseqüências. Nesse sentido, a lógica não garante nada acerca do que ocorre, se se parte de falsidades. Infelizmente, então, às vezes alguém parte de falsidades e, no entanto, chega por dedução a verdades. Quando se parte de uma hipótese, se esta é falsa, permitiria deduzir conseqüências verdadeiras. É claro que se poderia proibir tal coisa. Mas como se sabe que uma hipótese é falsa? Esta é precisamente a dificuldade. Pois a graça de formular uma hipótese é que não se sabe se é verdadeira ou falsa; supõe-se que seja verdadeira, mas não se sabe com certeza o que acontece. A história da ciência mostra continuamente isso. Não é impossível, pois, que uma interpretação falsa permita extrair conseqüências verdadeiras, de modo que é perfeitamente possível que uma interpretação seja apoiada pelo material manifesto e, no entanto, seja falsa. De qualquer maneira, é o que opinaria um hipotético-dedutivista, porque, afinal de contas, nesse sentido, uma interpretação não é muito diferente de qualquer outra hipótese. Se realmente começa a ir bem sistematicamente na prática clínica posterior ao momento em que a emitiu, é um bom sinal a seu favor; se vai mal, porém, é sinal em contrário.

Consideraremos agora algumas dificuldades específicas do método científico quando aplicado à psicanálise, mas antes queremos assinalar que, às vezes, os dois tipos de interpretação que estudamos juntam-se e a lei é do tipo *A se e somente se B*. Nesse caso, há uma conexão do tipo "condição necessária e suficiente": se houver isso, deve haver o outro, e vice-versa. Quando se apresenta uma situação tão conveniente temos ao mesmo tempo explicação e leitura. Nem sempre as leis são tão boas, mas pode ocorrer.

Com isso, chegamos a ver que há três possibilidades gnoseológicas para a interpretação: explicação, leitura e simultaneamente explicação e leitura.

Em sua "Introdução do narcisismo", por exemplo, Freud (1914c) parece utilizar um tipo de lei que é a seguinte: há uma espécie de conexão do tipo "se e somente se", condição necessária e suficiente, entre a libido que está investindo a representação de um órgão, de um objeto externo ou de uma estrutura da personalidade, por um lado (de caráter inconsciente ou latente), e afetividade conductual dirigida para um objeto, um órgão ou uma parte estrutural de nosso aparelho psíquico. Se a libido está assim, a conduta será assim; se não, não. A conduta é "se e somente se". Ao subentender isso, Freud tem uma arma de leitura e de explicação ao mesmo tempo. Por exemplo, arma de leitura, quando vê um indivíduo muito interessado por si mesmo, com grande superestimação e preocupação por si mesmo, ele entende que a libido deve estar investindo o ego: a libido desse homem está colocada em seu ego, porque esse homem está superestimando-se. Esta é a parte de leitura: pelo fato de ver o que o sujeito está fazendo, dá-se conta de onde está a libido.

Em certas circunstâncias, sobretudo em relação à conduta narcisista, é ao contrário: se supomos que a libido é narcisista, poderemos deduzir que esse indivíduo tende a se superestimar. Estaríamos explicando sua conduta.

ALGUMAS DIFICULDADES ESPECÍFICAS

Há algo mais a dizer contra isso? Infelizmente, a situação é bem mais complicada do que o posto até agora em evidência. Nas ciências sociais e na psicanálise, haveria realmente uma diferença especial que complica a questão e produz as dificuldades que definem o próprio miolo da epistemologia da tarefa interpretativa. É que a interpretação, como certas hipóteses nas ciências sociais, tem características que são um tanto negativas; fazem parte daquilo que, na linguagem das ciências sociais, chama-se de hipóteses *autopreditivas* (ou "profecias autocumpridas") e também hipóteses *suicidas*, segundo o que ocorrer.

É muito sabido pelos sociólogos que uma hipótese, independentemente de que seja verdadeira ou falsa, pelo fato de ser dita, desencadeia uma série de processos que podem terminar por sua aparente confirmação ou por sua aparente refutação. É bastante claro o velho exemplo – real, diga-se de passagem – que Nagel conta em *The structure of science* (1961). Um jornal nova-iorquino afirmou que um banco privado, o Banco do Estado de Nova York, apesar de seu nome, estava atravessando dificuldades e era muito provável sua quebra. À tarde, os clientes, atemorizados, produziram uma corrida de tal magnitude que o banco de fato quebrou. Aparentemente, o diário teve razão, a hipótese foi corroborada; porém, suspeita-se de uma armadilha em tudo isso, porque, se o jornal não tivesse dito o que disse, possivelmente o banco não teria quebrado. Nesse sentido, a hipótese está viciada, porque é autopreditiva: pelo fato de que seja dita, provoca conseqüências que terminam por corroborá-la.

Também há casos bastante óbvios em que uma hipótese, pelo fato de que é dita pode terminar por ser refutada. Se um jornal tivesse dito, em outros tempos, por sorte já passados, que corriam rumores de que o general Fulano e o general Beltrano fossem dar amanhã um golpe de Estado e fossem aprisionar todo o governo, é muito provável que, à tarde, o governo tivesse metido no xadrez os generais em questão e então não se daria golpe de estado nenhum. Entretanto, isso não é uma refutação do que o jornal disse; o jornal poderia sustentar que, se não tivesse dito o que disse, se não tivesse cometido a inconfidência, o golpe teria sido dado.

Do ponto de vista metodológico, há certamente aqui uma dificuldade. É que o valor da hipótese fica aparentemente sem poder ser posto à prova se essa situação, a de que a hipótese seja dita se produz. Isto atinge a interpretação, que, quase por definição, é uma hipótese que deve ser dita, à qual o paciente reagirá precisamente pelo fato de que lhe é dita.

Esta não é em si uma dificuldade intransponível, porque, voltando ao exemplo sociológico de antes, consideraríamos que, nessa situação, não houve contrastabilidade, já que sua possibilidade foi frustrada pelo fato de que a hipótese foi dita. Contudo, isso não quer dizer que cientificamente aqui não há nada a fazer, porque há leis (as leis da propagação do rumor, não as leis econômicas de como fecham os bancos) que dizem o que acontece quando se lançam a correr certos rumores. Em nosso exemplo, o sociólogo viu como se corrobora a lei que diz que um banco, quando há rumores de que está em dificuldades, pode quebrar por uma reação temerosa do público.

A relação que há entre uma hipótese dita e a reação empírica que sobrevém ao dizê-la não fica, pois, à margem do método científico. Este é um ponto interessante, que vale a pena ressaltar; e outro é que, de qualquer maneira, a hipótese primitiva não foi refutada, nem se fez com ela nada pertinente, porque se compreende que uma lei científica vigora apenas em ausência de perturbação. Ninguém contrastaria uma lei científica, a não ser em condições adequadas. Se alguém quer comprovar inocentemente a lei de que, ao aproximar-se um fósforo aceso, um inflamável explode, não a refuta se o inflamável for posto em um recipiente hermético, porque a lei, na realidade, diz que o fósforo deve ser aproximado quando não há uma perturbação desse tipo. Uma lei só se cumpre em ausência de perturbações, e deve-se definir quais são as perturbações. Compreende-se que uma lei sociológica do tipo das que estamos considerando diria que quando os bancos passam por essa ou aquela dificuldade, por exemplo em momentos em que colocaram toda a sua inversão em imóveis e não têm liquidez, se sobrevém um momento de falta de liquidez geral, acabam quebrando. Evidentemente, uma lei como essa poderia ser contrastada, observando o que ocorre com alguns bancos quando os jornais ainda não fizeram eco de suas dificuldades. Há uma enorme quantidade de possibilidades de investigação econômica desse tipo. Isto é claro.

Os problemas que se colocam com a interpretação são semelhantes. De imediato, a contrastação de interpretações tem às vezes uma contrapartida perfeitamente possível e normal: que o psicanalista chegue a formular *in mente* a hipótese interpretativa, mas não a comunique ao paciente ainda. Não há razão pela qual se deva contar ao paciente tudo o que se pensa sobre ele, de maneira que há conjecturas sobre a estrutura interna do paciente que, em certo sentido, poderiam ser chamadas de hipóteses interpretativas, embora não tenham sido ditas, as quais, elas sim, poderiam ser contrastadas normalmente pelo método hipotético-dedutivo. Se propomos uma hipótese com os dados que possuímos sobre o paciente, poderiam ser deduzidas certas predições sobre sua conduta futura que terminariam por ser corroboradas ou refutadas. De modo que começaríamos por dizer que, mesmo definindo a interpretação como o fato concreto e explícito de formular uma hipótese interpretativa e admitindo que isso provoca indubitavelmente uma perturbação, isso não impede o psicanalista de formular suas hipóteses *in petto* acerca de como é o paciente e tentar verificá-las por meio de sua conduta futura. A interpretação, nesse sentido, não é um escolho; ao contrário, pode estar bastante apoiada nesse flanco do problema. Não é menos certo, porém, e vale a pena destacar, que os efeitos autopreditivos e suicidas de uma interpretação existem evidentemente, como assinala Wisdom (1967).

Se o paciente tem a amabilidade de corroborar nossa hipótese interpretativa antes de formulá-la, se já houve indicadores suficientes para se considerar que há corroboração, a interpretação é formulada, por fim, com apoio suficiente, porque, como dissemos no princípio, além de ter um caráter afirmativo hipotético, a interpretação é instrumento, é uma arma e não somente uma hipótese. Faz-se algo no paciente para provocar uma mudança. Permitam-me salientar, de passagem, que utilizar um instrumento para produzir eventos implica também o conhecimento de leis de correlação: deve-se saber que se forem feitas certas coisas, serão produzidas certas mudanças. Insistamos uma vez mais: se não se tem suficiente preparação teórica, se se carece de prática teórica em sua formação, não se saberá que o uso instrumental de certas coisas causará certos efeitos.

Voltemos, porém, ao que estávamos considerando. É óbvio – e assim assinala Wisdom – que, por obra de certos mecanismos de defesa ou simplesmente por sugestão, é perfeitamente possível não apenas que o paciente rechace explicitamente uma interpretação, mas que, além disso, o material emergente a seguir não se adapte à interpretação; ou, ao contrário, se alguém gostou da interpretação, porque lhe serve de anteparo para coisas mais perigosas, comece a lançar material empírico para corroborá-la aparentemente. Freud estudou isso concretamente em "Construções na análise" (1937d), um de seus últimos trabalhos, no qual insiste em que nem o sim nem o não do paciente, sem mais, podem ser tomados como corroboração ou refutação.

O fato de que a interpretação tenha a característica de "hipótese dita" leva à situação que chamamos de hipótese autopreditiva ou suicida, e isso coloca problemas bastante atraentes para o epistemólogo e para o metodólogo. Como proceder realmente? Acreditamos que se podem fazer muitas coisas. Aqui não há uma dificuldade intransponível, há antes um refinamento. Como dissemos, primeiro existe o fato de que há oportunidades em que nossas hipóteses interpretativas não fazem parte de nossas interpretações explícitas e as guardamos para nosso entendimento privado do paciente, as quais podemos pôr à prova mediante os métodos habituais com que uma hipótese pode ser contrastada; é parte do que poderíamos chamar de "o lado silencioso" da tarefa do psicanalista. Segundo, parece bastante provável para muitos psicanalistas (mas para outros é totalmente falso, e há, por trás disso, uma grande complicação) que, na realidade, a parte da conduta adaptativa às interpretações seja bastante estreita e limite-se à conduta verbal manifesta e ostensiva, ao imediatamente dado; que, na realidade, haja muitíssimos canais de comunicação com o paciente e uma grande quantidade de elementos de caráter verbal, não-verbal e comportamental que são indicadores suficientes para examinar o que está realmente se passando com o analisando (Benito M. López, comunicação pessoal).

Nesse sentido, parece que, em grande medida, o teste das interpretações está dado de qualquer maneira, no material empírico, clínico, que realmente se possui. Sem contar que, além disso, por outro lado, há muitas vezes questões que concernem a dados históricos que podem, de alguma forma, indiretamente, ser acessados ou conhecidos pelo psicanalista posteriormente e que constituem também uma espécie de indicadores.

Permitam-me assinalar, já que este é um tema rodeado de obstáculos metodológicos, que se poderia mesmo insinuar que, embora a conduta posterior do paciente possa ser particular e adaptativa à interpretação, o psicanalista pode distinguir, segundo o quadro clínico, a estrutura interna e os problemas latentes do analisando; que o modo de se adaptar é diferente quando a interpretação é correta e quando não o é. Poder-se-ia dizer que o modo de resistir a uma interpretação exata não é o mesmo modo de resistir a uma interpretação que não é exata. De maneira que, finalmente, haveria o que poderíamos chamar de um problema interessante de semiótica e de canais de comunicação, que mostraria que os modos de resistência, as manobras dirigidas contra ou a favor da interpretação por parte do paciente, e que dificultam a verificação, são, entretanto, manobras peculiares que, de alguma forma, poderiam transformar-se em indicadores da exatidão ou inexatidão em seu lado informativo.

O que Wisdom destaca aponta para isso quando propõe avaliar a interpretação estabelecendo-se o tipo de defesa que o paciente adota. A defesa deve ser abordada com a mesma teoria com que se formulou a primeira hipótese interpretativa, de modo que o analista não poderá utilizar o material associativo (e defensivo) para formular uma interpretação alheia à teoria que originou a primeira.

OS ASPECTOS SEMÂNTICOS E INSTRUMENTAIS DA INTERPRETAÇÃO

Dissemos, no começo, que a interpretação psicanalítica deve ser contemplada pelo menos de uma tripla perspectiva. Já vimos, e com certa detenção, o aspecto gnoseológico da interpretação e cabe-nos agora analisar os dois restantes, o semântico e o instrumental.

O *aspecto semântico* tem a ver com a função simbólica ou sígnica que está contida na atividade do paciente. Interpretar, no sentido semântico, implica um exercício de significação, um ato de atribuir significado.

Poderíamos discutir muito quanto ao significado da interpretação. Digamos, entre parênteses, que a semiótica contemporânea é uma ciência múltipla e com muitas escolas, de maneira que aqui tropeçamos em uma dificuldade adicional, porquanto a própria idéia de sinal, significado, sentido ou símbolo vai variando de teoria em teoria.

De acordo com o ponto de vista que agora estamos considerando, ocorre que o material manifesto tem não apenas relações "legais" com o material latente, mas também relações de significação. Estas não são exatamente o mesmo que as relações "legais", que em meus exemplos parecem-se com a correlação, com a causa e o efeito.

O que, na realidade, se quer enunciar quando se afirma que o material manifesto simboliza um material de outra ordem, inconsciente ou latente, é que opera como indicador, que os elementos da linguagem têm sentido para se referir aos objetos.

O que pode querer dizer tudo isso? Há aqui uma disparidade muito grande de situações a contemplar. Assinalarei dois ou três casos para ver qual é o problema. Em algumas oportunidades, a relação que um signo tem com o significado é o que se chama de uma relação natural. É, por exemplo, o sentido em que se pode afirmar que o trovão é signo de tormenta ou que a fumaça assinala que há fogo. Quando é isso o que se quer dizer, o sinal transforma-se em um indicador do assinalado, o que não introduz muita novidade em nossa discussão, porque são precisamente as relações às quais me referi quando falava de condições necessárias e suficientes. Seria o sentido de afirmar, por exemplo, que se a conduta impaciente de um analisando simboliza a avidez do bebê, é porque há uma condição necessária e suficiente entre ter passado por uma emergência de privação durante a fase oral e a presença desse material na transferência.

O que introduz novidade aqui, uma verdadeira novidade, é que existem certas regras implícitas que fazem com que algo simbolize outra coisa, como o faz um código. Por muito que se inquira, a palavra "papai" não possui nenhum elemento parecido com o pai como realidade objetiva, não se pode conectá-la com o que representa do mesmo modo com que se enlaçam a fumaça e o fogo, não aparece um caráter "legal" de causa e efeito. Haverá, sem dúvida, razões históricas, filológicas que levaram certas comunidades a usar essa palavra e não outra, mas não é exatamente o mesmo. Houve uma adoção, por assim dizer, dessa relação de simbolização.

Por que se dão essas relações de simbolização? Elas existem de muitas formas. Há também códigos naturais nesse sentido, ou seja, que o ser humano pode adotar certos códigos porque tem uma propensão a fazê-lo. Seria algo parecido a como certos animais tendem a fugir de sombras que se movem, porque seu código genético programou-os para isso. É o que se pode chamar de "símbolos naturais". A psicanálise não encontrou muitos, mas há observações bastante interessantes que mostram que o ser humano toma certos símbolos como naturais em relação a uma determinada situação. Não são lingüísticos. Foram realizadas experiências hipnóticas em diferentes culturas, e a reação foi muito parelha sobre o que é um símbolo fálico, por exemplo, sem a mediação de nenhuma convenção lingüística.

Outro tipo de relação de simbolizações é a que se chama de "por isomorfismo", pela qual a estrutura do signo corresponde à forma do simbolizado. Essa é a razão pela qual os estruturalistas acreditaram encontrar uma correspondência muito frutífera entre a estrutura de um conto, de um relato ou de um sonho e a de um mito ou de uma crença profunda.

O terceiro é o caso dos códigos convencionais nos quais a linguagem é típica. Há aqui uma estrutura simbolizando outra por meio de certas regras de convenção.

O problema que se coloca para a psicanálise é que, evidentemente, a linguagem apenas não é o único operador com o qual o ser humano realiza convenções segundo as quais algo começa a simbolizar outra coisa. Há uma quantidade contínua de códigos aleatórios e impostos através dos quais o homem vai transformando objetos em símbolos convencionais de outras coisas. O que se deve captar são essas convenções. Novamente, esse é um terreno no qual o psicanalista encontra-se diante de um problema epistemológico muito sério, porque tem de fazer duas coisas: primeiro, captar o código *ad hoc* que, em determinado momento, o paciente adotou e depois reconhecê-lo no devir do processo psicanalítico. Tudo isso constitui um campo epistemológico bastante complicado e sobre o qual há muito a dizer.

Vejamos por fim, brevemente, o *aspecto instrumental* da interpretação psicanalítica. Parece claro que uma interpretação "faz" algo; interpretar não é meramente opinar sobre o que está acontecendo no ou com o paciente, não é meramente formar um quadro estrutural sobre o paciente para guardá-lo em silêncio; alguém o diz e, ao dizê-lo, está evidentemente operando, está efetuando um modo de ação, de operação. De maneira que a idéia de interpretação está aqui indissoluvelmente ligada ao fato de que se trata de um modo de ação, de uma forma de instrumentar a relação com o paciente, e isso é certo não somente para o psicoterapeuta que interpreta, buscando promover uma mudança no paciente, mas também para o analista que não busca outra coisa que não o *insight*, porque esta é, de todo modo, uma forma de operar sobre o paciente, embora seja, de fato, muito diferente da anterior.

Nesse sentido, surgem, do ponto de vista lógico, todas as dificuldades mais ou menos ordinárias e complicadas que os juristas encontram quando procuram definir, por exemplo, o que é uma ação, o que é uma conseqüência da ação, qual é a responsabilidade da ação, o que é um efeito inerente e um efeito secundário da ação, que culpa e responsabilidade há, etc. Esses problemas são indubitavelmente muito interessantes, mas nós nos referiremos a eles apenas de maneira tangencial.

Assim como o principal problema na área gnoseológica da interpretação é separar o verdadeiro do falso, no aspecto instrumental, o decisivo é definir o bom e o mau. Com o verdadeiro e o falso, referimo-nos ao conhecimento do paciente; com o bom e o mau, porém, temos em conta a finalidade da terapia. Essa finalidade pressupõe outra referência teórica, que complica bastante as coisas.

No aspecto instrumental, há o que poderíamos chamar de uma espécie de código normativo ético por trás do processo terapêutico, e isso é o que esclarece a questão. A interpretação tem sempre motivos instrumentais, terapêuticos, e os aspectos valorativos subjacentes têm a ver com a cura. Naturalmente, isso, por sua vez, implica uma definição valorativa da cura e do que se considera normal e patológico. Do mesmo modo que no caso do aspecto informativo, nesse aspecto da questão, de qualquer maneira, estaremos inseridos em uma teoria, uma teoria axiológica que requer toda uma série de entendimentos iniciais. Assim como temos de nos entender sobre se é certo ou não que o paciente esteja sentado, que tenha dito tal coisa ou não, que tenha ou não tenha tal sintoma, supõe-se que também se deverá possuir um entendimento prévio sobre se tal coisa é desejável ou indesejável. Entretanto, isso não impede a atitude neutra da psicanálise e do psicanalista em seu aspecto cognoscitivo. Embora possamos estar em desacordo sobre os valores últimos que se há de conseguir mediante a terapia analítica, de qualquer forma, independentemente disso, há algo que é lógico e objetivo: se aceitarmos o valor V1 e quisermos alcançar resultados que correspondam a nosso valor V1, teremos de fazer uso de certas leis de causa e efeito, leis da psicanálise que dizem que, para produzir V1, deve-se produzir a causa a. Se mudarmos de opinião e, mais que produzir V1, quisermos produzir o valor V2, então recorreremos a outra lei que diz que para se obter V2, primeiro se deve ter produzido a causa b, da qual V2 será efeito. Há, pois, em conclusão, um aspecto da psicanálise independente da questão valorativa, o das relações de causalidade ou as relações semióticas que existem entre as variáveis que constituem o motivo da investigação psicanalítica.

Seja qual for o sistema de valores que tenhamos, as leis causais estão dadas com certa independência objetiva. Podemos discutir, como juristas, se está bem ou não matar alguém com um balaço, mas há uma coisa neutra que está além das distintas posições éticas: que o tiro foi a causa da morte.

Ao considerar o aspecto instrumental da interpretação, precisamos separar duas coisas: primeiro, o que poderíamos chamar de *background* valorativo, que está implícito no ensino da interpretação e de seus valores instrumentais; segundo, uma série de problemas causais e não-valorativos, que são propriedade "objetiva" de todos ao mesmo tempo. Este é o sentido em que o aspecto não-valorativo das ciências configura o patrimônio comum de todos os pontos de vista, embora sejam valorativamente diferentes. As leis da causalidade estão a serviço de todos; quais das relações causais iremos utilizar, e com que propósitos, isso depende de posições ideológicas e de outros fatores. Sem dúvida, para que possamos aplicar valorativamente uma interpretação; necessitamos conhecer as relações causais entre a interpretação e a conduta.

De acordo com a teoria da ação, então, a terapia toma a interpretação como um instrumento, não para conhecer o paciente, mas como agente de mudança.

Há aqui uma série de coisas interessantes, que Freud discutiu em 1937 em "Análise terminável e interminável" e em "Construções". O que ele encontra, primeiro, é o modo como um paciente responde à interpretação, que não tem aleatoriedade completa com respeito ao que se diz; e, além disso, algo que, em nosso entender, é um assunto muito curioso: o fato de que há alguma conexão entre o efeito instrumental da interpretação e suas excelências gnoseológicas. Freud afirma que a interpretação equivocada causa um efeito de pouca monta frente ao tipo de mudança ou reação conductual que produz a interpretação acertada. A reação do paciente diante da interpretação ou construção verdadeira é muito mais notável e apropriada. É um descobrimento notável e não-forçoso, porque a eficácia instrumental do ato de interpretar não tem por que vir ligada à sua verdade. Em jornalismo e em *marketing*, no caso de distribuição de um produto, sabe-se que o bom êxito de uma informação ou de uma campanha publicitária não está ligado a que seja verdadeira, situação infeliz que todos conhecemos e que constitui a base da teoria da ideologia.

Então, o pensamento de Freud afirma, nesse ponto, que a ideologia do paciente (uso a palavra "ideologia" em um sentido muito metafórico e geral, como tudo o que o paciente crê e que lhe acontece, assim como suas defesas e sua sugestionabilidade, etc.) não pode ser suficiente para evitar que os efeitos da verdade sejam postos em evidência. Os epistemólogos não assinalaram ainda a importância que isso tem.

Acreditamos que o que foi dito basta para mostrar as três zonas em que se move a epistemologia da psicanálise: o problema da teoria (explicação e leitura), o problema da ação racional (com a teoria que a respalda) e o imenso problema de como captamos a qualidade simbólica (convencional ou natural) que leva do material manifesto ao latente. Estes são os três problemas típicos, mas de ordem diferente, com os quais se depara o epistemólogo diante dessa questão espinhosa.

Procuramos mostrar que o instrumento interpretativo em psicanálise não é como a agulha de um manômetro que se move e assume diferentes posições. A interpretação não é um sinal simples e automático; requer, ao contrário, como tudo o que é hipótese e teoria, criatividade e engenho. Por isso, a liberdade de pensamento favorece a aptidão para interpretar. Um indivíduo propenso a reações estereotipadas não fará, em geral, boas interpretações. O exercício de interpretar é muito peculiar, é um ato de criação espiritual (do ângulo lógico), e isso explica que a personalidade do psicanalista vá enriquecendo-se pelo fato de exercer a interpretação; porém, esta já é uma hipótese que se deveria contrastar.

REFLEXÕES FINAIS

Como teoria do aparelho psíquico, a psicanálise situa-se frente a outras teorias psiquiátricas ou psicológicas e, além disso, parece difícil pensá-la como uma teoria, já que existem temas muito diferentes estudados dentro da psicanálise. Não são a mesma coisa a teoria do instinto e a teoria dos mecanismos de defesa, a teoria econômica, a teoria estrutural ou outros pontos que poderíamos lembrar. Tomando a psicanálise em bloco, evidentemente Lacan, Melanie Klein e Hartmann são bastante diferentes. Cada uma dessas posições tem, de certo modo, um quadro teórico distinto, não apenas em bloco, mas também em relação aos detalhes do funcionamento do aparelho psíquico. Quem está produzindo hipóteses interpretativas e está contrastando-as, o faz em um marco teórico global; não há o que pudéssemos chamar de interpretação isolada. Para fazer interpretações, é necessário não somente contar com um arsenal bastante grande de regras de correspondência do tipo das que já assinalamos, mas também estar inserido em uma concepção teórica do funcionamento do aparelho psíquico. Se não nos pusermos de acordo sobre qual é a posição em que estamos colocados, a discussão se tornará difícil e até mesmo impossível; não tem sentido falar da contrastação das interpretações no vazio.

Aproveitamos a oportunidade para dizer que, quando se examina a interpretação, em certo sentido, se testa todo o marco teórico no qual alguém se colocou. Embora isso seja absolutamente certo, é oportuno recordar aqui que o psicanalista (e em geral o cientista) não questionará sua teoria, mesmo que o resultado do experimento fracasse. Há toda uma classe de razões sociológicas e metodológicas para saber que, de nenhuma maneira, a primeira coisa que o cientista faz diante de um aparente contraste é jogar fora suas grandes hipóteses. Dirá que a interpretação é má – e mais o dirá, se estivar julgando a interpretação de outro, a interpretação do colega! No entanto, se chega a acontecer que comece a ocorrer inconvenientes com as respostas às interpretações, se alguém, sentindo-se bem preparado e experimentado, começa a falhar sistematicamente, em um dado momento se perguntará de onde vem esse tipo de dificuldade e se não será o referencial teórico em que está colocado o que está estorvando a eficácia das interpretações. Este é o momento em que o analista pode pensar que o que ocorre em sua prática de algum modo está mostrando-lhe que é hora de mudar algo dentro do próprio coração teórico.

Pode-se ver isso que estamos dizendo na história do pensamento de Freud. A Freud, em certos momentos, começam a falhar algumas coisas em sua relação com os pacientes (a hipnose catártica, por exemplo), e, todavia, ele não é levado a pensar de si mesmo que é um trapalhão e que aplicou mal o método (catártico). Curiosamente, nunca perdeu a fé em suas aptidões como cientista; mais exatamente, perdeu a fé em algumas de suas hipóteses científicas, embora, no fundo, pudessem ser readaptadas. O exemplo mais típico a esse respeito – e o mais heróico – é quando, em 1896, abandona a teoria da sedução para construir depois a teoria da libido.

Todas as ciências têm algo em comum e algo diferente. Têm em comum o que poderíamos chamar de "as grandes estratégias de sua problemática". Quando falamos de ciências nas quais há um aspecto fáctico que de alguma maneira se relaciona por meio das leis lógicas com a teoria, as relações entre um aspecto e o outro assentam-se nas propriedades gerais da corroboração e da refutação. Contudo, diríamos também que, de ciência em ciência, muda o tipo de material que se está estudando; e isso significa, primeiro, uma mudança de natureza e, segundo, uma mudança nas leis empíricas. A estratégia não muda, mas sim a tática e, em particular, a metodologia que se há de empregar. Evidentemente, não é igual o estudo de sistemas isolados ou de corpos semi-isolados, por exemplo, ao de um organismo vivo, com partes inter-relacionadas. Não pode ser o mesmo, pois o tipo de idéia que se há de empregar muda. Inclusive, se não atendêssemos o ser humano e tivéssemos de comparar a mecânica das bolas de bilhar e o funcionamento de um computador, veríamos que há algo qualitativamente diferente. Isto não faz com que o problema lógico de como se valida um modelo seja muito diferente em um caso ou em outro; porém, a técnica com que tomamos o material e produzimos hipóteses vai mudando. Nesse sentido, os problemas gerais que concernem à teoria psicanalítica, à construção de seus conceitos, à delimitação de sua empiria, à formulação de partes da teoria, etc., não são muito diferentes do que ocorre na epistemologia de muitas outras disciplinas. Quanto às peculiaridades do próprio material que está em jogo, a psicanálise tem mais afinidade com o que se pode encontrar em sociologia, por exemplo, do que na química ou na física. Isto não contradiz que o aspecto lógico da psicanálise, tal como Freud a concebeu, tenha notáveis analogias com teorias como a química, o que não nos surpreende se recordarmos a formação científica de Freud.

Entretanto, embora a diferença exista, em nosso entender, e mudem completamente a tática o *modus operandi* e a instrumentação da teoria, nós nos atreveríamos a afirmar que, no fundo, tal diferença não é tanta como parece. Porque, afinal de contas, como o cientista poderá avançar a não ser construindo modelos do que acontece? Posto que a empiria vem muito complicada e com uma grande quantidade de fatores, alguns dos quais são ocultos, se não se produz modelos, a própria empiria ou o que é ostensivo não basta. Entre parênteses, a melhor defesa do que dizemos é a psicanálise, enquanto teoria cujo mérito consiste em insistir sobre o maior peso que tem em suas aplicações o material inconsciente ou latente do que o material manifesto. Se é assim, se se trata da produção de modelos, não se deve escandalizar-se, então, com o fato de que haja muitos procedimentos para chegar aos modelos. Será questão de modalidade de caráter, haverá pessoas que terão um temperamento mais para o anglo-saxão, para produzir modelos com variáveis separadas e procurar, de alguma maneira, discriminar as variáveis e estudar correlações e conflitos entre as variáveis; outros terão uma tendência para os modelos biológicos; outros para o modelo cibernético e – por que não? – ao que poderíamos chamar de produção de modelos *sui generis* para a psicanálise. Porque, afinal de contas, se a psicanálise desenvolve-se como ciência madura, acabará percebendo que os modelos que a levam ao êxito são os que lhe são próprios, e não os que saíram por analogia das outras disciplinas; e então, assim como a biologia tem seus modelos homeostáticos e a sociologia tem seus modelos estruturais, a psicanálise terá seus *modelos psicanalíticos*. Nesse sentido, diremos que, em última instância e do mesmo modo que nas outras ciências, a peculiaridade do material psicanalítico não muda a estrutura lógica profunda do problema da validação das teorias, e sim o tipo de imaginação, o ato criativo do investigador para propor suas hipóteses, para formar seus teoremas, suas teorias. É aqui que nos deparamos com algo *sui generis* da psicanálise, e quem não tiver trabalhado em psicanálise e não compreender bem sua metodologia não se dará conta de como se produzem seus modelos, nem assumirá as dificuldades inerentes ao problema com o qual a psicanálise trata.

Digamos, pois, em conclusão, que a psicanálise deve integrar-se às outras disciplinas científicas, subordinando-se às exigências gerais do método, sem por isso abdicar do próprio, que concerne à sua particular idiossincrasia.

Depois de ter estabelecido esse grande problema, que surge continuamente quando se discute a epistemologia da psicanálise, gostaríamos de nos ocupar brevemente de outro, pouco ou nada considerado e, de certa forma, simétrico ao anterior. Poucas vezes, por certo, alguém se faz a pergunta oposta, ou seja, se a psicanálise fez alguma contribuição à compreensão da epistemologia geral. Porque, indubitavelmente, a física e a matemática fizeram contribuições à epistemologia que permitiram entrever bastante a estrutura lógica das teorias. Haverá algo no modo psicanalítico de pensar que influa na própria visão que o epistemólogo tem da marcha da ciência? Sem ser um especialista em Bion ou Money-Kyrle, creio que esses autores, por exemplo, tentaram de alguma maneira, sistematicamente, avançar um pouco por esse caminho, e parece-me que, precisamente, a peculiaridade de seus problemas e o modelo particular da psicanálise, de seu pensar, possa causar um efeito indireto e revolucionário no estudo de como se formaram os modelos científicos em física, em química e nas outras teorias, dando as razões profundas. Porque, é claro, encontram-se livros em que há uma descrição precisa de como se formaram os paradigmas e as teorias científicas e como deixaram de ser; porém, dá a impressão de que os psicanalistas terão de dizer algo sobre como as motivações inconscientes influenciam, de alguma maneira, o aparecimento de certos modelos e não de outros na formação das teorias científicas. Nesse sentido, a psicanálise pode contribuir com algo de muito valor – e muito seu – para a compreensão do desenvolvimento das demais disciplinas.

QUARTA PARTE
Da Natureza do Processo Analítico

36

A Situação Analítica

Cabe-nos, agora, abordar um tema complexo e atraente, o *processo psicanalítico*. É algo que desperta o entusiasmo e até mesmo a paixão dos analistas – e assim deve ser. Se o estudo da técnica tem uma finalidade fundamental, não pode ser outra se não a de contribuir para que cada um adquira seu estilo e seu ser analítico, sua identidade, que depende da congruência entre o que se pensa e o que se faz, congruência esta que deriva, em boa parte, de como se entenda o processo psicanalítico. Sempre será preferível um analista que pense de forma coerente com o que faz, embora seu esquema referencial não seja de meu agrado, a outro que pensa como eu, e não como pensa ele mesmo.

Ao falar de processo analítico, faço-o em termos amplos e intencionalmente pouco precisos para abarcar em sua totalidade os fatos que vamos estudar. Entretanto, se quisermos ser rigorosos, a primeira coisa que deveremos fazer é discriminar entre o processo e a *situação analítica*.

TENTATIVA DE DEFINIÇÃO

O analista prático utiliza esses dois termos, situação e processo, com suficiente precisão e raras vezes cometerá erros ao empregá-los, já que estão sancionados por nossa linguagem ordinária. Diremos, por exemplo, que a situação analítica estabilizou-se ou complicou-se e que o processo anda ou deteve-se; nunca ao contrário. Entretanto, quando tentamos conceituar o que nos é de tão fácil discriminação, vemo-nos em dificuldades.

Segundo o *Diccionario de la Real Academia*, "situação" quer dizer ação e efeito de situar, e "situar", do latim *situs*, é pôr uma pessoa ou coisa em determinado sítio ou lugar. Desse modo, poderíamos dizer, em princípio, que, quando falamos de situação analítica com os termos da linguagem ordinária, o que queremos dizer é que o tratamento analítico tem um sítio, um lugar. Podemos dizer, em termos muito gerais, então, que a análise (ou o tratamento) tem "lugar" na situação analítica.

Até aqui, creio que todos os analistas poderiam estar de acordo, porque procurei definir a situação analítica em termos muito amplos, quase tautológicos, analíticos no sentido kantiano. As dificuldades aparecem quando queremos preencher de conteúdos concretos essa primeira tentativa de definição.

A situação analítica foi definida como uma relação particular entre duas pessoas que se atêm a certas regras de comportamento para realizar uma tarefa determinada, a qual destaca dois papéis bem definidos, de analisando e de analista. A tarefa à qual se propõem essas duas pessoas consiste na exploração do inconsciente de uma delas, com a participação técnica da outra. Gitelson propôs a seguinte definição em seu trabalho de 1952: "A situação analítica pode ser descrita como a configuração total das relações interpessoais e dos eventos interpessoais que se desenvolvem entre o psicanalista e seu paciente".[1] Muito parecida é a definição de Lagache, que usa a palavra "ambiente" em lugar de situação: "O ambiente analítico é o conjunto e a seqüência das condições materiais e psicológicas nas quais se desenvolvem as sessões de psicanálise" (Lagache, 1951, p. 130).

Ao definir a situação analítica como o conjunto de transações que sobrevêm entre analisando e analista, em função da tarefa que os reúne, estamos implicando que há regras que devem ordenar essa relação. Deve-se estabelecer, então, de que regras se trata. São normas que foram sendo estipuladas empiricamente, em função do melhor desenvolvimento na tarefa analítica, e continuam sendo, sem nenhuma modificação substancial, as que Freud propôs em seus artigos de técnica nos anos de 1910, sobretudo em seus "Conselhos ao médico", de 1912 e 1913. Aquelas propostas não sofreram basicamente nenhuma modificação, e é importante saber que mesmo as escolas mais díspares as admitem e respeitam. Poderá haver algumas exceções, mas em geral todo mundo as acata.[2]

SITUAÇÃO E CAMPO

Quando começamos a definir a situação analítica como uma relação entre duas pessoas que se reúnem para realizar uma determinada tarefa, deslizamos insensivelmente da situação para o processo. Não poderia ser de

---

[1] "The analytic situation may be described as the total configuration of interpersonal relationships and interpersonal events which develop between the psychoanalyst and his patient" (1952, p. 1).
[2] Sobre a sessão de tempo livre ou aberto de Lacan falaremos no próximo capítulo.

outra forma, porque toda tarefa implica um desenvolvimento, uma evolução no tempo, enquanto a situação, se vamos respeitar o que nos diz a palavra, é algo que está em seu sítio e não se move.

Portanto, a diferença entre situação e processo reside fundamentalmente em que a primeira tem uma referência espacial e o segundo inclui necessariamente o tempo.

Pois bem, se deixarmos de lado o tempo e definirmos a situação analítica (como já fizemos) como o conjunto de transações entre analisando e analista, em função dos papéis que cada um cumpre e da tarefa que os reúne, diremos que a situação analítica é um *campo*.

Entendemos aqui por campo a zona de interação entre o organismo e seu meio, já que esses dois fatores não podem ser separados: as qualidades do organismo derivam sempre de sua relação com o conjunto das condições em que se encontra. Como diz Lagache, "não há organismo que não esteja colocado dentro de uma situação, nem situação sem organismo".[3] Assim como o campo psicológico define-se pela interação do organismo e seu ambiente, do mesmo modo "o campo analítico resulta da interação do paciente e o ambiente, que inclui a pessoa e o papel do analista".[4]

A SITUAÇÃO ANALÍTICA COMO CAMPO DINÂMICO

Seguindo as pegadas de Pichon Rivière, na maioria das publicações dos autores rio-platenses, a situação analítica entende-se como um campo que é, ao mesmo tempo, de observação e de interação.

Um dos primeiros trabalhos sobre o tema, e talvez o mais completo, é o de Willy e Madeleine Baranger, intitulado como este item.[5]

O ponto de partida dos Baranger é que a situação analítica já não pode ser entendida como a observação objetiva de um analisando em regressão por um analista-olho (1969, p. 129). Essa descrição é um tanto unilateral, dado que, além de sua não-discutida neutralidade, o analista intervém, de fato e de direito, na situação que ele mesmo contribuiu para criar.

Os dois membros do par analítico estão ligados de modo complementar e nenhum dos dois pode ser entendido sem o outro. Com base nisso, os autores propõem-se a aplicar o conceito de campo da psicologia da *Gestalt* e de Merleau-Ponty à situação analítica. "A situação analítica tem sua estrutura espacial e temporal, é orientada por linhas de força e dinâmicas determinadas, tem suas leis evolutivas próprias, sua finalidade geral e suas finalidades momentâneas" (p. 130). A observação do analista, por abranger o paciente e a si mesmo, "não pode ser definida senão como observação desse campo" (ibid.).

A idéia básica dos Baranger é, pois, que a situação analítica constitui um campo que deve ser explicado pelas linhas de força surgidas nessa especial e nova configuração entre seus dois protagonistas, cada um em seu papel e com seus objetivos. O que distingue o campo psicanalítico, dizem os Baranger, é que ele se configura como uma *fantasia inconsciente*. Essas duas teorias, o campo e a fantasia inconsciente, ficam conectadas quando se afirma que a fantasia inconsciente que aparece no campo é sempre uma fantasia da qual participam seus dois integrantes.

Todos os que aceitam a teoria da contratransferência, exposta no Capítulo 21 e seguintes, aceitarão em princípio a proposta dos Baranger, já que sustenta que o analista participa da situação analítica, embora se possa discutir o grau dessa participação. Para os Baranger, essa participação é de grande magnitude, pois afirmam que a fantasia não só *aparece* no campo, como também *é* uma fantasia de campo na qual ambos os protagonistas estão igualmente envolvidos. Obviamente, é aqui que a discussão pode tornar-se mais viva: em que medida está envolvido o analista?

A diferença entre essa posição e a de Leo Rangell, entre os psicólogos do ego, é muito grande. Nos congressos latino-americanos de 1964 e 1966, Rangell (1966, 1968a) sustentou que o processo psicanalítico se dá no paciente; porém, para os Baranger e os latino-americanos, dá-se entre o paciente e o analista.[6] Outros psicólogos do ego, como Weinshel (1984) e Loewald (1970), por exemplo, concebem a situação analítica como uma interação entre analista e analisando. Loewald diz que em psicanálise não cabe manter a idéia de um observador estranho ao objeto de estudo e acrescenta a seguir: "Convertemo-nos em parte e em participantes do campo e no campo enquanto estamos presentes em nosso papel de analistas" (1970, p. 278).

Os analistas latino-americanos sustentam que o processo se dá entre analista e analisando. Os Baranger querem sublinhar esse ponto quando dizem que o campo psicanalítico é dinâmico; porém, eles o concebem como uma fantasia compartilhada: afirmam que quando a fantasia que o analista tem com respeito à situação analítica coincide com a do analisando, configurou-se uma fantasia de par.

O tratamento psicanalítico é uma estrutura, porque seus elementos têm a ver uns com os outros, e cada um define os demais. Por isso, os Baranger afirmam que a reação do analisando só pode ser entendida levando-se em conta que se dá em função do analista, que nessa estrutura há um compromisso de ambas as partes, de onde surge uma fantasia que lhes é comum.

O conceito de fantasia compartilhada pode ser entendido de várias formas. A coincidência pode reduzir-se

---

[3] A citação é dos *Éléments de psychologie médicale*, de Lagache (1955), eu a tomo de Zac (1968, p. 28).

[4] Ibid.

[5] Apareceu na *Revista Uruguaya*, de 1961-1962, e foi incluído como Capítulo 7 do livro *Problemas del campo psicoanalítico* (1969).

[6] No Congresso de Madri (1983), entretanto, ouvi Rangell dizer que o processo se dá entre analista e analisando.

a que analista e analisando pensem o mesmo; se não pensam o mesmo, mal pode haver um processo de comunicação. Parece-me que os Baranger querem dizer algo mais, que no analista e no analisando surja em dado momento uma mesma configuração, que se crie entre os dois uma única e mesma fantasia. Referindo-nos ao exemplo do espirro, o analista espirra e então interpreta ao paciente que este sente frio e que está abandonado. O paciente aceita essa interpretação, sente que é assim, e o analista não tem mais a vontade de espirrar. Nesse momento da sessão, analista e analisando sentiram o mesmo. Só é fecundo o trabalho analítico quando ocorre esse fenômeno de ressonância, em que eu sinto o que sente meu paciente, e através dessa fantasia compartilhada vai surgir o *insight*. Até que não se obtenha essa fantasia compartilhada, o analista não fará mais que teorizar sobre o paciente. O compartilhado, nesse exemplo, foi uma situação traumática de frieza afetiva. Essa fantasia é um efeito do campo, e aqui "campo" não é simplesmente o lugar em que tem lugar a situação analítica, mas o lugar da interação.

O campo psicanalítico tem uma estrutura espacial e temporal, demarcada pelo consultório do analista e pelo acordo prévio sobre a duração e o ritmo das sessões. Nesse marco, dá-se a configuração funcional do analisando e do analista, que assume sempre uma ambigüidade irredutível. O essencial do procedimento analítico, dizem os Baranger, é que todo acontecimento que se dá no campo é, ao mesmo tempo, outra coisa (1969, p. 133).

"O que estrutura o campo bipessoal da situação analítica é essencialmente uma fantasia inconsciente. Contudo, seria equivocado entendê-lo como uma fantasia inconsciente do analisando sozinho" (p. 140). O analista, afirmam, não pode ser espelho, porque um espelho não interpreta. Portanto, não podemos conceber a fantasia básica da sessão senão como uma fantasia de par, análoga à que se dá na psicoterapia analítica de grupo (ibid.). Por isso, "não é a mesma coisa descobrir a fantasia inconsciente subjacente a um sonho, ou a um sintoma, e entender a fantasia inconsciente de uma sessão psicanalítica" (p. 141). Em resumo, a fantasia de campo é criada *entre* os dois membros do par analítico, "algo radicalmente diferente do que são separadamente cada um deles" (ibid.). Essa fantasia inconsciente bipessoal, objeto da interpretação do analista, "é uma estrutura constituída pelo interjogo dos processos de identificação projetiva e introjetiva e das contra-identificações que atuam com seus limites, funções e características distintas dentro do analisando e do analista" (p. 145).

Em resumo, ao aplicar a teoria do campo à situação analítica, os Baranger unem as teorias da *Gestalt* e as idéias de Merleau-Ponty em uma explicação que se apóia no conceito de fantasia inconsciente de Susan Isaacs, nas duas modalidades de identificação (introjetiva e projetiva) de Klein e na teoria da contra-identifícação projetiva de Grinberg.

Digamos para terminar que, seguindo também nesse ponto a Pichon, os Baranger explicam as mudanças no campo psicanalítico como a dialética entre estereotipia e mobilidade do campo.[7]

SOBRE O CONCEITO DE CAMPO

O mérito dos Baranger é ter entendido a situação analítica como um campo, um campo de interação e de observação, um campo em que não está somente o analisando, mas também o analista, um campo em que o analisando não está só, já que o analista acompanha-o como observador participante, segundo dizia Pichon, seguindo Sullivan.

No entanto, aceitar essa idéia não obriga a acompanhar os Baranger em suas afirmações sobre a forma como o analista participa, nem a referendar sua posição sobre a fantasia de par.

Outros autores pensam que a situação analítica configura efetivamente um campo de interação e de observação, mas sustentam que o distintivo do campo psicanalítico é que os dados de observação provêm do paciente, enquanto o analista – que observa e participa – abstém-se rigorosamente de trazê-los. O objetivo da situação analítica é criar um campo de observação em que os dados são proporcionados exclusivamente pelo analisando (Zac, 1968, p. 28).

A diferença em relação aos Baranger é visível, porque não levam suficientemente em conta o grau de participação dos dois membros. Para eles, a fantasia de par é igual na análise e na psicoterapia de grupo, embora aqui a participação dos membros seja simétrica.

Bleger, quando fala da entrevista (ver o Capítulo 4), pensa o mesmo que Zac e diz que "a primeira regra fundamental a esse respeito é tentar conseguir que o campo configure-se especialmente e em seu maior grau pelas variáveis que dependem do entrevistado" (Bleger, 1971, p. 14). Sem deixar de reconhecer que "todo emergente é sempre relacional ou, dito de outra forma, deriva de um campo, tentamos fazer na entrevista com que esse campo seja determinado predominantemente pelas modalidades da personalidade do entrevistado" (p. 15).

Diferentemente do que dizem Bleger e Zac, os Baranger não crêem que o analista possa manter-se nesse plano.

Em um trabalho recente, escrito em colaboração com Jorge Mom para o Congresso Internacional de Madri, os Baranger voltam a refletir sobre o campo e os outros temas recém-expostos, modificando alguns dos pontos que acabo de assinalar como discutíveis. A situação analítica já não se define como no trabalho antes citado, nem como no do México, de 1964, sobre o *insight*. No relato do México, os Baranger chegam a dizer que "a situação analítica é simbiótica por essência, primeiro porque reproduz situações regressivas de dependência simbiótica da criança com seus pais e, segundo, por estar dirigida para a produção

---

[7] Voltaremos ao tema da fantasia do par ao falarmos de *insight*.

de identificações projetivas" (1969, p. 172). Voltaremos ao tema mais adiante.

No trabalho de Madri, porém, diz-se que "uma definição semelhante só poderia aplicar-se, e nem sequer com muita exatidão, a estados extremamente patológicos do campo: um campo caracterizado por uma simbiose insuperável entre ambos os participantes ou, então, pela parasitação aniquiladora do analista pelo analisando (M. Baranger et al., 1982, p. 531). Vale a pena destacar, também, que esses autores não se referem a seus próprios pontos de vista, segundo aparecem nos trabalhos que estamos considerando, mas antes a Melanie Klein, que nunca concebeu a situação analítica como simbiótica. O conceito de simbiose pertence a Mahler e Bleger, mas não a Klein.

SITUAÇÃO ANALÍTICA E ALIANÇA TERAPÊUTICA

Entre os anos de 1950 e 1970, Elizabeth R. Zetzel desenvolveu uma obra importante, da qual nos ocupamos ao estudar a aliança terapêutica. Ao contemplar a situação analítica a partir dessa perspectiva, essa autora dirá que o substancial da situação analítica é precisamente a aliança terapêutica: a situação analítica é o estável, o real, o que concerne à tarefa, e o que sobre essa base estável aparece no campo de trabalho é o que se chama de neurose de transferência. O conceito de situação analítica fica, pois, fortemente ligado ao de aliança terapêutica; ambos chegam a ser a mesma coisa.

Ao definir a aliança terapêutica como o núcleo da situação analítica, contrapondo-a ao processo analítico com epicentro na neurose de transferência, Zetzel (1966)[8] tem em conta a diferença que David Rapaport faz em *The structure of psychoanalytic theory* (1959) e em outros trabalhos, quando contrapõe o id e o ego como dois sistemas antagônicos quanto à mobilidade da energia. O que caracteriza o id é a energia móvel, lábil e variável, ao passo que no ego as mudanças energéticas são extremamente lentas. Isto não pode, por certo, chamar-nos a atenção, porque, no fim das contas, desse ponto de vista, a função primordial do ego é justamente controlar a energia – ligá-la, para falar em termos mais técnicos. O que se manifesta no id como sistema, como cargas livres, transforma-se no sistema egóico em cargas ligadas a partir das contracargas, dos contra-investimentos. É justamente com base nesses postulados que Rapaport insiste no fato de que a introdução da psicologia do ego implica uma mudança qualitativa na teoria psicanalítica, que abandona, por fim, o que às vezes se criticou, sobretudo à psicanálise dos primeiros tempos, ocupar-se fundamentalmente do impulso, o que se resolveu chamar de teoria da caldeira em ebulição. Na realidade, como diz Rapaport, a teoria da caldeira em ebulição é um modelo aplicável ao id, não ao aparelho em seu conjunto, já que o ego é bem o contrário de uma caldeira em ebulição.

Utilizando esse modelo, então, Zetzel diz que a situação analítica tem sua base na aliança terapêutica, na qual existem mudanças, mas são muito lentas; o processo analítico, por sua vez, muito mais rápido e móvel, corresponde à modalidade energética do inconsciente, do id, que se cristaliza na neurose de transferência. Pode-se dizer também que, do ponto de vista dessa autora, o tratamento analítico consiste em que, gradualmente, à medida que são analisadas certas áreas que originariamente pertenciam à neurose de transferência integrem-se à estrutura egóica, passando a pertencer à aliança terapêutica. Nessa mudança, na realidade, apóia-se a essência da terapia analítica, o que significa tanto quanto dizer que à medida que se analisa determinado conflito na neurose de transferência e que se pode torná-lo consciente, ele passa a ser patrimônio do ego, uma nova faceta do ego que estabelece uma relação real com o analista, dado que, se de algum modo se pode definir a aliança terapêutica, é como um tipo real de relação com o analista. O que estava subsumido na vivacidade da neurose de transferência passa a ser um aspecto estável da relação entre o analista e o analisando, que agora pertence à aliança de trabalho.

Dessa forma, fica convincentemente definida a natureza da ação terapêutica da psicanálise como transposição de um setor ao outro, que aumenta a integração do ego e muda os processos energéticos.

Darei um exemplo simples para que se compreenda esse ponto de vista. Se a neurose de transferência de um analisando consiste em sentir uma grande curiosidade sexual pelo trabalho de seu analista, e este pode analisar com bom êxito o conflito, ter-se-á conseguido que uma tendência escoptofílica transforme-se em capacidade de observação. Então, os impulsos escoptofílicos ficarão a serviço da adaptação, configurando uma capacidade de observação realista, instrumental. O impulso voyeurista transformou-se, passando da neurose de transferência à aliança terapêutica. Digamos de passagem que isso se consegue sempre através de uma identificação do ego do paciente com o ego do analista, como assinalou Sterba (1934), porque a solução do conflito escoptofílico é alcançada no momento em que o paciente se dá conta de que o analista o observa, sem derivar desse fato uma satisfação libidinal direta. Quando sobrevêm todas essas mudanças, o que antes pertencia à neurose de transferência passa à aliança de trabalho; e, a partir desse momento, o analisando terá uma maior possibilidade de observar seus processos inconscientes, terá acrescentado seu ego observador e sua aliança de trabalho com o analista.

A dialética postulada por Zetzel, e em geral pelos psicólogos do ego, entre neurose de transferência e aliança terapêutica é clara e muito congruente com as linhas básicas dessa doutrina. Parece-me mais discutível, contudo, a proposta de identificar a neurose de transferência com o processo psicanalítico e a aliança terapêutica com a situação analítica. Se aceitamos que são homólogos, então já não há mais do que dois conceitos, embora empre-

---

[8] "El proceso analítico", apresentado no II Congresso Pan-Americano de Psicanálise, realizado em Buenos Aires.

guemos quatro palavras. Tal como foram definidas reiteradamente, a aliança terapêutica e a neurose de transferência são uma relação de objeto e não podem ser o mesmo que o lugar que as contém.

Quando definimos há pouco a natureza da ação terapêutica da psicanálise, segundo a psicologia do ego, dissemos que consiste em que a neurose de transferência vá sendo resolvida e transforme-se em aliança terapêutica. No entanto, as coisas não são tão simples.

Tal como os psicólogos do ego entendem, a função essencial da aliança terapêutica é permitir o processo regressivo que a neurose de transferência institui, de modo que o que eu disse há pouco é apenas parcialmente certo. O processo curativo consiste em que a neurose de transferência transforme-se em aliança terapêutica, e isso continua sendo válido; porém, o inverso não o é totalmente, porque também é necessário que determinados elementos estáveis, as defesas automáticas do ego, comecem a participar da neurose de transferência. Essa regressão é, pois, um efeito desejado do processo terapêutico. Nesse ponto, aprecia-se claramente que não se pode homologar a situação analítica à aliança de trabalho e o processo analítico à neurose de transferência, já que uma tese básica da *ego-psychology* é que a neurose de transferência forma-se por via regressiva, de onde a situação converte-se em processo, o que é inconsistente com as idéias de Zetzel. Creio que Zetzel não transpõe essa dificuldade, porque não distingue situação analítica e enquadre. O que a analista de Boston diz sobre a situação analítica, em meu entender, refere-se ao enquadre, à constância e à estabilidade do enquadre, como veremos no próximo capítulo.

O NARCISISMO PRIMÁRIO DA SITUAÇÃO ANALÍTICA

Em um informe apresentado em 10 de novembro de 1956, no Congresso de Psicanalistas das Línguas Romances,[9] Béla Grunberger oferece uma visão original da forma como se constitui a situação analítica e de como se desenvolve o processo. Seu ponto de partida é que a situação analítica deve ser separada da transferência que percorre o processo analítico em toda a sua extensão. Separa, seguindo Baudouin (1950), a *transferência analítica* ("le transfert d'analyse") do *rapport analítico* ("rapport d'analyse"). A fórmula que Grunberger propõe, uma vez que definiu esses dois conceitos, é analisar a transferência, isto é, a resistência, e deixar que o *rapport* opere por sua conta.[10] Essa diferença pressupõe, então, duas áreas teóricas e simultaneamente duas atitudes técnicas, já que a transferência fica definida como uma relação de objeto, enquanto o *rapport* situa-se no campo do narcisismo.

Desse modo, o papel do analista como espelho adquire um novo sentido. O analista deve constituir-se estritamente no *alter ego* do paciente, espelho cuja única função é a de deixar que o paciente veja-se ali refletido. Para cumprir sua missão, o analista deve ser apenas uma função, sem suporte material, invisível e sempre atrás do analisando, uma vez que, de outra maneira, expulsaria o analisando da posição narcisista que lhe é própria. (Le narcissisme, n. 5, p. 59). Na situação analítica, o analisando está só, sem estar assim totalmente, já que a situação analítica contém virtualmente a relação de objeto, que irá estabelecendo-se gradualmente. Para Grunberger, o analisando é um Narciso contemplando-se na água, que tem atrás de si o analista como sua ninfa Eco.

Com esses utensílios teóricos, Grunberger pode agora dar sua própria versão sobre o processo de regressão durante o tratamento analítico, circunscrevendo-o à neurose de transferência enquanto relação de objeto (edípica e pré-edípica), a qual deve ser separada dos fenômenos narcisistas não-objetais e aconflituais da relação analítica cuja expressão fenomenológica essencial é a euforia, a elação (p. 61-62). Englobar essas duas ordens de fenômenos em um só conceito faz a transferência perder sua especificidade, transforma-a em um termo de uso múltiplo, um curinga que parece ignorar que transferência implica justamente um conflito que foi transportado de um objeto a outro.

A posição (ou estado) narcisista que acaba de ser descrita aparece desde o começo da análise, ao passo que a transferência se estabelecerá lentamente e muito mais tarde; e opera, na realidade, em sentido contrário: ao passo que a transferência é fonte de resistências (a resistência de transferência), o estado narcisista revela-se como o *primum movens* do processo analítico (p. 62-63). É justamente a elação concomitante à situação analítica que torna possível que os elementos edípicos ganhem pouco a pouco a consciência.

O preceito freudiano de que a análise deve desenvolver-se em frustração ajusta-se aos desejos edípicos, mas não ao narcisismo. O prazer narcisista que o paciente deriva do fato de estar em análise é precisamente a condição necessária para que a situação analítica estabeleça-se firmemente e a terapia tenha bom êxito (p.64).

Grunberger considera que o investimento narcisista do analista no começo do tratamento deve-se a que o analisando projeta-lhe seu ego ideal (*Moi Idéal*). A originalidade do procedimento freudiano reside em que não mantém esse equilíbrio narcisista, conduzindo o analisando a uma relação mais evoluída, a relação de objeto.

Quando expõe suas conclusões, no final desse estudo original, Grunberger volta a assinalar que o elemento narcisista (por mais difícil que seja precisar o conceito) é o fator dinâmico que proporciona sua força propulsora ao processo psicanalítico.

Na situação analítica, o analisando encontra-se frente a si mesmo, por intermédio do analista e em circunstân-

---

[9] Publicado na *Revue Française de Psychanalyse* de 1957; constitui o primeiro ensaio de *Le narcissisme* (1971).
[10] "Analyser le 'transfert d'analyse': c'est-à-dire la résistance et laisser agir le 'rapport d'analyse', est certainement une bonne formule, encore faudrait-il reconnaître ce second facteur et bien le séparer du premier" (*Le narcissisme*, n. 5, p. 56).

cias especiais que estimulam uma regressão narcisista controlada, que oferece a possibilidade de um desenvolvimento específico, o processo analítico. A libido narcisista liberada é a que proporciona à situação analítica a energia dinâmica que vai operar ao longo de todo o processo (p.111).

Ao conceber a situação analítica como narcisista, Grunberger tem que rever o problema das pulsões. É que, para esse autor, há um processo paralelo, em que o material analítico descoberto transcorre em um plano superficial, enquanto o processo energético subjacente ocorre no plano profundo. Se Grunberger situa o narcisismo no plano profundo é porque pensa que a vida instintiva, em suas múltiplas e variadas manifestações, afunda suas raízes no narcisismo: a pulsão expressa e é o instrumento de ação do narcisismo, e este, então, detém o poder fundamental. A busca de uma satisfação pulsional sempre se apóia na necessidade de se sentir capaz de obtê-la e, às vezes, basta sentir-se capaz de satisfazer a si mesmo, sem que seja preciso cumprir o próprio desejo pulsional. "*Poder fazer* é o essencial e *fazer* não serve, com freqüência, mais que para dar prova disso" (p. 93 da edição castelhana; p. 111 da edição francesa).

Se partimos do conceito de narcisismo que nos propõe e aceitamos que transferência e *rapport* são duas coisas diferentes, então a investigação de Grunberger apresenta-se para nós clara e rigorosa, praticamente inatacável. Já destaquei a forma convincente em que situação e processo ficam definidos e delimitados, a originalidade que adquire a metáfora freudiana do analista espelho e as precisões estruturais com que esse autor permite-nos compreender melhor a função do ego ideal e do ideal do ego nas complexidades e sutilezas da situação analítica. Acrescentemos agora que as diferenças propostas por Grunberger apontam também – e ele não o ignora – para que se veja de outro prisma a dialética entre neurose de transferência e aliança terapêutica, com uma revisão do conceito de transferência fundamental (*basic transference*) de Greenacre (1954). A mesma revisão abrange também, parece-me, outros conceitos que querem dar conta da estrutura da situação analítica, como a transferência flutuante de Glover (1955) e a relação diádica estudada por Gitelson no Congresso de Edimburgo, de 1961, apoiado naquilo que Spitz (1956b) chamou de atitude diatrófica do analista em seu ensaio sobre a contratransferência.

Em contraposição a todos esses autores e sem dúvida aos que, como eu, rechaçam a teoria do narcisismo primário, Grunberger pensa, fiel a suas idéias, que esse tipo especial de relação entre analisando e analista é, *por definição*, anobjetal e aconflitual.

Disso deriva uma práxis que restringe os critérios de analisabilidade a pacientes neuróticos que possam derivar uma satisfação narcisista da relação analítica (euforia, elação) e que presta uma consideração especial (excessiva, a meu ver) aos mecanismos primitivos, à atmosfera analítica, em que o silêncio do analista chega a ter uma grande relevância; passa a ocupar, praticamente, uma posição estratégica no projeto do tratamento. Salvo casos excepcionais, o silêncio do analista não é no fundo traumatizante. "O analista – calando-se – permanece, de fato, no terreno narcisista aconflitual *por definição*" (p. 74 da edição castelhana; p. 88 da edição francesa).

O inconveniente principal que vejo nessa concepção técnica é que, mesmo nas mãos dos analistas mais experimentados, como Béla Grunberger, podem ficar sem serem analisadas áreas muito perigosas de idealização. Nem sempre o analisando consegue perceber que o silêncio do analista comporta uma atitude técnica e que "é para o seu bem".

Situação e Processo Analíticos

BREVE RECAPITULAÇÃO

No capítulo anterior, definimos provisoriamente a situação analítica como o lugar em que se desenvolve o tratamento enquanto relação entre duas pessoas que assumem papéis definidos para realizar uma determinada tarefa, e utilizamos como base de nossa discussão os trabalhos dos Baranger, de Zetzel e de Grunberger. Nesses trabalhos, a situação analítica é descrita a partir de perspectivas bem distintas: para o casal Baranger, a situação analítica é um campo dinâmico em que surge uma fantasia compartilhada, enquanto para Zetzel a situação analítica é o estável, o que forma a aliança terapêutica e contrapõe-se à neurose de transferência. Por fim, para Grunberger, a situação analítica é o remanso narcisista que mobiliza o processo.

Os Baranger afirmam que a situação analítica deve ser definida como um campo no qual opera uma fantasia de par, uma fantasia compartilhada entre o analista e o analisando, que se vincula por um processo mútuo de identificação projetiva. Quando analista e paciente tomam consciência da fantasia que compartilham, nasce o *insight* no campo. Fizemos a crítica a essa posição que nos parece extrema e assinalamos também que, em um trabalho posterior, escrito com Mom para o Congresso de Madri de 1983, nossos autores modificam alguns de seus pontos de vista.

Vimos também que Zetzel sustenta que entre situação e processo ocorre a mesma relação que entre aliança terapêutica e neurose de transferência. Deixando de lado que essa classificação reduz quatro conceitos a dois, nós a criticamos a partir de suas próprias pautas, lembrando que essa teoria postula que a análise consiste em que a neurose de transferência vá convertendo-se gradualmente em aliança terapêutica, e isso viria a significar que o processo analítico converta-se em situação analítica, o que é inconsistente. Indo mais longe, e dado que se postula a aliança terapêutica como requisito para que se ponha em marcha o processo de regressão que condiciona a neurose de transferência, teríamos de concluir que a aliança terapêutica é causa e consequência da neurose de transferência.

A teoria de Grunberger é consistente e de uma irretocável coerência interna, embora inseparável da original concepção do narcisismo de seu autor, que infiltra não apenas a teoria do processo e sua práxis, mas também a idéia de transferência.

SITUAÇÃO E PROCESSO

Outros autores argentinos, como Bleger e Zac, propõem que a situação analítica seja definida a partir do processo. Bleger (1967) estabeleceu que o *processo* psicanalítico, como todo processo, precisa de um *não-processo* para poder realizar-se e que essa parte fixa ou estável é o *enquadre* (*setting*). O enquadre fica assim definido como um conjunto de constantes graças às quais pode ocorrer processo psicanalítico. A partir dessas definições estipulativas de Bleger, serão melhor compreendidas, espero, minhas objeções à proposta de Zetzel de homologar a situação analítica à aliança terapêutica, definida como o estável, à medida que assim é confundida com o enquadre.

Continuando a linha de pensamento iniciada por Bleger, Joel Zac (1971) estuda justamente essas *constantes* da psicanálise e as define, em princípio, como fatores variáveis que Freud estabeleceu (ou fixou) de acordo com certas hipóteses prévias.

A partir de observações empíricas impecavelmente registradas e de certas generalizações que nascem dessas mesmas observações, Freud pôde conceber como deveria desenvolver-se o tratamento psicanalítico, estabelecendo, assim, as hipóteses definidoras da psicanálise, ou seja, os postulados sem os quais a psicanálise não pode acontecer, fora dos quais a psicanálise nunca poderia ser o que é. Dessas hipóteses definidoras derivam as normas que constituem o enquadre e sem as quais o tratamento psicanalítico não tem "lugar". Por isso, Zac diz que "não se poderia definir o enquadre sem ter algumas hipóteses prévias que enunciam que, ao não serem fixados certos fatores variáveis como constantes de forma definitiva, interviriam certas leis que implicariam, por sua vez, em um determinado tipo de conseqüências" (1971, p. 593).

A idéia diretriz de Freud, ao fixar as constantes do enquadre – prossegue Zac –, é a de assentar as condições mais favoráveis para o desenvolvimento do tratamento. Desse modo, o enquadre consiste no conjunto de estipulações que assegure o mínimo de interferências à tarefa analítica, ao mesmo tempo que oferece o máximo de informação que o analista pode receber.

AS TRÊS CONSTANTES DE ZAC

Zac sustenta que há três tipos de constantes no tratamento analítico. As primeiras derivam das teorias da psicanálise e são aquelas das quais acabamos de nos ocupar. Zac chama essas constantes de *absolutas*, porque aparecem em todo tratamento psicanalítico, já que guardam relação direta com as hipóteses definidoras de nossa disciplina. Frente a essas constantes absolutas, estão as *relativas*, que são de dois tipos: as que dependem de cada analista e as que derivam do par particular, formado por esse analista e por esse analisando. Embora essas constantes sejam relativas, não deixam de ser fixas, uma vez que foram estabelecidas.

Entre as constantes relativas *que dependem do analista*, podemos mencionar alguns traços de sua personalidade, sua ideologia científica e outras mais concretas, como o lugar em que tem seu consultório, o tipo e o estilo de seus móveis, assim como as regulações de seus honorários, feriados, etc. A época e a extensão de suas férias são constantes que dependem basicamente do analista. A estabilidade do ritmo de trabalho, porém, pertence às constantes absolutas, de modo que o psicanalista não poderá mudar a seu arbítrio, o tempo já fixado de suas férias ou de seus feriados, por exemplo. A essas constantes relativas ao analista refere-se, sem dúvida, o trabalho já clássico dos Balint (1939), que as assinala como formas expressivas do analista. Alicia e Michael Balint chamam de contratransferência essas modalidades particulares do analista; contudo, na realidade, vale mais conceituá-las como partes de seu *setting*, como suporte real da relação, sem prejuízo de que possam revestir-se de significados transferenciais e contratransferenciais.

Zac distingue, por último, um terceiro tipo de constantes, também relativas, *que dependem do par*, não já da psicanálise, nem do psicanalista, isto é, do par formado concretamente por um determinado analista e seu analisando. Estas últimas, diga-se de passagem, são as que mais prestam suporte aos conflitos de contratransferência. Uma constante desse tipo poderia ser, por exemplo, que a hora da sessão seja fixada de acordo com as conveniências de ambas as partes, ou que um analista que tira férias em fevereiro contemple o caso do advogado pelo recesso judiciário de janeiro.

Como acabamos de ver, a reflexão de Zac encaminha-se a estudar quais são as constantes que determinam o enquadre. No princípio, como diz o Gênesis, era o caos, todas eram variáveis. Chega Freud e põe ordem: as sessões serão seis por semana, uma por dia; essa hora pertence ao paciente e nem este nem Freud a mudam, etc. Freud, então, transformou arbitrariamente algumas variáveis em constantes; poderia ter fixado outras. Mas as que fixou são as que tornam possível o tratamento analítico e, por isso, todo mundo diz que expressam uma vez mais seu gênio. Graças a essas estipulações, o tratamento pode ocorrer, porque o lugar do tratamento, isto é, a situação analítica, encontra-se justamente ali, entre essas constantes.

Uma vez fixadas as variáveis para constituir o enquadre, as outras variáveis contidas inicialmente na situação analítica gerarão o processo psicanalítico.

CONTRATO E ENQUADRE

O conjunto de variáveis que foram fixadas, repitamolo, constituem o que se chama de *enquadre* (ou *setting*), porque são verdadeiramente o marco no qual se situa o processo. Algumas dessas normas são formuladas explicitamente no momento do contrato, como vimos no Capítulo 6; outras serão formuladas quando chegar a ocasião, e outras talvez nunca, embora todas devam ser respeitadas e preservadas. Os analistas que por razões técnicas preferem não receber presentes, por exemplo, não introduzirão essa norma no contrato, pois seria inoportuno e até uma forma de induzir a isso, pelo fato de não existir o não no inconsciente. Ela será explicitada quando o material do paciente assim o justificar, e não antes.

As constantes do enquadre são, portanto, normas empíricas ditadas por Freud a partir de sua experiência clínica, que o levou a pôr um marco definido e estrito em sua relação com o paciente para que o tratamento se desenvolvesse da melhor forma possível, com a menor perturbação possível. Algumas dessas normas são as que regem qualquer tipo de tarefa entre duas pessoas, como o intercâmbio de tempo e dinheiro, o lugar e o tempo do encontro, etc., porque nenhuma tarefa pode ser realizada se não forem estipuladas algumas regras para efetuá-la. Contudo, não são estas as que mais nos interessam, e sim outras, as que derivam especificamente do tratamento analítico, dessa relação singular que se estabelece entre o analista e seu paciente; teremos agora de nos ocupar delas.

Na época dos escritos técnicos, as descobertas de Freud já eram claras e definidas quanto à importância do desenvolvimento de um processo singular em sua relação com o paciente, que desde 1895 havia chamado de transferência. Justamente porque Freud havia descoberto esse fenômeno é que as normas específicas do tratamento analítico apontam, em sua essência, para que o fenômeno transferencial possa desenvolver-se sem tropeços. Sabe-se empiricamente que toda circunstância que revele algo pertencente ao âmbito pessoal do analista pode perturbar esse desenvolvimento. O enquadre é destinado a proteger o paciente dessas revelações e também o analista de seus próprios erros, que perturbam o processo e, por conseguinte, prejudicam o paciente e a ele mesmo. Na medida em que as normas do enquadre são feitas para que o tratamento marche da melhor maneira possível, elas implicam não apenas uma posição técnica, mas também ética por parte do analista.

O enquadre é, então, o *marco* que abriga um conteúdo, o *processo*. Portanto, entre o processo analítico e o enquadre ocorre uma relação continente/conteúdo, nos termos de Bion (1963).

Esse conteúdo consiste na relação bastante singular entre analista e analisando, que, como estudamos na segunda parte deste livro, é composta de três elementos: transferência, contratransferência e aliança terapêutica. Também podemos dizer que o conteúdo que estamos considerando configura a *neurose de transferência* ou, conforme Racker (1948), *a neurose de transferência e contra-*

transferência. Esse conteúdo é essencialmente variável, mutável, nunca igual; por isso, Freud comparava a análise à partida de xadrez, em que apenas a abertura e o final poderão ser pautados, nunca o meio do jogo. Para que esse processo surja e desenvolva-se, deve haver um marco que seja o mais estável possível, o enquadre.

SOBRE AS NORMAS DO ENQUADRE

Os conselhos de Freud, nos escritos técnicos, agrupam-se em duas classes. Alguns são conselhos concretos e diretos, sobre os quais pouco ou nada se pode argumentar. Pode-se aceitá-los ou rejeitá-los, mas não discuti-los. Pertencem às constantes relativas que dependem do analista e figuram entre estes os que têm a ver com as regulações de horários e honorários, feriados ou férias, etc. Alguns analistas preferem dar a cada paciente a mesma hora todos os dias, pensando em simplificar as coisas; outros não se atêm a essa regra e até mesmo consideram que, variando as horas, podem-se detectar aspectos diferentes da personalidade, já que as pessoas não funcionam do mesmo modo no decorrer do dia.

A freqüência e a duração das sessões são constantes absolutas mais que relativas. A maioria dos analistas pensa que o ritmo mais conveniente para a análise é o de cinco sessões por semana. Freud dava seis. Na Argentina, a imensa maioria dos analistas trabalha com quatro sessões, alegando em geral razões econômicas, o que pessoalmente não me convence muito. Já vi variar até o infinito a economia argentina, mas nunca mudar, a seu compasso, o número de horas por semana. Ou, dito com mais precisão, nunca vi *aumentar* o número de sessões em momentos de bonança.

O número de cinco – além dos muitos simbolismos que se possam interpretar – parece-me o mais adequado, porque estabelece um período substancial de contato e um corte nítido no fim de semana. Para mim, é muito difícil estabelecer um verdadeiro processo psicanalítico com um ritmo de três vezes por semana, embora saiba que muitos analistas o conseguem. Um ritmo tão inconsistente e salteado como este, em minha opinião, não faz surgir com força suficiente o conflito de contato e separação. Os tratamentos de uma ou duas vezes por semana não chegam, em geral, a configurar um processo analítico, embora seja assim chamado. Tendo a acreditar que, nesses casos, o analista crê, sem dúvida de boa-fé, que está fazendo uma análise, mas o processo exibe os caracteres da psicoterapia, isto é, dispersão ou omissão da transferência, apoio manifesto ou latente, formulado como interpretação, descuido da angústia de separação (que se interpreta convencionalmente ou não se interpreta), etc.

Quando o tratamento é feito quatro vezes por semana, é melhor colocar as quatro horas em dias seguidos, embora se prolongue assim o período de separação. Quando o tratamento é com três horas, há analistas que as colocam seguidas para ter então um lapso em que se estabelece um contato pleno, ainda que se siga depois um intervalo muito grande. Outros, ao contrário, preferem dar as três sessões em dias alternados. Inclino-me por este último procedimento porque, como já disse, penso que três horas em dias contínuos nem sempre chegam a fazer um verdadeiro tratamento psicanalítico, por mais que busquem acomodar-se à sua forma. As sessões em dias alternados dão ao tratamento um sabor definido de psicoterapia, o que para mim se acomoda mais à realidade.

Um caso muito especial são os pacientes que viajam para se analisar e para os quais não há outra solução a não ser dar a eles, em um par de dias, as quatro ou cinco sessões. É o caso dos candidatos que viajam para realizar sua análise didática. É possível que, nesses casos, decididamente atípicos, a habilidade do analista didático e a forte motivação do candidato (quando se somam a uma patologia não muito grave) possam suprir as grandes desvantagens desse esquema.

Quanto à extensão das sessões, poucos analistas questionam que sua duração deve ser pouco mais ou menos que os clássicos 50 minutos. Em alguns centros em que se pratica a psicoterapia, a unidade para a sessão é de 30 minutos, e isso marca uma diferença certa entre um método e o outro. Não aceito a análise *on demand*, como a de *The piggle* (Winnicott, 1977), nem a sessão de tempo livre de Lacan.

Por razões que concernem à sua teoria da comunicação e à maneira como concebe a estrutura da situação analítica, Lacan trabalha com o que se chama de tempo livre ou aberto. Acredita que a sessão não deve terminar como um ato rotineiro, mas sim significativo, seja para destacar o fechamento de uma estrutura, seja para denunciar a palavra vazia do analisando. Essa conduta técnica foi durante combatida por muitos analistas. Sem desconhecer a inquestionável coerência que existe nesse ponto entre a teoria e a técnica de Lacan, penso que sua fundamentação é insuficiente, já que, em todo caso, o cabível é interpretar e não sancionar a conduta do analisando por meio de uma ação que, por mais bem pensada que seja, leva em suas entranhas a pesada carga de um adestramento por prêmios e castigos. Note-se, além disso, que nessa crítica estou concedendo ao analista lacaniano uma objetividade que, de modo algum, reconheço a mim mesmo. Não confio demasiadamente, por certo, na objetividade de minha contratransferência, menos que nunca nesse caso, em que a decisão que tomar vai beneficiar-me concretamente, alongando meu tempo livre. Considero, por último, que, ainda que não fosse assim, o analisando teria todo o direito de pensá-lo, do que resultaria uma situação de fato inanalisável. Nessas reflexões, não parto do pressuposto de que as sessões terminam quase sempre antes e não depois dos 50 minutos, já que seria igualmente contrário à arte que o analista informasse concretamente, por meio de sua conduta, que está contente ou sente desagrado. Não é preciso ser muito perspicaz, entretanto, para pensar que os analistas que seguem Lacan são tão humanos quanto os outros. Um analista lacaniano que conheço pessoalmente – e de cuja inteligência e probidade profissional tenho provas diretas – contou-me certa vez esta história bastante interessante. Chegou à sua supervisão com um dos analistas mais distintos da *École,* um fervoroso defensor da sessão aberta ou de tempo livre, e viu com desalento que havia um número considerável de pacientes na sala de espera. Numa dessas, saiu o supervisor, entre paciente e paciente, e disse-lhe que em menos de uma hora estaria pronto – e assim foi. Como podia sabê-lo? E não se diz que, nesse caso, o analista foi infiel a suas teorias porque, justamente, o que sustento é que, com idéias como essas, sempre se está à mercê da contratransferência. Teria, então, de pensar se a insistência de Lacan em que a resistência parte do analista não pode ter um princípio de explicação nessa norma singular de seu *setting.*

Vale a pena ressaltar, por último, que muitos discípulos de Lacan pensam que a sessão de tempo livre pertence mais ao estilo do mestre que à sua técnica, motivo pelo qual não o seguem nesse ponto.

DA ATITUDE ANALÍTICA

Os conselhos de Freud referem-se não apenas às constantes do enquadre, mas também à *atitude mental do analista* que, em última instância, dá àquelas seu sentido e valor. Entende-se por atitude mental do analista sua disposição para trabalhar com o paciente, realizando da melhor maneira possível a tarefa com a qual se comprometeu e que consiste em explorar seus processos mentais inconscientes e fazer-lhe compreendê-los. Essa tarefa é difícil para o analisando, porque lhe provoca angústia, e isso desperta resistências, porque a exploração assume um caráter real e imediato através do enigmático e ineludível fenômeno da transferência. Tampouco é simples a tarefa do analista, que deve ser ao mesmo tempo um observador sereno e imparcial, porém comprometido. O analista participa da situação analítica (o campo), mas deve fazê-lo de forma tal que os dados de observação derivem do analisando. (Ver o capítulo anterior.)

Freud tipificou a atitude mental do analista em duas normas, a regra de abstinência e a *reserva analítica,* condensada na famosa metáfora do analista espelho. Em seus "Conselhos" de 1912, Freud diz essas palavras memoráveis: "O médico não deve ser transparente para o analisando, mas, como a face de um espelho, mostrar apenas o que lhe é mostrado" (*AE,* v. 12, p. 117). Seguindo essa bela metáfora, hoje poderíamos dizer: que o analista reflita e não projete o que o analisando põe nele; que o analista seja um espelho plano, que se deixe curvar o menos possível pela contratransferência. Logo, a reserva analítica é necessária para que a situação analítica possa ser estabelecida. Se não for assim, os fenômenos de transferência tornam-se tão inapreensíveis e tão incompreensíveis, que a situação analítica ressente-se profundamente.

A *regra de abstinência* refere-se ao fato de que o analista não deve gratificar os desejos do paciente, em geral, e particularmente seus desejos sexuais. Essa regra, que em princípio se aplica ao analisando, alcança inexoravelmente o analista, e não poderia ser de outra forma. Quando somos indulgentes com nossos próprios desejos, a regra deixou de se aplicar e não só por razões de equanimidade e de ética, mas também psicológicas: se consentimos que o analisando gratifique-nos, já estamos também gratificando-o. Se faço a meu analisando uma pergunta para satisfazer minha curiosidade, com sua resposta (ou sua negativa a me responder, dá no mesmo) ele já está gratificando-se.

Boa parte da recomendável monografia de Leo Stone (1961) ocupa-se da regra de abstinência e da reserva analítica. Esse autor defende uma atitude mais equânime e menos rígida quanto à aplicação da abstinência e à reserva. A aplicação estrita e sem matizes dessas regras – diz Stone – nem sempre preserva a estabilidade da situação analítica e pode até ser utilizada pelo analisando e analista para satisfazer desejos sadomasoquistas e/ou cumprir cerimoniais obsessivos, tanto mais perigosos quanto mais sintônicos. A relação analítica é sempre contrapontística e "a atitude analítica compreende-se melhor por *ambas* as partes como uma *técnica* instrumental com a qual um médico comprometido pode ajudar melhor seu paciente" (p. 33).

Nesse ponto, como em tantas outras áreas da práxis, não há regras fixas. O adequado, em um momento, pode ser um grave erro cinco minutos depois. Em cada caso, teremos de escutar o que diz o analisando, o que estipula a teoria e o que nos informa a contratransferência.

Portanto, há duas formas de entender o enquadre: como fato de conduta ou como atitude mental.

Do ponto de vista formal ou comportamental, o enquadre é certamente um ato de conduta e até um rito no melhor sentido da palavra. Esse aspecto, porém, apesar de ser uma condição necessária do trabalho analítico, nunca será, a meu ver, suficiente para que o processo realmente se desenvolva.

O enquadre é substancialmente uma atitude mental do analista, concretamente a atitude mental de introduzir o menor número de variáveis no desenvolvimento do processo. Isto deve ser chamado, em última instância, de enquadre, e não apenas de uma determinada conduta. Se em dado momento, quando vou cumprimentá-lo, o paciente tropeça, tentarei fazer algo, da forma mais discreta possível, para que não caia. Nesse caso, entendo que não modifiquei meu enquadre; internamente, meu enquadre é o mesmo, não foi exposto a nenhum estímulo extemporâneo e, portanto, prejudicial para o processo. Por isso é que o enquadre deve ser concebido, fundamentalmente, como uma atitude ética.

Lembro-me de uma mulher, após uma intervenção ortopédica que lhe dificultava notoriamente caminhar e deitar-se. No pós-operatório imediato, ligou-me para perguntar se eu consentiria em acrescentar algumas almofadas em meu divã para que ela pudesse vir. A alternativa era perder um número importante de sessões, o que ela não queria. Parecia muito disposta a aceitar o que eu dispusesse. Respondi-lhe, de imediato, que colocaria o consultório nas condições necessárias, e ela veio no dia seguinte, acompanhada por uma enfermeira. Encontrei-a na sala de espera, de braço com essa mulher, e eu mesmo a conduzi ao consultório e a ajudei a se acomodar no divã. Preferi levá-la eu mesmo pelo braço ao consultório, apesar do contato físico que isso pressupunha, a delegá-lo à enfermeira, o que não era muito sintônico com meu *setting*, já que nunca entrou outra pessoa em meu consultório analítico. É evidente que essa decisão é muito discutível e, se outro analista tivesse resolvido o contrário, eu nunca pensaria que estivesse equivocado.

O que quero assinalar é que essa notória alteração (formal ou ritual) do enquadre, pelo fato de estar endereçada a não interromper mais do que o indispensável o processo analítico, não provocou dificuldades singulares. Apareceram as lógicas fantasias de dependência na transferência materna e de sedução pelo pai, sem adquirir em nada as características típicas que assume o material no caso de um *acting out* contratransferencial. Por isso, dizia que o *setting* é, antes de mais nada, uma atitude mental do analista. Entre parênteses, pude observar que os analistas que criticam a "rigidez" do enquadre é em geral porque não alcançaram ainda um conceito claro do que o enquadre verdadeiramente é.

A dificuldade que acabo de salientar alcança, obviamente, também o analisando, tal como destaca Olagaray (1980), que sustenta que o *estabelecimento* do enquadre sobrevém ao princípio do tratamento, porém sua *internalização* só é atingida no final. Na medida em que o enquadre é o espaço em que "tem lugar" o tratamento psicanalítico, sua introjeção marca a possibilidade de delimitar um continente no mundo interno, em que se possa desenvolver a atividade psicológica, em que vivem e convivem o sujeito e seus objetos, em que podem situar-se e resolver-se seus conflitos.

A atitude geral do analisando frente ao *setting* e também a seus sonhos mostram como as dificuldades de compreender o valor e a função do enquadre têm a ver com a marcha do processo analítico e – acrescentaria eu – com o lento processo que leva o analista a compreender seu trabalho e a construir sua identidade.

38

O Enquadre Analítico

RECAPITULAÇÃO

Anunciamos, ao começar a quarta parte, que o conceito de situação analítica é mais fácil de captar intuitivamente do que de pôr em conceitos e, infelizmente, estamos demonstrando isso. Tampouco é simples, sem dúvida, separar a situação analítica do processo analítico.

No capítulo anterior, vimos a preocupação de Zac (1968, 1971) em discriminar entre situação e processo, assim como a forma nítida e convincente com que estuda as variáveis e as constantes que configuram, ao mesmo tempo que tornam possível, o processo analítico.

Em "Um enfoque metodológico do estabelecimento do enquadre" (1971), um dos trabalhos mais rigorosos que li sobre o tema, Zac destaca que essas constantes estão ligadas a uma determinada concepção teórica, e todos reconhecem como um traço da genialidade de Freud ter-se dado conta de quais eram as variáveis que deviam transformar-se em constantes para que o processo assumisse o caráter de analítico. Ao estudar as constantes, Zac distingue as absolutas, que dependem da teoria psicanalítica, e as relativas, que têm a ver com o analista e com o par analista/analisando.

AS TESES DE BLEGER

Veremos agora de que forma Bleger (1967) tenta compreender o processo analítico com uma dialética de constantes e variáveis.

Tanto Bleger como Zac e, em geral, todos os autores argentinos que, como Liberman (1970, especialmente o capítulo primeiro), estudaram esse tema, inclinam-se a aplicar a denominação de *situação* analítica ao conjunto de relações que incluem o processo e o enquadre.

Como diz Bleger (1967), nenhum processo pode acontecer se não há algo dentro do qual possa transcorrer, e esses trilhos por onde se desloca o processo são o enquadre: para que o processo desenvolva-se, tem de haver um enquadre que o contenha. Em outras palavras, quando falamos de um *processo analítico*, estamos considerando implicitamente que ele deve inscrever-se em uma totalidade mais abrangente, mais ampla, a *situação analítica*. Uma tese básica do artigo de Bleger é, pois, que a situação analítica configura um *processo* e um *não-processo* que se chama de *enquadre*.

De acordo com essa proposta, situação e processo ficam perfeitamente delimitados, mas à custa de uma definição estipulativa que retira autonomia ao conceito de situação analítica.[1]

A outra tese de Bleger é que a divisão entre constantes e variáveis, aleatória por definição, já que tomamos por constantes as variáveis que nos parecem melhores, também o é na prática, pois às vezes as constantes alteram-se e passam a ser variáveis: o marco converte-se em processo.

A terceira tese é que, embora as alterações do enquadre às vezes nos dêem acesso a problemas até esse momento despercebidos, não se justifica, de maneira nenhuma, modificar o enquadre para obter essas finalidades. Essa conduta técnica é inconveniente por duas razões: uma, porque o que surge é um artifício que carecerá de toda força probatória e nunca poderá ser analisado limpamente; outra, porque nunca se pode estar seguro de que o analisando reagirá da maneira prevista. O experimento pode falhar e, então, ficaremos desguarnecidos frente à alteração que nós mesmos propusemos. Essas duas razões fazem Bleger proclamar que o analista não tem, de modo algum, a liberdade técnica e ética de modificar o enquadre em busca de determinadas respostas, e, com isso, pronuncia-se contra as técnicas ativas e a reeducação emocional.

O último postulado de Bleger é que na imobilidade do enquadramento depositam-se predominantemente ansiedades psicóticas. Até aqui, os princípios de Bleger podem ser compartilhados a partir de diversas teorias, mas ele agora dá um passo a mais, muito coerente com sua maneira de pensar: essa parte muda que se deposita no enquadre é a simbiose. Mais adiante, trataremos da teoria do desenvolvimento que Bleger propõe e de seu conceito de psicose, mas digamos desde já que se pode não compartilhar, nesse ponto, de suas idéias, porém aceitar plenamente suas explicações sobre a dialética do enquadre psicanalítico.

Podemos convir, então, de imediato, que o mutismo do enquadre deve ser atendido de preferência e considerado como um problema, porque de fato o é. O maior risco do enquadre é seu mutismo, porque, como tendemos a dá-lo por fixo e estável, não o consideramos e não o interpretamos adequadamente. A mudez do enquadre dá-se por descontada, toma-se *for granted* e, então, nunca se discute.

---
[1] Voltaremos a isso ainda no final deste capítulo e adiantemo-nos em dizer que proporemos outra solução.

Bleger pensa, obviamente, como a maioria dos autores, que qualquer informação que o paciente receba sobre o analista tem um caráter perturbador e que é muitas vezes nessas circunstâncias que se mobilizam as ansiedades mais fortes e menos visíveis; contudo, o que lhe interessa assinalar é justamente o caso oposto, pouco ou nada estudado.

O ENQUADRE QUE SE TORNA PROCESSO

Quando o enquadre é perturbado, afirma Bleger, passa a ser processo, porque o que define o *setting* é sua estabilidade. Uma experiência que todos tivemos muitas vezes é que, a partir de uma ruptura do enquadre, aparecem configurações novas no material, às vezes das mais interessantes. Concordo definitivamente com Bleger que isso não autoriza, de modo algum, a modificar o enquadre com fins experimentais.

Quero ressaltar também, porque é muito importante, que, quando digo que o enquadre é estável, quero dizer com mais precisão que, diferentemente das variáveis que mudam continuamente, o enquadre tende a se modificar com lentidão e não em relação direta com o processo, mas sim com normas gerais. Em outras palavras, o enquadre muda lentamente, com autonomia e nunca em função das variáveis do processo.

Sempre que modificarmos o enquadre em resposta às características do processo, estamos recorrendo à técnica ativa. Se uma pessoa, por exemplo, tem avidez, essa avidez deve ser analisada e não manejada, aumentando-se ou diminuindo-se o número das sessões. Outro exemplo podem ser os honorários. Um aumento ou uma diminuição de honorários nunca devem ser feitos com base no material que está surgindo. O material pode mostrar convincentemente que o analisando deseja que lhe aumentem os honorários ou que lhe diminuam; porém, não tem de ser a partir dessa circunstância que se toma a decisão de propor uma mudança no valor dos honorários, e sim com base em fatos objetivos, alheios fundamentalmente ao material. Não serão, pois, os desejos do paciente, mas os dados da realidade (por mais difícil que nos seja avaliá-los e por mais que nos enganemos ao fazê-lo) os que nos façam aumentar ou diminuir os honorários. Vale a pena assinalar aqui que o erro que possamos cometer, ao avaliar os fatos objetivos, não afeta o método e não faz mais do que mostrar uma falha pessoal, que sempre pode ser corrigida e analisada. No entanto, penso firmemente que, se modificarmos o *setting* em resposta ao material, cometeremos um erro que não poderemos analisar, simplesmente porque abandonamos por um momento o método psicanalítico. O enquadre não deve depender das variáveis.[2] O mesmo pensa Jean Laplanche (1982) quando se pronuncia contra qualquer manipulação do *setting*. Toda manipulação pretende ser uma maneira de comunicar mensagens, mas a única coisa que consegue é desestabilizar as variáveis sobre as quais deveria operar a interpretação (p. 139). Laplanche diz severamente (e concordo com ele): "Penso que toda ação sobre o enquadre constitui um *acting out* do analista" (p. 143).

É necessário assinalar, também, que esse tipo de erro não depende em absoluto do conteúdo do que façamos, nem tampouco da boa vontade com que estejamos procedendo. O que aqui importa não são nossas intenções, mas que tenhamos alterado as bases da situação analítica. Nesse sentido, e em clara oposição ao que sempre diz Nacht (1962, etc.), penso que de nada vale ser boa pessoa se se é mau analista. Teríamos de ver, ainda, que tipo de boa pessoa somos quando procedemos dessa maneira!

Entretanto, essa norma não é absoluta. Às vezes, pode-se levar em consideração certos desejos do analisando, e por diversas razões, já que o enquadre deve ser firme, mas também elástico. Essa condescendência deverá ser sempre mínima, consultando a realidade, não menos que nossa contratransferência, e nunca deve ser feita com a idéia de que, a partir de uma modificação desse tipo, obteremos mudanças estruturais no paciente.

Em resumo, penso que o processo *inspira* o enquadre, mas não deve determiná-lo.

UM CASO CLÍNICO

Lembro-me de um homem de negócios, jovem, inteligente e simpático, cujos discretos traços psicopáticos não me passavam despercebidos. A propósito de um reajuste de honorários, que já estava previsto pela inflação, afirmou que o honorário proposto era mais do que podia pagar. Descreveu as dificuldades por que passava com sua pequena indústria (e que eu conhecia), recordou-me que sua mulher também se analisava e terminou por me pedir uma redução de um pouco menos do que dez por cento. Aceitei, não sem lhe assinalar que, até onde eu podia julgar, ele estava em condições de assumir meus honorários completos. Sentiu-se muito contente e aliviado quando aceitei sua proposta e continuou associando com temas gerais. Um pouco depois, disse que havia lembrado, nos últimos dias, de uma história de sua infância que lhe provocava um sentimento singular. Quando estava no terceiro ano, colecionava figurinhas, como a maioria de seus companheiros, e também a professora tinha seu álbum. Faltava-lhe, para completar o seu, uma das figurinhas difíceis. E notou, com grande excitação, que sua professora a tinha entre as repetidas. Dando por certo que ela não saberia o valor dessa figurinha, propôs-lhe uma troca e ofereceu-lhe uma qualquer das suas. Ela aceitou, e foi assim que ele completou sua coleção e pôde trocá-la por aquela ambicionada bola de futebol que o acompanhou por um longo tempo de sua infância que, digamos entre parênteses, havia sido bastante desolada. Disse a ele, então, que

---

[2] Lembro-me de que, quando comecei minha análise didática, era bastante freqüente que se "interpretasse" que o analisando queria ou necessitava que lhe aumentassem os honorários. Essas interpretações, prévias a um aumento, dirigiam-se à culpa ou ao desejo de reparar, mas nunca, como é natural, ao masoquismo e, obviamente, sobrevinham uniformemente em uma determinada época do ano (ou do ciclo econômico).

talvez se tivesse enganado ao julgar sua professora. É provável que ela soubesse que a figurinha de que ele precisava era difícil de obter, mas a tenha dado generosamente, sabendo o quanto ele ambicionava aquela bola de futebol. Mudou subitamente seu tom hipomaníaco e disse com *insight* que eu talvez tivesse razão, nunca havia pensado nisso, mas tinha de reconhecer que sua professora era inteligente e generosa. Lembrou-se, a seguir, de vários episódios em que ela se mostrava ajudando com boa vontade seus alunos. Duas semanas depois, disse que a situação na fábrica havia melhorado e que podia voltar a pagar meus honorários completos. Aceitei.

Creio que minha conduta, nesse caso, foi correta e estritamente analítica. Ao decidí-la, levei em conta a intensidade de seus mecanismos projetivos. O paciente dizia, desde a primeira sessão e sem nenhum pudor, que eu lhe cobrava indevidamente, que me aproveitava dele e que minha desonestidade era evidente. Quando ele me pediu a redução de honorários, o fez, todavia, com uma atitude de respeito, por muito que tivesse de reativa, e esgrimindo razões reais, as dificuldades financeiras de sua empresa e a debilidade de seu orçamento familiar. Após consultar minha contratransferência, decidi aceitar sua proposta, plenamente consciente de que o pedido comprometia meu enquadre, certo de que, se fizesse valer meus direitos (que, por outro lado, não estavam tão ameaçados) ou se interpretasse seu desejo de pagar menos, só teria conseguido dar contra o muro de sua projeção recalcitrante. Creio que o feito foi legítimo, já que não se propunha a corrigir suas fantasias, mostrando-lhe que eu era "bom", mas a acomodar meu *setting* à rigidez de seus mecanismos de defesa. Levei em conta, também, que eu não podia decidir até que ponto suas apreciações sobre a marcha de sua fábrica eram corretas e, como diz a sábia máxima latina, *in dubio pro reo*.

O analisando respondeu à minha (pequena) generosidade com uma generosidade muito maior, com a recordação encobridora de sua latência que me permitiu, uma vez mais, defrontá-lo com seus mecanismos psicopáticos (engano, burla).

Desejo dizer de passagem, embora não venha ao caso, que, por razões de tato, não me incluí na interpretação da professora generosa ("e isso acontece comigo a propósito da redução de honorários"). Penso, porém, que a interpretação que formulei em termos históricos continha latentemente uma autêntica ressonância transferencial, que não julguei oportuno explicitar nesse momento muito particular. Quando, pouco depois, ele me pediu para voltar a meus honorários completos, pude interpretar com todo detalhe o conflito transferencial.

A MUDEZ DO ENQUADRE

A idéia de Bleger sobre o mutismo do enquadre merece uma discussão detida. Seu trabalho estuda a dialética do processo psicanalítico, uma vez que as constantes do enquadre passam em dado momento a ser variáveis, e sublinha que, quando essa dialética não é cumprida, o analista deve ficar muito atento.

O ensaio de Bleger pergunta-se o que acontece quando o analisando *cumpre* o enquadre. Por isso, diz que vai estudar o enquadre quando *não* é um problema, justamente para demonstrar que o é. O enquadre, como o amor e a criança, diz Bleger, só se sente quando chora; e sua investigação dirige-se precisamente a esse enquadre que não chora, que é mudo. Tem muita razão, porque, quando o enquadre altera-se, o analista está de sobreaviso, ao passo que, quando não há alteração, tendemos a nos despreocupar.

Bleger refere-se, então, aos casos em que o enquadre não se modifica em nada; quando o analisando aceita-o por completo, total e tacitamente, sem sequer comentá-lo. É aí, adverte-nos, em que podem jazer as situações mais regressivas, em que pode esconder-se a defesa mais contumaz.

Bleger não põe em dúvida que o enquadre tem de ficar mudo; ao contrário, foi definido porque deve estar assim, para que se possa realizar a sessão, para que haja processo; e disse, também, que nada justifica o analista que o move para influir sobre o analisando e o processo. Mas Bleger sabe, como todos nós, que o enquadre não ficará para sempre vazio. Deve haver estabilidade, mas as mudanças são inevitáveis: em algum momento, o paciente chegará tarde, ou o psicanalista ficará resfriado – para dizer coisas triviais. Enquanto o psicanalista não adoecer, pode ser que as fantasias hipocondríacas fiquem fixadas no enquadre, que dá guarida "real" à idéia de um analista invulnerável à doença. Compreende-se agora a razão que Bleger tem ao dizer que há aspectos do enquadre que permanecem mudos e que se deve ter muito cuidado, porque esse silêncio implica um risco, pode esconder uma cilada, uma armadilha.

ENQUADRE E SIMBIOSE

É notório que Bleger parte da hipótese de que no sujeito coexistem aspectos neuróticos e psicóticos. A parte neurótica da personalidade nota a presença do enquadre e registra as vivências que provoca (a sessão foi muito curta ou muito longa, foi atendido dois minutos antes ou depois da hora). É a avaliação do enquadre que todos aceitam, e certamente também Bleger. O que ele acrescenta a esse esquema pertence à parte psicótica da personalidade – que ele gostava de chamar de PPP –, que aproveita a falta de mudança no enquadre a fim de projetar a relação indiscriminada com o terapeuta. Portanto, não há incompatibilidade entre o enquadre que fala e que corresponde aos aspectos neuróticos e o enquadre mudo da psicose: o primeiro é verbalizado, enquanto o outro fica imobilizado e é apenas reconhecido quando o enquadre altera-se. Em outras palavras, os aspectos psicóticos da personalidade aproveitam a imobilidade do enquadre para ficarem mudos. Para dizê-lo com maior precisão, a muda psicose tem forçosamente de se apoiar no enquadre que é, por definição, a parte do processo analítico que não fala.

Quando Bleger insiste no fato de que o enquadre presta-se para receber os aspectos psicóticos que ficam ali mudos e depositados, está pensando em sua própria teoria da psicose e do desenvolvimento. Bleger pensa que no começo há um sincício, conjunto de ego e não-ego, formado por um organismo social que é a díade mãe-filho. O ego vai formando-se a partir de um processo de diferenciação. O requisito fundamental do desenvolvimento é que o ego esteja incluído em um não-ego, do qual possa ir diferenciando-se. Esse não-ego, que funciona como um continente para que o ego se discrimine, é precisamente o que se transfere para o enquadre.

Para essa teoria, então, a parte não-diferenciada da personalidade tem seu correlato mais natural no enquadre que, por definição, é o continente no qual se desenvolve o processo psicanalítico. De acordo com as idéias de Bleger, o enquadre presta-se excelentemente para que nele se transfira e se repita a situação inicial da simbiose mãe-criança. Como se pode ver, nosso autor é muito coerente com suas próprias teorias.

Embora aceitemos outras idéias sobre o desenvolvimento e a psicose, suas precisões sobre o processo e o enquadre são de valor permanente.

SIGNIFICADO E FUNÇÃO DO ENQUADRE

A idéia de Bleger sobre o mutismo do enquadre é, a meu ver, uma contribuição original ao estudo do processo analítico, que adquire ainda mais relevo ao ser explicado em função da psicose. Nos anos que nos separam de sua prematura morte,[3] chegamos a compreender um pouco mais a muda linguagem da psicose e agora podemos formular suas idéias com maior precisão.

Quando Bleger previne-nos sobre o risco de que o enquadre fique mudo, refere-se a seu significado, mas não a sua função. Convém discriminar esses dois fatores. O enquadre tem a *função* de ser mudo para que sobre essa tela de fundo fale o processo; porém, acreditar que o seja por inteiro contaria tanto quanto pensar que há algo que, por sua natureza, não pode ser recoberto de significado. Podemos penetrar o *significado* do enquadre, sem por isso tocar suas funções, ainda mais se o pensarmos como continente de ansiedades psicóticas. Deve-se ter presente, então, que sempre existe uma transferência psicótica que aproveita a estabilidade do enquadre para passar despercebida, para ficar imobilizada e depositada.[4]

Ao diferenciar entre a função e o significado, compreende-se que, para resgatá-lo, não é preciso modificar a função. Evidentemente, às vezes, ao se modificar a função, destaca-se o significado; porém, poderíamos alcançar esse significado através do material que o paciente traz sobre a função do enquadre. Nesse sentido, podemos concluir que não existe um enquadre basicamente mudo, que o enquadre é sempre um significante.

Acerca da mudez do enquadre, lembro-me do que me disse um aluno: às vezes, o enquadre é mudo porque o analista é surdo. Seria preciso falar, portanto, da surdo-mudez do enquadre, para incluir a contratransferência e também as teorias do analista com relação à psicose. Quando se entende a linguagem não-verbal da psicose, o enquadre deixa de ficar mudo (Andrés Fractman, comunicação pessoal).

Atualmente, sabemos com bastante segurança que a parte mais arcaica da personalidade, que de fato corresponde ao período pré-verbal dos primeiros meses da vida e tem relação direta com o fenômeno psicótico, expressa-se preferentemente por canais não-verbais e paraverbais de comunicação, como expusemos ao falar da interpretação.[5] Pode-se dizer, com propriedade, que a psicose é verdadeiramente muda, uma vez que se estrutura com mecanismos que estão além da palavra. Quando a psicose começa a falar, deixa de sê-lo.

Detenhamo-nos agora, por um momento, na própria noção de ruptura do enquadre. Se quisermos defini-la objetivamente, a ruptura do enquadre consiste em algo que altera notória e bruscamente as normas do tratamento e modifica, conseqüentemente, a situação analítica. Às vezes, a alteração provém do analisando, então, configurando um *acting out*; outras vezes, de um erro (ou *acting out*) do analista; outras, por fim, de uma circunstância fortuita, em geral uma informação não-pertinente que o analisando recebe de terceiros. Em todo caso, abala-se o marco no qual se desenvolve o processo, abre-se uma fenda pela qual o analisando pode literalmente meter-se na vida privada do analista.

Junto com essa definição objetiva, ao falar de ruptura do enquadre, devemos levar em conta as fantasias do analisando. O paciente pode negar que houve uma ruptura do enquadre, assim como pode pensar que houve quando não ocorreu. Como sempre, em nossa disciplina, o decisivo será a resposta pessoal do analisando. O enquadre é, pois, um fato objetivo que o analista propõe (no contrato) e que o analisando irá recobrindo com suas fantasias.

A partir de uma perspectiva instrumental, o enquadre institui-se porque oferece as melhores condições para desenvolver a tarefa analítica; e, curiosamente, boa parte dessa tarefa consiste em ver o que o paciente pensa dessa situação que estabelecemos, que teorias tem sobre ela. O enquadre é a lâmina do Rorschach sobre a qual o paciente verá coisas, coisas que o refletem.

---

[3] Bleger morreu em 20 de junho de 1972, em uma idade em que tudo fazia supor que continuaria sua obra vigorosa por muitos anos.

[4] Isto nos leva a uma discussão profunda e difícil, a relação da situação e do processo psicanalíticos com os primórdios do desenvolvimento, que procurarei abordar mais adiante.

[5] Este tema aparece ilustrado em meu trabalho sobre a reconstrução do desenvolvimento psíquico precoce (1981b), incluído como Capítulo 28 deste livro.

OUTRO MATERIAL CLÍNICO

Lembro-me de um paciente que, baseado no fato de que eu o atendesse sempre da mesma forma, tinha uma fantasia aristocrática (e onipotente) de que eu era seu valete, que lhe abria a porta, entrava atrás dele, limpava seu traseiro, etc. Essa fantasia, vinculada ao enquadre, ficou imobilizada durante muito tempo, completamente muda. Evidentemente, eu não estava predisposto a analisá-la, porque dou por descontado que a forma de receber o paciente não deve variar muito e é parte de meu *setting*. É certo que a idéia de valete surja em outros contextos, mas não com a força e a convicção quase delirante que assumiu no dia em que tive de mudar ocasionalmente a forma de recebê-lo.

Uma paciente que já tem seis anos de análise e tem muitíssimo dinheiro, após três dias de um reajuste de honorários que em nada difere de outros anteriores, interrompe a análise. Sem dizer nada, parte em viagem para a Europa e manda de lá uma carta dizendo que cometeu uma loucura e quer retomar o tratamento. A paciente tinha um filho em análise e com esse aumento, pela primeira vez em seis anos, havia ultrapassado os honorários que pagava pelo filho. Nesse momento, mobilizou-se uma situação psicótica projetada no enquadre: ela sempre tinha de gastar menos no tratamento que seu filho, porque, se gastava mais, era como seus pais, que sempre se preocuparam em juntar dinheiro, sem se interessarem por ela. Isto nunca havia sido explicitado no tratamento, e a paciente jamais teve o menor problema para pagar; além disso, o dinheiro pouco importava para ela. A soma em si não tinha nenhum significado; porém, bastou uma diferença realmente ínfima para que ela passasse a ser, por influência do aumento, a mãe que se ocupa mais de si mesma que de seu filho – e deixou o tratamento.[6]

Como é de se supor, esse tipo de conflito com respeito à sua relação com os pais egoístas e à sua função materna exteriorizava-se em diversos contextos, mas correspondia sempre aos níveis neuróticos da relação com os pais, de como eles haviam manejado o dinheiro, a sensação de que o dinheiro importava-lhes mais do que ela mesma como filha e de que era isso que lhe produzia uma sensação permanente de desvalorização, etc. Na parte psicótica, no entanto, o pagamento operava como situação concreta que demonstrava magicamente que ela não era com seu filho como seus pais (segundo pensava) haviam sido com ela. Esse aspecto estava totalmente clivado e colocado no montante do que ela pagava por sua análise e pela do filho.

Esses dois exemplos ilustram suficientemente, creio eu, a forma como a parte psicótica fica imobilizada no enquadre. Creio que se nota, também, que isso ocorre porque a psicose não fala com palavras e, às vezes, não a escutamos. Quanto a meu analisando, somente depois daquele episódio pude dar-me conta de que eu havia analisado muitas vezes sua atitude de superioridade frente a mim por pertencer a uma classe social superior a minha, mas nunca que ele acreditasse realmente que essa circunstância definia irrecusavelmente os papéis do amo e do vassalo na transferência.

Quanto à mulher que fez a "loucura" de interromper a análise porque se havia alterado um equilíbrio sem fundamento, o material parece conter uma nota queixosa frente aos pais da infância que aparecia totalmente encaixada no material neurótico de suas compreensíveis frustrações infantis.

Em resumo, acredito que, se formos capazes de escutá-la, menos a psicose poderá acomodar-se no silêncio do enquadre para passar despercebida.

ENQUADRE E METAENQUADRE

Estudamos detidamente as relações do processo com o enquadre e subscrevemos a opinião da maioria dos autores de que o enquadre não deve variar com as vicissitudes do processo.

Contudo, o enquadre recebe influências do meio social em que se desenvolve o tratamento. Isto é inevitável e também conveniente. Determinadas situações do ambiente devem ser recolhidas pelo enquadre, que adquire, assim, seu lugar no meio social em que se encontra. O enquadre deve ser legitimamente modificado a partir dos elementos da realidade à qual, em última instância, pertence.

O meio social que circunda o enquadre e opera, em alguma medida, sobre ele é chamado por Liberman (1970) de *metaenquadre*. São contingências que nem sempre o contrato analítico contempla estritamente, mas que pesam de fora e que o enquadre, cedo ou tarde, deve contemplar. O exemplo típico é a inflação. Outro exemplo poderia ser o respeito dos feriados importantes: nesses dias, não é aconselhável trabalhar. Os analistas argentinos que não trabalham nos feriados nacionais (mas sim em outros menos importantes) viram-se frente a um pequeno conflito quando se deixou de considerar feriado nacional o dia 12 de outubro, o dia do descobrimento da América, que o presidente Hipólito Yrigoyen exaltou como Dia da Raça. Depois lhe retiraram esse caráter, que se voltou a atribuir a ele após o conflito pelas ilhas Malvinas. Seria um exemplo típico da "alteração" do enquadre que vem de fora e que corresponde ao metaenquadre.

Com o plástico nome de *mundos superpostos*, Janine Puget e Leonardo Wender (1982) estudam um fenômeno certamente comum que passa quase sempre despercebido: quando analista e analisando compartilham uma informação que é, em princípio, extrínseca à situação analítica e, entretanto, incorpora-se ao processo por direito próprio. Nesses casos, uma realidade externa comum em ambos surge no campo analítico. "Sua presença no material é fonte de distorções e transformação na escuta do analista, assim como de perturbação na função analítica" (p. 520). O analista vê-se, assim, de imediato, em uma situação em

---

[6] Caso clínico apresentado no Seminário de Técnica de 1975.

que realmente está compartilhando algo com seu analisando, o que o faz perder a proteção que lhe fornece o enquadre e o expõe a fortes conflitos de contratransferência, os quais fustigam especialmente seu narcisismo e sua escoptofilia.

Embora o campo de observação de Puget e Wender tenha limites amplos, que vão da ética à técnica, da contratransferência ao enquadre e da teoria ao método, decidi estudá-lo, nesse ponto, como um exemplo privilegiado das formas em que o enquadre psicanalítico depende do âmbito social em que analista e analisando inevitavelmente se encontram.

NOVA TENTATIVA DE DEFINIÇÃO

Ao longo destes capítulos, pudemos ver que há, de fato, várias alternativas para definir a situação analítica e estabelecer seus vínculos com o processo analítico.

Como dissemos antes, a palavra situação da linguagem ordinária denota o lugar em que algo se situa, o sítio onde algo tem lugar. Conforme a perspectiva teórica em que nos coloquemos, esse "sítio" pode ser entendido como uma estrutura ou *Gestalt*, como um campo ou um encontro existencial.

Se a concebermos como *estrutura*, a situação analítica apresenta-se para nós como uma unidade formada por diversos membros, dois, mais precisamente, cada um dos quais só adquire sentido em relação com os demais. Com essa perspectiva, diz-se que a transferência não pode ser entendida isolada da contratransferência, ou que as pulsões e os sentimentos do analisando têm a ver com a presença do psicanalista. Por isso, Rickman (1950, 1951) sublinhava que a característica fundamental do método freudiano é ser uma "two-person psychology".

O conceito de *Gestalt* ou estrutura não difere muito do de campo e, de fato, os que definem a situação analítica como um *campo* apóiam-se em idéias gestálticas e estruturais. Quando a definimos dessa maneira, queremos dizer que a situação analítica é percorrida por linhas de força que partem do analisando e do analista, que desse modo ficam situados em um campo de interação.

A situação analítica poderia, por fim, ser entendida como um *encontro* existencial entre analista e analisando. Se não a concebemos assim é porque não pertencemos a essa linha de pensamento, mas assim a definem todos os analistas existenciais, independentemente das diferenças que possam distingui-los. Para todos eles, a sessão psicoterapêutica é um lugar de encontro, do ser-no-mundo.

Nas três definições recém-apontadas, vejo um par de elementos decisivos:

1. a situação analítica é reconhecida por si mesma, tem autonomia, e
2. é a-histórica, atemporal, não preexiste ao momento em que se constitui.

Há outra forma de definir a relação analítica que, em meu entender, é muito diferente das anteriores, embora às vezes se confundam. Nesse caso, a situação analítica é definida estipulativamente a partir do processo. Para ser realizado, o processo precisa, por definição, de um não-processo, que é o enquadre; então, vamos utilizar a palavra situação para abranger a ambos. A idéia de que deve haver algo fixo para que se desenvolva o processo é lógica, é irretocável, mas nem por isso redefiniremos a situação analítica como o conjunto de constantes e variáveis. É certo que, graças a esse arbítrio, são resolvidas as imprecisões da linguagem ordinária, porém à custa de simplificar os fatos, retirando-se da situação analítica toda autonomia.

Se nos decidimos a manter a vigência conceitual da situação analítica, temos de reconhecê-la como atemporal e a-histórica, mas então vamos contrapô-la e complementá-la com a noção de processo, com o que reingressa a história.

Para encerrar essa discussão com uma opinião pessoal, direi que entre situação e processo existe a mesma relação que entre o *estado atual* e a *evolução* da história clínica clássica. Ou também entre a lingüística sincrônica e diacrônica de Ferdinand de Saussure (1916). A perspectiva *sincrônica* estuda a linguagem como um sistema, em um momento e em um estado particular, sem referência ao tempo. O estudo *diacrônico* do linguagem, ao contrário, ocupa-se de sua evolução no tempo. Essa discriminação foi uma das grandes contribuições de Saussure, porque lhe permitiu distinguir dois tipos de fatos: a linguagem como sistema e a linguagem em sua evolução histórica.

Aplicando esses conceitos, poderemos dizer que a situação analítica é sincrônica e o processo analítico é diacrônico. E, para estudá-los, devemos discriminá-los cuidadosamente, sem fugir do emaranhado às vezes inextrincável de suas relações.

39

O Processo Analítico

DISCUSSÃO GERAL

Nos três capítulos anteriores, estudamos especialmente a *situação analítica* e, depois de passar em revista as diferentes formas de entendê-la, inclinamo-nos por conceituá-la como um lugar, um sítio, um *espaço* sem tempo, onde se estabelece a relação singular que envolve o analisando e o analista com papéis bem definidos e objetivos formalmente compartilhados quanto ao cumprimento de uma determinada tarefa.

Vimos também que a situação analítica requer um marco para se estabelecer, que é o *enquadre* (*setting*), em que jazem as normas que a tornam possível. Essas normas têm sua razão de ser nas teorias da psicanálise e do psicanalista e surgem de um acordo entre partes que constitui o *contrato analítico*.

Em seu *Esquema da psicanálise*, escrito em 1938, pouco antes de sua morte, Freud chamou esse acordo de *Vertrag*, que se pode traduzir por pacto, contrato. O analista deve aliar-se com o debilitado ego do paciente contra as exigências instintivas do id e as demandas morais do superego, concertando, assim, um pacto, em que o ego nos promete a mais completa sinceridade para nos informar, e nós lhe oferecemos, em troca, nosso saber para interpretar os aspectos inconscientes de seu material, junto com a mais estrita reserva. "Nesse pacto consiste a situação analítica" (Freud, 1940a, *AE*, v. 23, p. 174).

A partir da situação analítica assim concebida, desenvolve-se a tarefa analítica através do *tempo*, configurando-se o *processo psicanalítico*, ao qual dirigiremos agora nossa atenção.

O CONCEITO DE PROCESSO

Antes de nos ocuparmos especificamente do processo psicanalítico, vamos considerar o conceito de processo, seguindo o artigo que Gregorio Klimovsky (1982) escreveu sobre esse tema.

Talvez a acepção mais ampla e geral de *processo*, diz Klimovsky, é a que o define em função do tempo, isto é, para cada valor da variável tempo fixa-se um certo estado no sistema em estudo. O que ocorre no sistema em estudo (que, para nós, é o tratamento psicanalítico) dá-se em função do tempo, do mesmo modo que o volume de uma massa de gás é função da pressão e da temperatura na lei de Boyle e Mariotte. Segundo essa acepção muito geral, "um processo é uma função que correlaciona, para cada instante de um determinado lapso, um certo estado ou configuração característica do indivíduo ou da comunidade que se está investigando" (p. 7). Quando dispomos certos acontecimentos da vida do analisando em uma ordem temporal, estamos definindo um processo, pois orientamos os acontecimentos em função do tempo. Ao consignar a enfermidade atual na história clínica, por exemplo, seguimos esse método, dado que vamos anotando os sintomas e o momento de sua aparição. Às vezes, esse ordenamento cronológico dos sintomas basta para fazer um diagnóstico com um pouco menos que de certeza de uma determinada doença. Pense-se, por exemplo, na síndrome epigástrica e na dor na fossa ilíaca direita da apendicite aguda.

Em uma segunda acepção da palavra processo, tudo o que vai ocorrendo no tempo adquire unidade, tendo em vista um estado final determinado. O processo marcha para um objetivo e termina quando este é atingido. Nesse sentido, poderíamos dizer que o método catártico consistia em um processo que, a partir da hipnose, conduzia à recuperação das recordações (a consciência ampliada) e terminava na ab-reação.

A terceira acepção de "processo" que Klimovsky distingue tem a ver com um encadeamento causal. Ou seja, os estados posteriores são de algum modo determinados pelos anteriores, seja de forma contínua ou discreta. Quando tentamos compreender o processo analítico em termos de progressão e regressão, quando o dividimos em etapas que dependem de determinadas configurações que, ao serem resolvidas, conduzem a outras novas e previstas, estamos, de fato, dando explicações desse tipo. Um bom exemplo disso é a teoria das posições de Klein em sua formulação genética,[1] que pressupõe uma evolução proces-

---

[1] A teoria das posições deve ser entendida a partir de três perspectivas: como uma constelação psicopatológica, como fases do desenvolvimento (explicação genética) e como uma estrutura, que Bion (1963) expressa com sua equação de dois membros: $P_S \leftrightarrow D$, a qual, para Meltzer (1978), configura um princípio econômico. (Cf. *The Kleinian development*, v.11, cap. 1).

sual da posição esquizoparanóide para a posição depressiva.

Há, ainda, uma quarta forma de usar a palavra processo, que é como uma "sucessão de eventos com suas conexões causais mais as ações que o terapeuta vai imprimindo em certos momentos para que a seqüência seja essa e não outra" (p. 8). É compreensível que, se pensarmos que cada estado depende do anterior, então procuraremos fazer algo para obter uma mudança na seqüência. Esse modelo parece ser o que mais se adapta ao processo psicanalítico e que nos oferece uma convincente explicação do que fazemos. Frente à determinada configuração do material e da relação analítica, podemos prever o que acontecerá depois (aumentará a angústia e/ou a resistência, por exemplo) e procuraremos intervir com a interpretação para que isso não ocorra.

Como diz Klimovsky, o processo terapêutico, para ser como tal, deve provocar *mudanças* – porque, se não fosse assim, não seria um processo no sentido da segunda e da terceira acepções – e essas mudanças são as que tentamos propiciar com a interpretação. Para operar desse modo no processo psicanalítico, temos de saber, em primeiro lugar, que situações são possíveis frente à determinada configuração no curso da hora analítica; decidir depois qual nos parece a preferível (o que pressupõe um problema axiológico complexo) e, por fim, que curso de ação teremos de seguir para obtê-la. Por curso de ação, entende-se aqui que interpretação parece-nos ser a mais adequada, ou o que poderíamos fazer em sua substituição se a questionássemos.

Com base nesse convincente esquema de Klimovsky, agora passaremos em revista as principais teorias que tentam explicar o processo psicanalítico, mas antes me deterei um pouco em um problema talvez um tanto acadêmico, a natureza do processo analítico, porque estou convencido de que nossa práxis dependerá sempre, mais cedo ou mais tarde, de como o entendemos.

DA NATUREZA DO PROCESSO PSICANALÍTICO

Quando indagamos qual é a natureza do processo psicanalítico, isto é, qual é sua essência ou sua raiz, chegamos a um ponto em que aparecem duas concepções opostas e, ao que parece, inconciliáveis. Para uma delas, o processo psicanalítico surge espontânea e naturalmente da situação analítica em que analisando e analista estão situados; para a outra, porém, o processo é um artifício, para não dizer um artefato, das rigorosas condições em que se desenvolve a análise e às quais o paciente tem de se adaptar (ou se "submeter").

Caracterizadas assim, ambas as posições apresentam-se como extremas e intemperantes, sem que haja, ao que parece, nenhum ponto de complemento ou convergência.

Quando se sustenta que o processo psicanalítico é *natural* e nega-se a ele todo tipo de artifício, está-se pensando que a transferência é um processo basicamente espontâneo, que há em todos nós uma tendência natural a repetir no presente as velhas pautas de nosso remoto passado infantil, que não é absolutamente necessário pressionar ou induzir o analisando para que isso ocorra, que nosso método, enfim, opera sempre *per via di levare* e não *di porre*. Passa-se por alto, certamente, que todo processo no qual intervém a mão do homem é artificial. Como define o *Diccionario de la lengua*, "artifício" significa ao mesmo tempo o que é produto da arte e do engenho humano e, em sentido figurado, o que é falso. Nessa discussão, portanto, não nos devemos deixar levar pela conotação emocional dos vocábulos.

No entanto, aqueles que defendem a outra alternativa e afirmam que o processo analítico é um produto *artificial* de nossa técnica começam por dizer que a relação que o *setting* analítico impõe aos dois participantes do tratamento é demasiadamente rígida e convencional, carece de toda espontaneidade e é reconhecidamente assimétrica. Que diálogo pode ser esse em que um dos participantes deita-se, e o outro está sentado, em que um fala, sem que se permita a ele amparar-se em nenhuma das normas da conversação habitual, e o outro permanece impenetrável, interpretando por toda resposta? Não, afirma-se, o processo analítico transcorre por caminhos tão pouco freqüentados que tem um selo ineludível de artifício. Se não fosse assim, se o processo analítico cursasse naturalmente, então o passado teria de se repetir sem mudanças e não haveria verdadeiramente processo.

Tal como acabo de expô-las, as duas posições apóiam-se em argumentos válidos, mas têm também seus pontos fracos. Para sair desses posicionamentos extremos, que não são os melhores para discutir, digamos, antes disso, que certos autores sustentam que o processo analítico é *natural*, porquanto busca pôr em marcha o *crescimento mental* detido pela enfermidade. Há no ser humano uma potencialidade inerente a crescer, a se desenvolver – já dizia Bibring (1937) –, e toda nossa tarefa, bem humilde, por certo, consiste apenas em levantar os obstáculos para que esse rio heraclitiano que é a vida (ou a mente) continue seu caminho. Não dispomos de nenhuma bomba impulsora ou outro aparelho mais moderno que impulsione a água para diante; tampouco precisamos disso.

Os que não se resignam com essa tarefa tão pouco estimulante sustentam, ao contrário, que o processo analítico é, por definição, *criativo*, original, irrepetível. O analista participa ativa e continuamente, cada interpretação impulsiona o processo, leva-o por novos caminhos e "faz caminho ao andar". O que o analista disser ou não disser, o que o analista selecionar para interpretar, a forma como interpreta... tudo dá ao processo analítico o seu selo; disso decorre que não haja duas análises iguais, nem que nenhum analisando seja o mesmo para dois analistas.

Os argumentos poderiam multiplicar-se e, como em todos os temas de controvérsia, cada facção encontraria como se amparar "no que Freud disse". A transferência, dizia Freud em "Recordar, repetir e reelaborar", cria uma zona intermediária entre a doença e a vida, em que a transição de uma até a outra torna-se possível. Como afirma Loewald (1968), Freud pensa que essa nova enfermidade, a neurose de transferência não é um artefato, mas que deriva, antes, da natureza libidinal do ser humano (*Papers on psychoanalysis*, p. 310). Assim, pois, a neurose de transferência é uma terra de ninguém entre o artifício e a realidade.

Em geral, todos os analistas admitem que a análise é um processo de crescimento e também uma experiência criativa. Tudo depende de, então, a qual desses dois aspectos preferimos dar o primeiro lugar. Pessoalmente, inclino-me pela primeira alternativa e penso que a essência do processo consiste em levantar os obstáculos para que o analisando tome seu próprio caminho. A criação do analista consiste, para mim, em ser capaz de dar a seu analisando os instrumentos necessários para que ele se oriente sozinho e volte a ser ele mesmo. O analista é criativo mais pelo que revela do que pelo que cria. Esse ponto está rigorosamente estabelecido no recém-citado trabalho de Loewald, que centra a discussão no novo significado que adquire a enfermidade na neurose de transferência. Dar um novo significado à neurose de transferência, diz Loewald, não significa inventar um novo significado, nem tampouco meramente revelar ao analisando um significado arcaico, mas sim criar um significado pela interação entre analista e paciente, interação que tem tensões dinâmicas novas e engendra motivações novas, autóctones e mais saudáveis (p. 311). Parece-me útil essa proposição com três variantes, mas continuo pensando, como disse em Helsinque (Etchegoyen, 1981b), que o psicanalista, mais que criá-los, resgata os significados perdidos.

RESENHA DAS PRINCIPAIS TEORIAS

De acordo com as precisões de Klimovsky, expostas no segundo item, poderíamos definir agora o *processo psicanalítico* como um devir temporal de acontecimentos que se encadeiam e tendem a um estado final com a intervenção do analista. Digamos, para sermos mais precisos, que esses acontecimentos relacionam-se entre si por fenômenos de regressão e progressão, que o estado ao qual tendem é a cura (seja esta o que for) e que a intervenção do analista consiste basicamente (ou exclusivamente) no ato de interpretar.

Há várias teorias que procuram explicar o desenvolvimento do processo analítico e, entre elas, a que a meu ver goza de maior predicamento é *a teoria da regressão terapêutica*. Ocupei-me detidamente desse tema em um trabalho anterior, "Regressão e enquadre" (1979a), que será o próximo capítulo deste livro.

Embora a maioria dos psicólogos do ego abrace decididamente a teoria da regressão no *setting*, há também nessa corrente de pensamento, os que não a aceitam, como Arlow, Brenner, Calef e Weinshel, entre os principais. Weinshel, como outros psicanalistas de San Francisco, entende o processo analítico a partir da idéia (bem freudiana por certo) de resistência. O processo analítico consiste, para Weinshel, em resolver os recalcamentos através do trabalho comum de analisando e analista, no contexto de uma relação de objeto que envolve processos de identificação e transferência. Já veremos que, nesse contexto, as idéias de regressão e aliança terapêutica não encontram um lugar teoricamente válido. Todo o raciocínio apóia-se em um interessante e pouco lido trabalho de Bernfeld, "The fact of observation in psychoanalysis", publicado em 1941. Veremos isso no próximo item.

Os analistas kleinianos nunca se ocuparam muito da teoria da regressão no *setting*, apesar de o corpo de doutrina dessa escola apresentar-se como basicamente incompatível com tal explicação.

A proposta da escola kleiniana para dar conta da dinâmica do processo analítico deve ser buscada, em meu entender, na angústia de separação. É evidente que uma autora que, como Klein, postula sem concessões a relação de objeto desde o começo deve apoiar-se, para entender o processo, mais cedo ou mais tarde, em uma dialética do contato e da separação.

O livro de Meltzer (1967) sobre o processo analítico é inspirado, justamente, como veremos no devido momento, no ritmo de contato e separação, que se explica convincentemente a partir da teoria da identificação projetiva.

Entre os autores pós-kleinianos, penso que quem mais se ocupou do tema foi Winnicott, cujas idéias transitam por um caminho distinto e original. Para esse autor, o *setting* analítico facilita e permite um processo de regressão que é indispensável para desandar um caminho equivocado, para cicatrizar as feridas do desenvolvimento emocional primitivo.

Em seu trabalho apresentado no Congresso de Londres, André Green (1975) estuda o desenvolvimento do processo analítico e assinala a presença de uma dupla ansiedade para explicá-lo, sobretudo nos quadros *borderlines*, a saber: a angústia de separação e a angústia de intrusão, de cuja dialética surge a *psychose blanche*.

AS OBSERVAÇÕES DE WEINSHEL

Em um trabalho rigoroso,[2] Edward M. Weinshel propõe um modelo interessante do processo analítico a partir da análise da resistência, que é, sem dúvida, uma constante do pensamento freudiano, apoiado em idéias de Bernfeld, que tanta influência teve, nos últimos anos de sua vida, nos grupos psicanalíticos do oeste dos Estados Unidos.[3]

---

[2] Weinshel apresentou seu trabalho em 12 de abril de 1983 em seu país e, poucos dias depois, na Associação Psicanalítica de Buenos Aires, onde compareceu a convite do presidente Polito. O texto definitivo foi publicado em *The Psychoanalytic Quarterly*.
[3] Bernfeld (1892-1953) chegou a San Francisco em 1937.

Weinshel toma como ponto de partida o que Freud diz em "Sobre o início do tratamento" (1913c): o analista põe em marcha um processo, a solução dos recalcamentos existentes, e é capaz de supervisioná-lo, promovê-lo e aliviá-lo de obstáculos, não menos que de interferir nele. Uma vez iniciado, esse processo segue seu próprio caminho e não admite que se imponha a ele uma determinada direção ou seqüência. E, comparando-o ao processo da gestação, Freud diz que o processo psicanalítico é determinado por acontecimentos complexos do passado e termina com a separação entre o filho e a mãe (AE, v. 12, p. 132).

Weinshel tomará como ponto de partida a clara posição de Freud quanto ao fato de que o processo analítico consiste em levantar os recalcamentos existentes, o que equivale a dizer que nosso trabalho consiste em resolver a resistência do analisando. Desse modo, o processo psicanalítico é algo que se dá entre duas pessoas, analisando e analista, que trabalham conjuntamente e no qual haverá relações de objeto, identificações e transferências (1984, p. 67).

A posição de Freud nunca mudou, destaca Weinshel, quanto a que a base do processo analítico consiste em superar as resistências, e esse processo é o que leva ao *insight*, através da interpretação. Dessa forma, Weinshel articula o processo com as resistências e estas com a interpretação e o *insight*. Nesse marco teórico, compartilhado, sem dúvida, pela maioria dos analistas, a transferência é, para nosso autor, o principal veículo para observar e manejar as resistências. O trabalho analítico varia em relação inversa com a resistência e, por isso, a colaboração do paciente flutua continuamente. É com base nisso que Weinshel questiona o conceito de aliança terapêutica (ou de trabalho), que não é algo que se consegue de uma vez por todas. A aliança de trabalho apresenta-se como uma estrutura relativamente transitória, mais do que constante, e por essa razão converte-se em um conceito potencialmente confuso e pouco útil, sobretudo se for vista como uma entidade psicológica discreta (p. 75).

No pouco freqüentado trabalho que Siegfried Bernfeld publicou no *Journal of Psychology*, de 1941, antes citado, Weinshel encontra os pensamentos que melhor permitem compreender a natureza do processo analítico.

Bernfeld pensa que, se quisermos descobrir em sua raiz o método científico da psicanálise, devemos partir do modelo da *conversação ordinária*, já que o método científico em geral não é mais do que as técnicas ordinárias, tornadas mais refinadas e verificáveis (p. 75). A psicanálise é, para Bernfeld, uma conversação especial, em que o paciente tem de associar livremente. Em dado momento dessa sofisticada conversação, surgirá um obstáculo, que é o que conceituamos como resistência, e Bernfeld chama de ocultar um secreto (*the state of hiding a secret*), que pode ceder e seguir-se de uma confissão (*confession*), facilitada por uma intervenção (*interference, intervention*) do outro, que em nossa prática é a interpretação do analista. Depois da confissão de seu segredo, o analisando pode continuar sua conversação. Isto se repete muitas vezes e, nessa dialética entre segredo e confissão, influenciada pela interpretação do analista, consiste para Bernfeld o processo analítico.

Esse enfoque de Bernfeld coincide e amplia suas idéias sobre a interpretação de seu trabalho de 1932, que já tivemos oportunidade de discutir. Nesse trabalho, Bernfeld definia a psicanálise como uma ciência das marcas. Não é nem a interpretação final nem a interpretação funcional o método fundamental da psicanálise, mas a reconstrução ou interpretação genética, que deve ir em busca das origens através das marcas que ainda persistem.[4] O processo que se há de reconstruir deixou determinadas marcas, e o psicanalista lança-se em sua busca. Daí que Bernfeld compare a tarefa do analista à do detetive, que tenta recuperar as marcas do criminoso. Por isso, Ekstein (1966) diz em seu interessante estudo da interpretação: "O detetive, assim como o arqueólogo, trabalha a partir do presente rumo ao passado e tenta reconstruir os fatos".[5]

Vale a pena salientar que, para Bernfeld, a verificação em psicanálise não tem a ver com que a confissão seja real ou correta, isto é, com seu conteúdo, mas com que o paciente diga o que esteve ocultando. Sem descartar a possibilidade de uma confissão falsa, Bernfeld considera que o analista está em uma posição vantajosa para verificar se a confissão foi correta, por pouco que pondere adequadamente os fatos de observação que se oferecem a ele, segundo o modelo resistência-associação livre. O que realmente importa é que o paciente tenha confessado seu segredo. Por isso é que Weinshel pensa que o processo analítico tem de ser definido mais pelo trabalho (de superar as resistências) do que por seus objetivos.

Como tive oportunidade de dizer a Weinshel, em Buenos Aires, concordo com sua concepção do processo analítico como um trabalho que o analisando e o analista realizam juntos para vencer as resistências, mas não com o esquema metodológico de Bernfeld.

Além de me parecer que a distância entre a conversação ordinária e o diálogo psicanalítico é demasiadamente longa para que possamos colocá-las em uma mesma classe, penso também que o modelo segredo-confissão não é o que melhor se adapta à técnica psicanalítica. Creio que a palavra segredo é aplicável ao consciente (ou, em suma, ao pré-consciente), mas não ao inconsciente sistêmico, que é a área estrita de nosso trabalho.

Por outra parte, deixando de lado o esquema de Bernfeld e indo à própria concepção de Weinshel, a ênfase nas resistências nem sempre parece fazer justiça à complexidade do processo analítico, no qual a resistência e o recalcado configuram um inextricável par dialético e não devem ser separados taxativamente.

Deve-se levar em consideração, por último, que as próprias idéias de segredo, confissão e resistência vão adquirindo significados especiais durante o curso do proces-

---

[4] Ver "O conceito de 'interpretação' na psicanálise", seção 3.
[5] "A natureza do processo interpretativo", (Ekstein, 1966, p. 180).

so, e já não poderemos, então, operar com elas limpidamente. Teremos de analisar as fantasias que estão recobrindo-as, abandonando, por conseguinte, pelo menos nesse momento, a dialética de Bernfeld e seus discípulos.

Vale a pena recordar aqui o que disse Giovacchini (1972a) sobre as resistências. Analisar as resistências não é o mesmo que vencê-las ou superá-las, já que essa atitude pode criar uma atmosfera restritiva e moralista que não é boa para o processo analítico e menos ainda nos pacientes mais graves.

As idéias de Weinshel, enfim, parecem ser mais aplicáveis para o caso neurótico do que para os mais graves.

O MODELO DE PROCESSO DE ULM

O processo psicanalítico depende de muitos fatores e, dentre eles, cabe destacar precisamente o conceito de processo que o analista venha a sustentar. Para Helmut Thomä e Horst Kächele (1985), os rigorosos investigadores de Ulm, esse é um fator decisivo, porque na definição de processo já está implícito o modelo com o qual se está operando. Por sua alta complexidade e suas infinitas variáveis, o processo analítico presta-se para que qualquer modelo possa justificar-se, e isso traz consigo um duplo perigo: teórico, porque vem a confirmar a teoria pressuposta (que de fato se converte em irrefutável), e prático, porque priva o analisando de sua livre espontaneidade.

Os modelos são necessários, entretanto, para pôr ordem na multidão dos dados clínicos e ninguém deixa de utilizá-los, de modo que a questão "não reside em que o analista deduza pautas de ação de seu modelo de processo, mas em que as maneje como prescrições estritas" (*Teoria e prática da psicanálise*, v. 1, p. 388). Em outras palavras, a observação não será estereotipada, mas heurística, isto é, aberta sempre para o que está acontecendo e pode acontecer. O modelo deve servir para descrever, e não para prescrever.

Assim como há dois modelos de ciência, da *natureza* (Naturwissenschaften) e do *espírito* (Geisteswissenschaften), há também dois tipos de modelo de processo psicanalítico: científico-natural e científico-social. Os analistas do Departamento de Psicoterapia da Universidade de Ulm defendem uma concepção diádica, bipessoal e científico-social do processo psicanalítico e sustentam que os modelos empregados nas ciências naturais não convêm à nossa disciplina, já que o analista, como observador participante, influi decididamente no campo de observação. Apesar de Thomä e Kächele reconhecerem que esse critério epistemológico é cada vez mais questionado, não têm dúvida de que existe uma diferença qualitativa entre o físico que observa partículas e ondas e o psicanalista que aspira a dar conta do processo terapêutico em que está incluído.

Os autores de Ulm combatem a idéia de que o tratamento psicanalítico corresponde a um modelo natural que surge de regularidades imanentes, sempre que o analista não o perturbe. "Em contraposição, atribuímos ao analista um papel central como codeterminante do processo terapêutico, papel que desempenha de modo diádico-específico, isto é, em dependência de sua própria personalidade e da do paciente. Essa visão do papel do terapeuta é incompatível com uma concepção naturalista do processo psicanalítico" (p. 393).

Os modelos que pressupõem um curso natural do tratamento o concebem, em geral, como uma réplica do desenvolvimento infantil precoce. Thomä e Kächele não questionam absolutamente que o desenvolvimento psíquico do homem cumpra-se por meio de determinadas etapas: simbiose, conflitos pré-edípicos e edípicos, por exemplo, de modo que, em linhas gerais, podem fornecer um guia frutífero para avaliar a marcha do processo, mas sempre que não se deixe de considerar que o processo terapêutico é diferente da experiência infantil originária em pontos essenciais: "As experiências precoces *não podem* voltar a ser vividas autenticamente" (p. 391; grifos no original), já que o processo terapêutico trata sempre de uma variedade de experiências sobredeterminadas. Ao princípio de continuidade genética de Joan Rivière (1936) e Susan Isaacs (1943), que recolhe uma inegável tradição freudiana, deve-se contrapor o também bastante freudiano conceito de *après coup* (Nachträglichkeit), segundo o qual o evento anterior só adquire sua significação posteriormente. Como assinalam Baranger e colaboradores (1982), esse princípio destaca a diferença entre a psicanálise e a psicologia evolutiva.

Thomä e Kächele sustentam que, nos modelos que se baseiam na idéia de que o processo psicanalítico segue um tipo natural de crescimento, o desenvolvimento do paciente ocupa o centro do interesse. Se considerarmos que o tratamento psicanalítico é diádico, ou seja, um processo de negociação interacional, então a contribuição do terapeuta passa a ser muito importante.

Com base nessas considerações gerais, Thomä e Kächele expõem o modelo de processo de Ulm, que propõe conjugar a atenção livremente flutuante do analista com uma estratégia focal, que se dirige aos pontos em que se deve centrar a atenção. O *foco* tem de ser entendido como um processo heurístico, cuja utilidade deve ser demonstrada pelo progresso do tratamento, e nada mais distante do espírito dos autores que uma focalização rígida. Embora o foco tenha existência independente da intervenção do analista, já que o paciente configurou-o de fato em sua própria sintomatologia, também é inegável que depende da atenção do analista. "Consideramos o foco configurado interacionalmente como plataforma giratória central do processo e, por esse motivo, concebemos a terapia psicanalítica como uma *terapia focal continuada, de duração indefinida e de foco variável*" (p. 402; grifos no original). Desse modo, prosseguem os autores, entende-se por foco "um ponto nodal temático produzido na interação do trabalho terapêutico, que resulta da proposição do paciente e da capacidade de compreensão do analista" (p. 406). Ao terminar sua exposição, Thomä e Kächele dizem de forma clara e bastante enérgica: "À ficção do processo psicanalítico purista, queremos opor a concepção do processo como uma terapia focal continuada, sem limite de duração, e com foco qualitativamente variável" (p. 408). É evidente que os autores descartam por completo que o analista possa recobrar a objetividade a partir da análise de sua contratransferência e, desse modo, participar da marcha do processo, sem por isso ficar irremediavelmente envolvido.

As advertências metodológicas dos homens de Ulm são pertinentes, e também creio que as experiências precoces não se reproduzirão textualmente. Se fosse assim, o desenlace da experiência atual deveria ser forçosamente idêntico ao da antiga, mas disso não se segue necessariamente que na situação analítica o analista intervenha com seus próprios conflitos pessoais. Como eles mesmos dizem, a interação do trabalho terapêutico consiste em que o analisando *proponha*, e o analista *responda* com sua capacidade (técnica) de compreender, isto é, de interpretar. Dessa forma, o compromisso contratransferencial do analista, por maior que seja, pode ser resolvido claramente, restabelecendo-se a ineludível assimetria do vínculo analítico, que nos permite operar *per via di levare* e devolver ao analisando o que, na realidade, pertence a ele.

40

Regressão e Enquadre*

O propósito deste capítulo é estudar como se relacionam o enquadre e a regressão no processo psicanalítico. Esse é, em meu entender, um problema de grande densidade teórica, ao qual nem todos os investigadores dão igual importância. Quando ele é contemplado a partir da prática de todos os dias, parece simples e sem complicações: é inerente ao processo analítico que haja momentos de regressão, e o analista defronta-se com eles continuamente. Desse modo, aceitamos sem objeção que o processo tem a ver com a regressão e o consideramos um fato empírico que não propõe uma maior reflexão teórica. Entretanto, logo que se começa a discutir o nexo causal entre regressão e enquadre, encontramos no centro das grandes linhas do pensamento psicanalítico contemporâneo.

Os que mais meditaram sobre esse tema foram, sem dúvida, os psicólogos do ego. Não se poderia nunca criticá-los por não terem fixado sua posição. Apoiados lucidamente em suas próprias idéias, e com uma grande coerência entre a teoria e a prática, definem o problema e o consideram fundamental. Outras escolas, porém, não parecem ter-lhe dedicado uma atenção suficiente.

A regressão no processo psicanalítico foi o tema oficial do VII Congresso Latino-Americano de Psicanálise, reunido em Bogotá em 1969. Foram relatores argentinos Avenburg, Madeleine Baranger, Giuliana Smolensky de Dellarossa, Rolla e Zac. Apesar de os próprios autores reconhecerem – de saída as diferenças teóricas que os separam, concordam em que há uma regressão "que contribui para o processo, que o constitui em parte e é parte intrínseca e imprescindível dele". Diferenciam dois tipos de regressão: a regressão patológica, característica da enfermidade que o paciente traz para o tratamento e que possui um caráter eminentemente defensivo, e a regressão útil, operativa ou a serviço do ego que favorece a tarefa terapêutica.

Pouco depois do relato de Bogotá, e inspirado nele, Ricardo Avenburg (1969) estudou minuciosamente o tema da regressão no processo analítico na obra de Freud para demonstrar que não aparece explicitamente desenvolvido.

Digamos desde já que, no pensamento freudiano, os conceitos de fixação e regressão são a chave explicativa da psicopatologia, mas nunca foram transportados para a situação analítica. Freud aplica o conceito de regressão exclusivamente à enfermidade, e não à terapia. Recordemos, por exemplo, quando expressa vivamente em "Sobre a dinâmica da transferência" (1912b), que é um requisito indispensável para o surgimento de uma neurose que a libido tome um curso regressivo, enquanto o tratamento analítico a segue, a rastreia e procura torná-la consciente para colocá-la a serviço da realidade.[1]

A REGRESSÃO TERAPÊUTICA

É bem sabido que muitos psicólogos do ego afirmam categoricamente que o processo analítico é de natureza regressiva, que essa regressão é produzida como resposta ao *setting* e é a condição necessária para que se constitua uma neurose de transferência analisável. Com matizes diferentes, essa opinião é encontrada em vários cultores da psicologia do ego do Novo e do Velho Mundo, assim como em muitos outros investigadores que não pertencem a essa escola.

Para entender a teoria da regressão terapêutica da psicologia do ego, temos de levar em conta principalmente dois fatores: primeiro (e principal, a meu ver), o conceito de *autonomia secundária* de Hartmann (1939); segundo, a função do enquadre.

Se relermos com atenção "The autonomy of the ego", de David Rapaport (1951), veremos claramente exposto o princípio da autonomia secundária, sobretudo na seção IV. Os aparelhos de controle que surgem do conflito podem tornar-se independentes de sua fonte de origem, e logo sabemos disso porque, em nossa tarefa terapêutica, encontramos defesas que não conseguimos derrubar, ainda que a análise prolongue-se por muito tempo. À parte essa

---

* N. do A. Reproduzo, com ligeiras modificações, o trabalho que li no Ateneu da Associação Psicanalítica de Buenos Aires, em 9 de outubro de 1979, e que apareceu no volume 1 de *Psicoanálisis* daquele mesmo ano. Algumas citações do original são feitas desta vez com mais detalhe e, ressalvando uma omissão da versão anterior, acrescentou uma seção comentando sobre Arlow e Brenner (1964), cujas idéias principais compartilho.

[1] "A libido (em todo ou em parte) internou-se pelo caminho da regressão e reanima as imagos infantis. Pois bem, até aí continua o tratamento analítico, que quer tomá-la, torná-la novamente acessível à consciência e, por último, colocá-la a serviço da realidade objetiva" (*AE*, v.12, p. 100).

consideração prática, Rapaport insiste em que toda atitude contrafóbica e toda formação reativa trazem concomitantemente um *valor de motivação* (*motivating value*) que, embora tenha surgido do conflito, não se perde em uma análise com sucesso. Em suma, o que se produziu como resultado do conflito, mais cedo ou mais tarde, pode tornar-se independente dele, pode tornar-se relativamente autônomo.

Na seção V do mesmo trabalho, Rapaport diferencia, dentro de uma mesma formação psíquica, o aspecto autônomo desse valor de motivação do aspecto defensivo. A conclusão de Rapaport é que, como a autonomia secundária é sempre relativa, o analista deve respeitá-la cuidadosamente para não provocar um processo regressivo, que pode até levar à psicose. Portanto, é ineludível que o analista trate a defesa envolvida no conflito sem atacar a autonomia do valor de motivação. Assim, por exemplo, uma interpretação direta do sentido agressivo da independência reativa desencadeou em um caso *borderline* um quadro de excitação catatônica (1951, p. 366).

Rapaport conclui "que a autonomia, e em particular a autonomia secundária, é sempre relativa e que a investida da motivação pulsional pode reverter a autonomia, sobretudo se não fica sob o controle da ajuda terapêutica ou se é favorecida por uma atividade terapêutica excessiva, provocando um estado psicótico regressivo no qual o paciente fica à mercê de seus impulsos instintivos em uma extensão demasiado grande" (ibid.).

Como procurei mostrar ao falar de aliança terapêutica (Capítulo 18) e também nas lições sobre interpretação (especialmente o Capítulo 25), as interpretações que Rapaport tanto teme não são na realidade interpretações, mas sim manobras desqualificadoras do analista por ignorância ou por conflitos muito fortes de contratransferência. Outras vezes, trata-se de uma reação terapêutica negativa do analisando, que busca deixar o analista em falta.

Elizabeth R. Zetzel (1956a) coloca-se na mesma linha de Rapaport quando diz, em seu clássico trabalho "Current concepts of transference", que a neurose de transferência desenvolve-se *depois* que as defesas do ego tiverem sido suficientemente debilitadas para que se mobilizem os conflitos instintivos ocultos até então (p. 371). Na mesma página, a autora diz que a hipótese dos psicólogos do ego é que, no curso do desenvolvimento, a energia instintiva ao alcance do ego maduro foi neutralizada e divorciada de forma relativa ou absoluta do significado das fantasias inconscientes, e assim se apresenta o analisando no começo da análise.

Em "O processo analítico", apresentado no II Congresso Pan-Americano de Psicanálise, reunido em Buenos Aires em 1966, diz a mesma autora: "Segundo nosso ponto de vista, a neurose transferencial depende da regressão e da concomitante modificação das defesas automáticas inconscientes que abre áreas que eram anteriormente inacessíveis". (*Psicoanálisis en las Américas*, 1968, p. 73).

O segundo fator a ser levado em consideração, para se entender a teoria da regressão terapêutica da psicologia do ego, é a afirmação de que o enquadre no qual se desenvolve o tratamento psicanalítico promove o fenômeno da regressão. Essa nova teoria, que obviamente busca seu apoio na clínica, relaciona-se com a anterior e é seu corolário. Se a neurose de transferência depende da regressão, de que maneira se poderia tratar um paciente se não fosse graças a algum artifício que produzisse um desequilíbrio em sua autonomia secundária? Digo isso porque penso que essa necessidade da teoria pesa na apreciação dos fatos clínicos em que se apóiam esses autores.

O tratamento psicanalítico, enquanto tarefa que o analista propõe ao paciente, exige, pois, um pesado esforço, que se resolve mediante um mecanismo de defesa específico, a regressão. A atmosfera analítica põe em tensão toda a estrutura psicológica do analisando, e disso resulta um processo regressivo. (Já nos ensinou Freud no Capítulo XXII de suas *Conferências de introdução à psicanálise* [1916-1917], por exemplo, que o conflito atual surge de uma privação que põe em marcha um processo regressivo.) Esse processo de regressão, afirma-se, é diferente dos que o indivíduo pode sofrer em sua vida de relação, e essa diferença reside no *setting* em que tem lugar.

Os psicólogos do ego pensam que o enquadre foi projetado por Freud justamente para provocar a regressão do paciente e para que ela possa ser regulada pelo analista.

Deixando de lado diferenças pessoais que às vezes chegam a ser importantes, todos eles pensam que o enquadre implica privação sensorial, frustração afetiva, limitação do mundo objetal e ambiente infantil.

Voltemos a citar a doutora Zetzel em seu relato ao II Congresso e na mesma página: "O silêncio do analista, como já se sabe, é um fator importante nessa regressão". E acrescenta que a atividade do analista, em troca, "tende a minimizar a regressão, devido a seu impacto sensorial", porque é possível que "uma intervenção ativa desde o começo, qualquer que seja seu conteúdo, seja principalmente significativa como experiência sensorial que limita a regressão na situação analítica".

A privação sensorial não se refere apenas ao auditivo, mas também ao visual, daí que "o silêncio do analista, do mesmo modo que sua temporária invisibilidade, continuem sendo para muitos analistas um traço indispensável do processo analítico" (p. 73).

Aqui, novamente vamos encontrar em Rapaport alguns fundamentos teóricos para essas afirmações. Em "The theory of ego autonomy: a generalization" (1957), apoiado em fatos experimentais, afirma que a privação sensorial (em peças perfeitamente escuras e à prova de ruído, assinalemos) desencadeia nos sujeitos fantasias autísticas e profundos fenômenos regressivos (seção III, p. 727).

Além disso, esses autores entendem que a atmosfera de privação em que necessariamente deve ser realizada a análise, a reserva do analista, a assimetria da relação, etc., são fatores que condicionam o processo regressivo, pois limitam ou anulam a relação de objeto.

Por fim, muitos, se não todos os autores que estamos considerando, pensam, como Ida Macalpine (1950) e Menninger (1958), que a regressão deve-se a que o enquadre (valha o neologismo) *infantiliza* o paciente.

Ida Macalpine sustenta que (quase) todos os elementos do enquadre conduzem inevitavelmente à regressão. Digo *quase* porque essa autora pergunta-se por que a atmosfera permissiva da análise não *impede* a regressão. É um ponto que, efetivamente, sua teoria não pode explicar e no qual insistirá Winnicott (1958), para desenvolver seu original enfoque da regressão como um processo *curativo*, que o enquadre torna possível, oferecendo ao analisando condições altamente favoráveis para retomar e resolver os fracassos de seu desenvolvimento.

Voltando a Macalpine, quero sublinhar que a regressão em que ela pensa é fundamentalmente uma regressão temporal, cronológica, porquanto considera que o enquadre *infantiliza* o paciente. Vale a pena refletir sobre os quinze itens que a autora oferece para apoiar sua tese: a limitação do mundo objetal (coincidindo com os outros autores citados), a constância do ambiente, o caráter fixo das rotinas analíticas que lembram as estritas rotinas da infância (embora pudessem lembrar também as não menos estritas rotinas da vida adulta), o fato de que o analista não responda, as interpretações de nível infantil que estimulam condutas do mesmo tipo, a diminuição da responsabilidade pessoal na sessão analítica, o elemento mágico de toda relação médico-paciente, que é em si mesmo um fator fortemente infantil, a associação livre, que solta a fantasia do controle consciente, a autoridade do analista como pai, a atemporalidade do inconsciente, etc. É necessário apenas destacar que alguns desses itens devem-se ao analisando e não ao enquadre, de modo que militam, na realidade, contra a tese da autora. Refiro-me ao elemento mágico da relação médico-paciente, à autoridade paterna do analista, à atemporalidade do inconsciente.

Seduzido e frustrado, o paciente de Macalpine divorcia-se mais e mais do princípio da realidade e deixa-se arrastar pelo princípio do prazer.

A posição de Ida Macalpine é extrema e, em meu entender, muito contestável; porém, autores mais moderados opinam basicamente da mesma forma. Joseph Sandler, destacado discípulo de Anna Freud, no documentado livro escrito em colaboração com Dare e Holder (1973), da à palavra regressão o sentido específico de surgimento de experiências passadas, amiúde infantis, que aparecem como uma característica do processo analítico (p. 25 da edição inglesa; p. 20 da edição castelhana).

Outro líder científico da psicologia do ego, Hans W. Loewald, parte de princípios diferentes, em seu famoso trabalho de 1960, mas vê-se conduzido às mesmas conclusões. Loewald afirma que o processo analítico propõe que o ego reassuma seu desenvolvimento (no qual a doença interferiu) em relação ao analista como novo objeto. Conclui em seguida, no entanto, que isso é conseguido pela promoção e pela utilização de uma regressão controlada. Essa regressão é um aspecto importante para se poder entender a neurose de transferência (p. 17).

Apesar de seus conhecidos desacordos com a psicologia hartmanniana, também Lacan (1958a) aceita plenamente a teoria da regressão terapêutica. Basicamente de acordo com o estudo de Macalpine, ao qual qualifica de excepcional por sua perspicácia (*Ecrits*, p. 603), só difere em que não é a falta de relação de objeto, mas a *demanda* que cria a regressão (p. 617). O analista cala-se e, com isso, frustra o falante, já que o que este lhe pede é, justamente, que lhe responda. Sabemos que, com efeito, Lacan e sua escola caracterizam-se por um rigoroso silêncio na situação analítica, que a meu ver opera como um artefato. Se não o entendo mal, é isso mesmo que Lacan afirma quando diz que com a oferta (de falar) criou a demanda (ibid.)

Com raciocínios similares aos de Lacan, isto é, as expectativas que se despertam no analisando pelo silêncio do analisando, Menninger (1958) explica a regressão no processo psicanalítico.

Semelhante à de Lacan e Menninger é a atitude de Reik, segundo o qual o silêncio é um fator decisivo para que se institua a situação analítica, despertando no analisando a obsessão de confessar.[2] O que Reik acrescenta, sem dizê-lo, é a função de artefato cumprida pelo analista que ficou mudo.

Junto com a doutora Zetzel, foram relatores do Pan-Americano de Buenos Aires cinco autores argentinos, Grinberg, Marie Langer, Liberman e o casal Rodrigué (1966a). Com um enfoque diferente do da grande analista de Boston, esses autores entendem o processo analítico na dialética de progresso e regressão (uma idéia que inspira minhas próprias reflexões) e apóiam-se no conceito de regressão a serviço do ego de Kris (1936, 1938, 1950, 1956a), mas sustentam, finalmente, que o enquadre *infantiliza* o paciente (p. 100), sem dar o passo que vou tentar dentro de instantes.[3]

Quero antes mencionar o acordo de David Liberman (1976a) com Ida Macalpine quanto à importância da atmosfera analítica na produção da regressão transferencial. Liberman declara-se muito próximo de Macalpine em sua maneira de conceber o desenvolvimento da transferência, embora não deixe de sublinhar que essa autora assinala que o paciente traz para a análise sua disposição a transferir (Capítulo V, p. 97-98). O que mais interessa ao enfoque interacional de Liberman não é, por certo, dar conta da natureza da regressão transferencial, mas demonstrar que os comportamentos do paciente durante a sessão "dependerão dos comportamentos que o analista tiver para com ele" (p. 114). Isto poderia ser explicado, entretanto, pela relação transferência-contratransferência nos parâmetros de progressão e regressão, sem o apoio de Macalpine, e da regressão no *setting*.

Por último, gostaria de destacar que em "O processo didático em psicanálise", trabalho lido no Pré-Congresso Didático do México (1978), a doutora Katz assinala luci-

---

[2] Ver, por exemplo, "In the beginning is silence" e "A significação psicológica do silêncio".
[3] Esses autores dizem, além disso, que há outro aspecto da situação analítica que também induz à regressão, que é o *holding*, que reproduz a boa relação do analisando-bebê com o analista que o sustenta e ampara. E acrescentam: "A regressão útil no progresso do processo analítico provém, acreditamos, desse segundo aspecto da situação analítica" (p. 100).

damente que a disposição a transferir própria de qualquer pessoa é observada em *todo* processo docente, enquanto o estudante de psicanálise – que obviamente não escapa a essa regra – "tem a vantagem de tentar descobrir as raízes de suas condutas e ansiedades para ir modificando-as e para ir obtendo a possibilidade de facilitar sua aprendizagem". Concordo plenamente com esse ponto de vista.

DISCUSSÃO

Para começar a discussão da teoria que acabo de expor, eu me dirigirei resolutamente ao ponto decisivo e direi que a regressão no processo psicanalítico tem a ver com a doença, e não com o enquadre. O paciente *vem* com sua regressão, sua enfermidade *é* a regressão.

O enquadre não a fomenta, a regressão já está dada; o que o enquadre faz é detectá-la e contê-la. Por isso, penso que o conceito de *holding* de Winnicott (1958, *passim*), ou *continente* dos autores kleinianos, é válido para explicar a dinâmica do processo analítico.

Quero ser preciso: o tratamento psicanalítico não promove a regressão além do coeficiente entre equilíbrio e desequilíbrio emocional da pessoa que o enfrenta, como poderiam fazê-lo, no caso, outras experiências vitais significativas e difíceis (casamento ou divórcio, exame, nomeação para um cargo importante, nascimento ou morte na família).

Examinemos mais detidamente os fatores do enquadre que condicionariam a regressão, começando pela privação sensorial. Toda tarefa que requer esforço e concentração mental procura evitar os estímulos que a perturbem. São as condições que nos proporcionamos quando queremos ler, escutar música ou manter uma conversação séria. Se nesses casos se produz uma regressão, não a atribuiremos à atmosfera de recolhimento, mas à psicopatologia do sujeito. Para compreendê-lo assim, basta pensar no adolescente que se masturba no silêncio de seu quarto de estudos, ou no crente que tem pensamentos profanos no sereno ambiente de sua igreja.

Por outro lado, a privação sensorial é muito difícil de quantificar, e devemos perguntar se, ao fazê-lo, não se incorre em uma petição de princípios. Lembro-me de um momento grato que nos foi proporcionado pelo sadio humorismo de um colega norte-americano, no Congresso Pan-Americano de Nova York, de 1969, quando a doutora Zetzel e eu relatamos *a primeira sessão de análise*. Levei um caso (*Revista de Psicoanálisis*, 1971) que havia iniciado recentemente ao chegar a Buenos Aires; ela, o material de um supervisionado. Discutíamos sobre a privação sensorial e as interpretações na primeira sessão, quando aquele colega assinalou que as intervenções da analista de Boston eram três vezes mais numerosas que as minhas!

Junto com a privação sensorial vai a privação do mundo objetal, que compreende dois casos: quando o analista está em silêncio ou quando fala. O analista está sempre presente na sessão, já que, embora esteja calado, está escutando. O analisando pode considerar esse silêncio como privação, se decidir que a atenção do analista não lhe basta, mas isso já é um produto de sua fantasia. Nos casos extremos, como a técnica de Reik, de Lacan ou de Menninger, opera um artefato, como disse antes: esses autores calam *para* forçar a regressão. Se o analista fica mudo para que o paciente regrida, então o analisando faz muito bem em regredir, isto é, em buscar outro meio de comunicação, ao ver que a palavra não lhe serve. Só que, então, já não poderemos falar de regressão transferencial, mas, ao contrário, de uma conduta real que responde às propostas do não-interlocutor.[4] O analista é o morto, Lacan não se cansa de dizer, comparando o processo analítico com o *bridge*.

No outro caso, quando o analista fala e interpreta a neurose transferencial, está claro que não há mais privação do mundo objetal que a surgida dos desejos edípicos e pré-genitais. Se quiséssemos falar em termos da dissociação do ego e da aliança terapêutica de Sterba (1934), Fenichel (1941), Bibring (1954), Zetzel (1956a), Stone (1961), Greenson (1965a) e outros, diríamos que o ego vivencial sofre a privação de seu objeto edípico, ao passo que o ego observador goza de uma plena relação objetal com o analista que trabalha.

Que dizer da frustração afetiva e do ambiente infantil (ou *infantilizante*)? Às vezes, os analistas esquecem que a frustração é algo que só se pode definir em um contexto determinado e é, ao mesmo tempo, uma *opinião* do sujeito. Os critérios em que nos apoiamos para dizer que o enquadre frustra situam-se sempre no contexto infantil, submetem-se inteiramente ao princípio do prazer do paciente, esquecidos do princípio de realidade; ou, vice-versa, definem a frustração objetivamente, de fora. O que o enquadre frustra são determinadas fantasias infantis, isto é, regressivas, e de modo algum o desejo real e básico pelo qual uma pessoa empreende o tratamento, o de se analisar. Lembro-me da associação de uma jovem analisando, no começo de minha prática, depois de se encontrar casualmente com minha mulher. Ficou muito enciumada, declarou sem cerimônia que ela é que queria ser minha mulher e deitar-se comigo, e de imediato falou: "Imagino que você não analisará a sua mulher". A "frustração" daquela moça, pois, surgia de seus desejos edípicos, não da realidade da situação analítica. (Do mesmo modo, qualquer esposa de analista poderia "sentir-se frustrada" por não ser a analisanda de seu marido.)

Também se insiste muito em que o divã analítico, o diálogo assimétrico e a reserva do analista não podem senão fomentar a regressão. Volta-se a confundir, também aqui, a realidade objetiva com as fantasias e os desejos infantis do paciente. A confusão da realidade objetiva com a realidade psíquica, com a vida de fantasia é, talvez, o ponto mais débil de toda a argumentação de Macalpine. Se digo a uma pessoa que deve reclinar-se em um divã para realizar determinada tarefa (analisá-la, auscultá-la ou palpá-la, aplicar-lhe uma massagem, etc.), que pense em uma cena de violação, é coisa dela.

---

[4] Racker disse isso com justeza ao criticar o mutismo de Reik não apenas como artefato, mas também como *acting out* (1960, p. 45).

Vale a pena assinalar que os fatos empíricos confirmam continuamente essas considerações gerais.

Desejo recordar duas histórias de minha prática. Em uma, tinha 30 anos; a outra é recente. Entre meus primeiros pacientes, tive uma mulher um pouco mais velha que eu, do mesmo nome que uma de minhas filhas pequenas(!), com uma florida histeria daquelas de Charcot. Em cerca de três meses de tratamento face a face, duas vezes por semana, melhorou notoriamente, e eu estava muito satisfeito. Interpretava-lhe o sentido de seus sintomas, de preferência em termos da rivalidade com as irmãs (creio lembrar), com algumas cautelosas referências a seu complexo de Édipo com os pais. A transferência não era vista em parte alguma. Nesse tempo, comprei meu divã. Na sessão seguinte, disse a ela que seria melhor para seu tratamento que se deitasse e falasse como sempre. Deitou-se, ficou um breve tempo em silêncio e começou uma crise de grande mal-histérico pela fase dos movimentos passionais: suspirava, fazia gestos eróticos e levantava a saia; subitamente, levantou-se como uma flecha e lançou-se em meus braços, querendo beijar-me. Saí como pude daquele mau pedaço, consegui que se sentasse em meu imaculado divã e, mais composto, perguntei-lhe o que havia acontecido. Disse-me que acreditou que eu a convidava para ter relações sexuais. Já fazia muito tempo que se apaixonara por mim, mas não se animava a me confessar. Ao estarem os dois frente a frente, ao olhar esses olhos que eu tenho (sic), como não se apaixonaria! Aqui, portanto, foi a posição frente a frente que desencadeou o amor de transferência. Com mais de 30 anos de atraso, poderia agora interpretar-lhe que, se eu a tinha deixado apaixonada olhando-a frente a frente, por que não pensou que eram realmente certas as minhas palavras, quando lhe disse que se deitasse no divã para que seu tratamento se desenvolvesse em melhores condições? Mas não, para ela, sentada ou deitada era o mesmo; não era o enquadre, e sim o complexo de Édipo que alimentava seu desejo.

Há alguns anos, pediu-me com urgência uma hora de supervisão um residente que havia começado sua análise didática, mas ainda não era candidato. Tinha um homossexual em tratamento frente a frente cinco vezes por semana (!). Era psicoterapia, esclareceu-me, e até seu próprio analista havia-lhe sugerido que não usasse o divã. Seu paciente havia-lhe pedido, no entanto, para continuar o tratamento deitado, porque a posição frente a frente despertava-lhe fantasias homossexuais que já se tornavam insuportáveis para ele. O jovem colega conformou-se e agora vinha muito preocupado, porque seu analista havia-lhe interpretado essa decisão como um *acting out*, como um desejo de ser analista antes do tempo. A única coisa que conseguiria, acrescentou o didata, era que o paciente fizesse uma regressão homossexual que lhe seria impossível manejar. Assim, pois, vemos como nós analistas às vezes escutamos mais as nossas teorias do que nossos pacientes.[5]

Quando descreve a histérica não-analisável no Simpósio de Copenhague, Zetzel (1968) a caracteriza, entre outras coisas, porque apresenta fenômenos de transferência regressiva já durante as entrevistas e antes de ocupar o divã. Em outras palavras, a regressão depende do grau da doença, não do *setting*.

Recentemente, Pablo Grinfeld (comunicação pessoal) comentava-me uma experiência semelhante, embora nesse caso se veja que é justamente a conduta do analista em seu *setting* o que contém a regressão. Após melhorar apreciavelmente com vários anos de análise, uma analisanda dizia-lhe: "Eu lhe agradeço tudo o que faz por mim, sua técnica e a forma como você me trata; porém, agradeço-lhe mais que me tenha feito deitar no divã, poupando-me assim a tortura dos desejos eróticos que me assediaram em meus dois tratamentos frente a frente". Essa sincera paciente, pelo visto, também atribuía suas fantasias eróticas ao enquadre de estar sentada, sem pensar que, nesse tratamento, não se repetiu o insolúvel amor de transferência dos anteriores, porque o analista o interpretou sistematicamente e sem demora desde o começo, até desmascarar os aspectos homossexuais do complexo de Édipo que a transferência erótica genital encobria.

Afirma-se, reiteradamente, que a associação livre convida à regressão. Isto depende de como se introduz e sobretudo de como se pensa a regra fundamental.

No Capítulo II de *O ego e os mecanismos de defesa*, Anna Freud (1936) diz que, enquanto na hipnose do método catártico o ego ficava excluído, na associação livre da psicanálise exige-se dele que se elimine por si mesmo, suspendendo toda crítica às idéias que lhe ocorrerem, descuidando a conexão lógica entre as mesmas. À primeira vista, parece que esse convite à associação livre fomenta a regressão. Entretanto, como prossegue Anna Freud, "a concessão só é válida para transformar os conteúdos em representações verbais, mas não para atuar através do aparelho motor, intenção que move tais conteúdos ao emergir à consciência" (p. 28 da tradução castelhana de 1949).[6] Esquece-se, com freqüência, que a associação livre, como verbalização, implica o exercício do processo secundário. Por outro lado, tampouco é totalmente exato que, com a associação livre, pede-se ao ego que se auto-elimine: pede-se a ele, antes, ao modo da redução eidética de Hüsserl, que preste atenção a tudo o que for emergente na consciência e que faça o esforço responsável e voluntário de comunicá-lo. A regra fundamental não é apenas um convite a pôr em liberdade o processo primário, mas também uma exigência, da perspectiva da aliança terapêutica. Ali onde o obsessivo duvidará sobre o que deve comunicar e como deve fazê-lo, o depressivo se sentirá frente a um problema de consciência, por pouco que lhe ocorram coisas agressivas, e o psicopata entenderá que lhe demos o cami-

---

[5] A história era, na realidade, mais convincente, mas só assim posso torná-la pública.

[6] "The warrant is valid only for their translation into word representations: it does not entitle them to take control of the motor apparatus, which is their real purpose in emerging" (*Writings*, v.3, p. 13).

nho livre para nos insultar. Não apenas o id, mas também o ego e o superego estão envolvidos na associação livre. Todo analista sabe que o paciente aproxima-se do ideal inatingível da associação livre quando está próximo do fim do tratamento, e não quando o começa. Em outras palavras, somente o ego sadio pode cumprir – e a duras penas – a regra fundamental.

Seguindo de perto as idéias de Kris, Hartmann (1952) diz que só o ego adulto pode descartar em dado momento alguma de suas altas funções; e é justamente por não poder usar esse mecanismo (entre outras razões) que a criança não pode associar livremente (*Essays*, p. 178).

Nada melhor, talvez, para terminar essa breve discussão dos fatores do *setting* invocados para explicar a regressão do que citar um dos mais destacados defensores dessa teoria, Ralph R. Greenson (1967). Macalpine e outros autores, diz Greenson, assinalaram de que maneira certos elementos do enquadre e do procedimento analítico promovem a regressão e a neurose de transferência. "Alguns desses mesmos elementos ajudam também na formação da aliança de trabalho" (p. 208). Assim, por exemplo, a freqüência das sessões e a duração do tratamento analítico não apenas estimulam a regressão, mas também indicam o alto estatuto de seus objetivos e a importância de uma comunicação íntima e detalhada. O divã e o silêncio oferecem oportunidade para a reflexão e para a introspecção, tanto quanto para a produção de fantasias.

Se os mesmos elementos fomentam a neurose de transferência e a aliança terapêutica, não seria mais lógico deixar de invocá-los?

Dissemos que a base teórica em que se apóia a teoria da regressão terapêutica é o conceito de autonomia secundária de Hartmann, e a ele nos referiremos a seguir para vermos que fundamentos presta à teoria que estamos considerando.

Vimos que Rapaport (1951) sustenta que a autonomia secundária é sempre relativa e adverte que pode ser revertida, um ponto sempre sublinhado pelo próprio Hartmann. Ele divide o ego em dois setores e recomenda que o analista analise a defesa envolvida no conflito sem atacar a autonomia do valor de motivação, se não quiser promover um processo regressivo.

A preocupação teórica principal desse trabalho é, pois, assinalar duas partes do ego que se oferecem à tarefa clínica e à interpretação, a qual, quando se extravia, pode provocar uma regressão indesejável. Desse modo, ficam formuladas duas perguntas: que parte do ego deve empreender o caminho regressivo na neurose de transferência e com que tipo de regressão.

São interrogações às quais Elizabeth R. Zetzel responde em seu trabalho de 1965, no qual procura reformular o significado da regressão na situação analítica em termos das distintas unidades funcionais do ego, do conflito intra-sistêmico, como sugeriu Hartmann em seu "Technical implications of Ego Psychology", em 1951, e postula um *sistema fechado* onde se escondem as fantasias, os desejos e as recordações cuja emergência determina uma situação interna de perigo (1965, p. 40). A regressão terapêutica consiste em reabrir esse sistema fechado, ao compasso da diminuição gradual das defesas inconscientes e automáticas do ego. Haveria de demonstrar, primeiro, que esse sistema existe e depois que a chave que o abre é a regressão. Por que não pensar que é a interpretação a melhor chave para penetrar esse tipo de defesa?

Nesse ponto, nossa autora vê-se levada a distinguir a regressão que envolve o ego defensivo, e os conteúdos instintivos correspondentes, e a regressão que mina as capacidades básicas do ego (p. 41).

Tudo me faz pensar que a doutora Zetzel está referindo-se aqui às duas partes do ego do trabalho de Rapaport, já que seu raciocínio apóia-se diretamente no conceito de autonomia secundária. Ao longo de seus *Essays on ego psychology* (1964), Hartmann sustenta que as áreas do ego que alcançam a autonomia secundária são mais estáveis que as defesas do ego, embora não duvide que, em determinadas circunstâncias, podem dissolver-se, podem regredir, perdendo sua qualidade principal, a de operar com energia ligada, neutralizada. Esse dano regressivo da autonomia secundária, frente a situações de tensão, deve ser cuidadosamente separado da regressão instintiva, correlato indispensável da análise da transferência (Zetzel, 1965, p. 46).

Uma vez que se chegou a diferenciar a autonomia secundária da regressão instintiva para explicar (ou justificar) a regressão terapêutica, não é de se estranhar que se qualifique esta última de regressão a serviço do ego, seguindo Kris (1936, 1950, 1956a).

Todavia, o conceito de regressão a serviço do ego nada tem a ver, a meu critério, com a teoria da regressão terapêutica. É, antes de tudo, uma regressão formal que vai do processo secundário ao primário e volta deste para aquele, e não a regressão temporal que nos leva do divã psicanalítico aos primeiros anos da vida. A regressão a serviço do ego pressupõe que os processos mentais pré-conscientes (que são o alvo da penetrante investigação de Kris) revitalizam-se continuamente, voltando por um momento à fonte, isto é, ao processo primário. É uma regressão formal e tópica, mas não tem, por definição, temporalidade. A regressão no *setting*, contudo, foi definida implicitamente como temporal e explicitamente como defensiva.

A doutora Zetzel conclui que é necessário diferenciar o *ego defensivo* que deve regredir do *ego autônomo* que deve manter sua capacidade para uma relação consistente com os objetos.[7] Desse modo, deve-se postular a existência de um conflito intra-sistêmico entre o ego da autonomia secundária e o ego defensivo.

Ao chegar a esse ponto, porém, pode-se apreciar que toda a teoria perde consistência, pois tem de renunciar ao conceito de autonomia secundária e recorrer à hipótese

---

[7] "Such a dual approach implies a developmental differentiation between the defensive ego which must regress and the autonomous ego which must retain the capacity for consistent object relations" (ibid., p. 50). A estrutura dessa oração expressa a base preceptiva da teoria.

ad hoc do sistema fechado. Porque esse ego defensivo que "deve" regredir (e pergunto-me o que se há de fazer com a técnica analítica para que se cumpra essa ordem) não necessita fazê-lo, em absoluto, porque já está em regressão: opera com energia livre (e não ligada), utiliza o processo primário, vincula-se a objetos infantis edípicos ou pré-edípicos, maneja-se com mecanismos de defesa arcaicos, etc.[8]

COMENTÁRIO

Assim como os processos vitais estudados em biologia, psicologia e sociologia, a análise sempre se desenvolve com avanços e retrocessos que se alternam e contrapõem. Esse curso lhe é próprio, não é criado pelo enquadre. Em termos gerais, podemos considerar que este opera como *conflito atual*, enquanto a *disposição* do paciente dará conta dos fenômenos regressivos que vão aparecendo, conforme a série complementar. No entanto, a atividade interpretativa do analista, se é acertada, leva em geral o processo para diante em termos de crescimento, integração ou cura (a não ser que o paciente responda de forma paradoxal, como na reação terapêutica negativa). Isto é o específico da análise, porque o conflito atual com o enquadre não é mais significativo do que qualquer outro da vida real. Não faço aqui outra coisa senão aplicar o conceito freudiano da primazia do *conflito infantil* na explicação das neuroses.

A diferença radical entre a experiência da análise e outras da vida cotidiana reside em que a conduta patológica do paciente recebe um tratamento diferente. O paciente repete, o analista não. Essa afirmação enfática não pressupõe uma concepção especial do processo; creio que ela é aceitável para os que o situam no paciente, no campo, na interação, etc. Podemos diferir – e muito – no grau e no tipo de participação do analista; porém, todos consideram que a relação é assimétrica, um ponto que Liberman assinalou ao longo de toda a sua obra e, em especial, no primeiro capítulo de *Lingüística, interação comunicativa e processo psicanalítico* (1970). Nenhum analista põe em dúvida a necessidade de ser reservado e de não participar com opiniões, conselhos, admonições e referências pessoais.

Talvez a maior dificuldade da teoria da regressão terapêutica não seja tanto transformar um processo espontâneo em artefato, mas poder explicar como começa uma análise, porém jamais de que modo termina. Ida Macalpine e Menninger colocam-se esse problema e reconhecem a dificuldade. Conseqüente com seus rigorosos pontos de vista, Macalpine vê-se levada a concluir que muitas das conquistas da análise ocorrem *depois* do término. Menninger, por sua vez, com elogiável honestidade, diz que este é um ponto que não pôde integrar em sua teoria.

Entretanto, a maior parte dos defensores da regressão terapêutica não parecem considerar esse problema. Dão por certo que, à medida que se vai resolvendo a neurose de transferência, o paciente aproxima-se da cura e do final da análise. Mas, então, deve-se concluir que a regressão era devida à doença (que é o que diminuiu) e não ao enquadre, que permanece constante.

Às vezes, deixamo-nos levar por uma espécie de ilusão de óptica e dizemos que tal conflito (a dependência da mãe, o temor de castração frente ao pai, a rivalidade com os irmãos) adquiriu inusitada intensidade pela regressão transferencial. Se observarmos bem, veremos que o conflito já existia, só que não era reconhecido e estava disseminado em múltiplas relações da vida real. A rivalidade fraterna, por exemplo, se dará com os verdadeiros irmãos, com os filhos, com os amigos, com os companheiros de trabalho, etc. Se essa rivalidade não estivesse ativa, sua análise estaria demais. É a coleta (*gathering*) da transferência, como diz com precisão Meltzer (1967, Cap. 1), o que aumenta, a modo de somatório, a intensidade do fenômeno transferencial. Para dizê-lo com outras palavras, à medida que diminui o *acting out*, graças a nosso trabalho interpretativo, cresce a transferência.

Em franca oposição aos que acreditam que o enquadre tem por finalidade promover a regressão, penso, como muitos outros autores, que o enquadre detecta e denuncia, ao mesmo tempo que contém a regressão, e sustento, além disso, que assim o foi esboçando Freud na segunda década do século XX ao escrever seus definitivos ensaios sobre técnica. Foi a descoberta da transferência, por exemplo, o que fez Freud compreender que deve ser reservado e por isso nos sugere (1912e) que sejamos impenetráveis para o paciente. Se são feitas confissões recíprocas, diz Freud, abandonamos o terreno psicanalítico e provocamos no paciente uma curiosidade insaciável. Ao dar-se conta da curiosidade do paciente (que surge da investigação sexual infantil), Freud introduz a regra e não é que se mostre reservado para despertar regressivamente a curiosidade do analisando.

Concordo com Zac quando afirma que "o enquadre foi pensado de tal forma para que o paciente possa realizar uma aliança terapêutica com o analista (uma vez que aquele tenha internalizado o enquadre)" (1971, p. 600).

Quando, na 76ª sessão da análise de Richard, em 1941, Melanie Klein chega com uma encomenda para seu neto e o paciente a descobre, ela se dá conta de que cometeu um erro técnico, porque lhe desperta ciúmes, inveja e sentimentos de perseguição, como diz na nota da página 387 (Melanie Klein, 1961). Não é, pois, que o analista não fale de sua família para despertar ciúmes; os ciúmes existem e não convém reativá-los artificialmente, falando de filhos ou netos ou, no caso, com encomendas reveladoras. Uma "privação sensorial", nesse ponto, teria poupado Richard de um inoportuno ataque de ciúmes.

Até onde lhe é possível, o enquadre, longe de fomentar, evita os fenômenos regressivos. Disso decorre que a palavra contenção seja muito adequada por seu duplo significado.

---

[8]Também nos ocupamos desse tema no Capítulo 18, "A aliança terapêutica: de Wiesbaden a Genebra".

Não é somente na experiência de Freud e seus grandes seguidores que o *setting* vai tornando-se mais rigoroso, a partir do duro ensinamento que a clínica fornece, mas também no desenvolvimento individual de cada analista. Dolorosamente, vamos aprendendo a respeitar nosso enquadre ao ver que, quando o passamos por alto, temos de enfrentar intensas reações regressivas em nossos pacientes.

Como conclusão, o enquadre não foi projetado para promover a regressão, mas, ao contrário, para descobri-la e contê-la. Não é que a neurose de transferência seja uma resposta ao enquadre, mas o enquadre é a resposta mais válida e racional de nossa técnica frente aos fenômenos de transferência.

AS IDÉIAS DE ARLOW E BRENNER

Em seu relato apresentado no Primeiro Congresso Pan-Americano, esses distintos investigadores desenvolveram o tema "A situação analítica", expondo idéias muito interessantes. Algumas delas estudaremos ao falarmos de situação e processo, outras correspondem ao tema que agora nos ocupa. Esses autores pensam simplesmente que a situação analítica foi projetada com a intenção de alcançar os objetivos da terapia analítica, isto é, ajudar o paciente a obter uma solução de seus conflitos intrapsíquicos através da compreensão, que lhe permitirá manejá-los de forma mais madura. De acordo com esses postulados, estabelece-se uma série de condições na situação analítica, graças às quais o funcionamento da mente do analisando, seus pensamentos e as imagens que surgem em sua consciência são determinadas endogenamente, até o limite em que seja humanamente possível (1964, p. 32).

Esses autores põem em dúvida que a regressão que se observa no tratamento derive do *setting* (p. 36-37) e lembram que o analisando não é inteiramente passivo, imaturo e dependente, como se diz com freqüência, para terminar insistindo em que a situação analítica organiza-se de acordo com a teoria psicanalítica do funcionamento da mente, respondendo aos objetivos da psicanálise como terapia.

41

A Regressão como Processo Curativo

No capítulo anterior, discutimos amplamente um tema apaixonante e difícil, a teoria da *regressão terapêutica* (ou transferencial), segundo a qual o *setting* analítico promove um processo regressivo que instaura a neurose de transferência e torna possível o tratamento psicanalítico. Dissemos também que essa teoria não é a única que procura explicar o processo analítico, nem tampouco a única que propõe uma relação entre o *setting* (*holding*) e a regressão. Para muitos autores, o *setting* (*holding*) permite (mais do que promove) uma regressão, que é um processo *curativo* (e não patológico). Dentre esses autores, o que mais se destaca é Donald W. Winnicott, de cujas idéias nos ocuparemos especialmente.

SOBRE O CONCEITO DE REGRESSÃO

Para entendermos a complexa discussão que se segue, convém questionar o próprio conceito de regressão, tal como Freud o introduziu na seção B do Capítulo VII de *A interpretação dos sonhos* (1900a), em que distingue três tipos de regressão: a) regressão *topográfica*, que tem a ver com um percurso de frente para trás na área dos sistemas ψ; b) regressão *temporal*, que reverte o caminho do tempo e leva-nos ao passado, e c) regressão *formal*, na qual se volta dos métodos de expressão mais maduros até os mais primitivos (*AE*, v.5, p. 541-542). As mesmas idéias informam seu "Complemento metapsicológico à doutrina dos sonhos" (1917d).

A classificação de Freud continua vigente, mas é indubitável que, desde então, outros autores propuseram conceitos diferentes ou, pelo menos, matizes que deveríamos levar em conta para discutir nosso tema com clareza. Assim, pois, devemos precisar a que regressão nos referimos quando afirmamos que o processo psicanalítico é de natureza regressiva ou quando sustentamos o contrário. Aqui, e em todas partes, se seguirmos um critério frouxo, o conceito será mais aplicável, porém menos rigoroso.

Embora seja certo que, ao introduzir sua classificação no livro dos sonhos, Freud não se mostrava muito partidário de separar as três classes de regressão, porque no fundo as três são uma só, penso que, à medida que a investigação foi esmiuçando as formas, também foi separando-as. Freud dizia que o mais velho no tempo é o mais primitivo na forma e o que está topograficamente mais próximo do pólo perceptual (ibid., p. 542); porém, os conceitos mais atuais sobre a estrutura do aparelho psíquico permitem pensar, sem muita violência, que podem ocorrer fenômenos regressivos de natureza parcial, que a regressão não tem de operar necessariamente em bloco. Pode ocorrer, então, um processo regressivo no nível cronológico que não arraste o formal e pode ser também que uma regressão formal leve-nos do processo secundário ao processo primário, sem que nos desloquemos no tempo, como de fato acontece no chiste. Quando fazemos um chiste ou quando rimos do chiste que nos contam, utilizamos as formas expressivas do processo primário, mas nem por isso nos situamos em nosso passado. Até me atreveria a afirmar que o chiste obtém seu efeito justamente porque se mantém essa dissociação entre uma regressão formal e o adulto que a percebe e compreende (Freud, 1905c).

Portanto, o conceito de regressão tem de ser utilizado de maneira mais rigorosa, deve ser mais restritivo, porque às vezes pode configurar-se uma regressão tópica que não seja simultaneamente formal ou cronológica; podem-se dar muitas combinações, embora, na prática, o mais freqüente seja que os três tipos de regressão andem juntos. Exemplo excelente dessas dissociações possíveis é a técnica de Saura em *Minha prima Angélica*, em que a regressão cronológica ocorre sem a formal e a tópica. O que mais impressiona o psicólogo na técnica original de Saura, creio, é que seu artifício corresponde a uma realidade psicológica, porque, quando lembro a criança que fui, digamos aos três anos, faço isso a partir da perspectiva atual e não me transponho por completo para aquela situação. Se o fizesse, teria um transtorno da localização da memória que se chama de ecmnésia.

A REGRESSÃO A SERVIÇO DO EGO

Quando falarmos de *insight*, estudaremos com algum detalhe as idéias que levam Kris desde "The psychology of caricature" (1936) e "Ego development and the comic" (1938) até seu sólido estudo de 1950 sobre o processo mental pré-consciente, no qual apóia seu conceito de *insight* (1956a). Nesse momento, só queremos assinalar que Kris contrapõe o conceito de regressão patológica ao de *regressão útil*, à qual chama de regressão a serviço do ego. A regressão *patológica* é algo que sobrevém ao ego, o ego fica dominado por ela e tudo o que pode fazer é tentar controlá-la com seus mecanismos de defesa. A regressão *a serviço do ego*, contudo, é simplesmente um processo ativo, o ego serve-se dela ativamente, promove-a, dirige-a e utiliza-a. Parece-me evidente – e essa evidência é deixada de lado pela maioria dos autores – que a regressão de que fala Kris é sempre formal, às vezes tópica, e nunca cronológica: sem variar sua orientação temporal, o ego dirige-se ao id e põe em marcha o processo primário para restabelecer sua força e sua capacidade criativa. Essa regressão formal é acompanhada, na maioria das vezes, de uma regressão tópica, que pode faltar, entretanto, se o recurso ao processo primário faz-se à luz da consciência. A regressão temporal, porém, não pode ocorrer porque contraria por definição o que Kris diz. Para que recorrer ao processo primário se não há um ego adulto que o ponha a seu serviço? Se a regressão fosse também cronológica, já não haveria mais que um ego infantil (regressivo) incompetente para utilizá-la.

As chaves para compreender o que Kris diz encontram-se em "On preconscious mental process", que apareceu no *Psychoanalytic Quarterly* de 1950. Kris procede ali a uma série de reflexões muito interessantes para explicar como funciona o ego. Para dizer o substancial, a idéia básica de Kris é que o ego, entre outras capacidades ou habilidades, tem também a de *regredir* instrumentalmente quando lhe convém. Ou seja, para esse autor, haveria dois tipos de regressão. Uma, que lhe sobrevém e está mais exatamente vinculada com suas atividades defensivas, que o obriga a retroceder no campo de batalha. Junto a essa regressão passiva, à qual o ego vê-se arrastado quando não pode enfrentar uma determinada situação, há outra na qual o ego mantém todas as suas potencialidades, enquanto regride parcial e controladamente com vistas a alguma finalidade estratégica. Nem sempre que um exército retrocede é porque o outro está dominando-o; às vezes, há uma manobra tática de retrocesso para atacar de outra forma, ou para que o outro bando cometa algum erro. No mesmo sentido, haveria uma regressão útil, uma *regressão a serviço do ego*, quando o ego é capaz de promover em si mesmo um processo regressivo para se enriquecer com as contribuições do processo primário. É interessante dar-se conta de que Kris fala concretamente – e assim o diz especificamente em seu artigo – de uma regressão formal, na qual o ego, que comanda o processo secundário, faz uma regressão para o processo primário, investe no processo primário para incorporá-lo à sua estrutura e obter maior amplitude, maior energia. Desse modo, as energias móveis específicas do processo primário podem ser utilizadas pelo ego, que as transforma na energia ligada do processo secundário. Esse ponto parece-me particularmente importante, porque, se vamos aceitar uma regressão a serviço do ego, teremos de conceituá-la como formal, porquanto o ego regride ao processo primário, e eventualmente tópica, se se passa dos sistemas Cc ou Prcc ao sistema Icc, mas não-cronológica. Acrescentemos que para Kris, é a partir da função integrativa do ego que se pode realizar esse processo.

Muitos autores passam insensivelmente da regressão terapêutica à regressão a serviço do ego, com o que incorrem, a meu ver, em erro conceitual. A regressão terapêutica, postulada pelos psicólogos do ego, é algo que sobrevém ao ego nas duras condições do *setting* analítico, não é uma regressão útil, no sentido de Kris, embora possa ser utilizável para o analista.

Entre as tentativas de aplicar as idéias de Kris aos fenômenos regressivos próprios do processo analítico, destaca-se o trabalho apresentado por Grinberg, Marie Langer, Liberman e o casal Rodrigué no Congresso Pan-Americano de Buenos Aires de 1966 (1968). Para esses autores, o processo analítico é visto à luz de fenômenos de progressão e regressão, o que é exato, embora talvez um pouco amplo, já que muitos processos, se não todos, andam em termos de avanços e retrocessos. Nesse marco amplo, os autores procuram especificar as características do processo analítico a partir das idéias de regressão *útil* e regressão *patológica*. Precisando esses conceitos, chamam de regressão patológica a que o paciente *traz* para o tratamento; a regressão útil, por sua vez, refere-se a esse movimento tático em que se vai para trás para voltar a dar um salto para adiante, como dizia Lênin. Dizem esses autores: "Processo analítico implica *progresso*, mas entendemos o *progresso* como um desenvolvimento no qual a regressão útil no divã serve de alavanca primordial" (1968, p. 94). Esses autores postulam, também, que há uma progressão em prejuízo do ego.

As idéias de Winnicott aproximam-se um pouco das de Kris, pois assumem que o processo de regressão é útil, mas apóiam-se em outros suportes teóricos e surgem de sua prática com pacientes psicóticos. Winnicott é um analista freudiano, um homem que conhece muito bem Freud e que recebe uma influência importante de Melanie Klein, da qual se separa em dado momento, como vimos ao falar de transferência precoce. Tem afinidades com Anna Freud, à qual segue, por exemplo, no conceito de narcisismo primário, mas não está especialmente interessado na metapsicologia hartmanniana. Por outro lado, completando o que disse no parágrafo anterior, a regressão estudada por Winnicott é, antes de mais nada, cronológica, tem uma projeção no tempo, e é basicamente a temporalidade do processo analítico o que lhe permite desenvolver-se e estabelecer-se. Essa diferença é para mim fundamental, até o ponto em que me atreveria a afirmar que a regressão de Kris tem a ver com a situação analítica e a de Winnicott, com o processo analítico.

BREVE RECAPITULAÇÃO DAS IDÉIAS DE WINNICOTT

Recordemos neste item, muito brevemente, alguns trabalhos de Winnicott que já estudamos no Capítulo 16 sobre a transferência precoce.

Winnicott chegou à psicanálise a partir da pediatria e, durante a Segunda Guerra Mundial, dedicou-se a analisar psicóticos, dos quais obteve uma grande experiência. A partir dessa prática, Winnicott distingue três tipos de pacientes em seu valioso trabalho "Primitive emotional development", publicado em 1945. Essa classificação tripartida se manterá ao longo de toda a sua obra e irá gradualmente sendo precisada. Os pacientes do *primeiro* tipo são os neuróticos clássicos que Freud descreveu, compreendeu e tratou. São capazes de se relacionar com as pessoas como objetos totais e apresentam fantasias conscientes e inconscientes que enriquecem e dificultam essa relação e que estão sempre ligadas ao complexo de Édipo.

Os pacientes do *segundo tipo* estão preocupados com seu mundo interno e sua organização interior; são os que Melanie Klein estudou em seus trabalhos sobre o luto,[1] nos quais a depressão e a hipocondria ocupam o lugar mais saliente. Embora a estrutura desses pacientes seja diferente da dos outros, a técnica continua sendo a mesma para Winnicott, não é necessário mudá-la em nada.

Uma coisa bem diferente são os pacientes do *terceiro tipo*, nos quais as relações de objeto são pré-edípicas, anteriores à posição depressiva de Melanie Klein (ou *etapa do concern* de Winnicott), e a técnica clássica já não se adapta. São os pacientes em que falha o *desenvolvimento emocional primitivo* e que apresentam uma estrutura basicamente psicótica.

Enquanto o primeiro tipo de pacientes imagina que o analista trabalha por amor a ele (o paciente), com o que o ódio fica desviado, o segundo imagina que o trabalho do analista surge de sua própria depressão (do analista), como resultado dos elementos destrutivos de seu próprio amor; porém, no terceiro caso, as coisas mudam radicalmente, e o que o paciente necessita é de que o analista seja capaz de ver seu ódio e seu amor (do analista) dirigidos coincidentemente sobre seu objeto, o analisando.[2] Para esses pacientes, prossegue Winnicott, o final da hora e todas as regulações e regras da análise expressam o ódio do analista, assim como as boas interpretações, seu amor.

Vimos, ao expor as idéias de Winnicott sobre a contratransferência, que esse autor atribui a psicose a uma falha ambiental. Apoiado em Jones (1946) e em Clifford M. Scott (1949), Winnicott afirma em "Mind and its relation to the psyche-soma" (1949) que a mente não é, em princípio, uma entidade para o indivíduo que se desenvolve satisfatoriamente; é, simplesmente, uma modalidade funcional de sua psique-soma (esquema corporal).

Em alguns indivíduos, no entanto, a mente diferencia-se como algo à parte, como uma entidade com uma falsa localização. Esse desenvolvimento desviado sobrevém como resultado de uma conduta equivocada por parte da mãe, especialmente uma conduta errática que provoca excesso de ansiedade na criança. Desenvolve-se, então, uma oposição entre a mente e a psique-soma que provoca um falso crescimento, um falso *self* [ou pseudo *self*].

Essas idéias, originais, sugestivas e audazes, voltam a ser expostas em "Psychosis and child care" (1952).[3] Nesse trabalho, expõe-se claramente o papel do ambiente (a mãe) e suas perturbações (*impingement*), que leva à formação do falso *self* quando falha a área da ilusão.

A REGRESSÃO SEGUNDO WINNICOTT

No item anterior, expus algumas idéias de Winnicott sem pretender abranger todo o pensamento desse autor, mas somente ver de onde parte seu conceito de regressão.

Dado que a psicose é uma falha da criação que leva o indivíduo a configurar um falso *self* que protege o *self* verdadeiro, é lógico afirmar que só terá remédio quando o desenvolvimento emocional primitivo que foi malogrado e desviado possa ser reassumido por meio de uma experiência singular que permita ao indivíduo voltar atrás e começar de novo. O *setting* analítico, expressa Winnicott, oferece ao indivíduo o *holding* adequado, a sustentação que lhe torna possível essa regressão. A regressão do paciente no *setting* analítico significa um retorno à dependência precoce, na qual o paciente e o *setting* fundem-se em uma experiência de narcisismo primário, a partir da qual o verdadeiro *self* pode, por fim, reassumir seu desenvolvimento.

Pelo visto, então, o que condiciona a regressão para Winnicott é, antes, o aspecto positivo do *holding* analítico. É praticamente o oposto do que discutimos anteriormente. É justamente o que o *holding* analítico tem de permissivo e gratificante, o que pode promover um processo regressivo que marcha para a cura pela via da dependência infantil. Não é isso, por certo, o que a idéia de regressão transferencial tinha em conta. A idéia de regressão transferencial leva em consideração antes o contrário, e isso é dito taxativamente por Macalpine quando reconhece que, na realidade, a atmosfera permissiva e os aspectos gratificantes da situação analítica não deveriam condicionar uma regressão; o que condiciona a regressão, diz ela, são os aspectos frustradores do *setting* que originam uma resposta adaptativa.

Todas essas idéias alcançam sua formulação mais completa em um dos trabalhos mais famosos de Winnicott, "Metapsychological and clinical aspects of regression within the psycho-analytical set-up", lido na British Psycho-Analytical Society, em março de 1954, e publicado no ano seguinte.

Nos pacientes do tipo 3, nos quais falhou o desenvolvimento emocional primitivo, em que a mãe não soube conter o filho, o trabalho analítico aplicável aos grupos 1 e 2 deve ser deixado de lado, às vezes por muito tempo, e o analista limitar-se-á a permitir uma intensa regressão do paciente em busca de seu verdadeiro *self* e a observar os resultados.

É necessário sublinhar que Winnicott entende a idéia de regressão dentro de um mecanismo de defesa do ego altamente organizado, que envolve a existência de um falso *self*.[4]

---

[1] Tenha-se presente que este escrito de Winnicott antecede em um ano o de Klein sobre os mecanismos esquizóides.

[2] "To progress further along these lines, the patient who is asking for help in regard to his primitive, pre-depressive relationship to objects needs his analyst to be able to see the analyst's undisplaced and co-incident love and hate of him" (*Through paediatrics to psycho-analysis*, p. 147).

[3] Embora "Mind and its relation to the psyche-soma" tenha sido publicado em 1954, foi lido em 1949.

[4] "It will be seen that I am considering the idea of regression whithin a highly organized ego-defence mechanism, one which involves the existence of a false self" (*Through paediatrics to psycho-analysis*, p. 281).

Essa concepção de Winnicott depreende-se de suas idéias sobre o desenvolvimento emocional primitivo, que já expusemos, assim como também do postulado de que o indivíduo é capaz de defender seu *self* contra as falhas ambientais, congelando a situação com a esperança de que venha uma situação mais favorável. Disso decorre claramente que, para Winnicott, a regressão é parte de um processo curativo, um fenômeno normal que pode ser estudado na pessoa sã.[5]

Quando o indivíduo congela a situação que está impedindo-o de amadurecer para preservar seu verdadeiro *self* em desenvolvimento, organiza-se o falso *self*. Esse *falso self* aparece como um processo "mental", já separado dessa unidade psicossomática que até esse momento se havia mantido. O falso *self* aparece, então, como uma defesa muito especial para preservar o verdadeiro *self* e só pode ser modificado a partir de um processo de regressão. Entretanto, prossegue Winnicott, o indivíduo nunca perde por completo a esperança e sempre está disposto a voltar para começar de novo o processo de desenvolvimento do próprio ponto em que o interrompeu. Esse processo de regressão é um mecanismo de defesa altamente hierarquizado e extremamente complexo, ao qual o indivíduo está sempre disposto a recorrer, assim que que as condições ambientais dêem a ele uma certa esperança de que agora as coisas possam desenvolver-se de outra maneira.

DA TEORIA E DA TÉCNICA WINNICOTTIANAS

Quando se deu um grave transtorno do desenvolvimento que chegou a perturbar o desenvolvimento emocional primitivo com a formação de um falso *self*, a única forma de corrigi-lo é dando ao paciente a oportunidade de fazer uma regressão, que não terá o sentido da regressão útil, momentânea e formal a serviço do ego, mas uma regressão temporal e com toda a profundidade que for necessária para chegar até o ponto em que se havia congelado a situação, para começar de novo.

Assim como aos pacientes do grupo 1 convém a técnica clássica, em que o *setting* serve de suporte ao processo interpretativo, e assim como os pacientes do grupo 2 têm uma integração suficiente para que se possa aplicar a eles a técnica clássica, a de Freud, a situação é completamente diferente para o terceiro grupo. Winnicott postula que, quanto maior a gravidade do transtorno, maior e mais precoce foi a falha no meio, e que essas lesões, esses danos ocorridos no começo da vida só podem ser curados voltando-se a propô-los e começando de novo. Aqui, não há mais remédio senão reparar o danificado: trata-se de oferecer ao analisando as condições para que se instale o sadio processo de regressão, sempre disposto a se iniciar, e

para que dure todo o tempo que for preciso e até a profundidade necessária. Para conseguir que esse processo seja realizado, para não interferir nele, deve-se ter habilidade, diz Winnicott, pois isso é muito difícil.

Nesses casos, a técnica não consiste em interpretar, mas sim em acompanhar compreensivamente e sem interferir no inexorável processo de regressão que o paciente empreende. O analista não deve interpretar, nem tampouco dar apoio; tem de deixar que o processo regressivo continue, cuidando de seu paciente. Nem sempre é claro em que consiste, nesse ponto, a técnica de Winnicott: bastam o silêncio e a companhia, ou se deve chegar a algum tipo de contato corporal?

Tampouco é fácil definir até onde chega o conceito de fracasso ambiental. Winnicott aceita um período de narcisismo primário e, quando em 1969 rompe com Melanie Klein no *Simpósio sobre "inveja e ciúmes"* da Sociedade Britânica, diz que o desenvolvimento emocional primitivo só pode ser estudado considerando-se a díade mãe-criança como uma unidade inseparável. Colocadas assim as coisas, e se aceitarmos o conceito de narcisismo primário sustentado por Winnicott, então sua proposta metodológica deve ser aceita como um juízo analítico, e não sintético, em termos de Kant. Porém, resta esclarecer que papel desempenham nessa díade os dois pólos que a compõem. Porque a afirmação metodológica de que não se pode estudar a criança separada da mãe também implica a oposta, que não se deverá estudar o ambiente, isto é, a mãe, separado da criança. Dado que Winnicott nunca deixa de considerar a bagagem genética do recém-nascido, então é inevitável pensar que a criança influencia seu ambiente (mãe), com o que já estamos apoiando a idéia freudiana de séries complementares utilizada por Klein, questionando em sua raiz a doutrina de uma falha ambiental na qual a criança nada tem a ver.

Várias interrogações colocam-se para a teoria da regressão curativa de Winnicott, duas delas fundamentais, que concernem à técnica e à teoria.

Em relação à técnica, como faremos para não interferir nesse processo de regressão que o paciente empreende? É difícil dizê-lo, e Winnicott nunca chega a esclarecer isso concretamente. O que Winnicott quer dizer quando afirma que o paciente não precisa de interpretações, mas de determinados cuidados, cuidados concretos? Como já disse ao comentar (e criticar) o que Winnicott chama de sentimentos reais na contratransferência, é evidente, para mim, que esse autor supõe que há coisas que estão fora da subjetividade do analisando (ou da criança).

Em relação à teoria, a questão maior é com referência ao eterno dilema de natureza e cultura. Em sua teoria do desenvolvimento, Winnicott põe a ênfase em uma ação direta do meio sobre o desenvolvimento do indivíduo e não o torna tão responsável quanto Klein.

Para discutir esse ponto, é necessário recordar as idéias de Winnicott sobre o desenvolvimento emocional primitivo. Winnicott fala de três processos – personalização, realização e integração – que ocorrem em contato direto com a mãe. A alguns pacientes faltou isso, e a técnica do

---

[5] "The theory is here being put forward of regression as part of healing process, in fact, a normal phenomenon that can properly be studied in the healthy person" (ibid.).

analista tem de consistir, então, em permitir que o paciente obtenha do analista o que lhe falta, uma noção do tempo, por exemplo, que não obteve inicialmente de sua mãe.

Por *realização*, Winnicott entende o processo de adaptação à realidade, que se dá na área da ilusão, onde convergem o que a criança alucina e o que a mãe oferece com seu seio. Gradualmente, o processo vai enriquecendo-se, de modo que, a cada nova experiência, a criança dispõe do que obteve na anterior e pode agora evocar. Portanto, o contato com a realidade externa é frustrante, porque retira a ilusão, mas é também altamente gratificante, porque enriquece e estimula.

UM EXEMPLO DE MASUD KHAN

Khan (1960) apresenta o caso de Mrs. X, uma paciente com cerca de 40 anos com uma neurose de caráter e problemas de identidade, em quem a neurose de transferência assumiu a forma de uma regressão anaclítica no *setting* analítico que gerou com demandas específicas sobre a pessoa do analista. Na estrutura desse caso, era muito visível que o transtorno caracterológico tinha a função de cuidar o *self* e, portanto, distorcia o desenvolvimento do ego e tornava impossível seu enriquecimento, militando contra as experiências emocionais genuínas e a relação de objeto.

Aos nove meses de tratamento, Mrs. X começou a se retrair de seu meio social e também do analista. Rechaçava as interpretações transferenciais, mas escutava com todo o interesse as interpretações de seus sonhos e de suas fantasias. Desenvolveu-se, então, um estado hipomaníaco em que a analisanda sentia-se dona de sua vida e de sua análise, sem que as interpretações da transferência lhe fizessem algum efeito. Esse estado a protegia de todo sentimento de dependência frente a seu meio social e à análise: era justamente o oposto da regressão analítica (p. 136). Aqui, a meu ver, desliza-se um nítido erro conceitual, que impregna toda a teoria da regressão curativa, ao pensar que a defesa maníaca que reverte a situação de dependência a partir de um movimento que volta à onipotência original não implica regressão. Do mesmo modo, diga-se entre parênteses, Zetzel pensa que o excessivo apego do neurótico obsessivo à realidade opera contra o necessário processo de regressão no *setting*, sem compreender que esse enganoso recurso à realidade leva em si mesmo a marca da regressão.

Poucos dias antes das primeiras férias, a analisanda roubou dois livros, e o analista prestou-se a devolvê-los, o que a analisanda aceitou muito agradecida.

Na segunda fase, que se inicia depois das férias e dura 18 meses, sobrevém um período de regressão gradual e controlada que a analisanda descrevia como estado de não ser nada e do qual se recuperou.

Nesse segundo ano de análise, a paciente começou a entender como se repetiam seus conflitos infantis em seu casamento e sua análise. Decidiu-se a estudar, e o analista também aqui lhe deu ajuda concreta, indicando-lhe leituras. Após ser aprovada em um exame, sem encontrar uma resposta favorável em seu marido, começou o período de regressão, que durou três meses. Esse período iniciou com fantasias de suicídio como as que teve ao começar o tratamento, com um agudo sentimento de falta de auto-estima e uma forte dependência do analista, que a ajudava em seus assuntos reais cada vez que ela o pedia.

A emergência do período de regressão ocorreu depois que a paciente teve outra vez fantasias de suicídio, mas agora ela própria considerou-as um ato de agressão a seu analista.

Depois desse período, a analisanda sentiu-se mais autêntica e pôde enfrentar seus sentimentos de culpa frente à sua mãe por tê-la deixado em seu país natal, onde morreu nas câmaras de gás.

A terceira parte do tratamento durou cerca de seis meses e iniciou com um novo conflito com o marido, que pretendia que ela se encarregasse do filho antes do combinado. A paciente desenvolveu fortes idéias paranóides em relação ao marido e ao analista, em conluio contra ela. O analista não esperava essa reação e ficou desarmado, enquanto a analisanda continuava vindo às sessões e falando muito pouco. Havia uma batalha em marcha, e o analista começou a sentir que ela estava compelindo-o a odiá-la, e assim o interpretou. Acrescentou depois que, se ela se sentia ameaçada pelo analista e pelo marido, conspirando contra ela com a idéia de que se encarregasse do filho, era porque ela tinha impulsos assassinos em relação a ele. Ela se lembrou, então, de algumas peculiaridades de sua lactância e da inveja que sentiu de seu irmão mais moço e dos sentimentos de ódio assassino contra ele. Isto abriu caminho para a análise do sadismo oral, com o que o tratamento aproximou-se de seu fim.

O caso, tão bem relatado por Khan, deve ser entendido, segundo o vejo, como uma forte regressão frente à separação das primeiras férias de verão e em termos de uma forte transferência negativa. Se se tivesse interpretado nessa direção, em vez de se oferecer como uma mãe boa que devolve os livros e encarrega-se concretamente de sua "filha", a análise poderia ter transcorrido por canais mais regulares, sem recorrer à etapa de regressão. Creio, também, que a vivência paranóide da analisanda quanto a que o analista quisesse que ela se encarregasse do filho, encontra seu núcleo de verdade – como diria Freud – nessa técnica que oscila tanto desde a mais profunda regressão até a adultez mais esplêndida.

A FALTA BÁSICA

A partir da técnica ativa (Ferenczi, 1919b, 1920) e dos princípios da relaxação e da neocatarse (Ferenczi, 1930), desenvolve-se a longa e profunda investigação de Michael Balint, que culmina em *The basic fault* (1968).

Como Winnicott, e na realidade como muitos outros autores, Balint também divide os analisandos em duas categorias: os que atingem o nível edípico genital e os que não conseguiram isso.

No *nível edípico* do desenvolvimento, analista e analisando dispõem de uma mesma linguagem: a interpretação do analista é uma interpretação para o analisando, independentemente de que a aceite ou a rechace, fique satisfeito ou aborrecido.

Quando opera a *falta básica*, aparece uma brecha entre analisando e analista, que Ferenczi (1932) assinalou nitidamente como uma confusão de linguagem entre os adultos e a criança em sua apresentação ao Congresso de Wiesbaden, ocorrida em setembro de 1932.[6]

No nível edípico há, pois, uma linguagem comum entre o sujeito e os outros, que tem a ver com uma relação triangular, tripartite, com duas pessoas e não uma. No complexo de Édipo propriamente dito, essa triangularidade tem seus referentes no pai e na mãe, mas também é encontrada nas etapas pré-genitais, em que o leite ou os excrementos constituem esse elemento terceiro. Uma característica definidora dessa etapa é que está intimamente ligada ao conflito.

As características principais do outro nível, o da falta básica, é que todos os acontecimentos que nela têm lugar transcorrem entre duas pessoas, não há um terceiro, não há conflito, e a linguagem adulta é inútil, quando não-errônea.[7]

Balint pensa que a análise opera com dois instrumentos básicos e igualmente importantes: a interpretação e a relação de objeto; e como se pode deduzir de seu próprio argumento, no nível da falta básica, o fator realmente operante é a relação de objeto. Surge, então, a pergunta sobre que tipo de relação de objeto o analista deverá oferecer ao analisando para reparar a falta básica.

Balint pensa que, para alcançar esse tipo de relação de objeto requerida pela falta básica, o analista deve responder às necessidades do analisando não com interpretações ou palavras, mas sim com algum tipo de conduta atuada, que antes de mais nada respeite o nível de regressão do analisando a uma área na qual o falar e as palavras carecem de sentido. O analista tem de se oferecer como um objeto que possa ser investido pelo amor primário. Nesse ponto, a maior virtude do analista é estar ali sem interferir. Ele deve renunciar por completo à sua onipotência para alcançar uma posição igualitária com seu analisando, em que a interpretação, o manejo e a experiência emocional corretiva são igualmente extemporâneos. Não se deve esquecer que, na área da falta básica, não há conflito e, portanto, não há nada que se possa resolver.

A técnica de Balint, que acabo de resenhar sucintamente, difere em muitos aspectos da de Winnicott, pois elude todo manejo da regressão, inclusive da que propunha em seus trabalhos dos anos 30.[8] Aqui, tudo o que o analista "faz" é tolerar a regressão do analisando, sem pretender superá-la com interpretações ou manejos que procuram restabelecer sua onipotência. Se essa atitude deve ser entendida como um momento de recolhimento e respeito pelo analisando e por nossa própria tarefa, então a proposta de Balint só vem a acrescentar um grão de filosófica modéstia à nossa técnica de todos os dias – o que não é pouco!

O TESTEMUNHO DE MARGARET LITTLE

É difícil apreender com certeza as peculiaridades da técnica de Winnicott, porque seus escritos apontam mais para a estratégia que deve conduzir à regressão e à dependência do que para as táticas encaminhadas a esse fim. No começo da década anterior, mais precisamente em 1990, surgiu um livro de Margaret I. Little que é um documento valioso para solucionar essas incógnitas. Ninguém pode duvidar da veracidade e da coragem de Margaret Little, e todos respeitam suas contribuições à teoria da transferência e da contratransferência (Little, 1981). Embora um só testemunho não possa ser definitivo, este é convincente, ainda mais que coincide com as inferências que possam ser extraídas de uma leitura cuidadosa da obra de Winnicott. Desejo assinalar, porém, que outros discípulos de Winnicott, como Painceira (1997), limitam muito mais o conceito de regressão à dependência e somente o consideram nos momentos críticos da análise de pacientes em que predomina o falso *self*.

Margaret Little analisou-se com Ella Freeman Sharpe no período de 1940 até 1947. Durante esses anos, e com o alento de sua analista, decidiu fazer carreira na Sociedade Psicanalítica Britânica, onde se qualificou primeiro como membro aderente e, depois, como titular.

No final de 1945, sobreveio um acontecimento penoso na vida de Margaret Little. Seu pai adoeceu gravemente e pouco depois faleceu. Na semana do funeral, Margaret Little tinha de ler seu trabalho de titular, mas não queria fazê-lo para não perturbar seu luto. Ella Sharpe insistiu que o apresentasse e interpretou-lhe a inveja que tinha dela como escritora. Margaret Little mostra-se muito crítica a respeito de sua analista naquele episódio e chega a dizer: "Entre minha imediata aflição e minha transferência psicótica, não pude fazer-lhe frente, mas, na realidade, senti que interferia maciçamente em minha dor" (*Relato de minha análise com Winnicott*, p. 37-38). Margaret Little toma esse incidente como exemplo dos erros que

---

[6] Ferenczi morreria pouco depois, em 25 de maio de 1933, aos 60 anos.

[7] "The chief characteristics of the level of the basic fault are: *a*) all the events that happen in it belong to an exclusively two-person relationship – there is no third person present; *b*) this two-person relationship is of a particular nature, enterely different from the well-known human relationships of the Oedipal level; *c*) the nature of the dynamic force operating at this level is not that of a conflict, and *d*) adult language is often useless or misleading in describing events at this level, because words have not always an agreed conventional meaning" (Balint, 1968, p. 16-17).

[8] Ver, por exemplo, "Early development states of the ego. Primary object love" (*Imago*, 1937; *International Journal*, 1949).

Sharpe cometia. De qualquer modo, leu seu trabalho e recebeu elogios. Se Ella Sharpe a estimulou e, mais ainda, se a forçou a apresentá-lo, para minha forma de exercer a análise, contrário como sou à técnica ativa, cometeu um erro. Também me pergunto, o que teria pensado Margaret Little se, apoiado nas teorias da sustentação e da regressão à dependência, Winnicott tivesse feito o mesmo.

Um ano mais tarde, analista e paciente concordaram em pôr fim à análise, e Margaret Little viajou a Amsterdã para um Congresso. Ali pôde desfrutar da companhia de amigos e colegas e chegou até a notar, pela primeira vez, que um homem interessava-se por ela. A julgar por esses resultados, a análise de Sharpe parece ter sido bastante eficaz. Contudo, Margaret Little não se cansa de criticá-la, porque só lhe interpretava o complexo de Édipo e a sexualidade infantil, sem tocar em nada em suas angústias precoces.

Quando regressou a Londres, Little deparou-se com a infausta notícia da morte de sua analista. Recebeu, então, ajuda de Silvia M. Payne e Marion Milner, até que finalmente se decidiu por Donald Winnicott.

A análise com Winnicott começou em 1949 e sofreu muitas alternativas. Debutou com uma resistência de máxima intensidade. Em uma dessas sessões, presa de um grande desespero, Margaret Little teve o impulso de se atirar pela janela, mas descartou-o porque – supôs – Winnicott certamente a deteria. Pensou, então, em jogar todos os livros da biblioteca no chão e terminou por fazer em pedaços um vaso cheio de lilases. Winnicott saiu da peça e voltou quando a sessão estava terminando, enquanto a paciente tentava pôr em ordem o rebuliço que havia feito. Na sessão seguinte, um vaso idêntico ao anterior, e com as mesmas flores, estava de novo em seu lugar. Dias depois, Winnicott disse-lhe que esse vaso era uma peça valiosa para ele. Depois de terminada a análise, lembraram-se certa vez do episódio e ambos concordaram que Winnicott havia cometido um erro técnico, porque não estava preparado para conter aquela crise de destrutividade; por isso, abandonou o consultório.

Passado o incidente do vaso, a analisanda começou a padecer espasmos de terror que a obrigavam a se aferrar às mãos de Winnicott, que assim a sustentava durante toda a hora. Com isso, Little ilustra a atitude continente de Winnicott. A sustentação (*holding*) é, com certeza, um conceito-chave da técnica winnicottiana. Deve-se entendê-lo, como destaca Little, em sentido figurado e em sentido literal. *Metaforicamente*, "sustentação" é tomar contato com o analisando em todo nível, assumindo a responsabilidade que seu débil ego não pode encontrar em si mesmo; *literalmente*, implica aceitar que o analisando aferre-se a suas mãos, sustentar-lhe a cabeça, oferecer-lhe alimentos, etc. No caso em questão, e visto que o próprio Winnicott considera um erro técnico ter abandonado o consultório, os subseqüentes espasmos de terror de sua paciente também poderiam ter sido contidos com uma interpretação do que estava acontecendo: "Você sente terror de que ego abandone outra vez o consultório e a deixe livrada a seus impulsos" – ou algo do estilo.

Uma experiência significativa foi quando Margaret Little contou a Winnicott a morte de uma amiguinha; ele começou a lacrimejar, o que permitiu a Margaret chorar por aquela perda distante como nunca havia feito. Ela lembrou que a mãe jamais a deixava chorar e que certa vez lhe disse: "Alegra-te, querida. Logo estarás morta". Winnicott enfureceu-se e exclamou: "Odeio tua mãe!" –, dando plena realidade ao dito pela analisanda. Essas respostas *diretas* são, para Margaret Little, uma parte essencial da sustentação que lhe oferecia Winnicott.

O gesto franco e espontâneo de Winnicott ao dizer "odeio tua mãe" significa, sem dúvida, uma grande sustentação para uma Margaret Little sempre em luta contra sua mamãe, mas marca também uma ruptura com a sóbria neutralidade do método que nos coloca ao abrigo da sedução e da idealização. Essa técnica justifica-se pelo nível de regressão do analisando, do qual só se pode resgatá-lo com esse tipo de intervenção direta, na suposição de que essas experiências estejam além das palavras. Todavia, esse conceito é muito discutível, e até mesmo a própria doutora Little questiona-o, sem notar, quando diz: "Como [o analisando] não é uma criança, reage diante das falhas de um modo adulto, com um corpo adulto, motivo pelo qual é perigoso" (ibid., p. 85). Isto implica que não há um só caminho, mas sim dois, para resolver as angústias psicóticas: embarcando na relação *direta* em que transferência e contratransferência ficam livradas a uma ação recíproca que apaga a polaridade sujeito-objeto, ou estabelecendo uma comunicação com o paciente que conserve a assimetria e preserve a discriminação.

Na concepção winnicottiana, a regressão à dependência é o procedimento essencial para alcançar as angústias psicóticas e resolvê-las. O livro de Margaret Little ilustra tal fato suficientemente: Winnicott, por exemplo, a atendia em sessões diárias e prolongadas de 90 minutos, que culminavam com café e docinhos.

As férias do verão de 1952 foram bastante atormentadas e, quando se aproximaram as do ano seguinte, Winnicott propôs a ela que se internasse, temendo que se suicidasse. Ela resistiu vivamente no começo, mas finalmente aceitou. Terminado o Congresso Internacional de Londres, em 1953, Winnicott conduziu-a a um hospital psiquiátrico, onde esteve por cinco semanas. Ali, Margaret Little encontrou o *ambiente facilitador* que lhe permitiu uma regressão à dependência, enquanto Winnicott, de férias, mantinha-se em contato permanente com ela. Essa ilustração merece comentários. Dado o caráter estranhamente pessoal do processo de regressão à dependência, que implica ir até as fontes da vida, ir para a mãe em busca do verdadeiro *self*, torna-se difícil, para mim, aceitar que possa ser delegado a terceiros, e ainda mais a um terceiro impessoal como o hospital. Assim o entende, porém, Margaret Little.

O certo é que, após a saída do hospital, a análise de Margaret Little prosseguiu sem inconvenientes. Pouco a pouco, foi aproximando-se do esquema clássico, com a análise do complexo de Édipo e da sexualidade infantil, agora acessíveis depois de analisadas as angústias psicóticas.

Há outro aspecto técnico da regressão à dependência que me parece, assim como a Grotstein, difícil de entender. Little diz que os pacientes, às vezes, tinham de fazer fila para iniciar o processo de regressão à dependência: "O momento fixado para uma regressão total não dependia apenas de mim, era necessário também considerar sua disponibilidade em relação a seus outros pacientes. Dizia que os pacientes às vezes tinham de 'fazer fila' para entrar nessa fase; um tinha de esperar que o outro tivesse saído e que já não tivesse necessidade dele nesse sentido. Porém, o momento dependia de mim, uma vez que devia estar preparada" (ibid, p. 49).

Novamente, deve-se supor aqui, então, que o processo de regressão à dependência não é espontâneo, ao menos para ser colocado em marcha; depende da colaboração adulta do paciente, que deve esperar sua vez. Por que não solicitar do paciente essa mesma colaboração para analisar seus núcleos psicóticos? A mesma pergunta é feita por Grotstein na "Introdução" do livro de Little: "O incompreensível é como [Winnicott] se arranjava para retardar o tratamento daqueles que aguardavam" (*Relato de minha análise com Winnicott*, p. 11).

Procurei seguir cuidadosamente o livro de Margaret Little para marcar alguns aspectos nem sempre claros da técnica de Winnicott e tive, assim, a ocasião de pôr à prova suas próprias idéias.

42

Angústia de Separação e Processo Psicanalítico

RESUMO E INTRODUÇÃO

Viemos de uma discussão interessante na qual procuramos estabelecer algumas relações entre o processo psicanalítico e a regressão.

Começamos expondo a teoria de que a regressão é função do processo e chamamos de *regressão terapêutica* essa explicação dos psicólogos do ego, segundo a qual o entorno analítico condiciona um processo regressivo que é condição necessária para abordar o paciente no tratamento psicanalítico. Assinalei que essa tese é no mínimo discutível e, para mim, equivocada. Muitos autores pensam, como eu, que a regressão é dada pela psicopatologia do paciente, e não pelo *setting* analítico, embora nem sempre se tenham dado ao trabalho de afirmá-lo e de fundamentá-lo. A crítica que se pode fazer à teoria da regressão terapêutica dos psicólogos do ego cabe em uma pergunta ingênua e simples: se a interpretação é capaz de desmoronar as defesas, por que não é também capaz de modificá-las? Essa crítica, feita a partir de seus próprios argumentos, é difícil de responder para os psicólogos do ego. Rapaport, que eu saiba, nunca a propôs. Se a interpretação pode o mais, também deve poder o menos.

Depois, tentamos contrapor à regressão terapêutica (ou regressão no *setting*, como também é chamada) outro conceito em que a regressão é concebida como um processo curativo. É uma concepção diametralmente oposta à anterior, porque, se naquela o *setting* induzia no analisando um processo regressivo do qual, ao final do tratamento o vai curar, nesta o processo de regressão ocorre graças ao *setting* e é essencialmente curativo, como um movimento espontâneo para a cura. Entre os autores que defendem essa idéia, estudamos especialmente Winnicott, mas também Balint, Bruno Bettelheim e outros pensam que o processo de regressão é altamente curativo. Um trabalho de Bettelheim chama-se "Regression as progress" (1972) para sublinhar que o que chamamos de regressão é, em última instância, um processo progressivo. Vale a pena assinalar aqui que o que diz esse artigo não é idêntico ao que Winnicott sustenta, nem às propostas de Balint com sua idéia do *new beginning* primeiro (1957, 1952) e depois (1968) da falta básica; de qualquer modo, a idéia de que o processo de regressão leva em si o germe da cura é comum a todos esses autores e, por conseguinte, o analista deve respeitar e não interferir nesse movimento.

Para distingui-las da outra, agrupamos essas teorias sob a rubrica da *regressão curativa* e dissemos também que não é, por certo, uma teoria inatacável. Embora nenhuma teoria científica o seja, a idéia de que é necessário retornar às fontes para tomar a partir dali um caminho novo e diferente propõe problemas no nível da teoria e da práxis, e inclusive não sei se no nível da ética. Discuti tudo isso no capítulo anterior e deixei ali fixada minha posição pessoal, aceitando também que o tema deve ficar em aberto porque, em meu entender, o problema não está decididamente resolvido.

Com respeito a Winnicott, o autor que mais brilhantemente desenvolveu essa teoria, é evidente que estabelece uma diferença entre os pacientes nos quais está afetado o desenvolvimento emocional primitivo (e nos quais se deve recorrer a algum tipo de manejo) e os pacientes que chegaram à etapa de *concern*, equivalente à posição depressiva de Melanie Klein, ou atingiram a situação triangular, em que é perfeitamente aplicável a técnica clássica.

Em todos os seus trabalhos, Winnicott reduz o manejo – seja este o que for – a um grupo reduzido de pacientes. Em que consiste esse manejo já é mais difícil de decidir. Pode-se responder de diferentes maneiras, e não creio estar de todo equivocado se afirmo que o próprio Winnicott vacila. Há momentos em que, por *manejo*, ele sugere algo que seria comum a todos nós; em outros, o manejo assemelha-se à com a realização simbólica de Sechehaye e dá a sensação de se ter afastado muito da técnica clássica.

O CONCEITO DE *HOLDING*

Neste capítulo, vamos tomar outro tema de discussão, ligado ao anterior, porém radicalmente diferente, estudando o processo analítico em função daquilo que o sustenta e daquilo que o torna possível. Apesar de as teorias serem divergentes em muitos aspectos, a idéia de que a análise deve prestar ao paciente determinadas condições para que possa analisar-se é algo que está em todas elas e que todas aceitam, porque na verdade é inquestionável. Agora, o conceito de regressão já não nos interessa: somente nos importa ver que elementos do enquadre prestam ao processo o marco natural de contenção para que possa desenvolver-se.

O tema que abordaremos está ligado a uma modalidade da angústia, que é a *angústia de separação*, tal como Freud a estuda em *Inibição, sintoma e angústia* em relação à ausência do objeto (mãe) e de como essa angústia deixa uma marca profunda no processo analítico. Tal como nós o concebemos, o processo analítico procura ser de algum modo isomórfico à realidade e, então, essa angústia de separação não é mais que um tipo especial de modalidade vincular na qual o sujeito precisa que haja alguém a seu lado. Se a angústia de separação existe e faz-se sentir na situação analítica, então o analista tem uma dupla tarefa: a de lhe prestar uma base de sustentação e, ao mesmo tempo, analisá-la.

Esse é o tema que nos ocupará nos capítulos subseqüentes, começando pelas contribuições feitas por Meltzer ao tema, seguindo as idéias de Klein sobre a identificação projetiva. Em seguida, falaremos de outro Meltzer, o que parte dos estudos de Esther Bick sobre a pele e as crianças autistas. Depois, em outro lugar, tentaremos ver como a teoria do *holding* de Winnicott (ou da angústia de separação em geral) pode adquirir um nível de abstração maior nas idéias de continente e conteúdo de Bion. A conclusão do tema que agora iniciamos será, finalmente, que a tarefa do analista consiste, em boa medida, em detectar, analisar e resolver a angústia de separação. Digamos, desde já, que esse processo ocorre em todos os ciclos da análise: de sessão em sessão, de semana em semana (onde talvez mais o podemos captar e onde Zac fez contribuições relevantes), nas férias e, é claro, no final do tratamento. E acrescentemos que as interpretações que tendem a resolver esses conflitos são decisivas para o andamento da análise e nem sempre são simples de formular. O analista, às vezes, não compreende em toda a sua magnitude esse tipo de angústia, e o paciente, por sua vez, está totalmente decidido a não compreendê-la, uma vez que assumi-la leva-o a uma situação de perigosa dependência do objeto, do analista; de modo, então, que a possibilidade de interpretar com acerto a angústia de separação é sempre reduzida, limitada. Os pacientes dizem, com freqüência, que as interpretações desse tipo soam-lhes rotineiras e convencionais e, muitas vezes, têm razão, porque justamente se há algo que não se pode interpretar rotineiramente são as angústias de separação: não é algo convencional, mas cheio de vida. Cabe advertir também, entretanto, que é quando se conseguem as melhores interpretações sobre as angústias de separação que os pacientes resistem a elas e opinam mais veementemente que elas são convencionais.

Esse fenômeno clínico é mais notório para o analista experimentado, isto é, para quem aprendeu a interpretar com acerto e a tempo a angústia de separação. Os que ainda estão no processo de aprendizagem nem sempre o notam e às vezes se desanimam por causa das críticas obstinadas e desafiadoras do analisando, como se observa no processo de supervisão.

Esse fenômeno pode ser explicado de várias maneiras: por temor à dependência e à repetição dos traumas da infância; pelo fato de ferir o narcisismo e a megalomania daquele que se acreditava independente e por inveja. Considero que todas essas alternativas existem e que, entre elas, a inveja do analista, como objeto que está presente e acompanha, tem um peso que não se pode deixar de lado.

IDENTIFICAÇÃO PROJETIVA E ANGÚSTIA DE SEPARAÇÃO

Agora nos ocuparemos dos autores que, como Meltzer e Resnik, interpretam a angústia de separação a partir da teoria da identificação projetiva e do que subjaz a ela, uma teoria do espaço mental, do espaço do mundo interno. Graças a esses trabalhos, podemos interpretar a angústia de separação mais precisa e diretamente. Em geral, as interpretações nessa área nem sempre se fazem no nível correto. O analista novato tende a se situar em um plano de maior integração do que na realidade o paciente tem. Diz a ele, por exemplo, que sentiu sua falta no fim de semana, e essa interpretação é às vezes muito otimista, pois implica que o analisando é capaz de discriminar entre sujeito e objeto. O mais freqüente, sobretudo no começo da análise, é que a angústia de separação fique negada, reforçando o narcisismo, que é a grande solução para todos os problemas. Por isso, Meltzer diz nos primeiros capítulos de *The psychoanalytical process* que a identificação projetiva maciça é a defesa soberana contra a angústia de separação.

Nos casos extremos, que Meltzer estudou em seu trabalho de 1966, sobre a masturbação anal e a identificação projetiva, pode-se apreciar uma estrutura quase delirante, que tem a ver com a pseudomaturidade[1] e configura um grave problema psicopatológico. Na pseudomaturidade, recorre-se a identificações projetivas muito enérgicas que perturbam a realidade e a autonomia dos objetos internos para negar a angústia de separação em um tipo de funcionamento praticamente delirante.

A eficácia da identificação projetiva maciça para dar conta da angústia de separação reside, justamente, em que a parte angustiada do *self* coloca-se decidida e violentamente em um objeto (externo ou interno). Desse modo, o analisando apresenta-se livre de angústia, e nenhuma interpretação será operante enquanto não conseguirmos reverter o processo de identificação projetiva. Se interpretamos sem levar isso em conta, o mais certo é que demos com a cabeça contra um muro: o muro da identificação projetiva com o qual se choca nosso esforço. Na realidade, essas interpretações não são apenas ingênuas, mas também imprudentes e equivocadas, porque, se o analisando

---
[1] Meltzer chama de *pseudomaturidade* um conjunto de fatos fenomenológicos que coincidem clinicamente com o *falso self* de Winnicott e com a *as if personality* de Helen Deutsch (1942) e ao qual Karen Horney chamou de a *imagem idealizada do self* em *Neurosis and human growth* (1950).

meteu dentro de mim ou de sua mulher a parte sua capaz de sentir o vínculo de dependência, que ego lhe diga que sentiu minha falta é totalmente falso: não sentiu minha falta porque fez algo justamente para não ter de senti-la.

O que nos ensina Meltzer é que só se pode resolver esse tipo de dificuldades atendendo-se à alta complexidade de um processo que às vezes adquire um viés delirante, em que a confusão sujeito-objeto é muito grande e está a serviço de negar a angústia de separação.

Em resumo, por mobilizarem mecanismos egóicos primitivos, as angústias de separação podem utilizar a masturbação anal para executar um ato que corresponde a um modelo de intrusão no objeto que, em última instância, protege o sujeito dessa ameaça. Uma vez que se consumou esse tipo de defesa, teremos de nos colocar a "buscar" nosso paciente, como diz Resnik (1967), perdido em um lugar do infinito espaço em que o encontraremos dentro do objeto em que se meteu; primeiro, teremos de encontrar o analisando e, então, trazê-lo para a sessão. Só então poderemos fazer uma interpretação no aqui e agora porque, evidentemente, se o paciente não está "aqui", de nada vale fazer uma interpretação *hic et nunc*.

É interessante ressaltar que esses mesmos mecanismos operam também nos casos menos graves, isto é, nas neuroses, em que devem ser igualmente interpretados.[2]

PAPEL DA MASTURBAÇÃO ANAL NA ANGÚSTIA DE SEPARAÇÃO

Que a masturbação é o remédio mais usado para vencer a solidão e os ciúmes frente à cena primária é algo que todos aprendemos dos analistas pioneiros; porém, a partir do trabalho que Meltzer apresentou ao Congresso de Amsterdã, "The relation of anal masturbation to projective identification",[3] o vínculo entre solidão, angústia de separação e masturbação adquire outro significado, mais profundo e complexo. Meltzer sustenta ali que a masturbação anal tem uma relação íntima e inerente com a identificação projetiva: no momento crítico da separação, a criança que vê sua mãe afastar-se, dando-lhe as costas, identifica o seio com as nádegas da mãe e estas com as próprias; começa, então, uma atividade masturbatória em que introduz seus dedos na ampola retal e, assim, a masturbação anal converte-se no modelo da identificação projetiva. Em pacientes não extraordinariamente perturbados, não claramente psicóticos, a masturbação anal tem um caráter relativo. É por isso que, se o analista quer integrar esse corpo de teoria a suas interpretações sobre a angústia de separação, deve forçosamente detectá-lo no material dos sonhos ou da fantasia: a masturbação genital é, em geral, mais manifesta que a anal, o que não implica que descuidemos dela ao interpretar a angústia de separação.

---

[2] Voltaremos a esse tema em um capítulo próximo, ao falar das confusões geográficas.
[3] Publicado no *International Journal* de 1996.

A teoria da identificação projetiva empregada por Meltzer segue a tradição dos primeiros trabalhos de Melanie Klein, quando essa autora sustentava a universalidade do processo de masturbação e sublinhava que a culpa que a acompanha está sempre ligada aos impulsos agressivos contra os objetos. Desse modo, ao interpretar a angústia de separação, deve-se prestar atenção tanto ao que se projeta quanto às *conseqüências* da projeção. Não é meramente pela necessidade de aliviar a angústia de separação que alguém se mete no objeto, mas também por motivos agressivos, para apagar as diferenças entre sujeito e objeto. A agressão, a inveja e os ciúmes sempre participam do processo.

Creio que esse conceito da masturbação como expressão dos ciúmes e sobretudo da inveja é um traço distintivo dos analistas kleinianos. A polêmica sempre viva sobre se devemos interpretar de início a transferência negativa remete, em última instância, a como e quando se instalam as angústias de separação e a seus conteúdos.

ANGÚSTIA DE SEPARAÇÃO, TEMPO E ESPAÇO

Além dos casos extremos que Meltzer descreve como pseudomaturidade, pode-se afirmar que, sempre que se interpreta com base nos mecanismos de identificação projetiva, está tocando-se não apenas a pseudomaturidade do paciente, mas também sua onipotência e seu narcisismo. Por conseguinte, é muito possível que o paciente responda colocando-se acima do analista para negar a dependência. Deve-se, então, afinar o instrumento analítico para detectar nessa resposta os indicadores, às vezes muito sutis, que nos permitam desbaratar essa defesa.

Resnik procura dar resposta a algumas dessas questões com sua ênfase no espaço da situação analítica. Uma coisa é que ego fale da Russell Square a meu analista, e outra coisa é que lhe fale *de lá*. Se isso é o que ocorre, as possibilidades que meu analista tem de se comunicar comigo são tão distantes quanto a formosa praça em frente ao Museu Britânico.

A contribuição de Resnik é, por isso, interessante, pois adverte-nos que, em casos como esse, se quiséssemos instrumentar melhor a nossa técnica, a primeira coisa que teríamos de fazer, de imediato, seria dizer ao paciente algo que pudesse "trazê-lo" da praça para o consultório.

A identificação projetiva implica, por definição, uma concepção de espaço, mas também se pode dizer que é por meio da identificação projetiva que se vai adquirindo essa noção. Problema difícil, que Resnik procura resolver dizendo que não se deve confundir a identificação projetiva, que já supõe um reconhecimento do espaço, com prolongamentos narcisistas ao espaço extracorpóreo, que ele considera como sendo um processo *prévio* à identificação projetiva. Ou seja, Resnik distingue dois processos: o da identificação projetiva propriamente dita e um processo anterior, que caracteriza como pseudópodos, no sentido de que o pseudópodo não implica conhecer o espaço, porque está dentro do sujeito. Essa teoria de Resnik – engenhosa, porém discutível – parece voltar à concepção clássica do narcisismo primário. Embora Melanie Klein não o diga taxativamente, sua teoria da relação de objeto é também uma teoria do espaço e, nesse sentido, pretender que no começo não há espaço significa que tampouco há objeto. Veremos, mais adiante, que Bick e Meltzer deparam-se com o mesmo tipo de problemas quando sustentam que primeiro é necessário criar um espaço para que então possa operar a identificação projetiva. Penso, nesse ponto, que a teoria da identificação projetiva deve ser aceita tal como a formulou Melanie Klein, como uma teoria que traz consigo o conceito de relação de objeto que é inseparável do espaço, ou senão abandonada pelas teorias que partem do narcisismo primário.

Esse árduo problema também é proposto em um valioso trabalho de León e Rebeca Grinberg (1981), ao estudar as "Modalidades de relações objetais no processo analítico", no qual as noções de espaço e tempo ocupam um lugar destacado. Merecem uma menção especial as reflexões dos Grinberg sobre o vínculo, chamado por Bion de "*at-one-ment* com o devir O", um estado de unificação com O, que re-coloca fortemente, até onde posso entendê-lo, a hipótese de um narcisismo primário.

A IDENTIFICAÇÃO ADESIVA

Os trabalhos que discutimos no parágrafo anterior baseiam-se fundamentalmente na relação entre as angústias de separação e a identificação projetiva. Tanto Resnik quanto Meltzer são analistas que conhecem profundamente Melanie Klein, seguem seu ensino e operam continuamente com a teoria da identificação projetiva. Já vimos que Resnik, entretanto, pensa que há algo *antes* da identificação projetiva (pseudópodos mentais) que discutimos brevemente. Veremos agora que também Meltzer, em dado momento de sua investigação, sente o mesmo que o desenvolvimento não começa com a identificação projetiva. E creio que também os Grinberg inclinam-se a uma idéia semelhante.

Durante muitos anos, a idéia de identificação projetiva foi a coluna dorsal de todo o pensamento da escola kleiniana e influiu sobre as outras, talvez mais do que parece. Quem mais a utilizou, sem dúvida, entre os psicólogos do ego, foi Otto Kernberg (1969), que pode ter divergências com Klein em muitos aspectos, mas a conhece e respeita.

A partir da introdução desse conceito no trabalho sobre os mecanismos esquizóides de 1946, a escola kleiniana considerou a identificação projetiva como um protótipo que podia validamente contrapor-se à identificação introjetiva. Para alguns autores, essa descoberta marca o auge da criação de Klein e justifica considerá-la um gênio, e não simplesmente uma investigadora de primeira linha, como outros. É conveniente sublinhar que a idéia de identificação projetiva propõe também um conceito revolucionário de narcisismo, dado que são partes do *self* as que (junto com impulsos e objetos internos) se colocam no objeto. O *self* mantém uma relação com esse objeto, enquanto, de alguma maneira obscura, reconhece essas partes como próprias. Fica assim definida uma confusão entre sujeito e objeto ou, se se prefere, um tipo de relação de objeto em que há um forte componente narcisista. Isto é, uma vez que ego coloquei algo meu no objeto, minha relação com ele se refere, em parte, a mim mesmo.

Durante muitos anos, diz Meltzer (1975), o conceito de identificação projetiva foi, para a escola kleiniana, sinônimo de identificação narcisista. Desse modo, os dois tipos de identificação que Freud descreve em *O ego e o id* (1923b), a identificação primária e a identificação secundária a um processo de luto, ficam homologados e subsumidos nos de identificação introjetiva e projetiva. Porém, quando Esther Bick escreve em 1968 esse brevíssimo trabalho de três folhas intitulado "The experience of the skin in early object-relations", abre-se um novo panorama.

Bick propõe ali, efetivamente, um novo tipo de identificação narcisista e, por conseguinte, de relação de objeto, o que implica uma ruptura com o que até esse momento se entendia a partir da teoria da identificação projetiva.

A idéia básica do trabalho de Bick é que, além da corporalidade do objeto (ou seja, postulando que o objeto tem profundidade), há outro tipo de identificação narcisista, *muito* narcisista, se cabe a expressão, porquanto a superposição de sujeito e objeto é muito grande, na qual a idéia de "meter-se dentro" é substituída pela de *pôr-se em contato*. Esse processo – prossegue a autora – é muito arcaico e surge sempre vinculado a um objeto da realidade psíquica equivalente à *pele*. Inicialmente, o *self* é vivenciado como partes necessitadas de um objeto que as contenha e as unifique, e esse objeto é a pele como objeto da realidade psíquica. Esse objeto pele deve ser precocemente incorporado porque, se e somente se for cumprida essa incorporação, podem funcionar os mecanismos projetivos: enquanto não houver um espaço no *self*, tais mecanismos, por definição, não podem funcionar (Bick, 1968, p. 484).

Como diz a própria Esther Bick, em seu duradouro trabalho, o aspecto continente da situação analítica reside especialmente no enquadre e, portanto, a firmeza da técnica nessa área é crucial (p. 486).

Esse trabalho estabelece, então, a importância do enquadre psicanalítico e sua firmeza no processo de desenvolvimento que é o tratamento analítico, levando em conta que a análise é uma *relação* e que essa relação não é contínua, mas sim *descontínua*. No processo psicanalítico há, evidentemente, interrupções, muitas interrupções. A interrupção pelas férias, as reiteradas interrupções do final de semana e, talvez a pior de todas, a que sobrevém dia após dia, que significa uma diferença de 50 minutos contra 23 longas horas.

A nova teoria da identificação adesiva, que começa com o trabalho de Bick, desenvolve-se e expande-se depois no livro de Meltzer e seus colaboradores, John Brenner, Shirley Hoxter, Doreen Weddell e Isca Wittenberg (1975) sobre o autismo, cheio de sugestões, exploração audaz das origens. Aonde chegarão e para onde nos levarão essas investigações, que de fato estabelecem a possibilidade de uma nova teoria do desenvolvimento, não é algo que se tenha de discutir neste livro, porque é mais um problema da psicologia evolutiva do que especificamente da técnica, embora tampouco possamos evitá-lo com uma manobra metodológica.

Desejo assinalar, nesse ponto, a notável coincidência desses trabalhos da escola inglesa com as investigações de Didier Anzieu (1974) sobre *le moi-peau* (o eu-pele). Com um suporte teórico distinto, Anzieu destaca a importância básica da pele no desenvolvimento precoce e a coloca muito bem em relação ao banho de palavras com que a mãe envolve o infante. Apesar de a teoria ser a mesma, as conseqüências técnicas variam notavelmente, e ali onde a inglesa deriva a necessidade de um *setting-pele* firme, o francês inclina-se por uma atitude mais tolerante e complacente.

Em *Explorations in autism* (1975), quando retoma o problema da identificação adesiva, Meltzer fala de quatro tipos de relação de objeto, que constituem também quatro tipos de concepção do espaço, do que ele chama de dimensionalidade, que tem uma história, um desenvolvimento. Para Meltzer, há um espaço *unidimensional* que se define como e pelo impulso, que chega, toca e se vai. Tempo e espaço fundem-se em uma dimensão linear do *self* e do objeto, em um mundo radial como a ameba e seus pseudópodos. Os objetos são atrativos ou repelentes, e o tempo não se distingue da distância, um tempo fechado, mistura de distância e velocidade. Para Meltzer, o mundo do autista é desse tipo, unidirecional e sem mente, uma série de eventos não-disponíveis para a memória ou o pensamento.[4]

O espaço *bidimensional*, o da identificação adesiva, é um espaço de contatos, de superfícies, talvez o que Freud tem *in mente* em *O ego e o id* quando diz que o ego é uma superfície que contata com outras superfícies. A significação do objeto depende das qualidades sensuais que podem ser captadas em sua superfície e, com isso, o *self* também é vivenciado como uma superfície sensitiva. O pensamento não pode desenvolver-se quando falta um espaço dentro da mente "no qual pudesse ter lugar a fantasia como uma ação de ensaio e, por conseguinte, como um pensamento experimental" (*Explorations in autism*, p. 225). Aqui, Meltzer coincide notavelmente com o que sustenta Arnaldo Rascovsky desde que publicou *O psiquismo fetal* em 1960.

Depois, vem o espaço *tridimensional*, em que predomina a identificação projetiva e que surge uma vez que o objeto tenha sido vivenciado como resistente à penetração e que se constitua o conceito de orifícios no objeto e no *self*. O objeto transforma-se, assim, em tridimensional e continente, e o *self* adquire também a terceira dimensão ao identificar-se com ele. O tempo é agora oscilatório, pois é concebido através da fantasia de entrar e sair do objeto mediante a identificação projetiva. "O tempo, que não se podia diferenciar da distância na unidimensionalidade da desmentalização e que havia adquirido certa vaga continuidade ou circularidade, ao mover-se de um ponto a outro na superfície do mundo bidimensional, começa agora a ter uma tendência direcional própria, um movimento inexorável de dentro para fora do objeto" (p. 226).

A identificação adesiva vem oferecer uma nova explicação para um fenômeno descrito por muitos autores, como Helen Deutsch (*as if personality*), Winnicott (*falso self*), Bleger (*personalidade fática*) e Meltzer (*pseudomaturidade*). Quando vários autores, com diferentes formas de pensar, descrevem um mesmo fenômeno é porque estão vendo algo que existe, que é universal. O que caracteriza esses pacientes é uma nota de inautenticidade que leva a pensar que o processo de identificação ocorre realmente de forma superficial. É sedutor pensar que essa superficialidade corresponde ao processo dinâmico da identificação adesiva, mas poderia não ser assim. Já lembramos que o próprio Meltzer introduziu o conceito de pseudomaturidade em seu trabalho de 1966 e o faz derivar da identificação projetiva com os pais internos.

De qualquer maneira, todas essas teorias apontam para um tipo especial de reação, que se caracteriza por sua inautenticidade. Seu valor clínico é muito grande, porque nos proporciona elementos preciosos para compreender um tipo de pacientes. Sem essas teorias, é mais fácil reagir mal frente a eles, com desprezo ou com raiva, por exemplo. Se um analisando identifica-se comigo por um detalhe insignificante de minha indumentária, é possível que me sinta mais incomodado do que se o fizer com um traço de meu caráter; porém, na realidade, em ambos os casos está expressando uma forma de identificação e nada mais. Ambos são processos que devem ser compreendidos e não julgados axiologicamente.

É necessário salientar que, frente a um material clínico determinado, deveremos sempre discriminar o tipo da identificação – adesiva, projetiva ou introjetiva. Por outro lado, e como sempre, o conteúdo manifesto do material nunca será o decisivo. O mesmo ato, o mesmo símbolo podem expressar diferentes níveis do processo. Lembro-me de um paciente de muitos anos atrás que, pouco depois de iniciar sua análise, começa a usar paletó, como eu. Alguns anos mais tarde, porém, o paletó representava para ele o seio e, então, o processo tinha outro sentido. Nessas difíceis tarefas de discriminação, o que talvez mais nos ajude é, creio, uma vivência de contratransferência quando sentimos que a identificação é muito inautêntica ou muito ingênua.

Finalmente, há um espaço *tetradimensional* que inclui a noção de tempo, que está vinculado à identificação introjetiva, isto é, à idéia de que o tempo passa e não volta, como diz o tango. Nesse nível do desenvolvimento, opera um novo tipo de identificação que Freud descobriu e descreveu em *O ego e o id* (a identificação introjetiva de Klein?), que já não é mais narcisista, uma vez que se funda em uma concepção do espaço e do tempo que reconhece a existência e a autonomia do objeto.

As idéias de Bick e Meltzer são atrativas e diretamente aplicáveis a certas configurações do processo analítico. Nesse sentido, são úteis na prática do consultório, como

---

[4] Compare-se com o que Resnik diz sobre os pseudópodos.

procurei demonstrar em um trabalho que escrevi com Norberto Bleichmar e Celia Leiberman de Bleichmar há alguns anos.[5] Às vezes, a qualidade do processo identificatório parece advertir-nos de que o analisando não busca colocar-se dentro do objeto, mas ficar em contato com ele mediante uma conduta imitativa, ingênua e mimética. Isto era particularmente claro no caso apresentado no Simpósio sobre Sonhos em 1979. Tratava-se de uma jovem de 22 anos afetada por uma dermatose grave e com importantes problemas psicológicos. Sua história clínica sugeria fortemente um período de autismo infantil e suas relações de objeto sempre foram adesivas, superficiais e versáteis. Esse tipo de vínculo aparecia na análise de várias maneiras, mas singularmente no relato dos sonhos utilizado como uma superfície de contato com o analista, em que o sonho contado representava exatamente o que Bick chama de *segunda pele*, ou seja, um fenômeno que substitui o contato verdadeiro por outro postiço, artificial. Essa forma de contato provocava reações contratransferenciais de rechaço, até que a tarefa interpretativa centrou-se nas tentativas da analisanda de se vincular via identificação adesiva, com o que mudou notoriamente a até então errática situação analítica

IMPROVISAÇÕES SOBRE AS TEORIAS DO DESENVOLVIMENTO

As idéias que estudamos nos dois últimos capítulos remetem-nos continuamente das teorias do processo analítico às do desenvolvimento, isto é, à psicologia evolutiva e, mais precisamente, à psicologia evolutiva do primeiro ano da vida.

Freud foi capaz de elaborar uma teoria do desenvolvimento infantil (o complexo de Édipo) a partir da análise de homens e mulheres adultos, através de reconstruções e com sua teoria da transferência. Suas hipóteses foram depois fortemente apoiadas pelos analistas de crianças.

A partir de sua técnica lúdica, Melanie Klein tentou reconstruir o desenvolvimento precoce, mostrando que os instrumentos analíticos podem dar-nos informação dos tempos mais remotos da vida humana. Para segui-la ou refutá-la, apareceram depois outros autores e outras investigações e, de algumas delas, por certo não de todas, ocupamo-nos, nestes capítulos e nos correspondentes, à transferência precoce.

Expusemos algumas idéias de como se constrói ou se supõe que podem construir-se as noções de espaço e de tempo na criança. Se nos ativermos a Bick e a Meltzer, teremos de pensar a noção de espaço como uma representação de características *sui generis*, como alguma outra coisa ou objeto em que o resto das representações ficam contidas. É o que parece depreender-se desses trabalhos a partir da descrição inicial de Bick. Teremos, além disso, de concluir que há uma evolução do unidimensional ao tetradimensional? Essas perguntas não têm uma resposta cabal, pois são temas que estão sendo investigados.

Resnik, por sua vez, com um pensamento que considero próximo ao de Bion, explica-nos de que modo podem ingressar na mente as coisas como tais, com a condição de que concebamos a mente como um espaço em que podem situar-se coisas. À medida que sinto que "Russell Square está em minha mente" ou que "o mar está em minha mente" (não que tenho a imagem da praça ou do mar), estou negando a distância, o que é também negar a perda e a ausência. Porque só posso ter uma imagem do mar quando o mar propriamente dito não está presente, quando reconheço sua ausência. Nesse ponto, as idéias de Resnik aparentam-se com a teoria do pensamento de Bion (1962a e b), assim como com os trabalhos de Hanna Segal (1957, 1978) sobre o simbolismo. Bion dirá que a Russell Square que está na mente não pode ser processada como elemento alfa, mas simplesmente como elemento beta.

Há, sem dúvida, uma certa diferença entre a noção de espaço categorial e quase ontológico dos existencialistas e o espaço que estudam Meltzer, Resnik e, mais recentemente, os Grinberg. O espaço ao qual se referem nossos autores deriva de uma teoria das relações objetais que não se pronuncia sobre as categorias de espaço e tempo nas quais pensa Kant, como formas aptas *a priori* da sensibilidade para ordenar a experiência.

A concepção do espaço que poderia ter a ameba (de Resnik) deve aproximar-se muito da do espaço unidimensional de Meltzer. Quando a experiência consiste em emitir um pseudópodo e retraí-lo, a idéia de espaço deve ser linear e a de tempo estará forçosamente subsumida à outra, pois o tempo é aquele em que tardo em emitir meu pseudópodo e em retraí-lo.

Como conclusão, digamos que, na realidade, os processos do começo do desenvolvimento são muito difíceis de elucidar, de apreender. À medida que nos aproximamos das origens, os fatos ficam mais subordinados às teorias com que temos de contemplá-los. Atualmente, a solução é buscada por outros caminhos, a observação de bebês, a etologia. Entre nós, José Antonio Valeros (1981) foi o primeiro a difundir os novos estudos de observação do bebê, enquanto Terencio Gioia aplicou lucidamente as contribuições da etologia à teoria dos instintos (1977, 1983a) e à explicação do desenvolvimento psíquico precoce (1983b). ego os considero inteiramente válidos, mas não creio que resolverão, por si sós, os problemas e muito menos os *nossos* problemas, isto é, os problemas da ciência psicanalítica. Teremos de aplicá-los em nossa área cuidadosamente, sem nunca deixar de pensar que os problemas da psicanálise devem ser resolvidos dentro da análise, aceitando obviamente com modéstia, mas também com lucidez, o que nos vier de fora. O que vejo até agora é que os psicanalistas utilizam os novos estudos para levar água ao seu moinho. Este é o ponto em que as discussões terminam com um "eu penso assim".

Penso que viemos programados para perceber o espaço e o tempo e que o tema a investigar é como opera a experiência para que se desenvolva essa noção do espaço

---

[5] "El sueño como superficie de contacto" (1979).

e do tempo que já estava potencialmente no código genético; contudo, duvido de que o desenvolvimento humano ocorra geneticamente, a partir de um mundo de uma dimensão até o de quatro.[6]

Em geral, quando queremos dar conta das origens, caímos facilmente em contradições. Assim, por exemplo, Bick sustenta que, se não há uma pele continente, a identificação projetiva funciona sem que nada possa abatê-la, mas também diz que a identificação projetiva requer a criação prévia de um espaço no *self*. Ou seja, ela diz duas coisas diferentes: se não se forma um espaço no *self*, mal pode funcionar a identificação projetiva; se não se forma esse espaço no *self*, continua sem término a identificação projetiva. Quando se refere a esse trabalho em seu livro, Meltzer tenta resolver essa contradição, mas não sei se consegue. Creio que é uma contradição insolúvel, porque, se apenas a introjeção de um objeto-pele torna possível a criação de um espaço interior, onde se aloja essa primeira introjeção?

A idéia da identificação adesiva é válida; porém, situá-la em uma teoria do desenvolvimento, é difícil.

Para Melanie Klein, a identificação projetiva inaugura o desenvolvimento. Em meu entender, essa teoria pressupõe que a criança já vem programada para captar o espaço e relacionar-se com a mãe, vem com uma pré-concepção da mãe, como dizem Bion e Money-Kyrle. Essa tese tem, a meu ver, um forte apoio etológico.

Dificuldades iguais ou similares, creio eu, colocam-se para Lacan e sua pomba. Quando introduz sua famosa teoria da fase do espelho para dar conta do narcisismo, Lacan (1949) apóia-se em uma referência etológica: que a pomba vê sua imagem no espelho e ovula. Então ele diz, e não sem razão, que o eu é imaginário e excêntrico, porque minha identidade de pomba ovulante está dada pelo que vejo ali fora – que é a mãe para o bebê, evidentemente. A fase do espelho, até onde consigo entender, está vinculada à identificação primária de Freud como algo que é anterior a toda carga de objeto. Lacan utiliza esse modelo do espelho no lugar em que ego poderia usar o de identificação adesiva e projetiva. De qualquer modo, a pomba não está programada para ovular quando vê um indivíduo de sua mesma espécie? Sem sombra de dúvida, a pomba está programada para ovular diante da visão e do reconhecimento de seus congêneres. A pomba não ovula quando vê Alain Delon e muito menos Marlon Brando. A conduta ovulatória da pomba está incorporada ao seu genoma, à sua informação genética, porém nem todas as espécies ovulam quando vêem seu congênere. Certamente, há muitas outras formas de desencadear a ovulação. É necessário dizer algo mais? Não sei se é possível dizer algo mais e não sei se é necessário para o psicanalista. Não sei se precisamos ver como começam as coisas, porque algumas já vêm fixadas filogeneticamente, para começar. O outro seria um problema de informação genética, em que momento se incorporou ao DNA uma informação tal que permita à pomba, ou ao que vai ser uma pomba, porque talvez tenha sido isso antes de ser pomba, e se é pomba quando a informação genética permite-lhe ovular dessa forma, porque isso também significa que apenas se se ovula pode-se ter pombas.

A ANGÚSTIA DE SEPARAÇÃO E OS CICLOS ANALÍTICOS

Independentemente de teorias e predileções, todos os analistas estão de acordo em afirmar que o ritmo de contato e separação próprio do processo analítico influi grandemente na forma como o analisando se conduz. Essa influência é vista mais facilmente com as férias, depois com o fim de semana e, por último, de sessão em sessão. São as três circunstâncias providas e previstas pelo *setting* em que a alternativa do contato e da separação coloca-se em jogo.

Zac (1968) estudou detidamente a forma como aparece a angústia de separação no fim de semana e as flutuações que se observam à medida que transcorrem as sessões, assim como suas conseqüências, do mesmo modo que a maneira e a oportunidade de interpretar.

Leonardo Wender, Jeanette Cvik, Natalio Cvik e Gerardo Stein (1966), por sua vez, estudaram com agudeza os efeitos do começo e do final da sessão na transferência e na contratransferência. Para esses autores, a sessão tem um "pré-começo", que é o lapso transcorrido desde que paciente e analista têm alguma percepção do outro (o chamado da campainha, por exemplo) até que se inicia formalmente a sessão, assim como um "pós-final", que vai desde que o analista dá por encerrada a sessão até que cessa todo contato com o paciente.

Wender e colaboradores sustentam que no "pré-começo" o analisando produz e, em alguma medida, expressa a fantasia inconsciente com que comparece à sessão, fantasia que se processará durante a hora, e que o "pós-final" recolherá para elaborar outra fantasia, em que estará contida a original e seu desenvolvimento na sessão. O analista, por sua vez, produzirá também algumas fantasias que são o correlato das outras. Portanto, são momentos de tensão e regressão, nos quais o analista deve estar muito atento a suas fantasias (suas associações contratransferenciais, diria Racker) e a todas as mensagens do analisando, que em geral lhe chegarão por canais não-verbais ou paraverbais.

Em resumo, os autores aconselham a prestar muita atenção a esses momentos e advertem sobre o perigo de tornar mais rígido o *setting* justamente para evitar a angústia.

Condordo plenamente com os pontos de vista de Wender e colaboradores, e a prática ensinou-me que fixar a atenção nos movimentos de contato e separação no começo e no final da hora é extremamente útil, mais operante às vezes do que se fixar nas férias ou no fim de semana.

---

[6] Ver o recém-citado trabalho com os Bleichmar e o prólogo da edição castelhana do livro de Meltzer e colaboradores, *Exploración del autismo*.

Isto me foi ensinado por uma paciente cujo material apontava para as angústias de separação ao final de cada semana. Contudo, em vários anos de análise, jamais aceitou de mim uma interpretação desse tipo. Como era dessas quase-colegas de que fala Liberman (1976b) em seu trabalho ao Congresso de Londres, e conhecia as grandes teorias, sempre me desqualificava por ser kleiniano. Afirmava que ego insistia demais nesse ponto. Apesar de tudo, ego voltava a interpretar, creio que adequadamente, porque o material indicava-me isso com nitidez, até que um dia interpretei-lhe a separação no final da sessão. Esperei a crítica habitual da paciente, mas ela me disse, sem hesitar, que era assim, que estava certo. Então lhe respondi, com toda a ingenuidade, por que aceitava nesse momento que estava angustiada pelo fato de que tinha de ir embora e, quando ego lhe interpretava que o mesmo acontecia no fim de semana, ela me dizia que não. "Não, não diga bobagens", respondeu bruscamente. Só então compreendi, por fim, que para ela a experiência do fim de semana era tão opressiva que não podia ser elaborada, não podia ser aceita: de dia para dia, era viável, mas de sexta para segunda não. Eis aqui, diga-se de passagem, um bom exemplo de uma interpretação clichê do fim de semana.

Portanto, temos de interpretar as angústias de separação como um aspecto importante do processo dia a dia, semana a semana, no momento das férias e, logicamente, no final da análise, quando o tema volta a se colocar com força inusitada. Só que, como dizia Rickman (1950), no final da análise a angústia de separação aparece mais ligada às angústias depressivas, ao passo que, no começo, surgem angústias catastróficas, confusionais ou paranóides.

Nem é preciso dizer que, se as alternativas regulares do contato e da separação põem em tensão todo o sistema, quanto mais o farão as irregulares. Quando o ritmo analítico é interrompido imprevistamente, as perturbações são sempre maiores e até mesmo o tratamento corre risco, tanto mais quanto mais intempestiva for a ausência ou a alteração.

O *setting* analítico tende, pois, a ressaltar as angústias de separação, serve para detectá-las. Um psicólogo do ego (como a doutora Zetzel ou Ida Macalpine) dirá que o *setting* analítico, com seu ritmo constante e suas interrupções regradas, reativa por via regressiva as angústias de separação. Para outros analistas, porém, o *setting* é tão-somente a lupa que nos faz ver um fenômeno que já está dado, que existe por direito próprio. O que se chama de *manejo*, para Alexander, só pode ser entendido a partir daquela alternativa. Alexander pensa que, se modifico o ritmo das sessões, vou amortecer as angústias de separação. Os que, como eu, pensam da outra forma, estão convencidos de que, com o procedimento de Alexander, a angústia de separação aparecerá em algum outro lado e que somente a interpretando ela pode mudar.

Como Romanowski e Vollmer (1968), penso que a angústia de separação reativa-se durante a análise pela intolerância à frustração, que aumenta a voracidade, e porque o analisando entende mal a estabilidade do enquadre como um seio idealizado que reforça a sua onipotência e torna-o mais sensível à ausência.

Se sabemos buscá-la e detectá-la, a angústia de separação aparece em outras circunstâncias e, portanto, não é patrimônio das condições do enquadre analítico, mas sim um ingrediente inescapável de toda relação humana. Ferenczi expôs isso belamente em seu trabalho "As neuroses do domingo" (1919a), que mereceu depois um estudo de Abraham no mesmo ano (Abraham, 1919c).

As angústias de separação estão sempre inscritas em uma teoria da relação de objeto; todavia, como essa teoria muda com os autores, também muda o enfoque com que cada um as entende.

Para Freud, a angústia de separação é a contrapartida da angústia de castração. Em *Inibição, sintoma e angústia*, são estudados dois tipos fundamentais de angústia: a *angústia de castração*, que provém de um ataque à integridade corporal (a perda do pênis), vinculada por definição a uma relação triádica ou triangular, isto é, edípica; e a *angústia de separação*, que floresce nas etapas pré-genitais e liga-se a uma situação em que só intervêm um sujeito e um objeto. O objeto é primeiramente a mãe, mas também há uma relação diádica com o pai. Quando uma pessoa percorreu com bom êxito o longo e espinhoso caminho que a leva a ter uma relação diádica realista com seus objetos primitivos de amor, terá cumprido um dos critérios de analisabilidade de Zetzel (1968), porque apenas quando tiver dado esse passo poderá propor-se validamente o manejo das relações triádicas, o complexo de Édipo.

A recém-mencionada diferença que Freud estabelece entre angústia de castração e angústia de separação é aceita por todas as escolas, mas a maneira de interpretar a angústia de separação varia. Se se aceita a teoria kleiniana, a angústia de separação será interpretada em termos de angústias persecutórias e angústias depressivas, supondo-se que, à medida que o processo avança, predominarão as angústias depressivas, sem esquecer que essa escola também fala de angústias catastróficas e confusionais.

Winnicott pensa que, quando a angústia de separação vincula-se à relação diádica, isso exige mais um *manejo* da situação do que uma atitude interpretativa. Por seu nível de regressão, esses pacientes não estão capacitados para compreender a mensagem verbal; por conseqüência, apenas através de certas modificações do *setting* o analista poderá aproximar-se deles e responder a suas queixas. Trata-se de problemas vinculados ao desenvolvimento emocional primitivo, dentro do qual as necessidades essenciais do desenvolvimento devem ser satisfeitas. Desse modo, o manejo converte-se na base de nossa conduta terapêutica e enganamo-nos quando confiamos demais na interpretação, na palavra.

Partindo de uma posição teórica coincidente, Balint também pensa que, na área da falta básica, deve-se dar ao paciente a oportunidade de um *new beginning* em seu desenvolvimento, sobretudo quando se coloca o momento crucial da separação no final da análise. A técnica de Balint, entretanto, continua confiando na interpretação, que deve respeitar o nível de regressão do paciente.

Margaret Mahler pensa que a angústia de separação surge quando termina a fase simbiótica e começa a luta pela individuação, e aí se torna dramática a dialética de progressão e regressão. Tudo o que promove esse desenvolvimento provoca angústia, as angústias do crescimento e, por conseguinte, o paciente precisa ser compreendido, e deve ser interpretada a angústia, com a qual se inicia o doloroso processo de separação e individuação.

Bleger utiliza um esquema semelhante ao mahleriano, mas o decisivo, para ele, é interpretar o temor à dissolução da simbiose, enquanto relação com o objeto aglutinado, cuja característica essencial é não possuir discriminação. Bleger sustenta que a mobilização desse vínculo provoca uma ansiedade de tipo catastrófico e põe em operação as defesas mais primitivas. Há um grande temor a progredir na direção da independência, à medida que o progresso representa a perda do objeto simbiótico.

Enfim, as teorias sobre o desenvolvimento precoce são muitas, e muitas também as formas de integrá-las ao trabalho analítico. Na prática, a maior diferença entre os diferentes autores centra-se, a meu entender, no lugar que a agressão ocupa no desenvolvimento precoce e, por conseguinte, até onde se deve chegar na análise da transferência negativa. A hipótese da inveja primária implica uma forma de interpretar a transferência negativa que, evidentemente, outras linhas de pensamento não apóiam.

Em resumo, existem fortes e múltiplas resistências e contra-resistências a analisar as angústias de separação, porque estão vinculadas ao medo de tomar consciência de que há um vínculo e de que esse vínculo pressupõe uma dependência de cada um frente ao outro. Tocamos nesse ponto em um problema do analista, de sua contratransferência. O analista terá de reconhecer que também ele está implicado no vínculo terapêutico: a separação do paciente implica também para nós uma ansiedade, porque ficamos sem nosso objeto, embora às vezes a neguemos, deslocando-a para o tema profissional, quando não para o econômico. A verdade é que o não comparecimento de um só paciente altera, quando não arruína, nosso dia de trabalho. Quando o analista nega seu vínculo de dependência com o analisando, corre o risco de colocar projetivamente nele sua própria dependência, o que é uma das causas mais freqüentes da interpretação clichê.

Uma interpretação justa da angústia de separação põe em destaque o problema talvez mais doloroso do homem, seu vínculo com os demais, sua dependência e sua orfandade. Devemos saber, então, que toda vez que interpretamos a angústia de separação confrontamos nosso analisando com a solidão e atacamos sua onipotência.

43

O Enquadre e a Teoria Continente/Conteúdo

RESUMO

Vamos situar-nos frente a esse tema não tanto em função da obra complexa e tão cheia de sugestões de Bion, mas antes na linha do que estamos estudando, que é o processo psicanalítico. Recordemos que, ao iniciar este estudo, estabelecemos primeiro a relação do processo com o enquadre, como o enquadre influi no desenvolvimento do processo, como influi especificamente, porque com certeza todo enquadre influi no desenvolvimento do processo ao qual pertence e, vice-versa, nenhum processo pode ocorrer a não ser dentro de um enquadre. Nesse momento, por exemplo, estou tentando dar o enquadre adequado que situe Bion dentro do capítulo para não nos perdermos. Se não lembramos que nosso propósito é dar conta das teorias que procuram entender o processo analítico, podemos tomar outro caminho e chegar inclusive a aprender muito de Bion, mas não do que realmente devemos estudar.

Vimos, então, que a relação do processo psicanalítico com os fenômenos de regressão e progressão inerentes à própria definição de processo pode ser explicada com dois enfoques teóricos: o que sustenta que a regressão depende do enquadre e aquele que, ao contrário, afirma que a regressão deriva da doença. A primeira teoria entende a regressão como um produto artificial do *setting*, graças ao qual o tratamento analítico pode ser efetuado, e por isso a chamamos de teoria da *regressão terapêutica*. A teoria oposta admite, em troca, uma *regressão psicopatológica*, à qual se acomoda da forma mais racional possível, o enquadre analítico.

Estudamos depois uma terceira possibilidade, segundo a qual há uma *regressão curativa* que dá ao paciente a oportunidade de começar tudo de novo. A cura consiste em que possa desenvolver-se um processo de regressão a partir do qual a tendência natural do indivíduo a crescer sadiamente possa restabelecer-se, transformando-se de virtual em real e atual. Essa teoria apóia-se necessariamente na tese *ad hoc* de que nascemos com uma disposição para o crescimento que se cumprirá inexoravelmente se o meio não interferir nela. Os que acreditam, ao contrário, que o crescimento é, em si mesmo, um conflito, jamais poderão aceitar essa teoria.[1]

A idéia de *holding*, para fazer justiça, pertence a Winnicott, mas é encontrada em quase todos os analistas da escola inglesa e está também muito disseminada em todo o mundo psicanalítico. Eu diria que todos os analistas que aceitam o papel decisivo da mãe (ou substitutos) no primeiro ano de vida não podem senão pensar que essa função materna vincula-se a algum tipo de sustentação, e a isso Winnicott deu o nome acertado de *holding*. O conceito está presente em muitos pensadores, mas foi Winnicott que introduziu o nome e, com ele, uma teoria consistente do papel da mãe no desenvolvimento. Winnicott afirma, com veemência, que o desenvolvimento da criança não pode ser explicado sem incluir a mãe.

Deixando, por fim, para trás as complexas relações entre o processo, a regressão e o *setting* (ou *holding*), utilizamos posteriormente o conceito de *holding* para dar conta de outra forma de entender o processo psicanalítico, em que a função continente da análise e do analista permite que as angústias do indivíduo, que se aproxima da análise, possam ser primeiro recebidas e, em segundo lugar, devolvidas. Este é, então, um enfoque muito diferente do anterior, que parte de que a regressão é um fenômeno psicopatológico que nossa técnica deve enfrentar. Com essas premissas, revisamos os autores que têm como alvo a análise da angústia de separação no *setting* analítico e agora nos propomos a estudar outra teoria desse grupo, no qual a pele de Bick e Meltzer, o *holding* de Winnicott e o espaço de Resnik são conceituados com um nível maior de abstração.

Poderíamos dizer, para esclarecer os fatos, que o conceito de *holding* não difere substancialmente em todos os autores que estamos considerando, mas é empregado com

---

[1] Creio recordar, de meus difusos estudos etológicos que certos pombos continuariam recebendo indefinidamente o alimento de seus solícitos pais superprotetores, já que o dispêndio energético de abrir o bico é muito menor que o de voar, se não fosse por alguma oportuna bicada dos pais.

diferentes objetivos terapêuticos. Em todos estes capítulos, destacamos que, por sua estrutura e organização, o processo analítico coloca o sujeito frente a períodos de contato e de ausência que condicionam um tipo especial de angústia, a *angústia de separação*, fundamental no período precoce da vida. Com vistas a esse pressuposto teórico, o *setting* deve ser projetado para que possa servir de continente às vicissitudes do contato e da separação.

No capítulo anterior, vimos que os conceitos de identificação projetiva e adesiva servem para compreender e manejar a angústia de separação quando opera através de mecanismos primitivos. O melhor recurso frente à angústia de separação parece ser a identificação projetiva, porque, se alguém pode meter-se dentro do objeto, não há angústia de separação que se sustente. Entretanto, nas primeiras fases do desenvolvimento, quando ainda não se configurou o espaço tridimensional, o único recurso frente à angústia de separação consiste em tomar contato mediante a identificação adesiva. Em ambos os tipos de identificação, há uma confusão entre sujeito e objeto, e por isso as duas são narcisistas, embora a adesiva não tenha a "fundura" da projetiva.

Como se compreenderá, o conceito de pele de Bick é diferente, mas também coincidente com o de *holding*. Winnicott não insiste na pele, porém talvez nos braços. De qualquer modo, ambos os conceitos são bastante coincidentes, embora correspondam a esquemas referenciais diferentes. Também nisso converge a investigação de Didier Anzieu sobre aquilo que ele chama de eu-pele. Anzieu chega, por seu próprio caminho, a uma teoria muito semelhante às de Winnicott e Bick.

TEORIA CONTINENTE/CONTEÚDO

Seguindo essa linha, vamos aplicar agora a *função continente* de Bion (1962b, etc.) ao processo analítico. A idéia é afim ao conceito de *holding* de Winnicott e ao de pele de Bick, embora também haja algumas diferenças, que não sei se são verdadeiramente substanciais. Formalmente, temos a impressão de que os conceitos bionianos de continente e conteúdo possuem um nível de abstração maior que o de *holding*, que sempre evoca um pouco fraldas e braços da mãe, ou o de pele, tão concreto. Bion procura ser abstrato e até inclui signos para expressar suas idéias: os signos de fêmea e macho representam o continente e o conteúdo, e diz – não sem certa picardia – que esses signos simbolizam e, ao mesmo tempo, denotam os órgãos sexuais e o coito. É uma idéia que vem da teoria da genitalidade de Ferenczi (1924), quando o coito é definido como um tentativa de regressar ao ventre da mãe. O macho identifica seu pênis com o bebê que se volta para dentro. A partir disso, e por muito que nos desgoste, o coito é estritamente uma operação de alto nível de abstração, em nada concreta.

Na realidade, do que Bion ocupa-se com sua teoria de continente e conteúdo é da relação muito primitiva – e eu diria também que muito concreta – que a criança tem com o seio. Quando tem fome, a criança busca algo que alivie seu mal-estar, e o seio acaba sendo o continente em que pode verter essa ansiedade e do qual pode receber leite e amor, ao mesmo tempo que significação, de forma tal que essa situação seja modificada. Essa idéia de continente e conteúdo representados pelo bebê e pelo seio, tomados como signos de uma explicação, é o ponto de partida de toda uma série de desenvolvimentos bionianos sumamente importantes, dos quais surge uma teoria do pensamento, não menos que uma teoria da relação de objeto. Veremos em que consistem essas duas teorias de Bion, para depois articulá-las com a prática, porque estamos tentando estudar teorias que nos permitam captar a angústia de separação e interpretá-la para além das generalidades, que nunca são muito operativas, muito eficazes.

Para explicar como se origina o pensamento, Bion utiliza o conceito de identificação projetiva, tal como o estabeleceu Melanie Klein. Bion nunca fala de identificação adesiva e é possível que não tenha chegado a entrar em contato com essa idéia. Diferentemente de Bick e Meltzer, ao falar de continente e conteúdo, Bion dá por suposta a tridimensionalidade, o espaço.

A partir de seu trabalho no Congresso de Edimburgo de 1961, "A theory of thinking",[2] e depois de ter estudado, na década anterior, a psicose e o pensamento esquizofrênico, Bion inicia uma nova etapa de seu relevante trabalho que o leva ao pensamento e às suas origens.

Bion afirma que nascemos com uma *pré-concepção* do seio, algo que liga a fome que podemos sentir com aquilo que é capaz de saciá-la. Bion chama isso de uma pré-concepção do seio. O seio de que falamos aqui, de acordo com Melanie Klein, apesar de ser concretamente o seio da mãe, é também um conceito global e abstrato, e a ele se refere Bion quando diz que há uma pré-concepção do seio. Quando a mãe real responde a essa pré-concepção que a criança tem, então se constitui a *concepção* do seio. Em outras palavras, a concepção do seio é alcançada quando a experiência real, a *realization*, do seio junta-se com a pré-concepção que *a priori* a supunha. Por sua vez, essa concepção evolui depois, como mostra a grade que Bion propõe em seus *Elements of psycho-analysis* (1963).

Entretanto, há ainda outra alternativa, a que põe em marcha justamente o processo do pensamento. Estamos aqui frente a uma das contribuições mais belas de Bion.[3] O que acontece – pergunta-se Bion – até que aparece o seio, quando o seio está ausente? Porque sempre haverá um lapso, um intervalo, em que a necessidade existe e não fica satisfeita. Isto é inevitável e inclusive, se não fosse assim, se impediria o desenvolvimento. Nisso Bion coincide com Winnicott, que diz que a mãe tem de ir lentamente tirando as ilusões do bebê, frustrando-o para que vá aos poucos abandonando a ilusão de que ele comanda o seio, de que cria o seio.

---

[2] Publicado no *International Journal* de 1962; constitui o Capítulo 9 de *Second thoughts* (1967).

[3] Ver *Learning from experience*, especialmente os capítulos 11 e 12.

Bion diz que, em princípio, o bebê sente não que falta o seio, mas que há um seio mau dentro, um seio mau presente que ele quer expulsar; e, quando vem o seio, o bebê sente que, de fora, facilitaram-lhe a expulsão desse seio mau. (Esse seio mau presente que apenas pode ser expulso é o que, na teoria das funções, é chamado de *elemento beta*.)

Frente a essa circunstância, e essa é a chave da reflexão bioniana, coloca-se para o indivíduo, para o bebê e para todos nós também, uma alternativa dramática, que é a de ignorar a frustração, evacuá-la ou negá-la, ou então reconhecê-la e tentar modificá-la. Bion chama sobriamente a tentativa de modificar a frustração de *pensamento*.

Essa explicação, em que interagem a pré-concepção e a concepção, o inato e a experiência, a fantasia e a realidade, a frustração e a satisfação, tudo em termos muito primitivos, vem a nos mostrar que há uma teoria da relação de objeto na raiz do pensar. Porque, para Bion, não menos que para Melanie Klein e talvez até mais, a identificação projetiva é uma relação de objeto, tanto quanto um mecanismo de defesa. É, sem dúvida, a conjunção do impulso e do mecanismo, da angústia com uma relação de objeto, o que leva Klein a abandonar a teoria do narcisismo primário e a sustentar que o desenvolvimento centra-se na relação objetal: a relação de objeto existe de início e, mais ainda, não há psicologia sem relação de objeto (1952a). Essa teoria não é, com certeza, aceita por Anna Freud, Margaret Mahler e todos os que mantêm a idéia do narcisismo primário.

O *REVERIE* MATERNO

Bion utiliza magistralmente a teoria da identificação projetiva para dar conta dos primeiros vínculos. Talvez mais que Melanie Klein, entende a identificação projetiva como um tipo arcaico de comunicação. O conceito de *reverie* materno está vinculado, justamente, às mensagens que o bebê dirige para a mãe, colocando dentro dela, via identificação projetiva, partes dele em apuros. Ao acentuar a vertente comunicativa da identificação projetiva, Bion realça seu valor na relação de objeto precoce.

Para responder a esse método primitivo e arcaico de comunicação que é a identificação projetiva do bebê, Bion supõe na mãe uma resposta especial, que chama de *reverie*.[4] Bion propôs essa palavra, sem dúvida, porque evoca em nós uma penumbra de associações que vêm designar paradoxalmente seu significado. *Reverie*, em francês, vem de sonho e significa esse estado em que o espírito deixa-se levar por suas recordações e suas imaginações. Em português, a palavra que mais se assemelha é *devanear*. A mãe responde a seu bebê como que devaneando, como se estivesse flutuando com seus sonhos por cima dos fatos. Res-

---

[4] Penso que a identificação projetiva do bebê e o *reverie* da mãe têm uma relação consistente com os *fixed action patterns* e os *innate releasing mechanisms* dos etólogos.

salvadas as disputas escolásticas, o *reverie* de Bion assemelha-se muito à área da ilusão winnicottiana, ao menos até onde o entendo.

A função *reverie*, assim considerada, apresenta uma forte semelhança com a formação do sonho, com a passagem do processo primário à formação de imagens oníricas, que Bion atribui, em sua teoria, à *função alfa*. Com certeza, é algo bastante diferente da experiência emocional do bebê, porque esta tem de ser, em todo caso, significada pela mãe: a mãe tem de lhe dar significação. Deve haver, então, uma forte identificação (introjetiva) que permite à mãe sentir o bebê dentro dela, sentir o que ele sente. Esse processo sugere fortemente, ao menos para mim, o mecanismo da elaboração primária do sonho: o menino entra na mãe e a mãe transforma o processo primário, pelo qual a criança entra nela, em processo secundário.

Como conclusão, creio que, se Bion prefere a palavra *reverie* a outras mais usuais, como cuidados maternos, é porque pretende alcançar outro nível, talvez mais abstrato, mais subjetivo, mais psicológico. A expressão cuidados maternos sugere em demasia os aspectos fáticos da criação, carece de ressonância emocional, e o que Bion quer sublinhar justamente é esse aspecto da questão, o contato emocional intersubjetivo que dá significado à relação mãe/criança.

SPLITTING FORÇADO E *SPLITTING* ESTÁTICO

Bion não apenas estuda a função continente do seio da mãe, que depois aplicamos como modelo ao tratamento analítico, tornando-a isomórfica com a função continente do enquadre, como também expõe alguns avatares psicopatológicos desse tipo de relação. Um deles é o de crianças que, por diversas razões, vinculadas a problemas endógenos ou exógenos (como a falta de *reverie* materno ou a inveja da criança pelo seio que é capaz de lhe prover tudo o que necessita), podem chegar a uma situação em que o processo da lactância vê-se interferido. Para Bion, o ato de mamar é sumamente complexo, no mínimo bifronte, já que pressupõe incorporar o leite para satisfazer uma necessidade física e, ao mesmo tempo, introjetar o seio em uma experiência emocional de vital importância. Quando interfere nesse processo algum fator como a inveja, seja a que a criança sente pelo seio ou a que vem de fora, a partir do pai, dos irmãos ou da própria mãe (porque a mãe pode sentir inveja do bem-estar do bebê, assim como um analista pode sentir inveja da melhora de seu paciente), o "mamão" vê-se diante de uma situação praticamente insuperável, uma vez que mamar desperta-lhe tanto mal-estar que não pode fazê-lo. Assim, ficaria condenado a morrer de fome e apela, então, para o que Bion chama de *splitting forçado*: aceita o alimento da mãe, mas nega a experiência emocional. Esse *splitting* forçado surge depois nesses adultos vorazes e sempre insatisfeitos, que nunca podem entender o valor simbólico (ou espiritual) de determinadas experiências. São tipos insaciáveis, afetos somente ao material, sem gratidão e sempre insatisfeitos. Se compram quadros, não será por suas inclinações estéticas, pelo gosto de tê-los, mas como investimento, ou para não ser menos que o vizinho. Essas pessoas têm sempre graves transtornos do pensamento, porque falharam nas bases, porque não podem entender a experiência emocional que está além da satisfação instintiva e que condiciona os processos de pensamento e de amor (Learning from experience, Cap. 5).

Nesses casos, ignorando sua voracidade, o indivíduo sente-se atado ao seio ou, melhor dito, atado pelo seio: sente que o seio o força, porque projeta nele sua voracidade, que volta para ele como um bumerangue e o faz sentir-se amarrado, embora na verdade o amarre sua avidez. Dias depois de ter pedido a mim para vir duas vezes por dia para terminar logo sua análise, um paciente recriminava-me que eu nunca lhe daria alta, porque eu era um desses analistas tão perfeccionistas que nunca se conformam com os progressos de seu analisando. Digamos de passagem que, quando começou a se analisar, só lhe interessavam o dinheiro e o coito.

Falaremos do *splitting estático* quando tratarmos da reversão da perspectiva. Esse fenômeno (Bion, 1963) é uma forma especial de resistência, na qual o paciente dá voltas na situação analítica e nas premissas da análise. Apoiado em suas próprias premissas, por certo inconscientes, o analisando altera o processo de uma vez por todas, de modo que cada fato que se interpreta a ele fica automaticamente invertido. A esse tipo de mudança substancial, que paralisa o processo de introjeção e projeção, Bion chama de *splitting estático*.

APLICAÇÕES

As idéias de Bion têm valor para interpretar as angústias de separação, levando em conta certos matizes que podem apresentar-se. Depois de todo o percurso que fizemos, estamos longe, creio, da interpretação clichê que se limita a afirmar que o paciente sentiu-se mal porque sentiu falta do analista no fim de semana. Dispomos agora de toda uma série de matizes que vão da relação de objeto ao desejo, da voracidade, da inveja e dos processos de *splitting* à perda, à dependência e à pena, com os quais podemos dizer ao paciente o que realmente lhe acontece, e não simplesmente uma generalidade sentimental.

Lembro-me de uma supervisão, o caso de uma paciente que vem uma segunda-feira e fala longamente e com angústia de toda a série de problemas que foram apresentando-se a ela desde a sessão de sexta: o que aconteceu com seu filho, a intempestiva chamada telefônica da sogra, a discussão com o marido. A primeira interpretação da analista foi que ela precisava contar todas essas situações de tensão e ansiedade pelas quais tinha passado no fim de semana e que se haviam tornado difíceis de agüentar, para que a analista as receba, encarregue-se delas e possa ir devolvendo-as a ela pouco a pouco, de maneira tal que ela possa ir pensando nelas. O objetivo dessa interpretação é que a paciente tome consciência da forma – legítima, por certo – como usa sua analista e, ao dizê-lo, a analista não apenas compreende o que se passa, mas realmente toma conta disso. Antes de tornar consciente essa situação, de nada vale entrar no conteúdo dos diferentes problemas.

Uma interpretação como essa parece simples, mas, na realidade, é complicada e sutil. Pense-se no pano de fundo teórico que a respalda e logo se verá que não é nada simplista nem convencional. A analista a fez, apoiada no conceito de continente de Bion e nas teorias da função alfa e do *reverie* materno.

A resposta da analisanda foi um sonho dessa manhã ao despertar: "Sonhei que estava esperando que a empregada viesse para limpar a casa e começava a entrar em desespero, porque ela não aparecia. Sabia que me era necessária, que, se não está, me desorganiza todo o tempo". O sonho confirma que a interpretação foi correta e operativa, na medida em que alude, sem muita deformação, à necessidade de que a analista a limpe e a organize, ajude-a a pensar; confirma que o ponto de urgência era a função continente da analista que, como tantas vezes nos sonhos, aparece como empregada. A interpretação formulada, que a fez recordar o sonho, foi melhor do que qualquer outra que, atendendo os conteúdos, deixasse de lado o manejo projetivo da ansiedade.

Pode-se dizer também que a analista pôde *pensar* no que ocorria e, ao dizê-lo, devolveu à sua analisanda a função alfa que havia projetado nela no fim de semana. A analisanda pôde então pensar e lembrou-se do sonho que confirmava a hipótese da interpretação. Pela rapidez e pelo ajuste de sua resposta, pode-se supor que essa paciente não é muito grave, porque pôde responder bem, porque bastou uma boa interpretação para que recuperasse sua capacidade de pensar. No entanto, estou convencido de que, se lhe tivessem interpretado alguns dos conflitos que o material trazia, ela não o teria compreendido, pois precisava, antes de mais nada, que alguém contivesse sua ansiedade e a fizesse pensar (Celia Bleichmar, comunicação pessoal).

Outro aspecto importante desse material, e em geral deste capítulo, é que a idéia de evacuação é diferente da acepção pejorativa que comumente lhe dá a linguagem ordinária. Que ela homologue sua analista à empregada expressa a transferência positiva, porque, para ela, a empregada era muito importante. Sempre lhe era custoso tolerar uma empregada que a ajudasse.

Se são feitas adequadamente, como nesse exemplo, as interpretações da angústia de separação abrem o caminho ao diálogo analítico, reconstroem a relação comensal entre analisando e analista, restabelecem a aliança de trabalho e permitem, então sim, formular uma interpretação dos conteúdos do material.

Desejo afirmar por último – e sei que muitos analistas não estarão de acordo – que uma interpretação como essa, que procura tornar consciente no paciente sua necessidade de sustentação, é superior ao silêncio compreensivo e a toda manobra ou manejo que pretenda cumprir a função de *holding* ou reforçar a aliança de trabalho. É melhor, porque o que o analisando necessita nesse momento não se atua, mas sim se interpreta.

O emprego clínico da teoria continente/conteúdo traz problemas bastante complicados: até em que momento se recebe e a partir de quando se começa a devolver? Não é simples dizê-lo. Somente o material do analisando, a experiência e a contratransferência podem orientar-nos. Em geral, é através do material do paciente e da contratransferência que se decide quando se pode ou se deve intervir. Evidentemente, a idéia de continente implica, por definição, que nem tudo o que o paciente diz deve ser-lhe devolvido em forma de interpretação. Nesse sentido, posso dizer que a teoria da função continente, que parte indubitavelmente de Melanie Klein, porém adquire mais envergadura em Winnicott, Bion, Esther Bick ou Meltzer, vem de algum modo dar razão aos psicólogos do ego quando diziam que Melanie Klein interpretava demais. Creio, efetivamente, que, em seus primeiros tempos, Klein devolvia rápido demais as projeções do paciente. Agora sabemos que se deve interpretar, e inclusive interpretar como queria Klein, mas que também se deve dosar. Conservamos de Klein, então, a idéia de que se deve resolver os problemas com a interpretação e somente com a interpretação; porém, a teoria de um analista continente implica uma maior complexidade na tarefa interpretativa. Como vimos no devido momento, o novo enfoque está muito vinculado, também, aos estudos sobre a contratransferência.

Em seu trabalho de Londres, já citado, Green (1975) coloca esse problema com base em seu esquema dos dois tipos de angústia – de separação e de intrusão – e pensa que falar muito ou calar muito é igualmente mau, já que, se falamos muito, somos intrusivos e, se calamos demais, incrementamos a angústia de separação. Por isso, Green pensa que uma técnica como a de Winnicott é a mais conveniente. Em um extremo está a técnica de Balint, que procura intervir o menos possível para permitir e estimular o *new beginning* sob a proteção benevolente do analista. No outro pólo, está a técnica kleiniana que, ao contrário, tenta organizar a experiência tanto quanto possível através da interpretação. Entre os dois extremos está Winnicott, que dá ao *setting* o lugar adequado e recomenda uma atitude não-intrusiva. "Se me sinto em harmonia com a técnica de Winnicott e se aspiro a ela sem me sentir capaz de manejá-la é porque, a despeito do risco de fomentar a dependência, parece-me a única que dá um lugar correto à noção de ausência" (Green, 1975, p. 17).

Pelo que acabo de dizer, creio que as reflexões de Green levam o problema a um lugar diferente daquele no qual eu quis situá-lo. O silêncio e a palavra, estou convencido, devem também ser interpretados.

QUINTA PARTE

Das etapas da análise

44

A Etapa Inicial

Na quarta parte deste livro, estudamos com certo detalhe a natureza do processo analítico. Começamos por discriminar situação de processo e depois revisamos as principais teorias que procuram explicá-lo, com o que tivemos de considerar pontos de vista múltiplos e às vezes divergentes, quando não contrapostos.

Agora nos cabe uma tarefa menos complexa e de menor nível teórico, mas nem por isso menos interessante, que é a tipificação das *etapas da análise*. À medida que as formos percorrendo, o leitor constatará sua importância prática, não menos que o respaldo que o árduo estudo anterior forneceu para entendê-las.

AS TRÊS ETAPAS CLÁSSICAS

Para iniciar este capítulo, devemos propor um problema prévio, o de se existem realmente etapas no tratamento analítico, porque poderia não existir. Na realidade, a maioria dos autores pensa que existem e não sei se há quem o ponha em dúvida; porém, de qualquer modo, a discussão é pertinente, por mais que possa ser breve. Quando se diz que há etapas, o que se quer dizer é que, na evolução do processo psicanalítico, há momentos característicos, definidos, diferentes de outros, momentos com uma dinâmica especial que os distingue.

Freud (1913c) comparou o tratamento psicanalítico ao nobre jogo do xadrez para assinalar o que acabo de expor. Dizia que há três etapas no jogo do xadrez e três também na análise. Delas, por suas características intrínsecas, apenas a primeira e a última podem ser ensinadas; a do meio, ao contrário, presta-se a muitas variantes. Para dizê-lo em termos enxadrísticos, é praticamente impossível estudá-la de modo sistemático. Quando Freud diz que podem ser sistematizados o começo e o final do processo analítico, quer dizer que essas etapas (e, por exclusão, também a outra, a do meio) têm mecanismos específicos. Isto é certo, até o ponto ao qual se pode chegar a determinar no protocolo de uma sessão psicanalítica a que etapa pertence, o que às vezes um analista com experiência pode fazer com bastante exatidão.

Outra circunstância que trata da especificidade dessas etapas são os casos em que o avanço da análise não foi suficientemente satisfatório para que se pense em um término, se isto de fato for proposto, desencadeiam-se certos mecanismos que são próprios dessa fase, embora se notarão também alguns indicadores de que não se chegou verdadeiramente ao final.

As três etapas que Freud delimita são as classicamente admitidas como as típicas do tratamento psicanalítico, as mesmas que Glover estuda em seu conhecido livro de técnica, publicado em 1955.

A *primeira etapa*, a *abertura* da análise, inicia-se com a primeira sessão e tem em geral uma extensão limitada, ao menos para os casos típicos, que oscila entre dois e três meses, segundo a grande maioria dos autores. Caracteriza-se pelos ajustes que surgem entre os dois participantes, enquanto situam suas expectativas e tentam compreender as do outro.

A *segunda etapa* ou *etapa intermediária* é, como se disse, a menos típica, a mais longa e criativa. Começa quando o analisando compreendeu e aceitou as regras do jogo: associação livre, interpretação, ambiente permissivo, mas não diretivo, etc. Prolonga-se por um tempo variável até que a doença originária (ou sua réplica, a neurose de transferência) tenha desaparecido ou se tenha modificado substancialmente. Essa etapa distingue-se pelas contínuas flutuações do processo, com suas marés de regressão e progressão, sempre regidas pelo nível da resistência.

Então, começa a *terceira etapa*, o *término da análise*, que, para os autores clássicos, não se prolongava por muito tempo. Se na primeira etapa apareciam como inevitáveis coloridos a esperança e a desconfiança, agora se farão presentes, sem exceção, uma certa pena pela despedida, a alegria por ter chegado à meta e a incerteza sobre o porvir.

Vemos, pois, em conclusão, que os três trechos do tratamento psicanalítico existem por direito próprio e cada um deles ostenta traços distintivos. A duração total do tratamento prolongou-se muito, muitíssimo, desde que Freud dizia em "Sobre o início do tratamento" que sempre são necessários períodos prolongados, de um semestre até um ano pelo menos;[1] no entanto, as características descritas continuam sendo as mesmas. Enfim, a divisão do tratamento em etapas não é puramente fenomenológica ou morfológica, no sentido de que toda tarefa tem um princí-

---

[1] "Para dizê-lo de maneira mais direta: a psicanálise requer sempre lapsos muito prolongados, meio ano ou um inteiro; sendo mais longos do que o paciente esperava." (*AE.*, v.12, p. 131).

pio, um meio e um fim; justifica-se, ao contrário, porque é possível atribuir a cada uma delas características que lhe são próprias e essenciais.

A DIVISÃO DE MELTZER

A divisão tripartite que nos vem de Freud, de Glover e dos outros autores clássicos é tão natural e previsível para nós, que se torna difícil pensar em mudá-la. Acaso qualquer processo não tem um começo, um meio e um fim? Entretanto, ao estudar o processo psicanalítico em seu livro de 1967, Meltzer animou-se a propor uma divisão mais complexa e pormenorizada que consta de cinco etapas, dividindo a segunda e a terceira da antiga em duas. Para formular essa proposta, Meltzer baseia-se em dois instrumentos fundamentais da doutrina kleiniana, os conceitos de identificação projetiva e introjetiva, que no caso é o mesmo que dizer posição esquizoparanóide e posição depressiva. Obviamente, quem não aceita esses conceitos não levará em conta essa divisão. Os outros, porém, aqueles que subscrevem a realidade desses mecanismos, pensarão que a proposta de Meltzer permite uma discriminação que outras teorias não alcançam.

Ainda que eu escreva para todos os analistas, e não apenas para os de minha escola, seguirei Meltzer nesse ponto, confiando em que o leitor poderá apreciar as vantagens dessa classificação, embora não a compartilhe, nem vá aplicá-la em sua prática.

A primeira etapa da análise, que Meltzer chama de *coleta da transferência*, corresponde à abertura da divisão tripartite. As descrições de Meltzer coincidem aqui com as de Glover, até o ponto que atribui para os casos típicos o mesmo tempo de duração, dois a três meses aproximadamente.[2]

A etapa intermediária fica dividida em duas, segundo a forma e a intensidade com que atue a identificação projetiva. No princípio da análise, na *etapa das confusões geográficas*, a identificação projetiva opera maciçamente contra a angústia de separação, provocando uma confusão de identidade na qual não se sabe quem é quem, quem é o analista e quem é o analisando.[3]

Quando, com o decorrer do tempo e ao compasso do progresso do tratamento, modera-se suficientemente a angústia de separação, são superados os problemas de identidade, mas aparecem outros que, seguindo Erickson (1950), Meltzer chama de *a etapa das confusões de zonas e de modos*. Agora, o analista e o paciente estão diferenciados, cada um em seu lugar. Já não há uma confusão de identidade, mas uma confusão de funcionamento. Essa etapa, que para Meltzer é a mais longa do tratamento, consiste em que se vão esclarecendo as confusões nas zonas erógenas, com o que se destacam cada vez mais a relação com o seio e a situação triangular edípica.

Quando isso vai sendo obtido, começam, por fim, a predominar os processos introjetivos sobre os projetivos e o analisando aproxima-se da posição depressiva. Aqui, Meltzer segue de perto Klein quando dizia, em 1950, que o término da análise vincula-se ao ressurgimento das angústias depressivas, que ela ligava especificamente à perda do seio.

Também na terceira etapa, ou encerramento da análise, Meltzer distingue dois momentos. O primeiro deles se inicia quando, graças ao predomínio dos mecanismos introjetivos, o analista é visto como um objeto de amor que se pode perder. A onipotência cedeu notoriamente e o analisando reconhece o valor de seu vínculo com o analista e depende dele. Como dizia Klein, no trabalho recém-citado, as angústias depressivas ocupam agora o centro do cenário e, como o predomínio das angústias depressivas no aparelho psíquico é sempre precário e instável, Meltzer chama essa etapa da análise, a quarta, de *limiar da posição depressiva*.

Quando o analisando consegue internar-se suficientemente nessa área, começa a se impor a ele a proximidade de uma separação inevitável e não-desejada; com isso, entra no último período da análise que, seguindo o modelo kleiniano do desenvolvimento, Meltzer chama de *o período do desmame*.

As duas últimas etapas de Meltzer estão, pois, sob o signo do processo de luto, com o qual a análise termina para muitos autores e não apenas para os kleinianos, de modo que se pode admiti-las sem seguir estritamente o esquema referencial desse autor. Digamos, para concluir, que essas duas etapas nem sempre se distinguem claramente, embora seja inegável que há um momento em que o analisando depara-se com a possibilidade de terminar a experiência analítica e outro em que o desprendimento realmente se consuma.

A ABERTURA

Como acabamos de ver, há uma grande coincidência entre os autores de diversas escolas sobre as características gerais e a duração da etapa inicial da análise; contudo, veremos em seguida que a forma como é conceituada e a técnica com que é enfrentada variam muito.

Em geral, atribui-se a essa etapa uma duração que não vai além de dois ou três meses para um paciente típico, isto é, para o caso neurótico. Nos pacientes muito perturbados (psicóticos e *borderlines*, perversos, adictos e psicopatas), esse período pode apresentar problemas especiais e ter, obviamente, uma duração muito maior. Recordo, por exemplo, o caso de uma mulher com uma vida sexual promíscua e forte homossexualidade latente que, nas entrevistas iniciais, expressou grandes dúvidas entre analisar-se comigo ou com uma colega com a qual também havia feito uma entrevista. Decidiu-se, no final, por mim, mas durante todo um longo ano de análise (longo ao menos

---
[2] É por isso que, ao falar de prazos no tratamento, sempre o faço em cifras médias e com uma margem ampla de variação.
[3] Recorde-se o que foi dito sobre o uso da identificação projetiva para vencer a angústia de separação nos capítulos anteriores.

para minha contratransferência!) esteve continuamente pensando em mudar de analista porque uma mulher a compreenderia melhor do que eu. Mais de uma vez considerei que a análise tinha-se posto em marcha, quando ela voltava a introduzir o problema prévio da escolha de analista. Apesar de que é certo que eu poderia analisar essas fantasias e ela aceitar minhas interpretações, reconhecendo implicitamente que estava de fato se analisando comigo, sua reserva pendia como uma espada de Dâmocles sobre a relação.

Os autores que acreditam que a análise está relacionada com um processo regressivo podem pôr uma linha divisória muito nítida entre a primeira e a segunda etapas, dizendo simplesmente que é o momento em que os fenômenos transferenciais do começo cristalizam-se na neurose de transferência, momento no qual se estabelece paralelamente a aliança terapêutica. Esses autores distinguem conceitualmente, de forma muito decidida, as transferências no plural da neurose de transferência.

A diferença entre as reações transferenciais do começo e a neurose de transferência, que depois se instala, remonta às "Lectures on technique in psycho-analysis", que Edward Glover proferiu no Instituto de Londres no começo de 1927.[4] No Capítulo V dessas conferências, intitulado "The transference neurosis", Glover fala das reações transferenciais espontâneas, diferentes e prévias à neurose de transferência, a qual se inicia quando os conflitos do paciente convergem para a situação analítica.[5]

Glover chamará depois esses fenômenos, em seu livro, de *transferência flutuante*, uma expressão bastante plástica e adequada, pois capta a grande mobilidade do incipiente fenômeno transferencial. Glover utiliza um modelo muito bonito ao comparar o começo da análise à bússola, no sentido de que se põe a bússola sobre a mesa e a agulha oscila muitíssimo, mas cada vez menos, até que, finalmente, dirige-se para o norte, que no caso é o analista. Portanto, a transferência flutuante vai desaguar na neurose de transferência.

Com essas caracterizações, Glover não se afasta, por certo, daquilo que Freud diz no já referido ensaio de 1913. Como todos lembram, Freud aconselha taxativamente: *"Pois bem, enquanto as comunicações e as associações do paciente afluírem sem detenção, não se deve tocar no tema da transferência. É preciso aguardar, para isto, o mais espinhoso de todos os procedimentos, até que a transferência tenha-se tornado resistência"* (*AE*, v. 12, p. 140; grifos no original).

Em seguida, Freud pergunta-se quando o analista terá de começar sua tarefa interpretativa, e sua resposta é clara: "Não antes que se tenha estabelecido no paciente uma transferência operativa, um *rapport* em regra. A primeira meta do tratamento continua sendo ligá-lo a isto e à pessoa do médico. Para isso, não é preciso mais do que lhe dar tempo" (ibid.).

Creio que não é atrevido supor que a diferença que Freud estabelece entre *rapport* e resistência de transferência coincide a *grosso modo* com a transferência flutuante e a neurose de transferência de Glover, mas voltaremos a esse assunto em seguida, quando examinarmos o relato de Maxwell Gitelson no simpósio sobre *Os fatores curativos em psicanálise*, durante o Congresso de Edimburgo de 1961.

Glover descreveu alguns elementos que permitem detectar a passagem da transferência flutuante à neurose de transferência, isto é, da primeira para a segunda etapa. A atmosfera analítica dos primeiros tempos começa a mudar sutilmente, e o analista descobre que, em vez de ir cronologicamente para trás na história do paciente, encontra-se agora pressionado para adiante pelo crescente interesse do paciente pelo dia de hoje.[6] Aprecia-se, então, que a libido do paciente está sendo dirigida cada vez mais para o analista e para a situação analítica e, através de um sem-número de indícios sutis, parece cada vez mais claro que o analisando está reagindo frente à situação analítica. Ao dirigir-se para a sua sessão, o paciente pode ter agora um ataque de ansiedade, e as naturais pausas durante a associação livre vão alongando-se, até que a sessão inteira transforma-se em uma grande e tensa pausa. Nesse conjunto de indicadores, há um ao qual Glover dá uma primeiríssima importância: quando o analisando expressa, por fim, que acredita que chegou o momento de que seja agora o analista que fale.

As observações de Glover são interessantes, porque mostram a evolução típica de uma análise. Freud havia feito comentários semelhantes em "Sobre a dinâmica da transferência" (1912b), quando dizia que, se cessarem as associações, é porque o analisando está sob o domínio de uma associação que se refere à pessoa do médico; porém, no ensaio de 1913, Freud diz que a resistência pode estabelecer-se desde o primeiro momento e, então, o melhor é atacá-la decididamente, o que não coincide de todo com sua opinião de que se deve primeiro obter o *rapport* do paciente e depois interpretar.[7]

A nomenclatura com que Meltzer designa essa etapa, "coleta da transferência", coincide com tudo o que foi dito até agora, na medida em que os fenômenos transferenciais estão no começo dispersos e o analista deve ir juntando-os; porém, essa tarefa é mais ativa para os analistas kleinianos do que para Freud ou Glover. Meltzer não subestima, entretanto, os aspectos convencionais da situação analítica e o contato com o que ele chama de *parte*

---

[4] Publicadas no *International Journal*, são a base do livro de técnica.
[5] "... *when the ground of the patient's conflict has been shifted, from external situations or internal maladaptations of a symptomatic sort, to the analytic situation itself*" (1928, p. 7; texto grifado no original).

[6] "*Instead of going backwards chronologically in the patient's history we find ourselves pressed forward by the patient's increasing concern with the present day.*" (Glover, 1955, p. 111; texto grifado no original).
[7] Recorde-se o que foi dito no Capítulo 31 sobre o que Klein pensa a esse respeito.

adulta da personalidade do paciente, criança ou adulto. Meltzer é partidário de unir, no começo da análise, a interpretação com os necessários esclarecimentos sobre o *setting* e o procedimento analítico. A ansiedade não deve só ser *modificada* pela interpretação, como também *modulada* com o *setting*.

Digamos, para terminar este item, que, durante essa primeira etapa, a relação analítica é muito fluida e pesam fortemente sobre ela as normas convencionais. Quando essas normas são abandonadas, pode-se afirmar que a primeira etapa foi ultrapassada. Então, um paciente pode dizer-me que não gosta de um enfeite da sala de espera ou uma mulher pode dizer que lhe veio a menstruação, com a compreensão de que entenderei esses ditos como associações livres e não outra coisa.

Nem sempre se pode passar rapidamente de uma situação convencional das relações sociais correntes à bastante singular situação analítica, sendo necessária uma certa tolerância e muito tato frente a um paciente que está no começo da análise e que não se dá conta, por desconhecimento ou por seus problemas psicopatológicos, das regras do jogo. Sem cair na demagogia do apoio, sempre se pode ser cortês, sem por isso deixar de ser analista. Às vezes, um paciente novato formula uma pergunta frontal e ingênua que nunca poderá ser respondida sem grave prejuízo da reserva analítica; mas, de qualquer maneira, algo poderá ser respondido a ele, sem deixá-lo pendurado, inconformado e sem que, obviamente, lhe respondamos o que nos pergunta.

A RELAÇÃO DIÁDICA

É difícil fazer justiça ao rico trabalho que Gitelson apresentou em Edimburgo, não apenas pela variedade de conceitos que maneja, mas também porque são múltiplos os objetivos do autor. Gitelson propõe-se, por um lado, a fixar sua posição quanto aos fatores curativos da psicanálise, questionando severamente algumas atitudes que, em defesa da humanização do procedimento, abandonam sua técnica; porém, além disso, investiga a origem da neurose de transferência e da aliança terapêutica, situando-as no marco de uma teoria do desenvolvimento.

Gitelson aplica o modelo da relação diádica mãe/criança à configuração que se observa no começo da análise. Entre o analista como mãe e o paciente como bebê, estrutura-se uma relação diádica que é a condição necessária para que se estabeleçam a aliança terapêutica e a neurose de transferência. Essa última é para Gitelson, como em geral para todos os psicólogos do ego, uma relação triangular, a situação edípica clássica. O que posteriormente se constituirá como aliança de trabalho, na primeira etapa da análise não é mais que a relação diádica entre um analisando que vem com suas necessidades mais primitivas e um analista que responde adequadamente. A essa atitude do analista que responde às necessidades do analisando Gitelson chama de *função diatrófica*, de acordo com Spitz. Este (1956b) dizia que, frente às necessidades iniciais do paciente, o analista responde com um fenômeno de contratransferência que constitui sua resposta diatrófica dentro da situação diádica. Aqui, como é fácil compreender, a contratransferência não é entendida como um fenômeno perturbador, mas, ao contrário, completamente adequado às necessidades do paciente, similar à resposta dos pais aos requerimentos da criança.[8] A criança incorpora a atitude diatrófica dos pais no final da relação analítica mediante um processo de identificação secundária, que se situa no primeiro semestre do segundo ano de vida e inicia, para Spitz, o caminho da socialização, que a levará a ser, no devido momento, também pai.[9] Essa função, adequadamente sublimada, é uma condição necessária do trabalho analítico, um ponto no qual Spitz coincide com a idéia de contratransferência normal de Money-Kyrle (1956).

Sempre seguindo Spitz, nosso autor pensa que a atitude diatrófica do analista tem sua contrapartida na relação anaclítica da criança com sua mãe na fase de identificação secundária. Nessas condições, o paciente sente a necessidade de um suporte do ego (*ego-support*) e o analista tem, como a mãe, a função de um ego auxiliar para o paciente. A isso se pode chamar com propriedade de *rapport*, o sentimento esperançoso de uma resposta diatrófica do analista. O *rapport* que Freud reclamava como condição necessária da análise deriva desse primeiro contato entre analisando e analista que estabelece a equação anaclítico-diatrófica. O *rapport*, afirma Gitelson, é o primeiro representante da transferência flutuante (p. 199).

Em um momento porterior, e graças ao *rapport*, a transferência flutuante converte-se em neurose de transferência e o *rapport* fica como aliança terapêutica. Definindo rigorosamente seus termos, Gitelson dirá que a neurose de transferência é anaclítica e a aliança de trabalho é diatrófica.

Se a equação anaclítico-diatrófica não acontece espontaneamente, Gitelson não crê que ela possa ser reconstruída; para ele, esta é a condição necessária para que a análise possa começar. Se não há esse embasamento, não poderá ser cumprida essa etapa, não se chegará nunca a esse momento em que se delineiam a aliança terapêutica e a neurose de transferência. Nesse ponto, Gitelson coincide com seus colegas da *ego-psychology* e não com os que pensam que a situação originária pode ser reconstruída (Winnicott, Balint) ou interpretada (Klein). Para Gitelson, a relação diádica não é interpretável: se o paciente é capaz de estabelecê-la (isto é, se é analisável) e se sabemos

---

[8] Spitz deriva seu adjetivo do verbo grego que significa manter ou suportar.

[9] Spitz segue aqui sua conhecida teoria do desenvolvimento das relações de objeto da criança em três etapas: *anobjetal*, que vai desde o nascimento ao sorriso do terceiro mês; *do objeto precursor*, que chega até a angústia do oitavo mês, e a *etapa objetal* propriamente dita, que se estende até os dois anos e meio, na qual a criança alcança o nível do pensamento simbólico com o *não* semântico. (Ver *La première année de la vie de l'enfant* e "Transference: the analytical setting and its prototype".)

não interferir nela, desenvolve-se espontaneamente. Nesse ponto, Gitelson segue estritamente Freud quando dizia que, se no começo do tratamento o analista não perturba a marcha do processo, logo o paciente atribui a ele uma figura benevolente de seu passado, e ali se inicia a neurose de transferência.

Gitelson opera em todo o seu ensaio com a idéia de que o ser humano vem dotado de um impulso para o desenvolvimento. Essa idéia provém, sem dúvida, de Freud, mas quem a desenvolveu teoricamente foi Edward Bibring em sua contribuição ao *Simpósio sobre a teoria dos resultados terapêuticos da psicanálise* de Marienbad (1936).

Bibring fala em sua exposição de como operam os fatores curativos a partir do id, do ego e do superego e, quando fala do id, diz que há um impulso para o desenvolvimento que considera fundamental.

SOBRE A PERSONALIDADE DO ANALISTA

Foi dito que um propósito central do relato de Gitelson é defender o método psicanalítico frente ao das psicoterapias, analíticas ou não, e também frente aos analistas que fazem o andamento do processo depender da personalidade do analista e defendem a humanização do tratamento. O fundo dessa discussão é o lugar que daremos em nossas teorias à humanidade do analista. Que opera como um fator *necessário* é, para mim, inegável e creio que ninguém pode colocá-lo em dúvida. O que se discute é se a humanidade do analista pode ser também um fator *suficiente* nos resultados de nosso método. Se um analista carece de objetividade ou de bondade, de piedade, inclusive, pelos defeitos do homem (não digo compreensão, nem sequer respeito, mas piedade), não pode ser analista. Todos esses fatores, a probidade, a honestidade, ninguém tem dúvida de que são fundamentais. Se não existem essas condições, é logicamente impossível que o analista possa chegar à interpretação, porque esta não surge de um processo intelectual, surge, por exemplo, da probidade que eu seja capaz de ter frente ao que o analisando está dizendo-me ou fazendo. Se o analista não é probo, se não é honesto ou justo, nunca fará a interpretação correta. Não é isso, creio, o que aqui se discute, mas a idéia de humanizar a relação analítica para que seja, por si mesma, um fator curativo. O que Gitelson diz, que é também o que este livro sustenta, é que esses elementos não são fatores curativos, mas sim *requisitos*.

Ataca-se a passividade do analista, o silêncio do analista, a restrição que ele mesmo impõe-se de só interpretar e estimula-se para que ele participe mais. Esse ponto de vista foi elevado à categoria de uma teoria da práxis pela psicoterapia existencial: o que vale, realmente, é o *encontro* existencial. Esses encontros existenciais, às vezes, são encontros e, às vezes, são desencontros fabulosos, como o de Médard Boss, quando faz passar o soluço de seu paciente, apertando-lhe o pescoço, como que o estrangulando. Gitelson reage a tudo isso com muita energia, o que não faz mais que ratificar o que todos os que o conheciam afirmam: sua própria natureza bondosa, sua impecável probidade intelectual. Gitelson não quer cair em uma situação de apoio, de encontro existencial ou de humanização simplista, sem ir tampouco ao outro extremo, o do analista rígido e distante que acredita estar cumprindo as regras da arte quando o que faz realmente é desenvolver sua neurose obsessiva, quando não seu sadismo ou sua esquizoidia. Com a teoria de uma relação diatrófica-anaclítica, Gitelson propõe-se a esclarecer esse campo, sem cair em uma humanização barata. Sabemos que incorremos nisso, às vezes, na prática cotidiana do consultório e que há também, na psicanálise clássica, quem estimule isso. Talvez o esforço maior do trabalho de Gitelson seja não fazer intervir a sugestão na primeira etapa do tratamento e, por isso, critica as idéias de Radó (1925) no Congresso de Salzburgo.

45

A Etapa Intermediária da Análise

O CONCEITO DE NEUROSE DE TRANSFERÊNCIA

Como acabamos de ver no capítulo anterior, a forma clássica de entender a etapa intermediária da análise é seguindo o conceito de neurose de transferência, que Freud introduziu em "Recordar, repetir e reelaborar" (1914g). Freud sustenta nesse ensaio que, no começo da análise, estabelece-se um fenômeno muito particular: a neurose que havia trazido o paciente ao consultório estabiliza-se, não tem tendência a progredir, a produzir novos sintomas, inclusive tende a diminuir ou mesmo a desaparecer, enquanto começam a surgir outros sintomas, isomórficos com os da neurose originária, que revelam uma conexão com a análise e/ou com o analista, e aos quais Freud chamou, adequadamente sem dúvida, de *neurose de transferência*.

Como eu disse reiteradamente, a neurose de transferência deve ser entendida como um conceito técnico, pois postula que as condições do tratamento analítico, do processo analítico, fazem com que os sintomas, antes agrupados em uma determinada entidade clínica, transformem-se em outros, nova versão que sempre tem referência, direta ou indireta, com o tratamento e, é claro, com o analista. E é essa nova produção da enfermidade a verdadeiramente atacável pelo método psicanalítico.

Entretanto, no trabalho de Freud não está dito, de modo algum, que os únicos sintomas que podem sofrer esse processo de reconversão são os neuróticos. Ao contrário, o que Freud disse muitas vezes é que *todos* os sintomas que o paciente apresenta são suscetíveis dessa mutação, dessa alquimia que os transforma em transferência. No trabalho que estamos comentando, por exemplo, Freud cita o caso de uma mulher madura que sofria de estados crepusculares nos quais abandonava sua casa e seu marido e que o "abandonou", também, depois de uma semana de tratamento em que a transferência cresceu de forma inquietantemente rápida, sem lhe dar tempo para impedir uma repetição tão catastrófica (*AE*, v. 12, p. 155). Aqui, evidentemente, o quadro não é neurótico, mas sim psicótico (estado crepuscular) e a transferência apresenta-se, de qualquer modo, assumindo um caráter de resistência incoercível.

Quando a transferência torna-se essencialmente negativa, como nos paranóicos, dirá que, em outra oportunidade, cessa toda possibilidade de um tratamento analítico, isto é, o fenômeno transferencial existe, apresenta-se, mas não podemos resolvê-lo. No mesmo ano desse ensaio, porém, em sua "Introdução do narcisismo", Freud estabeleceu uma diferença nítida entre neurose de transferência e neurose narcisista, afirmando que somente na primeira há uma capacidade objetal de relação, ou seja, uma transferência de libido que torna possível o tratamento psicanalítico. Essa classificação pertence, de fato, à psicopatologia e não à técnica, mas o que se discute, então, na realidade, é se essas duas classes são idênticas, se são superponíveis. Para alguns autores são e para outros não. Quando falamos das indicações ou das contra-indicações do tratamento psicanalítico, desenvolvemos essa controvérsia, assinalando que, se aplicamos o conceito psicopatológico de neurose de transferência à clínica, à práxis, estamos fixando também uma determinada posição frente aos alcances do método. Recordemos que naquela oportunidade, e mesmo ao falar das formas de transferência no Capítulo 12, inclinei-me por distinguir ambos os conceitos e defini a neurose de transferência como um fenômeno que se dá na prática, como um conceito técnico que abrange a reconversão do processo patológico em função da pessoa do analista e de seu *setting*, sem abrir juízo sobre a possibilidade de analisá-lo. Weinshel (1971) também estabelece a diferença entre a neurose de transferência como conceito técnico e como conceito psicopatológico, embora o desenvolvimento de seu pensamento leve-o, em meu entender, a superpor a neurose de transferência à transferência em geral.

VARIAÇÕES SOBRE O MESMO TEMA

Discutir em que consiste a neurose de transferência, qual é sua natureza e quais são seus limites é o conteúdo manifesto de uma controvérsia acadêmica. As idéias latentes que a determinam, no entanto, estão relacionadas com formas diferentes de entender a análise e sua práxis, quando começa e até onde se estende a transferência, como opera a interpretação, que função cumpre o *setting*.

O trabalho de Gitelson formula esses problemas rigorosamente, uma vez que delimita e circunscreve a neurose de transferência a uma situação triangular e especificamente edípica, que pode ser alcançada e modificada pela interpretação. A relação diádica do começo da vida entre a criança e a mãe sempre se reproduz no começo da análise, mas jamais será parte da neurose de transferência, isto é, interpretável e modificável. Spitz (1956) introduziu o conceito de atitude diatrófica para especificar uma determinada conduta espontânea e inconsciente do analista (creio que justamente por isso a chama de contratransferência), que corresponde à posição anaclítica do paciente, mas nem ele nem Gitelson pensam que esses fenômenos podem ser analisados. Pensam o mesmo que Elizabeth E. Zetzel quando diz que apenas o complexo de Édipo pode sê-lo e afirma que é condição necessária para isso que o futuro paciente traga já resolvidos seus conflitos diádicos com a mãe e o pai.

Com certeza, nem sempre é fácil decidir na relação imediata e complexa do consultório se uma relação é diádica ou triádica; além disso, se seguíssemos essas regras tão puras, cairíamos em contradição apenas em dizer a um paciente que homologa a interpretação com o leite da mãe. Pacientes como a que se escapou de Freud em um estado crepuscular e até a própria Dora parecem mostrar às claras que a atitude cautelosa dos analistas clássicos, da grande maioria dos analistas franceses e europeus, de muitos psicólogos do ego e dos analistas da Clínica de Hampstead não deixa de ter seus senões.

Disso parece dar-se conta um teórico tão competente como Loewald em seu trabalho sobre o conceito de neurose de transferência.[1] Apresenta ali o caso de uma jovem de 19 anos cuja neurose de transferência teve um desenvolvimento rápido e intenso que o obrigou a interpretar precocemente a transferência, deixando para melhor ocasião a análise das resistências. A maior resistência nesse caso, diz Loewald, era a própria transferência.

A neurose de transferência que vai instalando-se lentamente, enquanto o descansado analista cumpre o mandato de Freud de ir limpando as resistências sem tocar de modo algum no espinhoso tema da transferência, é um ideal de nossa prática (e de nossa neurose de transferência com Freud) que só nos é permitido quando estamos frente a um caso de neurose não muito grave. Nos outros, que são agora os mais freqüentes, os fenômenos transferenciais não tardam em se apresentar e o mesmo ocorre com adolescentes, púberes e crianças.

Um caso singularmente explicativo é o exposto por Harold P. Blum em seu relato pré-publicado para o Congresso de Madrid de 1983.[2] Trata-se de um homem jovem que, antes da primeira sessão, ligou para comunicar que sua mãe havia morrido e que entraria em contato com Blum depois do enterro. Um ano e meio depois voltou a vê-lo, confessou-lhe que havia mentido, que sua mãe continuava viva e que agora sim queria começar a se analisar. Blum aceitou e pôde analisar cabalmente aquela mentira colossal e remetê-la aos conflitos com a mãe viva (e doente) e com o pai morto em sua veemente versão transferencial. Conhecendo as teorias de Blum e sua invejável capacidade técnica, pergunto-me agora o que ele teria feito se esse paciente, em vez de começar a análise comunicando por telefone a morte da mãe, tivesse vindo à primeira sessão contando um sonho mais ou menos assim: "À noite, sonhei que minha mãe havia morrido. Eu falava com você por telefone para lhe dizer que entraria em contato depois do enterro, mas, na realidade, só voltaria a vê-lo um ano e meio depois". O paciente de Blum e o que eu imagino não são o mesmo caso, já sei, porque não é o mesmo a pseudologia e o *acting out* a contar um sonho. Contudo, o sonho que proponho faria Blitzsten e seus discípulos dizerem que a análise não seria viável: já vimos no devido momento que, quando o analista aparece em pessoa no primeiro sonho do analisando, é porque este não é analisável ou aquele cometeu um erro imperdoável. Como Blum não cometeu no caso nenhum erro, o paciente do sonho seria inanalisável, porém não o foi em uma versão ainda mais grave da que imagino. Fiel a suas teorias, Harold teria permanecido em silêncio frente àquele sonho, esperando que se estabelecesse o *rapport* e que se instaurasse a neurose de transferência por via regressiva? Creio (talvez porque seja kleiniano) que o silêncio nessas circunstâncias teria sido um erro, quando não um *acting out* contratransferencial, e que a única possibilidade era interpretar sem dilação a transferência.

A NEUROSE DE TRANSFERÊNCIA E A CONTRATRANSFERÊNCIA

Nas duas seções anteriores (e também ao falar, na terceira parte, das formas de transferência), discuti o conceito de neurose de transferência e propus, de fato, sua ampliação, porquanto a nova versão da enfermidade que se dá no tratamento não compreende apenas os sintomas neuróticos, mas também outros que não o são.

Vamos agora considerar outra ampliação, a que Racker propôs em seu trabalho intitulado "A neurose de contratransferência", apresentado à Associação Psicanalítica Argentina em setembro de 1948.[3]

No processo psicanalítico, a função do analista é, ao mesmo tempo, de intérprete e de objeto (*Estudos*, p. 127). A contratransferência influi nessas duas funções, facilitando ou dificultando o andamento do tratamento. A contratransferência pode indicar com precisão ao analista intérprete o que deve interpretar, quando e como fazê-lo, assim como pode interferir em sua compreensão do material com racionalizações e pontos cegos. Também a função de objeto dependerá em cada momento, para bem ou para mal, da contratransferência.

Não se pode pretender, diz Racker, que o analista mantenha-se imune à contratransferência, porque isso se-

---

[1] "The transference neurosis: comments on the concept and the phenomenon" foi lido em Boston em 1968 e publicado no *Journal of the American* de 1971. Encontra-se no Capítulo 17 de *Papers on psycho-analysis*.

[2] "The psychoanalytic process and analytic inference: a clinical study of a lie and a loss".

[3] *Estudos sobre técnica psicanalítica*, V.

ria como dizer que o analista não tem inconsciente; porém, é possível que, se o analista observa e analisa sua contratransferência, possa utilizá-la para levar adiante o andamento do tratamento.

Do mesmo modo que a personalidade total do analisando vibra em sua relação com o analista, também vibra o analista em sua relação com o analisando, sem por isso desconhecer as diferenças quantitativas e qualitativas (p. 128).

Racker sustenta que o analista continua tendo conflitos, por mais que tenha sido analisado e bem analisado, que sua própria profissão proporciona-os continuamente, e "assim como o conjunto de imagens, sentimentos e impulsos do analisando em relação ao analista, por serem determinados pelo passado, é chamado de transferência e sua expressão patológica é chamada de *neurose de transferência*, assim também o conjunto de imagens, sentimentos e impulsos do analista em relação ao analisando, por serem determinados por seu passado, é chamado de contratransferência e sua expressão patológica poderia ser denominada *neurose de contratransferência* (p. 129).

Em seu Estudo V, Racker mostra como se reproduzem na contratransferência o complexo de Édipo positivo e negativo do analista, assim como seus conflitos pré-edípicos orais e anais.

Seguindo, então, as idéias de Racker, chamaremos a etapa intermediária da análise de *neurose de transferência e contratransferência*, considerando que a participação do analista é inevitável. O processo analítico envolve tanto o analista quanto o analisando, embora se possa discutir o grau e a qualidade dessa participação, que obviamente não é idêntica nos dois casos. Justamente, a condição necessária para que se estabeleça o processo psicanalítico é que a interação entre essas duas pessoas – analista e analisando – seja de uma forma determinada e não se dê como na vida corrente. Já dissemos no devido momento, que a etapa do começo da análise consiste em que, frente à atitude convencional que traz o paciente a seus pressupostos e expectativas de que o analista reagirá como habitualmente o fazem todos os seus congêneres, o analista adote uma atitude que o distingue, porque não responde da maneira esperada. Pudemos dizer também que, no momento em que o paciente compreende essa diferença, passa a uma nova relação, a relação propriamente analítica, na qual já não espera respostas como as que está acostumado a receber, mas uma resposta muito especial, surgida de duas raízes fundamentais, a regra de abstinência e a interpretação. No momento em que a relação muda e deixa de ser convencional para ser regida por esse novo código, começa a segunda etapa da análise.

Enquanto o desenvolvimento da primeira etapa varia com o enfoque de cada escola, e inclusive de cada analista, na que agora estamos considerando as divergências não são tão grandes. Se sobre a duração da primeira etapa há uma surpreendente coincidência entre todos os autores, a que agora estamos discutindo, por sua própria natureza, não tem prazos determinados. Nessa etapa, desenvolve-se o processo de transferência e contratransferência com todos os seus infinitos matizes, sutilezas, contradições e (por que não dizê-lo) contrariedades, que nunca poderemos calcular. Tudo o mais que podemos dizer é que durará anos, nunca meses, e que sua evolução dependerá de como participem os dois protagonistas. Se na primeira etapa a habilidade do analista só é posta à prova pelos pacientes mais irregulares, na etapa intermediária vai sê-lo em todo momento. Dela dependerá, tanto quanto do grau de enfermidade e da colaboração do paciente, o destino do tratamento.

AS CONFUSÕES GEOGRÁFICAS

Diferentemente de Freud, de Glover e da totalidade dos autores que se ocuparam da etapa intermediária como unitária, Meltzer distingue aqui duas etapas. Talvez não seja necessário dizer que, ao estabelecê-las, Meltzer não propõe uma divisão taxativa, mas um aparato teórico que, com uma visão mais retrospectiva, permita-nos discriminar momentos diferentes quando estudamos o processo já fora dele. Não há limites claros, como tampouco existem, é desnecessário dizer, entre as três etapas clássicas.

Como dissemos, as duas etapas de Meltzer giram em torno da *identificação projetiva*. Na segunda etapa, que agora nos concerne, o paciente recorre à identificação projetiva *maciça*. Disso decorre que Meltzer a designe como a *etapa das confusões geográficas*, já que a "geografia" da fantasia inconsciente está radicalmente perturbada. Para dizê-lo em termos de identidade, a diferença entre sujeito e objeto não foi alcançada ou se perde, porquanto a identificação projetiva maciça implica uma confusão substancial entre sujeito e objeto. Essa confusão é justamente o trunfo do paciente para resolver os problemas que se colocam para ele na relação analítica: para não reconhecer a diferença em relação ao analista é que o paciente recorre a esse processo tão intenso de identificação projetiva. Como vimos ao estudar as teorias do processo, a perspectiva de Meltzer (assim como a de Zac) apóia-se na angústia de separação. Essa teoria liga-se com a idéia de relações de objeto precoces, porque implica que, desde o primeiro momento em que se estabelece a relação analítica, há uma relação de objeto.

Portanto, Meltzer é dos que entendem o processo psicanalítico em termos das angústias de separação; para ele, a reiterada experiência de contato e separação estabelecida pelo ritmo das sessões analíticas influi predominantemente sobre o processo, simultaneamente, é claro, com as expectativas que o paciente traz. Daí a importância da regularidade das sessões, seu ritmo e seu número: a estabilidade da situação analítica é a base para que realmente se possa estabelecer o processo. Essa idéia é especificamente kleiniana, pois apóia-se em uma teoria das relações precoces de objeto, embora nenhum analista deixe de considerar importante o contato e a separação. Seja qual for seu suporte teórico, sempre terá de interpretá-lo, de integrá-lo a suas teorias, porque esses elementos impõem-se na clínica com freqüência. Já vimos a importância de interpretar com acerto as angústias de separação e a dificuldade de fazê-lo sem cair em interpretações mecânicas e, na maioria das vezes, chatas, que os pacientes rechaçam com razão. Disse também, em outra oportunidade, que o paciente resiste fortemente a essas interpretações, porque teme o vínculo que estamos tentando dificultosamente estabelecer e o faz na maioria das vezes desqualificando-nos. O paciente não é um juiz muito confiável, mas é o único que temos; suas críticas podem ser certas, mas também tendenciosas: quanto mais o paciente buscar atacar o vínculo analítico, mais severas serão suas críticas a nossas (boas) interpretações sobre o fim de semana.

O SEIO TOALETE

Na etapa das confusões geográficas, o analista deve funcionar e deve mostrar que funciona como um *continente* das ansiedades do analisando. A tarefa analítica fundamental dessa etapa é que o analista contenha a ansiedade do paciente e, ao mesmo tempo, interprete-a. À medida que esse processo é cumprido, se o paciente deposita, ou melhor, *evacua* sua ansiedade (o termo tem aqui sentido literal) e o analista é capaz de suportá-la, estabelece-se um tipo de relação na qual o paciente sente o analista como um objeto cuja função consiste em contê-lo. A esse objeto, cuja função é a de receber o que o paciente evacua ou projeta, Meltzer chamou de *seio toalete*, porque obviamente está ligado à etapa oral do desenvolvimento. Desse modo, a identificação projetiva maciça do paciente tem seu correlato em uma atitude do analista que reproduz o tipo arcaico da relação que se deu entre o bebê e a mãe como continente de sua ansiedade. Esse objeto é parcial, porque não representa a totalidade do seio, mas apenas sua função continente, daí seu nome, *toilet-breast*.

À medida que se repete esse processo, o analisando desenvolve uma crescente confiança no seio toalete e vai consumando-se sua introjeção. Pode-se dizer que, teoricamente, desde o momento em que esse seio toalete tenha sido cabalmente introjetado, o paciente tem dentro de si um objeto em que pode despejar suas ansiedades e, nesse momento, termina a segunda etapa do processo analítico.

Para Meltzer, é um momento-chave, porque se transpôs o limite que vai da saúde mental à loucura, do juízo à psicose. Salta aos olhos a semelhança desse conceito com a linha divisória que Abraham (1924) traçava entre a primeira e a segunda etapas anais para separar psicose e neurose. Por coincidência, esses dois autores, Abraham e Meltzer, assinalam um ponto clinicamente significativo: em momentos históricos distintos e com diferentes suportes teóricos, descobrem que, quando o indivíduo pode conter suas ansiedades e não tem necessidade de projetá-las, transpôs o limite entre a psicose e a neurose, entre a saúde mental e a enfermidade em termos psiquiátricos.

Se o analista não é muito inábil e o paciente não é muito doente, Meltzer diz que esse processo pode ser alcançado em um ano de trabalho, prazo que a mim, pessoalmente, parece um tanto curto. Tudo depende, naturalmente, da habilidade que o analista tenha para detectar o mecanismo de identificação projetiva maciça e interpretá-lo, o que sempre aumenta com a experiência clínica, bem como do grau e da freqüência com que o analisando empregue-o. O prazo pode então variar, mas eu me atreveria a dizer que o paciente habitual de nossa consulta pode conseguir isso em um par de anos ou um pouco mais. Por outro lado, é fácil compreender que em psicóticos, perversos, drogaditos ou psicopatas esse prazo alonga-se notoriamente e, às vezes, jamais pode ser cumprido.

Recordo o sonho que teve, no final de seu primeiro ano de análise, uma paciente homossexual, cujo caso publiquei em 1970. Sonhava que ia visitar a maior organização homossexual do mundo, que estava debaixo de uma cidade. Ao descer, sentia necessidade de ir ao banheiro, pedia permissão para fazê-lo e indicavam-lhe onde ficava. Entrava no banheiro e via que havia ali uma escadinha; descia e via outro banheiro e outra escada; assim, desceu cinco vezes, até que despertou. Parece-me que nesse sonho pode-se apreciar como funciona para a paciente o *setting* analítico: as cinco sessões a protegem de uma volta maciça à homossexualidade, como depois de fato aconteceu. Nesse sonho, surge claramente a idéia de que as cinco sessões analíticas representam realmente o seio toalete.

Durante a etapa das confusões geográficas, a tarefa interpretativa pode ser definida, de acordo com Meltzer, como indo do mecanismo à ansiedade. Nisso se apóia, muitas vezes, a diferença entre uma interpretação adequada e outra que não é. Por isso, dizíamos no capítulo anterior que, quando o analisando projetou maciçamente dentro de um objeto sua parte angustiada, a única coisa que podemos fazer é buscar, como um detetive, onde está escondida a criança com angústia para colocá-la outra vez em seu lugar, dentro do paciente. Quando o analista faz isso, então o paciente começa a sentir angústia; a interpretação foi do mecanismo à ansiedade. Nessa etapa, então, à medida que o analista interpreta adequadamente, vai aumentando o nível de ansiedade do analisando.

O substancial, nessa etapa, é interpretar o mecanismo, a interpretação projetiva maciça, para restabelecer a relação de objeto e ansiedade, porque o que o mecanismo fez foi justamente anular a relação de objeto para evitar a angústia.

A PELE

Quando Meltzer escreveu *The psycho-analytical process* em 1967, estava apenas em seu início a investigação de Esther Bick sobre a pele como objeto da realidade psíquica, à qual nos referimos em um capítulo anterior. Pois bem, o conceito de seio toalete foi pensado em termos do funcionamento da identificação projetiva e não é aplicável, em meu entender, à identificação adesiva da qual falarão Bick e Meltzer em seus novos estudos. Para dar conta dos novos fenômenos, talvez Meltzer tivesse de recorrer a um novo conceito ou ampliar o anterior. Entendo que o conceito de *holding*, de Winnicott, é o que melhor se adapta às duas modalidades de identificação narcisista de Meltzer, já que a palavra *holding* (sustentação) é adequada tanto à pele quanto aos braços, o seio ou o corpo da mãe.

O que descrevemos há pouco é claramente um processo de tipo espacial. O seio toalete é um espaço no qual "tem lugar" a identificação projetiva. Enquanto isso não existir, não pode haver verdadeiramente processos de identificação projetiva.

A partir do já comentado trabalho de Esther Bick (1968), a pele aparecia como um objeto fundador do psíquico. Antes que possa haver uma relação continente/conteúdo (dentro e fora), deve haver uma relação bipessoal de contato. O característico da identificação projetiva é sua espacialidade, já que ela pressupõe a existência de um objeto com três dimensões. A relação que Bick estudou em crianças psicóticas e autistas, observando bebês, e o que paralelamente investigaram Meltzer e seu grupo de estudos com crianças autistas é um tipo de relação que não parece estar vinculado a um processo tridimensional, mas meramente de contato. É uma identificação narcisista, porquanto apaga a diferença entre sujeito e objeto, apenas contata, não faz mais que tocar a superfície do outro. O processo de identificação é superficial, não tem consistência, sem dar a essas palavras o sentido pejorativo que comumente lhes é atribuído. Essas pessoas são indivíduos que dependem muito da opinião dos demais e nas quais o processo de identificação é mimético, imitativo, não tem densidade. São pessoas que se preocupam muito com o *status*, o *papel* social; importa-lhes mais ter um título do que exercer sua profissão.

Também David Rosenfeld (1975) pensa que a pele desempenha um papel importante na constituição do esquema corporal e nas primeiras relações de objeto. Por um lado, a pele proporciona as experiências de suavidade e calor que brotam da mais precoce relação com a mãe; por outro, a pele cumpre uma função de sustentação e de organização das partes dispersas do *self*, que guarda relação com o pênis dentro do seio.

Na clínica, o fenômeno da identificação adesiva é percebido como uma modalidade especial de lidar com a angústia de separação. São analisandos que buscam estar em contato, interessa-lhes escutar a voz do analista ou que os escutem, sem que o conteúdo do discurso seja importante para eles. Tendem a desmoronar e nos sonhos surge, às vezes muito claramente, a busca desesperada da companhia e do contato. Como as crianças autistas de Kanner (1943), esses analisandos parecem não nos escutar: as palavras entram por um ouvido e saem pelo outro, como se dentro da cabeça não houvesse um espaço para contê-las.

Segundo essas investigações, então, haveria de se pensar que a terceira dimensão é patrimônio de uma etapa posterior do desenvolvimento, que se inicia em um nível bidimensional, como sustenta há muitos anos Arnaldo Rascovsky, a partir de seu livro sobre *O psiquismo fetal* (1960). Isto implica, então, que a identificação adesiva seja prévia à identificação projetiva e que haja (ou deva haver) uma etapa *prévia* à esquizoparanóide de Melanie Klein, como sustentam Rascovsky (psiquismo fetal) e Bleger (posição glischrocárica).[4]

AS CONFUSÕES DE ZONAS E DE MODOS

O desenvolvimento da análise em sua etapa intermediária, a mais prolongada e talvez a mais complexa, durante a qual se desenvolve a neurose de transferência e contratransferência, não é suscetível de sistematização, mas sim de alguns comentários de como se pode entender todo esse longo trajeto. Vimos primeiro as precisões de Racker sobre a neurose de transferência e agora estamos examinando as contribuições de Meltzer. À medida que se vai construindo o seio toalete no mundo interno, surge outra configuração, que Meltzer chama de *a etapa das confusões de zonas e de modos*. A identificação projetiva diminuiu, de modo perceptível, e já não vai regular substancialmente a dinâmica do processo psicanalítico. Embora nos avatares do contato e na separação sempre se vá recorrer à identificação projetiva maciça, no resto do processo a tarefa estará centrada muito mais no ajuste ou no reordenamento das confusões zonais, e não nos problemas de identidade.

Se na primeira etapa ia-se do mecanismo à ansiedade, na segunda, ao contrário, passa-se da ansiedade ao mecanismo. Na primeira etapa, trata-se de consolidar a função continente do analista, permitindo que o paciente introjete-o como seio toalete. A interpretação leva do mecanismo à ansiedade, justamente porque a identificação projetiva maciça, por apagar as diferenças entre sujeito e objeto, põe aquele que a utiliza ao abrigo de senti-la. À medida que corrigimos a confusão geográfica – e voltamos a dar a César o que é de César e a Deus o que é de Deus –, o paciente começa a sentir ansiedade, porque somente a partir da diferenciação entre sujeito e objeto pode-se começar a sentir todas as vicissitudes do vínculo que antes, de fato, não havia.

Na etapa seguinte, a situação é diferente, para não dizer diametralmente oposta. O indivíduo apresenta-se angustiado e, ao elucidar suas confusões zonais, nós lhe mostramos o mecanismo que explica sua ansiedade. Nessa etapa, o vínculo está ali, existe, e podemos operar com esse vínculo e suas vicissitudes, fazendo o sujeito ver que a conseqüência de suas confusões zonais é invariavelmente a ansiedade. O paciente chega, por exemplo, à sessão angustiado e começa a falar de forma contínua e excessiva. A interpretação assinala que confunde sua língua com sua uretra para urinar no analista. A interpretação dá ao paciente as razões de sua angústia e tem naturalmente de aliviá-la.

Por trás de todas essas confusões, há sempre, para Meltzer, uma premissa básica: negar a diferença entre o adulto e a criança; e para corrigi-la dirigem-se, em última instância, todas as interpretações nessa etapa. A interpre-

---

[4] Para mais detalhes, ver minha "Introdução à versão castelhana" do livro *Exploración del autismo*.

tação sempre se refere a essa diferença entre o funcionamento adulto e o funcionamento infantil, tema que, de outra perspectiva, Janine Chasseguet-Smirgel (1975) estudou profundamente.

Esse aspecto da interpretação é, por um lado, ineludível e, por outro, sempre doloroso. É ineludível porque, se não o levamos em conta, essas interpretações poderiam ser decodificadas pelo paciente como se sancionassem uma igualdade onde deve haver uma assimetria. É nesse momento da análise, talvez, que o conceito de assimetria na neurose de transferência adquire sua vigência mais plena, e nossa tarefa consiste em que o paciente aceite-a, por mais dolorosa que seja para ele. Há muitas maneiras de se interpretar as diferenças entre funcionamento adulto e infantil, assim como também de investigar a idealização, que é justamente o mecanismo básico pelo qual a sexualidade infantil equipara-se à adulta. Não basta dizer a um paciente, nessa etapa, que ele (ou ela) quer dar-me um bebê com sua parte feminina infantil, mas também que somente idealizando a matéria fecal pode acreditar que seu bebê é igual ao que fazem os pais. Esse último aspecto da interpretação é ineludível, independentemente do tato com que seja formulada. Uma interpretação que se limite a assinalar a produção de bebês fecais, sem modificar a idealização que a confusão de excrementos e bebê pressupõe, não faria mais que reforçar a idealização da sexualidade infantil. Certamente se poderá dizer que, em geral, o mero fato de interpretar nessa direção já implica assinalar as diferenças, mas nem sempre é assim: quando os mecanismos maníacos são mais marcados, a tentativa de apagar a diferença entre o grande e a criança é mais forte, e então com mais firmeza teremos de integrar esse aspecto na interpretação.

Por tudo o que foi dito, compreende-se que uma configuração que se dá durante essa etapa da análise é o que Meltzer chama de genitalização difusa, com os concomitantes problemas de excitação. Com isso, quero destacar que uma das confusões zonais mais características é que diferentes órgãos do corpo possam funcionar como genitais. A criança utiliza seus órgãos como executores de sua sexualidade, confundidos com seus genitais, porque, na realidade, a qualidade especial do orgasmo, aquisição típica da vida sexual adulta, não foi alcançada por ela. Por conseguinte, só depois de apagar essa diferença pode-se considerar a atividade sensual da criança equiparável à do adulto.

Outro aspecto que Meltzer salienta nessa etapa é a tentativa de tomar posse do objeto. Trata-se de uma forma primitiva de amor, de forte colorido egoísta e ciumento, cujo corolário lógico é crer que se dispõe das excelências com as quais se poderá conquistar o objeto. Aqui, novamente, a idéia de confusões de zonas e de modos mostra-se de maneira evidente.

Por último, a configuração mais freqüente e mais difícil de manejar nessa etapa e à qual parece que convergem todas as defesas, é uma tentativa persistente de estabelecer, pela sedução, um vínculo de idealização mútua. À medida que se consegue isso, o paciente pode manter a idéia de que é igual ao analista, de que tudo os une e nada os separa. Oblitera-se, assim, o acesso à posição depressiva, porque, à medida que essa situação consolida-se, o analisando não chegará nunca à verdadeira dependência e à perda de objeto, os dois traços que definem a posição depressiva. O analista deverá mostrar, aqui, toda a sua capacidade para desbaratar a tentativa persistente, monótona e multiforme do analisando em prol desse tipo de idealização. É realmente difícil sobrepor-se a esse embate contínuo do paciente à procura de um vínculo idealizado que, se for estabelecido, levará a análise ao impasse, muitas vezes disfarçado de "final feliz".

Na terceira etapa de Meltzer (que é a segunda parte da etapa intermediária da análise), a identificação projetiva continua funcionando frente às emergências de separação, como podem ser o começo e o final da hora, da semana ou as férias e, é claro, o finalizar da análise; no restante, já não opera de forma maciça e fica vinculada ao ordenamento das zonas efetoras erógenas e aos modos da sexualidade. Aparece, então, mediada pela inveja e pelos ciúmes, a necessidade de apagar as diferenças entre o adulto e a criança, quando a criança confunde, por exemplo, sua língua com o bico do seio ou sua produção anal com a capacidade gerativa dos pais. Agora interpretamos a partir da ansiedade ao mecanismo, tentando mostrar que a ansiedade é o corolário ineludível do mecanismo empregado; tentamos fazer o analisando ver que sente ansiedade porque está utilizando um mecanismo de defesa que ataca, desvirtua e perturba o funcionamento do objeto.

Digamos, para terminar, que Meltzer atribui a essa etapa uma duração de três a quatro anos no adulto e dois ou três na criança.

46

Teorias do Término

PANORAMA GERAL

São tantos e tão variados os problemas que nos propõe o término da análise, que se torna necessário enfrentá-los com uma certa sistematização. Iremos expô-los, tentando agrupá-los a partir de três pontos de vista: teórico, clínico e técnico. Essas áreas superpõem-se, é claro, freqüentemente e não podem ser delimitadas de maneira absoluta; porém, para os fins desta exposição, é pertinente estabelecê-las. Vamos acrescentar a isso, ainda, a pós-análise como uma etapa de importância singular, cujo estudo, recentemente empreendido, merece ser ampliado.

O problema *teórico* consiste em ver a que vamos chamar de final de análise, o que equivale a dizer quais serão nossos critérios de cura, a que pressupostos nós nos remeteremos frente ao problema sempre difícil de resolver sobre a saúde mental de um indivíduo, que diferenças estabeleceremos entre saúde e doença. Freud ocupa-se disso lucidamente em seu artigo "Análise terminável e interminável" (1937c), que lembraremos mais de uma vez neste capítulo. Interessa destacar que os critérios de cura serão diferentes, segundo os suportes teóricos com que trataremos de abordá-los. A psicologia hartmanniana da adaptação, por exemplo, leva a pensar que o término da análise implica reforçar a área livre de conflito e um funcionamento egóico suficientemente adaptativo, enquanto a escola kleiniana insistirá na elaboração das angústias depressivas. Lacan dirá, subestimando acidamente a psicologia da adaptação, que um bom final sanciona a sujeição do sujeito à ordem simbólica, e Winnicott sustentará que o analisando terá adquirido seu verdadeiro *self* e, aceitando suficientemente a desilusão, saberá agora o quanto deve à mãe.

Além desse enfoque teórico, há uma *clínica* do término da análise que está relacionada fundamentalmente com o tema dos *indicadores*. Para que se possa falar de um término da análise, obviamente temos de encontrar clinicamente os sinais que nos permitam afirmar, com uma razoável segurança, que o analisando está por entrar ou já entrou na etapa de término. Novamente, esses indicadores clínicos dependem muitíssimo dos pressupostos teóricos antes mencionados; contudo, deixando isso de lado, todos os analistas entendem que esses indicadores existem e que nos permitem detectar o estado do processo analítico em um dado momento. Há, de fato, vários indicadores, que discutiremos no devido momento, mas digamos desde já que John Rickman define-os muito acertadamente em seu pequeno e lúcido trabalho de 1950. Além disso, existem outros indicadores que aparecem *por motivo* do término, ou seja, pelo fato de que o término seja proposto; são conseqüência do processo de término: a decisão de terminar o tratamento é sempre acompanhada, com efeito, de angústias depressivas e/ou temores fóbicos ou paranóides de ficar sem o analista, mesmo no caso de que o processo não tivesse chegado à etapa do término. De modo que, do ponto de vista clínico, distinguiremos os indicadores que nos *advertem* de que o processo chegou ao final e os que *resultam* dessa fase do processo.

Devemos considerar, por último, os aspectos *técnicos* do término, como e quando operar o término. Aqui, teremos de estudar o momento em que o paciente percebe que sua análise entrou na etapa final e nós concordamos com tal apreciação. Em geral, essa alternativa configura dois momentos diferentes, porque uma coisa é a presunção e outra que o analista a compartilhe. A opinião do analista importa, porque é introduzida como um elemento *real*, como algo que se acrescenta ao contrato originário. Apenas quando prestamos nosso acordo desencadeia-se o novo momento dialético que poderemos chamar, com propriedade, de etapa do término. Essa etapa do processo, apressemo-nos em ressaltar, demorará um tempo variável, mas nunca breve, em meu entender sempre superior a dois anos, durante o qual sobrevirão momentos de avanço e integração e outros de "inexplicável" retrocesso. É o que Meltzer chama de limiar da posição depressiva, que culmina com o processo do desmame, em que surge no analisando uma urgente necessidade de terminar, de chegar ao fim. Essa nova fase culmina quando se combina uma data de término, que nunca poderá ser nem muito próxima nem muito distante, que deverá ser medida em meses, não em semanas ou anos, porque, se fosse em semanas, haveria de concluir que demoramos muito em anunciá-la e, se fosse de anos, estaríamos adiantando-nos a um futuro muito distante, em que a idéia de desprendimento não poderia ser aceita.

Como um paradoxo a mais de nossa profissão impossível, e quem sabe a mais insuportável, o tratamento psicanalítico não termina senão *depois*, quando o analisando, sozinho e livre, assim o decide, no período que se chama de *pós-análise*.

É TERMINÁVEL A ANÁLISE?

Entre os inúmeros problemas teóricos que o término da análise pode suscitar, dois são para mim os mais importantes: se existe verdadeiramente um término da análise e quais são os fatores curativos.

Sempre se discutiu, antes e depois do famoso artigo de 1937, se a análise pode e deve terminar. Tudo faz supor que a polêmica continuará para sempre.

Os principais argumentos de Freud em "Análise terminável e interminável" continuam ainda de pé. Além dos aspectos formais com que de fato termina uma análise, quando analista e analisando cessam as entrevistas, há também algumas razões teóricas para afirmar que a análise deve ter um término. A análise, diz Freud, foi iniciada com certos objetivos e deve terminar quando eles tiverem sido alcançados.

Freud pensa, também, que uma boa análise deve pôr o sujeito ao abrigo de uma recaída, dando-lhe as ferramentas suficientes para resolver, dentro de certos limites, seus conflitos. Quando a vida ultrapassá-los, com seu rigor e com suas injustiças, não se deverá imputar isso pura e simplesmente à análise. Que um processo termine não quer dizer que não possa ser novamente iniciado. Freud não diz, no entanto, o que deveremos fazer se esses objetivos *não* forem alcançados. Poucas vezes se propõe esse tema, talvez porque, então, teríamos de resolver um problema não menos espinhoso: quando vamos dizer que uma análise fracassou? Essa pergunta é difícil de responder, justamente porque os limites da análise nunca são claros, assim como não são, por certo, nítidos e fixos seus objetivos.

Freud diz também que os analistas deveriam reanalisar-se a cada cinco anos, o que poderia fazer pensar que duvida ao menos do término da análise didática. Não se deve esquecer, entretanto, que essa sábia advertência é feita tendo em vista o trabalho altamente insalubre que o analista cumpre, de modo que aqui vigora o princípio anterior sobre as circunstâncias da vida futura do ex-analisando.

Talvez seja este o momento de dizer que as opiniões de Freud sobre a eficácia e os limites do tratamento analítico, em 1937, são equilibradas e não diferem demasiado das que deu em toda a sua vida, desde os *Estudos sobre a histeria* até o Congresso de Nurenberg, passando pelos artigos de 1905, um ponto que Wallerstein (1965) também destaca.

Não se deve esquecer, por outro lado, que "Análise terminável e interminável" aborda tratamentos de duração muito breve, diferentes das análises atuais, sobretudo para as chamadas análises didáticas, que Freud concebia quase como um rito de iniciação. Ele chega a dizer que, quando o paciente teve consciência de que existe o inconsciente e assumiu o estranho fenômeno do retorno do recalcado, já conseguiu o que se pode aspirar de uma análise didática. Atualmente, não pensamos assim, é claro; pensamos que a análise didática deve ser encarada como qualquer outra e ser profunda e prolongada.

O artigo de Freud, conhecido e reconhecido por todos os analistas, deveria ser lido junto com o que Ferenczi apresentou no Congresso de Innsbruck em setembro de 1927. Freud refere-se a ele continuamente, não só porque no ocaso de sua vida deve ter-se recordado muito de Sandor, mas também pelos grandes méritos do relato do húngaro.

Em sua exposição, Ferenczi insiste em que a análise pode chegar a um término sempre que o analista tiver coragem e paciência para deixar que o processo desenvolva-se sem um limite de tempo preconcebido e saiba ocupar-se, ao mesmo tempo, dos sintomas e do caráter. Tampouco creio que se deva contrastar o ácido pessimismo de Freud com o otimismo radiante de Ferenczi. Penso que esses dois grandes trabalhos são equilibrados, embora possam discordar em mais de um ponto. Freud, por exemplo, mostrava-se cético quanto a poder reativar os conflitos potenciais do analisando, porque não via mais que duas alternativas igualmente impraticáveis: discorrer sobre eles ou provocá-los artificialmente na transferência; todavia, Ferenczi pensa que eles podem ser alcançados, porque opera com uma teoria do caráter que não está na mente de Freud naquele momento.

Ferenczi afirma categoricamente, em seu artigo, que a análise pode e deve terminar e acrescenta que um término correto não pode ser brusco, mas gradual e espontâneo. "O término correto de uma análise produz-se quando nem o médico nem o paciente põem-lhe fim, senão que, por assim dizer, extingue-se por esgotamento (p. 75).[1] E acrescenta em seguida: "Um paciente realmente curado vai liberando-se da análise de uma maneira lenta, porém segura; deve continuar comparecendo por todo o tempo que o desejar". Ferenczi descreve essa etapa final como um verdadeiro luto: o analisando vai dando-se conta de que continua comparecendo à análise pela gratificação que isso proporciona a seus desejos infantis, embora já não lhe renda em termos da realidade. Nesse momento, com pena, deixa de comparecer, buscando ao seu redor, fontes mais reais de gratificação (p. 75). Ferenczi conclui com estas sábias palavras: "A renúncia à análise constitui, assim, a conclusão final da situação infantil de frustração que está na base da formação de sintomas" (p. 75).

Talvez hoje tenhamos propostas diferentes sobre a formação dos sintomas, mas a idéia ferencziana, de que o término da análise significa dar por terminados os modelos infantis de gratificação para se dirigir – com pena, porém decididamente – a satisfações mais realistas, mantém hoje, para mim, a vigência mais plena.

Em manifesto desacordo com seu mestre (e com seu analista!), Ferenczi sustenta que a análise didática não deve ser para informar o futuro analista sobre os mecanismos de seu inconsciente, mas sim para dotá-lo dos melhores instrumentos para sua futura tarefa e que não é concebível que a análise didática dure menos que a terapêutica. Nesse ponto, o tempo veio dar razão a Ferenczi – porque nem sempre Freud tem razão![2]

---

[1] "O problema do término da análise", *Problemas e métodos da psicanálise*.
[2] Para uma discussão mais pormenorizada, ver o trabalho de Etchegoyen e Catri, "Freud, Ferenczi e a análise didática" (1978).

A convicção de que a análise deve terminar, compartilhada por Ferenczi e Freud, assim como por muitos analistas depois deles, assenta-se em fatos clínicos bem comprovados, embora haja também outros que apontem o contrário.

O insolúvel problema deveria ser levado, talvez, para outro terreno, começando por nos perguntar o que entendemos por término da análise e quais são os objetivos que levamos em conta quando pensamos no término. Porém, isso já nos leva ao outro tema da teoria do término, o dos fatores curativos.

Como processo, a psicanálise deve ter *por definição* um término, porque, quando a iniciamos, fixamos por contrato um objetivo e jamais dizemos que iniciamos agora uma tarefa daqui até a eternidade. Se essa discussão tornou-se interminável é, entre outros motivos, porque não se separa o processo analítico empreendido por analisando e analista da auto-análise que, como ferramenta pessoal, se aplicará por toda a vida. Termina-se o estudo na universidade ou no instituto de psicanálise; a aprendizagem continua depois para sempre.

OBJETIVOS DO TRATAMENTO

A grande maioria dos analistas pensa atualmente que a análise como procedimento que busca alcançar determinados objetivos deve diferenciar-se da análise como um programa de desenvolvimento pessoal que dura toda a vida e é, de fato, interminável. São duas coisas distintas, embora na prática tendam a confluir, já que os objetivos iniciais podem variar e é legítimo que assim seja, à medida que o analisando vai compreendendo melhor em que consistem verdadeiramente suas dificuldades e qual é a ajuda que a análise pode realmente oferecer. Essa amplitude das metas deveria ficar sempre circunscrita pelos objetivos iniciais do processo, e o analista faria bem em recordá-los quando o analisando, levado pelo entusiasmo intelectual do descobrimento e também, não o esqueçamos, por seus conflitos de transferência, queira deixá-los de lado.

A diferença recém-estabelecida continuará vigente, mesmo quando pensemos que a psicanálise não deve limitar-se ao modelo médico de cura ou de tratamento. Podemos sustentar que a psicanálise propõe-se ao crescimento mental, a uma mudança do caráter ou à expansão da personalidade, sem por isso alterar os objetivos do processo, que deverá cessar quando o analisando tiver se aproximado suficientemente dessas metas, obtendo os instrumentos necessários para prosseguir por si mesmo.

Uma análise que se postulasse como interminável, apoiando-se no fato certo de que o crescimento mental, a integração, a saúde mental, ou o que for, nunca se conquistam por completo e que, em sua legítima busca, sempre se pode ir além, cairia em uma contradição radical, porque nenhum desses objetivos é compatível com uma relação interminável com quem ajuda a consegui-los. Não pode haver crescimento mental, nem integração, nem saúde mental que só se alcancem a partir do outro e não de si mesmo. Há aqui, pois, uma incompatibilidade que não é apenas tática, mas também lógica: para ser independente, não se pode depender do outro até a eternidade.

Esses raciocínios são óbvios, mas nem sempre são levados em conta no momento em que se propõe o término da análise e tampouco quando se deve tomar a difícil decisão de um final forçado pelas exigências às vezes impreteríveis da vida. Refiro-me a circunstâncias como uma nomeação, uma bolsa de estudos ou o casamento, quando obrigam o analisando a optar entre continuar o tratamento ou tomar outro caminho. Aqui, a avaliação do analista nos termos recém-apresentados pode ser decisiva. Não é a mesma coisa que o analista aceite que o analisando vá embora, mas diga, como Pilatos, que o tratamento ficou interrompido ou que o dê por terminado, deixando claro que o término teria sido outro se tivessem sido outras as circunstâncias.

OS FATORES CURATIVOS

O outro problema vinculado à teoria do término da análise, não menos importante que o anterior, é o dos fatores curativos. Logicamente, se pensarmos que a análise é uma tarefa que termina quando for cumprida, então surge imediatamente o que vamos entender pelo cumprimento dessa tarefa, e isso nos leva aos fatores curativos.

É evidente que não se pode falar dos fatores curativos sem considerar a teoria da doença e da cura com a qual operamos. No entanto, também é certo que, quando se analisam as diferenças escolásticas, verifica-se que são talvez mais de forma que de fundo, o que, pelo contrário, vem mostrar que a psicanálise é bastante confiável como doutrina científica.

Vemo-nos, assim, confrontados com uma série de problemas que concernem aos fenômenos de integração e ao desenvolvimento da pessoa, os quais pesarão fortemente no que decidiremos com respeito ao término.

Como disse há pouco, apesar de a consideração dos fatores curativos variar de acordo com as escolas, não se deve deixar levar demasiadamente por esse tipo de discussões, que às vezes não têm tanto valor como parece. Na realidade, se forem examinados com serenidade e sem paixão, os diversos critérios de cura propostos não são tão diferentes. Variam os suportes teóricos e a práxis para alcançá-los; contudo, se forem comparados, imediatamente nos damos conta das coincidências.

Tomemos, por exemplo, os critérios de cura de Hartmann, ou seja, o reforço da área livre de conflitos e, por conseguinte, uma melhor adaptação à realidade, e o comparemos com o que Klein propõe, quando afirma que se devem elaborar as angústias paranóides e depressivas. Postas assim as coisas, a diferença é notória e irredutível. Klein disse sempre, entretanto, de acordo com o Freud de "Luto e melancolia", que um dos elementos fundamentais da posição depressiva é o contato com o objeto, isto é, com a realidade. O luto, dizia Freud, consiste em que a realidade mostra-nos dolorosamente que o objeto já não está ali; e o luto, para Klein, consiste em poder aceitar a realidade psíquica e externa tal como são. Embora Hartmann não fale de luto, sua adaptação à realidade vem-lhe de Freud. Hartmann e Klein, então, têm de concordar que um analisando deveria terminar sua análise com um melhor contato com a realidade do que o que tinha antes de começar.

Tomemos outro critério, como o de Lacan, por exemplo, o acesso à ordem simbólica. Lacan sempre se irrita com Hartmann e tem suas razões, mas não sei se tem razão. Considerado simples, o critério de adaptação de Hartmann soa sociológico e é, para Lacan, repugnante. Pessoalmente, tenho muitos desacordos com Hartmann, porém não o considero um autor superficial, nem um simples representante do *American way of life*. Se não se julga passionalmente o que Lacan diz, percebe-se que se deve abandonar a ordem do imaginário, que é a ordem das relações duais e narcisistas, para elaborar um tipo de pensamento conceitual ou abstrato, que ele chama, com toda razão, de simbólico. Esse pensamento é o que permite o acesso à ordem do real. Claro que o real para Lacan deve ser diferente do real para Hartmann, mas também é inegável que empregam a mesma palavra.

São apenas exemplos para mostrar que, sem desconhecer a diversidade das teorias, devemos sempre verificar em que discordamos e até que ponto discordamos. Um seguidor tão lúcido de Lacan, como é Jacques-Alain Miller, pensa que as idéias de Lacan sobre o acesso à ordem simbólica são parecidas com as de Klein sobre a posição depressiva. Porque a função do psicanalista, diz Miller, consiste em desaparecer, em não permitir que a situação imaginária domine o quadro: o psicanalista deve estar sempre no lugar do grande Outro. Para Miller, tudo isso está relacionado e penso que é verdade, com a posição depressiva de Melanie Klein e a perda de objeto.

Em resumo, apesar de o tema dos fatores curativos levar-nos inexoravelmente aos problemas teóricos mais complicados de nossa disciplina e ao ponto em que as escolas podem ficar mais confrontadas, também é certo que, na prática do consultório, há um acordo bastante amplo, que não deixa de ser surpreendente, quanto à avaliação dos progressos do analisando.

PONTO DE IRREVERSIBILIDADE

Os dois grandes artigos de Ferenczi e de Freud, que comentamos abriram uma longa discussão teórica sobre o término da análise, a qual ainda dura. Ferenczi dizia que, se o analista tem paciência e destreza, pode levar a análise a bom porto, e Freud asseverava, com seu habitual rigor intelectual, no final do parágrafo VII de "Análise terminável e interminável": "A análise deve criar as condições psicológicas mais favoráveis para as funções do ego; com isso, ficaria encaminhada sua tarefa" (*AE*, v.23, p. 251).

Entre os muitos congressos e reuniões em que se discutiu o tema do término da análise, quero recordar os que ocorreram em 1949. Na *British Society*, houve um *Simpósio sobre o término do tratamento psicanalítico*, em 2 de março de 1949, em que participaram Michael Balint, Marion Milner e Willy Hoffer, enquanto Melanie Klein falou sobre o tema no Congresso de Zurique, em agosto, e Annie Reich e Edith Buxbaum faziam o mesmo nos Estados Unidos. Em 6 de abril, John Rickman, H. Bridger, Klein e Sylvia Payne apresentaram, respectivamente, comunicações breves sobre o tema. Quero comentar agora a de Rickman, que encerra em suas duas páginas toda uma teoria dos critérios de término e dos indicadores.

Para dar por terminada uma análise, Rickman busca *o ponto de irreversibilidade*, em que o processo de integração da personalidade e a adaptação atingiram um nível que será mantido depois de terminado o tratamento – deixando a salvo, obviamente, circunstâncias de enorme tensão. Com base nisso, Rickman propõe uma lista de seis itens:

1) a capacidade de se mover com liberdade do presente para o passado e vice-versa, isto é, ter removido a amnésia infantil, o que inclui a elaboração do complexo de Édipo;
2) a capacidade para a satisfação genital heterossexual;
3) a capacidade para tolerar a frustração libidinal e a privação, sem defesas regressivas nem angústia;
4) a capacidade para trabalhar e também suportar não fazê-lo;
5) a capacidade para tolerar os impulsos agressivos em si mesmo e nos demais, sem perder o amor objetal e sem sentir culpa;
6) a capacidade para o luto.

Esses critérios devem ser valorizados em conjunto, segundo se apresentem combinados e se contrapesem reciprocamente, e sempre no caso pessoal, para decidir se alcançaram o ponto de irreversibilidade.

Ao considerar todos esses fatores, em termos da relação de transferência, Rickman afirma categoricamente: "A interrupção do fim de semana, por ser um fato que se repete ao longo de toda a análise e que contrasta com a interrupção mais longa das férias, pode ser usada pelo analista quando avalie o desenvolvimento do paciente ao estabelecer o modelo de integração que se mencionou anteriormente".[3]

Por isso, Rickman diz que a forma como o analisando imagina seu analista durante o fim de semana pode ser um indicador extremamente sensível e seguro de que se alcançou esse ponto de irreversibilidade: não é o mesmo supô-lo atado como um escravo a seu consultório, estu-

---

[3] "The week-end break, because it is an event repeated throughout the analysis, which is also punctuated by the longer holiday breaks, can be used by the analyst when making the integrative pattern before referred to in order to assess the development of the patient" (*International Journal*, v.31, p. 201).

dando todo o fim de semana, que imaginá-lo no teatro ou gozando de sua vida familiar.

Também Willy Hoffer (1950), no simpósio já mencionado, estabelece três critérios psicológicos para o término: o grau de consciência dos conflitos inconscientes, a modificação da estrutura mental, removendo as resistências, e a transmutação do *acting out* e da transferência (processo primário) em recordação (processo secundário).

O critério do término, diz Hoffer, pode ser definido como a capacidade de auto-análise, que provém de uma identificação com o analista em sua função, isto é, com sua habilidade para interpretar, para analisar as resistências e para transformar o *acting out* em recordações dos conflitos e dos traumas infantis por meio da transferência vivenciada agudamente e interpretada (1950, p. 195).

Em seu relato ao *48ème Congrès des Psychanalystes de la Langue Française des Pays Romans*, ocorrido em Genebra em maio de 1988, Jean-Michel Quinodoz desenvolveu amplamente o tema da angústia de separação no tratamento psicanalítico. Considera que a angústia de separação compreende dois tipos de fenômenos clínicos, de acordo com o grau de distância que exista entre sujeito e objeto. Quando a relação com o objeto é narcisista (a dependência infantil de Fairbairn, 1941), a separação está relacionada com diferenciar-se; quando isso tiver sido alcançado (dependência madura), o sujeito pode então sentir verdadeiramente a separação.

O resultado final de elaborar com sucesso a angústia de separação provoca no analisando um sentimento especial, que Quinodoz chama de *portance*, que quer dizer *portar a si mesmo* e também *suportar* a angústia de ver o objeto afastar-se, sem recorrer aos mecanismos de defesa primitivos (*splitting*, identificação projetiva). A *portance* surge, muitas vezes claramente, em sonhos de vôo ou de viagens no final da análise e é um indicador valioso de que o analisando alcançou um ponto de desenvolvimento importante, similar, em meu entender, ao ponto de irreversibilidade de Rickman. Em seu valioso livro de 1991, Quinodoz estuda a fundo a angústia de separação, a partir de Freud, seguindo o percurso das principais escolas psicanalíticas, não apenas com relação ao término da análise, mas também a seu desenvolvimento.

O *NEW BEGINNING*

No mesmo simpósio falou Balint (1950), para quem o término de uma psicanálise é um *new beginning*: o analisando abandona gradualmente sua atitude de suspeita em relação ao mundo exterior e em especial ao analista e, paralelamente, emerge um tipo de relação de objeto muito particular, que se pode chamar de *amor objetal primário* (arcaico, passivo). Seu traço característico é a expectativa incondicional de ser amado, sem ter a obrigação de dar nada em troca, de obter a gratificação desejada sem levar em conta os interesses do objeto. Essa gratificação demanda-se com veemência e nunca vê além do nível do prazer preliminar. Esses desejos, prossegue Balint, nunca podem ser plenamente satisfeitos no âmbito estrito da situação analítica, mas devem ser bem compreendidos e também satisfeitos em um grau considerável.[4] Se se consegue isso, então o analisando fará o *new beginning*, desde o amor objetal primário até o *amor genital maduro*, em que poderá atender às suas próprias demandas não menos que às de seu objeto de amor.

Quando esse processo é cumprido com bom êxito, o analisando sente que está cursando uma espécie de renascimento (*re-birth*) para uma nova vida, com uma sensação muito grande de liberdade. Sente que está despedindo-se para sempre de algo muito querido e precioso, com toda a pena e o luto conseguintes. Essa dor alivia-se, no entanto, graças ao sentimento de segurança que emerge das novas possibilidades de uma vida feliz.

As idéias de Balint podem ser rastreadas até o XII Congresso Internacional (Wiesbaden, 1932), em que leu seu "Charakteranalyse und Neubeginn", publicado no *Internationale Zeitschrift* de 1934. Dois anos depois, no Congresso de Lucerna, Balint leu "The final goal of psychoanalytic treatment", publicado no *International Journal* de 1936.

Balint considera que o *new beginning* é um fenômeno que aparece regularmente no final da análise e constitui um mecanismo essencial no processo do tratamento.

Uma das características das pulsões que se mobilizam no *new beginning*, e que fixam justamente a posição teórica de Balint, é que sempre, e sem exceção, dirigem-se para o objeto, isto é, o analista, e não são, portanto, pulsões auto-eróticas ou narcisistas. O *new beginning* é, então, uma nova tentativa de estabelecer uma relação de objeto, de se animar a encontrar o objeto de amor que não se teve na infância. O paciente cura-se, diz Balint, quando pode adquirir a possibilidade de tentar o começo de amar novamente (Balint, 1936, p. 216).

No ano seguinte, Balint publicou, no volume 23 de *Imago*, uma nova contribuição sobre o tema, que apareceu muitos anos depois no *International Journal* de 1949. Nesse trabalho, Balint expõe com mais detalhe o resultado de suas investigações sobre a etapa final do tratamento psicanalítico. Ele observa que, quando a análise avançou de forma significativa, o paciente espera e freqüentemente demanda certo tipo de gratificações por parte do analista e também de seu meio. Se, frente a essas demandas, o analista cumpre estritamente as regras da análise, o analisando responderá com frustração, raiva e sadismo, que o precipitarão no mundo das ansiedades paranóides e depressivas de Melanie Klein. Ao contrário, se para evitar essa catástrofe, satisfazem-se esses modestos desejos, salta-se da frigideira para as brasas e instaura-se um estado praticamente maníaco, que beira a adição ou a perversão. Não é difícil prever que, enquanto se suspende ou se de-

---

[4] "Naturally these wishes can be never fully met in the framework of the analytic situation, but – according to my experience – they must be fully understood and also met to a considerable degree" (Balint, 1950, p. 196).

mora esse ansiado tipo de satisfação, sobrevém irrefreável a reação antes descrita.

Os desejos que o analisando quer, na realidade, satisfazer – continua Balint – são de fato inocentes e até mesmo ingênuos: receber alguma palavra especial do analista, chamá-lo por seu prenome ou receber esse mesmo tratamento, vê-lo fora da situação analítica, que o analista empreste-lhe ou presenteie-lhe algo, por insignificante que seja. Muitas vezes, esses desejos não vão além de querer tocar o analista ou ser tocado ou acariciado por ele.

Esses desejos têm duas qualidades especiais: referem-se a objetos (e disso decorre o rechaço da hipótese do narcisismo primário) e nunca vão além do nível do prazer preliminar. Disto se segue conseqüentemente que, se a satisfação chega no momento oportuno e com adequada intensidade, a resposta também é adequada e quieta. "Esses sentimentos de prazer podem ser descritos com propriedade como um *sentimento de bem-estar quieto e tranqüilo*" (*International Journal*, 1949, p. 269).

Para Balint, tudo isso tem uma história, são reações à frustração e permitem uma conduta psicanalítica mais ajustada e equânime, que permita um *new beginning* e não uma nova frustração do amor objetal primário, que haveria de conduzir novamente à má solução da infância, o recurso ao narcisismo e a eclosão dos impulsos sádicos. "O narcisismo observável na clínica é, portanto, sempre uma proteção contra o objeto mau ou pelo menos rechaçante" (ibid.).

Quando o *International Journal* comemorou, em 1952, os 70 anos de Melanie Klein, Michael Balint contribuiu com um trabalho, "New beginning and the paranoid and the depressive syndromes", no qual fixa sua posição frente à escola kleiniana e expõe, com clareza, suas idéias sobre o *new beginning*.

Diferentemente de Klein e seus alunos, Balint sustenta que o desenvolvimento psicológico começa com uma etapa de amor objetal primário, na qual não intervêm a agressão e a angústia persecutória, que é seu correlato. Balint pensa que o sadismo e a angústia persecutória não são inerentes ao desenvolvimento, mas conseqüências (indesejadas) de falhas na criação, e pensa também que aquelas falhas iniciais são reproduzidas no tratamento em busca de um *new beginning*, de um novo ponto de partida que as repare.

Balint verifica que alguns pacientes podem resolver seus conflitos sobre os desejos do *new beginning* simplesmente os analisando, porém outros regridem a uma fase infantil em que estão completamente indefesos (*Hilflosigkeit*), em que não parecem capazes de compreender as considerações intelectuais que a interpretação pode transmitir-lhes. Nesses casos, Balint e seu paciente "concordam que alguns desses desejos primitivos que pertencem a esse estado particular deverão ser satisfeitos sempre que forem compatíveis com a situação analítica".[5]

Nesses trabalhos de Balint, já está contida sua teoria da falta básica, que discutimos ao falar da regressão como processo curativo no Capítulo 41, profundamente influenciada, por certo, pela teoria da neocatarse, exposta por Ferenczi nos últimos anos de sua vida.[6] Em 1968, a idéia de uma regressão necessária é formulada decididamente, mas Balint parece menos disposto a satisfazê-la do que nos escritos que estamos considerando. Apesar de que nosso autor seja muito sóbrio nas formas como satisfaz o amor objetal primário, não se pode passar por cima de que esse afastamento drástico da técnica pode ter um valor simbólico de grande magnitude e complexidade para o analisando, que seja suficiente para pôr em funcionamento um processo de dissociação e idealização de paralela intensidade. Essa objeção é – eu sei – muito kleiniana, mas nem por isso se deve ignorá-la. A técnica de Balint operará sempre no nível concreto de uma experiência emocional corretiva, já que se admite por definição que o analisando não compreende, nesse ponto, o valor simbólico da palavra. Desse modo, sanciona-se uma inevitável dissociação entre os traumas do passado e a bênção do presente, entre os objetos que antes não compreenderam e o analista que foi capaz de fazê-lo. Ninguém pode garantir-nos que, em outras relações humanas, o ex-analisando não volte a propor seu *new beginning*, certo de que haverá de ser novamente satisfeito, como o fez seu analista. Nesse sentido, a experiência de Balint não me parece a melhor para enfrentar os dissabores da vida.

Por outro lado, se Balint pode entrar em acordo com seu analisando sobre a gratificação que será satisfeita (ver a nota 5) e, por conseguinte, reconhece-lhe uma capacidade para a abstração e o pensamento simbólico, por que não a utiliza para lhe fazer prosseguir a análise segundo a arte?

---

[5] "... my patient and I agreed that some of the primitive wishes belonging to such a state should be satisfied in so far as they were compatible with the analytic situation" (1952, p. 215).
[6] "O princípio da relaxação e a neocatarse" (1929); "A análise infantil na análise de adultos" (1931); "A confusão de linguagens entre os adultos e a criança" (1932).

47

Clínica do Término

No capítulo anterior, estudamos rapidamente os problemas teóricos que nos propõe o término da análise, perguntando-nos primeiro se a análise é realmente terminável e repassando depois os objetivos do tratamento. Neste capítulo, discutiremos os aspectos clínicos do final da análise, deixando para o seguinte a técnica do término.

TIPOS DE TÉRMINO

Nem todas as análises terminam da mesma forma, de modo que se poderia falar, como em medicina interna, das formas clínicas do término da análise.

Freud dizia em "Análise terminável e interminável", não sem certa ironia, que uma análise termina quando o paciente não vem mais, o que de imediato é difícil de se questionar, embora pudéssemos dizer, ao contrário, e Freud certamente não o ignorava, que uma análise não termina quando um paciente não vem mais, senão muito tempo depois ou talvez antes. Entretanto, se termina antes, está mal, de modo que deve terminar sempre muito depois de haver terminado, ou seja, na pós-análise. A *boutade* freudiana de que a análise termina quando o analista não vê mais seu cliente só é certa, então, do ponto de vista descritivo, porém não do dinâmico, porque uma análise, que verdadeiramente termina, prolonga-se por um tempo apreciável depois da última sessão.

Mas voltemos, após essa digressão, aos *tipos* de término. Novamente nos deparamos aqui com um paradoxo: há só um *término*, o que se obtém por acordo entre o analisando e o analista. Para os outros casos, quando a decisão é unilateral ou vem imposta por circunstâncias alheias à vontade das partes, não se fala em geral de término, mas de *interrupção* da análise ou, se se quiser, de término *irregular*.

Pode haver casos, em menor número, em que fatores externos impeçam o analisando de continuar vindo ou um analista de continuar responsável pelo processo analítico já começado. Em nosso país, isso ocorreu mais de uma vez, infelizmente, nos anos da ditadura de Videla; porém, ressalvadas circunstâncias tão excepcionais, os fatores externos não são os mais importantes ou, ao menos, coadjuvam com eles os que vêm de dentro.

Quando a interrupção provém de fatores internos, falamos de resistência. O mais comum é que a resistência venha do analisando e que o analista não tenha sido capaz de resolvê-la, no entanto ela também pode nascer no analista. Às vezes, um analista decide não continuar uma análise, porque lhe parece que o paciente não vai curar-se e está perdendo tempo ou porque não pode tolerar a carga emocional que esse paciente significa-lhe. Se esses motivos são conscientes, então o melhor seria dizê-los para o analisando, reconhecendo nossas limitações e deixando-o livre para tentar uma nova análise, outro tratamento ou o que for. Dizer a verdade pode ser muito doloroso para si mesmo e para o outro; contudo, é ruim mentir e é ruim também não nos darmos conta de nossos desejos e colocá-los em prática. Digamos ainda, para sermos mais precisos, que se o analista decide não continuar uma análise or motivos racionais, seja porque pensa que o analisando não pode tratar-se, seja porque dá prioridade a outras circunstâncias da vida de seu paciente, não cabe falar de resistência.

Das causas de interrupção que estamos considerando, a mais freqüente é a que vem do analisando e chama-se *resistência incoercível*. Na realidade, todas as resistências são analisáveis até o momento em que não o são mais e, então, se diz que são incoercíveis. Provêm do analisando, mas isso não quer dizer que não influam sobre o analista. Nenhuma resistência incoercível deixa de influir no analista, seja porque contribuiu para provocá-la, seja porque não soube manejá-la.

O outro caso em que a análise termina irregularmente é o *impasse*, quando o tratamento não termina realmente, mas se prolonga de maneira indefinida. Falaremos disso no Capítulo 60, mas digamos desde já que no impasse existe responsabilidade por ambas as partes e, em geral, as duas o admitem. Dada sua natureza insidiosa, o impasse dura sempre muito tempo e pode passar muito tempo inadvertido, até que o paciente ou o analista, e às vezes de comum acordo, compreendem que essa situação já não é mais possível e interrompe-se desse modo o tratamento.

Ouve-se dizer por aí que o impasse do final da análise não existe e o que ocorre é que não há mais nada para analisar. Talvez Ferenczi pensasse algo assim quando dizia que a análise deve terminar por extinção. Acredito que essa idéia é equivocada, uma vez que sempre há conflitos para analisar. Na realidade, para reiterar algo que já disse ao falar da teoria do término, a análise como processo de desenvolvimento não termina, o que termina é a relação com o analista, justamente no momento em que o analisando acredita (e o analista apóia-o) que pode continuar sozinho seu caminho, cumpridos já os objetivos que inicialmente se propuseram; entre estes, deve-se incluir a idéia de que a tarefa continuará sob a responsabilidade do próprio analisando. Ninguém "se forma como analisando" e acredita que já não precisa mais pensar em seu inconsciente.

OS INDICADORES

Um aspecto importante da clínica do término é justamente como é diagnosticado, como se avalia o andamento do processo analítico para se supor que o término está próximo. Esse é o tema bastante interessante dos *indicadores*.

Como é de se supor, para detectar e avaliar os indicadores, são influentes as teorias do analista, sobretudo se são indicadores de alto nível de abstração. Entretanto, tratarei o tema prescindindo das teorias, ao menos das grandes teorias. Os indicadores de alto nível não são os mais úteis do ponto de vista clínico, e, por isso, não me interessam neste momento da exposição.

Freud dizia, por exemplo, que o objetivo terapêutico da psicanálise é tornar consciente o inconsciente e também apagar as lacunas mnêmicas do primeiro florescimento da sexualidade infantil, do complexo de Édipo. Ele disse ainda que "onde estava o id tem de estar o ego", no sentido de uma evolução do processo primário para o processo secundário. Esses objetivos são, a princípio, compartilhados por todos os analistas. Todos também subscreveriam o que Ferenczi defendia em 1927 quanto ao fato de que o analisando deve modificar seu caráter e abandonar a fantasia e a mentira por um acatamento da realidade. Hartmann pensa que o decisivo é que o analisando tenha consolidado a área de sua autonomia primária e tenha expandido a autonomia secundária – sempre relativa, mas nem por isso menos importante – para um bom funcionamento do sujeito. Lacan propicia a passagem da ordem do imaginário para a ordem simbólica. Melanie Klein, enfim, exigia que uma análise deve terminar quando tiverem sido elaboradas as angústias do primeiro ano de vida, as angústias paranóides e depressivas.

Os objetivos do tratamento que acabo de recordar, assim como outros que também foram propostos, encadeiam-se obviamente com as teorias de alto nível de abstração sustentadas pelos diferentes autores, mas não devem ser confundidos com os indicadores. Com base nas teorias, por certo, definem-se e fixam-se os indicadores, porém não devemos confundir aquelas com estes. Nenhum paciente vai dizer-nos, creio, que quer terminar sua análise porque já elaborou suficientemente suas angústias depressivas ou porque ampliou notoriamente a área da autonomia secundária. Portanto, o que interessa são os indicadores clínicos concretos que aparecem espontaneamente.

Um deles – o mais óbvio e vulgar mas nada desprezível – é que se tenham modificado *os sintomas* pelos quais o paciente tratou-se. Por sintomas, podemos entender aqui também os traços caracteropáticos. Talvez não seja esse o melhor critério, porque há outros mais finos, mas todavia é um critério ineludível. Se ele falta, não faz sentido pensar nos outros: antes de se propor que uma análise pode terminar, deve-se provar que os sintomas pelos quais se começou e outros que possam ter surgido durante seu desenvolvimento modificaram-se suficientemente. Não digo que foram extirpados pela raiz, porque em alguma emergência angustiante pode reaparecer o sintoma. Na realidade, o que a análise pretende é que os sintomas que antes significavam um sofrimento e uma dificuldade certa, uma presença constante, já não pesem como antes. Uma coisa é ter cerimoniais obsessivos com cláusula de morte e outra é olhar duas ou três vezes se o selo está em seu lugar. A intensidade e a freqüência dos sintomas, assim como a atitude que se adota frente a eles, será, então, o que nos guiará nesse ponto.

A modificação dos sintomas, como acaba de ser expressa, é um critério importante, mas certamente não é o único. Há outros critérios, por exemplo, a normalização da *vida sexual*. Os autores clássicos, a partir de Freud, e mais que ninguém Wilhelm Reich, insistiram sempre que uma análise deve terminar quando tiver sido alcançada a primazia genital, critério também sustentado pelos autores modernos. Na realidade, esse critério continua sendo válido, sempre que não se transforme a primazia genital em uma espécie de mito ou de ideal inatingível. Que um indivíduo deve ter, no final de sua análise, uma vida sexual regular, satisfatória e não muito conflituosa constitui um objetivo válido e acessível. Não se trata, por certo, de que o sujeito "faça seus deveres" e tenha a boa vida sexual que, direta ou indiretamente, prescreve-lhe seu analista, mas sim que a exerça prazerosamente em liberdade, que as fantasias e os sonhos, que a acompanham, mostrem a libido expressando-se afirmativamente, atendendo sempre também ao prazer do outro, a relação de objeto. Não há nada mais autônomo e criativo do que a vida sexual adulta do homem comum. A vida sexual do adulto é introjetiva (reflexiva) e polimorfa, diz Meltzer (1973), continuando e aperfeiçoando os trabalhos clássicos de Reich sobre a impotência orgástica.

As relações familiares também devem ter sido modificadas, sendo esse outro indicador importante. Como o anterior, vale mais se surgir do material do que se for dito de maneira demasiado direta. Se uma pessoa fala muito bem de sua vida sexual, ou diz que anda às mil maravilhas com seus familiares, teremos o direito de duvidar. Os indicadores são válidos quando não são proclamados. Será mais importante que diga de passagem que teve um bom encontro com seu cônjuge e conte, na mesma sessão, um sonho que o confirme, ou que diga que sua parceira está melhor agora, ou que seu filho adolescente, sempre tão rebelde, começa a se dar melhor com seus irmãos. Um sintoma patognomônico de que a ejaculação precoce está cedendo seria quando, em um belo dia, o analisando comente que sua mulher está agora mais interessada na vida sexual e parece-lhe que não está tão frígida. Esses dados serão sempre importantes, sobretudo porque não são ditos para impressionar.

Também quanto às *relações sociais*, interessam mais os dados indiretos do que os ditos do sujeito. Em princípio, deve-se considerar que, se uma pessoa tem um nível não-manejável de conflito com seu ambiente, é porque não está bem. Se estivesse bem, já encontraria a forma de resolver essas dificuldades ou, simplesmente, buscaria um ambiente menos conflituoso.

Às vezes, como produto da análise ou porque assim é a vida, perdemos alguns amigos (com pena, deveria ser, se estamos bem analisados), pois damo-nos conta de que a relação não é como antes. Do mesmo modo, e também sem nos propormos a isso, ganharemos outros, mais em harmonia, talvez, com nossas mudanças interiores e nossa realidade exterior. Então, enquanto houver conflito manifesto e difícil de manejar com o ambiente, há de se pensar, em princípio, que a análise não está terminada. No entanto, a circunstância oposta não é nada certa, já que a falta de conflito pode expressar simplesmente submissão ou masoquismo. Temos aqui, diga-se de passagem, um indicador válido que pode ser explicado por diferentes teorias. Um psicólogo do ego dirá que se ampliou a área livre de conflito e a adaptação do indivíduo é melhor; eu preferiria dizer que diminuiu o montante da identificação projetiva. As teorias mudam, o indicador permanece.

Os indicadores que registram as relações familiares são sempre sensíveis e muito ilustrativos. Às vezes, alguém se divorcia graças à análise ou *não* se divorcia, mas muda de mulher com a qual sempre esteve, porque agora a vê de uma perspectiva diferente e seus defeitos são mais toleráveis do que antes. "Aquele que defeitos tenha dissimule os alheios", dizia sabiamente Martín Fierro. Não se deve perder de vista, além disso, que nossas mudanças sempre influem nos outros, fazendo-os progredir ou evidenciando suas dificuldades. Quando uma mulher com fantasias promíscuas cura-se da agorafobia, pode ser que o marido sinta-se mais atraído sexualmente por ela ou, ao contrário, fique ciumento cada vez que ela saia de casa. Que aumente a paranóia do marido não tem de ser necessariamente ruim; também lhe poderia servir para tomar consciência da enfermidade e começar a se tratar. As possibilidades são realmente infinitas. Tratei, há muitos anos, com o método de Sackel, o irmão de um colega amigo com uma forma de esquizofrenia simples que havia passado despercebida por muitos anos. Permanecia a maior parte de seu tempo na cama, cuidado solicitamente por sua mãe. A insulina e minha presença modificaram rapidamente aquela triste devastação afetiva, começaram a brilhar seus olhos, deixou a cama e começou a pensar em retomar seus estudos ou, ao menos, incorporar-se ao negócio do pai. A mãe disse-me, então, que convinha suspender por alguns dias o tratamento, porque seu filho estava um pouco resfriado. Eu segui adiante com ímpeto, pensando que a esquizofrenia é muito mais grave que um catarro da estação. A mãe caiu então de cama, o paciente começou a delirar e meu amigo pediu-me que interrompesse o tratamento. Assim aprendi, com dor, quão fortes são os laços familiares.

A diminuição da *angústia* e da *culpa* são, é claro, indicadores importantes, embora não se trata de que faltem por completo, mas que se possa enfrentá-las e manejá-las. Certa vez, um paciente disse a Mrs. Bick que não sabia por que sentia tanta angústia ao dirigir seu carro, e ela lhe "interpretou" que era porque não sabia dirigir. A contragosto, o analisando tomou umas aulas e passou sua angústia. Não é ruim sentir angústia se ela nos adverte de um perigo real (bater com o carro) ou mesmo subjetivo; o ruim é negar a angústia, projetá-la ou atuá-la. O mesmo serve para os sentimentos de culpa se eles nos servirão para advertir nossos erros e melhorar nossa consideração pelos demais.

Em seu trabalho de Innsbruck, Ferenczi dá muita importância à *verdade* e à mentira. De fato, começa seu relato com o caso de um homem que o enganou sobre sua realidade econômica e afirma que "um neurótico não pode considerar-se curado, enquanto não tiver renunciado ao prazer da fantasia inconsciente, isto é, à mendacidade inconsciente" (*Problemas e métodos da psicanálise*, p. 70). Depois Bion (1970), que tantas vezes parece seguir a rota de Ferenczi, embora nunca o note, tomará o mesmo problema em *Attention and interpretation*, Capítulo 11.

Quando falamos do ponto de irreversibilidade, no final do capítulo anterior, vimos que Rickman toma como um indicador importante *o fim de semana*, pois mede a forma como o analisando enfrenta a angústia de separação. Recordemos que Rickman atende não apenas ao comportamento do analisando no transe da separação, mas também às fantasias que tem sobre o outro, o analista.

As idéias de Rickman foram retomadas posteriormente por outros autores, sobretudo em Londres e Buenos Aires, para destacar a importância da angústia de separação no andamento e no destino do processo psicanalítico. Vimos no devido momento, por exemplo, que Meltzer edifica em boa medida toda a sua teoria do processo nas estratégias que o analisando utiliza para elaborar ou eludir a angústia de separação. Na mesma época, Grinberg (1968) estuda a importância da angústia de separação na gênese do *acting out*, do mesmo modo que Zac (1968). A separação do fim de semana – diz Zac – deixa o analisando sem o continente de sua ansiedade, o que é tão importante como sentir que o analista inocula-lhe a angústia e a loucura, ao que ele responde com o *acting out* para restabelecer o precário equilíbrio anterior.

A maioria, se não todos os analistas, são solidários com o que Freud disse naquele trabalho, breve e bonito, intitulado "A responsabilidade moral pelo conteúdo dos sonhos" (em 1925i): como *os sonhos* são parte de nós mesmos, sempre somos responsáveis por eles. Para alguns autores, como Meltzer (1967), não só as idéias latentes do sonho são indícios importantes, mas também o conteúdo manifesto, já que ele pode expressar plasticamente aquilo que Meltzer gosta de chamar a geografia da fantasia inconsciente.

Se, como nos pede Freud em seu curto ensaio, podemos aceitar que os desejos censuráveis que aparecem em nossos sonhos pertencem-nos, é porque somos capazes de observar sem distorções nossa realidade psíquica e estaremos, então, mais próximos do término da análise. O que Meltzer diz vai na mesma direção, embora seja diferente, já que toma o conteúdo manifesto. Se o sonhador aparece representado por diferentes personagens, todos os quais são, para ele, afins a si mesmo, quer dizer que obteve uma integração de diferentes facetas da personalidade, a ponto de se considerar que a análise já está muito avançada. Eu sonho, por exemplo, que vou com uma criança pela mão e digo que é meu neto ou que tem uma característica infantil minha, algo que tive quando criança, algo que sinto diretamente que me representa, pode-se supor que essa minha parte infantil está incorporada a meu *self*; se eu dissesse, porém, que é uma criança desconhecida ou que se escapa de minha mão, haveria de pensar que não está incorporada.

Como vimos ao falar dos estilos no Capítulo 34, Liberman elaborou toda uma teoria dos *indicadores lingüísticos*. Postula um ego idealmente plástico como uma conquista básica do tratamento psicanalítico, um ego que pôde incorporar as qualidades ou funções que lhe faltavam e morigerar as que tinha em excesso. Há estilos complementares e, à medida que possamos utilizá-los em contraponto, mais próximos estaremos da saúde, isto é, do término da análise.

Liberman expôs algumas dessas idéias em sua comunicação ao primeiro simpósio da Associação de Buenos Aires, *"Análise terminável e interminável" quarenta anos depois*, realizado em 1978. Assim como Melanie Klein observou que, quando uma criança progride na análise, aparecem novas maneiras de brincar, do mesmo modo podem-se apreciar as mudanças do adulto através de seu comportamento lingüístico. "Observamos isso cada vez que nossos pacientes aumentam sua capacidade e seu desempenho lingüístico (ver N. Chomsky, 1965) nos momentos de *insight*, que surgem como epifenômeno de todo um processo de elaboração que ocorre dentro e fora da sessão".[1]

Um indicador que pode ser particularmente sensível e que, em princípio, se oferece de forma espontânea é *o componente musical da linguagem*, do qual se ocupou penetrantemente Fernando E. Guiard (1977). As referências à entonação e ao ritmo podem assinalar mudanças significativas, que falam de uma linha melódica profunda na interação comunicativa. Por meio desse tipo de indicadores, pode-se apreciar, como nos ensina Guiard, uma gama de sentimentos que não somente servem de indicadores do término, mas que também apontam para as possibilidades sublimatórias do sujeito e para sua adequada captação dos sentimentos do analista.

Sem prejuízo de que possa haver outros que omiti ou esqueci, quero ressaltar que os indicadores aqui expostos são úteis e confiáveis se soubermos valorizá-los adequadamente. Um, sem dúvida, não basta; todavia, quando surgem vários, quando aparecem espontaneamente e em diferentes contextos, pode-se pensar, com certeza, que nos encontramos no bom caminho.

Desejo destacar uma vez mais que os indicadores valem se e somente se forem recolhidos do material espontânea e indiretamente, jamais se forem introduzidos subliminarmente no analisando como uma ideologia do analista. Lembro-me de quando comecei minha análise didática em Buenos Aires, ao terminar a década de 1940, e a *Análise do caráter* era muito valorizada. A idéia de primazia genital operava para nós, candidatos, como uma exigência superegóica, que realmente pouco ou nada estava relacionada com o exercício da sexualidade. Assim, um indicador preciso e precioso como esse se desnaturalizava por completo.

O PROCESSO PÓS-ANALÍTICO

Muitos autores preocuparam-se com o processo pós-analítico, mas nenhum talvez com tanto rigor quanto Fernando E. Guiard (1979), a quem seguiremos em nossa exposição.

Não basta incluir a auto-análise na pós-análise: devemos "interessar-nos pelo destino posterior de nossos analisandos e procurar compartilhar com nossos colegas, quando for possível, os dados obtidos", propõe Guiard (1979, p. 173).

Para obter dados da pós-análise, contamos com três possibilidades: as *espontâneas*, quando o ex-analisando escreve-nos ou visita-nos; as *acidentais*, quando nos inteiramos de algo sobre o ex-analisando por casualidade, e as *programadas*, que o analista propõe com finalidades de *follow up*.

Há alguns anos, nota-se uma tendência crescente a dar uma importância real ao período pós-analítico. Leo Rangell (1966) sustenta que se deve considerá-lo como uma etapa do processo psicanalítico, ou seja, incluí-lo como parte do tratamento. Guiard acredita que se deve dar a ele plena autonomia, como um acontecimento novo e distinto, ao qual propõe chamar de *processo pós-analítico*, o que à primeira vista me parece uma ruptura grande demais. Guiard pensa que se trata de um processo de luto, de cujo desenlace dependerá o futuro da análise realizada, e afirma que "não é apenas uma continuação do processo analítico, mas sim um novo processo em andamento pela ausência perceptual do analista" (p. 195).

Seguindo os delineamentos gerais da teoria da regressão terapêutica, Rangell sustenta que a pós-análise é a cura da neurose de transferência e a compara com o pós-operatório cirúrgico, em que o operado tem de se recuperar da doença originária não menos que da própria enfermidade cirúrgica. Guiard compartilha esse critério quando diz que o processo pós-analítico é como uma convalescença da neurose de transferência, essa zona intermediária entre a doença e a vida, como dizia Freud (1914g), e, ao mesmo tempo, de uma nova doença, ocasionada pela separação que se deve enfrentar em solidão. Quem não admite, como eu, a teoria da regressão no *setting* tampouco

---
[1] "O que subsiste e o que não de 'Análise terminável e interminável'?" (1978a).

verá a pós-análise como doença iatrogênica, mas como a etapa natural e dolorosa na qual culmina a análise. A idéia de convalescença de Guiard, diga-se de passagem, não apóia sua proposta de considerar a pós-análise como um processo novo e diferente.

A evolução do processo pós-analítico ocorre, para Guiard, em três etapas: a etapa *inicial*, em que se sente falta do analista e anseia-se por seu retorno; a etapa de *elaboração*, em que o ex-analisando luta por sua autonomia e aceita a solidão, e a etapa do *desenlace*, em que se alcança a autonomia e a imago do analista torna-se mais abstrata (p. 197).

De acordo com essa perspectiva, Guiard recomenda ser cauteloso e saber esperar durante o lapso em que transcorre o processo pós-analítico, e só interrompê-lo com uma nova análise se se estiver seguro de que não se desenvolverá convenientemente.

O *FOLLOW UP*

Se pretendemos estudar o processo pós-analítico e também avaliar os resultados de uma análise, então temos de nos decidir por estabelecer com o analisando, antes de lhe dar alta, algum tipo de contato futuro. Em geral, o método mais lógico é o de entrevistas periódicas.

Pessoalmente, sou partidário de estabelecer da melhor forma possível um acordo para fazer o *seguimento* (*follow up*), mas isso não é simples. De início, depende completamente do paciente, já que lhe exigir que compareça seria não dar por terminada a análise, manter o vínculo. Além disso, como não podemos utilizar os instrumentos analíticos de observação, as entrevistas de seguimento não são muito convincentes, muito confiáveis.

Proponho a meus pacientes que venham aos três e aos seis meses e, depois, uma ou duas vezes por ano e por um tempo variável. Alguns cumprem o programa proposto, outros não. Não se deve perder de vista que se é importante durante a análise, porque há um processo de concentração da transferência (ou de neurose de transferência) que, por um lado, resolve-se e o que resta irremediavelmente se perde. O analista fica, por fim, como uma pessoa que ocupa seu lugar, um lugar importante na recordação, mas já não na vida do paciente. O destino de um bom analista é a nostalgia, a ausência e, a longo prazo, o esquecimento.

Nas entrevistas pós-analíticas, sejam espontâneas ou combinadas, adoto uma atitude afetuosa e convencional, sentado frente a frente com o ex-analisando, e só ocasionalmente interpreto. Concordo com Rangell que, se a interpretação for necessária e esperada, o ex-analisando a receberá bem.

Deixo por conta do ex-analisando a direção da entrevista e aceito que me pague ou não, segundo seu desejo.

Uma ex-paciente, muito séria e responsável, que se ajustou estritamente ao programa das entrevistas que havíamos combinado, nunca me pagou. Em um caso, porém, consultou-me angustiada porque seria avó. Deu-se conta, ela mesma, de que o acontecimento tinha-lhe reativado o conflito com a mãe, pagou-me e foi embora tranqüila, não sem dizer que lhe havia cobrado muito barato. (Durante seu tratamento, sempre dizia o contrário.)

Voltou, então, à última entrevista que havíamos programado e despediu-se com muito afeto e sincera gratidão. Pouco depois a vi em uma loja e foi grande a alegria que senti. Creio que com ela aconteceu o mesmo. Abandonada, em parte, a reserva analítica, pedi-lhe que me chamasse para nos vermos de novo. Prometeu fazê-lo, mas não o fez, e não sei se devo atribuir isso à sua condição de ex-analisanda ou simplesmente de portenha.

Alguns analistas aceitam que um ex-analisando, sobretudo se é colega, consulte-os ocasionalmente para ser ajudado a resolver algum problema de sua auto-análise. Um pedido desse tipo pode ser satisfeito circunstancialmente, mas nunca de maneira sistemática, porque seria uma forma encoberta de continuar ou reiniciar a análise.

A experiência do término deve ser concreta e pouco ambígua, deixando ao analisando a liberdade de voltar, se o deseja, independentemente das entrevistas programadas de seguimento. Freud dizia que o vínculo afetivo de intimidade deixado pela análise é muito valioso e é lógico que um ex-analisando queira falar com aquele que foi seu analista frente a uma determinada emergência.

Toda alta analítica está à prova, o que não quer dizer que seja dada levianamente, mas que o analista pode ter-se equivocado ou o paciente ter problemas que o façam ir para trás. Não podemos comparar a alta analítica com a que dá o cirurgião depois de uma apendicectomia, certo de que seu paciente não voltará a ter apendicite, ainda que tenha um divertículo de Meckel! Como nunca se sabe se o ex-paciente precisará de análise novamente, é lógico manter uma certa reserva; porém, essas precauções variarão com os anos e com o que cada ex-analisando prefira. Teremos sempre o direito de preservar nossa intimidade, mas não de impor nossa idéia de distância aos outros.

Não sou partidário, em princípio, de trocar a relação analítica por uma relação amistosa, o que, em meu entender, tem inconvenientes. Compreendo que pode haver uma tendência natural para que assim seja e que, algumas vezes, no decorrer do tempo, possa desenvolver-se de forma espontânea uma amizade, mas não penso que todos os meus pacientes tenham de terminar sendo meus amigos. Poderia ser que essa amizade fosse um remanescente da transferência e, embora não o fosse, deixa o paciente desguarnecido, pois já não tem mais analista, se quisesse voltar a se analisar.

Técnica do Término da Análise

INTRODUÇÃO

Dissemos nos capítulos anteriores que cada etapa da análise tem sua dinâmica particular, a qual se traduz em indicadores clínicos que nos permitem abordá-la. Dissemos também que os indicadores do término aparecem gradual e espontaneamente, até adquirirem bastante clareza, e estudamos os fundamentais: a morfologia dos sonhos, o tipo de comunicação e as modalidades estilísticas, o comportamento com o parceiro, com a família e com a sociedade, o manejo da angústia (de separação) e da culpa e, é claro, o alívio dos sintomas. O amor e o trabalho, sempre se disse, são as duas grandes áreas nas quais se pode medir o grau de saúde mental dos mortais.

Cabe-nos agora abordar o terceiro enfoque com o qual se deve estudar o processo de término, o aspecto técnico, ou seja, o *modus operandi* com que se põe um ponto final em uma análise.

No curso do processo analítico, veremos sem nos propor a isso, porque vai impondo-se espontaneamente a nosso espírito, que o analisando foi mudando, e ele mesmo também, à sua maneira, o observará. Notaremos que seus sintomas já não existem mais ou diminuíram muito, que recuperou sua capacidade genital, que trabalha melhor e pode também gozar do ócio, etc. Isso é acompanhado pela emergência dos indicadores estudados e, uma vez que esses indicadores apresentam-se, surge o problema de como será o processo de término.

Há muitas formas de culminar um processo analítico, o que depende das teorias e do estilo do analista, assim como das predileções do paciente e até mesmo do meio social e das circunstâncias da vida.

OS MODELOS DE TÉRMINO

Dissemos que há indicadores clínicos do término da análise suscetíveis de serem explicados por determinadas teorias e tratamos de assinalar que eles existem por direito próprio e não devem superpor-se às hipóteses que lhes podem ser aplicadas. Digamos agora que o término configura-se em *modelos* e que, embora esses modelos variem infinitamente, como os casos da prática aos quais se ligam, convergem por fim em dois fundamentais que parecem abranger os demais: o nascimento e o desmame. Novamente, temos de advertir que não se devem superpor aqui os modelos com as teorias às quais eles nos remetem, já que podemos aceitar um modelo determinado e, no entanto, não subscrever a teoria que o propôs.

O modelo do nascimento foi estudado por Balint (1950) e Abadi (1960), entre outros. Esses autores pensam que o término da análise é isomórfico com a experiência do nascimento. No Capítulo 46, vimos que Balint compara o término da análise com a passagem do amor objetal primário ao amor genital maduro que representa um *new beginning:* o analisando sente que nasce para uma nova vida, na qual se misturam sentimentos de pena pela perda com a esperança e a felicidade.

Abadi (1960) também utiliza o modelo do nascimento para dar conta do término da análise, segundo sua própria teoria do desenvolvimento. A situação básica do ser humano gira em torno do nascimento: a vida do homem transcorre desde o cativeiro intra-uterino até a liberdade que está fora. A dinâmica dessa situação depende da proibição da mãe, que impede de nascer, em conflito com o desejo de liberdade da criança e a culpa que a acompanha pelo crime cometido ao nascer contra a proibição maternal. Esse conflito cristaliza-se no trauma do nascimento. A tarefa principal do analista é, pois, acompanhar seu analisando em seu processo natural de liberação. Essa perspectiva "converte a psicanálise, enquanto concepção do homem, em uma ideologia da liberdade" (1960, p. 167).

Melanie Klein, por sua vez, crê firmemente que a experiência de terminar uma análise com êxito é a réplica exata do desmame: finalizar a análise é literalmente desmamar-se do analista-seio, é repetir aquela experiência fundadora e fundamental. Na escola kleiniana, ninguém discute esse ponto de vista, já que se aceita que a posição depressiva infantil organiza-se basicamente em torno da experiência da perda do seio. Seguindo essa linha de pensamento, Meltzer chama de *desmame* a última etapa do processo psicanalítico.

Convém destacar, ainda, que Klein considera que essa primeira experiência de luto pelo seio será reativada depois, diante das outras crises do crescimento, como o treinamento esfincteriano, a perda dos objetos edípicos e todas as situações posteriores de luto no curso da vida. Para Klein, todo luto é um luto por todos os lutos.

Arminda Aberastury dizia, com razão, que um luto profundo, que se prolonga até a adolescência, é o da perda da bissexualidade, do sonhado hermafroditismo psíquico que nos é difícil de abandonar para terminar sendo secamente homens ou mulheres.

Os autores que, como Rangell, não crêem que as experiências do primeiro ano da vida sejam recuperáveis poderão aceitar que o término da análise adote o nascimento ou o desmame como modelo, mas nunca como a repetição cabal daqueles episódios longínquos e inacessíveis.

Portanto, os modelos do término não devem ser confundidos com as teorias de alto nível de abstração que procuram explicar através deles a dinâmica profunda da última etapa da análise. Posso ter o modelo de que terminar minha análise é como receber o diploma de bacharel ou médico, ou como aprender a nadar ou a dançar, porém isso não quer dizer que aquela promoção ou essa aprendizagem tenha sido o ponto de partida de minha vida mental, meu caráter, minha neurose.

A divisão que acabo de propor tem, a meu ver, suficiente valor metodológico, mas não se deve pensá-la como primeira e distinta. Às vezes, o modelo e a teoria confluem e é impossível deslindá-los. Em um trabalho conciso e importante, Janine Chasseguet-Smirgel (1967) demonstrou convincentemente que os sonhos de exame têm a ver com os processos de maturação, e não é por acaso que se chama de "matura" o exame de bacharelado nos países germânicos. Nesse caso, formar-me como bacharel pode ser não apenas um modelo do processo de terminar a análise, pois remete a uma experiência de vida concreta e singular.

Sylvia Payne, por sua vez, em seu breve trabalho de 1950, sustenta que o término da análise é às vezes homologado ao medo de crescer ou ser grande, de deixar a escola ou a universidade, de renascer, desmamar-se ou cumprir um processo de luto, isto é, momentos críticos do desenvolvimento que obrigam a reorganizar o ego e os interesses libidinais do sujeito.

Em um trabalho breve e duradouro, "A dentição, a marcha e a linguagem em relação com a posição depressiva" (1958), Arminda Aberastury[1] articulou a teoria da posição depressiva infantil com a linguagem, a erupção dentária e a deambulação, que afasta a criança do seio e a coloca ao abrigo de seu sadismo oral. Quando analisei um homem que custou a caminhar por causa de uma luxação congênita do quadril, impôs-se com força o aprender a caminhar como modelo de término da análise.

Quem primeiro tomou o nascimento como modelo do término da análise foi, sem dúvida, Otto Rank (1924), que construiu depois, com base nisso, uma psicologia profunda afastada já da psicanálise ortodoxa, na qual todos os esforços terapêuticos irão centrar-se no trauma do nascimento. *Das Trauma der Geburt* foi publicado em Viena, em 1924, e é evidente que contou, em princípio, com o interesse científico de Freud, que certamente não acompanhou Rank em suas postulações ulteriores.

Rank parte de um fato de observação freqüente – que já assinalei – de que todos os pacientes simbolizam o final da análise com o nascimento. Essa fantasia logo chegou a ser para Rank não só um símbolo, mas também, e estritamente, uma repetição do nascimento no curso da análise. Rank deduz disso que o nascimento configura a angústia primordial do ser humano, organizando-se a partir daí todas as demais, um ponto de vista que Freud adota em *Inibição, sintoma e angústia*.

Apesar de existirem dúvidas sobre a influência dessas idéias de Rank sobre a segunda teoria da angústia de Freud, como diz Strachey em sua nota introdutória ao livro de 1926, o mais provável, a meu ver, é que a teoria de Rank sobre o trauma do nascimento tenha influído no Freud de 1926. Rank, por certo, derivou dela uma explicação da neurose e da cultura em que o trauma do nascimento veio a ocupar o lugar do complexo de Édipo.

O TÉRMINO DA ANÁLISE E O LUTO

Muitos autores consideram que o fim da análise promove um processo de luto, sem por isso pensá-lo como isomórfico ao da criança pelo seio no momento do desmame, como postula Klein.

Nesse contexto, Annie Reich (1950) destaca, por exemplo, que o término da análise traz consigo uma dupla perda, transferencial e real. Aquela é inevitável, já que mesmo na análise mais bem-sucedida sempre ficam restos de transferência, e nunca termina por extinção, como queria Ferenczi. Junto com essa perda pelos objetos transferidos da infância, o analisando perde também o próprio analista, o analista em pessoa. Uma relação que se prolongou por muito tempo e que chegou a alcançar um alto grau de intimidade e confiança não pode ser deixada sem pena. Levando-se em conta a magnitude dessa dupla perda, Annie Reich aconselha a fixar a data de término antecipadamente e por vários meses.

Já vimos que Klein (1950) estabeleceu uma relação direta entre a posição depressiva infantil, decisiva para ela na estrutura da mente, e o término da análise. Uma análise que transcorreu satisfatoriamente deve desembocar em uma situação de luto pelo analista, que reativa e revisa todos os lutos da vida, a partir do primeiro e principal, o luto pelo seio. Os critérios do término da análise sempre remetem, então, a uma suficiente elaboração das angústias paranóides e depressivas do primeiro ano de vida. Também Abraham (1924) havia postulado como ponto ineludível da depressão no adulto a existência de uma depressão primária ou protodepressão, ligada ao desenlace do complexo de Édipo. As idéias de Klein situam-se nessa mesma linha de pensamento, mas sua proposta é muito mais audaz e rigorosa, pois situa essa protodepressão muito antes (a partir do segundo trimestre do primeiro ano de vida) e a erige em um momento inevitável do desenvolvimento normal.

Dado que as angústias depressivas são por definição lábeis e mutáveis, em sua classificação das etapas do pro-

---

[1] O trabalho foi publicado originalmente na *Revista de Psicoanálisis* quando Arminda estava casada com Pichon Rivière, mas eu o incluo na bibliografia como Aberastury.

cesso analítico, Meltzer chama a que estamos estudando de *o limiar da posição depressiva*. Ninguém *chega* de fato à posição depressiva, que mais que uma conquista é uma aspiração, que não é um lugar ou uma coisa, mas sim uma complexa constelação de fantasia e realidade organizada em torno da relação de objeto, fortemente inspirada pela urgência da reparação.

À medida que vão sendo resolvidas as confusões de zonas e de modos da terceira etapa, o seio nutridor aparece como o objeto *princeps* da realidade psíquica, e sua confluência com o até então dissociado seio toalete depara a criança com a mais forte angústia depressiva, ao compreender que sua agressão dirigia-se, em última instância, ao objeto que lhe dá a vida. O correlato desse momento fundador do desenvolvimento é que o analisando reconhece, por fim, a autonomia e a função do analista. Quando se consegue isso, diz Meltzer, inicia-se a quarta etapa do processo analítico e, a partir desse momento, a idéia do término pende, como a espada de Dâmocles, sobre o analisando.

Chama a atenção, prossegue Meltzer, e não deixa de pesar sobre a contratransferência do analista desprevenido, que o reconhecimento do analisando é primeiro ao método do que ao próprio analista. Dirá que precisa da análise, mas colocará em dúvida que seu analista seja o mais indicado para proporcioná-la a ele. Também Money-Kyrle (1968) descreve a mesma configuração, como veremos, ao dizer que a classe de analista bom pode não se aplicar ao analista que se tem.

Essa é uma etapa de luta na qual o impulso à integração choca-se continuamente com a retirada regressiva para o cômodo terreno das confusões de zonas e de modos. O psicanalista tem de se esforçar realmente muito para acompanhar seu analisando no difícil trânsito da maturação que implica reconhecer e ao mesmo tempo perder o seio, simultaneamente com a dor e os ciúmes frente à cena primária pré-genital e genital, que terminará por destacar o coito como ato supremo de criação e prazer, reconhecendo, por fim, a função criativa e reparadora do pênis do pai e de seus testículos.

Como já dissemos, o limiar da posição depressiva é alcançado para Meltzer, no melhor dos casos, em dois ou três anos de análise com as crianças e em quatro ou cinco com os adultos, prazos que, pessoalmente, tardo mais em alcançar com meus analisandos.

Quanto à duração dessa mesma etapa, os prazos variam muito, segundo o caso particular: as agônicas flutuações entre integração e regressão prolongam-se por um tempo variável, mas eu me atreveria a dizer que, desde que surge a idéia de que a análise está em seu processo de término até que se propõe o próprio término, passam-se sempre mais de dois anos.

A FOBIA À MELHORA

Assim como quase todos os autores concebem o término da análise como um processo de luto, quase todos também pensam que, nesse momento, reativa-se o temor fóbico de ficar sozinho, abandonado, sem proteção. Garma (1974) dá aos temores fóbicos do final de análise um significado bastante original.

Para Garma, o luto do término é sempre contingente e encobre, na maioria das vezes, uma estratégia defensiva sutil, e o que verdadeiramente conta é a necessidade, por parte do analisando, de se liberar de objetos maus, perseguidores, que lhe impedem de avançar em sua melhora. Configura-se, assim, uma situação fóbica, na qual o analisando não quer levar adiante sua melhora por temor aos objetos internos daninhos. Fique claro que a fobia que Garma descreve não é a fobia que podemos detectar como expressão de um sentimento muito natural de medo de ficar sem o analista e ter de se deparar com um mundo potencialmente hostil. Essa fobia é a comum, mescla de angústias não apenas persecutórias, mas também depressivas, a que todos admitem. O que Garma diz é outra coisa.

Se um tratamento psicanalítico chega a um final exitoso, surge no analisando o desejo – bem lógico, por certo – de acrescentar sua melhora para poder comportar-se de forma capaz e adulta quando chegar o momento de se separar de seu analista. A esse desejo positivo, entretanto, opõem-se os objetos internos perseguidores, projetados então no analista, que só permitem uma melhora limitada. Essa configuração cristaliza-se nas três resistências básicas que Garma descreve: a fobia à melhora, a intensificação do processo de luto e o rebaixamento da capacidade do analista.

Uma vez compreendida a dinâmica que nos propõe Garma, fica claro que a fobia do término expressa o medo de melhorar e evita o ataque dos objetos internos perseguidores: o analisando foge da melhora para não ter de enfrentá-los. Assim, para Garma, a fobia sanciona a submissão aos perseguidores internos e também, é claro, ao analista que por projeção os representa.

A melhor estratégia para consolidar as defesas fóbicas recém-descritas é a de intensificar as reações de luto diante da futura separação; o que o analista deve fazer, então, é desmascarar essa estratégia aplacadora, em vez de aceitar os falsos sentimentos de luto. Como a maioria dos autores, Garma crê que existem sentimentos de perda e de pena no final da análise; porém, quando se desvenda o falso luto defensivo, o final da análise é acompanhado essencialmente de uma vivência de afirmação e satisfação.

A terceira defesa a que recorre o analisando para evitar o conflito com seus objetos persecutórios no momento do término é a denigração do analista. Ao rebaixar o analista, o paciente obtém duas grandes vantagens defensivas: se o analista é incompetente, então mal poderá ajudá-lo a incrementar sua melhora e, ao mesmo tempo, fica projetada no analista a tendência a denegrir a si mesmo, a se considerar incapaz de todo progresso. Essas tentativas de rebaixamento não têm "como finalidade liberar-se de seus próprios rebaixamentos mediante sua projeção (identificação projetiva) em seu analista, mas tentam conseguir que o analista seja, de algum modo, inferior, como o analisando inconscientemente pensa que ele mesmo é" (1974, p. 686-687).

Concordo com Garma em que o luto pelos objetos persecutórios que não deixam crescer é um falso luto e o melhor que se pode fazer com eles é expulsá-los para liberar-se; contudo, diferentemente de Garma, creio que o assunto não termina ali, senão que é ali, justamente, que começa o verdadeiro final. Recorde-se que Meltzer destacava no começo do limiar da posição depressiva uma curiosa dissociação que dá uma explicação teórica distinta às boas observações clínicas de Garma: o paciente reconhece as virtudes da análise, mas descrê de seu analista. Se o analista remete a denigração aos objetos persecutórios que impedem o paciente de incrementar sua melhora, isto é, crescer, deixa intacta a dissociação e projeta as dificuldades nos objetos da infância. O perigoso corolário dessa dissociação é que o analista que deixa crescer fique idealizado.

A maior objeção que se pode fazer à teoria de Garma é que, se são tão malévolos os perseguidores internos, a ponto de que o luto por perdê-los seja apenas uma defesa, então se concluiria que o mundo interno não mudou suficientemente. A teoria de Garma, em conclusão, pode reforçar os mecanismos paranóicos e maníacos, o que certa vez Racker (1954) chamou de *mania reivindicatória*.

O DESPRENDIMENTO

Há, sem dúvida, um momento no curso do término da análise em que se impõe a analisando e analista a idéia de que foram cumpridos suficientemente os objetivos com que se iniciou o tratamento e que chegou o momento de dizer adeus.

Do ponto de vista da técnica, podem seguir-se vários cursos de ação, conforme as predileções do analisando, o estilo do analista e as circunstâncias reais. Pode-se fixar uma data concreta ou pode-se operar em dois passos, afirmando primeiro que a análise não se prolongará mais que uma data e fixando depois o dia preciso em que se realizará a última sessão.

Como já dissemos, Meltzer chama a essa etapa de *o desmame*, mas preferi chamá-la de *desprendimento* para não me amarrar a um modelo particular, por significativo que pareça. Pessoalmente, não tenho nenhuma dúvida de que a posição depressiva é um momento fundador do desenvolvimento e gira em torno do luto pela perda do seio; no entanto, também creio que a riqueza dos fatos clínicos obriga-nos a considerar cada caso como particular e único, dispostos sempre a descobrir o irrepetível.

Arlow e Brenner (1964), para refutar a idéia de que o processo analítico reproduz as fases precoces do desenvolvimento, citam o caso de um homem para quem o término da análise representava a perda do prepúcio antes que a do seio. Nesse caso, como em todos os outros, aplicar um esquema teórico ao material do paciente nos teria feito perder o específico de seu sentimento de perda. Entretanto, não creio de modo algum que uma experiência como essa deva contrapor-se à outra, afirmando-se que para esse homem era o prepúcio e *não* o seio o objeto perdido. Para mim, isso não é mais que uma negação. Os objetos primários são intercambiáveis, e quem sente pena por ter perdido seu prepúcio também a terá pelo não menos perdido seio.

O grande paradoxo, a grande tragédia do término da análise é que deve terminar no momento em que se converteu em proveitosa e criativa; porém, uma conquista fundamental da maturação é justamente que nos responsabilizemos pela passagem do tempo e, com isso, pela urgência de acabar a tarefa que temos nas mãos, solicitados por outras do futuro.

Na etapa de desprendimento, analista e paciente estão premidos pela idéia de tempo. O tempo está sendo vencido, passa inexorável, não se pode voltar atrás e, justamente, toda experiência adquire seu sentido no momento em que se vislumbra que deve terminar. Nisso tem razão a filosofia existencial quando nos faz compreender que o ser só está no final da existência. Se não terminasse, nenhuma experiência teria sentido, como nos mostra belamente Borges em "O imortal".

O reconhecimento de que o tempo passa marca a necessidade de terminar o processo analítico. Isso surge não apenas da vivência depressiva dos filhos por nascer, dos que necessitam mais que eu, como tantas vezes dizem os pacientes, nem do desejo reparatório de devolver o tempo livre ao analista, mas também de uma preocupação pela tarefa, que se deve assumir como pessoa independente e capaz de terminar o que empreende. Não em busca de triunfo, mas a partir de um sentimento de perda e de nostalgia inevitáveis. Se não dou esse passo, nunca chegarei a ser verdadeiramente, e essa é uma responsabilidade fundamental, não só em relação a terceiros, mas a mim mesmo. Essa convicção surge da angústia depressiva e sempre é acompanhada por um sentimento profundo de nostalgia e de perda.

SOBRE AS FORMAS DO TÉRMINO

Todos os autores pensam que de nenhuma maneira deve ser o analista que proponha o término. A única coisa que o analista pode fazer validamente é interpretar que o paciente pensa em terminar, que o deseja ou o teme, quando nota que esses desejos existem e o paciente reprime-os; porém, não deveria, em princípio, dar opiniões. Nesse caso, como em todos os outros, o analista deveria tentar ver o que pensa o paciente e reservar para si o que ele mesmo pensa. Aqui intervém, contudo, uma circunstância excepcional, um passo inevitável que compromete a opinião do analista. Muitas vezes, no curso de uma análise, podemos ter interpretado uma fantasia de término, por exemplo, quando o paciente faz uma fuga à saúde; porém, agora é diferente, porque, uma vez que o paciente tenha aceitado que pensa que está no período de término, ele perguntará nossa opinião e então, naturalmente, teremos de dá-la. À primeira vista, parece que aqui nos desviamos de nossa técnica, mas na realidade não é assim. Nossa técnica diz que, em todas as situações nas quais estamos comprometidos pelo contrato analítico, devemos dar uma opinião, por exemplo, quando falamos de horários, de honorários, de férias, do uso do divã ou da associação livre. Aqui também teremos de nos pronunciar, conscientes de que, ao fazê-lo, mudam as condições da análise e inicia-se formal e estritamente o final.

Creio que o analista deve ir dando sua opinião à medida que se faz necessário e sem se antecipar ao que virá. Agora, estamos referindo-nos ao momento especial em que o analista confirma que a análise está no período de término, sem adiantar quando e como vai terminar. A decisão de terminar é tomada por ambas as partes, mas nada se disse sobre o próprio término. Essa última etapa do processo sempre dura bastante tempo, o que depende do momento em que o analista tenha dado seu acordo e, é claro, de muitas outras variáveis. Comumente, essa etapa de desprendimento dura meses, e não anos nem semanas.

Em geral, os acordos que o analista presta correspondem a idéias conscientes ou inconscientes do analisando, e assim vão sendo combinados prazos cada vez mais definidos, que serão, em princípio, irrevogáveis. Ou seja, o analista dará três passos decisivos, dizendo primeiro que está de acordo que a análise deve terminar, depois que poderia ser nesse ano ou no ano que vem e, mais adiante, se tudo continuar bem, chegará o momento em que se estabelecerá uma data de término. Como dizia Annie Reich (1950), creio que essa data deve ser estabelecida com dois ou três meses de antecedência, que é um prazo sensato: mais, parece-me que não seria muito realista e estaríamos na época em que se está elaborando ainda o desprendimento; menos, não me parece conveniente, porque, se a análise foi bem até esse momento, a angústia que necessariamente surgirá é muito grande e deve-se dar tempo para elaborá-la. Uma vez fixado, esse prazo deve ser irreversível, pois, do contrário, cairíamos em uma armadilha, e o próximo prazo que estabelecêssemos também poderia ser modificado. Freud tinha razão, nesse ponto, quando dizia em "Análise terminável e interminável" que o leão dá um só salto. Se nos equivocarmos nesse assunto, o contrato analítico fica viciado de nulidade. Prolongar a data de término, uma vez combinada, conta tanto como começar tudo de novo. Sempre será preferível manter a data e deixar aberta a possibilidade de uma nova análise, com o mesmo analista ou com outro, o que talvez seria melhor para esse caso. Um erro nesse ponto, queiramos ou não, recoloca de fato toda a situação. Pode haver, obviamente, algumas exceções quando, frente a um acontecimento traumático da realidade – a morte de um ente querido, por exemplo –, se possa propor a postergação da data por um tempo breve. Embora seja certo que uma análise terminada deva capacitar uma pessoa para enfrentar a desdita, também é sensato não esticar em demasia a corda da saúde mental. Enfim, em um caso como esse, o analista pode oferecer a prorrogação, e o analisando decidir.

Concordo com Leo Rangell (1966) que a última etapa da análise revela aspectos especiais do analisando, os quais devem ser analisados e elaborados cuidadosamente antes que se alcance o final verdadeiro.[2] A análise do tema do término, do que isso significa para o paciente e de quais são suas reações levará um tempo variável. Nessa etapa, fazem-se sentir, diz Rangell, os problemas de contratransferência que podem levar o analista a encurtar ou a alongar esse período, que mereceram a atenção de Guiard (1974, 1976).

É durante o período de término que se torna mais necessária a avaliação permanente da marcha do processo, como diz Polito (1979), quando aconselha a tomar distância em dado momento e comparar o que está acontecendo agora com situações pretéritas, ao modo de cortes transversais. O momento privilegiado para esse tipo de avaliações é, sem dúvida, a etapa final da análise, depois de estabelecida a data do término, porque é então que aparecem plasticamente imagens que mostram as mudanças ocorridas.

Há alguns analistas, como Edith Buxbaum (1950), que respeitam os padrões infantis do paciente, seu estilo ou sua história, quanto à forma como a análise deve terminar. Assim, por exemplo, se o paciente teve uma mãe superprotetora e quer terminar, será preciso conceder-lhe isso para corrigir aquela má experiência infantil. Eu não concordo com essa atitude técnica, que acusa, a meu juízo, um forte sabor de técnica ativa.

Finalmente, deve-se levar em conta que, se o desprendimento não for efetuado a tempo, sobrevém uma "hipermaturação". O problema surge quando chega o momento da separação definitiva, quando o paciente tem a idéia de que conseguiu coisas que pretendia obter, que não conseguiu outras e tampouco as conseguirá, porque estão dentro de suas limitações, mas não se atreve a ir embora. Pode-se configurar aqui um impasse específico diante da possibilidade de continuar em análise, desatendendo outras possibilidades vitais. Chega um momento em que tudo isso entra em um balanço, do haver e do débito do término. À medida que, nesse momento, o temor aos riscos de continuar sozinho ou o desejo de evitar a inevitável vivência de perda começam a predominar sobre os motivos racionais do término, produz-se uma hipermaturação e, então, o paciente começa a vir não porque realmente necessite da análise, mas pelos outros motivos. Aí, justamente, tem de sobrevir uma decisão valorosa. Talvez por isso Ferenczi dizia que a análise deve terminar por exaustão. Na realidade, pareceria que não há um término por exaustão no sentido de que a relação vá esgotando-se; porém, há sim um término por exaustão no sentido de que o processo mórbido vai esgotando-se, ao passo que o processo de contato humano vai sendo cada vez maior. Não se deve esquecer, entretanto, que toda relação de trabalho tende a se perpetuar em termos de relação humana, o que é muito legítimo. Todavia, quando essa finalidade desloca e desvirtua a inicial, estamos na realidade frente a uma situação perversa. Então, começam a se criar privações que, é claro, seriam mais importantes que a de continuar a relação.

---

[2] "Just as there are typical individual reactions to the beginning phase and to work during the middle segments of analysis (the patient's own rate, rhythm and style) so the endwork also reveals crucial aspects of the patient's psychic functioning and is to be worked through to completion before the actual ending" (*Psychoanalysis in the Americas*, p. 151).

SEXTA PARTE
Das vicissitudes do processo analítico

49

O *Insight* e suas Notas Definidoras*

CONSIDERAÇÕES GERAIS

Se o processo psicanalítico propõe-se à obtenção do *insight*, então o *insight* constitui por definição a coluna vertebral do processo psicanalítico.

Essa idéia não é por si mesma polêmica, porque é aceita praticamente por todos os analistas; o que se discute, porém, é se há outros fatores que coadjuvam com o *insight* para determinar a marcha do processo. Há aqui, sem dúvida, um problema de fundo, que não é o momento de estudar, mas é necessário advertir que, às vezes, as divergências dependem do alcance que se dê às palavras.

Nacht (1958, 1962, 1971) pode questionar a atitude de neutralidade da técnica clássica e contrapô-la ao que chama de *presença* do analista, mas não chega a questionar a função do *insight*, como se pode ver em sua exposição ao Congresso de Edimburgo de 1961. De qualquer modo, e diferentemente de Nacht, a maioria dos autores pensa que o *insight* é obtido fundamentalmente por meio da interpretação psicanalítica, embora também aqui haja discussões, porquanto para alguns o *insight* pode ser alcançado também com outros métodos. Um homem tão rigoroso quanto Bibring (1954), por exemplo, diz que o *insight* é obtido não só através da interpretação, mas também do esclarecimento, apesar de que este seja, novamente, um problema de definição e, como afirma Wallerstein (1979), seja mais fácil dizê-lo do que discriminá-lo na prática.

Em resumo, todos os autores pensam que o *insight* é o motor principal das mudanças progressivas que a análise promove, isto é, do tratamento, porém há os que levam em consideração outros elementos e/ou questionam as condições em que o *insight* opera, como Guiter e Mayer (1998).

Ninguém duvida, no entanto, que haja outros fatores que podem remover os sintomas e mesmo promover mudanças na personalidade, mas pertencem às terapias sugestivas ou supressivas, que atuam *per via di porre*, não como a psicanálise.

A VERSÃO FREUDIANA DE *INSIGHT*

"*Insight*" não é, por certo, um termo freudiano; provém na realidade do inglês, tanto como palavra quanto como conceito, já que foram os analistas dessa língua, na Europa e na América, que o cunharam. Penso, entretanto, que os autores que resolveram utilizar essa palavra não o fizeram com a idéia de estar introduzindo um novo conceito; consideraram, antes, que haviam dado com um vocábulo elegante e preciso para expressar algo que pertence por inteiro a Freud. A análise propõe-se a dar ao analisando um melhor conhecimento de si mesmo, e o que se quer significar com *insight* é esse momento privilegiado da tomada de consciência. Deixemos claro, porém, que a palavra *Einsicht*, equivalente ao inglês *insight*, aparece raras vezes na obra de Freud e, é evidente, não com o significado teórico que se dá a ela atualmente.

Ao longo de toda a sua obstinada investigação, Freud afirma que em seu método o fundamental é o conhecimento. Em uma época serão as recordações, em outra os instintos, mas a meta é sempre o conhecimento, a busca da verdade.

Na primeira tópica, o conhecimento consiste em *tornar consciente o inconsciente*. Essa célebre máxima teve, em princípio, o significado tópico de uma passagem do sistema Icc ao Prcc, mas a isso logo se acrescentou o ponto de vista dinâmico, à medida que é a partir do vencimento das resistências que algo se torna consciente. Desse modo, a idéia enriquece-se e recobre-se de um conteúdo metapsicológico, sem que mude sua essência.

O terceiro ponto de vista da metapsicologia, o econômico, impõe que se faça a tomada de consciência atendendo ao montante de excitação que surge no processo. A importância do fator quantitativo em relação à eficácia da interpretação foi estudada por Reich (1933) e por Fenichel (1941), embora já esteja presente, de fato, no método catártico, quando Breuer e Freud (1895d) assinalam que somente quando a recordação patogênica alcança suficiente carga afetiva ela é eficaz para modificar os sintomas neuróticos.

O conceito econômico é, pois, simultâneo (ou prévio) ao topográfico; o conceito dinâmico, porém, não pode ser estabelecido antes que se formule a teoria do recalque.

Em resumo, a regra de tornar consciente o inconsciente vai recobrindo-se dos diversos significados que Freud

---

*Este capítulo e os dois que seguem foram publicados com o título "Insight" no volume 2 de *Trabajo del Psicoanálisis* (1983).

desenvolve em sua primeira tópica, os quais, quando surge o conceito de *insight*, aplicam-se a ela com naturalidade e sem violência. Assim, o vocábulo *insight* amolda-se perfeitamente à metodologia dos trabalhos de 1915, e Freud poderia muito bem ter dito: o método psicanalítico tem por finalidade tornar consciente o inconsciente, e a essa tomada de consciência chamaremos de *insight*.

Anos depois, quando introduz o ponto de vista estrutural, Freud emprega outro modelo e então diz que a base do tratamento psicanalítico é que os processos ideativos passem de um sistema não-organizado para outro de alta organização, do id para o ego: *onde estava o id o ego deve estar*, e essa passagem de sistema pressupõe, com certeza, uma mudança do processo primário para o processo secundário. Em seus *Écrits* (1966), Lacan dá ao texto freudiano *Wo Es war soll Ich werden* uma tradução e um alcance diferentes: "Onde isso era devo advir", para expressar uma idéia central de sua teoria, isto é, a radical excentricidade do ser em relação a si mesmo com que se depara o homem (*l'excentricité radicale de soi à lui-même à quoi l' homme est affronté. Écrits*, p. 524).[1] Essas reflexões são, sem dúvida, importantes, mas não creio que modifiquem o argumento que estou desenvolvendo.

Por todas essas razões, então, penso que o vocábulo *"insight"* vem recobrir com exatidão um conceito de Freud, embora ele não o tenha empregado da forma como fazemos.

TRANSFORMAÇÕES DA PALAVRA *INSIGHT*

O vocábulo *"insight"* foi impondo-se até transformar-se de uma palavra da linguagem corrente em uma expressão técnica. Ninguém duvida atualmente, quando a emprega, que está utilizando um termo teórico. Se a rastreamos nos escritos psicanalíticos, vamos vê-la aparecer desde os anos de 1920, mas não com seu sentido atual.

Em seu trabalho sobre o tique, Ferenczi (1921) cita um paciente catatônico muito inteligente que possuía um notável *insight*.[2] Entretanto, quando apresentou esse mesmo caso em um trabalho anterior,[3] não empregou *Einsicht*, mas *Selbstbeobachtung*, auto-observação.

Um uso particularmente moderno dessa palavra pode ser encontrado no clássico trabalho de Hermine von Hug-Hellmuth sobre a técnica da análise de crianças, lido no VI Congresso Internacional (La Haya, 1920), cuja tradução apareceu no *International Journal* de 1921. Diz essa autora que a finalidade da análise é promover o mais pleno *insight* dos impulsos e sentimentos inconscientes.[4] Nesse trecho e em outros do mesmo trabalho, parece que o vocábulo *"insight"* é empregado com o mesmo rigor que atualmente.

Sempre é difícil decidir em que momento uma palavra da linguagem comum recobre-se de um significado teórico; todavia, no caso de *"insight"*, temos dois pontos de referência importantes. No XIV Congresso Internacional, realizado em Marienbad em agosto de 1936, ocorreu o *Symposium on the theory of the therapeutic results of psycho-analysis*, do qual participaram seis dos grandes analistas dessa época, Edward Glover, Fenichel, Strachey, Bergler, Nunberg e Bibring.[5] Ali foram coletadas várias hipóteses quanto à natureza da ação terapêutica da psicanálise, mas a palavra *"insight"* não aparece em nenhum lugar. Strachey, que a menciona em seu trabalho de 1934, quando diz que a segunda etapa da interpretação mutativa é malograda se o paciente não tem *insight* e não pode discriminar entre o que está acontecendo com o analista e o que vem do passado, não a emprega em Marienbad, sem dúvida porque não lhe parece necessária.[6]

Vinte e cinco anos depois, em 1961, volta-se ao tema no XXII Congresso Internacional, realizado em Edimburgo. O simpósio foi chamado, dessa vez, de *The curative factors in psycho-analysis*, e dele participaram Maxwell Gitelson, Sacha Nacht e Hanna Segal, junto a quatro debatedores (Kuiper, Garma, Pearl King e Paula Heimann).[7] Todo o interesse dos expositores centrou-se no *insight*, e ninguém o questionou como fator predominante (e talvez único) para explicar os fatores curativos. Assim, o lapso entre os dois simpósios representaria o tempo histórico no qual a palavra *"insight"* transforma-se em um vocábulo estritamente técnico.

AS ACEPÇÕES DO SUBSTANTIVO *INSIGHT*

A palavra inglesa *"insight"* é composta do prefixo "in" que quer dizer *interno, para dentro* e "sight" que é *vista, visão*. Literalmente, *"insight"* quer dizer visão interna, visão para dentro das coisas e além da superfície, discernimento. O dicionário diz que é o poder de ver com a mente dentro das coisas, a apreciação súbita da solução de um problema.[8] Portanto, *"insight"* significa conhecimento novo e penetrante.

---

[1] "L'instance de la lettre dans l' inconscient". Maci (comunicação pessoal) traduz assim a expressão freudiana: "meu ser *é* ressituar-me com respeito a esse Outro".
[2] "A very intelligent catatonic patient who possessed insight to a remarkable degree" (*International Journal*, p. 5).
[3] "Einige klinische Beobachtungen bei der Paranoia und Paraphrenie" (1914). Tanto nas *First contributions* (p. 295) quanto em *Sexo e psicanálise* (p. 207) utilizam-se *self-observation* e *auto-observação*.
[4] "Whereas in the analysis of the adult, we aim at bringing about full insight into unconscious impulses and feelings, in the case of a child, this kind of avowal expressed, without words, in a symbolic act, is quite sufficient" (1921, p. 296).
[5] *International Journal of Psycho-Analysis*, v. 18, partes 2 e 3.
[6] Já foi dito no Capítulo 33, e será reiterado mais adiante, entretanto, que o trabalho de Strachey sobre a interpretação mutativa é, talvez, o que melhor precisa o conceito de *insight*.
[7] *International Journal of Psycho-Analysis*, v. 43, partes 4 e 5.
[8] A. S. Hornby, E. V. Gatenby e H. Wakefield, *The advanced learner's dictionary of current English* (1963).

Tal fato leva-nos a discutir que extensão devemos dar em psicanálise à palavra *"insight"*, já que ela pode ser tomada com maior ou menor amplitude. Em sentido lato, significa conhecimento novo, conhecimento que, como diz Rapaport (1942, p. 100), vai além das aparências. *Insight* sempre implica acesso a um conhecimento que até esse momento não era tal. Contudo, essa definição (ampla) pode referir-se tanto a fatos externos quanto internos. Se eu, como o macaco de Köhler, dou-me conta, atando cabos, que se enfio um pau dentro de outro invento um novo instrumento, pode-se dizer que tive *insight*, porque criei algo, porque fui capaz de ir além do dado, do manifesto. O *insight* seria esse momento de novidade, de criação.

Quando a palavra *"insight"* aplica-se, desse modo, para definir o instante em que acedemos a um conhecimento novo, ela pertence ainda, em meu entender, à linguagem comum. Assim a emprega Rapaport no trabalho recém-citado e assim a vemos aparecer em muitos escritos psicanalíticos. Em 1931, no prólogo da terceira edição inglesa da *Traumdeutung*, ao referir-se a suas descobertas sobre os sonhos, Freud diz que um *insight* como o seu só se tem uma vez na vida.[9] Ele se refere, indubitavelmente, ao ato de criação que supõe compreender a diferença que há entre o conteúdo manifesto e o conteúdo latente do sonho, se assim quisermos descrever aquela descoberta genial. Também Melanie Klein (1955a), em seu trabalho sobre a técnica do jogo, diz que a análise de Rita e de Trude, e mais ainda a análise de outras crianças dessa época, que duraram mais tempo, deram a ela *insight* sobre o papel da oralidade no desenvolvimento (*Writings*, v. 3, p. 134-135).

É evidente para mim que, nessas citações, Rapaport, Freud e Klein aludem ao momento em que se adquire um conhecimento científico, um conhecimento que pertence ao mundo e não ao sujeito.

Entretanto, creio que a palavra *"insight"* só chega a adquirir o valor de um termo teórico da psicanálise quando empregada em sentido restrito. Está no espírito freudiano (e é a base de nosso trabalho clínico) que, quando aplicamos a palavra *"insight"* ao novo conhecimento que o paciente adquire na análise, referimo-nos a um conhecimento pessoal. Tornar consciente o inconsciente significa que eu torno (em mim mesmo) consciente o inconsciente; é um processo intransferível, não se refere ao exterior. Portanto, nem todo novo conhecimento é *insight*, mas apenas o que cumpre o postulado freudiano de tornar consciente o inconsciente. Nesse sentido, não devemos dizer que, quando o analista dá-se conta do que ocorre com o analisando, ele tem *insight*. Falando estritamente, o que adquire nesse momento é um conhecimento que corresponde ao analisando. O analista só pode ter *insight* de sua contratransferência. Na compreensão que tenho de meu paciente, sempre há um trânsito por minha vida interior, em que tomo consciência de minha similitude ou de minha diferença com ele através de minha contratransferência: a esse momento sim o chamo de *insight*.

Insight é, pois, o processo através do qual alcançamos uma visão nova e diferente de nós mesmos. Quando se emprega a palavra *"insight"* em psicanálise, deve-se honrar o prefixo "in", porque o *insight* é um conhecimento de nós mesmos, não um conhecimento qualquer.

O *INSIGHT* E A TEORIA DA FORMA

Embora me incline a pensar, como Sandler e colaboradores (1973), que *"insight"* é uma palavra da linguagem comum que foi tornando-se cada vez mais técnica, devo dizer que outros pensam que chega à psicanálise pela via da psicologia da aprendizagem e da psicologia da forma.

Como se sabe, a teoria da forma (*Gestaltheorie*) surge como uma reação diante da psicologia dos elementos, colocando sua atenção na estrutura, nos conjuntos. O associacionismo não permite apreender a organização interna e a finalidade do fato psicológico. A *Gestalt* (forma) é algo mais do que a soma das partes; o todo tem mais dignidade que os elementos que o compõem, a estrutura é o dado primeiro.

A teoria da forma – que deu, sem dúvida, uma explicação satisfatória do fenômeno da percepção – também se aplicou a outros temas da psicologia, embora nem sempre com a mesma sorte. Foi dito, por exemplo, que também a memória ou o pensamento podem ser compreendidos como *Gestalten*, sem recorrer às explicações de análise e síntese que a teoria do ensaio e erro pressupõe.

Ao estudar a psicologia do chimpanzé, Köhler (1917) pôde observar alguns fatos singulares. Quando se propõe a ele um problema como o de se apoderar de uma banana com um pau que não é suficiente para bater na fruta, o animal fica desconcertado, como se estivesse pensando e, de repente, em um ato de intuição, que Köhler chama concretamente de *insight*, dá-se conta de que, metendo um pau dentro de outro, alonga suficientemente seu instrumento para alcançar a fruta e assim o faz. Köhler quer mostrar, com isso, que o pensamento não é obtido através do ensaio e erro e que é melhor explicá-lo a partir de uma *Gestalt*.

A palavra *"insight"* empregada por Köhler foi depois transposta da psicologia da forma para a teoria da aprendizagem (não se aprende por ensaio e erro, mas pela captação de totalidades) e dali chegou, finalmente, à psicanálise.[10]

Thomas French escreveu em 1939 um artigo, *"Insight* e distorção nos sonhos", no qual utiliza a palavra *"insight"* de modo semelhante ao de Köhler. French pensa que a diferença entre o chimpanzé de Köhler e o paciente no diván não é tão grande quanto parece. Embora a teoria do desejo seja distinta, porque o chimpanzé sabe que deseja

---

[9] "Um *insight* como este nos ocorre somente uma vez na vida" (*AE*, v. 4, p. 27).

[10] Um exposição lúcida desse desenvolvimento pode ser encontrada na monografia de Sara Zac de Fílc (1979).

a banana e o paciente não sabe o que deseja, uma vez que o paciente obtém *insight* sobre seu desejo inconsciente, então se coloca para ele um problema parecido com o do primata, o de resolver o conflito entre seu desejo infantil e o restante de sua personalidade que o rechaça ou o aceita apenas em determinadas condições. Esse processo de integração é similar à atividade que o chimpanzé de Köhler tem de cumprir. A idéia de *insight*, enquanto capacidade *gestáltica* de juntar cabos, pode ser usada, conclui French, tanto em psicanálise quanto na psicologia da aprendizagem.

Embora French se interesse pela conduta adaptativa do ego frente ao conflito que lhe propõe seu desejo, não me parece conveniente entender o *insight* como um problema de conduta. É melhor pensar que há *insight* quando o paciente torna-se consciente de seu desejo. Como procede depois, se entra em conflito com esse desejo, isso não é o problema do *insight*, mas, em todo caso, da elaboração. É pouco provável que, quando o macaco come sua banana, satisfaça ao mesmo tempo um desejo inconsciente de *fellatio*!

O *INSIGHT* COMO FENÔMENO DE CAMPO

Para Madeleine e Willy Baranger (1961-1962, 1964), o *insight* é um fenômeno de campo. A situação analítica define-se como um campo bipessoal em torno de três configurações básicas: a estrutura determinada pelo contrato analítico, a estrutura do material manifesto e a fantasia inconsciente. O ponto de urgência da interpretação, no qual se entrecruzam essas três configurações, não depende apenas do paciente, mas também do analista: "O ponto de urgência é uma fantasia inconsciente, mas uma fantasia *de par*. Apesar do 'passivo' do analista, está envolvido na fantasia do paciente. Seu inconsciente responde a ela e *contribui para sua emergência e para sua estruturação*" (1969, p. 166, grifos no original).

A dinâmica da situação analítica fica assim definida como uma situação de par, que "depende tanto do analista, com sua personalidade, sua modalidade técnica, suas ferramentas, seu marco de referência, quanto do analisando, de seus conflitos e resistências, de toda a sua personalidade" (p. 167).

O campo funciona a partir das identificações do analista e do analisando, se bem que "deve-se diferenciar a natureza dos processos de identificação projetiva e introjetiva no analista e no analisando. É essa diferença que dá conta do caráter assimétrico do campo" (p. 169).

Apesar de os Baranger afirmarem que a situação analítica é assimétrica, toda a sua reflexão organiza-se com base na fantasia de par, que não posso entender mais que como simétrica. Em "A situação analítica como campo dinâmico" (1961-1962) se lê: "O que estrutura o campo bipessoal da situação analítica é essencialmente uma fantasia inconsciente. Porém, seria equivocado entendê-la como fantasia inconsciente do analisando tão-somente. É muito comum reconhecer que o campo da situação analítica é um campo de par. Contudo, admite-se que a estruturação desse campo depende do analisando e trata-se de agir em conseqüência (preservando a liberdade do analisando)" (1969, p. 140). Esse propósito é absolutamente louvável, dizem com ironia nossos autores, para acrescentar de imediato: "Feitas essas restrições, não podemos conceber a fantasia básica da sessão – ou o ponto de urgência – a não ser como uma fantasia de par (como em psicoterapia analítica de grupo, fala-se de 'fantasia de grupo', e com muita razão). A fantasia básica de uma sessão não é o mero entendimento da fantasia do analisando pelo analista, mas algo que se constrói em uma relação de par" (p. 140-141). Atenuando essas afirmações, os autores dizem que é indubitável que os dois membros do par têm um papel distinto e que o analista não deve impor sua própria fantasia, "mas temos de reconhecer que, para uma 'boa' sessão, devem coincidir a fantasia básica do analisando e a do analista na estruturação da sessão analítica" (p. 141).

Com base nisso, os Baranger concluem que o *insight* é um fenômeno do campo bipessoal, é obra de duas pessoas (p. 173). Disso decorre que o diferenciem taxativamente do *insight* como qualidade pessoal, como momento de autodescoberta. A palavra é a mesma, mas os fenômenos são radicalmente distintos (p. 173).[11]

O *INSIGHT* E O PROCESSO MENTAL

A investigação recém-exposta tem, entre outros, o duplo mérito de haver destacado a importância do par analítico no desenvolvimento do *insight*, mostrando, por sua vez, que o analista participa desse processo. Podemos concordar com os Baranger em que, para dar *insight* ao paciente, devemos promover *insight* em nós mesmos, sem por isso segui-los em sua idéia de que o *insight* é um fenômeno de campo, uma luz que se acende em um lugar a partir do qual se iluminam simultaneamente os dois membros do par analítico. Em meu entender, o fenômeno de campo que os Baranger descrevem assenta as bases para que sobrevenha o *insight*, porém não é o próprio *insight*.

O *insight* deve ser considerado conceitualmente intransferível: só posso ter *insight* de mim mesmo. No processo analítico, há uma situação especial, mas que não muda o que acabo de dizer: em geral, a interpretação como agente do *insight* constrói-se não apenas com base em nosso conhecimento (da teoria psicanalítica, do paciente), mas também a partir de um momento de *insight* de nossa contratransferência.

Sem ser tão restritivo como eu, dado que pensa que o analista deve ter *insight* das defesas do paciente, de seus conflitos e de seu caráter, creio que Blum (1979)

---
[11] *Problemas del campo psicoanalítico*, Capítulos VII e VIII.

aproxima-se do que aqui se sustenta quando afirma que "O *insight* analítico é necessário para a condução da análise clínica e a resolução da contratransferência" (*Psicoanálisis*, p. 1108-1109).[12]

O *insight* deve ser considerado, então, como o ato fundamentalmente pessoal de ver a si mesmo (Paula Heimann, 1962, p. 231). O *insight* é uma reflexão no duplo sentido de meditar e de dobrar algo para dentro: o *insight* pertence à psicologia processual, não à personalística (Guntrip, 1961). Como dizem os Baranger, a relação com o objeto tem importância – e muita – na obtenção do *insight*; contudo, além do que possa surgir no campo, o *insight* é sempre reflexão. Para que o fenômeno de campo (personalístico) converta-se em *insight*, falta ainda que a identificação introjetiva provoque um momento de reflexão no sentido mais estrito da palavra.

O que acabo de dizer deve ser considerado como uma característica definidora do *insight*. Não é uma precisão acadêmica; tem a ver com a forma como esse conceito encadeia-se com a idéia de tornar consciente o inconsciente, que obviamente se refere a si mesmo. E, mais importante ainda, define uma forma de práxis, aquela que tende a que o paciente responsabilize-se por seus problemas.

Essa diferença conceitual, por outro lado, está avalizada pelos fatos: a experiência mostra que se pode esclarecer uma situação de campo sem que surja o *insight* e que, muitas vezes, a compreensão não é simultânea no analista e no paciente. Concordo, nesse ponto, com Liberman (1971) quando diz que o *insight* pode ocorrer no analista fora da sessão.[13]

De acordo com os Baranger, a fantasia do campo é por partida dupla, participam paciente e analista. Para defender essa posição, esgrime-se às vezes o argumento da terapia de grupo, em que a fantasia (ou o sonho) que aparece em um dos membros é realmente grupal; porém, há uma diferença, pois no grupo participam todos os membros com contribuições concretas. A análise, entretanto, é uma situação radicalmente assimétrica. Justamente por isso podemos alcançar os desejos ou as fantasias do paciente e operar *per via di levare:* o que nós damos é o marco adequado para que o analisando expresse-se, nunca elementos de nós mesmos. A idéia de uma fantasia compartilhada, de uma fantasia de campo, é sem dúvida aplicável à teoria da psicologia complexa, porque os psicólogos junguianos crêem que o analista deve comunicar ao paciente suas associações e seus sonhos. Então, realmente se configura uma fantasia de campo, mas nosso método não se baseia nesse tipo de cuidados. Como diz Grande (1978), o campo é o que o paciente encaixa em nós e, teoricamente, o melhor analista será, nesse ponto, o que possuir a estrutura de ótima maleabilidade, na qual o campo seja esculpido, se possível, cem por cento pelo paciente. Que nunca se alcance esse ideal não altera nossos pressupostos teóricos, nem deve modificar nossa técnica.

O *INSIGHT* DO ANALISTA: UM EXEMPLO CLÍNICO

Lembro-me de uma paciente que, durante um tempo bastante longo, contava-me sonhos muito interessantes, que eu interpretava com verdadeiro prazer e "acerto", sem que o processo fosse adiante. Então, sonhei que tinha uma relação anal com ela. Isso me provocou uma dolorosa surpresa e uma forte depressão, mas levou-me a compreender o que estava ocorrendo comigo. Poucos dias depois, a paciente sonhou que se deitava no divã de bruços e movia seu traseiro de maneira excitante. Contou o sonho sem maior angústia e com um tom quase divertido; parecia-lhe raro e gostaria de saber como eu o interpretaria. Com essas associações, e a partir do *insight* que havia tido sobre minha contratransferência, interpretei-lhe que o sonho que ela estava contando-me era concretamente seu traseiro: a ela interessava excitar-me com o relato de seu sonho mais do que indagar o que significava.

Nesse caso, como em muitos outros, o momento de *insight* na contratransferência precedeu a possibilidade de interpretar. Reconheço que é um caso extremo, mas por isso mesmo ilustrativo. Não resta dúvida de que, nessa ocasião, dei mais passos do que os habituais no conflito contratransferencial, e assim surgiu o sonho. Se tivesse captado antes meu conflito e o tivesse utilizado para compreender minha paciente, teria podido dizer-lhe muito antes o sentido que tinha para ela contar-me seus "belos" sonhos. Talvez isso fosse suficiente e evitasse ter de sonhá-lo e sofrer o choque emocional que significou para mim. Nem preciso dizer que a analisanda resistiu em princípio à minha interpretação, mas depois, em outro contexto, confirmou-o, assinalando que tinha a idéia de que sua voz era para mim muito agradável. Somente nesse momento ela teve *insight* da situação.

Esse exemplo serve para diferenciar duas ordens de fenômenos, a compreensão e o *insight*. Para conseguir que o paciente alcance o *insight*, o analista tem de partir de um processo de *insight* em si mesmo, que sempre conta tanto como resolver um conflito de contratransferência.

Em resumo, entendemos por *insight* um tipo especial de conhecimento, novo, claro e distinto, que ilumina de imediato a consciência e sempre se refere à própria pessoa que o experimenta. É um termo teórico da psicanálise que pertence à psicologia processual, não à personalística, uma vez que ressalta o processo mental de tornar consciente o inconsciente, que sempre foi para Freud a chave operativa de seu método.

---

[12] "The analyst's insight, often enriched and advanced by creative patients, should be distinguished from the patient's insight. The analyst must have insight into the patient's defenses, conflicts, and character. The analyst's insight in neither symmetrical nor synchronous with that of the patient, and both precedes and permits proper interpretation and reconstruction. Analytic insight is necessary for the conduct of clinical analysis and resolution of countertransference" (*Psychoanalytic explorations of technique*, 1979, p. 44).

[13] *Lingüística, interacción comunicativa y proceso psicoanalítico*, v. 1, esp. Cap. II, "Investigación durante las sesiones con el paciente y las sesiones como objeto de investigación".

50

Insight e Elaboração

O *INSIGHT* COMO CONHECIMENTO

Acabamos de definir o *insight* como um tipo especial de conhecimento que reúne entre suas características a de ser novo e intransferível. Digamos agora que, como todo conhecimento, o *insight* implica uma relação entre dois termos ou membros que pode ser de natureza diversa. Às vezes, trata-se da apreensão de um tipo especial de vínculo, isto é, como estão relacionados dois termos em uma explicação causal, a forma como se relaciona, por exemplo, a ingestão de álcool com a embriaguez. Também pode tratar-se de uma relação instrumental entre meios e fins, como a conduta apetitiva de uma ave e o achado de alimentos. Outras vezes, por fim, a relação é entre o símbolo e o simbolizado, entre significante e significado. Em cada um desses casos, o sujeito capta de imediato uma relação que até então não lhe havia sido inteligível e que muda o significado de sua experiência.

Sempre me pareceu que, nesse sentido, o *insight* ocupa um lugar polar com a *experiência delirante primária*. Jaspers (1913) definiu a experiência delirante primária como uma *nova conexão de significado* que se impõe de pronto ao paciente e que é ininteligível, impossível de empatia para o observador. Podemos, é claro, aceitar a definição fenomenológica de Jaspers, embora como psicanalistas tenhamos empatia com os elementos inconscientes que levam a essa nova relação de significado. Isso me foi ensinado por um paciente que vi há muitos anos, em Mendoza, com um delírio paranóico. Ele havia ido caçar em San Rafael, ao sul da província, com um amigo, os dois em uma caminhonete. De repente, o amigo acionou a alavanca de mudanças e tocou-lhe a perna; "e nesse momento", disse o doente, "senti uma rara excitação e dei-me conta de que meu amigo era o amante de minha mulher". Do ponto de vista fenomenológico, essa nova conexão de significado pode deixar sem empatia o grande Jaspers, mas não o mais modesto dos discípulos de Freud. Compreendi, nesse momento, os mecanismos projetivos de meu paciente e senti-me realmente tocado por aquela demonstração como de laboratório.

O que quero dizer é que o *insight* é um fenômeno da mesma categoria que a vivência delirante primária, só que se situa no outro extremo da escala. No *insight*, a nova conexão de significado serve justamente para apreender uma realidade à qual não se podia ter acesso até esse momento. Se meu paciente de Mendoza se tivesse dito: "Então, quer dizer que minha amizade com Fulano tem um componente erótico, quer dizer que tenho algum tipo de sentimento homossexual em relação a ele, como prova o fato de que, quando me tocou a perna na caminhonete, senti um estremecimento", aquele homem teria tido um momento de *insight*, em vez da vivência delirante primária que pôs em marcha seu irreversível delírio de ciúmes.

Como a vivência delirante primária, o *insight* é uma nova conexão de significado que modifica a idéia que o sujeito tinha de si mesmo e da realidade. É difícil estabelecer em que consiste a diferença entre os dois fenômenos, mas digamos, provisoriamente, que a vivência delirante primária *constrói* uma teoria e o *insight* a *destrói*; porém, isso é apenas uma aproximação, à qual teremos de voltar mais adiante.

Para encerrar este item, quero lembrar que, em várias oportunidades, Freud estabeleceu uma relação entre suas teorias e o delírio; basta lembrar o escrito ao final de seu trabalho sobre Schreber (1911c): "Fica para o futuro decidir se a teoria contém mais delírio do que eu gostaria, ou o delírio, mais verdade do que outros acham hoje acreditável" (*AE*, v. 12, p. 72).

O *INSIGHT* DINÂMICO

A partir dessas idéias gerais, veremos agora como se classifica o *insight*, porque a partir disso surgirão esclarecimentos importantes. A classificação mais típica, a que se encontra em toda parte, é a que divide o *insight* em *intelectual* e *emocional*. Zilboorg (1950), por exemplo, a adota e, além disso, sublinha energicamente que o verdadeiro *insight* é o emocional, o que, como veremos, pode ser questionado.

Na segunda metade do século XX, por diversos motivos que agora não é o momento de ponderar, o estudo do *insight* adquiriu um grande destaque. Esse processo, como já dissemos, culmina no Congresso de Edimburgo e continua, desde então, sem declinar. Há, naqueles anos, toda uma série de estudos importantes. A partir de Zilboorg, temos primeiro o trabalho de Reid e Finesinger (1952), depois o de Richfield (1954) e, com o intervalo de outros dois anos, o de Kris (1956a).

Reid e Finesinger, que se juntaram em Maryland para realizar uma investigação interessante, criticaram a classificação de *insight* intelectual e emocional com argumentos que convém recordar. A classificação falha pela base porque, de fato, o próprio conceito de *insight* implica processo cognitivo, processo intelectual. De modo que todo *insight* é essencialmente intelectual e não pode haver *insight* que não o seja. Há uma diferença, entretanto, e esses autores a encontram na relação do *insight* com a emoção: certas vezes, a emoção não é substancial, não vai além do componente afetivo de todo processo intelectual; outras vezes, porém, o *insight* está vinculado estreitamente à emoção e em duas formas que poderiam ser chamadas de entrada ou de saída, como conteúdo ou conseqüência. A primeira dessas possibilidades é pouco significativa, o *insight* refere-se a uma emoção, seu *conteúdo* é uma emoção, um dos termos dessa relação que se capta no momento de *insight* é uma emoção. Se, em dado momento, o paciente toma para si que sente ódio pelo pai, em seu *insight* a emoção aparece como conteúdo. Essa classe é pouco significativa, porque com o mesmo critério se poderia dizer que um *insight* é infantil quando se refere a algo que aconteceu na infância. É um erro semelhante ao de classificar os delírios por seu conteúdo, e não por sua estrutura. Outra coisa, no entanto, é que o *insight* obtido *veicule* determinadas emoções, coloque-as em marcha, libere-as. O *insight*, nesse caso, consiste em que o sujeito dê-se conta de um fato psicológico que lhe provoca uma resposta emocional.

Após ter esclarecido dessa maneira a dupla relação entre o *insight* e o afeto, Reid e Finesinger propõem chamar ambos de *insight emocional*, contrapondo-os ao *insight* intelectual, que denominam de *neutro* para evitar o pleonasmo de chamar de intelectual um processo que, por definição, sempre o é.

Preocupados como estão com o papel do *insight* em psicoterapia, Reid e Finesinger dizem que nenhum desses dois tipos de *insight*, neutro ou emocional, dá conta do problema principal: porque, em algumas circunstâncias, o *insight* é operante, e em outras não. Propõem, então, um terceiro tipo, que chamam de *insight dinâmico* e que tem a ver com a teoria do recalcamento: no momento em que se levanta um recalcamento, o *insight* é dinâmico, o único realmente eficaz.

Podemos resumir, agora, em um simples quadro sinóptico a investigação da Universidade de Maryland:

Insight
- neutro
- emocional
  - a emoção como conteúdo
- dinâmico
  - a emoção como resultado

Como indica seu nome, o *insight* dinâmico constitui-se quando um conhecimento penetra a barreira do recalcamento, no sentido mais estritamente freudiano, e faz com que o ego se dê conta de um desejo até então inconsciente (1952, p. 731).

INSIGHT DESCRITIVO E OSTENSIVO

Quando Richfield retoma o tema dois anos depois, faz uma crítica valiosa ao trabalho recém-comentado. Há uma petição de princípio na classificação de Reid e Finesinger, já que vamos chamar de *insight* dinâmico o que promove uma mudança e, se não a obtém, diremos retroativamente que esse *insight* foi somente neutro ou emocional. Isso cria um círculo vicioso. Concordo com essa crítica de Richfield e acrescentaria que a idéia de que o *insight* seja efetivo não pertence propriamente a nosso tema, mas antes ao dos fatores curativos, que não é o mesmo. Neste capítulo, não me proponho, em princípio, a elucidar por que o *insight* é operativo (ou curativo), e sim a deslindar suas classes, o que talvez depois permitirá formular mais firmemente uma teoria da cura.

A classificação de Reid e Finesinger também pode ser objetada de outra forma: dos dois tipos de *insight* emocional mencionados, o segundo, o que mobiliza uma emoção, sempre é dinâmico, porque somente quando se levanta o recalcamento surge a emoção até então reprimida. De modo que realmente não há três tipos de *insight*, como pretendem os autores de Maryland, mas apenas dois. Em outras palavras, o *insight* que eles chamam de emocional é sempre ou neutro ou dinâmico.

Para evitar o risco de cair em um raciocínio circular, mas seguindo de perto as precisões de Reid e Finesinger, Richfield propõe uma nova classificação do *insight*, que é, acredito, a melhor.

Richfield parte da teoria das definições de Bertrand Russell, afirmando que elas são de dois tipos, de palavra a palavra e de palavra a coisa. Às vezes, definimos algo com palavras, com outras palavras, e essas são as definições *verbais*. Porém, se só tivéssemos definições de palavra a palavra, estaríamos navegando em um mar de abstrações. Também precisamos de definições em que haja correlação entre a palavra e a coisa. Estas são chamadas de *ostensivas*, porque são feitas mostrando, assinalando com o dedo. O cego não pode alcançar uma definição ostensiva da cor e terá nesse ponto sempre uma deficiência radical. Não importa que ele saiba melhor do que eu quais são as unidades Ämstrong do espectro de cada cor, nem que saiba como Picasso empregou o azul, ou Van Gogh, o amarelo; ele poderá saber muito de tudo isso, mas se lhe pergunto "o que é o amarelo?" nunca poderá dizer-me, diante de um quadro de Van Gogh, *isto* é amarelo, porque obviamente carece da possibilidade de uma definição ostensiva.[1]

Há dois tipos de definições e, por conseguinte, de conhecimento. Com as definições verbais, obtemos um conhecimento *por descrição*, sempre indireto; as definições ostensivas, em troca, dão-nos um conhecimento direto, *por familiaridade*.

Aplicando esses conceitos ao *insight*, diremos que, quando se descrevem e compreendem com palavras os

---
[1] Para uma discussão profunda desse tema, ver o Capítulo 1, "Meaning and definition", de John Hospers (1953).

fenômenos psicológicos inconscientes, há *insight descritivo*, ou verbal, que vai de palavra a palavra. Mas há também um *insight ostensivo*, no qual a pessoa que o assume sente-se, de imediato, em contato direto com uma determinada situação psicológica. Isso é tão certo que, muitas vezes, quando interpretamos pensando que estamos transmitindo realmente um conhecimento ostensivo, dizemos ao paciente: Vê, aí está, isso é o que eu estava lhe dizendo, ou algo assim. E, muitas vezes, fazemos o gesto com o dedo, sentados em nossa poltrona.

Esses dois tipos de definição (e de conhecimento) que vêm de Russel e que são aceitos por todos os filósofos analíticos de nosso tempo são absolutamente necessários. Quando se aplicam ao *insight*, sancionam uma diferença muito clara, porém não mais uma supremacia, porque esses dois tipos de conhecimento não se excluem: deve-se conhecer as coisas palavra a palavra e também ostensivamente.

O CONCEITO DE ELABORAÇÃO

Os dois tipos de *insight* de Richfield, descritivo e ostensivo, logo nos servirão para propor uma explicação que articula o *insight* e a elaboração; por ora, nossa intenção é mais direta, verificar o que se entende por elaboração.

Como todos sabem, Freud introduziu o conceito de *elaboração (Durcharbeiten)* em um ensaio de 1914, intitulado justamente "Recordar, repetir e reelaborar". A partir de um exemplo, Freud diz ali, nos parágrafos finais de seu artigo, que muitas vezes o consultam analistas que se lamentam "de ter exposto ao paciente a sua resistência, embora nada tivesse mudado ou, pior, a resistência tivesse adquirido mais força e toda a situação tivesse se tornado ainda menos transparente" (*AE*, v. 12, p. 156-157). Freud responde que se deve dar ao paciente tempo para *elaborar* sua resistência, continuando o tratamento de acordo com as regras da arte, até que chegue o momento em que essa pulsão, que lhe havia sido assinalada e que ele intelectualmente aceitou, imponha-se em sua consciência. Portanto, conforme sua definição originária, a elaboração consiste em mobilizar as resistências para que um conhecimento intelectual recubra-se do afeto que lhe pertence. O analista didático pode dizer a seu candidato que tem rivalidade com seus companheiros de seminário, como irmãos, e ele responder que sim, que na realidade é assim; contudo, daí ao momento em que realmente sente a pulsão hostil e pode remetê-la ao conflito infantil com o recém-nascido, há um longo trajeto, o caminho cheio de obstáculos da elaboração.

O leitor recordará, sem dúvida, de quando Freud diz ao "Homem dos Ratos", na sexta sessão da análise, que seus desejos de que o pai morra provêm de sua infância, etc. Na nota 18, no rodapé da página 144 (*AE*, v. 10), Freud diz que suas afirmações não têm por objeto convencer o paciente, mas sim transladar para sua consciência os complexos inconscientes a fim de que surja novo material recalcado.[2] Através do processo de elaboração, essas *representações de espera (Erwartungsvorstellungen)*, como Freud certa vez as chamou, levam a convicção ao paciente. Embora já não recorramos a esse expediente técnico um tanto artificioso, de qualquer modo, quando fazemos a primeira interpretação de um tema importante, não esperamos que o analisando responda com um momento de *insight* emocional, isto é, com pleno afeto. Até ficaria mal se pensássemos assim: a psicanálise seria muito fácil e aborrecida. Desde nossa primeira interpretação até que o paciente reconheça dentro de si o impulso, passa-se um longo tempo. Como disse a Fenichel um analisando que pôde tomar contato com seus desejos edípicos: eu sabia que a psicanálise estava certa, mas nunca pensei que estivesse *tão* certa.

Quando encerra seu belo ensaio de 1914, Freud diz que a elaboração é a herdeira da ab-reação do método catártico. Na realidade é assim, já que, no marco teórico do método catártico, a elaboração não é concebível. A terapia catártica pressupõe que uma determinada recordação fortemente carregada de afeto tenha ficado excluída do trânsito normal da consciência. Essa recordação é algo assim como uma hérnia psíquica e, no momento em que a alcançamos, em que a esmiuçamos, sobrevém uma descarga de afeto e passa a ser manejada como todas as outras recordações que não ficaram segregadas do trânsito da consciência, sofrendo ali a inexorável usura do tempo. Quando, a partir da teoria da resistência, abandona-se o método catártico, o conceito de ab-reação já não é mais operável.

Alguns autores pensam que entre ab-reação e elaboração há somente diferenças de grau e que os momentos de elaboração, enquanto somatória, vêm representar a descarga total do afeto do método catártico. Não creio, em absoluto, que seja assim e não o creio justamente porque o conceito mudou. É que entre o método catártico e a psicanálise há uma diferença essencial, uma mudança de paradigma, como diria Kuhn (1962).[3]

RELAÇÕES ENTRE *INSIGHT* E ELABORAÇÃO

A idéia de que a finalidade da psicanálise é dar ao paciente um conhecimento especial de si mesmo tem sido permanente desde o começo do método, e, antes ainda, desde a catarse. A palavra *insight* condensa esse projeto de conhecimento, e agora nos cabe estudar a metapsi-

---

[2] "Produzir convencimento nunca é o propósito dessas discussões. Elas são apenas destinadas a introduzir na consciência os complexos recalcados, a avivar a luta em torno deles no terreno da atividade anímica inconsciente e a facilitar a emergência de material novo a partir do inconsciente. O convencimento só sobrevém depois que o paciente tiver reelaborado o material readquirido e, enquanto estiver oscilante, cabe considerar que o material não foi esgotado".
[3] Discutimos esse ponto com mais detalhe no Capítulo 33 ao falar de interpretação mutativa e ab-reação.

cologia do processo que culmina nesse momento singular do *insight*, o que nos conduzirá diretamente ao magno problema da elaboração.

A relação do *insight* com a elaboração fica de fato estabelecida no momento em que Freud (1914g) introduz o segundo desses conceitos. Naquele trabalho, Freud descrevia a elaboração como o intervalo que vai desde quando o paciente toma conhecimento de algo que lhe diz o analista até quando, vencendo suas resistências, aceita-o com convicção. Creio que nessa descrição estão implícitos os conceitos de *insight* descritivo (o que o analista diz) e ostensivo (o que resulta do trabalho sobre as resistências), embora Freud, obviamente, não o diga nesses termos. O que, em 1914, Freud chama de *elaboração* não é outra coisa senão essa ladeira que o analisando deve percorrer desde o *insight* descritivo até o *insight* ostensivo.

É nesse ponto, justamente, que se pode articular a investigação de Strachey (1934). Se o consideramos dessa perspectiva, o segundo passo da interpretação mutativa configura um momento de *insight* ostensivo, em que o analisando toma contato diretamente, não através de palavras, com a pulsão e com seu destinatário original. Por isso, eu dizia que a interpretação mutativa contém a melhor teoria explicativa de como se obtém o *insight* por meio da interpretação e também o melhor exemplo do que se chama de *insight* ostensivo. Desse ponto de vista, pode-se afirmar que, por definição, somente a interpretação transferencial pode promover um conhecimento direto, ostensivo.

Repito, então, que o processo de elaboração descrito por Freud no trabalho de 1914 conduz do *insight* intelectual, verbal ou descritivo, ao *insight* ostensivo, que agora sim podemos dizer que é também sempre emocional. Porque, quando me responsabilizo por minha pulsão, por meu desejo, sinto o afeto conseguinte, e isso no duplo sentido de Reid e Finesinger: revivo a emoção e assumo, ao mesmo tempo, os sentimentos que essa tomada de consciência ineludivelmente desperta, sentimentos que, além da emoção como conteúdo, surgem do *insight* como promotor de um estado de consciência.[4]

A OUTRA FASE DA ELABORAÇÃO

O movimento que leva do *insight* descritivo ao ostensivo, que Freud descreveu em 1914 ao introduzir o conceito de elaboração, constitui apenas a primeira parte de um ciclo. A elaboração tem, em meu entender, uma segunda fase, que vamos estudar agora e na qual se assenta sua diferença radical em relação à ab-reação.

No que descrevemos há pouco como a primeira fase do processo de elaboração, vai-se do *insight* descritivo ao ostensivo: através do lento trabalho sobre as resistências, procuramos remeter as palavras aos fatos. A partir do momento crítico em que surge o *insight*, tomamos o caminho contrário, procurando dar significado a nossos afetos, pondo nossas emoções em palavras. Esta é uma instância da elaboração em que os fatos são vertidos em palavras, em que *penso* minhas emoções; dou-me conta de seu alcance e de suas conseqüências. Por algum motivo, disse o poeta que "as melhores emoções são os grandes pensamentos".

O momento do *insight* ostensivo é, sem dúvida, fundamental; porém, para que perdure, deve traduzir-se cuidadosamente em palavras. Eu me atreveria a dizer que, se esse processo não é cumprido, o *insight* ostensivo, por muito emocional e autêntico que seja, fica como um processo ab-reativo que não leva à integração.

O momento do *insight* ostensivo tem a ver com o processo primário, com a vivência. A partir daí, essa vivência começa a se recobrir de palavras. A vivência é, por certo, fundamental; se não está presente, tudo o mais não é válido. Todavia, por si só ela não basta; é necessário integrá-la ao ego e ao processo secundário, recobri-la de palavras e ver quais conseqüências seguem-se dela.

Com isso, espero ter esclarecido um pouco a relação do *insight* com a elaboração, ao mostrá-los como dois fenômenos indissoluvelmente ligados e, o que é mais importante, procurando precisar o vínculo entre ambos, que é complexo, que é duplo, de ida e volta. Há, portanto, um processo contínuo de elaboração, com pequenas ou grandes crises que podem ser chamadas de *insight*. O nome é arbitrário, pois onde termina a elaboração e onde começa o *insight* é uma questão de gosto, de definição. A elaboração é um processo diacrônico, um processo que tem uma duração no tempo, uma magnitude que percorre a abscissa. O *insight*, ao contrário, é um ponto que corta verticalmente, como a ordenada, é sincrônico.

Se o analista espera e espera, até dar com a interpretação precisa e acertada, o que obtém é uma crise, como quando Freud diz a Elisabeth von R. que ela queria que sua irmã morresse para se casar com seu cunhado. Ocorre aí um momento de *insight* típico e crítico (*AE*, v. 2, p. 171). Com a técnica atual, procuramos evitar que essas crises sejam muito pronunciadas, por meio de uma tarefa mais assídua, que protege o analisando de uma ansiedade excessiva (e a nós de sua inveja excessiva) e que torna o processo mais suave. Entretanto, e apesar de que a marcha da análise possa tornar-se menos áspera, sempre haverá essas duas situações, sincrônica e diacrônica, que definem respectivamente o *insight* e a elaboração.

Em resumo, apoiado em que existem dois tipos de *insight*, pude estabelecer uma relação de dupla via entre o *insight* e a elaboração que permite ver ambos os conceitos com mais clareza, sem evitar as complexidades de sua articulação sutil.

Agora, podemos fundamentar mais convincentemente o que dissemos quanto à diferença essencial entre a ab-reação e a elaboração. Diferentemente do método catártico, a psicanálise não depende da descarga de um *quantum* de excitação, mas da mudança dinâmica e estrutural que vai das palavras aos fatos, ou seja, do *insight* descritivo ao

---

[4] Na teoria kleiniana, como veremos adiante, esses sentimentos ligam-se à posição depressiva infantil.

ostensivo e, o que é mais importante nesse ponto, do *insight* ostensivo ao descritivo. Esse último passo é, para mim, decisivo para compreender onde falha a teoria catártica e também as teorias neocatárticas que se desenvolveram a partir de Ferenczi (1919b, etc.). As técnicas ab-reativas falham porque, uma vez que se procede à descarga de afeto, fica no sujeito uma tendência a reiterá-la, sem ter assimilado o processo que a provocou. E digo que esse processo está vinculado a um novo momento de elaboração, que vai (ou volta) do *insight* ostensivo ao *insight* descritivo.

Assim se resolve a divergência que surge quando se trata de situar o *insight* em relação à elaboração. Alguns autores dizem que o *insight* é o primeiro e põe em marcha a elaboração; outros afirmam que primeiro deve desenvolver-se o processo de elaboração, em cujo término cristaliza-se o *insight*.

Caracterizamos a posição do Freud de 1914 (creio que com bons argumentos) como sustentando o primeiro ponto de vista. A maioria dos autores que estudaram o tema, como Klein (1950), Lewin (1950), Kris (1956a e b) e Phyllis Greenacre (1956), alinha-se nessa posição. Greenson (1965b), porém, abraça decididamente a segunda, que parece ser a do próprio Freud depois de 1920.

Para Greenson, a análise tem dois momentos, antes e depois do *insight*, e apenas a este último cabe chamar de elaboração. Vejamos como se expressou o analista de Los Angeles: "Não consideramos como elaboração o trabalho analítico antes que o paciente tenha *insight*, só depois. A meta da elaboração é tornar o *insight* efetivo, isto é, promover mudanças significativas e duradouras no paciente. Ao fazer do *insight* o pivô, podemos distinguir entre as resistências que impedem o *insight* e as que impedem o *insight* de promover mudanças. O trabalho analítico sobre o primeiro tipo de resistências é o trabalho analítico propriamente dito, não tem uma designação especial" (tradução pessoal).[5]

Como creio ter mostrado, esse problema não está bem formulado, já que não leva em consideração que há *dois* tipos de *insight*, e não um, assim como também há duas fases no ciclo elaborativo.

DOIS CONCEITOS DE ELABORAÇÃO

Até agora, operamos com o conceito de elaboração que Freud introduziu em 1914 e que tem a ver com a resistência em termos da teoria dos dois princípios. Como todos sabemos, entretanto, esse conceito mudou radicalmente depois que *Além do princípio de prazer* (1920g) introduziu a hipótese de um instinto de morte. Quando culmina a teoria estrutural em *Inibição, sintoma e angústia* (1926d), Freud diagrama uma nova versão da resistência com cinco tipos, um dos quais é a *resistência do id*.

O conceito de elaboração que surge em 1914 como o necessário par dialético da compulsão à repetição vem cumprir em 1926 a finalidade de se opor ao instinto de morte.

Em um breve trabalho que escrevi em 1982, em colaboração com Ricardo J. Barutta, Luis H. Bonfanti, Alfredo J. A. Gazzano, Fernán de Santa Coloma, Guillermo H. Seiguer e Rosa Sloin de Berenstein, intitulado "Sobre dois níveis no processo de elaboração", assinalamos os riscos de não apontar claramente as diferenças entre esses dois conceitos de elaboração.

A concepção de Freud de 1914 apóia-se em que as leis do princípio do prazer provocam uma compulsão a repetir que configura o campo da transferência. O conceito de neurose de transferência liga-se, desde seu nascimento, à compulsão à repetição, cuja contrapartida é a elaboração. A elaboração é o instrumento terapêutico que, "a partir de se aprofundar nas resistências (aqui do ego), termina por tornar conscientes e por resolver os impulsos que as geram" (ibid., p. 2).

Quando Freud retoma o conceito de elaboração doze anos depois, após a mudança teórica produzida no intervalo, "a compulsão à repetição foi erigida em princípio explicativo e, por sua conexão com a pulsão de morte, transformou-se de conseqüência em *causa* do conflito" (ibid., p. 3). O conceito de elaboração liga-se à luta contra as resistências do id. A elaboração muda no compasso do conceito de repetição e fica, agora, além do princípio do prazer.

Como é mostrado no trabalho que estou comentando, a conseqüência mais significativa dessa mudança teórica é que Freud tem de separar recalcamento de resistência e atribuir ao ego uma atitude teleológica quanto a renunciar a suas resistências: "Fazemos a experiência de que o ego continua encontrando dificuldades para desfazer os recalques, mesmo depois que se formou o desígnio de renunciar a suas resistências, e chamamos de 'reelaboração' (*Durcharbeiten*) a fase de empenho trabalhoso que se segue a esse louvável desígnio" (*AE*, v. 20, p. 149). Seguindo essa dicotomia, Meltzer dirá no Capítulo VIII de *The psychoanalytical process* (1967) que a função de decidir o abandono das resistências corresponde ao *insight* e ao compromisso de responsabilidade que reside na parte adulta da personalidade, ao passo que acabar com os recalcamentos corresponde à mudança operada nos níveis infantis da personalidade.

Voltando a Freud, é evidente que o desígnio de renunciar às resistências pertence ao ego, e caberia afirmar que ao ego consciente, enquanto o processo de elaboração tem a ver com o id. O fato de que a decisão de abandonar as resistências remete-nos ao ego consciente parece depreender-se da forma como Freud expressa-se: "Tornamos consciente a resistência toda vez que, como é tão freqüente que ocorra, ela própria é inconsciente em função de seu nexo com o recalcado; se se tornou consciente, ou

---

[5] "We do not regard the analytic work as working through before the patient has insight, only after. It is the goal of working through to make insight effective, i.e., to make significant and lasting changes in the patient. By making insight the pivotal issue we can distinguish between those resistances which prevent insight and those resistances which prevent insight form leading the change. The analytic work on the first set of resistances is the analytic work proper; it has no special designation" (Greenson, 1965b, p. 282). Desse modo, Greenson aproxima-se do conceito de elaboração de Freud, formulado em 1926.

depois que o fez, nós lhe contrapomos argumentos lógicos e prometemos ao ego vantagens e prêmios se abandonar a resistência" (ibid., p. 149). Esse texto sugere fortemente que se deve recorrer a manobras psicoterapêuticas para ganhar a colaboração do ego, enquanto o conflito e sua elaboração ficam localizados no id.

A conclusão que surge desse estudo é que, se retrocedemos o processo de elaboração à área do id, temos de modificar o ego com argumentos racionais, que não são outra coisa senão psicoterapia e, mais precisamente, psicoterapia existencial.

VERARBEITUNG (WORKING OUT) E *DURCHARBEITEN (WORKING THROUGH)*

Outros autores (Laplanche e Pontalis, Joyce McDougall) preferem separar a elaboração psíquica da perlaboração, levando em conta que Freud utiliza o conceito de trabalho (*Arbeit*) em diversos contextos para se referir a funções da mente que parece adequado discriminar.

No *Vocabulaire* (Laplanche e Pontalis, 1968), a *elaboração psíquica* (*psychische Verarbeitung*) é entendida como a aplicação da idéia de trabalho ao funcionamento psíquico. É uma noção geral que afunda suas raízes no paradigma freudiano de um aparelho psíquico que transforma a energia pulsional, controlando-a, derivando-a ou ligando-a. Nas neuroses atuais, que Freud (1985b) introduziu nos primórdios de sua obra e às quais voltou no caso Schreber (1911c) e na "Introdução do narcisismo" (1914c), há uma falta de elaboração psíquica que condiciona a estase da energia sexual e que se manifesta diretamente em sintomas carentes de todo conteúdo psicológico. A *perlaboração*, ou per-elaboração ou reelaboração (*Durcharbeiten*), tem um alcance mais restrito que a elaboração psíquica, pois aplica-se exclusivamente aos processos de elaboração próprios do tratamento psicanalítico. Como já vimos, segundo o momento da investigação freudiana, a *Durcharbeiten* refere-se ao trabalho sobre as resistências que operam em sujeição ao princípio do prazer (1914) ou para superar a resistência do id, que está sempre além das resistências do ego e de seu próprio funcionamento (1926). Se em "Recordar, repetir e reelaborar" o ego opera resistindo ao impulso libidinal que se repete em busca do antigo prazer, em *Inibição, sintoma e angústia* o ego mobiliza o princípio do prazer para se opor à cega repetição da muda pulsão de morte que surge do id.

Também Joyce McDougall (1985) mostra-se partidária de separar *Verarbeitung* (*working out*, elaboração psíquica) e *Durcharbeiten* (*working through*, perlaboração) e aplica ambos os conceitos não apenas ao analisando, mas também ao analista, que deve estar sempre atento a seus próprios conflitos durante e depois da sessão. "The analyst's work does not end when the session with the analysand is over"* (*Theatres of the mind*, p. 22), e os pensamentos que às vezes o assaltam quando menos espera, quando não está trabalhando, se os elaborar convenientemente, eles lhe serão da maior utilidade. De imediato o ajudarão a se dar conta de seus conflitos de contratransferência e, assim, terá uma via de insuspeitada validade para compreender seu analisando; por outro lado, podem ser um sólido ponto de partida para questionar as teorias psicanalíticas com que se está manejando e até mesmo para criar novos conceitos. Porque, para McDougall, as duas formas de elaboração que ela aceita correspondem também a duas formas de pensar o trabalho analítico, clínico e teórico, que deverão ser deslindadas cuidadosamente. Desse modo, o analista pode transitar de maneira criativa por dois caminhos que se abrem para ele espontaneamente: um o leva ao trabalho clínico com seus analisandos; o outro, a compreender melhor suas teorias, a revisá-las e, no caso mais feliz, à criação de outras novas.

O *INSIGHT* E A POSIÇÃO DEPRESSIVA INFANTIL

Quase todos os autores concordam em comparar a elaboração com o processo de luto. Essa idéia é nítida em Fenichel (1941), mas pode ser encontrada, talvez, em trabalhos anteriores e a abraçam depois outros, como Bertrand D. Lewin, Ernest Kris, Phyllis Greenacre e Ralph R. Greenson. Todos eles pensam que a elaboração é cumprida, como o luto, por meio de um processo, de um *trabalho*. Isso também é aceito por Klein, que vai mais longe, sustentando que o próprio *insight* pressupõe um momento de luto.

Os trabalhos de Klein sobre a posição depressiva infantil (1935, 1940) descrevem um momento para ela fundador do desenvolvimento: a criança reconhece um objeto total no qual convergem o bom e o mau, até então separados pelos mecanismos esquizóides. Esse processo de síntese do objeto tem seu correlato na integração do ego, que suporta vivos sentimentos de dor ao se dar conta de que seus impulsos agressivos dirigiam-se, na realidade, a seu objeto de amor. Com uma grande angústia (depressiva) pelo destino do objeto amado, o ego toma, assim, contato com seu ódio e seus impulsos agressivos. Nesse marco teórico, o *insight* fica definido como a capacidade de aceitar a realidade psíquica, com seus impulsos de amor e de ódio dirigidos para um mesmo objeto.

Como Freud (1917e) e Abraham (1924), Klein (1950) pensa que o luto é consecutivo à perda do objeto; porém, essa perda não é somente a conseqüência do comportamento do objeto externo, mas também da ambivalência do sujeito frente ao objeto interno que representa os objetos primários (*Writings*, v. 3, p. 44). O reconhecimento de que o objeto bom interno foi (ou pode ser) atacado e destruído põe em marcha o processo de luto, com seu cortejo de angústias depressivas e sentimentos de culpa, que por sua vez despertam a tendência à reparação, a qual leva em suas entranhas a esperança.

Para Klein, o *insight* resulta da introjeção do objeto e da integração do ego que caracterizam a posição depressiva. Como diz em seu trabalho sobre o término da análise

---

*N. de R.T. Em inglês, como no original.

recém-citado, a dor depressiva é a condição necessária do *insight* da realidade psíquica que, por sua vez, contribui para uma melhor compreensão do mundo externo (ibid.). À medida que o *insight* muda a atitude do indivíduo frente ao objeto, aumenta seu amor e responsabilidade. Meneghini (1976) adverte que muitas das idéias de Klein sobre a relação entre *insight*, elaboração e luto podem ser rastreadas até seu primeiro trabalho, "The development of a child" (1921), no qual, seguindo Ferenczi, descreve a luta entre o sentimento de onipotência e o princípio de realidade.

Em seu já clássico trabalho ao Congresso de Edimburgo, Hanna Segal (1962) destaca firmemente o papel do *insight* no processo psicanalítico. Também para ela, o *insight* enquadra-se na situação de luto que sobrevém quando são corrigidos os mecanismos de identificação projetiva e de dissociação que operam na posição esquizoparanóide.

O *insight*, que para Segal consiste em adquirir conhecimentos sobre o próprio inconsciente, opera terapeuticamente por dois motivos:

1. porque produz o processo de integração das partes clivadas do ego;
2. porque transforma a onipotência em conhecimento.

Para essa autora, o *insight* não é apenas conhecimento das partes do *self* (que se haviam perdido por identificação projetiva), mas também incorporação das experiências passadas, o que reforça o sentimento de identidade e o poder do ego.

Ao recuperar através do *insight* as partes perdidas de seu *self* e as experiências esquecidas e/ou distorcidas, o indivíduo pode reestruturar e fortalecer seu ego, confiar nos objetos bons que podem ajudá-lo e diminuir sua onipotência e onisciência.

O *INSIGHT* E AS LINHAS DE DESENVOLVIMENTO

Seguindo o conceito de *linhas do desenvolvimento* de Anna Freud (1963), alguns de seus discípulos, como Clifford Yorke, Hansi Kennedy e Stanley Wiseberg, estudaram o *insight* em função do crescimento da mente infantil.

Os analistas da Hampstead Clinic estabelecem uma diferença clara entre o *insight* propriamente dito, a auto-observação (*self-observation*) e as fases ainda mais primitivas que a maturação do aparelho mental registra. A auto-observação, de início, é um requisito para o *insight*, mas nem sempre conduz a ele. A auto-observação pode ficar a serviço da gratificação do id, assim como da severa crítica do superego e mesmo dos mecanismos de defesa, sancionando uma dissociação patológica no ego.

Para essa escola de pensamento, compreende-se que o bebê, submetido aos vaivéns mais imediatos do processo primário, não pode ter *insight*. De acordo com o reinado do princípio do prazer, a forma mais primitiva de discriminação experiencial deve consistir em uma forma alternativa entre o prazeroso e o desprazeroso.[6] Da interação inevitável dos impulsos da criança e das limitações da realidade, e ao compasso das pautas constitucionais de maturação do ego, depois vai organizando-se o mundo das representações, para começarem a se estabelecer os limites entre o ego e o não-ego. Desse modo, a criança obtém uma primeira classificação de suas experiências, altamente subjetiva, por certo, em que as vivências prazerosas são atribuídas ao ego, e ao não-ego as outras. Talvez, nesse momento, estejamos diante de uma forma muito primitiva de auto-observação, embora a criança ainda careça desse olho interno que torna possível a auto-observação. Esse tipo de funcionamento abrange toda a etapa pré-verbal, enquanto a aquisição gradual da linguagem acelera notavelmente o desenvolvimento cognitivo. É nesse momento que a criança adquire um grau suficiente de estrutura em seu aparelho mental para que seja capaz de exercitar uma capacidade rudimentar de auto-observação, o que a torna acessível à experiência do tratamento psicanalítico, mesmo que ainda esteja longe de uma conquista plena da constância objetal, que requer o reconhecimento de que o objeto tem suas próprias necessidades e desejos. Seguindo Rees (1978), Hansi Kennedy afirma: "Até os seis ou sete anos, a criança é egocêntrica do ponto de vista cognitivo e sua compreensão dos demais limita-se a experiências subjetivas" (*Psicanálise*, v. 4, p. 49). Se levamos em conta que o *insight* depende da função integradora do ego, como sustenta Kris (1956a), então devemos concluir que a criança da primeira infância e do período de latência está muito longe ainda de utilizar a experiência do *insight* tal como faz o adulto. Durante a primeira infância, a capacidade de auto-observação da criança é escassa e provém da internalização das demandas parentais, de sua aprovação. Essa capacidade de auto-observação vai afirmando-se gradualmente, embora sempre acompanhe a tendência da criança a "externalizar" seus conflitos. Além disso, é raro encontrar em um criança de menos de cinco anos um verdadeiro *insight* sobre a maneira como o passado afeta a experiência atual.

No período de latência, a criança tem de fato capacidade para o *insight*, porquanto o superego já está formado e os conflitos internalizaram-se. Nesse momento do desenvolvimento, o recalcamento e outros mecanismos de defesa operam para conter os derivados instintivos inaceitáveis. Nesse período, a auto-observação e a reflexão estão asseguradas; contudo, de qualquer modo, a criança luta contra o *insight* e tende a se afastar de seu mundo interno, externalizando seus conflitos. A criança atribui seus problemas a causas externas e busca solucioná-los também no mundo exterior, e não por meio da compreensão.

---

[6] Como vimos no item anterior, Klein data o desenvolvimento do infante muito antes e não se mostra muito disposta a reconhecer etapas na aquisição do *insight*.

O adolescente, ao contrário, é por definição muito introspectivo e reflexivo, mas a intensidade de seus desejos sexuais e agressivos o aterrorizam, de modo que luta energicamente contra o reconhecimento de seus conflitos internos e sua reaparição no presente.

Apenas no adulto a auto-observação consagra-se como uma função autônoma, com o que se obtém um grau ótimo de auto-observação objetiva e, com isso, um desejo de conhecer a si mesmo.[7]

Em resumo, as crianças da *primeira infância* têm uma capacidade limitada de auto-observação que leva a perceber os próprios desejos e sentimentos e a reconhecer dificuldades, que são justamente a marca de um *insight* objetivo. Durante a *latência*, a criança dispõe dos instrumentos para o *insight*, mas a capacidade de colaborar com o analista flutuará intensamente, e as resistências à introspecção e ao *insight* serão muito fortes. Na *adolescência*, por fim, há uma atitude introspectiva natural, além de uma capacidade para compreender os motivos inconscientes da conduta, com o que já se dão plenamente as condições para o verdadeiro *insight*, embora continue neles a predisposição a ver sempre o imediato e o presente em detrimento do interesse pelo passado e da influência que ele pode exercer sobre o presente, que parece ser predicado apenas do espírito adulto.

O *INSIGHT* COMO RESOLUÇÃO OSTENSIVO-CONTRA-INDUTIVA DE UM PARADOXO PRAGMÁTICO

De acordo com Ahumada (1991, 1994, 1997a, 1997b), o *insight* psicanalítico genuíno implica o acesso a um determinado paradoxo pragmático, que se resolve de forma ostensiva a partir de exemplos individuais. Ahumada segue Richfield (1954) quanto ao fato de que apenas um conhecimento por familiaridade torna possível o *insight* (ostensivo) que leva à mudança psíquica estrutural; apóia-se também em Bateson (1973) no que se refere à primazia da pragmática sobre a semântica. A bilógica de Ignacio Matte Blanco (1975, 1988) e algumas idéias do autor deste livro influem, sem dúvida, na investigação de Ahumada. A ostentação de eventos que podem ser indicados dizendo "isso" se dará tanto em telas perceptuais como em telas mnêmicas.

A generalização indutiva estende a uma classe o observado em instâncias individuais, enquanto a *contra-indução* é a falsificação observacional de certa classe (na clínica: conceito, emoção, impulso) em casos individuais: da distinção ostensiva do particular leva a revisar *uma teoria em uso até ali desconhecida*. O analista traz descrições das experiências do analisando partindo de novos pontos de vista e permite-lhe, assim, resgatar ostensivamente (em telas perceptuais ou mnêmicas) eventos antes indiscerníveis; ao compará-los, o analisando tem acesso a um teste experiencial de suas teorias implícitas.

A realidade psíquica atua como matriz dedutiva inconsciente de teorias relacionais, operando como categorias pragmático-emocionais, que estruturam a maneira como o analisando percebe seu vínculo com os outros e como se comporta em relação a eles. Em contraposição, o pensamento inferencial consciente que mapeia a linguagem está organizado em torno de indivíduos e suas qualidades. Ao aceder, em instâncias individuais concretas, a um conhecimento por familiaridade das classes resultantes de seus modos pragmáticos e semânticos inconscientes de coligar os fatos, o analisando obtém seu teste da realidade experiencial de seus marcos ou teorias inconscientes. Esses marcos são o resultado de generalizações indutivas precoces e regem a forma como cada pessoa organiza suas relações. Desse modo, fica aberta a possibilidade de refutá-las.

A interpretação inspira-se nessa tarefa global: traz conhecimento (conjectural) por descrição, um mapeamento provisório em forma de conjecturas interpretativas que, se forem adequadas, ajudarão o analisando a obter novos pontos de observação em uma *descrição múltipla* de sua realidade psíquica e, em conseqüência, chegar a uma refutação ou a uma reformulação ostensiva consciente de seus modos, até então inconscientes, de conceituar os acontecimentos relacionais. Um grau substancial de neutralidade pragmática (e semântica) do analista é o pano de fundo que permite ao analisando deslindar e articular o que terá observado dentro e fora da sessão.

No tratamento de um adolescente pós-autista cuja característica principal era a pseudo-estupidez, levado a tratamento por seus pais por seu terror ao avô, Ahumada (1997a) ilustra em detalhe a maneira como, depois de já terem ocorrido notórios progressos clínicos, consegue evidenciar em sessão, a partir de um material de fim de semana em que era patente a sexualidade, a equiparação em um mesmo marco ou classe inconsciente (marcado pelo terror e condicionando suas ações e suas vivências) de três indivíduos, certamente muito dessemelhantes no plano consciente: a Prefeitura Marítima no papel de polícia sexual, seu avô (com quem já tinha, nessa época, um vínculo muito afetuoso) e seu analista. A observação múltipla de uma mesma forma inconsciente, exteriorizada através de três indivíduos dessemelhantes, possibilita ao analisando deslindá-la e obter o salto do mero conhecimento por descrição ao conhecimento por familiaridade. Nessa conjuntura, reconhece vividamente, no nível ostensivo, o que lhe havia sido interpretado antes tantas vezes, que situava o analista no papel de polícia sexual, isto é, seu perene temor de que o analista rivalize e ataque suas vivências amorosas.

---

[7] Reproduzo os conceitos vertidos por Clifford Yorke no Seminário de Técnica Psicanalítica da Associação de Buenos Aires em 1982.

51

Metapsicologia do *Insight*

INSIGHT E PROCESSO MENTAL PRÉ-CONSCIENTE

Seguindo as grandes linhas da psicologia do ego, Kris (1956a) explica algumas das vicissitudes do *insight* a partir do conceito de carga livre e fixada, ou seja, das diferenças conceituais entre processo primário e secundário. Brilha nesse trabalho a mais pura psicologia hartmanniana, além das contribuições do próprio Kris sobre o pensamento mental pré-consciente, que partem de seus estudos sobre a caricatura (1936) e o cômico (1938) e que culminam em 1950 com seu trabalho "On preconscious mental process".

Para sermos mais exatos, Kris utiliza para explicar o *insight* não apenas a dialética de processo primário e secundário, mas também o modelo do aparelho psíquico proposto por Freud em 1923. Do ponto de vista estrutural, Kris pensa o *insight* como um fenômeno bifronte, que se assenta ao mesmo tempo no ego e no id: há uma forma (oral) incorporativa e uma forma anal do *insight* (presente, tesouro), que são claramente modelos instintivos, ou seja, do id.

O mais distintivo da contribuição de Kris é, sem dúvida, sua explicação do processo de elaboração. A elaboração consiste em que as cargas livres do processo primário modificam-se e reordenam-se de forma tal que, organizadas como processo mental pré-consciente, ficam depositadas no sistema Prcc, até que, em dado momento, surgem subitamente como *insight*.

O raciocínio de Kris tem seu ponto de partida no que ele chama de hora analítica satisfatória (da qual, creio eu, todos os analistas contam alguma em seu haver!). São sessões que, na realidade, não começam favoravelmente, nem andam nos trilhos; transcorrem, antes, em uma atmosfera pesada e tensa; a transferência tem predominantemente um sinal hostil, o ambiente é de pessimismo, quando não de derrota. De repente, porém, e com freqüência ao final, tudo parece acomodar-se e as coisas encaixam-se como peças de um quebra-cabeças. Basta, então, uma breve interpretação do analista para que tudo fique perfeitamente claro; às vezes, essa interpretação cabe em uma simples pergunta, quando o próprio paciente não a torna óbvia, chegando por si mesmo às conclusões.[1]

Essas sessões saem tão bem – prossegue Kris – que parecem ter sido preparadas de antemão. Não se pode pensar, por certo, que essa elaborada configuração provenha da tendência do recalcado a alcançar o nível da consciência, mas sim das funções integradoras do ego, da mente pré-consciente. Todo o trabalho das sessões anteriores foi organizando-se no pré-consciente e subitamente surge. Portanto, Kris chama de elaboração o processo que reorganiza, no nível do sistema Prcc, as cargas do Icc. O *insight* em que a sessão satisfatória culmina é o produto do trabalho analítico que liberou as energias de contra-investimento ligadas ao material recalcado, colocando-as à disposição da energia ligada do processo secundário.

Junto à sessão satisfatória, Kris também vai descrever a sessão satisfatória enganosa. Esta se apresenta como parecida com a autêntica, mas podemos diferenciá-la, porque o *insight* surge rápido demais, sem esse trabalho prévio, árduo e difícil que vimos há pouco. As associações brotam com facilidade e o *insight* chega como que por um passe de mágica, como um dom dos deuses (ou do analista). É que esse *insight* não resulta de um processo de elaboração: as funções integradoras do ego operam apenas a serviço de seduzir o analista, de ganhar seu amor. É fácil pressagiar que esse *insight* espúrio não durará além da fase positiva da relação transferencial. Por outro lado, pode-se acrescentar que, se um analisando busca agradar ao analista, é porque existe o temor de que surjam coisas que não se quer mostrar. Agradar é, então, aplacar.[2]

---

[1] Essa descrição de Kris lembra-me do que Freud diz em suas "Observações sobre a teoria e a prática da interpretação dos sonhos" (1923c): há primeiro um período em que o material vai expandindo-se, até que de repente começa a se concentrar e armar-se como um quebra-cabeças que mostra claramente as idéias latentes do sonho.

[2] Do meu ponto de vista, o desejo de agradar ao analista tem um só lugar legítimo e nada mais que um no *insight* genuíno: quando aparece como conseqüência da obtenção do *insight*, surgindo do impulso à reparação.

Em um segundo caso de sessão satisfatória enganosa, o *insight* está a serviço de um desejo de se tornar independente do analista, de competir com o recurso da auto-análise. Se alguém tem *insight* apenas com a finalidade de ir contra seu analista, então pouco há de lhe valer a compreensão obtida. Esse *insight* nunca será eficaz, pois o que verdadeiramente importa é demonstrar ao outro que se sabe mais que ele, que interpreta melhor que ele. A verdade intrínseca que pode haver no que esse analisando disser, em última instância, não lhe chega nem lhe concerne, porque não está interessado na verdade do que acontece com ele, mas em demonstrar que sabe mais que seu analista. Nesse ponto, o contexto de descobrimento opera como uma hipótese suicida no contexto de justificação. É complexa, assim, a epistemologia da psicanálise.

Há, ainda, um terceiro tipo de hora satisfatória enganosa, quando as funções integradoras do ego parecem proliferar e a vida inteira do paciente é vista de uma perspectiva simplista e unilateral. Tudo deriva de um modelo determinado, de um cataclisma precoce da infância. Quando essa tendência opera, logo se nota uma certa distorção nos dados e nas fáceis transformações daquilo que deveria ser uma conquista trabalhosa da compreensão. Para dar conta desse fenômeno, que diga-se de passagem compreende-se sem dificuldades com a idéia bioniana de vínculo menos K, Kris apela para uma diferença entre função sintética do ego e função integradora. A função sintética tem a ver com o processo primário, ao passo que a função integradora é própria do processo secundário. Essa hipótese *ad hoc*, mais fácil de expor do que de provar, vem a mostrar, ao contrário, uma dificuldade da metapsicologia hartmanniana.

Em resumo, há três tipos de sessão satisfatória enganosa e outros tantos tipos de falso *insight*: um que tem a ver com a transferência positiva e tenta agradar ao analista; outro, com a transferência negativa de ir contra ele; o terceiro é uma forma de aplicar o método psicanalítico mecanicamente quando, a partir de um só fato (que pode ser real), pretende-se dar conta de todos os problemas. Nos três casos, o desejo de compreender não é autêntico, fica subordinado aos afetos que dominam a transferência. O vínculo é L, H ou menos K, mas não K – diria Bion (1962b).

Os três tipos de falso *insight* de Kris têm valor e deve-se levá-los em conta na clínica, discriminando em cada caso o quanto há de autêntico e o quanto de espúrio. No *insight* mais autêntico, haverá sempre um desejo de agradar ao analista e, do mesmo modo, até no mais invejoso impulso à auto-análise haverá sempre um matiz de legítima independência. Os atos mentais nunca são simples, já nos fez notar Wälder (1936), e em todos os casos devemos considerar um aspecto e o outro. Logo, a diferença entre o *insight* genuíno e o espúrio nem sempre é fácil de estabelecer. Para tornar as coisas ainda mais complicadas, às vezes o verdadeiro *insight* pode ser usado como defesa ou gratificação.

Uma grande parte do trabalho analítico realiza-se na obscuridade, diz sentenciosamente Kris. O caminho ilumina-se aqui e ali por algum clarão de *insight*, após o qual surgem novas zonas de angústia, assomam outros conflitos no material e o processo continua. Desse modo, as mudanças de longo alcance promovidas pela análise podem ser obtidas sem que o paciente chegue a ter plena consciência do caminho percorrido.

Quando o *insight* é verdadeiro e genuíno, ele é reconhecido por seus frutos: decresce a tendência ao *acting out* e amplia-se o funcionamento da área livre de conflito, graças ao aumento da autonomia secundária. O *insight* mobiliza novos repertórios de conduta, com uma tendência a produzir respostas adaptadas de tipo variado. A habilidade para oferecer essas respostas constitui, segundo Kris, um critério válido para os fins de avaliar o andamento do trabalho analítico e, eventualmente, seu término.

O *insight* insere-se em um processo circular: sem as mudanças dinâmicas e estruturais já descritas, o *insight* nunca poderia acontecer; porém, reciprocamente, uma vez instalado, o *insight* promove mudanças na estrutura da mente.[3]

Há alguns pontos em que a investigação de Kris guarda uma certa semelhança com a de Klein, como, por exemplo, no que se refere aos modelos arcaicos, os protótipos do id no *insight*. Na fantasia de tipo oral que Kris destaca, o conhecimento equipara-se no id a um alimento que pode ser incorporado e metabolizado. Desse modo, o protótipo oral do *insight* aproxima-se bastante da relação da criança com o seio, tal como a descreve Klein. Outra zona de contato entre as duas teorias pode ser encontrada no tema da integração. Kris concebe as mudanças estruturais que o *insight* promove como uma mudança na função integradora do ego. As explicações da escola kleiniana também atribuem a maior importância à integração do ego, mas nessa teoria a integração depende da obtenção da posição depressiva.

Em resumo, embora ninguém duvide que o *insight* tenha a ver com o processo secundário e com os engramas verbais, o valor da investigação de Kris reside em que propõe para essa afirmação uma explicação coerente com seu próprio marco teórico. Assim, a relação entre o *insight* e a verbalização fica inscrita em uma determinada teoria sobre a organização do pensamento mental pré-consciente. À medida que, ao ser levantado o recalque, passa-se do processo primário ao secundário, as cargas liberadas de suas fixações podem ser utilizadas a serviço da função integrativa.

Seguindo os passos de Kris, que foi seu mestre, Edward Joseph (1984) publicou um trabalho bastante

---

[3] Também Blum (1979) sublinha como característica a interação circular entre o desenvolvimento do *insight* e o trabalho analítico que condiciona mudanças estruturais que facilitam o *insight*.

completo sobre o *insight*, ao qual concebe como o resultado de um processo sumamente complexo em que intervém não apenas o paciente, que no curso da análise vai reorganizando seus processos mentais pré-conscientes, mas também o analista, que participa transmitindo sua compreensão com suas interpretações, com sua ressonância empática e com os informes que lhe chegam de sua contratransferência.

Para Joseph, o elemento emocional é indispensável na obtenção do *insight*, que é, entretanto, um fenômeno cognitivo e uma busca sem compromissos da verdade. Nesse sentido, o *insight* sempre envolve a qualidade da consciência e a palavra.

DIALÉTICA REGRESSÃO/PROGRESSÃO

Grinberg, Langer, Liberman e os Rodrigué (1966b) escreveram um breve ensaio para a *Revista Uruguaya*, no qual se explica o processo de elaboração "como a resultante dinâmica de um movimento dialético entre regressão e progressão" (p. 255). Quando esses autores expuseram naquele mesmo ano seus pontos de vista sobre o processo analítico, no II Congresso Pan-Americano de Psicanálise, voltaram a essas idéias, completando-as e precisando-as (*Psicoanálisis en las Américas*, 1968, p. 93-106). Esses trabalhos são interessantes porque, conjugando um grande número de teorias psicanalíticas, conseguem estabelecer uma relação clara entre *insight* e elaboração.

Uma tese central desses autores é que entre *insight* e elaboração não há uma divisão taxativa. O *insight* é um momento específico do processo de elaboração; *insight* e elaboração são inseparáveis.

A elaboração, como já dissemos, fica definida para esses autores como a resultante dinâmica de um movimento de progressão e regressão. O aspecto progressivo dessa dialética surge da superação das defesas reiterativas e estereotipadas, do abandono paulatino da compulsão a repetir modelos arcaicos de descarga instintiva.

No entanto, o elemento regressivo da elaboração não se atribui, como se poderia pensar, às defesas reiterativas recém-descritas, a esses modelos de descarga instintiva impostos pela compulsão à repetição, mas ao próprio processo curativo. O conceito de regressão utilizado pelos nossos autores é o que Winnicott postulou em 1955 como um sistema complexo de defesas, uma capacidade latente à espera das condições favoráveis que permitam uma volta ao passado para reiniciar um novo processo de desenvolvimento. O processo psicanalítico é um estado de moratória, diz Erikson (1962), que torna possível a regressão para começar de novo.

Em sua tentativa de síntese, nossos autores conjugam as idéias de Winnicott com as de Kris (1936, 1938, 1950) sobre a regressão a serviço do ego. Contudo, essa aproximação não parece totalmente convincente, porque Winnicott fala de uma regressão temporal e a regressão útil de Kris é, antes de tudo, formal, de processo primário a secundário.

Em seu relato ao Congresso, Grinberg e colaboradores definem o processo analítico com os mesmos instrumentos conceituais com que definiram antes a elaboração: "Processo analítico implica *progresso*, mas entendemos o *progresso* como um desenvolvimento em que a regressão útil no divã serve de alavanca primordial" (1966a, p. 94).

Como o trabalho de luto ao qual é comparada, a elaboração requer tempo, deve ser lenta e penosa. Nossos autores apóiam-se nisso para concordar com Melanie Klein, que situou o *insight* no centro da posição depressiva, isto é, quando surge a dor pelo objeto danificado, à qual se acrescenta a dor pelas partes danificadas do *self* (Grinberg, 1964).

INSIGHT E CONHECIMENTO CIENTÍFICO

Com os instrumentos conceituais que fomos desenvolvendo, podemos tentar agora estabelecer uma relação entre o *insight* e o conhecimento científico. Enquanto investigação do inconsciente, o método psicanalítico é uma parte do método científico. Quando o analista trabalha, se o faz cabalmente, não faz outra coisa senão aplicar o método científico: nisso consiste a busca do *insight*.

A investigação científica consiste em aplicar e por à prova as teorias. A essência do método científico, diz Popper (1953), reside em que as teorias vão sendo contrastadas e refutadas. Não pode haver uma teoria irrefutável, porque, ao sê-lo, deixaria de ser científica.

Podemos conceber o processo analítico nos mesmos termos e afirmar que, basicamente, consiste em que analista e paciente investiguem as teorias que o paciente tem de si mesmo e vão contrastando-as. Quando essas teorias são terminantemente refutadas, o analisando em geral as troca por outras, mais adaptadas à realidade. Se o analisando tem tantas resistências a abandonar suas teorias é porque as novas quase sempre o favorecem um pouco menos, com detrimento de sua onipotência. Por "teorias", entendo aqui todas as explicações que alguém tem de si mesmo, de sua família e da sociedade; as explicações com que cada um de nós dá conta de sua conduta ou de seus transtornos e também, é claro, as teorias que temos sobre nossa história pessoal, como procurei mostrar no Capítulo 28.

Como ocorre na investigação científica, o processo analítico põe à prova continuamente as teorias que o analisando tem de si mesmo e leva-o a confrontá-las com seu conteúdo de realidade. Segundo seja a prova dos fatos, a teoria que o paciente tem de si mesmo é confirmada (e isso é sempre momentâneo, porque nenhuma teoria é definitiva) ou é refutada.

Quando os fatos confirmam a teoria do paciente, não há *insight*; porém, no momento em que a teoria é refutada, o *insight* aparece e surge um novo conhecimento. O *insight*, não esqueçamos, é sempre uma descoberta, uma nova conexão de significado. Por isso, disse antes que o *insight* destrói uma teoria e a vivência delirante primária a constrói.

Este é um momento de inevitável orfandade – e por vários motivos. Perder uma teoria é ficar sem armas para enfrentar os fatos e, obviamente, é uma diminuição da onipotência. Já dissemos, também, que a nova teoria é sempre menos favorável ao sujeito do que a antiga – que estava ali para isso. Desse modo, e a partir de outros elementos, descrevemos o momento de integração da posição depressiva no qual floresce o *insight*.

Tal como se acaba de definir, o *insight* como tomada de consciência implica o abandono de determinadas hipóteses explicativas que até esse momento nos haviam sido úteis, ou ao menos confortadoras e satisfatórias, e isso é acompanhado, necessariamente, de um luto, pequeno ou grande, por uma concepção da vida, com seu efeito lógico de dor. Desse ponto de vista, poderíamos dizer que o *insight* desencadeia um luto no vínculo K (Bion) não menos que nos vínculos L e H (Melanie Klein). Rabih acrescenta a isso (comunicação pessoal), com razão, a perda do analista como objeto da transferência, que é o corolário da interpretação mutativa.

Do ponto de vista que estamos considerando, o luto que o *insight* precipita vincula-se à perda de uma teoria. A partir desse momento, começa-se a interrogar sobre o significado que agora têm as coisas e a construir-se uma nova teoria. À medida que esse processo vai sendo cumprido, passa-se (ou melhor, volta-se) do *insight* ostensivo para o descritivo, os novos fatos integram-se à personalidade e começa-se a contrastar a nova teoria. Richfield diz algo similar quando afirma que essa é uma etapa necessária da elaboração, se é que não queremos viver continuamente de emoção em emoção.

Para as idéias que estou desenvolvendo, não é importante que no mesmo momento em que se abandona uma teoria crie-se outra. Pode haver uma certa distância entre a perda de uma teoria e a construção da outra. O que verdadeiramente me interessa destacar é que, a partir desse momento de *insight* ostensivo, cria-se um instrumento conceitual que é a nova teoria.

ALGUMAS PRECISÕES SOBRE O *INSIGHT* E O AFETO

O momento de *insight* ostensivo é, por definição, agora se compreende, um momento afetivo, não só pelos sentimentos de depressão que mencionei antes, mas também pelo que pode vir depois: a gratidão, a esperança, a alegria, o desejo de reparar, a preocupação... Quando o *insight* converte-se na nova teoria, já está desprovido de afeto. Creio que esse ponto não foi compreendido pelos autores que valorizam mais o *insight* emocional que o intelectual. Na realidade, ambos têm seu tempo e sua eficácia. O que agora é intelectual não o foi, sem dúvida, no momento em que foi adquirido. Não se deve, pois, desqualificar o *insight* intelectual; devemos pensar, ao contrário, que não há um *insight* mais valioso que outro. Como ocorre com as teorias científicas, cada momento de *insight* aproxima-nos mais da verdade; porém, o fato de que uma teoria científica venha a refutar outra não quer dizer que a primeira não tenha tido valor.

Quando colocamos o *insight* emocional acima do intelectual, estamos, na realidade, traçando uma linha divisória que não é a melhor. De certo modo, estamos afirmando que o que já se sabe não tem valor; que só vale o que se souber a partir deste momento. Isso não é justo nem certo. Esporeados pela prática, vamos em busca de um *insight* que está adiante, mas esquecemos que o *insight* que o sujeito tem agora foi um processo dinâmico em seu momento. Em lugar de contrapô-los, é melhor pensar que o *insight* ostensivo (afetivo, dinâmico) e o *insight* descritivo (intelectual, verbal) fazem parte de um mesmo processo, e é somente o momento no qual se inserem o que os diferencia. A partir desse núcleo de idéias, Pablo Grinfeld (1984), em um documentado trabalho, pôde resgatar o valor dos aspectos intelectuais da interpretação psicanalítica.

INSIGHT ESPONTÂNEO

Considerações como as recém-formuladas são, creio, o que fazem Segal (1962) afirmar que o *insight* é um processo especificamente analítico. Muitos autores, como os Baranger (1964), por exemplo, são da mesma opinião. Valorizar o *insight espontâneo* como de menor qualidade que o *analítico* não é, para mim, mais que uma posição ideológica. Diria inclusive mais: o *insight* que se adquire trabalhosamente antes de começar a análise é talvez o mais decisivo, porque sem ele se teria tido uma vida tão deformada, a ponto de nunca pensar em se aproximar de um analista.

O que ninguém duvida é que o *setting* analítico oferece as melhores condições para que se produza o *insight*. Ele nos dá a possibilidade de ver nosso passado no presente e revê-lo; ele nos faz compreender como aquilo que apenas teoricamente tínhamos em conta está operando nesse preciso momento e como, através da interpretação, o analisando pode introjetar esse processo em um ato de real transcendência. Tudo isso, evidentemente, é oferecido pela análise de forma muito maior do que qualquer outro tipo de relação humana, o que não é nenhuma graça, porque a análise foi feita justamente para isso: o *setting* analítico foi projetado para que se dêem as melhores condições de adquirir *insight* através dessa experiência singular em que o paciente repete e o analista interpreta. Desse modo, a experiência originária pode voltar a ser examinada com mais objetividade, e as teorias do analisando são postas à prova e eventualmente se modificam. Tudo isso, entretanto, pode ocorrer também fora do âmbito analítico. Será mais aleatório e menos preciso, mas não impossível. Como disse Guiard no primeiro Simpósio da Associação de Buenos Aires (1978), há homens sábios que, sem haver-se analisado, têm um conhecimento da vida e de si mesmos que nós, analistas, gostaríamos de ter.

Quando Bion (1962b) sustenta a idéia de que em todo indivíduo existe uma função psicanalítica da personalidade, acaso não está dizendo, em termos muito precisos, o mesmo que acabo de dizer? A psicanálise não faz mais que desenvolver uma função que já existia. O que o analista faz ao interpretar é o mesmo que fez a mãe ou o pai (com *reverie*) quando compreenderam a criança. A análise propõe a melhor forma para alcançar o *insight*, não a única. Creio que Hansi Kennedy (1978) deve ser da mesma opinião, na medida em que pensa que os pais podem influir na capacidade das crianças para a auto-observação e o *insight*, conforme as ensinem a manejar seus impulsos e sentimentos (*Psychoanalytic explorations of technique*, p. 26).

Portanto, creio que não há diferenças fundamentais entre o *insight* analítico e o espontâneo. Inclusive a idéia de diferença fundamental causa-me "um frio na espinha", parece-me bastante suspeita. Se a aceitássemos de verdade, teríamos de concluir que a análise torna-nos diferentes e superiores aos demais mortais, o que, obviamente, não é certo. Tenho visto, por experiência, que esse tipo de idéia circula nos grupos psicanalíticos recém-formados e perturba-os em seu desenvolvimento. Chega-se até a acreditar que um analista só pode falar com analistas, ou ao menos com analisados, o que transforma o grupo em uma maçonaria. O certo é que não temos qualidades diferentes das pessoas não-analisadas, apesar de termos tido a oportunidade de passar por uma experiência que nos dá uma vantagem, porém nada mais. Depois de uma boa experiência analítica, somos sempre melhores que nós mesmos, mas não necessariamente que os demais.

UMA VINHETA CLÍNICA

Uma paciente que analisei durante muitos anos tinha uma má relação com sua única irmã, que havia nascido quando ela tinha 15 meses. Veio à análise com uma "teoria" de sua relação com essa irmã: sustentava que se davam mal porque a irmã era egoísta. Ao final de um certo tempo de análise, apoiado no que via na transferência, propus a ela uma nova teoria, a de que sua hostilidade com essa irmã, independentemente do egoísmo que pudesse ter, era porque havia nascido de maneira inoportuna. Essa interpretação, isto é, minha teoria, em princípio foi totalmente rechaçada. Ela não era ciumenta, nem lembrava-se de ciúmes em sua infância.

Entretanto, à medida que foi sentindo ciúmes de meus outros analisandos, de meus familiares e de meus amigos, mesmo sem conhecê-los, minha teoria foi finalmente aceita. Então, uma nova teoria veio a substituir a antiga. Seus problemas ficaram explicados porque a mãe abandonou-a por essa irmã e obrigou-a a crescer prematuramente, já que não tinha condições de atender as duas meninas. A nova teoria chegou, por momentos, a parasitar a análise, como no terceiro tipo de falso *insight* de Kris. Esta era a verdade, toda a verdade, a única verdade. Aquela que três anos antes havia rido do que eu lhe dizia, afirmando de bom humor (e, às vezes, de mau humor) que só um analista ortodoxo e fanático como eu poderia pensar que uma menina de 15 meses sentisse ciúmes de sua irmãzinha recém-nascida, dizia-me agora que eu não queria convencer-me de que aquela experiência a marcou para sempre, já que não teve a sorte de ter uma mãe que a compreendesse.

Essa pessoa não é do ambiente analítico, mas vive na cidade, tem inquietudes e sabe o que acontece. Quando me nomearam para um cargo, ela de algum modo se inteirou e deu por certo que eu a deixaria de lado ou, então, interromperia seu tratamento. Felizmente, pude continuar atendendo-a como sempre; ela, então, começou a sentir inveja de minha capacidade de atender a minhas novas ocupações e a ela. Pôde-se agora remeter o conflito transferencial ao passado: disse-lhe que, quando criança, devia ter sentido por sua mamãe algo parecido com o que sentia agora comigo. Havia dito, mais de uma vez, que a mãe era muito eficiente, mas nunca pensou que essa eficiência pudesse tê-la incomodado. Se na realidade ela tinha tanto ódio de sua mãe, concluí, não era apenas porque nunca podia perdoá-la que lhe tivesse dado essa irmãzinha prematuramente, mas também porque não tinha podido tolerar sua habilidade para lidar com as duas pequenas. Como é de se imaginar, essa teoria também foi totalmente rechaçada pela analisando; porém, finalmente, teve de chegar a reconhecer que, de fato, incomodava-lhe minha capacidade de atendê-la bem, apesar de minhas outras ocupações. Assim, foi chegando gradualmente à conclusão de que ela havia tido uma mãe boa, no final das contas, apesar de todos os seus erros e das circunstâncias adversas da vida. Quando pôde aceitá-lo assim, já estava no final de sua análise.[4]

Essa breve história clínica serve também para ilustrar que a diferença entre *insight* intelectual e emocional sustenta-se em um erro da perspectiva no tempo. Temos a tendência a ver o processo para diante, e não poderia ser de outra forma, mas isso pode enganar-nos. Quando me proponho a fazer a paciente ver que a mãe de sua infância não foi tão má como ela pensa (e proponho-me a tanto ao ver que isso surge da transferência), então, como analista, penso que o mais importante é que ela veja essa situação. Quatro anos antes, entretanto, parecia-me que o realmente importante era que ela se desse conta de que o nascimento de sua irmã perturbou-a verdadeiramente, enquanto ela dizia que não, que o que eu dizia era ridículo. É que, quando estou em determinado momento do processo analítico, a única coisa que vale para mim é o ponto ao qual me dirijo. Isso ocorre, todavia, porque faço uma divisão arbitrária. Se ela não tivesse tido *insight* sobre seus ciúmes infantis em relação ao nascimento de sua irmã, este de agora teria sido impossível.

Dessa perspectiva, fica mais claro por que não compartilho das afirmações de Reid e Finesinger sobre o papel do *insight* em psicoterapia. Não é certo que haja *insights* que são curativos e outros não, todos o foram no devido momento. Tomemos o caso que trazem Reid e Finesinger,

---

[4] Mais detalhes em Etchegoyen (1981c).

o do hipotético paciente que tem dispepsia depois de brigar com sua mulher à mesa. Eles dizem que, quando o paciente pensa que as brigas com a mulher à mesa causam-lhe dor de estômago, tem somente um *insight* intelectual, mas o que realmente vale é o *insight dinâmico* de sua passividade oral, de sua inveja ou avidez, de seu complexo de Édipo. Penso que os dois momentos de *insight* são igualmente valiosos. Quando esse paciente chega à consulta, seu *insight* do efeito das brigas à mesa sobre sua dispepsia já é intelectual; porém, no momento em que o teve pela primeira vez, certamente não o foi. Eu me atreveria a afirmar que, sem aquele *insight* primeiro, provavelmente teria desenvolvido uma paranóia e teria vindo à consulta dizendo que a mulher queria envenená-lo. Apenas a pressão de nossa tarefa, somente a necessidade de resolver o problema diante de nós nos faz pensar que o *insight* emocional está na frente e que atrás só fica o intelectual. É parte do avanço inexorável da elaboração que, quando alcança seu clímax ostensivo, o *insight* passe depois a ser intelectual, porque ninguém fica o dia inteiro arrancando os cabelos, como aquelas histéricas de Freud que sofriam de reminiscências.

Às vezes, confunde-se o *insight* intelectual com a intelectualização, que não é a mesma coisa. Uma vez que meu analista interpretou minha angústia de castração e eu o aceitei, posso levantar esse conhecimento como uma bandeira para não ver, por exemplo, minhas tendências homossexuais e meu complexo de Édipo negativo. Que uma teoria possa ser utilizada na coluna 2 da grade de Bion (ou como um vínculo menos K) não lhe tira o valor que originariamente teve. O analisando tem o direito de utilizar mal suas teorias; como analistas, por nossa vez, temos a obrigação de perceber (e denunciar) quando uma teoria que foi válida transforma-se em um obstáculo para o conhecimento. Seguindo a teoria do conhecimento de Bion, Grinberg (1976c) assinalou que até mesmo o complexo de Édipo pode servir como defesa frente ao próprio complexo de Édipo.

Tal como o descrevemos, o momento do *insight* ostensivo não pode senão ser acompanhado de uma situação de luto, de perda, de orfandade: o objeto não está ali, a teoria falhou, caiu minha onipotência, sou mais culpado do que acreditava. Contudo, no mesmo momento em que assumi esse luto, dou-me conta de que a análise pode oferecer-me um conhecimento que eu não tinha e uma vida melhor; então, brota a esperança.

A dor depressiva é, pois, uma condição necessária do *insight*, ponto sobre o qual Gregorio Garfinkel (1979) insistiu. O *insight* não pode ser sem dor. No entanto, passado esse momento de dor, surgirá um sentimento de paz interior, em que germinarão a alegria e a esperança, que paga com juros a dor que existiu.

Esse trânsito pela dor é inevitável, mesmo no caso em que se chegue a recuperar um momento da verdade histórica que alivie de alguma culpa que se carregue injustamente. Se o processo foi feito de maneira autêntica, e não em termos de reivindicação maníaca, serão vistos para o caso outros determinantes através do altruísmo. Porque, se alguém assume uma culpa que não lhe cabe, é porque de alguma forma convém a suas resistências assumi-la.[5]

O *INSIGHT* E OS OBJETOS INTERNOS

Ao estudar o *insight* como fenômeno de campo, disse que, para mim, o *insight* é intransferível e que convém considerá-lo dentro da psicologia processual, e não da personalística. Agora nos cabe reabrir essa discussão, mas a partir da teoria dos objetos internos e, mais precisamente, das qualidades dos objetos do *self*.

Quando estudamos a parte que corresponde no *insight* ao processo mental pré-consciente, vimos que, através da interpretação, as cargas livres do processo primário liberam-se de suas fixações e reorganizam-se no sistema Prcc. Segue-se a isso, então, que a verbalização é inerente ao *insight*, porque, enquanto não houver uma representação verbal, não há processo secundário e não se cumpre o princípio de que o *insight* surge quando o que estava no sistema inconsciente passa ao pré-consciente. O *insight* implica verbalização, o que equivale a dizer que o *insight* está intimamente vinculado ao processo de simbolização, porque é uma forma de simbolizar ou de conceituar a experiência o que realizamos no momento do *insight*. Quando não se dá esse processo, não se dá tampouco o *insight*. Por isso, Klein (1932) é bastante categórica ao dizer que a análise de uma criança tem de terminar com a verbalização dos conflitos e que, enquanto isso não for alcançado, não terminou a análise. Liberman (1981) também ressalta a importância do que ele chama de *insight verbalizado*.

Em resumo, palavra, processo secundário e simbolização são os ingredientes indispensáveis do ato de *insight*. O *insight* sanciona o acesso à ordem simbólica, se quisermos dizê-lo em termos de Lacan (1966).

Tal fato implica dotar os objetos internos de um novo equipamento, como diz Meltzer (1967). Por equipamento, Meltzer entende uma determinada qualidade do objeto interno. Equipamento e qualidades do objeto são aqui, parece-me, sinônimos, mas a palavra equipamento é plástica. Enquanto o *self* infantil identifica projetivamente suas tendências hostis nos pais internos e procura danificá-los, controlá-los e impedir sua união criativa, seus ataques (masturbatórios) estão ligados a fantasias onipotentes; contudo, à medida que os ataques vão minguando e obviamente decrescem, porque se vai adquirindo mais consciência do dano ao objeto e mais desejos de repará-lo, os objetos internos obtêm uma maior liberdade de ação; então, podem realizar realmente as tarefas que o sujeito necessita e que antes eram realizadas pelos objetos da realidade exterior. Isso é acompanhado de um processo de identificação

---

[5] Isso se aplica exatamente ao conceito de culpa emprestada, que Freud introduz no Capítulo V de *O ego e o id* quando estuda a reação terapêutica negativa.

introjetiva, a partir do qual o sujeito sente que recebe desses objetos suas boas qualidades.[6] Desse ponto de vista, o *insight* consiste em um processo de assimilação dos objetos internos. Para compreender o *insight*, é importante sublinhar o processo introjetivo. Quando o analista interpreta, dá ao paciente novos elementos de juízo para corrigir uma determinada concepção que ele tinha de si mesmo, permite-lhe refutar uma teoria anterior; porém, ao mesmo tempo, o paciente introjeta essa ação de ser interpretado e assim vai incorporando dentro de si um analista com certas qualidades, um analista que é capaz de lembrar, de conter, etc. Por conseguinte, o *insight* significa não apenas mudar a concepção que tínhamos dos fatos, mas também incorporar o objeto que tornou possível a mudança, e é a partir da introjeção desse objeto que funcionaremos com autonomia cada vez maior. Equipamentos e qualidades do objeto são praticamente o mesmo.

A idéia de que mediante o processo de introjeção o sujeito incorpora as qualidades do objeto que carrega o *insight* volta a propor um problema básico da teoria da cura, isto é, quanto provém do *insight* e quanto da relação analítica. Essa disjunção surge claramente no já citado trabalho de Wallerstein (1979), que separa com rigor a área especificamente analítica do *insight* de outras formas de cura, como a reeducação emocional de Alexander. Wallerstein acredita, como Loewald (1960), que o tratamento analítico dá ao paciente a possibilidade de redescobrir as pautas de seu passado em sua nova relação com o analista. Também para a teoria kleiniana dos objetos internos o processo introjetivo pressupõe um momento de luto em que o objeto é introjetado em função de uma nova relação com ele. Portanto, esse processo nada tem de sugestivo ou pedagógico.

---

[6] Nesse ponto, creio notar uma certa consonância teórica entre os pais internos da teoria kleiniana e o Grande Outro de Lacan.

Acting Out (I)

PANORAMA GERAL

Após estudar longamente o processo analítico e suas etapas, agora nos ocuparemos das vicissitudes que oferece a marcha do tratamento, os fatores que o fazem progredir ou o entorpecem. Nos três capítulos anteriores, estudamos o *insight* e a elaboração, considerando-os como os propulsores do tratamento psicanalítico, e cabe-nos agora estudar a *patologia do processo*, isto é, o que pode detê-lo ou fazê-lo fracassar.

Se a proposta essencial da análise é obter *insight*, então podemos dizer, por definição, que chamaremos de patologia do processo a tudo o que estiver obstaculizando-o. Para mim, existem três áreas nas quais o processo encontra obstáculos: o *acting out*, a reação terapêutica negativa e a reversão da perspectiva. Os dois primeiros, mais conhecidos, foram estudados inicialmente por Freud; o outro é uma contribuição que devemos a Bion, embora possamos encontrar uma referência concreta em Klein, como veremos oportunamente.

Nesses três mecanismos ou, como prefiro chamá-los, *estratégias*, resume-se, a meu ver, toda a patologia do processo. O comum às três é que impedem que o *insight* cristalize-se; o que as distingue é que operam cada uma à sua maneira, de modo especial. O *acting out* perturba a tarefa analítica, que é também a tarefa de obter *insight*; a *reação terapêutica negativa*, como seu nome indica, não impede a tarefa, mas perturba as conquistas do *insight*, que se perde ou não se consolida. Na *reversão da perspectiva*, por fim, o *insight* não é atingido, porque o paciente não se propõe a isso e, na realidade, busca outra coisa. Em resumo, o *acting out* opera sobre *a tarefa*, a reação terapêutica negativa sobre *as conquistas* e a reversão da perspectiva sobre *o contrato*. Ao menos, essa é a forma como vejo as coisas e procurei sistematizá-las.

Penso, também, que cada vez que um desses processos mantém-se e torna-se impossível resolvê-lo, chega-se ao beco sem saída do impasse. Nesse sentido, o impasse não é um fenômeno da mesma classe dos três assinalados, é diferente (Etchegoyen, 1976).

ACTING OUT, UM CONCEITO IMPRECISO

De todos os conceitos com os quais Freud construiu a psicanálise, nenhum talvez tenha sido mais discutido, com o decorrer do tempo, do que o de *acting out*. Alguns atribuem essas discrepâncias a que a noção de *acting out* foi ampliando-se indevidamente, outros a que não foi clara desde o início, mas ninguém põe em dúvida que em poucos temas há maior desacordo. Pareceria que o único acordo possível nesse ponto é que não haja duas opiniões coincidentes.

Ao iniciar seu estudo, Sandler e colaboradores (1973) dizem que, de todos os conceitos clínicos considerados no livro, "o de *acting out* é o que sofreu a maior ampliação e mudanças de significado desde que foi introduzido por Freud" (p. 81).[1] Também Fenichel, em seu clássico artigo de 1945, começa por uma definição provisória, que ele mesmo tacha de insuficiente, e acrescenta que é melhor se uma definição rigorosa é o resultado de uma investigação, e não seu ponto de partida; seu artigo, porém, não chega a cumprir esse programa. No simpósio da Thom Clinic (1962), Peter Blos queixava-se de que o conceito de *acting out* estava sobrecarregado de referências e significações, anelando a clareza que tinha 30 anos antes, quando era considerado uma defesa legítima e analisável. Por sua vez, Anna Freud (1968), no Congresso de Copenhague, assinalou também a expansão do conceito, e seu relato esforça-se em lhe dar maior precisão. No mesmo Congresso, Grinberg (1968) começou sua exposição destacando a penumbra de associações que rodeia o conceito de *acting out*, denunciando a conotação pejorativa com que às vezes ele é recoberto.

Apesar de que todos os analistas possam ter idéias distintas sobre o acting *out*, poucos, muito poucos, retiram-lhe importância. A opinião geral é que o *acting out* é uma idéia que pesa na práxis psicanalítica e na teoria. Como diz Greenacre (1950), o *acting out* é um fenômeno clínico freqüente, tem um peso às vezes decisivo no andamento do processo analítico e é difícil de detectar e manejar.[2]

---

[1] "Of all the clinical concepts considered in this book, *acting out* as probably suffered the greatest extension and change of meaning since it was first introduced by Freud" (1973, p. 94).

[2] "Not very much has been written about the problems of acting out in the course of analysis, although they are most difficult to deal with, frequently interfere with analysis, and sometimes escape detection unless and until they become flagrant" (1950, p. 455).

Algo que o distingue dos outros psicoterapeutas é que o analista opera com o conceito de *acting out*, ou seja, entende algumas condutas do analisando que aparentemente não têm a ver com o tratamento como pertencentes a ele. Nenhum outro terapeuta procede assim. Disso decorre que nos dê uma sensação de identidade analítica detectar o *acting out*, discriminando-o de situações que não o são. Porque, como é óbvio, nem tudo o que *faz* um paciente é *acting out*.

Nos três capítulos que dedicaremos a esse tema, tentaremos contribuir para esclarecer o conceito de *acting out*, tarefa nada simples, mas por certo muito interessante. Não pretendemos resolver esse magno problema; porém, gostaríamos de mostrar por que é difícil delimitá-lo, salientando como se pode entendê-lo segundo a perspectiva a partir da qual ele seja contemplado. Em outras palavras, é necessário perguntar-nos a que chamaremos de *acting out*, procurando, ao mesmo tempo, fundamentar nossas opiniões. Creio, em princípio, que boa parte das dissensões surgem porque nem todos dizem o mesmo quando se fala de *acting out*.

INTRODUÇÃO DO TERMO

No *acting out*, tudo é discutível, até mesmo no momento em que surge na obra de Freud! Muitos autores consideram que se pode rastreá-lo até a *Psicopatologia da vida cotidiana* (1901b); outros, em troca, o fazem nascer no "Epílogo" do "Fragmento de análise de um caso de histeria" ("Dora") (1905e).

Phyllis Greenacre (1950) e Eveoleen N. Rexford (1962), entre outros, para compreender o *acting out*, partem das condutas motoras erradas (parapraxias, atos falhos) que Freud estudou na *Psicopatologia*, em que descreve atos ou ações equivocadas como produto de um conflito psíquico, que resulta em uma luta de tendências. Esses atos têm um sentido psicológico que, graças ao método psicanalítico, pode ser descoberto. São, sobretudo, os que estuda no Capítulo IX e chama de atos sintomáticos e casuais os que depois haveriam de se chamar *acting out*. Como se pode recordar, nessa classe de atos falhos não se suspeita de nenhuma finalidade, motivo pelo qual se diferenciam dos que a têm, mas são malogrados por alguma ineficácia na execução. Nessas ações casuais, Freud descobre sempre um propósito inconsciente que as converte em sintomáticas.

É conveniente precisar que, para descrever esse tipo de condutas, Freud utiliza na *Psicopatologia* a palavra *handeln*, atuar, ao passo que no Epílogo prefere *agieren*, que também quer dizer atuar. É evidente que apenas se pensarmos que Freud mudou de vocábulo sem uma intenção teórica precisa poderemos sustentar que o conceito de acting *out* já esteja presente em 1901. Se preferirmos pensar, no entanto, que Freud utilizou outra palavra para diferenciar os dois conceitos, parapraxia e *acting out*, concluiremos que o *handeln* de 1901 é diferente do *agieren* de 1905. Essa discussão aparentemente fútil já contém o problema de fundo: se o *acting out* é nada mais que ou algo mais que um ato neurótico.

ATO NEURÓTICO E *ACTING OUT*

A diferença entre ato neurótico e *acting out* preocupa Fenichel, com razão, em seu ensaio de 1945, ao qual todos voltam para calibrar seu instrumental teórico. Fenichel sublinha a ação como nota definidora (já contida no nome), e essa ação não é meramente um simples movimento ou uma expressão mímica, mas sim uma ação complexa, uma conduta. Os sintomas (e Fenichel está pensando aqui, manifestamente, nos atos compulsivos) também podem envolver ações, porém são, em geral, de extensão limitada e sempre egodistônicos. Se são de grande complexidade e racionalizados até o ponto de serem egossintônicos, então cabe chamá-los pura e simplesmente de *acting out*.

Como vemos, o que para Fenichel diferencia o *acting out* do sintoma compulsivo (ou, em geral, das parapraxias), além do fator puramente quantitativo de sua complexidade, é somente a sintonia com o ego. Talvez por isso, as autoras antes citadas pensam que as ações sintomáticas e casuais, que são sintônicas, aproximam-se mais do *acting out* que os atos falhos propriamente ditos, nos quais a distonia salta à vista como algo torpe.

Certamente, não se consegue desse modo distinguir o *acting out* do ato neurótico, da conduta neurótica. Se nos conformássemos com o que diz Fenichel, o *acting out* deixaria de pertencer ao corpo teórico da psicanálise, o que é, sem dúvida, uma legítima aspiração dos que pensam que esse conceito está indissoluvelmente ligado a preceitos morais e ideológicos que o tornam inconciliável com a psicanálise como disciplina e como técnica. Outros pensam, entretanto, e eu me incluo entre eles, que o conceito de *acting out* deve ser conservado como uma peça fundamental da psicanálise, sem retroceder diante das dificuldades que impõe situá-lo teoricamente, nem do perigo (certo) de usá-lo mal na prática.

Certos autores que definem o *acting out* fenomenologicamente, seja de forma manifesta ou críptica, não se decidem a deixar de utilizá-lo em sua linguagem científica. Essa inconseqüência não pode, por certo, ser imputada a Gioia quando afirma com toda a clareza: "Sua característica definidora, que o diferencia especificamente do restante das manifestações transferenciais e/ou resistenciais, é puramente fenomênica" (1974, p. 977).

O que me interessa assinalar aqui é que a postura teórica de todos os autores que definem o *acting out* fenomenologicamente (e que, obviamente, é legítima) deveria levar necessariamente a proclamar que o conceito de *acting out* não tem autonomia e não pertence estritamente à teoria psicanalítica. Contudo, isso é muito difícil de fazer, porque a linguagem ordinária é, nesse ponto, muito determinante. Em meus 40 longos anos de analista, jamais ouvi um colega que não empregasse a palavra *acting out* para caracterizar a conduta neurótica de um paciente que interrompe o tratamento de um dia para o outro e vai embora sem pagar! Creio, sem ironia, que a linguagem ordinária dos analistas sanciona aqui a realidade de uma discriminação teórica.

O que quero dizer com isso é que o *acting out* é uma conduta neurótica, mas nem toda conduta neurótica é um *acting out*. Em outras palavras, o *acting out* deve ser definido metapsicologicamente, ou seja, como um conceito teórico da psicanálise, e não apenas como um fenômeno da psicologia da consciência. Se reduzimos o *acting out* unicamente à aparência fenomenal da resistência e/ou da transferência, restringimos grandemente a possibilidade de apreender o ato psicológico em sua magna complexidade.

UM SIMPLES EXEMPLO CLÍNICO

Uma mulher chega preocupada à sua sessão em uma sexta-feira, dia 1º, porque, ao sair de casa um pouco precipitadamente para não chegar tarde e fazer-me esperar, esqueceu sobre a mesa o dinheiro do pagamento. Desculpa-se sinceramente e lamenta que não poderá pagar até a segunda. Assinalei, em princípio, que o prazo combinado não vencia nessa sexta, nem sequer na segunda próxima. Ela sabia que era assim, mas, de qualquer modo, não gostava de me fazer esperar. Repeti-lhe, então, a consabida interpretação do fim de semana, que sempre rechaçava, dizendo-lhe que, com seu esquecimento, invertia a situação e, dessa vez, era eu que ficava esperando durante o fim de semana. Disse que era assim, efetivamente, notou que seu incômodo pelo esquecimento havia desaparecido como por encanto e acrescentou que, pela primeira vez, compreendia "isso do fim de semana".

O exemplo é trivial e todos os analistas terão experiências como essa. A paciente esqueceu o dinheiro e isso constitui, sem dúvida, um ato falho, ou seja, um ato neurótico que expressa um conflito inconsciente. Ela preferiu explicá-lo por sua pressa de chegar a tempo e não me fazer esperar. No entanto, sua racionalização continha a base do conflito: fazer-me esperar. E a próxima associação foi com o fim de semana. Ao esquecer o dinheiro, procurou não tomar consciência da angústia do fim de semana, colocando-a em mim. Quando interpretei, estava quase certo de que, dessa vez, a interpretação a alcançaria, porque ela falou de esquecimento, de irritação, de incômodo, de fim de semana, de espera.

Com todos esses elementos, era difícil pensar em um *acting out*. Havia, além disso, outros elementos de juízo convincentes. A analisanda recordou e comunicou seu esquecimento, embora formalmente não precisasse desculpar-se, pois tinha tempo de sobra para pagar. Minha contratransferência, por outro lado, informava-me que podia confiar nas associações da paciente e que não havia grandes obstáculos no processo de comunicação.

Em resumo, confundir esse ato falho com um *acting out* seria um grande erro e uma injustiça. O esquecimento tinha fundamentalmente uma atitude comunicativa e estava a serviço do processo. Não é válido chamá-lo de *acting out*, nem sequer *acting out* parcial, como faria Rosenfeld (1964a). Entretanto, se a analisanda tivesse omitido comunicar-me seu esquecimento, e eu o tivesse resgatado, apesar disso, do material, eu me inclinaria a pensar, em princípio, que podia tratar-se de um *acting out* e, nesse caso, certamente uma interpretação sobre o fim de semana teria sido inoperante.

O *AGIEREN* FREUDIANO

Freud emprega o verbo *agieren* pela primeira vez para caracterizar a conduta neurótica do analisando no "Epílogo" do caso "Dora", em que diz textualmente: "Desse modo, *atuou* (*agieren*) um fragmento essencial de suas recordações e fantasias, em lugar de reproduzi-lo no tratamento" (*AE*, v.7, p. 104).[3] Nessa primeira definição, Freud contrapõe claramente o *acting out* (*agieren*) às recordações e às fantasias que são reproduzidas no tratamento. Adiantando-me à ampla discussão que nos imporá o tema, direi que essa definição ajusta-se perfeitamente ao que, para mim, deve ser considerado *acting out*.

Como hipótese de trabalho, consideraremos, então, que somente as condutas neuróticas que têm o sentido específico de não se reproduzirem no tratamento, como diz Freud no "Epílogo", devem ser consideradas *acting out*. Se essa diferença (ou alguma outra) não se sustentar, desaparece, de fato, toda justificativa para continuar falando de *acting out*, que passa a ser sinônimo de ato neurótico.

Creio não me equivocar quando afirmo que Freud distingue no caso "Dora" a transferência do *acting out*. Uma coisa é a transferência de Dora, que Freud não interpretou a tempo (pois não tinha lido, como nós, o "Epílogo"!), e outra é a solução que Dora encontra via *acting out*.

Pessoalmente, entendo o *acting out* de Dora tal como acredito que Freud o entende quando diz que ela atuou um fragmento de suas fantasias e recordações *em vez de* reproduzi-lo no tratamento. Detaco "em vez de", porque nisso reside para mim a característica principal do *acting out*. A transferência é uma forma de lembrar; o *acting out* é uma forma de *não* lembrar.

ACTING OUT, RECORDAÇÃO E REPETIÇÃO

A diferença taxativa que acabo de propor torna-se inegavelmente menos clara se seguimos de perto como se desenvolve a investigação freudiana sobre a transferência e o *acting out*.

---

[3] "Thus she *acted out* an essential part of her recollections and phantasies instead of reproducing it in the treatment" (*SE*, v. 7, p. 119). A tradução de López Ballesteros, menos fidedigna mas muito surpreendente, diz assim: "A paciente viveu, assim, de novo um fragmento essencial de suas recordações e fantasias, em vez de reproduzi-lo verbalmente no tratamento" (*Obras completas*, v. 15, p. 109).

Freud desenvolve esses conceitos em seu ensaio "Recordar, repetir e reelaborar" (1914g), no qual introduz a idéia de repetição para dar conta do fenômeno transferencial. Embora o modelo dos clichês, de 1912, e o de novas edições e reimpressões, de 1905, já o tivessem afastado da teoria associacionista do falso enlace, de 1895, agora introduz o conceito de *compulsão à repetição*, que desempenhará um papel importante em suas novas teorias.

A relação entre recordação e repetição torna-se muito mais sutil e complexa. Com a nova técnica (da análise das resistências), "... o analisando não *recorda*, em geral, nada do esquecido e recalcado, mas sim o *atua*. Não o reproduz como recordação, mas como ação; *repete-o*, sem saber, é claro, que o faz" (*AE*, v. 12, p. 151-152). Durante todo o curso da análise, o paciente continua sob essa compulsão à repetição e o analista compreende, ao fim, que essa é sua maneira de recordar (p. 152). Nessa nítida afirmação freudiana apóiam-se validamente os que sustentam que, enquanto forma especial do recordação, o *acting out* não é mais que uma resistência como qualquer outra e que, como tal, deve ser avaliada e analisada.

Entretanto, há elementos, também válidos, para pensar que a relação entre repetição, transferência e *acting out* não chega a se definir satisfatoriamente no ensaio de 1914, nem tampouco nos escritos posteriores de Freud.

Como acabamos de ver, em certos momentos Freud homologa *acting out* e transferência; outras vezes parece discriminá-los, como quando sugere que, graças à ligação transferencial, pode-se conseguir que o analisando não execute atos repetitivos, utilizando como material suas intenções de fazê-lo *in statu nascendi*. Indubitavelmente, a relação entre o *acting out* e a transferência não é clara para Freud: às vezes, ele superpõe os dois conceitos, e às vezes não.[4]

Para compreender as vacilações de Freud, é necessário destacar, em primeiro lugar, que a mudança da técnica (no sentido de analisar as resistências) não questiona de momento o objetivo do tratamento, que continua sendo recuperar as recordações. Em segundo lugar, o recém-formulado princípio de compulsão à repetição pode ser aplicado igualmente ao *acting out* e à transferência, sem que isso implique necessariamente que esses dois processos tenham de ser idênticos. *Acting out* e transferência são, sem dúvida, o mesmo geneticamente, porque ambos derivam da compulsão à repetição, mas poderiam ser distintos em sua estrutura e significado. Embora nasça da repetição, como a transferência, é possível que o *acting out* seja algo especial, tenha uma estrutura particular.

OUTRO EXEMPLO CLÍNICO

Vejamos agora um exemplo de algo que, para mim, configura claramente um *acting out* e que é radicalmente oposto ao ato falho recém-comentado.

Uma mulher de muito boa posição econômica diz que vai para a Europa por dois meses e não pagará esses honorários, porque o marido nega-se terminantemente a fazê-lo. Ela não está de acordo com seu esposo nesse ponto, mas não pode fazer nada a respeito. Pela estrutura total da situação, que de imediato se apresenta como fato consumado do qual a analisanda não se sente nada responsável, seria presumível supor um *acting out*. Durante o mês seguinte, o analista interpretou em diversos contextos que o marido era uma parte dela mesma (identificação projetiva), sem que, ao que parece, nada tivesse mudado. A analisanda rechaçava completamente esse tipo de interpretações e as outras que lhe eram formuladas, enquanto o analista mantinha com firmeza sua linha interpretativa e não deixava de interpretar cada vez que se apresentava a ocasião. A analisanda queixava-se da rigidez do analista, apesar de que na realidade nunca lhe havia colocado problema algum e havia-se limitado a lhe anunciar que seu marido não lhe pagaria. Se o analista não considerava a situação, teria de interromper o tratamento, ameaçava (Estela Rosenfeld, comunicação pessoal).

Próximo já do dia da partida, chegou a uma daquelas sessões difíceis, muito comovida, e contou o que lhe havia acontecido em sua aula de ginástica. Pagava ali mensalmente, de forma regular. Quando anunciou à secretária que estaria ausente, e ela lhe disse que tinha de pagar igual, ficou como louca. Gritou e disse violentamente que não pagaria de maneira alguma pelos dois meses em que estaria ausente. Dessa vez, foi fácil para o analista fazê-la ver até que ponto o relato confirmava as interpretações sobre o pagamento de seus honorários.

Quando o (muito competente) analista dessa paciente consultou-me, sentia-se preocupado. Considerava que a situação era realmente difícil e dava-se conta de que estava suportando uma carga especial em sua contratransferência. Pensava que, se não cedesse de alguma forma, a analisanda poderia cumprir sua ameaça de não continuar a análise e sabia também, por outro lado, que simplesmente satisfazê-la seria abandonar claramente o método. Note-se que a contratransferência advertia o analista sobre o perigo que corriam o tratamento da paciente e sua própria técnica. A analisanda, porém, preocupava-se manifestamente apenas com o dinheiro.

Nesse exemplo, vê-se que a estrutura do *acting out* é sempre complexa. A análise da situação, antes e depois do incidente na academia de ginástica, mostrou que a conduta neurótica da analisanda apresentava muitos determinantes. O analista pôde ir descobrindo os variados motivos que a paciente tinha, sem perder de vista que, ao anunciar-lhe com muito tempo o que ia fazer, a analisanda estava prestando-lhe a cooperação que podia. O analista manteve-se firme, isto é, sem atuar, até que suas interpretações surtiram efeito e, finalmente, a analisanda recuperou a possibilidade de colaborar. Digamos, para sermos precisos, que o que qualificamos de *acting out* nesse material clínico é a decisão posta no marido de não pagar as horas perdidas pela viagem. O incidente na academia de ginástica, em troca, é uma ação neurótica, mas não um *acting*

---
[4] Ver Guillermo Lancelle (1974).

out, pois coadjuva com o processo de elaboração, *em vez de* entorpecê-lo.

Enquanto a situação estava totalmente projetada no marido, e a paciente a apresentava como fato consumado, o problema era difícil de resolver. Nesse caso, como em muitos outros, a identificação projetiva é o instrumento que o *acting out* emprega, como dizem Grinberg (1968) e Zac (1968, 1970), mas nem a identificação projetiva nem as suas conseqüências são ainda o *acting out*. Para ir adiantando a tese principal destes capítulos, quero dizer que o *acting out* da paciente não consiste em projetar seu desejo de não pagar no marido; o *acting out* começa precisamente quando a paciente descarta a possibilidade de analisar essa situação (que, uma vez projetada, já não lhe pertence) e exige, ao contrário, que o analista acomode-se a essa "realidade" e não pretenda analisá-la com sua lamentável rigidez.

O que surgiu claramente na volta da viagem foi que ela queria que o analista se equivocasse, para assim deixar o tratamento, acusando-o pelo erro cometido. Como apareceu nessa época em um convincente material onírico, o erro que ela esperava era tanto que o analista lhe cobrasse (rigidez) quanto que não o fizesse, porque assim demonstraria o que ela já sabia, que era capaz de qualquer coisa para retê-la. Essa última intenção da analisanda pode despertar um certo ceticismo, porque, em geral, preferimos pensar que os analisandos não compreendem cabalmente as regras do jogo, isto é, nossa técnica, antes de reconhecer que podem julgar-nos com exatidão e implacável justiça. Entretanto, se o analista de nosso exemplo tivesse cedido e, aceitando como um fato da realidade a opinião do marido, tivesse consentido em não cobrar as sessões do passeio e a viajante não tivesse voltado, nenhum analista deixaria de pensar que a paciente havia feito bem e que a culpa da interrupção era do analista. Por redução ao absurdo, creio que fica assim provado que a analisanda tinha, inconscientemente, o desejo de fazer o analista equivocar-se. Ao mesmo tempo – oh, paradoxo! –, todos pensariam também que o que ela fez foi um *acting out*. A contradição resolve-se, no entanto, se consideramos que a decisão de não vir mais teria sido lógica e racional levando-se em conta o erro do analista, mas que tal erro havia sido motivado por um *acting out* da mulher.

Lembro-me, agora, de um episódio de alguns anos atrás que pode ilustrar o que digo. Era o começo da análise de uma mulher de idade mediana, mais melancólica do que bela, que no meio de uma sessão levantou-se do divã para ir buscar seus cigarros. Com a proverbial mentalidade psicanalítica, eu a vi percorrer os quatro ou cinco passos do divã até a escrivaninha onde estava sua carteira e voltar a se deitar. Episódios como esse são mais que freqüentes na prática de todos os analistas e, em geral, esgotam-se em alguma interpretação convencional. O inesperado, naquele caso, foi a muito vívida fantasia que eu tive: ficava de pé, ia a seu encontro e a abraçava e a beijava sem titubear. De volta ao divã, a paciente falou uma vez mais de um de seus temas preferidos: eu lhe era insuportável por minha frieza, minha severidade e minha técnica. Sou uma máquina, um robô ao qual só importa cumprir não se sabe que postulados absurdos. Preferia mil vezes seu analista anterior que, embora incompetente, era pelo menos humano. E acrescento algo que me impressionou fortemente: "Quando me levantei do divã, pensei fugazmente que você pretenderia me tocar e me beijar, e então sim que eu o deixava plantado ali mesmo e não voltava mais".

Uma pessoa pode levantar-se do divã para ir buscar cigarros simplesmente porque tem vontade de fumar e isso pode ser uma ação racional (deixando de lado os motivos neuróticos ou psicóticos do hábito de fumar). Se a impulsiona, porém, um desejo de aliviar sua angústia ou distrair sua atenção, podemos dizer que se trata de um ato neurótico. Entretanto, se a fantasia inconsciente é tirar literalmente o analista de seu lugar, como nesse caso, então e somente então cabe qualificar essa ação de *acting out*. Diga-se de passagem que a paciente continuou queixando-se de minha frieza, exigindo-me provas diretas de afeto, até que, farta de mim, deixou o tratamento alguns meses depois.

Note-se que o *acting out* de minha analisanda é, segundo meu critério, a intenção de fazer-me equivocar, o ataque à minha tarefa, que, além disso, ela entende muito bem. O que ela não quer é que eu seja um analista competente e, quando conseguir isso, deixará com toda razão de vir. Preferia mil vezes a inconsistência e os deslizes de seu analista anterior à minha técnica insuportável e desumanizada.

O que empresta ao *acting out* sua qualidade específica é, em meu entender, a intenção (obviamente inconsciente) de atacar a tarefa, de torná-la impossível. Creio que, nesses casos, podem ser registradas todas as características que distinguem o *acting out* da conduta neurótica. É característico do *acting out* que ponha o analista em uma situação comprometedora, o que sempre cria fortes conflitos de contratransferência. Como já vimos em nosso primeiro caso, essa situação era virtualmente insolúvel, porque, se o analista se afastasse do contrato, deixava de ser analista e, se não o fizesse, também, já que então a analisanda iria embora porque sua rigidez havia-lhe impedido de compreender que ela não podia torcer a vontade de seu obstinado marido. Portanto, um traço definidor do *acting out* é que põe o analista diante de fatos que o obrigam a atuar.

Desse modo, voltamos à primeira caracterização freudiana: que Dora *atuou* uma porção de suas recordações e fantasias, *em vez de* reproduzi-las no tratamento. Por isso, digo que o *acting out* é fundamentalmente um ataque à tarefa, algo que se faz *no lugar da* tarefa analítica – ou da tarefa, simplesmente. É uma ação que se opõe àquela que supostamente se espera. Zac (1968) considera que é característico do *acting out* o ataque ao *setting*. Concordo com essa opinião, apesar de acreditar que o *setting* fique atacado por garantir o trabalho analítico.

Em outras palavras, para definir o *acting out* em termos metapsicológicos, é necessário referi-lo ao processo analítico e ao *setting*. Como o de perversão, o diagnóstico de *acting out* não pode ser feito fenomenologicamente, mas em termos metapsicológicos.

ACTING OUT E TRANSFERÊNCIA

Talvez a relação entre o *acting out* e a transferência seja o ponto para o qual convergem todas as controvérsias. Os dois conceitos aparecem sempre juntos nos trabalhos de Freud, desde o "Epílogo" (1905) até o *Esquema da psicanálise* (1940a). Às vezes, Freud parece que os contrapõe, em outras que os homologa e em outras, talvez, que os confunde.

Um primeiro passo para evitar equívocos será, então, comparar ambos os termos, *acting out* e transferência. Transferência é mais amplo, mais abrangente. Tudo o que o analisando pensa, diz ou faz movido pela compulsão à repetição é transferência e, em princípio, não se pode duvidar que o *acting out* fique dentro dessa definição. Contudo, o que se repete no *acting out* é justamente uma intenção de ignorar o objeto, de se afastar dele, e essa será uma de suas notas definidoras. A transferência repete para recordar, o *acting out* para não fazê-lo; a transferência comunica, o *acting out* não. Que o analista seja, de qualquer modo, capaz de descobrir o sentido de um *acting out* não implica que essa tenha sido a intenção do analisando. A transferência vai na direção do objeto, enquanto o *acting out* afasta-se do objeto.

Em resumo, podemos estabelecer agora algumas conclusões:

1. tanto a transferência quanto o *acting out* derivam da compulsão à repetição;
2. a transferência é um conceito mais abrangente e, portanto, todo *acting out* é uma transferência, mas não o contrário;
3. o *acting out* corresponde a intenções especiais, que tornam aconselhável mantê-lo como um tipo especial de conduta repetitiva.

No próximo capítulo, tentaremos ver até que ponto essas precisões chegam a se justificar.

Acting Out (II)

No capítulo anterior, tratamos de expor como surgiu o conceito de *acting out* nos escritos de Freud, tomando como ponto de referência os atos de termo errôneo (1901b), o "Epílogo" de "Dora" (1905e) e "Recordar, repetir e reelaborar" (1914g). Vimos também que a antinomia recordação/repetição parece alimentar ao mesmo tempo os conceitos de *acting out* e transferência, que às vezes se superpõem e outras se separam no pensamento freudiano. Repassamos ainda o ensaio de 1945, no qual Fenichel esforça-se em deslindar os conceitos de transferência, *acting out* e ato neurótico, sem chegar a consegui-lo totalmente. Propus, por último, algumas precisões discutíveis e provisórias para nos orientar em nossa discussão.

AS PRIMEIRAS CONTRIBUIÇÕES DE ANNA FREUD

Alguns anos antes do ensaio de Fenichel, Anna Freud abordou o tema do *acting out* e da transferência em *O ego e os mecanismos de defesa* (1936), mais precisamente no Capítulo 2, "A aplicação da técnica analítica ao estudo das instâncias psíquicas". Aqui, como em todo o seu livro, Anna Freud aplica lucidamente a doutrina estrutural, procurando ordenar os conceitos com vistas à teoria e à clínica.

Destaquei, no devido momento, a contribuição decisiva de Anna Freud ao tema da transferência ao distinguir entre transferência de impulsos e transferência de defesas, enquanto expressões contrapostas do id e do ego. Cabe-me agora mencionar que, junto com essas duas categorias, a autora distingue um terceiro tipo, *a atuação na transferência (acting in the transference)*. Essa é uma terceira forma de transferência, que Anna Freud prefere distinguir das outras duas. Há momentos em que se intensifica a transferência, e o paciente subtrai-se às severas normas da técnica analítica e começa a atuar na conduta de sua vida diária tanto os impulsos instintivos quanto as reações defensivas contra os sentimentos transferenciais. "A esse processo, que falando estritamente sucede já fora da análise, o denominamos de 'atuação na transferência'" (1936, p. 38).[1]

O *acting out* pode oferecer ao analista um valioso conhecimento do paciente, mas não é muito útil para a marcha do tratamento e é difícil de manejar. Por isso, o analista deve procurar restringir o *acting out* o máximo possível, seja por meio das interpretações analíticas, seja recorrendo às não muito analíticas proibições.[2]

Anna Freud separa o *acting out* como forma especial da transferência por duas razões: se sai do marco do tratamento e é difícil de manejar, até o ponto em que, às vezes, é necessário contrabalançá-lo com proibições. Apesar de Anna Freud dar importância ao fato de que o *acting out* transcorre fora do âmbito analítico, seu critério não é meramente espacial ou geográfico, já que liga essa condição a um máximo de resistência e um mínimo de *insight*. Embora talvez esteja levando água para meu moinho, eu me atreveria a afirmar que Anna Freud assinala como uma característica do *acting out* sua intenção de não trazer informação.

AS ÚLTIMAS OPINIÕES DE FREUD

Creio que as reflexões de Anna podem ter influído no pensamento de seu pai, quando ele voltou ao tema nos últimos anos de sua vida. Vale a pena estudar detidamente o que Freud diz no *Esquema da psicanálise* (1940a), não

---

[1] "Now an intensification of the transference may occur, during which for the time being the patient ceases to observe the strict rules of analytic treatment and begins to act out in the behavior of is daily life both the instinctual impulses and the defensive reactions which are embodied in his transferred affects. This is what is known as *acting* in the transference – a process in which, strictly speaking, the bounds of analysis have already been overstepped" (*Writings*, v. 2, p. 23).

[2] "It is natural that he should try to restrict it as far as possible by means of the analytic interpretation which he gives and the nonanalytic prohibitions which he imposes" (ibid., p. 24).

apenas porque estão ali, sem dúvida, suas últimas referências escritas sobre o tema, mas também porque esse ensaio, que Freud escreveu em 1938 e não chegou a terminar, é considerado uma exposição muito válida e quase testamental do criador da psicanálise.[3]

A segunda parte da obra ocupa-se da prática psicanalítica e no Capítulo VI, "A técnica da psicanálise", fala da situação analítica, da transferência e do *acting out*. Estes dois últimos conceitos são expostos simultaneamente e, dessa vez, Freud não salva, por certo, as obscuridades que já assinalamos em escritos anteriores.

Freud diz textualmente: "É muito indesejável para nós que o paciente, fora da transferência, *atue* em vez de recordar; a conduta ideal para nossos fins seria que, fora do tratamento, ele se comportasse da maneira mais normal possível e exteriorizasse suas reações anormais somente dentro da transferência" (*AE*, v. 23, p. 177-178).

Nesse texto, creio notar a influência de Anna Freud quando o criador delimita uma atuação que tem lugar dentro da transferência e outra que transcorre fora, à qual qualifica de inconveniente.

O parágrafo é obscuro e pode ser lido de diversas formas; porém, não há dúvida de que Freud incorre em certa inconsistência quando diz que é inconveniente que o analisando atue fora da transferência, em vez de se limitar a recordar. Deveria ter dito em lugar de se limitar a fazê-lo dentro da transferência: fora do tratamento, não se pede ao analisando que recorde, mas que não atue.

Uma página antes, Freud havia dito: "Outra vantagem da transferência é que nela o paciente põe em cena diante de nós, com uma boa nitidez, um fragmento importante de sua biografia, sobre a qual é provável que, em outro caso, tivesse-nos dado notícia insuficiente. Por assim dizer, atua (*agieren*) diante de nós, em lugar de nos informar" (*AE*, v. 23, p. 176).[4]

Vê-se aqui claramente que Freud pensa agora que a repetição transferencial, que nesse contexto chama de *agieren*, é superior à recordação (isto é, ao que o paciente refere), dado que põe em cena diante de nós um pedaço de seu passado com plástica nitidez. O *agieren*, que é "muito inconveniente fora da transferência" na citação das páginas 177-178, não o era na página anterior, em que até deixa de ser uma resistência e resulta superior à recordação, que sempre é insuficiente. Pode passar despercebido que, nesse ponto, inverteu-se a máxima de 1914: a resistência consiste em que o analisando *refira* (recorde) *em vez de atuar na transferência*.

Detive-me nessas duas citações complexas e apontei suas inconseqüências, porque passá-las por alto leva a discussões inoperantes. À medida que acentuarmos certos parágrafos do texto e deixarmos outros de lado, nossa opinião pessoal ficará apoiada pela autoridade de Freud. O mesmo vale para o ensaio de 1914 ou para o epílogo de 1905.

Inclino-me a pensar que a transferência e o *acting out* são dois termos teóricos indispensáveis, que Freud formulou sem chegar a resolver todos os seus enigmas. O importante é que nós – conscientes de nossos limites – tentemos seguir adiante, sem pretender que nosso Freud imaginário venha a resolver os problemas em uma espécie de *après coup*.

ACTING OUT, COMUNICAÇÃO E LINGUAGEM

Um lustro depois do escrito de Fenichel, surge a brilhante contribuição de Phyllis Greenacre no *Psychoanalytic Quarterly*. Seguindo a definição de Fenichel, conceitua o *acting out* como uma forma especial de recordação em que as memórias do passado reatualizam-se de maneira mais ou menos organizada e amiúde apenas encobertas (1950, p. 456). Sem consciência alguma de que sua conduta está motivada por recordações, o sujeito a julga plausível e apropriada, enquanto se sobressai, para os demais, seu desajuste.

Fenichel havia separado o *acting out* da transferência, porque em um predomina a ação e na outra os sentimentos, e havia sustentado que o *acting out* repousa em três condições: disposição aloplástica, talvez de natureza constitucional, fixação oral com elevadas necessidades narcisistas e intolerância à tensão e aos traumas precoces (1945b, p. 300-301). Os traumas precoces condicionam uma conduta repetitiva, em que o *acting out* opera como um mecanismo ab-reativo similar ao das neuroses traumáticas.

Greenacre segue os passos de Fenichel e acrescenta a essas três condições outras duas, a saber: uma tendência à dramatização através de uma grande sensibilidade visual e de uma acentuada crença inconsciente nos atos mágicos. São pessoas que acreditam que basta dramatizar algo para que se converta em verdade. Se me faço passar por multimilionário, eu o sou. Nos indivíduos que têm tendência ao *acting out*, o senso de realidade mostra-se particularmente insuficiente.

Greenacre situa no segundo ano de vida o momento em que se pode organizar a tendência ao *acting out*, uma vez que nesse momento confluem três circunstâncias profundamente significativas: aprendizagem da fala, deambulação e treinamento esfincteriano.

Quando se juntam as perturbações dos primeiros meses de vida que aumentam as pulsões orais, diminuem a tolerância à frustração e aumentam o narcisismo, com os conflitos do segundo ano, estão dadas as condições para que apareça a tendência ao *acting out*. O desenvolvimento da linguagem fica inibido e, paralelamente, aumenta a tendência aloplástica à descarga. "A capacidade para verbalizar e para pensar em termos verbais parece representar um

---

[3] Discute-se se Freud iniciou o manuscrito antes de sair de Viena, mas sabe-se com certeza que, em sua maior parte, foi escrito pouco depois de sua chegada a Londres.

[4] "Another advantage of transference, too, is that in it the patient produces before us with plastic clarity an important part of his life-story, of which otherwise have probably given us only an insufficient account. He acts it before us, as it were, instead of reporting it to us" (*SE*, v. 23, p. 175-176).

avanço enorme, não apenas na economia da comunicação, mas também no correto enfoque das emoções que se associam com o conteúdo do pensamento" (Greenacre, 1950, p. 461-462). Essas circunstâncias, conclui a autora, são de importância capital para entender os problemas do *acting out*, em que existe sempre uma desproporção entre a verbalização e a atividade motora. Vale a pena destacar que essa linha de investigação coincide com a de Liberman, ao estudar a personalidade de ação e o estilo épico, como vimos no Capítulo 34.

O *ACTING OUT* E OS OBJETOS PRIMÁRIOS

O *acting out* não é um tema que tenha preocupado especialmente Melanie Klein, embora depois seus discípulos o tenham estudado, em especial Rosenfeld.

Quando analisou Félix por seu tique nos primeiros anos da década de 1920, antes de ter criado a técnica do jogo, Klein impõe-lhe certas proibições para assegurar a continuidade da análise, já que as escolhas de objeto do menino tinham o propósito de fugir das fantasias e dos desejos que nesse momento se dirigiam à analista na transferência.[5] Nesse ponto, Klein expõe implicitamente sua concepção do *acting out*, à qual voltará em 1952, também fugazmente, quando escreve "The origins of transference". Quando afirma que a transferência afunda suas raízes nas etapas mais precoces do desenvolvimento e nas camadas mais profundas do inconsciente, Melanie Klein sustenta que o paciente tende a manejar os conflitos que se reativam na transferência com os mesmos métodos que usou em seu passado. Uma das teses desse conciso e vigoroso artigo é que a transferência não deve ser entendida apenas nos termos das referências diretas ao analista no material. Por aprofundar suas raízes nas etapas mais precoces do desenvolvimento e brotar das camadas profundas do inconsciente, a transferência é mais ubíqua do que se costuma acreditar e pode ser extraída daquilo que o analisando diz, dos acontecimentos de sua vida diária e de todas as suas relações. Essas relações, afirma Klein, têm a ver com a transferência, e é aqui que faz uma referência concreta ao *acting out*: "Porque o analisante tende a manejar os conflitos e as ansiedades reatualizados frente ao analista com os mesmos métodos que usou no passado. Ou seja, afasta-se do analista, como tentou afastar-se de seus objetos primários; procura dissociar a relação com ele, tomando-o seja como uma figura boa, seja como má: desvia alguns sentimentos e atitudes vivenciadas com o analista sobre outras pessoas de sua vida corrente, e isso é parte do '*acting out*'" (Writings, v. 3, p. 55-56).

Essas referências são sucintas demais para se saber o que Klein pensa do *acting out*; porém, pode-se afirmar que o vê como uma forma especial de transferência que leva o analisando a se afastar do analista, assim como se afastou dos objetos primários.

ACTING OUT PARCIAL E EXCESSIVO

Com sua erudição habitual, mas com menos precisão do que outras vezes, Rosenfeld (1964a) aborda o tema do *acting out* apoiado em Freud e Klein.

Lendo Freud de uma determinada maneira, como todos fazem, Rosenfeld não duvida nem por um momento que repetição, transferência e *acting out* são o mesmo. Resolvido drasticamente esse problema, coloca-se para Rosenfeld um outro, ao modo de retorno do recalcado, que o leva a classificar o *acting out* em parcial e excessivo. O *acting out parcial* não apenas é inevitável, mas de fato uma parte essencial de uma análise efetiva, e só quando aumenta e torna-se *excessivo* põe em perigo o paciente e a análise (*Psychotic states*, p. 200). Para manter sua classificação, Rosenfeld dirá que, quando Freud declara-se partidário de reduzir o *acting out*, está falando do *acting out* excessivo, já que "um pouco de *acting out* é uma parte importante e necessária de toda análise" (ibid., p. 201; *Revista de Psicanálise*, p. 425).

Rosenfeld acredita que, fazendo uma diferença quantitativa entre um *acting out* pequeno e um *acting out* grande, livra-se das dificuldades, mas na realidade não é assim. O ponto frágil de sua argumentação é que unifica em um só conceito dois processos diametralmente opostos: o *acting out* parcial, que expressa a colaboração do paciente, e o *acting out* excessivo, que põe em perigo a análise. Para se referir ao *acting out* excessivo, Rosenfeld emprega a palavra *disastrous*, bastante expressiva.[6] As palavras "parcial" e "excessivo" implicam diferenças quantitativas, porém os conceitos de Rosenfeld são qualitativos e, mais ainda, diametralmente opostos.

Vejo outro inconveniente na classificação de Rosenfeld e não creio que seja de pouca monta: quando vamos classificar um *acting out* como parcial ou excessivo. Vamos dizer por acaso que, se o paciente chega dois minutos mais tarde, o *acting* é parcial e, se chega vinte minutos mais tarde, é excessivo? Penso que o que devemos compreender é a estrutura dessa situação, e não o aspecto fenomenológico do atraso: vinte minutos e dois minutos podem ter o mesmo valor metapsicológico, embora talvez no primeiro caso o resultado para a sessão seja *disastrous* e no outro não. Pela própria índole de sua classificação, Rosenfeld está mais exposto do que acredita a juízos subjetivos e ideológicos.

Apoiado no que Klein disse em 1952, Rosenfeld considera que o paciente repete com o analista a maneira como se afastou de seu objeto primário e acrescenta que o *acting out* será parcial ou excessivo segundo o grau de hostilidade com que a criança inicialmente se afastou do seio da mãe.

Aqui, Rosenfeld faz uma contribuição interessante ao assinalar que do grau de hostilidade com que a criança afaste-se do seio dependerá o destino de suas futuras relações; creio, porém, que volta a se equivocar ao pensar que

---

[5] Ver "The psychogenesis of tics", 1925 (*Writings*, v. 1, p. 115).

[6] Na versão espanhola, lê-se "um nefasto *acting out*".

todo afastamento é um *acting out*. Na teoria kleiniana, afastar-se do seio marca um momento culminante do desenvolvimento infantil – a passagem do seio ao pênis – e, enquanto processo necessário da maturação, configura um ato normal (e racional), nunca um ato neurótico ou um *acting out*. O que Klein disse, em 1952, é que o afastamento do analista reproduz o afastamento do objeto primário, e esse tipo especial de transferência é parte do *acting out*. Quando se alcança a posição depressiva, o sujeito não se "afasta" do objeto, mas sim o perde e pena por ele. Klein refere-se a um afastamento agressivo, prematuro e patológico, que pressupõe abandonar o objeto por ódio, com onipotência e desprezo. Creio, pois, que somente quando o processo normal do luto pelo seio não é cumprido o afastamento deve ser conceituado como *acting out*.

OS RELATOS DO CONGRESSO DE COPENHAGUE

No XXV Congresso Internacional, ocorrido em Copenhague em julho de 1967, realizou-se um simpósio sobre *Acting out and its role in the psychoanalytic process* (O papel do *acting out* no processo psicanalítico), do qual foram relatores Anna Freud e León Grinberg e do qual participaram outros analistas de primeira linha. Na comunicação de Anna Freud, a inquietude principal está colocada na delimitação do conceito, enquanto o escrito de Grinberg traz um rico material clínico como ponto de partida de uma discussão teórica em que a angústia de separação será entendida como um fator decisivo, à luz da teoria da identificação projetiva.

Em sua tentativa de esclarecimento, Anna Freud parte de um fato histórico certo, os termos teóricos da psicanálise variam com a extensão das próprias teorias, o que nem sempre notamos ao utilizá-los. Recorde-se, diz Anna Freud, o destino contrário que tiveram o conceito de transferência, que foi expandindo-se até chegar a significar *tudo* o que se passa entre analista e analisando, e o de complexo, que inicialmente abrangia uma amplíssima gama de acontecimentos para ficar restrito, com o passar do tempo, somente ao Édipo e à castração.

Em "Recordar, repetir e reelaborar", o *acting out* fica definido em contraposição à recordação como uma urgência opressiva de repetir o passado esquecido, não apenas revivendo (*re-living*) as experiências emocionais transferidas ao analista, mas também em todo o âmbito da situação atual. Entendia-se que o *acting out* substituía a capacidade ou o desejo de recordar em função da resistência, de modo que, quanto maior for esta, mais extensamente o *acting out* substituirá a recordação (*AE*, v. 12, p. 153).

Anna Freud considera que essa definição é clara se for entendida no marco das teorias da época, em que a recuperação das recordações ainda ocupa um lugar importante junto ao conflito dinâmico da luta de tendências. Às vezes, o passado esquecido ou os derivados da pulsão podiam ser obtidos interpretando-os, de maneira que ingressassem na consciência, alcançando o nível do processo secundário.

Outras vezes, porém, os conteúdos psíquicos recalcados só podem ser obtidos revivendo-os (*in the form of being re-lived*) na transferência. "O resultado será uma repetição do passado na conduta, repetição, entretanto, sobre a qual as regras analíticas terão vigência" (1968, p. 166). Nesse caso, o *acting out* limita-se à vivência (*reexperiencing*) dos impulsos e afetos e ao restabelecimento das demandas e atitudes infantis, mas detém-se justamente antes que apareça a ação muscular, deixando intacta a aliança de trabalho. "Dentro dessas limitações, o *acting out* na transferência foi reconhecido, desde os primeiros tempos, como um agregado indispensável da recordação" (ibid.). Como no caso anterior, o objetivo do analista é também aqui captar as revivescências (*revivals*) à medida que emergem, agora como conduta, para interpretá-las incorporando o material que vem do id para os confins do ego.

Há uma terceira possibilidade que implica o fracasso dos esforços do analista, quando o poder do passado esquecido ou, antes, da força dos impulsos recalcados ultrapassa os limites impostos à ação muscular. Na transferência, tal fato pode significar a ruptura da aliança de tratamento e o ponto final da análise. O outro inconveniente desse tipo de *acting out* é que não se limita à situação analítica e invade a vida ordinária do paciente, o que pode ser muito perigoso.

Em resumo, ao situar o conceito de *acting out* no marco das teorias clássicas do começo da Primeira Guerra Mundial, Anna Freud distingue três tipos ou graus, que têm a ver com a intensidade da resistência e a estabilidade da aliança de tratamento, procurando dar coerência ao pensamento de Freud daqueles anos. Embora não homologue a transferência ao *acting out*, como Rosenfeld ou Gioia, nossa autora tem de estabelecer duas (ou três) categorias distintas de *acting out*, dentre as quais a primeira ajuda o tratamento e a segunda o prejudica.

Após suas pormenorizadas reflexões sobre as origens do termo, Anna Freud afirma que o conceito de *acting out* teve de ir expandindo-se ao compasso das novas teorias. À medida que se afiança o princípio técnico de que a análise da transferência é o campo fundamental da terapia analítica, vai-se abandonando insensivelmente a dialética de recordação *versus* repetição, porque prevalece o pensamento de que repetir na transferência é a forma mais idônea de recordar. Do mesmo modo, a crescente importância que adquiriu, na análise contemporânea, a relação da criança com a mãe na fase pré-edípica do desenvolvimento reforça a importância da conduta motora, pois esses fatos não foram verbais e só podem ser comunicados com atos (*re-enactement*).

Outro fator que contribuiu para ampliar o conceito de *acting out* é que as novas teorias dos instintos prestam mais importância do que antes à agressão, a qual, por definição, canaliza-se especialmente pelo sistema muscular, isto é, pela ação. Também o desenvolvimento da psicologia do ego e a atenção crescente em seu funcionamento levaram a observar mais detidamente a conduta e o caráter de nossos analisandos, assim como a análise de crianças, adolescentes e psicóticos, em que os conflitos são canalizados freqüentemente por via da ação.

AS CONTRIBUIÇÕES DE GRINBERG

As contribuições de Grinberg, sem dúvida as mais novas do simpósio, procuram explicar o *acting out* e dar conta de seus mecanismos específicos.

Grinberg começa por assinalar que, além das conotações pejorativas do termo, que tendem a homologá-lo com a má conduta do analisando, o certo é que há autores que destacam o caráter maligno do *acting out*, ao passo que outros sublinham sua natureza comunicativa e adaptativa. Ele se ocupará especialmente do *acting out* maciço, que provoca fortes reações contratransferenciais.

A angústia de separação na origem do *acting out* foi destacada por vários autores dessa época, como Bion (1962b), Greenacre (1962) e Zac (1968).[7] Grinberg segue decididamente essa linha e afirma que uma das raízes essenciais do *acting out* parte de experiências de separação e de perda, que determinaram em dado momento lutos primitivos não-elaborados. Quando esse tipo de conflito reatualiza-se na transferência, o analisando utiliza o analista como objeto (continente) no qual verte a dor da separação e da perda; contudo, quando o analista não está presente, transforma-se em um elemento beta que tem de ser evacuado em outro objeto, com o que se configura o *acting out*.[8] Às vezes, o objeto continente está representado pelo próprio corpo e, então, surgem sintomas psicossomáticos ou hipocondria como *equivalentes do acting out*. Quando o que funciona como continente é um sonho, temos o que Grinberg chama de *sonhos evacuativos*, muito diferentes dos sonhos elaborativos (Grinberg et al., 1967).

Como se depreende do que foi dito, Grinberg considera que a identificação projetiva é o mecanismo básico do *acting out*, pois permite evacuar no objeto as partes do *self* que não podem ser contidas e toleradas. Se o analista é capaz de tolerar dentro de si as projeções do analisando e se as devolve adequadamente, o processo analítico segue seu curso, com o conseqüente desenvolvimento do *insight* e da elaboração. Em outras circunstâncias, entretanto, o desenlace é diferente e, então, o *acting out* "mantém-se e agrava-se por um déficit especial no interjogo transferência-contratransferência" (Grinberg, 1968, p. 691).[9] Vários motivos podem explicar essa falha do analista, desde sua falta de *reverie* e sua cumplicidade inconsciente até uma severidade que o leva a proibir, em vez de compreender e interpretar; porém, em todos os casos opera o mecanismo da contra-identificação projetiva descrito pelo próprio Grinberg (1956, 1957, etc.).

Grinberg recorda o que foi dito por Phyllis Greenacre em seu trabalho ao Simpósio de Boston de 1962, intitulado "Problems of acting out in the transference relationship", que havia chegado a conclusões semelhantes a partir de um esquema referencial por certo bem diferente: "... o analista é posto à prova em um esforço esgotante para comprovar até onde chega, realmente, o limite de sua tolerância. Esse desempenho adquire a forma de um 'chilique', provocador, mas de uma classe especial, na qual há uma implacável demanda de reciprocidade e de descarga através de ou com o outro, o analista. Compreendemos aqui uma significação especial do termo identificação projetiva. Às vezes, existe claramente uma fantasia de castigo por trás dessa provocação" (*A developmental approach to problems of acting out*, 1978, p. 223, tradução pessoal).

A partir de Fenichel, muitos autores ressaltaram a participação do analista no *acting out*, desde Bird (1957) até Rosenfeld (1964a), e Grinberg conclui que "os modos de funcionamento da identificação projetiva e da contra-identificação projetiva configuram mecanismos essenciais na dinâmica do tipo particular de relação objetal que se estabelece nos fenômenos de *acting out*" (*Revista de Psicanálise*, p. 693). Para sublinhar a peculiaridade desse fenômeno, Zac (1968, 1970) diz plasticamente que o *acting out inocula* o receptor.

Ao resumir a dinâmica do *acting out* maciço, Grinberg assinala a intolerância à dor psíquica frente à experiência de perda, que busca uma descarga através da identificação projetiva em um objeto que pode responder, por sua vez, com uma atuação. São pacientes narcisistas, que mantêm vínculos idealizados nos quais se alternam a admiração, a avidez e a inveja. Em seus mecanismos defensivos, combinam atitudes maníacas denegritórias com uma dissociação entre o aspecto onipotente do *self* e o *self* mais adaptado à realidade, que também podem ser qualificados de parte psicótica e neurótica, respectivamente, de acordo com Bion (1957). Esse tipo particular de relação de objeto é extremamente lábil e entra em crise diante da primeira experiência de perda e frustração, que leva a evacuar no objeto a porção do *self* que carrega os sentimentos penosos (parte neurótica). Embora o *acting out* proporcione informação, quando a mensagem da parte neurótica fica anulada pelo ataque da parte psicótica, o *acting out* configura um tipo especialmente tenaz de resistência.

O *acting out*, conclui Grinberg, é construído como um sonho, pois nele certos elementos da realidade transformam-se regressivamente em processo primário. Nesse sentido, o *acting out* é como um sonho dramatizado e atuado durante a vigília, um sonho que não pode ser sonhado.

---

[7] Os elementos beta de Bion servem apenas para a evacuação através da identificação projetiva e da produção de *acting out*.
[8] Zac chega a iguais conclusões no trabalho recém-citado, cujo material clínico é extremamente ilustrativo.
[9] O trabalho de Grinberg foi publicado na *Revista de Psicoanálisis* e no *International Journal* de 1968.

54

Acting Out (III)

Nos dois capítulos anteriores, tentei expor o conceito de *acting out* a partir de uma perspectiva histórica que nos levou desde o "Epílogo" de "Fragmento de análise de um caso de histeria" e "Recordar, repetir e reelaborar" até o Simpósio de Copenhague. Incluí nessa resenha uma série de contribuições de primeira grandeza, mas não fui capaz de integrar outros que não são menos inportantes.

No presente capítulo começarei por citar as opiniões de Laplanche e Pontalis, que considero uma contribuição significativa para se aproximar desse conceito complexo, e depois tentarei propor uma síntese do que se pensa atualmente sobre o *acting out* – ou, ao menos, do que penso que se pensa.

O CONCEITO DE *ACTING OUT* NO *VOCABULAIRE*

Em seu *Vocabulaire de la psychanalyse*, Laplanche e Pontalis (1968) consagram duas entradas ao *acting out*, procurando assinalar os grandes problemas teóricos que esse conceito propõe e as ambigüidades que se notam em todos os autores que o trataram, sem excluir Freud por certo. Com o objetivo de delimitar o conceito, Laplanche e Pontalis propõem esta definição: "Termo utilizado em psicanálise para designar ações que apresentam quase sempre um caráter impulsivo relativamente isolável no curso de suas atividades, em contraste relativo com os sistemas de motivação habituais do indivíduo, e adotam amiúde uma forma auto ou heteroagressiva. No surgimento do *acting out*, o psicanalista vê o sinal da emergência do recalcado. Quando aparece no curso de uma análise (seja durante a sessão ou fora dela), o *acting out* deve ser compreendido na conexão com a transferência e, com freqüência, como uma tentativa de desconhecê-la radicalmente" (*Diccionario de psicoanálisis*, p. 6).

De acordo com essa definição, o *acting out* pode existir independentemente do tratamento psicanalítico e, quando aparece no curso da análise pode ser dentro ou fora da sessão. Além disso, durante a análise o *acting out* está ligado à transferência e às vezes configura uma tentativa de desconhecê-la radicalmente.[1]

O *Vocabulaire* lembra que Freud afirma no *Esquema* (1940a) que é indesejável que o analisando atue fora da transferência e, por isso, diga-se de passagem, recomendava que não deveriam ser tomadas decisões importantes durante o tratamento.

A seguir, diz o *Vocabulaire*: "Uma das tarefas da psicanálise seria a de tentar embasar a distinção entre transferência e *acting out* em critérios diferentes dos puramente técnicos ou meramente espaciais (o que ocorre no consultório do analista ou fora do mesmo); isso suporia, sobretudo, uma nova reflexão sobre os conceitos de ação, de atualização e sobre o que define os diferentes modos de comunicação.

Só depois de ter esclarecido de forma teórica as relações entre o *acting out* e a transferência analítica, poder-se-ia investigar se as estruturas descobertas são extrapoláveis fora de toda referência ao tratamento, isto é, se perguntar se os atos impulsivos da vida cotidiana não poderiam ser explicados em conexão com relações de tipo transferencial" (ibid., p. 8).

Reproduzi as idéias do *Vocabulaire* porque propõem, creio, todo um programa para ressituar conceitualmente o *acting out*, reconhecendo que é uma tarefa extremamente difícil, em que se juntam as complexidades da teoria e as sutilezas da práxis com não poucos preconceitos.

---

[1] English e English, em seu *Dicionário*, consideram que transferência e *acting out* são a mesma coisa. Em seu *Glossary*, Moore e Fine (1968) definem o *acting out* como a tendência de certas pessoas a reproduzir suas recordações esquecidas, atitudes e conflitos por meio da ação e não das palavras, sem ter consciência do que lhes acontece. Distinguem o *acting out na transferência*, quando o destinatário é o analista, do *acting out fora da transferência*, quando o fenômeno dirige-se para outras pessoas, mas permanece ligado à situação analítica.

ACTING OUT E AÇÃO

Não são nada simples as relações entre *acting out* e ação. Hartmann (1947) tinha razão quando afirmava, no começo de "On rational and irrational action", que não tínhamos então (e certamente tampouco hoje) uma teoria psicanalítica sistemática da ação. Hartmann assinalou em seu ensaio que toda ação nasce do ego, mesmo as que respondem a demandas instintivas e afetivas, e tem sempre um objetivo. De modo que a substituição da resposta motora por ações organizadas é uma parte essencial do desenvolvimento do ego, da substituição do princípio do prazer pelo princípio da realidade. Embora toda ação tenha seu ponto de partida no ego, pode-se definir uma ação como racional quando leva em conta os objetivos e a realidade em que devem ser alcançados, medindo ao mesmo tempo as conseqüências, seja no nível consciente ou pré-consciente, bem como valorizando equilibradamente os meios disponíveis. A ação racional pertence ao reino do processo secundário e o maior grau em que uma conduta possa ser qualificada de racional é quando não apenas é sintônica com a realidade objetivamente, mas também subjetivamente (p. 50).

Depois do Congresso de Copenhague, Daniel Lagache (1968) ocupou-se das complexas relações entre *acting out* e a ação, enfatizando que não se pode caracterizar o *acting out* como uma ação tendente a descarregar impulsos, porque toda ação implica descarga de impulsos. O *acting out* refere-se a ações concretas e particulares, que correspondem a um determinado modelo latente, porque "o *acting out* não é um modelo psicológico, mas metapsicológico" (p. 784).

Para Lagache, o modelo metapsicológico do *acting out* é a *parada*, ou seja, uma representação de fantasias ou recordações inconscientes por meio de atos que deixam transparecer o que ocultam. Com o vocábulo *parada*, Lagache denota as intenções de mostrar e representar, como na parada militar ou na representação teatral, e poderia mesmo dizer que emprega a palavra como quando aludimos, em linguagem popular, a alguém que mostra o que não tem. Em contraposição à *parada* do *acting out*, Lagache propõe a *ação verdadeira* que realiza as intenções objetivas e racionais que marcam a relação entre o agente e sua ação.

As precisões de Lagache são válidas, pois situam o *acting out* como conceito metapsicológico, mas não me parece feliz referi-lo a uma fantasia inconsciente de parada. A parada é aplicável à histeria, e não ao *acting out*. Para mim, o que os diferencia é que a intenção comunicativa da histeria não pertence ao *acting out*. Se seguimos Lagache, a histeria e o *acting out* superpõem-se. Creio que a especificidade metapsicológica do *acting out* deve ser buscada nas *intenções* com que se realiza essa ação, quais são os objetivos que persegue. Portanto, não se deve confundir o *acting out* com o desenrolar teatral, que sempre tem intenção comunicativa.

Também Leopold Bellak (1965) baseia a definição do *acting out* no motor, na ação, quando diz que o *acting out* é uma asserção somática de um conteúdo não-verbal (*somatic statement of non-verbal content*), embora me pareça que esse autor apague por completo a diferença entre ato neurótico, sintoma motor e *acting out*.

AS INTENÇÕES DO *ACTING OUT*

Para delimitar o conceito, parti de uma premissa simples: todo *acting out* é um ato neurótico (irracional), mas nem todo ato neurótico é *acting out*. Pode-se afirmar, por certo, que não há diferença entre conduta neurótica e *acting out*; então, para que continuar falando de *acting out*? Se aceitamos, porém, que os dois conceitos são diferentes, surge logicamente a seguinte pergunta: o que transforma o ato neurótico em *acting out*?

Para responder a essa pergunta, que é também definir o *acting out*, insisto na frase "em vez de", que Freud emprega no "Epílogo" e também depois, em 1914, quando diz que o paciente atua em vez de recordar. É certo que, pouco depois, Freud diz que esse *acting out* é a forma que o paciente tem de recordar e, com isso, *acting out* e transferência superpõem-se. Tentando resolver esse dilema, já disse que a transferência e o *acting out* originam-se em um mesmo fenômeno, a repetição, mas se diferenciam pela *intenção*:[2] a transferência repete *para* recordar, o *acting out em vez de*. Se não se aceita essa diferença, o *acting out* fica no ar, passa a ser um conceito fenomenológico, um tipo especial de transferência que se faz através da ação, mas que não tem especificidade e fica fora da metapsicologia. Deixarei para mais adiante as dificuldades que minha proposta apresenta.

Ao definir o *acting out* como algo que se faz *em vez de*, não me refiro, é claro, exclusivamente à recordação, porque, como diz Anna Freud (1968), mudamos nesse ponto desde 1914 e damos mais importância do que antes ao conflito transferencial (sem desconhecer a história e as recordações), mas também ao *insight* e à elaboração. Entendo "em vez de" como aquilo que se opõe à *tarefa* da análise, seja esta de recuperar recordações, ganhar *insight* ou (como creio) as duas coisas.

Como vimos no devido momento, muitos autores reconhecem como uma das características definidoras do

---

[2] "Intenção" quer dizer desejo inconsciente ou fantasia inconsciente.

acting out o ataque à tarefa ou ao enquadre, porém poucos o destacaram com mais precisão que Leo Rangell (1968b) no Simpósio de Copenhague. O ponto de partida de Rangell é que se impõe distinguir o *acting out* das ações neuróticas, conceito por certo mais abrangente, e propõe defini-lo como "as ações que o paciente empreende para resistir ao avanço do processo terapêutico" (p. 195). Rangell crê (e obviamente, também eu) que essa definição é consistente com a primeira formulação de Freud, feita em 1905, quando diz que Dora atuou suas recordações e fantasias em vez de reproduzi-las no tratamento. Após discriminar o *acting out* de outras condutas neuróticas, da forma que acabamos de fazer, Rangell define o *acting out* nestes termos: "O *acting out* é, pois, um tipo específico de ação neurótica dirigido a interromper o processo de obter um efetivo *insight* que, portanto, aparece especialmente no curso da psicanálise, mas também em qualquer outra parte" (p. 197).

Rangell acredita que, sempre que existe uma possibilidade de *insight* fora da situação analítica, pode sobrevir uma resposta análoga ao *acting out* na análise; creio, porém, que o processo é mais amplo e freqüente: sempre que fazemos algo *em vez da* tarefa que temos nas mãos, estamos incorrendo em *acting out*. Sandler e colaboradores (1973) também se mostram dispostos a estender o conceito de *acting* a situações distintas do tratamento analítico, sempre que se notem as mudanças de significado que tal extensão possa acarretar. Outros autores, no entanto, entre eles Moore e Fine, pensam que o termo perde precisão fora do contexto da situação analítica.

Se aceitamos que o *acting out* é um ato neurótico que se faz "em vez de" uma determinada tarefa, então qualquer conduta que se faz em lugar do que corresponde será um *acting out*. Se a mesma conduta cumpre com o proposto, então já não é um *acting out*. Assim como a perversão só pode ser diagnosticada metapsicologicamente, o mesmo ocorre com o *acting out*: só será *acting out* o que, além da conduta neurótica que sempre implica, tenha a intenção de opor-se à tarefa proposta (recordar, ganhar *insight*, comunicar ou o que for).

Desse modo, o conceito de *acting out* mantém-se, sem subsumi-lo no de conduta neurótica ou de transferência, situado em outra posição, pertencendo a outra classe. É uma forma especial de transferência, uma classe especial de estratégia do ego. Também a reação terapêutica negativa é uma parte da transferência; contudo, sem desconhecer isso, é estudada em outro nível e com outra metodologia.

ACTING OUT E COMUNICAÇÃO

Sabemos, como analistas, que toda conduta expressa-nos, e tudo o que disser ou fizer pode-me ser validamente interpretado. Como sempre podemos, interpretar algo a nossos analisandos (e às vezes acertamos!), costumamos esquecer que às vezes o paciente tem a intenção de não nos comunicar nada.[3] Quando dizíamos há pouco que o *acting out* opõe-se à tarefa da análise, seja esta o *insight* e a elaboração e/ou a recuperação das recordações esquecidas, deveríamos ter acrescentado que ele também se opõe à tarefa de se comunicar.

Por isso, tendo a separar conceitualmente o *acting out* da histeria, porque não se deve confundir a atuação no sentido de desenrolar teatral (ou parada) com o *acting out*, que são coisas diferentes. O histérico tem tendência a dramatizar, o que implica comunicação; tanto é assim que, quando um histérico atua, dizemos que quer chamar a atenção, que "faz gênero". A teatralidade histérica não é autêntica, porque tem apenas a pretensão de nos impressionar, mas não carece de intenção comunicativa. O *acting out*, em troca, não persegue nenhum fim de comunicação, mas de descarga e de inoculação.

UM CASO CLÍNICO ENGRAÇADO

Há muitos anos, quando tinha muito pouca experiência, embora fosse às vezes capaz de interpretar um sonho simples, chegou a sua sessão, em uma segunda-feira, um homem jovem que tinha dificuldades sexuais. Vinha com a idéia de que deveria contar-me que havia se masturbado, o que por certo não era agradável para ele. Decidiu, finalmente, deixar de lado o tema embaraçoso e contou um sonho. Eu lhe disse que o sonho tinha a ver com a masturbação e, como o conteúdo manifesto e algumas de suas concisas associações referiam-se ao fim de semana, sugeri a ele que talvez tivesse se sentido só nos últimos dias e havia se masturbado. Diagnostiquei-lhe, então, através do sonho, que havia se masturbado e quando o tinha feito. Ele respondeu, com humor, que, se tivesse sabido como ia interpretar seu sonho, não teria tido tantas dúvidas ao chegar, porque vinha com a idéia de me dizer que havia se masturbado, mas não se animou.

Em que sentido pode-se dizer que contar esse sonho é um *acting out*? Digo que é um *acting out* porque *ele* (e não eu) sentia que devia contar-me que havia se masturbado e contou o sonho *em lugar de*. Dizer que ele me contou o sonho simplesmente para colaborar comigo seria ingênuo: ele não pensou, em princípio, que eu o descobriria. Por isso, creio que a idéia de *repetir em vez de recordar* (ou de comunicar) é o que define o *acting out*.

O exemplo parece-me válido, e por várias razões, sobretudo porque mostra que, se ligamos conceitualmente o *acting out* a um ataque à tarefa, podemos diagnosticá-lo com precisão e com precisão interpretá-lo. Porque é simples e engraçado, esse exemplo protege-nos de desvios ideológicos, de admonições superegóicas e, também, de sermos demasiadamente rotineiros e convencionais em

---
[3] Elsa Garzolli diz, com razão, que o *acting out* informa-nos, mas não nos comunica.

nossa tarefa. Por muito que saibamos que o sonho é o caminho mais direto ao inconsciente (e, entre parênteses, o exemplo o confirma uma vez mais), aqui ocorre que contá-lo é claramente um *acting out*, se levamos em conta as intenções do analisando. São as intenções que contam para nós, e não os resultados, porque não somos *behavioristas*.

Além disso, o exemplo mostra que não é a magnitude, mas sim o sentido que define o *acting out*. Por muito pequeno, insignificante e intranscendente que seja, esse é um *acting out*, porque assim o planejou o paciente, apesar de o tiro ter saído pela culatra e, ao contar o sonho, permitiu ao analista falar não apenas da masturbação como também do *acting out*.

Interpretar o *acting out*, nesse caso, é dizer simplesmente que ele conta o sonho para não falar da masturbação. Essa interpretação não foi dada pelo analista, mas pelo próprio paciente, sem que isso mude em nada a argumentação. A interpretação do *acting out* é, em geral, prévia às outras, pois busca denunciar uma falta de colaboração do analisando e restabelecer, por meios analíticos, a aliança de trabalho. Como analistas, devemos ser muito tolerantes, mas nunca ingênuos. Uma vez desobstruída essa situação básica, abre-se o caminho para outras interpretações, já que a situação analítica sempre é complexa e regida pelo princípio da múltipla função de Wälder (1936).

Quando o analisando reconheceu que havia contado o sonho para não falar da masturbação, pude interpretar-lhe não apenas a necessidade de ocultar a masturbação em termos da transferência paterna (ou materna, já não lembro), mas também o desejo de me enganar, que surgia ligado a seu convencimento de que com um sonho sempre me deixava contente e não corria nenhum perigo. Só então pude dizer-lhe que também existia nele um desejo de falar da masturbação e, por isso, contou o sonho. Uma tarefa interpretativa correta e completa nunca poderia limitar-se a interpretar o *acting out* sem ver também esse outro aspecto. Entretanto, seria um grave erro dizer-lhe, por exemplo, que o sonho era "no fundo" um desejo de colaborar. Essa interpretação é claramente incorreta e, para mim, significa o mesmo que apresentar-se como um pai idealizado, que permite e estimula a masturbação. Em outras palavras, interpretar o *acting out* é basicamente atender a um fragmento da transferência negativa. Não se deve perder de vista que, se o jovem executivo de meu exemplo tivesse pensado que eu descobriria a masturbação através do sonho, poderia não ter falado nem da masturbação nem do sonho. Digamos, por último, que não se animar a falar da masturbação não era somente a expressão de seu temor à castração frente ao analista como pai na situação edípica direta, mas também um conflito mais profundo com a jovem esposa que ansiava ficar grávida. O sonho mostrava claramente que ele não queria assumir seu papel de pai com sua mulher, para privá-la da maternidade, e que esse conflito também se reproduzia na transferência, porquanto não me contava que havia se masturbado para me esterilizar como analista. Nesse caso concreto, e pelo fato de que a masturbação realiza-se em vez do coito, cabe qualificá-la de *acting out*, com o que pretendo mostrar que o conceito pode ser empregado também fora da análise sem perder sua precisão.

Em conclusão, nosso exemplo pretende mostrar que se pode manter o conceito de *acting out* sem cair nos desvios ideológicos ou moralistas que tanto temem (e com razão) os que o combatem. Contudo, uma teoria não pode ser desqualificada porque se expõe a desvios ideológicos, já que estes são inerentes a nossos preconceitos, e não à própria teoria.

ACTING OUT, LINGUAGEM E PENSAMENTO

Quando Greenacre (1950) afirma que no *acting out* há uma perturbação que compreende ao mesmo tempo a ação e a palavra, dá um passo decisivo para compreender esse fenômeno. No *acting out*, diz Greenacre, há um transtorno na relação do ato com a linguagem e o pensamento verbal. A ação suplanta a linguagem, e a descarga ocupa o lugar da comunicação e do pensamento (p. 458). A linguagem serve mais à descarga do que à comunicação, e sua função degrada-se, colocando-se a serviço de tendências exibicionistas (p. 461). Aqui se poderia acrescentar que não é só por razões exibicionistas que a função comunicativa da linguagem transforma-se em ação, mas também por outros motivos, tais como atacar ou inocular o objeto.

Outro tanto pode-se dizer quanto à relação entre o *acting out* e o pensamento. O *acting out* pode ser explicado como uma forma especial da patologia do pensamento. Seguirei, nesse ponto, a teoria de Bion (1962a e b) sobre a natureza e a origem do pensamento, à qual já me referi anteriormente.

Bion sustenta que o bebê nasce com uma *preconcepção* do seio e, quando se encontra com o próprio seio (*realization*), constrói-se uma *concepção* do seio. O que determinará o primeiro pensamento para Bion é a ausência do seio.[4] Frente a essa emergência decisiva, o bebê tem duas alternativas: tolerar ou evitar a frustração (ausência). Se o bebê *evita* a frustração, transforma o seio ausente em um seio mau presente e expulsa-o como um elemento beta. No entanto, quando é capaz de refrear a ação e *tolera* a frustração, reconhecendo o seio como ausente, constrói seu primeiro pensamento.

O ato pelo qual, *em vez de* pensar o seio bom como ausente, expulsa-o como seio mau presente na forma de elemento beta é, para mim, *o protótipo do acting out*. Desse

---

[4] Observe-se a coincidência de Bion nesse ponto com Lacan, para quem também a ausência do objeto põe em marcha a cadeia de deslocamentos metonímicos que vão estruturar a ordem simbólica. Ver, por exemplo, Lacan: "L'instance de la lettre dans l'inconscient ou la raison depuis Freud" (1957).

modo, e graças às idéias de Bion, pude propor uma explicação do *acting out* conforme o que fui expondo nestes capítulos. O *acting out* fica, assim, ligado a uma forma de se manejar com a realidade que recorre à ação, em vez de pensar. Essa idéia também está de acordo com o Freud dos dois princípios (1911b) que faz nascer o pensamento da retenção da carga, de uma ação diferida. No *acting out*, sobrevém o processo inverso, um movimento regressivo que vai do pensamento ao ato (e não do ato ao pensamento).

O *acting out* surge de uma tentativa regressiva de converter o pensamento em ato, em não-pensamento. O *acting out* representa, pois, uma forma especial de ação que não deixa desenvolver o pensamento, idéia que tem a ver com a aprendizagem da experiência, o crescimento mental e o conhecimento objetivo de Popper (1972), isto é, em que medida se pode utilizar a ação para testar a realidade e não para lhe impor nossas (onipotentes) "teorias".

Desse modo, também se esclarece para mim o que Melanie Klein dizia em 1952: quando o bebê afasta-se do objeto primário, é parte do *acting out*. Entendo agora essa afirmação no sentido de que, ao afastar-se, o bebê não cumpre sua tarefa, porque a tarefa de mamar é, com certeza, a tarefa por excelência, a *prototarefa* do crescimento, não apenas no homem, mas em todos os *mamíferos*. Que a criança afaste-se do seio não será, por si só, um *acting out*, porque pode haver muitas razões para isso; só poderemos qualificar de *acting out* a conduta da criança que se afasta do seio para não mamar. Por isso, a genitalização precoce configura um *acting out* do desenvolvimento, ao passo que nunca o será a passagem normal do seio ao pênis. Concordo nisso com Rosenfeld (1964a), quando sublinha a importância da hostilidade no afastamento do objeto nos casos que ele chama de *acting out* excessivo.

Para terminar, gostaria de me deixar levar por uma especulação. Melanie Klein aplicou sua teoria da inveja primária, já o veremos nos próximos capítulos, à reação terapêutica negativa; Bion a fez desempenhar um grande papel na reversão da perspectiva. Ninguém tratou ainda de entender o *acting out* desse ângulo, mas estou convencido de que, quando o fizermos, compreenderemos melhor as relações do *acting out* com os estados confusionais, que Rosenfeld destacou em 1964, com a transferência negativa e com as dificuldades inegáveis que propõe ao desenvolvimento do processo analítico.

Quando, no Capítulo 6 de *Envy and gratitude* (1957), Melanie Klein expõe as defesas contra a inveja, lembra o que foi dito um lustro antes sobre o afastamento do objeto primário e vincula mais nitidamente a inveja com o *acting out*, dizendo: "... em meu entender, na medida em que o *acting out* é utilizado para evitar a integração, converte-se em uma defesa contra a ansiedade que se desperta quando se aceitam as partes invejosas do *self*" (Cap. 6).

ACTING OUT E O BRINCAR

Serge Lebovici participou do Congresso de Copenhague com uma exposição concisa e convincente, na qual se declara partidário de distinguir o *acting out* como uma forma especial da compulsão a repetir, lembrando-nos o que Freud (1940a) diz no *Esquema* e tomando como ponto de partida de suas reflexões o sugestivo campo da análise infantil.

Quando o jogo da criança expressa o *acting out*, diz Lebovici, ele deve ser entendido como um fenômeno resistencial, em essência diferente do jogo como método infantil de elaborar as fantasias. A diferença entre ambos, o jogo em sentido estrito e o *acting out*, pode ser difícil, e mais difícil ainda quando o analista participa sutilmente com um problema de contratransferência. Às vezes, uma interpretação em que se diz à criança "tens medo", e ela pode entender mal e ouvir "não te animas", conduz ao *acting out*, como ocorre mais de uma vez, no entender do autor, com as interpretações da técnica kleiniana. Dado que esse tipo de mal-entendido tem a ver com a imaturidade do aparelho psíquico da criança, Lebovici inclina-se por uma variação técnica em que o analista assuma a função superegóica de introduzir certas restrições, já que o analista de crianças deve considerar que é um adulto frente a uma criança ainda impotente, à qual tem de conduzir às possibilidades construtivas da elaboração secundária (1968, p. 203).

Deixando de lado o problema de fundo que Lebovici propõe, e que vem sendo discutido desde o Simpósio sobre análise infantil de 1927, conforme é mostrado no Capítulo 31, a conveniência de distinguir o jogo propriamente dito do *acting out* é, com certeza, uma precisão metodológica que apóio.

Lebovici inclina-se a pensar que o *acting out* tende somente a repetir, enquanto o jogo possui um componente simbólico e elaborativo. A partir do processo de *splitting* descrito por Klein, a criança projeta em seu jogo suas experiências dolorosas e, por conseguinte, suas más relações de objeto. Desse modo, o *acting out* relaciona-se com a projeção e só pode ser corrigido mediante o trabalho interpretativo do analista, que oferece a oportunidade de pôr em marcha o processo de elaboração. Graças a esse processo, o *acting out* sujeita-se ao contra-investimento e vai transformando-se em processo secundário.

Como conclusão, para Lebovici, no campo da metapsicologia, o *acting out* é uma ponte entre a ação e a fantasia da elaboração do impulso.

O *acting out* é, antes de mais nada, uma forma de defesa contra o impulso e, em segundo lugar, uma defesa insuficientemente elaborada, pois não conduz à produção de fantasias; porém, na medida em que implica uma organização rudimentar do ego, possibilita a interpretação (ibid., p. 204-205).

As precisões de Lebovici são realmente úteis para discriminar dois níveis distintos da atividade lúdica da criança, que podem caracterizar-se clínica e metapsicologicamente, sem incorrer em absoluto em desvios ideológicos. São duas áreas que existem e que se deve diferenciar, não apenas em nossa teoria, mas também na prática.

ACTING OUT E DESENVOLVIMENTO PRECOCE

Na seção anterior, sugeri que o *acting out* afunda suas raízes nas primeiras fases do desenvolvimento e relacionei-o com a tarefa por excelência de todos os mamíferos: mamar no seio. Talvez a prerrogativa (e o pesar, dizia Rubén Darío) do *Homo sapiens* seja mamar e pensar o seio. Afastar-se do seio para não sentir a dor da ausência e pensá-lo é o protótipo do *acting out*. Propus, assim, discriminar, desde o começo, a *ação* do *acting out* como dois processos polares e antitéticos, como as duas formas com que podem ser enfrentadas a realidade e a ausência.

Desse modo, o conceito de *acting out* fica restrito a uma atitude mental, a de não cumprir a tarefa empreendida, ao passo que a ação neurótica fica antes caracterizada pela versatilidade que a leva de um objetivo a outro, obviamente com prejuízo do funcionamento mental e das relações de objeto.

Tendo em vista essas idéias, compreende-se também que os meios pré-verbais de comunicação não devem ser considerados *acting out*. Ao falar das construções precoces no Capítulo 28, expus um material clínico que procura mostrar como se reproduzem na transferência os acontecimentos significativos do primeiro ano da vida e comparei-os com as formas que o conflito infantil assume. Disse, então, que o conflito precoce veicula-se por meio da ação e o contrapus como psicose de transferência à neurose de transferência do conflito infantil.

O maior inconveniente que vejo em minha proposta é que obriga a discriminações às vezes muito sutis, mais ainda se levarmos em conta que, dado que um ato psíquico é sempre multideterminado, o caso concreto confronta-nos, no consultório, com uma avaliação bastante cuidadosa, frente ao que faz o paciente, para distinguir o quanto há de ato neurótico, o quanto de acting *out* e o quanto, por fim, de comunicação não-verbal. Posso dizer, em contrapartida, que delimitações tão difíceis como essa apresentam-se permanentemente em nossa práxis.

Também Eugênio Gaddini, em seu relato sobre o *acting out* para o Congresso de Helsinque de 1981, busca a explicação do *acting out* nas etapas mais precoces do desenvolvimento, sem subestimar, por certo, a influência das experiências posteriores. Gaddini usa o término *acting out* com amplitude e não julga necessário discriminar ação e *acting out*, embora distinga rigorosamente o *acting out* que facilita e promove o processo analítico do *acting out* que vai contra o processo. (A este último é que proponho chamar estritamente de *acting out*.)

No começo foi o ato, dizia Freud em *Totem e tabu* (1912-1913) e, parafraseando-o, Gaddini diz que no começo foi o *acting out*. Tanto no desenvolvimento precoce quanto no processo psicanalítico, o *acting out* pode estar a serviço do desenvolvimento, regulando as tensões, ou funcionar como uma defesa contra o desenvolvimento e contra o processo psicanalítico, eliminando as tensões em vez de regulá-las, mantendo um estado de não-integração que vai contra o processo de integração, impedindo, por fim, o reconhecimento objetivo de si mesmo. O *acting out* defensivo tende "a evitar o reconhecimento da própria autonomia e da própria dependência real. O *acting out* deixa fora a realidade, pois é mágico e onipotente" (1981, p. 1132).

Gaddini pensa que o *acting out* está mais a serviço das necessidades do que dos desejos e remete-o à experiência básica da separação entre a criança e sua mãe. "Tal experiência tem menos a ver com o momento em que a mãe deixa de amamentar o bebê do que com o momento opressivo em que a criança deve tomar consciência de sua existência separada e com a capacidade para enfrentar essa mudança" (p. 1132). É nesse momento que sobrevêm as angústias mais fortes, porque a criança tenta restabelecer magicamente a situação perdida, e surge a ansiedade diante de uma possível perda do *self*. Quando o *self* organiza-se de maneira patológica, o eu pode sofrer uma coerção de tal magnitude que o deixa submetido às necessidades onipotentes do *self*. Com base nesse esquema do desenvolvimento psíquico precoce, Gaddini pode discriminar entre o *acting out* que se põe a serviço do processo analítico e o que nele interfere, que define nestes termos: "O *acting out*, estabilizado como defesa, utiliza-se para pôr todo o aparelho executivo, incluindo a consciência, a serviço da autarquia mágica e onipotente do *self*, em vez de servir à autonomia" (ibid., p. 1134).

Gaddini sustenta que há uma *fase crucial* na análise, quando o analisando toma consciência de que o analista é alguém distinto e separado, o que marca a queda da onipotência, com grande ansiedade pela perda do *self*. Nesse momento, prossegue Gaddini, o *acting out* pode aumentar perigosamente, e cresce com ele a possibilidade de que o analisando decida interromper o tratamento.

Sem que seja necessário discutir a teoria do desenvolvimento de Gaddini, desejo assinalar as coincidências dos dois tipos de *acting out* deste com o que procuro caracterizar como ação e *acting out* nas primeiras etapas da vida.

A FAVOR DO *ACTING OUT*

Ao longo de toda a minha exposição, tivemos oportunidade de ver as mais variadas linhas de pensamento sobre o *acting out*. Depois de absolver posições nas duas últimas seções, posso agora dizer que muitíssimos autores assinalaram, e com boas razões, os aspectos positivos do *acting out*.

Para Ekstein e Friedman (1957), o *acting out* é uma forma de recordação experimental. Esses autores consideram que o *acting out* é um precursor do pensamento, uma forma primitiva de resolver problemas, e o brincar contém os germes do *acting out* e do pensamento. O brincar, entretanto, requer um certo grau de maturação egóica e só é possível, então, quando se obtem uma suficiente integração do ego. Antes que se possa estruturar o brincar, existem precursores, que os autores chamam de *play action* e *play acting*.

No começo da vida, a adaptação consiste na descarga impulsiva imediata. Essas ações impulsivas do começo da vida vão transformando-se em *play action* (ação-brinquedo), que é uma ação diferida quanto à realidade, de modo que combina a quase gratificação do brinquedo com uma primeira tentativa de resolver o conflito. À medida que prossegue seu crescimento, a criança vai substituindo o brinquedo-ação pela fantasia e por formas mais elevadas de pensamento, enquanto se aproxima do reino do processo secundário.

Desse modo, os autores propõem uma graduação interessante nas fases do desenvolvimento mental, que começa na ação imediata, continua com a ação brinquedo, passa pela fantasia, pela atuação de brincar (*play acting*) e chega à demora na ação e na direção adaptativa.

Com base nesse esquema, Ekstein e Friedman consideram que o *acting out* tem dois componentes:

1. recordação experimental, dirigida ao passado e inapropriada à realidade
2. pensamento elementar e teste de realidade, dirigido ao futuro.

No caso clínico que serve de base a esse trabalho, os autores partiram do princípio de que o *acting out*, a ação-brinquedo e a atuação de brincar eram, mais que substitutos da recordação, representações experimentais da recordação, uma maneira primitiva do ego de produzir a reconstrução (do passado) a serviço da adaptação (1957, p. 627-628).

No Congresso de Amsterdã de 1965, Limentani apresentou um trabalho conciso e coerente, em que propõe reavaliar o *acting out* em relação com o processo de elaboração.[5] Limentani destaca o desejo do analisando de se comunicar com o analista de uma maneira que não seja verbal. Sem desconhecer os aspectos negativos do *acting out*, Limentani pensa que o *acting out* que aparece durante o processo de elaboração pode ter uma função de ajuda para a marcha do processo analítico. Por outro lado, Limentani considera que, às vezes, o *acting out* pode evitar uma séria doença psicossomática e que, então, torna-se necessário tolerá-lo, dando-lhe tempo para que vá decrescendo gradualmente, sem que isso implique complacência ou cumplicidade.

Limentani conclui que o *acting out* é um fenômeno complexo, do qual pode haver mais de uma explicação; porém, diferentemente da proposta deste livro, não se inclina a estabelecer categorias metapsicológicas dentro desse fenômeno complexo.

Também Zac (1968, 1970) pensa que o *acting out* opera como uma válvula de segurança que põe ao abrigo do desastre, embora esse autor nunca deixe de considerar que a função primordial do *acting out* é atacar o enquadre.

ACTING OUT E *ACTING IN*

A palavra alemã *agieren* foi traduzida para o inglês por *acting out*, que teve boa repercussão e foi adotada pelos analistas de línguas românicas.

O verbo *to act* tem várias acepções em inglês como executar uma ação, funcionar adequadamente, representar um papel no teatro e simular.[6] O advérbio *out*, por sua vez, significa fora e é utilizado para indicar a idéia de distância (*he lives out in the country*), abertura ou liberação (*the secret is out*, isto é, descoberto), extinção ou esgotamento (*the fire has burnt out*: o fogo ardeu até se extinguir), até o final, completamente (*he'll be here before the week is out*), erro (*I'm out in my calculations*: equivoquei-me em meus cálculos), clareza (*speak out*: fale claro), etc.

Essas múltiplas significações do verbo composto *to act out* contribuíram, sem dúvida, para que sejam freqüentes os equívocos quando se utiliza essa expressão em psicanálise, embora me incline a pensar que a dificuldade é mais profunda e tem a ver com a ambigüidade do próprio conceito, como também sustentam Laplanche e Pontalis e depois Dale Boesky (1981) em seu documentado estudo para o Congresso de Helsinque.

Um equívoco típico nesse sentido é quando se contrapõe o conceito de *acting out* ao de *acting in*, querendo conotar, dessa maneira, o que ocorre dentro ou fora da sessão. Nesse giro, é notório o peso do advérbio *out*, já que se quer discriminar entre o fenômeno que se produz *dentro* (*in*) ou fora (*out*) da sessão. A diferença tem somente um valor fenomenológico, ou melhor, espacial. Não são levadas em conta, de modo algum, especificações dinâmicas, metapsicológicas. Não parece ser muito diferente que um candidato peça emprestado um livro a seu analista didático ao sair do consultório, ou quando o encontra na Sociedade. Em suma, seria possível argumentar que, no primeiro caso, o analista está em melhores condições para interpretar a conduta do candidato, mas isso é muito

---

[5] "A re-evaluation of acting out in relation to working-through", *International Journal*, 1966.

[6] Essas são as acepções de *The advanced learner's dictionary of current English*, de A. S. Hornby, E. V. Gatenby e H. Wakefield.

relativo: o mais provável é que, em ambos os casos, o analista interprete na sessão que se segue ao pedido.[7]

Esse equívoco, entretanto, não pode ser imputado a Meyer A. Zeligs, que em 1957 introduziu o término *acting in* para destacar certas atitudes posturais do analisando durante a sessão, que situa a meio caminho entre o *acting out* e os sintomas de conversão. O que o analisando faz com seu corpo e com suas atitudes posturais na sessão é algo intermediário entre o *acting out* e a recordação (ou a verbalização), uma vez que é uma forma de não verbalizar ou lembrar, porém mais próxima da simbolização, do pensamento verbal. A meio caminho entre o processo primário (*acting out*) e o processo secundário (pensamento), o *acting in* seria um momento de trânsito, um passo evolutivo.

A proposta de Zeligs só foi aceita por alguns autores; contudo, em geral, ela não é aceita, talvez pelos equívocos lingüísticos que mencionei no começo e certamente também porque a caracterização metapsicológica que propõe não é muito convincente. De fato, a necessidade de prestar atenção às condutas do paciente e analisá-las vem-nos dos autores clássicos e ocupou um lugar central na técnica de Reich.

Uma posição diferente da de Zeligs é a de Rosen (1963, 1965), para quem o *acting in* caracteriza o fenômeno psicótico, no qual as ações externas surgem como resposta a desejos e sonhos do sujeito, sem contato com a realidade. Para Rosen, a preposição "in" significa, então, o que vem de dentro e desconhece a realidade. Segundo essa proposta, o *acting out* deve ser reservado para o fenômeno neurótico. Rosen chega a dizer que o *acting in* coordena-se com o *acting out* da mesma forma que o processo primário com o processo secundário, ou o inconsciente com a consciência (1965, p. 20). Desse modo, o fenômeno neurótico do *acting out* superpõe-se à ação racional e consciente.

Rosen compara a psicose com um pesadelo e entende por *acting in* um tipo peculiar de conduta em que o sujeito está preocupado com os acontecimentos de seu ambiente interno, que é um mundo oniróide, sem receber influência alguma dos acontecimentos do ambiente externo. A isso Rosen chama de *acting in*. *Acting in* é atuar como em um sonho, com referência a um meio ambiente interno, isolado por completo da realidade. Rosen afirma que esse meio ambiente interno é a mãe, e isso o conduz a seu modo especial de tratar o psicótico, a *direct analysis*, em que o médico assume o papel de uma mãe adotiva (*foster mother*).

UMA PROPOSTA DE SÍNTESE

Depois de ter percorrido o árduo caminho das controvérsias sobre o *acting out*, gostaria de propor uma síntese final desse tema apaixonante.

Apesar das imprecisões que o envolvem, apesar de ser contraditório e de estar sobrecarregado de preconceitos e de conotações ideológicas, o término *acting out* continua presente na linguagem ordinária de todos os analistas, e o conceito é discutido com freqüência, em reuniões científicas de todo nível. Essa vigência real e duradoura apóia a idéia de que o *acting out* é um conceito básico da teoria psicanalítica que deve ser mantido, para o que é necessário redefini-lo em termos metapsicológicos, não simplesmente de conduta.

O nome e o conceito de *acting out* estão indissoluvelmente ligados à ação, mesmo no caso particular em que o *acting out* possa consistir em não fazer concretamente algo. Portanto, tem de ser incluído na categoria – mais ampla – dos atos neuróticos. Toda ação que, por obra e graça do conflito, desvia-se dos fins propostos e dos objetivos confessados é um ato neurótico. O *acting out*, obviamente, participa dessas características, porém há outras que o restringem e o discriminam: todo *acting out* é um ato neurótico, mas nem todo ato neurótico é um *acting out*.

Enquanto ato neurótico, o *acting out* depende do conflito, mas esse conflito assume traços específicos, porquanto consiste basicamente em que o pensamento e a recordação, a comunicação e o verbo fiquem substituídos pela ação.

Nesse ponto surge a maior controvérsia, já que a substituição da palavra pelo ato pode ser um meio de se expressar ou totalmente o contrário. Se aplicamos, para essas duas finalidades, o termo *acting out*, como parece ser a inclinação preferencial da maioria dos autores, então forçosamente temos de discriminar dois tipos de *acting out*: o que favorece a comunicação, reconhece a relação de objeto e está a serviço da integração e o desenvolvimento, e o que se opõe a esses fins, buscando perpetuar a onipotência, a onisciência e o narcisismo.

Se incluímos ambas as alternativas no conceito de *acting out*, parece que fazemos mais justiça à inegável complexidade dos fenômenos, ao mesmo tempo em que protegemos das valorações ideológicas que podem levar-nos a qualificar a conduta do analisando como boa ou má. No entanto, essa qualificação só é ideológica se a sancionarmos a partir do egocentrismo de nosso *furor curandis*, de nossas necessidades narcisistas de ter conosco um analisando "bom". Se reconhecemos, em troca, duas modalidades objetivas em nossos pacientes e em nossa práxis, frente às quais devemos aplicar retamente nossos instrumentos de trabalho imparciais, então a classificação de bom e mau é científica, refere-se aos fatos e confronta-nos com nossa tarefa cotidiana. Quando o hematologista diz que a contagem de glóbulos "está mal", ele não se refere ao mau comportamento do paciente ou de seus eritrócitos, mas simplesmente ao fato objetivo de que o número de hemácias afasta-se da norma.

Por muitas discussões que haja sobre o desenvolvimento precoce, todos estão de acordo que nessa etapa não existe uma linguagem verbal articulada, e tampouco a encontraremos quando se reproduz na transferência. Se é assim, pretender que o analisando comunique-nos algo por definição inefável seria ao mesmo tempo néscio e cru-

---

[7] Entende-se que este exemplo é esquemático e pressupõe que o pedido seja efetivamente um *acting out* (o que só poderia ser afirmado com base no material inconsciente) e que as outras variáveis sejam idênticas.

el. Para operar como analistas, então, teremos de compreender esse tipo de mensagem e devolvê-lo de alguma forma ao analisando, sabendo que ele está comunicando-se da única e, portanto, da melhor maneira possível.

Algo radicalmente diferente é o outro tipo de *acting out*, ou *acting out* propriamente dito, em que a ação aparece *em vez da* comunicação, o pensamento e/ou a recordação. Aqui, há uma intenção (no sentido de fantasia inconsciente) que vai *contra o* combinado e o acordado. Desse ponto de vista, o *acting out* fica definido como uma ação feita "em vez de" a tarefa que se tem de realizar. Essa tarefa, no caso da análise, será alcançar o *insight*, mas também se pode afirmar que o *acting out* opõe-se à recordação, ao pensamento, à comunicação, ou que ataca o enquadre ou a aliança terapêutica, conforme as nossas predileções teóricas. Nesse sentido, o *acting out* é um recurso regressivo que se instrumenta para interferir na tarefa. O movimento regressivo que vai do pensamento ao ato, do verbo ao não-pensamento é onipotente e onisciente, serve ao narcisismo e não à relação de objeto, quer voltar atrás, em vez de buscar o crescimento ou o desenvolvimento. Segundo os autores, essa modalidade operativa poderá ser explicada pela má relação com o seio, na qual a inveja primária desempenha um papel importante, por dificuldades no processo de individuação ou com outros esquemas doutrinários; todavia, sempre ficará de pé que se trata de um movimento regressivo que reconduz do pensamento ao ato.

Por último, o *acting out* deve ser considerado como uma forma especial de transferência, uma vez que confunde o passado com o presente e opera no nível do processo primário; contudo, diferentemente de outras modalidades do mesmo fenômeno, esta busca desconhecer a relação, levá-la por outros caminhos e para outro destino. O fato certo de que o *acting out* não seja outra coisa senão um aspecto da transferência não nos deve levar a esquecer sua especificidade, assim como ninguém tem dúvida de que a reação terapêutica negativa seja uma modalidade do vínculo transferencial, mas todos consideram que vale a pena respeitar sua autonomia.

55

Reação Terapêutica Negativa (I)

REAÇÃO TERAPÊUTICA NEGATIVA E SENTIMENTO DE CULPA

A *reação terapêutica negativa* (RTN) é um conceito mais claro e menos controvertido que o de *acting out*. O *acting out* é, como vimos, um conceito difícil de apreender, de delimitar; o de RTN, ao contrário, graças à forma magistral como Freud o expôs em 1923, é claro, permite um ponto de partida firme para a discussão.

No quinto capítulo de *O ego e o id*, "As servidões do ego", Freud diz que certos pacientes não toleram o progresso do tratamento ou as palavras de estímulo que, em dado momento, o analista pode acreditar que cabe oferecer-lhes e reagem de uma maneira contrária ao esperado. Essa reação surge não apenas quando se diz a eles algo positivo a respeito da marcha do tratamento, mas também quando se realizou algum avanço na análise. No momento em que fica resolvido um problema ou vencida uma resistência, a resposta do analisando, em vez de ser uma vivência de progresso e de alívio, é totalmente o contrário. São pessoas, diz Freud, que não podem tolerar nenhum tipo de elogio ou de apreço e respondem de maneira inversa a todo progresso do tratamento.

Freud introduz o conceito que estamos estudando para explicar a ação do superego e diz que esse tipo de reação está indissoluvelmente ligado ao sentimento de culpa, que opera a partir de uma ação superegóica. O que conduz a essa resposta contraditória no paciente, que piora quando teria (para dizê-lo em termos superegóicos) todo o direito a melhorar, é pois o superego, que não lhe confere esse direito. Assim, a idéia de que a reação terapêutica negativa está vinculada ao sentimento de culpa é básica no pensamento de Freud.

É graças à recém-nascida teoria estrutural que Freud pode explicar a estranha atitude dessas pessoas que se comportam no tratamento de maneira bastante peculiar, de modo que pioram quando estão dadas as condições de um progresso. Algo se opõe nelas ao avanço, algo as leva a ver a cura como se fosse um perigo, e essa atitude não muda depois de se ter analisado a rebeldia na transferência, o narcisismo e o benefício secundário da doença. Freud conclui, então, que a explicação encontra-se em um fator moral, em um sentimento de culpa que se satisfaz na doença e que – enquanto herdeiro da relação com o pai – provém da angústia de castração, embora nele fiquem contidas a angústia do nascimento e a angústia da separação da mãe protetora.

O progresso no estudo do superego e, por outro lado, a maior atenção que se foi dando à RTN são fatos que levam a pensar que sentimento de culpa e RTN não são superponíveis, tal como Freud os define em um primeiro momento. Agora sabemos, efetivamente, que a RTN pode assumir formas diversas e reconhecer causas múltiplas. Entretanto, alguns autores, como Sandler e colaboradores preferem reservar a denominação de RTN ao fenômeno clínico descrito inicialmente em *O ego e o id*, isto é, à reaparição dos sintomas que provêm da culpa gerada por uma atmosfera de alento, otimismo e aprovação (1973, p. 92-93 da versão inglesa; p. 80 da versão castelhana).

O MASOQUISMO DO EGO

A RTN ingressa no corpo de teorias psicanalíticas em 1923, mas a idéia pode ser rastreada em outros escritos antes dessa data e também será vista depois nos escritos de Freud e de outros psicanalistas.

Em "O problema econômico do masoquismo", escrito um ano depois, Freud precisou alguns de seus pontos de vista. Destaca que falar de um sentimento inconsciente de culpa oferece certas dificuldades, já que os pacientes não admitem facilmente que possam abrigar, em seu interior, uma culpa que não percebem e, por outro lado, falando com propriedade, não existem sentimentos no sistema Icc. Por essas razões, Freud inclina-se a mudar a nomenclatura anterior e fala não de sentimento de culpa, mas de *necessidade de castigo*.

Esses dois conceitos, prossegue Freud, não são totalmente superponíveis, porque o sentimento de culpa tem a ver com a severidade ou o sadismo do superego, enquanto a necessidade de castigo alude ao masoquismo do ego, apesar de ser óbvio que essas duas características, em alguma medida, estão sempre juntas.

De qualquer maneira, quando Freud insiste em que a RTN está vinculada ao masoquismo do ego, abre outra perspectiva, porque então se pode discriminar entre o sentimento de culpa e a necessidade de castigo. Como Freud já havia observado em 1916, em "Alguns tipos de caráter elucidados pelo trabalho psicanalítico", a necessidade de castigo é justamente uma forma de se defender do sentimento de culpa: é para não ter o sentimento de culpa, para não assumi-lo, que alguém prefere castigar-se. Disso decorre que uma consciência de culpa exacerbada possa levar o sujeito ao delito. "Por paradoxal que possa soar, devo sustentar que aí a consciência de culpa preexistia à falta, que não procedia desta, mas que, ao contrário, a falta provinha da consciência de culpa" (*AE*, v.14, p. 338). E acrescenta, em seguida, que o trabalho analítico mostra muitas vezes que esse sentimento de culpa brota do complexo de Édipo. Frente a esse crime duplo e terrível de matar o pai e possuir a mãe, conclui Freud, o delito realmente cometido sempre será de muito pouca monta.

No artigo de 1916, Freud não apenas dá esse giro copernicano da culpa ao delito, como também estabelece uma conexão entre fracasso e sentimento de culpa, ilustrando sua tese com Macbeth, de Shakespeare, e com a Rebeca Gamvik, do drama de Ibsen. A relação entre o triunfo e a culpa está também implícita no trabalho de 1923 e em tudo o que veremos a seguir, porque a RTN leva sempre a marca do triunfo e da derrota.

AS PRIMEIRAS REFERÊNCIAS

Freud descreveu a RTN em 1923, mas a descobriu antes, e é fácil notar, por outro lado, que os psicanalistas da segunda década do século XX percebiam com nitidez em alguns de seus pacientes essa conduta singular que somente na década seguinte haveria de ser tipificada.

Em "Recordar, repetir e reelaborar" (1914g), por exemplo, Freud refere-se às inevitáveis pioras durante o tratamento e adverte que a resistência do paciente pode utilizá-las para seus propósitos. Nesses comentários há, sem dúvida, uma referência ao conceito, porém não é clara, como quando aparece no Capítulo VI, "A neurose obsessiva", do "Homem dos Lobos".[1] Ali, Freud assinala que, aos 10 anos, e graças à influência de seu preceptor alemão, o paciente abandonou a prática da crueldade com pequenos animais, não sem antes reforçar por um tempo essa tendência. E Freud acrescenta: "Também no tratamento analítico comportava-se de igual modo, desenvolvendo uma 'reação negativa' passageira; após cada solução terminante, tentava, por um breve lapso, negar seu efeito mediante uma piora do sintoma solucionado" (*AE*, v.17, p. 65).

Em 1919, Abraham abordou o mesmo tipo de problemas em um artigo admirável, intitulado "Uma forma particular de resistência neurótica contra o método psicanalítico". Sua reflexão endereça-se à dificuldade especial de alguns pacientes que não podem assumir seu caráter de tais e que permanentemente questionam e desconhecem a função do analista. Abraham diz, graficamente, que essas pessoas não podem compreender que a finalidade do tratamento é a cura de sua neurose e salienta que o narcisismo (e o amor próprio como um aspecto do narcisismo), a rivalidade competitiva e a inveja são forças impulsoras importantes no desenvolvimento desse tipo de reações, que tornam muito difícil a análise.

Simultaneamente com outros autores dessa época, como Ferenczi, Jones, Glover e Alexander, Abraham abre com esse ensaio a teoria do caráter que Wilhelm Reich desenvolverá depois e introduz, ao mesmo tempo, a semente para os estudos da RTN que Freud, posteriormente, haverá de continuar.

INSTINTO DE MORTE E RTN

Do quinto capítulo de *O ego e o id* até "O problema econômico do masoquismo", não há uma mudança teórica decisiva, mas sim precisões dentro da recém-forjada teoria estrutural: a RTN deve-se tanto ao sadismo do superego como ao masoquismo do ego; se aquele tem a ver principalmente com o sentimento (inconsciente) de culpa, este se refere ao masoquismo moral que, no fim das contas, é a versão egóica da culpa. Em seus escritos posteriores, Freud voltou ao tema em várias oportunidades.

Em *O mal-estar na cultura* (1930a), Freud entende a civilização com a perspectiva da luta entre eros e tánatos. A agressão, diz no final do Capítulo VI, é uma disposição instintiva original no ser humano e constitui o maior impedimento no desenvolvimento da civilização. A civilização é um processo que está a serviço de eros, cuja tendência é unir e combinar os homens entre si em famílias, povos e nações; porém, o instinto agressivo, próprio da natureza humana, opõe-se ao programa civilizador, colocando o homem contra todos os homens, e todos os homens contra ele.

No capítulo seguinte, Freud expõe o método a seu ver mais importante para inibir a agressividade humana inata, que é introjetá-la, internalizá-la, mandá-la de volta para onde se originou, isto é, para o ego. Uma parte do ego a toma para si e, convertida em superego, coloca-se frente ao resto e ameaça-o com a mesma hostilidade que antes esse ego dirigiu contra os demais. A tensão entre o severo superego e o ego que a ele se submete chama-se de sentimento de culpa, que se exterioriza como necessidade de castigo.

O Capítulo XXXII das *Novas conferências de introdução* (1933a), que trata da angústia, confirma a definição de 1923 e diz que as pessoas em que o sentimento de culpa é extremamente forte exibem no tratamento analítico a RTN frente a cada progresso do tratamento.

Quando, no final de sua longa investigação, Freud escreve "Análise terminável e interminável" (1937c), volta a assinalar a importância do sentimento de culpa e da necessidade de castigo entre os fatores que dificultam o bom êxito da análise e podem torná-la interminável. Menciona ali novamente o masoquismo, a RTN e o sentimento de culpa para concluir que já não é possível continuar afir-

---

[1] O historial foi publicado em 1918; porém, como se sabe, Freud redigiu-o em 1914.

mando que os fenômenos psíquicos encontram-se exclusivamente dominados pela tendência ao prazer. "Esses fenômenos apontam de maneira inequívoca para a presença na vida anímica de um poder que, por suas metas, chamamos de *pulsão de agressão* ou *destruição* e que derivamos da pulsão de morte originária, própria da matéria animada" (*AE*, v. 23, p. 244).

Vemos, portanto, que Freud mantém ao longo de sua obra suas idéias do começo, mas inclina-se cada vez mais a entender a RTN como uma expressão do instinto de morte.

OS DOIS TRABALHOS DE 1936

Em 1936, aparecem os trabalhos de Karen Horney e de Joan Rivière sobre a RTN, os quais contêm contribuições significativas.

Em "The problem of the negative therapeutic reaction", Horney assinala, em primeiro lugar, que não se deve confundir a RTN com qualquer retrocesso no tratamento psicanalítico. Essa é, a meu ver, uma precisão importante. Quando a esquecemos, o conceito dilui-se e esquece-se a clara postulação freudiana. Por definição, o tratamento psicanalítico avança e retrocede, situa-se sempre na dialética de progressão e regressão: mal se poderia dizer, então, que todo retrocesso é uma RTN se dizemos que o processo analítico necessita da progressão e da regressão. Portanto, não podemos fundamentar o conceito de RTN no fato de que o analisando piore. A característica que Karen Horney salienta, seguindo Freud (e que depois será retomada por Melanie Klein), é que se trata de uma piora paradoxal, que sobrévém no momento em que deveria haver um progresso ou, mais ainda, como ela própria sublinha, no momento em que *sobreveio* um progresso.

Outra contribuição de Horney é que centra seu estudo na resposta do paciente à interpretação. Isto tem a ver com a forma com que pessoalmente caracterizo a RTN, algo que depende dos sucessos. A RTN só é possível quando a tarefa foi cumprida, quando há uma conquista. É importante destacar que essa conquista é reconhecida, em geral, por ambas as partes; porém, o decisivo é que *o paciente* a reconhece como tal de algum modo, dizendo explicitamente que a interpretação é correta, ou de forma implícita, porque tem uma sensação de alívio ou porque registra uma mudança positiva. É justamente a partir desse momento de alívio e progresso que começa uma crítica demolidora por parte do paciente, que leva às vezes quase instantaneamente a uma situação paradoxal: o que um momento antes havia aliviado torna-se agora uma porcaria; e deve-se dizer com esses termos não muito acadêmicos porque, na realidade, como afirmou Abraham (1919a), o sadismo anal está muito ligado a esse tipo de crítica demolidora. O instrumento que transforma o sucesso em desastre é principalmente o sadismo anal, embora certamente ninguém discuta que o sadismo oral também esteja em jogo, como o próprio Abraham disse em outros trabalhos da mesma época.

Horney define, pois, duas características fundamentais:

1. que se deve estudar a RTN com referência ao desenvolvimento da tarefa analítica e, em especial, a como o paciente responde à interpretação;
2. que o conceito deve ficar circunscrito às pioras injustificadas e inesperadas.

Talvez a palavra mais precisa para descrever o fenômeno seja *paradoxal*.

Nem sempre é fácil, por certo, decidir se a resposta do paciente é lógica ou paradoxal. Nunca as coisas na clínica são esquemáticas, mas, de qualquer modo, o que concerne substancialmente ao espírito da RTN é que transforma o bom em mau. Deve-se deslindar, então, frente a uma piora determinada, o que há de lógico nesse retrocesso e o que há de paradoxal. É lógico que, quando o analista revela-lhe algo desagradável, o analisando aumente sua resistência e sua hostilidade. No entanto, essa reação não está fora do esperado nem para o analista nem para o analisando, e, além disso, o avanço persiste, não fica anulado, embora a resistência possa ter aumentado transitoriamente. O paciente pode rechaçar a interpretação ou considerá-la errônea ou agressiva, sem que, por isso, anule necessariamente o que lhe foi interpretado. Na RTN, em troca, a interpretação é reconhecidamente eficaz em um primeiro momento, mas depois opera em sentido contrário. A diferença é notória, o que não impede que, frente ao material clínico, possa ser difícil estabelecê-la. Às vezes, as duas formas de reação coincidem, superpõem-se; então, será preciso pesar a porcentagem de uma e de outra. Se o analisando sente-se ferido porque lhe interpretaram a homossexualidade, sua tendência ao roubo ou seus desejos incestuosos, sua reação negativa é compreensível, e a tarefa do analista não será tão difícil; consistirá, de certo modo, em lhe dar tempo para que vá elaborando sua resistência, como dizia Freud em 1914. No outro caso, a atividade interpretativa deve ser mais definida e precisa, porque estamos diante de um problema maior. Em outras palavras, a RTN não tem a ver com o conteúdo da interpretação, mas com seu efeito. Essa diferença é, para mim, decisiva.

OS IMPULSOS AGRESSIVOS NA REAÇÃO TERAPÊUTICA NEGATIVA

Vimos que a reflexão freudiana foi aproximando-se gradualmente de uma concepção mais pulsional da RTN, sem por certo se desdizer de sua primeira explicação estrutural (sentimento de culpa). Horney toma o mesmo caminho quando estuda, em seu ensaio, as raízes pulsionais da RTN.

Horney pensa que a RTN germina em um certo tipo de pessoa, não em todas, e são aquelas em que predominam o narcisismo e os traços sadomasoquistas, o que condiciona uma resposta distorcida frente à interpretação, que as leva a competir com o analista. São pacientes que têm muita rivalidade e rivalizam com o analista, um traço caracterológico já estudado por Abraham em seu ensaio de 1919, que o remetia à inveja e ao sadismo anal.

Junto à intensa rivalidade, e dependendo em grande medida dela, esses pacientes são muito sensíveis a tudo o que possa lesar sua auto-estima e aumentar seu sentimento de culpa. Por isso, tendem a sentir a interpretação como algo que os diminui ou os acusa. Cumpre-se neles a regra geral segundo a qual a falta de auto-estima e o sentimento de culpa potencializam-se mutuamente. Daí a sentir-se rechaçado e mal-compreendido não há mais que um passo.

O corolário dessa estrutura caracterológica complexa é que o progresso e o triunfo implicam um risco grande demais. O paciente teme despertar a rivalidade dos demais se progride e sente-se desprezado se fracassa.

REAÇÃO TERAPÊUTICA NEGATIVA E POSIÇÃO DEPRESSIVA

O outro grande trabalho de 1936 é o de Joan Rivière, "A contribution to the analysis of the negative therapeutic reaction", que se apóia resolutamente na teoria da posição depressiva, formulada por Melanie Klein no Congresso de Lucerna de 1934.[2] Rivière pensa que as propostas teóricas de Klein ajudam a compreender esses pacientes e permitem-nos ser mais otimistas ao abordá-los, uma vez que nos seja possível compreender em que consiste essa ominosa severidade do superego.

O propósito de Rivière é falar dos casos especialmente refratários à análise e que são, para ela, as neuroses de caráter graves; nesse ponto, inspira-se no já muitas vezes mencionado ensaio de 1919. Trata-se, então, de pacientes narcisistas, extremamente suscetíveis, que se sentem feridos com facilidade e que, com uma máscara de colaboração amistosa eivada de racionalizações, opõem-se e desafiam constantemente o analista e seu método.

Desse modo, todo o trabalho de Joan Rivière se ocupará das resistências narcisistas de Abraham ou da resistência do superego de Freud, ou seja, do sentimento de culpa, a partir da teoria dos objetos internos e da posição depressiva. A RTN perde, assim, algo de sua especificidade clínica; contudo, de uma forma ou de outra, o que diz Rivière lhe é aplicável.

O ponto de partida da investigação de Joan Rivière é que, nos pacientes que apelam para a RTN, a posição depressiva é particularmente intensa, o que os leva a desenvolver ao máximo a defesa maníaca com seu cortejo de negação da realidade psíquica (e, por conseguinte, da externa), o desprezo e o controle do objeto. O conceito que reúne todos esses instrumentos da defesa maníaca é a onipotência com seu corolário inevitável, a negação da dependência.

Com esses instrumentos conceituais, Rivière pode dizer, com razão, que todas as características que Abraham expôs podem ser remetidas à defesa maníaca: o controle onipotente do analista e da análise, a negativa a associar livremente, o rechaço das interpretações, sua atitude de desafio contumaz e obstinado, sua pretensão de superar o analista e até de analisá-lo. Além disso, a defesa maníaca explica cabalmente o egoísmo, a falta de gratidão e a mesquinhez dessas personalidades.

Rivière pensa que a defesa maníaca e o controle onipotente do objeto procuram evitar a catástrofe depressiva e que, independentemente de sua atitude de desafio e hostilidade, esses pacientes buscam não curar a si mesmos, mas a seus objetos internos, lesados por seu egoísmo, sua voracidade e sua inveja. Ao oferecer curá-los, a análise converte-se em uma sedução, convida-os para uma traição, a deixar-se levar uma vez mais pelo egoísmo e despreocupar-se dos objetos de seu mundo interno. Para Rivière, a incongruência da RTN fica explicada pela contradição paradoxal entre o egoísmo manifesto e o altruísmo inconsciente (1936a, p. 316).

Em resumo, podemos sintetizar as contribuições de Joan Rivière dizendo que a RTN opera como uma forma de controle para evitar a catástrofe da posição depressiva, e devemos entender esse controle como o instrumento básico da defesa maníaca para manter um determinado *statu quo*, cuja ruptura precipitaria a temida irrupção dos sentimentos depressivos.

O PAPEL DA INVEJA

Depois dos dois trabalhos de 1936, o tema da RTN passou a ser reconhecido e considerado pelos analistas. Ele aparece freqüentemente nos trabalhos de teoria e de técnica, se bem que não surgiram estudos especiais de grande envergadura por muitos anos, até os de Klein em *Envy and gratitude* (1957).

No Capítulo 2 de seu livro, Klein diz que a inveja e as defesas contra ela desempenham um papel importante na RTN (*Writings*, v. 3, p. 185). Remetendo-se estritamente à primeira definição de Freud, e do mesmo modo que Karen Horney, Klein assinala claramente que a RTN deve ser estudada em função da resposta do paciente à interpretação. O distintivo da RTN é, primeiramente, um momento de alívio, após o qual começa, imediatamente ou pouco depois, uma atitude que anulará o sucesso obtido. Uma paciente que sempre me criticava por um erro que certa vez cometi, quando acertava uma boa interpretação (o que às vezes ocorria!) e sentia alívio, imediatamente dizia: "Enfim você disse algo como gente! É a primeira vez que abriu a boca para algo importante. Porque você fica cala-

---

[2] Rivière leu seu trabalho em 1º de outubro de 1935 na Sociedade Britânica e publicou-o no ano seguinte no *International Journal*.

do toda a vida, e essa interpretação há anos que deveria ter-me dado, que eu a estava esperando. E somente agora você veio a se dar conta". Era chamativo e até mesmo patético vê-la repetir com freqüência, estereotipadamente, quase com as mesmas palavras, o mesmo comentário, e era penoso ver como assim se desvanecia, em poucos minutos, o *insight* recém-conquistado. Por outro lado, a reiteração de sua crítica não lhe servia em nada de advertência e formulava-a sempre como se fosse a primeira vez.

Comentários como esse frente à interpretação que aliviou são, para Klein, típicos da RTN. Nossos pacientes criticam-nos por variadas razões e, nem é preciso dizer, às vezes justificadamente; todavia, quando sentem necessidade de desvalorizar o trabalho analítico que, segundo sua própria vivência, ajudou-os, é porque a inveja está presente (ibid., p. 184).

Desse modo, Klein circunscreve com precisão o campo de ação da inveja na RTN, discriminando o ataque invejoso da crítica construtiva do analisando. Essa diferença é fundamental e nem sempre é fácil estabelecê-la. Na realidade, quando uma pessoa responde a uma interpretação, aceitando-a plenamente e queixando-se de que só agora o analista deu-se conta, este tende, em princípio, a lhe dar razão, a pensar que realmente deveria ter-se dado conta antes, o que sempre está, além disso, absolutamente certo. Um analista cabal tem de estar sempre disposto a aceitar em seu foro íntimo as críticas de seu paciente. Os pacientes raras vezes nos criticam e sempre têm muitas dificuldades para fazê-lo. Por isso, toda crítica do paciente deve ser atendida e, sem misturar masoquismo nisso, alentada. Entretanto, isso cria uma situação muito especial, porque justamente a crítica da RTN não é a que se chama de construtiva, esconde por definição um ataque invejoso. Nem sempre é fácil, para nós, resgatar-nos dessa crítica sem sufocar a sã rebeldia ou a crítica justa do paciente, mas não é, tampouco, impossível. Esse é um tema de técnica e de ética analítica muito delicado, do qual Melanie Klein fala um pouco em *Envy and gratitude*.

A investigação de Klein sobre a RTN prossegue, como ela própria diz, os descobrimentos de Freud desenvolvidos depois por Joan Rivière e, embora seja certo que, ao colocar no centro de sua reflexão a inveja, pareça inclinar-se (como o Freud de 1937) por uma explicação meramente pulsional, salta à vista que a relação de objeto ocupa um lugar decisivo em sua explicação, como é de regra em sua obra. Isto é importante porque, na realidade, se levamos em consideração somente a inveja, a inveja como impulso, e procuramos interpretar simplesmente nesses termos, a RTN tende a se aprofundar, em vez de ceder. Joan Rivière adverte-nos com razão que a insistência na transferência negativa conduz, com toda certeza, ao ponto morto da RTN (1936a, p. 311). O que se deve interpretar, na realidade, é a conjunção sutil de uma relação de objeto narcisista, a ação erosiva da inveja e o sentimento de culpa que tudo isso provoca. Se podemos conjugar em uma interpretação esses três fatores (e outros, como os que estudaremos adiante), pode-se começar a abrir uma brecha nessa situação difícil, que se move sempre com muita lentidão.

REAÇÃO TERAPÊUTICA NEGATIVA E LETARGIA

Contemporâneos aos trabalhos de Klein sobre a inveja são os de Fidias R. Cesio, em Buenos Aires, sobre a RTN. Em 1956, Cesio apresentou um caso de RTN no qual chamava a atenção o frio que a analisanda sentia nas sessões, que às vezes era continuado por letargia e sono, paralisando-se literalmente os esforços terapêuticos do analista. Essa paciente morreu, depois, de um ataque de eclâmpsia em que seu filho foi salvo, cumprindo-se quase um desejo expresso muitas vezes por ela, que queria dar sua vida pelo filho. Na história clínica dessa paciente, havia sido decisivo o suicídio do pai, quando ela tinha 5 anos, e Cesio entendeu a letargia como a identificação com o cadáver que continha em seu inconsciente. Na mesma época, Cesio (1957) havia estudado a letargia na transferência e sua projeção no analista, que se vê invadido pela modorra e pela sonolência.

Quando volta ao tema em 1960 (primeira e segunda partes), Cesio formula sua tese principal: a existência de *objetos letárgicos* no inconsciente dos pacientes que apresentam a RTN. Esse objeto letárgico equivale, para Cesio, ao núcleo psicótico e também ao ego pré-natal do sujeito. Para esse autor, a letargia é um estado de morte aparente dentro de um mundo interno destruído e venenoso.

O ego desses pacientes esforça-se em manter a letargia de seus objetos e opera da mesma forma sobre o analista. Controlado permanentemente, como dizia Joan Rivière (1936a), o analista termina por sentir-se como morto e letárgico. Explica-se também, dessa maneira, que esses pacientes aderem-se literalmente ao analista, que agora representa para eles seus objetos primários.

Já que o objeto letárgico contém os impulsos mais destrutivos do sujeito e representa seu núcleo psicótico, compreende-se que, cada vez que a análise mobiliza essa estrutura, os componentes destrutivos incidam sobre o ego e o coloquem em grave perigo (1960, p. 14). Cesio considera, como o Freud dos últimos anos, que o instinto de morte desempenha um papel de primeira magnitude nesses pacientes: uma parte do instinto de morte está contida no objeto letárgico e outra no ego que torna letárgicos os objetos (e o analista), tema que desenvolve mais detidamente na segunda parte desse trabalho, assinalando a conexão entre o instinto de morte e a analidade.

Reação Terapêutica Negativa (II)

PERSPECTIVA HISTÓRICA

No capítulo anterior, começamos a estudar a reação terapêutica negativa, seguindo o caminho que vai desde O ego e o id até as contribuições de Melanie Klein. Incluímos, igualmente, as primeiras referências de Freud em "Da história de uma neurose infantil" e detivemo-nos no ensaio de Abraham, ao qual atribuímos uma influência relevante.

De acordo com o enfoque integrador de um recente trabalho de Limentani (1981), é interessante assinalar que nessa história da RTN nota-se um fenômeno singular, que nem sempre se dá no desenvolvimento do conhecimento psicanalítico: os conhecimentos foram somando-se, não se contrapondo. A primeira explicação de Freud, de que a reação terapêutica negativa tem a ver com um sentimento de culpa que surge de um superego muito severo, continua vigente como em 1923. A isso se acrescenta o que Freud diz um ano depois, já imbuído pela idéia do instinto de morte, a respeito do masoquismo primário. A nova idéia não se opõe, por certo, à anterior, mas sim a complementa, já que, em geral, quando se tem um superego que se maneja com severidade excessiva, tem-se também um ego masoquista que se submete a ele e busca apaziguá-lo. O fracasso sempre finca suas raízes no masoquismo moral.

Se seguirmos adiante e considerarmos os dois artigos de 1936, veremos que ampliam sem recusar o que Freud já havia visto. O próprio Freud mencionava em 1923 concretamente a rebeldia, o narcisismo e o benefício secundário da doença; porém, conseqüente com sua linha de investigação nesse contexto, afirmava que o sentimento de culpa é o fator mais importante. Horney volta a ressaltar a forte rivalidade desses pacientes e seu medo de que, se progredirem, desencadeiem a inveja dos outros, enquanto Rivière enlaça o sentimento de culpa com o altruísmo inconsciente e uma grande labilidade frente à posição depressiva, descrita por Klein, que aumenta excessivamente as defesas maníacas.

Assim como Freud utilizou a RTN para fundamentar a idéia do superego e a teoria estrutural, Klein a empregará depois para ilustrar a ação da inveja. Tampouco esse trabalho opõe-se aos anteriores, mas soma-se aos fatores descobertos por Freud e depois desenvolvidos por Rivière,[1] ao mesmo tempo que complementa o Freud de 1937, quando enlaça a teoria da inveja primária com o instinto de morte.[2]

ALGUMAS PRECISÕES METODOLÓGICAS

Antes de seguir adiante com os estudos que vêm depois de Klein, vale a pena nos determos um pouco para lembrar que estamos estudando as vicissitudes do processo analítico, depois de nos haver ocupado do próprio processo. Dissemos que há fatores que impulsionam o processo, como o *insight* e a elaboração, e outros que o obstaculizam: o *acting out*, já estudado; a reação terapêutica negativa, da qual estamos ocupando-nos, e a reversão da perspectiva, que será nosso próximo tema.

Do ponto de vista metodológico, é importante classificar essas três modalidades defensivas como conceitos *técnicos* e não psicopatológicos, porque, se não estabelecermos essa discriminação, podemos cair em erro ou confusão. Um trabalho excelente como o de Joan Rivière, por exemplo, incorre nesse erro por momentos, quando superpõe o estudo da RTN com as caracteropatias severas, que não é o mesmo: estas correspondem à psicopatologia, aquela à técnica. Não há dúvida de que há uma conexão entre ambas, porque a RTN ocorre, predominantemente, em pacientes com graves perturbações caracterológicas, mas ela pode ser encontrada também em outras formas nosográficas. Quando Hanna Segal (1956) estuda a depressão no esquizofrênico, mostra convincentemente que a intolerância à dor depressiva pode pôr em marcha uma reação terapêutica negativa, vinculada à vivência de progresso que a paciente havia tido. A paciente retrocede (RTN) e, com isso, projeta sua dor na analista e a faz sentir um grande desalento: "Está louca de novo", etc. Esse caso ilustra que, embora a reação terapêutica negativa predomine nas neuroses graves de caráter, também é encontrada em outras doenças.

---

[1] Ver a página 360.
[2] Ver Etchegoyen e Rabih, "As teorias psicanalíticas da inveja" (1981).

O *acting out*, a RTN e a reversão da perspectiva configuram uma classe de fenômenos que formam um conjunto complexo de respostas, às quais convém o nome de *estratégias do ego* (Etchegoyen, 1976), porque são muito mais complicadas do que as táticas ou técnicas defensivas; são operações que têm uma finalidade ulterior, não imediata.

Enquanto o *acting out* impede o desenvolvimento da tarefa, para evitar a experiência dolorosa do *insight* e a reversão da perspectiva, questiona o contrato analítico; na RTN a tarefa realiza-se, e o *insight* consuma-se, mas sobrevém depois uma resposta que leva esses avanços para trás. Mais adiante, voltaremos a comparar a RTN com o *acting out*, porém assinalemos agora que no *acting out* o analisando afasta-se do objeto (seio, analista), buscando algo que o substitua, e na RTN se reconhece, em princípio, que o objeto está ali. Esse reconhecimento implica uma conquista, implica que algo foi recebido, e então se ataca o que se recebeu. No momento em que alguém reconhece que recebeu algo e começa uma manobra para reverter essa situação, constitui-se a RTN. Disso decorre que a reação terapêutica negativa associe-se à culpa. No *acting out*, em troca, mal se pode sentir culpa, diz-se que operou a partir da frustração, da ausência do objeto. Por isso, o psicopata, que tende a se defender com o *acting out*, não reconhece em absoluto sua culpa.

ELEMENTOS DIAGNÓSTICOS

No diagnóstico da RTN, são importantes os indicadores, tanto mais que, por sua própria natureza, a RTN pode passar despercebida. Às vezes, é necessário estar muito atento para detectar em que momento o analisando reconhece a ajuda recebida e começa a desvirtuá-la. Melanie Klein sublinha que as críticas a uma interpretação que produziu alívio devem fazer-nos presumir a reação terapêutica negativa, mesmo no caso de que essas críticas tenham vislumbres de realidade. Como diz o ditado, a cavalo dado não se olham os dentes. Se o analista conseguiu aliviar a angústia do paciente, ou resolver seu conflito, dizer-lhe por que não o fez antes, por que demorou, ou criticar a forma como se expressou, por mais que essas reflexões sejam justas, o mais provável é que expressem a reação terapêutica negativa, um ataque invejoso ou o que for. Isto não quer dizer que se interprete, pura e simplesmente, ao paciente seu ataque invejoso. O grande perigo de utilizar com muita generosidade o conceito de RTN é reforçar nossa onipotência. De qualquer modo, Melanie Klein insiste muito nesse fato fenomenológico, a vivência de alívio, o sentimento de que a interpretação aliviou, que esclareceu algo para o sujeito. O mesmo pode ser aplicado ao juízo do paciente sobre o andamento da análise. O que vem depois, quanto a críticas à interpretação, deve ser tomado como um indício de reação terapêutica negativa. Ainda que por razões éticas ou por motivos estratégicos possamos atender essas objeções ou críticas sem evitá-las, não deveríamos deixar-nos enganar por sua aparente racionalidade.

Outro indicador importante para mim é a confusão. Melanie Klein ressaltou em seu livro de 1957 que a inveja produz confusão, porque não permite discriminar entre o objeto bom e o mau, uma contribuição de grande envergadura. Refiro-me à confusão como indicador. Aqui, novamente se deverá tomar as precauções recém-mencionadas. Se faço uma interpretação que me parece ter acertado em cheio, e o paciente diz que não a entendeu, a primeira coisa que penso é que não terei sido claro, porque não sou tão vaidoso a ponto de pensar que sempre me expresso bem. Mas também, nesse sentido, procuro não pecar por ingênuo, porque o mais comum nesses casos é que, quando se volta a dar a interpretação, procurando torná-la mais clara, o paciente não a aceite por outros motivos.

Outro fator é a convicção. Não digo que, se um paciente não tem convicção do que lhe interpretamos, está expressando sua reação terapêutica negativa, porque isso novamente me colocaria no epicentro da onipotência. Digo que, muitas vezes, esse tipo de pacientes dizem que sim, que a interpretação é certa, mas não ficam totalmente convencidos. Quando o paciente diz que a interpretação não o convence, isso já implica algum conflito, porque o que o analista diz não é para convencê-lo, e sim para informá-lo. Se o paciente diz que a interpretação não o convence, há algo que chama a atenção, porque poderia dizer que não está de acordo, que a interpretação parece-lhe equivocada ou que sofre de uma falha lógica. A idéia de que o analista quer convencê-lo implica, na maioria das vezes, um forte conflito: o paciente está atribuindo ao analista uma intenção que não convém à nossa técnica.

FUNÇÃO DOS OBJETOS INTERNOS

Creio que atualmente compreendemos melhor não só a luta das tendências de vida e morte na RTN, mas também a função dos objetos do *self*.

Nesse sentido, é valiosa a investigação de Rosenfeld (1971, 1975a e b), que parte de uma dissociação do *self* em onipotente-narcisista e dependente-infantil. Com base nesse esquema, parecido com o de Fairbairn (1944), do ego libidinal e do sabotador interno (ego antilibidinal) e que também remete às idéias de Meltzer (1968) sobre o tirano, surge uma dramática divisão entre o *self* infantil e o *self* narcisista.

Posteriormente, ao estudar o *acting out* no Congresso de Helsinque, Gaddini (1981) propõe uma divisão similar do aparelho psíquico entre o *self* onipotente e o ego. Se de imediato se torna visível o progresso, o ego "tende a mostrar a seus poderosos inimigos internos que o que surgiu não é certo", com o que se constitui uma típica RTN (Gaddini, 1981, p. 1136).

Para Rosenfeld, no *self infantil* está colocada a capacidade de amor e, o que é o mesmo, a dependência, pois, à medida que reconhecemos a existência de um objeto amoroso, estamos imediatamente em uma situação de dependência frente a ele, seja qual for a relação que exista entre esse objeto e nós. Na outra parte, no *self narcisista*, estão acantonadas a inveja e a destrutividade.

Essa estrutura dual do sujeito cristaliza-se no processo analítico, em uma luta permanente entre as reiteradas tentativas do analista de tomar contato com a parte infantil que é capaz de dependência (e, portanto, de colaboração) e os ataques concretos que o *self* narcisista dirige contra o analista e contra o *self* infantil.

Em seu trabalho para o Congresso de Viena de 1971, Rosenfeld segue a linha que, a partir de Abraham (1919) e Reich (1933), conecta narcisismo, agressão e resistência, assim como as idéias de Klein (1946) sobre a dissociação originária do objeto e do *self* e o papel da inveja primitiva que, como se sabe, essa autora leva até o começo da vida, à relação do bebê com o seio da mãe. Essa inveja do objeto bom que dá, e porque dá, surge na transferência por meio das manifestações mais díspares e muito tipicamente – como já vimos – como RTN. Além de outros motivos mais sutis, complexos e indiretos, é evidente que a teoria da inveja primária oferece uma explicação consistente frente a essa resposta paradoxal de uma pessoa que reconhece ter recebido um benefício e, no entanto, responde negativamente.

O *self* narcisista apresenta-se para Rosenfeld altamente organizado, como um bando delinqüente e poderoso que, com ameaças e propaganda, mantém escravizado o *self* infantil. Cada vez que este quer expressar-se ou pretende liberar-se, volta a aparecer a patota ou a máfia que o submete e o esmaga. Assim se configura a dramática da RTN, assim fica fustigada e anulada a relação de dependência e amor do *self* infantil com o analista. Desse modo, como diz Meltzer nas primeiras páginas de *The psychoanalytical process* (1967), o tratamento consiste verdadeiramente em uma operação difícil e arriscada de salvamento. Por isso, Rosenfeld diz que "é essencial ajudar o paciente a encontrar e resgatar a parte dependente e sadia do *self* da armadilha em que está dentro da estrutura psicótica e narcisista, já que nessa parte se encontra o vínculo essencial da relação positiva de objeto com o analista e o mundo" (1971, p. 175).

Desse modo, a explicação personalística de Rosenfeld não apenas integra validamente as diversas investigações já estudadas sobre a RTN, mas também nos permite ser mais equânimes em sua interpretação: podemos ver a inveja, o masoquismo e o narcisismo, bem como o amor, os ciúmes e a culpa, chegar até o altruísmo inconsciente e, por fim, alcançar o amor, esse amor "profundamente enterrado", que com tanta paixão e paciência Joan Rivière busca.

Um dos artifícios de que se vale o *self* narcisista para que o *self* infantil ponha-se a seu lado é justamente fazê-lo sentir ciúmes, porque os ciúmes são, por definição, atributo do *self* infantil; a inveja, porém, pertence antes de tudo ao *self* narcisista. Quando o self narcisista e o *self* infantil unem-se em uma dupla perversa, que deixa o analista excluído; a tarefa deste vê-se extremamente dificultada.

DEFESAS MANÍACAS E ATAQUES MANÍACOS

Quando retoma a investigação de Rivière, em seu trabalho de 1975, Rosenfeld estabelece uma precisão importante quanto ao valor das defesas maníacas na RTN. A mania não é somente um método de defesa, como a concebe Rivière, que o paciente mobiliza energicamente para evitar a catástrofe depressiva, a culpa e a desolação. É também um método endereçado a atacar o objeto. Por isso, Rosenfeld fala, assim como Betty Joseph (1971, 1975) e outros autores pós-kleinianos, de *defesas* e *ataques* maníacos. Nesse sentido, o sentimento de culpa fica explicado não apenas pelos pretéritos ataques aos objetos edípicos e pré-edípicos da infância distante, mas também pelos que agora se consumam contra o analista, uma vez que os representa na transferência, e até mesmo contra o analista real que está ajudando o sujeito. Digamos, ainda, que esse sentimento de culpa assenta-se substancialmente no *self* infantil libidinal e provém de duas fontes, do ataque predominantemente invejoso do *self* destrutivo, onipotente e narcisista, e também do *self* infantil que, por temor ou por ciúmes, deixa-se seduzir por ele e acompanha-o. Em outras palavras, o sentimento de culpa e a necessidade de castigo são melhor compreendidos da perspectiva dessa dupla estrutura do *self*.

Não é, pois, a inveja (ou a agressão em geral) nem o sentimento de culpa o que explica alternativa ou excludentemente a RTN, mas a ação conjunta de ambos, enquanto o sentimento de culpa surge dos ataques ao objeto por inveja, ciúmes, rivalidade ou o que seja. Os ciúmes, a inveja e a rivalidade germinam, por sua vez, na estrutura narcisista e na falta de auto-estima, que se potencializam reciprocamente.

Em resumo, narcisismo, inveja e sentimento de culpa formam um conjunto em que cada fator ocorre em função dos outros. Joan Rivière insiste, com razão, em que o paciente teme cair em uma situação de dependência, mas não nota que a culpa está vinculada justamente ao rechaço dessa dependência, com um permanente ataque invejoso ao objeto. Isto é surpreendente, se levamos em conta que quatro anos antes, em "Jealousy as a mechanism of defense", Rivière havia desmascarado com admirável precisão a inveja que pode estar por trás dos ciúmes.

SELF NARCISISTA E SUPEREGO

Rosenfeld revisa as explicações freudianas de 1923 e 1924, procurando desligar do superego os ataques do *self* narcisista contra o *self* infantil e o objeto, o que me parece um tanto artificial e discutível. Na realidade, é muito difícil deslindar se a boa interpretação é atacada porque injuria o narcisismo do ego ou porque o superego diz ao ego que não a merece, que não merece o bem que lhe é dado.

Isto tem relação com a alternativa proposta por Freud sobre o ego masoquista e o superego sádico e com o que Bion chama, nos últimos capítulos de *Learning from experience* (1962b), de *super-superego*, uma instância que não quer conhecer a verdade e nega o conhecimento e a ciência com base em uma moral que não se baseia em nada. O super-superego de Bion está muito próximo, em meu entender, do *self* narcisista: quando o *self* narcisista assume, de maneira falaz, um caráter moral para atacar o ego, estaríamos nessa condição. Em outras palavras, quando dizemos que o *self* narcisista ataca o *self* infantil, temos a impressão de que estamos longe de um funcionamento superegóico, de uma instância moral, mas é que esse ataque sempre, ou quase sempre, reveste-se de um caráter ético, moral (a ética delirante), com o que já estamos dentro da função superegóica. A divergência, pois, depende de que queiramos sublinhar um fator ou o outro.

CRÍTICAS, IDEALIZAÇÃO E CONTRATRANSFERÊNCIA

Já dissemos que a análise adequada das críticas do paciente abre uma via de abordagem à inveja latente. Digamos, agora, que essa via é bastante difícil, porque nos faz correr dois perigos, em vez de um: não reconhecer o que há de certo nas críticas que nos são formuladas e, ao contrário, para aceitá-las e tolerá-las, terminar por apaziguar o paciente. Ambos os erros conduzem ao mesmo, a que se estabeleça um vínculo idealizado, em que a transferência negativa fica uma vez mais dissociada. Nem sempre se resolve a situação reconhecendo a parte de verdade "objetiva" que há na crítica do paciente, e ponho as aspas para recordar que nossa tarefa não é estabelecer a objetividade dos fatos, mas procurar descobrir as fantasias do analisando para que ele mesmo decida sobre os fatos.

É necessário levar sempre em conta – e bem em conta – que a teoria da inveja pode realmente ser utilizada pelo analista para fomentar no analisando a idealização, para negar suas próprias limitações e suas falhas. Uma boa técnica deve reconhecer as razões do paciente, não apenas pelas inescusáveis exigências da ética, mas justamente para que a inveja apareça como deve aparecer, isto é, frente aos *acertos* do analista. Se o analista não reconhece suas falhas, pode interpretar como inveja o que é, na verdade, seu próprio erro. Vale a pena destacar aqui, como verdade acaciana, que, se o analista não trabalha com suficiente acerto, a inveja não aparece e não tem por que aparecer!

Por todas essas razões, compreende-se que a análise da inveja nunca é fácil, e menos a RTN, da qual já dissemos que participam inúmeros fatores que se potencializam e que se influenciam reciprocamente. Ao mesmo tempo, estou convencido de que a inveja é um fator necessário para que se constitua a RTN e, por isso, nunca poderá ser deixada totalmente de lado em nossa estratégia interpretativa. Abre-se aqui uma polêmica apaixonante, que tem a ver tanto com a técnica quanto com as teorias do desenvolvimento precoce, a qual proporemos a seguir, ao falar dos trabalhos de Limentani e de Ursula Grunert.

OS PERIGOS DE ESTAR SÃO

A linha de pensamento que até agora seguimos parte do princípio de que o progresso, a saúde e o alívio são um bem que o analisando rechaça. Cabe perguntar-se, entretanto, se esses "bens" não podem ser algo mau para quem os recebe. Isto é proposto, entre outros autores, por Limentani (1981), que já havia assinalado o lado bom do *acting out*. O escrito de Limentani é colocado sob a tutela de uma bela frase de T. S. Eliot em *The family reunion*: "*Restoration of health is only the incubation of another malady*".* E nós, céticos argentinos, não dizemos que às vezes o remédio é pior que a doença?

Limentani, então, propõe-se a investigar os aspectos da RTN que servem para revelar os temores profundos que a saúde pode significar para certos pacientes. Sem deixar de lado que a RTN indica que algo anda mal na situação analítica, é inegável também que se trata de uma síndrome complexa, de múltiplas causas, entre as quais cabe mencionar o sentimento de culpa, a necessidade de castigo, o narcisismo, a depressão, a rivalidade e a inveja, o instinto de morte, a tendência regressiva à fusão simbiótica com uma mãe absorvente, etc.

Limentani apresenta dois casos clínicos em que registra a lista inteira dos fatores anteriormente citados, embora pense que, finalmente, a fantasia dominante na transferência tenha sido de fusão com a mãe, com um sentimento de se sentir separado bruscamente do analista (1981, p. 387).

Baseado em sua experiência clínica, Limentani considera que o paciente defende-se com a RTN de um perigo ou de uma ameaça e que, se nos ataca, é porque nesse ataque está sua melhor defesa. Totalmente de acordo com Pontalis (1979), Limentani pensa que a RTN é uma forma especial de *acting out* em que se repete uma experiência traumática muito precoce, como a separação da mãe ou o desmame. Como conclusão, Limentani sustenta que, nos casos mais graves, a RTN "é uma forma especial de *acting out* da transferência na situação analítica, ao mesmo tempo que uma defesa pertinaz contra voltar a experimentar a dor e o sofrimento psíquicos associados com um trauma infantil" (p. 389).

SIMBIOSE E REAÇÃO TERAPÊUTICA NEGATIVA

Na Terceira Conferência da Federação Européia, de 1979, realizou-se uma reunião, denominada *New perspectives on the negative therapeutic reaction*, em que falaram sobre o tema Ursula Grunert, Jean e Florence Bégoin e Janice de Saussure.

---

*N. de R.T. Em inglês, como no original.

Ursula Grunert (1981) parte da teoria do desenvolvimento de Margaret Mahler, em termos de separação-individuação. Se foram salvas suficientemente bem as diversas subfases do processo de separação durante os primeiros anos da infância, não haverá uma verdadeira RTN durante a análise; porém, se o processo de separação não foi cumprido até chegar a um certo grau de constância objetal, pode sobrevir esse temido inconveniente.

Para Grunert, a RTN representa uma tomada de distância do paciente, o *não* transferencial que corresponde às distintas fases do processo de separação, na medida em que se reativa na transferência e pode expressar o desejo de autonomia, assim como um desejo oculto de fusão (1981, p. 5). Devemos ver a RTN como a separação patológica da relação diádica, que encontra na transferência o lugar mais apropriado para produzir sua nova edição e só ali pode ser resolvida.

O exemplo clínico de Ursula Grunert com sua paciente A não é, para mim, muito convincente, já que, como a própria paciente, penso que a analista não faz talvez o mais adequado. A analista cita uma interpretação na qual, recolhendo as associações da paciente, diz a ela: "Você sente como se estivesse traindo sua mãe se quiser ser independente". Na sessão seguinte, a paciente traz um sonho: "Quero ir embora e estou fazendo minhas malas. Minha mãe prepara uma torta intragável. Fico furiosa e eu mesma a faço". Através de suas associações, a paciente tomou consciência de até que ponto sua mãe a havia mantido dependente e malcriada. Como mostra o sonho, a mãe quer retê-la com a torta indigerível e somente ela ficando furiosa pode tomar o caminho da independência. Na sessão seguinte (a da RTN), a analisanda vem muito deprimida, diz que ninguém pode ajudá-la, e muito menos a analista, já que com ela terminou trocando uma dependência antiga por uma nova.

Não creio, realmente, que uma simbiose perturbada que marca profundamente uma criança possa ser resolvida com interpretações que responsabilizam a mãe, deixam de lado a situação transferencial e trocam uma dependência por outra, como diz a analisanda. Penso também que o sonho refere-se à transferência e que a analisanda critica (como eu) as interpretações extratransferenciais da doutora Grunert.

De qualquer maneira, como bem diz a autora, a analisanda pôde aceitar que a própria analista podia ser um objeto do qual ela podia depender, com o que se desencadeou uma intensa e prolongada transferência negativa, que pôde ir sendo elaborada adequadamente, graças à transferência positiva latente.

A autora conclui que as múltiplas experiências de separação que a análise implica permitem reativar o perturbado processo de separação da infância e pôr em marcha o processo de elaboração. Desse modo, a RTN deveria ser considerada não apenas como um obstáculo, mas também como uma oportunidade de experimentar emocionalmente as falhas do desenvolvimento na transferência e chegar a solucioná-las por meio da elucidação com o bem disposto analista (p. 19).

As idéias de Limentani, Gaddini e Ursula Grunert que acabo de expor partem das teorias do desenvolvimento de Winnicott e Margaret Mahler, nas quais se considera que a ruptura da relação primitiva mãe-criança é um momento decisivo do desenvolvimento. Vale a pena sublinhar, porque sanciona um reconhecimento histórico, que José Bleger havia chegado anteriormente às mesmas conclusões, quando publicou "La simbiosis" em 1961.[3] Nesse trabalho, Bleger caracteriza a simbiose como o vínculo com aquilo que ele chama de *objeto aglutinado*, em um momento do desenvolvimento anterior à posição esquizoparanóide de Klein, *a etapa glishrocárica*. Essa ligação tão primitiva pode originar, entre outros fenômenos, a reação terapêutica negativa que seria, então, uma tentativa (desesperada) de restabelecer o estado não-discriminado entre ego e não-ego.

Por outro lado, os estudos de Cesio dos anos 1950 também apontam na mesma direção, pois entendem a reação terapêutica negativa como uma forma de evitar a angústia catastrófica e a psicose, vinculadas ao psiquismo fetal.

REAÇÃO TERAPÊUTICA NEGATIVA E TRANSFERÊNCIA NEGATIVA

Às vezes, tem-se a tendência a superpor a transferência negativa e a reação terapêutica negativa, o que é um erro, erro que pode servir, justamente, para situá-las em uma classe distinta de fenômenos; a transferência negativa tem a ver com técnicas ou táticas defensivas do ego, a RTN com estratégias egóicas. A transferência negativa, por si só, não tem a ver com a reação terapêutica negativa; pode até ser uma forma de colaborar com a análise, e o é muitas vezes. A questão surge se e somente se o analisando sente alívio com uma interpretação da transferência negativa e, por isso, a ataca: "Sua interpretação é correta e agora não sinto angústia, mas eu me pergunto por que você sempre me interpreta os sentimentos negativos, eu me sinto assim humilhado, parece que você nunca pode ver algo bom em mim". Essa reação, como é óbvio, também pode ocorrer quando se interpreta a transferência positiva. Um analisando sempre protestava iradamente, porque eu só lhe interpretava a transferência negativa, o que ele explicava pelo fato de que eu era um kleiniano malnascido (com outras palavras); todavia, certa vez que lhe interpretei, creio que corretamente, seus bons sentimentos em relação a mim, respondeu-me vivamente: "Epa! Você está me chamando de... homossexual!". (Por certo que não empregou essa palavra.)

Não há dúvida de que, por trás da reação terapêutica negativa, sempre há uma transferência negativa; também é certo que sempre há muito mais do que isso. Não é simplesmente a inveja ou o instinto de morte o que está em jogo, mas também o sentimento de culpa e a necessidade

---
[3] Este ensaio foi depois incorporado ao Capítulo 11 de *Simbiose e ambigüidade*, publicado pela Paidós em 1967.

de castigo, a necessidade de controlar o objeto e de repará-lo, o desejo de manter, contra vento e maré, a união e de se liberar para ser independente e mil coisas mais que temos de interpretar; a reação terapêutica negativa não é alimentada exclusivamente por sentimentos negativos. Eu diria que, se a única coisa que sinto é inveja, não terei uma reação terapêutica negativa, mas antes uma transferência negativa. Tem de haver também capacidade de dependência, libido, sentimentos de culpa, altruísmo e outros elementos para que se constitua a reação terapêutica negativa. Com razão, dizia Joan Rivière, que, se são interpretados para esses pacientes somente os sentimentos negativos, fomenta-se, em lugar de diminuir, esse tipo de reação. E isso é lógico, porque essa atitude tende a reproduzir no processo analítico a perigosa configuração interna de um superego sádico (o analista) e um ego-paciente masoquista.

A transferência negativa em si nada tem de mau quando aparece na análise. Na medida em que é parte do conflito, deve ser expressa para que o analista tenha a possibilidade de interpretá-la, como todos os outros desejos e sentimentos que vão aparecendo na sessão. Se ataco meu analista e tenho simultaneamente a idéia de que estou dando-lhe material, na realidade o que espero é que ele compreenda os motivos de minha agressão e interprete-os para mim. Como disse antes, ao falar da classificação da transferência, os adjetivos "positiva" e "negativa" aplicam-se a ela para separar os afetos e as pulsões, não com critério normativo, e muito menos ideológico!

Tampouco a reação terapêutica "negativa" denota, em absoluto, uma tomada de posição axiológica, por muito que a sempre fustigada contratransferência do analista conote como má a reação do analisando. O analisando reage como pode e cabe a nós interpretar o que se passou da maneira mais equânime possível. Parece-me que o zelo de alguns autores em assinalar que a reação terapêutica negativa não é tão *negativa* tende a evitar esse equívoco, enfatizando o erro de qualificar ideologicamente o que acontece. O termo descreve, por certo, uma resposta do analisando, não a classifica como boa ou má.

O NEGATIVISMO E A REAÇÃO TERAPÊUTICA NEGATIVA

A partir de uma perspectiva semelhante à anterior, Olinick (1964) entende a RTN como um caso especial de negativismo, que expressa um *não* rebelde do analisando, às vezes por via da ação ou do *acting out*. Esse negativismo deve ser explicado a partir do trabalho de Freud sobre a negação (1925h) e também do *não semântico* de Spitz (1957). Como se sabe, o "não" que aparece pelos 15 meses é, para Spitz, um dos indicadores do desenvolvimento, ao lado do sorriso do terceiro mês e da angústia do oitavo. O "não" semântico da criança é uma identificação com o objeto que a frustra e, ao mesmo tempo, uma primeira comunicação simbólica.

Anna Freud (1952) demonstrou convincentemente que o negativismo pode ser uma defesa extrema, quando o sujeito sente que corre o perigo de ficar emocionalmente submetido ou escravizado.[4]

Olinick pensa que os pacientes que tendem a reagir com a RTN são aqueles que unem a seu forte negativismo uma estrutura na qual se juntam o masoquismo e a depressão. A depressão e a raiva, em geral, são projetadas nos outros, que reagem então com depressão. Daí que a reação contratransferencial com esses pacientes seja de tédio e sonolência.

Concordo com as observações de Olinick, porém não creio que sejam específicas da RTN, mas, antes, da neurose grave de caráter, e que foi descrita por Abraham (1919) e considerada o alvo de Joan Rivière (1936). Esse quadro clínico pode, com certeza, levar a um vínculo transferencial-contratransferencial sadomasoquista, que coincide com a descrição de Kernberg (1965) sobre a chamada fixação contratransferencial crônica.

REAÇÃO TERAPÊUTICA NEGATIVA E *ACTING OUT*

Ao longo deste capítulo e do anterior, sustentei que a RTN é um utensílio extremamente útil para a práxis psicanalítica, já que destaca uma determinada atitude do analisando e marca o caminho para nosso esforço. Disse também que, à diferença do *acting out*, o conceito de RTN foi claramente definido por Freud desde o princípio e, com proveito, as investigações são remetidas a ele.

Entretanto, outros trabalhos posteriores tendem a superpor a RTN com o *acting out*. Como vimos, Limentani (1981) diz que as formas mais crônicas de RTN são um tipo especial de *acting out* na transferência. Mais categórico ainda é Pontalis (1979) em sua tentativa de desmantelar a RTN.

Pontalis enfatiza o substantivo *reação* e assinala que, por definição, esse termo corresponde a uma ação anterior. Isto conduz Pontalis diretamente ao terreno da ação, do *agieren*, em que a ação de uma mãe negativa não pode senão condicionar uma resposta igual na criança. Daí o título de seu trabalho: "Não, duas vezes não. Tentativa de definição e de desmantelamento da 'reação terapêutica negativa'". No final de seu trabalho, Pontalis diz: "Somente isto: existem mães – e analistas – nos quais se precisa crer, e eles também precisam acreditar-se, como realmente irresistíveis. Como, então, não resistir com todas as forças a uma análise que, desde que se fica comprometido nela, dá apenas a ilusão do reencontro do objeto, de sua posse intemporal, para instituir a separação" (*Revista de Psicanálise*, p. 620).

Ao posicionar a situação analítica nas coordenadas de ação e reação, Pontalis desliza da RTN ao *acting out*

---

[4] O termo original de Anna Freud era *Hörigkeit*, traduzido para o inglês como *emotional surrender*.

por isso diz que a situação analítica é tensa e não há como o analista entediar-se com esses pacientes, embora sofra. Pontalis está descrevendo, com efeito, a situação analítica típica do *acting out*, e então me pergunto se a caracterização que ele faz da RTN como uma forma de *agieren* não leva o propósito de confundir os dois conceitos, em total acordo com o último parágrafo de seu trabalho, em que diz que, para desmantelar a RTN, nada melhor que fracassar ao defini-la.

Talvez seja o momento de esclarecer que, ao delimitar os conceitos de *acting out* e RTN, não quero sugerir que na clínica apareçam sempre isolados. Às vezes, em um mesmo paciente, podem ocorrer simultaneamente ambos os fenômenos e, em outras, a meu ver mais comuns, pode-se observar que o *acting out* está a serviço da RTN. Às vezes, o paciente apaga com o cotovelo o que escreve com a mão, como diz o ditado: *atua* com a finalidade de negar o progresso recém-conquistado. Assim, por exemplo, os dois casos ilustrativos que Limentani apresenta em seu trabalho são, para mim, exemplos cabais em que o *acting out* na transferência é utilizado conjunturalmente para estabelecer ou manter a RTN.

Entretanto, penso que em geral, na clínica, os pacientes que adotam uma dessas linhas não recorrem em maior grau à outra. O paciente que se maneja com a reação terapêutica negativa continuará sempre nessa linha, desde o primeiro até o último dia de sua análise, e o mesmo ocorre para o *acting*. O paciente que utiliza o *acting out* para controlar a angústia diante do desconhecido no começo da análise o utilizará cinco ou dez anos depois para evitar a angústia pela finalização da análise. O que muda é o grau e a plasticidade. Penso que, em geral, as estratégias do ego, assim como as estruturas caracterológicas, mantêm sua estabilidade, embora a análise as torne mais fluidas e versáteis. Se me analiso por minha neurose obsessiva, a análise não me transformará em uma pessoa de ação, mas tornará possível que incorpore alguns repertórios novos e que, em um dado momento, deixando de lado o raciocínio, responda com atos, se assim impõem as circunstâncias.

Como a maioria dos autores, creio pessoalmente que o analisando que atua carrega mais a contratransferência do que o paciente com reação terapêutica negativa. A resposta contratransferencial ao paciente atuador é muito viva e dolorosa. Em troca, como destaca Cesio, quando a RTN domina o quadro, o analista tende a se desvincular de seu paciente e reage com cansaço, tédio e letargia. Não são estes, certamente, os pacientes que nos deixam em sobressalto, apesar do que diga Pontalis.

Não se deve pensar que as reações contratransferenciais mais fortes são as mais perturbadoras porque, na realidade, o analista incorre em um conflito de contratransferência tanto se se irrita ou se assusta quanto se se entedia. O conflito de contratransferência é medido mais por sua intensidade do que por suas características.

O mesmo vale para o analisando. O prognóstico depende da intensidade dos conflitos e de como o analisando responde à interpretação. Muitos autores afirmam que a RTN é mais grave que o *acting out*, mas é porque a redefinem como algo insuperável. Creio que não é assim, que a RTN pode ser grande ou pequena, fácil de modificar ou irreversível, do mesmo modo que o *acting out*. Aqui talvez se tivesse que pensar, como Freud, que Deus sempre está a favor dos batalhões mais fortes.

O PENSAMENTO PARADOXAL

Quando definem a RTN, em seu *Vocabulaire*, Laplanche e Pontalis (1968) destacam sua natureza paradoxal. Esse pensamento também se encontra em outros autores e eu mesmo, quando falei do impasse e da RTN, em 1976, assinalei que esses pacientes funcionam sutilmente no terreno dos paradoxos lógicos. Esses mesmos pensamentos inspiram Didier Anzieu em seu trabalho "A transferência paradoxal" (1975). Anzieu parte dos estudos da escola de Palo Alto sobre a comunicação paradoxal e as transações desqualificadoras. Quando esse tipo distorcido de comunicação entre pais e filhos é reproduzido na análise, configura-se uma transferência paradoxal e, logo que o analista caia na armadilha, também uma contratransferência paradoxal, que conduz a análise pelos funestos caminhos da RTN. Pois bem, como dizem os comunicólogos de Palo Alto, só se pode sair de uma comunicação paradoxal "metacomunicando" sobre a própria situação, de modo que a principal tarefa interpretativa, nesses casos, gira em torno de como se distorcem as mensagens na situação analítica.

Em sua tentativa de compreender o pensamento paradoxal, em termos das teorias psicanalíticas e não somente comunicacionais, Anzieu sustenta que os fatores que mais estão em jogo são o narcisismo e a pulsão de morte, que se vincula também aos estudos da escola kleiniana sobre a inveja.

Talvez nesse ponto seja oportuno assinalar um fenômeno idêntico, embora de sinal contrário à RTN, que implica, porém, o mesmo paradoxo. Refiro-me ao auspício que esse tipo de analisandos pode dar aos erros do analista. Esse curioso fenômeno – bastante freqüente, mas muito pouco estudado – poderia ser chamado de *reação iatrogênica positiva*. Nesses casos, o erro do analista promove o acordo, quando não o aplauso e até mesmo a melhora do analisando. Liberman também se ocupa desse fenômeno, salientando que o paciente pode decodificar as interpretações em termos de retroalimentação negativa ou positiva: um paciente colabora quando dá ao analista um *feedback* que lhe permita reforçar seus acertos e corrigir seus erros (retroalimentação negativa). Na reação terapêutica negativa sucede o contrário, isto é, o paciente retroalimenta positivamente os acertos e negativamente os desacertos. Já mencionei a paciente que sempre me felicitava por algo que eu havia dito no começo de seu tratamento e que era um claro erro de minha parte. Esse tipo de resposta deve ser levado em conta, porque tais comentários podem ser às vezes muito perigosos: "Gosto de que me faça esperar, porque me parece que é mais humano". Desse modo se retroalimenta positivamente o erro e cada vez se torna maior. Se penso que o paciente está de acordo com que o faça esperar, terei mais tendência a me atrasar.

COMENTÁRIO FINAL

Se nos mantemos fiéis à clara definição de 1923, a reação terapêutica negativa apresenta-se para nós como uma das eventualidades do tratamento analítico, que se caracteriza por uma resposta paradoxal em que o analisando piora quando teria de melhorar (e depois de ter melhorado).

Inicialmente, Freud atribuiu a RTN ao sentimento de culpa (superego severo, sádico), depois ao masoquismo moral (ego masoquista) e, por fim, ao instinto de morte, sem que essas explicações sejam excludentes. Tampouco o são as que depois deram Karen Horney (rivalidade, temor à inveja), Joan Rivière (temor a uma catástrofe depressiva, altruísmo inconsciente) e Melanie Klein (inveja). As últimas explicações propostas giram de preferência em torno dos conflitos da integração (Gaddini, Limentani) e da simbiose mãe-criança (Ursula Grunert).

Apesar de que alguns desses pontos de vista possam ser inconciliáveis no nível das teorias que os sustentam, creio que todos aparecem na clínica e todos devem ser, no devido momento, interpretados. Com um só, ou com um par deles, não responderemos à bela complexidade da clínica analítica. O que aqui nos separa em escolas é que, quando chega o momento de converter em conceitos nossa experiência clínica, dizemos que "no fundo o fator decisivo é..."; contudo, na realidade, quando enfrentamos a RTN, temos de interpretá-la de muitas maneiras e com diferentes perspectivas.

Enfim, tudo parece indicar que os conflitos precoces desempenham um papel importante na reação terapêutica negativa (e o mesmo se pode dizer para o *acting out* e a reversão da perspectiva), mas seria um erro enfrentá-la com um esquema preconcebido do desenvolvimento, à espera de que o material clínico o confirme. Como analistas, a única coisa que podemos fazer é recolher esse material clínico tal como aparece na transferência, dispostos com igual modéstia a que apóie ou refute nossas idéias.

A Reversão da Perspectiva (I)

RECAPITULAÇÃO BREVÍSSIMA

Estamos estudando as vicissitudes do processo analítico e alinhamos os fatores que o influenciam em bons e maus com um critério um tanto maniqueísta, que pode servir-nos, entretanto, se os tomamos como uma orientação que não nos isenta de reconhecer a inatingível complexidade do fato clínico. Assim, pusemos em uma coluna honrosa e única o *insight* acompanhado da elaboração e, na outra, o *acting out*, a reação terapêutica negativa e o que agora estudaremos, a reversão da perspectiva. Esses três fenômenos estão juntos, porque pertencem a uma mesma classe, já que procuram impedir o desenvolvimento do *insight* ou, o que é o mesmo, evitar a dor mental que o *insight* inevitavelmente provoca. Como já vimos no devido momento, na medida em que nos obriga a mudar o que pensávamos de nós mesmos, o *insight* é sempre acompanhado de dor.

O estudo do *acting out*, da reação terapêutica negativa e da reversão da perspectiva permite-nos compreender e *grosso modo* situar o comportamento dos pacientes durante o processo analítico. Há aqueles que desenvolvem sua análise (e sua vida) utilizando como instrumento principal de adaptação ou, melhor dito, de desadaptação, o *acting out*; outros recorrem à reação terapêutica negativa e outros, por fim, à reversão da perspectiva.

Creio que esse agrupamento é válido e é útil se soubermos reconhecer suas limitações e creio também que esses quadros escalonam-se, no sentido de que o *acting out* pode ser instrumentado como uma forma de instaurar a reação terapêutica negativa, e esta pode conduzir, por sua vez, à reversão da perspectiva. Parece que esse caminho só pode ser transitado nessa direção, e não ao contrário: é um caminho crescente. Quando Abraham (1919a) diz que seus pacientes narcisistas têm uma grande dificuldade para reconhecer o papel do analista e discutem continuamente suas interpretações, etc., estamos em uma franja imprecisa e não sabemos realmente se o que a genialidade de Abraham está detectando será o que depois vai ser chamado de reação terapêutica negativa ou de reversão da perspectiva.

PRIMEIRAS APROXIMAÇÕES

A reversão da perspectiva nos dará a oportunidade de estudar um aspecto singular do processo analítico e será também um pretexto para nos aproximarmos das idéias originais de Bion. Por *reversão da perspectiva*, vamos entender os processos de pensamento vinculados a uma tentativa drástica de tirar dos trilhos a situação analítica, de colocá-la de cabeça para baixo.

Bion introduz esse conceito em *Elements of psychoanalysis* (1963), quando está estudando a área psicótica da personalidade, não o processo analítico. Ao considerar a reversão da perspectiva de um ponto de vista técnico, eu a apresento, de fato, em outro contexto que não o que Bion inicialmente propôs, mas não violento em nada seu pensamento, pois ele pensava que essas idéias tinham a ver com a práxis do consultório.

Bion descobre, então, a reversão da perspectiva ao estudar a área psicótica da personalidade, ao lado do ataque ao vínculo, das transformações em alucinoses e de outros fenômenos.[1]

Bion descreveu o *ataque ao vínculo* em seu trabalho homônimo de 1959 e em um do ano anterior, "On arrogance". A parte psicótica da personalidade realiza ataques destrutivos contra tudo aquilo que, em seu sentir, tenha a função de unir um objeto com outro e que, em princípio, são as emoções. Bion considera que os protótipos de todo vínculo são o seio e o pênis que sofrem o violento sadismo da criança nos primeiros meses de sua vida, como postulou Melanie Klein desde seus primeiros trabalhos.

Quando na clínica se encontra um trio formado por arrogância, estupidez e curiosidade, é porque o ataque ao vínculo operou devastadoramente e é, portanto, índice de uma catástrofe psicótica em que foram gravemente danificados os objetos primários. A tríade de Bion é difícil de manejar clinicamente porque, por um lado, está a curiosi-

---
[1] Para um estudo mais rigoroso, ver o Capítulo 11, "Psicose", do livro de Grinberg, Sor e Bianchedi (1972).

dade peremptória e intrusiva e, por outro, a insultante arrogância que se realimenta na estupidez projetada no objeto. Isso leva o paciente a uma contínua e desapiedada desvalorização dos demais, e entre eles, obviamente, o analista e suas interpretações. Tudo isso implica uma sobrecarga na contratransferência difícil de suportar.

A *transformação em alucinose* está sempre vinculada a um desastre original, no qual os conteúdos emocionais do bebê não encontraram o *reverie* materno suficiente para serem convertidos em elementos alfa. A alucinação é sempre, em última instância, a expulsão de elementos beta do aparelho psíquico. A transformação em alucinose surge basicamente da intolerância frente à ausência do objeto ou, o que dá no mesmo, da frustração e da dor.[2] Deve-se levar em conta que, para Bion, a alucinação não é apenas um sintoma clínico da psicose, mas uma particularidade de seu funcionamento, que consiste em evacuar pedaços clivados da personalidade, revertendo a função dos órgãos sensoriais que passam de receptores a efetores.

O outro funcionamento da área psicótica é a reversão da perspectiva que estamos estudando e é justamente o oposto à perspectiva reversível do *insight*. Nesse tipo de funcionamento mental, o desejo de conhecer (vínculo K) transforma-se em um desejo de desconhecer (vínculo -K). Do mesmo modo, o funcionamento alternante e complementar entre a posição esquizoparanóide e a depressiva (Ps ↔ D) e a relação continente-conteúdo ($\female \male$), que para Bion são os pilares sobre os quais se constrói o aparelho para pensar os pensamentos, apresentam sinal negativo.

A PARTE PSICÓTICA DA PERSONALIDADE

Como acabamos de ver, Bion descobre e estuda a reversão da perspectiva a partir do duplo vértice de sua teoria do pensamento e de seu conceito sobre a *parte psicótica da personalidade* (PPP), e não do ponto de vista da técnica, como faremos.

Para Bion, assim como para Bleger (1967), embora com outros pressupostos teóricos, a PPP é fundamentalmente um modo de funcionamento mental, que se contrapõe à outra, a chamada parte neurótica da personalidade. Falar de personalidade psicótica (ou de parte psicótica da personalidade) não implica um diagnóstico psiquiátrico, o que depende de que parte predomine ou conduza a personalidade, a psicótica ou a neurótica. Da mescla de ambas, de sua soma algébrica e também da interação entre uma e outra depende o funcionamento do indivíduo. Por conseguinte, a idéia de parte psicótica não implica, de maneira alguma, um diagnóstico psiquiátrico.

Há vários elementos que servem para definir a personalidade psicótica, e um dos que melhor a caracterizam é o ódio à realidade interna e externa e, conseqüentemente, a todos os instrumentos que possam pôr o indivíduo em contato com ela. Porque o ódio à realidade leva necessariamente a atacar o aparelho mental como instrumento para captá-la. Searles (1963) diz, entretanto, e com boas razões, que o ódio à realidade do psicótico pode expressar também um ódio muito justificado a suas primeiras relações de objeto que foram muito negativas (mãe psicótica, por exemplo).

Outra forma de definir a PPP, apenas na aparência diferente da anterior, é dizendo que a parte psicótica tem uma grande intolerância à frustração. Se a intolerância à frustração é alta, compreende-se imediatamente que exista o que dissemos antes, um ódio à realidade, porque a realidade é para todos, e mais ainda para essas pessoas, em última instância, frustração: a PPP sempre mede a realidade pelo que deixa de dar, pelo limite que impõe.

No entanto, definir a personalidade psicótica pelo ódio à realidade ou pela intolerância à frustração podem ser dois enfoques diferentes, porque o primeiro pretende impor uma diferença qualitativa que não está no segundo. Quando digo que a personalidade psicótica caracteriza-se por odiar a realidade, dou por certo que isso não acontece com a personalidade neurótica. A segunda forma de conceituar a diferença é puramente quantitativa, porque dizemos que a personalidade psicótica é a que tem *grande* intolerância à frustração, que o *grau* de intolerância é maior. A diferença de grau não deve ignorar, porém, que pode haver uma diferença de fundo: é provável que uma característica da PPP seja justamente conceituar a realidade como frustração, já que a realidade não é *só* frustração. Às vezes, esse erro infiltra-se em nossas teorias científicas.

Outra forma de definir a personalidade psicótica é em termos de impulsos. Na personalidade psicótica, predomina o instinto de morte, fórmula que seria grata a Melanie Klein e talvez ao Freud de "Análise terminável e interminável". Poderíamos também dizer que a personalidade psicótica vale-se basicamente da inveja para desenvolver suas relações de objeto, em contraposição à parte neurótica que utiliza a libido. Aqui convém estabelecer novamente que a diferença é quantitativa porque, se tomássemos ao pé da letra o que acabo de dizer, a diferença seria radical e intransponível. É melhor, então, dizer que há um predomínio do instinto de vida ou do instinto de morte, da libido ou da inveja, do amor ou do ódio. Na PPP, predominam nitidamente os impulsos destrutivos, e a um ponto tal que o amor converte-se em sadismo. Essa idéia de Bion faz lembrar Fairbairn (1941), quando diz que o problema do esquizóide é como amar sem destruir com seu amor (ao passo que o do depressivo é como amar sem

---
[2] Sigo nessa explicação o Capítulo V, "Transformação em alucinose" *Introdução às idéias de Bion*, já citado, e, é claro, o livro de Bion, *Transformation* (1965).

destruir com seu ódio). Um traço que se sobressai na PPP, no qual Bion insiste, é que a identificação projetiva é patológica e de grande destrutividade: é assim que se ataca o pensamento e que se formam os objetos bizarros (ou, seria melhor dizer, *extravagantes*).

Os traços assinalados explicam muito bem uma outra característica da PPP, o medo de um aniquilamento iminente, que deixa seu selo na natureza do vínculo objetal.

RELAÇÕES ENTRE A PARTE NEURÓTICA E A PARTE PSICÓTICA

As observações de Bion quanto ao tipo de relação de objeto que estrutura a PPP formam uma página brilhante na história da psicanálise. Já dissemos algo sobre esse tema a propósito da transferência, e o leitor recordará, sem dúvida, de "Development of schizophrenic thought" (1956), em que Bion descreve os traços fundamentais da personalidade esquizofrênica, que anuncia seu trabalho do ano seguinte "Differentiation of the psychotic from the non-psychotic personalities". As relações de objeto da parte psicótica são ao mesmo tempo prematuras e precipitadas, frágeis e tenazes.

A investigação de Bion pôde esclarecer, pois, duas formas de funcionamento mental que mostram a enorme complexidade da estrutura psíquica e que se estendem como um contínuo, desde o pólo neurótico até o pólo psicótico. Com Bion, culmina o esforço sustentado por Freud de integrar e delimitar psicose e neurose, que depois reaparece na teoria das posições de Klein, sem cair nos excessos da psiquiatria alemã do começo do século XX. Em sua tentativa de diferenciar radicalmente neurose e psicose, Jaspers (1913), por exemplo, as separa abismalmente com seus conceitos de *processo* e *desenvolvimento* em termos de empatia.[3] Assim, as idéias de Bion representam uma contribuição substancial para o desenvolvimento do pensamento psicanalítico.

Bion afirma que a brecha entre a personalidade neurótica e a psicótica não é grande inicialmente; porém, à medida que o indivíduo vai desenvolvendo-se, e por diversas circunstâncias (que provêm dele mesmo e do ambiente), essa brecha pode ir aumentando.

Acabamos de dizer que, ao estudar o funcionamento da personalidade, Bion destaca a relação entre *continente* e *conteúdo* e utiliza, para defini-los, símbolos que não só aludem a funções, mas que de certa forma os representam concretamente. Para Bion, há uma *forma positiva* de relação continente-conteúdo e uma *forma negativa* de relação continente-conteúdo: $+\,♀\,♂$ e $-\,♀\,♂$.

A relação $♀\,♂$ é imprescindível para o crescimento mental. O conteúdo tem de encontrar algo que o receba e possa modificá-lo; o continente necessita de algo que o preencha completamente. A criança projeta em sua mãe seus temores, e a mãe tolera-os dentro de si, assimila-os e devolve à criança através de sua voz, de seu leite, de seu calor, um conteúdo menos angustiante, menos doloroso, mais tolerável.

Na parte psicótica da personalidade, a relação continente-conteúdo não se dá em termos positivos, mas de despojo e desnudamento. O que o indivíduo sente, nessas condições, é que o conteúdo mete-se no continente para destruí-lo e, vice-versa, o continente recebe o conteúdo para tirar-lhe coisas, para despojá-lo.

Esses conceitos têm muita realidade clínica. O analisando pode sentir que a interpretação é um conteúdo destrutivo, que irrompe em sua mente para lesá-lo e desintegrá-lo e, vice-versa, pode receber a interpretação para despojá-la de seu significado, transformando-a em algo mau.

Outro aspecto importante da personalidade psicótica refere-se à estrutura do superego. Na personalidade psicótica, há um *super-superego* que hasteia a bandeira da moral simplesmente para exteriorizar sua inveja, sua destrutividade, sua maldade. Para esse super-superego, a norma moral não é mais que uma afirmação de superioridade que nasce da onipotência e, sem nenhuma base racional, contrapõe-se à ciência.

Há relação entre essas idéias de Bion e as que Rosenfeld propôs no Congresso de Viena de 1971, ao caracterizar um *self* infantil e um *self* narcisista. O *self* narcisista, impulsionado pela voracidade e pela inveja, é muito parecido com a PPP; o *self* infantil, capaz de amor e dependência, corresponde à parte neurótica. A diferença entre essas duas concepções é mais de método que de conteúdo. Os conceitos de Rosenfeld enfatizam a relação de objeto, enquanto Bion insiste no funcionamento mental. Essa concepção é processual; aquela é personalística, no sentido de Guntrip (1961).

O PENSAMENTO E A REVERSÃO DA PERSPECTIVA

Como já dissemos, a reversão da perspectiva é um dos modos pelos quais a PPP funciona, e agora tentarei destacar seus traços principais. Comecemos por dizer que a reversão da perspectiva é uma forma especial de pensamento que procura evitar, a qualquer preço, a dor mental. O pensamento é doloroso desde sua origem mais remota, porque, como vimos, o primeiro pensamento surge quando se aceita a dor da ausência, quando se reconhece que o seio não está presente, em vez de expulsá-lo como um seio-mau-presente-necessidade-de-um-seio, ou seja, como um elemento beta.

Para negar a dor psíquica, a reversão da perspectiva apóia-se em uma modificação permanente da estrutura mental, que Bion chama de *splitting estático* e que é uma espécie de alucinação permanente. Em vez de recorrer a esse mecanismo de defesa (ou a outro) diante de cada situação de ansiedade, o *splitting* se dá aqui de uma vez

---

[3] O *desenvolvimento* pode ser compreendido empaticamente e consiste em uma resposta a um conflito; o *processo* não é situável ou compreensível, de modo que não podemos chegar a ele com o instrumento fenomenológico da empatia.

por todas: situar-se em uma perspectiva determinada e não se mover dela é justamente o que faz com que toda experiência seja decodificada a partir de uma posição já tomada, uma posição que poderíamos definir como tendenciosa; então, o *splitting* praticamente é sempre o mesmo. Bion chama isso de *splitting* estático, que coincide notoriamente com a observação dos semiólogos da psiquiatria clássica quando davam como sintoma típico da esquizofrenia a rigidez do pensamento. Em termos da teoria das transformações que Bion expôs em seu livro de 1965, estas cairiam dentro das transformações em alucinoses.

Uma vez estabelecido o *splitting* estático, toda a informação que provier do exterior, dos outros, não fará mais que confirmar o que o sujeito pensava. Se pudéssemos captá-los em seu funcionamento, esses pacientes nos surpreenderiam por sua habilidade em dar a volta nas coisas para acomodá-las ao que eles pensam, ao que lhes convém, levando sempre água para seu moinho. Desse modo, a interação permanece estática e é como se o sujeito estivesse sempre alucinando uma situação que não existe.

A disposição mental que subjaz ao *splitting* estático repousa inteiramente nas *premissas* do pensar. O sujeito atém-se fixamente a suas premissas, que obviamente não expõe e nem sequer conhece, porque são inconscientes. Está continuamente reinterpretando as interpretações do analista para que coincidam com suas próprias premissas, o que é também uma forma de dizer que as premissas do analista têm de ser silenciosamente rechaçadas. Silenciosamente, porque entre analisando e analista há um acordo manifesto e um desacordo latente, do qual em geral o analista só se dá conta quando nota que o processo está completamente estancado.

Explica-se, então, que nos momentos críticos em que não pode manter o *splitting* estático o paciente recorra, para restabelecer o equilíbrio, às alucinações, que na maioria das vezes são, diz Bion, fugazes e evanescentes, ou a pensamentos delirantes, que também serão volúveis e inapreensíveis.

Para explicar em que consiste o acordo manifesto e o desacordo latente, Bion recorre à experiência clássica da psicologia da forma dos dois perfis e do vaso de flores. São perspectivas contrapostas e as duas são legítimas enquanto não definimos a que chamaremos de conteúdo e forma nas linhas que estamos percebendo.

Analista e analisando vêem os mesmos fatos, mas com premissas diferentes. No nível dos fatos, há acordo; no nível das premissas nunca explicitadas o desacordo é total e permanente. É isso que singulariza a reversão da perspectiva, o que a diferença do *acting out* e da RTN, em que o desacordo é visível e as premissas não estão substancialmente questionadas.

Pois bem, as premissas que o analista propõe e as que o analisando aceita formalmente são as que se estabelecem no contrato psicanalítico; por isso digo que a reversão da perspectiva questiona o contrato. O analisando que reverte a perspectiva denuncia, de uma vez por todas, o contrato analítico e atém-se a outro, que ele mesmo estabelece, sem por certo explicitá-lo. Assim se explica que a reversão da perspectiva apareça de início, o que Sheila Navarro de López (1980) também sustenta.

UM CASO CLÍNICO

Um médico homeopata veio analisar-se por diversos sintomas neuróticos e por suas crises de ansiedade que o levavam a estados de despersonalização que beiravam a loucura. Começou o tratamento de boa-fé e aceitando todas as minhas diretivas. Entretanto, com uma sutileza que estava além de meu alcance, introduziu seu "contrato paralelo". Levei anos para descobrir quais eram as suas premissas e denunciá-las.

Nas entrevistas iniciais, esse inteligente colega disse-me que padecia de asma brônquica; acrescentou que era homeopata e que tinha uma longa casuística de pacientes asmáticos, todos curados. Na realidade, se com ele o tratamento homeopático havia fracassado, era porque a droga que estava indicada desencadeava-lhe crises de ansiedade muito grandes. Por isso, tinha decidido analisar-se: sua ansiedade era intolerável e temia ficar louco. O que ele manifestamente buscava, e eu acreditava que ele buscava, era que a análise resolvesse sua ansiedade e suas crises de despersonalização, modificando, ao mesmo tempo, os fatores psicológicos de sua asma brônquica. Suas premissas, no entanto, eram diferentes: queria que eu tomasse conta da ansiedade que acompanhava o tratamento homeopático. A análise tinha de lhe permitir realizar o tratamento homeopático sem ficar exposto a um quadro psicótico. Desse modo, a análise passava a ser um instrumento do tratamento homeopático, e eu deveria aceitar essa situação. Por certo, não foi assim que ele me propôs. Tudo o que ele fez, de início, foi simplesmente perguntar se eu julgava pertinente que ele fizesse, além disso, um tratamento homeopático, ao qual em princípio não me opus, porque, como norma geral, não penso que haja uma incompatibilidade radical entre a análise e tratamentos de outro tipo. Se o outro tratamento coloca-se a serviço da resistência, deverá ser analisado. Apesar de que eu não via uma incompatibilidade decisiva, ele mesmo a criava, porque na realidade vinha demonstrar que a homeopatia era melhor que a psicanálise. O que ele na verdade me pedia era que eu, "com minha psicanálise", moderasse o desenvolvimento da ansiedade que seu infalível tratamento homeopático produziria, para assim curar-se.

Nesse caso, é claro que existe um contrato paralelo, distinto e, além disso, incompatível com o analítico. A análise poderá incluir um tratamento médico ou cirúrgico coadjuvante, complementar ou independente, mas não poderá ficar subordinada a ele, pois o tratamento analítico requer autonomia. Se eu aceitasse as premissas do paciente, perderia a liberdade de analisar o tratamento homeopático como resistência quando fosse o caso. Vê-se também aqui, nesse ponto, em que consiste o *splitting* estático: enquanto o paciente responde a suas próprias premissas, o conceito de resistência fica ocioso. Em outras palavras, o que o paciente pedia-me era que eu o analisasse para que ele pudesse curar-se a si mesmo. A similitude com o exemplo de Bion do paciente brilhante salta à vista (*Elements of psycho-analysis*, p. 49). Como o ajudante de cirurgia, o que eu tinha de fazer era alcançar-lhe as pinças e sustentar os separadores, enquanto ele operava.

Essa situação foi para mim insuperável. Todo o que pude fazer foi dizer a ele, após vários anos de análise, que optasse por um tratamento ou pelo outro, e ele optou finalmente pelo tratamento homeopático. Direi de passagem que essa opção, que eu pretendia dar-lhe para que ele pudesse decidir livremente, foi para ele um desafio. E aceitou o desafio!

Este foi um caso ilustrativo e dramático, porque o paciente colaborava, tinha *insight* e era um homem realmente merecedor de ajuda e de respeito. Ele mesmo chegou a reconhecer que estava em um dilema, porque, se curava a asma com a psicanálise, então teria de operar uma mudança completa de sua perspectiva profissional. Ou seja, o conflito começou quando ele pensou que a análise podia modificar sua asma.

A asma desse homem tinha um claro componente estacional, que o levava a crises iterativas, quando não ao mal asmático, no início da primavera. Isso não ocorreu no terceiro ano de análise e, então, começou a tomar escondido a pulsatila, o medicamento homeopático que ele se havia autoprescrito. Desse modo, poderia atribuir a melhora *também* ao seu tratamento e não apenas ao meu. Nesse episódio, ficou patente para mim, embora não para ele, que era guiado pela rivalidade profissional e não pelo desejo de se curar. Seus raciocínios iam desde a ingenuidade até o delírio. Dizia, por exemplo, que se havia administrado a pulsatila para que a homeopatia participasse da cura de sua asma e considerava-me egoísta, porque eu pretendia que toda a glória fosse levada para a psicanálise. O que eu faço – chegou a dizer, e seu tom era patético – se for a análise, e não a pulsatila, o que me cura a asma? O que eu faço com meus pacientes? Estaria enganando-os. Ou seja, tinha de ajustar sua prática médica ao sonho diurno de que ele, com a homeopatia, curava a asma. Queria a todo custo manter a onipotência desse sonho diurno.

Em outro momento, após uma remissão de sua asma durante vários meses, em que ele estava convencido (e eu também!) da eficácia da análise para sua doença, quis tornar-se analista. Obviamente me mantive neutro frente a essa idéia, que nem propiciei, nem proibi. Quando lhe interpretei, entre outras coisas, que queria mudar de profissão para se sentir dono do tratamento "bom", sentiu que eu obstruía sua vocação e abandonou seu projeto. A partir desse momento, tornou-se muito refratário, começou a dormir nas sessões e um tempo depois decidiu deixar a análise e recorrer uma vez mais ao tratamento homeopático. Direi, entre parênteses, para mostrar até que ponto operam também esses mecanismos fora da análise, que tinha igual atitude com o tratamento homeopático. Queria tratar a si mesmo e, quando recorreu ao que ele considerava o melhor homeopata argentino, questionava-lhe silenciosamente cada coisa que fazia ou indicava.

Como diz Bion, o mais característico desse caso era o acordo manifesto e o desacordo latente. Uma vez que se havia formulado esse contrato implícito, ao qual eu tinha de aderir, tudo o mais podia ser visto dessa perspectiva. Por exemplo, toda interpretação que eu fizesse para corrigir sua asma do ponto de vista psicológico era uma prova de rivalidade de minha parte, era dizer-lhe simplesmente que "minha" interpretação era melhor que sua pulsatila. E, por certo, quando utilizei a palavra "pulsatila" para interpretar a masturbação, para ele foi o mesmo que dizer a Ehrlich que o salvarsan cura porque seu nome contém a palavra "salvar", e não pelo arsênico. Se eu lhe interpretava assim era, simplesmente, porque queria desqualificar a pulsatila, comparando-a com a masturbação, obviamente porque eu não acreditava na homeopatia.

Na realidade, se examinamos o questionamento de meu paciente de um ponto de vista estritamente psiquiátrico, devemos concluir que tinha, de fato, um delírio. Que outro sentido pode ter que ele se dê ao trabalho de vir demonstrar-me que o tratamento homeopático é melhor que o analítico? Eu nunca lhe havia dito o contrário. Por isso é que Bion diz que a reversão da perspectiva implica um delírio e que, vice-versa, o paciente utiliza o delírio para manter a reversão da perspectiva.

Pude compreender cabalmente essas afirmações de Bion com meu paciente. Às vezes, ele me entendia mal, mas custei a me dar conta de que esses desencontros eram pequenos momentos delirantes e alucinatórios. Por exemplo, em uma oportunidade, pude estabelecer que ele tinha ouvido que eu lhe dizia: "Dessa vez, sim, eu lhe pus a tampa", depois de formular uma interpretação. Outras vezes, o fenômeno pseudoperceptivo não era tão aberto e limitava-se a afirmar que, quando eu interpretava, havia um tom zombeteiro em minha voz, quando não um suave risinho depreciativo. Eram tão freqüentes as ilusões e alucinações da memória, que às vezes me provocavam grande incerteza.

Os fenômenos perceptivos e mnêmicos, assim como as interpretações delirantes, apareciam em momentos em que a tarefa interpretativa ameaçava comover toda a estrutura do paciente; era então que recorria às alucinações ou às idéias delirantes para manter a reversão da perspectiva.

Bion diz que esses pacientes utilizam a realidade para dar expressão a um sonho diurno, em meu caso o de curar a si mesmo e demonstrar-me que podia fazê-lo. Creio que a expressão sonho diurno é ajustada: o paciente não delira em princípio, mas quer manter seus sonhos diurnos a qualquer preço e, com isso, acaba por delirar. O que, a partir da semiologia, começa por ser idéia supervalorizada termina em idéia delirante.

Nos pacientes com reversão da perspectiva é que se vê mais claramente que a relação entre os três fenômenos que estamos estudando não é de mão dupla, quando se nota como lhe ficam subordinados os outros dois. Com respeito à RTN, isso é muito evidente nos momentos em que os sucessos tornam-se mais insuportáveis para o analisando. Lembre-se da forte resposta de meu colega, o homeopata, quando viu chegar a primavera pela primeira vez sem asma. Ali operou também o *acting out* de começar a tomar a pulsatila sem comunicar-me.

O uso do *acting out* como instrumento para manter a reversão da perspectiva é dos mais freqüentes. Às vezes não o notamos, infelizmente, e só interpretamos o *acting out* e não o que o alimenta. No homeopata, pude notar muitas vezes essa situação. Esse paciente havia tido uma análise anterior, na qual lhe interpretaram, e estou certo de que adequadamente, suas tendências homossexuais. Anulou de imediato essas interpretações com uma atuação que o transformou de marido modelo em um *donjuán* de imponente promiscuidade. Chegou a dormir com pacientes, amigas e até mesmo com sua concunhada. Essa conduta foi interpretada, no devido momento, por seu competente analista anterior como uma tentativa de reafirmar, via *acting out*, sua masculinidade e superar a angústia de castração. Sem dúvida, essas interpretações eram corretas; todavia, pelo material recolhido na análise comigo, dava a impressão de que o *acting out* cumpria também a função de manter a perspectiva de como ele via as coisas e que ninguém podia ensinar-lhe nada.

58

A Reversão da Perspectiva (II)

REINTRODUÇÃO DO TEMA

A reversão da perspectiva é o caso extremo da rigidez do pensamento que configura o *splitting* estático. Trata-se de uma atitude que promove, por si só e definitivamente, uma situação dissociativa; sem necessidade de torná-la operante em cada momento, modifica as *premissas*. Desse modo, a reversão da perspectiva está no limite de toda uma série de fenômenos de distorção que podem ser estudados no nível da comunicação ou do pensamento. O que destacam Bion e também Money-Kyrle (segundo veremos no próximo capítulo) é a vontade de mal entender, o desconhecimento como uma atitude do espírito e não simplesmente como um fracasso da comunicação. É isso, justamente, o que situa a reversão da perspectiva na mesma classe de fenômenos que o *acting out* e a reação terapêutica negativa, porque os três tentam impedir essa forma especial de pensamento que é o *insight*: o *acting out*, através de uma regressão do pensamento à ação, a reação terapêutica negativa, malogrando o *insight* alcançado, e a reversão da perspectiva, com uma atitude que é o negativo do *insight* (vínculo -K). A meu ver, não é por acaso que Bion tome como exemplo o paciente que vem deslumbrar o analista com seu *insight*.

Outro elemento que unifica as três estratégias que estamos estudando é que, quando persistem, conduzem ao impasse.

Recordemos por último que, em geral, são os estados *borderlines* os que empregam a reversão da perspectiva, e não a psicose franca, na qual o delírio está à vista.

O CONCEITO DE "REVERSÃO" DE KLEIN

Um antecedente importante aos trabalhos de Bion sobre a reversão da perspectiva pode ser encontrado em Klein (1961) na análise do caso Richard, após a viagem da analista a Londres. É uma semana que começa em uma terça-feira e cujo material, diga-se de passagem, é o que utilizou para escrever "The Oedipus complex in the light of early anxieties" em 1945.

Na sessão nº 42, da quinta-feira, a propósito de um desenho, Klein interpreta que Richard colocou o pai no lugar do bebê, transformando-o em um bebê gratificado, e então faz esse comentário que é a nota 2 da sessão. "A reversão é um importante mecanismo da vida mental. A criança pequena, quando se sente frustrada, deprivada, invejosa ou ciumenta, expressa seu ódio e seus sentimentos de inveja com uma reversão onipotente da situação, de modo que ela será o adulto e os pais os descuidados. No material de Richard, nessa sessão, a reversão é usada de uma forma diferente. Richard coloca-se ele próprio no lugar do pai; porém, com o objetivo de evitar destruir o pai, transforma-o em uma criança e, ainda mais, em uma criança gratificada, satisfeita. Essa forma de reversão está mais influenciada por sentimentos amorosos".[1] Nessa nota, pode-se dizer que está contida em germe toda a teoria da reversão da perspectiva que Bion desenvolverá nos Capítulos 11, 12 e 13 de *Elements of psycho-analysis* (1963).

Vale a pena assinalar, também, que Klein distingue duas situações polares em seu mecanismo de *reversal*, segundo predominem os sentimentos amorosos ou os destrutivos (ciúmes, inveja). No primeiro caso, evidentemente, a reversão tem a ver com os processos naturais de identificação que promovem o crescimento mental e que, em termos da psicologia social, configuram o chamado *jogo de papéis*. Em meu entender, somente no segundo caso, quando predominam os impulsos destrutivos, pode-se falar propriamente de reversão da perspectiva.

Portanto, essas duas situações não devem ser confundidas, pois o jogo de papéis tem um claro sentido positivo, porquanto possui uma intenção de elaborar o conflito e reparar os objetos, que por definição não existe na reversão da perspectiva. O decisivo é, a meu ver, o tipo das fantasias subjacentes: no jogo de papéis, não se apaga totalmente a diferença entre sujeito e objeto, a sensação de que estou colocando-me no lugar do outro; o mecanismo é mais plástico, ao passo que na reversão da perspectiva o mecanismo é rígido, e a índole, delirante.

OUTROS CASOS CLÍNICOS

Trata-se de uma paciente que chega inexoravelmente tarde, sempre um pouco mais de 15 minutos depois: seja qual for o horário, sua sessão começa 16 ou 17 minutos depois do combinado. As interpretações convencionais –

---

[1] *Narrative of a child analysis*, p. 201, nota 2.

rivalidade, rebeldia, resistência, controle, etc. – não modificaram em nada essa situação. Certa vez, a paciente contou qual era seu jogo infantil preferido e, a partir disso, pôde-se iniciar outra linha de interpretação, inspirada na reversão da perspectiva. Havia um caminho de lajes entre sua casa e uma piscina próxima, em que as pessoas transitavam para ir se banhar. Segundo as pedras que essas pessoas pisavam, ela estabelecia que papel teriam como personagens de sua fantasia. Ninguém sabia nunca, é claro, os papéis atribuídos, mas todos os dias, ao levantar-se pela manhã, ela estabelecia as regras de seu jogo, que podiam ser distintas, embora sempre consistissem em que ela soubesse que, segundo pisasse a pedra da esquerda ou a da direita, essa pessoa passaria a representar o personagem tal ou qual. O modelo desse extravagante jogo serviu para entender que, ao chegar tarde, fazia o analista pisar a pedra que o convertia em um personagem de sua fantasia. Fazia algo parecido para começar a sessão: o analista tinha de dizer algo, perguntar, interpretar ou se mover para que ela começasse a falar.

Quando lhe foi interpretado nessa direção, a analisanda associou algo que serviu para compreender o que se passava com ela: "À noite, terminei uma novela. Que pena deixar esses personagens! Bom, não importa, em seguida começo outra e já estou com outros personagens". De modo que, para ela, a análise também era uma novela em que instaurava personagens, criava os atores. Enquanto a premissa é que o analista é um personagem representando seu papel, o papel que ela lhe atribuiu, tudo o que se possa interpretar-lhe já está incluído no argumento de sua novela (*splitting* estático). Com seu silêncio inicial, ela espera que seu personagem, o analista, comece a atuar seu papel, seja falando ou movendo-se. A novela na qual ela transforma a análise – e sua vida inteira – é uma forma de manter um tempo circular em que tudo pode ser previsto: posto que tudo se repete, tudo é igual. Certa vez, a analisanda lembrou-se de uns versos de Horácio sobre o saber sacrílego, que é o de pretender saber a hora da morte, da própria morte.

Esse exemplo mostra, convincentemente, que interpretar no nível dos mecanismos de defesa não basta. Porque, enquanto for interpretado o atraso ou o silêncio em termos de medo, frustração, vingança, inveja, complexo de Édipo, angústia de castração, controle onipotente ou seja o que for, não se chegou ao plano em que reside o conflito. A tarefa interpretativa deve propor-se a uma mudança mais substancial, que chegue às premissas ocultas do analisando. O exemplo presente tem um interesse adicional, mostra que as premissas ocultas podem configurar um tipo de material que nos leve a interpretações simples, corretas e convencionais, como as da chegada tarde. Apenas se estivermos muito avisados poderemos pensar que o fato de chegar tarde às sessões possa implicar algo tão complexo como o que o analista descobriu nesse caso. A reversão da perspectiva é detectada, em geral, quando o analista nota que "tudo vai bem", mas o analisando continua igual. Devemos ficar muito atentos, porque atitudes aparentemente simples e até mesmo sintônicas com o ego, suscetíveis de ser explicadas racionalmente, podem estar encobrindo um conflito dessa natureza, com um fundo de delírio.

Recentemente outra colega, a doutora Myriam Schmer, comentou-me um caso dos mais interessantes. Era um homem jovem, que passou por um longo período de impasse. Quando começou a se mobilizar, apareceu claramente o transtorno do pensamento, e o paciente lembrou-se de maneira dramática que havia sido um canhoto contrariado. O material mostrava claramente que essa experiência infantil tinha muito a ver com a reversão da perspectiva. Eu não diria simplesmente que a reversão da perspectiva ocorre em canhotos contrariados, mas sim que é provável que, na vida desses pacientes, tenha havido experiências que tentaram forçar sua natureza. Recordou também que, quando começou a escrever, fazia-o de forma que ninguém entendia, até que um neurologista, que lhe diagnosticou uma dislexia, colocou um espelho diante de sua escrita e demonstrou que ele escrevia simetricamente: com o espelho, a escrita tornou-se de imediato totalmente legível.

Penso que seria muito interessante investigar se existe, como creio, uma relação entre a reversão da perspectiva e as respostas S do Rorscharch, nas quais se toma o fundo por figura. Sabe-se que essas respostas de espaço branco medem o oposicionismo e considera-se necessário ter um número de respostas S, já que implicam autonomia, que não se está submetido ao meio. A resposta S expressa o oposicionismo em todos os seus graus e níveis, normais e patológicos. Não está, por certo, entre as consignas do teste que alguém deva ver o impresso como figura e o branco como fundo, como não está tampouco entre as consignas da psicanálise que o futuro paciente pronuncie-se a favor da análise e contra qualquer outro tipo de tratamento. A dificuldade surge, voltando a meu paciente, não em que ele pensasse que a homeopatia é melhor que a psicanálise, mas que vinha analisar-se para demonstrar isso. A comparação entre os dois tratamentos é lógica, e meu paciente tinha o direito de fazê-la. Mas ele fazia algo mais, porque rechaçava silenciosamente a premissa de que tinha vindo analisar-se comigo, não para que eu o ajudasse a realizar um tratamento homeopático. É nesse ponto que ele desconhece minhas premissas. Se ele, porém, dissesse que o tratamento analítico não serve e que vai interrompê-lo, que vai buscar algo melhor, estaria dentro da premissa de que está analisando-se e não quer fazê-lo.

Não há dúvida de que, à medida que nos habituarmos a descobrir esses casos, que por sua índole passam na maioria das vezes despercebidos, veremos aumentar sua freqüência. No Congresso de Londres, Liberman (1976b) falou de um tipo especial de paciente, os quase colegas, que colocam dificuldades especiais. São pessoas que fazem um uso emblemático da psicanálise, que se analisam por uma questão de prestígio, que buscam na análise levantar a auto-estima através de provisões narcisistas. Penso que alguns desses pacientes, não todos, podem ser incluídos na categoria que estamos estudando.

Vale a pena salientar, finalmente, que a análise didática, que tem realmente *duas* finalidades, presta-se muito, por sua ambigüidade essencial, a essa classe de fenômenos.

Por tudo o que foi dito, é possível sustentar que a reversão da perspectiva pode aparecer mais freqüentemente do que parece. Não se deve considerar, entretanto, que todo paciente que distorce a análise, ou traz segundas intenções, deva ser incluído nessa categoria. O psicopata, por exemplo, tem segundas intenções, mas não abandona as "primeiras", isto é, que vem para se analisar, embora certamente não saberá por muito tempo o que é analisar-se para ele. Contudo, muitos casos de perversão seriam mais bem compreendidos se os contemplássemos a partir dessa vertente. Refiro-me não ao homossexual que quer e não quer curar-se, mas ao que vem demonstrar-me que é homossexual com o claro desígnio inconsciente de que eu, como analista, ao final terei de reconhecê-lo e, por conseguinte, terei de aceitar que meu desejo de tratá-lo era um erro e um preconceito por definição.

A REVERSÃO DA PERSPECTIVA E O *INSIGHT*

Quando estudamos o *insight*, nós o comparamos (e por certo o contrastamos) com a experiência delirante primária de Jaspers, porque em ambos surge uma nova conexão de significado. Digamos agora que, para Bion, o *insight* está conceitualmente vinculado à reversão da perspectiva, é seu oposto. O *insight* pode ser definido, justamente, como a capacidade de assumir o ponto de vista do outro, de captar com *uma perspectiva reversível*, equivalente à visão binocular. A reversão da perspectiva é bem o contrário, um mecanismo psicótico que me impede de mudar e reverter meu ponto de vista para aceitar o dos outros.[2] Com a noção de perspectiva reversível, que se contrapõe à reversão da perspectiva, Bion define de uma maneira convincente o papel da interpretação e do *insight*. Na realidade, quando interpretamos, o que fazemos é dar ao paciente outra perspectiva dos fatos que ele está descrevendo e julgando. Oferecemos a ele a possibilidade de rever e eventualmente de reverter a perspectiva que tinha. Essa capacidade de ver de outro ângulo é justamente o que caracteriza o *insight*. Em resumo, a reversão da perspectiva é um processo antagônico, mas ao mesmo tempo vinculado à perspectiva reversível, à capacidade de *insight*.

Pode-se dizer, ainda, que as duas experiências polares do *insight* e da reversão da perspectiva correspondem aos vínculos K e menos K e devem ser entendidas como exemplos de uma *mudança catastrófica*. Esse conceito, que emerge no pensamento de Bion quando escreve *Transformações* em 1965, foi ocupando um lugar cada vez mais central em seu pensamento. Em *Cambio catas-* *trófico* (1988), um livro estimulante e profundo, Darío Sor e María Rosa Senet de Gazzano consideram que "o *insight*, tal como é entendido nos processos psicanalíticos, configura uma mudança catastrófica" (1988, p. 86), porquanto desorganiza o sistema que o precedia e pressupõe atravessar uma brecha ou cesura, com todos os riscos que isso implica.

Agora que contrapusemos a reversão da perspectiva à perspectiva reversível, digamos também que, embora sejam fenômenos opostos, pertencem à mesma classe. Acrescentemos, para não eludir a complexidade dos fatos clínicos, que o paciente da reversão da perspectiva vem para a análise não apenas para executar esse fenômeno, mas também para que o curemos, isto é, para que lhe tiremos a cruz que carrega sobre os ombros. O desenlace dependerá, como sempre, de quanto pese nele um desejo e o outro, assim como de nossa habilidade para compreendê-lo e não cair na armadilha.

O desejo de curar-se, que para o paciente será não dar mais a volta nas coisas, pode variar em grau, mas sempre existirá a possibilidade de entrar em contato com essa parte que quer sair do inferno. Creio que é isso o que Bion destaca quando diz que a tática do analista reside em desestabilizar a defesa, transformando a situação estática novamente em dinâmica. A fantasia patológica de cura de Nunberg (1926) expressa, por um lado, a reversão da perspectiva e, por outro, o desejo de curar.

NARCISISMO E REVERSÃO DA PERSPECTIVA

Acabamos de nos dizer, consoladoramente, que sempre poderemos encontrar no paciente um setor (*self* infantil, parte neurótica, ego colaborador, racional ou o que for) que não reverterá a perspectiva e poderá ser, então, a alavanca na qual aplicar nosso esforço. Desejo ocupar-me agora da parte que reverte a perspectiva e que, em princípio, podemos afirmar que persegue finalidades narcisistas.

A reversão da perspectiva consiste, por definição, em que o sujeito vem analisar-se não para conhecer a si mesmo, curar-se, crescer ou resolver seus problemas, mas com uma idéia diferente, que pode até ser a de demonstrar ao analista que não precisa de análise. Quer impor suas premissas e desconhecer as do outro em um desdobramento descomunal de narcisismo. Entretanto, há um calcanhar-de-Aquiles nesse inexpugnável sistema, porque necessita do outro para demonstrar (e demonstrar-lhe) que o que afirma está certo.

A premissa básica para que a análise seja possível é que o analista seja o analista e o paciente seja o paciente. Creio que, em última instância, essa é a premissa que está sempre questionada. No fundo, é a polaridade sujeito-objeto a que cai, vítima da fascinação do narcisismo. A dificuldade de aceitar a existência do outro equivale a não aceitar outra realidade que não a de nossos sonhos.

A reversão da perspectiva inclui o objeto somente para que confirme o que o sujeito pensa, para que subs-

---

[2] Sabe-se que Bion prefere falar de vértice e não de ponto de vista para não ficar demasiadamente prisioneiro do olho, do sentido visual.

tancie a realidade de seus sonhos. No exemplo de Bion, o analisando conta, como se fosse um sonho, uma experiência para ele real a fim de que o analista, ao analisá-la como um sonho, confirme que foi isso e nada mais. Assim, o objeto (o analista) só existe para confirmar o que o sujeito pensou, ou para negar o que para ele é real.

Como afirma a doutora Navarro de López no trabalho de 1980, a notável confusão sujeito-objeto da reversão da perspectiva depende de um uso excessivo da identificação projetiva a serviço de uma intensa e agressiva escoptofilia. Não encara a interpretação com seus próprios olhos, mas com os do analista dentro do qual se meteu.

Creio que, nesse ponto, a investigação de Bion leva-nos a um dos problemas mais estimulantes da investigação psicanalítica de nossos dias: o narcisismo. Mesmo nessa relação estranhamente narcisista em que o sujeito vem procurar-me para demonstrar que não precisa de mim, eu existo para ele, mesmo que seja apenas para que o ajude a manter seu narcisismo! Se fosse assim, haveríamos de pensar que viemos programados para a relação de objeto e não é certo que nossa meta seja o desejo de conservar o narcisismo.

Bion de fato sustenta que nascemos com uma capacidade para compreender em que consiste a vida sexual dos pais, isto é, com uma preconcepção do mito de Édipo. O neurótico tenta não assumir esse conhecimento, mas não pretende não tê-lo, destruí-lo. A psicose busca uma solução mais radical: se for atacada a preconcepção do coito dos pais, então já não haverá mais coito dos pais. O ódio à realidade é de tal magnitude, que leva a atacar o aparelho mental capaz de percebê-la. Por isso, Bion diz que, evidentemente, fixar as premissas satisfaz o narcisismo de quem as propõe.

Bion diz que, na reversão da perspectiva, o conflito coloca-se entre Édipo e Tirésias, não entre Édipo e Laio. O conflito entre Laio e Édipo gira em torno do vínculo L e o vínculo H, mas o conflito entre Tirésias e Édipo pertence ao vínculo K. Entre Édipo e Laio, o problema é quem é o dono de Jocasta; entre Édipo e Tirésias, quem possui o conhecimento.

Digamos comparativamente, e apenas de passagem, porque isso merece uma reflexão mais detida, que o narcisismo para Lacan fica questionado pela castração. A tópica do imaginário sustenta-se no não-reconhecimento da castração, que provoca uma estrutura especular na qual a criança acredita que é o pênis da mãe, e a mãe acredita que o pequeno é seu próprio pênis. Não há uma diferença entre sujeito e objeto, e tem de vir um terceiro, o pai, que corta essa relação especular e dá lugar a que surja, pela primeira vez, o reconhecimento das diferenças, que é também a inserção do homem na cultura.

Todos os autores perguntam-se, em última instância, como fazemos para reconhecer o outro, para aceitar a assimetria que cria ou reconhece a polaridade sujeito/objeto.

59

Teoria do Mal-Entendido

BION E MONEY-KYRLE

A reversão da perspectiva combina-se com os trabalhos de Roger Money-Kyrle (1968, 1971, etc.) sobre a construção do conceito, o mal-entendido e o objeto espúrio. Esses estudos são de grande envergadura, mas nós os abordamos somente do ponto de vista técnico, isto é, em suas aplicações práticas.

Fazendo um resumo do que foi visto nos dois últimos capítulos, o fenômeno da reversão da perspectiva dá conta de certos casos em que entre analista e analisando há um acordo manifesto que oculta uma discrepância verdadeiramente radical. O analisando não questiona e, ao contrário, aceita o que o analista diz, põe-se de acordo com ele e inclusive discorda, como qualquer um pode fazer, ao mesmo tempo que vê tudo a partir de outras premissas. O que realmente está em jogo, então, são os pressupostos da relação e da tarefa. Configura-se um contrato paralelo e, enquanto não tivermos acesso a esse contrato oculto, nunca poderemos captar o motivo pelo qual os fatos revertem-se.

Seguindo as fileiras da grade, há um deslizamento e, quando o analista funciona com um nível de pensamento muito concreto, o paciente opera com um alto nível de abstração e vice-versa. Assim, por exemplo, quando o analista fala do mito de Édipo (fileira C), o paciente decodifica em termos da teoria do complexo de Édipo (fileiras F ou G), o que equivale a dizer, em bom português, que está intelectualizando. Ao contrário, quando o analista procura abstrair a partir da experiência, o analisando desce na escala de abstração e, por conseguinte, nega à interpretação seu valor simbólico: interpreta-se a angústia de castração, e ele sente a interpretação como um concreto ataque a seu pênis, como a própria castração. Assim, nunca podem entender-se, o analista e o paciente jamais se encontram. Bleger (1967) explicava esse fenômeno dizendo que o analisando *gira*, ou seja, escuta com a PNP quando falamos à PPP, e vice-versa. Desse modo, anula nossas interpretações e desorienta-nos.

A reversão da perspectiva opera por meio do *splitting* estático, modificando as premissas. O paciente impede que suas preconcepções sejam fertilizadas pelos fatos da realidade, as *realizations*, para que surja a concepção e depois o conceito, de maneira que o crescimento mental sofre interferência. Essa é uma forma extrema de evitar a dor provocada justamente pela incapacidade de compreender ou pela percepção da loucura. Se alguém se empenha tanto em compreender as coisas de outra perspectiva, é porque tem uma incapacidade radical para vê-las como são para os demais. Não se poderia observar melhor essa atitude obstinada do que naquele paciente que, depois de uma excelente interpretação que lhe fez sua doutora, disse a ela: "Essa interpretação me atingiu, me fez dar um giro de 360°".

Por ser um mecanismo tão necessário quanto extremo para evitar a dor e para obter de alguma forma um equilíbrio, a reversão da perspectiva é defendida com unhas e dentes. Daí surgem as alucinações evanescentes, os delírios fugazes, o *acting out*, etc. Às vezes, como recurso extremo, aparece uma resistência incoercível e o paciente deixa o tratamento.

Todos esses fenômenos são bastante freqüentes e, na realidade, aparecem para manter a reversão da perspectiva, não menos que para expressá-la. São, em última instância, sintomas, elementos constitutivos da própria situação, porque a reversão da perspectiva é, ao fim e ao cabo, um grande mal-entendido do qual os outros, os pequenos mal-entendidos, não são nada mais que sintomas. Quando compreendemos isso, damo-nos conta de que o estudo da reversão da perspectiva leva-nos insensivelmente, como não poderia deixar de ser, ao terreno dos transtornos do pensamento, a chave da investigação bioniana.

De nosso ponto de vista, que é a técnica psicanalítica, o transtorno do pensamento interessa quando se constitui como problema da práxis, e o tema surge tanto da obra de Bion quanto da de Money-Kyrle.

O parentesco intelectual entre esses dois investigadores salta à vista, mais talvez que as diferenças. A primeira destas é que, enquanto Bion estuda especialmente os casos mais graves, em que está em jogo a psicose ou, ao menos, em que a parte psicótica da personalidade desempenha o maior papel, Money-Kyrle interessa-se pelos casos leves. Bion ocupa-se da psicose e Money-Kyrle da neurose, embora isso não seja absoluto.

Uma diferença que me parece um pouco mais consistente é que Bion estuda, antes de mais nada, o *pensamento*, e Money-Kyrle o *conhecimento*, sem desconhecer, por certo, o quanto há de comum em ambas as áreas.

Creio, por último, que Money-Kyrle apóia-se, mais do que Bion, em considerações evolucionistas e biológicas (etológicas).

O DESENVOLVIMENTO INTELECTUAL DE MONEY-KYRLE

Embora Money-Kyrle, que é probo e modesto, sublinhe sua dívida intelectual com Bion, não se deve perder de vista que seus primeiros trabalhos aparecem no final da década de 1920 e que, desde então, ocupa-se desses temas.

Money-Kyrle diz que, como psicanalista, passou pelas três grandes etapas que marcam a evolução da própria psicanálise como ciência. Houve um primeiro momento em que a doença mental era concebida como inibições da vida sexual; depois, essa visão mudou por outra mais estrutural, no sentido de um conflito entre impulso e defesa, que também é um conflito entre o ego e o superego, conflito de índole ética. Em um terceiro momento, por fim, nos últimos anos, valoriza-se especialmente o transtorno do pensamento, o erro conceitual que alimenta e é o fundamento da doença mental.

Esses três enfoques, obviamente, não são contrapostos; ao contrário, complementam-se: por um lado, as inibições sexuais que tanto ocuparam Freud nas primeiras etapas de sua investigação vinculam-se ao conflito estrutural que ele mesmo descreveu e depois Melanie Klein explorou e, por sua vez, esse conflito de estruturas também pode ser compreendido como erros ao conceituar determinados objetos, impulsos ou experiências.

Outra forma de definir o que Money-Kyrle estuda é que se ocupa não do instinto como pulsão, como carga, mas como conhecimento. Na realidade, o impulso implica ambos, a pulsão e o conhecimento. Freud já dizia isso nos *Três ensaios* (1905d), quando definia o instinto não menos por sua carga do que por sua fonte e seu *objeto*. A pulsão deve ser acompanhada de algum tipo de representação do objeto em que seja aplicada. Apesar de que pulsão e objeto possam ser separados metodologicamente, o instinto, em seu conjunto, é uma estrutura unitária. Às vezes, nós nos esquecemos disso, mas na realidade é assim. E Money-Kyrle vem lembrar-nos disso.

O aspecto cognitivo do instinto é estudado mais pelos etologistas do que pelos psicanalistas. Money-Kyrle sabe disso e termina seu artigo de 1971 dizendo que um dos propósitos de sua publicação é ajudar a que seja fechada a brecha entre a etologia e a psicanálise.

Pode-se dizer, como conclusão, que Money-Kyrle, em uma investigação que se estendeu durante toda a sua longa vida, une a psicanálise por seus dois extremos com a biologia e a filosofia, traça um grande arco que vai de Platão e Aristóteles a Lorenz e Tinbergen, passando por Schlick e o positivismo lógico.

A CONSTRUÇÃO DO CONCEITO

Há duas áreas em que se desenvolve a indagação de Money-Kyrle: a construção do conceito e a localização espaço-temporal da experiência. Na realidade, não são substancialmente diferentes, porque localizar as experiências pressupõe a construção dos conceitos de espaço e tempo; contudo, evidentemente, Money-Kyrle propõe dar mais autonomia a essas duas categorias, nas quais os fatores experienciais influem para ele mais decididamente. Veremos, entretanto, que a má orientação para o objeto, para a *base*, como ele a chama, pode estar vinculada a um conceito equivocado da base, ou seja, que as duas coisas não são facilmente separáveis. A investigação de Money-Kyrle pode condensar-se, nesse ponto, em duas palavras, mal-entendido e desorientação: *mal-entendido* (*misconception*) tem a ver com a construção do conceito; *desorientação* (*disorientation*) refere-se às categorias de espaço e tempo. Uma das teses fortes de Money-Kyrle – e certamente original – é que, quando o interjogo entre a informação genética e aquilo que o meio traz não é adequado, isso não fica como um oco no conhecimento, mas prolifera como um mau conhecimento: ao que se chama de mal-entendido.

Para Money-Kyrle, o conceito constrói-se no ponto de encontro entre o inato e a experiência. Nisso ele segue a idéia de Bion de uma preconcepção que se junta a um fato da experiência (*realization*) para formar a concepção.

O outro apoio de Money-Kyrle é o renomado filósofo Moritz Schlick, empirista lógico e chefe do famoso Círculo de Viena. Para Schlick, o conhecimento não se adquire tomando consciência da experiência sensório-emocional, mas *reconhecendo* o que essa experiência é (*Collected papers*, p. 418). Money-Kyrle considera que esse reconhecimento equivale a situar algo como membro de uma classe. Nascemos, então, com uma capacidade de reconhecer certos objetos como membros de uma classe.

Sem reabrir o debate milenar entre nominalismo e realismo, isto é, se há realmente universais ou se há somente palavras que nomeiam conjuntos de qualidades que recortamos da realidade, digamos simplesmente que sustentar que existem classes não pressupõe, por certo, um realismo ontológico, mas que temos uma determinada capacidade para destacar, dentro do contínuo da experiência, certas qualidades que estão juntas e que chamamos de *classes*. Podemos supor que há classes sem apoiar as idéias de Platão ou os universais de Aristóteles, mas, antes, postulando uma aproximação gradual à realidade, estabelecendo classes cada vez mais racionais, modificando-as à medida que vamos compreendendo a natureza dos processos. Para dar um exemplo, a classe das malformações congênitas dividiu-se na classe das cerebropatias genéticas e na classe das embriopatias ou embrionites viróticas quando se descobriu o efeito da rubéola materna. Ou seja, vamos aproximando-nos de classes mais racionais, mais realistas. Isso sem deixar de levar em consideração, creio eu, que a idéia de classe manejada por

Money-Kyrle apóia-se em um conhecimento muito concreto que vem com o genoma.

De qualquer modo, Money-Kyrle diz que nascemos com a possibilidade de reconhecer, de destacar da experiência algumas classes ou, o que dá no mesmo, de situar em certas classes os fatos da experiência. Por isso, a criança pode atribuir a classe seio ao seio materno ou à mamadeira e discriminar o que não pertence a essa classe. "Um conceito é a imagem mnêmica de uma classe funcionando como nome" (ibid., p. 419).

Tudo faz supor que no recém-nascido a primeira preconcepção inata é a do seio (ou o bico do seio), ou melhor, talvez, a de um seio (ou bico do seio) bom ou mau, visto que as emoções de amor e de ódio colorem a preconcepção desde o começo. A partir da primeira experiência com um objeto que pode ser classificado como seio, a classe diminui notavelmente, e a concepção fica ligada a um determinado seio (ou mamadeira), dado de certa forma, etc.

Paralelamente ao conceito de seio (ou bico de seio), vai-se construindo o de algo que o contém, a boca. Desse momento em diante, vão sendo construídos os outros conceitos por divisão e combinação – por dissociação e integração, para dizê-lo em termos mais psicanalíticos.

Viemos programados e preparados para reconhecer e classificar "as coisas da vida"; porém, esse desenvolvimento nunca é fácil, porque também opera em nós uma força poderosa a desconhecer, a esquecer, a nos enganar.

Possuímos os instrumentos adequados para conhecer a realidade, para *classificar* os fatos da experiência, e ocorre, no entanto, que precisamos aprender de novo o que já sabíamos através de um esforço árduo e persistente. É que, assim como nascemos com um amor inerente pela verdade (instinto epistemofílico, vínculo K), também trazemos conosco a tendência a distorcê-la por pouco que nos contrarie. Desse modo, e esta é outra tese forte de Money-Kyrle, quando não construímos o conceito exato, não é somente porque o meio privou-nos das experiências (*realizations*) adequadas, mas também porque temos uma forte tendência a distorcer. O espírito humano tem uma disposição muito forte a não conhecer, a desconhecer. Aqui, Money-Kyrle concorda com o benévolo ceticismo que percorre toda a obra de Freud e que se torna teoria em "Formulações sobre os dois princípios do suceder psíquico" (1911b).

O conflito básico do ser humano talvez seja, para Money-Kyrle, o que se estabelece entre um poderoso impulso a conhecer e o não menos forte a não conhecer, a distorcer os fatos da vida.[1] Money-Kyrle explica essa tendência a distorcer com dois instrumentos teóricos: o princípio do prazer e a inveja.

De acordo com o princípio do prazer, não são construídos conceitos, mas pares de conceitos, porque cada conceito que alguém forma, por implicar experiências prazerosas ou desagradáveis, fica automaticamente ligado ao bom e o mau.

Se a inveja opera fortemente, será sempre formado o conceito mau, porém o bom pode ser que não; então, em sua substituição, aparece um mal-entendido (*misconception*).

O conhecimento é doloroso, porque está sempre ligado à ausência, à falta. Se não me faltasse o seio em determinado momento, se o seio estivesse sempre em minha boca, não teria mal-entendidos com respeito a ele; é o vazio da ausência o que se enche de mal-entendidos. Embora a ausência seja indispensável, pois, se a criança tivesse sempre o seio na boca, nunca poderia entender que o seio e a boca são diferentes.

O DESENVOLVIMENTO DO CONCEITO

Diferentemente da sofisticada grade de Bion, que vai dos elementos beta ao método dedutivo-científico e ao cálculo algébrico, Money-Kyrle postula somente três momentos, que são: identificação concreta, representação ideográfica e representação verbal.

A primeira etapa, a *representação concreta*, não é estritamente representacional, já que a representação não se distingue do objeto representado. Até onde posso entender, essa idéia corresponderia aproximadamente ao que Freud (1915e) chama de representação de coisa no inconsciente. Money-Kyrle cita o caso de um paciente que teve uma série de episódios ictéricos leves por constrição das vias biliares que, pela evolução do material, pareciam corresponder à primeira fase de sua classificação, que depois se expressaram claramente como ideogramas oníricos. Money-Kyrle parece pensar que esses episódios eram a expressão fisiológica do que Hanna Segal (1957) chamou de equação simbólica (*Collected papers*, p. 422), mas inclino-me a pensar que tanto a representação de coisa quanto a equação simbólica coincidem melhor com a segunda etapa, que agora vamos consignar.

Depois vem a *representação ideográfica*, na qual já existe uma primeira distância entre a coisa e o símbolo, tal como se observa nos sonhos.

A fase final do desenvolvimento cognitivo corresponde à *representação verbal* do pensamento consciente.

O SISTEMA ESPAÇO-TEMPORAL

Expusemos como se origina e como se constrói o conceito e agora nos cabe falar brevemente de como Money-Kyrle entende que se alcançam as categorias de espaço e tempo.

Money-Kyrle considera que nascemos com uma disposição para nos orientar frente à realidade e em "Cognitive development", o trabalho que estamos comentando, ocupa-se da orientação espacial que nos dirige para uma base.

---

[1] No final da primeira parte de seu trabalho inaugural, "The development of a child" (1921), Melanie Klein descreve a luta entre o princípio do prazer e o princípio de realidade em termos de um impulso a conhecer *versus* o sentimento de onipotência da criança, que recolhe do estudo de Ferenczi (1913) sobre o desenvolvimento do senso da realidade (*Writings*, v. 1, p. 16).

É interessante assinalar, porque isso define nitidamente sua posição, que Money-Kyrle chama de *base* não algo da pessoa, mas concretamente o objeto. Psicologicamente, a base é o ponto de cruzamento das coordenadas cartesianas ao qual o sujeito sempre recorre para se orientar. A base da qual derivam todas as demais é o primeiro objeto que se recorta na confusão sensorial do recém-nascido, isto é, o seio, ou talvez, especificamente, o bico do seio.

O desenvolvimento do sistema a partir da base é, como se compreende, do seio à mãe, depois aos dois pais (complexo de Édipo), aos irmãos e à família, à sociedade.

A orientação para a boa base pode perder-se de várias maneiras. Às vezes, a criança mete-se dentro da base com uma identificação projetiva total, seja por sentir inveja, seja para buscar proteção frente a um perigo, tema este que o livro de Ahumada (1999) desenvolve com rigor. Nesses casos, a confusão de identidade é muito grande, e o processo pode ser bastante sintônico se as circunstâncias da vida assim o permitem. Em um trabalho anterior, Money-Kyrle (1965) atribuiu a esse mecanismo a megalomania e sustentou que o homem começou a usar roupas para consumar a identificação projetiva com seu animal totêmico, isto é, com os pais. Em um trabalho de 1983, Jorge Ahumada estuda a importância de detectar no material do analisando se o analista é reconhecido como base, o que passa mais de uma vez despercebido, já que o analisando não pode expressá-lo e o analista dá por certo que ele existe para o outro. Muitas vezes, a falta da base, ou seja, de um seio capaz de introjetar os estados dolorosos, aparece no material como a idéia de que o analista é frio ou insensível. Seguindo o que diz Money-Kyrle em seu último trabalho (que escreveu em 1977), Ahumada sublinha a necessidade de distinguir a identificação projetiva destrutiva da identificação projetiva desesperada, que é uma tentativa de conexão (ou de reconexão) com a base.

Outra eventualidade em que se perde a boa base é quando ela é confundida ou trocada pela má. A base equivocada representa, simplesmente, a que não convém ao sujeito nessas circunstâncias.

Como uma terceira possibilidade, Money-Kyrle estuda a orientação a uma base confusa e toma como paradigma o trabalho de Meltzer (1966), quando a criança confunde o seio da mãe com seu traseiro que se afasta e depois com seu próprio traseiro, onde se mete com um ato masturbatório.

Vale a pena destacar que as idéias de mal-entendidos e desorientação têm aplicação imediata e vigente na prática. Às vezes, nenhuma interpretação pode ser mais precisa que a de assinalar ao paciente sua *desorientação*, o fato de que ele busca aquilo que não é verdadeiramente o que lhe convém; e, enquanto não interpretarmos essa busca equivocada como o erro básico do analisando, a desorientação provavelmente persistirá e o analisando continuará equivocando-se, e nós também vamos errar o caminho, seguindo-o com interpretações que só alcançarão o contingente, o adjetivo.

Muitas interpretações sobre o amor de transferência, por exemplo, são melhor formuladas se for apontado que a busca é equivocada, que se busca um homem quando se precisa de um analista, um pênis em vez de um seio, um pai em vez de um marido. No começo de seu amor de transferência, uma mulher casada, de idade mediana, afirmava terminantemente que tudo o que precisava para curar-se era ficar apaixonada. O mesmo se poderia dizer do *acting out* daquele homem que, no primeiro fim de semana de sua análise, dormiu com sua empregada e presenteou-a com o equivalente justo do que pagava pela sessão.

Pode-se dizer o mesmo sobre o *mal-entendido*. No fim das contas, nosso trabalho baseia-se, em boa parte, em retificar o que o paciente entende mal daquilo que lhe dizemos. Temos tendência a passar por alto que o paciente nem sempre nos compreende, que às vezes sua compreensão está truncada no nível das idéias, dos conceitos. Para tomar um exemplo muito claro da prática de todos os dias, as clássicas interpretações do fim de semana, criticadas às vezes com razão como interpretações clichê, sempre o serão se partirmos equivocadamente da idéia de que o paciente sabe o que é esperar ou tem o conceito do que é a ausência do objeto. Se algum desses conceitos falta e é substituído por outro equivocado, então essas interpretações são irremediavelmente inoperantes, por mais certas que sejam, simplesmente porque o paciente não pode, de maneira alguma, compreendê-las. Uma paciente muito inteligente, que sempre criticava a mesmice de minhas interpretações do fim de semana, mudou drasticamente quando comecei a dizer que, para ela, a palavra ausência não tinha significação, que não sabia o que queria dizer ausência; e verdadeiramente era assim, de modo que tudo o que eu lhe havia interpretado antes tinha sido inútil ou, na melhor das hipóteses, apenas uma vaga preparação para que chegasse a compreender que lhe faltava um conceito, o conceito de ausência: enquanto não tivesse esse conceito, eu mal podia interpretar que tinha estado ausente durante o fim de semana.

Se o analista percebe onde está o mal-entendido e a que conceito substitui, põe em marcha um processo que, se terminar de forma feliz, restitui ao paciente o conceito que falta. Tenho visto em minha prática que, quando posso interpretar desse modo, alcanço um nível de precisão e eficácia singular, não desprovido de elegância. Em um caso recalcitrante de ejaculação precoce, por exemplo, obtive um progresso certo quando comecei a interpretar a meu analisando que ele não tinha um conceito claro do que significa esperar. É óbvio que, se não se ataca esse ponto concreto, dificilmente se poderá corrigir o transtorno.

O ponto de partida mais seguro para aplicar essas idéias adequadamente à prática é levá-las a sério e levar também a sério o analisando quando diz que não nos compreende. No exemplo da inteligente mulher que desqualificava minhas interpretações do fim de semana, a situação começou a mudar quando assumi o fato de que ela dizia seguidamente que não me compreendia. Até esse momento, eu voltava a lhe explicar e, quando ela insistia em que não me compreendia, interpretava-lhe que me desqualificava (o que também era certo) ou se burlava (o que também era certo).

OS CONHECIMENTOS BÁSICOS

"The aim of psycho-analysis" (1971), um dos últimos trabalhos de Money-Kyrle, versava sobre quais podem ser os conhecimentos que nos vêm com o genoma e propunha três: o reconhecimento do seio como objeto supremamente bom, o reconhecimento do coito dos pais como insuperável ato de criação e o reconhecimento do tempo inevitável e, finalmente, da morte (*Collected papers*, p. 443).

A proposta de Money-Kyrle é altamente especulativa, e ele não ignora isso. Poderia ser que o desenvolvimento futuro das investigações levasse-nos a aceitar que são outros os conhecimentos inatos; todavia, de qualquer maneira, os mencionados encontram apoio suficiente em toda a investigação psicanalítica.

Por outro lado, a tese de que viemos ao mundo com certos conhecimentos elementares parece estar atualmente muito apoiada pela investigação etológica e, ao fim e ao cabo, não faz mais que pôr os hominídeos em linha com todas as espécies do reino animal. O animal é capaz de reconhecer certos estímulos como sinal que põe em marcha pautas fixas de comportamento (*fixed action patterns*).

Como se pode ver no livro de Lorenz, *Evolução e modificação da conduta* (1971), e em múltiplas contribuições da etologia atual, o estímulo sinal que põe em marcha uma conduta pode ser demasiadamente contingente, mas bem determinado. Lorenz cita a conduta de atenção da perua a seus filhotes como muito específico (e, para mim, dramático). A perua responde inicialmente ao piar de seus filhinhos com condutas maternais de cuidado. Qualquer objeto que esteja no ninho sem emitir esses sinais é desalojado pela diligente mãe a bicadas. Se se puser no ninho um objeto artificial, dotado de um mecanismo que lhe faça emitir o sinal do filhote, será reconhecido como filho. Se lesionarmos seu coclear, a perua expulsará de seu ninho os filhotes logo que saem da casca. Alguns dias depois, porém, essas rígidas condutas instintivas modificam-se pela aprendizagem, e a mãe continuará cuidando de seus pintinhos, embora não emitam o sinal.

Voltando aos três conhecimentos inatos de Money-Kyrle, vimos que se apóiam no corpo teórico geral da psicanálise, mas vale a pena também destacar que tomam partido em algumas de nossas grandes controvérsias. Em primeiro lugar, que a relação de objeto é inicial e não pode haver uma etapa de narcisismo primário. Fica também afirmado que há primeiro uma relação diádica com o seio e depois uma relação triangular edípica. Para Money-Kyrle, não é somente a pulsão sexual que é genética, mas também o objeto do instinto e a relação dos objetos entre si (cena primária). Money-Kyrle não desconhece – nem tem por que desconhecer – o enorme peso do complexo de Édipo no acesso do homem à cultura, mas postula-o como um conhecimento inato que a cultura não faz outra coisa senão reforçar, inibir ou desviar.

LUTO E MEMÓRIA

Voltando aos três atos de reconhecimento já estudados, pode-se dizer que o ponto de partida de um desenvolvimento sadio é poder reconhecer o seio como objeto bom, já que, a partir disso, vão sendo dadas todas as outras relações. Isso é difícil, porque não podemos gozar do seio indefinidamente.

Money-Kyrle pensa que sempre se chega a formar o conceito de seio bom e que, para tanto, há de bastar que os cuidados maternais, por insuficientes que sejam, consigam fazer com que a criança mantenha-se viva. Quanto piores forem os cuidados maternos, é claro, menos firmemente se poderá estabelecer o conceito de seio bom e mais exposto estará a desmoronar durante a ausência. Quando o desenvolvimento é cumprido mais ou menos normalmente, a memória do seio bom subsiste às vicissitudes do contato e da separação, é reconhecido quando volta e, quando vai embora definitivamente, precipita o processo de luto que Melanie Klein (1935, 1940) chamou de *posição depressiva*, durante a qual o seio bom perdido é internalizado.

Money-Kyrle inclina-se a pensar que a internalização do objeto perdido no processo de luto equivale a estabelecer um conceito (talvez no nível de representação ideográfica), mas do que não duvida é que a possibilidade de enfrentar o luto e a capacidade de recordar são inseparáveis, porque sem memória não pode haver luto e sem luto não pode haver memória (ibid., p. 444).

O OBJETO ESPÚRIO

Quando a memória e a perda tornam-se intoleráveis, o objeto bom já não é reconhecido como tal e é trocado por outro, ao qual se atribuem equivocadamente as virtudes do original. O protótipo desse modelo patológico de desenvolvimento remete-nos, uma vez mais, aos sentimentos confusos e exaltados da criança que Meltzer descreveu em 1966 e aos quais nos referimos há pouco ao falar da base. No momento em que a criança troca o seio por seu traseiro, podemos afirmar que se produziu o mal-entendido fundamental. Como disse uma vez um aluno muito inteligente, o desvio inicial é quando o bebê conceitua o seio como o... traseiro!*

Desde as falhas na conduta do objeto até a inveja endógena, muitos são os fatores que podem explicar por que um indivíduo busca um substituto espúrio para substituir um verdadeiro objeto; todavia, sem começar a dis-

---

* N. de R.T. O autor joga com o duplo sentido da palavra "traste" que significa tanto traseiro como lixo, porcaria, bugigangas, coisas supéfluas ou descartáveis. Em português, talvez pudéssemos empregar aqui a expressão: "uma...merda".

cutir sua história, a idéia serve na prática, porque permite interpretar com precisão e com menos carga na contratransferência, na medida em que se compreende que o paciente busca um objeto espúrio porque esqueceu o autêntico, porque não pôde esperá-lo e não é capaz de reconhecê-lo. Esse raciocínio é aplicável ao *acting out* do fim de semana e também muito ao amor de transferência no qual o objeto espúrio, para a paciente mulher, é o pênis. Lembro-me de um paciente masculino que me dizia, em tom desafiador, que o que ele necessitava para se curar era uma mulher, uma fêmea. A análise não lhe servia para nada. O que tinha de fazer era ajudá-lo a conseguir uma fêmea, essa mulher ideal, receita infalível para todos os seus problemas. Buscava um objeto espúrio, acreditava que a vagina de uma mulher resolveria todos os seus problemas; porém, na realidade, o que precisava era de um analista e não de uma mulher para resolver seus problemas. Nesse paciente, diga-se de passagem, a vagina idealizada estava confundida com o reto, enquanto a função psicanalítica tão desprezada representava o seio, a partir de um *splitting* horizontal do corpo da mãe (ou, se se prefere, de um deslocamento de cima para baixo). Nesse breve exemplo, compreende-se que, operando com a idéia de objeto espúrio, pode-se interpretar com precisão, e diria até mesmo com serenidade, mais ao abrigo da tensão contratransferencial que inevitavelmente sentimos quando o paciente literalmente nos dá as costas e vai buscar outras soluções, às vezes perigosas e sempre desatinadas.

Assim como Bion diz que se deve ver o paciente como se fosse a primeira vez, com o que quer dizer que não se deve ficar atado aos preconceitos que já se tem sobre o paciente, Money-Kyrle afirma que o paciente também nos vê em cada sessão pela primeira vez, porque nem sempre nos reconhece quando chega, e que não nos damos conta disso, porque é óbvio e porque é muito doloroso. Se operarmos levando em conta esse esquema e se ao mesmo tempo formos sensíveis ao que os pacientes dizem, veremos aparecer esse tipo de problemas com freqüência e muito concretamente. Lembro-me, por exemplo, de uma paciente que costumava dizer-me nas segundas-feiras: "Eu não sei quem é você". Eu interpretava essas associações como hostilidade pelo fim de semana, mas o problema era mais grave e, na realidade, ela me havia esquecido, havia perdido totalmente o contato. Ao interpretar que ela estava com raiva pelo fim de semana, eu deixava sem tocar o essencial, isto é, que a interrupção da sexta-feira a levava a expulsar o objeto totalmente e daí que me desconhecesse. Eu interpretava que me desconhecia para expressar sua raiva, tomando como um desprezo de nível quase social o que era algo mais profundo e dramático. Ela realmente não se lembrava e, quando a situação foi interpretada corretamente, a analisanda respondeu com uma associação que para ela tinha um valor alegórico, mas para mim mostrava um aspecto essencial de seu conflito, apesar do aspecto de intelectualização com que se recobria.

Disse que um bebê só pode lembrar o bico do seio quando o tem na boca.

NATUREZA E CULTURA

A idéia central de Money-Kyrle é, parece-me, que o conhecimento tem um desenvolvimento, no sentido de que há fatores endógenos e exógenos, genéticos e adquiridos, que o determinam, que o impulsionam. O conhecimento não se dá de saída e para sempre, mas é um processo; e a função mais importante do psiquismo é, talvez, aproximar-se das fontes genéticas do conhecimento. Parece também que, infelizmente, uma função fundamental do psiquismo é distorcer esse conhecimento primeiro e fundamental, o que talvez seja uma forma queixosa de dizer simplesmente que o homem é um animal capaz de criar símbolos.

Desse modo, os trabalhos de Money-Kyrle propõem com uma nova perspectiva, que é estritamente psicanalítica, o velho problema de natureza e cultura, pois afirmam que há entre ambas uma interação, como dizem, por outro lado, as novas correntes sociobiológicas. Assim foi exposto, há alguns anos, no famoso livro de Lionel Tiger e Robin Fox (1971) e, posteriormente, nos estudos de Edward O. Wilson (1978). Em *The imperial animal*, insiste-se muito no valor das estruturas hierárquicas no comportamento dos primatas em geral e sobretudo dos hominídeos. A tese geral desse livro é que não existe oposição radical entre natureza e cultura, porque somos *por natureza* animais culturais. Nesse sentido, surge uma forte refutação à idéia de Freud quando em 1930 – e, na realidade, ao longo de toda a sua obra – antepõe o instinto à cultura.[2]

Com seus delicados instrumentos psicanalíticos, Money-Kyrle procura averiguar o que é o genético, o que é o adquirido e qual é a relação entre ambos.

Money-Kyrle parte do fato de que nascemos com determinadas preconcepções, no sentido de Bion (e também no sentido etológico de conhecimento genético), e que essas preconcepções devem unir-se, conjugar-se com determinada experiência, o que Bion chama de *realization*.[3] Ou seja, dada uma determinada preconcepção que tenho, quando encontro um exemplo no meio, eu "realizo" que isso é o que estava buscando. É nesse ponto que intervém Schlick ao afirmar que conhecer é sempre reconhecer o objeto como membro de uma classe.

O conceito de classe é bastante interessante, e Money-Kyrle remete-o a Platão e Aristóteles. Platão diz que há

---

[2] Como se sabe, Anna Freud sustenta resolutamente essa linha de pensamento em *O ego e os mecanismos de defesa* (1936).

[3] O verbo inglês *to realize* significa compreender ou ser consciente de algo; daí vem *realization*.

Idéias das quais as coisas da realidade são meros arremedos. Todas as coisas e os seres do mundo, tudo o que nossos sentidos percebem são apenas aparências. Vivemos prisioneiros em uma caverna e vemos apenas sombras que tomamos por realidade. A realidade não pode ser formada senão pelas Idéias, perfeitas, eternas, incorruptíveis. O conhecimento verdadeiro está cimentado na realidade das idéias, daí o nome de realismo para essa posição filosófica, à qual se contrapõe o nominalismo de William de Occam, entre outros. É a partir das Idéias que reconhecemos os fatos da realidade, que lhes são sempre inferiores. Se despojamos essa doutrina de todo o *anlage* ideológico de um Platão que vive e cresce na época da decadência de Atenas, apenas terminada a guerra do Peloponeso, com a rendição de sua cidade em 404 a.C.,[4] o que Platão quer dizer é que temos algum tipo de conhecimento prévio à experiência que nos permite colocar-nos frente a ela. Algo parecido dirá depois Kant, quando se opõe aos idealistas ingleses e diz a Locke que o cérebro não é uma *tabula rasa*, porque, quando se nasce, já existem *a prioris*. Schlick, por sua vez, faz referência a uma capacidade para poder situar as coisas em classes.

O conceito de classe é complexo, mas basta dizer que se pode admitir que nas coisas da natureza há algumas características que andam juntas, e é isso que nos permite fazer classificações. As classificações vão mudando à medida que temos mais conhecimentos, porque o conhecimento aproxima-nos das assim chamadas classes naturais. Tomemos a classificação de Lineu, por exemplo. Homem anterior a todo compromisso evolucionista, ele pode fazer, no entanto, uma classificação que se sustentou – embora depois tenha sofrido, logicamente, modificações – porque era um observador genial, rigoroso e lúcido. Apesar de seu nome, as classes "naturais" modificam-se continuamente porque, à medida que podemos compreender mais o que é substancial a uma classe, melhor podemos defini-la ou caracterizá-la. Não ocorreria a ninguém colocar em uma mesma classe leões e camelos pelo fato de que são da mesma cor, já que há outras características, como a de herbívoro ou carnívoro, que nos parecem mais significativas. Contudo, para classificar as mariposas, a cor pode ser importante, porque pode decidir a sobrevivência de uma espécie se facilitar sua adaptação. Money-Kyrle opera com esse conceito de classe quando afirma que o homem nasce com um conhecimento inato de algumas classes de objetos.

Money-Kyrle estuda a formação do conceito, e uma de suas teses fundamentais é que pode falhar por diversas razões que dependem do próprio indivíduo ou do meio. Se as *realizations* não são muito eficazes (fator exógeno) ou se a intolerância à dor é muito alta (fator endógeno), aparece uma vontade concreta de desconhecer e, por essa razão, os conceitos que deveriam formar-se transformam-se em mal-entendidos.

Essa parte da teoria do mal-entendido está muito vinculada à teoria da memória e do reconhecimento. Reconhecimento tem aqui o duplo sentido de gratidão, de estar reconhecido, e de recordação, já que, se não me lembro de algo, mal posso reconhecê-lo. O reconhecimento está ligado à posição depressiva, porque condiciona a depressão, assim como a depressão condiciona a memória. Como posso ter depressão senão recordando o que tinha e não tenho mais? E, vice-versa, como pode haver recordação se não for a partir de um luto pelo que não está presente? Portanto, os três conceitos – recordação, luto e tempo – são fundamentais e indispensáveis nessa doutrina.

---

[4] Ver Sarton, *Historia de la ciencia*, v. 2, Cap. 16.

Impasse*

É fácil definir em termos gerais o *impasse psicanalítico*, mas é árduo descobri-lo e complexo resolvê-lo. Neste capítulo, tentarei delimitar o conceito, situá-lo no campo que lhe pertence (a técnica) e assinalar suas fontes principais (psicopatologia).

Sobre a definição não cabem muitas dúvidas. A palavra francesa é, por si mesma, clara e universal. Quer dizer *beco sem saída* e é empregada quando algo que se desenvolvia normalmente se trava de repente e se detém. Podemos vê-la freqüentemente nos jornais para caracterizar alguma negociação que chegou a um ponto morto. Não é outro, em meu entender, o sentido que se dá a ela em psicanálise. Entretanto, o uso corrente do termo exige que a detenção ocorra quando as condições gerais da situação analítica conservam-se, e é muito pertinente, então, a precisão de Mostardeiro e colaboradores (1974) ao observar que só se pode falar de impasse em psicanálise quando se cumprem as condições formais do tratamento: se o *setting* está notoriamente alterado, não cabe fazê-lo. No impasse, o trabalho analítico realiza-se, o paciente associa, o analista interpreta, o enquadre mantém-se em suas constantes fundamentais, mas o processo não avança, nem retrocede. Isso não pressupõe, por certo, que não haja falhas no enquadre e no trabalho do analista. Existem sempre, como em toda análise, porém não são o aspecto decisivo. O compromisso do analista é tão completo (e complexo) no impasse, que há a tendência a classificá-lo como impasse pelo paciente e pelo analista. Há muitas razões, contudo, para não aceitar esse critério, e a primeira é que no verdadeiro impasse ambas as causas aparecem sempre superpostas e indefinidas: o impasse não é resistência incoercível, nem tampouco erro técnico.

Vale a pena deter-se um momento, para discutir esses termos. A *resistência incoercível* irrompe no processo *a partir* do analisando e sempre bruscamente. Em geral, apresenta-se de início e, se o faz depois, será fácil determinar o momento e as circunstâncias de sua aparição, súbita e intempestiva. É algo que salta à vista e pertence ao paciente. O mesmo assim o considera e, por sua vez, o analista não se sente pessoalmente envolvido, além de sua inevitável responsabilidade profissional. Mais cedo ou mais tarde, se essa situação incômoda não se resolve, o paciente interrompe o tratamento por sua conta ou com nosso consentimento.

O *erro técnico* incide sobre o processo também em uma determinada direção: surge do analista e assim o consideram ambos os participantes ou, em todo caso, e também à primeira vista, um terceiro chamado a opinar, o supervisor.[1]

Ao separá-lo da resistência incoercível (do paciente) e do erro técnico-teórico (do analista), o impasse fica mais definido e concreto, sem por isso ignorar as formas de trânsito, nem pretender que essa discriminação conceitual seja facilmente aplicada ao caso clínico. Ocorre às vezes, por exemplo, que uma aparente resistência incoercível seja na realidade uma resposta a algo que o analista fez e, vice-versa, o erro técnico pode partir do paciente, como, por exemplo, no fenômeno da contra-identificação projetiva descrito por Grinberg (1956, 1963). É possível também, como se vê na prática, que o analisando que deixou o tratamento por resistência ou erro técnico desemboque em um impasse em uma segunda tentativa. Em suma, os três processos superpõem-se e relacionam-se, sem que, por isso, devam ser confundidos. Pela precisão, impasse deve ser reservado para casos em que o fracasso não é visível e o tratamento perpetue-se.

Giovacchini e Bryce Boyer (1975) definem o impasse como uma situação em que o terapeuta, que se sente incômodo e frustrado, tende a introduzir um parâmetro, isto é, um procedimento não-analítico, ou então a interromper a terapia (p. 144). Essa definição não me parece totalmente satisfatória por diversas razões. Pode haver o impasse sem que o analista veja-se levado a atuar. O *acting out* do analista, no caso de se produzir, seria uma conseqüência do impasse, mas não uma de suas notas definidoras. Por outro lado, o parâmetro de Eissler (1953) tem a ver com uma

---

* N. do A. Reproduzo neste capítulo, com algumas modificações, o trabalho que com o título "El 'impasse' psicanalítico y las estrategias del yo" publiquei na *Revista de Psicoanálisis* de 1976. O leitor terá de me desculpar pelas repetições, mas talvez elas o ajudem a recapitular a sexta parte.

[1] O erro técnico inclui as limitações teóricas do analista, mas não da psicanálise, já que então todo obstáculo poderia ser remetido à nossa ignorância, o que seria louvável do ponto de vista ético e legítimo epistemologicamente, mas carente de significado na prática.

atitude técnica que, independentemente do acordo que lhe dispensemos, não implica necessariamente atuação.

Esses autores consideram que o impasse é o correlato transferencial de uma crise do desenvolvimento precoce e, como tal, é intrínseca à psicopatologia do paciente, com o que se confunde a causa (psicopatológica) com a conseqüência técnica, o impasse. De qualquer maneira, a observação *clínica* de Giovacchini e Bryce Boyer é acertada, uma vez que as crises do desenvolvimento precoce têm seu "inevitável" correlato na transferência, como já vimos no Capítulo 28, mas não me parece *inevitável* que a repetição transferencial leve ao impasse.

Laertes Moura Ferrão (1974) questiona o próprio conceito de impasse e sustenta que ele está impregnado de uma concepção errônea da psicanálise. Por suas origens e por sua índole, a psicanálise assemelha-se (e confunde-se) com um tratamento médico e até mesmo com um tratamento moral e religioso. A idéia de cura médica ou moral influi sobre nossa concepção do processo psicanalítico e repercute na onipotência do paciente e do analista. Seguindo Bion em *Volviendo a pensar* (1967), nosso autor sustenta que a psicanálise não é um procedimento curativo, mas um método de conhecimento para facilitar o crescimento do indivíduo. Sem discutir o fundo do assunto, e ainda da perspectiva do autor, o impasse existiria do mesmo modo, enquanto obstáculo a esse crescimento do indivíduo.

Maldonado, que estudou o impasse consistentemente (1975, 1979, 1983), inclina-se a pensar que o impasse "não é um mero resultado secundário, de resistência do paciente; é, pelo contrário, um objetivo para o qual se dirige o paciente e corresponde a uma fantasia inconsciente que tende a obter a paralisação do objeto em sua autonomia e em seu vínculo com ele" (1983, p. 206). Maldonado afirma, com toda razão, que no inconsciente do analisando existe uma representação do processo analítico, que dá conta de seu devir. Daí que possa detectar-se muitas vezes no material a fantasia de um processo que se detém.

Em conclusão, creio não me afastar do emprego generalizado desse termo se dou uma definição elucidativa[2] do impasse, mediante as seguintes notas essenciais: o impasse psicanalítico é um conceito técnico, comporta uma detenção insidiosa do processo, tende a se perpetuar, o setting conserva-se em suas constantes fundamentais, sua existência não salta aos olhos como resistência incoercível ou erro técnico, tem suas raízes na psicopatologia do paciente e envolve a contratransferência do analista.

Até o mais leigo pode pensar que um procedimento longo e penoso como o tratamento psicanalítico, que por definição se entende como um esforço sustentado para vencer uma resistência, deve estar particularmente exposto ao impasse, e certamente é assim. Todavia, o problema é pouco mencionado e estudado.[3]

É que, quando nos colocamos a considerá-las seriamente, devemos enfrentar as interrogações últimas sobre o valor de nosso método e a eficácia de nossa técnica. O impasse de um só tratamento leva o analista autêntico invariavelmente a um questionamento de sua profissão e de sua disciplina. Não ocorre o mesmo com o fracasso ou com a interrupção do tratamento, que só evocam, em geral, falhas mais pessoais, mais imediatas e reconhecíveis. Essa é outra razão – quase higiênica – para delimitar o termo e não confundi-lo com os outros casos, sempre mais justificáveis e menos perturbadores para nossa consciência.[4]

Os analistas que questionam Freud na década de 1930 e criam a neopsicanálise fazem isso porque o beco sem saída de sua práxis leva-os a buscar outras teorias. Basta reler *New ways in psychoanalysis*, de Karen Horney (1939), para ver que é assim. Também a ontoanálise, que Binswanger inicia pouco depois, proclamará sobre a mesma base que devem ser revisados os pressupostos teóricos de Freud e seus continuadores, na medida em que operam contra a captação imediata do paciente como existente. São bem conhecidas as contradições e falhas dos culturalistas e da *Daseinanalyse*, mas isso não impede que a reiterada comprovação de que um tratamento não progride e estanca-se leve por novos caminhos.

O mesmo tipo de dificuldades havia contribuído para que Freud, dez anos antes, modificasse radicalmente suas teorias. O conceito de *repetição*, que se impõe a ele em 1914 e leva-o seis anos depois a postular um instinto de morte, sem dúvida reside na dificuldade clínica de fazer certos pacientes progredirem. A análise do "Homem dos Lobos" havia chegado a seu impasse em 1913, e já sabemos a forma drástica (não isenta, por certo, de uma forte tonalidade contratransferencial) com que Freud a resolveu (ou acreditou resolvê-la).

Quando lemos a partir dessa perspectiva, o Freud dos anos de 1920, que enuncia a teoria estrutural com a se-

---

[2] Rudolf Carnap (1950), no Capítulo 1 de seu *Logical foundation of probability*, distingue três tipos de definições: *analítica*, que recolhe os usos comuns de um termo (como as pessoas empregam a palavra); *estipulativa*, que sugere um uso específico, e *elucidativa*, que propõe um uso normalizado, com base em como se emprega o termo na linguagem corrente.

[3] No livro clássico de Edward Glover (1955), entretanto, podem ser encontradas muitas e valiosas referências ao tema sob as designações de *analytic stagnation* e *stalemate analysis* (*pássim*).

[4] Se quiséssemos utilizar os conceitos do epistemólogo Thomas S. Kuhn (1962) sobre a estrutura das revoluções científicas, poderíamos dizer que os fracassos terapêuticos são geralmente vistos como dificuldade interna da teoria, que não põem em perigo o *paradigma psicanalítico*, enquanto o impasse constitui uma verdadeira *anomalia* e equivale a um âmago de crise. As dificuldades internas, diz Kuhn, não alteram a ciência normal, cuja tarefa fundamental é a resolução de enigmas; porém, as anomalias conduzem à crise, que obriga a reconstrução da disciplina com base em um novo paradigma. Como se verá a seguir, o fenômeno do impasse teve reiteradamente esse efeito. Merece ser destacado que, embora em outro contexto, Giovacchini e Bryce Boyer vinculam lucidamente o impasse a uma crise existencial do analista, a um ataque a seus valores (1975, p. 161).

gunda tópica, podemos seguir sem vacilações o fio que vai desde a repetição até o instinto de morte e o (cruel) superego do quinto capítulo do *O ego e o id* (1923b). Ali, Freud descreve magistralmente a reação terapêutica negativa, cuja relação com o impasse é tão evidente que às vezes até são considerados sinônimos.

É também um franco reconhecimento de que a análise praticada no final da década de 1920 levava freqüentemente a um estancamento, o que impulsiona as investigações de Wilhelm Reich, que culminam em 1933 com seu duradouro *Análise do caráter*, para o qual voltam os olhos alguns investigadores atuais que se preocupam com esse problema (e com o narcisismo), como Rosenfeld (1971). No Capítulo III, "Sobre a técnica da interpretação e a análise da resistência", quando descreve a *situação caótica*, Reich dá-nos uma visão clara e plástica do impasse na mais ruidosa de suas formas. Seu método de ataque à couraça caractero-muscular, por meio da análise vigorosa e sistemática da resistência transferencial, era basicamente um esforço para evitar o impasse.[5] Que o narcisismo seja um fator necessário do impasse, disso ninguém duvida; porém, em meu entender, o que realmente importa é desentranhar através de quais estratégias defensivas e ofensivas vale-se o ego (e, em especial, o ego narcisista no sentido de Rosenfeld [1971]) para levar ao impasse. Daí que nesse trabalho não se considere a relação do impasse com o narcisismo (reiteradamente assinalada na bibliografia), que existe sempre, mas é muito geral e pouco específica. O tema mereceu a atenção dos integrantes da mesa-redonda sobre "Narcissistic resistance" da *American Psychoanalytic Association* (1968), especialmente Edith Jacobson e Paul Sloane (Segel, 1969).

Entretanto, Maldonado (1983) propôs uma relação mais específica entre impasse e narcisismo ao sustentar que o impasse corresponde a uma fantasia concreta do paciente que, protegido em seu narcisismo, não dá literalmente nada ao analista. A comunicação requer sempre, como *conditio sine qua non*, que o outro exista, fato que o narcisismo desconhece radicalmente. Disso decorre, para Maldonado, que o material típico do impasse não comunique nada, não tenha valor simbólico, não seja significativo. O correlato dessa situação psicopatológica é que o material do paciente, durante o impasse, caracterize-se pela acentuada diminuição ou pela ausência de representações que configuram imagens visuais.

Não é somente porque o estudo do impasse leva-nos imediatamente aos questionamentos básicos de nossa ciência que o tema oferece tantas dificuldades. Por sua própria índole, o impasse assemelha-se muito e até confunde-se com a marcha natural da análise.

É significativo que a idéia de impasse apareça implicitamente em Freud quando introduz, em 1914, o conceito de *elaboração*. Diz ali, concretamente, que o analista principiante, ao não levar em conta esse processo (a elaboração), pode acreditar que o tratamento falha e estanca-se (*AE*, v. 12, p. 157), ao não observar uma mudança imediata de uma determinada configuração resistencial, depois de tê-la interpretado adequadamente. É que o impasse é, precisamente, a meu ver, *o negativo da elaboração*: quando se detém a elaboração, surge o impasse. Mostardeiro e colaboradores, coincidentemente, dizem (1974, p. 18) que o conceito de impasse deve ser aplicado a como se desenvolve o *processo* analítico, e não ao tratamento ou à remoção dos sintomas.[6]

Se o que acabo de expor está certo, nota-se de imediato um grave obstáculo para se chegar a uma compreensão satisfatória do impasse. Ao considerar que o tratamento psicanalítico apóia-se na elaboração, vemos até que ponto o impasse está intimamente ligado a ela. Em que momento decidiremos que o incessante retorno dos mesmos problemas já não pode ser considerado elaboração, mas impasse? Essa decisão pertence inteiramente ao analista, e nunca sabemos se ele a toma objetivamente ou sob a influência do compromisso contratransferencial, que sempre existe nesses casos. Freud decidiria hoje que o "Homem dos Lobos" está em um impasse? A experiência que temos agora o teria tornado, sem dúvida, mais cauteloso e perseverante, porque três (ou quatro) anos de análise não bastam para resolver uma neurose tão grave quanto aquela que levou o paciente a uma crise psicótica, em 1926, e a sua reanálise com Ruth Mack Brunswick, desde outubro de 1926 até fevereiro de 1927, análise que ainda haveria de retomar anos depois (Mack Brunswick, 1928a).[7]

Resumindo: as deficiências metodológicas (e/ou técnicas) da psicanálise, a relação complexa (ou confusa) do impasse com o processo de elaboração e o compromisso contratransferencial, três fatores sempre presentes, fazem-nos duvidar quando formulamos o diagnóstico de impasse.

---

[5] Reich sustentou que a situação caótica era sempre conseqüência de um erro técnico: a desatenção das defesas caracterológicas (o ponto de vista econômico). Apesar dessa afirmação extrema, que Fenichel (1941) rebateu com razão, afirmando que há situações caóticas espontâneas (ou seja, imputáveis ao próprio paciente), o conceito de defesa narcisista de Reich abriu caminhos para a investigação.

[6] Convém esclarecer aqui, seguindo uma observação de Benito López, que utilizo o conceito de elaboração com a acepção que tem em "Recordar, repetir e reelaborar", ou seja, como o processo que modifica a resistência em geral, e não a resistência do id, que em *Inibição, sintoma e angústia* (1926d) liga-se aos estereótipos biológicos e ao instinto de morte. Sigo assim, pois, a sugestão de Sandler e colaboradores (1973) quando propõem conservar o termo elaboração como um conceito essencialmente clínico e descritivo, sem ligá-lo a uma explicação dinâmica especial. O significado amplo do termo foi sustentado por Fenichel no Simpósio de Marienbad de 1936 (e posteriormente em 1941 e 1945a), em contraposição aos pontos de vista de Bibring (modificações do id) e sobretudo de Nunberg (1937). Quando discute o conceito de elaboração, no Capítulo VIII de seu livro, Meltzer (1967) opera ao mesmo tempo com as duas concepções, procurando integrá-las. (Para mais detalhes, ver o Capítulo 50).

[7] Antes, em 1919-1920, o paciente havia tido uma segunda análise com Freud, de quatro meses de duração.

A partir dos estudos de Racker (1960), fica claro que a neurose de contratransferência (e, em especial, o que ele chama de posições contratransferenciais) é um fator de primeira importância no estabelecimento do impasse. As mesmas conseqüências podem ser derivadas dos trabalhos de Paula Heimann (1950, 1960) e da copiosa bibliografia atual sobre contratransferência. Posteriormente, Betty Joseph, em seu valioso trabalho sobre o fetichismo (1971), e Rosenfeld, em suas conferências na Associação Psicanalítica Argentina (1975), insistiram na interação sutil entre paciente e analista no impasse, sobretudo através da erotização do vínculo transferencial, ponto sobre o qual voltarei mais adiante.

O problema do diagnóstico torna-se ainda mais complexo, porque não podemos confiar em absoluto nas opiniões do paciente. Mais de uma vez, aquele que sofre o impasse não menciona isso e o negará decididamente se o sugerirmos. Um analisando muito inteligente, por exemplo, em um rebelde período de impasse, no final de uma longa e proveitosa análise, acolhia minhas interpretações dizendo que dessa vez sim eu havia conseguido chegar ao fundo da questão, que o tinha desarmado por completo, que tinha acertado finalmente em cheio. Agora sim abria-se a possibilidade de analisar essa ou aquela coisa!, e assim indefinidamente. Levantava a bandeira do progresso para negar o estancamento. Tampouco é certa a opinião do analisando no caso oposto, já que é comum que negue um progresso real, dizendo que está sempre igual, que está estancado (ou pior).

Em outras palavras, antes de se colocar a possibilidade de um impasse, o analista deve vê-lo aparecer não apenas em sua mente (contratransferência) e na do paciente (transferência), mas também no material.

No entanto, o diagnóstico não é impossível e é até mesmo claro, se prestamos atenção ao material do paciente, ao andamento geral do processo e, inclusive, aos julgamentos do analisando sobre o que está acontecendo. O sonho do paciente de Meltzer (1973), repousando tranqüilamente na cama de um hotel de veraneio quando o prazo para partir já se esgotou (p. 74), constitui, por exemplo, um indício convincente de que o processo estancou-se (ou, pelo menos, o paciente pensa assim). Meltzer aponta como outro indicador clínico importante um tipo de negação como o da panela de Freud: "Não posso evitá-lo, não é culpa minha e, no fim das contas, o que tem de mau?". Willy e Madeleine Baranger (1961-1962, 1964, p. 171) afirmam acertadamente que o baluarte por eles descrito (e que explica muitos casos de impasse) é quase sempre acompanhado da queixa de estar dando voltas à manivela ou ao carrossel.[8] São freqüentes, por certo, sonhos ou alusões a carros atolados, veículos que não andam, relógios decompostos, etc. Ninguém pode descrever melhor o impasse do que aquele paciente de Maldonado (1983) que se via como um *hamster* fazendo mover, a grande velocidade, a roda de sua jaula, sempre no mesmo ponto.

Em todos esses casos, porém, a interpretação adequada do que está, ou melhor, do que *não* está acontecendo pode mudar o quadro, e então o impasse é resolvido como outra dificuldade qualquer e já deixa de sê-lo. Que as coisas não sejam, em geral, tão fáceis de solucionar – e daí que falemos de impasse justamente quando não são superadas de imediato – não nos livra da insegurança do diagnóstico. O fator temporal, a evidência de que as fases repetem-se idênticas a si mesmas, sem que se possa confiar mais em que o tempo as mude (elaboração), é o que, a meu ver, melhor denuncia o impasse. Tenho visto reiteradamente que, no curso de um determinado ciclo temporal (a sessão, a semana, inclusive o ano), propõe-se um problema que se resolve convincentemente por via interpretativa para ressurgir intacto no final do período, e isso permite um diagnóstico bastante seguro, às vezes até presumível, de impasse.

Em seu excelente trabalho "Uma técnica de interrupção do impasse analítico" (1977), Meltzer exige que o impasse leve um ano antes que sua técnica seja aplicável. É um prazo sem dúvida muito prudente, mas, de qualquer modo, arbitrário. E esse autor acrescenta que se passará outro ano até que o paciente aceite sua proposta, sem que nunca chegue a concordar que foi adequada a técnica de interrupção.

Todos os caminhos levam a Roma, e todas as eventualidades de nossa técnica podem conduzir ao beco sem saída do impasse; porém, três merecem ser destacadas: o *acting out* (Freud, 1905e, 1914g), a reação terapêutica negativa (Freud, 1923b, 1924c, 1937c) e a reversão da perspectiva (Bion, 1963). Muito diferentes em sua fenomenologia clínica e em sua psicodinâmica, os três são membros de uma mesma classe, como é notório se os tomamos como conceitos técnicos e não psicopatológicos. Essa discriminação importa, porque o vínculo entre o técnico e o psicopatológico não é unívoco – embora às vezes se confunda, por exemplo, a psicopatia com o *acting out*, e a caracteropatia grave com a reação terapêutica negativa.

Essa diferença permite-nos notar que, apesar de os três processos mencionados configurarem modalidades defensivas, e por isso se inscreverem no amplo capítulo dos mecanismos de defesa, cabe atribuir-lhes uma categoria distinta, uma entidade diferente e mais alta. Os mecanismos de defesa são *técnicas do ego*, ao passo que o *acting out*, a reação terapêutica negativa e a reversão da perspectiva, por sua índole complexa, em que se imbricam diversas modalidades ofensivas e defensivas, configuram antes táticas ou *estratégias* do ego. Mais globais, são formas específicas e altamente complicadas com que o paciente maneja-se no tratamento, estratégias para atacar e impedir o desenvolvimento do tratamento, e não simplesmente para se proteger. Quando conseguem isso, produzem o impasse.

O que mais distingue as três estratégias que estamos considerando, o que as diferencia uma de outra, é seu lugar

---

[8] Ver, por exemplo, o convincente exemplo de Maldonado sobre o carrossel (1975, p. 124).

de influência no processo psicanalítico, embora também possam ser estabelecidas diferenças, segundo o tipo de conflito transferencial que lhes dá origem e as respostas contratransferenciais que provocam ou, então, segundo o tipo de transtorno do pensamento que as sustenta e a forma de adaptação em que se inscrevem ou, enfim, o quadro clínico em que se encontram mais freqüentemente.

O *acting out* atua fundamentalmente sobre a *tarefa*. Se partimos dos conceitos de Freud em 1914, podemos dizer que a transferência é uma forma especial de recordar, enquanto o *acting out* surge para não recordar, e isso permite defini-lo como *antitarefa*. Só que, atualmente, substituímos a palavra "recordar" por *comunicar* (Greenacre, 1950; Liberman, 1971: o paciente com estilo épico, p. 537) ou *pensar* (Bion, 1962a e b; Money-Kyrle, 1968). Igualmente, pode-se dizer que o *acting out* ataca o enquadre analítico, como prefere Zac (1968, 1970), já que o *setting* é instituído justamente para realizar a tarefa.

Sua influência sobre a tarefa e um tipo especial de transtorno do pensamento são as coordenadas que permitem caracterizar uma conduta como *acting out*. Como vimos no Capítulo 54, esses dois fatores estão intrinsecamente relacionados. A falta do seio, segundo Bion, põe em marcha o processo de pensamento, porquanto determina que a frustração (a carência, a ausência) seja tolerada e modificada ou, então, negada. Para que o seio faltante transforme-se em pensamento, o bebê tem de realizar uma tarefa dolorosa, *pensar* em vez de sentir que há um seio mau que deve ser evacuado. Essa situação básica, essa *prototarefa*, é a que está em jogo em todo *acting out*. Disso decorre que o *acting out* esteja sempre vinculado às angústias de separação (Grinberg, Zac) e a conflitos de dependência, o que repercute como situação de constante alarme ou aflição na contratransferência. São os pacientes em que pensamos depois da sessão, diz Liberman (1971).

Na reação terapêutica negativa, em troca, o ponto de ação da estratégia egóica não atinge a tarefa, mas suas *conquistas*. A reação terapêutica negativa, como indica seu nome, só sobrevém quando se realizou algo positivo, e é justamente contra esse sucesso da análise que se dirige a defesa do ego. Como assinala Freud em seu trabalho inaugural de 1923, e mais tarde Melanie Klein em *Envy and gratitude* (1957), a reação terapêutica negativa sobrevém após um momento de alívio e de progresso, de um momento de *insight*, em que o paciente compreende e valoriza o trabalho do analista. Desenvolve-se, então, uma resposta contraditória e paradoxal, que já havia sido destacada pelos valiosos trabalhos de Karen Horney e de Joan Rivière, ambos de 1936, e que Melanie Klein vinculou, vinte anos mais tarde, com a inveja pelos objetos primários. A atitude paradoxal é sempre notória nesses pacientes. Um deles lembrava sempre, com admiração, a famosa anedota de Groucho Marx, que renunciou a um clube dizendo que ele não pertenceria a um clube que era capaz de aceitá-lo como sócio. Quando eu lhe interpretava que ele não queria curar-se para me ver fracassar como analista, respondia-me (com toda razão) que eu tinha de curá-lo justamente desse desejo de não se curar para me ver fracassar e acrescentava triunfalmente que, se o conseguisse, então minha interpretação se teria demonstrado equivocada. O paradoxo conduz aqui, diretamente, a um beco sem saída.

A adaptação do *acting out* é tipicamente aloplástica, no sentido de Ferenczi (1913), enquanto na reação terapêutica negativa (e, obviamente, também na reversão da perspectiva) o processo adaptativo ocorre no pensamento e na estrutura de caráter. É autoplástico, com ruminação ideativa no primeiro caso; com rigidez e um tipo especial de dissociação, no segundo, o *splitting estático* descrito por Bion (1963). Tal fato também explica por que o *acting out* é típico, embora não exclusivo da psicopatia, ao passo que a reação terapêutica negativa germina nas caracteropatias graves, que Abraham estudou com admirável lucidez em 1919. Nesse trabalho, apóia-se a investigação de Joan Rivière quando afirma que é nas caracteropatias graves que operam com mais energia as defesas (maníacas) contra a posição depressiva, que é particularmente intensa nos pacientes que exibem a reação terapêutica negativa.

Assim como o *acting out* provoca constantemente alarme e surpresa no analista, a reação terapêutica negativa infiltra um sentimento peculiar de enfado, decepção e fatalismo, definido por Cesio (1960) como letargia. Apesar de que o *acting out* crônico possa conduzir a um beco sem saída, onde ocorrem muitas coisas sem que aconteça verdadeiramente nada, é mais freqüente que leve a uma brusca e surpreendente interrupção, ao passo que, por sua índole perseverante e adesiva, os pacientes com reação terapêutica negativa estão mais propensos ao impasse (uma das causas pelas quais eles são confundidos).

A reversão da perspectiva descrita por Bion (1963) consiste em um acordo manifesto e em um desacordo latente e radical, segundo o qual o paciente vê tudo o que acontece no processo analítico a partir de outra perspectiva, com outras premissas. Analisa-se não para compreender seus problemas, mas para demonstrar, a si mesmo e ao analista, alguma outra coisa, por exemplo, que tem mais inteligência, mais *insight*, mais capacidade de amar.

Essa atitude influi fundamentalmente, em meu entender, no *contrato*. O paciente faz uma espécie de contrato paralelo e oculto, ao qual se ajustarão todas as suas vivências durante a análise e a partir do qual se acomodarão e "reinterpretarão" todas as interpretações do analista.

Nos casos extremos, diz Bion, a reversão da perspectiva ocorre em psicóticos latentes e *borderlines*, mas também é possível descobri-la em pacientes menos graves, nos quais, então, adota uma modalidade menos extrema, e a rigidez do pensamento (própria dessas pessoas) não é tão absoluta.[9]

Após essa breve exposição das principais características do *acting out*, da reação terapêutica negativa e da

---

[9] Expus o caso detalhadamente no Capítulo 57.

reversão da perspectiva como causas do impasse, podemos oferecer algumas conclusões provisórias.[10]

Considero que a situação de impasse pode acontecer em qualquer momento da análise, e assim opinam certamente W. e M. Baranger (1961-1962, 1964), cujos estudos sobre o *baluarte* são uma contribuição original ao tema.[11] É improvável, porém, que o impasse apareça de início, a não ser nos casos mais enérgicos da reversão da perspectiva, quando o analisando traz em seu inconsciente um rígido contrato paralelo que há de aplicar sem concessões. Sendo assim, passará necessariamente um certo tempo até que possa ser descoberto. Como já dissemos, no início da análise costuma observar-se a resistência incoercível, e não o impasse. Às vezes, a clínica é complexa, como no caso de Rosenfeld (1975a): a análise inicia com uma resistência incoercível (em cuja produção colaboraram, de acordo com o autor, certos erros técnicos) e, depois de um curso bastante difícil e acidentado, chega a uma situação de impasse que o analista finalmente resolve com maestria.

Meltzer (1967) sustenta, em troca, que o impasse sobrevém no limiar da posição depressiva, quando o paciente tem de assumir sua dor moral, sua culpa e sua maldade. Seguindo a linha do menor esforço, prefere usar indefinidamente o analista como seio toalete, enquanto mantém dissociado o seio nutritivo em um objeto externo, graças ao *acting out* ou, menos freqüentemente, a meu ver, reforçando a reação terapêutica negativa com o sistema fechado de defesas maníacas que Joan Rivière descreveu em seu memorável trabalho. Deve-se levar em conta que, a essa altura da análise, já livre de sintomas e inibições e com uma boa adaptação social e sexual, o paciente está muito propenso a se sentir curado e, do ponto de vista psiquiátrico, o está. Todavia, continua sendo muito egocêntrico, preocupa-se mais com seu bem-estar pessoal do que com seus objetos, e seus sentimentos de gratidão pelo analista (no que é e no que representa) continuam sendo epidérmicos e convencionais, enquanto sua culpa é mais proclamada do que sentida. Esse é um momento crucial, que o coloca frente a uma verdadeira opção, e não é de se estranhar que recorra a uma trapaça existencial para eludir o peso integral de suas responsabilidades. A pressão para chegar a um *happy end* de mútua idealização com o analista, através de formas sutis de *acting out* dentro (erotização) ou fora da transferência (progressos), é sempre muito forte, e nenhum analista está imune a esse chamado sutil e persistente.

O *acting out* maciço e incontrolável das primeiras etapas da análise conduz, por regra geral, à interrupção e não ao impasse. É apenas quando se mobiliza insidiosamente contra as angústias depressivas e torna-se menos violento, porém mais pertinaz e astuto, que o *acting out* conduz ao impasse. Muitas análises dão-se por terminadas com um *acting out* desse tipo. Às vezes, o *acting out* é tão sintônico com o ego e tão aceitável socialmente, que convence o analista. Participa aqui sempre um conflito de contratransferência, como sugere Zac (comunicação pessoal), porque o analista também quer ver seu paciente bem e poupar-se ele próprio do doloroso esforço da finalização do tratamento. Assim, o impasse desemboca finalmente em casamento ou divórcio, mudança de trabalho, constituição ou ruptura de uma sociedade comercial, etc. Se o analisando é um candidato, o *acting out* consiste em que passe a ser membro da associação com o beneplácito do analista.[12]

O impasse por reação terapêutica negativa pode instalar-se no meio da análise, quando são resolvidas as confusões geográficas ou zonais (Meltzer, 1967), mas é mais provável que o faça quando se intensificam as angústias depressivas. Nesse momento, as defesas maníacas são mais enérgicas e reativa-se a inveja precoce pelo seio nutriz. No entanto, concordo com Rosenfeld (1975a) que a reação terapêutica negativa tem a ver não apenas com as defesas maníacas, como dizia Joan Rivière, mas também com os ataques (ou "ofensas") maníacos e pode, então, provocar o impasse quando ainda predominam as angústias paranóides. O mesmo se pode deduzir dos estudos dos Baranger, já que o baluarte é muitas vezes uma atividade perversa, zelosamente preservada pelo analisando e, como tal, bastante ligada a angústias persecutórias. É freqüente verificar nesses casos que a análise transforma-se no fetiche do perverso ou na droga do adicto.

Não há dúvida, porém, de que o impasse da reversão da perspectiva, por sua índole e suas características, é *d'emblée*, embora possa passar muito tempo sem que ele seja detectado. Vale a pena lembrar aqui as palavras precisas do próprio Bion (1963), quando diz que o acordo é manifesto, enquanto o desacordo é latente, oculto e ignorado, apesar de ser radical.

DISCUSSÃO E COMENTÁRIO

Um tratamento psicanalítico pode falhar por muitas causas, e o impasse não é mais que uma delas, mas singular o bastante para que mereça atenção preferencial. Sola-

---

[10] Não escapará ao leitor que o autor não pretende, de modo algum, que o *acting out*, a reação terapêutica negativa e a reversão da perspectiva sejam características definidoras do impasse. Essas características foram indicadas no começo. Nossa tese deve ser interpretada como sustentando que os três fenômenos aludidos são notas concomitantes, necessariamente relacionadas, como agentes causais, com o impasse, que seria o efeito de alguma dessas causas, ou eventualmente de outras. (Sobre a distinção entre notas essenciais e concomitantes, ver Hospers, 1963.)

[11] Penso que o *baluarte* pode ser sempre reduzido a algum dos três fenômenos mencionados, especialmente o *acting out* via erotização do vínculo transferencial. Idêntica conclusão cabe para a má-fé (M. Baranger, 1959), que Maldonado destaca em seu trabalho de 1975. Segundo Maldonado, a má-fé opera como *acting out* verbal em seu paciente. Inclino-me a pensar, no entanto, que nesse caso clínico ilustrativo o *acting out* é instrumentado para manter (de "má-fé") uma reversão da perspectiva.

[12] Confunde-se, desse modo, um requisito regulamentar (término da análise didática) com o término substantivo de uma análise. Infelizmente, há muitos casos destes e ninguém pode estar seguro de evitá-los.

pado e silencioso, é inata à sua natureza a dificuldade de detectá-lo e resolvê-lo, estudá-lo e meditar sobre ele. É, talvez, o pior risco de nosso acidentado trabalho e a ameaça mais certa a nosso instrumento de trabalho. Um só desses casos basta para comover nossa ideologia científica, porque o impasse não é simplesmente uma dificuldade interna da teoria, e sim uma verdadeira anomalia que questiona o paradigma psicanalítico e ameaça com a crise. E não se apresenta, em geral, ao analista novato, mas àquele que já tem uma experiência suficiente a ponto de transpor os obstáculos mais visíveis.

Este capítulo propõe situar o impasse no contexto do processo psicanalítico, procura defini-lo, assinala suas particularidades e busca suas causas. Minhas reflexões surgiram, em princípio, de uma dupla experiência, o ensino da técnica e a tarefa do consultório: ambos convergem em um fato essencial, em que o processo psicanalítico aparece como um esforço permanente para o *insight* (e a elaboração), com obstáculos definidos e específicos, que só podem ser sistematizados e compreendidos como estratégias do ego.

Quanto à sua situação conceitual, o impasse pertence ao campo da técnica, não ao da psicopatologia. Ponto de convergência das circunstâncias mais díspares, apresenta-se sempre como um fenômeno complexo e multideterminado, que deve ser distinguido, de imediato, da resistência incoercível e do erro técnico, sempre mais simples em sua estrutura e ruidosos em sua apresentação. Sem desconhecer que entre os três há formas de trânsito em que se superpõem os traços distintivos, e mesmo considerando que há modalidades evolutivas que os aproximam inegavelmente, o impasse afirma seu perfil justamente porque nunca o mostra, porque nunca salta aos olhos. Tampouco destaca um culpado, pois atinge ao mesmo tempo analista e paciente. Ambos assim o percebem, o sentem e até o reconhecem. Como a contratransferência está sempre profunda e sutilmente envolvida, não se pode distinguir um impasse do analista e um impasse do paciente: ele pertence aos dois.

O narcisismo, as crises precoces do desenvolvimento, as situações traumáticas e as graves privações dos primeiros anos são fatores predisponentes; porém, nenhuma situação psicopatológica é, por si só, suficiente para que o impasse apareça. Quando ele se constitui, já não estamos no campo da psicopatologia, e sim no da práxis, da técnica.

Por sua índole, o impasse parece-se e confunde-se com o andamento natural da análise, e disso decorre que o considere como *o reverso da elaboração* e que sublinhe essa idéia como o epicentro de minhas reflexões. Quando se detém a elaboração, surge o impasse. O diagnóstico torna-se, assim, difícil, porque é imprecisa a linha divisória (entre elaboração e impasse) e porque é traçada, em princípio, por um analista que está capturado no próprio processo. Para chegar a um diagnóstico, o analista deve atender ao mesmo tempo as indicações que provêm da transferência e da contratransferência, mas só poderá fundamentá-lo quando o vir aparecer objetiva e reiteradamente no material do analisando, o que implica que o diagnóstico será feito, com mais freqüência, observando o material das sessões do que nas próprias sessões.

As *estratégias do ego* podem assumir formas diferentes; contudo, no estado atual da investigação psicanalítica, elas podem ser circunscritas a três fundamentais: o *acting out*, a reação terapêutica negativa e a reversão da perspectiva. As três podem funcionar conjunta ou alternativamente e, em meu entender, as três traçam arcos de diferente diâmetro. Ou seja, o *acting out* pode operar a serviço da reação terapêutica negativa, e esta ser uma modalidade da reversão da perspectiva, mas não o contrário, o que se depreende da área em que operam. O *acting out* atua sobre a *tarefa psicanalítica*, a reação terapêutica negativa sobre suas *conquistas*, a reversão da perspectiva questiona silenciosamente o *contrato*, o acordo básico entre analista e paciente.

Apesar de os três processos mencionados configurarem modalidades defensivas e, portanto, inscreverem-se no amplo capítulo dos mecanismos de defesa, por sua índole complexa, em que se imbricam diversas manobras defensivas e ofensivas, pode-se atribuir a eles uma categoria distinta, uma entidade diferente e mais alta. Mais globais, são formas específicas e altamente complicadas com que o paciente maneja-se no tratamento, *estratégias* para atacar e impedir o desenvolvimento do tratamento e não simples técnicas para se proteger. Creio, também, que são patrimônio da parte psicótica da personalidade, como me sugeriu há muito tempo Darío Sor.

As estratégias do ego guardam uma relação evidente com certos quadros nosológicos – o *acting out* com a psicopatia, a reação terapêutica negativa com as caracteropatias graves, a reversão da perspectiva com a personalidade *borderline* –, mas neste trabalho foram estudadas com independência da psicopatologia, já que a relação não é unívoca.

Ao estudar o impasse quanto ao momento em que se apresenta e segundo as estratégias mencionadas, a experiência clínica leva-me a pensar que ele pode aparecer em qualquer momento do processo analítico, embora seja possível estabelecer algumas precisões.

O impasse talvez mais freqüente e difícil de resolver é o que Meltzer descreve no limiar da posição depressiva, quando o paciente tem de assumir sua dor moral, sua culpa e sua maldade. Seguindo a linha do menor esforço, prefere usar indefinidamente o analista como seio toalete, enquanto mantém dissociado o seio nutriz em um objeto externo, graças ao *acting out* ou à reação terapêutica negativa. Nesse momento, é freqüente que sobrevenha uma erotização do vínculo transferencial-contratransferencial. O *acting out* maciço e incontrolável das primeiras etapas da análise conduz à interrupção e não ao impasse.

Creio não me afastar do emprego generalizado do termo se o definir elucidativamente, mediante as seguintes notas essenciais: o impasse é um conceito técnico, comporta uma detenção insidiosa do processo psicanalítico, tende a se perpetuar, o enquadre conserva-se em suas constantes fundamentais, sua existência não salta aos olhos, tem suas raízes na psicopatologia do paciente e envolve a contratransferência do analista.

Epílogo

Disse na introdução que é muito difícil escrever um livro de técnica psicanalítica, mas coloquei nessa empresa todo o meu empenho para não tornar difícil a tarefa do leitor. Pretendi também ser ameno; contudo, infelizmente, o tom coloquial que tinham os primeiros rascunhos, transcritos dos seminários que proferi ao longo dos anos, foi-se perdendo imperceptivelmente, à medida que ia aumentando pesadamente a precisão do dado bibliográfico e a citação concreta do autor que estava sendo discutido. Isso teve de ser ainda mais estrito quando minha opinião diverge; lembro-me sempre do que dizia um de meus grandes professores do Colégio Nacional, José Gabriel: pode-se elogiar algo que não se leu; porém, quando se quer criticar, deve-se ler atentamente. O que mais me incomoda em minhas poucas leituras e muitas releituras dos textos psicanalíticos é quando vejo que se faz um autor dizer o que nunca disse para depois refutá-lo. Com Freud, ao contrário, busca-se onde disse algo que parece confirmar-nos. Também me incomoda, mas não tanto, a obscuridade, já que a considero uma desatenção para com o leitor, se bem que não deixo de pensar que, às vezes, a clareza não é alcançada e, de qualquer modo, o criador pode se ver levado a escrever o que lhe sai e como lhe sai. Como não estou entre os criadores, foi-me fácil evitar sempre, ou quase sempre, essa inclinação, até o ponto em que, quando não entendo algo ou não consigo dar-lhe forma correta ao redigi-lo, prefiro não incluí-lo. Gosto mais de Lope de Vega do que de Góngora. Não quero dizer com isso – como é óbvio – que todos devam ser claros; digo simplesmente qual é meu estilo e a que superego amolda-se.

Não me agradam nem a polêmica nem o ecletismo: aquela porque a paixão, em geral, a faz perder o rumo; este porque, ao supor que pode escolher sempre o bom, incorre em um silencioso pecado de onisciência. Procuro manter uma atitude de respeito pelos demais e creio que às vezes o consigo, "mas canto opinando/ que é meu modo de cantar" – como Martín Fierro. Ao expor as teorias, procuro fazê-lo fielmente, isto é, de boa-fé e, quando as discuto, sempre o faço a partir de suas próprias pautas, em vez de compará-las com outras, o que só é legítimo em uma segunda reflexão.

Chamou-me a atenção ao ensinar, e também ao escrever, que se estudarmos a técnica com seriedade e profundidade, mais cedo ou mais tarde chegaremos inevitavelmente à teoria, e daí o título desta obra, em que interessa mais do que a norma seus fundamentos, sua racionalidade. A complexidade da situação analítica é tal, que poucas vezes podem ser dadas regras fixas. Na práxis analítica, a única receita válida, frente a uma situação dada, é pesquisar e contrastar todos os elementos de juízo disponíveis e escolher depois o caminho que nos pareça mais conveniente, sabendo que cada momento é irrepetível e incomparável. Não pode haver, por certo, uma práxis que não se sustente na teoria, e nenhum psicanalista duvida que haja um caminho de ida e volta entre teoria e prática, que uma realimenta, enriquece e depura a outra. Contudo, tenho a viva impressão, embora talvez me engane, de que, se partirmos da prática, poderemos abordar melhor os problemas teóricos do que quando estudamos e comparamos as teorias entre si. Daí que o livro chegue à teoria sempre por essa rota e sem se propor a isso.

Há algo que fui aprendendo no decorrer dos anos, talvez mais ao reler do que ao ler: o quão difícil é reconhecer os limites das teorias que se defende e sustenta, ver onde reside seu calcanhar-de-Aquiles, que nunca falta. Todos temos uma forte tendência a negar as falhas de nossa teoria e, ao mesmo tempo, uma espécie de avidez em não deixar de lado o que nos agrada das alheias; esse é, talvez, o leito de rochas do ecletismo. Nenhum autor, inclusive Freud, chega a ficar livre dessa falha, e a única coisa que podemos fazer é percebê-la e tê-la bem consciente para que não nos domine. Caio agora na conta de que, com o que digo, estou aproximando-me muito de Kuhn, só que acrescento à bastante evidente pressão da comunidade científica sobre cada pessoa, que tão bem destacou o grande epistemólogo de Berkeley, as disposições psicológicas. É absolutamente necessário pagar o preço de incerteza e de incompletude que as teorias que defendemos levam em suas entranhas, porque, do contrário, saímos da ciência e começamos a operar com teorias infalíveis.

Concomitantemente à anterior, ocorre uma dificuldade que considero específica da investigação em nossa disciplina: às vezes se confundem as necessidades do *movimento* psicanalítico com as descarnadas exigências da verdade. Não serei simplista a ponto de dizer que a ciência psicanalítica não deve ter uma política, porque tudo e todos a têm, mas é muito conveniente que saibamos discriminar essas duas áreas. Se as confundimos, ficamos de imediato expostos ao obscurantismo e ao dogma. Além disso, se realmente pensássemos que nossas teorias são as melhores, já que por algum motivo as abraçamos, não teríamos por que pretender impô-las. Bastaria discuti-las e, na melhor das hipóteses, defendê-las, pensando que a longo prazo permanecerão mais que as outras. E, se assim não fosse, chegue de onde chegar, seja sempre bem-vinda a verdade.

Um dos propósitos metodológicos desta obra foi separar a técnica da psicopatologia. Ambas se superpõem, de fato, na clínica; no entanto, quando o fazem também na mente do estudioso, como ocorre amiúde, surgem confusões esterilizantes. O fenômeno clínico é, com certeza, unitário (e complexo!), mas as áreas em que é estudado devem ser claramente deslindadas.

Estou persuadido, por outro lado, e tentei assinalá-lo reiteradamente, de que muitas discussões provêm de motivos não-essenciais, para não dizer espúrios, dentre os quais já mencionei as necessidades do movimento psicanalítico e a defesa apaixonada de determinadas teorias ou autores, a pouca precisão com que empregamos as palavras e o freqüente esquecimento de que os atos psíquicos são multideterminados. Há outro fator a mais, e muito importante: a tendência a retirar as discussões de seu contexto. Não direi que se não seguimos um caminho histórico já estamos em falta, nem que esse trânsito seja inevitável, mas sim que algumas dissensões podem ser superadas se vemos os problemas com uma perspectiva histórica. E quando assim o fazemos, além disso, damo-nos conta de que a originalidade, às vezes, é apenas esquecimento do já escrito. "Quem poderei plagiar para ser original?", dizia Arturo Marasso em suas inesquecíveis aulas de introdução à literatura. É por isso que o livro estuda muitos temas, a partir de seu desenvolvimento cronológico, para inseri-los em seu devido contexto; em outros, porém, essa abordagem não é praticável.

Creio que a proposta talvez mais persistente desta obra foi, em conclusão, separar de forma taxativa a psicanálise de toda tentativa escondida ou patente de psicoterapia, através de um modelo que respeite a vida interna do analisando e prescinda rigorosamente da sugestão e da ação direta, por melhor que nos possa parecer.

Referências Bibliográficas

Abadi, Mauricio (1960) "Complejo de Edipo. Replanteo de su estructura originaria. Protoanhelo y protoculpa del nacimiento impedido", *Revista de Psicoanálisis*, vol. 17, pp. 165-89.

Abadi, Mauricio *et al.* (veja-se Schust, Jaime P.).

Aberastury, Arminda (1950) "Fobia a los globos en una niña de 11 meses", *Revista de Psicoanálisis*, vol. 7, pp. 541-54.

(1958) "La dentición, la marcha y el lenguaje en relación con la posición depresiva", *Revista de Psicoanálisis*, vol. 15, pp. 41-8.

Abraham, Karl (1907) "La experimentación de traumas sexuales como una forma de actividad sexual", em *Psicoanálisis clínico*, cap. 1.

(1908a) "Las diferencias psicosexuales entre la histeria y la demencia precoz", em *Psicoanálisis clínico*, Buenos Aires: Paidós, 1959, cap. 2, pp. 48-59. (*Selected papers*, Londres: Hogarth Press, 1973, cap. 2.)

(1908b) "Las relaciones psicológicas entre la sexualidad y el alcoholismo", em Karl Abraham, *Psicoanálisis clínico*, Buenos Aires: Paidós, 1959, cap. 3, pp. 60-7. ("The psychological relations between sexuality and alcoholism", em Karl Abraham, *Selected papers*, Londres: Hogarth Press, 1973, cap. 3, pp. 80-9.)

(1910) "Observaciones sobre el psicoanálisis de un caso de fetichismo del pie y del corsé", em *Psicoanálisis clínico*, Buenos Aires: Paidós, 1959, cap. 5, pp. 95-103. (*Selected papers*, Londres: Hogarth Press, 1973, cap. 5.)

(1919a) "Una forma particular de resistencia neurótica contra el método psicoanalítico", em *Psicoanálisis clínico*, Buenos Aires: Paidós, 1959, cap. 15, pp. 231-7. (*Selected papers*, Londres: Hogarth Press, 1973, cap. 15.)

(1919b) "La aplicabilidad del tratamiento psicoanalítico a los pacientes de edad avanzada", em *Psicoanálisis clínico*, Buenos Aires: Paidós, 1959, cap. 16, pp. 238-42. (*Selected papers*, Londres: Hogarth Press, 1973, cap. 16.)

(1919c) "Some remarks on Ferenczi's paper on Sunday neurosis", em *Clinical papers and essays on psycho-analysis*, Nova York: Brunner/Mazel, 1955, cap. 12, pp. 55-6.

(1920) "La valoración narcisista de los procesos excretorios em los sueños y en la neurosis", em *Psicoanálisis clínico*, Buenos Aires: Paidós, 1959, cap. 17, pp. 243-6. (*Selected papers*, Londres: Hogarth Press, 1973, cap. 17.)

(1924) "Un breve estudio de la evolución de la libido, considerada a la luz de los trastornos mentales", em *Psicoanálisis clínico*, Buenos Aires: Paidós, 1959, cap. 26, pp. 319-81. (*Selected papers*, Londres: Hogarth Press, 1973, cap. 26.)

(1925) "La formación del carácter en el nivel genital del desarrollo de la libido", em *Psicoanálisis clínico*, Buenos Aires: Paidós, 1959, cap. 25, pp. 311-8. (*Selected papers*, Londres: Hogarth Press, 1973, cap. 25).

Abt, Laurence Edwin e Weissman, Stuart L., eds. (1965) *Acting out. Theoretical and clinical aspects*; Nova York: Grune & Stratton.

Adler, Alfred (1912) *El carácter neurótico*, Buenos Aires: Paidós, 1954.

(1918) *Práctica y teoría de la psicología del individuo*, Buenos Aires: Paidós, 1958.

Ahumada, Jorge Luis (1983) "Sobre la vivencia inconciente del analista como 'base'", *Psicoanálisis*, vol. 6, 1984, pp. 585-605

(1989) Comunicação pessoal.

(1991) "Logical types and ostensive insight", *International Journal of Psycho-Analysis*, vol. 72, pp. 683-91; também em *Libro Anual de Psicoanálisis*, 1991, Lima: Imago, 1992.

(1992) "De l'ange déchu et du sujet: une critique des bases de la pensée de Jacques Lacan et de sa technique", *Revue Française de Psychanalyse*, vol. 56, pp. 425-42. ("Del ángel caído y del sujeto: crítica de los fundamentos y la técnica de Jacques Lacan", *Zona erógena*, nº 39, 1997, pp. 1-14.)

(1994) "What is a clinical fact? Clinical psychoanalysis as inductive method", *International Journal of Psycho-Analysis*, vol. 75, pp. 949-62; também em *Livro Anual de Psicandlíse*, 1994, São Pablo: Escuta, 1995.

(1997a) "Counter-induction in psychoanalytic practice: epistemic and technical aspects", em Jorge Luis Ahumada, Jorge Olagaray, Arlene Kramer Richards e Arnold D. Richards, eds., *The perverse transference and other matters. Essays in honor of E. Horacio Etchegoyen*, Nova Jersey: Aronson, pp. 181-202.

(1997b) "Disclosures and refutations. Clinical psychoanalysis as a logic of inquiry", *International Journal of Psycho-Analysis*, vol. 98, pp. 1105-18.

(1999) *Descubrimientos y refutaciones. La lógica de la indagación psicoanalítica*, Madri: Biblioteca Nueva.

Alexander, Franz (1923) "The castration complex in the formation of character", *International Journal of Psycho-Analysis*, vol. 4, pp. 11-42.

(1925) "A metapsychological description of the process of cure", *International Journal of Psycho-Analysis*, vol. 6, pp. 13-34.

(1927) "The neurotic character", *International Journal of Psycho-Analysis*, vol. 11, 1930, pp. 292-311.

Alexander, Franz e French, Thomas (1946) *Psychoanalytic Therapy*, Nova York: Ronald Press.

Alvarez, Bernardo (1974) "Acerca de la interpretación como una proposición científica", *Revista de Psicoanálisis*, vol. 31, pp. 794-807.

Alvarez de Toledo, Luisa G. de (1954) "El análisis del asociar, del interpretar y de las palabras", *Revista de Psicoanálisis*, vol. 11, pp. 267-313; resumo em *Revista de Psicoanálisis*, vol. 13, 1956, pp. 503-6.

Alvarez Lince, Bernardo (1974) "Acerca de la interpretación como una proposición científica", *Revista de Psicoanálisis*, vol. 31, pp. 794-807.

(1984) "La interpretación psicoanalítica como una hipótesis puesta a prueba de refutación", *Revista de la Sociedad Colombiana de Psicoanálisis*, vol. 9, pp. 211-26.

(1996) *La interpretación psicoanalítica. Método y creación*, Santa Fe de Bogotá: Grijalbo.

Annes, Sérgio Paulo *et al.* (1974) *Estudos psicanalíticos*, Porto Alegre: ed. dos autores.

Anzieu, Annie (1969) "La interpretación: su escucha y su comprensión por el paciente", *Revista de Psicoanálisis*, vol. 29, 1972, pp. 283-97. (*Bulletin de l'Association Psychanalytique de France*, vol. 5.)

Anzieu, Annie e Anzieu, Didier (1977) "La interpretación en primera persona", em León Grinberg, ed., *Prácticas psicoanalíticas comparadas en las neurosis*, Buenos Aires: Paidós, pp. 17-26.

Anzieu, Didier (1959) *L'auto-analyse de Freud et la découverte de la psychanalyse*, Paris: Presses Universitaires de France, vols. 1-2. (Buenos Aires: Siglo Veintiuno, vols. 1-2.)

(1969) "Dificultades de un estudio psicoanalítico sobre la interpretación", *Revista de Psicoanálisis*, vol. 29, 1972, pp. 253-82. (*Bulletin de l'Association Psychanalytique de France*, vol. 5.)

(1970) "Elementos de una teoría de la interpretación", *Imago*, vol. 8, 1979, pp. 100-67.

(1974) "Le moi-peau", *Nouvelle Revue de Psychanalyse*, vol. 9.

(1975) "La transferencia paradójica. De la comunicación paradójica a la reacción terapéutica negativa", *Psicoanálisis*, vol. 3, 1981, pp. 1-40. (*Nouvelle Revue de Psychanalyse*, vol. 12.)

Arlow, Jacob A. e Brenner, Charles (1964) "The psychoanalytic situation", discussão por Arminda Aberastury, Fidias R. Cesio, David Liberman, Jorge M. Mom e Arnaldo Rascovsky, em Robert L. Litman, ed., *Psychoanalysis in the Americas*, Nova York: International Universities Press, pp. 23-55.

Avenburg, Ricardo (1969) "La regresión en el proceso analítico en la obra de Freud", *Revista de Psicoanálisis*, vol. 26, pp. 669-77.

(1974) "La interpretación", comentado por Mauricio Abadi, Herbert Rosenfeld e Joel Zac, *Revista de Psicoanálisis*, vol. 31, pp. 541-66.

(1983) "Desarrollo acerca de sus ideas sobre psicoanálisis".

Avenburg, Ricardo *et al.* (1969) "La regresión en el proceso psicoanalítico", VII Congresso Latino-americano de Psicanálise, Bogotá, *Actas*.

Avenburg, Ricardo e Guiter, Marcos (1976) "El concepto de verdad en psicoanálisis", *Revista de Psicoanálisis*, vol. 33, pp. 403-19. (*International Journal of Psycho-Analysis*, vol. 57, pp. 11-8.)

Balint, Alice e Balint, Michael (1939) "On transference and countertransference", *International Journal of Psycho-Analysis*, vol. 20, pp. 223-30.

Balint, Michael (1932) "Charakteranalyse und Neubeginn", *Internationale Zeitschrift für Psychoanalyse*, vol. 20, 1934 (citado por Balint, 1936).

(1936) "The final goal of psycho-analytic treatment", *International Journal of Psycho-Analysis*, vol. 17, pp. 206-16.

(1937) "Early developmental states of the ego. Primary object love", *International Journal of Psycho-Analysis*, vol. 30, 1949, pp. 265-73. (Ed. orig. *Imago*, 1937.)

(1950) "On the termination of analysis", *International Journal of Psychoanalysis*, vol. 31, pp. 196-9.

(1952) "New beginning and the paranoid and the depressive syndromes'", *International Journal of Psycho-Analysis*, vol. 33, pp. 214-24.

(1954) "Analytic training and training analysis", *International Journal of Psycho-Analysis*, vol. 35, pp. 157-68.

(1968) *The basic fault. Therapeutic aspects of regression*, Nova York: Brunner/Mazel, 1979.

Baranger, Madeleine (1959) "Mala fe, identidad y omnipotencia", em Willy Baranger e Madeleine Baranger, *Problemas del campo...*, cap. 6, pp. 109-27.

Baranger, Madeleine e Baranger, Willy (1961-62) "La situación analítica como campo dinámico", *Revista Uruguaya de Psicoanálisis*, vol. 4, pp. 3-54; também em *Problemas del campo...*, cap. 7.

Baranger, Willy e Baranger, Madeleine (1964) "El 'insight' en la situación analítica", *Revista Uruguaya de Psicoanálisis*, vol. 6, pp. 19-38; também em *Problemas del campo...*, cap. 8. (Robert E. Litman, ed., *Psychoanalysis in the Americas*, Nova York: International Universities Press, 1966, parte 11, cap. 5.)

(1969) *Problemas del campo psicoanalítico*, Buenos Aires: Kargieman.

Baranger, Willy (1976) "El 'Edipo temprano' y el 'complejo de Edipo'", *Revista de Psicoanálisis*, vol. 33, pp. 303-14.

Baranger, Madeleine *et al.* (1982) "Proceso y no proceso en el trabajo analítico", *Revista de Psicoanálisis*, vol. 39, pp. 527-49. (*International Journal of Psycho-Analysis*, vol. 64, 1983, pp. 1-15.)

Barugel, Nora (1984) "El papel de la identificación con el objeto atacado en el desarrollo del yo", VI Simpósio da Associação Psicanalítica Argentina de Buenos Aires, 1984, *Actas*, pp. 120-33.

Bateson, Gregory (1973) *Steps to an ecology of mind*, Herts: Paladin.

Baudouin, Charles (1950) "La réactivation du passé", *Revue Française de Psychanalyse*, vol. 14, pp. 2-18.

Bellak, Leopold (1965) "The concept of acting out: theoretical considerations", em Laurence Edwin Abt e Stuart L. Weissman, eds., *Acting out. Theoretical and clinical aspects*, Nova York: Grune & Stratton, cap. 1, pp. 3-19.

Berenstein, Isidoro (1972) "Comentario al trabajo de David Liberman 'Evaluación de las entrevistas...'", *Revista de Psicoanálisis*, vol. 29, pp. 484-8.

(1976) *El complejo de Edipo. Estructura y significación*, Buenos Aires: Paidós.

(1984) "La estructura de los gemelos. Una formación psíquica temprana", *Psicoanálisis*, vol. 6, pp. 243-59.

Bergeret, Jean, ed. (1980) *La cure psychanalytique sur le divan*, Paris: Tchou.

(1986) "Les états-limites et leurs aménagements", em Jean Bergeret, Jean Achainre, A. Bécache *et al.* (1972) *Psychologie pathologique*, Paris: Masson, 4ª ed., 1986, pp. 192-210.

Bermann, Claudio (1962) "La psicoterapia en el ambiente sanatorial", em Gregorio Bermann, ed., *Las psicoterapias y el psicoterapeuta*, Buenos Aires: Paidós, 1964.

Bernfeld, Siegfried (1932) "El concepto de 'interpretación' en psicoanálisis", em *El psicoanálisis y la educación antiautoritaria*, Barcelona: Barral editores, 1973.

(1941) "The fact of observation in psychoanalysis", *Journal of Psychology*, vol. 12, pp. 289-305.

Bettelheim, Bruno (1972) "Regression as progress", em Peter L. Giovacchini ed., *Tactics and techniques in psychoanalytic therapy*, Nova York: Aronson, cap. 9, pp. 189-99.

Bianchedi, Elizabeth T. de e Sor, Darío (1967) "Revertir la perspectiva", *Revista de Psicoanálisis*, vol. 24, pp. 143-50.

Bibring, Edward (1937) "Symposium on the theory of the therapeutic results of psycho-analysis", *International Journal of Psycho-Analysis*, vol. 18, pp. 170-89.

(1954) "Psychoanalysis and the dynamic psychotherapies", *Journal of the American Psychoanalytic Association*, vol. 2, pp. 745-70.

Bick, Esther (1968) "The experience of the skin in early object-relations", *International Journal of Psycho-Analysis*, vol. 49, pp. 484-6. (*Revista de Psicoanálisis*, vol. 27, 1970, pp. 111-7.)

Bion, Wilfred R. (1950) "The imaginary twin", em *Second thoughts. Selected papers on psycho-analysis*, Londres: William Heinemann, 1967, pp. 3-22.

(1954) "Notes on the theory of schizophrenia", *International Journal of Psycho-Analysis*, vol. 35, pp. 113-8; também em *Second thoughts...*, cap. 3.

(1956) "Development of schizophrenic thought", *International Journal of Psycho-Analysis*, vol. 37, pp. 344-6; também em *Second thoughts...*, cap. 4.

(1957) "Differentiation of the psychotic from the non-psychotic personalities", *International Journal of Psycho-Analysis*, vol. 38, pp. 266-75; também em *Second thoughts...*, cap. 5.

(1958) "On arrogance", *International Journal of Psycho-Analysis*, vol. 39, pp. 144-6; também em *Second thoughts...*, cap. 7.

(1959) "Attacks on linking", *International Journal of Psycho-Analysis*, vol. 40, pp. 308-15; também em *Second thoughts...*, cap. 8.

(1961) *Experiences in groups and other papers*, Londres: Tavistock Publications.

(1962a) "A theory of thinking", *International Journal of Psycho-Analysis*, vol. 43, pp. 306-10; também em *Second thoughts...*, cap. 9.

(1962b) *Learning from experience*, Londres: W. Heinemann. (Buenos Aires: Paidós, 1966.)

(1963) *Elements of psycho-analysis*, Nova York: Basic Books. (Buenos Aires: Paidós, 1966.)

(1965) *Transformations: Change from learning to growth*, Nova York: Basic Books. (Buenos Aires: Centro Editor, 1972.)

(1967a) "Notes on memory and desire", *Psychoanalytic Forum*, vol. 2, n° 3. (*Revista de Psicoanálisis*, vol. 26, 1969, pp. 679-92.)

(1967b) *Second thoughts. Selected papers on psycho-analysis*, Londres: W. Heinemann.

(1970) *Attention and interpretation*, Nova York: Basic Books. (Buenos Aires: Paidós, 1974.)

Bird, Brian (1957) "A specific peculiarity of acting out", *Journal of the American Psychoanalytic Association*, vol. 5, pp. 630-47.

Bleger, José (1961) "La simbiosis", *Revista de Psicoanálisis*, vol. 18, pp. 361-9.

(1967a) "Psicoanálisis del encuadre psicoanalítico", *Revista de Psicoanálisis*, vol. 24, pp. 241-58; também em *Simbiosis y ambigüedad*, cap. 6.

(1967b) *Simbiosis y ambigüedad. Estudio psicoanalítico*, Buenos Aires: Paidós.

(1971) "La entrevista psicológica: su empleo en el diagnóstico y la investigación", em *Temas de psicología. Entrevistas y grupos*, Buenos Aires: Nueva Visión.

Bleichmar, Celia Leiberman de (1989) "El problema naturaleza/cultura en psicoanálisis", em *El psicoanálisis después de Freud*, Buenos Aires: Paidós, 1997.

Bleichmar, Norberto M. (1981) El amor de transferencia. Sobre el análisis del complejo de Edipo al comienzo y al final del tratamiento".

Bleichmar, Norberto M. e Bleichmar, Celia Leiberman de (1989) *El psicoanálisis después de Freud*, Buenos Aires: Paidós, 1997.

Bleuler, Eugen (1911) *Demencia precoz. El grupo de las esquizofrenias*, Buenos Aires: Paidós, 1960.

Blitzsten, N. Lionel (s. a.) (Citado por Gitelson, 1952, e Rappaport, 1956.)

Blos, Peter (1962) "The concept of acting out in relation te the adolescent process", em Eveoleen N. Rexford, ed., *A developmental approach to problems of acting out*, Nova York: International Universities Press, 1978, pp. 153-82.

Blum, Harold P. (1977) "The prototype of preoedipal reconstruction", *Journal of the American Psychoanalytic Association*, vol. 25, pp. 757-85.

(1979) "The curative and creative aspects of insight", *Journal of the American Psychoanalytic Association*, vol. 27, p. 41 (suplemento); também em Harold P. Blum, ed., *Psychoanalytic explorations...*, pp. 41-69. (*Psicoanálisis*, vol. 2, 1980.)

(1980) "The value of reconstruction in adult psychoanalysis", *International Journal of Psycho-Analysis*, vol. 61, pp. 39-52.

(1994) *Reconstruction in psychoanalysis. Childhood revisited and recreated*, Madison, Connecticut: International Universities Press.

Blum, Harold P., ed. (1980) *Psychoanalytic explorations of technique. Discourse on the theory of therapy*, Nova York: International Universities Press.

(1982) "El proceso analítico y la inferencia analítica: un estudio clínico de una mentira y una pérdida", *Revista de Psicoanálisis*, vol. 39, pp. 551-78. (*International Journal of Psycho-Analysis*, vol. 64, 1983.)

Boesky, Dale (1981) "Acting out: una reconsideración del concepto', *Revista de Psicoanálisis*, vol. 38, pp. 1103-30. (*International Journal of Psycho-Analysis*, vol. 63, 1982.)

Brenman, Eric (1980) "The value of reconstruction in adult psychoanalysis", *International Journal of Psycho-Analysis*, vol. 61, pp. 53-60. (*Psicoanálisis*, vol. 2.)

Brenner, Charles (1976) *Psychoanalytic techniques and psychic conflict*, Nova York: International Universities Press.

(1982) *The mind in conflict*, Nova York: International Universities Press. (*La mente en conflicto*, Madri: Tecnipublicaciones, 1989.)

Breuer, Josef e Freud, Sigmund (1895) *Estudios sobre la histeria*, em Sigmund Freud, *AE*, vol. 2.

Bryce Boyer, L. (1969) "La técnica psicoanalítica en el tratamiento de ciertos trastornos caracterológicos y esquizofrénicos", *Revista de Psicoanálisis*, vol. 26, pp. 765-839.

Buxbaum, Edith (1950) 'Technique of terminating analysis", *International Journal of Psycho-Analysis*, vol. 31, pp. 184-90.

Bychowski, Gustav (1956) "Homosexuality and psychosis", em Sandor Lorand e Michael Balint, eds., *Perversions: psychodynamics and therapy*, Nova York: Random House, pp. 97-130.

Carloni, Glauco (1984) "Tatto, contatto e tattica", *Rivista di Psicoanalisi*, vol. 30, pp. 191-205.

Carnap, Rudolf (1950) *Logical foundation of probability*, Londres: Routledge and Kegan Paul.

Carpinacci, Jorge A. (1975) "Algunas consideraciones sobre la 'construcción' en psicoanálisis", comentado por I. Berenstein, E. T. de Bianchedi e B. Winograd, *Revista de Psicoanálisis*, vol. 32, pp. 227-69.

Cesio, Fidias R. (1956) "Un caso de 'reacción terapéutica negativa', *Revista de Psicoanálisis*, vol. 13, pp. 522-6.

(1957) "El lenguaje no-verbal. Su interpretación", *Revista de Psicoanálisis*, vol. 14, pp. 110-20.

(1960) "El letargo. Una contribución al estudio de la reacción terapéutica negativa", *Revista de Psicoanálisis*, vol. 17, pp. 10-24 e 289-98.

(1976) "La transferencia en el sueño y en el tratamiento psicoanalítico", *Revista de Psicoanálisis*, vol. 24, pp. 809-15.

Clavreul, Jean (1963) "Notas sobre la cuestión de la realidad en las perversiones", conferência na Sociedade Francesa de Psicanálise, 7 de maio, cátedra de Psicopatologia do professor Jorge Fukelman, Universidad Nacional de Buenos Aires, ficha 508.

(1966) "La pareja perversa", em Piera Aulagnier-Spairani *et al.*, *El deseo y la perversión*, Buenos Aires: Sudamericana, 1968.

Coderch, Joan (1945) *La interpretación en psicoanálisis. Fundamentos y teoría de la técnica*, Barcelona: Herder.

Chasseguet-Smirgel, Janine (1967) "Note clinique sur les rêves d'examen", *Revue Française de Psychanalyse*, n° 1; também em *Pour une psychanalyse de l'art et de la créativité* cap. 6, Paris: Payot, 1971.

(1975) *L'ideal du Moi. Essai psychanalytique sur la "maladie d'idealité"*, Paris: Tchou. (*El ideal del yo. Ensayo psicoanalítico sobre la "enfermedad de idealidad"*, Buenos Aires: Amorrortu editores, 1991.)

Darwin, Charles (1859) *Origin of species*, Londres: John Murray.

Dayan, Maurice (1982) "La señora K interpreta", *Trabajo de Psicoanálisis*, vol. 1, pp. 267-303.

Del Valle, Elsa (1979) *La obra de Melanie Klein*, Buenos Aires: Kargieman, vol. 1.

Deutsch, Helene (1926) "Okkulte Vorgänge während der Psychoanalyse", *Imago*, vol. 12. (Citado por Racker, 1953.)

(1942) "Algunas formas de trastorno emocional y su relación con la esquizofrenia", *Revista de Psicoanálisis*, vol. 25, pp. 413-31. (*Neurosis and character types. Clinical psychoanalytic studies*, Nova York: International Universities Press, 1965, cap. 20.)

Dubcovsky, Santiago (s. a.) "La inflación. Algunas consecuencias de las crisis económicas sobre la práctica psicoanalítica", *Revista Argentina de Psicología*, pp. 25-51.

Dupetit, Susana (1982) *La adicción y las drogas*, Buenos Aires: Ed. Futuro.

(1988) "La mirada del tigre: acerca de la transferencia en pacientes adictos". Relato diante do Primeiro Congresso Argentino de Psicanálise, Buenos Aires: Graffit S.R.L., pp. 57-75.

Eagle, M. N. (1984) *Recent developments in psycho-analysis. A critical evaluation*, Nova York: McGraw-Hill Book Co. (*Desarrollos contemporáneos recientes en psicoanálisis*, Buenos Aires: Paidós, 1988.)

Eissler, Kurt R. (1953) "The effect of the structure of the ego on psychoanalytic technique", *Journal of the American Psychoanalytic Association*, vol. 1, pp.; 104-43.

(1958) "Remarks on some variations in psychoanalytical technique", *International Journal of Psycho-Analysis*, vol. 39, pp. 222-9.

Ekstein, Rudolf (1966a) *La psicosis infantil*, México: Pax México, 1969.

(1966b) "La naturaleza del proceso interpretativo", em *La psicosis...*, cap. 6, pp. 167-95.

Ekstein, Rudolf e Friedman, Seymone W. (1957) "The function of acting out, play action and play acting in the psychotherapeutic process", *Journal of the American Psychoanalytic Association*, vol. 5, pp. 581-629.

Ellenberger, Henri F. (1970) *The discovery of the unconscious. The history and evolution of dynamic psychiatry*, Nova York: Basic Books.

English, H. B. e English, A. C. (1958) *A comprehensive dictionary of psychological and psychoanalytic terms*, Nova York: Longmans Green.

Erickson, Erik (1950) *Childhood and society*, Nova York: Norton. (*Infancia y sociedad*, Buenos Aires: Paidós, 1959.)

(1962) "Reality and actuality: an address", *Journal of the American Psychoanalytic Association*, vol. 10, pp. 415-74.

Etchegoyen, Laura (2000) "La empatía en la práctica clínica", em Jorge Luis Ahumada, Jorge Olagaray, Arlene Kramer Richards e Arnold David Richards, eds., *Las tareas del psicoanálisis*, Buenos Aires: Polemos, cap. 7.

Etchegoyen, R. Horacio (1960) "Comentarios sobre el análisis de un psicópata" (inédito).

(1969) "La primera sesión de análisis", comentado por Lygia Alcántara de Amaral, James Naiman e Leo Rangell, *Revista de Psicoanálisis*, vol. 28, 1971, pp. 501-35.

(1970) "Homosexualidad femenina: aspectos dinámicos de la recuperación", *Revista Uruguaya de Psicoanálisis*, vol. 12, pp. 431-77.

(1973) "A note on ideology and psychoanalytic technique", *International Journal of Psycho-Analysis*, vol. 54, pp. 485-6.

(1976) "El 'impasse' psicoanalítico y las estrategias del yo", *Revista de Psicoanálisis*, vol. 33, pp. 613-36.

(1977) "Perversión de transferencia. Aspectos teóricos y técnicos", em León Grinberg, ed., *Prácticas psicoanalíticas comparadas en las psicosis*, Buenos Aires: Paidós, cap. 2, pp. 58-83.

(1978a) "Some thoughts on transference perversion", *International Journal of Psycho-Analysis*, vol. 59, pp. 45-53; também em Jean Bergeret, ed., *La cure psychanalytique sur le divan*, Paris: Tchou, pp. 177-91.

(1978b) "Las formas de transferencia", *Psicoanálisis*, vol. 2, pp. 1065-89.

(1979a) "Regresión y encuadre", *Psicoanálisis*, vol. 1, pp. 479-503.

(1979b) "Introducción a la versión castellana" a Donald Meltzer et al., *Exploración del autismo*, Buenos Aires: Paidós, pp. 11-6.

(1981a) "Notas para una historia de la escuela inglesa de psicoanálisis", *Revista de la Asociación Escuela Argentina de Psicoterapia para Graduados*, vol. 6, pp. 13-30.

(1981b) "Validez de la interpretación transferencial en el 'aquí y ahora' para la reconstrucción del desarrollo psíquico temprano", *Revista de Psicoanálisis*, vol. 38, pp. 1145-65. (*International Journal of Psycho-Analysis*, vol. 63, 1982.)

(1981c) "Instances and alternatives of the interpretative work", *International Review of Psycho-Analysis*, vol. 8, pp. 401-21.

(1982a) "A cincuenta años de la interpretación mutativa", *Revista Chilena de Psicoanálisis*, vol. 4, pp. 23-31. (*International Journal of Psycho-Analysis*, vol. 64, 1983.)

(1983) "Insight", *Trabajos del Psicoanálisis*, vol. 2, pp. 253-87.

(1985) "Los estilos interpretativos", *Psicoanálisis*, vol. 7.

(1988) "Reflexiones sobre la trasferencia", 1º. Congresso Argentino de Psicanálise, *Actas*, Buenos Aires: Graffit, S. R. L. pp. 77-101.

(1999) *Un ensayo sobre la interpretación psicoanalítica*, Buenos Aires: Polemos.

Etchegoyen, R. Horacio, Barutta, Ricardo, Bonfanti, Luis et al. (1986) "Sobre dos niveles en el proceso de elaboración", *Psicoanálisis*, 8, pp. 483-91. (*Journal of the Melanie Klein Society*, 3, 1985, pp. 31-9.)

Etchegoyen, R. H. e Catri, José (1978) "Freud, Ferenczi y el análisis didáctico", I Simpósio da Associação Psicanalítica de Buenos Aires, *Actas*.

Etchegoyen, R. H. et al. (1979) "El sueño como superficie de contacto", II Simpósio da Associação Psicanalítica de Buenos Aires, *Actas*, pp. 40-8.

(1982a) "Sobre dos niveles en el proceso de elaboración", *Psicoanálisis*.

(1982b) "De los comienzos del complejo de Edipo", XIV Congresso Psicanalítico da América Latina, *Actas*, vol. 2, "Comunicações livres", pp. 137-41.

(1982c) "El complejo de Edipo y los precursores del superyó", XIV Congresso Psicanalítico da América Latina, *Actas*, vol. 2, "Comunicaciones livres", pp. 143-8.

(1985) "De la interpretación de la envidia", *Revista de Psicoanálisis*, vol. 42, pp. 1019-41. ("On envy and how to interpret it", *International Journal of Psycho-Analysis*, vol. 68, 1987, pp. 49-61.)

Etchegoyen, R. Horacio, López, Benito M. e Rabih Moisés (1985) "De la interpretación de la envidia", *Revista de Psicoanálisis*, vol. 42, pp. 1019-41; "On envy and how to interpret it", *International Journal of Psycho-Analysis*, vol. 68, 1987, pp. 49-61.

Etchegoyen, R. Horacio e Rabih, M. (1981) "Las teorías psicoanalíticas de la envidia", *Psicoanálisis*, vol. 3, pp. 359-84.

Fairbairn, W. Ronald D. (1941) "A revised psychopathology of the psychosis and psychoneurosis", *International Journal of Psycho-Analysis*, vol. 22, pp. 250-79. (*Revista de Psicoanálisis*, vol. 4, 1947, pp. 751-81.)

(1944) "Endopsychic structure considered in terms of object-relationships", *International Journal of Psycho-Analysis*, vol. 25, pp. 70-93.

(1958) "On the nature and aims of psycho-analytical treatment", *International Journal of Psycho-Analysis*, vol. 39, pp. 374-85.

Federn, Paul (1943) "Psychoanalysis of psychosis", em *Ego Psychology and the Psychosis*, Londres: Imago, 1953, cap. 6, pp. 117-65; publicado inicialmente em *Psychiatric Quarterly*.

(1947) "Principios psicoterapéuticos en la esquizofrenia latente", em *La psicología del yo y las psicosis*, Buenos Aires: Amorrortu editores, cap. 7, pp. 189-206. (*American Journal of Psychotherapy*, vol. 1, pp. 129-44; "Principles of psychotherapy in latent schizophrenia", em *Ego Psychology and the psychosis*, Londres: Imago, 1953.)

Fenichel, Otto (1935) "Concerning the theory of psychoanalytic technique", em *Collected papers*, Nova York: David Lewis, Inc., 1953, first series, cap. 30, pp. 332-48; também em Louis Paul, ed., *Psychoanalytic clinical interpretation*. (*Internationale Zeitschrift für Psychoanalyse*, vol. 21, pp. 78-95.)

(1937) "Symposium on the theory of the therapeutic results of psychoanalysis", *International Journal of Psycho-Analysis*, vol. 18, pp. 133-8.

(1941) *Problems of psychoanalytic technique*, Nova York: Psychoanalytic Quarterly Inc. (México: Paz, 1964.)

(1945a) *The psycho-analytic theory of neurosis*, Londres: Regan Paul.

(1945b) "Neurotic acting out", em *Collected papers*, Nova York: David Lewis, Inc., second series, cap. 22, pp. 296-304.

Ferenczi, Sandor (1909) "Transferencia e introyección", em *Psicoanálisis. Obras completas*, Madri: Espasa Calpe, vol. 1, cap. 2, pp. 99-134; também em *Sexo y psicoanálisis*, Buenos Aires: Paidós, 1959, cap. 2. (*First contributions to psycho-analysis*, Nova York: Brunner/Mazel, 1980, cap. 2.)

(1911) "Papel de la homosexualidad en la patogenia de la paranoia", em Sándor Ferenczi, *Psicoanálisis...*, vol. 1, cap. 13, pp. 189-206. ("On the part played by homosexuality in the pathogenesis of paranoia", em Sandor Ferenczi, *First contributions...*, cap. 5, pp. 154-84.)

(1913) "El desarrollo del sentido de realidad y sus estadios", em *Psicoanálisis...*, vol. 2, pp. 63-79; também em *Sexo y psicoanálisis...*, cap. 8. (*First contributions...*, cap. 8.)

(1914) "Algunas observaciones clínicas de enfermos paranoicos y parafrénicos", em *Psicoanálisis...*, vol. 2, pp. 139-47; também em *Sexo y psicoanálisis...*, cap. 11. (*First contributions...*, cap. 11; publicado originalmente como "Einige klinische Beobachtungen bei der Paranoia und Paraphrenie", *Internationale Zeitschrift für Psychoanalyse*, vol. 2, pp. 12-7.)

(1916) *First eontributions to psycho-analysis*, Nova York: Brunner/Mazel, 1980.

(1919a) "Neurosis del domingo", *Psicoanálisis...*, vol. 2, pp. 409-13; também em *Teoría y técnica del psicoanálisis*, Buenos Aires: Paidós, cap. 13. (*Further contributions to the theory and technique of psychoanalysis*, cap. 13.)

(1919b) "Dificultades técnicas de un análisis de histeria", *Psicoanálisis...*, vol. 3, pp. 21-8; também em *Teoría y técnica...*, cap. 15. (*Further contributions...*, cap. 15.)

(1920) "Prolongaciones de la 'técnica activa' en psicoanálisis", *Psicoanálisis...*, vol. 3, pp. 137-55; também em *Teoría y técnica...*, cap. 16. (*Further contributions...*, cap. 16.)

(1921) "Reflexiones psicoanalíticas sobre los tics", *Psicoanálisis...*, vol. 3, pp. 101-32; também em *Teoría y técnica...*, cap. 12. (*Further contributions...*, cap. 12; *International Journal of Psycho-Analysis*, vol. 2.)

(1924) *Thalassa. Ensayo sobre la teoría de la genitalidad*, *Psicoanálisis...*, vol. 3, pp. 303-83. (Nova York: The Psychoanalytic Quarterly Inc., 1938.)

(1926) *Further contributions to the theory and technique of psychoanalysis*, Nova York: Brunner/Mazel, 1980.

(1927) "El problema de la terminación del análisis", em *Problemas y métodos del psicoanálisis*, Buenos Aires: Paidós, 1966, cap. 7, pp. 68-76. (*Final contributions to the problems and methods of psychoanalysis*, Nova York: Brunner/Mazel, 1980, cap. 7.)

(1928) "Elasticidad de la técnica psicoanalítica", *Psicoanálisis*, Madri: Espasa Calpe, 1984, vol. 4, pp. 59-72. (*Problemas y métodos...*, *Final contributions...*)

(1929) "El principio de relajación y la neocatarsis", em *Problemas y métodos...*, cap. 10, pp. 95-110. (*Final contributions...*, vol. 11, 1930.)

(1931) "El análisis infantil en el análisis de adultos", em *Problemas y métodos...*, cap. 11, pp. 111-26. (*Final contributions...*, cap. 11, *International Journal of Psycho-Analysis*, vol. 12.)

(1932) "La confusión de lenguajes entre los adultos y el niño. El lenguaje de la ternura y la pasión", em *Problemas y métodos...*, cap. 13, pp. 139-49. (*Final contributions...*, cap. 13; *International Journal of Psycho-Analysis*, vol. 30, 1949.)

(1955) *Final contributions to the problems and methods of psychoanalysis*, Nova York: Brunner/Mazel, 1980.

(1959) *Sexo y psicoanálisis*, Buenos Aires: Paidós.

(1966) *Problemas y métodos del psicoanálisis*, Buenos Aires: Paidós.

(1967) *Teoría y técnica del psicoanálisis*, Buenos Aires: Paidós.

(1981) *Psicoanálisis. Obras completas*, Madri: Espasa Calpe, vols. 1-3.

Ferenczi, Sandor e Rank, Otto (1923) *The development of psychoanalysis*, Nova York: Nervous and Mental Disease Monograph Series, 1925.

Filc, Sara Zac de (1979) "Insight", monografia apresentada na Associação Psicanalítica de Buenos Aires.

(1983) "El rol continente de los elementos sonoros de la interpretación".

Fliess, Robert, ed. (1948) *The Psycho-analytic reader*, Nova York: International Universities Press. (*Escritos psicoanalíticos fundamentales*, Barcelona: Paidós, 1981.)

Fornari, Franco (1981) *Il codice vivente*, Turim: Boringhieri. (Citado por Speziale Bagliacca, 1982.)

Forsyth, David (1922) *The technique of psychoanalysis*, Londres: Paul, Trench, Trubner. (Citado por Menninger, 1958.)

Frankl, Vicktor E.(s. a.) *Homo patients. Intento de una patodicea*, Buenos Aires: Platin, 1955.

French, Thomas M. (1939) "Insight and distortion in dreams", *International Journal of Psycho-Analysis*, vol. 20, pp. 287-98

Freud, Anna (1927) *Psicoanálisis del niño*, Buenos Aires: Paidós, 1977, 3ª ed. (*Four lectures on child analysis*, em *Writings*, Nova York: International Universities Press, vol. 1, pp. 3-69); *Einführung in die Technik der Kinderanalyse*, Viena: Internationaler Psychoanalytischer Verlag.)

(1936) *The ego and the mechanisms of defense*, em *Writings...*, vol. 2, 1966. (Buenos Aires: Paidós, 1949.)

(1952) (1949-51) "Studies in passivity", em *Writings...*, vol. 4, cap. 10, pp. 245-59; resumo em *International Journal of Psycho-Analysis*, vol. 33, 1952, p. 265.

(1954) "The widening scope of indication for psychoanalysis. Discussion", *Journal of the American Psycho-Analytical Association*, vol. 2, pp. 607-20; também em *Writings...*, vol. 4. (*Estudios...*, cap. 2.)

(1963) "The concept of developmental lines", em *Psychoanalytical Study of the Child*, vol. 18, pp. 245-65.

(1965) "The therapeutic possibilities", em *Normality and pathology in childhood: assessments of development*, em *Writings...*, vol. 6, cap. 6, pp. 213-35. (*Normalidad y patología...*, cap. 6.)

(1966) "The ideal psychoanalytic institute: a utopia", em *Writings...*, vol. 7, pp. 73-93. (*Estudios...*, cap. 10.)

(1968) "Acting out", *International Journal of Psycho-Analysis*, vol. 49, pp. 165-70; também em *Writings...*, vol. 7, cap. 7. (*Estudios...*, cap. 7.)

(1965, etc.) *Writings*, Nova York: International Universities Press, vols. 1-7.

(1971) *Normalidad y patología en la niñez. Evaluación del desarrollo*, Buenos Aires: Paidós.

(1978) *Estudios psicoanalíticos*, Buenos Aires: Paidós.

Freud, Sigmund (1890a) "Tratamiento psíquico (tratamiento del alma)", em *Obras completas*, Buenos Aires: Amorrortu editores (*AE*), 1978-85, vol. 1, pp. 111-32. (*SE*, vol. 7.)

(1893) "Sobre la psicoterapia de la histeria", em *AE*, vol. 2, pp. 261-309.

(1894a) "Las neuropsicosis de defensa. (Ensayo de una teoría psicológica de la histeria adquirida, de muchas fobias y representaciones obsesivas, y de ciertas psicosis alucinatorias), em *AE*, vol. 3, pp. 41-61. (*SE*, vol. 3.)

(1895) "Proyecto de psicología" (veja-se 1950a).

(1895d) *Estudios sobre la histeria*, em colaboração com Josef Breuer (veja-se Breuer e Freud, 1895).

(1898a) "La sexualidad en la etiología de las neurosis", em *AE*, vol. 3, pp. 251-76. (*SE*, vol. 3.)

(1899a) "Sobre los recuerdos encubridores", em *AE*, vol. 3, pp. 291-315. (*SE*, vol. 3.)

(1900a) *La interpretación de los sueños*, vols. 1-2, em *AE*, vols. 4-5. (*SE*, vols. 4-5-)

(1901a) *Sobre el sueño*, em *AE*, vol. 5, pp. 613-68. (*SE*, vol. 5.)

(1901b) *Psicopatología de la vida cotidiana*, em *AE*, vol. 6. (*SE*, vol. 6.)

(1904a) "El método psicoanalítico de Freud", em *AE*, vol. 7, pp. 233-42. (*SE*, vol. 7.)

(1905a) "Sobre psicoterapia", em *AE*, vol, 7, pp. 243-57, (*SE*, vol. 7.)

(1905c) *El chiste y su relación con lo inconciente*, em *AE*, vol. 8. (*SE*, vol. 8.)

(1905d) *Tres ensayos de teoría sexual*, em *AE*, vol. 7, pp. 109-222. (*SE*, vol. 7.)

(1905e) "Fragmento de análisis de un caso de histeria", *AE*, vol. 7, pp. 1-107. (*SE*, vol. 7.)

(1909a) "Apreciaciones generales sobre el ataque histérico", em *AE*, vol. 9. (*SE*, vol. 9.)

(1909b) "Análisis de la fobia de un niño de cinco años" (el pequeño Hans), em *AE*, vol. 10, pp. 1-118. (*SE*, vol. 10.)

(1909d) "A propósito de un caso de neurosis obsesiva" (El Hombre de las Ratas), em *AE*, vol. 10, pp. 119-94. (*SE*, vol. 10.)

(1910a) *Cinco conferencias sobre psicoanálisis*, em *AE*, vol. 11, pp. 3-51. (*SE*, vol. 11.)

(1910c) *Un recuerdo infantil de Leonardo da Vinci*, em *AE*, vol. 11, pp. 53-127. (*SE*, vol. 11.)

(1910d) "Las perspectivas futuras de la terapia psicoanalítica", em *AE*, vol. 11, pp. 129-42. (*SE*, vol. 11.)

(1910k) "Sobre el psicoanálisis 'silvestre'", em *AE*, vol. 11, pp. 217-27. (*SE*, vol. 11.)

(1911b) "Formulaciones sobre los dos principios del acaecer psíquico", em *AE*, vol. 12, pp. 217-27. (*SE*, vol. 12.)

(1911c) "Puntualizaciones psicoanalíticas sobre un caso de paranoia (Dementia paranoides) descrito autobiográficamente", em *AE*, vol. 12, pp. 1-76. (*SE*, vol. 12.)

(1911e) "El uso de la interpretación de los sueños en el psicoanálisis", em *AE*, vol. 12, pp. 83-92. (*SE*, vol. 12.)

(1912b) "Sobre la dinámica de la trasferencia", em *AE*, vol. 12, pp. 93-105. (*SE*, vol. 12.)

(1912e) "Consejos al médico sobre el tratamiento psicoanalítico", em *AE*, vol. 12, pp. 107-19. (*SE*, vol. 12.)

(1912-13) *Tótem y tabú*, em *AE*, vol. 13, pp. 1-162. (*SE*, vol. 13.)

(1913c) "Sobre la iniciación del tratamiento (Nuevos consejos sobre la técnica del psicoanálisis, I)", em *AE*, vol. 12, pp. 121-44. (*SE*, vol. 12.)

(1914c) "Introducción del narcisismo", em *AE*, vol. 14, pp. 65-98. (*SE*, vol. 14.)

(1914g) "Recordar, repetir y reelaborar (Nuevos consejos sobre la técnica del psicoanálisis, II)", em *AE*, vol. 12, pp. 145-57. (*SE*, vol. 12.)

(1915a) "Puntualizaciones sobre el amor de trasferencia (Nuevos consejos sobre la técnica del psicoanálisis, III)", em *AE*, vol. 12, pp. 159-74. (*SE*, vol. 12.)

(1915c) "Pulsiones y destinos de pulsión", em *AB*, vol. 14, pp. 105-34. (*SE*, vol. 14.)

(1915d) "La represión", em *AE*, vol. 14, pp. 135-52. (*SE*, vol. 14.)

(1915e) "Lo inconciente", em *AE*, vol. 14, pp. 153-213. (*SE*, vol. 14.)

(1916d) "Algunos tipos de carácter dilucidados por el trabajo analítico", em *AE*, vol. 14, pp. 313-39. (*SE*, vol. 14.)

(1916-17) *Conferencias de introducción al psicoanálisis*, em *AE*, vols. 15-16. (*SE*, vols. 15-16.)

(1917c) "Sobre las trasposiciones de la pulsión, en particular del erotismo anal", em *AE*, vol. 17, pp. 113-23. (*SE*, vol. 17.)

(1917d) "Complemento metapsicológico a la doctrina de los sueños", em *AE*, vol. 14, pp. 215-33. (*SE*, vol. 14.)

(1917e) "Duelo y melancolía", em *AE*, vol. 14, pp. 235-55. (*SE*, vol. 14.)

(1918b) "De la historia de una neurosis infantil", em *AE*, vol. 17, pp. 1-111. (*SE*, vol. 17.)

(1919a) "Nuevos caminos de la terapia psicoanalítica", em *AE*, vol. 17, pp. 151-63. (*SE*, vol. 17.)

(1919e) "'Pegan a un niño' (Contribución al conocimiento de la génesis de las perversiones sexuales)", em *AE*, vol. 17, pp. 173-200. (*SE*, vol. 17.)

(1920a) "Sobre la psicogénesis de un caso de homosexualidad femenina", em *AE*, vol. 18, pp. 137-64. (*SE*, vol. 18.)

(1920g) *Más allá del principio de placer*, em *AE*, vol. 18, pp. 1-62. (*SE*, vol. 18.)

(1921c) *Psicología de las masas y análisis del yo*, em *AE*, vol. 18, pp. 63-136. (*SE*, vol. 18.)

(1922b) "Sobre algunos mecanismos neuróticos en los celos, la paranoia y la homosexualidad", em *AE*, vol. 18, pp. 213-26. (*SE*, vol. 18.)

(1923a) "Dos artículos de enciclopedia: 'Psicoanálisis' y 'Teoría de la libido'", em *AE*, vol. 18, pp. 227-54. (*SE*, vol. 18.)

(1923b) *El yo y el ello*, em *AE*, vol. 19, pp. 1-66. (*SE*, vol. 19.)

(1923c) "Observaciones sobre la teoría y la práctica de la interpretación de los sueños", em *AE*, vol. 19, pp. 107-22. (*SE*, vol. 19.)

(1923e) "La organización genital infantil (Una interpolación en la teoría de la sexualidad)", em *AE*, vol. 19, pp. 141-9. (*SE*, vol. 19.)

(1924b) "Neurosis y psicosis", em *AE*, vol. 19, pp. 151-9. (*SE*, vol. 19.)

(1924c) "El problema económico del masoquismo", em *AE*, vol. 19, pp. 161-76. (*SE*, vol. 19.)

(1924d) "El sepultamiento del complejo de Edipo", em *AE*, vol. 19, pp. 177-87. (*SE*, vol. 19.)

(1924e) "La pérdida de realidad en la neurosis y la psicosis", em *AE*, vol. 19, pp. 189-97. (*SE*, vol. 19.)

(1925d) *Presentación autobiográfica*, em *AE*, vol. 20, pp. 1-70. (*SE*, vol. 20.)

(1925h) "La negación", em *AE*, vol. 19, pp. 249-57. (*SE*, vol. 19.)

(1925i) "La responsabilidad moral por el contenido de los sueños", em "Algunas notas adicionales a la interpretación de los sueños en su conjunto", em *AE*, vol. 19, pp. 133-6. (*SE*, vol. 19.)

(1925j) "Algunas consecuencias psíquicas de la diferencia anatómica entre los sexos", em *AE*, vol. 19, pp. 259-76. (*SE*, vol. 19.)

(1926d) *Inhibición, síntoma y angustia*, em *AE*, vol. 20, pp. 71-164. (*SE*, vol. 20.)

(1926e) *¿Pueden los legos ejercer el análisis? Diálogos con un juez imparcial*, em *AE*, vol. 20, pp. 165-242. (*SE*, vol. 20.)

(1927d) "El humor", em *AE*, vol. 21, pp. 153-62. (*SE*, vol. 21.)

(1927e) "Fetichismo", em *AE*, vol. 21, pp. 141-52. (*SE*, vol. 21.)

(1930a) *El malestar en la cultura*, em *AE*, vol. 21, pp. 57-140. (*SE*, vol. 21.)

(1931b) "Sobre la sexualidad femenina", em *AE*, vol. 21, pp. 223-44. (*SE*, vol. 21.)

(1933a) *Nuevas conferencias de introducción al psicoanálisis*, em *AE*, vol. 22, pp. 1-168. (*SE*, vol. 22.)

(1933a) "La feminidad", em *Nuevas conferencias...*, conferencia 33, pp. 104-25.(*SE*, vol. 22.)

(1937c) "Análisis terminable e interminable", em *AE*, vol. 23, pp. 211-54. (*SE*, vol. 23.)

(1937d) "Construcciones en el análisis", em *AE*, vol. 23, pp. 255-70. (*SE*, vol. 23.)

(1939a) *Moisés y la religión monoteísta*, em *AE*, vol. 23, pp. 1-132. (*SE*, vol. 23.)

(1940a) *Esquema del psicoanálisis*, em *AE*, vol. 23, pp. 133-209. (*SE*, vol. 23.)

(1940e) "La escisión del yo en el proceso defensivo", em *AE*, vol. 23, pp. 271-8. (*SE*, vol. 23.)

(1950a [1887-1902]) "Fragmentos de la correspondencia con Fliess" (1892-99), em *AE*, vol. 1, pp. 211-322 (SE, vol. 1, pp. 173-280), e "Proyecto de psicología" (1895), em *AE*, vol. 1, pp. 323-446 (*SE*, vol. 1 pp. 281-397).

(1955a [1907-08]) "Apuntes originales sobre el caso de neurosis obsesiva", em *AE*, vol. 10, pp. 195-249. (*SE*, vol. 10.)

Fromm-Reichmann, Frieda (1939) "Transference problems in schizophrenics", *Psychoanalytic Quarterly*, vol. 8, nº 4. (*Revista de Psicoanálisis*, vol. 5, 1947-48, pp. 468-79.)

(1950) *Principles of intensive psychotherapy*, Chicago: University of Chicago Press.

Frosch, John (1988a) "Psychotic character versus borderline", parte 1, *International Journal of Psycho-Analysis*, vol. 69, pp. 347-57.

(1988b) "Psychotic character versus borderline", parte 2, *International Journal of Psycho-Analysis*, vol. 69, pp. 445-56.

Gaddini, Eugenio (1981) "Acting out in the psychoanalytic session", *International Journal of Psycho-Analysis*, vol. 63, 1982, pp. 57-64. (*Revista de Psicoanálisis*, vol. 38, pp. 1131-42.)

Gálvez, Manuel *et al.* (1979) "Sueños con el analista", II Simpósio da Associação Psicanalítica de Buenos Aires, *Actas*.

Garbarino, Héctor (1972) ""Comentario" ao trabalho de David Liberman, "Evaluación de las entrevistas diagnósticas previas a la iniciación de los tratamientos analíticos. Criterios diagnósticos y esquemas referenciales'", *Revista de Psicoanálisis*, vol. 29, pp. 488-90.

Garfinkel, Gregorio (1979) "Interpretación onírica e insight. Tolerancia al aprendizaje de la distorsión perceptual", II Simpósio da Associação Psicanalítica de Buenos Aires, *Actas*.

Garma, Angel (s. a.) Comunicação pessoal.

(1950) "On the pathogenesis of peptic ulcer", *International Journal of Psycho-Analysis*, vol. 31, pp. 53-72.

(1954) *Génesis psicosomática y tratamiento de las úlceras gástricas y duodenales*, Buenos Aires: Nova.

(1974) "Tres aspectos básicos de las resistencias transferenciales en las etapas finales del tratamiento psicoanalítico", *Revista de Psicoanálisis*, vol. 31, pp. 681-708.

Garzoli, Elsa Bebe (s. a.) Comunicação pessoal.

(1981) "Sobre la adicción de transferencia", *Psicoanálisis*, vol. 3, pp. 193-229.

Gear, María C. e Liendo, Ernesto C. (1972) "Estrategia psicoanalítica: fichaje clínico y programación terapéutica", *Revista de Psicoanálisis*, vol. 29, pp. 531-88.

(1974) *Semiología psicoanalítica*, Buenos Aires: Nueva Visión.

Gear, María C. *et al.* (1981) *Working through narcissism. Treating its sadomasochistic structure*, Nova York: Aronson.

Gill, Merton M. (1954) "Psychoanalysis and exploratory psychotherapy", *Journal of the American Psychoanalytic Association*, vol. 2, pp. 771-97. (Merton Gill e David Rapaport, *Aportaciones a la teoría...*, cap. 8.)

(1962) *Aportaciones a la teoría y técnica psicoanalítica*, México: Pax-México.

(1979) "El análisis de la transferencia", *Psicoanálisis*, vol, 3, 1981, pp. 137-67.

(1982) *Analysis of transference*, vol. 1: *Theory and technique*, Nova York: International Universities Press.

Gill, Merton M. e Hoffman, I. Z. (1982) *Analysis of transference*, vol. 2: *Studies of seven audio-recorded psychoanalytic sessions*, Nova York: International Universities Press.

Gillespie, William H. (1956) "The general theory of sexual perversion", *International Journal of Psycho-Analysis*, vol. 37, pp. 398-403.

(1964) "The psycho-analytic theory of sexual deviation with special reference te fetichism", em Ismond Rosen, ed., *The pathology and treatment of sexual deviation*, Londres: Oxford University Press.

Gioia, Terencio (1974) "El concepto de acting out", *Revista de Psicoanálisis*, vol. 31, pp. 969-84.

(1977) "Ensayo crítico acerca de la hipótesis psicoanalítica del instinto de muerte", *Revista de Psicoanálisis*, vol. 34, pp. 269-56.

(1979) Comunicação pessoal.

(1983a) "Consideraciones acerca de la hipótesis del instinto de muerte, desde un punto de vista epistemológico", *Psicoanálisis*, vol. 5, pp. 19-27.

(1983b) "El miedo y la angustia", *Psicoanálisis*, vol. 5, pp. 417-48.

Giovacchini, Peter L. (1972a) "Interpretation and definition of the analytic setting", em *Tactics and techniques...*, vol. 1, cap. 14, pp. 291-304.

(1972b) "The symbiotic phase", em *Tactics and techniques...*, vol. 1, cap. 7, pp. 137-69.

(1972c) *Tactis and techniques in psychoanalytic therapy*, Nova York: Aronson, vols. 1-2.

Giovacchini, Peter L. e Boyer, L. Bryce (1975) "El 'impasse' psicoanalítico como un hecho terapéutico inevitable", *Revista de Psicoanálisis*, vol. 32, pp. 143-76.

Gitelson, Maxwell (1952) "The emotional position of the analyst in the psychoanalytic situation, *International Journal of Psycho-Analysis*, vol. 33, pp. 1-10.

(1962) "The curative factors in psycho-analysis. The first phase of psychoanalysis", *International Journal of Psycho-Analysis*, vol. 43, pp. 194-206,

Glover, Edward (1926) "The neurotic character", *International Journal of Psycho-Analysis* vol. 7, pp. 11-30.

(1927) "Lectures on technique in psycho-analysis", *International Journal of Psycho-Analysis*, vol. 8, pp. 311-38 e 486-520.

(1928) "Lectures on technique in psycho-analysis", *International Journal of Psycho-Analysis* vol. 9, pp. 7-46 e 181-218.

(1931) "The therapeutic effect on inexact interpretation: a contribution to the theory of suggestion", *International Journal of Psycho-Analysis*, vol. 12, pp. 397-411.

(1933) "The relation of perversion formation to the development of reality sense", *International Journal of Psycho-Analysis*, vol. 24, pp. 486-503.

(1955) *The technique of psychoanalysis* Nova York: International Universities Press.

Glover, Edward e Fenichel, Otto *et al.* (1937) "Symposium on the theory of the therapeutic results of psychoanalysis", *International Journal of Psychoanalysis*, vol. 18, pp. 125-89.

Goodman, Louis e Gilman, Alfred (1945) *Bases farmacológicas de la terapéutica*, México: Unión Tipográfica Editorial Hispano-Americana, vols. 1-2.

Grande, Domingo S. (1978) Comunicação pessoal.

Green, André (1975) "The analyst, simbolization and absence in the analytic setting (on changes in analytic practice and analytic experience)", *International Journal of Psycho-Analysis*, vol. 56, pp. 1-22. (*Revista de Psicoanálisis*, vol. 32, 1975, pp. 65-114.)

Greenacre, Phyllis (1950) "General problems of acting out", *Psychoanalytic Quarterly*, vol. 19, pp. 455-67; também em *Trauma growth...*, cap. 11.

(1952) *Trauma growth and personality*, Nova York: International Universities Press.

(1954) "The role of transference. Practical considerations in relation to psychoanalytic therapy", *Journal of the American Psychoanalytic Association*, vol. 2, pp. 671-84.

(1956) "Re-evaluation of the process of working through", *International Journal of Psycho-Analysis*, vol. 37, pp. 439-44.

(1962) "Problems of acting out in the transference relationship", em Eveoleen N. Rexford, ed., *A developmental approach to problem of acting out*, Nova York: International Universities Press, 1978, 2ª ed., pp. 215-34.

(1975) "On reconstruction", *Journal of American Psychoanalytical Association*, vol. 23, pp. 693-771.

Greenson, Ralph R. (1960) "Empathy and its vicissitudes", *International Journal of Psycho-Analysis*, vol. 41, pp. 418-24.

(1965a) "The working alliance and- the transference neurosis", *Psycho-Analytic Quarterly*, vol. 34, pp. 155-81.

(1965b) "The problem of working through", em Max Schur, ed., *Drives, affects, behavior. Essays in memory of Marie Bonaparte*, Nova York: International Universities Press, vol. 2, pp. 277-314.

(1967) *The technique and practice of psycho-analysis*, Londres: Hogarth Press, vol. I.

Greenson, Ralph R. e Wexler, Milton (1969) "The non-transference relationship in the psycho-analytic situation", *International Journal of Psycho-Analysis*, vol. 50, pp. 27-39.

(1970) "Discussion of 'The non-transference relationship in the psychoanalytic situation'", *International Journal of Psycho-Analysis*, vol. 51, pp. 143-50.

Grinberg, León (1956) "Sobre algunos problemas de técnica psicoanalítica determinados por la identificación y contraidentificación proyectivas", *Revista de Psicoanálisis*, vol. 13, pp. 507-11.

(1957) "Perturbaciones en la interpretación por la contraidentificación proyectiva", *Revista de Psicoanálisis*, vol. 14, pp. 23-30.

(1958) "Aspectos mágicos en la transferencia y en la contratransferencia. Sus implicaciones técnicas. Identificación y 'contraidentificación' proyectivas", *Revista de Psicoanálisis*, vol. 15, pp. 341-68.

(1959) "Aspectos mágicos en las ansiedades paranoides y depresivas", *Revista de Psicoanálisis*, vol. 16, pp. 15-26.

(1963) "Psicopatología de la identificación y contraidentificación proyectivas y de la contratransferencia", *Revista de Psicoanálisis*, vol. 20, pp. 113-23.

(1964) *Culpa y depresión. Estudio psicoanalítico*, Buenos Aires: Paidós, 2ª ed., 1971.

(1968) "On acting out and its role in the psychoanalytic process", *International Journal of Psycho-Analysis*, vol. 49, pp. 171-8. (*Revista de Psicoanálisis*, vol. 25, pp. 681-713.)

(1974) "Pasado, presente y futuro de una trayectoria psicoanalítica", *Revista de Psicoanálisis*, vol. 31, pp. 177-99; também em *Psicoanálisis: aspectos...*, 1ª ed., cap. 16; 2ª ed, introdução.

(1976a) *Teoría de la identificación*, Buenos Aires: Paidós.

(1976b) *Psicoanálisis: aspectos teóricos y clínicos*, Buenos Aires: Alex Editor, 1ª ed.; Barcelona: Paidós, 1981, 2ª ed.

(1976c) "El Edipo como resistencia contra el Edipo en la práctica psicoanalítica", *Revista de Psicoanálisis*, vol. 33, pp. 549-62; também em *Psicoanálisis: aspectos...*, 1ª ed., cap. 17; 2ª ed., cap. 4.

(1977) *Prácticas psicoanalíticas comparadas en las neurosis*, Buenos Aires: Paidós.

(1982) "Los afectos en la contratransferencia Más allá de la contraidentificación proyectiva", introdução ao painel *Los afectos en la contratransferencia*, XIV Congresso Latino-americano de Psicanálise, FEPAL, Garamond, *Actas*, pp. 205-9.

Grinberg, León, ed. (1977b) *Prácticas psicoanalíticas comparadas en las psicosis*, Buenos Aires: Paidós.

(1977c) "Afectos dolorosos en los pacientes fronterizos. Su abordaje técnico", em León Grinberg, ed., *Prácticas psicoanalíticas...*, cap. 4, pp. 109-33.

Grinberg, León e Grinberg, Rebeca (1981) "Modalidades de relaciones objetales en el proceso analítico", *Psicoanálisis*, vol. 3, pp. 431-70.

Grinberg, León; Langer, Marie e Rodrigué, Emilio, eds. (1982) *Psicoanálisis en las Américas*, Buenos Aires: Paidós.

Grinberg, León et al. (1966a) "El proceso analítico", em L. Grinberg, M. Langer e E. Rodrigué, eds., *Psicoanálisis en las...*, pp. 93-106.

(1966b) "Elaboración en el proceso analítico", *Revista Uruguaya de Psicoanálisis*, vol. 8, pp. 255-63.

(1967) "Función del soñar y clasificación clínica de los sueños en el proceso analítico", comentado por Emilio Rodrigué, Arnaldo Rascovsky e Joel Zac, *Revista de Psicoanálisis*, vol. 24, pp. 749-89; também em *Psicoanálisis: aspectos...*, 1ª ed., cap. 11; 2ª ed., cap. 12.

(1972) *Introducción a las ideas de Bion*, Buenos Aires: Nueva Visión.

(1973) "Utilización de los mitos como modelos para la comprensión del concepto interpretación —> construcción", em *Psicoanálisis: aspectos...*, 1ª ed., cap. 15, pp. 273-8; 2ª ed., cap. 15.

Grinberg de Ekboir Julia (1976) "Doctor Sigmund Freud, psicoanalista. Su actualidad y vigencia", *Revista de Psicoanálisis*, vol. 33, pp. 719-34.

Grinfeld, Pablo (1984) "Sobre los aspectos intelectuales de la interpretación psicoanalítica" *Psicoanálisis*, vol. 6, pp. 143-75.

(s. a.) Comunicação pessoal.

Grinstein, A. (1968) *On Sigmund Freud's dreams*, Detroit: Wayne State University Press.

Grotstein, James S. (1990) "Introducción", em Margaret I. Little (1985) *Relato de mi análisis con Winnicott*, Buenos Aires: Lugar Editorial, 1995.

Grubrich-Simitis, Ilse (1986) "Six letters of Sigmund Freud and Sandor Ferenczi on the interrelationship of psychoanalytic theory and technique", *International Review of Psycho-Analysis*, vol. 13, pp. 259-77.

Grunberger, Béla (1956) "Essai sur la situation analytique et le processus de guérison. (La dynamique)", *Revue Française de Psychanalyse*, vol. 21, 1957, pp. 373-458; também em *Le narcissisme...*, cap. 1; como "Régression narcissique et situation analytique", em *La cure psychanalytique sur le divan*, cap. 2.

(1971) *Le narcissisme. Essai de psychanalyse*, Paris: Payot. (Nova York: International Universities Press, 1979; Buenos Aires: Trieb, 1980.)

Grunert, Ursula (1981) "The negativa therapeutic reaction as a reactivation of a disturbed process of separation in the transference", em *Psycho-Analysis in Europe*, European Psycho-Analytical Federation, Bull. 16, Barcelona: Talleres Gráficos L y E.

Guariglia, Osvaldo (1989) Comunicação pessoal.

Guiard, Fernando (1974) "El analista frente a su tarea y a sí mismo. Reflexiones ante la evaluación retrospectiva de un tratamiento", *Revista de Psicoanálisis*, vol. 31, pp. 627-80.

(1976) "Una dificultad del final del análisis relacionada con la erotización del vínculo transferencia-contratransferencia", *Revista de Psicoanálisis*, vol. 33, pp. 337-45.

(1977) "Sobre el componente musical del lenguaje en etapas avanzadas y finales del análisis. Consideraciones técnico-clínicas y metapsicológicas", comentado por Iojebed Barpal de Katz, Susana Dupetit, David Liberman e Gilda Sabsay de Foks, *Revista de Psicoanálisis*, vol. 34, pp. 25-76.

(1978) Comunicação pessoal.

(1979) "Aportes al conocimiento del proceso post-analítico", *Psicoanálisis*, vol. 1, pp. 171-204.

Guiter, Marcos e Mayer, Hugo (1998) *Potencialidad y límites terapéuticos del psicoanálisis*, Buenos Aires: Corregidor.

Guntrip, Harry (1961) *Personality structure and human interaction*, Londres: Hogarth Press.

Guttman, Samuel (1968) "Indications and contraindications for psychoanalytic treatment", *International Journal of Psycho-Analysis*, vol. 49, pp. 254-5.

Hartmann, Heinz (1939) *Ego psychology and the problem of adaptation*, Nova York: International Universities Press, 1958, trad. David Rapaport. (México: Pax-México, 1962.)

(1947) "On rational and irrational action", em *Essays On...*, cap. 3, pp. 37-68.

(1950) "Comments on the psychoanalytic theory of the ego", em *Essays on ego psychology*, cap. 7.

(1951) "Technical implications of ego psychology", *Psychoanalytic Quarterly*, vol. 20, pp. 31-43; também em *Essays on...*, cap. 8.

(1952) "The mutual influences in the development of ego and id", *Psychoanalytic Study of the Child*, vol. 7; também em *Essays on...*, cap. 9.

(1964) *Essays on ego psychology*, Nova York: International Universities Press. (México: Fondo de Cultura Económica, 1969.)

Hartmann, Heinz e Löwenstein, Rudolph M. (1962) "Notes on the superego", *Psychoanalytic Study of the Child*, vol. 17.

Hautmann, Giovanni (1983) "Dal disegno degli imperi al gemello immaginario", *Rivista di Psicoanalisi*, vol. 29, pp. 166-95.

Heimann, Paula (1950) "On countertransference", *International Journal of Psycho-Analysis*, vol. 31, pp. 81-4. (*Revista Uruguaya de Psicoanálisis*, vol. 4, 1961-62, pp. 129-36.)

(1956) "Dynamics of transference interpretations", *International Journal of Psycho-Analysis*, vol. 37, pp. 303-10.

(1960) "Countertransference", *British Journal of Medical Psychology*, vol. 33, pp. 9-15. (*Revista Uruguaya de Psicoanálisis*, vol. 4, 1961-62, pp. 137-49.)

(1962) "The curative factors in psycho-analysis", *International Journal of Psycho-Analysis*, vol. 43, pp. 218-20.

(1969) "Post-scriptum", *Bulletin de l'Association Psychanalytique de France*, vol. 5.

(1970) "Remarks of the moderator", *International Journal of Psycho-Analysis*, vol. 51, pp. 145-7.

Hempel, Carl G. (1965) *Aspects of scientific explanation and other essays in the phylosophy of the science*, Nova York: Free Press. (Buenos Aires: Paidós, 1979.)

Hernández, Max (1989) Comunicação pessoal.

Herrmann, Fabio (1991) *Clínica psicanalítica: a arte da interpretação*, São Paulo: Editora Brasiliense. (Buenos Aires: Nueva Visión, 1996.)

Hoffer, Willy (1950) "Three psychological criteria for the termination of treatment", *International Journal of Psycho-Analysis*, vol. 31, pp. 194-5.

Hornby, A. S. et al. (1963) *The advanced learner's dictionary of current English*, Londres: Oxford University Press.

Horney, Karen (1936) "The problem of the negative therapeutic reaction", *Psychoanalytical Quarterly*, vol. 5, pp. 29-44.

(1939) *New ways in psychoanalysis*, Nova York: W. W. Norton & Co. (México: Fondo de Cultura Económica, 2ª ed., 1957.)

(1950) *Neurosis and human growth. The struggle toward self-realization*, Nova York: Norton (Buenos Aires: Psique, 1955.)

Hospers, John (1953) *An introduction to philosophical analysis*, USA.: Prentice-Hall, 2ª ed., 1967.

Hug-Hellmuth, Hermine von (1921) "On the technique of child-analysis", *International Journal of Psycho-Analysis*, vol. 2, pp. 287-305.

Isaacs, Susan (1939) "Criteria for interpretation", *International Journal of Psycho-Analysis*, vol. 20, pp. 148-60.

(1943) "The nature and function of phantasy", *International Journal of Psycho-Analysis*, vol. 29, 1948, pp. 73-97; também em Melanie Klein et al., *Developments in psychoanalysis*, Londres: Hogarth Press, 1952, cap. 3.

Jacobson, Edith (1954a) "Transference problems in the psycho-analytic treatment of severely depressive patients", *Journal of the American Psychoanalytic Association*, vol. 2, pp. 595-606.

(1954b) "The self and the object world", *Psychoanalytic Study of the Child*, vol. 9, pp. 75-127.

(1964) *The self and the object world*, Nova York: International Universities Press.

Jaspers, Karl (1913) *Psicopatología general*, vols. 1-2, Buenos Aires: Editorial Beta, 1950.

Jelliffe, Smith Ely (1914) *The technique of psychoanalysis*, Nova York e Washington: Nervous and Mental Disease Publishing Company. (*Técnica del psicoanálisis*, Madri: Biblioteca Nueva, 1929.)

Jellinek, E. M. (1953) "Las fases de la alcoholomanía", em *La etiología y tratamiento del alcoholismo*, Buenos Aires: Ministerio de Asistencia Social y Salud Pública, 1957, pp. 89-108.

Jinkis, Jorge (1974) "La derivación de un término como construcción de un concepto. El significante", *Imago*, nº 2, pp. 76-88.

Jones, Ernest (1908) "Rationalisation in everyday life", em *Papers on...*, 2ª ed., cap. 2, pp. 8-15.

(1918) *Papers un psycho-analysis*, 2ª ed., Londres: Baillière, Tindall & Cox; 5ª ed., Karnac Books Limited, 1948.

(1933) "The phallic phase", *International Journal of Psycho-Analysis*, vol. 14, pp. 1-33; também em *Papers on...*, 5ª ed., cap. 26.

(1946) "A valedictory address", *International Journal of Psycho-Analysis*, vol. 27, pp. 7-12.

(1955-57) *Vida y obra de Sigmund Freud*, vols. 1-3, Buenos Aires: Nova, 1959, 1960, 1962.

Joseph, Betty (1971) "A clinical contribution to the analysis of a perversion", *International Journal of Psycho-Analysis*, vol. 52, pp. 441-9.

(1975) "The patient who is difficult to reach", em Peter L. Giovacchini, ed., *Tactics and techniques in psychoanalytic therapy*, Nova York: Aronson, 1975, vol. 2, cap. 6, pp. 205-16. (León Grinberg, ed., *Prácticas psicoanalíticas comparadas en las neurosis*, Buenos Aires: Paidós, 1977, cap. 7.)

Joseph, Edward (1984) "Insight", em Arnold D. Richards e Martis S. Willick, eds., *Psychoanalysis: the sciencc of mental conflict*, Hillsdale, Nova York: Analytic Press, 1986, pp. 263-82.

Jung, Carl Gustav (1907) *Über die Psychologie der Dementia Praecox*, Halle. (Citado por Abraham, 1908.)

Kaiser, Hellmuth (1934) "Problems of technique", em Martin S. Bergmann e Frank R. Hartman, eds., *The evolution of psychoanalytic technique*, Nova York: Basic Books, 1976, cap. 27. (*Internationale Zeitschrift für Psychoanalyse*, vol. 20, pp. 490-522.)

Kanner, Leo (1934) "Autistic disturbances of affective contact", *The Nervous Child*, vol. 2, pp. 217-50.

(1953) *Child psychiatry*, Baltimore: Springfield.

Kanzer, Mark (1968) "Ego alteration and acting out", comentado por Samuel Ritvo, *International Journal of Psycho-Analysis*, vol. 49, pp. 431-7.

Katan, Maurits (1959) "Comments on 'ego distortion'", *International Journal of Psycho-Analysis*, vol. 40, pp. 297-303.

Katz, Iojebed Barpal de (1978) "El proceso didáctico en psicoanálisis" Pré-Congresso Didático do México, fevereiro de 1978, *Actas*.

Kennedy, Hansi (1978) "The role of insight in child analysis: a developmental view-point", em Harold P. Blum, ed., *Psychoanalytic explorations of technique*, Nova York: International Universities Press, pp. 9-28. (*Psicoanálisis*, vol. 4, 1982, pp. 45-64.)

Kernberg, Otto (1965) "Notes un countertransference", *Journal of the American Psychoanalytic Association*, vol. 13, pp. 38-56.

(1966) "Structural derivatives of object relationships", *International Journal of Psycho-Analysis*, vol. 47, pp. 236-53.

(1967) "Borderline personality organization", *Journal of the American Psychoanalytic Association*, vol. 15, pp. 641-85.

(1968) The treatment of patient with borderline personality organization", *International Journal of Psycho-Analysis* vol. 49, pp. 600-19.

(1969) "A contribution to the ego-psychological critique of the Kleinian school", *International Journal of Psycho-Analysis*, vol. 50, pp. 317-33; também em Peter L. Giovacchini, ed., *Tactics and technique in psychoanalytic therapy*, Nova York: Aronson, vol. 1, cap. 4.)

(1975) *Borderline conditions and pathological narcissism*, Nova York: Aronson. (Buenos Aires: Paidós, 1979.)

(1976a) *Object relations theory and clinical psychoanalysis*, Nova York: Aronson (Buenos Aires: Paidós.)

(1976b) "Technical considerations in the treatment of borderline personality organization" *Journal of the American Psychoanalytic Association*, vol. 24, pp. 795-829. (*Revista Chilena de Psicoanálisis*, vol. 2, 1980, pp. 27-50.)

(1980) *Internal world and external reality*, Nova York: Aronson.

(1982) "El diagnóstico de los estados fronterizos en la adolescencia", *Psicoanálisis*, vol. 4, pp. 65-93. (Publicado inicialmente em *Adolescent Psychiatry*, vol. 6.)

(1984) *Severe personality disorders: psychotherapeutic strategies*, New Haven e Londres: Yale University Press. (*Trastornos graves de la personalidad. Estrategias psicoterapéuticas*, México: El Manual Moderno, 1987.)

Khan, M. Masud R. (1960) "Regression and integration in the analytic setting", *International Journal of Psycho-Analysis*, vol. 41, pp. 130-46; também em *The privacy of the self*, Londres: Hogarth Press, 1974, cap. 11.

King, Pearl S. (1980) "The life cycle as indicated by the nature of the transference in the psychoanalysis of the middle-aged and elderly", *International Journal of Psycho-Analysis*, vol. 61, pp. 153-60. (*Psicoanálisis*, vol. 4, 1982.)

Klauber, John (1972) "On the relationship of transference and interpretation in psychoanalytic therapy", *International Journal of Psycho-Analysis*, vol. 53, pp. 385-91; também em *Difficulties...*, cap. 2.

(1981) *Difficulties in the analytic encounter*, Nova York: Aronson.

Klein, George S. (1966) "¿Dos teorías o una? Perspectivas para el cambio en la teoría psicoanalítica", *Revista de Psicoanálisis*, vol. 25, 1970, pp. 553-94.

(1976) *Psychoanalytic theory: an exploration of essentials*, Nova York: International Universities Press. (Citado por Robert S. Wallerstein, 1988.)

Klein, Melanie (1921) "The development of a child", em *Love, guilt and reparation and other works*, Londres: Hogarth Press, 1975, cap. 1, pp. 1-53; também em *International Journal of Psycho-Analysis*, vol. 4. (*Obras completas...*, vol. 2, p. 19.)

(1923a) "The role of the school in the libidinal development of the child", em *Love, guilt and reparation...*, cap. 3, pp. 59-76; também em *International Journal of Psycho-Analysis*, vol. 5. (*Obras completas...*, vol. 2, p. 65.)

(1923b) "Early analysis", em *Love, guilt and reparation and other works*, cap. 4, pp. 77-105; também em *International Journal of Psycho-Analysis*, vol. 7. (*Obras completas...*, vol. 2, p. 81; *Imago*, vol. 9.)

(1925) "A contribution to the psychogenesis of tics", em *Love, guilt and reparation and other works*, cap. 5, pp. 106-27. (*Obras completas...*, vol. 2, p. 107.)

(1926) "The psychological principles of early analysis", em *Love, guilt and reparation and other works*, cap. 6, pp. 128-38; também em *International Journal of Psycho-Analysis*, vol. 7. (*Obras completas...*, vol. 2, p. 127.)

(1927) "Symposium on child-analysis", em *Love, guilt and reparation and other works*, cap. 7, pp. 139-69; também em *International Journal of Psycho-Analysis*, vol. 8. (*Obras completas...*, vol. 2, p. 137.)

(1928) "Early stages of the Oedipus conflict", em *Love, guilt and reparation and other works*, cap. 9, pp. 186-98; também em *International Journal of Psycho-Analysis*, vol. 9. (*Obras completas...*, vol. 2, p. 179.)

(1929) "Personification in the play of children", em *Love, guilt and reparation and other works*, cap. 10, pp. 199-209; também em *International Journal of Psycho-Analysis*, vol. 10. (*Obras completas...*, vol. 2, p. 191.)

(1930) "The importance of symbol-formation in the development of the ego", em *Love, guilt and reparation and other works*, cap. 12, pp. 219-32. (*Obras completas...*, vol. 2, p. 209.)

(1932) *The psycho-analysis of children*, Londres: Hogarth Press, 1975.

(1935) "A contribution to the psychogenesis of manic-depressive states", em *Love, guilt and reparation and other works*, cap. 17, pp. 262-89; também em *International Journal of Psycho-Analysis*, vol. 16. (*Obras completas...*, vol. 2, p. 253.)

(1940) "Mourning and its relation to manic-depressive states", em *Love, guilt and reparation and other works*, cap. 20, pp. 344-69; também em *International Journal of Psycho-Analysis*, vol. 21. (*Obras completas...*, vol. 2, p. 279.)

(1945) "The Oedipus complex in the light of early anxieties", em *Love, guilt and reparation and other works*, cap. 21, pp. 370-419; também em *International Journal of Psycho-Analysis*, vol. 26. (*Obras completas...*, vol. 2, p. 303.)

(1946) "Notes on some schizoid mechanisms", em *Envy and gratitude and other works*, cap. I, pp. 1-24; também em *International Journal of Psycho-Analysis*, vol. 27. (*Obras completas...*, vol. 3, cap. 9.)

(1948) "On the theory of anxiety and guilt", em *Envy and gratitude and other works*, cap. 2, pp. 25-42.

(1950) "On the criteria for the termination of a psychoanalysis" em *Envy and gratitude and other works*, cap. 3, pp. 43-7; também *International Journal of Psycho-Analysis*, vol. 31, pp. 78-80, com um resumo na p. 204. (*Obras completas...*, vol. 6, p. 273; *Revista Uruguaya de Psicoanálisis*, vol. 4, 1961-62.)

(1952a) "The origins of transference", em *Envy and gratitude and other works*, cap. 4, pp. 48-56; também *International Journal of Psycho-Analysis*, vol. 33. (*Obras completas...*, vol. 6, p. 261; *Revista Uruguaya de Psicoanálisis*, vol. 4, 1961-62.)

(1952b) "Some theoretical conclusions regarding the emotional life of the infant", em *Envy and gratitude and other works*, cap. 6, pp. 61-93. (*Obras completas...*, vol. 3, cap. 6.)

(1955a) "The psycho-analytic play technique: its history and significance", em *Envy and gratitude and other works*, cap. 8, pp. 122-40. (*Obras completas...*, vol. 4, cap. 1.)

(1955b) "On identification", em *Envy and gratitude and other works*, cap. 9, pp. 141-75. (*Obras completas...*, vol. 4, cap. 13.)

(1957) *Envy and gratitude. A study of unconscious sources*, em *Envy and gratitude and other works*, cap. 10, pp. 176-235. (*Obras completas...*, vol. 6.)

(1958) "On the development of mental functioning", em *Envy and gratitude and other works*, cap. 11, pp. 236-46.

(1959) "Our adult world and its roots in infancy", em *Envy and gratitude and other works*, cap. 12, pp. 247-63. (*Obras completas...*, vol. 6, p. 219.)

(1961) *Narrative of a child analysis*, Londres: Hogarth Press.

(1975) *The writings*, sob a direção de Roger Money-Kyrle, em colaboração com Betty Joseph, Edna O'Shaughnessy e Hanna Segal, Londres: Hogarth Press, vols. 1-4.

Klein, Melanie *et al.* (1952) *Developments in psycho-analysis* Londres: Hogarth Press.

Klein, Melanie *et al.* (1980, etc.) *Obras completas*, Buenos Aires: Paidós, vols. 1-6.

Klimovsky Gregorio (s. a.) Comunicação pessoal.

(s. a.) "La estructura lógica de las teorías psicoanalíticas".

(1982) "Concepto de proceso", *Revista del Hospital Italiano de Buenos Aires*, suplemento psicopatológico, pp. 7-10.

(1984) "Significación, lenguaje y metalenguaje" *Psicoanálisis* vol. 6, pp. 45-55.

(1989) "La epistemología de Sigmund Freud", apresentado ao XXXVI Congresso Internacional de Psicanálise, Roma.

(1989) Comunicação pessoal.

(1994) *Las desventuras del conocimiento científico. Una introducción a la epistemología*, Buenos Aires: AZ.

Knight, Robert P. (1952) "Una evaluación de las técnicas psicoterapéuticas", em Robert P. Knight *et al.*, *Psiquiatría psicoanalítica*, Buenos Aires: Hormé, 1960, pp. 91-106. (Publicado inicialmente no *Bulletin of the Menninger Clinic*, vol. 16.)

(1953a) "Estados fronterizos", em Robert P. Knight *et al.*, *Psiquiatría psicoanalítica*, Buenos Aires: Hormé, 1960, pp. 133-48. (Publicado inicialmente no *Bulletin of the Menninger Clinic*, vol. 17.)

(1953b) "Tratamiento y psicoterapia del paciente esquizofrénico fronterizo", em Robert P. Knight *et al.*, *Psiquiatría psicoanalítica*, Buenos Aires: Hormé, 1960, pp. 149-64. (Publicado inicialmente no *Bulletin of the Menninger Clinic*, vol. 17, pp. 139-50.)

Knight, Robert E. e Friedman, Cyrus R., eds. (1954) *Psycho-analytic psychiatry and psychology*, Nova York: International Universities Press. (Buenos Aires: Paidós, 1960.)

Koehler, W. (1917) *L'intelligence des signes supérieurs*, Paris: Alcan, 1927.

Kohut, Heinz (1959) "Introspection, empathy, and psychoanalysis. An examination of the relationship between mode of observation and theory", *Journal of the American Psychoanalytic Association*, vol. 7, pp. 459-83.

(1966) "Transferencia y contratransferencia en el análisis de personalidades narcisísticas", em León Grinberg *et al.*, eds., *Psicoanálisis en las Américas*, Buenos Aires: Paidós, 1968, pp. 174-85.

(1971) *The analysis of the self. A systematic approach to the psychoanalytic treatment of narcissistic personality disorders*, Nova York: International Universities Press. (*Análisis del self. El tratamiento psicoanalítico de los trastornos narcisistas de la personalidad*, Buenos Aires: Amorrortu editores, 1977.)

(1977) *The restoration of the self*, Nova York: International Universities Press. (*La restauración del sí-mismo*, Buenos Aires: Paidós, 1980.)

(1982) "Introspection, empathy, and the semi-circle of mental health", *International Journal of Psycho-Analysis*, vol. 63, pp. 395-407.

(1984) *How does analysis cure?*, Chicago: University of Chicago Press. (*¿Cómo cura el análisis?*, Buenos Aires: Paidós, 1986.)

Kohut, Heiz e Wolf, Ernest S. (1978) "The disorders of the self and their treatment: an outline", *International Journal of Psycho-Analysis*, vol. 59, pp. 413-25. ("Los trastornos del self y su tratamiento", *Psicoanálisis*, vol. 1, pp. 331-60.)

Kris, Ernest (1936) "The psychology of caricature", *International Journal of Psycho-Analysis*, vol. 17, pp. 285-303. (*Psicoanálisis y arte*, cap. 6.)

(1938) "Ego development and the comic", *International Journal of Psychoanalysis*, vol. 19, pp. 77-90. (*Psicoanálisis y arte*, cap. 8.)

(1950) "On preconscious mental process", *Psychoanalytic Quarterly*, vol. 19, pp. 540-60. (*Psicoanálisis y arte*, cap. 14.)

(1951) "Ego psychology and interpretation in psychoanalytic therapy", *Psychoanalytic Quarterly*, vol. 20, pp. 15-30.

(1955) *Psicoanálisis y arte*, Buenos Aires: Paidós.

(1956a) "On some vicissitudes of insight in psychoanalysis", *International Journal of Psycho-Analysis*, vol. 37, pp. 445-55. (*Revista Uruguaya de Psicoanálisis*, vol. 4, pp. 287-309.)

(1956b) "The recovery of childhood memories in psychoanalysis", *Psychoanalytic Study of the Child*, vol. 11, pp. 54-88.

Kuhn, Thomas S. (1962) *The structure of scientific revolutions*, Chicago: University of Chicago Press (2ª ed., 1970). (México: Fondo de Cultura Económica, 1971.)

Kuiper, P. C. (1968) "Indications and contraindications for psychoanalytic treatment", *International Journal of Psycho-Analysis*, vol. 49, pp. 261-4.

Lacan, Jacques (1949) "Le stade du miroir comme formateur de la fonction du Je telle qu'elle nous est revélée dans l'expérience psychanalytique", em *Écrits*, pp. 93-100. (*Lectura estructuralista de Freud*, Buenos Aires: Siglo Veintiuno, 1971, p. 11.)

(1951) "Intervention sur le transfert", em *Écrits*, pp. 215-26. (*Lectura estructuralista de Freud*, Buenos Alves: Siglo Veintiuno, 1971, p. 37.)

(1953a) "Some reflections on the ego", *International Journal of Psychoanalysis*, vol. 34, pp. 11-7.

(1953b) "Fonction et champ de la parole et du langage en psychanalyse", em *Écrits*, pp. 237-322. (*Lectura estructuralista de Freud*, Buenos Aires: Siglo Veintiuno, 1971, p. 59.)

(1953-54) *Les écrits techniques de Freud*, *Le Séminaire*, livre 1, texto estabelecido por Jacques-Alain Miller, Paris: Seuil, 1975. (Barcelona: Paidós, 1981.)

(1954-55) *Le moi dans la théorie de Freud et dans la technique de la psychanalyse. Le Séminaire*, livre 2; texto estabelecido por Jacques-Alain Miller, Paris: Seuil, 1978. (Barcelona: Paidós, 1983.)

(1955) "Le séminaire sur 'La lettre volée", em *Écrits*, pp. 11-61. ("El seminario sobre "La carta robada"", em *Escritos II*, México: Siglo Veintiuno, 1975.)

(1956) *La relación objetal y las estructuras freudianas* (inédito).

(1956-57) *La relation d'object. Le Séminaire*, livre 4, texto estabelecido por Jacques-Alain Miller, Paris: Seuil, 1994. (Barcelona: Paidós, 1994.)

(1957) "L'instance de la lettre dans l'inconscient ou la raison depuis Freud", em *Écrits*, pp. 493-528. (*Lectura estructuralista de Freud*, Buenos Aires: Siglo Veintiuno 1971, p. 179.)

(1957-58) *Las formaciones del inconsciente, Seminarios sobre textos freudianos*, Buenos Aires: Nueva Visión, 1970. (Publicado inicialmente em el *Bulletin de Psychologie*, vol. 12.)

(1958a) "La direction de la cure et les principes de son pouvoir", em *Écrits*, pp. 585-645. (*Lectura estructuralista de Freud*, Buenos Aires: Siglo Veintiuno, 1971, pág 217.)

(1958b) "La signification du phallus". "Die Bedeutung des Phallus", em *Écrits*, pp. 685-95. (*Lectura estructuralista de Freud*, pp. 279-89.)

(1962-63) *L'angoisse. Le Séminaire*, livre X (inédito).

(1964) *Les quatre concepts fondamentaux de la psychanalyse*, *Le Séminaire*, livre 11, texto estabelecido por Jacques-Alain Miller, Paris: Seuil, 1973. (Espanha: Barral editores, 1977.)

(1966) *Écrits*, Paris: Seuil. (México: Siglo Veintiuno, 1971 e 1975.)

Lagache, Daniel (1951) "Le problème du transfert", XIV Conferência de Psicanalistas da Língua Francesa, *Revue Française de Psychanalyse*. (Buenos Aires: Nueva Visión, 1975, trad. Madeleine Baranger.)

(1953) "Some aspects of transference", *International Journal of Psycho-Analysis*, vol. 34, pp. 1-10. (*Obras*, Buenos Aires: Paidós, vol. 4, p. 59.)

(1955) *Eléments de psychologie médicale*. (Citado por Zac, 1968.)

(1964) "Symposium on fantasy. Fantasy, reality, and truth", *International Journal of Psycho-Analysis*, vol. 45, pp. 180-9.

(1968) "Acting out et action. Difficultés terminologiques", *Revue Française de Psychanalyse*, vol. 32, pp. 1055-66. (*Revista de Psicoanálisis*, vol. 25, pp. 777-90.)

Lancelle, Guillermo (1974) "Acting out y transferencia', *Revista de Psicoanálisis*, vol. 31, pp. 985-1004.

Laplanche, Jean (1982) "El psicoanalista y su cubeta", *Trabajo del Psicoanálisis*, vol. 1, pp. 125-44.

Laplanche, Jean y Pontalis, Jean Baptiste (1968) *Vocabulaire de la psychanalyse*, Paris: Presses Universitaires de France. (*Diccionario de psicoanálisis*, Barcelona: Labor, 1971.)

Lebovici, Serge (1968) "Contribution to the Symposium on acting out", *International Journal of Psycho-Analysis*, vol. 49, pp. 202-5.

Leiberman de Bleichmar, Celia e Bleichmar, Norberto M. et al. (2001) *Las perspectivas del psicoanálisis*, México: Paidós.

Lerner, Hugo e Nemirovsky, Carlos (1989) "La empatía en el psicoanalizar", *Psicoanálisis*, vol. 11, pp. 129-43.

Lévi-Strauss, Claude (1958) *Anthropologie structurale*, Paris: Plon. *Antropología estructural.* (Buenos Aires: EUDEBA, 2ª ed., 1969.)

Levy, Steven T. (1985) "Empathy and psychoanalytic technique", *Journal of the American Psychoanalytic Association*, vol. 33, pp. 353-78.

Lewin, Bertrand D. (1950) *The psychoanalysis of elation*, Nova York: Norton. (Buenos Aires: Nova, 1953.)

Liberman, David (1956) Identificación proyectiva y conflicto matrimonial", *Revista de Psicoanálisis*, vol. 13, pp. 1-20.

(1957) "Interpretación correlativa entre relato y repetición: su aplicación en una paciente con personalidad esquizoide', *Revista de Psicoanálisis*, vol. 14, pp. 55-62.

(1958) "Autismo transferencial. Narcisismo, el mito de Eco y Narciso", *Revista de Psicoanálisis*, vol. 15, pp. 369-85.

(1962) *La comunicación en terapéutica psicoanalítica*, Buenos Aires: EUDEBA, 2ª ed., 1966.

(1970-72) *Lingüística, interacción comunicativa y proceso psicoanalítico*, vols. 1-3, Buenos Aires: Galerna.

(1972) "Evaluación de las entrevistas diagnósticas previas a la iniciación de los tratamientos analíticos. Criterios diagnósticos y esquemas referenciales", comentado por lsidoro Berenstein, Héctor Garbarino. Adalberto L. A. Perrotta e Raúl J. Usandivaras, *Revista de Psicoanálisis*, vol. 29, pp. 461-509.

(1974) "Complementariedad estilística entre el material del paciente y la interpretación", *Revista de Psicoanálisis*, vol, 31, pp. 201-24.

(1976a) *Lenguaje y técnica psicoanalítica*, Buenos Aires: Kargieman.

(1976b) "Changes in the theory and practice of psychoanalysis", *International Journal of Psycho-Analysis*, vol. 57, pp. 101-7.

(1978a) "¿Qué es lo que subsiste y lo que no de "Análisis terminable e interminable"?". Primeiro Simpósio da Associação Psicanalítica de Buenos Aires, *Actas*.

(1978b) "El diálogo psicoanalítico y la complementariedad estilística entre analizando y analista", *Revista Uruguaya de Psicoanálisis*, vol. 58, pp. 37-48. (*International Journal of Psychoanalytic Psychotherapy*, vol. 8.)

(1981) "La verbalización del insight en la sesión analítica", XXXII Congresso Psicanalítico Internacional.

Liberman, David et al. (1960) "El contrato analítico", *Revista de Psicoanálisis*, vol. 18, nº extraordinário, pp. 85-98.

(1969) "Modos de reparación y desenlaces de procesos terapéuticos psicoanalíticos", *Revista de Psicoanálisis*, vol. 26, pp. 123-39.

(1982) *Del cuerpo al símbolo. Sobreadaptación y enfermedad psicosomática*, Buenos Aires: Kargieman.

Limentani, Adam (1966) "A re-evaluation of action out in relation to working-through", comentado por Ralph R. Greenson, *International Journal of Psycho-Analysis*, vol. 47, pp. 274-85. (*Revista de Psicoanálisis*, vol. 26, 1969.)

(1972) "The assessment of analysability: a major hazard in selection for psychoanalysis", *International Journal of Psycho-Analysis*, vol. 53, pp. 351-61.

(1981) "On some positive aspects of the negative therapeutic reaction", *International Journal of Psycho-Analysis*, vol. 62, pp. 379-90.

Lindon, John A. (1966) "Sobre la regresión: un grupo de discusión", *Forum*, vol. 2, nº 4, 1967; também *Revista de Psicoanálisis*, vol. 25, 1968, pp. 519-39.

Litman, Robert E., ed. (1966) *Psychoanalysis in the Americas*. Original contributions from the First Pan-American Congress for Psychoanalysis, Nova York: International Universities Press.

Little, Margaret (1951) "Counter-transference and the patient's response to it", *International Journal of Psycho-Analysis* vol. 32, pp. 32-40.

(1958) "On delusional transference (Transference psychosis)", *International Journal of Psycho-Analysis*, vol. 39, pp. 134-8.

(1966) "Transference in borderline states", *International Journal of Psychoanalysis*, vol. 47, pp. 476-85.

(1981) *Transference neurosis and transference psychosis*, Nova York: Aronson.

(1990) *Psychotic anxieties and containment: a personal record of an analysis with Winnicott*, Nova Jersey: Jason Aronson. (*Relato de mi análisis con Winnicott. Angustia psicótica y contención*, Buenos Aires: Lugar Editorial, 1995.)

Loewald, Hans W. (1960) "On the therapeutic action of psychoanalysis", *International Journal of Psycho-Analysis*, vol. 41, pp. 16-33; também em *Papers on...*, cap. 14.

(1968) "The transference neurosis: comments on the concept and the phenomenon", *Journal of the American Psychoanalytic Association*, vol. 19, pp. 54-66, 1971; também em *Papers...*, cap. 17.

(1970) "Psychoanalytic theory and the psychoanalytic process", em *Papers on...*, cap. 16, pp. 277-301.

(1980) *Papers on psychoanalysis*, New Haven: Yale University Press.

López, Benito (s. a.) Comunicação pessoal.

(1972) "Descubrimiento de la fantasía e invención de la interpretación en el abordaje técnico de los trastornos de carácter", *Revista de Psicoanálisis*, vol. 29, pp. 189-215.

(1987) "Síndrome fronterizo: cuerpo, encuadre y discurso", *Psicoanálisis*, vol. 9, pp. 75-98.

López, Benito M. e Navarro de López, Sheila (1981) "Voyeurismo y tarea interpretativa", *Psicoanálisis*, vol. 3, pp. 623-47.

López, Benito M. e Rabih, Moisés (1966) "Entrevista inicial y contraidentificación proyectiva", apresentado ao simpósio sobre *El proceso analítico. Transferencia y contratransferencia*, de la Associação Psicanalítica Argentina, *Actas*.

Lorand, Sandor (1946) *Técnica del tratamiento psicoanalítico*, Buenos Aires: El Ateneo, 1948.

Lorenz, Konrad (1971) *Evolución y modificación de la conducta*, México: Siglo Veintiuno.

Lorenzer, Alfred (1970) *Sprachzerstörung und Rekonstruktion. Vorarbeiten zu einer Metatheorie der Psychoanalyse*, Francfurt: Suhrkamp Verlag. (*El lenguaje destruido y la reconstrución psicoanalítica. Trabajos preliminares para una metateoría del psicoanálisis*, Buenos Aires: Amorrortu editores, 1977.)

Löwenstein, Rudolph M. (1951) "The problem of interpretation", *Psychoanalytic Quarterly*, vol. 20, pp. 1-14.

(1954) "Some remarks on defences, autonomous ego and psychoanalytic technique", *International Journal of Psycho-Analysis*, vol. 35, pp. 188-93.

(1957) "Some thoughts on interpretation in the theory and practice of psychoanalysis", *Psychoanalytic Study of the Child*, vol. 12, pp. 127-50; também em Louis Paul, ed., *Psychoanalytic clinical interpretation*, Londres: Collier-Macmillan, 1963.

(1958) "Remarks on some variations in psycho-analytic technique", *International Journal of Psycho-Analysis*, vol. 39, pp. 202-10.

Macalpine, Ida (1950) "The development of the transference", *Psychoanalytic Quarterly*, vol. 19, pp. 501-39. (*Trabajo del Psicoanálisis*, vol. 1, pp. 329-50, 1982.)

Maci, Guillermo A. (s. a.) Comunicação pessoal.

(1979) *La otra escena de lo real. Topología del significante y espacios del sujeto*, Buenos Aires: Nueva Visión.

(1983) *La repetición significante. Objeto y marca*, Buenos Aires: Candil.

Mack Brunswick, Ruth (1928a) "A suplement to Freud's "History of an infantile neurosis", *International Journal of Psycho-Analysis*, vol. 9, pp. 439-76; também em Robert Fliess, ed., *The psychoanalytic reader*, Nova York: International Universities Press, 1948. (*Revista de Psicoanálisis*, vol. 5, 1947-48, pp. 714-61.)

(1928b) "Análisis de un caso de paranoia. Delirio de celos", *Revista de Psicoanálisis*, vol. 1, 1943-44, pp. 599-651. (*Internationale Zeitschrift für Psychoanalyse*, vol. 14, p. 458; *Journal of the Nervous and Mental Diseases*, vol. 70, 1929, pp. 1-22.)

(1940) "The preoedipal phase of the libido development", *Psychoanalytic Quarterly*, vol. 9, pp. 293-319; também em Robert Fliess, ed., *The psychoanalytic reader*, Nova York: International Universities Press, p. 231. (*Revista de Psicoanálisis*, vol. 1, 1943-44, pp. 403-26.)

Mahler, Margaret S. (1952) "On child psychosis and schizophrenia: autistic and symbiotic infantile psychoses", em *Selected...*, vol. 1, cap. 7, pp. 131-53.

(1958) "Autism and symbiosis, two extreme disturbances of identity", *International Journal of Psycho-Analysis*, vol. 39, pp. 77-83; também em *Selected...*, vol. 1, cap. 9.

(1967) "On human symbiosis and the vicissitudes on individuation", em *Selected...*, vol. 2, cap. 6, pp. 77-97.

(1972a) "On the first three subphases of the separation-individuation process", em *Selected...*, vol. 2, cap. 8, pp. 119-30.

(1972b) "Rapprochement subphase of the separation-individuation process", em *Selected...*, vol. 2, cap. 9, pp. 131-48.

(1979) *Selected papers*, Nova York: Aronson, vols. 1-2.

Mahler, Margaret S. *et al.* (1975) *The psychological birth of the human infant*, Nova York: Basic Books. (Buenos Aires: Marymar, 1977.)

Maldavsky, David (1985) "El trabajo de construcción en el análisis. Problemas teóricos y clínicos", *Actualidad Psicológica*, ano 11, nº 109, pp. 18-24.

(1986) *Estructuras narcisistas: constitución y trasformaciones*, Buenos Aires: Amorrortu editores.

(1988) "Clínica psicoanalítica: las modalidades trasgresoras", *Gaceta Psicológica*, nº 16, pp. 27-9.

Maldonado, Jorge Luis (1975) "'Impasse' y 'mala fe' en el 'análisis de un paciente'", em *Revista de Psicoanálisis*, vol. 32, pp. 115-41.

(1979) "Impasse y pseudoproceso psicoanalítico", *Psicoanálisis*, vol. 1, pp. 569-602.

(1983) "Compromiso del analista en el impasse psicoanalítico", *Revista de Psicoanálisis*, vol. 40, pp. 205-18.

Mandler, G. e Kaplan, W. K. (1956) "Subjective evaluation and reinforcing effect of a verbal stimulus", *Science*, vol. 124, p. 582. (Citado por I. Stevenson)

Masotta, Oscar (1969) "Psicoanálisis y estructuralismo", em Oscar Masotta, *Introducción a la lectura de Jacques Lacan*, Buenos Aires: Proteo, 1970, pp. 13-144.

(1977) "Prólogo" a Jacques Lacan, *Los cuatro principios fundamentales del psicoanálisis*, Barcelona: Barral editores, 1977.

Matte Blanco, Ignacio (1975) *The unconscious as in fine set.s*, Londres: Duckworth.

(1988) *Thinking, feeling and being*, Londres: Routledge.

McDougall, Joyce (1985) *Theatres of the mind. Illusion and truth on the psychoanalytic stages*, Nova York: Basic Books. (Madri: Tecnipublicaciones, 1987.)

Meltzer, Donald (1966) "The relation of anal masturbation to proyective identification", *International Journal of Psycho-Analysis*, vol. 47, pp. 335-42. (*Revista de Psicoanálisis*, vol. 24, 1967, pp. 791-8.)

(1987) *The psycho-analytical process*, Londres: Heinemann. (Buenos Aires: Paidós, 1968.)

(1968) "Tyrany', *Scientific Bulletin of the British Psychoanalytic Society*, nº 24; também em *Sexual states...*, cap. 20. (*Revista de Psicoanálisis*, vol. 25, pp. 817-27.)

(1973) *Sexual states of mind*, Pertshire: Clunie Press.

(1975) "Adhesive identification", *Contemporary Psycho-Analysis*, vol. 2, pp. 289-310.

(1977) "Una técnica de interrupción de la impasse analítica', em León Grinberg, ed., *Prácticas psicoanalíticas comparadas en las neurosis*, Buenos Aires: Paidós, 1977, cap. 8, pp. 165-76.

(1978) *The kleinian development*, Pertshire: Clunie Press, vols. 1-3.

(1981) "The Kleinian expansion of Freud's metapsychology", *International Journal of Psycho-Analysis*, vol. 62, pp. 177-85.

(1983) *Dream life. A re-examination of the psychoanalytical theory and technique*, Pertshire: Clunie Press. (*Vida onírica. Una revisión de la teoría y de la técnica psicoanalítica*, Madri: Tecnipublicaciones, 1987.)

Meltzer, Donald *et al.* (1975) *Explorations in autism*, Pertshire: Clunie Press. (Buenos Aires: Paidós, 1979.)

Meneghini, Luis C. (1976) "Algunas considerações sobre elaboração, "working through" e luto".

Menninger, Karl (1958) *Theory of psychoanalytic technique*, Nova York: Basic Books. (México: Pax-México, 1960.)

Miller, Jacques-Alain (1966) "La suture (éléments de la logique du signifiant)", *Cahiers pour l'Analyse*, nº 1, pp. 39-51.

(1979) *Cinco conferencias caraqueñas sobre Lacan*, Caracas: Ateneo de Caracas.

Mirsky, I. Arthur *et al.* (1950) "Pepsinogen (uropepsin) excretion as an index of the influence of various life situation on gastric secretion", *Proceeding A. Research Nervous & Mental Diseases*, vol. 29, p. 638.

(1952) "Blood plasma pepsinogen, I & II", *Journal of Laboratory and Clinical Medicine*, vol. 40, nºs 1-2.

Mom, Jorge (1956) "Algunas consideraciones sobre el concepto de distancia en las fobias", *Revista de Psicoanálisis*, vol. 13, pp. 430-5.

Money-Kyrle, Roger E. (1956) "Normal counter-transference and some of its deviations", *International Journal of Psycho-Analysis*, vol. 37, pp. 360-6; também em *Collected...*, cap. 21.

(1965) "Megalomanía", em *Collected...*, cap. 26, pp. 376-88.

(1968) "Cognitive development", *International Journal of Psycho-Analysis*, vol. 49, pp. 691-8; também em *Collected...*, cap. 31. (*Revista de Psicoanálisis*, vol. 27, 1970.)

(1971) "The aim of psycho-analysis", *International Journal of Psycho-Analysis*, vol. 52, pp. 103-7; também em *Collected...*, cap. 33. (*Revista de Psicoanálisis*, vol. 30, 1973.)

(1977) "On being a psycho-analyst", em *Collected...*, cap. 35, pp. 457-65.

(1978) *Collected papers*, Pertshire: Clunie Press.

Moore, Burness E. (1968) "Contribution to Symposium on acting out", *International Journal of Psycho-Analysis*, vol. 49, pp. 182-4.

Moore, Burness E. e Fine, Bernard D. (1968) *A glossary of psychoanalytic terms and concepts*, Nova York: The American Psychoanalytic Association, 2ª cd.

Moreno, Julio (1999) Comunicação pessoal.

Morris, Charles W. (1938) "Foundations of the theory of signs", em Otto Neurath, ed., *International Encyclopedia of unified science*, Chicago: The University of Chicago Press.

Mostardeiro, A. L. B., Pechansky, Isaac *et al.* (1974) "O impasse psicanalítico", *Revista Latino Americana de Psicoanálisis*, vol. 1, nº 1.

Moura Ferrão, Laertes (1974) "O impasse analítico", *Revista Latino Americana de Psicoanálisis*, vol. 1, nº 1.

Nacht, Sacha (1962) "The curative factors in psychoanalysis", *International Journal of Psycho-Analysis*, vol. 43, pp. 206-11.

(1971) *Guérir avec Freud*, Paris: Payot. (Madri: Fundamentos, 1972.)

Nacht, Sacha e Lebovici, Serge (1958) "Indicaciones y contraindicaciones del psicoanálisis en el adulto", em *El psicoanálisis, hoy*, pp. 44-79.

Nacht, Sacha et al. (1958) *La psychanalyse d'aujourd'hui*, Paris: Presses Universitaires de France. (Barcelona: L. Miracle, 1959.)

Nagel, Ernest (1961) *The structure of science*, Londres: Routledge & Regan Paul. (Buenos Aires: Paidós, 1968.)

Nasio, Juan David (1984) "Lo inconsciente, la transferencia y la interpretación del psicoanalista: una visión lacaniana", em Juan David Nasio, ed., *En los límites de la transferencia*, Buenos Aires: Nueva Visión, 1987.

Navarro de López, Sheila (1980) "Tres formas de resistencias iniciales: pseudoidentidad, reversión de la perspectiva y relación adictiva", *Psicoanálisis*, vol. 2, pp. 1137-65.

Nunberg, Herman (1920) "On the catatonic attack", em *The practice and theory of psychoanalysis* Nova York: Nervous and Mental Diseases Co., 1948. (Citado por H. Rosenfeld, 1952b.)

(1926) "The will te recovery", *International Journal of Psycho-Analysis*, vol. 7, pp. 64-78.

(1932) *Principles of psychoanalysis. Their application to the neuroses*, com prólogo de Sigmund Freud, Nova York: International Universities Press, 1955. (*Principios del psicoanálisis. Su aplicación a las neurosis*, Buenos Aires: Amorrortu editores, 1987.)

(1937) "Symposium on the theory of the therapeutic results of psychoanalysis", *International Journal of Psycho-Analysis*, vol. 18, pp. 161-9.

(1951) "Transference and reality", *International Journal of Psycho-Analysis*, vol. 32, pp.1-9.

Olagaray, Jorge (1980) "Encuadre, espacio interno y fase final de análisis". Apresentado na Sociedade Psicanalítica de Mendoza.

Olinick, Stanley L. (1954) "Some considerations of the use of questioning as a psychoanalytic technique", *Journal of the American Psychoanalytic Association*, vol. 2, pp. 57-66.

(1964) "The negative therapeutic reaction", *International Journal of Psychoanalysis*, vol. 45, pp. 540-8.

Orr, Douglas W. (1954) "Transference and countertransference: a historial survey", *Journal of the American Psychoanalytic Association*, vol. 2, pp. 621-69.

Painceira, Alfredo J. (1979) "Problemas técnicos en el análisis de pacientes esquizoides", *Psicoanálisis*, vol. 1, pp. 407-34.

(1987) "La patología narcisista: una revisión a la luz de los aportes de Donald Winnicott acerca del self verdadero y falso", *Neuropsiquiatría Internacional*, vol. 10, pp. 5-17.

(1989) "Nacimiento y desarrollo del self a partir de la obra de Winnicott", *Psicoanálisis*, vol. 11.

(1997) *Clínica psicoanalítica a partir de la obra de Winnicott*, Buenos Aires: Lumen.

Paul, Louis, ed. (1963) *Psychoanalytic clinical interpretation*, Londres: Collier Macmillan.

Payne, Sylvia (1950) "Short communication on criteria for terminating analysis", *International Journal of Psycho-Analysis*, vol. 31, p. 205.

Paz, Carlos Alberto (1964) "Actualización: el paciente fronterizo en la psicopatología actual y su importancia en psicoanálisis", *Revista de Psicoanálisis*, vol. 21, pp. 239-58.

(1969) "Reflexiones técnicas sobre el proceso analítico en los psicóticos fronterizos", *Revista de Psicoanálisis*, vol. 26, pp. 571-630.

Paz, Carlos A., Pelento, María L. e Olmos de Paz, Teresa (1976, 1977) *Estructuras y estados fronterizos en niños, adolescentes y adultos*, Buenos Aires: Nueva Visión, vols. 1-2.

(1980) *Analizabilidad y momentos vitales*, Valencia: Naullibres.

Perrotta, Adalberto L. A. (1974) "Las intervenciones no interpretativas", *Revista de Psicoanálisis*, vol. 31.

Petot, Jean-Michel (1979) *Melanie Klein. Premières découvertes et premier système*, Paris: Dunod. (Buenos Aires: Paidós, 1982.)

Pichon Riviére, Enrique J. (s. a.) Comunicação pessoal.

(1946) "Contribución a la teoría psicoanalítica de la esquizofrenia", *Revista de Psicoanálisis*, vol. 4, pp. 1-22.

(1951) "Algunas observaciones sobre la transferencia en los pacientes psicóticos", *Revista de Psicoanálisis*, vol. 18, 1961, pp. 131-8.

Pichon Riviére, Enrique J. et al. (1960) "Técnica de los grupos operativos", *Acta Neuropsiquiátrica Argentina*, vol. 6, pp. 32-8.

Poland, Warren S. (1975) "Tact as a psychoanalytic function", *International Journal of Psycho-Analysis*, vol. 56, pp. 155-62.

Polito, Roberto C. (1979) "Evaluación del proceso analítico", *Psicoanálisis*, vol. 1, pp. 205-20.

Pontalis, Jean Baptiste (1979) "Non, deux foix non. Tentative de définition et de demantèlement de la 'réaction thérapeutique négative'", *Nouvelle Revue de Psychanalyse*, vol. 24, 1981. (*Revista de Psicoanálisis*, vol. 39, 1982, pp. 597-620.)

Popper, Karl R. (1953) "La ciencia: conjeturas y refutaciones", conferência pronunciada em Cambridge, em *El desarrollo del conocimiento científico*, Buenos Aires: Paidós, 1967, cap. 1, pp. 43-79.

(1958) *The logic of scientific discovery*, Londres: Hutchinson & Co. (Buenos Aires: Tecnos, 1962.)

(1962) *El desarrollo del conocimiento científico. Conjeturas y refutaciones*, Buenos Aires: Paidós, 1967.

(1972) *Objective knowledge*, Oxford: The Clarendon Press Oxford. (*Conocimiento objetivo. Un enfoque evolucionista*, Madri: Tecnos, 1974.)

Puget, Janine e Wender, Leonardo (1982) "Analista y paciente en mundos superpuestos", comentado por María Isabel Siquier e Reggy Serebriany, *Psicoanálisis*, vol. 4, pp. 503-36.

Quinodoz, Jean-Michel (1988) *La solitude apprivoisée. L'angoisse de séparation en psychanalyse*, Paris: Presses Universitaires de France, 1991. (*La soledad domesticada*, Buenos Aires: Amorrortu editores, 1993.)

Rabih, Moisés (s. a.) Comunicação pessoal.

(1981) "La seudoalianza terapéutica. Algunas de sus manifestaciones clínicas", *Psicoanálisis*, vol. 3, pp. 169-91.

Racker, Heinrich (1948) "A contribution to the problem of countertransference", *International Journal of Psycho-Analysis*, vol. 34, 1953, pp. 313-24. ("Aportación al problema de la contratransferencia", *Revista de Psicoanálisis*, vol. 12, pp. 481-99; "La neurosis de contratransferencia", em *Estudios sobre...*, cap. 5.)

(1952) "Consideraciones sobre la teoría de la transferencia", em *Estudios sobre...*, cap. 3, pp. 79-89. ("Notes on the theory of transference", *Psychoanalytic Quarterly*, vol. 23, 1954, nº 1.)

(1953) "Los significados y usos de la contratransferencia", em *Estudios sobre...*, cap. 6, pp. 153-201. (Publicado inicialmente em *Psychoanalytic Quarterly*, vol. 26, 1957.)

(1954) "Técnica analítica y la manía inconsciente del analista", em *Estudios sobre...*, cap. 8, pp. 211-6. (Publicado inicialmente como "On the confusion between health and mania", em *Samiksa*, vol. 8.)

(1956) "Contrarresistencia e interpretación", *Journal of the American Psychoanalytic Association*, vol. 6, 1958, pp. 215-21; também em *Psychoanalytic clinical interpretation*, Londres: Collier-Macmillan, p. 220. (*Estudios sobre...*, cap. 9.)

(1958a) "Introducción a la técnica psicoanalítica", em *Estudios sobre...*, cap. 1, pp. 15-31.

(1958b) "Sobre técnica clásica y técnicas actuales del psicoanálisis", em *Estudios sobre...*, cap. 2, pp. 33-78.

(1958c) "Análisis de la transferencia a través de la relación del analizado con la interpretación", em *Estudios sobre...*, cap. 4, pp. 91-126.

(1960) *Estudios sobre técnica psicoanalítica*, Buenos Aires: Paidós.

Radó, Sandor (1925) "The economic principle in psycho-analytic technique", *International Journal of Psycho-Analysis*, vol. 6, pp. 35-44.

(1926) "The psychic effects of intoxicants: an attempt to evolve a psycho-analytical theory of morbid cravings", *International Journal of Psycho-Analysis*, vol. 7, pp. 396-413.

Rangell, Leo (1954) "Similarities and differences between psychoanalysis and dynamic psychotherapy", *Journal of the American Psychoanalytic Association*, vol. 2, pp. 734-44.

(1966) "An overview of the ending of an analysis", em Robert E. Litman, ed., *Psychoanalysis in the Americas*, Nova York: International Universities Press, cap. 7, pp. 141-73.

(1968a) "El proceso psicoanalítico", em León Grinberg, Marie Langer e Emilio Rodrigué, eds., *Psicoanálisis en las Américas*, Buenos Aires: Paidós, 1968, pp. 23-36.

(1968b) "A point of view on acting out", *International Journal of Psychoanalysis*, vol. 49, pp. 195-201.

(1983) Comunicação pessoal.

Rank, Otto (1924) *El trauma del nacimiento*, Buenos Aires: Paidós, 1961.

Rapaport, David (1942) "The history of the awakening of insight", em *Collected...*, pp. 100-12.

(1951) "The autonomy of the ego", em *Collected...*, cap. 31, pp. 357-67. (Robert P. Knight e Cyrus, R. Friedman, eds., *Teoría psicoanalítica*, Buenos Aires: Paidós, 1961, p. 45.)

(1957) "The theory of ego autonomy: a generalization", em *Collected...*, cap. 57, pp. 722-74.

(1959) *The structure of psychoanalytic theory; a systematizing attempt*, Nova York: Psychological Issues, nº 6, 1960.

(1967) *Collected papers*, Merton M. Gill, ed., Nova York: Basic Books.

Rapela, Diego José (1982) "Relación transferencia-contratransferencia, *Revista Chilena de Psicoanálisis*, vol. 4, pp. 41-5.

Rappaport, Ernest A. (1956) "El primer sueño de una transferencia erotizada", *Revista de Psicoanálisis*, vol. 13, pp. 517-21. (*International Journal of Psycho-Analysis*, vol. 40, 1959, pp. 240-5.)

Rascovsky, Arnaldo (1960) *El psiquismo fetal*, Buenos Aires: Paidós.

Rees, K. (1978) "The child understanding of his past", *Psychoanalytic Study of the Child*, vol. 33, pp. 237-59. (Citado por Kennedy, 1978.)

Reich, Annie (1950) "On the termination of analysis", *International Journal of Psycho-Analysis*, vol. 31, pp. 179-83

(1951) "On counter-transference", *International Journal of Psycho-Analysis*, vol. 32, pp. 25-31.

(1966) "Empathy and countertransference", em *Psychoanalytic Contributions*, Nova York: I. U. P., 1973. (Citado por Levy, 1985.)

Reich, Wilhelm (1927) "Sobre la técnica de la interpretación y el análisis de las resistencias", em *Análisis...*, cap. 3, pp. 36-49. (Publicado inicialmente no *Internationale Zeitschrift für Psychoanalyse*, vol. 13.)

(1928) "Sobre la técnica del análisis del carácter", em *Análisis...*, cap. 4, pp. 50-105; também em Robert Fliess, ed., *The psycho-analytic reader*, Nova York: International Universities Press, 1948, p. 106. (Publicado inicialmente no *Internationale Zeitschrift für Psychoanalyse*, vol. 14.)

(1983) *Análisis del carácter*, Buenos Aires: Paidós, 1957.

Reichenbach, Hans (1938) *Experience and prediction*, Chicago: Chicago University Press.

Reid, John R. e Finesinger, Jacob E. (1952) "The role of insight in psychotherapy", *American Journal of Psychiatry*, vol. 108, pp. 726-34.

Reider, Norman (1957) "Transference psychosis", *Journal of the Hillside Hospital*, vol. 6, pp. 131-49. (Citado por Wallerstein, 1967.)

Reik, Theodor (s. a.) "La significación psicológica del silencio", em *Cómo se llega a ser psicólogo*, Buenos Aires: Hormé, 1945, pp. 73-88.

(1924) "Some remarks on the study of resistances", *International Journal of Psycho-Analysis*, vol. 5, pp. 141-54.

(1933) "New ways in psychoanalytic technique", *International Journal of Psycho-Analysis*, vol. 14, pp. 321-34.

(1937) *Surprise and the psycho-analysist*, Nova York: Dutton & Co.

(1949a) *The inner experience of a psychoanalyst*, Londres: Allen & Unwin Ltd.

(1949b) "In the beginning is silence", em *The inner experience of a psychoanalyst*, cap. 12, pp. 121-6.

Resnik, Salomón (1967) "La experiencia del espacio en el 'setting' analítico", *Revista Uruguaya de Psicoanálisis*, vol. 9, pp. 293-308.

(1969) "Teoría y técnica psicoanalítica de la psicosis", em León Grinberg, ed., *Prácticas psicoanalíticas comparadas en las psicosis*, Buenos Aires: Paidós, cap. 7, pp. 167-200.

Rexford, Eveoleen N. (1962) *A developmental approach to problems of acting out*, Nova York: International Universities Press, 2ª ed., 1978.

Rickman, John (1950) "On the criteria for the termination of an analysis", *International Journal of Psycho-Analysis*, vol. 31, pp. 200-1; também em *Selected contributions...*, 1957, cap. 16.

(1951) "Number and the human sciences", em *Selected contributions...*, cap. 22, pp. 218-23.

(1957) *Selected contributions to psycho-analysis*, Londres: Hogarth Press.

Richfield, Jerome (1954) "An analysis of the concept of insight", *Psychoanalytic Quarterly*, vol. 23, pp. 398-408; também em Louis Paul, ed., *Psychoanalytic clinical interpretation* Londres: Collier-Macmillan 1963, p. 93.

Riesenberg Ruth (1970) "El espejo. Una fantasía sexual perversa en una mujer, vista como defensa contra un derrumbe psicótico", *Revista de Psicoanálisis*, vol. 27, pp. 793-826.

Riesenberg Malcolm, Ruth (1986) "Interpretation: the past in the present", *International Review of Psycho-Analysis*, 13, pp. 433-43.

Ríos, Carlos (1984) "Orígenes y alcances de la teoría significante", *Psicoanálisis*, vol. 6, pp. 111-30.

(1989) Comunicação pessoal.

Rivière, Joan (1932) "Jealousy as a mechanism of defence", *International Journal of Psycho-Analysis*, vol. 13, pp. 414-24.

(1936a) "A contribution to the analysis of the negative therapeutic reaction", *International Journal of Psycho-Analysis*, vol. 17, pp. 304-20. (*Revista de Psicoanálisis*, vol. 7, 1949, pp. 121-42.)

(1936b) "On the genesis of psychical conflict in earliest infancy", *International Journal of Psycho-Analysis*, vol. 17, pp. 395-422; também em Melanie Klein *et al.*, *Developments in psycho-analysis*, Londres: Hogarth Press, cap. 2.

Rodrigué, Geneviève T. de (1966) "Sobre la formulación de la interpretación", em Emilio Rodrigué e Geneviève T. de Rodrigué, *El contexto del proceso analítico*, Buenos Aires: Paidós, cap. 5, pp. 108-19.

Rolla, Edgardo H. (1972) "La entrevista clínica", *Revista de Psicoanálisis*, vol. 29, pp. 603-43.

Romanowski, Romualdo e Vollmer, Germano (1968) "A regressão no processo analítico. Regressão e angústia de separação", em Sergio Paulo Annes *et al.*, *Estudos psicanalíticos*, Porto Alegre: ed. dos autores, 1974, pp. 67-74.

Rosen, J. N. (1963) "'Acting-out' and 'acting-in'", *American Journal of Psychotherapy*, vol. 17, pp. 390-403.

— (1965) "The concept of 'acting in'", em Laurence Edwin Abt e Stuart L. Weissman, eds., *Acting out. Theoretical and clinical aspects*, Nova York: Grune & Stratton, cap. 2, pp. 20-9.

Rosen, Victor H. (1967) "Disorders of communication in psychoanalysis", *Journal of the American Psychoanalytic Association*, vol. 15, pp. 467-90.

Rosenfeld, David (1972) "El paciente drogadicto: guía clínica y evolución psicopatológica en el tratamiento psicoanalítico", *Revista de Psicoanálisis*, vol. 29, pp. 99-135.

— (1975) "Trastornos en la piel y el esquema corporal. Identificación proyectiva y el cuento infantil 'Piel de Asno'", *Revista de Psicoanálisis*, vol. 32, pp. 309-48.

— (1980) "The handling of resistances in adult patients", *International Journal of Psycho-Analysis*, vol. 61, pp. 71-83.

— (1982) "La noción del esquema corporal psicótico en pacientes neuróticos y psicóticos", *Psicoanálisis*, vol. 4, pp. 383-404.

— (1992) *The psychotic aspects of the personality*, Londres: Karnac Books.

— (1999) *Transfert psychotique. Dictionnaire de la psychanalyse*, Paris: Calman-Lévy, 2000. Compilador: Alain de Mijolla.

Rosenfeld, Herbert A. (1952a) "Notes on the psycho-analysis of the superego conflict in an acute schizophrenic patient", *International Journal of Psycho-Analysis*, vol. 33, pp. 111-31: também em *Psychotic...*, cap. 4.

— (1952b) "Transference-phenomena and transference-analysis in an acute catatonic schizophrenic patient", *International Journal of Psycho-Analysis*, vol. 33, pp. 452-64; também em *Psychotic...*, cap. 5.

— (1960) "On drug addiction", *International Journal of Psycho-Analysis*, vol. 41, pp. 467-75. (*Psychotic States*, cap. 7.)

— (1964a) "An investigation into the need of neurotic and psychotic patients to act out during analysis", em *Psychotic...*, cap. 12, pp. 200-16. (*Revista de Psicoanálisis*, vol. 23, 1966.)

— (1964b) "On the psychopathology of narcissism: a clinical approach", *International Journal of Psycho-Analysis*, vol. 45, pp. 332-7; também em *Psychotic...*, cap. 10.

— (1965) *Psychotic states*, Nova York: International Universities Press.

— (1971) "A clinical approach to the psychoanalytic theory of the life and death instincts: an investigation into the agressive aspects of narcissism", *International Journal of Psycho-Analysis*, vol. 52, pp. 169-78.

— (1972) "A critical appreciation of James Strachey's paper on the nature of the therapeutic action of psychoanalysis", *International Journal of Psycho-Analysis*, vol. 53, pp. 455-61.

— (1975a) "Negative therapeutic reaction", em Peter L. Giovacchini, ed., *Tactics and techniques in psycho-analytic therapy*, Nova York: Aronson, vol. 2, cap. 7, pp. 217-28.

— (1975b) "Notas sobre algunos factores terapéuticos en psicoanálisis", conferência na Associação Psicanalítica Argentina.

— (1978) "Notes on the psychopathology and psychoanalytic treatment of some borderline patients", *International Journal of Psycho-Analysis*, vol. 59, pp. 215-21.

— (1987) *Impasse and interpretation*, Londres e Nova York: Tavistock Publications.

Rosolato, Guy (1966) "Estudio de las perversiones sexuales a partir del fetichismo", em Piera Aulagnier-Spairani *et al.*, *El deseo y la perversión*, Buenos Aires: Sudamericana, 1968.

Rossi, Rodolfo (s. a.) Comunicação pessoal.

Ruesch, J. (1957) *Disturbed communication*, Nova York: W. W. Norton.

— (1964) *Comunicación terapéutica*, Buenos Aires: Paidós.

Rycroft, Charles (1956) "The nature and function of the analyst's communication to the patient", *International Journal of Psycho-Analysis*, vol. 37, pp. 469-72.

Sachs, Hans (1923) "Zur Genese der Perversionen", *Internationale Zeitschrift für Psychoanalyse*, vol. 9, p. 172. (*Imago*, vol. 5, 1977, pp. 14-22.)

— (1925) "Metapsychological points of view in technique and theory", *International Journal of Psycho-Analysis*, vol. 6, pp. 5-12.

Sandler, Joseph e Sandler, Anne-Marie (1983) "The 'second censorship', the 'three box model' and some technical implications", *International Journal of Psychoanalysis* vol. 64, pp. 413-25.

— (1984) "The past unconscious, the present unconscious, and interpretation of the transference" *Psychoanalytic Inquiry*, vol. 4, pp. 367-99.

— (1987) "The past unconscious, the present unconscious and the vicissitudes of guilt", *International Journal of Psycho-Analysis*, vol. 68, pp. 331-41. ("El pasado inconsciente, el presente inconsciente y las vicisitudes de la culpa", em *Libro Anual de Psicoanálisis*, Londres-Lima: Ediciones Psicoanalíticas Imago, 1987, pp. 77-86.)

— (1988) Comunicação pessoal.

Sandler, Joseph *et al.* (1973) *The patient and the analyst. The clinical framework of psychoanalysis*, Londres: Allen & Unwin. (Buenos Aires: Paidós, 1973.)

— (1980) *The technique of child psychoanalysis. Discussions with Anna Freud*, Londres: Hogarth Press.

Sarton, George (1952) *Historia de la ciencia. La ciencia antigua durante la edad de oro griega*, Buenos Aires: EUDEBA, 1965.

Saussure, Ferdinand de (1916) *Curso de lingüística general*, publicado por Charles Bally e Albert Sechehaye, com a colaboração de Albert Riedlinger, Buenos Aires: Losada, 6ª ed., 1967.

Scott, W. e Clifford M. (1949) "The body scheme in psychotherapy", *British Journal of Medical Psychology*, vol. 22.

Schenquerman, Norberto (1978) "Análisis interminable por iatrogenia en el uso de la interpretación y su efecto placebo", Primeiro Simpósio da Associação Psicanalítica de Buenos Aires, *Actas*.

Schmer, Myriam (s. a.) Comunicação pessoal.

Schmideberg, Melitta (1935) "Reassurance as a means of analytic technique", *International Journal of Psycho-Analysis*, vol. 16, pp. 307-24.

Schur, Max (1972) *Freud: living and dying*, Londres: Hogarth Press.

Schust, Jaime P. (1970) "Mesa redonda sobre "Construcciones en el análisis", de Sigmund Freud", com a participação de M. Abadi, A. Aberastury, R. Avenburg, G. Roger de García Reinoso, D. Liberman e L. Wender, *Revista de Psicoanálisis*, vol. 27, pp. 723-61.

Searle, John R. (1969) *Speech acts. An essay in the philosophy of language*, Cambridge: Cambridge University Press. (Madri: Cátedra, 1980.)

Searles, Harold F. (1961) "Phases of patient-therapist interaction in the psychotherapy of chronic schizophrenia", *British Journal of Medical Psychology*, vol. 3, p. 169; também em *Collected papers on schizophrenia and related subjects*, Nova York: International Universities Press, 1965, pp. 521-59. (*Escritos sobre esquizofrenia*, Barcelona: Gedisa, 1980, cap. 5.)

— (1963) "Transference psychosis in the psychotherapy of chronic schizophrenia", *International Journal of Psycho-Analysis*, vol. 44, pp. 249-81; também em *Collected papers on schizophrenia and related subjects*, Nova York: International Universities Press, 1965, pp. 654-716. (*Escritos sobre esquizofrenia*, Barcelona: Gedisa, 1980, cap. 7.)

Segal, Hanna (1950) "Some aspects of the analysis of a schizophrenia", *International Journal of Psycho-Analysis*, vol. 31, pp. 268-78.

— (1954) "A note on schizoid mechanisms underlying phobia formation", *International Journal of Psycho-Analysis*, vol. 35, pp. 238-41; também em *The work of...*, cap. 11.

— (1956) "Depression in the schizophrenic", *International Journal of Psychoanalysis*, vol. 37, pp. 339-43; também em *The work of...*, cap. 9.

— (1957) "Notes on symbol-formation", *International Journal of Psycho-Analysis*, vol. 38, pp. 391-7; também em *The work of...*, cap. 4.

(1958a) "Fear of death. Notes on the analysis of an old man", *International Journal of Psycho-Analysis*, vol. 39, pp. 178-81; também em *The work of...*, cap. 15. (*Revista de Psicoanálisis*, vol. 18, 1961, pp. 21-40.)

(1958b) Comunicação pessoal.

(1962) "The curative factors in psycho-analysis", *International Journal of Psycho-Analysis*, vol. 43, pp. 212-17; também em *The work of...*, cap. 5. (*Revista Uruguaya de Psicoanálisis*, vol. 7, pp. 255-68.)

(1964a) "Symposium on fantasy. Fantasy and other mental process", *International Journal of Psycho-Analysis*, vol. 45, pp. 191-4; também em *The work of...*, cap. 3.

(1964b) *Introduction to the work of Melanie Klein*, Londres: W. Heinemann; Londres: Hogarth Press, 1975, 2ª ed.

(1978) "On symbolism", *International Journal of Psycho-Analysis*, vol. 59, pp. 315-9.

(1979) *Klein*, Glasgow: William Collins Sons & Co.

(1981) *The work of Melanie Klein. A Kleinian approach to clinical practice*, Nova York: Aronson.

Segel, Nathan P. (1969) "Narcissistic resistance". Panel reports, *Journal of the American Psychoanalytic Association*, vol. 17, pp. 941-54.

Sharpe, Ella Freeman (1927) "Symposium of child-analysis", *International Journal of Psycho-Analysis*, vol. 8, pp. 380-4.

(1930-31) "The technique of psychoanalysis", *International Journal of Psycho-Analysis*, vol. 11, pp. 251-77 e 361-86; vol. 12, pp. 24-60; também em *Collected papers on psycho-analysis*, Londres: Hogarth Press, 1950, pp. 9-106.

Silvestre, Michel (1985) "La transferencia", em *Mañana el psicoanálisis y otros textos*, Buenos Aires: Manantial, 1988, pp. 35-67.

Simmel, Ernst (1948) "Alcoholism and addiction", *The Psychoanalytic Quarterly*, vol. 17, pp. 6-31.

Sor, Darío (s. a.) Comunicação pessoal.

Sor, Dado e Gazzano, María Rosa Senet de (1988) *Cambio catastrófico. Psicoanálisis del darse cuenta*, Buenos Aires: Kargieman.

Speziale-Bagliacca, Roberto (1982) *Sulle spalle di Freud. Psicoanalisi e ideologia fallica*, Roma: Astrolabio-Ubaldini. (*A hombros de Freud. Psicoanálisis de la ideología fálica*, Madri: Tecnipublicaciones, 1988.)

Spitz, René A. (1956a) "Transference: the analytical setting and its prototype", *International Journal of Psycho-Analysis*, vol. 37, pp. 380-5.

(1956b) "Countertransference: comments on its varying role in the analytic situation", *Journal of the American Psychoanalytic Association*, vol. 4, pp. 256-65.

(1957) *No and yes. On the genesis of human communication*, Nova York: International Universities Press. (*No y sí: sobre la génesis de la comunicación humana*, Buenos Aires: Paidós, 2001.)

(1958) *La première année de la vie de l'enfant* (*Genése des premières relations objectales*), Paris: Presses Universitaires de France. (Madri: Aguilar, 1961.)

Stagnaro, Juan Carlos e Wintrebert, Dominique, eds. (2001) *Encuentro de Buenos Aires. El efecto mutativo de la interpretación psicoanalítica*, Buenos Aires: Polemos.

Steiner, Riccardo (1989) "Some introductory notes concerning the 'opening remarks' for James Strachey", British Psycho-Analytical Society, *Bulletin*, julho.

Sterba, Richard (1929) "The dynamics of the dissolution of the transference resistance", *Psychoanalytic Quarterly*, vol. 9, 1940, pp. 363-79. (Publicado originalmente no *Internationale Zeitschrift für Psychoanalyse*.)

(1934) "The fate of the ego in analytic therapy", *International Journal of Psycho-Analysis*, vol. 15, pp. 117-26. (*Revista de Psicoanálisis*, vol. 26.)

(1975) "The formative activity of the analyst", em Peter L. Giovacchini, ed., *Tactics and techniques in psychoanalytic therapy*, Nova York: Aronson, vol. 2, cap. 8, pp. 229-38. (León Grinberg, ed., *Prácticas psicoanalíticas comparadas en las neurosis*, Buenos Aires: Paidós, 1977, cap. 13.)

Stern, Adolph (1938) "Psychoanalytic investigation of and therapy in the borderline group of neurosis", *Psychoanalytic Quarterly*, vol. 7, pp. 467-89.

Stevenson, Ian (1959) "The psychiatric interview", em Sylvio Arieti, ed., *American handbook of psychiatry*, Nova York: Basic Books, vol. 1, pp. 197-214.

Stone, Leo (1954) "The widening scope of indications for psychoanalysis", *Journal of the American Psychoanalytic Association*, vol. 2, pp. 567-94.

(1961) *The psychoanalytic situation*, Nova York: International Universities Press.

Strachey, James (1934) "The nature of the therapeutic action of psycho-analysis", *International Journal of Psycho-Analysis*, vol. 15, pp. 127-59; também em *International Journal of Psycho-Analysis*, 1969. (*Revista de Psicoanálisis*, 1947-48, vol. 5.)

(1937) "Symposium on the theory of the therapeutic results of psychoanalysis", *International Journal of Psycho-Analysis*, vol. 18, pp. 139-45.

(1941) "Opening remarks at a practical seminar', British Psycho-Analytical Society, *Bulletin*, julho de 1989.

(1953) "Nota de rodapé" de *The interpretation of dreams*, SE, vol. 5, p. 562.

(1955) "Nota introdutória" a *Studies on hysteria*, SE, vol. 2.

(1958) "Nota introdutória" a Sigmund Freud, "The dynamics of transference", SE, vol. 12.

(1959) "Nota introdutória" a Sigmund Freud, *Inhibitions, symptoms and anxiety*, SE, vol. 20, pp. 77-86.

(1960) "Editor's preface", em *Jokes and their relation to the unconscious* (S. Freud, 1905c); SE, vol. 8, pp. 3-8. (AE, vol. 8, pp. 3-7.)

(1966a) "Editor's introduction" a Sigmund Freud, "Papers on hypnotism and suggestion (1888-1892)", SE, vol. 1, pp. 63-9. (AE, vol. 1, pp. 69-75.)

(1966b) Nota 1 da p. 373 do *Project for a scientific psychology*, SE, vol. 1.

Suárez, Juan Carlos (1977) "El amor de transferencia".

Sullivan, Harry Stack (1944-45) *La entrevista psiquiátrica*, Buenos Aires: Psique, 1959.

Sulloway, Frank J. (1979) *Freud, biologist of the mind. Beyond the psychoanalytic legend*. Londres: Burnett Books.

Szasz, Thomas S. (1963) "The concept of transference", *International Journal of Psycho-Analysis*, vol. 44, pp. 432-43.

Thomä, Helmut e Kächele, Horst (1985) *Lehrbuch der psychoanalytischen Therapie*, Band 1, *Grundlagen*, Berlin, Heidelberg: Springer Verlag. (*Teoría y práctica del psicoanálisis*, 1, *Fundamentos*, Barcelona: Herder.)

Tiger, Lionel e Fox, Robin (1971) *The imperial animal*, Nova York: Dell, 1974.

Urtubey, Luisa (1971-72) "El fetichismo como 'solución' al Edipo temprano", *Revista Uruguaya de Psicoanálisis*, vol. 13, pp. 385-432.

Valeros, José Antonio (1981) "¿Hay una 'microscopía' en psicología humana?", IV Simpósio da Associação Psicanalítica de Buenos Aires, *Actas*, pp. 126-38.

Wälder, Robert (1936) "The principle of multiple function. Observations on over-determination", *Psychoanalytic Quarterly*, vol. 5, pp. 45-62.

(1937) "The problem of the genesis of psychical conflict in earliest infancy", *International Journal of Psycho-Analysis*, vol. 18, pp. 406-73.

Wallerstein, Robert S. (1965) "The goals of psychoanalysis. A survey of analytic viewpoints", *Journal of the American Psychoanalytic Association*, vol. 13, pp. 748-70.

(1967) "Reconstruction and mastery in the transference psychosis", *Journal of the American Psychoanalytic Association*, vol. 15, pp. 551-83.

(1979) "Some thoughts about insight and psychoanalysis", apresentado na Hampstead Clinic de Londres, novembro de 1979.

(1985) "How does self psychology differ in practice?", *International Journal of Psycho-Analysis*, vol. 66, pp. 391-404.

(1986) *Forty-two lives in treatment. A study of psychoanalysis and psychotherapy*, Nova York e Londres: The Guilford Press.

(1988) "One psychoanalysis or many?", *International Journal of Psychoanalysis*, vol. 69, pp. 5-21.

Weinshel, Edward M. (1966) "Estados regresivos severos durante el análisis", *Journal of the American Psychoanalytic Association*, vol 15, 1967. (*Revista de Psicoanálisis*, vol. 25, 1968.)

(1971) "The transference neurosis: a survey of the literature", *Journal of the American Psychoanalytic Association*, vol. 19, pp. 67-88.

(1984) "Some observations of the psychoanalytic process", *Psychoanalytic Quarterly*, vol. 53, 1984, pp. 63-92.

Wender, Leonardo *et al.* (1966) "Comienzo y final de sesión. Dinámica de ciertos aspectos transferenciales y contratransferenciales", II Congresso Interno e X Simpósio da Associação Psicanalítica Argentina, *Actas*.

Widlöcher, Daniel (1970) *Freud y el problema del cambio*, Paris: Presses Universitaires de France. citado por Didier Anzieu, 1970.

Wilson, Edward D. (1978) *On human nature*, Londres: Harvard University Press.

Winnicott, Donald W. (1945) "Primitive emotional development", *International Journal of Psycho-Analysis*, vol. 26, pp. 137-43; também em *Through paediatrics...*, cap. 12. (*Revista de Psicoanálisis*, vol. 5.)

(1947) "Hate in the countertransference", *International Journal of Psychoanalysis*, vol. 30, 1949, pp. 69-74; também em *Through paediatrics...*, cap. 23.

(1949) "Mind and its relation to the psycho-soma", *British Journal of Medical Psychology*, vol. 27, 1954; também em *Through paediatrics...*, cap. 19, pp. 243-54.

(1950) "Agression in relation to emotional development", *Through paediatrics...*, pp. 204-18.

(1952) "Psychosis and child care", *British Journal of Medical Psychology*, vol. 26, 1953: também em *Through paediatrics...*, cap. 17, pp. 219-28.

(1953) "Transitional objects and transitional phenomena", *International Journal of Psycho-Analysis*, vol. 34, pp. 89-97; também em *Through paediatrics...*, cap. 18.

(1955) "Metapsychological and clinical aspects of regression within the psycho-analytical set-up", *International Journal of Psycho-Analysis*, vol. 36, pp. 16-26; também em *Through paediatrics...*, cap. 22. (*Revista de Psicoanálisis*, vol. 26, 1969.)

(1956) "On transference", *International Journal of Psycho-Analysis*, vol. 37, pp. 386-8; também como "Clinical varieties of transference", em *Through paediatrics...*, cap. 23.

(1958) *Through paediatrics to psycho-analysis*, Londres: Hogarth Press, 1977.

(1960a) "Ego distortion and the true and false self", em *The maturational...*

(1960b) "Countertransference", *British Journal of Medical Psychology*, vol. 33, pp. 17-21; também em *The maturational...*, 2ª parte, cap. 6.

(1965) *The maturational processes and the facilitating environment*, Londres: Hogarth Press. (Barcelona: Laia, 1975.)

(1977) *The Piggle. An account of the psychoanalytic treatment of a little girl*, Nova York: International Universities Press.

Wisdom, J. O. (1967) "Testing an interpretation within a session", *International Journal of Psycho-Analysis*, vol. 48, pp. 44-52. (*Revista de Psicoanálisis*, vol. 26, 1969.)

Wolmann, Benjamin B. (1967) *Psychoanalytic techniques*, Nova York: Basic Books. (*Técnicas psicoanalíticas*, Buenos Aires: Troquel, 1972.)

Yampey, Nasim (1985) "Sobre la comprensión psicoanalítica", *Revista de Psicoanálisis*, vol. 42, pp. 347-59.

Yorke, Clifford (1965) "Some metapsychological aspects of interpretation", *British Journal of Medical Psychology*, vol. 38, pp. 27-42.

Yorke, Clifford *et al.* (1982) "Some clinical and theoretical aspects of two developmental lines".

Zac, Joel (1968) "Relación semana/fin de semana. Encuadre y acting-out", *Revista de Psicoanálisis*, vol. 25, pp. 27-91.

(1970) "Consideraciones sobre el acting out y aspectos técnicos de su tratamiento", *Revista de Psicoanálisis*, vol. 27, pp. 307-64.

(1971) "Un enfoque metodológico del establecimiento del encuadre", *Revista de Psicoanálisis*, vol. 28, pp. 593-610.

(1973) *Psicopatía*, Buenos Aires: Kargieman.

(s. a.) Comunicação pessoal.

Zeligs, Meyer A. (1957) "Acting in. A contribution to the meaning of some postural attitudes observed during analysis", *Journal of the American Psychoanalytic Association*, vol. 5, pp. 685-706.

Zetzel, Elizabeth R. (1956a) "Current concepts of transference", *International Journal of Psycho-Analysis*, vol. 37, pp. 369-76.

(1956b) "An approach to the relation between concept and content in psychoanalytic theory", *Psycho-Analytic Study of the Child*, vol. 11.

(1964) "The analytic situation", em Robert E. Litman, ed., *Psychoanalysis in the Americas*, Nova York: International Universities Press, pp. 86-106.

(1965) "The theory of therapy in relation to a developmental modal of the psychic apparatus", *International Journal of Psycho-Analysis*, vol. 46, pp. 39-52. (*Revista Uruguaya de Psicoanálisis*, vol. 7, pp. 325-53.)

(1966) "El proceso analítico", em León Grinberg *et al.*, eds., *Psicoanálisis en las Américas*, Buenos Aires: Paidós, 1968, pp. 69-80.

(1968) "The so-called good hysteric", *International Journal of Psycho-Analysis*, vol. 49, pp. 250-60.

Zetzel, Elizabeth E. e Meissner, William W. (1974) *Basic concepts of psychoanalytic psychiatry*, Nova York: Basic Books. (Buenos Aires: Paidós, 1980.)

Zilboorg, Gregory (1950) "The emotional problem and the therapeutic role of insight", *Psychoanalytic Quarterly*, vol. 21, 1952, pp. 1-24.

Zilboorg, Gregory e Henry, George W. (1941) *A history of medical psychology*, Nova York: Norton. (Buenos Aires: Hachette, 1945.)

Índice

Aliança terapêutica, 141
  controvérsia, 152
  de Sterba a Zetzel, 143
  de Wiesbaden a Genebra, 141
    depois de Genebra, 144
  discussão, 152
  dissociação do ego, 141
  polêmica, 152
  regressão, 142, 144, 145
  resistência de transferência, 142
Analisabilidade, 32
  a boa histérica, 32
  acessibilidade, 34
    conceito, 34
  conceito, 32
    comentários e críticas, 34
  obsessivo analisável, 33
  par analítico, 33
    e predileções, 35

Construções, 204
  delírio, 210
  desenvolvimento precoce, 211
  indicadores, 206
    avaliação, 206
  interpretação, 204
    histórica, 209
  realidade histórica, 207
  realidade material, 207
  sonho "Non vixit", 217
    psiquismo precoce, 217
Contra-indicações terapêuticas, 25
  diagnóstico, 25
  especiais, 28
  fatores pessoais, 29
  Informe de Nacht e Lebovic, 27
  opinião de Freud, 25
  particularidades, 25
  Simpósio de Arden House de 1954, 27
  Simpósio de Copenhague de 1967, 28
Contrato psicanalítico, 49
  autoritário, 51
  conselhos de Freud, 50
  considerações gerais, 49
  democrático, 51
  formulação, 51
  limites, 54
  tratamento de prova, 55
  usos culturais, 53
Contratransferência, 156
  complementar, 161
  conceito, 156, 160
  concordante, 161
  descoberta, 156

empatia, 161
enquadre, 160
instrumento, 158
primeira metade do século XX, 157
processo psicanalítico, 173
  comunicação, 175
  direta, 173
  Gitelson e as posições do analista, 174
    reações a aspectos parciais do paciente, 174
    reações ao paciente, 174
  idéias de Winnicott, 176, 178
  indireta, 173
  segundo Lacan, 175
redescoberta, 156
relação de objeto, 167
  caso clínico, 169
  contra-identificação projetiva, 167, 172
  desenvolvimento da investigação de Grinberg, 167
  neurose, 171
  normal, 169

Enquadre analítico, 294
  caso clínico, 295
  definição, 299
  função, 297
  metaenquadre, 298
  mudez, 296
  processo, 295
  significação, 297
  simbiose, 296
  teses de Bleger, 294
Entrevista psicanalítica, 39
  campo. 40
  características definidoras, 40
  caso clínico, 47
  conceito, 39
  desenvolvimento, 44
  devolução, 48
  encaminhamento, 48
  enquadre, 41
  estrutura, 39
  evolução, 45
  interpretação, 42
  objetivos, 39
  par analítico, 46
    indicadores prospectivos, 46
  problemas de contratransferência, 45
  problemas de transferência, 45
  técnica, 42
Estilos interpretativos, 260
  antecedentes, 260
  complementares, 267
  do paciente, 263
    épico, 265

estético, 266
lírico, 264
narrativo, 265
reflexivo, 263
suspense, 266
ego idealmente plástico, 262
modelos da reparação, 262
teoria da comunicação, 260
Etapas da análise, 339
clínica do término, 356
follow up, 360
indicadores, 357
processo pós-analítico, 359
tipos, 356
inicial, 339
abertura, 340
divisão de Meltzer, 340
etapas clássicas, 339
personalidade do analista, 343
relação diádica, 342
intermediária, 344
conceito de neurose de transferência, 344
confusões de zonas e de modos, 348
confusões geográficas, 346
neurose da transferência, 345
contratransferência, 345
pele, 347
seio toalete, 347
variações sobre o mesmo tema, 344
teorias do término, 350
fatores curativos, 352
new beginning, 354
objetivo do tratamento, 352
ponto de irreversibilidade, 353
questionamento, 351
término da análise, 361
desprendimento, 364
fobia à melhora, 363
formas, 364
luto, 362
modelos, 361
técnica, 361

Impasse, 439
Indicações terapêuticas, 25
análise de crianças, 31
diagnóstico, 25
indicações de Freud, 26
especiais, 28
fatores pessoais, 29
Informe de Nacht e Lebovic, 27
opinião de Freud, 25
particularidades, 25
Simpósio de Arden House de 1954, 27
Interpretação, 189, 190
classificação de Bernfeld, 196
compreender segundo Jaspers, 196
conceito, 189
contribuição de Anzieu, 197
definição operacional, 193
ego, 227
conflito inter-sistêmico, 229
conflito intra-sistêmico, 229
confluência das duas tópicas freudianas, 231
contribuições de Löwenstein, 231
idéias de Anna Freud, 228
intuição, 227
resposta de Wilhelm Reich, 227
revisão de 1951, 229

surpresa, 227
técnica psicanalítica, 227
em crise, 227
escritos freudianos, 195
estilos, 260
explicar segundo Jaspers, 196
idéias de Racker, 199
informação, 191
insight, 192
instrumentos para informar, 189
metapsicologia, 220
caráter e a teoria da libido, 226
contribuição de Fenichel, 224
dinâmica, 220
falhas da técnica reichiana, 223
ponto de vista econômico, 220
pressupostos teóricos de Reich, 223
resistência caracterológica, 222
tópica, 220
transferência negativa latente, 221
transferência positiva para vencer a resistência, 224
mutativa, 249, 252
antecedentes do trabalho de Strachey, 249
aplicações do esquema de Strachey, 254
e ab-reação, 255
e apoio, 254
e material profundo, 255
superficial ou profunda, 254
características definidoras, 253
círculo vicioso neurótico, 251
"Encontro de Buenos Aires", 259
interpretação extratransferencial, 253
Strachey em Marienbad, 256
Strachey no momento atual, 256, 259
superego auxiliar, 251
superego parasita de Radó, 250
parâmetros técnicos, 201
psicanálise, 195
Psicanálise de crianças, 238
psicanalítica, 268
aspectos gnoseológico, 269
aspectos epistemológicos, 269
aspectos semânticos e instrumentais, 276
dificuldades específicas, 274
interpretação-explicação, 272
interpretação-leitura, 269
significado, 192
sugestão, 194
teoria, 233
escola inglesa, 233
tipos, 241
atual, 242
completa, 245
emenda de Paula Heimann, 247
estratégias, 242
extratransferencial, 244
histórica, 242
registro da fantasia inconsciente, 246
revisão de Merton Gill, 248
táticas, 242
transferencial, 243

Metapsicologia, 220
interpretação, 220

Processo analítico, 289
acting out, 389, 395, 400
acting in, 406

ação, 401
a favor, 405
agieren freudiano, 391
ato neurótico, 390
brincar, 404
comunicação, 396, 402
conceito, 389
  no *vocabulaire*, 400
Congresso de Copenhague, 398
contribuições de Anna Freud, 395
contribuições de Grinberg, 399
desenvolvimento precoce, 405
intenções, 401
introdução do termo, 390
linguagem, 396, 403
objetos primários, 397
opiniões de Freud, 395
panorama geral, 389
pensamento, 403
proposta de síntese, 407
recordação, 391
repetição, 391
transferência, 394
atitude analítica, 292
conceito, 300
contrate, 290
enquadre, 290
  normas, 291
insight, 369
  acepções do substantivo, 370
  do analista, 373
  elaboração, 374
    como conhecimento, 374
    conceito, 376, 378
    descritivo, 375
    dinâmico, 374
    Durcherbeiten (working through), 379
    fase, 377
    linhas de desenvolvimento, 380
    ostensivo, 375
    posição depressiva infantil, 379
    relação, 376
    resolução ostensivo-contra-indutiva, 381
    Verarbeitung (working out), 379
  fenômeno de campo, 372
  metapsicologia, 382
    afeto, 385
    conhecimento científico, 384
    dialética regressão/progressão, 384
    espontâneo, 385
    objetos internos, 387
    processo mental pré-consciente, 382
  notas definidoras, 369
  processo mental, 372
  teoria da forma, 371
  transformações da palavra, 370
  versão freudiana, 369
modelo, 304
  processo de ULM, 304
natureza, 301
  processo psicanalítico, 301
observações de Weinshel, 302
principais teorias, 302
reação terapêutica negativa, 409, 414, 417
  acting out, 419
  ataques maníacos, 416
  contratransferência, 417
  críticas, 417
  defesas maníacas, 416
  elementos diagnósticos, 415
  idealização, 417
  impulsos agressivos, 411
  instinto de morte e RTN, 410
  inveja, 412
  letargia, 413
  masoquismo do ego, 409
  metodologia, 414
  negativismo, 419
  objetos internos, 413
    função, 413
  pensamento paradoxal, 420
  perigos, 417
  perspectiva histórica, 414
  posição depressiva, 412
  primeiras referências, 410
  self narcisista, 516
  sentimento de culpa, 409
  simbiose, 417
  superego, 416
  transferência negativa, 418
reversão da perspectiva, 422, 424, 428
  conceito de "reversão" de Klein, 429
  insight, 430
  narcisismo, 430
  pensamento, 424
  personalidade, 423
    parte psicótica, 423
  primeiras aproximações, 422
  relação. 424
    parte neurótica, 424
    parte psicótica, 424
situação, 289
três constantes de Zac, 290
Processo psicanalítico, 322
  angústia de separação, 322
    ciclos analíticos, 328
    identificação projetiva, 323
    masturbação anal, 324
    tempo e espaço, 324
  conceito de *holding*, 322
  identificação adesiva, 325
  teoria do desenvolvimento, 327
    improvisações, 327
Psicanálise, 195
  interpretação, 195
Psicoterapia, 183
  e psicanálise, 183
  instrumentos, 183, 184,
    influir paciente, 184
    obter informação, 186
  materiais, 183, 184

Reação terapêutica negativa, 409, 414
Regressão, 306
  conceito, 314
  ego, 314
  enquadre, 306
  exemplo de Masud Khan, 318
  falta básica, 318
  idéias de Arlow e Brenner, 313
  idéias de Winnicott, 315, 316
    técnica, 317
    teoria, 317
  processo curativo, 314
  terapêutica, 306
  testemunho de Margareth Little, 319
Relação analítica não-transferencial, 147
  aliança, 147

da criança, 150
divisão tripartite, 148
idéias de Greenson, 147
Greenson e Wexler, 148
pseudo-aliança, 151
reforço, 149
transferência, 147

Situação analítica, 283, 289
aliança terapêutica, 286
atitude analítica, 292
campo, 283
conceito, 285
dinâmico, 284
contrato, 290
definição, 283
enquadre, 290
normas, 291
narcisismo primário, 287
processo, 289
três constantes de Zac, 290
Sujeito suposto saber, 85
teoria, 85

Técnica psicanalítica, 19, 23
conceito de psicoterapia, 19
ética, 23
método catártico, 20
teorias, 21
nova técnica de Freud, 21
psicanálise, 21
primórdios da psicanálise, 20
teoria, 23
Teoria continente/conteúdo, 331, 332
aplicações, 334
enquadre, 331
reverie materno, 333
splitting estático, 333
splitting forçado, 333
Teoria da interpretação, 233
antecedentes, 233
Congresso de Salzburgo, 235
Controvérsia, 237
"Dora", 234
escola inglesa, 233
experiência com Rita, 235
Fritz, 234
Hans, 234
interpretação, 238
Psicanálise de crianças, 238
interpretação keliniana, 240
algumas características, 240
período de latência
primeiros trabalhos, 234
Simpósio sobre análise infantil, 236
Teoria do mal-entendido, 432
Bion, 432
conhecimentos básicos, 436
construção do conceito, 433
cultura, 437
desenvolvimento do conceito, 734
luto, 436
memória, 436
Money-Kyrle, 432
desenvolvimento intelectual, 433
natureza, 437
objeto espúrio, 436
sistema espaço-temporal, 434

Transferência, 59
aliança terapêutica, 147
características definidoras, 61
conceito, 59
contexto da descoberta, 59
contratransferência, 80
contribuições, 62
Abraham, 62
Ferenczi, 62
dialética, 78
espelhismo, 82
historicidades, 83
inversão omitida, 81
manejo lacaniano, 83
ordem simbólica, 82
processo analítico, 79
segundo Lacan, 78
dinâmica, 64
do desejo, 60
em "Dora", 61
espontaneidade, 137
falso enlace, 59
formas, 95
amor, 99
erotizada, 100
narcisismo, 96
de Kohut, 101
especular, 104
gemelar, 105
idealizadora, 103
neurose, 95
contratransferência, 98
parte sadia do ego, 96
função, 67
história, 59
natureza, 64
origem, 64
perversão, 117, 118
adicção, 122
ego, 117
material clínico, 119
positiva, o enigma da, 66
precoce, 125
angústia, 129
depressiva, 129
paranóide, 129
classificação psicopatológica, 133
desenvolvimento emocional primitivo, 131, 132, 135
Édipo precoce, 125
complexo, 127
fantasia inconsciente, 129
fase pré-edípica, 125
desenvolvimento, 126
relação com a mãe, 126
integração, 134
mãe suficientemente boa, 134
narcisismo, 128
primário segundo Winnicott, 132
neurose infantil, 125
objetos, 129
origens, 127
pulsões, 129
relação de objeto, 128
psicose, 107
abordagem técnica, 107
caso clínico de Kernberg, 113
contribuições de David Rosenfeld, 110
paciente *borderline*, 111
referências históricas, 107

simbiose, 109
  teorias, 107
    kleiniana, 108
repetição, 68, 69
  contribuição de Lagache, 72
  efeito Zeigarnik, 72
  experiência, 74
  hábito, 72
  impulsos e defesa, 71
    Anna Freud, 71
  princípio explicativo, 70
  realidade, 72
  recordação, 70
resistência, 64, 66
  aliança terapêutica, 142
sem repetição, 74
sujeito suposto saber, 85
  efeito constituído, 87
  efeito constituinte, 87
  ordem simbólica, 86